TESI GREGORIANA

Serie Teologia

203

ARTYUSHIN SERGEY

RACCONTARE LA SALVEZZA ATTRAVERSO LO SGUARDO

PORTATA TEOLOGICA E IMPLICAZIONI PRAGMATICHE DEL «VEDERE GESÙ» NEL VANGELO DI LUCA

EDITRICE PONTIFICIA UNIVERSITÀ GREGORIANA
ROMA 2014

Vidimus et approbamus ad normam Statutorum Universitatis

Romae, ex Pontificia Universitate Gregoriana
Die 28 mensis Januarius anni 2013

PROF. MASSIMO GRILLI
REV. P. JEAN-NOËL ALETTI

ISBN 978-88-7839-270-0

Finito di stampare nel mese di gennaio 2014
presso Mediagraf spa - Monterotondo (RM)

*Моим дорогим родителям, даровавшим мне свет
и радость видеть этот прекрасный мир*

*Ai miei cari genitori che mi hanno donato la luce e
la gioia di vedere questo mondo tanto bello*

οἱ ὀφθαλμοί μου ἐξέλιπον εἰς τὸ σωτήριόν σου
καὶ εἰς τὸ λόγιον τῆς δικαιοσύνης σου
(Sal 118,123)

*C'est à celui qui accomplit ces actes visibles que le
caractère visible de l'obéissance doit rester caché.
Demeurer dans la voie de l'obéissance, les yeux
fixés sur Celui qui précède et non sur lui-même et ce
qu'il fait: celui qui obéit est caché à lui-même dans
sa justice. Mais, lui aussi, il voit l'extraordinaire
dans la mesure où il regarde à Jésus*
Dietrich Bonhoeffer

Δόξα σοι τῷ δείξαντι τὸ φῶς
dall'ufficio bizantino dei mattutini

PREMESSA

La presente dissertazione è frutto di un percorso accademico e formativo durato quasi sei anni, durante i quali mi sono confrontato con il ricco lavorio dell'esegesi cattolica. Sin dall'inizio il mio interesse si era orientato verso l'approccio comunicativo, che, sotto la guida del prof. M. Grilli, si è intensificato lungo il cammino. Ringrazio il professore non solo per avermi insegnato chiarezza e coerenza espositive e un certo gusto esegetico, ma anche per il rispetto mostrato verso la mia precomprensione durante la ricerca. Il suo è stato un lavoro responsabile e personale, più di collaboratore che di supervisore o redattore. Ringrazio il prof. J.-N. Aletti, s.j., per il non meno significativo impegno di censore e per i suggerimenti stimolanti e arricchenti, grazie ai quali sia la forma che il contenuto della tesi rispecchiano meglio lo scopo argomentativo del narrare.

Rivolgo i miei più calorosi ringraziamenti ai genitori che mi hanno donato la vita e la luce, ma soprattutto perché mi hanno insegnato la pazienza e la semplicità e mi hanno sostenuto spiritualmente nel cammino che ora ha raggiunto una meta importante. Non avrei potuto raggiungere questa meta senza i miei studi biblici previ nell'Accademia teologica di Mosca e senza la solida formazione scientifica che mi ha offerto la Pontificia Università Gregoriana. Nemmeno l'avrei raggiunta senza la «difesa» interna della comunità del Pontificio Collegio «Russicum» dove ho vissuto a Roma. Sento un debito verso Sua Eccellenza, il vescovo Lionginas Virbalas, s.j., già Rettore del collegio, per la Sua generosa attenzione che, scusando anche certe mie omissioni e mancanze, ha permesso una mia continua crescita personale. Ringrazio poi p. M. Žust, già Segretario del Comitato Cattolico per la Collaborazione Culturale e la Promozione dell'Unità dei Cristiani, di cui sono stato borsista, per aver reso una realtà il mio studio e soggiorno a Roma, venendo incontro alle mie necessità concrete. Un grazie particolare rivolgo al p. G. Marani, s.j., per i colloqui personali e il qualificato e multiforme aiuto che ha reso il mio soggiorno a

Roma un'esperienza ricca di spunti e di amicizie. Mi riferisco prima di tutto alla comunità del «Russicum», in modo particolare a p. Carlo e alle suore del Piccolo fiore di Betania, agli studenti, da paesi e retaggio culturale diversi, ciascuno dei quali mi ha dato un'importante testimonianza di fede che costituisce uno dei molteplici profili comunicativi che porto con me in Russia. Ne è rimasto influenzato perfino il linguaggio usato nella tesi attraverso espressioni ed immagini metaforiche, che fanno parte del mondo culturale condiviso, originato dal vivere insieme e arricchito dall'imparare gli uni dagli altri. Non posso perdere di vista le due case in montagna, che mi hanno ospitato per ben cinque anni, dove trovavo ristoro e riposo sportivo e mi rinfrescavo le forze nel periodo delle vacanze. I miei più sentiti ringraziamenti a tutti coloro che mi hanno dato ospitalità e hanno provveduto a tutto il necessario: a suor Silvana e all'intera comunità delle Piccole Figlie della Croce nonché alla coppia Paolo e Flavia, rappresentanti dell'Opera diocesana S. Anselmo.

Da buon ortodosso esprimo la mia gratitudine a Sua Eccellenza, l'Arcivescovo Ionafan, ai membri della Parrocchia Ortodossa Russa di San Nicola: al Rev. P. Vjacheslav, p. Avel e a tutto il clero (i cantori, il personale, i semplici fedeli) della cui comunità facevo parte attiva, nonché ai chierici della Parrocchia di Santa Caterina: Rev. Archimandrita Antonio e p. Atanasio. Una menzione speciale meritano i miei amici russi più fedeli, Svetlana, Valerij e Vera, venuti a Roma del mio paese natale appositamente per assistere alla difesa della tesi. Per la forma finale del testo e soprattutto per le correzioni d'italiano sono grato ai correttori della tesi: D. Furgeri e M. Rebuzzi, per la loro pazienza e la lettura rispettosa delle sfumature insite nel mio modo di pensare russo. Un grazie anche alla prof.ssa A.G. Kossova la cui generosa amicizia mi è stata preziosa e il cui sostegno è emerso in modo particolare durante la difesa. Non posso non menzionare gli amici e i compagni di scuola con i quali, durante gli anni di studi, mi sono confrontato e ho condiviso il mio percorso esegetico; in modo particolare, il gruppo di biblisti ucraino: p. Yaroslav, p. Romano, Yaroslav e Grigorij; le amiche bibliste italiane: Francesca e Maria Rita. Tra gli amici più fedeli ho un debito particolare verso Iwona ed Alessio, il cui accompagnamento è stato generoso, poiché non si limitava al supporto incoraggiante e amichevole, ma si estendeva sino a una condivisione spirituale. In tutti ho trovato e trovo ancora un segno visibile della comunione di sguardi che ha spinto avanti il progetto, ma mi stimola anche a scrivere un altro racconto: una nuova pagina della mia vita che comincerò a comporre tra breve...

INTRODUZIONE

1. Importanza del tema

A ragione Luca viene ritenuto l'iconografo o, ancor più, il pittore narrante. Leggendo i singoli brani della sua duplice opera letteraria, nasce il desiderio, infatti, di trattarli come vere icone del Cristo, il protagonista della storia, diventato racconto e portatore di quella bellezza che, come profetizzò F. Dostoevskij, «salverà il mondo»[1]. Non bisogna andare in cerca di esempi illustrativi per affermare che al centro dell'estetica lucana sta il Cristo stesso — l'incarnazione perfetta della Bellezza mai sperimentata dall'uomo. Non sembra che la scienza biblica proponga un modello diverso, quando afferma che l'opera di Luca costituisce un «mirador hacia la figura polivalente de Jesús en la realidad de su vida y ministerio»[2].

---

[1] *L'idiota*, I, Parte III, 5, 478-479. L'intuizione del grande scrittore russo trovò non pochi esponenti, tra i quali il più conosciuto nel mondo cattolico è P. Evdokimov, l'autore degli eccellenti saggi: *Teologia della bellezza*; *L'uomo icona di Cristo*. Cf. La tesi di M. Rigel Langella: *Salvezza come illuminazione*. In ambito cattolico è ammirevole il contributo del padre gesuita T. Špidlik, autore di un numero considerevole di pubblicazioni in merito. Tra le più rappresentative ricordiamo: *L'idée russe*; *La Spiritualità Russa*.

[2] E. RASCO, *Teología de Lucas*, 181-182.168. Mi sono permesso di combinare in una citazione le due acute affermazioni dell'autorevole esegeta, la cui esposizione sistematica dei grandi campi della ricerca su Lc è ben attenta all'accentuazione specifica del suo messaggio teologico. Cf. ad es.: «la vida de Jesús pertenece a la historia, pero ese Jesús [...] prolonga en el presente su acción por la aplicación y actualización de la palabra. Ningún evangelista lo hace con tanta fuerza como Lucas» (*Ibid.*, 163). Quest'aspetto presenziale è profondamente inserito nella tradizione e teologia dell'icona come fenomeno socio-culturale: cf. L. USPENSKIJ, *Teologia dell'icona*, 5-54.153-194.227-328, — con una stimolante messa a fuoco del suo significato e del messaggio trasformatore per il mondo contemporaneo: pp. 329-366.

Superando i limiti della parola scritta non è da sottovalutare neanche la portata comunicativa dell'evento visivo: «Gli occhi — e tutto il sistema visivo — sono considerati gli strumenti fondamentali della percezione e della ricezione delle informazioni e sono essi stessi forti mezzi di comunicazione non verbale»[3]. Già Platone nel *Fedro* accennava:

> la Bellezza era da vedersi, luminosa, allora, quando in un coro felice noi avevamo una beata visione e contemplazione [...] essa splendeva fra quegli enti <di lassù> come Essere e noi, venuti quaggiù, l'abbiamo colta con il più potente dei nostri sensi, poiché essa rifulge nel modo più intenso. La vista, in effetti, è la più acuta delle sensazioni che si ricevono mediante il corpo [...] Ora, la Bellezza soltanto <fra tutte le idee> ricevette la sorte d'essere ciò che più è manifesto e più è amabile[4].

La problematica accennata tocca nel vivo la trama del Terzo Vangelo, intessuta di scene pittoresche che promettono al lettore un godimento estetico. Non è sorprendente perciò, che tra i temi cari a Luca, quello del «vedere» abbia una funzione particolare in quanto attraversa tutto il Vangelo e si sviluppa con la massima evidenza a partire dagli attori e dai gruppi sociali che rappresentano in qualche modo diversi tipi di persone messe di fronte al mistero della venuta e dell'attività di Gesù. Ciò trova delle espressioni nuove in Atti, dove vengono approfonditi e messi in rilievo certi motivi apparsi nel Vangelo. I numerosi collega-

---

[3] A. APPIANO, *Comunicazione visiva*, 11. Lo studio presenta una panoramica delle diverse sfaccettature che il tema trova nell'arte, nel cinema, etc. Ciò che l'autrice dice a proposito della loro portata comunicativa ci sembra rilevante per l'argomento del nostro studio, legato in modo più specifico ai testi scritti. Cf. *Ibid.*: «Attraverso gli occhi l'uomo è condizionato dal proprio habitat, in quanto tutto ciò che lo circonda e viene filtrato attraverso la percezione visiva sostanzialmente lo modifica; e nello stesso tempo egli condiziona il proprio ambiente, in particolar modo in riferimento agli altri individui con i quali è in continuo rapporto comunicativo» (p.11).

[4] *Phdr.*, 250 B 6-7; D 1; D 6–E 1 (tr. it. in L.M. NAPOLITANO VALDITARA, *Platone e le «ragioni» dell'immagine*, 1-2). Merita d'essere riportato anche il commento da parte della studiosa di quest'intuizione brillante: «L'immagine visiva simboleggia per i Greci [...] una *comunicazione corretta e conoscitivamente proficua*, purché non ci si scambino sguardi invidiosi e astuti, così da nascondersi reciprocamente il volto, le intenzioni, il sapere che si possieda. La verità per Platone, anche quella concernente il fondamento e il divino, non è mai, infatti, frutto di un'illuminazione solitaria e si costruisce semmai [...] in un "rispecchiamento", in un rapporto scambievole fra vedenti. Solo da questo gioco di sguardo a sguardo, immagine dell'indagine dialettica, la scintilla veritiera dell'illuminazione può per entrambi scoccare» (*Ibid.*).

menti insiti in un tema così ricco contribuiscono alla visione completa e unitaria del Vangelo e dell'opera lucana nel suo insieme.

È un argomento interessante già dal punto di vista antropologico avendo per oggetto un'esperienza fondamentale di percezione fisica[5]. Nel contesto biblico poi essa viene colta con maggiore attenzione e rivisitata alla luce della storia salvifica e dell'agire divino che vi si manifesta solennemente e viene confrontata con la reazione umana che mostra la capacità di farne un'esperienza autentica e libera da parte dell'uomo[6].

A livello redazionale, poi, si scopre un grande interesse lucano nel presentare Gesù come Colui che attira l'attenzione, soprattutto a livello della percezione visiva[7]. Il motivo di Gesù come oggetto della visione,

---

[5] Uno degli studi di riferimento che si possono trovare nella bibliografia è il saggio di B. CHENU, *Tracce del volto*. Un altro esempio dell'uso di questo tema in un ambito vicino a quello biblico è offerto da una serie di articoli molto stimolanti di G. Marconi che presenteremo brevemente nel trattare lo *status quaestionis*.

Dal punto di vista teologico il problema è stato sufficientemente trattato dai pionieri del pensiero sistematico della dogmatica odierna: H. VON BALTHASAR, *Herrlichkeit: eine theologische Aesthetik*, I e III/2; H. DE LUBAC, *Le Mystere du Surnaturel*, spec. 257-272; R. LATOURELLE, *Théologie de la Révélation*, 399-416.435-486.506-523. Per uno sguardo sull'approccio non meno rigoroso della spiritualità orientale, si rimanda ai capolavori di T. Spidlik: *Lezioni sulla Divinoumanità*; *La doctrine spirituelle de Théophane le reclus*. È da menzionare una brillante monografia del famoso teologo russo V. Losskij: *Mystical Theology*, — a cui fa eco la raccolta dei saggi di P. Florenskij: *La Mistica e l'Anima Russa*, 75-131. Un'interessante corrispondenza a questo proposito s'incontra in: A. BELYJ – P. FLORENSKIJ, *L'arte, il simbolo e Dio*, spec. 42-43. Un'impressionante esegesi biblica inserita in una cornice antropologica è da trovare infine in: P. EVDOKIMOV, *L'uomo icona di Cristo*, 27-50; V. ZELINSKIY, *Mistero cuore speranza*.

[6] Cf. le pagine celebri della *Teologia dell'AT* di G. von Rad, riferite alla peculiarità del fenomeno del profetismo e della teologia dei *Profeti*: vol. II, spec. 70-103, — e all'articolo, in un certo senso innovatore, di W. Michaelis in: «ὁράω», 319-328. Rimando ad una riflessione molto più approfondita in: R. FORNARA, *La visione contraddetta*, 9-17.

[7] R. Meynet mediante l'analisi retorica semitica, mette in luce una serie di piccoli cenni tematici evocativi, come, ad esempio: «Vedere e camminare» (Lc 18,35-43), «Vedere e capire» (sequenza C7 [Lc 18,31–19,46], «Vedere e udire» (Lc 24,13-33b) (*Vangelo di Luca*, risp. 670.706.909). È molto significativa, in particolare, l'analisi della sequenza C7 che l'autore titola «Una lunga storia di ciechi» (pp. 699-711). In essa appare evidente il crescente dinamismo dell'accecamento dei personaggi che circondano Gesù (*folle, farisei, Gerusalemme* in generale) in contrasto con l'esemplarità dei singoli modelli della fede (il *cieco* di Gerico, *Zaccheo*). È stimolante anche ciò che dice nelle pagine conclusive evidenziando i legami tra *visione* e *testimonianza*, con la scomparsa della *visione* e *ascolto* (cf. R. MEYNET, *Luca*, 883ss).

infatti, percorre tutto il Vangelo: già nel proemio narrativo — che di per sé è l'*ouverture* del Vangelo — il «vedere Gesù» costituisce un motivo fondamentale (cf. Lc 2,15-20.25-32). Per il lettore non rimane nascosta l'insistenza sul *vedere la salvezza* di Dio: *I miei occhi hanno visto la tua salvezza...* (v. 29).

La continuità del motivo si nota soprattutto in passi dove Luca intenzionalmente cambia, oppure ricompone le sue fonti[8]. Il lettore percepisce e progredisce nella logica accennata soprattutto grazie ad una serie d'incontri con Gesù, che, come nel Quarto Vangelo, rappresentano dei veri paradigmi della comunicazione che si stabilisce tra gli attanti[9]. Passo dopo passo s'intensifica anche il potenziale pragma-linguistico delle singole espressioni e metafore visive. In tale maniera il discorso sul *vedere* diviene sempre più convincente per sfociare poi nell'apice narrativo — il fine logico dello sviluppo teologico dell'argomento trattato — le apparizioni del Gesù risorto (Lc 24)[10]. Queste dimostrano la ric-

---

[8] Cf. un articolo che esamina passi redazionali lucani in cui viene accentuata l'importanza del *vedere*: D. HAMM, «Sight to the Blind», 457-477. L'intuizione dell'autore, che in un certo senso ci ha guidato nella scelta dell'argomento, è propriamente questa: a Luca sta a cuore il dipingere il progressivo svelamento dell'identità di Gesù servendosi della metafora della vista. Cf. i titoli evocativi della presentazione di D. Hamm: I. Jesus as Enabler of Vision; II. Jesus as the Object of Vision; III. Fulfillment: Vision at Calvary and Emmaus. Il motivo del «vedere Gesù» acquista perciò un'evidente importanza in Lc che sa abilmente accentuarla sia nei suoi passi propri che in quelli redazionali.

[9] Il problema è stato esaurientemente trattato da R. Vignolo nel saggio *Personaggi del Quarto Vangelo*. Le conclusioni a cui giunge l'autore sono illuminanti per la ricerca che stiamo per inaugurare: «Un dialogo particolarmente fitto viene [...] instaurarsi tra narratore e destinatari di tutti i tempi chiamati alla fede proprio attraverso i personaggi che accolgono (o non accolgono) la rivelazione cristologica. Questi sono infatti presentati al lettore come figure della fede o dell'incredulità, alle quali egli viene invitato a guardare prestando attento discernimento in ordine all'assimilarsi o al differenziarsi da loro, il tutto in vista di un'adeguata determinazione della propria fede. A loro modo anche i personaggi giovannei possono in un certo senso essere considerati come dei "segni", o meglio ancora dei paradigmi — proprio in quanto destinatari dei segni operati dal Cristo rivelatore. Insieme a questi (e a tutti gli altri contenuti e alle sofisticate strategie narrative del vangelo) anche i personaggi concorrono a produrre nei confronti del lettore quell'opera di "persuasione cristologica" tenacemente perseguita da questo "vangelo testimoniale"» (pp. 49-50). Non condividiamo — è importante notarlo — il pessimismo dell'esegeta nei confronti delle ricostruzioni testuali dette «strategie», fondamentali, invece, per la nostra ricerca.

[10] Sulla funzione narrativa di Lc 24 vedasi un'ottima sintesi di J.-N. Aletti (*L'arte di raccontare*, 151-169), ove vengono valorizzate diverse tecniche narrative di Luca che gettano luce sul motivo dominante di questa sezione: il «vedere Gesù» in quanto un'elaborazione tipicamente lucana.

chezza e dinamicità, dovute al fatto che lo stesso *vedere*, alla fine del Vangelo, assume un carattere di cerniera, in quanto chiude l'arco tematico apertosi in Lc 1–3 e guarda insieme all'inizio del secondo libro di Luca che ne garantisce la continuità.

Scoprire quale importanza abbia il «vedere Gesù» in Lc ci porterà a conclusioni teologiche importanti, valide per l'analisi successiva del libro degli Atti a cui faremo pur brevemente dei rimandi. Il capire come interagiscono le diverse sfaccettature del tema contribuirà alla valutazione del ruolo attribuitogli da Luca. In questa luce risplenderà meglio, si spera, anche il suo progetto di presentare separatamente la vita e il ministero terreno di Gesù e quello della Chiesa. Non va escluso dall'orizzonte della presente indagine nemmeno la rilevanza del contesto socio-culturale in cui fu plasmato un così forte testimone dell'inevitabilità ed efficacia salvifica del *vedere*[11].

Il «vedere Gesù» in Lc esce dal quadro sinottico avendo molti punti in comune con il Vangelo e l'opera giovannea[12]. Sarebbe interessante a tal fine addentrarsi in una problematica che spesso viene toccata dagli studiosi, ma non trova un'attenzione particolare o finisce per aumentare ipotesi che richiederebbero analisi minuziose, mentre in verità sono scarse. La nostra ricerca, che sicuramente coinvolgerà l'esame dei parallelismi nei vangeli menzionati, terrà conto anche di questo, mostrando interesse verso il rapporto tra diverse tradizioni, senza escludere quella giovannea[13].

---

[11] I libri di riferimento relativamente quest'aspetto non secondario nei limiti metodologici della ricerca (cf. sotto, *Metodo*), saranno i seguenti: I. RIZZINI, *L'occhio parlante*; L.M. NAPOLITANO VALDITARA, *Platone e le «ragioni» dell'immagine*; ID., *Lo sguardo nel buio*.

[12] Cf. quei motivi che si possono notare facilmente: il vedere e la cecità, il vedere come la testimonianza, il vedere per scoprire l'identità di Gesù e del prossimo, ossia per riconoscere: «Cristo come luce e illuminatore» (B. PRETE, «Beati», 109, n. 20).

[13] Per evidenziare la predilezione lucana per la tematica del *vedere* che, come si è visto, è ben più di un semplice motivo, è utile un confronto sinottico e quello con Gv che si può trovare, riferito ai due vocaboli centrali, ὁράω e, in: F. LENTZEN-DEIS, *Die Taufe Jesu*, 42-43.

L'esame più approfondito del vocabolario lucano della vista ci convince del ruolo strategico e dell'interazione mirata dei verbi seguenti: ὁράω, (ἐπι-, ἀνα-, ἐν-)βλέπω, ἀτενίζω, θεάομαι, θεωρέω, (ἐπι-) γινώσκω. Tutti sono organizzati narrativamente in modo tale da far progredire il lettore attento alla loro frequenza nella logica del riconoscimento. Prendendo come punto di partenza la storia di Zaccheo si intuisce facilmente la centralità e lo spessore comunicativo del vb. ὁράω attorno al quale si svolge la drammatica *performance* della visione (Lc 19,3.7). Ad avviarla sono i verbi della radice βλεπ-, ἀτενιζ- e θεάομαι (Lc 18.41-43 e 24,12; Lc 4,20 e At 1,9-11; Lc 7,24;

2. Status quaestionis

Nonostante i dati testuali del Vangelo di Lc, il numero degli studi dedicati all'analisi tematica del *vedere* è limitato, soprattutto se prendiamo in considerazione le ripercussioni che lo stesso argomento ha avuto nella ricerca su Gv[14]. I tentativi di trovare in Lc una coerenza simile del tema e dargli una spiegazione teologica sono stati più modesti, anche se c'è una chiara insistenza da parte di Luca sulla necessità di *vedere* che qualifica l'atteggiamento della persona messa a confronto con il compimento dei tempi nella persona di Gesù.

Negli studi sull'opera lucana una gran risonanza ha avuto la concezione della *«Heilsgeschichte»*, all'interno della quale si collocava il motivo della *testimonianza oculare* quale elaborazione prevalentemente lucana. Lo pose in evidenza già W. Michaelis[15] affermando che nella teologia di Luca:

23,55 e At 1,11) — i registratori narrativi dell'intensità e dell'indagare interessato d'ogni contatto visivo. Ai verbi θεωρέω ed (ἐπι-) γινώσκω è affidato in questo scenario un ruolo particolare, ovvero segnalare i momenti di forte progressione della ricerca visiva, quando la meta del vedere si presente in modo stupefacente: presso la croce (Lc 23,35.48) e a tavola, in Emmaus, alla fine del cammino (24,31). L'ultimo vb. appartiene al vocabolario del *vedere* per il semplice fatto che viene relazionato dal narratore con il vb. διανοίγω (*aprire* gli occhi; cf. 24,32.45). Il *riconoscimento* infatti sarà il compimento dello sviluppo narrativo del vedere cantato precocemente nel *Nunc dimittis*: εἶδον οἱ ὀφθαλμοί μου... (2,30). Per proseguire nella logica narrativa detta «cammino del vedere», attuata per mezzo dei significativi cambiamenti del vocabolario della vista e qui solo accennata, rimando alle note nei capitoli successivi della parte seconda.

[14] Questo si nota soprattutto nei dizionari biblici che trattano separatamente il «vedere giovanneo»: cf., ad es., W. MICHAELIS, «ὁράω», 362-365. Per un cenno bibliografico vedasi: *Ibid.*, 316-317; J. KREMER, «ὁράω», 526. Molti studi sono stati fatti recentemente, come, ad es.: M. LABAHN, «"Blinded by the Light"», 453-509; F. RAMOS PEREZ, *Ver a Jesús y sus signos.*

[15] «ὁράω», GLNT, 978-979. In modo simile, postulando cioè un principio antitetico che considera un argomento contrario quello da scartare e procede piuttosto per negazioni, mette in evidenza la prevalenza del *vedere* sull'ascolto in Lc H. Conzelmann (*Il centro*, 203-205). Egli attribuisce ciò alle tendenze cristologiche di un Vangelo che ripensa il dato tradizionale nelle categorie dell'*opera* di Gesù, non già la parola potente (cf. Mc), ossia le «azioni che sono indizio del tempo salvifico che con Cristo è "apparso"». Da ciò si evince un forte insistere sulla venuta del *Regno*: «nelle azioni di Gesù abbiamo l'immagine della salvezza. Nelle sue parole il regno è proclamato, e quindi esse interpretano la sostanza della sua azione. Anche in quest'ottica, quindi, quello che Gesù compie viene per primo; lo dimostrano i detti sul "vedere il regno"» (*Ibid.*, 205, n. 64).

si tratta di un aver visto [ein Gesehenhaben] sfociante necessariamente nella predicazione della comunità credente, perché non si limita unicamente alla sensazione ed all'osservazione dell'accaduto, ma è penetrato fino al significato profondo dei fatti e li ha riconosciuti come rivelazione che va recepita con fede... Legittima è quindi soltanto quella testimonianza oculare nella quale il momento della fede non passa in seconda linea rispetto a quello visivo. Per questa medesima ragione i vangeli sono sì fondati sulla tradizione dei testimoni diretti, ma non si presentano sotto la forma di testimonianze oculari.

Da questo punto di vista, l'interesse per l'*Augenzeugenschaft* come fenomeno storicizzante, fondante per il *kerygma* apostolico, non esce dal quadro della ricerca delle tracce del Gesù storico, che continua ad animare la teologia biblica contemporanea[16]. Rimane veritiero invece il contenuto teologico del *kerygma* primitivo che ciascun evangelista rende trasparente nella propria concezione dell'evento Gesù. Renderlo in una chiave ermeneutica differente, più adatta ai bisogni dell'uomo di oggi, ci pare il compito urgente dell'esegesi odierna che con questo ricupera la sua dimensione pragmatica:

Scritti alla luce della fede post-pasquale e in vista della situazione presente delle comunità, i Vangeli non s'interessano tanto a chi era Gesù, ma vogliono mettere i credenti a contatto con Gesù attualmente vivo e presente. Alla fedeltà fondamentale al dato storico — il passato serve ad illuminare Cristo attualmente presente e a dare un volto alla sua Signoria —, corrisponde anche una creatività e una libertà tipica della fede pasquale nel trasmettere la tradizione su Gesù e di Gesù, ma sempre al servizio del senso salvifico dell'opera di Cristo e del mistero profondo della sua persona[17].

Tra i contributi sul «vedere» in Lc è anzitutto da menzionare il saggio esegetico di J.-N. Aletti un paragrafo del quale ha un titolo di rilievo: «Lc 19,1-10: Vedere ed esser visto. La posta in gioco di un incontro»[18]. Basandosi sulla pericope studiata l'autore sottolinea l'impor-

---

[16] Cf. BENEDETTO XVI, *Gesù di Nazaret*, I-II, — e altre pubblicazioni recenti: G. BARBAGLIO, *Gesù ebreo*; R. BAUCKHAM, *Gesù e i testimoni oculari*. Un pregevole *status quaestionis* è da trovare in: V. FUSCO, «La quête du Jésus historique», 25-27.

[17] G. ROSSÉ, *Il grido di Gesù*, 19-20, n. 7.

[18] *L'arte di raccontare Gesù*, 17-34. Il merito dell'autore è di richiamare l'attenzione alle implicazioni narrative dei motivi e dei temi teologici di Lc. L'analisi accurata e fondante dei testi lucani permette, infatti, di sviluppare alcune intuizioni perspicaci che questi trae dalla ricchezza di un approccio coerente e da una grande dimestichezza con la narrativa biblica. Prendendo spunto dalla tematica del *vedere*,

tanza del nostro argomento ed evidenzia alcune sue corrispondenze nel Vangelo. L'intuizione che attraversa tutto il libro — la convergenza tra l'inizio e la fine del Vangelo — ci ha convinto dell'utilità e della ragionevolezza di esaminare un tema così rappresentativo del Terzo Vangelo, che schiude un arco delimitato appunto dalle parti estreme del primo «volume» dell'opera lucana[19].

Un articolo molto stimolante e rigoroso è offerto da D. Hamm[20]. L'autore esamina attentamente i passi redazionali di Lc e alla fine fa una riflessione teologica basata sulla classificazione tematica[21]. Il valore dell'analisi fatta è sicuramente da tener presente nel prosieguo della ricerca che l'avrà come punto di riferimento principale, pur ampliandone misura e obiettivi.

---

apparsa e messa in rilievo egregiamente da J.-N. Aletti, ci sentiamo in dovere di raccogliere la sfida interpretativa da lui lanciata e aderire, con certi limiti, al procedimento esegetico ivi esemplificato. Cf. sotto, p. 31 (n. 62).

[19] Altri articoli più circoscritti sono i seguenti:

Quello di J. Vitório («E procurava ver») evidenzia il carattere programmatico dell'unità Lc 18,35–19,10 per la dinamica del *vedere* nel Terzo Vangelo e trae conclusioni teologiche interessanti. Un piccolo studio di A. Rodenas («La vision de la cruz») è della medesima importanza in quanto offre una breve analisi lessicografica: l'autore riesce a fare una buona sintesi teologica a proposito del valore salvifico del «vedere Gesù crocifisso» nella parte finale del vangelo che, come vedremo, è pieno di richiami.

Tra gli autori attenti al nostro tema ci sono da nominare R. Dillon (*Eye-Witnesses*) e R. O'Toole (*Acts 26*). Cf. anche i preziosi suggerimenti di R. Tannehill sulla metafora della *luce* nell'opera lucana: *The Narrative Unity*, I, 66-67.

Inoltre, sul tema del *vedere* in Atti segnaliamo una tesi, purtroppo non pubblicata, di R. Johnson (vedasi nella bibliografia) che analizza insieme il motivo dell'ascolto in riferimento al famoso passo di Is 6,9-10 su cui disponiamo di una abbondante bibliografia: cf. il saggio classico di J. Gnilka: *Die Verstockung Israels* (per una bibliografia più aggiornata si consulti: C.A. EVANS, *To See and Not Perceive*). La funzione di questa citazione del Primo Testamento è di farci interrogare sulla sua influenza nell'insieme della concezione lucana del *vedere* e non solo in collegamento con il motivo dell'ascolto con cui, in questo caso, è intercambiabile.

[20] «Sight to the Blind», *Bib.* 67 (1986) 457-477. L'analisi fatta dall'autore è assai rappresentativa, perché mette a fuoco lo spessore teologico del tema «vedere Gesù» nel Vangelo. L'articolazione interna di questo argomento, elaborata dettagliatamente dallo studioso segna un evidente sviluppo tematico e facilita un'adeguata comprensione delle sue affermazioni esegetiche. Cf. p. 12, n. 8.

[21] Nel libro di G. Marconi la classificazione delle diverse sfaccettature del *vedere* è presente, ma è molto più variegata e sottomessa allo schema scientifico scelto dall'autore. Cf., ad es., l'inclino filosofico del titolo e paragrafo seguente: «Debolezza e visibilità», in ID., *La comunicazione visiva*, 109-111.

È inoltre da rilevare lo studio di G. Marconi[22] che ha raccolto i suoi saggi, di natura divulgativa, trattando i testi come un'elaborazione lucana vista nel suo spessore estetico. Qui trova posto, comunque, anche un'analisi prettamente biblica. Un altro vantaggio di queste indagini sono i rimandi bibliografici: ne fanno parte articoli dello stesso autore[23].

Dal punto di vista metodologico ci è servita da guida la tesi brillante di R. Fornara, la cui impostazione dialettica tra visione ed invisibilità estesa al vastamente ricco patrimonio della Bibbia Ebraica non poteva che rischiarare meglio gli obiettivi nonché i vantaggi comunicativi dello studio presente[24].

Come si vede, la scarsità, o meglio, l'assenza di investigazioni complete sul *vedere* in Lc dà un forte stimolo ad un'indagine esegetica approfondita di questo motivo. A partire dai singoli episodi, figure e testimonianze, esemplificati lungo le pagine evangeliche, esso costituisce un ricco tema teologico, ossia, «vedere Gesù», e quindi serve da faro per il lettore lucano. Allo stesso modo è servito per rintracciare un mosaico celebre dell'icona lucana di Gesù, a partire dalle notizie sporadiche e frammentate dei commentari e degli studi più specifici, e soprattutto dal retaggio testuale di Lc, che è la vera guida della ricerca.

3. Metodo

Un metodo deve essere sempre relazionato al testo...
La lettura di un testo di per sé è un evento comunicativo in cui trova espressione un invito alla collaborazione sfociante in un agire concreto. La tesi recente di E. Obara[25] ci ha indicato la strada insegnando una ricerca laboriosa della verità biblica in una relazione faccia a faccia. Il *corpus* trito-isaiano preso come obiettivo sotto la prospettiva dell'alterità ha dato prova d'una esperta penetrazione del mistero salvifico a cui il Volto ci chiama. L'affinità teologica dei temi abbordati

---

[22] *La comunicazione visiva nel Vangelo di Luca.* Il merito dell'autore è soprattutto quello di fare una rassegna in cui unisce tutti i suoi studi sul tema. Ciò dà coesione alla sua presentazione che, di per sé, è un buon esempio di coerenza tematica nonché metodologica.

[23] L'elenco degli articoli scelti vedasi nella bibliografia.

[24] R. FORNARA, *La visione contraddetta.* Dello stesso autore è l'articolo sul *vedere* in entrambi gli Testamenti, apparso nel *TTB*: «Vedere/Visione», 1488-1495. Vi trova spazio pure l'opera lucana avente la parte attiva nel ruolo attribuito agli occhi nel disegno divino.

[25] *Strategie di Dio: dinamiche comunicative nei discorsi divini del Trito-Isaia.*

dall'autrice con grande dimestichezza e quelli che avvieremo qui è dovuta innanzitutto alla rilevanza comunicativa del *vedere* quale motivo unificante. Leggere, per un lettore, significa innanzitutto «ascoltare» il testo, e cioè entrare in relazione con l'autore che l'aveva creato e quindi percepire il messaggio specifico da lui voluto che non sempre si limita alle parole. A questo punto anche il silenzio può assumere una funzione comunicativa e dare un impulso pragmatico al lettore.

Nel nostro caso questa portata comunicativa è imprescindibilmente legata alla comunicazione del testo che trasmette l'evento. L'analisi delle tecniche comunicative proprie del testo biblico aiuterà a comprendere, in maniera profonda, ciò che contraddistingue il senso e la funzione della visione[26]. Una riflessione che suggerisce di occuparsi di questo aspetto, soprattutto nel campo biblico, è il fatto che: «La faccia dalla quale si è visti è anche da vedere perché racconta della persona di chi sta dinanzi»[27]. Applicando questo principio al nostro tema si può affermare che per vedere il mistero di Gesù negli episodi descritti occorre cercare di individuare che funzione hanno certe espressioni della visione in ordine alla comunicazione.

In modo più dettagliato si può affermare che il *raccontare* possa essere inquadrato nell'orizzonte più ampio del *comunicare*, ammettendo che sia diverso dalla comunicazione orale e non verbale. Ciò che contraddistingue poi la composizione dei testi scritti è il fatto che vi si trovino contenute le precise tecniche comunicative che non possono essere distinte da quelle narrative. Questo principio fondamentale esplicita U. Eco, quando parla della semiotica e quindi sottintende il testo come un sistema di segni:

> Un sistema di significazione è [...] un costrutto semiotico autonomo che possiede modalità d'esistenza del tutto astratte, indipendenti da ogni possibile atto di comunicazione che l'attualizzi.
>
> Al contrario, [...] ogni processo di comunicazione tra esseri umani [...] presuppone un sistema di significazione come propria condizione necessaria.

---

[26] In questo senso sarà molto utile un confronto con l'antica concezione ebraica del *vedere* che è stata studiata con grande cura da R. Fornara: *La visione contraddetta*. Come Luca ne sia debitore sarà esaminato a partire dall'analisi semantica dei testi scelti, sullo sfondo biblico e culturale di certi aspetti concettuali, vocaboli e espressioni presenti nel suo vangelo. Per il retaggio culturale greco è sufficiente un breve *excursus* di G. Marconi accompagnato da una bibliografia sostanziale (*La comunicazione visiva*, 9-14).

[27] G. MARCONI, *La comunicazione visiva*, 9.

È dunque possibile (anche se non del tutto desiderabile) stabilire una semiotica della significazione che sia indipendente da una semiotica della comunicazione, ma è impossibile stabilire una semiotica della comunicazione indipendente dalla semiotica della significazione[28.]

Il dato essenziale della formazione dei testi biblici non è tuttavia che essi instaurino e tengano viva una comunicazione, ma soprattutto che siano in grado di incarnare una teologia che va oltre la semplice espressione verbale. Il racconto diventa dunque teologia e inversamente. In altre parole, il processo della lettura si snoda in una «teologia narrante», teologia raccontata, ovvero la «teologia si dice nella narratività»[29]. Riferendosi a Luca è da precisare ulteriormente che il suo lettore è competente perfino nel leggere teologicamente la storia[30]. Stando così le cose, lo stesso racconto, agli occhi di chi legge, si trasforma nella storia vista e interpretata quindi nelle categorie teologiche. In sostanza, il nostro approccio metodologico può essere definito come narrativo-teologico: una teologia narrata e narrante, con delle specificità.

Come s'era già affermato, la lettura renderà il racconto teologico di Lc in chiave comunicativa. Ciò significa che essa porrà al centro la ricostruzione della strategia testuale, la quale si manifesta nell'«andamento testuale che offre "una catena di ragioni e motivi" per l'azione»[31]. D'altra parte, come accenna a ragione U. Eco, in ogni testo preciso questa strategia viene ad avere una duplice connotazione. E non è illecito neanche vedere due strategie testuali o due tipi della medesima esemplificate nelle figure letterali dell'Autore e Lettore. Dato che ci si

---

[28] *Trattato di semiotica generale*, 19.

[29] Per le espressioni citate rimando rispettivamente a: J.-N. ALETTI, *Il racconto come teologia*, 7; D. MARGUERAT, ed., *Quand la Bible se raconte*, 36.

[30] Cf. D. MARGUERAT, «L'exégèse biblique», 33. Il punto di partenza della riflessione metodica dell'esegeta francese è il passo rappresentativo di At 4,23-31, ma la tendenza accennata è giustificata da tutto il dittico lucano, accuratamente improntato sulla continuità della storia della salvezza. Cf. spec. V. FUSCO, «Progetto storiografico», 123-152.

[31] F. LENTZEN-DEIS, «Metodi dell'esegesi», 734. Deriva da qui l'identificazione dei cosiddetti «modelli di azione» sotto il profilo dei quali si decodifica la strategia «cristallizzata nei testi». Cf. l'importante precisazione di M. Grilli: «La Scrittura non intende presentare soltanto un compendio di informazioni [...] mira, piuttosto, a far identificare i propri lettori con le soluzioni e valori che propone, a dettare «modelli». Il termine «modello», in questo ambito pragmatico, sta ad identificare il testo non più come contenitore di significati, ma come «criterio» e «norma» dell'agire» («Autore e lettore», 455).

trova davanti ad una «duplice situazione»[32], non si può prescindere dal carattere dialettico dei rapporti intratestuali tra i due modelli identificati, che presuppongono e determinano il processo della lettura. In questa luce dunque si privilegerà un continuo ricorso alle competenze testuali del Lettore inscritto o costruito dal testo — il cosiddetto Lettore Modello di U. Eco[33], — facendo leva sul carattere pragmatico delle relazioni che si stabiliscono tra questi e l'Autore[34]. È importante notare che la condizione *sine qua non* del processo comunicativo è il testo stesso come inizio e punto culminante dell'incontro. Essendo una unità armonica e coesa, esso è accuratamente modellato in ordine alla comunicazione e perciò lascia scorgere sempre un orientamento strategico voluto dal Narratore[35]. Perciò il punto privilegiato della nostra analisi sarà il testo medesimo con le sue reticenze, ambiguità e contraddizioni. Scoprirlo ed esplicitarlo non sarà altro che mettere in risalto la nozione

---

[32] U. Eco, *Lector in fabula*, 62.

[33] La definizione teorica delle categorie del Lettore e Autore come strategie testuali è data in: U. Eco, *Lector in fabula*, 50-56.60-62. È importante la tesi dello studioso che fa emergere il carattere spontaneo e coinvolgente di questo modellamento: «Autore e lettore modello sono due immagini che si definiscono reciprocamente solo nel corso e alla fine della lettura. Si costruiscono a vicenda. [...] essi rappresentano pure strategie testuali, che si dispongono in forma di appello, come l'inizio di un dialogo. L'intervento di un soggetto che parla [sarebbe il Narratore dello schema narrativo classico; S.A.] è complementare all'attivazione di un lettore modello che sappia continuare il gioco dell'indagine sui giochi, e il profilo intellettuale di questo lettore, persino la passione che lo spingerà a giocare questo gioco sui giochi, sono determinati solo dal tipo di operazioni interpretative che quella voce gli chiede di compiere: considerare, guardare, vedere, osservare, trovare parentele e somiglianze» (ID., *Sei passeggiate,* 30-31).

[34] La terminologia può essere variata — Autore, Narratore o semplicemente l'evangelista, Luca, — tenendo presente l'importante distinzione che va fatta tra le figure ipotetiche del Lettore e Autore Modello (qui, semplicemente Lettore e Autore); il Narratore in senso stretto, ossia come istanza narrativa, e le figure empiriche: lettore/i, comunità lucana, Luca stesso come ente storico. Nell'analisi esegetica si preferirà in ogni caso seguire più attentamente il cammino del Lettore lasciando sottinteso il ruolo che vi gioca l'Autore come «ipotesi interpretativa» del lettore empirico, soggetta alla fluidità e al gioco delle circostanze concrete (U. Eco, *Lector in fabula*, 62-66). A proposito della moltiplicazione, soprattutto negli ultimi decenni, delle varianti e proposte terminologiche riguardanti le istanze narrative quali autore e lettore nonché i «modelli di lettura», e le difficoltà che ne derivano cf. M. Grilli, «Autore e lettore», 450-452; J.-N. Aletti, *L'arte di raccontare*, 185, n. 1.

[35] Cf. la sintesi teorica di A. Fumagalli (*Gesù crocifisso*, 49): «È la costruzione del LETTORE implicito la fondamentale strategia testuale attraverso cui si esprime il progetto globale del testo, cioè la sua FUNZIONE COMUNICATIVA e, dunque, la stessa efficacia operativa del testo».

pragmatica dell'evento comunicativo che ogni testo costituisce[36]. Questo fenomeno è avvertito da uno dei padri fondatori dell'analisi letterale-poetica della Bibbia, L. Alonso Schökel:

> La lengua literaria [...] ama la pluralidad y complejidad, incluye el factor personal de autor y lector, actualiza connotaciones, despierta alusiones, no rehúye ambigüedades sugestivas, prefiere la novedad inesperada y la sorpresa, traspone la expresión a plano metafórico o simbólico. [...] en el lenguaje literario, la tensión se concentra en la obra, puente entre el autor y el lector, objetivación artística que vuelve a ser subjetivada[37].

In tal modo appare ancora meglio la natura specifica della narrativa biblica che è Parola fattasi carne, Parola *a doppio taglio* (Ap 2,12; cf. Eb 4,12) e quindi provocante, interpellativa ed efficace, il cui scopo è mettere il lettore davanti alla propria verità in quanto uomo[38].

---

[36] Cf. J. PEREZ, *Figura de Dios,* 25-27; M. GRILLI, «Evento comunicativo», 670-674. Abbiamo spiegato molto brevemente i postulati dell'approccio comunicativo che, di per sé, richiedono un'esposizione teorica rigorosa. Non mancano i contributi in merito, tra i quali è indubbiamente notevole quello di J. Pérez, esposto nel primo cap. della sua tesi dottorale, dedicato all'ermeneutica: *La figura de Dios*, 25-63. L'attenzione che si presta qui ai fenomeni prettamente narrativi della comunicazione è di particolare interesse e prevale, in un certo senso, nell'intenzione metodologica dell'autore. Il nostro intento era quello di aderire maggiormente alle molteplici risonanze comunicative della cooperazione testuale, compresi gli ambiti extra-biblici ed extra-narrativi, e esplicitarne alcune chiavi di lettura. È ciò che promuoverà il nostro studio, senza pretendere di tracciare il quadro teorico completo della metodologia soggiacente. Per l'approfondimento si rimanda all'*Introduzione* della tesi di A. Fumagalli che offre al riguardo un contributo pregevole, soprattutto dal punto di vista della pragmatica: *Gesù crocifisso*, 19-62.

[37] L. ALONSO SCHÖKEL, *Hermenéutica*, I, 92.

[38] Cf. P.-L. DUBIED, «La question du narrateur», 255: «certains récits [l'autore si riferisce alla letteratura mondiale; S.A.] ont eu et auront cet extraordinaire pouvoir de nous remettre de manière pressant devant la question du sens de notre vie». Rifacendosi alla narrativa biblica vanno presi in considerazione gli importanti suggerimenti di B. Costacurta, nell'articolo dedicato alla «lettura credente» della Bibbia. La tesi che difende l'autrice pone in risalto che non si possono esaurire o ridurre le potenzialità del testo ispirato ad una serie di procedimenti esegetici imposti meccanicamente. Essendo un «libro di fede» esso deve essere interpretato anche in un contesto di fede, che guarda alla unità dei contenuti teologici e della Scrittura stessa: «Esegesi e lettura credente», 739-745. Ciò si spiega meglio nell'orizzonte più vasto della teologia fondamentale, preso in modo brillante nell'obiettivo della discussione dall'allora cardinale J. RATZINGER, «L'interpretazione biblica», 98.105-122. Per le implicazioni socio-culturali del concetto ebraico di «verità» innesto nel testo biblico vedasi: K. BERGER, «Meine Hermeneutik», 314-315; M. GRILLI, *L'impotenza che salva*, 18-19. Cf. l'attenzione particolare egregiamente richiamata da L. Alonso Schökel al carattere

Il discorso metodologico finora esplorato ci induce a fare un passo ulteriore per riscoprire i risvolti comunicativi del fascino psicologico della narrazione lucana. Luca difatti è uno scrittore dotato ed esperto da questo punto di vista, perché sa esplicitare al massimo lo stato d'animo dei suoi personaggi nonché drammatizzare la situazione, eccitando la compassione e partecipazione nel lettore. Questa messa a fuoco di sentimenti, emozioni, perturbazioni va oltre una semplice focalizzazione interna del racconto. Siamo davvero alla presenza di complessi meccanismi iper-narrativi, veicolati dall'intimità del mondo interiore e dall'esperienza comune degli esseri umani, messi a confronto con i fenomeni fisiologici più sorprendenti[39]. Sotto questo aspetto la narrativa lucana è ricca da esplorare, perché non solo dice ciò che è provato *a posteriori* in una situazione del genere, bensì destabilizza *a priori* le credenze che il lettore ha del mondo e di se stesso. La prospettiva pragmatica rende possibile il compito di analizzare un processo così delicato fornendo degli impulsi che provocano il ripensamento totale — un

---

esistenziale e persuasivo del parlare umano che, in applicazione ai testi, ha una risonanza ancora maggiore: *La parola ispirata*, 320-346; *Hermenéutica*, I, spec. 84-87.90.

[39] È uno studio esemplare, sotto questo punto di vista, dedicato al motivo e ad una esperienza comunemente provata — la *paura*, — la tesi dottorale di B. Costacurta: *La vita minacciata*. La sua base e coerenza metodologiche rigorose ci hanno convinto della necessità e fondatezza d'esaminare le dinamiche simili nel Terzo Vangelo che si presta assai bene ad un'analisi del genere. Incoraggia anche il fatto che non siamo pionieri in questo campo. Cf. le acute osservazioni di K. Berger: «mythische Elemente der Bibel — si parla di *tipologie, immagini, metafore* etc. — [haben] eine besondere Bedeutung für die Emotionalität der Hörer. Denn in ihnen geht es um Grundvorgänge des Lebens, die allen eingehenden Begrenzungen enthoben sind. [...] die vernachlässigte Dimension der religiösen Erfahrung geht weit über die hermeneutisch zentrale Funktion der Bilder und Symbole hinaus. Man beginnt gerade eben erst, die genuin religiöse Dimension zum Beispiel der Unterbrechung (Schweigen, Fasten) wiederzuentdecken. Und all das ist für die Inszenierung der Applikation wichtig, weil sie vor allem "übers Herz" verläuft» («Meine Hermeneutik», 316). Per l'esposizione dettagliata di questa intuizione insieme ermeneutica e metodologica si consulti: K. BERGER, *Ermeneutica del NT*, 200-213; ID., *Historische Psychologie*. Sono indicativi anche i contributi dell'analisi semiotica: ad es., il breve, ma illustrativo saggio di T. de Saussure: «Narration et psychanalyse», 179-189. Per avere una visione molto più completa dei contributi della psicologia e delle scienze ad essa affiancate, nell'analisi narrativa, rimando al libro di K. Kuhn (*Heart of Biblical Narrative*, spec. 1-5) che focalizza l'attenzione sulla natura affettiva d'ogni processo di lettura basandosi, sulla fenomenologia narrativa dell'*emozione*. Esso fornisce un breve *status quaestionis* in merito e una consistente bibliografia. Non mancano gli esempi concreti dell'applicazione di quest'approccio ai testi evangelici di Luca: *Ibid.*, 61-130.

capovolgimento — degli schemi normalmente validi[40]. A livello antropologico questo ha a che fare direttamente con l'arte della percezione — sensitiva o intellettiva — e quindi ci riporta alla discussione introduttiva sul ruolo degli *occhi* nella comunicazione. Sembra dunque giustificato il nesso logico, gradualmente costruito tra la comunicazione visiva e quella narrativa che a sua volta genera teologia e presuppone un cambiamento radicale in chi legge, ovvero un impatto psicologico[41].

L'ultima precisazione metodologica riguarda il ruolo della pragmatica. Si è tentato di mostrare precedentemente la sua importanza e funzionalità e qui, come riassunto ed evocativo rimando al tema scelto, illustriamo questo dato con tre belle metafore dell'opera letteraria, prestate dalla rassegna storico-panoramica di J.L. Ska[42]. La prima è lo

---

[40] Di questo fenomeno parla, ad es., P. Bühler partendo dai presupposti della letteratura drammaturgica ellenistica. Passando poi alla narrativa evangelica, ne esplicita l'impatto profondo sul lettore, soprattutto nell'ambito della cristologia: «du point de vue de la cristologie, la narration s'enracine dans la discordance et elle n'a pour but que l'effort de la dire comme un renversement surprenant dans les rapports entre Dieu et les hommes» («Le renversement imprévu», 281). P.-L. Dubied denomina lo stesso meccanismo come l'«effet du bouleversement», accentuando la sua portata, specialmente nel paragrafo «La force de la narration»: «La question du narrateur», 255-257. Non convince, però, il suo scetticismo a proposito della capacità della psicologia di afferrare quest'effetto della narrazione: *Ibid.*, 256.
Argomenti antitetici sono da trovare in L. ALONSO SCHÖKEL, *Hermenéutica*, I, 90. Egli dice, infatti,: «el lenguaje literario, por una parte estrema el contenido, por otra apura las formas. Si todo lenguaje es interpretación, acto hermenéutico, el lenguaje literario lo es en mayor grado. [...] en su esfuerzo por dar forma, no estrecha, sino más bien ensancha el campo de observación a las zonas más profundas y sublimes de la vida humana. Los grandes intérpretes del hombre no se llaman únicamente Wundt o Freud o Jung, sino también y más Cervantes, Shakespeare y Tolstoi».
[41] Questa funzione della narratività — the *psychological impact* — è stata messa in rilievo da non pochi studiosi e psicologi, ad es., in una rassegna come questa: R. KREUZ – M. MCNEALY, ed., *Empirical Approaches*. Cf. studi più specifici: D. MIALL, «Anticipation and Feeling», 275-298; D. MIALL – D. KUILKEN, «A Feeling for Fiction», 221-241.
[42] «Le livre de Ruth», 43-44. Nella sua introduzione metodologica il biblista fiammingo propone una rassegna storica di alcune immagini e metafore sfruttate lungo i secoli per definire i principi gnoseologici della letteratura. Per la periodizzazione e le opere citate si rimanda direttamente all'articolo menzionato. La riflessione è feconda, soprattutto se l'applichiamo ai testi biblici, per loro natura molto sensibili alla simbologia che contraddistingue anche il modo di vedere il mondo nella Bibbia. Luca è debitore della tradizione biblica nella misura in cui riesce a inquadrarne temi teologici salienti e fa risplendere l'attualità del suo patrimonio al quale appartiene indubbiamente il forte accento sul *vedere*. Osserva W. Michaelis («ὁράω», 886): «il greco ha a sua disposizione per indicare l'atto uditivo soltanto ἀκούω e composti,

specchio come il mero «riflesso» della realtà e potrebbe perciò alludere all'oscurantismo di certi metodi che non arrivano alla pienezza teologica d'un'adeguata comprensione del testo biblico — l'oggetto passivo della ricerca. È qui protagonista il lavoro individualistico dell'esegeta che, nei limiti del metodo scelto, approccia e legge il testo *come in uno specchio* che offre una visione imperfetta (cf. 1 Cor 13,12). La seconda, la *lampada*, invece ricupererebbe la dimensione attiva d'una personalità in-scritta nel testo — l'autore in carne e ossa come soggetto creativo della scrittura. Lo si desume dal trattamento specifico dell'autorità storica, dell'ambiente, *Sitz im Leben*, situazione concreta che ogni scritto permette di intuire. Questa seconda immagine già indica un passo avanti rispettando la verità relazionale, *faccia a faccia*, della lettura (cf. Lc 8,16), ma non esclude del tutto il pericolo della sovra-interpretazione[43]. La *finestra* infine realizza l'ideale della collaborazione tra Autore e Lettore che prende corpo nel testo[44]. La sua duplice funzione merita d'essere citata dal testo originale:

> La fenêtre ouvre sur un monde que l'auteur invite ses lecteurs à découvrir. [...] est même davantage qu'une perspective nouvelle sur une réalité connue parce que l'auteur peut se liberer de toute convention pour créer un monde tout à fait original. En second lieu, la fenêtre est une invitation au voyage [...] à travers un des mondes possibles de l'expêrience humaine. L'auteur propose une aventure nouvelle et le lecteur répond à cette invitation selon ses capacités[45].

Così quest'ultima metafora della finestra supera l'ostacolo che pongono alla lettura quelle dello *specchio* e della *lampada* le quali alludono in un certo modo alle sviste dei metodi strutturalista e storico-critico. La pragmatica che può ben confluire in ambedue, ricupera tuttavia la sua vera dimensione solo in quel terzo modello in cui si ristabilisce

---

mentre ha tutta una serie di verbi per quello visivo. Già da questo semplice fatto possiamo facilmente arguire la maggiore importanza attribuita dai Greci al vedere rispetto all'udire». Cf. similmente nell'AT: *Ibid.*, 328-329. Per l'utilizzo lucano delle Scritture si consiglia il commento classico di R. Meynet: *Vangelo di Luca.*

[43] Cf. i saggi di U. Eco che trattano questo problema diventato di grande attualità, grazie all'incremento straordinario dei metodi, approcci, pratiche religiose della lettura spirituale, *lectio divina* etc.: *I limiti dell'interpretazione, Interpretazione e sovra-interpretazione.* Dal pericolo evocato mette in guardia F. Lentzen-Deis fornendo, in una maniera originale, le quattro serie di rimproveri di natura metodica all'esegesi attuale, e al suo pluralismo: «Metodi dell'esegesi», 731-733.

[44] Cf. una simile intuizione metodica di W. Weren: *Finestre su Gesù*, 9-17.

[45] J.L. Ska, «Le livre de Ruth», 44.

l'unità e l'unicità dell'oggetto della ricerca comune — la *Scrittura*[46]. Partendo da questa visione la nostra analisi dei testi terrà conto della prospettiva sincronica[47] nella quale viene letto il racconto lucano. Questo sicuramente contribuirà a scorgere lo sviluppo narrativo del tema dal suo inizio (Lc 1–2) fino al suo compimento (Lc 24). Sarà presa in parte anche la prospettiva diacronica con cui potremo valutare quale è il contributo specifico del Terzo Vangelo e a che tipo di lettori si riferisce propriamente Luca nel descrivere e accentuare la componente visiva della percezione umana degli eventi[48].

Infine, per dare le indicazioni concrete del procedimento esegetico che metteremo in atto, prendiamo spunto da alcune osservazioni di studiosi diversi. J.-N. Aletti propone almeno quattro modalità d'analisi diverse, di queste abbiamo seguito la seguente: «Analizzare in dettaglio alcuni episodi rappresentativi della narrazione lucana e, a partire da ciò, abbozzare i contorni della sua "teologia narrativa"»[49]. F. Lentzen-Deis focalizza l'attenzione sulle dinamiche intra-testuali che il lettore avverte: «Un tale modello [di agire], seguendo esattamente il testo, fa riferi-

---

[46] Cf. J.L. SKA, «Le livre de Ruth», 45; B. COSTACURTA, «Esegesi e lettura credente», 739-745. A proposito del compito dell'esercitazione concreta della pragmatica, come principio e prospettiva unificante, vedasi il sunto teorico di F. Lentzen-Deis, ove viene ribadito lo spessore di un tale approccio, potente nel dare spazio alla prassi nella lettura credente e nel rispondere alle sfide del nostro tempo quali comunicazione, attività pastorale e missionaria etc. («Metodi dell'esegesi», 733-736). Ciò ribadisce anche A. Fumagalli nell'esplicitare il potenziale, purtroppo ancora ben lungi dall'essere debitamente preso in considerazione, della pragmatica nei metodi storici e in quelli letterali: *Gesù crocifisso*, 46.

[47] La sua importanza è dovuta al carattere normativo degli scritti canonici. Inoltre, in riferimento a Lc, ciò non significa limitarsi soltanto al contesto sinottico, al massimo, al NT come tale. Solo nel contesto globale della Scrittura e quindi alla luce dei due Testamenti, si potrà accedere alla completa visione del libro sacro. Un altro vantaggio della lettura sincronica è il poter trasformare le «contraddizioni o discordanze […] pur nella loro problematicità, fonte di maggiore ricchezza interpretativa»: B. COSTACURTA, «Esegesi e lettura credente», 744. Vorremmo fare questo augurio alle modeste competenze di questo studio.

[48] Per una buona sintesi in cui vengono unite queste due prospettive di approccio comunicativo rimando all'articolo seguente: J.L. SKA, «Ana-cronia e sincronia», 171-195.

[49] J.-N. ALETTI, *Il racconto come teologia*, 7. Nel suo manuale pratico *L'arte di raccontare* l'esegeta segue precisamente questa prospettiva metodologica, facendo emergere i temi chiave di Lc, la loro continuità e lo sviluppo narrativo dentro la cornice evangelica. Questo studio esemplare è ancora un punto forte a favore della strategia scelta, e cioè di trattare il Terzo Vangelo come una narrazione compatta e coesa, un macro-racconto solido e coerente, dotato di una certa autonomia.

mento alla situazione presunta del lettore immaginato. Poi, il tema si sviluppa passo dopo passo, prevedendo le ragioni positive, le obiezioni e gli impedimenti»[50]. Cercando di far confluire nella nostra analisi le visuali accennate possiamo dunque precisare l'impostazione narrativo-teologica iniziale del metodo. Siamo convinti che la «teologia narrante» avrà molto più da dire al lettore, se integrata e vista nell'orizzonte più largo della pragmatica[51]. In fin dei conti ci si augura che un approccio attento a questa dimensione fondamentale del parlare umano, ma anche del testo biblico[52], potrà contribuire ad una comprensione più feconda e unificante del *vedere* in quanto fenomeno altrettanto vincolante della comunicazione umana.

4. **Apporto e limiti della ricerca**

4.1 *Apporto della ricerca*

Nell'iniziare l'analisi siamo partiti dalla precomprensione di trovare nel Terzo Vangelo un ritratto fedele di Gesù, fornito di colori, rilievi, contrasti, ma anche di prospettiva, lucidità e trasparenza. Sono, infatti, gli elementi di due principi — iconografico e spirituale-monastico, — cari alla tradizione e teologia orientale. La nostra intuizione è nata anche come reazione al fatto che nella riflessione dei teologi ortodossi non trova uno spazio meritevole il contributo di Luca come pittore di Gesù e teologo illuminato dalla luce che emana dal suo Volto. La scelta è stata quella di abbandonare il solito punto di partenza per ogni specu-lazione sul *vedere* — il Quarto Vangelo — e rileggere in questa chiave il Terzo. Seguendo la narrazione vivida e pittoresca di Lc ci siamo accorti che la nostra precomprensione si era combinata con il cammino

---

[50] F. LENTZEN-DEIS, «Metodi dell'esegesi», 734.

[51] Cf. la nozione d'«ombrello» che si applica alla Pragmatica vista non più come approccio, bensì come una *prospettiva* che «copre ogni area linguistica»: M. GRILLI, «Evento comunicativo», 669. Più in dettaglio vedasi in: A. FUMAGALLI, *Gesù croci-fisso,* 37-48; J. ÖSTMANN, «Adaptation, Variability and Effect».

[52] Cf. l'importante rilievo di A. Fumagalli: «È il testo stesso, per la sua natura, a richiedere che la prospettiva "pragmatica" sia posta alla base di tutto il percorso [in-terpretativo]» (*Gesù crocifisso,* 43-44). Per convincersi della ragionevolezza di quest'asserzione basta ricorrere alle situazioni quotidiane, banali nella loro meccani-cità, in cui ognuno si comporta seguendo le leggi della Pragmatica che evidentemente sono molto più complesse nella forma orale. Una lettura stimolante e rappresentativa, a questo proposito è garantita dal saggio linguistico di C. Bianchi: *Pragmatica del linguaggio.* Indicazioni preziose, a proposito del linguaggio parlato, sono fornite inol-tre da L. Alonso Schökel: *Hermenéutica,* I, 83-89.

che l'evangelista fa sul *vedere*. In effetti, la nostra riflessione teologica preliminare ha trovato lo sbocco in una forte insistenza narrativa che ha per oggetto Gesù.

Le tappe concrete di un ulteriore avvicinamento alla scrittura narrativa di questo motivo erano giustificate dalle dinamiche persuasive ugualmente inscritte negli insiemi testuali di Lc. Il frutto di una lettura continua del Vangelo è stato dunque quello d'aver individuato una struttura a cui corrisponde narrativamente lo sviluppo tematico del *vedere*. Così si è rivelato lo spessore dell'argomento, ma anche l'originalità del percorso esegetico che abbraccia i personaggi del Terzo Vangelo e mette in valore la novità dei contenuti teologici del tema. Visto dunque che il tema evidenziato è fondato narrativamente e tuttavia non ci sono studi che lo affrontano seriamente né all'interno della tradizione occidentale né di quella orientale, ci sembra di aver cercato di colmare questa lacuna.

Dal punto di vista metodologico è necessario ancora ribadire l'apporto specifico che riguarda la maniera espositiva del presente studio simile esso stesso a un racconto. Lo si capisce ricorrendo alla pratica esegetica della teologia ortodossa — erede dello stile semplice e didattico dei commenti dei Padri. La presupposizione che abbiamo sposato sta dunque nel fare esegesi narrando, cercando cioè di dare al testo bib-lico il massimo spazio nell'analisi prettamente scientifica, facendolo parlare anche attraverso i silenzi, la logica interna e la linearità della trama. Ci aiutiamo con lo sguardo estetico di R. Williams in cui la cultura teologica del Bisanzio può riflettersi e riassumersi in modo stupendo:

Theology begins as a celebratory phenomenon, an attempt to draw out and display connections of thought and image so as to exhibit the fullest possible range of significance in the language used. It is typically the language of hymnody and preaching, as we hear it in the Church's early centuries — in the Odes of Solomon or the poetry of Ephrem Syrus, in festal homilies and certain kinds of scriptural commentary. [...] Eastern Orthodox theology still tends to operate in this mode predominantly; but quite a lot of the work of a sophisticated Western theologian such as Hans Urs von Balthasar might be characterized as essentially "celebratory", in the sense that his intention is less to argue than to evoke a fullness of vision — that "glory" around which his theology circles so consistently. Not that he fails to argue, or that he gives us nothing but impressionistic sketches; there is an appropriate rigour to this enterprise that will be familiar to anyone who knows

anything about the composition of poetry or the attempt to find a proper
aesthetic congruence in creative work[53].

Questo approccio descrittivo avrà tanto da dire all'interno di una rigorosa teologia narrativa le cui presupposizioni si rivelano affini, a nostro
modo di vedere, alla stesura commentativa dell'esegesi che proponiamo.
Già J.-N. Aletti ne aveva segnalato, in linea di massima, almeno due:
«Lo scrivere e il raccontare divengono la manifestazione di una coerenza che si attua ad ogni livello», perché «racconto [è] strada regale per
Luca e il suo attento lettore»[54]. Cercando di unire l'aspetto descrittivo a
quello prettamente narrativo e pragmatico si mantiene dunque nel campo di narratività. In altre parole, è il modo narrativo a garantire un intreccio dialogico tra un lettore empirico come noi e il Lettore Modello
costruito dal testo. Entrare in contatto con questa strategia testuale non
significa però rinunciare a una propria cultura esegetica. Ne evince un
modo originale di affrontare le singole pericopi cucendone un filo convincente, attrattivo e appassionante[55]. Il lettore della tesi presente proce-
derà per tappe fondamentali unendosi per prima al coro degli *anawîm* —
gli spettatori privilegiati del re neonato, — passerà poi alla tragedia inaspettata di Nazaret che è anche la crisi del *vedere*. L'itinerario missionario lo porterà fino a Gerusalemme, dove si realizzerà, sotto la forma
abituale di «spettacolo», quella prefigurazione del destino mortale del
Profeta. L'alba pasquale apre una pagina nuova del Vangelo inaugurando la vittoria culminante d'una visione trasformata con cui gli apostoli
sono pronti a congedare il Risorto. Per instaurare la speranza di continuità della «pedagogia» oculare», viene loro affidato il compito responsabile di testimoniarla nella storia. Il *vedere* però non finisce qui, perché
è lo stesso Gesù che guida il racconto degli Atti.

In forza dell'attualità comunemente condivisa di una visione panoramica del Vangelo crediamo pure che il tentativo di sposare insieme il
background della teologia ortodossa con la ricerca della teologia narrativa nel mondo occidentale si riveli plasmante per una sintesi esegetica

---

[53] R. WILLIAMS, *On Christian Theology*, XIII-XIV.

[54] J.-N. ALETTI, *L'arte di raccontare*, 202-203.

[55] Per dare ancora un esempio dei fenomeni culturali e socio-linguistici dei popoli
slavi a cui si ispira la presente scrittura narrativa ci sentiamo in dovere di menzionare
i notevoli contributi di A. Kossova dedicati alle narrazioni — *skazanija* — tipiche
della letteratura della Rus' kieviana: *Alle origini della santità russa*. Abbondanti passi
biblici commentano, in quelle opere di carattere epico, agiografico e dossologico,
ogni singolo tratto della vita e del comportamento dei personaggi illustri, inserendoli
nel divino disegno di salvezza, raccontando cioè, teologicamente, la storia.

creativa che possa attenuarne le divergenze e rischiarare meglio il patrimonio di unità. Ne è il frutto la presente indagine-racconto che cerca lettori di provenienza diversa e quindi esige un'apertura e un confronto reciproci a cui lo stesso Luca seppe indirizzare la propria novella di salvezza.

4.2 *Limiti del lavoro*

Per portare a termine un progetto esegetico così laborioso è necessario soprattutto fissarne i limiti. Lo richiede sia l'ampiezza del materiale (i singoli testi, il loro contenuto teologico, l'intertestualità) sia la natura stessa della narrativa lucana, polivalente, incisiva e provocante. Non si può infatti esaurire il potenziale comunicativo di tutta una serie di scenari che progressivamente vengono posti a fondamento dello sviluppo tematico e si aprono sia ai dintorni evangelici, sia al libro degli Atti[56]. Nemmeno il *vedere* in Lc si presta facilmente all'interpretazione né schiude in modo definitivo il proprio spessore pragmatico essendo intercalato con altre tematiche salienti[57]. Si è pensato dunque di costruirne almeno un filo logico senza pretendere di tracciare un quadro

---

[56] Il fenomeno del parallelismo e del *synkrisis* lucano è stato ribadito a più riprese da R. Tannehill, soprattutto nel secondo volume della sua monografia: *The Narrative Unity*. Cf. la presentazione sintetica e sostanziosa di H. CADBURY, *The Making of Luke-Acts*, 231-235, — e l'applicazione brillante in: J.-N. ALETTI, *Racconto e teologia*.

[57] Una delle sfide più evidenti che il terzo Vangelo pone davanti al lettore è l'apporto del *vedere* nell'escatologia e soteriologia lucane e la dipendenza del primo dall'apocalittica. I limiti oggettivi dello studio non danno spazio all'investigazione approfondita di questi problemi considerati *crux interpretum* della storia della ricerca su Lc: cf. F. BOVON, *Luc le théologien*, 23-86. 253-281. 472-481. Toccheremo in parte le questioni legate alla situazione della Chiesa di Lc e allo sfondo culturale in cui nasce un racconto così drammatizzato e sensibile alla percezione in quanto tale. Cf. H. CADBURY, *The Making of Luke-Acts*, 235-238; J. KINGSBURY, *Conflict in Luke*.
A quanto detto è legato anche il fatto che siamo attenti alle difficoltà di trattare la portata «salvifica», e, più ancora, «soteriologica» del «vedere Gesù». La seconda scelta ci induce inevitabilmente a entrare nella discussione, ancora viva, sul valore salvifico della morte di Gesù. Cf. le tesi recenti che hanno attirato l'attenzione su alcuni punti cruciali della problematica, senza, però, risolvere la tensione: P. TREMOLADA, *"E fu annoverato tra iniqui"* (cf. la sua critica da parte di G. BOTTINI, «Is 52,13–53,12», 57-78); G. RUIZ FREITES, *La muerte de Jesus*. Senza ignorare questo dato oggettivo e sintomatico avvieremo l'analisi diversamente tenendo in conto più l'intero itinerario della croce che il singolare episodio della crocifissione (vedasi il cap. V).

completo delle molteplici sfumature e relazioni intertestuali che esso assume all'interno del Vangelo.

Dal punto di vista teologico che il presente studio privilegia, si è ritenuto opportuno bilanciare le diverse tappe dell'analisi formale: grammaticale, lessicografica[58], critica testuale e storico-redazionale. Ciò viene richiesto anche dalle ragioni pratiche dell'obiettivo che ci si prefigge qui. Si terrà conto degli elementi strutturanti ed essenziali per la giusta comprensione del testo nella sua forma finale favorendo per lo più un approccio integrale ad ogni singolo brano, tentando cioè di ricostruirne l'unità e coerenza sintattica. Nel trattare i contenuti teologici ci si guarderà dallo stesso pericolo evitando di ripetere ciò che già è stato detto a più riprese ed in modo risolutivo[59], promovendo, invece, dei motivi e delle chiavi di lettura nuove.

Aderendo alla tendenza scelta, è necessario fissare i meccanismi interpretativi che limitano l'approccio applicato ai testi ad una serie d'operazioni di base. Da questo punto di vista si sceglierà di seguire il cammino del lettore[60] piuttosto che passare in rassegna gli episodi relativamente chiusi in sé e dominati dai caratteri principali. In altre parole, lo schema classico del metodo narrativo verrà notevolmente semplificato nella misura in cui possa apparire la dimensione dinamica e colla-

---

[58] Gli studi sul vocabolario e campo semantico del *vedere* sono stati esaustivi, anche se grossomodo hanno per oggetto l'opera giovannea: cf. R. Brown, *Giovanni*, II, 1442-1444; W. Michaelis, «ὁράω», 316-319.327-328.335-336.340-346; O. Cullmann, «Εἶδεν καὶ ἐπίστευσεν», 54-58; B. Prete, «Beati», 108-110; C. Traets, *Voir Jésus*, 7-52. Inoltre i risultati dell'analisi lessicografica sono stati recentemente riproposti e aggiornati in: F. Ramos Perez, *Ver a Jesús y sus signos*, 14-44. Ci premerà dunque completare l'analisi già fatta evidenziando gli accenti specifici lucani.

[59] Si tratta soprattutto del legame tra *vedere* e *credere* che, come vedremo, Luca riporta fedelmente e in sintonia con la tradizione. L'esposizione sintetica che ci sembra più avvincente è fornita da: B. Prete, «Beati», 106-111. Cf. spec. ciò che l'autore dice alla p. 110: «per credere è necessario un elemento che va oltre il fatto del vedere, questo elemento è un atto interiore che si identifica con il misterioso incontro dell'uomo con Cristo. Tra vedere e credere nel quarto vangelo non c'è quindi contrasto, né tanto meno contraddizione, perché ambedue gli atti sono necessari; il credere è un vedere più profondo, un vedere i fatti e un capire le testimonianze in una luce superiore che si identifica con la realtà della fede».

[60] È presa in questione la figura immaginata del Lettore-Modello che viene costruito dal testo: cf. U. Eco, *Lector in fabula*, 53-56; M. Grilli, «Autore e lettore», 449-450. È opportuno richiamare l'attenzione sull'originalità di un approccio che rivalorizza il ruolo del Lettore in-scritto nel testo, e trapassa i limiti di un modello interpretativo certo. Questo, infatti, offre, in cambio, una visione panoramica delle ripercussioni testuali che «muovono» il racconto e trasformano la realtà.

borativa del testo come una «rete di relazioni ordinata alla comunicazione»[61]. Ciò aiuterà sicuramente il lettore attuale ad entrare nei particolari dello sviluppo tematico garantito da quello testuale. Non è da valutare contraddittorio e lacunoso dunque che i riferimenti al/i lettore/i ed al movimento testuale siano non di rado preferiti alla ricerca laboriosa della nettezza delle categorie prettamente narrative: *settings, characters, plot,* etc.[62]. Di conseguenza, la stessa terminologia tecnica dei procedimenti testuali che studieremo, dovrà testimoniare ciò, per il semplice fatto che lo stesso processo comunicativo spinge a rivisitare il mondo del racconto, il modo di raccontare e i concetti abituali della narrativa biblica[63].

A questo punto bisogna dar ragione al forse più scabroso limite del percorso ordinato che è insieme il suo punto forte, e cioè l'apparente lasciar da parte il secondo «volume» dell'opera lucana. Secondo noi, ciò non contraddice al principio dell'unità del pensiero di Luca — seppur è ben noto che anche gli Atti dicono qualcosa sul Gesù da vedere, — ma ha per scopo semplicemente l'esplorare la «dicotomia» narrativa del tema di cui va debitamente notata sia la continuità sia la discontinuità[64]. Detto ciò, ci sembra originale il tentativo d'avvicinare allo

---

[61] K. BERGER, *Exegese des Neuen Testaments*, 13.

[62] Nel testo della dissertazione useremo per lo più i loro equivalenti in italiano: scenografia (scenario), caratteri (personaggi, attanti), trama (intreccio) etc. Per la terminologia adoperata si consultino il *Lessico ragionato dell'esegesi biblica* e i glossari nei manuali classici di J.L. Ska (*«Our Fathers»*); J-N. Aletti (*L'arte di raccontare*) e D. Marguerat, ed. (*Per leggere i racconti biblici*, 181-186).

[63] Gli esempi concreti che ci avevano ispirato in certe scelte terminologiche sono da trovare essenzialmente nel suggestivo abbozzo pratico di U. ECO, *Sei passeggiate,* — ma anche nel testo teorico classico della narratologia: S. CHATMAN, *Story and discourse.* Facciamo nostra anche l'acuta osservazione di J.L. Ska: «The distinction between climax, turning point, and resolution is often blurred by authors. One should not forget that these categories belong to the "grammar of the narrative". The authors apply the rules of a grammar with flexibility and creativity. It is more important to observe the movement of the narrative and its major articulations than to quibble about the terminology» (*«Our Fathers»*, 30). Come prospettiva pragmatica di fondo si privilegerà il movimento, ossia lo sviluppo dinamico del testo, il quale coinvolge in sé le diverse componenti dell'evento comunicativo che si instaura sempre dentro la cornice narrativa. Da qui evince la rilevanza dei termini tecnici, prestati soprattutto dal mondo del cinematografo, che circoscrivono questo dato fondamentale del cammino, ovvero la progressione testuale: «macchina da presa», «presa in diretta», «presa interrotta, rallentata» etc. Cf. U. ECO, *Sei passeggiate*, 74.88-89.96-97; S. CHATMAN, *Storia e discorso*, 73.

[64] È un dato di fatto che il libro degli Atti diverge dal Terzo Vangelo, riguardo al «genere letterario», al linguaggio e alle preoccupazioni teologiche, nonché riguardo al

sguardo dei lettori attuali il Gesù del Terzo Vangelo, riflesso nei testimoni e collaboratori diretti del suo cammino rivelatore, rinviando, invece, alle prossime ricerche la legittimazione del simile privilegio di Paolo e il contributo specifico degli Atti. In altre parole, non si elude di trattarlo a motivo dell'ampiezza e complessità del materiale, bensì, al contrario, in vista dell'originalità e compattezza del percorso evangelico, ben chiaro e strutturato, che ha un inizio e una fine e per di più sfocia conseguentemente in At.

5. Piano di lavoro

La tesi consiste di tre parti ciascuna delle quali ha un rilievo ed un interesse particolare a seconda dei contenuti e delle preoccupazioni concrete. Da ciò dipende evidentemente l'effettiva applicazione dei criteri metodologici sopramenzionati.

La PRIMA PARTE: *L'ouverture del racconto. Una visione senza frontiere* — con *La salvezza da vedere* (Capitolo I) — racchiude lo statuto fondamentale della «visione della salvezza». I personaggi che «vedono Gesù» — Elisabetta, *pastori*, Simeone, — lo riconoscono infatti come *Salvatore* e *Signore*[65]. Il lettore possiede così, sin dall'inizio, le coordinate del macro-racconto e della prospettiva teologica.

La SECONDA PARTE: *Il cammino di Gesù e i modelli di visione*, — che abbraccia i capitoli II–VII — presenta ciò che, di fatto, avviene durante il ministero di Gesù dal punto di vista della visione. I titoli dei capitoli sono basati sulla classificazione di personaggi-tipo, seguendo la narrativa evangelica:

Coloro che hanno occhi ma non vedono: Lc 4,16-30 (Capitolo II) pone in risalto il primo atto pubblico di Gesù: la lettura e predicazione nella sinagoga di Nazaret. Il carattere programmatico della scena detta la funzione comunicativa del *vedere*, benché si stia ancora agli inizi della sua elaborazione. Dal punto di vista narrativo esso non supera la nozione di un motivo[66]: *gli occhi di tutti erano fissi su di lui* (Lc 4,20b), — ma si sviluppa e si precisa in un crescendo a partire dalle ondate

---

tipo di storiografia che veicola la strutturazione dei contenuti. Vi sono da considerare anche il «paolinismo» e il retaggio ellenistico più elevato di At. Cf. gli studi recenti a proposito, raccolti in: D. MARGUERAT, ed., *Réception du Paulinisme*.

[65] Cf. risp. Lc 1,42-45; 2,15-20; 2,25-32.

[66] Per le coordinate metodologiche della distinzione tra un *tema* e un *motivo* rimando alla competente esposizione teorica di: E. OBARA, *Strategie di Dio*, 22-25.

successive del racconto. Infine si capisce che il *vedere* qui assume un ruolo strategico.

Coloro che vedono ma non credono: Lc 9,7-9; 13,31-33; 23,6-12 (Capitolo III) cerca di ricostruire l'itinerario della creazione narrativa della figura d'Erode sulla base del suo tratto specifico che è quello di «vedere Gesù»: *cercava di vederLo* (Lc 9,9c). La tipologia è strutturante, perché inaugura il nostro tema avviando la ricerca di un contatto visivo con il protagonista. Si intuisce anche l'apertura del cammino di sequela, visto nel prisma della croce a cui allude la meta del pellegrinaggio: Gerusalemme (cf. Lc 13,33-35). La situazione d'Erode, assurta al rango di paradigma, identifica la prima deviazione dell'unico sentiero, la quale conduce alla morte e bruscamente scredita la potenzialità salvifica del *vedere*.

Coloro che vedono e credono: Lc 18,31–19,10 (Capitolo IV) si presenta come continuazione e risoluzione positiva del precedente cammino. Riconsiderato e rivisto in luce nuova, esso giunge alla pienezza dei doni messianici intensificati nel cosiddetto «trittico del riconoscimento». Lo compongono tre scene paradigmatiche che svelano la dialettica del *vedere*: il terzo annuncio della Passione (Lc 18,31-34) e due incontri con Gesù che formano un dittico (Lc 18,35–19,10), i cui protagonisti sono il *cieco* e Zaccheo. Il tratto tipico di quei personaggi esemplari è un desiderio di vedere e riconoscere attraverso il quale si realizza il piano salvifico di Dio (cf. Lc 19,10). In questa sede emerge sia lo spessore contenutistico sia il pragmatismo del *vedere*. Insieme v'è il culmine dello sviluppo teologico del tema.

Il Crocifisso da vedere: Lc 23,26-56 (Capitolo V) esplicita la necessità di riprendere e portare a compimento il cammino interrotto dopo il tramontare narrativo della ricerca d'Erode. Qui si propone l'analisi particolareggiata di un nuovo trittico di riconoscimento, di un forte carattere cristologico, costruito attorno al patibolo. Le figure principali in ciascuno dei tre scenari sono le *donne* che inaugurano la sequela della *via crucis*, lamentosa e priva della luce (Lc 23,27), il buon ladrone che riconosce il Crocifisso (v. 42) e il *centurione* che lo confessa (47) e infine le donne-discepole di Gesù che garantiscono una viva memoria oculare dell'accaduto (55). Il compimento dei precedenti annunci della Passione si presenta sotto forma di uno «spettacolo» — *il popolo stava a guardare* (23,35a) — che trasforma la tragedia della croce in un evento costitutivo dell'identità e dell'esperienza salvifica del *popolo* di Dio.

Il Risorto da riconoscere: Lc 24,13-35 (Capitolo VI) sfrutta la prospettiva cristologica ponendola a fondamento del *vedere* reimpostato nella cornice del *kerygma* pasquale. L'incontro e il cammino con il Risorto divengono le prerogative del gruppo apostolico che viene formato nuovamente, a partire dalle testimonianze, apparizioni e soprattutto durante il solenne congedo di Gesù (Lc 24,36-49). È una riproduzione fedele del percorso evangelico e la tappa decisiva del mutamento esistenziale del *vedere*, quando ad un vedere fisico si sovrappone il *riconoscimento* come l'apertura degli occhi (cf. Lc 24,31). La storia della salvezza narrata nel Vangelo giunge al suo compimento sorpassando i limiti dello stesso *vedere*.

L'Invisibile da testimoniare: Lc 24,50-53; At 1,6-11 (Capitolo VII) esamina le due pericopi parallele che gettano il ponte al libro degli Atti. La transizione è marcata sul piano del *vedere*, dato che il suo oggetto — Gesù — sparisce lasciando in cambio le direttive tese a guidare la testimonianza *ad gentes* dei suoi testimoni oculari. Inizia così un racconto che privilegerà una rilettura del Vangelo, nei discorsi, visioni e carismi taumaturgici dei membri dell'assemblea apostolica. Il *vedere* d'ora in poi assume l'importante rilievo di *testimonianza* attraverso la quale il Risorto continua ad attirare gli sguardi di chiunque attinga allo spettacolo del realizzarsi in Lui della salvezza messianica.

La TERZA PARTE: *Tipologia della visione. Sintesi teologica* — sarà occupata dal capitolo conclusivo che vuole essere ricapitolazione e nello stesso tempo apice del percorso esegetico-teologico:

Il mosaico della visione e il suo compimento (Capitolo VIII) — è suddiviso in due paragrafi correlati ciascuno dei quali ha un rilievo particolare a seconda del proprio scopo preciso.

Il primo paragrafo: *Tipologia della visione* — è di natura riassuntiva in quanto raccoglierà i fili conduttori della ricerca e presenterà una sintesi teologica focalizzata sulla dimensione pragmatica dei testi esaminati. Ciò significa che si prenderanno in esame i rispettivi modelli di azione incarnati dalle figure paradigmatiche — i τύποι della drammaturgia lucana: i Nazaretani, Erode, il *cieco* anonimo e Zaccheo, i *due* pellegrini, Maria, Simeone[67] e il *popolo* credente. Presentati come tali

---

[67] Sarà evitato il ricorso all'*ouverture* lucana, eccetto per le due figure centrali di Maria e Simeone, per una semplice ragione: in loro si hanno le prospettive teologiche già in pieno sviluppo. Per favorirne l'analisi a ritroso ci si affaccerà alla narrazione vera e propria del Vangelo. Per questa strategia comunicativa di Luca, che è anche

sulla base del *vedere*[68], i personaggi menzionati ci faranno da guida nell'evidenziare le varie posizioni-dialettiche, ovvero la «dialettica del vedere», mediante l'accentuazione dei loro rapporti reciproci e un confronto mirato a porre in rilievo lo svolgimento progressivo ed il convergere dei permanenti cambi di paradigma. In questa maniera si presta all'analisi narrativo-pragmatica l'evoluzione del Lettore Modello lucano, e cioè come viene costruito l'ideale evangelico del «vedere Gesù».

Il secondo paragrafo: *Teologia della visione* — è la tappa seguente all'individuazione, classificazione e, posta in relazione ai modelli esaminati, tenterà, sulla base della dialettica evidenziata, di unire i diversi fili tematici, ovunque siano emersi, coinvolgendo anche i testi non studiati, compreso il libro degli Atti che in merito contiene un materiale più ristretto, ma non meno significativo. Un tale procedimento sintetico avrà lo scopo di elaborare un quadro coerente della portata teologica del «vedere Gesù», differenziando l'intreccio vitale delle singole direzioni d'approfondimento ed intuizioni teologiche affinché, tutto appaia in una luce nuova, così da dare una fisionomia certa al tema studiato.

La tappa finale della ricerca identificherà la meta felice della visione ponendo in risalto una delle più prominenti scene evangeliche come sintesi, apice, culmine e punto di convergenza dell'intero cammino dialettico che il Lettore Modello del Terzo Vangelo ha perseguito sulle orme del *vedere*. Auguriamo vivamente un accesso piacevole a questa guida, ovvero strategia divina sempre originale, anche al paziente lettore di questo studio.

---

letteraria e teologica, si consulti la esauriente messa a fuoco di J.-N. Aletti: «L'arte d'incominciare un racconto», in ID., *L'arte di raccontare*, 3-49.

[68] Il caso di Maria è specifico, perché qui si tratta piuttosto dell'ascolto. Sarà stimolante quindi una ulteriore riflessione sulla rilevanza teologica della sua figura nel quadro del *vedere*.

PRIMA PARTE

L'*OUVERTURE* DEL RACCONTO
UNA VISIONE SENZA FRONTIERE

CAPITOLO I

La salvezza da vedere

Iniziamo l'analisi dei primi due capitoli di Lc presupponendo che in essi si trovi lo statuto ermeneutico del percorso che intendiamo fare. L'importanza di questo capitolo iniziale sta nel fatto che proprio qui prende avvio e assume un significato paradigmatico l'argomento che stiamo per studiare. Un panorama ideale e limpido che si apre immediatamente allo sguardo del lettore non può che favorire l'adeguata comprensione del progetto teologico che vi si cela. La funzione narrativa dell'*ouverture* lucana consiste proprio nel far convergere la *storia* in un momento presenziale che il testo evangelico propone sotto la scia del «compimento». Il tempo del racconto qui corrisponde al passato di *Gloria* che irrompe precocemente nei dati e nelle circostanze storiche concreti, nelle invocazioni e orazioni esplicite dei personaggi, ma soprattutto nell'abile telaio teologico soggiacente. Il lettore si sente in una posizione privilegiata rispetto ai caratteri principali; può leggere una sintesi di tutto il Vangelo polifonicamente orientata verso una celebrazione cantata del mistero della Natività. In questa scenografia preistorica è da trovare l'enorme potenziale comunicativo della futura realizzazione dei paradigmi or ora tracciati, in continuità e contingenza con il disegno di salvezza posto a principio della composizione e a sviluppo dialogico del macroracconto lucano[1].

---

[1] Una ottima sintesi, sotto questo aspetto offre il breve, ma rigoroso studio di R. Dillon («Simeon», 189-191) in cui è da trovare lo *status quaestionis* e i contributi riconsiderati del metodo storico-critico che posizionano l'*ouverture* lucana quale unità narrativa coerente e coesa nel cuore del *locus* teologico e cristologico del Terzo Vangelo. Dobbiamo ammettere inoltre le prerogative dell'analisi che proponiamo, visto che questo capitolo ovviamente ha un carattere di apertura e promuove una lettura

Dal punto di vista metodologico è necessario indicare le modalità e gli obiettivi del procedimento che adotteremo. Trattando i primi capitoli del Vangelo di Luca si viene sempre posti davanti a difficoltà oggettive che il testo stesso non permette di superare così facilmente. Vi è la molteplicità e la concatenazione dei diversi modelli narrativi, generi letterali, profili teologici e schemi ermeneutici. Un lettore competente è però in grado di cogliere l'essenziale del racconto basandosi su un certo numero di indicazioni che il redattore finale del testo ha voluto scolpire per dare compattezza e un certo sapore estetico alla sua opera letteraria. Perciò è di grande importanza saper apprendere la bellezza della costruzione letteraria lucana soprattutto lì dove essa si manifesta con chiarezza e svela l'indiscutibile genialità dell'autore[2]. Ciò risulta molto suggestivo anche per affrontare un argomento tematico quale il nostro che molte volte è stato perso di vista a causa della ricchezza e della spontaneità del racconto lucano. Perciò ci siamo proposti di cominciare l'analisi delle prime pagine di Lc con l'articolazione del Vangelo dell'infanzia — la porta d'ingresso nella narrazione vera e propria — per averne un modello letterario ben chiaro a cui attenersi nell'indagine esegetica successiva. Così la prima parte del capitolo investigherà la composizione e l'organizzazione di Lc 1–2 a livello formale.

Nella seconda parte, che ha per scopo l'analisi di un determinato testo (Lc 2,25-32), entreremo dapprima nel suo contesto narrativo (remoto e prossimo) per passare poi alle caratteristiche proprie della pericope in esame (la sua delimitazione, l'articolazione, l'organizzazione e la funzione a livello del vocabolario etc.). Un'attenzione particolare sarà dedicata al cammino del lettore che seguirà assiduamente la strategia testuale del narratore. La conclusione terrà conto dell'impulso pragmatico che il testo conferisce ad ogni lettore e si focalizzerà sulla funzione

---

continua di Lc 1–2. Qui sembra perciò giustificata l'importanza di un percorso teologico unificante, anziché di un'esegesi dettagliata dei singoli passi.

[2] Uno studioso che ha messo bene in luce l'arte narrativa di Lc è sicuramente J.-N. Aletti, di cui sono note soprattutto le due monografie: *L'arte di raccontare* e *Il racconto come teologia*. Nella nostra ricerca siamo guidati anche dalla preoccupazione che l'autore mostra verso lo sviluppo degli studi letterali a proposito dei primi due capp. di Luca. La mancanza di uno che apprezzerebbe la loro arte narrativa, cui egli dedica solo un breve capitolo (*L'arte di raccontare*, 54-74), sembra davvero essere una sfida, anche dal punto di vista ermeneutico che J.-N. Aletti accenna (*Ibid.*, 55). Ciò è molto significativo per la problematica che stiamo affrontando. Il capire come funziona il racconto a livello di un argomento specifico quale il «vedere Gesù» ci indicherà pur sempre la via d'accesso all'insieme della dialettica lucana.

che nel racconto ha il «vedere Gesù» bambino[3]. L'importanza di questo capitolo iniziale sta nel fatto che proprio qui prende inizio e assume un significato paradigmatico il motivo che stiamo per studiare. Ciò richiederà indubbiamente una riflessione esegetica approfondita che potrà in qualche modo stimolare ed affiancare l'analisi successiva.

1. L'articolazione del Vangelo dell'infanzia (Lc 1,5–2,52)

La composizione e la funzione di Lc 1–2 sono state oggetto di numerosi studi ai quali faremo riferimento in seguito. Tuttavia non si è finora arrivati ad un consenso unanime[4]. La difficoltà sta proprio nel fatto che a volte il testo stesso resiste ad un tentativo del genere, non lasciandosi rinchiudere in schemi fissi e ben determinati[5]. Con l'aiuto di certi strumenti e criteri si può comunque evidenziare ciò che è costitutivo e fondamentale per l'intreccio narrativo dell'insieme. Nel nostro caso è senz'altro il parallelismo stabilito tra i due *attanti* principali del racconto — Giovanni e Gesù[6]. Lo si nota in modo estremamente chiaro nei

---

[3] Le tre tappe principali dell'analisi di ogni testo che sarà trattato qui sono la sintattica (il reticolo testuale), la semantica e la pragmatica. Per la spiegazione teorica approfondita rimando a: C. BIANCHI, *Pragmatica*, 115-126. Per quanto riguarda il nostro obiettivo siamo propensi a seguire più da vicino la linea pragmatica facendo a volte una semplificazione dello schema e cioè, trattando sia la sintattica sia la semantica pragmaticamente. Ciò non solo conferisce all'analisi il rigore, ma anche permette di scoprire ed evidenziare meglio la funzione della pragmatica nel testo, che è appunto una prospettiva che accompagna tutte le tappe del lavoro esegetico: cf. M. GRILLI, «Evento comunicativo», 667-669.

[4] Una buona rassegna delle diverse opinioni, anche in modo schematico, vedasi in: R. BROWN, *The Birth of the Messiah*, 248-253. Si è d'accordo comunque sui due cicli narrativi costruiti ciascuno sulla base del parallelismo — Lc 1,5-56 e Lc 1,57–2,52. Noi preferiremo una divisione un pò diversa che servirà ad affrontare il nostro tema che richiede un discorso piuttosto complesso. Cf. sotto: p. 47, nn. 15-16.

[5] Qui impieghiamo una bell'immagine di R. Meynet (*Luca*, 89) che a proposito della sequenza A4 [Lc 2,1-20] parla della «resistenza del testo, o meglio, quella del lettore». È giusto quindi che ci siano delle incongruenze e irregolarità. Solo in questo caso sarà possibile e opportuno metterne in evidenza anche la portata comunicativa, il che è più fruttuoso, per quanto più complicato e indissolubile sembri il problema. Questo discorso vale anche a livello della struttura che di per sé non ha altro compito che indicare l'intreccio testuale attraverso il quale passa sia la narrazione che la comunicazione.

[6] Il parallelismo tra le figure di Giovanni e Gesù è un dato di fatto che ha avanzato una grande discussione nel campo degli studi sui primi tre capp. di Luca. Ne avremo come punto di partenza l'elaborazione della struttura biforcata di Lc 1–2, marcata da una costante alternanza dei due racconti pieni di reciproci richiami: cf. R. LAURENTIN, *Evangiles de l'enfance*; per una valutazione critica dei tentativi di evidenziare e di-

primi due grandi annunci che scandiscono il programma teologico e narrativo del Vangelo dell'infanzia: l'annuncio a Zaccaria e quello a Maria. Con ciò iniziamo la nostra analisi che, mentre raccoglierà i risultati già acquisiti da altri, li orienterà in una direzione originale, più adatta ai nostri scopi.

1.1 *Lo schema promessa-compimento e la sua applicazione in Lc 1–2*

La posizione strategica del vangelo dell'infanzia si dispiega nel suo contesto più ampio. Così le parti che lo precedono — il prologo narrativo (Lc 1,1-4) — e seguono — i due cicli separati di Giovanni e Gesù (3,1-20; 3,21–4,13) — determinano assieme il suo carattere unitario[7]. Risulta chiara in questo caso la posizione strategica dei due annunci, segnati dal motivo del *compimento* e messi in rapporto mediante il parallelismo.

Primo annuncio

Le corrispondenze tra le parole dell'annuncio a Zaccaria (1,5-25) e il loro avverarsi nella narrazione successiva aiuterà a capire la nostra argomentazione a cui è utile premettere uno schema illustrativo:

promessa	compimento
1,13a: *ti partorirà un figlio*	1,57: *compiutosi il tempo del parto, partorì*
1,13b: *lo chiamerai Giovanni*	1,63: *«Il suo nome è Giovanni»*
1,15a: *sarà grande agli occhi del Signore*	1,76: *andrai davanti agli occhi del Signore*
1,17a: *andrà davanti ai suoi occhi*	
1,15b: *sarà ripieno di Spirito Santo fin dal grembo materno*	1,41: *il bambino le sobbalzò nel grembo, ed Elisabetta fu ripiena di Spirito Santo*
1,17c: *preparare al Signore un popolo ben disposto*	1,76: *preparare le sue vie*
	3,4: *Preparate la via del Signore*[8]

---

spiegare la composizione lucana nonché una proposta originale vedasi in: J.-N. ALETTI, *L'arte di raccontare*, 69-70.

[7] Si è soliti sottolineare sia la compatezza della sezione, sia il suo orientamento verso ciò che segue. La tesi di J. Green (*Luke*, 47-50) che pervade il commento sui primi capp. di Luca in questo senso è molto illustrativa e stimolante, perché attribuisce la massima importanza al motivo della *realizzazione-compimento* del programma narrativo di Lc 1–2 che crea delle forti aspettative nel lettore ancor prima del suo proseguire nel racconto.

[8] Abbiamo menzionato i paralleli più evidenti e significativi. L'intento era quello di mettere in luce la progressione continua del compimento nel racconto dedicato a Giovanni che, dopo aver attraversato il cap. 1, si riferisce direttamente al cap. 3, passando sopra a quello secondo. Le ultime parole dell'annuncio (v. 17) hanno

Secondo annuncio

Questa tensione tra la promessa e il compimento è rilevante anche per l'analisi del secondo annuncio, costruito per analogia con il primo, — cosa ben nota[9] — ma è ancor più rappresentativa per il resto del racconto a cui allude. Un nuovo raffronto ci permetterà di precisare la polarizzazione della narrazione in favore di Gesù — resa esplicita dall'intero cap. 2 — come un nuovo punto di partenza.

1, 28b: *«Salve, piena di grazia,*	1,43b: *«Benedetta tu*
il Signore è con te»	*fra le donne*
1,30b: *hai trovato grazia presso Dio*	*e benedetto il frutto del tuo seno»*
1,31ab: *concepirai nel grembo*	2,5: *Maria, sua sposa, che era incinta e darai*
alla luce un figlio	2,6-7: *si compì il tempo del parto*
	e diede alla luce il suo figlio
1,31c: *Lo chiamerai Gesù*	2,21: *Quando furono compiuti*
	gli otto giorni gli fu posto nome Gesù,
	che gli era stato dato dall'angelo
	prima che egli fosse concepito

1,32: *Egli sarà grande e sarà*	← 1,15a: *sarà grande agli occhi del Signore*
chiamato Figlio dell'Altissimo	→ 1, 76a: *sarai chiamato profeta dell'Altissimo*
1,35: *«Lo Spirito Santo scenderà*	1,48a: *egli ha guardato* (ἐπέβλεψεν)
(ἐπελεύσεται) *sopra di te* (ἐπὶ σέ)	*alla* (ἐπί) *bassezza della sua serva*
e la potenza dell'Altissimo	1,49a: *grandi cose mi ha fatte il Potente*
ti coprirà con la sua ombra;	
quello che nascerà sarà	1,49b: *Santo è il suo nome*
chiamato santo, Figlio di Dio»	
1,36: *Ed ecco, Elisabetta,...*	← 1,24: *sua moglie Elisabetta concepì,*
ha concepito anche lei un figlio	*ma si tenne nascosta.*

1,48a.49a: *egli ha guardato*	← 1,25: *cosa mi ha fatto il Signore nei giorni,*
grandi cose mi ha fatte il Potente	*in cui ha volto il suo sguardo* (ἐπεῖδεν)

---

infatti un grande peso a livello comunicativo in quanto presentano il paradigma della futura missione di Giovanni, che si apre appunto coll'appello alla conversione paragonata all'immagine metaforica di Is (40,3-5=Lc 3,4-6). Il motivo del compimento costitutivo soprattutto per la composizione nonché per la teologia del vangelo dell'infanzia lucano è stato accentuato con chiarezza da J. Green: *Luke*, 50. Per noi esso è importante, perché svela i diversi legami strutturanti per la suddivisione del testo.

[9] Cf. la messa a fuoco delle somiglianze, ma soprattutto delle differenze in: L. LEGRAND, *L'annonce à Marie*, 67-87.

È significativa l'estensione e la ricchezza semantica dell'annuncio a Maria, nonché l'abbondanza dei richiami sia prolettici che analettici. Nella sua prima parte emerge la centralità del *concepimento* e della *nascita* fisica di Gesù, mentre i costanti rimandi al cap. 2 stabiliscono il collegamento con il ciclo di Gesù. La conclusione dell'annuncio, teologicamente pregnante (v. 35), manifesta grandi affinità con il *Magnificat*. Questo dato mette in rilievo non solo la vicinanza di Dio all'interno dell'atto che provocherà la nascita del bambino, bensì la manifestazione eminente di Questi[10]. A fianco del v. 35 si riuniscono le due profezie (32.36) che analetticamente mettono in parallelo Giovanni e Gesù. Nell'incontro delle madri (Lc 1,39-45) si realizza anche il primo incontro dei figli che fa convergere in un certo modo le prospettive messianiche dei due annunci. La natura stessa degli inni che cantano gli avvenimenti narrati[11] li fa subordinare a ciò che precede. Ciò vale innanzitutto per il *Magnificat*, il *Gloria* e il *Nunc dimittis*; invece il *Benedictus* guarda sia indietro sia in avanti, facendo da ponte tra i due relati delle nascite dei bambini (Lc 1,57-66; 2,1-7). Così si potrebbe parlare di due dittici: il primo contiene i due annunci con l'episodio dell'incontro delle madri e il *Magnificat* che ne spiega il senso; il secondo presenta i due compimenti degli annunci: la nascita e circoncisione di Giovanni (Lc 1,57-66) e la nascita di Gesù, — connessi mediante il *Benedictus* (Lc 1,67-79).

Lo schema *promessa-compimento* regge anche nella narrazione successiva. L'annuncio ai pastori (Lc 2,8-12) seguito dall'inno (*Gloria*: Lc 2,13-14) trova il suo compimento nella scena della visita dei pastori (Lc 2,15-20). Nella scena successiva della *Presentazione di Gesù* (Lc 2,22-38) la promessa (Lc 2,25-26) si realizza immediatamente e questa volta l'inno (*Nunc dimittis*: Lc 2,29-32) fa parte integrante del compimento. L'episodio conclusivo del vangelo dell'infanzia (*Gesù dodicenne al tempio*: Lc 2,41-51) costituisce un epilogo aperto alla narrazione successiva. La sezione Lc 2,8-52 è comunque

---

[10] R. Meynet in uno di suoi articoli dedicati alla strutturazione dei primi capp. di Lc («Dieu donne son nom», 62) ha messo in evidenza la simmetria tra l'annuncio a Maria e il *Magnificat*, non solo a livello della posizione, ma anche a livello del contenuto. In particolare vi è accennata la corrispondenza tra i vv. 35c e 49b (cf. lo schema) che mostra con evidenza la reciprocità delle parole riferite a Gesù e a Dio.

[11] Sulla funzione narrativa dei cantici lucani si vedano i suggerimenti preziosi di D. GERBER, *Il vous est né*, 69-71. Tra gli altri soprattutto H. Schürmann (*Luca*, I, 171-172.241) accenna con insistenza al loro aspetto pneumatico che serviva alla comunità di Luca ad interiorizzare il contenuto trasmesso della fede.

unificata dalla dinamica della progressiva manifestazione di Gesù. In questo caso avremo una struttura abbastanza evidente con la quale possiamo giustificare la nostra scelta di una coesa composizione a intreccio, aperta ai racconti singoli successivi su Giovanni e Gesù. In altre parole, ci proponiamo di accentuare la continuità del dittico storico-salvifico lucano (Lc 1,5–4,13)[12] prendendone in esame soprattutto la parte che riguarda il nostro obiettivo e che è quella più densa e intercalata.

1.2 *Due dittici — un tessuto in crescendo (Lc 1,5–2,7)*

Abbiamo mostrato la centralità degli *annunci* nella composizione di Lc 1,5–56. Rimane da chiarire come essi interagiscano con il resto del racconto, in quale direzione orientino cioè il lettore, anche se è fortemente accentuata l'asse prolettica della narrazione[13]. D'altro canto vogliamo attribuire un'attenzione particolare agli *inni* che sfociano nella seconda metà del macrotesto e si focalizzano pragmaticamente sulla portata salvifica dell'accaduto. Le parti propriamente narrative servono sia ad introdurre e a collegare tra loro quelle discorsive sia a esplicitare i paralleli e le allusioni ivi contenuti, nonché a stabilire i collegamenti con la narrazione successiva[14]. Premettiamo all'analisi, come al solito, uno schema corrispondente.

---

[12] Tra gli studiosi ne critica la coesione J. Fitzmyer (*Luke*, 310). La posizione più moderata si deve al classico R. BROWN, *The Birth of the Messiah*, 248-253: vi è assunta in parte l'argomentazione degli esponenti storico-critici. La più convincente e neutrale sembra essere la proposta di J.-N. Aletti (*L'arte di raccontare*, 70): «L'analisi delle modalità dimostra quanto sia utile narrativamente collegare Lc 1–2 con 3,1–4,15. [...] una divisione che non rispettasse la continuità del racconto [...] non potrebbe che misconoscere la destrezza con cui Luca sa maneggiare i modelli letterali». Cf. anche l'elaborazione illustrativa di R. Meynet (*Luca*, 30): la sezione A composta da 8 sequenze.

[13] Si mostra molto attento a questo aspetto R. Laurentin (*Structure*, 43-44) le cui parole evidenziano una grande dimestichezza dello studioso con il testo di Lc: «le récit est tout orienté vers l'avenir: les futurs abondent, le développement est soustendu par l'attente et l'espérance. [...] Un grand mouvement traverse le récit. Et, même si par certains traits secondaires et vagues il s'oriente vers la manifestation adulte de Jésus». Cf. anche: J.-N. ALETTI, *L'arte di raccontare*, 60-71.

[14] Cf. lo studio innovatore di R. MEYNET, «Dieu donne son nom», 39-72. L'autore con l'aiuto del metodo retorico elabora una struttura su tre passi susseguenti l'uno all'altro (Lc 1,26-38; 39-45 e 46-55). I loro legami reciproci costringono infatti a considerarli insieme e a prestar maggior attenzione alla visuale teologica che ne risulta. Si vedano spec.: pp. 84-88.

DITTICO DEGLI ANNUNCI

Annuncio a Zaccaria (1,5-25)	**Annuncio a Maria (1,26-38)**
5-10 *introduzione storica* e *ambientazione*	26-27 (*accenno temporale*)
11-12 apparizione angelica e reazione umana	28-29 (+*discorso*: 28b)
13-23 parte *discorsiva* e *dialogica*	30-38 *discorso* e *dialogo*

24 (*accenno temporale*) la reazione di Elisabetta
25 (*discorso*) interpretazione dell'evento da parte di E.

Incontro delle madri — incontro dei figli (1,39-45)
39-40 (*accenno temporale*) reazione e movimento di Maria
41-42a   reazione di E.
42b-45 *discorso* di E.

Magnificat (1,46-55)
46-55 *Discorso* di Maria

56 (*accenno temporale*) ritorno di Maria

— — — — — — — — —

DITTICO DEI COMPIMENTI

Primo compimento (1,57-66)	**Secondo compimento (2,1-7)**
Nascita di Giovanni (1,57-58)	Nascita di Gesù (2,1-7)
57 (*accenno temporale*):	1-5 (*accenno temporale*)
	background storico
Compimento	6-7 *compimento*
58 interpretazione dell'evento da parte dei parenti	

Circoncisione di Giovanni (1,59-64)
59 (*accenno temporale*)
60-61 *dialogo* tra E. e i parenti
62-64 verifica del nome e ripresa di parlare di Z.

65-66 reazione della gente

Benedictus (1,67-79)
Discorso di Z.
67   introduzione: Z. profetizza
68-75   Iddio del passato
76-79   Dio che viene di nuovo
[76-77   missione di Giovanni   ]

80   crescita di Giovanni
(*accenno temporale*) —▶ Lc 3,3 inizio del ministero di G.

Presentiamo così un quadro complessivo di Lc 1,5–2,7 in cui dare importanza ai suoi elementi costitutivi già accennati.

Terremo presenti inoltre le varie introduzioni di carattere storico e le scadenze temporali disseminate nel testo. Secondo alcuni esse disturbano l'unità, secondo altri invece possono essere un solido criterio per la compatezza testuale[15].

Il parallelismo tra i due *annunci* si risolve in un intreccio nella scena dell'incontro delle madri. Nel loro insieme, il secondo annuncio, l'incontro delle madri e il *Magnificat* formano una unità abbastanza coesa grazie ai continui accenni temporali e alla alternanza dei discorsi e delle reazioni delle due madri che ne sono protagoniste.

I due episodi successivi, che aprono il secondo dittico (nascita e circoncisione di Giovanni) e sono strettamente collegati, indicano un nuovo inizio, scandito dal motivo del *compimento* (Lc 1,57a: ἐπλήσθη ὁ χρόνος). Il *Benedictus* sembra essere piuttosto staccato dal contesto e a prima vista non fa che ripetere e trasformare in discorso diretto l'accenno precedente sullo *sciogliersi della lingua* di Zaccaria (v. 64). I vv. di mezzo (65-66) hanno un tono chiaramente conclusivo e assegnano al grande *inno* il carattere di una nuova introduzione[16], o meglio, di un compendio che raccoglie in sé i diversi fili narrativi apparsi in entrambi

---

[15] L'esponente dei primi è J.-N. Aletti (*L'arte di raccontare*, 70, n. 37) che riferendosi a Lc 2–3 accenna la necessità di «distinquere dei blocchi relativamente fermi» nell'aver a che fare con le introduzioni intertestuali. Ci rifacciamo comunque all'opinione assai diversa di G. Betori («Unità letteraria», 82-83), perché mette, invece, ciò in valore, in quanto «essenziale per dare il quadro globale, politico e salvifico, in cui si muove la vicenda di Gesù».

[16] Infatti, è la tendenza comune di ricollegarlo alla seconda unità (Lc 1,57–2,52) mettendo in luce la continuità del parallelismo interrotto dalla scena di *Visitazione* e dal *Magnificat* (1,39-56), che è la giuntura: cf. J.-N. ALETTI, *L'arte di raccontare*, 55-56. Siamo propensi a considerare Lc 1 come un'insieme unitario grazie al principio base che è quello della continua giustapposizione dei percorsi allusivi riguardanti Giovanni e Gesù nonché la nettezza tematica che lascia intravvedere dietro il profilo del primo i tratti distinguibili del secondo, in crescente sviluppo. L'ipotesi redazionale, secondo la quale Lc 1,5-25 e Lc 1,57-80 formavano dapprima un unico racconto sul Battista (cf. H. SCHÜRMANN, *Luca*, I, 207-209) sembra piuttosto confermare la nostra divisione, che peraltro salvaguarda quella antica attestata nella strutturazione del Vangelo in capitoli. Tra gli studiosi a cui dobbiamo fare riferimento è J. Fitzmyer (*Luke*, 313-314): «ch. 1 is a unit in itself», — di cui, però non condividiamo le affermazioni che non sono lontane dal trascurare la complessità e l'arte narrativa dell'elaborazione letteraria di Luca, come, ad es., quella che segue subito dopo: «ch. 2 scarcely presupposes any of it [ch. 1; S.A.]». Nonostante ciò la sua strutturazione riprende la divisione abituale in Lc 1,57, con cui comincia il dittico delle nascite.

gli *annunci*. A livello teologico poi, esso è legato al *Magnificat* con il quale forma un'elogio delle meraviglie di Dio, esteso per lo più nel passato e coronato dal futuro messianico. Nel *Benedictus* prende avvio appunto quella prospettiva messianica che già si percepiva nella scena dell'incontro delle madri. L'accenno finale sulla *crescita* di Giovanni fa risaltare la prominenza della missione del futuro profeta, già anticipata del resto con la menzione della sua *manifestazione* (80)[17]. La scena della nascita di Gesù, estremamente breve (Lc 2,1-7), porta a compimento non solo il secondo annuncio, ma anche il programma teologico del *Benedictus*. Ed è in questi due dittici (Lc 1,5-56; 1,57–2,7) che le vie di Giovanni e Gesù si incrociano con una progressione in favore di quest'ultimo.

1.3 *La manifestazione del Signore (Lc 2,8-52)*

Il secondo grande macroracconto non presenta molti problemi a livello di intreccio narrativo. Il parallelismo che dapprima aveva determinato la disposizione del materiale e lo aveva reso intrinseco in modo strategico qui non regge più. Ciò nonostante la progressione del racconto permette di rilevare una dinamica di fondo, e cioè, un indirizzo pragmatico simile alla costruzione letteraria del narratore. Vi si riconoscono comunemente tre sequenze ben strutturate.

La prima (Lc 2,8-20) è composta a sua volta da due passi: l'annuncio ai pastori, compreso il *Gloria* (8-14), e la *visita* dei pastori (15-20).

La seconda sequenza ha come nucleo il *Nunc dimittis* (29-32) preceduto dall'introduzione, sintetica e densa, che comprende due scene strettamente unite: l'*imposizione* del *nome* e la *circoncisione* (21-24), — e l'ambientazione della profezia (25-28).

All'inno succede, invece, un susseguirsi di piccole unità che hanno il ruolo di affrontare, spiegare oppure di celebrare l'evento: la reazione dei genitori (33), la seconda profezia di Simeone rivolta a Maria (34-35), l'accenno sulla profetessa Anna (36-38). I due vv. conclusivi chiu-

---

[17] Questa parte conclusiva ha dunque una duplice funzione: con l'apertura dell'attesa messianica fa da transizione al ciclo di Gesù che la realizza; con un continuo alternarsi dei rimandi espliciti a Giovanni (cf. vv. 76.77.80) si crea un'altra attesa in contrasto rimandata però molto più in avanti (Lc 3) per non attenuare l'entrata eminente nel corso degli eventi da parte di un bambino misterioso in funzione al quale tutto ruotava finora. A partire da Lc 2,8 il parallelismo interno, sì, scompare, eccezion fatta per Lc 2,21-24, ma non viene meno l'intuizione di base che mette in moto la realizzazione del piano di Dio ormai portato a compimento nella storia di Giovanni, paradigmatica ed evocativa per quella successiva di Gesù.

dono la sezione in modo perfetto (v. 39) e stabiliscono l'ultimo legame con il ciclo di Giovanni (l'accenno sulla *crescita*: v. 40) e quindi pongono un limite temporale anche al parallelismo.

La terza sequenza (Lc 2,41-52) è la più breve, ma assieme la più vivace e drammatica in quanto accelera al massimo il ritmo del racconto focalizzando l'attenzione del lettore sulla scena centrale: il *colloquio* di Gesù con i maestri nel tempio (vv. 46-50). La circondano i tre *antefatti*, introdotti ciascuno da un accenno temporale (41.42.43-45), e i due riassunti conclusivi della vita di Gesù a Nazaret (51a.52), divisi con la menzione di Maria (51b) che funge da inclusione al v. 19 e quindi ricollega le due sequenze estreme.

È da notare una varietà e un accumulo di elementi che dànno coesione alla sezione. Ci riferiamo ai numerosi accenni temporali, alle introduzioni ed agli epiloghi a fianco di ogni scena e infine alle formule di compimento. Il ritmo conciso, la dinamicità e il realismo degli eventi narrati nonché l'alternarsi continuo dei personaggi e delle loro azioni concedono a questo secondo macroracconto un carattere del tutto diverso rispetto a quello del primo. È un tutt'uno costruito in modo tale da far leva sulla manifestazione del Messia ed esplicitarne le modalità e il nucleo teologico — l'*inno* di Simeone — in cui mostrare allo stesso tempo la convergenza dei motivi chiave apparsi separatamente altrove.

La costruzione di Lc 2,8-52 si rende più chiara nello schema conclusivo.

Anche se il contenuto dell'annuncio ai pastori è estremamente ridotto non sfuggono all'attenzione la vicinanza e la finitezza del vocabolario, ridotto all'essenziale:

1,13.30	μὴ φοβοῦ	←	2,10	μὴ φοβεῖσθε
1,14	(*molti*).	←		*una grande gioia per tutto il popolo*
1,28	(χαῖρε)			
1,13	(γεννήσει).	←	**2,11**	ἐτέχθη ὑμῖν σήμερον σωτὴρ
1,31	(τέξῃ)			ὅς ἐστιν χριστὸς κύριος
1,18-20	(*mutismo*).	←	2,12	*segno* (τὸ σημεῖον):
1,36	(*Elisabetta*)			*bambino in una mangiatoia*

Come i primi due annunci, il terzo determina in un certo modo la narrazione seguente attraverso il motivo esplicito del *segno*. L'accento sulla *gioia* e sulla *lode* è rafforzato dall'estensione della cerchia dei suoi destinatari (παντὶ τῷ λαῷ) insieme ad una forte dossologia conclusiva che presenta una lode per eccellenza (il *Gloria*). Il lettore si sente veramente nel pieno degli avvenimenti preannunciati. Ciò non si nasconde ai suoi occhi nell'affermazione solenne del v. 11. È infatti un punto d'avvio che getta i ponti verso il secondo grande discorso di Lc 2: quello di Simeone. Qui vengono ripresi, pur in un ordine cambiato, tutti i motivi emersi nell'annuncio e viene ribadita la centralità del ruolo salvifico del bambino:

$$
\begin{array}{lll}
& 2{,}11 \leftarrow 2{,}26 & \text{ἂν ἴδῃ τὸν } \mathbf{χριστὸν\ κυρίου} \\
& 11 \leftarrow 30 & \text{εἶδον οἱ ὀφθαλμοί μου τὸ } \mathbf{σωτήριόν}\ \text{σου} \\
& 10 \leftarrow 31 & \textit{davanti a tutti i popoli} \\
(\text{δόξα ἐν ὑψίστοις θεῷ}) & 14 \leftarrow 32 & \text{δόξαν λαοῦ σου Ἰσραήλ} \\
& 12 \leftarrow 36 & \text{εἰς σημεῖον ἀντιλεγόμενον}
\end{array}
$$

Le parole chiave «segno» (12.36), «salvezza»-«salvatore» (11.30), «(ri)trovare» (12.16.45.46) e soprattutto «vedere» (15.17.20.26.30.48) scandiscono i punti nodali e dànno coesione al racconto che rimane sempre aperto alle nuove possibilità dell'avverarsi della promessa. Tutto si ricongiunge nella figura di Gesù. Tutto è determinato da Esso e in riferimento ad Esso è indirizzato anche il movimento narrativo[18].

Il terzo annuncio forma con l'inno di Simeone[19] un intreccio paragonabile a quello di Lc 1, dove i due annunci occupano un posto di rilievo. È necessaria tuttavia una precisazione sulla loro funzione, che di fatto è la stessa: nel primo caso il parallelismo sta come sottofondo, nel secondo instaura una chiara messa a fuoco del riconoscimento visivo del Messia, sottinteso già nel *Benedictus* che abbiamo considerato come il punto di arrivo di tutta la sezione precedente. Possiamo dunque precisare lo schema di L. Legrand a cui inizialmente ci eravamo ispirati[20].

---

[18] La centralità del Gesù bambino è fortemente accentuata nei vv. 42-46, tramite la ripetizione costante dei pronomi personali che davvero fanno sentire la preoccupazione dei genitori nell'affrontare lo smarrimento del figlio. Un percorso simile è svolto dal lettore nel racconto della visita dei *pastori* (vv. 15-20) in cui, però, l'immagine del bambino è ancora molto attenuata: si preferisce parlare per lo più della *parola-fatto*, anziché di un personaggio concreto. Per le implicazioni narrative di questo fenomeno vedasi sotto: pp. 75-79.

[19] Nello schema conclusivo lo evidenziamo all'interno del quarto annuncio, quello di Simeone, per ribadire la complementarità del quadro elaborato: vi è riscontrabile la posizione simile del *Benedictus* e del *Nunc dimittis*, messi a parte proprio per accentuare l'importanza del messaggio che trasmettono.

[20] Si tratta del suo minuzioso studio esegetico dedicato alla pericope dell'annuncio a Maria (L. LEGRAND, *L'annonce à Marie*) in cui concede molto spazio all'elaborazione della struttura del vangelo dell'infanzia centrandosi sul testo in esame e stabilendo la sua relazione con altri due annunci. La conclusione a cui finalmente giunge è che il quadro di Lc 1–2 è costruito attorno a tre annunci che fanno progredire la rivelazione di Gesù di cui viene ribadita con l'insistenza la stesura apocalittica: cf. pp. 132-146; spec. 144-146.

LA MANIFESTAZIONE AI PASTORI (2,8-20)

Annuncio (2,8-12)

8-9   apparizione dell'angelo ai *pastori*
10-12 annuncio ai pastori

Gloria (2,13-14)

Compimento (2,15-20)

15-17 visita dei pastori
18   reazione della gente

....

19 atteggiamento di Maria
20 ritorno dei pastori

LA MANIFESTAZIONE NEL TEMPIO (2,21-38)

1) Prima manifestazione nel tempio (2,21-38)

Circoncisione di Gesù (2,21-24)

21   (*accenno temporale*: *compimento*)
       imposizione del nome
22-24 (*accenno temporale*: *compimento*)
       circoncisione

Incontro con Simeone (2, 29-35)
25-28 ambientazione

Promessa (25-26)   **Compimento**

                                        Nunc dimittis (29-32)

                                        ....

                                        33   reazione di Giuseppe e Maria
                                        34-35 seconda profezia di Simeone
                                        36-38 atteggiamento di profetessa Anna

                    Crescita di Gesù (2,39-40)

Lc 2,20   ◄—   39   ritorno della santa famiglia
Lc 1,80a   ◄—   40   crescita del bambino

2) Seconda manifestazione nel tempio (2,41-51)

41   (*accenno temporale*: abitudine)
42   (*accenno temporale*: pellegrinaggio)
43-45 (*accenno temporale*: *compimento*) Gesù perduto
46   (*accenno temporale*) *colloquio* nel tempio
47   reazione della gente
48-50 reazione dei genitori, dialogo con il figlio, incomprensione
Lc 2,20.39 ◄—   51a   ritorno a Nazaret
Lc 2,19   ◄—   51b   atteggiamento di Maria
Lc 2,40   ◄—   Crescita di Gesù (2,52)

Al posto di una «trilogia di tre annunci» optiamo per una costruzione a due sezioni: la prima concernente il dittico degli annunci e quello dei compimenti e la seconda con le tre manifestazioni di Gesù.

I primi tre inni sono confinati tra loro, perché spiegano e celebrano gli eventi predetti in ciascun annuncio. Infatti al terzo annuncio risponde il *Gloria* e con ciò si conclude la serie «annuncio-inno» per aprire la strada interpretativa nell'annuncio di Simeone. Il *Nunc dimittis* essendo l'inno conclusivo ne è il coronamento e la realizzazione. Il racconto finale (Lc 2,41-51) chiude la seconda sezione e insieme tutto il vangelo dell'infanzia realizzando un doppione tematico rispetto alla visita dei pastori, grazie al motivo del *ritrovamento* del bambino / Gesù dodicenne. La sua funzione è piuttosto quella di accentuare l'importanza di un incontro a tu per tu con il protagonista del racconto. In entrambi i casi ciò viene ribadito con l'accenno sul *vedere* (ἰδόντες: 17.48).

1.4 *Visione d'insieme*

Presentiamo infine lo schema finale a cui sottoporre l'analisi successiva:

I. DUE DITTICI (1,5–2,7)

1) DITTICO DEGLI ANNUNCI

    Primo annuncio (1,5-25)   **Secondo annuncio (1,26-38)**

      Incontro delle madri — incontro dei figli (1,39-45)

              Magnificat (1,46-56)

2) DITTICO DEI COMPIMENTI

    Primo compimento (1,57-66)

nascita e circoncisione di Giovanni (1,57-66)

              Benedictus (1,67-79)

Crescita di Giovanni (1,80)   **Secondo compimento (2,1-7)**

                        nascita di Gesù (2,1-7)

II. LA MANIFESTAZIONE DEL SIGNORE (2,8–52)

1) LA MANIFESTAZIONE AI PASTORI

    Terzo annuncio (2,8-12)

              Gloria (2,13-14)

                Terzo compimento (2,15-20)

Circoncisione di Gesù (2,21)   visita dei pastori (2,15-20)

2) LA MANIFESTAZIONE NEL TEMPIO

    a)   Prima manifestazione nel tempio (2,22-38)

        incontro con Simeone (2,25-35)

Promessa (2,25-26)   **Compimento (2,27-38)**

Crescita di Gesù (2,40)   *Nunc dimittis* (2,29-32)

CONCLUSIONE

    b)   Seconda manifestazione nel tempio (2,41-51)

Crescita di Gesù (2,52)

2. Il Gesù da vedere (Lc 1,5–2,52)

Siamo all'inizio del Vangelo, dove è riconoscibile un preludio al vero e proprio racconto che partirà da Lc 4,14[21]. Perciò la dinamica interna di quei due capitoli non è da sottovalutare poichè, in quanto *ouverture* del Vangelo, già contengono *in nuce* il programma teologico dell'autore. E soprattutto qui risulta importante far notare le chiavi di lettura che rimandano alla strategia narrativa inscritta nel testo dall'autore[22]. Anche all'inizio il paradigma di ciò che significa «vedere Gesù» sorregge e esplicita la portata comunicativa degli interventi divini in Lc 1–2. L'itinerario del lettore, come vedremo, sarà il seguente: dall'ascolto al riconoscimento, inteso come punto di arrivo del compimento e come snodo della tensione narrativa. Infatti, riferendosi al motivo del *vedere,* si può osservare un evidente sviluppo che trova espressione in due cicli di racconti messi abilmente a confronto da Luca: quelli riferiti a Giovanni e quelli riferiti a Gesù. L'atmosfera in cui si svolgono gli eventi che aprono il Vangelo è caratterizzata dalla presenza miracolosa del mistero in mezzo agli uomini e dagli effetti che esso produce in chiunque ne abbia esperienza: la paura, l'imbarazzo, la meraviglia, ma anche e soprattutto la fede, da cui erompe la gioia[23]. Del

---

[21] Il dibattito sulla funzione dei primi quattro capp. in Luca ha prodotto le diverse elaborazioni della loro struttura e funzione all'interno di tutto il Vangelo. Stiamo seguendo la divisione del Vangelo che è la più comune: il prologo narrativo (1,1-4); il vangelo dell'infanzia (1,5–2,52); la preparazione del ministero di Gesù: 3,1–4,13). Cf. J. FITZMYER, *Luke*, 134-142; la *Bibbia* CEI. C'è chi estende la parte introduttiva fino al 4,44 affermando che il vero e proprio inizio narrativo del Vangelo si debba trovare nel cap. 5 (cf. F. O'FEARGHAIL, *The Introduction to Luke-Acts*, 150-154; con lo *status quaestionis* del problema). Noi attingiamo all'opinione più tradizionale che è stata riproposta e messa in nuova luce nello studio di J.-N. ALETTI, *L'arte di raccontare*, 35-53. La novità della sua esposizione sta nel fatto che qui viene rivalorizzato lo spessore del manifesto di Nazaret (Lc 4,14-30) in quanto programma teologico di Luca: dalla sua analisi emerge la molteplicità e l'interdipendenza di molti motivi che avranno sviluppo nella narrazione successiva.

[22] La funzione narrativa dell'*ouverture* è stata ben messa in evidenza, ad es., da D. Marguerat («Entrer dans le monde du récit», 35): parlando dell'«endroit stratégique du début» introduce la categoria di «pacte de lecture» con la quale «on désigne une préface où le narrateur fixe des clefs de lecture de son récit». Cf. dello stesso autore: *Pour lire les récits bibliques*, 158-159.

[23] Cf. i passi paralleli: 1,12.29; 1,65-66 e 2,17-18; 1,24-25 e 1,38; 1,58 e 2,8-20. Sulla *gioia* come un motivo distintivo della versione lucana del vangelo dell'infanzia cf., ad es., l'intuizione di G. Rossé (*Luca*, 40): «la gioia caratterizza il tempo dell'intervento definitivo di Dio, il tempo di compimento». È importante prendere in considerazione ciò, perché nel contesto questo motivo è espresso abbastanza forte-

resto, per il lettore non c'è da meravigliarsi se fin dal primo momento l'iniziativa proviene dal cielo, ossia dai messaggeri celesti che compiono il ruolo loro assegnato. Nel dialogo che avviene tra Gabriele e Zaccaria (1,13-18) abbiamo a che fare con una rivelazione che tende a esprimersi in modo sintetico e denso. E al lettore, secondo la strategia narrativa, prima di tutto viene presentata la figura del *precursore* del Messia e viene chiarito il suo compito. Usando la felice espressione di J.-N. Aletti, ci domandiamo piuttosto che modalità assuma e che sviluppo tematico permetta di segnalare l'inizio del Vangelo in forza del suo essere un «racconto gnoseologico»[24]. Quale rapporto esiste a tale livello tra due bambini — protagonisti del racconto? È possibile dedurne che già qui si può «vedere Gesù» bambino non solo attraverso testimonianze e figure altrui, bensì leggendo il testo e cercando di ricostruire la sua strategia?

2.1 *Dalla Promessa alla Fede (Lc 1,5-56)*

2.1.1 Il primo annuncio: credere nel compimento (1,5-25)

L'episodio con il quale il lettore si immerge nella trama narrativa (Lc 1,5-25) è segnato dall'interesse attribuito al servizio liturgico nel tempio (8-10). L'atmosfera dell'estrema vicinanza di un Dio fedele alle sue promesse trova luce già nella storia della pia famiglia di Zaccaria. Nella narrazione non si nasconde però la situazione di profonda mancanza che apparentemente mette in crisi la fede di ogni buon Israelita: *non avevano figli* (1,7)[25]. Perciò l'*offerta dell'incenso* e la preghiera del

---

mente, sì da dare un'importanza particolare alla pericope (Lc 2,25-32) di cui faremo l'analisi in seguito.

[24] Cf. J.-N. ALETTI, *L'arte di raccontare*, 52-53 Per quanto concerne l'utilizzo della terminologia adottata nel presente lavoro si fa riferimento al testo: *La notion de littérature*, 54, — del famoso esponente della scuola formalista di narratologia russa: T. Todorov). Applicato al vangelo in quanto Parola di Dio, il termine «gnoseologia» acquista una specifica valenza narrativa: «Da notare che "gnoseologico" non ha nulla a che vedere con "gnostico" (iniziatico, ermetico), ma connota l'operazione di *riconoscimento* richiesta dagli attori e dal lettore. Un semiotico preferirebbe parlare di racconto che insiste sulla "sanzione" (riconoscimento dell'essere dell'eroe, grazie al suo agire» (J.-N. ALETTI, *L'arte di raccontare*, 52, n. 26). Riferendosi più propriamente al vangelo dell'infanzia l'autore fa notare tra l'altro che della strategia narrativa fa parte il gioco di contrasti che trova l'espressione nella «natura rivelatrice del racconto lucano», «due volte gnoseologico» se faciamo la distinzione tra i personaggi iscritti nel testo e i suoi lettori in carne ed ossa (più in dettaglio: *Ibid.*, 67-68).

[25] Così si crea una tensione a livello narrativo e cioè, tra il passato biblico che richiama al lettore delle storie meravigliose che riguardano delle promesse divine il cui

popolo *nell'ora dell'incenso* (9-10) fanno risaltare la speranza di quegli *anawîm* di cui Zaccaria è il rappresentante e il portavoce. Egli è sì sacerdote ma è anche il primo a chiedere in quanto uomo[26]. L'apparizione angelica si presenta appunto come l'*esaudimento* della sua preghiera (13), mentre l'annuncio trasforma la realtà capovolgendola da segno di maledizione in segno di benedizione: nonostante tutto avranno un figlio![27] Per quanto questo messaggio sia inaudito lascia percepire la domanda di Zaccaria che esplicita un dubbio legittimo agli occhi umani. Tuttavia, in tale momento decisivo, non è questo che ci si aspetta da lui, né per lui stesso nè per tutto il popolo beneficiato della venuta prossima del Messia (Lc 1,16-17). Il fallimento del capo religioso è tanto imbarazzante quanto programmatico, per cui lo stesso angelo ne interpreta la portata (19-20). Lì è tutto centrato sulla Parola della Promessa, efficace e interpellativa, di fronte alla quale non c'è possibilità per il doppio gioco. Così, a dire il vero, Zaccaria *non ha creduto alle parole* dell'angelo, pur sapendo chi gli stava davanti. Quindi da parte sua non si può nemmeno parlare di ascolto, vista l'infecondità di quella fede che lo spingeva a recarsi regolarmente al tempio[28]. In contrasto con

---

oggetto è il dono di un figlio (cf. Gen 18,1-15; 1 Sam 1,1-21) — una Promessa per eccellenza. Si schiude dunque un nuovo manifestarsi del Dio della Promessa che nel racconto di Luca è quasi pronto di compierla immediatamente. L'*intrigo* narrativo, però, proseguirà per strade diverse per mettere più in evidenza la preziosità e rarità di quella Fede che ha immortalato gli esempi celebri di Abramo e Anna e porterà avanti la narrazione con l'entrata in scena di Maria.

[26] Cf. l'insistenza sull'*incendere* / l'*incenso* in Lc 1,9-11. Diventa chiaro che è la preghiera e gli atti simbolici che la manifestano a condizionare l'apparizione. Il contesto liturgico è esplicitato anche dall'uso frequente del prep. ἐνώπιον/ἔναντι/ἐναντίον (Lc 1,6.8.15.17.19.75.76). Sono lessemi tipicamente lucani densi di significato e di sfumature; implicano unoltre un contesto religioso: la «prontezza dell'ascolto» come lo chiama C. Lukasz, uno degli autori attenti alla frequenza dell'uso lucano di questi vocaboli (*Evangelizzazione*, 129).

[27] Si è soliti di vedere in questo racconto iniziale del Vangelo numerose allusioni alla promessa fatta ad Abramo (Gen 17,1-19; cf. 15,6-8). Il contesto della fede di Abramo e della fedeltà di Dio impegnato nei confronti di questi è stato certamente riflesso nell'elaborazione lucana dell'episodio. Per le sue caratteristiche narrative cf. J.-N. ALETTI, *L'arte di raccontare*, 58-60.

[28] Qui il narratore sicuramente gioca sull'incredulità del leader religioso del popolo, preparando così l'entrata in scena di Maria, una vergine di umile origine che invece accetterà l'annuncio come se fosse l'ultima parola di Dio nei suoi riguardi. Il contrasto tra quelle due figure ben separate oggetivamente, è rafforzato anche narrativamente e serve quindi a dare una prima indicazione al lettore: alla fine ciò che conta e dà il senso all'ascolto è l'iniziativa libera di entrare in relazione. Maria lo saprà fare usando pure una domanda simile a quella di Zaccaria: *come avverrà questo?* (Lc

l'atteggiamento del marito, Elisabetta invece ha saputo riconoscere *che cosa le aveva fatto il Signore* (25). La sua fede, che rimane sullo sfondo, non ha bisogno né di verifica esterna e nemmeno di manifestarsi finché non sarà *compiuto il tempo del parto* (57). Così il primo annuncio pone le basi per la prospettiva, ancora molto sfumata, che accompagnerà il lettore lungo tutto il Vangelo: al messaggio potente della buona novella si oppone la resistenza da parte dei suoi destinatari a causa dall'incredulità. Nonostante ciò, il compimento avverrà *a tempo suo* (20) e in persone degne di fede, capaci appunto di riconoscere i segni prominenti dell'era messianica e dare ad essi un'adeguata risposta, anch'essa segnata dalla fede nel compimento.

2.1.2 Il secondo annuncio: la Fede che nasce dall'ascolto (1,26-38)

Il secondo annuncio, in funzione del quale è pensato il primo, permette di precisare il contesto in cui si compie la Parola di Dio. Il dono della fecondità concesso a Maria la spinge, sì, a interrogarsi circa l'attendibilità della promessa, ma non le impedisce di andare oltre, in una direzione che riconcilia la sua propria volontà con quella divina: γένοιτό μοι κατὰ τὸ ῥῆμά σου (38). E qui l'ascolto costituisce un vero e proprio punto di partenza dell'interazione divino-umana. Più precisamente l'itinerario di Maria è partito dal timore numinoso (29) per approdare all'obbedienza totale alla parola dell'angelo. In particolare, è la stessa ῥῆμα che fa di essa l'ascoltatrice e insieme le promette un futuro ricco di doni. Ciò che la rende beata è infatti la sua buona disposizione con cui ha acconsentito al progetto divino di farne la madre del Messia. Si parla già, pur in termini ancora molto generali, della sua fede che ha trasformato quell'ascolto in un'accoglienza viva della Parola di Promessa. In più, il messaggio che trasmette l'annuncio è carico di conseguenze nella vita personale della futura madre. La sua libera decisione di «compierlo» nel proprio seno dimostra che essa era predisposta a farlo, anche a scapito dello stile di vita da essa scelto. Solo così, di fatto, essa potrà diventare la madre di copiosi figli e incarnare in se stessa le speranze del popolo d'Israele[29].

1,34b). Ciò che impedisce a quell'ultimo di rispondere similmente, in verità, è la maniera stessa di porsi davanti al mistero: egli si sente in qualche modo autorizzato di obiettare! Perciò si capisce bene, come «la stessa frase, lo stesso gesto possono essere, a seconda dell'intenzione, una risposta di fede o dell'incredulità» (F. Bovon, *Luca*, I, 91).

[29] Cf. A. Valentini, *Maria secondo le Scritture*, 102.

Il suo ascolto ha dunque carattere decisionale e porta subito a compimento le parole pronunciate dall'angelo. L'ultima replica di questi comunque ha per scopo di rafforzare ancora di più l'aspetto dinamico della Parola in quanto ῥῆμα (37): la Fede mariana diventa così l'illustrazione del potenziale comunicativo dello stesso intervento divino. È un annuncio che interpella e nello stesso tempo dà le chiavi per comprenderlo e interiorizzarlo. Nel momento in cui lo si riceve e si acconsente alle sue esigenze[30]. Pertanto l'esempio di Elisabetta (36) serve da segno per Maria e già prepara le due solenni professioni di Fede che apriranno al lettore l'intelligenza più approfondita delle storie raccontate in precedenza.

2.1.3 L'incontro delle madri — l'incontro dei figli (1,39-45)

Questo paragrafo ci suggerisce di esaminare più a fondo le tecniche narrative proprie del Terzo Vangelo. Come vedremo, ciò fa parte integrante dell'intenzione del narratore; egli infatti gioca sui contrasti e sulla carenza delle informazioni. Egli infatti sa del racconto molto più dei suoi personaggi e del lettore: ci riferiamo in particolare al mistero di cui è avvolta la figura di Gesù[31]. Assieme vi è presente l'*ironia drammatica* che rivela il *punto di vista* del narratore. A tal proposito l'incredulità e il mutismo di Zaccaria che ne conseguono (Lc 1,18-22), vengono intenzionalmente presentati come il fallimento nel riconoscere la voce affidabile di Dio all'interno degli eventi comunicati; nonché come incapacità di ricomprenderli in una visione unitaria resa viva dalla Promessa per eccellenza (v. 22: ὀπτασίαν ἑώρακεν)[32]. È anche legittimo affermare che l'incapacità di vedere il mistero ha ridotto al minimo le

---

[30] Sono di particolare interesse le riflessioni fatte da B. Prete (*L'opera di Luca*, 139-140) in riferimento al cammino che fa il lettore seguendo le traccie di Maria: «È sul piano di fede che si muove il racconto dell'annunciazione [...]; è la fede che Elisabetta elogia in Maria quando formula la beatitudine. E infine è alla fede dei lettori che si rivolge l'evangelista quando presenta Gesù con tutta la ricchezza dei suoi titoli messianici e divini». Cf. anche: *Ibid.*, 140, n. 29.

[31] Sull'*onniscenza* del narratore vedasi l'esplicazione teorica dettagliata di J.L. Ska: «Un narrateur ou des narrateurs?», 264-275. Per una tecnica propriamente lucana è indispensabile il saggio di J.-N. Aletti che seguiamo grosso modo nella nostra esposizione: *L'arte di raccontare*, 58-74.

[32] È da notare che nella risposta di Gabriele l'accento è posto sulla *Parola* operatrice di Dio (v. 20) trasmessa attraverso le *parole* dell'angelo. La stessa tendenza si ha nel secondo annuncio, in cui, in forte contrasto con l'annuncio a Zaccaria, di cui diremo, è totalmente assente la componente visiva della percezione dell'accaduto da parte del ricevente umano della visione (cf. Lc 1,29-37).

capacità espressive di Zaccaria[33]. Il lettore, che in questo caso è più informato dello sbalordito personaggio, dispone allo stesso tempo di mezzi interpretativi sufficienti per capire e analizzare il modo di procedere dell'autore.

L'annuncio a Maria (26-38) inizia in modo molto solenne realizzando così una cesura con ciò che precede: ἀπεστάλη ὁ ἄγγελος Γαβριὴλ ἀπὸ τοῦ θεοῦ. Per il lettore non rimane nemmeno nascosta la scomparsa dell'aspetto visivo che era stato messo in risalto nella trattazione delle vicende precedenti (cf. Lc 1,11-12: ὤφθη). Qui infatti si è in imbarazzo: il privilegio della maggiore competenza è dato all'eroina e non al lettore! Difatti è fuor di dubbio che ella non solo senta l'angelo, ma anche che lo veda[34]. A che cosa serve dunque questa *omissione* inaspettata della controparte visiva? Rimandiamo la domanda all'episodio successivo nel quale l'accentuazione dell'elemento uditivo a prima vista creerà disagio nel lettore. Rimane da interrogarsi circa il contenuto dell'annuncio: chi sarà dunque quel bambino? I titoli che gli vengono imposti connotano fortemente la sua figliolanza divina che viene accentuata due volte: *sarà chiamato Figlio dell'Altissimo* (Lc 1,32; cf. 35). Sorprende anche l'accumulo del lessico spaziale in un solo v., il 35, il che in qualche modo rende «visibile» quel ritratto biblico: πνεῦμα ἅγιον ἐπελεύσεται ἐπὶ σὲ καὶ δύναμις **ὑψίστου** ἐπισκιάσει σοι (cf. v. 48: ἐπέβλεψεν ἐπί)[35]. Come è stato ben messo in evidenza da G. Marconi, qui abbiamo a che fare con un cambiamento della prospettiva rispetto all'annuncio precedente: ora è Dio che pone lo sguardo[36]. Ciò

---

[33] Si osservi la duplice menzione del mutismo di Zaccaria, alle estremità del v. 22, e, in aggiunta, la duplice ricorrenza dei verbi portanti all'impf., un tempo che protrae gli effetti dell'azione sottolineandoli.

[34] Per questa ragione probabilmente alcuni codici aggiungono il ptcp. ἰδοῦσας (cf. Lc 1,12): A, C, Θ, *f*[13] *et al.* Sulla maniera lucana di informare o non-informare i suoi lettori cf. J.-N. ALETTI, *L'arte di raccontare*, 66-74.

[35] L'intuizione che proponiamo è quella di G. Marconi: «Il bambino da vedere», 635-636. Tranne il prefisso caratteristico ἐπί e vocaboli evidenziati da noi in neretto vi si accennano quelli che esprimono la trascendenza divina: υἱὸς ὑψίστου (v.32), ἅγιον, υἱὸς θεοῦ (35). Sono molto utili anche i paralleli biblici riportati dall'autore sulla base del lessico: cf. Lc 9,34; Es 40,35[LXX]. Nell'annuncio a Zaccaria la dimensione spaziale è altrettanto presente (cf. *Ibid.*, 634): φόβος ἐπέπεσεν ἐπ' αὐτόν: Lc 1,12).

[36] G. MARCONI, «Il bambino da vedere», 636. Si può aggiungere l'affermazione legittima dell'autore che, secondo noi, spiega molto bene il perché dell'uso lucano di un simile procedimento: «il binomio alto-basso [...] viene a dire sull'unione o disgiunzione tra divinità e umanità, lo stesso dicasi dell'assidua presenza dell'angelo la cui apparizione e parola se per un verso sembrano accorciare l'abissale distanza tra i

nonostante questa iniziativa divina è in atto già dalle prime righe del Vangelo, solo che colà tocca più al narratore esplicitarla, partendo dall'esperienza soggettiva dei personaggi.

L'episodio dell'incontro delle madri (Lc 1,39-45) sta al centro del primo dittico, «dove sembrano incrociarsi i percorsi di Giovanni e Gesù e può essere prefigurata la regola delle loro relazioni»[37]. Non si può dare per scontata la rapidità della successione delle singole azioni[38]. Perciò l'attenzione del lettore si ferma sull'unico discorso, quello di Elisabetta (Lc 1,42-45), in cui vengono concentrate idee chiave per il riconoscimento di Gesù. È importante comunque capire che funzione rivesta la parte propriamente narrativa, ove il narratore si mostra consapevole dei sentimenti e delle emozioni più intime dei personaggi[39]. A che cosa serve dunque l'insistenza sulla *voce del saluto* (cf. 41) e sulla sua percezione uditiva? Sembra che la prospettiva sia volutamente rovesciata dal narratore per creare la prima *sorpresa*. Essa sorge attraverso la sovrapposizione della visione e dell'ascolto che si osserva nel secondo annuncio[40]. Un altro indizio strategico è da cogliere nella parte

---

due poli, dall'altra parte il suo apparire suscita spavento e rende possibile una certa visione. In altre parole il bisogno di vedere sembra la conseguenza della distanza spaziale».

[37] Cf. L. PANIER, *La naissance*, 151. Sulla posizione centrale e la costruzione concentrica del passo vedasi: R. MEYNET, *Luca*, 47.54; un'analisi più dettagliata dello stesso autore in: «Dieu donne son nom», 46-48.64-65.

[38] Tra gli autori mostra attenzione a quest'aspetto M. Coleridge (*The Birth*, 102-103). Egli inoltre ne offre una spiegazione che ci sembra importante nel discorso che facciamo e aiuta a capire come il narratore si serve delle sue tecniche espositive: «[the brevity of the narration] suggests that this is not where the narrative's centre of gravity lies: it is not primarily a story about John's birth. [...] What interests the narrator, is not so much what has happened, but how the characters respond to it».

[39] Cf. J.-N. ALETTI, *L'arte di raccontare*, 72. È interessante ciò che dice M. Coleridge (*The Birth*, 83) a proposito dell'incontro delle madri. Egli contraddistingue due modalità dell'intervento divino nella storia umana: 1) l'iniziativa proviene direttamente e esclusivamente dal cielo (cf. i due annunci precedenti); 2) l'iniziativa è dell'uomo, ma le possibilità di conoscere e interpretare il senso ultimo degli eventi dipendono dal volere divino che agisce nel più intimo dei personaggi. L'episodio dell'incontro delle madri in questo senso è rappresentativo proprio perché per la prima volta permette al lettore di penetrare nella sfera dell'animo e dei sentimenti di personaggi, dove la collaborazione divino-umana si rende visibile.

[40] M. Coleridge è uno degli autori che accentuano questa particolarità dell'esposizione lucana. Non ci convince, però, la sua soluzione troppo spirituale del problema che tende a rafforzare il contrasto tra l'ascolto e la visione, anziché riconciliare queste due prospettive. Cf. *The Birth*, 79-80. Merita l'attenzione, invece, il suo dispiegare la

essenziale dell'episodio narrato: si tratta soltanto del riconoscimento della *madre del Signore* da parte di Elisabetta? O sono piuttosto Giovanni e Gesù protagonisti e *attanti* della scena? Non si dice ancora nulla sulla gravidanza di Maria[41] ed è possibile presumere, dalla natura stessa e dalla trasparenza logica del racconto, che le due figure di pie madri adombrate dai frutti dei loro grembi sono piuttosto funzionali a quanto succede. Avviene in effetti un «dialogo» meraviglioso tra i due bambini rinchiusi nei grembi materni, simbolo della fecondità, ma anche della vita nel suo procrearsi spontaneo e misterioso[42]. La tecnica del narratore a questo proposito rivela un'intenzione interessante: il *sussulto* di Giovanni viene ripetuto due volte: prima lo dice il narratore stesso (Lc 1, 41a) e dopo ne lascia parlare Elisabetta (44b). Come dire che, mediante una semplice ripetizione rafforzata dalla voce autorevole di Luca, verrebbe comunicato l'essenziale — il figlio di Maria è il *Signore* stesso (cf. 43).

Parlando a livello dei personaggi impliciti e cioè, Gesù e Giovanni, si potrebbe così spiegare il dilemma posto all'inizio: è ovvio, dalla prospettiva di quei due bambini non ancora nati, che l'unica via della

---

stessa tendenza nella narrazione successiva, riferito allo *scioglimento della lingua* di Zaccaria: M. COLERIDGE, *The Birth*, 131, n. 1.

[41] M. Coleridge vi vede un esempio dell'*ellissi* narrativa indirizzata al nascondimento continuo di Gesù, che si serve anche delle allusioni esplicite sull'identità di questi per aumentare l'attesa e preparare così l'entrata in scena del Messia. Questa posizione risponde molto bene alla nostra argomentazione fin ora focalizzata proprio sul graduale riconoscimento di Gesù da parte dei personaggi e sui richiami visivamente attestabili della sua venuta (cf. M. COLERIDGE, *The Birth*, 79). Invece, non si collega con l'ottica che stiamo seguendo l'affermazione dello studioso secondo la quale il sussulto di Giovanni nonché il saluto della sua madre siano riferiti esclusivamente a Maria per non disturbare la strategia appena accennata e cioè, non svelare troppo presto il mistero di Gesù nel suo riconoscimento (*Ibid.*, 82). Ciò nonostante, se è così, rimane incerto che motivazione e che valore attribuire al «doppio» saluto di Elisabetta (cf. vv. 42.45): è un semplice complimento oppure l'anticipazione della benedizione di Gesù stesso (Lc 11,27)? Perciò optiamo con la maggioranza degli autori (cf. ad es.: R. BROWN, *The Birth of the Messiah*, 341.344-345; D. GERBER, *Il vous est né*, 76) per la posizione che tiene conto della rilevanza della figura di Gesù che «è al centro della scena, tanto più che Elisabetta fa di Maria e di Gesù l'oggetto della sua lode» (F. BOVON, *Luca*, I, 98). Cf. in merito l'obiezione di M. COLERIDGE, *The Birth*, 83.

[42] Cf. a proposito un breve *excursus* storico-biblico di G. Ravasi (*I Vangeli di Natale*, 51-53) in cui vengono ripresi i passi biblici indicativi: cf. Sal 139,13-16; Gb 10,8-11; Ger 1,5; una definizione del *grembo* come lo si intuisce nella Bibbia, fatta in modo più sintetico, vedasi in: L. RYKEN,– J. WILHOIT – T. LONGMAN III, ed., *Le immagini della Bibbia*, «grembo», 686-687.

comunicazione tra loro è quella che passa attraverso la voce e l'udito. Se ciò è vero l'assenza della «visione» non disturba l'intreccio narrativo: è la prospettiva che cambia di nuovo sotto la guida abile del narratore, svelata nello sdoppiamento dei ruoli dei *caratteri* principali. L'incontro tra due madri, che già in partenza suppone un guardarsi immediato con gli occhi, viene proiettato nel più intimo dei loro cuori, sotto i quali ormai pulsano due altre vite che misteriosamente si riconoscono a vicenda.

La conclusione che il lettore trae davanti all'assenza dell'aspetto visivo è dunque questa: è impossibile e quindi non legittimo *vedere* costui che deve ancora essere *dato alla luce* (cf. Lc 2,7). Come vedremo, la sua nascita infatti capovolgerà la prospettiva, per svelare pienamente la strategia narrativa. Gli unici mezzi espressivi dei personaggi in questo racconto sono dunque le voci e l'ascolto che promuovono reciprocamente le due espressioni solenni della fede[43].

2.1.4 «Beata Colei che ha creduto...!» (Lc 1,45)
Il *Magnificat* — solenne espressione della fede (1,46-56)

Il primo cantico del vangelo dell'infanzia celebra il riconoscimento della *madre del Signore* che prende rilievo sulla bocca di Elisabetta. Da un punto di vista pragmatico risulta programmatica la sua frase conclusiva, che si potrebbe definire come il primo manifesto della Fede (45). Presentato nella forma di un macarismo esso spiega non solo l'*eulogia* iniziale (42), ma anche il secondo annuncio: entrambi presuppongono la Fede che ora viene esplicitamente collegata al compimento della Promessa. In particolar modo il participio πιστεύσασα (cf. 20: οὐκ ἐπίστευσας) caratterizza Maria quale perfetta collaboratrice al progetto di Dio — ella stessa afferma questo autodichiarandosi *serva* (38)[44]. È un modello che supera le difficoltà oggettive della situazione reale (cf. 34) e la trasforma in una benedizione inaudita — il frutto meraviglioso di una perfetta rispondenza tra la Promessa e la Fede inaudite che ren-

---

[43] Il significato della doppia benedizione al v. 42: εὐλογημένη [...] εὐλογημένος, — può essere quello di richiamare lo schema abituale che si usa nel Primo Testamento nei riguardi delle persone per mettere in evidenza che tutto proviene da Dio al quale la benedizione deve ritornare (cf. Gen 14,19-20; Gdt 13,17ss). Nel nostro caso si tratterebbe dunque dell'indicazione esplicita della natura divina di Gesù. Cf. la sintesi della problematica in: R. MEYNET, «Dieu donne son nom», 47-48.

[44] I due annunci sono gli unici casi nel vangelo dell'infanzia, dove si parla in modo così esplicito dell'incredulità e della fede, sì da rappresentare un programma teologico che verrà esplicitato in seguito.

dono l'esempio mariano un'icona del credente. Non stupisce perciò che la sua fede e quella di Elisabetta nascano entrambe in un'atmosfera di accoglienza e di ascolto. Nel loro incontro al lettore è già permesso di entrare nella prefigurazione degli eventi salvifici per eccellenza che saranno aperti dal ministero di Gesù. Infatti, come la prima espressione della fede mariana — il suo *fiat* (38) — ha dato l'occasione al suo riconoscimento da parte di Elisabetta, così quest'ultimo troverà la spiegazione nell'inno che celebra la salvezza, come se essa fosse già attuata, e dunque non lascia alcun dubbio sul compimento dell'annuncio che ha spinto in avanti sia la fede di Maria, sia quella del lettore[45].

In che cosa consiste dunque quella Fede delle origini messa in risalto nell'atto della ricezione libera della *Parola* di Promessa? L'itinerario personale di Maria dà la prima risposta e risulta impressionante, giacché riesce a collegarsi con il presente del lettore e a porre a servizio dell'intera umanità ciò che Dio aveva preparato fin dall'inizio *per coloro che lo temono* (Lc 1,50). La consapevolezza di quelle *grandi cose* che aveva fatto per lei il Signore (49a) esprime e riassume in sé tutte le speranze di Israele, portate progressivamente a compimento da Dio[46]. È la Fede nell' ἔλεος di cui appunto Dio, nel momento in cui lo usa di nuovo, si ricorda. Lo scopo è continuare ad essere fedele, *guardare attentamente* (48a) e così beneficiare, ma anche impegnare l'uomo nei suoi confronti. Le divisioni che produce quest'impegno esemplificato nell'ascolto mariano (51-54) è già simbolico in quanto mette in guardia il lettore: il caso di Zaccaria non è unico, ce ne saranno molti altri. È una costante della storia della salvezza che riecheggerà necessariamente nel contesto nuovo per confermare e rendere più valorosa la fede degli eletti. Il canto di Maria presenta dunque in brevi tratti tutta la storia

---

[45] Cf. la nota di F. Bovon (*Luca*, I, 100): «il *Magnificat* insiste sulla fede nell'intervento di Dio nella storia più che incitare alla speranza». È significativo inoltre il valore che attribuisce agli aoristi che rendono sette azioni principali di Dio — cosidetto «incoativo» — per illustrare gli effetti che il testo produce in ogni lettore: «possiamo pregare il Magnificat nella fede, persuasi che il compimento delle promesse di Dio può essere atteso ed è già iniziato» (*Ibid.*, 112). Cf. M. GRILLI, *Quale rapporto*, 157-158. Cf. pp. 84-85, n. 108.

[46] H. Schürmann (*Luca*, I, 163-164) fa una proposta originale in quanto qualifica l'incontro delle madri come l'«inizio del compimento, tutto orientato al canto di lode di Maria». Noi invece consideriamo quelle due parti del racconto più marcate dalla dinamica tra l'ascolto e la fede. Se nella prima è proprio la tensione tra l'ascoltare e non vedere a creare l'intreccio narrativo, nella seconda tutto si risolve nella fede a cui finalmente giunge anche l'ascolto insistente e all'imitazione dei personaggi da parte del lettore.

della salvezza e ne dà un chiaro orientamento pragmatico: è la Fede che si spera a spingere la bontà e la misericordia divine. La Promessa si compie solo per chi crede dopo averla accolta e interiorizzata.

2.2 *Dalla Fede al Compimento (Lc 1,57–2,7)*

Il dittico dei compimenti è caratterizzato da una riservatezza nel descrivere i fatti e vuole mostrare per lo più la realizzazione immediata degli annunci. Qui si realizza proprio il desiderio della Fede che comporta la *gioia*, la *meraviglia* e il *timore* (58.63.65). La Fede che è implicita in tutte le repliche dei personaggi che assistono al primo compimento giunge al suo vertice nel *Benedictus* e quasi viene assorbita dal secondo compimento che ne è il coronamento. Il Compimento come tale viene provocato dunque dalla Fede. Per questo motivo è necessario sottolineare il collegamento significativo che ogni lettore attento scorge, leggendo l'inno di Zaccaria: Promessa – Fede – Compimento, — il che caratterizza al massimo lo sviluppo narrativo di entrambi gli annunci.

2.2.1 Nell'attesa della luce: il «dominio» dell'ascolto (1,57-66)

La nascita di Giovanni è descritta da Luca in modo molto sintetico in un solo versetto, il 57 — l'attenzione si concentra per lo più sul versetto successivo che esplicita la reazione dei *vicini* della famiglia di Zaccaria, focalizzandola a sua volta su due aspetti caratteristici posti proprio come una cornice ai limiti del v. 58: l'*ascolto* e la *gioia* (ἤκουσαν […] συνέχαιρον). Ciò che segue — la scena della *circoncisione*, anch'essa estremamente breve — accelera l'andamento narrativo: ci si sofferma solo sullo *scioglimento della lingua* di Zaccaria (64)[47] — un forte segno della sua fede, testimoniata dall'imposizione del nome comunicato dall'angelo (13). Il contenuto di quella fede operante sarà dato nel *Benedictus*, ma prima tocca ai testimoni diretti dell'accaduto esplicitare il significato di quel cambiamento che il compimento della fede ha operato. Viene ripreso dunque il motivo dell'*ascolto*, questa volta messo a confronto con il quesito sull'identità del futuro profeta: τί ἄρα τὸ παιδίον τοῦτο ἔσται; (66)[48]. Il lettore ne sarà informato immediatamente nell'inno (76), ma non vi è nessun accenno al *vedere*. In

---

[47] Su qualche particolare della costruzione sintattica di Lc 1,22 vedasi sopra: p. 58, n. 33.

[48] Cf. quello che abbiamo detto a proposito della natura gnoseologica del racconto lucano: p. 54 (n. 24).

più, la mancanza dell'aspetto visivo nella descrizione di Giovanni si fa sentire proprio qui, dove si impone la figura eminente del Messia avvolta nello splendore del mistero e descritta in due soli vv. marcati dalle rappresentazioni visive: ἐπισκέψεται ἡμᾶς ἀνατολὴ ἐξ ὕψους, ἐπιφᾶναι τοῖς ἐν σκότει καὶ σκιᾷ θανάτου καθημένοις (78.79)[49]. L'accenno conclusivo a Giovanni conferma la nostra tesi, perché viene fissato il limite temporale: *fino al giorno della sua presentazione verso l'Israele*[50] (80). Il termine greco ἀνάδειξις può significare anche la «manifestazione»[51]. Questa traduzione mette in risalto la diversità dell'apparizione di Gesù. La prima non è che una semplice assunzione di servizio, anche se accompagnata da una indicazione esplicita e indirizzata, da parte del destinatore, per lo più al riconoscimento visivo[52]. La seconda sarà invece un'*epifania*, manifestazione per eccellenza, o, più chiaramente, una *visita* (ἐπισκοπή: cf. 78-79) con tutto ciò che questi concetti chiave biblici racchiudono in sé[53].

---

[49] Rifacendosi alla dinamica spaziale che, abbiamo visto, svolge nel vangelo dell'infanzia un ruolo importante (cf. p. 58, n. 35) notiamo la contrapposizione grottesca tra l'*alto* e il *basso* nei vv. 78-79: alla sequenza impressionante del vocabolario «visivo» discendente (*ha posto lo sguardo, la stella d'Oriente, dall'alto, si è reso visibile*) succede la sua controparte statica (*coloro che siedono*) e oscura (*nelle tenebre e nell'ombra della morte*) e quindi, il «doppio basso» (G. MARCONI, «Il bambino da vedere», 636). È ovvio dunque l'intento narrativo di mettere in piena luce tramite la condensazione lessicale e il contrasto la componente visiva dell'immagine che peraltro riassume in sé dei tratti messianici salienti: cf. l'esposizione accurata di F. Bovon: *Luca*, I, 131-132.

[50] Faciamo questa traduzione letterale che esprime bene a quanto pare l'idea base: qualcuno fa presentazione di Giovanni che rimane sempre il personaggio in funzione di un altro. Cf. le proposte degli studiosi: «the day he was manifested to Israel» (J. FITZMYER, *Luke*, I, 375); «giorno del suo incarico» [Tage seiner Bestallung für Israel] (H. SCHÜRMANN, *Luca*, I, 206); «giorno della sua instaurazione presso Israele» (G. ROSSÉ, *Luca*, 78).

[51] Così la *Bibbia* CEI e la maggioranza di traduzioni. Questo vocabolo è *hapax* nel NT. Per un approfondimento si consulti gli articoli di H. Schlier: «ἀναδείκνυμι», «ἀνάδειξις», 30-31.

[52] Cf. la descrizione abile di F. Bovon (*Luca*, I, 133) che preferisce la traduzione corrispondente: «Il greco ἀναδείκνυμι significa prima di tutto «mostrare» e descrive la ricomparsa di un corso d'acqua sotterraneo, oppure il gesto di brandire un oggetto o di sollevare qualcuno per farlo vedere».

[53] Lo spessore teologico di questi due vocaboli è evidenziato nel dizionario classico di G. Kittel: H.W. BEYER, «ἐπισκέπτομαι», «ἐπισκοπή», 595-604. Inoltre il saggio brillante di L. Alonso Schökel (*Il nuovo esodo*) è un sussidio indispensabile per conoscere lo sfondo biblico e gli sviluppi di quei due motivi (*visita* e *epifania*) ancorati nella storia degli inizi dell'Israele come popolo e della sua fede nel Dio liberatore.

Dunque qui l'ascolto è privo della connotazione religiosa[54] e non aggiunge nulla alla tensione che esso ha creato con la visione (nell'episodio dell'incontro delle madri) e con la fede — soprattutto nel *Magnificat*. Il lettore comprende che ora si tratta del Compimento: il testo stesso non nega una tale interpretazione dell'evento (cf. 57). Tuttavia mancano ad esso i criteri per valutarlo, per cui egli deve proseguire lasciando alla fede dei personaggi il compito di introdurlo conseguentemente nella dinamica del Compimento.

2.2.2 Il *Benedictus*: nell'attesa del compimento della fede (1,67-79)

La natura stessa dell'inno svela l'importanza della sua impostazione teologica. In esso vengono riuniti e messi in relazione i due compimenti che danno coesione al quadro del secondo dittico, centrato proprio sul discorso di Zaccaria[55]. Tutte le sue affermazioni fanno brillare la potenza della fede di questi, una fede che, nel riconoscere il compimento, cancella gli effetti dell'incredulità e si apre alle nuove possibilità della promessa. La storia di Israele viene interpretata qui come l'attualizzazione costante delle visite di Dio. Il ricco vocabolario che descrive questi interventi in termini universali esprime tutta la fede d'Israele: nel *corno della salvezza*, nell' ἔλεος, nell'*alleanza* e infine nell'*Astro che sorge*. L'orientamento messianico dell'inno inoltre aiuta il lettore a distinguere il carattere dinamico di quella fede. Essa si fonda su un passato glorioso per preparare un grande elogio al futuro che promette il dono per eccellenza: il Messia in cui si realizzerà tutto ciò che era predetto *per bocca dei profeti* (Lc 1,70). Data l'insistenza sulla liberazione nazionale (71.74), sorge la domanda: come essa è possibile nella situazione presente? Il peso argomentativo cade dunque sull'appello diretto al bambino (76) che sottomette il lettore all'oggi del racconto e fa sentire un urgente bisogno della conferma di ciò che da sempre era stata l'essenza della fede d'Israele. Come Iddio porterà avanti il suo piano di salvezza qui e ora? In ogni caso il racconto prosegue e porta avanti il lettore che non può fare a meno di una Promessa

---

[54] Per una breve, ma stimolante analisi dei passi lucani, dove l'ascolto invece è carico del senso religioso rimando all'articolo di S. Panimolle: «La dottrina dell'ascolto», 135-165.

[55] M. Coleridge (*The Birth*, 117) chiama questo inno «a point of convergence in the first phase of the infancy narrative». Importante per la nostra analisi è soprattutto quello che dice più avanti: «In moving from God through John to the messiah, and from past to present to future, the *Benedictus* reproduces on a small scale the movement of both the infancy narrative and the Third Gospel as a whole».

così interpellante. Gli resta solamente da credere nel suo Compimento, accostandosi alla cerchia intima della famiglia di Zaccaria. È unicamente la Fede che denota la situazione che stanno vivendo e che permette di superare l'imbarazzo, lasciando a Dio di schiudere un nuovo punto d'avvio, questa volta nel momento culminante della storia segnato dal Compimento. Esso in qualche modo ricongiunge in sé e completa tutti quelli precedenti[56]. Rimane chiaro: per chi crede la promessa si realizza. Che questo sia vero anche per il «compimento»[57] lo mostrerà la nascita di Gesù con cui la Fede e il Compimento sembreranno non essere più distinti.

2.2.3 Il compimento della fede: il mistero del Gesù neonato (2,1-7)

L'apparizione di Giovanni percepita per così dire con i soli orecchi, volente o nolente, ha creato l'attesa nel lettore, perché il «dominio» dell'*ascolto* di per sé gli aveva fatto sentire l'urgenza della *visione*. I raggi di quest'ultima non si lasciavano scoprire se non a partire dal finale del *Benedictus*[58]. Perciò non è da meravigliarsi che il dittico dei compimenti contenga in sé un'evidente cesura: d'ora in poi (fino a Lc 3) la figura di Giovanni, nonché quelle dei suoi genitori, scompaiono per introdurre nella narrazione l'eroe. I tratti di costui erano finora intessuti soltanto di allusioni e testimonianze, perfino sconcertanti. Il narratore costruisce così il suo racconto iniziale per far leva sulla necessità della comparsa «visiva» di Gesù.

---

[56] Si è d'accordo nell'attribuire al *Benedictus* un ruolo programmatico nel contesto in cui esso si ritrova. Nella nostra struttura lo si vede sia nel dittico dei compimenti, sia in quello degli annunci. In entrambi i casi quest'inno anticipa in qualche modo il compimento portando a sua volta a compimento la fede di Maria e inaugurando un nuovo inizio che si aprirà ad una fede ancora più solenne, quella di Simeone celebrata nel *Nunc dimittis*.

[57] Il *compimento* come categoria teologica narrativamente, come si è visto finora, porta avanti il filo argomentativo del racconto lucano, verso un Compimento definitivo. A seconda del contesto, lo stesso termine può essere adoperato anche nel senso più tecnico, per significare un punto preciso della strategia ravvisata, un determinato evento della storia, come qui dove è preso in questione l'evento della nascita di Gesù.

[58] Osservazioni acute a proposito del carattere cristologico del *Benedictus* fa R. Brown (*The Birth of the Messiah*, 383) che le deduce anche dalla struttura strofica dell'inno da lui elaborata: le due strofe sarebbero rinchiuse nei vv. 68b-71b e 72a-75 (*Ibid.*, 380-384). Secondo l'autore, la conclusione dell'inno (78-79) è il *climax* cristologico in quanto riprende i concetti chiave che scandiscono ogni strofa: la *visita* (68b.78b) e la *misericordia* (72a.78a), — rese manifeste in Gesù.

«The great transition from John to Jesus»[59] stabilisce dunque una chiara sovrapposizione dei dati pertinenti il nostro tema: la prevalenza dell'*ascolto* sulla *visione* serve a creare una *suspense* che si risolve subito in avanti (Lc 2,15). Da una parte al lettore viene suggerito di leggere il racconto sotto l'aspetto uditivo — ciò che, come più volte evidenziato, lo incuriosisce maggiormente della sua controparte visiva. Dall'altra, — il parallelismo tra i due bambini si muta con la nascita di Giovanni. Essa non apporta i segni distinguibili della possibilità di farne un'esperienza visiva e quindi con la controparte attiva dell'ascolto contribuisce notevolmente alla correlazione implicita tra quei due motivi già accennata da noi a più riprese[60]. Per così dire, è la fede dei personaggi e dunque del lettore che viene interpellata. La fede nell'Iddio invisibile che nondimeno mostra la propria iniziativa nei riguardi dell'umanità e cerca dei mediatori per rendere visibile il suo progetto salvifico. In che cosa esso consisterà, o meglio, in chi si realizzerà, sarà comunicato al lettore subito dopo: «The narrator has shown more of what is required to recognize the moment of God's visitation; and yet there are points of unclarity which demand that more of the story be told»[61].

Tuttavia l'intero discorso, fatto a proposito della preparazione dell'entrata in scena di Gesù, viene sospeso nell'aria, appena ci avviciniamo al racconto della sua nascita e a quello che la introduce. L'assenza totale di riferimenti espliciti ai fatti narrati di recente e alle conoscenze acquisite dal lettore lungo il percorso «gnoseologico» fa sorgere degli interrogativi legittimi. A che cosa è servito dunque tutto questo? Non è da presumere forse che ora si tratti di un ciclo dedicato ad un figlio ordinario di un'altra coppia con gli stessi nomi?[62] (cf. Lc 1,27; 2,4-5).

---

[59] M. COLERIDGE, *The Birth*, 126. Evidenziando quest'espressione dello studioso ammettiamo e ci ispiriamo alla sua argomentazione e alle ragioni che apporta per mettere a nudo la strategia narrativa. Inoltre, un'interessante proposta interpretativa riferita alla partenza precipitosa di Maria (cf. Lc 1,56), sempre in sostegno della biforcazione letteraria di Luca, fa R. Brown: *The Birth of the Messiah*, 345-346.

[60] È soprattutto la «visione» che di Giovanni ha Dio messa in rilievo. In verità l'asse discendente — cielo – terra — pervade tutto il percorso che il lettore ha fatto fin qui. Lo sguardo di Dio trascendente che *rovescia* e *innalza* (Lc 1,52) e di cui non si può fare a meno negli eventi cruciali dell'età salvifica.

[61] M. COLERIDGE, *The Birth*, 126.

[62] Si può facilmente, notare comparando il secondo annuncio e l'episodio della nascita di Gesù, che il narratore in Lc 2,5.6 presenta i personaggi come se nulla fosse stato detto di loro in precedenza: Giuseppe e Maria entrano in scena presentati di nuovo, sull'identità del loro figlio si tace, nemmeno il nome viene indicato prima della

Tocca al lettore saper riprendere il cammino rintracciando i fili logici e concettuali dispersi così abilmente dal narratore.

Dell'*ouverture* sorprende per di più il tono «semplice, narrativo, in stridente sproporzione con l'importanza dell'evento»[63]. Il *censimento* per ordine di Cesare apre una prospettiva quasi scenografica: tutto l'impero è subito preso all'interno dell'obiettivo, in un solo accenno (cf. Lc 2,3). Il *background* storico serve a rallentare un procedimento narrativo estremamente dinamico e condensato. La ripresa seguente pone al centro la figura di Giuseppe accompagnata da Maria, per la prima volta detta *incinta*[64] (v. 5). La scena della *nascita* si sovrappone in modo tale da rimettere al secondo piano qualsiasi altra immagine: è il bambino neonato che occupa il posto di rilievo nella costruzione narrativa del v. 7[65]. La prospettiva del lettore si allarga passando dal bambino avvolto nelle *fasce* alla *mangiatoia* in cui finalmente viene riposto. Appena dato alla luce egli d'un colpo viene «nascosto» in un contenitore inusuale. Tralasciando il problema di questa strana scelta lessicale di

---

scena della *circoncisione* (Lc 2,21; cf. Mt 1,21.25). Questa particolarità, se non l'incongruenza dell'esposizione lucana, hanno dato buone ragioni alla *Traditions-* e *Redaktionsgeschichte* di considerare Lc 2,1-7 una storia indipendente adattata e inserita da Luca nel suo racconto (cf. R. BROWN, *The Birth of the Messiah*, 411, n. 7).

[63] V. FUSCO, «Il messaggio e il segno», 298. L'attenzione della maggioranza degli autori si concentra sulla scena della *nascita* (vv. 6-7), ove il particolare accennato giunge al vertice della sua espressione. Cf. H. SCHÜRMANN, *Luca*, I, 219 (cf. 210): «L'evento così importante viene narrato con una semplicità incredibile, affinché nessuna parola di abbellimento offuschi ciò che vuol dire». M. Coleridge (*The Birth*, 133) mette in evidenza il «terse style» di quei vv. che descrivono il *che cosa*, anziché il *come* della vicenda. Ciò è significativo per il discorso che abbiamo fatto in riferimento all'identità di Gesù: cf. pp. 58-60.

[64] Osserviamo che dopo l'*Annunciazione* non viene detto se Maria sia incinta o meno. Il fatto che ciò sia stato rivelato poco prima del *partorire* stesso vorrebbe dire che nel rispettare il cambiamento dell'impostazione narrativa (cf. p. 60, n. 41) Luca avrebbe sottolineato insieme il realismo e l'urgenza della situazione. Cf. una simile dinamica nel caso di Elizabetta (Lc 1,24): il suo nascondimento serve a rallentare il riconoscimento del mistero che altrimenti perderebbe il suo carattere eccezionale. Nel caso di Maria, Luca sembra giocare contemporaneamente sulla progressione della rivelazione del mistero e su ciò che difatti avviene sulla terra, dove qualsiasi enigma sparisce, rimane solo la realtà.

[65] Cf. R. BROWN, *The Birth of the Messiah*, 418. Cf. anche la sua importante osservazione secondo la quale in questa scena «more attention is paid to the placing of the baby in the manger than to the birth» (p. 412). Secondo H. Schürmann (*Luca*, I, 220-221) qui è da vedere l'aspetto dell'identità e della futura missione del bambino. V. Fusco («Il messaggio e il segno», 297) accenna a ragione, anche se non specifica, la funzione narrativa dell'insistenza sul *bambino nella mangiatoia*.

Luca[66] ci soffermeremo sul valore simbolico della *mangiatoia*: l'umile condizio-ne umana segnata dalla morte nel momento stesso della nasci-ta[67]. Il realismo della scena non può sfuggire agli occhi del lettore, per ora abituato solo alla solennità delle apparizioni celesti e degli interventi divini diretti, misteriosi nella loro superiorità e trascendenza. Della nascita di chi, dunque, si tratta?

Il narratore sembra di nuovo giocare sull'onniscienza del lettore facendo cadere il mito di un messia potente e magnifico. È un tale messia che giustamente ci si aspettava e che, anzi, viene costruito dal racconto precedente[68]. Non c'è da dubitare: vi è in gioco un filone teologico strutturante per il Vangelo che evidentemente sarà sviluppato in seguito (cf. Lc 9,58). La carenza delle immagini luminose e trasparenti, nonché di una visualizzazione minima del bambino stesso, serve insieme ad accentuare la segretezza del momento e a preparare la via ai primi testimoni «oculari» del mistero velato, ma già presente nella storia[69]. Il lettore li seguirà con interesse sempre più crescente per riconoscere le tracce di quel Gesù che ormai aveva conosciuto anche se da lontano e indirettamente. E qui la sua fede non resta delusa: il compimento è avvenuto, in modo misterioso, sì, ma unicamente per rendere più feconda questa stessa fede che si nutre del compimento. Accettando l'origine

---

[66] Diverse spiegazioni fornisce R. Brown: *The Birth of the Messiah*, 419. Ci interessa quella che viene preferita anche dallo studioso: la *mangiatoia* come il *segno* (cf. Lc 2,12). La sua triplice ricorrenza (vv. 7.12.16) svela l'accentuazione voluta sulla quale bisognerà approfondire il discorso in avanti. Sarà indispensabile rifarsi all'articolo molto suggestivo di V. Fusco («Il messaggio e il segno») in cui vengono esaminati a fondo sia i particolari di Lc 2,1-20 sia la centralità e la forte connotazione visiva del *segno* che costituisce la parola e il concetto chiave di quel brano lucano.

[67] È un'interpretazione patristica attestabile, ad es., in AGOSTINO, *serm.* 185,1; 188,3.3; 370,3: «Si umiliò al punto di essere posto in una mangiatoia quasi a cibo dei buoni giumenti» (tr. V. Paronetto, A.M. Quartiroli, 310). Non pochi autori la contestano: cf. H. SCHÜRMANN, *Luca*, I, 220; M. DIBELIUS, *Die Formgeschichte*, 65.

[68] Il contrasto tra l'imperatore Cesare Augusto e il bambino di Betlemme è sempre stato considerato dagli studiosi una compaginazione lucana indirizzata all'accentuare il ruolo salvifico (cf. il principio politico di *pax romana*) del futuro *Redentore di Gerusalemme* (cf. Lc 2,38b). Così si tratterebbe qui di una polemica velata con le sovranità mondane e con la rispettiva immagine del messianismo in cui il ruolo del Messia è limitato in vista della liberazione politica e della ricostituzione di prosperità sulla terra. Cf. un breve *excursus* storico su questa problematica in: J. FITZMYER, *Luke*, I, 395.

[69] L'unico elemento visivo qui presente sono le *fasce* in cui viene avvolto il bimbo (Lc 2,7). Sarà il caso di soffermarsi su questo punto nella narrazione successiva, dove ci chiederemo, perché questo particolare ripetuto per due volte (cf. 2,12) scompaia, invece, nella scena della visita dei *pastori*: p. 27.

umile e a prima vista sconveniente del Messia il lettore accetta anche
che si compia, ora e in condizioni date, il progetto salvifico. Solo così
potrà infatti partecipare alla verità del compimento. Essa occuperà tutta
la parte più drammatica della narrazione, dove la fede nel Messia acquista la massima certezza e non ha più bisogno di verifiche essendo il
nucleo del compimento stesso, sì da mettere in piena luce la manifestazione di Gesù.

2.3 *Dal Compimento alla Visione (Lc 2,8-20)*

2.3.1 Un segno: il bambino da trovare (2,8-12)

Il ritmo, conciso e frettoloso, della narrazione non permette al lettore
di fermarsi troppo sulla figura del bambino, anche se essa è da supporre
grazie alla messa in rilievo della sua centralità e sproporzione. Così,
l'apertura della scena seguente si presenta come un'ulteriore ripresa fatta seguire bruscamente al filmato della nascita. La serenità e l'eleganza
con cui vengono descritti i *pastori* (v. 8)[70] prepara la solenne e altrettanto improvvisa apparizione dell'angelo — un ritornello che indica al
lettore la ripresa della voce empirica del narratore che si era appositamente ritirato nel contesto immediato[71]. Ciò evidentemente adombra
ancora di più la nascita insolita che è quasi destinata a stare sempre al
centro dell'attenzione (cf. Lc 2,11: l' ἐτέχθη enfatico)[72]. E questa volta
gli elementi teofanici non mancano: δόξα κυρίου περιέλαμψεν αὐτούς (9).
L'importanza del momento si lascia sentire anche nello stesso procedimento narrativo, giacché i *pastori* diventano gli spettatori passivi e

---

[70] Cf. il raffronto retorico dei vv. 8-10 messo in evidenza da G. Marconi («Il bambino da vedere», 637): al v. 8, in particolare, si noti il chiasmo e il gioco sonoro (*poi-
menes–phylassontes–phylakas–poimen*). Ne fa parte anche il gioco sui contrasti «*not-
te-luce*», «*paura-gioia*» etc. Cf. sotto.

[71] A proposito dell'episodio precedente della *nascita* c'è da interrogarsi sulla sobrietà estrema della narrazione che manifesta il suo carattere appunto «esterno»,
spogliato da qualsiasi accento sulle emozioni e desideri dei personaggi (cf., al contrario: Lc 1,67; 2,9c): M. COLERIDGE, *The Birth*, 134.

[72] Saremmo più cauti nel sottovalutare ciò rispetto al punto di vista di R. Brown
(*The Birth of the Messiah*, 403) per il quale il centro è costituito dall'annuncio angelico, anziché dalla *nascita*, che per lo meno viene interpretata dall'annuncio insieme
alla reazione dei *pastori* ad esso. Ci sembra più probabile la supposizione di V. Fusco
(«Il messaggio e il segno», 302) che attribuisce la massima importanza al *segno — il
bambino nella mangiatoia —* mentre della *dossologia* celeste non nega nemmeno il
valore di essere un «vertice teologico di grande ricchezza». Come riconciliare queste
due affermazioni lo vedremo poco più avanti.

silenziosi dell'intervento divino[73]. L'atmosfera di luminosità della manifestazione accecante si impone in modo tale che si riduce al minimo la descrizione della risposta umana: una lode, una replica, una voce, qualunque sia.

Quindi si è a confronto con lo stesso fenomeno narrativo: il gioco sulla complementarità dell'*ascolto* e della *visione*. La *gloria di Dio*, l'elemento teofanico per eccellenza[74], irradia le sue luci in piena notte facendo vedere agli occhi umani ciò che altrimenti vedere non si potrebbe. L'oscurità dell'ambientazione (cf. v. 8: φυλακὰς τῆς νυκτός) crea, certo, un forte contrasto (in quanto si oppone alla visibilità estrema degli esseri celesti) mentre il messaggio racchiuso nel v. 11 traduce in termini cristologici la pagina iniziatasi con una semplice menzione del bambino (7). I titoli Σωτήρ, Χριστός, Κύριος sciolgono definitivamente i nodi di contraddizione sull'identità di Gesù che i precedenti discorsi non avevano fatto che aumentare[75]. Tuttavia, la presentazione del Messia avviene di nuovo senza alcun riferimento al passato del racconto[76]. Per collocarla meglio nel suo contesto immediato il lettore è aiutato piuttosto dall'evocativo vocabolario nonché dalla rappresentazione simbolica della *nascita* stessa il cui senso profondo si spiega con il messaggero celeste. Ne è la prova la consegna del *segno* che subito dopo viene inaspettatamente collegato al *bambino giacente in una mangiatoia* (Lc 2,12). La posizione centrale di questi due versetti, non-

---

[73] Cf. gli episodi «teofanici» già noti al lettore: Lc 1,5-25.26-38. Lì la presenza dei dialoghi serve a creare l'intreccio narrativo i cui *intrighi* si sciolgono successivamente nei momenti dell'incontro delle madri e del cantico di Zaccaria. Nel nostro caso il «mutismo» dei *pastori* ha gli stessi scopi, perché crea un'attesa e dà una chiara motivazione al loro colloquio e allo spostamento dopo la scomparsa del *coro celeste* (v. 15a).

[74] Cf. G. VON RAD, «*kabod* im AT», 240-245. È da notare un interessante collegamento di quel concetto con la manifestazione di Dio negli eventi naturali: il *fulmine* (Sal 97,1ss); il *fuoco* divorante (Es 24,15ss) etc. L'indole visiva del termine rende ancor più trasparente la sua forte connotazione nel v. 9: δόξα [...] περιέλαμψεν.

[75] Come nota R. Brown (*The Birth of the Messiah*, 425) qui vengono accomunati i tre titoli cristologici principali di Luca (cf. At 2,36). Per il nome curioso χριστὸς κύριος e le sue fonti possibili si consulti un ottimo riassunto in: H. SCHÜRMANN, *Luca*, I, 229-230; F. BOVON, *Luca*, I, 150-151. Sul titolo σωτήρ avremo modo di approfondire il discorso nel trattare il *Nunc dimittis*: vedasi sotto, pp. 94-100.

[76] Questo fenomeno narrativo è notato inoltre da J. Fitzmyer (*Luke*, I, 392): «Jesus is introduced anew as Messiah and Lord in 2,11, as if the reader had not already learned of these titles in 1,32-35 (implicitly as Messiah) and 1,43 (explicitly as Lord)». Cf. la stessa tendenza nel racconto della *nascita* (Lc 2,6-7), che abbiamo accennato poco prima: p. 67.

ché il loro contenuto estremamente sintetico e informativo, indicano infatti un primo *climax* narrativo[77].

La rivelazione è effettuata e il lettore si chiede in che cosa consista quel *segno* e perché insistere sulle *fasce* e sulla *mangiatoia* dopo aver presentato la dignità divina del neonato. Non ci si lascia illudere infine sulla competenza acquisita fin qui: rimane ancora un ché di inspiegato e inspiegabile in quel *bambino* che paradossalmente è in cielo, avvolto nella luce del mistero divino, e sulla terra, «nascosto» doppiamente, sia dalle *fasce* sia nella *mangiatoia*. È nell'*oggi* di ogni lettore che questa realtà deve affiorare (cf. Lc 2,11: σήμερον). L'unico esempio da seguire, quello che aprirà la parte conclusiva e più drammatica della sequenza, rimane quindi quello dei *pastori*. Per ora tutto si chiude con la dossologia celeste[78] (13-14) per preparare quella terrestre che non si ottiene — è ovvio — finché non è giunto alla vista l'oggetto della lode. L'itinerario dei *pastori* ne mostrerà le modalità e esemplificherà al lettore i passi concreti dell'avvicinamento al mistero.

2.3.2 Il *Gloria*: il compimento e la lode (2,13-14)

L'inno degli angeli non fa che render noto al lettore che il compimento è avvenuto e che il suo fondamento è da trovare nella *benevolenza divina* che paradossalmente dimora negli uomini. Se è così, non ci si deve meravigliare che siano gli angeli a cantarlo. A dire il vero, in questo modo si prepara una proclamazione simile da parte degli uomini (cf. Lc 2,29-32). La grandezza dell'evento invita il lettore ad aggrapparsi al coro

---

[77] L'importanza e la solennità di quei versi «di densità teologica ineguagliata in tutta l'infanzia lucana» è messa ben in evidenza da V. Fusco («Il messaggio e il segno», 298). Tuttavia egli vi vede soprattutto un punto di tensione narrativa costituito dall'incompiutezza del racconto centrato sempre sul *segno* da spiegare (v. 13) e quindi indirizzato per lo più a ciò che segue. A nostro avviso, bisogna sottolineare la drammaticità del momento che svolge un ruolo di rilievo nella costruzione del lettore e sta proprio nel fatto che il racconto della *nascita* (Lc 2,6-7) si ripete, questa volta narrato per così dire «dal cielo» e accompagnato dagli stessi attributi: *fasce* e *mangiatoia* (11-12). Qui ci si ferma istintivamente per rivivere tutto il percorso fatto così rapidamente e si riflette sulla sua doppia prospettiva: *cielo-terra*, — che trova l'apice nel *Gloria*. Inutile ripetere quali ripercussioni abbia ciò per la rappresentazione visiva dell'evento, rielaborato e riproposto in luce nuova, sì da rendere feconda la sua portata in ogni lettore.

[78] A livello del vocabolario d'impronta visiva si deve accennare di nuovo la sovrapposizione delle due prospettive: *alto-basso*, — che in questo caso prende rilievo cosmico, universale e serve da paradigma per tutto il vangelo dell'infanzia: ἐν ὑψίστοις θεῷ καὶ ἐπὶ γῆς [...] ἐν ἀνθρώποις. Cf. sopra: pp. 58-59, nn. 35-36.

celeste ed a sperimentare quella *pace* salvifica di cui ormai non si può fare a meno. La pace proviene dall'aver appreso che l'era salvifica è già iniziata e insieme ad essa è iniziato il compimento. Per ora si rimane in questa tensione tra il già e non ancora, in un meraviglioso contemplare come il cielo e la terra si riuniscono nella lode rivolta a Dio. L'attualizzazione del suo piano di salvezza in Gesù diventa a questo punto un criterio con cui il lettore dovrà affrontare gli esempi concreti della sua manifestazione. Tra l'altro l'inno spiega il compimento a partire dall'esperienza soggettiva dei personaggi — gli *uomini di cui Dio si compiace*. Se ciò è vero, non sarà allora forse legittimo affermare che vi è un richiamo ad interiorizzare il compimento, e cioè nella propria fede aprirsi ad una contemplazione di livello superiore che oltrepassa la divisione tra il *cielo* e la *terra*, tra il compimento lassù e la sua dimostrazione quaggiù? Non è qui forse che si arriva a sentire un'unica voce di tutte le creature con cui mettere in risalto il cambiamento definitivo avvenuto nel mondo con la comparsa di Gesù? Il lettore è chiamato dunque a riconoscersi come facente parte del beneplacito divino. Inoltre lo è proprio grazie al compimento; esso costituisce l'essenza della lode e dev'essere posto al proprio centro della manifestazione ai pastori.

2.3.3 Il vedere autentico e la prima testimonianza su Gesù (2,15-20)

Nella narrazione precedente tutto si apre e si chiude con le apparizioni delle *schiere celesti*. Esse offrono alla narrazione un vasto e colorato sfondo dell'*epifania* e ne trasmettono il messaggio gioioso riferito ad un *voi* pragmaticamente pregnante: *Oggi vi è nato un Salvatore* (Lc 2,11). E ora la reazione dei *pastori* espressa solo dal *timore* (v. 9) comincia a esprimersi anche nelle parole e nei gesti concreti. Non sfugge al lettore la spontaneità e l'unanimità del loro desiderio di recarsi a Betlemme. Richiamato in persona dagli annunci celesti egli si sente coinvolto sempre di più nella vicenda. Anzi, la voce collettiva (v. 15b: *andiamo*) non fa altro che renderlo partecipe. In contrasto con le pagine iniziali del Vangelo, intessute di allusioni a distanza estrema, ci si ammette di entrare nel vivo degli avvenimenti: ne sono testimoni numerosi indizi pragmatici: *non temete, per voi, troverete, andiamo e vediamo* (Lc 2,10-12.15b)[79]. Il secondo vb. (ἴδωμεν) è pregnante dal punto di vista narrativo, perché fa

---

[79] È significativo l'accumulo del pronome personale ὑμῖν in tre soli vv. (10-12). L'insistenza sui destinatari della *benevolenza salvifica* di Dio e sulla necessità di rispondere ad essa con azioni e iniziative concrete svela l'estremo pragmatismo di quella parte introduttiva, con il quale il lettore d'ora in poi deve fare i conti.

appello ad un'esperienza visiva che finora era stata impossibile nonché, a volte, impedita dal narratore stesso. Non è meno interessante pure l'oggetto della visione: τὸ ῥῆμα τοῦτο τὸ γεγονὸς ὃ ὁ κύριος ἐγνώρισεν ἡμῖν. L'evento-*parola* rivelato da Dio è senza dubbio quel *segno* — il *bambino nella mangiatoia* — di cui ha parlato l'angelo. La formulazione della frase risulta molto significativa, se ne ricaviamo l'aspetto della fiducia totale nel messaggio rivelato dai *pastori*[80].

Il lettore nondimeno rimane perplesso: a che serve vedere, se non c'è nessun dubbio sulla veracità delle parole?[81]. Non basterebbe forse accogliere la ῥῆμα sull'esempio di Maria oppure porla nei propri cuori come i vicini della famiglia di Zaccaria (Lc 1,37-38.66)? Questo esempio classico della *complicazione* serve al narratore come punto d'approdo. La situazione cambia cardinalmente, una volta messa in evidenza la nascita del Messia. E ora si capisce molto bene il perché di quel gioco sull'*ascoltare* e *vedere* che è stato al centro della nostra attenzione e che infatti sparisce, appena i *pastori* se ne tornano (cf. Lc 2,20)[82]. L'attesa del lettore, così lunga e turbolenta, sarà premiata appunto nel resto del racconto lucano dell'infanzia avvalorando, con un'insistenza sempre più grande, il ruolo salvifico di quel bambino da vedere.

La rapidità nella descrizione del viaggio e dell'arrivo dei *pastori* rende realistico l'accenno sulla loro *fretta* (cf. Lc 1,39-40). È giunto finalmente l'assai decisivo momento del ritrovamento della santa famiglia. Per la terza e ultima volta riappare in scena il *bambino nella mangiatoia*, però senza il riferimento alle *fasce*. Ce lo si aspetta tuttavia, vista

---

[80] Seguiamo il commentario di R. Meynet (*Luca*, 100) molto attento alle particolarità stilistiche e lessicali del Terzo Vangelo. Nel nostro caso è soprattutto la *visione* che contraddistingue questo fidarsi dei *pastori*. Così si spiegherebbe bene anche la dinamica tra l'*ascolto* e la *visione*: le parole ascoltate e conosciute (cf. ἐγνώρισεν) dai soli orecchi hanno comunque bisogno di essere incarnate nella vita tramite la percezione visiva, altrimenti si perderebbe la finalità dell'annuncio. Il desiderio spontaneo dei *pastori* dunque non è altro che la prova della loro sicurezza il cui oggetto è il volere divino già realizzatosi nelle loro vite e destinato per forza ad essere portato a compimento. Cf. il *compimento* come uno dei temi specificamente lucani: J. GREEN, *Luke*, 50; cf. anche la spiegazione basata sull'intreccio narrativo che mettiamo in rilievo in seguito.

[81] Si nota che nelle parole dell'angelo non c'è nessuna esortazione che potrebbe spingere i destinatari a recarsi immediatamente a Betlemme. L'unica azione ivi suggerita è il *trovare* (v. 12, ripreso al v. 16).

[82] L'ultima volta che lo si può notare è Lc 2,46-48 (*l'ultima manifestazione nel tempio*). Dato il carattere conclusivo di questo episodio, non è da meravigliarsi che il narratore faccia un'ulteriore passo nel mostrare, attraverso il parallelismo, la progressione del riconoscimento visivo del Messia che qui giunge al tramonto dopo il grande avvenimento cantato nel *Nunc dimittis*.

la funzione narrativa della ripetizione stessa[83]. Qui sembra utile rifarsi al simbolismo dell'*essere avvolto in fasce* e si può giustamente supporre una connotazione visiva, prendendo in considerazione il ricco spessore semantico della *veste* nel Terzo Vangelo (cf. Lc 9,29; 23,11)[84]. Così nelle due scene precedenti avevamo a che fare con un *segno* «visibile» della presenza di Gesù. Ora rimane soltanto la *mangiatoia*, come se il bambino fosse pienamente identificato con essa, senza più alcun tratto umano reperibile[85]. Ritiratosi nell'oscurità della *stalla*[86] esso non si mostra ai *pastori* in modo imponente come ci si aspetterebbe. In più, un simile contrasto sembra essere stato creato dal narratore stesso: i *pastori* finalmente *vedono*, ma chi? (Lc 2,17)[87]. Dato che il participio temporale non regge nessun complemento oggetto[88], sorge

---

[83] In riferimento al Terzo Vangelo questo particolare, sulla base del fenomeno più generale — il parallelismo — è stato esaminato da C. Talbert: *Literary patterns*, 15-62; cf. J.-N. Aletti (*Il racconto come teologia*, 54-57; 78-86) che si mostra molto attento alle tecniche narrative di Luca.

[84] È stato G. Marconi a mostrare un interesse particolare all'estetica lucana, inclusa la funzione della *veste* nello schema ermeneutico del *vedere* in Luca (cf. il suo articolo: «La veste», 1-20).

[85] Cf. l'importanza che il pensiero biblico attribuisce alla *veste*: L. RYKEN – J. WILHOIT – T. LONGMAN III, ed., *Le immagini della Bibbia*, «abiti», 11-16.

[86] Il silenzio lucano sulla localizzazione della nascita e l'uso del termine κατάλυμα (Lc 2,7) hanno aumentato le ipotesi tra gli studiosi. Non è usuale comunque pensare ad una caverna o una stalla, — i simboli sviluppatisi all'interno delle tradizioni legate alla costruzione dei presepi. Ci sembra ragionevole, peraltro in conformità con la simbolica della *mangiatoia* da noi scelta, di dare importanza ad una stalla, il più adatto locale per una mangiatoia. Un'ulteriore sottolineatura dell'umiltà, ma anche dell'oscurità che di per sé suggerisce ogni stalla spiega molto bene la tensione tra il vedere dei *pastori* e gli ostacoli oggettivi che fanno loro resistenza. Cf. ancora numerose testimonianze patristiche: AMBROGIO, *Lc.* II,41-42; GIROLAMO, *De nativitate Domini*; GIOVANNI CRISOSTOMO, *Contra anomaei* 7,49; AGOSTINO, *serm.* 14,9: «O povertà! Nasce in un angusto rifugio, avvolto in pannicelli da bambini, è deposto in una mangiatoia» (tr. P. Bellini, F. Cruciani, V. Tarulli, 253).

[87] Non condividiamo la posizione di V. Fusco («Il messaggio e il segno», 299-300) che opta per il riconoscimento visivo del *bambino nella mangiatoia* facendo tradurre il ptcp. ἰδόντες come *vedendolo*. Cf. la stessa tendenza nella maggioranza di traduzioni, tra le quali quella di CEI. Siamo convinti insieme all'autore dell'importanza del motivo accennato, ma saremmo più attenti a trattarlo senza il riferimento alla drammatica narrativa che, come abbiamo visto molte volte, si nutre del velamento continuo del mistero. In questo caso, secondo noi, non sarebbe abbastanza corretto parlare di «un identico contesto di rivelazione divina».

[88] Il confronto sinottico qui sembra molto utile. Cf. la scena analoga in Mt 2,11, dove si dice esplicitamente chi *hanno visto* i *magi*. La dinamica visiva del racconto matteano è ancor più contrastante, presa in considerazione la famosa *stella* vedendo la

legittima una domanda: hanno visto lui o qualcos'altro? Oppure non l'hanno riconosciuto a causa delle tenebre? È vero anche che in precedenza essi l'avevano già *trovato,* compiendo con esattezza le stesse parole dell'angelo (*troverete*: 12). Sembra che il loro *vedere* sia un sovrappiù narrativo usato per creare una *suspense* nel momento di massima tensione nel racconto. Infatti, la sollecitudine dei *pastori* per *vedere* la ῥῆμα (15) viene compensata senza entrare nei particolari: sì, la vedono, ma a modo loro appunto, come qualcosa di astratto e davvero misterioso. Nel momento stesso in cui vedono, non si riesce più ad uscire dalla sfera limitata della rivelazione divina; e così, solo così, la prima iniziativa umana ne può testimoniare la grandezza.

Il narratore dunque sa giocare proprio lì, dove il lettore si sente più sicuro, anzi, dove crede di aver raggiunto il finale della storia. Rimane misteriosa e sempre più scura quella *mangiatoia* il cui significato non si è riusciti comunque a decifrare. Ma nello stesso tempo è un *segno* e quindi un qualcosa da vedere[89]. Così il mistero, avvicinatosi alla portata di mano degli uomini, non si lascia penetrare facilmente. E alla fine si badi al curioso ritorno del motivo dell'*ascolto* con cui viene affrontata la testimonianza dei *pastori* (Lc 2,18; cf. 1,66). Di fatto stanno a raccontare ciò che ha fatto loro *conoscere* Dio (Lc 2,17: ἐγνώρισαν, cf. v. 15). Il loro messaggio riguarda evidentemente il *bambino*, tuttavia ciò è messo in dubbio dalla scelta lessicale di Luca: παιδίον al posto del βρέφος usato tutte le altre volte. Il lettore si trova di fronte ad un dilemma interpretativo: o accettare questa divergenza come accidentale oppure attribuirle un certo ruolo a livello narrativo[90].

---

quale finalmente giungono alla visione esplicita del *bambino* e della *madre* (cf. 2,9-11). Non è senza rilievo pure l'ordine delle parole: prima viene menzionato il *bambino*, mentre in Lc, al contrario, per primi vengono *Maria e Giuseppe* (2,16) e poi τὸ βρέφος κείμενον ἐν τῇ φάτνῃ, come se fosse staccato da loro. Cf. peraltro la formulazione di un'evidente tenerezza in Mt: τὸ παιδίον μετὰ Μαρίας τῆς μητρὸς αὐτοῦ.

[89] La proposta interpretativa di G. Marconi («Il bambino da vedere», 639) è interessante proprio perché lascia aperta la domanda su che cosa significhi esattamente quella *mangiatoia*, a favore della sua presentazione come *segno* e così accenna l'insistenza sul «vedere», anche se, come abbiamo già notato, la visualizzazione del bambino è paradossalmente ridotta al minimo. Cf. le riflessioni di R. Meynet (*Luca*, 90) molto stimolanti a questo proposito.

[90] Si noti la rarità dell'impiego di questo vocabolo nel NT: solo in Lc-At e 2 Tim e 1 Pt. Lc per primo lo applica a Giovanni sussultante nel grembo di Elisabetta (1, 41.44). Altre due volte esso si riferisce al Gesù neonato, sempre collocato nella *mangiatoia* (2,12.16). Pone interrogativi non il fatto che ci sia l'alternanza delle parole (cf. del resto che per Giovanni si adopera anche il παιδίον (1,59.66.76.80)), ma la vicinanza di questi due sinonimi: cf. Lc 2,16.17. È solo a partire dal v. 17 comunque che

Siamo propensi a vedere un ulteriore passo nella strategia comunicativa del testo; passo che consiste nello slittamento semantico proprio lì, dove si incrociano l'evento e la sua trasmissione, diventando indubbiamente anche un'interpretazione dell'accaduto. Ormai è nota al lettore la progressione di tipo: *trovarono* il βρέφος — *vedendo* — *riferirono* ciò che era stato detto loro di quel παιδίον, ove la *visione* sembra davvero determinare quel cambiamento significativo, pur essendo attenuato l'oggetto stesso della *visione*. Una delle spiegazioni proposte al lettore dalla trama del racconto è rinchiusa nelle possibilità oggettive dell'uomo in quanto spettatore del mistero. I pastori hanno interpretato e reso noto quel *segno* così come l'hanno visto e cioè, a modo loro, umanamente: parlano di un *bambino*, anziché di un misterioso βρέφος. Non vi è nessun accenno alla sua trascendenza o almeno all'importanza della *mangiatoia* di cui prima non si poteva fare a meno[91]. Tutto finisce con la *meraviglia* e la *lode* degli ascoltatori delle parole, in modo simile a quanto accaduto nella scena corrispondente della famiglia di Giovanni (cf. Lc 1,63.66). L'*ascolto* di nuovo si impone in modo tale da rimettere in secondo piano qualsiasi visualizzazione[92]. Si aggiungono i sentimenti solenni dei *pastori* che lasciano il palcoscenico dopo aver percorso l'itinerario della loro fede: la sicurezza esemplare che non si smentisce; nemmeno davanti agli ostacoli posti davanti ad ogni uomo dalla vicinanza di un *segno* incomprensibile e a prima vista non percepibile. La vera finalità di quel processo formativo cui il lettore viene chiamato sta dunque nella capacità più matura da parte di questi di dif-

---

Gesù verrà chiamato il παιδίον (27.40). Il più pregnante sembra quindi questo punto di giuntura (16.17) che nel caso di Giovanni è stato dismesso grazie all'inserimento del *Magnificat*: 46-55; cf. 44.59.

[91] Anche se è vero che l'unico giudice e operatore delle scelte è il narratore, non si dubita dell'immagine che egli fa dei *pastori*. Il suo *punto di vista* pare sia quello di presentarli come gli umili esecutori del volere divino riconosciuto peraltro spontaneamente; dal momento che non si interrogano — e ciò non è ammesso loro — sul significato stesso della parola compiuta. Il narratore non concede loro nemmeno di pronunciare parola alcuna — il loro potenziale comunicativo è ridotto al minimo per impedire qualsiasi tentativo di comprendere un di più degli avvenimenti (cf. la situazione contraria nel ciclo di Giovanni, dove la grande profezia di Zaccaria subito spiega il senso della nascita). Importante è esclusivamente far vedere agli altri che qui si è alle prese con Dio e niente di più. Così il loro *vedere* sconcertato e sconcertante per ogni lettore non aggiunge quasi nulla alla tensione creata dal narratore fin qui. Il riconoscimento del bambino è rinviato all'episodio successivo che presenterà il paradigma del «vedere Gesù» nel vangelo dell'infanzia lucano.

[92] Cf. l'accumulo del lessico concernente il campo semantico della *parola* in soli 5 vv. (15-20).

fondere la testimonianza gioiosa del mistero e così partecipare e far partecipi al progetto divino gli esseri umani.

L'ultimo accenno al gioco tra l'*ascolto* e la *visione* appare alla fine della sequenza (ἤκουσαν καὶ εἶδον: Lc 2,20b): nell'esperienza dei *pastori* si ricongiungono finalmente ambedue le prospettive, disperse altrove. È come se, con la nascita di Gesù, fosse stato reso possibile avvicinarsi al mistero non con i soli orecchi (cf. Lc 1,41.44), bensì con tutte le forze percettive dell'uomo, tra le quali gli occhi — la parte più importante[93]. Ed ecco sorge il paradosso: il lettore è tentato a non riuscire più a capire come cio sia possibile per i *pastori*. Come sia possibile cioè che abbiano esperito in totalità, nel tempo della *storia*, quello che nel tempo limitatissimo del *racconto* dovrebbero solo aver gustato parzialmente, senza l'acquisizione della conoscenza profonda. Egli, per l'ennesima volta, viene turbato nelle sue competenze. I personaggi, poco prima sembratigli ignoranti, le superano d'un colpo dal momento che hanno partecipato personalmente e vivamente a quegli eventi. Rimane la perplessità e di nuovo sorge la domanda: cosa hanno visto dunque? Non è improbabile del resto che ci sia un'*anticipazione* voluta dal narratore per preparare il pieno riconoscimento visivo del bambino: quell'evento totalizzante (ταῦτα) che i cuori dei *pastori* hanno salvaguardato insieme a Maria (cf. Lc 2,19) nel segreto e che gli stessi testimoni oculari hanno nascosto manifestamente portandolo via con la propria scomparsa fisica.

Riassumendo il percorso fatto dai pastori, che è sicuramente quello della fede, si può dire che per loro il compimento si è trasformato nella visione, soprattutto grazie alla loro fede. Al lettore perciò non resta altro che seguire questo itinerario del riconoscimento visivo del bambino facendo proprie le testimonianze dei protagonisti del racconto. Ormai si è giunti comunque ad una fede matura e rassicurante che vede negli avvenimenti dell'oggi un compimento perpetuo delle promesse di cui si faceva menzione nei primi due inni (cf. Lc 1,54-55.73). Il fatto che progressivamente la visione occupi in quel caso il posto centrale fa pensare proprio che non è stato occasionale quel passaggio da noi rilevato sull'esempio di Maria: dall'ascolto alla fede nel compimento. I pastori lo rifanno assai velocemente per giungere ad un ulteriore passo:

---

[93] Vista la formulazione specifica di Luca, si lascia supporre la presenza di un'endiadi ossia un merismo che pone l'accento sulla totalità di un'esperienza possibile che l'uomo possa fare del mistero. È noto tra l'altro l'uso frequente di questa formula in Luca-Atti, che sta a specificare la lode rivolta a Dio per tutto quello di cui ha reso partecipi gli uomini, i futuri testimoni del mistero: Lc 7,16; 13,13; At 2,47; 3,8-9 etc. Cf. R. BROWN, *The Birth of the Messiah*, 429, n. 69.

dal compimento alla visione. La guida abile del narratore non ha permesso al lettore di osservarlo già da prima, nella figura di Maria, che ovviamente aveva anticipato i pastori nell'aver veduto il bambino. Così la sua fede umile nel compimento cela la manifestazione che essa sicuramente aveva avuto nel segreto. La sua fede cede inoltre il posto alla testimonianza dei testimoni oculari la cui fede, in senso inverso, viene «offuscata» dal mistero.

2.4 *Dalla Visione al Riconoscimento (Lc 2,21-52)*

Il discorso precedente sulla narrativa lucana ha fatto sorgere e lasciato aperte molte questioni. Tra di esse richiedono un approfondimento teologico soprattutto quelle che rientrano nel campo tematico di cui ci occupiamo, connesse, cioè, al motivo del *vedere*. Un vero punto di partenza per tale scopo è da trovare nell'inno conclusivo, alle cui soglie siamo ormai giunti. Così, con l'analisi di esso, avvieremo la ricerca che poi comprenderà man mano diversi fili tematici sviluppandone i collegamenti con il nostro tema principale e mettendone a fuoco l'intrecciarsi nei punti nevralgici dell'intero racconto. La nostra attenzione sarà dedicata comunque ad un'analisi integrale della scena chiave (Lc 2,25-32)[94] di tutto il vangelo dell'infanzia che contraddistingue, si vedrà, i tratti caratteristici di quell'intreccio che stiamo per studiare. La scena conclusiva (Lc 2,41-52) porrà una fine temporanea al percorso pedagogico che il lettore aveva intrapreso in precedenza. Lì si tratterà del riconoscimento della volontà del Dio Padre a cui obbedire — il primo imperativo divino del Terzo Vangelo (cf. 49). Nelle conclusioni, da una parte, tenteremo di presentare la portata teologica del «vedere Gesù» nel quadro unitario di Lc 1–2 ponendo l'accento sulla preminenza della connotazione salvifica di questo motivo[95]. Dall'altra parte, il sunto del percorso tematico dalla Promessa al Riconoscimento[96] coronerà tutto il

---

[94] Per una delimitazione alternativa della pericope e delle conseguenze narrative e teologiche che ne derivano si consulti la tesi pubblicata di recente: A. GARCÍA SERRANO, *The Presentation in the Temple*.

[95] Qui tralasciamo i vv. che incorniciano la scena dell'incontro con l'inno, e cioè, l'ambientazione della scena (22-24), la reazione dei genitori (33), il secondo annuncio di Simeone (34-35) e la testimonianza di Anna (36-38). La loro funzione è piuttosto limitata in vista della solennità e della dinamica interna della scena chiave. In seguito si faranno comunque dei riferimenti ad alcuni motivi che spuntano lì: ad es., il famoso *segno di contraddizione* (35).

[96] Il concetto di *riconoscimento* qui si intende in termini teologici e quindi non ha semplicemente una valenza noetica: *intelligenza, conoscenza, cognizione; compren-*

capitolo e mostrerà come si è arrivati alle prime parole di Gesù che premiano e insieme interpellano di nuovo la fede e le competenze interpretative del lettore.

2.4.1 L'incontro tra Simeone e Gesù (2,25-32): l'intreccio formale e la dinamica narrativa

La posizione strategica della scena (Lc 2,25-32) è già stata notata — ora risulta importante stabilire se la sua organizzazione interna, in quanto unità narrativa, corrisponda a ciò. L'introduzione alla scena è estremamente breve (cf. par Lc 1,59-66) e tematicamente non fa altro che risaltare la prominenza del teatro delle azioni — il *Tempio*[97]. L'attenzione del lettore si concentra tuttavia su un'altra introduzione marcata da una formula chiave: καὶ ἰδού[98]. La presentazione di Simeone è molto evocativa, perché lo pone subito nel rango di quelli che *aspettano* la *consolazione / redenzione* di Israele (2,25.38) e gli conferisce il dono profetico per eccellenza — πνεῦμα ἦν ἅγιον ἐπ' αὐτόν[99]. La

____

sione, intelletto e nientemeno un'*individuazione* o «uno degli aspetti della memoria» (*Garzanti*). Nell'inno di Simeone lo si tratta, infatti, nel senso di una vera *confessione* della salvezza che si manifesta, in una continuità con altre categorie teologiche che veicolano il presente discorso. Per quanto riguarda il ricco semema della *visione* lo intendiamo qui — è ciò è abbastanza evidente dal contesto evangelico di Lc 1–2 — come il semplice equivalente sostantivale dell'azione espressa dal vb. *vedere*, non di rado sottinteso da noi, nella sua funzione specifica, in riferimento al proprio oggetto vitale, ossia Gesù. Nei capitoli VI e VII il discorso risulterà più complesso così da richiedere una ulteriore chiarificazione lessicografica in merito. A proposito della *visione* «senza frontiere» di Simeone cf. sotto: p. 95, n. 132.

[97] L'accentuazione dell'esecuzione pia dei precetti della Torah da parte della santa famiglia (cf. vv. 21-24.39) rende esplicito il ruolo del Tempio in cui avviene infatti una «doppia» rivelazione di Gesù: davanti a *Simeone* e ai *maestri* nell'episodio successivo (46-47). Se prendiamo in considerazione che l'apertura del vangelo dell'infanzia — l'annuncio a Zaccaria — è ugualmente legata al Tempio, non ci sorprende l'insistenza sugli ordini istituzionali in tutti i tre casi , dove viene accentuata l'importanza della *casa del Padre* (49) per il percorso didattico di Gesù: cf. Lc 1,5-10; 2,41-43.49-51. Il lettore viene coinvolto, grazie a questi accenni, nella dinamica degli eventi che esprimono e compensano la fedeltà alla Legge da parte dei personaggi chiave. Cf. F. BOVON, *Luca*, I, 161-162.179.

[98] Di per sé è un «settuagintismo» molto frequente in Luca. Posto proprio all'inizio esso congiunge il testo a ciò che precede, nonché segna con forza un evento particolare legato con la novità dell'argomento, funzionando da cesura e per questo attirando l'attenzione del lettore (cf. F. NOËL, *The Travel Narrative*, 355).

[99] Questa menzione viene ripresa subito dopo nei vv. successivi: 26-27. Una accentuazione così forte del carisma profetico serve non solo per accrescere la solennità e l'importanza del momento, ma anche per dare un certo rilievo alla costruzione sin-

comparsa del motivo della *visione* mette in guardia il lettore già abituato ad attribuirgli uno spessore di rilievo. Il limite temporale (πρὶν [ἤ]) aggiunge un'ulteriore sottolineatura di urgenza e crea un'atmosfera drammatica di un'attesa prolungata nel tempo e perciò destinata a diventare passo a passo quella del lettore[100].

L'incontro spontaneo tra Simeone e il bambino viene descritto in modo paradigmatico, senza particolari che potrebbero disturbare la chiarezza e la semplicità della scena così pensata. Il nome divino (χριστὸς κυρίου), apparso già nel terzo annuncio (Lc 2,11) e qui per la prima volta riferito esplicitamente al bambino (26-27)[101] rende chiaro quanto appena sostenuto. Nell'atto stesso di *prenderlo* (ἐδέξατο) *tra le braccia* si compie difatti l'attesa messianica del vecchio (προσδεχόμενος) e si realizzano tutte le allusioni precedenti al Messia.

La costruzione sintattica del *preludio* al cantico coinvolge quindi diversi elementi lessicali corrispondenti, intessuti in un unico quadro reso coerente grazie al ricorso continuo alla congiunzione καί con cui inizia ogni strofa[102].

> 25 Καὶ ἰδοὺ ἄνθρωπος [...]
>   καὶ ὁ ἄνθρωπος οὗτος [...] προσδεχόμενος παράκλησιν
>   καὶ πνεῦμα ἦν ἅγιον ἐπ' αὐτόν
> 26 καὶ ἦν αὐτῷ κεχρηματισμένον ὑπὸ τοῦ πνεύματος τοῦ ἁγίου
>   μὴ **ἰδεῖν** θάνατον
>   πρὶν [ἤ] ἂν **ἴδῃ** τὸν χριστὸν κυρίου
> 27 καὶ ἦλθεν ἐν τῷ πνεύματι εἰς τὸ ἱερόν
>   καὶ ἐν τῷ εἰσαγαγεῖν τοὺς γονεῖς τὸ παιδίον Ἰησοῦν τοῦ ποιῆσαι [...]

....

tattica di quei tre vv. che, in verità, ruota, come vedremo, attorno alla duplice menzione del vb. «vedere» al v. 26.

[100] È originale la proposta interpretativa di G. Marconi («Il bambino da vedere», 641) che ritiene significativo l'impiego di πρὶν [ἤ], in quanto «offre una dinamica temporale all'intera sequenza e trova la risposta [...] nel νῦν con cui appunto inizia l'inno di Simeone».

[101] Anche se c'è una piccola differenza nella formulazione precedente (v. 11: χριστὸς κύριος): i due nomi non sono congiunti, bensì formano un'apposizione, — la sua risonanza e posizione centrale fanno sì che il lettore la riconosca di nuovo in un autentico contesto di rivelazione.

[102] Vedasi lo schema nella p. 52. Cf. l'elaborazione della struttura da parte di G. Marconi («Il bambino da vedere», 642) a cui ci ispiriamo per quanto riguarda la sua conclusione molto importante ove mostra la posizione strategica e il «parallelismo antitetico» dei vv. 26 e 29-32 marcati peraltro dalla concentrazione del lessico visivo. Parallelamente, A. García Serrano elabora una struttura concentrica che comprende il passo in questione facendo emergere l'importanza del suo contesto immediato: Lc 2,22-39 (*The Presentation*, 160-161).

> [28] καὶ αὐτὸς ἐδέξατο αὐτὸ
> καὶ εὐλόγησεν τὸν θεὸν καὶ εἶπεν

La triplice ricorrenza della parola-gancio πνεῦμα (ἅγιον) serve da indicatore di una progressione del testo nell'unità formata dai vv. 25-27: al suo centro sta un costrutto parallelo (26b.c) che rompe la sequenza rapida dei καί[103] rallentando il ritmo e ponendo l'accento sulle due proposizioni subordinate, di contenuto estremamente denso ed enigmatico. L'incontro è descritto molto abilmente con il gioco sui verbi del movimento di cui rispettivamente Simeone è il soggetto (ἦλθεν), mentre Gesù ne è l'oggetto passivo (εἰσαγαγεῖν). Il v. 27 finisce con una proposizione finale implicita che prolunga l'arrivo del momento a cui è orientato il racconto: il *ricevimento* del bambino per il quale viene benedetto Dio. Il cantico con il νῦν enfatico fissa una cerniera temporale riferita chiaramente a quella del v. 26 che ha aperto la strada alla tensione narrativa:

> [29] νῦν **ἀπολύεις** τὸν δοῦλόν σου, δέσποτα,
> κατὰ τὸ ῥῆμά σου ἐν **εἰρήνῃ**
> [30] ὅτι **εἶδον** οἱ ὀφθαλμοί μου τὸ **σωτήριόν** σου,
> [31] ὃ ἡτοίμασας κατὰ πρόσωπον πάντων τῶν λαῶν,
> [32] **φῶς** εἰς ἀποκάλυψιν ἐθνῶν
> καὶ **δόξαν** λαοῦ σου Ἰσραήλ.
>
> ....
> [33] καὶ ἦν ὁ πατὴρ αὐτοῦ καὶ ἡ μήτηρ θαυμάζοντες [...]
> [34] καὶ εὐλόγησεν αὐτοὺς

Il corpo centrale dell'inno (30-32) è organizzato progressivamente attorno a tre parole chiave che svolgono la stessa funzione sintattica: l'oggetto diretto[104]. La dinamica interna del discorso è contrassegnata dall'accumulo del vocabolario visivo[105]. Dal punto di vista narrativo è

---

[103] Cf. G. MARCONI, «Il bambino da vedere», 641.

[104] Proponiamo una soluzione che ci sembra essere più giustificata dal contesto e dalla sintassi stessa. Sono molti, invece, che ritengono che le ultime due parole (φῶς e δόξα) siano apposizioni del σωτήριον. Ciò nonostante siamo convinti che non è da escludervi la presenza di una progressione lineare, confermata anche dal cambiamento significativo dei destinatari della *salvezza, luce* e *gloria*. In questo caso è da correggere la divisione tripartita del cantico che generalmente si fa. Da parte nostra optiamo per una bipartizione (v. 29 – introduzione; 30-32 – il corpo centrale) che offre buone ragioni a considerare un inno senza una conclusione esplicita in qualche modo in sé incompiuto e quindi aperto alle possibilità nuove sia nella seconda profezia di Simeone, sia in quella di Anna, sia in parti narrative più distanti a cui rimandi non mancano.

[105] Cf. G. MARCONI, «Il bambino da vedere», 642-643. Preziosa e audace è l'affermazione dello studioso che riabilita la connotazione emotiva del linguaggio lucano

pregnante il verbo (εἶδον) che ispira il lettore lungo tutta la sequenza ed è il primo riconoscimento visivo del Messia, espresso con una chiarezza e una semplicità eclatanti (cf. Lc 2,17)[106]. È inusuale comunque la sua identificazione con il σωτήριον che però riceve una conferma nell'immaginario seguente. Esso risulta più familiare al lettore grazie anche ai due inni precedenti centrati propriamente sulla *luce* e sulla *gloria* (Lc 1,78b; 2,9b.14). Questo tessuto delle allusioni precedenti, unificato dall'esplicito motivo del *vedere,* coinvolge al massimo il lettore e lo spinge a ricercare il suo significato dell'insieme. Non sembra improbabile perciò che la reazione dei *genitori* (33) debba essere anche quella del lettore, chiamato a uscirne ritornando sui propri passi.

Nel brano scelto, a livello narrativo abbiamo dunque due *turning points* (vv. 26 e 30-32) che costruiscono rispettivamente l'*intreccio* del racconto e il suo snodarsi. L'apertura verso il resto della vicenda del nucleo teologico dell'inno (30-32) è significativa in quanto attribuisce ad esso un carattere paradigmatico; questo in forza dei suoi molteplici collegamenti con il passato del racconto e della tensione che viene creata dalla densità e dall'apparente incompiutezza delle sue affermazioni teologiche. Queste ultime sono destinate a diventare la realtà presente del lettore (cf. νῦν) e ad apportargli delle nuove chiavi interpretative per il percorso avvenire.

2.4.2 Il punto d'arrivo: «I miei occhi hanno visto la tua salvezza» (2,30)

Un avvicinamento semantico ai testi cruciali ci aiuterà a capire che relazione sussiste tra la *salvezza* e la *visione* in Lc 1–2, ossia come si è finalmente arrivati a considerarla l'oggetto della *visione* in un punto focale della narrazione (Lc 2,30; cf. 3,6). In questo percorso teologico saranno di grande aiuto i riferimenti allo sfondo concettuale del Primo Testamento in cui affiora una ricca immagine del Messia davidico, pie-

---

spesso trattato solo nella direzione dell'oggettività del vedere. È indispensabile tener presente questo parlando della *salvezza* in Lc: cf. sotto, p. 87.

[106] Anche se c'è chi si mostra più scettico a proposito di un passaggio così veloce alla persona di Gesù, — viene accentuata appunto l'oggettività della salvezza in astratto, — non è difficile provare l'attendibilità della nostra tesi. Il contesto immediato non lascia nessun dubbio su chi avrebbe visto Simeone prima di morire (26). Ciò rende possibile un evidente sviluppo dell'identità di quel bambino, due volte chiamato per nome (21.27) e messo a confronto sia con Dio (cf. la costruzione parallela del v. 28) sia con la salvezza (28.30): un parallelo ancora più evocativo, perché il riferimento stesso al bambino, reso dal pronome personale (αὐτό), ha la stessa forma grammaticale che il σωτήριον, il ché a prima vista già favorisce l'identificazione.

na appunto di sfumature visive. Come si sviluppa e in quale direzione orienti il lettore un tale intreccio tematico sarà il nostro obiettivo in questo momento. Prendiamo in esame soprattutto le parti discorsive, in particolare, i cantici, data la loro stessa caratteristica di riassumere in un dettame teologico il significato ultimo degli eventi narrati. Avremo così quattro tappe costitutive: il *Magnificat*, il *Benedictus*, il *Gloria* e il punto d'approdo — il *Nunc dimittis*, — accompagnate ogni tanto da soste esplicative negli annunci; essi sono contrassegnati da un lessico aderente alla missione salvifica di Gesù. Qui avremo ugualmente modo di stabilire alcuni legami tematici del nostro argomento che sarà doveroso tener presenti e approfondire durante la ricerca.

a) *La salvezza come visita e illuminazione (Lc 1)*

Il primo testo in cui ci si imbatte in prospettiva salvifica è il canto di Maria: la conclusione di un ciclo narrativo (Lc 1,26-56) e insieme l'*ouverture* teologica dell'intera sezione. Nella benedizione iniziale (46-47) la lode viene rivolta a Dio *Salvatore* (σωτήρ), un titolo che richiama nella memoria del lettore una lunga catena di interventi meravigliosi a favore di Israele, tra i quali il paradigma è sicuramente costituito da quello dell'Esodo. In che cosa consista l'agire di quel Dio che *salva* viene chiarito immediatamente con una prima e quindi più importante proposizione esplicativa: *perché ha rivolto lo sguardo* (ἐπέβλεψεν) *all'umiltà della sua serva* (48)[107]. Tutte le opere prodigiose e stravolgenti per eccellenza (μεγάλα) vengono narrate in seguito con un forte accento sulla *misericordia* che Dio mostra nei riguardi dei *timorati* di Lui e di cui *si ricorda* (50.54-55): un importante nesso con il passato dei padri. L'attività salvifica di Dio viene messa in relazione dal principio con il suo *sguardo* misericordioso che affiora nella realtà dell'eroina e di tutti i lettori che fanno proprie le sue parole[108]. L'inizio del-

---

[107] A proposito della struttura del *Magnificat* accenniamo l'articolo di A. Valentini («Magnificat», 91.93), prezioso in quanto mette in evidenza la posizione accentuata di quei due aoristi che aprono il panorama dell'inno: «tutto gravita intorno ad un evento già compiuto ad opera di Dio ed espresso dagli aoristi e soprattutto ἐποίησεν μεγάλα (v. 49a). [...] La prima cosa che colpisce l'occhio è che ἐπέβλεψεν del v. 48a, introdotto da ὅτι, sta di fronte, in posizione parallela ad ἐποίησεν (v. 49a), preceduto anch'esso da ὅτι».

[108] È un'opinione abbastanza comune che attribuisce a tutti gli aoristi nel cantico il valore del presente, in cui l'azione è gia iniziata: cosidetti aoristi incoativi (cf. F. Bovon, *Luca*, I, 112). Per il lettore è un forte segno di coinvolgimento, perché lo fa partecipe dell'esperienza salvifica di un popolo a portata dei milenni. La salvezza

l'irruzione divina nella vita di Maria si realizza dunque nell'umiltà del suo servizio reso con un semplice *fiat* (Lc 1,38). Troviamo qui il primo collegamento significativo che è quello tra l'iniziativa divina simboleggiata dallo *sguardo*, la risposta autentica della fede e la salvezza personale realizzata in ciò. L'esempio di Maria diventa il punto di arrivo di tutta la storia di Israele antico e il paradigma per ciò che avverrà nel futuro immediato del racconto.

L'esperienza di Elisabetta — proclamatrice della fede di sua cugina (Lc 1,45) — era similmente contrassegnata dallo *sguardo* favorevole di Dio (ἐπεῖδεν) con il motivo classico della *vergogna* d'essere sterile[109]. La sua testimonianza viene completata dal cantico di Zaccaria, denso di contenuto e pieno dei riferimenti espliciti al Messia Salvatore. Come nel *Magnificat* tutto il peso teologico cade sulle prime righe dell'inno. Se si vuole, è un programma che già a pieno titolo mette in scena il Messia. Il contesto della sua venuta è chiaramente guerresco: il *braccio potente* di Yahwe a cui il primo inno accordava per lo più il ristabilimento dell'ordine sociale (Lc 1,51-53) si manifesta ora in tutta la sua grandezza: prende corpo appunto l'evento salvifico per eccellenza definito come una *visita*, ossia la *redenzione* (λύτρωσις: 68). La prospettiva finalmente si stringe e si impone l'immagine del *corno della salvezza* (κέρας σωτηρίας: 69)[110] con un'evidente allusione al messia davidico, garante della *salvezza* dai nemici (σωτηρία)[111].

---

comunque deve essere sperimentata attualmente che presuppone, certo, l'essere continuamente sottoposti allo sguardo di Dio.

[109] Questo forte, ma apparente segno di maledizione si trasforma, nell'esperienza di Elisabetta, in dono salvifico per eccellenza ed è quello della vita resa manifesta nella possibilità di avere un figlio (cf. sopra: pp. 54-56). Il caso di Maria, sebbene sia molto particolare, in fondo ha la stessa valenza salvifica con un'estensione universale. L'accento è posto sulla posterità di due madri, il ché in qualche modo protrae gli effetti dell'opera di Dio in loro compiuta e orienta il lettore verso il ministero di quei due figli straordinari, araldi e rappresentanti vivi della salvezza operata da Dio.

[110] Il suo sfondo primotestamentario è costituito dalle allusioni seguenti: 1 Sam 2,10; Gdc 3,9.15. Nel nostro caso bisogna tener presente il contesto in cui appare questa espressione particolare, unica nella Bibbia. Il vb. ἤγειρεν, da una parte, richiama alla memoria del lettore l'azione salvifica di Dio che suscitava nei momenti più difficili i liberatori d'Israele — i giudici: Gdc 3,9 ne è l'esempio classico sia per il linguaggio deuteronomistico con cui vengono interpretati gli eventi cruciali della storia, sia per le sue connotazioni tecniche molto rappresentative: ἤγειρεν κύριος σωτῆρα τῷ Ισραηλ καὶ ἔσωσεν αὐτούς.

Dall'altra parte, l'immagine divina viene completata dal riferimento alla provenienza davidica del misterioso soccorritore, che è chiaramente messianico. Cf. Eccli

In tutti questi casi è sottintesa una liberazione dall'oppressione dilagante — l'inizio e il fondamento della fede di Israele. È un esplicito richiamo all'Esodo che a pochi tratti dipinge il Dio della storia, il *Salvatore* di Maria come rivestito di una potenza immensa. Invece, il suo atteggiamento nei confronti di Israele, in contrasto con le immagini precedenti, è ancora una volta abbinato alla *misericordia* e al *ricordo* dell'alleanza. L'intensità e varietà del vocabolario carico di significato salvifico mette davanti al lettore tutto lo spettro della storia di Israele della quale il protagonista supremo è Dio. Con un accenno riassuntivo alla *liberazione* (ῥυσθέντας) finisce la prima parte del cantico fortemente segnata dalle speranze giudaiche del tempo. La figura del Messia, pur essendo presente, non esce dal quadro generale dedicato completamente a un Dio che agisce e si compiace dei suoi eletti. Nonostante ciò, vista la carenza delle immagini visive e, invece, l'aumento dei concetti astratti, l'attenzione del lettore sembra essere presa dall'unico elemento messianico, simbolico e immaginifico della sequenza che è quello del *corno*.

Nelle parole rivolte a Giovanni la prospettiva cambia notevolmente, mentre risuona una formulazione non abituale, carica di senso religioso: γνῶσις σωτηρίας (Lc 1,77). La *conoscenza della salvezza* ha a che fare infatti con il *perdono dei peccati* — l'obiettivo principale della futura missione di Giovanni (Lc 3,3.8), nonché di quella di Gesù. Questo cambiamento significativo della concezione della salvezza non sfugge al lettore competente che per la prima volta incontra un accostamento simile — in verità, un paradigma per tutto il racconto lucano[112].

51,12™; per un approfondimento si consulti un ottimo studio di S. Muñoz Iglesias (*Los evangelios*, I, 202-204) che maggiormente seguiamo nella nostra esposizione.

[111] Lc 1,71. Si noti la funzione sintattica che svolge questo secondo oggetto diretto (v. 71): un'«apposizione esplicativa» del v. 69 (S. MUÑOZ IGLESIAS, *Los evangelios*, I, 206). Cf. D. JONES, «The Background», 31: it «has the effect of providing further definition of salvation».

[112] Il motivo del *perdono dei peccati* ci introduce in un mondo concettuale diverso, quello cristiano. Infatti, ciò non è caratteristico per le credenze messianiche giudaiche: D. JONES, «The Background», 37. Ciò che, invece, le caratterizza è un «accento bellico» frequente soprattutto nei Profeti: S. MUÑOZ IGLESIAS, *Los evangelios*, I, 185. È importante per il percorso che facciamo di cogliere il senso e la dimensione pragmatica di quel cambiamento inatteso. Il lettore ormai è chiamato a rivedere la sua propria immagine del Messia, il ché necessariamente richiede di correggere anche quella di Dio. L'esperienza di Dio dell'Alleanza è legata ora soprattutto alla vita interiore del partner umano capace finalmente di avvicinarsi al mistero personalmente, senza i mediatori: purificando l'anima e giungendo così alla *conoscenza* più elevata della *salvezza* per passare poi all'ultima tappa: un contatto fisico (cf. Lc 2,28.30).

Infine, un secondo complesso di immagini, di nuovo riferito al Messia, da una parte riprende il motivo della *misericordia,* creando una simbologia pregnante (σπλάγχνα ἐλέους); dall'altra — impiega un'immagine chiave che pare sia il fine del percorso evidenziato (ἀνατολὴ ἐξ ὕψους). L'origine e la forza promotrice dell'*apparire* (ἐπιφᾶναι) di questa *Aurora,* definita come una *visita* sono le *viscere di misericordia* di Dio. Siamo qui nel pieno dei sentimenti del Dio lucano che principalmente è l'amore riconoscibile nella sua affettività, un'espressione eminente della sua volontà salvifica. Il lettore è alle prese con una manifestazione più intima del disegno salvifico di Dio in cui prende rilievo la figura dell'*Astro, Aurora, Sole* — qualunque sia la traduzione, non viene meno una forte indole visiva del vocabolario[113]. La salvezza da conoscere assume finalmente un carattere molto concreto: sarà appunto un'*apparizione* e una illuminazione da parte di un Messia folgorante capace di disperdere le *tenebre* e togliere l'*ombra della morte* — due tipiche immagini isaiane (Is 9,1; 42,7)[114]. Il cambiamento strategico avviene dunque anche a partire dalle fonti bibliche utilizzate da Luca per fondare un

---

[113] La ricchezza di questa immagine è dovuta anche ad un vasto spettro di reminiscenze bibliche che essa presuppone: i più significativi sono Ger 23,5; 33,14; Zc 3,8; 6,12. L'originale ebraico di questi testi adopera la parola צמח (il *germoglio*) che nel Targum viene sempre sostituita dalla menzione esplicita del *Messia.* Una forte coloritura estetica del cambiamento nella traduzione dei LXX (ἀνατολή) può essere spiegata come l'effetto dell'interpretazione messianica basata su altri due testi messianici in cui affiorano le due immagini chiave abbinate entrambe con il vb. ἀνατέλλω da cui deriva il sost. ἀνατολή: la *stella* (Nm 24,17: ἀνατελεῖ ἄστρον) e la *luce della giustizia* (Ml 3,20: ἀνατελεῖ [...] ἥλιος δικαιοσύνης). Per la problematica dell'insieme vedasi: S. Muñoz Iglesias, *Los evangelios*, I, 233-236.

[114] L'impiego di queste immagini è condizionato dal linguaggio simbolico con cui vengono interpretate le disgrazie che ha subito Israele allora portato nell'esilio. Così le *tenebre* e la *morte* sono un evidente richiamo ai peccati commessi dal popolo e nello stesso tempo un invito alla penitenza, intesa appunto come la *luce,* l'*illuminazione* che è la salvezza stessa. Cf. H. Simian-Yofre, «I testi del "servitore sofferente"», 117-124.

Se facciamo riferimento a Mt 4,14-16, troviamo una semplice citazione dello stesso passo di Is 9,1. In Lc, invece, siamo alle prese con un'elaborazione teologica che mira a inquadrare in un progetto dato una ricca gamma di allusioni bibliche tra le quali preminenti sono quelle di Is. A Luca interessa non solo mostrare la continuità della storia della salvezza, ma anche rendere ulteriore il discorso facendo sue le sfaccettature interpretative già conosciute, di cui comunque forma un intreccio sempre originale e coinvolgente. Ad esempio, nel *Benedictus* tutto è costituito dai quattro motivi principali: la *salvezza – visita,* il *perdono dei peccati,* la *luce,* il cammino della *pace.* Cf. S. Muñoz Iglesias, *Los evangelios*, I, 229-232.

immaginario preferenziale, costruito sui contrasti e quindi attraente per ogni lettore[115].

L'ultimo elemento simbolico che orienta il lettore verso il futuro è il cammino della *pace*. Qui è in gioco il concetto ebraico, soteriologico per eccellenza, di שׁלמ. Non è soltanto la longevità, la prosperità e il benessere dei tempi messianici, ma anche l'armonia interiore acquistata grazie all'intervento salvifico di un Dio che libera dal peccato[116]. È importante che la *via della pace* rimanga aperta alle possibilità future di cui il lettore riconoscerà il realizzarsi un poco più in avanti (cf. Lc 2,11.14). La forza pragmatica di quel ἡμῶν che è un primo richiamo diretto al lettore, riassume e orienta verso l'avvenire i passi del suo percorso, iniziato con una semplice menzione del Dio *Salvatore* (Lc 1,47). Ormai si è giunti ad una realtà nuova e ad un protagonista nuovo situati in un contesto biblico solenne. Il contesto cambia però la tonalità a favore di una pacificazione estrema in cui è presente tuttavia lo stesso Dio guerriero, manifestato or ora nella figura messianica del *Sole*. La salvezza da lui procurata riceve qui una forte connotazione antropologica: è nel perdono dei peccati che d'ora in poi si riottiene l'accesso alla *via della pace* che finalmente si è chiamati a proseguire[117]. Così la prospettiva bellica con cui si è iniziato il *Benedictus* ha preparato la strada all'inaugurazione della missione di *pace* che sarà chiaramente messa in rilievo da Gesù (Lc 10,6). Al *fiat* modesto di Maria che ha aperto il nostro discorso corrisponde in qualche modo il cammino della *pace,* reso fecondo nell'atto stesso della contemplazione del disegno salvifico la cui immagine è il Messia.

---

[115] Si è d'accordo nell'attribuire alla seconda parte del *Benedictus* il valore di un'aggiunta redazionale lucana proveniente dagli ambienti cristiani: cf. H. SCHÜRMANN, *Luca*, I, 198-200. Le espressioni lessicali che ivi si riscontrano fanno pensare infatti ad uno sfondo ellenistico di cui le tracce sono il gioco sui contrasti (*luce-tenebre*; *alto-basso*) e una forte accentuazione dell'aspetto epifanico. Quest'ultimo è trattato in modo sintetico in R. PENNA, *Ritratti originali*, 244-247. Cf. anche: G. MARCONI, «Il bambino da vedere», 630-631.

[116] Per una visione completa di questo *Leitmotiv* biblico e, in particolare, lucano vedasi: B. PRETE, *L'opera di Luca*, 167-184; W. FOERSTER, «εἰρήνη», 398-416.

[117] L'espressione tipicamente lucana (ὁδὸς εἰρήνης), di base scritturale incerta (cf. ad es. Is 59,8), insiste sull'acquisizione della salvezza messianica e peraltro non sminuisce il valore dinamico oggettivo dell'ὁδός che è da intendere non come il semplice mezzo con cui la salvezza si raggiunge, ma una realtà molto dimostrativa e ricca di espressioni quale è appunto l'ὁδός in Lc–At. Cf. W. FOERSTER, «εἰρήνη», 411-413; W. MICHAELIS, «ὁδός», 88-95.65-71.

b) *La salvezza da vedere: luce, gloria e rivelazione (2,8-15)*

La *via della pace* su cui si è soffermato il lettore al termine del passaggio intermedio del secondo dittico (Lc 1,67-79) comincia ad attualizzarsi già nel terzo annuncio (Lc 2,8-12). La luminosità e la trasparenza estreme della scena creano un'atmosfera da rivelazione imminente della *gloria di Dio*: δόξα κυρίου (v. 9). È sempre una presenza salvifica del Dio Protettore che nel passato aveva procurato al suo popolo pellegrino una *nube* che lo guidasse nelle tenebre. Nel presente immediato essa ha coperto con la sua *ombra* (ἐπισκιάσει) Maria e ora si manifesta ai *pastori* ugualmente avvolti in una *notte* oscura. Il messaggio angelico a prima vista mette il lettore in imbarazzo: i tre titoli messianici messi insieme esplodono in una vasta gamma di richiami diretti alla divinità del neonato. Il primo titolo scandisce il compimento delle prime parole di Maria nel *Magnificat* è il σωτήρ (Lc 2,11). La salvezza che prende corpo con la sua nascita non è altro che l'esecuzione della volontà di Dio — ancora una volta, il *fiat* della fede mariana, — manifestata nella storia recentemente e in modo del tutto particolare. Non c'è bisogno di aggiungere nulla a ciò, in quanto i lineamenti di quella salvezza messianica ormai erano stati dati nei due inni precedenti. La descrizione stessa della nascita del Messia, vale a dire la *visita*, non lascia illudere il lettore: è nelle sue condizioni umili che bisogna scoprire la grandezza e lo splendore del mistero in cui ci si imbatte; lo si deve scoprire appena vengono trattati i due titoli strettamente uniti, sì da formare un unico nome maestoso e provocatorio nella sua inafferrabilità: χριστὸς κύριος[118].

L'inno del *Gloria* riassume a brevi cenni il significato salvifico della nascita, ma lo fa in modo discreto, adoperando tre concetti sintomatici; due dei quali erano già apparsi nel racconto: δόξα e εἰρήνη. A proposito del primo che può essere inteso semplicemente come una *lode* rivolta a Dio da parte degli *angeli* (cf. Lc 2,9), c'è da chiedersi se è veramente e solamente questo ciò che esprime il testo, con un vocabolo così ricco di contenuto[119]. Per chiarire ciò occorre rifarsi al terzo termine conclusivo

---

[118] Vi è un chiaro tentativo di identificare il bambin Gesù con Dio. Il nome χριστός, l'equivalente dell'ebr. *Messia* משיח serve pertanto a ribadire la provenienza regale dell'«Unto di Dio». Un nuovo accenno alla *casa di Davide* dice con chiarezza che tipo di messianismo è da aspettare. Le due ottiche — giudaica e cristiana — si incontrano per così dire in un solo nome che sta in mezzo a due forti designazioni divine. La σωτηρία e la signoria di Gesù si fonda dunque nel suo essere il re – portatore della *pace* (cf. Is 9,5-6).

[119] Un'analisi minuziosa del significato e dell'interpretazione del δόξα in questo

che corona tutto l'inno ed è di una forte impronta salvifica: εὐδοκία, il *beneplacito, benevolenza salvifica*[120]. Si entra così di nuovo nel più intimo spazio dell'amore di Dio che non è solo un semplice sentimento, bensì un «movimento», una «decisione», «scelta» divina che ha per meta la salvezza dell'uomo[121]. In un tale quadro l'espressione δόξα ἐν ὑψίστοις θεῷ è da intendere in senso soggettivo, riferito, cioè, a Dio come l'attore reale e insieme il promotore di tutte queste beneficenze. Così «il senso del testo originario è: mediante la nascita del Messia Dio è glorificato nell'alto dei cieli e sulla terra è venuta agli uomini — oggetto del divin beneplacito — la salvezza». La glorificazione di Dio «consiste nel fatto che inviando il Messia, Dio «glorifica il suo nome», manifesta cioè la sua potenza e la sua misericordia»[122]. Il terzo annuncio dunque si apre e si chiude con l'accento sulla maestà della presenza abbagliante di Dio in cui è già riconoscibile il ruolo del Messia, venuto appunto per rendere vicino quel Dio che *abita una luce inaccessibile* (1 Tim 6,16).

---

inno è da trovare in: S. Muñoz Iglesias, *Los evangelios*, I, 265-269. Ecco la sua definizione che rende chiara l'idea di fondo che bisogna sempre tener presente soprattutto nel nostro percorso tematico: «la extraordinaria manifestación luminosa de Dios presente y, finalmente, [...] la simple claridad o luminosidad física». Tutto lo spessore teologico di questo termine a seconda dei contesti di proferimento è stato rilevato rilevato in: G. Kittel – G. von Rad, «δόξα», 236-256.

[120] Tralasciamo il problema così sfruttato nell'esegesi di questo passo come quello della funzione sintattica del gen. εὐδοκίας. Ciò che è importante, invece, è la sua funzione da alcuni definita come il «termine chiave dell'inno» (M. Grilli, *Quale rapporto*, 160). La sua ricchezza contenutistica è dovuta soprattutto al suo prototipo ebraico רצון (cf. G. Schrenk, «εὐδοκέω», «εὐδοκία», 736-748). Similmente un altro paio dei concetti apparentati: l'ἔλεος חסד, — che formano un evidente intreccio nel *Benedictus* (Lc 1,72.78) e hanno un significato pressoché sinonimico, introducono il lettore in una costante progressione nella manifestazione di un Dio che si fa vicino all'uomo. Da un Dio, «pieno di affettività» e d'amore materno si passa ora ad un Dio che deliberatamente fa sperimentare all'uomo tutto ciò, partendo dalla sua volontà salvifica che è inseparabile dal suo agire efficace.

[121] Cf. M. Grilli, *Quale rapporto*, 160; ivi cit.: C. Dodd, «New Testament Translation», 104-110. Cf. anche: «Nel testo l'*eudokia* crea il movimento divino verso gli uomini. È la benevolenza donata, che non è condizionata da una buona disposizione umana, ma è assolutamente libera e gratuita» (*Ibid.*, 161).

[122] J. Schmid, *Luca*, 99. A ciò si deve aggiungere che il classico esempio nel NT è Gv 12,28, ove a Dio viene richiesto di *glorificare il suo nome*. Il significato profondo di quest'affermazione giovannea, peraltro unica, analizza, ad esempio, R. Schnakenburg (*Giovanni*, II, 643). È rimarcabile ciò che dice in merito: «Qui il nome [di Dio] sta per il suo essere, la sua santità, la sua inviolabile volontà, ma anche per la sua misericordia e il suo amore».

c) *Salvezza come promessa e la visione del Messia (2,25-29)*

L'ultimo inno della composizione del vangelo dell'infanzia, il *Nunc dimittis* è caratterizzato dalle risonanze più sensibili. In esso vengono ripresi, intrecciati tra loro e posti in rilievo, i concetti che formano la quintessenza di ciò che è la *salvezza* per Luca. A partire dalla *propositio* della pericope (Lc 2,26) si denota l'insistenza sulla necessità di un contatto visivo per cogliere il trascendente mistero nella sua dimensione salutifera. Per Simeone è per lo più una questione molto personale in cui comunque entra in gioco la salvezza. *Vedere la morte*, infatti, è un eufemismo che nell'unico passo della Bibbia ebraica rende esplicita l'idea della sottrazione al potere dello Sheol e quindi ha una valenza simbolica negativa (cf. Sal 89,49)[123]. Tuttavia la formulazione dell'intera frase non permette una conclusione del genere: è con il *vedere il Cristo del Signore* che la vita del *vegliardo* assume la pienezza, e non trova semplicemente nella morte la propria conclusione naturale. Non c'è infatti nessuna tensione tra esse, perché «la morte come la vita hanno a che fare con la storia della salvezza»[124]. L'oggetto della visione, ancor prima dell'incontro e del riconoscimento visivo, viene abilmente messo al centro della costruzione parallela del v. 27. Il parallelismo e il limite temporale (πρὶν [ἤ]) orientano il tutto verso il protagonista del racconto. Per ora al lettore balzano agli occhi la dolcezza e la pietà di questa scena nella quale il pio desiderio di Simeone di *vedere* il Messia sembra improntare tutti i giorni della sua vita e coinvolgere tutta la sua esistenza[125].

---

[123] In questo unico passo dell'AT concernente la nostra formula (cf. nel NT: Gv 8,51; Eb 11,5) l'interpretazione segue dal contesto, molto chiaro in questo caso, perché è sottoposto alla legge del parallelismo. Così il secondo stico suona come segue: ῥύσεται τὴν ψυχὴν αὐτοῦ ἐκ χειρὸς ᾅδου. Cf. S. Muñoz Iglesias, *Los evangelios*, III, 181, cit. in: G. Marconi, «Il bambino da vedere», 643. Da notare è che in due passi menzionati del NT l'idea è la stessa: la *morte* viene contrapposta alla *vita eterna*, ossia alla salvezza. Vi si potrebbe menzionare un altro passo (Es 33,20) in cui il «vedere Dio» si presenta come un'esperienza mortale (*Ibid.*).

[124] F. Bovon, *Luca*, I, 168. Facendo nostra quest'osservazione degna di nota non condividiamo le conseguenze che ne tirano alcuni autori esagerando, a nostro parere, in un'interpretazione piuttosto allegorica secondo la quale Simeone rappresenta l'epoca antica giunta alla fine con la sua morte, mentre con Gesù inizierebbe l'era messianica marcata dall'assoluta novità dell'intervento divino: cf. G. Marconi, «Il bambino da vedere», 644.

[125] L'episodio che fa eco al nostro è quello di Gen 46,30. Infatti l'idea di fondo qui è la stessa: per il patriarca Giacobbe il morire non è più doloroso dopo avere visto il proprio figlio prediletto. Le relazioni intime tra il padre e il figlio indicano la base

Proseguendo nel racconto, il lettore finalmente scopre che la morte non è altro che la *liberazione* (ἀπολύω)[126] che permette di sperimentare quella *pace* cantata dagli angeli nel *Gloria*. La nettezza del vocabolario mostra inoltre che l'esperienza di Simeone è della stessa natura di quella di Zaccaria: l'autore della λύτρωσις (Lc 1,68) è lo stesso Dio che *libera* l'uomo dal potere della morte e gli offre la *via della pace*. Il cantico viene ancorato dunque nell'atmosfera della *redenzione* che era stata creata da Luca con mezzi molto chiari: aprono e chiudono la scena accenni alle speranze di due figure profetiche che hanno per oggetto la *consolazione* (παράκλησις) e la *liberazione* (λύτρωσις) di Israele[127]. La *liberazione* come *redenzione*, fortemente accentuata, assume qui un carattere molto personale in quanto interiorizzata e riflessa nella vita di quei due individui, marcata a sua volta dall'esperienza di una salvezza ormai compiuta. La *pace* nel caso di Simeone dà un'ulteriore sottolineatura della pienezza dei doni messianici che restaurano l'armonia della comunione con Dio; quale lo stare al suo cospetto e il poterlo vedere senza impedimenti di Lc 10,23. Il gesto e le parole del *vegliardo* anticipano e realizzano insieme la comunione con Dio, fungendo così da nucleo e paradigma teologico che contiene in sé i fondamenti dello sviluppo successivo del tema. Da ciò è importante concludere che alla fin fine tutto il peso e lo spessore semantico si concentrano e vengono applicati alla figura del Messia, esposto pubblicamente e in modo esemplare. La salvezza, nell'esemplarità di questa scena, tende ad assumere forme molto concrete e ad identificarsi con il Gesù bambino, la cui posizione *tra le braccia* di chi lo *riceve* già simboleggia l'intimità dell'accoglienza e

---

anche per quello che avviene in Lc 2,27-29 con un di più: per Simeone, come rappresentante collettivo di tutto il popolo, il Gesù bambino è il fine ultimo delle aspirazioni dei lunghi secoli della storia d'Israele e quindi è una salvezza già in atto.

[126] Riteniamo valida la traduzione abituale (*lascia andare*), giacché crea un simile accostamento con la *pace*, come nel *Benedictus* (la *via della pace*). Però, nel nostro caso ci sembra importante accennare il tenore soteriologico del vb. ἀπολύω che è imparentato con il concetto chiave lucano quale (απο)λύτρωσις: «La λύτρωσις era la quintaesencia de la esperanza mesiánica y a menudo se identifica de tal manera con ella que se emplea como término totalizante para expresarla» (S. MUÑOZ IGLESIAS, *Los evangelios*, III, 200). Cf. anche: F. BÜCHSEL, «λύτρωσις», «ἀπολύτρωσις», 353-359. Un ottimo riassunto fa R. O'Toole: «Il giubileo», 157-159.

[127] F. Bovon (*Luca*, I, 165), in particolare, denota che «la speranza della redenzione attraversa tutta la pericope». Aggiungiamo solo che ciò non avviene a caso, bensì riassume e ricongiunge i previ accenni piuttosto sporadici e non sempre congruenti: cf. l'analisi fatta a proposito del *Benedictus* (pp. 85-88).

un incontro a tu per tu con il mistero, che non solo si lascia incontrare, ma anche toccare [128].

Nonostante la passività e l'impotenza di quel bimbo in lui trova espressione la volontà (κατὰ τὸ ῥῆμά σου) e la signoria di Dio δεσπότης di cui Simeone si sente il *servo*. I particolari e l'assonanza semantica della scena non nascondono la sua profonda relazione con l'annuncio a Maria. La fede mariana trova eco nel simile atteggiamento di Simeone a cui ora (νῦν) — nel tempo del compimento salvifico definitivo — è concesso di vedere il frutto di questa fede che rende fecondo il cammino di chi lo imita. La *salvezza* che sta per cantare Simeone si presenta dunque non solo come l'avverarsi della promessa da lui fervidamente conservata nel cuore. È soprattutto la manifestazione della sua fede nel Messia che l'ha guidato nella vita di pio e osservante ebreo, sul modello di tutti gli *anawîm* esemplificati nell'*ouverture* lucana. La salvezza è anche la conseguenza del suo gesto spontaneo e audace di *accoglierlo tra le braccia* (cf. Os 11,3; Mc 9,36; 10,16) — per il lettore che volge l'occhio al v. successivo del canto ciò equivale infatti all'*accogliere la salvezza*. In una libera decisione di accettare questa offerta della salvezza, affiora dunque la realtà della salvezza stessa, percepita con gli occhi della fede, proprio nel momento della *visita*. Il lettore, ancor prima di essere informato sull'esperienza visiva di Simeone, riceve un preliminare indizio che è di natura pragmatica dal momento che pone l'accento sull'obbedienza del *vegliardo* alla *parola* di Dio. Se si vuole è

---

[128] Cf. F. Bovon (*Luca*, I, 169): «L'oracolo divino si realizza non solo con il vedere (vv. 26 e 30), ma anche con il toccare». L'impronta salvifica di quel contatto fisico con Gesù per iniziativa del partner umano è percepibile in un altro passo proprio del Vangelo: la *peccatrice* (Lc 7,37-50), — dove vengono posti gli stessi accenti: il *perdono dei peccati*, la *fede* e il *cammino della pace*. In Lc 13,10-17, dove l'iniziativa proviene da Gesù, la guarigione della *donna curva* è descritta come una *liberazione* (ἀπολέλυσαι τῆς ἀσθενείας σου: v. 12). Dal contesto segue un evidente gioco di Luca sul significato dei verbi della stessa radice (ἀπο)λύω per dare l'importanza al pf. citato che è un passivo divino di una forte coloritura soteriologica.

Il tema dell'*accoglienza* è centrale per il Terzo Vangelo (cf. C. LANGNER, «Lc 4,16-30», 57) e, come vedremo, avrà ripercussioni nella narrazione successiva a proposito del tema in esame. Il fatto che nell'episodio della *Presentazione* la radice (προσ)δέχομαι svolge un ruolo assai dinamico ci permette di parlare dell'*accoglienza* come una risposta all'iniziativa salvifica di Dio che per primo promette (cf. v. 26) e lascia alla fede del destinatario della promessa la possibilità della sua realizzazione. I due rimandi alla *redenzione* nei vv. 26.38 entrambi vengono preceduti dal ptcp. sostantivato προσδεχόμενος/οις (*quello/i che aspettava/no*), mentre al v. 28 quest'attesa si realizza dando così un forte impulso al prosieguo della scena che celebra la salvezza.

un *fiat* mariano che trova subito il suo compimento, nell'atto stesso della ricezione della parola resa visibile nel Gesù bambino.

Così si è arrivati ad una piena realizzazione del programma dichiarato nell'annuncio di Gabriele, all'inizio del vangelo. La fede esemplare di Maria contenuta verbalmente in una sola parola ha spinto il progetto divino in avanti, mentre la *fedeltà* di Simeone, espressa piuttosto nei gesti concreti della speranza profetica, lo fa vedere già incarnato nella vita. Ambedue formano per così dire un arco destinato ad abbracciare il momento cruciale di tutto il vangelo dell'infanzia e preparare il lettore a esperirne gli effetti. Ciò che *vedono i loro occhi* non è altro che il risultato di questa lunga preparazione con la quale gli orizzonti della salvezza si sono ridotti al massimo, per condensare tutta la sua ampiezza in Gesù.

d) *La salvezza preparata da Dio nella luce e nella gloria (2,30-32)*

Il motivo della fiducia di Simeone nel Dio della promessa è espresso da una sola frase laconica, ma densissima, ove l'essenziale è racchiuso in una nozione visiva. L'accento inoltre è posto sugli *occhi che vedono* — un tema che richiama l'antinomia isaiana (cf. Is 6,9-10) sviluppata in maniera molto pronunciata in Luca, come in altri Sinottici[129]. Il vb. ὁράω qui ha una sfumatura pregnante, perché, unito al nome corrispondente (l'organo fisico: ὀφθαλμοί), esprime in una matrice ebraica un vedere autentico in cui si realizza la pienezza della rivelazione[130]. Nel contesto del Primo Testamento (cf. Gb 19,27; 42,5) il vedere autentico è sempre in riferimento ad un'esperienza salvifica il cui iniziatore è l'uomo desideroso della giustizia e della redenzione, di fronte al pericolo mortale[131]. Il primato della *visione* in tutti quei passi viene accentua-

---

[129] A proposito vedasi una monografia classica di J. Gnilka: *Die Verstockung Israels*. A Luca comunque piace fare di questa citazione un intreccio assai complesso che si propone spesso come la trattazione separata dei temi dell'*ascolto* e della *visione* nei suoi passi propri e redazionali. Lc 2,30 è un primo esempio di questo genere.

[130] Cf. la definizione di A. Plummer (*Luke*, 68): «Hebraistic fulness of expression»; G. Marconi («Il bambino da vedere», 645) insiste sul valore assoluto di εἶδον, data la duplice presenza del «medesimo vocabolario della visibilità» e il movimento spaziale verso l'alto dovuto all'alternanza dei pronomi personali: μου – σου. Ciò che sembra più importante in questa forte formulazione del v. 30 è comunque la sua base biblica.

[131] Il primo passo (Gb 19,27) è importantissimo, in quanto fa parte della piccola unità (19,25-27) di una forte impronta messianica, in cui i verbi della percezione visiva (חזה e ראה) portano tutto il peso teologico e argomentativo del passaggio. Cf. L. ALONSO SCHÖKEL – J.L. SICRE DÍAZ, *Giobbe*, 321.336. In Gb 42,5 è da notare la

to dunque mediante la brevità delle frasi e la nettezza e l'unitarietà del lessico[132]. L'unico mezzo attraverso cui riesce un contatto con l'evento trascendente è dato dunque dagli *occhi* capaci di percepirlo nella vicinanza estrema.

L'oggetto della visione — τὸ σωτήριον — finalmente prende rilievo dal quadro formato dalle precedenti ricorrenze dei termini della stessa radice: σωτήρ, σωτηρία. Ciò che è evidente per il lettore a un primo contatto con il testo è che si tratta del bambino accolto tra le braccia del *vegliardo*[133]. Infatti, l'impiego del sost. σωτήριον nel senso assoluto che nel Nuovo Testamento avviene solo in Luca (cf. Lc 3,6; At 28,28) riflette la tendenza dei LXX a rendere con esso la salvezza operata da Dio e in particolare quella portata a termine dal Messia[134]. Questa salvezza messianica ha la stessa connotazione di σωτηρία, già messa in rilievo nel precedente contesto lucano. Ciò che è degno di nota nel di-

---

realizzazione di quella speranza che *ora* prende corpo con il «vedere Dio», il ché denota una realtà permanente acquisita grazie ad un'esperienza già fatta (cf. l'impiego del pf. nel testo: וְעַתָּה עֵינִי רָאָתָךְ; LXX: νυνὶ δὲ ὁ ὀφθαλμός μου ἑόρακέν σε. Altri passi che potrebbero essere menzionati sono 2 Sam 24,3; Is 33,17.20 etc. In essi, però, non appare accentuata la portata salvifica del *vedere*, anche se qualcuno vi trova un «testigo presencial de la salvación mesiánica» (S. Muñoz Iglesias, *Los evangelios*, I, 302).

[132] Riassumendo la *visione* «senza frontiere» di Simeone può essere cristallizzata nelle categorie gnoseologiche di un *riconoscimento* a cui era orientato il cammino teologicamente pregnante del vangelo dell'infanzia. Questo fondersi della percezione con il riconoscimento di cui diventa la metafora, conferisce all'evento che si compie negli occhi del vegliardo una portata cruciale come nella pienezza profetica e apocalittica del sapere. Il *vedere* ricopre qui i significati alquanto diversi che la storia del *vedere* in Lc progressivamente offrirà in nutrimento all'occhio indagatore del lettore: «ciò che si vede; vista, scena che colpisce in modo particolare; capacità di intuire e prevedere con equilibrio e ragionevolezza un complesso di eventi; *visione beatifica*, la percezione immediata della natura divina; il vedere in sogno» (*Garzanti*). Cf. sotto, cap. VII: pp. 446-447, n. 30.

[133] Questo è un dato di fatto assai comune e condiviso tra gli studiosi. Cf. p. es. ciò che dice G. Rossé (*Luca*, 99): «Il bambino che Simeone tiene in braccia è la salvezza arrivata che Zaccaria celebrava nel suo canto (Lc 1,69.71.77), con tutto ciò che questo termine include per Luca (liberazione, remissione dei peccati, pace)»; in modo molto più attenuato H. Schürmann (*Luca*, I, 251): «Dio viene esaltato per la salvezza già preparata, la quale però è vista ancora come futura. Tuttavia, il compimento di questa salvezza è già intuibile in questo inizio modesto, in questo bambino».

[134] Cf. S. Muñoz Iglesias, *Los evangelios*, I, 302. L'autore si sofferma anche più precisamente sul problema della traduzione del σωτήριον in Lc 2,30 di cui vede le due soluzioni: intenderlo come l'«epiteto di Dio» oppure l'«opera o l'attualizzazione di Dio» (*Ibid.*, 124). La nostra inclinazione è comunque a favore dell'interpretazione messianica di questo concetto di cui diamo le prove in seguito.

scorso seguente è che nel Primo Testamento, soprattutto nei Salmi, ha luogo la personificazione di quel σωτήριον che diventa quasi l'equivalente del *Salvatore* (cf. Sal 35,3). Oltre a ciò, nei *Testamenti dei dodici Patriarchi* si parla di una salvezza in quanto evento escatologico che a volte sembra identificarsi con il Messia[135].

L'idea del «vedere la salvezza» risale probabilmente alla profezia di Bar 4,21-24 in cui difatti si gioca sul vocabolario che andiamo discutendo (σωτηρία, σωτήρ) in un contesto di speranza per la restaurazione di Gerusalemme[136]. Vi è evidente non solo la somiglianza del contesto rispetto al passo lucano, ma soprattutto la fusione di diversi elementi semantici che danno vita ad un intreccio molto simile. Così, in Bar 4,22.24.29 si nota uno sviluppo a livello semantico e cioè, la progressione del significato delle parole chiave dell'unità Bar 4,21-29: il *Salvatore* e la *salvezza*[137]. La *salvezza* di Israele infatti è intrinsecamente legata all'opera del Dio *Salvatore* con un forte accento sulla provenien-

---

[135] Cf. J. JONES, «The Background», 20.30-31; A. PLUMMER, *Luke*, 68. È molto suggestiva una rassegna sintetica che il secondo studioso fa a proposito dello sviluppo semantico dei termini σωτηρία e σωτήριον che possono semplicemente significare una «preservazione da un danno corporale» (Gen 26,31; 2 Sam 19,2), estendersi poi ai grandi eventi che hanno segnato profondamente questa preservazione del popolo intero (Es 14,13; 15,2; 2 Cr 20,17) e di conseguenza riferirsi ad una liberazione operata dal Messia (Is 49,6.8; cf. Sal Sol 10,9; 12,7): *Ibid.*, 41. Cf. anche: W. FOERSTER, «σωτηρία», «σωτήρ», «σωτήριος», 989-992.1003-1004; 1015-1016.1021-1022.1023-1024. Cf. altri passi biblici: Sal 27,1; 67,3; 118,14; Is 12,2-3.

[136] Cf. J. JONES, «The Background», 31. In quel contesto non è difficile trovare i collegamenti con Lc 2,25-32: una condizione mortale di Gerusalemme (la *schiavitù*) che *videro* e fin *ora* (νῦν) *vedono gli abitanti di Sion* (Bar 4,24), messa a confronto con la visione futura, da parte loro, della *salvezza presso Dio* (παρὰ τοῦ θεοῦ ὑμῶν σωτηρία) è da paragonare con la promessa data a Simeone (Lc 2,27) e con il suo compimento (v. 30). A ciò fanno eco le assonanze nel vocabolario abbinato alla σωτηρία di cui sotto.

[137] Da notare inoltre è la centralità del concetto di *Gloria* nell'unità Bar 4,9–5,12 che annuncia il ritorno degli esiliati: J.L. SICRE DÍAZ – L. ALONSO SCHÖKEL, «Baruc», 1132-1138. Lasciamo aperta la domanda sulle fonti bibliche precise di Lc 2,29-32 accennando comunque che il passo evidenziato (Bar 4,21-24) sembra da preferire rispetto alle citazioni abituali di Is (40,5) piene, è vero, di somiglianze, ma non sempre contingenti nel contesto immediato dell'inno, nonché a livello del vocabolario visto nel suo insieme. È interessante comunque la proposta di M.-J. Lagrange (*Luc*, 86) che nel parlare di «une personnification pour le Sauveur, avec l'insistance sur la vue immédiate, attribuée aux yeux» riporta dei passi biblici seguenti: 2 Re 24,3; Ger 20,4 e specialmente Is 17,7; 33,17.20; 64,4. G. Rossé (*Luca*, 99, n. 84) apporta pure i passi isaiani per ogni v.: 30 (=Is 40,5); 31 (Is 52,10); 32 (Is 42,6; 49,6; 60,1-3).

za di questa liberazione eminente: παρὰ τοῦ θεοῦ (v. 24; cf. 22)[138]. Nel v. 24 il tema raggiunge il suo vertice in quanto la *salvezza* proveniente da Dio diventa quasi personificata, avendo inoltre un collegamento importante con la *gloria* e lo *splendore* dell'Eterno, — i due motivi che reggono anche la dinamica del *Nunc dimittis* nelle due righe successive.

La salvezza nella profezia di Simeone è in stretta connessione con la *luce* e la *gloria* i cui destinatari sono due gruppi altrettanto connessi, perché formano un unico popolo beneficiato dal «vedere Gesù» *vis-à-vis* nella persona del suo rappresentante, Simeone[139]. L'immagine della *gloria* già apparsa nell'inno degli angeli in riferimento a Dio viene completata da quella della *luce*, tipicamente isaiana (cf. Is 35,2; 66,18), di tenore apocalittico. È ben nota la sua vasta gamma semantica caratterizzata da un costante ricorso agli eventi teofanici. *Dio è la luce* (Sal 27,1), il che, però, non esprime il suo essere, ma piuttosto l'agire salvifico riferito spesso metaforicamente al suo *volto* che *brilla* e *illumina* (cf. Sal 44,4; 80,3.7.19). Nel contesto presente è rimarcabile il pensiero sviluppatosi nel libro di Giobbe, ossia, «vedere la luce significa vivere» (Gb 33,28.30)[140]. Il desiderio profondo di vederla e contemporanea-

---

[138] Nel *Nunc dimittis* la medesima idea è espressa con la metafora del *preparare la salvezza* da parte di Dio (Lc 2,31) le cui radici sono da trovare in AT: cf. 1 Re 2,9 (impiega il vb. ἑτοιμάζω nel senso di un *operare salutifero di Dio*: W. GRUNDMANN, «ἑτοιμάζω», 703. L'aggiunta pregnante (κατὰ πρόσωπον πάντων τῶν λαῶν) apre la prospettiva universale che verrà esplicitata in seguito, ma per ora fa per lo più una forte segnatura visiva dovuta al ricco spessore semantico del πρόσωπον (cf. E. LOHSE, «πρόσωπον», 771-779). Ciò rende chiaro anche il parallelismo implicito tra la faccia di Simeone che contempla il mistero e quella collettiva, di tutti i popoli, prefigurata dalla prima. Dice J. Schmid (*Luca*, 104): «Al cospetto (=dinanzi agli occhi) di tutti i popoli, non significa solo [...] che anche i popoli pagani della terra saranno testimoni della salvezza messianica inviata ad Israele, ma che essi vi prenderanno parte». A proposito del retroterra di questa formulazione M.-J. Lagrange (*Luc*, 86) vi trova un'«idea isaiana» (Is 2,1ss) che designa un «oggetto visibile esposto agli sguardi».

[139] La costruzione sintattica da noi scelta (cf. sopra: p. 82 (n. 104)) ricollega ambedue i sost. φῶς e δόξα al σωτήριον di cui in questo caso essi sono apposizioni. Le altre proposte sono presentate in modo sintetico in: A. PLUMMER, *Luke*, 69. Cf. pure l'opinione di R. Farris (*The Hymns*, 149): «"Salvation" is not only the event but the one who brings salvation, that is, the Messiah. Because of the structure of the poem he is also, therefore, "light", as in the Benedictus (1,78), and the "glory" of Israel».

[140] H. CONZELMANN, «φῶς», 311. Nel libro di Giobbe è da evidenziare un certo sviluppo dell'espressione «vedere la luce» (3x). In 3,16 se ne parla semplicemente in riferimento ad un atto fisico (*l'essere dato alla luce*). In 33,28.30 si gioca sulla dimensione trascendente di quella luce che proviene da Dio e fa vivere: la *luce dei viventi* (cf. Sal 56,14). La tensione tra morte personificata dalla *fossa* (שחת) e *vita*

mente l'esser presi da essa ambientano bene il gioioso congedo di Simeone nel panorama biblico e insieme gettano i ponti ad un secondo grande motivo che è la *teofania* (Es 24,15ss). Vi entra in gioco tutto l'intreccio significativo delle manifestazioni di Dio nel Primo Testamento che hanno a che fare con i fenomeni atmosferici e naturali maggiormente visibili e stravolgenti: i *fulmini* e il *fuoco* (cf. Sal 29,7; 97; Ez 1,1ss)[141].

Con la *luce* è strettamente connessa la *rivelazione*[142] che di fatto è un motivo costante nella letteratura apocalittica (cf. Dn 2,47). La sua impronta salvifica è altrettanto presente, ma sempre a favore di un gruppo ristretto di eletti a cui aderire. La novità lucana è dovuta senza dubbio all'estensione dell'effetto rivelatorio della *salvezza* ai *Gentili*, peraltro menzionati per primi! Questo primo collegamento *luce-Gentili* richiama alla memoria del lettore non solo i famosi canti del Servo, ma anche la bella immagine dell'*Aurora* collegata a sua volta con quella di coloro *che siedono nell'ombra della morte* (Lc 1,79). La *salvezza* assume

---

(חיה) dell'individuo, nonché quella proveniente dalla *luce*, denota molto bene anche il dramma di Simeone con l'unica differenza: al posto della *luce* è il Messia da vedere.

[141] Rileva B. Costacurta (*Il fuoco e l'acqua*, 49): «Il fuoco è evocativo della dimensione del divino: senza contorni, sempre diverso e in continua trasformazione, rende visibile l'invisibile consumarsi del legno, distrugge (o si spegne) se si tenta di racchiuderlo. Sarà perciò il fuoco a segnalare la presenza di Dio». In Lc 9,54-56 viene rievocata appunto quell'immagine del *fuoco divorante* che doveva essere un segno visibile e imponente dell'autorità e messaggio profetico di Gesù in quanto un nuovo Elia (cf. 2 Re 1,10). L'immagine che, invece, qui balta agli occhi del lettore è quella della teofania sull'Oreb (1 Re 19,9-14) in cui quella precedente viene superata per favorire l'identificazione della visitazione divina con una *brezza leggera*, un «nuovo modo di rivelarsi» di un «Dio misterioso, mai catalogabile, mai uguale a se stesso» (*Ibid.*, 63). La risposta di Gesù in Lc 9,55-56 ampliata significativamente in alcuni mss. (K, Γ, Θ, *f*[1.13] etc.) mette l'accento sull'incongruenza di quel modello messianico che i discepoli avevano in mente. Applicando ciò al percorso che il lettore ha fatto in Lc 1–2 non si può perdere d'occhio l'accento sull'impotenza del Gesù bambino che salva. Per rilevanza di questo motivo alla fine del ministero di Gesù in Mc si consulti: M. GRILLI, *L'impotenza che salva*.

[142] La nostra traduzione dell'ἀποκάλυψις si riallaccia a quella dell'ἐπιφαίνω (cf. Lc 1,79) per rendere meglio l'idea base preferita da noi fin dall'inizio: una *rivelazione*, anziché l'*illuminazione*, come si è soliti affermare: cf. J. Schmid (*Luca*, 105): «La salvezza messianica è una luce inviata da Dio ai popoli pagani, che rivela loro non solo la grandezza di Dio, ma illumina anche la loro mente, affinché l'accettino con fede». Così l'intera proposizione sarebbe formulata da noi in modo seguente: *la luce per rivelarsi alle genti*. Con ciò non neghiamo, però, la complementarità del motivo dell'*illuminazione* che, a nostro parere, è più evidente nel *Benedictus* (Lc 1,79). Cf. sopra: pp. 87-88.

quindi dei tratti molto più concreti rispetto al contesto precedente, vista la corrispondenza dei temi nodali nei due inni conclusivi di ogni sezione. Se nel *Benedictus* si parlava in modo implicito del Messia e dei destinatari della sua apparizione, nel *Nunc dimittis* tutto ciò si realizza nel bambino che è la *luce* stessa per i *Gentili* risiedenti fino ad allora nelle tenebre.

Il ricco panorama deutero-isaiano della riconciliazione dei popoli (cf. Is 2,2-5) nella versione lucana è meno illustrativo, ma non per questo meno efficace. Il potenziale comunicativo della sentenza di Lc 2,32 pare enuclearsi nei tre lessemi densi di contenuto teologico: la *luce*, la *rivelazione* e la *gloria*. Abbiamo visto che la *rivelazione* della *luce* è legata ai Gentili[143], mentre per Israele ciò significa soprattutto la conferma e l'attualizzazione della *gloria* dell'Eterno che ha marcato tutta la storia del popolo eletto. E in questo momento decisivo di una nuova sfida della storia, provocata dall'apparizione del Messia nel seno sacrosanto del popolo d'Israele — il Tempio — la *gloria* di Dio si manifesta con una intensità inesprimibile in quanto si identifica con la persona divina del bambino. La *gloria d'Israele* infatti è uno dei nomi di Dio più cari al popolo eletto (cf. Ger 2,11; Sal 3,4). La sua bontà e misericordia, di cui facevano lode gli inni precedenti, si presentano in forma concreta di convocazione di tutti i popoli allo spettacolo della salvezza incarnata e trovatasi in mezzo all'umanità. Questo accento universale, apparso nel Vangelo per la prima volta e messo a fuoco così fortemente, ha qualcosa da dire al lettore: la *salvezza* percepita finora con gli occhi e le orecchie dei pii *anawîm* di Israele è a favore di tutti i popoli[144]. La salvezza è anche da vedere, perché solo così essa diventa una

---

[143] Tralasciamo il problema grammaticale di come interpretare il genitivo ἐθνῶν optando solo per il valore oggettivo che segue dal contesto evidenziato (cf. Lc 1,79). Nella traduzione comunque abbiamo preferito renderlo come *dativus commodi*: «a favore di», «verso». Le ragioni di tale scelta e lo *status quaestionis* si vedano in: S. MUÑOZ IGLESIAS, *Los evangelios*, III, 311-312.

[144] Anche se la maggioranza degli autori sostengono la tesi proposta (cf. ad es., G. ROSSÉ, *Luca*, 99-100) non sempre si riesce ad evitare certe esagerazioni. Ad esempio, F. Bovon (*Luca*, I, 167) sorreggendo la centralità nell'inno della figura messianica di Gesù, — un'affermazione di per sé del tutto appropriata (cf. R. LAURENTIN, *Les Evangiles de l'enfance*, 62-63) — tuttavia arriva a dire che con la venuta e manifestazione del Messia «ciò che è santo, la presenza di Dio, passa dall'edificio del tempio alla persona di Gesù». Non sarebbe forse più corretto vedervi appunto la riconciliazione, o meglio, il completamento reciproco della storia passata d'Israele simbolicamente rappresentata dal tempio e quell'alba messianica che non solo la compie, bensì in essa affonda le radici e trova il «punto di partenza di una storia destinata ad esten-

realtà compiutasi e rivelatasi nella vita di ognuno che le viene incontro per farlo poi diventare il testimone del mistero. Il racconto non si mostra strategicamente interessato a dare rilievo al contributo attivo dei *Gentili*[145] in questa rappresentazione ideale; si limita piuttosto a promuovere l'attesa di quel momento decisivo della storia, quando *tutta la carne vedrà la salvezza di Dio* (Lc 3,6=Is 40,5). Il lettore quindi rivede tutto nel prisma di una tendenza inglobante, ossia quella di potersi riunire con Israele e riconoscere il suo ruolo di *luce delle nazioni* grazie ad una elezione divina e al sì spontaneo della fede nascente di un popolo antico, rinnovato nell'atto stesso del «vedere Gesù».

2.4.3 Il cammino procede... (Lc 2,41-52)

Al lettore immerso nella bellezza e nella elevatezza teologica del *Nunc dimittis* sembra ormai di aver raggiunto la fine del suo percorso, ma la narrazione continua e gli fornisce degli esempi nuovi, a volte provocatori. Infatti, la conclusione del vangelo dell'infanzia rivela già l'incompiutezza effettiva della visione in quanto tale. Il racconto è costruito appositamente attorno alla figura di Gesù la cui scomparsa provoca disagio nei genitori, ma anche nel lettore. La soluzione ancora una volta non verrà data che nel tempio (cf. Lc 2,27-29), dove il Gesù dodicenne si manifesta in modo imponente. Infatti, narrativamente qui egli parla per la prima volta e all'uditorio insieme al lettore è concesso finalmente di sentire la sua voce. L'entusiasmo dell'ascolto non si nasconde: *tutti si stupivano* (Lc 2,47). Qui è importante cogliere l'accento del narratore: *si stupivano della sua comprensione* (σύνεσις) *e delle sue risposte*. Un ascolto reciproco è contrassegnato dunque dalla comprensione, anch'essa implicitamente reciproca, vista la maniera stessa del

---

dersi a tutte le nazioni» (G. ROSSÉ, *Luca*, 100). Ciò implica necessariamente la concezione lucana della salvezza, non esclusivamente universale, ma per lo più condivisa e celebrata insieme al popolo d'Israele.

[145] Il secondo volume dell'opera lucana si occuperà del problema assai vivo anche in Lc che è l'universalismo del messaggio evangelico e non solo. A ragione osserva D. Béchard (*Paul Outside the Walls*, 107, n. 30) che il filo rosso del racconto che va da Lc 24,47 (il primo manifesto missionario del Risorto) e si estende per tutto il libro di At è «God's direct involvement in the extension of the gospel message to the Gentiles». La continuità storico-salvifica del disegno divino vi si garantisce con un sostegno scritturistico dell'AT: cf. At 2,39 e Gl 3,5; At 3,21 e Is 57,19; cf. anche At 22,21. Lo stesso termine ἔθνος diventa sotto la penna letteraria di Luca una creazione tipicamente sua ed unica nel NT in quanto «categoria etnografica descrittiva le cui affinità razziali, linguistiche e geografiche sono implicate dal contesto letterario o specificate da ulteriori riferimenti descrittivi» (cf. *Ibid.*, 150-156).

narratore di presentare Gesù che ascolta e a sua volta va ascoltato, reso pari così ai maestri. E ora è sui genitori che la macchina da presa si ferma: *vedendolo furono esterrefatti* (48a). Il rimprovero che la madre pone al figlio già lascia supporre che lo stesso atto fisico di averlo visto non abbia altra funzione che quella di dare risalto all'averlo cercato disperatamente e quindi non possa far parte della situazione comunicativa, per certi versi ideale, in cui il lettore si trovava, affiancato alla cerchia intima degli ascoltatori del ragazzo. Difatti questa intimità dell'accoglienza libera del dono misterioso che il παῖς incarna in sé, caratterizzata dall'unanimità e libertà del dialogo su cui si regge la comprensione, viene bruscamente rotta dall'ansiosa entrata in scena dei genitori (cf. Lc 8,19-21). Ed è indicativo il tentativo di Gesù di salvaguardare quel clima d'insegnamento che la sua comparsa nel tempio ha creato. Vi è da vedere anche il suo futuro successo missionario che darà il senso alla testimonianza della sua figliolanza divina che sboccia nelle prime parole di Gesù (2,49). Questo insegnamento, pronunciato in una maniera così esplicita e determinante, è singolare. Il lettore vi riceve la prima chiave per interpretare non solo quello che è appena successo nel tempio, ma soprattutto quello che accadrà in avanti, a partire da Nazaret. La resistenza dei genitori a questa iniziativa libera del figlio si esprime ora in un segno altrettanto esplicito: nell'*incomprensione* (οὐ συνῆκαν τὸ ῥῆμα: 50)[146]. In forte contrasto con l'atteggiamento della gente presente, ma anche con quasi tutte le figure che avevano rappresentato finora la pietà d'Israele, viene affrontato subito un nuovo fallimento che rimanda a quello di Zaccaria. Come dire che la mancanza della fede nella Promessa da parte di questi corrisponde ad una visione mancata dell'ascolto da parte dei genitori di Gesù — un requisito necessario per accogliere e interiorizzare la verità della ῥῆμα.

In ogni caso, qui il lettore ha a che fare con un ulteriore passo nel riconoscimento di Gesù. Infatti, egli stesso parla in modo tale da rimet-

---

[146] Il motivo dell'incomprensione tra i Sinottici più sviluppato nel Terzo Vangelo (cf. un ottimo articolo di B. Frein: «Misunderstanding») è da esser messo a confronto con il linguaggio giovanneo. Anche se i verbi usati da entrambi a volte sono diversi (cf. Lc 18,34; 24,45: συνίημι; in Gv per lo più γινώσκω e οἶδα: 8,25.55; 10,6; 12,16 etc.) i collegamenti che loro creano fanno pensare ad un unico retroterra. Ad es., il collegamento con la fede (Gv. 16,3; 17,8) risulta in Luca più attenuato, mentre quello con le Scritture (Gv 12,16) prende maggior rilievo, di pari passo con il compimento e con la visione. Comunque in Lc 2,50 è difficile uscire dal piano allusivo e tirare già delle conclusioni. Il racconto successivo e forse addirittura le pagine finali del Vangelo chiariranno ulteriormente la questione sorta.

tere qualche dubbio sulla propria figliolanza divina e forse anche alcuna pretesa da parte dei genitori, Maria in particolare, che lo percepivano diversamente. L'esempio dell'incomprensione mariana è particolarmente significativo, perché non solo non disturba quel clima per certi versi ideale in cui ella è stata introdotta nel Vangelo, bensì serve da indicazione per il lettore che così viene chiamato ad andare oltre, cercare un sovrappiù narrativo. Perciò non è un caso se proprio alla fine dell'episodio gli viene comunque fornito un esempio positivo che è di Maria stessa (Lc 2,51c). Così diventa chiaro che per comprendere e riconoscere non basta solo «vedere Gesù», ma nemmeno ascoltare la sua Parola. Sì deve, invece, interiorizzarla in una riflessione continua finché quel *segno di contraddizione* (v. 35) non si trasformerà nel segno salvifico per eccellenza[147]. È vero dunque che la comprensione non solo dà il senso alla visione, ma anche la trasforma nel riconoscimento. Il lettore, consapevole di ciò, si sofferma quasi istintivamente sull'attività meditatrice di Maria per capire in che cosa consista dunque questa trasformazione. Il racconto però non gli permette di farlo a lungo. Non dà nemmeno una risposta, ma lo porta avanti, dove non mancheranno le spiegazioni del fatto avvenuto.

2.5 *Conclusioni*

a) Riassumendo il percorso compiuto, si potrebbero rilevare i seguenti elementi che intendono introdurre il lettore al significato e alla funzione del «vedere Gesù» in quanto evento insieme messianico e salvifico. A dire il vero, non è facile a questo proposito determinare il cammino che il lettore fa nel racconto a livello globale. I numerosi riferimenti a concetti e immagini chiave del racconto creano un intreccio in

---

[147] È da tener presente che nel vangelo dell'infanzia la duplice menzione del *serbare nel cuore tutte le parole / i fatti* da parte di Maria (2,19.51c) viene preceduta da quella riferita ai vicini della famiglia di Zaccaria (1,66a). Queste tre ricorrenze del motivo accennato segnano certamente una progressione nell'apprendimento del senso ultimo degli eventi da parte dei personaggi e del lettore stesso. In questi «punti interrogativi» del macroracconto si concentra dunque la loro riflessione che può essere illustrata anche in termini da noi preferiti nel presentare il cammino del lettore: dalla fede al compimento alla visione e alla comprensione. Per lo sfondo sapienziale di tale espressione si consulti l'articolo di A. Serra: «"Maria conservava tutte queste cose"», 425-449. Le assonanze con Giovanni in questo caso sono ancora più esplicite: il passo rivelatorio qui è Gv 8,12-59, dove il *custodire la Parola* (τηρεῖν τὸν λόγον) costituisce sia il presupposto sia la conseguenza della profonda conoscenza del Padre: M. MARINO, *Custodire la parola*, 131-138. Per Luca, lo si vedrà, la comprensione è sempre rinviata in avanti.

cui è quasi impossibile parlare di uno schema ben fisso. Ciò nonostante qui, nel racconto stesso, c'è un filo logico che non viene disturbato dagli abbondanti elementi sia analettici che prolettici. A livello contenutistico lo si potrebbe definire una pedagogia della Fede che progressivamente porta il lettore ad una sempre più profonda penetrazione negli eventi. La sua meta è il Riconoscimento che presuppone e inizia infatti con una fede matura sia nella Promessa, sia nella presenza contemporanea dei segni del compimento di quest'ultima. E qui un ruolo importante è giocato dal tempio in cui tutto inizia e finisce. Non è affatto causale che fin dal principio i fondamenti della fede nel Messia Salvatore vengano dati proprio in questo luogo simbolico che rappresenta tutta la pietà d'Israele: è il segno della Promessa, del Compimento e infine del riconoscimento di Dio in una visione estatica (cf. Is 6).

La fede stessa sembra radicata in quel punto perché parte appunto dalla Promessa ivi ambientata. L'annuncio a Maria ne è l'inizio e i tratti dell'oggetto della Promessa sono appena distinguibili. Qui il ruolo determinante è svolto dall'ascolto identificato pienamente con la parola-evento (ῥῆμα) che interpella. Rispetto al primo annuncio che aveva svelato il lato negativo dell'ascolto — l'incredulità, — qui viene «riabilitata» la modalità stessa che esso deve assumere in riferimento alla Fede. E l'esempio di Maria è significativo in quanto in una solo frase — il famoso *fiat* mariano (1,38) — riesce a collegare la fede nel compimento della Parola di Promessa con l'ascolto; fatto che è solo la tappa iniziale in cui vale soprattutto la decisione di compiere in quell'atto di fede il messaggio trasmesso. Il *Magnificat* riassume un pò il processo, inquadrando la fede di Maria nel panorama salvifico generale. Qui si parte dal gioioso manifesto della sua cugina che la proclama *beata, perché ha creduto* nel compimento. Si tratta di una fede esemplare, ma nondimeno aperta alle future modalità dell'avverarsi della Promessa.

Il compimento della Promessa non viene presentato che a partire dal *Benedictus* che orienta il lettore in una direzione interessante: la nascita di Giovanni, che di per sé inizia il dittico dei compimenti, rimane tuttavia per lo più sul piano della fede aperta al compimento definitivo che l'inno stesso canta; questo perché essa è l'espressione viva, e ancora più densa del *Magnificat,* della fede nel compimento. La nascita di Gesù realizza dunque ciò che il racconto continuava a rimandare in avanti: la solenne introduzione storica (2,1-5) inizia quel compimento che segna una pagina nuova della storia e invita il lettore ad aprirla.

La dinamica delle vicende successive è radicata nelle tre manifestazioni di Gesù che passo per passo ambientano la visione nel quadro finora occupato quasi unicamente dall'ascolto. È importante ribadire come alle volte la visione sfoci nel riconoscimento e alle volte no. Infatti, la manifestazione ai pastori, anche se già introduce il lettore nel pieno del Compimento, coinvolgendo anche il cielo a dispiegarne la portata, non cela l'incapacità oggettiva dei pastori di penetrare fino a fondo il mistero compiuto. Ciò che loro riconoscono è unicamente la verità della Parola che si compie (2,15; cf. 17). Ma un ulteriore esempio, in compenso, offre al lettore un avvicinamento immediato a quel mistero, ricco di spessore teologico. La scena dei pastori è già l'anticipazione della manifestazione della salvezza che canterà Simeone nel *Nunc dimittis* — il punto di convergenza del Compimento e della Visione.

Le due manifestazioni nel tempio vanno lette insieme in quanto rappresentano molto chiaramente chi è quel bambino. Solo qui infatti al lettore è suggerito di leggere la storia di Gesù nella storia della salvezza. È la parte insieme più drammatica e teologicamente densa. La seconda manifestazione nel tempio corona il processo dinamico che ha contraddistinto l'esperienza conoscitiva del lettore e gli pone delle domande ulteriori. Ogni «vedere Gesù» porterà a riconoscere in Lui la salvezza di Dio? Cosa manca alla Visione per aprirsi alla dimensione salvifica della Fede? La risposta convincente è ancora da aspettare, benché sia evidente la necessità di una comprensione nel senso di accoglienza, perspicacia e obbedienza. Per ora rimane solo l'esempio unico di Maria, paradossalmente sdoppiato di senso: come la sua fede ha avviato la narrazione, così l'incomprensione di ambedue i genitori la termina. Tutto ciò si ingloba nel continuo meditare sulla Parola da parte della madre (cf. 2,19.51) che per il lettore è un forte mezzo di coinvolgimento.

Ciò nonostante questi non vi trova pietra d'inciampo, anzi, impara a porre davanti a Dio i suoi dubbi, nella speranza che poco a poco se ne potrà liberare gettando di nuovo gli occhi su Gesù (cf. Lc 4,20c).

b) Dal punto di vista semantico è interessante notare come il riconoscimento visivo di Gesù da parte degli attanti del racconto avvenga di pari passo con l'arricchirsi del contenuto della salvezza sempre molto più concreta, se non personale. Già nel *Magnificat* essa si deve identificare con Dio che volge il suo sguardo favorevole a coloro che sono i suoi servitori. Nel *Benedictus,* particolarmente segnato dal vocabolario in questione, si nota uno sviluppo semantico, ossia il cambiamento del carattere della salvezza, definita dapprima in modo astratto come la *liberazione dai nemici.* Su questo sfondo concettuale viene imposta la prima immagine, molto evocativa e perciò pregnante a livello comunicativo: il *corno della salvezza*. Essa subito dà al lettore alcuni indirizzi pragmatici che lo aiutano a fare i confronti con quanto segue. L'apparizione del Messia sarà un'irruzione nell'ordine normale delle cose, provocherà, cioè, una svolta decisiva nella storia paragonabile ad una sconfitta militare. Ciò nonostante l'essenza di quest'avvenimento — ed è il secondo impulso pragmatico — starà nella rivelazione della luce dell'*Aurora* a quanti *siedono nelle tenebre*. Questa seconda immagine, usata in un contesto deutero-isaiano ben conosciuto, completa la visione dell'inno e reinterpella il lettore ponendogli davanti un paradosso: l'avvento del Messia, imponente nella sua grandezza, sarà innanzitutto una manifestazione brillante e quindi attraente per gli occhi dei suoi spettatori; in aggiunta, la luminosità del suo volto, ancora da scoprire, illuminerà per ogni lettore la *strada della pace* — un cammino nuovo che tende a riunire ciò che era separato a causa delle divisioni umane, il frutto del peccato. In questo dunque sembra consistere la *conoscenza della salvezza* (Lc 1,77) nel centro ideologico e teologico della prima parte del vangelo dell'infanzia costituita dai due dittici.

c) Il peso pragmatico del macroracconto di Lc 1–2 cade comunque sulle vicende successive, dove affiorano le tre solenni manifestazioni di Gesù. La prima è profondamente segnata dalla *pace* messianica con cui effettivamente entra in scena il Messia Gesù. Chiamato per la prima volta esplicitamente il *Salvatore* nel terzo annuncio egli d'un colpo diventa il possessore degli attributi divini per eccellenza: la *gloria* e la *pace*, — per essere il portatore e il segno della *benevolenza salvifica* di Dio e riunire sinfonicamente l'universo intero, già reso partecipe del *Gloria* angelico sotto il merismo *cielo-terra*. In un solo inno, peraltro brevissimo, è dichiarata tutta la realtà della salvezza attuata nella storia che è nello stesso tempo il programma della futura missione di Gesù. A livello comunicativo sorprende la spinta che viene data da questo messaggio ai primi destinatari della salvezza: l'unico desiderio dei *pastori* è quello di vederla. L'accostamento tra essa e il Gesù bambino è ancora da aspettare, cosicché rimane nel segreto l'oggetto della loro visione. A che cosa serva un tale nascondimento di fronte all'efficacia del messaggio, lo si capisce immediatamente dopo, nel centro della vita religiosa del popolo, da dove è partita la narrazione: il *Tempio*. Il lettore dunque è alle prese con una conclusione dei dittici degli annunci. La conclusione riguarda anche il compimento degli annunci. Essi riguardano, ciascuno a modo suo, la salvezza futura del popolo e finalmente ritrovano continuità nell'intreccio, formato dalle allusioni al Messia, disseminate qua e là nel vangelo dell'infanzia. Nel *Nunc dimittis* — il nucleo teologico di tutto il macroracconto — esse vengono sintetizzate in una sola proposizione che pragmaticamente esaurisce tutte le aspettative del lettore e da sola potrebbe chiudere in modo perfetto la sezione: *perché i miei occhi hanno visto la tua salvezza* (2,30)[148]. La salvezza chiaramente identificata con il bambino è tutta da vedere, in quanto l'esperienza personale di Simeone diventa testimonianza *davanti a tutti*. L'estensione delle sue parole serve, invece, a salvaguardare quel contesto comunicativo, accennato poco sopra, che ha creato un quadro così ricco e polivalente della salvezza messianica. La *luce* e la *gloria* non sono altro che i nomi per designare un nuovo protagonista della storia nel cui potere sta il futuro dei popoli. L'ideale della *pace,* che viene esemplificato nella vita di Simeone giunta alla fine, contraddistingue appunto gli effetti della salvezza in cui si è creato un unico popolo che fin da allora può contemplarla direttamente: κατὰ πρόσωπον.

d) Il Vangelo non vuole illudere il lettore: la salvezza personificata sarà contestata dal momento che è appunto un *segno di contraddizione* (Lc 2,34). Il disagio che provoca nei genitori di Gesù la sua seconda manifestazione nel tempio è in questo senso indicativo. Perciò, teologicamente, il collegamento della salvezza con la *remissione dei peccati* rimane il punto di maggior tensione nella storia degli inizi: non basta solo contemplare la salvezza da lontano. Occorre la decisione della Fede e l'accoglienza deliberata — le due condizioni essenziali per farne un'esperienza appropriata.

Narrativamente il modello presentato nel *Nunc dimittis* viene messo in crisi proprio alla fine del vangelo dell'infanzia: il vedere e riconoscere la salvezza rimane sulla superficie se non comporta con sé un ulteriore passaggio, quello alla comprensione del piano di Dio rivelato nel

---

[148] Nella teoria e classificazione degli atti linguistici proposta da C. Bianchi (*Pragmatica*, 64-66) essa costituirebbe insieme l'atto espressivo e rappresentativo: espressivo in quanto fa notare al lettore il mondo dei sentimenti del *vegliardo,* la cui esistenza era drammaticamente in gioco in quel incontro; rappresentativo in quanto ha la forza illocutoria nei riguardi del lettore chiamato a fare di quell'esperienza un modello con cui mettersi in cammino nel percorso che il Vangelo gli costruisce. Infatti, come abbiamo già accennato, è una realtà ormai permanente: a partire dalla scena della *Presentazione* Gesù è sempre posto davanti agli occhi dei suoi interlocutori come se non ci fosse altro modo di avvicinarsi a Lui e tentare di percepirlo come Messia se non cogli occhi. Cf. Lc 2,48; 4,20b etc.

mistero che richiede di accettare le sue esigenze[149]. E la prima conferma tragica della verità di questa costante lucana sarà esemplificata nella scena di Nazaret alla quale certamente allude sia l'ammonimento di Simeone, sia l'incomprensione dei genitori di Gesù. Il lettore insoddisfatto dell'incompiutezza della storia deve dunque prendere sul serio il realismo della resistenza umana al progetto divino, che nondimeno serve a riscoprire la realtà stessa e lo spessore della sua accoglienza.

---

[149] L'esempio dei *pastori* esce un pò dal quadro creato dal narratore, perché rappresenta l'iniziativa divina che *fa conoscere* (Lc 2,15: ἐγνώρισεν τὸ ῥῆμα) all'uomo ciò che altrimenti non si riesce a comprendere. Solo così infatti hanno potuto far conoscere la ῥῆμα agli altri. Il Vangelo di Giovanni applica lo stesso schema alla missione affidata a Gesù: *tutto ciò che ho udito dal Padre l'ho fatto conoscere a voi* (Gv 15,15: ἐγνώρισα; cf. 17,26). Questo schema riapparirà proprio alla fine del Vangelo (Lc 24,13-33b) per dare il compimento al programma del vangelo dell'infanzia che consiste nel *dare* da parte del Messia la *conoscenza della salvezza* (δοῦναι γνῶσιν σωτηρίας) al suo popolo. I *pastori* lo realizzano, ma non così esplicitamente, come lo farà Gesù stesso sulla strada di Emmaus. Lì il lettore finalmente riconoscerà lo stesso modello dei pastori nei discepoli che felicemente avranno finito il loro itinerario dell'incomprensione. Vedasi *ad l.*

SECONDA PARTE

IL CAMMINO DI GESÙ E I MODELLI DI VISIONE

CAPITOLO II

Coloro che hanno gli occhi ma non vedono
Lc 4,16-30

La ricerca sul significato salvifico del «vedere Gesù» in Lc è impensabile senza un ricorso all'episodio che segna profondamente tutta la storia evangelica che è quello di Nazaret. Essendo un passo programmatico e la porta d'ingresso nella parte propriamente narrativa del Vangelo, esso costituisce un vero e proprio punto di partenza anche per la presente analisi. Bisogna subito ammettere che il ruolo del rapporto visivo tra Gesù e gli ascoltatori della buona novella non è del tutto evidente e nemmeno ben accentuato. Si dice semplicemente che lo *fissarono cogli occhi* (cf. Lc 4,20b), ma nondimeno ciò non rimane un mero indizio narrativo, bensì assume dal contesto una funzione particolare. Una delle sue espressioni è il gioco, ormai ben noto al lettore, tra il *vedere* e l'*ascoltare* (cf. v. 28)[1]. Data la ricchezza e la complessità tematica della pericope scelta, sarà necessario individuare e sviluppare soprattutto quegli aspetti che aiutano a intravedere la dinamica e le implicazioni teologiche dei riferimenti al *vedere*, pur scarsi, in verità.

È necessario dunque elaborare preliminarmente una struttura della pericope che permetta di rilevare non solo la coerenza tematica e logica interna al testo, ma anche la sua funzione a livello di tutta l'opera

---

[1] Cf. il percorso fatto nel Vangelo dell'infanzia, dove l'*ascolto* e la *visione* a volte sembravano coinvolgere al massimo il lettore nella comprensione degli eventi teofanici per eccellenza che altrimenti avrebbero solo incusso paura e condotto allo stupore – segni che abbondano in quel racconto costruito su un terreno molto ottimistico. È lecito dire persino che quel gioco costituiva la guida del lettore, di solito molto più informato dei personaggi, anche nei momenti in cui le sue apparenti competenze erano intenzionalmente messe in crisi dal narratore (cf. p. es., Lc 2,1-7): cap. I, pp. 67-70.

lucana; funzione che verrà poi precisata, passo per passo, con l'analisi dei brani successivi. L'intento principale di questa parte iniziale è quello di considerare il testo come una unità compiuta in se stessa, che ha e deve avere un significato trasparente. Ciò risulta assai stimolante dal momento che si tratta di una pericope drammatica, ambivalente e piena di contrasti. La sua profondità e l'apertura all'esterno della narrazione fanno di essa un campo di ricerca appassionante e non ancora esaurito[2]. L'analisi semantica, concentrandosi sull'articolazione del messaggio, farà leva proprio sulla novità della presentazione lucana di Gesù rispetto a ciò che precede e lo farà con l'aiuto della struttura (l'articolazione formale) in cui verranno forniti tutti i collegamenti e i passaggi tematici importanti. Qui sarà ugualmente esaminato il rapporto tra le due parti apparentemente contrapposte (vv. 16-22 e 23-30) della pericope; parti che a livello di significato vanno unite e riempite di un contenuto particolarmente importante per il tema scelto. La conclusione di questa seconda parte metterà l'accento sul valore pragmatico delle rotture operate dai vv. 23 e 28; l'ultima di queste rotture, tra l'altro, ha a che fare con l'accennato gioco del *vedere / ascoltare*.

L'attenzione maggiore verrà comunque dedicata al significato del «vedere Gesù» che nell'analisi di Lc 4,16-30 rischia sempre di essere trascurato, o per lo meno sminuito, in vista dei temi e dei motivi che qui si sovrappongono. Essi sembrano articolare in modo definitivo la narrazione e fanno parte dei solenni discorsi di Gesù presenti in questi 15 vv. in una percentuale davvero sorprendente[3]. La seconda parte del capitolo si focalizzerà dunque sui collegamenti tematici con il passato e con il futuro del racconto evangelico. Il testo, quintessenza della missione di Gesù, rivela chiaramente i due collegamenti. Il tutto sarà svolto senza dimenticare i risvolti pragmatici del motivo che è l'oggetto del presente studio.

---

[2] Tra gli studiosi soprattutto J.-N. Aletti (*L'arte di raccontare*, 35) favorisce un approfondimento della funzione narrativa di Lc 4,16-30 mettendo in rilievo sia la esemplarità dell'accaduto che l'inafferrabilità di ciò che ogni tanto sfugge agli occhi dei lettori abituati, nel leggere e rileggere queste pagine commoventi del Vangelo, a fare i conti con un'immensa bibliografia a proposito.

[3] Facendo un semplice conteggio si ha la proporzione seguente: 8 vv. su 7 in cui l'unica replica degli ascoltatori è presentata di passaggio (v. 22c) ed è molto breve. La statistica è ancor più risolutiva se ne fa oggetto l'ampiezza delle proposizioni: Cf. a proposito di Lc 1–2 una messa in rilievo simile da parte di J.-N. Aletti (*L'arte di raccontare*, 71, n. 38)

1. La dinamica comunicativa di Lc 4,16-30

L'esame di una pericope che apre la sezione narrativa del Vangelo[4] non può che cominciare partendo da un accenno, in questo caso brevissimo, agli indizi testuali che la distinguono dal contesto. Questi indizi mettono in evidenza la novità che porta con sé l'incominciare stesso di una storia, che in questo caso è il macro-racconto lucano. Il passo centrale qui è costituito soprattutto dall'analisi dell'articolazione formale. Essa aprirà la strada all'interpretazione degli eventi che seguono all'episodio di Nazaret e necessiterà appunto di tutta l'apertura missionaria e della densità teologica di questa scena chiave.

L'analisi successiva metterà in rilievo l'articolazione del messaggio. Essa è la porta d'ingresso nella dialettica nonché nella dinamica della scena presente che crea il contesto prossimo e remoto.

1.1 *Articolazione formale*

Nel contesto che immediatamente precede la pericope è indicativo il modo di presentare l'uscita di Gesù nel *deserto* e il Suo ritorno in Galilea (4,1.14) — le due introduzioni fanno progredire il racconto e mettono in rilievo il legame esistente tra gli eventi che succedono ai due «ritorni» di Gesù[5]:

¹ Ἰησοῦς δὲ πλήρης πνεύματος ἁγίου **ὑπέστρεψεν** ἀπὸ τοῦ Ἰορδάνου

¹⁴ Καὶ **ὑπέστρεψεν** ὁ Ἰησοῦς ἐν τῇ δυνάμει τοῦ πνεύματος εἰς τὴν Γαλιλαίαν

Da notare è che, a Nazaret, Egli finalmente «si ferma» (ἀνέστη: v.16c). Bisogna aspettare l'iniziativa violenta del popolo per trovare il successivo spostamento di Gesù che lo porterà a Cafarnao (vv. 29-31a). Ciò indubbiamente dà a questa scena, che si trova in mezzo ai continui andirivieni del Profeta itinerante, una maggiore staticità e solennità, soprattutto a livello comunicativo[6].

---

[4] Su questo si è comunemente d'accordo, eccezion fatta per la tesi di F. O'Fearghail (*Introduction to Luke-Acts*) basata su una supposizione contraria e cioè, che vede l'inizio narrativo in Lc 5,1, mentre attribuisce ai capitoli precedenti la funzione preparatoria se non quella di anticipazione (Lc 4,16-30): *Ibid.*, 29.

[5] Il motivo del *ritorno* è implicitamente presente anche nelle prime righe della storia di Nazaret. Lo si sente grazie al gioco dei verbi ἦλθεν, εἰσῆλθεν e ἀνέστη che finalmente conduce il lettore alla sinagoga in cui si era già stati al termine del vangelo dell'infanzia, dove si parla del ritorno con l'impiego degli stessi verbi (cf. Lc 2,43.45.51).

[6] Si deve cogliere tutto lo spessore del parlare *stando in piedi* che in Lc viene accentuato di rado. Il testo stesso legittima questa intuizione in quanto mette a confronto

La semplice struttura narrativa del brano ruota attorno alle tre scene caratterizzate ciascuna da un unico schema: parola di Gesù – reazione dell'uditorio. La progressione in crescendo è un altro indizio chiave che risulta evidente dal passaggio logico al v. 23 — un nuovo segnale che permette di dividere in due momenti narrativi la pericope, che risulta così controbilanciata tra di essi. Nel primo (16-22) infatti si hanno le prime due scene più pregnanti a livello contenutistico: vi sono la citazione programmatica di Isaia (18.19) messa al centro della costruzione concentrica dei vv. 16-20a e il suo compimento nella situazione attuale dell'uditorio (21-22). Le due prime reazioni (20b.22) sono positive e chiudono in modo perfetto il primo momento narrativo nel quale, però, l'intrigo rimane (22c). Il secondo momento narrativo (23-30) con l'argomentazione in crescendo è ben articolato per mezzo di due prese di parola da parte di Gesù (23.24) e due introduzioni solenni (24.25). L'attesa creata da questo lungo passaggio è impressionante[7]: è anche quella del lettore curioso di sapere subito la reazione del pubblico. Egli, invece, non può che assistere all'ultimo momento, quando la parola del Profeta diventa non più sopportabile. La reazione conclusiva del popolo è quindi definitiva (28): ne segue spontaneamente la messa in pratica, cui risponde l'allontanarsi misterioso di Gesù (30). L'articolazione dell'insieme è rappresentabile nello schema che segue, in cui sono ampliati i segmenti costitutivi per l'analisi successiva: l'attenzione dovuta all'ascolto / visione.

Riassumendo, si deve sottolineare la presenza di tre punti di tensione che corrispondono alle parti centrali di ciascuna scena. Nella prima, la composizione è più complessa in quanto la citazione di Is, messa al centro dei vv. 16c-20a, è costruita a sua volta concentricamente — la guarigione della cecità diventa esemplare. La cornice dell'o-

---

l'*alzarsi in piedi* di Gesù e quello del popolo (vv. 16c.29a: il vb. ἀνίστημι). Il *portarlo via* (29b) inoltre chiama in memoria la terza tentazione (3,9), dove l'intento è simile se non la simbologia di Gerusalemme che Luca certamente ha in mente descrivendo Nazaret come *costruito sul monte* (4,29b). Per le ragioni di attribuirlo alla redazione lucana del parallelo matteano (4,1-11) vedasi in essenziale: H. CONZELMANN, *Il centro*, 35-36.

[7] A proposito F. Bovon (*Luca*, I, 252) parla di un'«ampiezza che ha un che di barocco» che salta agli occhi sullo sfondo dei momenti «brevi e incisivi». Per quanto riguarda lo stile l'importante osservazione di J.-N. Aletti: «Depuis le v. 23, le langage de Jésus est oblique, métaleptique, puisqu'il fait entendre une chose par une autre». E questo modo di esprimersi fa parte dell'intento narrativo di sviluppare una «cristologia indiretta» («Jésus à Nazaret», 442, n. 19). Cf., dello stesso autore, *Le Jésus de Luc*, 75-104.

racolo (16c.20a) mette in scena Gesù. La sua iniziativa e le sue azioni parlano da sole. In ciò è già distinguibile l'intento narrativo di porre un forte legame tra lui e il profeta nel detto isaiano[8]. La seconda scena è la più breve, ma costituisce interamente il centro di tutto il racconto. Il v. 20b è particolarmente significativo, perché guarda sia indietro (in quanto reazione alla lettura fatta) sia in avanti (avendo il notevole potenziale comunicativo dell'attesa). Le due repliche nei vv. 21.22b introducono le prime, e quindi più importanti parole di Gesù e l'interrogativo del popolo sull'identità di questi, ormai noto al lettore (cf. Lc 3,15).

A livello stilistico c'è dunque una progressione tra le prime due scene: il dinamismo dell'apparire e assistere al servizio sinagogale da parte di Gesù è espresso dalle sequenze molto brevi dei verbi all'aoristo, connesse mediante la congiunzione καί (vv. 16-17.20a) che interrompe la lunga citazione. A partire dal v. 20b ritorna la stessa dinamica, ma con il primo δέ avversativo viene fissata la prima cesura ideologica: quello che dice Gesù andrà oltre le aspettative del pubblico. La solennità dell'affermazione è osservabile nell'*oggi* del *compimento della Scrittura* — accenti questi tipicamente lucani[9]. Il v. 22 descrive una reazione spontanea e rapida che finisce con una domanda chiave; questo avviene tralasciando il contenuto della sentenza di Gesù — segno questo di incomprensione e di disinteresse insieme. La comunicazione del parlante non passa, perché va contro la linea generale. La linea generale è quella presentata, sempre da Gesù, al v. 23; esso apre la terza scena strettamente legata a quella domanda che rivela il punto di vista del pubblico (καὶ εἶπεν)[10]. La particolarità del procedimento dell'araldo sta nel fatto che egli parla

---

[8] Cf. J.-N. ALETTI, *L'arte di raccontare*, 36-37.48.

[9] All'analisi del compimento delle Scritture in Lc è dedicato il libro molto stimolante di R. Meynet: *La Pasqua del Signore*. Merita attenzione la sua impostazione: i passi del Primo Testamento a cui allude Lc vanno esaminati nel loro contesto per poter cogliere il significato stesso e la ragione dei collegamenti che il Vangelo crea con il passato. Su questo rapporto ermeneutico getterà luce l'analisi semantica: cf. pp. 115-118. Peraltro lì ci si interrogherà sull'attendibilità della seguente tesi acuta di J.-N. Aletti (*L'arte di raccontare*, 51): «In Lc 4,16-30 Gesù è davvero il profeta, l'ermeneuta per eccellenza: delle Scritture, del passato, del presente, del futuro».

[10] Contrariamente, J. Dupont («Jésus annonce», 26): «A première vue, la question qui termine le v. 22 pourrait être une cheville littéraire, préparant des explications qui vont suivre. Mais comme la suite ne contient aucune mise au point, il faut renoncer à chercher là un élément de transition. Il s'agit bien d'une finale, et l'on pourrait songer à un rapport avec le début du v. 16: «(Et il vint à Nazara) où il avait été élevé».

in nome di quelli che gli stanno davanti! Non è da sottovalutare l'estremo pragmatismo dell'atto che compie Gesù, svelando i pensieri dell'uditorio. La sete di miracoli, che ci si deve ancora aspettare, viene messa in relazione con i fatti posteriori a Cafarnao, presentati, però, in una prospettiva cronologica inversa[11]. La trappola in cui cade il lettore leggendo questa trattazione, libera dall'obiezione esterna da parte di Gesù, non viene rimossa dal testo che continua con un secondo δέ avversativo che contrappone i due punti di vista, curiosamente presentati dallo stesso personaggio. Alla terza affermazione chiave di Gesù, che apre l'argomentazione ed è formulata in modo negativo, spetta la medesima solennità (v. 24, cf. 21): ἀμὴν λέγω ὑμῖν. Il terzo δέ avversativo presenta due argomenti *a contrario* al fine di dare un giudizio positivo sull'esemplarità delle vicende di Elia ed Eliseo. Con il solito λέγω ὑμῖν (25) entrano in questione i nuovi protagonisti; la missione a favore dei non-Israeliti viene esaltata con forti antitesi: πρὸς οὐδεμίαν / οὐδεὶς [...] εἰ μή[12]. Lo stile cambia notevolmente, data la maniera stessa di parlare: Gesù procede per negazioni che a prima vista non lasciano più ad Israele (sottinteso Nazaret) nessuno spazio nell'economia della salvezza[13]. Quest'ultimo cambiamento logico e cioè il passaggio da destinatari della buona notizia a destinatori e l'esclusione dei primi dal quadro totalmente nuovo, non può che accendere l'ira nei loro cuori. La reazione è puntuale e

---

[11] L'interpretazione di questa bizzarra incongruenza ha stimolato sia le ipotesi storico-redazionali (cf. J. DUPONT, «Jésus annonce», 41) sia quelle prettamente narrative (J.-N. ALETTI, *L'arte di raccontare*, 40-42). Sembra che anche il metodo comunicativo abbia da dire qualcosa a proposito di questo passaggio, unico in Lc. Lo investigheremo nella conclusione: pp. 132-135.

[12] La costruzione perfettamente parallela dei vv. 25-26.27 uniti dal καί suggerisce di leggerli insieme come una sentenza corrispondente alla citazione di Is nei vv. 18-19. Cf. R. MEYNET, *Luca*, 195. Il loro contenuto riguarda il profeta missionario e i suoi destinatari: nel primo caso comunque non c'è la rottura definitiva con Israele, mentre dai vv. 21-22 risulta chiaro che è la mancanza della fede da parte dei destinatari attuali a causare la critica di Gesù che intenzionalmente rafforza i contrasti.

[13] Nel testo ciò viene sottolineato con l'assenza dei riferimenti diretti agli ascoltatori dopo l'ultimo λέγω ὑμῖν (25). L'estrema astrazione dei vv. 25-27 dalla realtà presente serve, a quanto pare, a far capire ai Nazaretani, nonché al lettore che qui sicuramente si identifica con loro, che il compimento della Scrittura si realizzerà altrove, essendo stata persa l'occasione di compierla qui e oggi, offerta a loro. Così il lettore si domanderà seriamente su che cosa hanno visto i loro occhi e hanno sentito i loro orecchi: cf. sotto, pp. 123-125.134-137.

perciò terrorizzante: il suo motivo messo proprio alla fine del v. 28 (ἀκούοντες ταῦτα[14]) non sembra convincente. C'è un che di incomprensibile in questa reazione unanime così intensa da spingere subito *tutti* al desiderio di togliere di mezzo Gesù: la velocità dell'esecuzione del progetto omicida a prima vista trapassa i limiti delle possibilità umane. Finalmente i Nazaretani diventano gli attori principali creando un brusco contrasto con tutto il resto del racconto. L'ultimo δέ avversativo rompe la sequenza dei καί che collega i tre aoristi (28-29) e attenua l'efficacia delle azioni che sta compiendo la gente. In ultimo viene portato a compimento l'agire di Gesù (ἐπορεύετο) che ignora tutto quello che sta succedendo e sorpassa frontiere apparentemente insormontabili. A livello comunicativo c'è un di più: l'incapacità di dar retta al messaggio ha ridotto a zero persino il potenziale pragmatico delle azioni concrete dell'uditorio. Bisognerà chiarire comunque come è avvenuta questa paralisi spontanea. Essa ugualmente dice che non erano e non saranno loro i destinatari delle guarigioni che Gesù sta per conferire in abbondanza[15].

C'è quindi uno sviluppo in crescendo in tutta la pericope, che passa attraverso lo schema binario ripetuto per tre volte. Ad ogni pronunciamento di Gesù corrisponde una reazione ed entrambi contengono i riferimenti al *vedere / udire*. Le tre reazioni (20b.22.28-29) che si richiamano dànno l'orientamento alla pericope e segnano i suoi punti nevralgici, mentre le due prese di parola da parte di Gesù (18-19.21) intensificano al massimo l'intreccio semantico formato dalla menzione degli *occhi* e degli *orecchi*.

---

[14] L'accenno all'*ascolto* riprende sia quello sugli *orecchi* come il «luogo» di compimento (v. 21) sia quello del v. 23 che evidentemente si riferisce ad un *ascolto* superficiale legato per lo più alla divulgazione e, in fin dei conti, alla sete dei miracoli. Così viene rafforzato di più il contrasto tra le due parti della pericope: l'attesa di Gesù che è quella di Dio di far degli orecchi del suo popolo i retti recipienti delle *parole di grazia* viene compromessa dall'atteggiamento utilitaristico implicito dei Nazaretani (23), la cui esplicitazione, però, non si fa aspettare a lungo, anzi, supera ogni aspettativa. Cf. sotto: p. 128ss.

[15] Cf. il prosieguo del racconto (Lc 4,33-35.38-41), dove tutto serve per creare il contrasto stridente con la carenza dei miracoli a Nazaret. Come osserva giustamente J. Dupont («Jésus annonce», 58) è esattamente qui che il programma dichiarato in Lc 4,18-19 si realizza. A livello più generale vedasi anche la presentazione di J.-N. Aletti (*L'arte di raccontare*, 80-94), ove viene mostrato come nel contesto ampio della pericope presente (Lc 4,14–9,51) le guarigioni progressivamente aprono la strada al riconoscimento di Gesù.

PRIMO MOMENTO NARRATIVO

Introduzione: ambientazione
[16ab] *venne a Nazaret ... entrò nella sinagoga*
   c *si alzò ...* [17] *Gli fu dato [...] arrotolato il libro*

I. PRIMA SCENA

   A annuncio profetico:
[18-19] a) Lo Spirito del *Signore* è su di me, per cui mi ha unto a *evange-
        lizzare i poveri*;
           b) mi ha mandato a *proclamare*
              c) la *liberazione* ai prigionieri
                 d) e AI CIECHI IL RITORNO ALLA VISTA
              c) rimandare gli oppressi in *liberazione*
           b) *proclamare* un *anno di grazia*
        a) del *Signore*
[20a] *piegato il libro [...] lo restituì [...] si sedette*

   B reazione:
[20b] *Tutti gli OCCHI nella sinagoga* erano **fissi** *su di lui*

II. SECONDA SCENA

   A compimento dell'annuncio:
[21] ἤρξατο δὲ λέγειν: «*Oggi* **si è adempiuta** *questa Scrittura ai vostri
        ORECCHI!*»

   B reazione:
[22] *E tutti [...] erano meravigliati delle parole di grazia che* **uscivano**
        dalla sua BOCCA
           ἔλεγον: «*Non è figlio di Giuseppe costui?*»

SECONDO MOMENTO NARRATIVO

III. TERZA SCENA

   A attualizzazione dell'annuncio:
[23] καὶ εἶπεν ἐρεῖτέ μοι: proverbio 1 *quanto abbiamo udito...*
[24] εἶπεν δέ· ἀμὴν λέγω ὑμῖν: proverbio 2

           «*Nessun profeta è accolto nella sua patria*»
[25-27] ἐπ' ἀληθείας δὲ λέγω ὑμῖν   2 esempi del passato

   B reazione:
[28-29]   *E tutti furono pieni di sdegno all'udire ciò*
Conclusione [30] *se ne andò*

L'articolazione dell'insieme si può dunque ridurre al piano seguente che riassume i fili strutturanti del racconto che ci faranno da guida nell'analisi del suo messaggio[16]:

16a Introduzione

16b-20 A *profezia* letta da Gesù (16b-20a)
     reazione degli *occhi* di tutti (20b)

21-22 B *parole* di *compimento* pronunciate da Gesù (21)
     reazione degli *orecchi* di tutti (22)

23-29 C missione nuova giustificata da Gesù (23-27)
     reazione di tutti (28-29)

30   Conclusione

1.2 *Articolazione del messaggio*

Ora diviene interessante focalizzare l'attenzione sui motivi che forniscono coerenza al quadro complessivo di Lc 4,16-30. Basandosi sull'articolazione elaborata si possono evidenziare due linee semantiche che corrispondono ai due procedimenti narrativi riguardanti la missione di Gesù e la reazione dei destinatari. I temi più rappresentativi che stanno al cuore della dialettica tra gli occhi e le orecchie sono «salvezza» e «cecità». Tra queste certamente esiste un rapporto, come esisteva tra salvezza e visione (Lc 2,30; 3,6). L'analisi semantica dei termini chiave che esprimono la portata di questi concetti biblici cruciali all'interno del passo, ma anche in tutto il Vangelo, darà l'occasione alle osservazioni conclusive che verteranno sugli impulsi pragmatici che la storia di Nazaret, vista nel suo insieme, immette nel lettore.

1.2.1 Prima scena: il messaggio o il messaggero della salvezza?

Nell'articolazione della pericope la prima scena è contrassegnata dalla citazione scritturistica composta dai due passi — Is 61,1-2 e 58,6 — a loro volta messi abilmente insieme. Per capire l'importanza di questa scelta redazionale di Luca ci si deve riferire, da una parte, al centro della citazione, ossia alla menzione dei *ciechi*; dall'altra, alla sua propria fine, ove tutto il peso argomentativo cade sull'*anno favorevole di Dio*. Il contenuto del passo profetico non lascia alcun dubbio sul conte-

---

[16] Siamo qui debitori all'esposizione ragionata e semplice di M. Grilli: *L'opera di Luca*, I, 48.

sto di proferimento di quei due concetti chiave: essi si ricollegano e si illuminano nel problema dell'identità di Gesù. Chiarita la dinamica dell'insieme, va affrontato il significato delle espressioni tipicamente lucane e la loro funzione all'interno del passaggio.

La versione lucana di Is 61,1-2 differisce dal testo dei LXX (cf. MT), grossomodo in quanto omette la *guarigione degli spezzati di cuore* (ἰάσασθαι τοὺς συντετριμμένους τῇ καρδίᾳ) e in compenso aggiunge la *liberazione degli oppressi* (ἀποστεῖλαι τεθραυσμένους ἐν ἀφέσει)[17]. La seconda omissione, ancora più pregnante, risulta proprio alla fine del passo, dove Lc ignora in modo evidente la menzione del *giorno di vendetta*. Il contesto isaiano, però, è qui all'opera: la salvezza preannunciata si manifesterà nonostante il dominio degli oppressori. Per essi assumerà la dimensione del *giorno di vendetta* (יוֹם נָקָם)[18]. Eliminando

---

[17] Nel contesto isaiano gli *afflitti* (lett. *spezzati di cuore*) sono da essere associati con i *poveri*, come fa esplicito il passo successivo di Is 66,2 (J. BLENKINSOPP, *Isaiah 56-66*, 224), in un chiaro contesto liturgico segnato dall'indizio molto significativo sull'atteggiamento di questi: *tremare alla Parola di Dio* (וְחָרֵד עַל־דְּבָרִי) è infatti l'essenza dell'accoglienza intima del messaggio comunicato che è impensabile a Nazaret. È questo che sembra caratterizzare molto bene il senso e il fascino della povertà evangelica di Lc: la narrazione successiva ne fornirà non pochi esempi (cf. 8,21; 10,42; 11,28).

A livello semantico è la vicinanza dei verbi συντρίβω e θραύω («fare a pezzi»: cf. L. ROCCI, *Vocabolario*, 892.1777-1778) nel testo di LXX e quello di Lc, il che lascia pensare a una scelta redazionale dell'evangelista, che starebbe a spostare il centro dell'attenzione da una semplice *guarigione* fisica (cf. Is 61,1[MT]: חבשׁ «fasciare le piaghe»: la *Bibbia* CEI) alla *liberazione* che in Lc ha una chiara connotazione soteriologica: «Gesù [...] si presenta per solidarietà come il parente più prossimo che libera persone o proprietà o che vendica la vita ingiustamente tolta (Lv 25; Nm 35,14ss.); è lo stesso che Dio aveva già fatto liberando il suo popolo dalla schiavitù, dalla cattività o dalla morte (Es 6; Is 2; Os 13,14» (E. RASCO, «La singolarità di Luca», 35).

In tutto ciò non è secondaria nemmeno la disposizione dei singoli elementi testuali: ponendo alla fine dell'elenco la *liberazione degli oppressi* Luca ulteriorizza il discorso sulla povertà. *Annunciare la buona novella ai poveri* non significa dunque solo fare oggetto del *kerygma* la loro *liberazione* (κηρύξαι αἰχμαλώτοις ἄφεσιν), bensì *rimandar*li effettivamente *in liberazione* (ἀποστεῖλαι τεθραυσμένους ἐν ἀφέσει). E proprio in questo consiste la novità dell'intervento di Gesù sul palcoscenico della storia umana. Nelle guarigioni che Egli compirà si realizzeranno sia l'oracolo profetico — il punto di partenza del *kerygma* del Gesù lucano — sia la potenza del Regno alla quale allude già la menzione dell'*anno di grazia* (cf. 4,43): cf. R. TANNEHILL, «The Mission of Jesus», 63.68.

[18] Questa interpretazione del contesto di proferimento isaiano si adatta bene non solo con il panorama di tutto il libro (cf. 34,8; 35,4; 47,3; 59,17; 63,4), ma anche si inserisce nella corrente biblica comune che vede nell'azione punitiva contro i nemici

questa controparte negativa dell'offerta di salvezza, il Gesù lucano fa risaltare la prominenza del momento stesso in cui si entra in quella fattispecie: l'*anno di grazia* (ἐνιαυτός κυρίου δεκτός) è l'unica realtà cui sono autorizzati a pensare i suoi destinatari. Poco più avanti il narratore pone sulla bocca di Gesù le *parole di grazia* (v. 22: λόγοι τῆς χάριτος) — l'oggetto della meraviglia, — per dare, sembra, un indizio pragmatico al lettore, invitandolo a mettere quell'avvenimento salvifico in relazione con la persona del messaggero[19]. Il primo vb. della sequenza (ἔχρισεν) funziona in modo simile richiamando alla memoria l'epiteto tipicamente lucano πλήρης πνεύματος ἁγίου (4,1a)[20]. Esso ribadisce l'impronta essenziale che aveva lasciato il battesimo in Gesù. L'*unzione* dello Spirito diventa tutt'ora il motivo del suo mandato divino e si esplica nel duplice compito di *evangelizzare* e *predicare* (cf. 3,3.18). E anzi, tutta la dinamica del viavai di Gesù all'alba del suo ministero sta sotto l'impulso dello Spirito che l'aveva toccato nel battesimo[21].

---

di Jahwe un elemento essenziale dello scenario degli ultimi tempi (cf. Lv 26,25; Dt 32,35.41.43; Sal 58,11; Pr 6,34): J. BLENKINSOPP, *Isaiah 56-66*, 225.

[19] I λόγοι τῆς χάριτος sono caratteristici di Luca (cf. At 14,3, 20,32) e richiamano Dt 8,3 (cf. Mt 4,4; par Lc 4,4) in quanto descrivono le parole di Gesù come la Parola di Dio *di cui l'uomo vive*: H. COMBRINK, «Structure and Significance», 37. Tra i Sinottici solo Lc adopera il sost. χάρις (8x in Lc; 17x in At). È da notare inoltre che entrambi i termini si riferiscono ad un evento salvifico, mentre «la χάρις di Dio diventa visibile in modo particolare in Gesù (cf. Lc 2,40.52; At 15,11.40)» (H. SCHÜRMANN, *Luca*, I, 409). Per un'analisi esaustiva della loro portata semantica e dei problemi teologici che ne derivano rimando all'articolo di J. Nolland («Words of Grace», 44-60) nonché a una breve e incisiva sintesi di E. Schillebeeckx: *Cristo*, 126-129.

[20] Cf. par Mc 1,12; Mt 4,1. I costanti riferimenti allo Spirito nella storia dell'infanzia hanno già mostrato che è un tema specifico lucano (cf. B. PRETE, *Lo Spirito Santo*). Tutte le figure principali degli *anawîm* d'Israele infatti ne portano i segni: Maria, Elisabetta, Zaccaria e Simeone (Lc 1,35.41.67; 2,25). Ciò conferma ancora la tesi sulla solidarietà di Gesù, in questo caso pensata nelle categorie concrete d'essere portavoce, rappresentante del popolo, il che presuppone già l'assunzione del servizio. Più in dettaglio vedasi sotto: p. 130ss.

[21] Così si capisce bene la posizione strategica della *genealogia* subito dopo il battesimo con la premessa che già rinvia al ministero di Gesù che sta per iniziare (3,23a) — era il battesimo infatti a dargli la spinta decisiva. Cf. la visione di F. O'Fearghail (*Introduction*, 23): «The genealogy complements the epiphany of 3,22 with respect to the mission of Jesus, for while the symbolism of the epiphany points towards a mission in Israel's favour, the genealogy points towards a mission of universal significance». Nella scena di Nazaret questa impronta essenziale dello Spirito assume perfino una funzione ermeneutica, in quanto permette di interpretare il testo di Is 61,1 nel

La missione di Gesù è definita per mezzo dei quattro infinitivi che esprimono i concetti chiave lucani: *l'evangelizzazione dei poveri* e il *kerigma* che ha per oggetto la *liberazione* (ἄφεσις: 2x)[22]. L'attenzione attribuita a questo motivo lascia pensare al ricco orizzonte della legislazione israelitica, propensa a proteggere i diritti del povero, o meglio, a «rompere la spirale della povertà» (cf. l'istituzione degli anni sabbatico e giubilare: Dt 15,1-18; Lv 25.27)[23]. Il lettore stesso ha diritto di chiedersi che posto hanno in essa i *ciechi* evidenziati solo nel testo greco che Luca sceglie. Si può parlare di liberazione dalla cecità che nel greco è resa con la bella metafora del *ritorno della vista* (ἀνάβλεψις)[24]? E in questo caso, come applicare questa «legge» rielaborata per il pubbli-

---

contesto spiccatamente lucano. È a partire da Lc 4,18 che il lettore diventa abile a ricollegare in un quadro unico — il frontespizio della missione di Gesù — tutte le incidenze dello *Spirito* su Gesù in Lc 3,22–4,14. Cf. J. DUPONT, «Jésus annonce», 43.

[22] Vedasi sopra: p. 120, n. 17. Non è occasionale che l'*evangelizzazione dei poveri* nel quadro evangelico emerga per tre volte, sempre con un riferimento esplicito da parte di Gesù alla sua missione terrestre (cf. Lc 6,20; 7,22). Oltre a ciò, le divergenze della versione lucana di Is 61,1-2 dai LXX consistono proprio nella ripetizione di altri due vocaboli: κηρύξαι e l'ἄφεσις. Cf. J. DUPONT, «Jésus annonce», 23.49.

[23] C. LANGNER, «Lc 4,16-30», 40. In quel quadro si inserisce molto bene un altro passo deuteroisaiano (Is 58,6) che tratta esplicitamente dei poveri e affamati. La frase scelta da Luca (ἀπόστελλε τεθραυσμένους ἐν ἀφέσει) che forma inclusione con quella precedente (κηρύξαι αἰχμαλώτοις ἄφεσιν) esprime la quintessenza della nuova realtà salvifica di cui il segno è l'integrità dell'essere umano ricostituito nella sua dignità filiale. La *remissione* in questo senso è da pensare nelle categorie universali e non soltanto come un accento specifico lucano — la *remissione dei peccati* — che qui non è del tutto evidente: *pace*, R. TANNEHILL, «The Mission of Jesus», 70. Tuttavia, come accenna a ragione l'autore, questo significato avrà uno sviluppo nei discorsi degli Atti, dove è frequente l'espressione l'ἄφεσις τῶν ἁμαρτιῶν (At 2,38; 5,31; 10,43; 13,38; 26,18). Cf. anche quanto è stato detto sopra: p. 120, n. 17.

[24] L'esplorazione della sua importanza semantica e dell'estremo pragmatismo nel racconto di Lc va rimandata agli episodi centrali della trama narrativa del *vedere*, essendo essi il compimento del manifesto di liberazione: la guarigione del cieco di Gerico e l'incontro con Zaccheo (Lc 18,35–19,10). Partendo da lì si chiarisce la funzione del cambiamento dei verbi di percezione nel macroracconto la cui funzione va debitamente presa in esame. Qui possiamo osservare solamente un confronto voluto dal narratore tra le due radici verbali ((ἀνα)βλεπ- e ἀτενιζ-) che ritornerà alla fine del percorso, nella scena dell'ascensione (At 1,6-11). A Nazaret il campo semantico della *visione* è composto quindi da quei due verbi di accezione semplice che descrivono un atto percettivo fisico di intensa portata, privo però delle connotazioni teologiche ulteriori. Resta da aggiungere che il primo vb., nella forma composta, può avere due significati ben distinti: *alzare lo sguardo* (cf. Lc 9,16b; 19,5b; 21,1a) e *riavere la vista* (*hic*, Lc 18,41-43). Cf. la n. seguente e l'avvicinamento al campo semantico in esame nei capitoli IV e VII.

co di Nazaret? Il problema infatti si risolve in un punto centrale dell'episodio segnato dal compimento della Scrittura.

La transizione fornita dal v. 20b già pone il problema della vista attraverso l'impiego del vb. ἀτενίζω che ha in greco una forte connotazione di aspettativa e fiducia[25]. In tal caso il *fissare con gli occhi* potrebbe forse riferirsi non tanto all'atto stesso di vedere quanto alle attese desiderose leggibili negli *occhi* degli uomini — un mezzo espressivo eminente dell'affettività. Così la domanda posta in precedenza — cosa ha visto la gente di Nazaret — sembra essere fuori luogo: il suo atteggiamento dà addirittura una motivazione perfetta al primo atto dichiarativo posto sulla bocca di Gesù (21).

1.2.2 Seconda scena: salvezza vista e/o ascoltata?

L'insolita espressione lucana — *compiersi negli orecchi* — richiama alla memoria del lettore il motivo dell'ascolto la cui connotazione salvifica consegue dal fatto che gli *orecchi,* nella sentenza autorevole di Gesù, diventano gli organi privilegiati della percezione (cf. Lc 9,44). In più, la formulazione suggerisce al lettore di leggerla in conformità con la linea profetica, iniziando con l'oracolo di Simeone[26]. Tuttavia, se in quel caso l'interesse del narratore era di evidenziare gli *occhi* finalmente giunti alla vista, qui curiosamente tutto è rovesciato: il pubblico lo fissa con gli *occhi*, ma l'oratore invita loro ad aprire gli *orecchi* alle *parole di grazia* che ormai sono state compiute. Egli va avanti nel dichiarare che tutto ciò è avvenuto proprio nei loro *orecchi*, ma la tensione tra il *vedere* del popolo e l'*ascoltare* ipotetico dell'imperativo divino accenna già alla complessità, se non alla drammaticità della scena.

La seconda reazione dei Nazaretani coglie l'invito divino, ma solo superficialmente: come i loro occhi effettivamente «non vedono», così le orecchie «si chiudono», lasciando spazio alla meraviglia suscitata

---

[25] È un vb. tipicamente lucano (2x in Lc; 9x in At; 1x in Paolo). Per il suo uso in tutta l'opera lucana vedasi: J.-N. ALETTI, «Jésus à Nazareth», 438, n. 13. Si può comparare il suo impiego in 2 Cor 3,7.13, riferito agli Israeliti davanti a Mosé. Così l'incapacità oggettiva del popolo di *fissarlo* con gli occhi rafforza il contrasto con i Nazaretani che mostrano un'iniziativa deliberata, che già in partenza presuppone un conflitto con l'autorità divina di Colui che essi vogliono porre nei limiti dei propri stereotipi.

[26] Vedasi anche Lc 2,11: in tutti e tre casi si ha un modello abbastanza simile marcato dal pron. σήμερον sempre usato da Luca nei contesti che hanno a che fare con la salvezza (cf. Lc 19,9). Cf. M. GRILLI, «Il tema dell'oggi», 139-151; E. RASCO, «La singolarità di Luca», 36.

dall'ascolto esteriore delle belle parole (Lc 4,22). La prova di ciò sta nel fatto che l'esito finale di questa scena diviene una domanda sull'identità del Profeta, presupposto già dalla prima menzione degli occhi. I due verbi, ἀτενίζω e θαυμάζω, hanno dunque un simile valore di sorpresa e d'imbarazzo in cui si cade davanti ad un fatto straordinario[27]. Ma ciò non basta per rispondere adeguatamente all'annuncio e alla sua interpretazione immediata, che di per sé porrebbe fine all'incertezza di chi ascoltasse veramente: è in Gesù che la Scrittura si compie[28]. L'ignoranza, o meglio, l'incapacità di percepire questa realtà da parte del popolo lascia il lettore perplesso, ma non toglie del tutto la speranza. Forse con la successiva istruzione di Gesù avverranno il riconoscimento e l'accoglienza non meno entusiastica di quanto sembravano il tumulto e l'agitazione iniziale? Qualunque sia il prosieguo, rimane il problema degli occhi incapaci di vedere e degli orecchi inetti a sentire.

Il primo fallimento nel riconoscere la salvezza mette in guardia ogni lettore e lo avvisa delle conseguenze che una tale incomprensione può avere (cf. par Mc 6,3, Mt 13,57). Si arrivano dunque a considerare le due infermità maggiori dei Nazaretani: la cecità e la sordità, — che si susseguono nella parte propriamente centrale della pericope! Più che di

---

[27] A proposito del vb. θαυμάζω nel passo sinottico parallelo (Mc 6,6) esso è curiosamente riferito a Gesù meravigliato dell'ἀπιστία del popolo. Comunque sia in Mc sia in Mt la stupefazione del popolo è resa da un vb. più intenso: ἐκπλήσσω. La particolarità lucana consiste proprio nel fatto che egli, nella prima parte della narrazione, si limita unicamente a descrivere le emozioni del pubblico, mentre quelle di Gesù rimangono adombrate dalla serietà ed essenzialità del messaggio profetico attraverso il quale la figura di Gesù per così dire prende corpo. Nella parte seconda questo messaggio sopraffà perfino gli interessi del pubblico di cui non si parla più finché si arriva alla sua emozione conclusiva di cui sotto.

La combinazione di quei due verbi è riscontrabile anche in At 3,12. Il secondo inoltre indica spesso in Lc un «sentimento confuso che precede la conoscenza e la fede» (H. SCHÜRMANN, *Luca*, I, 891, n. 140).

[28] Il motivo del compimento è il concetto cardinale del Vangelo e nel contesto presente caratterizza in termini messianici e escatologici l'apparizione di Gesù in Cui «tutte le profezie attualmente sono diventate la realtà» (H. COMBRINK, «Structure and Significance», 40). Lo stesso vb. πεπλήρωται indica che «la *Scrittura si è adempiuta* e si sta tuttora compiendo» (L. CHRUPCAŁA, «Il Regno di Dio», 166). La tradizione ebraica conosce questo commento attualizzante (פשר): gli esempi classici sono alcuni testi di Qumran (cf. 11Q *Melch*; 1QH 18,12-15) in cui la figura messianica del «messaggero» viene ad esprimere le credenze molto concrete della comunità ed effettivamente costituisce il fine e l'essenza della loro stretta osservanza della Legge. Cf. E. RASCO, «La singolarità di Luca», 34-35).

gioco, in questo caso, avrebbe più senso parlare di aggravarsi della malattia i cui sintomi si risolveranno molto presto in azioni imprevedibili. Gesù, si vedrà, non si lascia adeguare alle debolezze e alle preferenze dell'uditorio, agisce bensì da bravo medico e tenta di approfondire il discorso, rischiando forse di toccare la ferita e aumentare il dolore. La parte conclusiva, più discorsiva e radicale, permetterà al lettore di confermare le sue ipotesi e rendere più profondo il senso e la misura della rottura avvenuta, sempre con l'aiuto dell'intuizione profetica del parlante.

1.2.3 Terza scena: Scrittura compiuta?

Cominciando con un riferimento diretto al pubblico, in un monologo, Gesù si mostra consapevole dell'inutilità di continuare a richiamare l'attenzione degli spettatori sull'importanza del momento. Le loro facce interrogative hanno detto più di tutto e ora Egli svela i loro pensieri alla luce del sole, attraverso un breve passaggio teso a sradicare l'ambiguità nonché l'entusiasmo nutrito dalla gente. Il vero desiderio della folla infatti viene messo a nudo in forma di una predizione. Ciò rafforza la sentenza nella sua qualità di secondo annuncio destinato a chiarire la situazione. Il primo proverbio sfrutta l'immagine del medico e non a caso: anziché essere guarita autonomamente la gente di Nazaret cerca i miracoli fuori di sé. L'obiezione *cura te stesso* (23) è dettata dalle pretese esclusiviste che trovano appoggio nella parentela e nella stretta vicinanza d'origine[29], ma non è da sottovalutare una seconda possibilità d'interpretazione; verbale e più semplice, in grado di spiegare meglio la logica dell'immaginario scelto. A Gesù viene richiesto di guarire se stesso dalle proprie mancanze prima di fare lo stesso agli altri[30]. In rife-

---

[29] In questo caso Gesù-*medico* deve essere identificato con la gente del suo villaggio nativo. Cf. R. MEYNET, *Luca*, 201. L'esegeta francese trae importanti conseguenze teologiche da questo nesso naturale di provenienza che sulle pagine evangeliche si inserisce nell'orizzonte comunicativo più ampio dei doni salvifici per eccellenza quali la Scrittura e Terra dei padri: «Esiste un nesso necessario tra popolo e scrittura. Non c'è infatti lingua senza popolo che la riceva e la trasmetta. Entrambi sono l'espressione, l'incarnazione di una storia comune. Israele e il suo Libro sono inseparabilmente l'iscrizione dell'opera e della presenza di Dio, nella storia e su una terra. Se Gesù verrà detto Figlio di Dio, e non solo di Giuseppe, è perché egli raccoglie questa duplice eredità. L'adempimento annunciato è contemporaneamente quello della Scrittura e quello d'Israele» (*Ibid.*).

[30] L'assonanza con il racconto di crocifissione (Lc 23,26-43) è evocativa in questo caso, perché fa un esplicito riferimento alle tre tentazioni che Gesù ha subito in modo esemplare sulla croce: *salva te stesso* (35.37.39). Cf. A. Plummer (*Luke*, 127) che si

rimento al messaggero della salvezza, questa replica, se fosse pronunciata, assumerebbe la dimensione grottesca di una ribellione. Perciò è molto emblematico il fatto che Egli stesso la esprima disarmando così già in partenza i suoi spettatori. Il punto d'approdo è proprio il fatto che essi rifiutano d'essere guariti e conseguentemente anche di essere i destinatari della buona novella che è la salvezza.

L'argomentazione di Gesù è dunque contrastante, come lo è l'atteggiamento del popolo. Essi lo trattano come uno di loro sapendo bene da chi è nato e provocandolo a dare la testimonianza visibile della sua superiorità. La domanda implicita di Gesù, incorporata nell'atto espressivo per eccellenza, (21) viene sospesa nell'aria. Nessuna risposta, nemmeno negativa, viene data a questa esigenza divina! L'indifferenza, piena di paura e provocatoria nella sua essenza, coinvolge al massimo il lettore che istintivamente si fa partecipe del dramma di un profeta fallito, prendendosi la responsabilità di difenderlo. Diventa chiaro ciò che hanno unicamente ascoltato i Nazaretani: la fama miracolosa fino ad allora sparsa nella regione e/o il frutto della propria fervida immaginazione. Emerge la radice dell'ascolto infruttuoso nella situazione presente e la profonda disarmonia tra l'ideale, creato dal passo citato, e la sua applicazione al pubblico, tentata invano da Gesù. In altre parole, il compimento annunciato non ha avuto luogo affatto, bisogna cercare altri destinatari, nel passato glorioso di Israele.

Ai due esempi presi dall'Antico Testamento Gesù premette un atto rappresentativo in forma di un secondo proverbio (24). Questo proverbio è ben conosciuto e si presenta come ancora più radicale in quanto

---

riferisce al passo sinottico di par Mt 27,42 con la sua esplicita menzione della finalità pervertita del quesito: καὶ πιστεύσομεν ἐπ' αὐτόν. Che vi sia in gioco una salvezza *da vedere* verrà chiarito dall'analisi di Lc 23,6-12 (vedasi il cap. V) ed è lasciato già intuire dal passo ancora più esplicito di par Mc 15,32: ἵνα ἴδωμεν καὶ πιστεύσωμεν.

La proposta interpretativa di A. Plummer che sembra prediligere proprio questa seconda variante è molto suggestiva, perché in modo originale fa ambientare il proverbio nella ricca cornice semantica della citazione isaiana: «The saying plainly refers to the passage just read from Isaiah; and although Lk. omits the words "to heal the brokenhearted", yet Christ must have read them, and He had probably explained them. He professed to be the fulfillment of them, and to be healing the miseries of mankind. The people are supposed to tell Him to better His own condition before bettering that of others. He must make His own position more secure, and give evidence of His high mission before asserting it» (*Ibid.*, 126). Dell'autore costituisce un contributo prezioso anche una rassegna sintetica, ma consistente, degli esempi tratti dalla letteratura classica greca, che aiuta a scoprire al lettore moderno l'attualità e l'asprezza di quel detto sicuramente rappresentativo. Per altre testimonianze, comprese quelle rabbiniche, cf. M.-J. LAGRANGE, *Luc*, 142-143.

rappresenta una realtà permanente, al limite del *fatum* greco. La scelta lessicale (οὐ δεκτός) allude all'anno δεκτός (19) e sottolinea ironicamente l'accecamento del popolo che, rifiutando il Profeta, rende inefficace l'offerta, di per sé ben accettabile, della salvezza. Il narratore riesce dunque addirittura a esprimere la rottura a livello semantico. Sebbene i temi del rifiuto e dell'accoglienza siano cari a Luca e risuonino già nella scena della Presentazione (Lc 2,28.34), qui il discorso è molto più profondo: il lettore è alle prese con un paradigma che caratterizzerà tutta la futura missione di Gesù e della Chiesa apostolica (cf. Lc 9,53; At 13,46). Così viene interpretata l'attitudine dei compatrioti del messia e forse viene anticipato (?)[31] il loro rifiuto. La loro cecità è dunque almeno su tre livelli: non vedono chi è Gesù, chi sono loro stessi, ossia di che cosa hanno veramente bisogno, e che cosa dice loro la Scrittura in quell'istante.

Usando la strategia rabbinica, il Maestro interpella di nuovo la Scrittura, senza un commento attualizzante, ma in modo tale da far capire agli ascoltatori che ora non sono essi l'oggetto del paragone. Le storie scelte rendono visibile l'esemplarità delle vicende profetiche in cui vengono coinvolti coloro che sono gli stranieri per eccellenza. La salvezza offerta primariamente ai suoi non può essere fermata dall'essere rifiutata. Essa, nonostante ciò, passerà altrove, per dare compimento alle promesse divine. Se si vuole è già presente l'apertura dell'ultimo discorso missionario di Paolo con una sentenza che definisce tutta l'opera lucana: *ai Gentili è stata inviata questa salvezza di Dio* (At 28,28). Il lettore nota il cambiamento radicale della situazione solo

---

[31] Se ciò è vero, si spiega bene la maniera in cui è cominciata l'argomentazione nella terza scena. Gesù prosegue per prolessi comunicando all'uditorio quello che esso forse non ha ancora pensato. La reazione a prima vista immotivata assumerebbe in questo caso il carattere provvidenziale, farebbe, cioè, il riferimento all'iniziativa divina davanti alla quale l'uomo non può che essere l'umile esecutore. Cf. il motivo dell'*indurimento del cuore* di Faraone in Es 7-14; nel quadro più ampio del panorama biblico: H. SIMIAN-YOFRE, «Condannare o salvare?», 13-32. Nel commentario di R. Meynet (*Luca*, 197-201) sono da trovare inoltre alcune assonanze bibliche di quel rifiuto provvidenziale che attraversa tutta la storia della salvezza: nel *passato*, nel *futuro* nonché *nell'oggi dell'alleanza*.

L'evocativo raffronto tra il discorso evangelico di Gesù a Nazaret e quello inaugurale di Pietro, nel giorno delle Pentecoste (At 2,14-40), è fornito dall'analisi esegetica di J. Dupont, particolarmente attento allo sfondo universalistico isaiano. Non sfuggono alla sua analisi certe tipologie e tendenze teologiche del dittico lucano che risulta pur sempre aperto a una salvezza condivisa e celebrata visivamente sotto la spinta del medesimo Artefice: cf. Is 57,19 («Le salut des Gentils», 406-409).

nella reazione del pubblico (29): curiosamente ora tutti l'ascoltano e percepiscono il messaggio riferito indirettamente a loro! Cosa è dunque successo ai loro occhi ed orecchi? Non può sfuggire all'attenzione l'immediatezza con cui reagiscono ora, rivelando le proprie capacità di percezione. Tuttavia, lo fanno usando occhi ed orecchi in modo capovolto, per distruggere quell'immagine profetica che aveva fondato la parola di Gesù.

Tutto il lungo discorso profetico ha mostrato quindi la potenza della parola divina che si dona nell'atto libero dell'interazione divino-umana e condiziona la condotta stessa del partner umano. È uno dei famosi *dei* lucani formulato per così dire in modo implicito il cui parallelo evidentissimo è il martirio dell'apostolo Stefano (cf. At 7,54-60)[32]. Quali conclusioni può dunque tirare il lettore da questa trama abbastanza complessa? Il discorso sulla percezione sviluppato fin qui sembra dare una risposta convincente. Infatti, il secondo momento narrativo presenta un cambiamento significativo nell'argomentazione. Si stacca da ciò che precede ed è conseguente nell'evidenziare la progressione del riconoscimento di Gesù e del suo messaggio da parte del popolo. Il fatto che questi rimanga zitto fino al momento di massima tensione narrativa (Lc 4,27) fa supporre che stesse già pensando con insistenza a che cosa significasse quel discorso, abbastanza duro se non addirittura spiacevole. E non a caso la «rivelazione» avviene solo quando vengono menzionati i Gentili: per la prima volta Luca nota, pur implicitamente, il motivo dell'invidia d'Israele che avrà ripercussioni soprattutto in At (cf. 13,44-48). Comunque vi si può individuare un gioco a due livelli: da una parte v'è la questione dell'identità e dell'origine che turba i compaesani di Gesù e apparentemente dà loro il diritto di pretendere qualche cosa da Questi; dall'altra, — in una prospettiva più universale — essi rappresenterebbero tutto Israele posto davanti al dilemma dell'accoglienza dei Gentili. Nel racconto presente sembrano coesistere entrambe le tendenze che conferiscono al testo una maggiore flessibilità e profondità teologica.

Concludendo dobbiamo ribadire che il «vedere Gesù» in quel momento gradevole esprime non solo il desiderio non realizzato dei Nazaretani, ma anche l'agire divino che guida misteriosamente la storia umana. Nonostante il rifiuto c'è la speranza, perché Gesù continua a camminare seguendo il proprio sentiero di evangelizzazione. Non riconosciuto dai suoi, Egli nondimeno va avanti per dare occasione anche

---

[32] Su questo più in dettaglio vedasi sotto: p. 140.

agli altri di manifestare la loro fede e compiere le parole piene di certezza ed entusiasmo: *E noi abbiamo veduto e testimoniamo che il Padre ha mandato il Figlio per essere il Salvatore del mondo* (1 Gv 4,14).

2. Gli occhi che non vedono: la salvezza ai limiti di percezione

La conclusione teologica che tentiamo di fare in questo paragrafo riprenderà i filoni già elaborati nel corso dell'analisi precedente, ma li orienterà in un modo diverso tenendo conto della pragmatica che in Lc 4,16-30 trova un ricco campo da esplorare[33]. Si è del resto sempre dichiarato lo spessore di questa intuizione: considerare l'articolazione della pericope come determinante per l'adeguata comprensione del messaggio teologico in essa racchiuso. Da una parte, nel passo presente, abbiamo tre scene marcate ciascuna da una sentenza centrale, nella quale si concentra appunto la forza pragmatica (vv. 18-19.22.25); dall'altra, sono evidenti i due momenti narrativi distinguibili grazie alla rottura ideo/logica operata a partire dal v. 23. Seguendo le due direzioni menzionate faremo un'unica analisi divisa in due parti il cui esito si riassumerà poi nella conclusione concernente i risultati finali e le piste di approfondimento di tutto il capitolo.

Le analisi si apriranno con i primi esempi della funzione programmatica della pericope che dimostrano come il suo messaggio orienti il lettore a tornare indietro per lasciarsi guidare dalla sua ricchezza, che si espande sia al prima sia al dopo della narrazione. Avendo sempre come punto di partenza il motivo del *vedere* si parlerà in questo caso dei cerchi concentrici che fanno progredire la strategia narrativa e quindi il cammino del lettore, molto diversamente da quanto era stato in Lc 1–2. Lo sviluppo del tema dunque non sarà più lineare, bensì concentrico, il che arricchirà notevolmente il fascino tematico del «vedere Gesù», finora rilevato[34].

---

[33] Nonostante un buon numero di articoli e studi dedicati all'analisi pragmatica di questa pericope (la bibliografia più recente vedasi in: E. VAZ, *A visita de Jesus a Nazaré*, 10-16) non sempre si riesce a evitare certe esagerazioni oppure semplificazioni dei problemi che essa suscita, di cui l'interpretazione del passaggio a partire dal v. 22 a quelli successivi a volte sembra un corto circuito. Nel tentativo che facciamo nello studio presente non si è pensato di trovare una soluzione più convincente, ma piuttosto di elaborare una visione originale del problema che metterà in rilievo la dinamica tra i motivi accennati nella parte semantica.

[34] Questa intuizione è ben evidenziata in un breve studio di C. Martini impostato su un'analisi prettamente storico-redazionale («Alcuni temi letterari», 259): «Il metodo sarà quello di una considerazione progressiva di cerchi concentrici, allargandosi

2.1 *Dalla missione dello Spirito alla predicazione sull'Unto messianico*

La prima comparsa di Gesù adulto al pubblico non può non colpire il lettore. Per analogia con l'inizio del ministero di Giovanni (Lc 3,1-6) la sua entrata nella Sinagoga viene accompagnata dalla lettura del profeta Isaia. In entrambi i casi le citazioni scritturistiche hanno a che fare con un'eminente manifestazione della salvezza. Se Giovanni aveva solo indicato la sua vicinanza alla persona di Gesù e, in più, aveva ricordato che potrà essere vista da qualsiasi uomo (cf. v. 6), Gesù dà compimento alle parole del Precursore attestando, già con la sola sua presenza, non esclusivamente chi Egli è, ma anche che Egli è presente. La lettura fatta nella Sinagoga serve soltanto a focalizzare l'attenzione del pubblico e/o in qualche modo a risvegliarlo! Ciò nonostante, tutta la citazione di Is, essendo un atto *dichiarativo* non dice tanto su chi è Gesù, bensì su chi sono quelli nei confronti dei quali Egli si impiega a compiere il servizio. L'occhio attento del lettore è capace di distinguere la dissonanza tra la prima citazione posta sulla bocca di Giovanni e la seconda: l'entusiasmo e il *grido* di saluto al messia veniente sono superati dalle concrete esigenze di questa venuta[35]. L'interesse della Scrittura è completamente preso dai destinatari della salvezza che può o non può essere identificata con Gesù (questo aspetto non risulta molto importante).

Nella predicazione di Giovanni infatti riceve maggior risalto la necessità di togliere la componente negativa della vita umana — il peccato che causa la morte[36]. Così l'accento su quello che impedisce di sperimentare la salvezza diventa molto realistico, ma anche la necessità di *opere* concrete *degne della conversione* (Lc 3,8) porta alla conclusione che ormai la verità dell'uomo è contrassegnata da questa mancanza[37]. E

---

dall'esame della pericope in sé fino a quello delle sue più vaste risonanze nell'insieme dell'opera di Luca».

[35] In Is 40,3-5 un discorso simile si fa a proposito di quelli che devono *preparare la strada del Signore*. Il contesto del passo citato sottintende chiaramente che la responsabilità di preparazione non tocca solo Giovanni, ma tutto il popolo d'Israele, come segue anche dal contesto immediato in Lc 3,7-18.

[36] Nel contesto di Lc 3,1-20 la *conversione* è esplicitamente messa in relazione con il *battesimo* e la *remissione dei peccati* (cf. v. 3: βάπτισμα μετανοίας εἰς ἄφεσιν ἁμαρτιῶν; = Mc 1,4). La simbologia della *morte* è arricchita dalle due immagini evocative del giudizio: gli alberi infruttuosi e il ventilamento dell'aia (9.17), — che Lc desume dalla tradizione profetica e dispone come le rispettive conclusioni dell'argomentazione di Giovanni nei vv. 7-9 e 10-17. R. Meynet (*Luca*, 146) li mette nei segmenti corrispondenti della struttura concentrica.

[37] Cf. il clima assai ottimistico del vangelo dell'infanzia, dove i primi preannunci della situazione tragica dell'uomo erano stati principalmente due: la profezia di *Si-*

qui è molto significativo che a questo annuncio insistente faccia seguito il *domandarsi* del popolo circa il *Cristo* (15). E non a caso, retoricamente, lo si può paragonare con la citazione isaiana (Lc 3,4-6 = Is 40,3-5) in cui proprio la messa in pratica dei precetti prepara la venuta e manifestazione eminente della salvezza[38]. L'intento di Luca di metterla in parallelo con Gesù è troppo chiaro per non essere visto, però, sorprende il fatto che Giovanni non risponda a quell'interrogativo se non con un nuovo accenno circa il giudizio che farà il *Cristo* atteso. Fin dall'inizio il narratore vuole dunque sottolineare il carattere decisionale e dinamico della partecipazione attiva al compimento salvifico. In esso lo stesso *vedere* assume un simile significato. Tuttavia questa volta rimane ignota la reazione del pubblico di Giovanni (cf. Lc 3,10-14). Ciò avviene forse per attenuare la brutalità della minaccia che aveva messo in crisi l'omelia programmatica a Nazaret.

L'importante nozione del nome messianico (il *Cristo*) che mette subito in rilievo l'unzione regale del suo portatore (cf. 2,11) è esplicitata al massimo grado dal narratore durante il battesimo di Gesù con cui avviene la sua prima manifestazione. Ciò che è tuttavia davvero importante è che essa riguarda *tutto il popolo* la cui menzione sembra compensare l'assenza del riferimento a Giovanni (cf. Lc 3,21; par Mc 1,9; Mt 3,13-15). La precisazione lucana sulla *forma corporea* della *colomba* offre una bella immagine per il lettore che coglie tutto il suo spessore visivo (cf. par. Mc 1,10; Mt 3,16). La dichiarazione sulla figliolanza divina di Gesù, in più, completa ciò che ha messo a fuoco

---

meone sulla *spada* (Lc 2,34-36) e la scena drammatica del ritrovamento di Gesù nel tempio che fa sfogare una lamentela dolorosa di Maria e finisce con un segno ancora più grave del limite umano: l'incomprensione (2,48-50).

[38] Il contesto di Is 40,3-5 è di aiuto qui, perché accentua estremamente l'attesa della liberazione da parte del popolo nell'esilio a cui finalmente viene concesso il dono di *rivelazione della gloria del Signore* (cf. Lc 2,32; 3,6: segue LXX, ma omette lo stico 5a con la menzione della *gloria*; cf. Is 40,5^{TM}). Il senso del ritorno dall'esilio non è solo spirituale, bensì creativo e pratico: ristabilire la giustizia, restaurare l'ordine stesso delle cose che una volta era andato in rovina. Il praticare la *Torah* riassume bene questa prospettiva profetica generale a cui certamente aderisce Is. In Lc è tangibile tuttavia un piccolo spostamento d'accento: «En Lc 3,4-5, nous percevons et l'action de Dieu et celle de l'homme. Il s'agit, en tout cas, de la préparation de la voie du Seigneur, de son plan salvifique. Cette image correspond au concept de *metanoia* de Lc 3,3. En effet, nous y trouvons l'action de Dieu et la réponse de l'homme avec les conséquences de cette dernière» (H. MAHFOUZ, *Lc 3,1-20 dans Luc-Actes*, 161-162). Non è da dimenticare comunque l'assonanza contestuale di Lc con l'intera opera del Deuteroisaia che riguarda l'accento sul carattere decisionale della salvezza: cf. D. BOCK, *Proclamation*, 99.

l'estrema visibilità della discesa dello Spirito (22): la sua identità e vocazione profetica[39].

La grandissima differenza rispetto a Nazaret consiste proprio nel fatto che ora, sia il lettore che i personaggi della scena, ricevono il massimo delle informazioni su chi è Gesù e su che cosa intende fare[40]. Ma la genealogia, subito nella prima riga, accentua quasi appositamente che *era ritenuto il figlio di Giuseppe* (23), mentre alla fine in compenso si mette: il *figlio di Dio* (38). Il contrasto rafforza la scena successiva della tentazione che sottolinea con le due repliche del diavolo (Lc 4,3.9) la vera identità di Questi. Il perché di tale contrapposizione pone un punto interrogativo. Nondimeno la spiegazione ormai è stata data a sufficienza a Nazaret. Il lettore diventa sempre più consapevole dell'assioma che rende ben chiaro l'invito di Giovanni alla penitenza. La cecità nei confronti dell'identità profetica di Gesù è una conseguenza tragica del peccato e una forte motivazione per riconoscerlo e confessarsi in un atto penitenziale. In questo infatti consisterà il compimento del mandato divino del Profeta e solo così si compierà il messaggio del suo Precursore, che senza dubbio, a sua volta, accenna al compimento della Scrittura negli occhi: *Ogni carne vedrà la salvezza di Dio* (3,6).

In questa sezione (Lc 3,1–4,13), che parte dalla missione di Giovanni per interpretare quella di Gesù, affiora dunque un clima salvifico in cui

---

[39] L'interesse che provoca a livello comunicativo la scena del battesimo è dovuto anche al suo legame con ciò che segue, ovvero il v. 23. Si deve richiamare l'attenzione ad uno studio di J. Rius-Camps, innovativo sotto questo aspetto («Lc 3,21-38», 189-209). L'autore, seguendo un'analisi critica rigorosa del testo di Lc 3,21-23, audacemente propone la puntuazione nuova ricollegando il v. 23 che dal punto di vista sintattico è mal collegato a quelli precedenti (21-22). L'unità sintattica a cui giunge, infine, presenta un continuum narrativo illuminante per l'interpretazione teologica dei motivi costitutivi della preistoria lucana: l'essere battezzato di Gesù, la sua preghiera che avvia l'epifania, l'apertura del cielo che non si chiuderà mai fino da allora, ma soprattutto l'unzione messianica del Battezzato che al momento stesso del ricevere lo Spirito inaugura una «nuova storia dell'umanità». Importanti sono le sue caratteristiche riassunte così dall'autore: «se insiste en la renuncia al poder (bautismo), en la disponibilidad y apertura tanto de Jesús como del cielo (Dios), en el ejercicio aparente del poder paterno (tradición) de José sobre Jesús y en la plena manifestación de Jesús como Hijo de Dios» (*Ibid.*, 205).

[40] Nota G. Rossé (*Luca*, 135): «Per Luca colui che è concepito dallo Spirito Santo (Lc 1,35) non riceve soltanto ora l'investitura messianica che lo pone in rapporto filiale con Dio, ma Gesù viene presentato pubblicamente come l'unto messianico. Per questo l'evangelista insiste sull'aspetto corporeo della colomba: essa deve essere visibile a tutto il popolo battezzato presente alla scena».

viene dato un forte insegnamento escatologico e cristologico. Invertendo la prospettiva, alla luce di Nazaret, si vede già che le stesse immagini del giudizio lasciano trasparire la ricompensa nel dono gratuito di Dio che sta alle porte. E Gesù, come araldo e rappresentazione viva della salvezza, appare nel quadro di Luca ancor prima del battesimo; battesimo che lo separa per la prima volta dalla *folla* per renderlo visibile — uno spettacolo paragonabile a quello dei *pastori*, di Simeone e infine a quello dei *Nazaretani* (cf. Lc 2,16.30; 4,20b)[41].

2.2 *Se un cieco fa da guida ad un cieco...*

Nel quadro formato da Lc 4,18-19 i *ciechi* vengono intenzionalmente messi in rilievo con la categoria dei «poveri»[42] (più rappresentativa e più adatta all'immagine dell'uditorio che si trova davanti). Le due connotazioni — la povertà / indigenza e la necessità di *liberazione* e quindi l'attuale torpore / paralisi schiavizzante — che emergono dal contesto

---

[41] H. Schürmann (*Luca*, I, 302-329) accentua più degli altri la forte impronta salvifica di Lc 3,1-20. Lo stesso annuncio di Giovanni egli lo divide in due parti: l'annuncio della penitenza e della salvezza (cf. Lc 3,4b-5.6; 7-14.15-17). L'imminenza di questa salvezza è così collegata con la venuta del Cristo che Giovanni sembra ritenere già attuata con l' ἔρχεται (16) che svela il dinamismo dell'evento che è già in atto — un «crescendo di attualità» (321). Qui bisogna rifarsi anche al saggio classico di E. Samain («La notion de APXH», 310-313), dove si difende l'appartenenza del Battista al periodo inaugurato con la venuta del Messia, di cui il Precursore segna la cesura, non già al tempo dei Profeti, l'«epoca antica», come sosteneva H. Conzelmann a base di Lc 16,16 (*Il centro*, 29-34). V'è contenuta infatti tutta la discussione sulla concezione lucana della storia della salvezza. Un consistente *status quaestionis* col riferimento specifico a Giovanni è da trovare: *Ibid.* Cf. E. Samain («La notion de APXH», 220-222, nn. 40-42. Cf. sotto, pp. 154-155.

È da tener presente anche l'accento sulla fede nel Messia che rimane marginale, ma è presupposto dal contesto prebattesimale della predicazione di Giovanni (H. Schürmann (*Luca*, I, 316). Cf. G. Rossé, *Luca*, 124. Con ciò ci si imbatte di nuovo nell'opposizione *accoglienza–rifiuto* che è sicuramente presente nel testo, come lascia trasparire il rigetto violento di Nazaret: cf. H. Mahfouz, *Lc 3,1-20 dans Luc-Actes*, 161-162. Questa tensione segnerà davvero tutta la storia evangelica nonché ricorderà al lettore la portata simbolica del non vedere in cui sembra consistere la ragione ultima del rifiuto: cf. sotto e il cammino del lettore nel cap. III.

[42] L'inizio del passo marcato dalla menzione dei *poveri* funziona come titolo per tutte le categorie di persone successive — è ben noto, — cosicché all'interno della citazione il peso comunicativo cade su una delle categorie specifiche qui costituita dal centro della sequenza (i *ciechi*). Confermano questa tesi il doppio riferimento all'*evangelizzare / proclamare,* ai limiti della sequenza e alla *liberazione* che forma una cornice interiore e unisce tutte le tre categorie specificate dei *poveri*, compresi i *ciechi*. Si vedano sopra: pp. 120.122, nn. 17 e 23.

chiariscono la situazione in cui risuonano le parole di Gesù. Viene preparato, per così dire, un piazzale sanitario per raccogliere tutti i malati in vista della guarigione immediata. Un tale invito, anche se implicito, è in grado di risolvere ogni dubbio sull'origine e l'identità di quel Medico. Egli mostra per primo l'iniziativa e fa di tutto per convincere i pazienti della necessità di un intervento chirurgico[43]. La sua difficoltà è in verità resa comprensibile dalla reazione di quelli, apparentemente positiva, ma nell'essenza viziata dall'incomprensione e da una resistenza passiva.

Gli *occhi* «divoranti» dei Nazaretani sono i primi testimoni della manifestazione del Messia, ma non per questo sono tanto perspicaci da riconoscerlo. Il loro fallire spiega una seconda replica di Gesù, brevissima, ma a livello comunicativo più pregnante (v. 21). Essa forma un atto rappresentativo e dichiarativo insieme, perché non solo mette in rilievo il compimento della Scrittura, ma interpella anche, con questa affermazione rassicurante, la gente che, di nuovo, viene invitata a gettare lo sguardo su se stessa. Curiosamente, in questo caso, per fare ciò serve proprio la contrapposizione tra gli occhi e gli orecchi, ossia, tra il vedere e l'ascoltare. Si svolge precisamente qui il dramma principale che dà inizio alla separazione delle vie del Profeta e dei suoi ascoltatori. La pietra d'inciampo deve essere colui che è al centro dell'attenzione. Gesù, vedendo negli occhi delle persone che lo circondano un interesse per la sua persona solamente superficiale, prova a dare una spinta indirizzata a far riconoscere che i veri protagonisti della scena sono proprio quelle persone e quindi tocca ad esse prendersi la responsabilità e dare una risposta alla dichiarazione solenne che è insieme offerta di vita e di salvezza.

Così l'inaugurazione del ministero di Gesù getta i ponti perfino alla sua seconda manifestazione nel tempio (Lc 2,41-50). Le somiglianze sono notevoli: la reazione della gente è lo *stupore* (47). Su questo sfondo viene messo in maggior rilievo lo sbigottimento dei genitori *al* solo *vederlo*. Il breve, ma istruttivo dialogo (48-49) rivela l'identità di Gesù

---

[43] Colmando una lacuna nella precedente analisi semantica, c'è da puntare sulle credenze giudaiche del tempo che collegavano all'avvento messianico gli eventi straordinari tra i quali soprattutto delle guarigioni. Cf. *b BM* 59b; *Ant.* VIII, 46-49 (ed. L. Moraldi, 487): H. LOHSE, *L'ambiente del NT*, 196-197. L'immagine di Gesù come medico, che funziona perfettamente nella nostra pericope, è stata sfruttata anche nell'esegesi patristica: l'esempio più rappresentativo è sicuramente quello di sant'Agostino che elabora un'intera dottrina in riferimento al «Gesù medico», cf. AGOSTINO, *serm.* 174-176.

che pure rimane nascosta ai genitori, non ancora capaci di accettare la verità del primo *dei* del Vangelo e cioè, che il loro figlio, in realtà non gli appartiene (cf. Lc 8,19-21). La progressione in crescendo denota l'insegnamento conclusivo (49) che fa esplodere l'*incomprensione* (50). Ed è questa la parte più drammatica della sequenza, perché svela la vera natura di tale reazione, ossia l'incapacità di guardare oltre: il non vedere ostinato a causa delle preoccupazioni secondarie e delle aspettative egoistiche[44]. La costruzione della parte iniziale del passo (41-46) serve a sottolineare questo aspetto ponendo al centro la figura di Gesù di cui va riconosciuta l'identità[45]. Il lettore ormai è in grado di carpire la portata simbolica della *cecità* che non solo blocca il *riconoscimento*, ma soprattutto svilisce la maestà della missione e la perspicacia di Gesù stesso che effettivamente viene «azzittito» dalla reazione inadeguata al proprio messaggio. Gli occhi paradossalmente non bastano per vedere...

Quella degli *orecchi* che non ascoltano è un'altra immagine isaiana complementare che esprime la grave mancanza di una disposizione libera per l'obbedienza alla parola profetica. Sul fatto che a Nazaret abbia luogo una sordità volontaria fa leva la seconda reazione del popolo. Esso, anziché accettare umilmente il dono offerto e lasciarsi guarire dalla cecità, — la malattia ormai emersa, — continua a interrogarsi sull'origine del messaggero stesso e ad ammirare la bellezza esteriore delle sue parole — un chiaro segno di incomprensione[46]. Si sottolinea

---

[44] È interessante, passo dopo passo, mettere in evidenza i cambiamenti del vocabolario della vista in Lc. Nel vangelo dell'infanzia è stato quasi esclusivamente il vb. ὁράω, teologico per eccellenza, a insegnare al lettore il mistero del Gesù bambino (cf. Lc 2,17.20.30). Nella scena del ritrovamento quel vb. crea un intreccio dialogico con altri due verbi di spessore gnoseologico: οἶδα e συνίημι (Lc 2,48-50). In che rapporto stanno la *visione* e il *riconoscimento*, compreso il lato negativo di questa dialettica concettuale, *cecità* ed *incomprensione*, lo chiarirà il trittico di Lc 18,31–19,10, da noi considerato l'apice teologico dello sviluppo argomentativo del tema, valutando pure la portata semantica di singole espressioni verbali: vedasi il cap. IV.

[45] In Lc 2,44-46 lo si è espresso con la ripetizione del pron. personale αὐτός (4x) e del motivo di *ricerca* (2x) e *ritrovamento* (2x). In Lc 4,16-28 Gesù è l'unico che agisce, parla e prende l'iniziativa. In più, qui si ha a che fare con il «primo discorso di Gesù interamente cristologico. [...] i fedeli riuniti nella sinagoga di Nazaret sembrano essi stessi interessati tanto (se non di più) alla persona di Gesù quanto al suo messaggio» (J.-N. ALETTI, *Il racconto come teologia*, 107). Cf. dello stesso autore un sunto brillante in: ID., *L'arte di raccontare*, 36.

[46] La questione su che cosa *hanno testimoniato* loro a Gesù rimane secondaria, vista la tendenza generale di scetticismo dalla quale non si vuole uscire, ma, anzì, di cui si nutre sempre di più. La testimonianza positiva non è da escludere (*pace*, J.

la volontarietà sia della cecità sia della sordità, perché nessun atto illocutorio aveva avuto effetto alla fine, ma, al contrario, si era rivelata una resistenza deliberata, al limite della presa in giro dell'araldo. Un'indifferenza così pronunciata chiude finalmente, o meglio, esaurisce la «conversazione» che Gesù aveva tentato di iniziare[47]. Questa volta parlerà solo Lui e senza alcun riferimento al pubblico. La sua rinuncia a continuare a porre davanti a questi dei richiami nuovi può essere spiegata semplicemente come la preoccupazione di *non dare ciò che è santo ai cani e non gettare le proprie perle davanti ai porci* (Mt 7,6).

Gesù nondimeno dovrà affrontare la fine tragica con cui questa citazione si chiude e il dilemma del lettore sarà quello di capire perché ciò avviene. Per ora egli rimane in imbarazzo vedendo un uditorio disarmato e privo di contatto con l'Ospite maestoso. L'abisso tra di essi diventa così terrificante che gli stessi organi percettivi dei destinatari pervertono le loro funzioni: gli occhi vedono unicamente la postura di un profeta di cui si può disporre a proprio piacimento (cf. Mic 3,6-11), mentre gli orecchi non lo ascoltano affatto, facendo delle proprie illusioni l'unico nutrimento della mente. Ciò risuona nell'unica frase che il narratore concede loro di pronunciare, proprio alla fine della prima parte della scena (Lc 4,22c) che insieme è la conclusione del primo momento narrativo, il più denso e commovente[48]. Il lettore finalmente si chiede se la radice del problema sia veramente la cecità e con speranza guarda in avanti; ma la risposta forse non gli è stata ancora preparata.

JEREMIAS, *Theologie*, I, 200; cf. la critica della sua tesi in: J. NOLLAND, «Words of Grace», 52); va tenuto però in conto lo schema iniziale e cioè, che ogni iniziativa proveniente dal pubblico è dettata non più che dalla curiosità e dall'ascolto interessato. Una testimonianza così non può non assumere la dimensione del servilismo.

[47] L'ironia narrativa si rivela nel fatto che gli ascoltatori non solo ignorano il messaggio riferito loro indirettamente, bensì cominciano una conversazione tra di loro (v. 22c) il cui oggetto è lo stesso rispetto all'inizio della scena. Si può capire la delusione del profeta che vede l'inutilità se non lo spreco di tempo a Nazaret, tra i suoi (!) ricordando forse una delle esigenze notorie della predicazione che verrà pronunciata in seguito: *non salutate nessuno per via* (Lc 10,4). E qui egli prende le distanze — *scuota la polvere* (v. 11) — e dice l'ultima parola che azzittisce tutti e funziona perfettamente, perché rompe definitivamente con la città incredula.

[48] Nei passi sinottici paralleli (Mc 6,3; Mt 13,57) è assente una tale drammatizzazione del rifiuto e viene data subito la sua motivazione precisa. Luca gioca proprio sull'ambiguità, le reticenze e le incoerenze della narrazione, dando al lettore la possibilità di penetrare la strategia del testo che è e deve essere sempre un accesso originale ed arricchente, nonché permette di ravvicinare quella scena ai propri occhi, astraendosi dalla sola lettura e sperimentando pressoché vitalmente i sentimenti degli attanti del racconto.

L'importanza di questo episodio sta nel fatto che suscitando numerose questioni esso dà delle forti motivazioni ai racconti successivi e rimanda il lettore persino alle pagine finali sia del Terzo Vangelo sia del libro degli Atti[49].

2.3 *La Scrittura incompiuta e il profeta rigettato*

Il momento più drammatico arriva non appena Gesù prende la parola per la terza e ultima volta (Lc 4,23). Pragmaticamente è assai significativo che ogni battuta di questo discorso molto ben articolato venga introdotta da una premessa riferita direttamente al pubblico (23.24.25). Così si arriva a distinguere facilmente la progressione del pensiero dell'oratore e si svelano definitivamente la follia e il dramma finale di quella gente che cerca i miracoli fuori di sé e perciò ne rimane totalmente priva. La rottura inattesa con le sue aspettative, in realtà, è ben giustificata da ciò che precede. Il Profeta si sente ora autorizzato a rivelare le proprie capacità straordinarie di predizione e trasmissione della voce divina.

L'atto illocutorio con cui il discorso inizia sorprende il lettore: «*Certamente voi mi citerete questo proverbio: "Medico, cura te stesso..."*» (23bc). Questa direttiva, schiacciante e drastica, avrebbe avuto impulso pragmatico di tutt'altro rilievo, se fosse stata messa sulle labbra degli ascoltatori. Ma in effetti viene pronunciata da Gesù stesso mettendo maggiormente in risalto la propria iniziativa comunicativa. In altre parole, è qui in gioco la passività dei destinatari dell'enunciato che proprio sulla bocca di Gesù risorgono dal silenzio narrativo e alzano la voce per obiettare. La strategia comunicativa passa dunque attraverso un discorso indiretto che chiarisce e mette a confronto i ruoli e le posizioni narrative di entrambi i partecipanti al colloquio. Ciò è provocatorio anche nei confronti del lettore in quanto gli permette di afferrare meglio il *point* del conflitto rispetto alle scarse notizie a proposito nelle scene precedenti. Qui si è alle prese con il primo e più imponente segno dell'autorità divina di chi parla in nome di un Dio che *scruta i cuori* (cf. 1 Cr 28,9). Al lettore è offerta una ulteriore possibilità di interpretare

---

[49] La funzione comunicativa della pericope, nella cornice del dittico lucano, è stata sottoposta ad un esame rigoroso da E. Vaz, in una tesi dottorale guidata da J.-N. Aletti: vedasi sotto, p. 144, n. 59. Altre monografie, sotto questo aspetto non meno autorevoli, sono le seguenti: K. MIELCAREK, *Jezus — Ewangelizator*; U. BUSSE, *Das Nazareth-Manifest*. I vasti risvolti teologici del manifesto sono sintetizzati nel sostanzioso articolo di W. Eltester: «Israel im lukanischen Werk».

più adeguatamente lo strano mutamento avvenuto improvvisamente nell'uditorio. Dalla conversazione viva tra di loro si passa ad un silenzio totale, così schiacciante che deve essere Gesù a esprimere i loro pensieri più intimi e forse più nascosti. Facendo un salto nella narrazione all'episodio di Emmaus, troviamo uno scenario non molto diverso. In più, dal punto di vista comunicativo ci sono delle somiglianze sorprendenti tra questi due episodi che incorniciano in qualche modo il Terzo Vangelo. Infatti, sulla strada verso Emmaus, Gesù prima ascolta i due viandanti, la cui unica preoccupazione è l'immagine controversa del Gesù morto e risorto, e poi critica il loro scetticismo facendo appello al compimento della Scrittura! Qui di nuovo figurano gli occhi che provvidenzialmente sono *impediti* (Lc 24,16) e si aprono dopo che il lungo discorso del Maestro è terminato. A Nazaret succede qualcosa di molto simile. Gli occhi degli ascoltatori vedono e non vedono, gli orecchi non ascoltano per niente e, arrivata l'ora decisiva di chiarimento e di presa di posizione da parte del Profeta, perfino la bocca si chiude. La paralisi totalizzante, la paura e l'indecisione — niente può suggerire per il momento una reazione violenta né spiegare gli effetti della mano di Dio posta sugli uomini (cf. Lc 24,16)[50].

Segue l'atto *rappresentativo* (Lc 4,24) rafforzato da un ἀμήν solenne, che pone il giudizio finale sul pubblico, dichiarandone il rifiuto, misteriosamente presentato come una massima applicabile ad ogni profeta. C'è già un primo indizio e un ammonimento che permettono al lettore di valutare questa storia come un paradigma. In altre parole, in quel rifiuto che non tarderà a manifestarsi di lì a poco e nelle modalità tipiche della sua presentazione da parte del narratore / evangelista, c'è qualcosa di caratteristico per tutta l'opera lucana. L'enunciato, la cui forma dichiarativa definisce provocatoriamente i ruoli comunicativi degli attanti, è esplosivo: *Nessun profeta è ben accetto nella sua patria.* Ebbene, il pubblico sembra non coglierlo. Gettando uno sguardo prolettico alla narrazione degli Atti si incontra una locuzione simile ad un *ultimatum* con cui la comunità in missione si autodichiara: «*Era necessario che a voi per primi si annunziasse la Parola di Dio; ma poiché la*

---

[50] Per una sintesi esperta e coinvolgente delle implicazioni teologiche che evidenziano i testi menzionati operata al livello più ampio della Scrittura in grado di fornire un'unico quadro storico-salvifico, rimando alle pagine, ricche di spunti per una ulteriore messa in evidenza del ruolo comunicativo della vista, del commento di R. Meynet: *Luca*, 197-200. Nel cap. VI sarà comunque indagata la funzione programmatica di quei due relati che narrativamente aprono e chiudono la storia propriamente detta e raccontata del *vedere*.

respingete e non vi ritenete degni della vita eterna, ecco, ci rivolgiamo agli stranieri...» (At 13,46ss). L'immediato impatto comunicativo della frase, articolato in una reazione molto concreta da parte dell'uditorio, è sbalorditivo (cf. vv. 48-50). Invece il discorso di Nazaret, ancor prima che si rivelino i suoi esiti pragmatici e le posizioni dei conversanti, è interessato piuttosto a porre l'enfasi sul problema dell'identità. Gesù come ogni profeta itinerante si riconosce mal visto nello spazio geografico della propria città d'origine. Similmente la gente che vi abita, ed è in stretta parentela con Lui, si allontana volontariamente dall'ottica del Regno che si riflette nel cammino di Questi. Ciò avviene, da parte di Gesù, attraverso atti concreti e, da parte dei Nazaretani, nell'accogliere pacificamente, *ex silentio*, la verità dello *status quo* di per sé provocatorio. Coloro che hanno gli occhi dichiarano, da parte loro, una persistenza ostinata nell'andar alla cieca nel seguire meccanicamente le vie e gli obiettivi propri. C'è quindi una rinuncia radicale a un serio confronto relazionale con Chi sta davanti. Dal punto di vista esclusivamente pragmatico, le due auto-dichiarazioni, una esplicita e l'altra implicita, creano una tensione dialettica che già prelude a una fine tragica. Ed è indicativo che nel bel mezzo della composizione stia Gesù come centro d'attenzione e continui a rimanerlo per qualsiasi speculazione del lettore[51].

Ecco la seconda prova dell'intervento divino nel corso dell'evento! In paragone con Lc 24,16 non solo gli occhi, ma tutte le forze dell'anima dei partner umani, compresi gli orecchi e la bocca, sono impediti dal riconoscere ciò di cui parla la bocca di Gesù. Nella prima parte della pericope lo stesso dubbio, di fatto, era riferito alla sua persona, ma qui c'è una grandissima differenza proprio perché non si dà nessuna risposta, nemmeno mimica, ad una sentenza così forte e interpellante[52]. Il lettore diventa sempre più convinto che qui agisca Iddio

---

[51] Dal punto di vista tematico la dinamica della *non comunicazione* che grava sugli interlocutori si comprende meglio nella prospettiva di una mancata coordinazione fra i compiti e le competenze terapeutiche dell'«oculista» divino e il realismo della cecità di coloro che hanno gli occhi (un fatto di per sé paradossale). Il potenziale pragmatico del *non vedere* come *cliché* identitario di quel gruppo di persone è evidente nei confronti del lettore: vi è un forte impulso a porre fine a quella inutile comunicazione degli sguardi. Tutto il discorso si indirizza ormai a una *performance* che sveli la tattica della non percezione.

[52] Dal punto di vista narrativo questa incongruenza può essere spiegata come la *suspense* che rallenta la narrazione e prepara l'improvvisa e apparentemente immotivata ribellione del pubblico. A livello comunicativo però il problema non si risolve così

stesso che fa tacere l'uomo al suo tempo (cf. Gb 40,4-5) per dare la possibilità di espressione alla sua propria parola che è vita e salvezza (Dt 32,47), ma nello stesso tempo una *spada a doppio taglio* (Ap 2,12; Eb 4,12).

L'episodio della Presentazione e della seconda manifestazione di Gesù nel tempio aiuta il lettore a fare un ulteriore collegamento: la persona stessa di Gesù diviene un punto di contraddizione per i più prossimi (Lc 2,34), perfino per i suoi genitori (48.50). In Lc 4,18-22 questo scandalo di Gesù messia riesce difatti a capovolgere la situazione primariamente pensata e guidata da Gesù stesso in modo molto diverso. E forse per questa ragione Egli conclude in modo simile, accennando di nuovo ai propri destinatari. La vedova da Sarepta di Sidone e Naaman il Siro d'un colpo diventano i rappresentanti più degni dei Gentili, umili e accoglienti nei confronti dei profeti d'Israele. La salvezza da loro sperimentata era inscindibilmente legata alle guarigioni più stravolgenti — le espressioni della potenza e l'indifendibilità della loro fede[53].

Essendo un esempio brillante, queste due figure potrebbero dare un'ultima occasione di cambiamento ai Nazaretani, ma succede qualcosa d'imprevedibile. L'ultima goccia ha fatto traboccare il vaso e la gente finalmente reagisce! Il lettore viene scioccato da questa aggressività inattesa e ne cerca le radici. Anche se è vero che l'ultimo passaggio di Gesù (Lc 4,25-27) assume un carattere paradigmatico, in quanto gioca sull'opposizione tra i Gentili ed Israele, sembra giustificata anche l'interpretazione che assegna al denso e compendioso ταῦτα del v. 28 un contenuto più ampio concernente la seconda grande linea argomentativa del manifesto (23-27)[54].

La tragedia avviene in modo simile rispetto al martirio di Stefano (cf. At 7,54-59) facendo di questo tentativo di assassinio una mera nozione sulla provvidenza divina. Gesù infatti se la cava miracolosamente e prosegue sulla sua strada come se niente fosse. L'argomentazione è

---

facilmente, vista la complessità del discorso precedente fatto nella prima parte della pericope e il contenuto stesso delle parole di Gesù: vedasi sotto.

[53] Cf. 1 Re 17,8-24; 2 Re 5,1-18. Il contesto di fede ricavato in quei due episodi è molto più pronunciato in altri passi sinottici (Mc 6,6; Mt 13,58). Perciò il lavoro redazionale di Luca ricava profitto dall'omissione dei riferimenti espliciti alla fede dei Nazaretani, per mettere forse in rilievo il motivo della *cecità,* che metaforicamente racchiude in sé questo tema — ciò sarà ben chiaro alla fine del Vangelo (cf. Lc 24,25). Per ora solo constatiamo la vicinanza del contesto con Gv 20,29.

[54] Nello schema alla p. 118 essa corrisponde al secondo momento narrativo in cui la parola di Gesù si articola in una maniera decisa e provocatoria che ne evidenzia la forza comunicativa

esaudita e non c'è più niente da sperare da quella gente di dura cervice (cf. Ger 19,15) la cui cecità aveva generato una catena di vizi, audacemente svelati dal messaggero e ironicamente rimasti non guariti. Il suo tentativo, però, non rimane vano, bensì serve a evidenziare i compiti della sua futura missione. La fatica dell'evangelizzazione è molto reale e richiederà, ad ogni predicatore che seguirà l'esempio di Gesù, non solo di saper spiegare e difendere la verità del Vangelo, ma soprattutto di essere attenti al dono delle guarigioni che non si può ridurre ad una attività magica e spontanea. In questione è ormai la salvezza dell'uomo, vista in maniera più rappresentativa come liberazione dalla cecità.

2.4 Visione d'insieme

Tentando di capire come funzioni la pericope di Nazaret abbiamo forse non tanto risposto agli interrogativi iniziali quanto sviluppato certi problemi che non si risolvono nel testo stesso, ma rimandano alle pagine successive del Vangelo. Le dinamiche dell'omelia e del suo assorbimento da parte del popolo testimoniano la grande rilevanza dei tre concetti che interagiscono nella narrazione: il compimento della Scrittura, la liberazione dalla cecità come una guarigione per eccellenza e la brama dei miracoli da parte del popolo che sta in contrapposizione con l'attività risanatrice del Profeta[55]. Gli accenti che sono stati posti nella prima parte del brano non appaiono più nella seconda e in questo consiste propriamente la transizione centrale che il testo opera (v. 23).

In Lc 4,16-22 la tensione principale consiste nel sapere se, a stare al centro dell'attenzione, sia Gesù oppure i Nazaretani. Al narratore piace lasciare il lettore nell'ambiguità e nell'indecisione. Il testo stesso di Is è combinato in modo tale che non si riesce a decifrare chi siano nel quadro presente quei *poveri* e con che cosa abbia a che fare chiaramente la salvezza descritta con tante metafore. I personaggi non trovano consenso continuando a confondere le intenzioni gli uni degli altri. Gesù stesso sembra prima non rendersi conto della gravità e della radicalità del dissenso che i suoi compaesani mostrano nei suoi riguardi. L'interessamento esterno espresso dal *fissare* degli occhi rappresenta l'essenza del distacco mentale che può essere perfino paragonato all'indurimento del cuore, provvidenzialmente lasciato correre da Dio. Il centro della cita-

---

[55] Omettiamo il tema del *profeta* e del *profetismo* in generale (qui è meglio parlare del profeta e profetismo rigettati), perché sono compresi nel binomio guarigioni / miracoli che ha più valore nella trama dell'episodio esternamente costruito attorno alla figura del Profeta.

zione profetica — la *vista ai ciechi* — diventa così quasi l'espressione della predisposizione divina, che trova resistenza non solo nella condotta del pubblico, ma perfino nelle parole di Gesù! I Nazaretani non riconoscono in sé stessi quei *ciechi* di cui parla la Scrittura, anzi, quasi volontariamente mostrano il contrario, divorando il Profeta cogli occhi; così Gesù non dedica molto sforzo sperando forse, attraverso il cambiamento della prospettiva — il passaggio dagli occhi agli orecchi — di interpellare l'esperienza più intima e più abituale del popolo dell'alleanza che è l'accoglienza e l'obbedienza alla Parola (cf. Dt 6,4ss)[56]. La comunicazione non passa e in più il pubblico comincia ad agitarsi, pregustando già dei benefici di cui verranno provvisti dal messaggero della salvezza. Così si riconoscono doppiamente ciechi, perché non vedono né chi sta davanti né di quale salvezza si tratti; inoltre la seconda manifestazione della cecità è alquanto più grave perché comprende il dramma di tutta la storia della salvezza. Accecati dalla propria superbia e dal rigorismo religioso non vogliono capire che sono loro a essere guariti... dall'incredulità; ma di questo parlerà Gesù, pur in modo molto allusivo, più in avanti.

Dal v. 23 l'oratore pare realizzare di avere fin qui insistito invano e inizia a muoversi in conformità con l'imperativo divino che richiede un risanamento immediato dell'atmosfera di sospetto e malinteso creatasi grazie alla mancanza di sincerità e di vero rispetto verso l'araldo da parte dei Nazaretani. Se il tema chiave della prima parte della storia era la guarigione dalla cecità e il compimento della Scrittura, qui, affiora con chiarezza la brama dei miracoli. Gesù non vuole far leva sulla propria origine, ma il lettore attento percepisce, già dal primo proverbio (23a), che è propriamente la cecità a condizionare il modo di pensare delle persone; essa cerca sempre un altro riferimento per essere rassicurata circa la veracità degli eventi, non più riconoscibili nella loro essenza dagli occhi offuscati dall'orgoglio dell'autogiustificazione. Il Profeta si focalizza sull'unico fatto reale che bisogna prendere in considerazione, e cioè che la salvezza presentatasi in forme così visibili e concrete — si pensi alla sua identificazione con Gesù — è stata rifiutata, o meglio, semplicemente ignorata, non percepita affatto, confusa con la bellezza della povera apparenza delle cose. Perciò non resta altro da fare

---

[56] Nello studio esegetico di R. Fornara e in particolare nella versione deuteronomistica della teofania del Sinai (Dt 4,1–6,3; 9,7–10,11), sono da trovare gli esempi concreti della preferenza di sostituire quasi la visione con l'ascolto: l'unico canale per esperire il divino (*La visione contraddetta*, 423-425.427-434.438-445). Cf. sotto, cap. III, p. 224 (n. 113); cap. V, pp. 343-344 (n. 39).

che allontanarsene e portare la buona notizia ai Gentili. Il racconto immediatamente susseguente mostrerà che ciò non avviene immediatamente con lo scopo di confermare che in questo caso siamo di fronte ad una anticipazione drammatizzante.

Tuttavia la tensione tra *cecità* e *visione* permane e porta il lettore a chiedersi se sia legittimo affermare che l'insuccesso iniziale a Nazaret abbia qualcosa da dire sulla futura missione di Gesù. In che cosa consista e dove porti la liberazione dalla cecità è una domanda centrale, che richiederà un approfondimento teologico. La cecità come inizio e ragione principale dell'apatia crescente del pubblico viene esplicitamente collegata con l'ascolto profano e, implicitamente, con il mutismo. A questo punto va notata una importante intuizione che trova la sua ragion d'essere nella mancata percezione dell'evento da parte dei destinatari diretti del manifesto. Le guarigioni, rappresentate dal dono della vista ai ciechi, a Nazaret sono rimaste una bella parola; a compierle *de facto* saranno i miracoli generalizzati che le strade affollate di Cafarnao verranno ad ospitare (Lc 4,33-41). Nella visione dei Nazaretani queste due facce integranti dell'unico evento salvifico — proclamazione gioiosa e attuazione immediata dell'*oggi* di Dio nella *storia* e nel *tempo* della sofferenza umana[57] — sono ridotte al mero fenomeno acustico delle *parole di grazia* (v. 22). Si limita inoltre il rinnovamento degli occhi ad un mero piacere estetico[58]. Restringendo in tal modo l'ottica del Regno, gli stessi «guardanti» finiscono per divenire i veri ciechi. Essendo così indeboliti dalla propria insensibilità questi si confondono non solo circa le proprie condizioni, che vogliono pensare come perfettamente sane, bensì inducono Gesù a fare qualcosa per gli altri per provare la sua identità profetica. Così non solo rimangono nel loro errore, ma profanano anche la maestà della venuta del Messia e il suo messaggio salvifico. La cecità cronica rinchiude le altre loro capacità percetti-

---

[57] Cf. le stimolanti considerazioni a proposito nel corso della lettura continuata del Vangelo di Luca recentemente eseguita da M. Grilli. Ci ispiriamo qui alla sua esposizione brillante dal titolo «L' "oggi" di Dio nei giorni dell'uomo»: *L'opera di Luca*, I, 54-56.

[58] In termini fenomenologici si parlerebbe di «fragilità della visione», così come la intende R. Fornara: «il "vedere" — come la parola — è un'esperienza debole e fragile, affidata alla libertà dell'uomo, che può ignorarla, non comprenderla, dimenticarla...». Nel dramma di Nazaret ciò è chiaramente legato alla profonda disarmonia creatasi tra l'ascolto e la visione dei destinatari del manifesto: «La fragilità della percezione visiva emerge dalla sua dissociazione dall'ascolto: c'è un "vedere" sterile, che mantiene al livello di spettatori, senza impegnare realmente» (*La visione contraddetta*, 133.134).

ve ed espressive in un circolo vizioso la cui fine è una ribellione pazzesca e stravolgente. Gesù mancato non vede altra soluzione che lasciarli così come sono e recarsi da coloro che sono capaci di aprire gli occhi alla guarigione di fede. Ancor prima che il Vangelo sia passato ai Gentili (cf. At 13,46) l'episodio di Nazaret annuncia che ciò è necessario per adempiere la Scrittura.

3. Il compimento della Scrittura nonostante la cecità

I risvolti che ha nella narrazione successiva la scena di Nazaret sono davvero sorprendenti. Proprio lì infatti il lettore viene a conoscenza della centralità di questa scena-chiave che appartiene al cuore della missione di Gesù. Ne è la conferma un intreccio vitale dei temi chiave lucani: cecità, povertà, compimento della Scrittura, l'ascolto e l'«oggi» della salvezza. Il riuscire a vedere come questi temi si profilino nel prosieguo del Vangelo è infatti una prova ulteriore della risonanza che il brano presente ha nel contesto[59]. Finalizzandolo alla vista e all'udito avremo a quanto pare un ricco campo da esplorare. Esso si caratterizzerà come costitutivo per le nuove modalità del cammino del lettore, che continuamente avrà come punto di partenza l'episodio di Nazaret. Nei rispettivi paragrafi verranno esaminati due filoni tematici esemplari che contraddistinguono lo sviluppo delle problematiche sopra evidenziate.

3.1 *Gesù annuncia il compimento e invita tutti ad essere i destinatari della salvezza (Lc 4,14-44)*

Il dramma che denota la storia di Nazaret è ben spiegabile e, in effetti, è stato da noi spiegato nel paragrafo precedente. Ora bisogna concentrarsi per lo più sulle conseguenze pratiche che ha avuto il rigetto nella missione di Gesù. Con ciò infatti si entra nella dialettica tra questa e la reazione che ne segue, che a livello narrativo aveva segnato profondamente anche il gioco tra gli occhi e gli orecchi dei destinatari. In questo modo, partendo dall'espansione della scena presente nel contesto immediato, verrà preparato il palcoscenico anche per le altre scene significative, e in un certo senso rivelatrici, di fronte all'ambiguità di quella iniziale. Grazie a ciò sarà ben accessibile al lettore il procedimento ermeneutico che il Terzo Vangelo come tale gli pone davanti,

---

[59] È da menzionare la tesi recente di E. Vaz, purtroppo non pubblicata per intero (dello stesso autore sono usciti invece alcuni volumi di carattere divulgativo che riprendono i diversi contenuti della tesi), che sulla base del metodo narrativo ha messo in evidenza il valore programmatico di Lc 4,16-30: *A visita de Jesus a Nazaré*.

creando a Nazaret un centro di gravitazione da cui tutto parte. Nondimeno esso ne resta sempre segnato e quindi richiede un permanente ricorso interpretativo analettico. Ciò dimostrerà sicuramente che qui ci si trova al vero e proprio cuore della missione di Gesù.

La comparsa dell'*Inviato di Dio* (cf. Gal 4,14) tra i propri compaesani in un'occasione solenne e la lettura fatta non creano problemi, essendo dei fatti normali che di per sé non promettono molto. E questa sembra essere la prospettiva della gente a Nazaret: lo fissano con gli occhi chiedendo qualcosa di più. La prima parola di Gesù riguarda dunque il compimento scritturistico, ma la reazione degli ascoltatori dice che non colgono la vera portata di questo annuncio — si interrogano sull'identità di colui che pronuncia le *parole di grazia*. Il messaggio salvifico rimane sulla superficie insinuando, sì, l'adesione temporanea, ma ispirata da ciò che veramente si sta bramando: i miracoli con cui il Profeta sarà riconoscibile e farà omaggio ai propri compatrioti. Gesù, lo dice esplicitamente nel proverbio, sa che loro si sono già preparati mentalmente, ma esitano ancora a porre in pratica. In questa dialettica emotiva stupisce il commento che Egli fa del proverbio, sempre in nome del popolo: le guarigioni a Cafarnao, che verranno narrate successivamente sono proiettate indietro, ma non da Gesù, bensì dalla gente stessa la cui intenzione viene smascherata molto efficacemente. Non è strano, perciò, che d'ora in poi restino muti, feriti gravemente nel più intimo dei loro cuori; sperando che fosse Gesù a soddisfare quel desiderio crescente che non può che provocare ansia e conseguentemente sospetto[60].

Dal punto di vista psicologico l'obiezione dei Nazaretani affonda le radici in un ragionamento tipico di chi cerca la propria sicurezza ponendo lo sguardo su di un altro (cf. Gv 21,20-21). Situandola narrativamente si ha a che fare con l'anacronismo che la Parola autorevole di Gesù curiosamente è interessata a porre in rilievo. Prendendo sul serio la pressante richiesta dell'uditorio di operare *quello che accadde* altro-

---

[60] L'importanza del tema dei *miracoli* quali segni da vedere è un attributo narrativo non solo del Quarto Vangelo, ma anche del Terzo. Lo mette in rilievo P. Achtemeier («And They Followed Him», 133-135) rendendo la chiara tendenza teologica lucana a presentare, o meglio raccontare, attraverso lo sguardo, una salvezza che si fa carne in Gesù. E lo fa proprio nella cornice comunicativa di un quadro taumaturgico, comune agli altri sinottici. L'episodio di Nazaret è quindi centrale anche da questo punto di vista, poiché rimanda attraverso i miracoli ai paradigmi di fede che si cristallizzano mediante una partecipazione attiva, da parte dell'uomo, nel compimento dell'«oggi di Dio»: il senso ultimo dell'essere guariti.

ve (Lc 4,23c), il profeta deve acconsentire che lo sguardo del lettore si trasponga d'un colpo in avanti, a Cafarnao, dove i miracoli precocemente diventano realtà (cf. Lc 4,33-41). C'è lì addirittura un veritiero invito alla gioia messianica della salvezza, oramai ricevuta, che va celebrata insieme. Così non è per quanto riguarda il vedere geloso della gente; essa è talmente cieca da sciupare quel privilegio inaudito concesso gratuitamente ai suoi occhi.

La richiesta con cui Gesù riepiloga il manifesto — di *compiere la Scrittura nelle orecchie* (v. 21) — è da intendere paradossalmente proprio in questa familiarità di comunione degli sguardi con Lui, che cambia anche il modo di vedere il prossimo. Il pericolo che corre chi rinuncia a questo principio di vita sta proprio nell'allontanarsi dall'ottica divina di salvezza riflessa nel Volto di un Altro, sia questi Gesù o qualsiasi altra persona. Nel rinunciare a questa dialettica degli sguardi, di tenore reciproco e relazionale, si prende inevitabilmente una strada sbagliata, perché isolata, solitaria e quindi arbitraria (cf. Gen 4,12-16). In essa di conseguenza prende corpo il tipico scatenamento dei meccanismi propri della fenomenologia della paura[61].

Esaminiamo dunque a brevi tratti il presente caso. Più il desiderio dei miracoli cresceva, più si continuava a vedere la concorrenza nelle città vicine, dove Gesù avrebbe potuto recarsi precedentemente[62]. Facendo propria la sua iniziativa libera lo spingono a fare qualcosa per colmare almeno quella lacuna che temevano fosse colmata altrove. Ed Egli prende posizione nell'affermare cosa significhi per loro l'essere così invidiosi[63] da non percepire tutta la profondità dell'evento che sta succedendo qui ed ora. *Non accettarlo* ora significa che non l'hanno accettato nemmeno nel momento in cui gli *rendevano la testimonianza* col

---

[61] Lo studio di B. Costacurta (*La vita minacciata*, 91-277) ne offre un vasto repertorio classificando i singoli casi e ponendoli nella cornice tipologica.

[62] In questo senso è comprensibile quell'*abbiamo sentito* (Lc 4,23) che rimanda ad un'esperienza poco provata e possibilmente legata all'appena menzionato fenomeno psicologico di estraneazione dell'oggetto desiderato. Con ciò che si dice si vuole, invece, negarlo. Cf. anche una netta contrapposizione tra *Cafarnao* e *qui, nella patria tua* — una precisazione che pone un ulteriore accento sulla seconda possibilità. Cf. R. MEYNET, *Luca*, 192-193.

[63] Da notare è l'evocativa connotazione semantica del vb. lat. *in-videre* che Lc impiegherà nel libro degli Atti (cf. 5,17; 7,9; 13,45): «quasi *stornar la vista, veder di malocchio, guardar bieco*; l'invidioso, invece di fissar gli occhi sul soggetto, che eccita la sua passione, li ritorce involontariamente e con orrore. In slavo esprimesi allo stesso modo l'Odio, che dicesi niena-videti *cioè non poter vedere*» (O. PIANIGIANI, *Vocabolario*, 714).

fissar degli *occhi*. È una seconda grande rivelazione provocatoria che Gesù concede ai suoi, impiegando a sua volta un proverbio, la cui forza assertoria non lascia alcun dubbio circa la sua veracità. L'imbarazzo del pubblico è ben immaginabile, ma non è ancora la fine.

L'ultimo passaggio che il Profeta immediatamente aggiunge è ancor più radicale. Il posto dei Nazaretani è ora occupato dai pagani dei quali non viene precisato il comportamento; tuttavia molto ben conosciuto dal lettore come dall'uditorio. In entrambi i casi la fede e una buona disposizione ad accogliere la salvezza garantiscono il successo missionario dei profeti del passato. Da una parte, dunque, Gesù rivolge loro un insegnamento di per sé positivo, cambiando solo la prospettiva: facendo, cioè, un'affermazione che lo riguarda personalmente. A chi era mandato? Chi sono i suoi destinatari? Dal contesto risulta chiaro che lo era la gente di Nazaret, anzi, era invitata a esserlo dalle due proclamazioni solenni (vv. 18-19.22). È proprio lì che nasce l'interrogativo sul carattere definitivo del distacco missionario di Gesù: la missione a Nazaret è finita una volta per sempre, sono davvero gli altri a trarne il profitto?[64] Il suo modo stesso di procedere dice esattamente questo e ora non si può tacere: il silenzio forzato si risolve in un tumulto terrificante e pazzesco nella sua imprevedibilità e forza distruttiva. La pazienza del popolo è finita, anch'essi rompono definitivamente con colui che si sperava fosse un eroe nazionale.

L'insuccesso di Gesù è da pensare quindi nelle categorie dell'essere e dell'apparire[65]: c'è stato un fraintendimento reciproco. Egli ha predi-

---

[64] Nel contesto presente la scelta dei due pagani non sembra avere un ruolo decisivo per valutare la reazione dei Nazaretani. Il discorso precedente ha mostrato che non erano riusciti nemmeno a liberarsi dai pregiudizi che avevano nei confronti dei propri connazionali. A quanto pare, la questione qui non è tanto che siano i gentili o no a sperimentare i miracoli, ma che se ne sono privati proprio loro, in quel momento preciso di aspettative alzate al massimo. Perciò quest'ultimo riferimento scritturistico che, senza dubbio, disegna il programma missionario in At e traccia i suoi futuri prerogativi, finisce con il malinteso, come nei due casi precedenti — i destinatari della salvezza si fanno incapaci di comprendere che senso assume il loro comportamento nel disegno salvifico. Non si riconoscono infatti parte integrante di quell'Israele di cui parlano pur in modo particolare gli esempi profetici nei vv. 25-27.

[65] La tensione tra le categorie semiotiche menzionate in riferimento a Lc 4,14–9,51 accenna J.-N. Aletti (*L'arte di raccontare*, 69-70). Su questo si gioca soprattutto a Nazaret, ove vengono superati in modo grottesco i limiti stessi di un tale contrasto: il *riconoscimento* è impossibile già in partenza, perché l'unico modello possibile è quello preparato in anticipo. Ogni tentativo di Gesù di irrompere positivamente in esso, dando criteri nuovi, incontra la chiusura totale e così tutto si riduce ad una mera

cato invano e nella stessa maniera la gente ha aspettato invano — un bell'esempio di comunicazione per niente riuscita. Il lettore si domanda perché e la risposta non è difficile: a motivo della cecità dei destinatari, una cecità voluta e per questo tanto grave quanto inguaribile. La controparte della storia di Nazaret ha dunque la funzione di presentare gli effettivi riceventi delle guarigioni: e sono proprio gli abitanti di Cafarnao ricordati poco prima. Non sono stati forse i Nazaretani a suggerire questa scelta? In ogni caso, con ciò si deve cogliere con attenzione l'ironia narrativa che è al servizio del lettore fin dalle prime pagine del Vangelo (cf. Lc 1,5-25). L'accoglienza e l'apertura straordinarie di questa gente rendono possibile la missione successiva di Gesù, messa in crisi al momento del debutto e quindi nell'attimo più vulnerabile. È anche l'illustrazione positiva immediata del proverbio rivolto ai Nazaretani (4,24) che giustifica il cammino incessante di Questi. Si allontanerà anche da lì per raggiungere i luoghi più distanti, ma anche più bisognosi della sua apparizione salvifica. Qui è interessante osservare un simile progredire dell'atteggiamento della gente: si interrogano prima, ma non più sulla sua identità — saranno proprio i demoni a rivelarla! — bensì sulla sua parola potente[66]. Alla fine lo *cercano* con insistenza, lo vogliono trattenere ma qui è di nuovo Gesù che persegue la volontà di Dio, inarrestabile in alcun modo.

Il lettore ormai può interpretare tutta la storia: sia il rigetto sia l'accoglienza hanno a che fare con la fede in Gesù e proprio quella fa i miracoli, rendendo l'uomo capace di riconoscere i segni prominenti della salvezza che è tutta da vedere. A differenza di Nazaret, a Cafarnao il narratore accenna in modo molto discreto a cosa spinga la gente a tale decisione; come essi vedano il Profeta. L'accento è senza dubbio posto

---

finzione: con il rifiuto la situazione non cambia per nulla, perché rimane posto il problema dell'identità.

[66] Cf. λόγοι τῆς χάριτος (v. 22) e la formulazione simile delle domande nei vv. 22b.36b. L'interessarsi del messaggio salvifico di Gesù è ciò che difatti è mancato ai Nazaretani. A Cafarnao la questione principale è come reagire di fronte all'attività proficua del Profeta, come risponderle adeguatamente. Però, non si sbaglierà nel pensare che la prima iniziativa da provocare i miracoli è stata comunque loro: una disposizione buona, ossia la fede accogliente di cui la testimonianza è la proiezione interna del racconto sui destinatari. A Nazaret succede esattamente il contrario: l'oggetto della macchina da presa è unicamente Gesù. Così nel primo caso si ritorna in un certo modo alla prospettiva che ha aperto e contrassegnato in seguito il vangelo dell'infanzia: lo sguardo favorevole di Dio rivolto agli *anawîm,* la cui fede è esemplare, dà l'impulso principale all'iniziativa divina. Cf. sopra: pp. 130 (n. 35). A proposito del considerare le guarigioni come gli effetti della visita di Dio cf. Lc 7,16.

sui destinatari beneficiati dalla gratuità del dono divino. Tuttavia l'ultimo riferimento al *cercare* Gesù è significativo perché presuppone già un vivo desiderio di un contatto visivo — lo spiegherà a fondo la storia di Zaccheo (Lc 19,1-10).

3.2 *Compiersi negli occhi o negli orecchi?*

La narrazione successiva è profondamente segnata dalla storia drammatica degli inizi a Nazaret. Gesù è sempre in cammino verso un altrove, in cerca dei discepoli che ne testimonieranno la presenza salvifica. A differenza degli altri sinottici, Luca colloca la vocazione dei primi discepoli in un contesto assai diverso: Gesù è ormai quasi sempre accompagnato dalla *folla* che tiene tanto ad *ascoltarlo*[67] facendo, anzi, *ressa* intorno (Lc 5,2; cf. 4,42). È esattamente qui, in mezzo alle folle alle quali Egli *insegna* (3b) che avviene l'elezione di due coppie di fratelli a cui viene concessa la pesca miracolosa. A Luca piace presentare Gesù in circostanze spettacolari. Egli è al centro dell'attenzione, e deve esserlo per poter illustrare il proprio detto con il quale riassumerà la propria attività svolta fino ad allora (cf. Lc 8,16). I particolari del racconto sono interessanti, perché mettono in risalto il solito spettacolo lucano: vi prende rilievo anche la figura di Pietro la cui fede si radica in modo esemplare nella *parola* stessa di Gesù (5b). Dopo aver assistito al miracolo, s'inginocchia *vedendo* davanti a Gesù (8). Il lettore non può rimanere indifferente all'interrogativo: che cosa *vede* costui, — ma il testo non lo dice esplicitamente. Però, la seguente nozione dello *stupore per la pesca* (9) e l'atto stesso di Pietro[68], lasciano suggerire che sia Gesù l'oggetto del vedere. Questa ambiguità voluta dal narratore rende più esplicito il punto di focalizzazione interna del racconto: è la fede di Pietro. Essa ha preparato e accompagnato il miracolo e ugualmente ha

---

[67] Cf. par Mc 1,16-20; Mt 4,18-22. È nota la formulazione della frase: ἀκούειν τὸν λόγον τοῦ θεοῦ, — che fortemente contraddistingue la teologia lucana della *Parola*: cf. S. PANIMOLLE, *Discorso di Pietro*, II, 95-106. Ed è la prima volta che Lc sottolinea l'effetto positivo dell'ascolto nella cornice narrativa del ministero di Gesù (cf. Lc 4,28). Un breve, ma informativo *excursus* a proposito si trova in: F. BOVON, *Luca*, I, 271-272.

[68] L'assonanza con l'episodio della guarigione dell'indemoniato (8,28) è evidente: ἰδὼν δὲ τὸν Ἰησοῦν προσέπεσεν αὐτῷ. L'episodio che immediatamente succede alla pesca sul lago è ancor più provante, vista l'esemplarità della fede del *lebbroso* (Lc 4,12): ἰδὼν δὲ τὸν Ἰησοῦν, πεσὼν ἐπὶ πρόσωπον. Cf. la frequenza di questo motivo nel Primo Testamento: cf. Gen 48,11-12; 1 Sam 25,23-24 (davanti agli uomini); Esd 9,5-6; Is 66,12-16; Dn 10,4-10 (davanti a Dio / al divino).

reso efficace quel compimento che era stato il pomo della discordia a Nazaret. La stessa fede nel messia ora si manifesta nel vedere quello che è impossibile e insopportabile agli occhi umani. Non sarà forse questo a condizionare la abile e subitanea risposta del *corifeo* degli apostoli al quesito del Maestro riguardante la sua identità (Lc 9,18.20)?

Un nuovo accento sulla diffusione della *fama* di Gesù (Lc 5,15; cf. 4,14.37) è accompagnato dalla menzione di *folle numerose* che vengono *per ascoltare*. Le guarigioni che nel testo sono collegate con l'ascolto (καί) sono infatti le rappresentazioni vive della certezza che il popolo ripone nella persona messianica di Gesù: vengono *per essere guariti*! Anzi, il loro ascolto ubbidiente rende efficaci le stesse guarigioni. Inoltre l'ascolto accenna al compimento delle parole di Gesù negli orecchi di costoro — ciò che è mancato, invece, a Nazaret. La guarigione del *paralitico* ambientata in una casa affollata mostra con evidenza che in tutto questo ci sia la fede; quasi un segno paradossale dell'intimità e della divulgazione estrema dell'annuncio salvifico[69]. Luca insiste in particolar modo sul desiderio degli interessati di mettere il malato *davanti agli occhi* di Gesù (cf. 5,18-19: ἐνώπιον / ἔμπροσθεν). Vi è presente anche tutto il gioco tra il *cercare* e *non trovare* che nel racconto della visita dei *pastori* era riferito in modo inverso al riconoscimento visivo del bambino (cf. 2,15-16). Con l'accenno conclusivo sulla posizione centrale del *lettuccio* (εἰς τὸ μέσον; cf. 6,8) il palcoscenico viene preparato: la guarigione si presenterà appunto come l'attuazione dello sguardo favorevole di Dio al quale spetta un'adeguata risposta umana[70]. La fine del racconto ne dà un'esemplificazione bril-

---

[69] In par Mc 2,1-2 ciò è presentato in modo grottesco: sembra peraltro che qui il narratore giochi tra il desiderio di Gesù di allontanarsi dalle folle in un luogo solitario (cf. Mc 1,45) e il continuo affollamento che non gli permette di nascondersi. In Lc comunque questa dinamica è attenuata a favore dello spettacolo: al centro della scena non sono tanto gli uomini che portano il malato quanto Gesù stesso.

[70] Cf. la stessa dinamica all'inizio del vangelo dell'infanzia (Lc 1,15-17.25.48.75-76). In Lc 5,17-26 abbiamo a che fare dunque con la realizzazione in Gesù di quelle allusioni di carattere globale che avevano creato un panorama salvifico dei prodigi di Dio a favore degli *anawîm*. Il fatto che qui Gesù agisca e operi miracoli dice al lettore che significato ha la sua presenza proprio in mezzo al popolo: la salvezza promessa ormai è accessibile, ma solo a quanti ne riescono a percepire la vicinanza. Nel nostro caso è significativo che la guarigione venga messa in relazione con il contatto visivo con Gesù. Il testo non spiega se sia Egli a prorompere cogli occhi nella sfera della debolezza umana oppure a farlo sia il malato, contemplandolo senza impedimenti. Ciò nonostante Gesù stesso ancora una volta menziona solo la *fede* di quelli che lo cercano con insistenza.

lante: alla lode dell'uomo guarito risponde quella degli spettatori del miracolo, collegata con l' ἔκστασις e φόβος — due sentimenti eminentemente evocativi, per di più messi a confronto in Lc 5,26. È la reazione comprensibile di fronte ai παράδοξα che *hanno visto oggi*[71]. Ancora, è legittimo chiedersi a chi / che cosa si riferisca quest'appellativo unico in Lc. L'organizzazione della scena nondimeno suggerisce che Gesù non ne viene escluso, dal momento che ha riempito di senso nuovo quell'*oggi* in cui ormai si è iscritta la storia umana. È infatti quell'oggi del compimento scritturistico che la gente di Nazaret aveva svuotato di senso e il narratore mostra proprio qui che ciò avviene per forza negli occhi dei *testimoni oculari* del miracolo (cf. Lc 1,1). Il richiamo testuale, menzionato in qualche modo, predilige sia il riconoscimento della grandezza del Profeta sia l'apertura degli occhi del pubblico alla pienezza del momento presente, che a Nazaret si era trasformato nella banalità e quotidianità del tempo profano.

Il susseguirsi dei miracoli viene interrotto dalla seconda chiamata, dei *Dodici* (Lc 6,12-16), con cui si entra nel lungo insegnamento di Gesù. L'apertura del discorso della pianura in Lc è più illustrativa che in Mt (cf. Lc 6,17-19; Mt 5,1). Gesù finalmente *si ferma* (ἔστη; cf. Lc 4,16) per pronunciare un secondo grande discorso, in un'atmosfera dell'apertura estrema al pubblico (cf. Mt 5,1-2). Di nuovo qui sono riunite le folle di diversa provenienza[72] con il solito obiettivo di *ascoltarlo e farsi guarire* (Lc 6,18; cf. 5,15). Il motivo del *cercare* Gesù, questa volta collegato con il *toccare,* ricorda al lettore la sua postura ineguagliabile. Il suo insegnamento rivolto a *coloro che ascoltano* (Lc 6,27) comprende nella sua parte centrale una parabola e l'istruzione che ne spiega il senso (39-42). Il tema che le unisce è la *cecità.* Nel contesto lucano sono soprattutto i discepoli a essere ammoniti dal pericolo di false pretese (cf. Mt 15,14). Il *vedere* (βλέπω) *la pagliuzza nell'occhio*

---

[71] Il contesto sinottico e quello di At aiuta a precisare il significato del *paradosso* lucano. In Mc 16,8 la reazione analoga (τρόμος καὶ ἔκστασις) alle parole dell'angelo induce nel tacere le *donne* che *fuggono* dal sepolcro. In At 3,10 la guarigione dello *storpio* causa nella gente θάμβος e ἔκστασις. In entrambi i casi è comunque a causa del *vedere*: cf. Mc 16,5.7; At 3,9. In At, oltre a ciò, l'ἔκστασις viene a significare la visione carismatica di tipo profetico: cf. At 10,10; 11,5; 22,17.

[72] Per la prima volta viene nominata la *gran folla dei discepoli* che sembra quantitativamente corrispondere alla *gran moltitudine di gente* — un fatto che mette in evidenza la grande adesione del popolo al messaggio e alle opere prodigiose di Gesù durante i primi passaggi in Galilea. L'accento sulla totalità nei vv. 17-19 (3x) e sull'efficacia delle guarigioni (3x) crea un clima estremamente solenne e esalta la figura straordinariamente potente di Gesù: δύναμις παρ' αὐτοῦ ἐξήρχετο (Lc 6,19).

del fratello illustra appunto un atteggiamento presuntuoso che non fa i conti con la verità dell'uomo in quanto peccatore. In questa linea il lettore è invitato a rivedere la sua condotta nei confronti del prossimo (διαβλέπω), ma insieme anche a porsi la domanda: cosa significa vedere autenticamente e a quali condizioni?[73]

Perciò la necessità di *togliere la trave dal* proprio *occhio* apre degli orizzonti nuovi per valutare il passato del racconto in cui erano stati i Nazaretani gli unici ai quali erano applicabili le parole sopra menzionate. Si ribadisce con sempre più insistenza che la visione come tale deve essere radicata nel riconoscimento reciproco[74], che apra la strada alla conoscenza più profonda delle esigenze del Dio misericordioso e faccia fruttificare quell'*albero cattivo* (cf. Lc 6,43) dapprima rappresentato dai Nazaretani e reso fruttuoso dalle altre città (cf. 4,31-43). Per dare il compimento alle parole e alla missione di Gesù serve dunque un occhio benevolo verso gli altri. Il narratore però si mostra ben interessato a rimandare questo compimento alle pagine successive del suo capolavoro, ponendo in cambio l'occhio sul compimento che coinvolge al massimo il lettore, che è quello avvenuto negli orecchi; per dare forse, ancora una volta, una risposta positiva alla sordità dei Nazaretani che ha segnato così profondamente il cammino della Parola in Lc, finalmente giunta al compimento...

La ripresa dei miracoli — il segno eminente del compimento — avviene con il ritorno di Gesù a Cafarnao e ne precede infatti un'importante nozione sul *compiere tutte le sue parole nell'udito del popolo* da parte di Questi (Lc 7,1)! Non è senza significato questo ritorno, preceduto dal compimento: il lettore riconosce subito lo schema che vigeva a Nazaret. Il compimento fallito della Scrittura allora aveva spinto Gesù ad andare altrove, a Cafarnao. Adesso tutto si rovescia. Luca, pur avendo nella penna la parola *«udito»* cerca volutamente di riscrivere anche la trama del *vedere* sviluppata finora. Sotto la scia dell'*ascolto* tutto

---

[73] Bisogna sottolineare la forza comunicativa del secondo detto (vv. 41-42) con lo stile diretto che coinvolge fortemente il lettore, passando in rassegna diversi esempi immaginosi della sequenza (Lc 6,39-49) in cui il posto di rilievo occupa certamente il «simbolismo dell'ombra e della luce, della cecità e della vista» (F. BOVON, *Luca*, I, 390). È particolarmente interessante la spiegazione che trae del detto l'esegeta svizzero a livello antropologico: *Ibid.*, 392-393.

[74] Da questo punto di vista è suggestiva la scelta lessicale lucana con cui il «giudice» viene invitato a rivedere se stesso, e cioè *osservare*: κατανοέω (Lc 6,41). L'impronta *noetica* dello stesso atto del *vedere* aiuta il lettore a intuire un collegamento strategico tra l'intensità dello sguardo espressa dai verbi della radice βλεπ- e il cammino della conoscenza-riconoscimento ivi implicito.

intraprende dunque un buon inizio. Il racconto non si blocca infatti con la rottura provocata nel cammino del vedere dagli occhi impazienti dei Nazaretani. A prescindere da ciò esso invita il lettore a riflettere sulla portata comunicativa del *compimento*. Un punto di raccordo fra l'ascolto e visione, ma pure fra la narrativa precedente e quella che qui si inaugura, è da ricercare proprio lì.

Ripartendo di nuovo, il lettore, assiduo nel seguire il filo narrativo del vangelo, si ritrova dunque a Cafarnao dove i miracoli non mancano, nonostante che già in Lc 4,42-43 Gesù stesso avesse rinunciato all'eccessivo entusiasmo desiderando *trattenerlo* tra le folle da Lui beneficiate (cf. 9,33). Sono infatti gli uomini e le donne che nel seguirlo si autodichiarano bisognosi e in quel modo suppliscono alla strategia comunicativa del piano di Dio. Il *centurione* infatti è il primo rappresentante pagano degli *anawîm* da soccorrere con cui il Volto compassionevole di Gesù entra in un rapporto vivo, anche se in modo celato. L'accento specifico lucano è posto proprio sull'assenza di un contatto diretto tra di loro. Il ruolo dei mediatori è assegnato ai sudditi del militare. Tutto inizia con l'*ascolto*, in senso profano, che questi presta a ciò che riguarda Gesù (v. 3: ἀκούσας δὲ περὶ τοῦ Ἰησοῦ). La narrazione seguente è costruita sulla dinamica del suo volontario non vedere, ma riconoscere chi è Gesù (6). A questo punto si profila la sua *fede* esemplare (9) che si presenta come la quintessenza del giusto comportamento di fronte all'iniziativa divina.

L'umile e docile ascolto di solamente ciò che di Lui si diceva in giro ha prodotto un effetto straordinario in un pagano — non è forse il caso qui di un'allusione implicita a Lc 4,25-27, dove era chiaro che cosa era necessario per dare il *compimento* alla Scrittura?[75] La fede del centu-

---

[75] Tra i due esempi citati in Lc 4,25-27 è sicuramente quello di Nàaman a esser preso in considerazione (cf. 2 Re 5,1-19). Infatti, anch'egli era il *capo dell'esercito* (1). La dinamica del racconto, pur essendoci delle differenze, è molto simile, perché tutto è orientato verso l'incontro con il profeta (15-19), il cui punto di maggior tensione è da trovare nei vv. 9-12. Nàaman è alle porte della casa di Eliseo e questi manda un messaggero per riferire al primo la volonta di Dio! A parte l'ironia narrativa, qui è accentuato il desiderio di Nàaman di vederlo di persona per ottenere un contatto fisico (11) che finalmente si realizza, ma solo dopo che questi ha mostrato la disponibilità nei confronti del profeta, eseguendone l'ordine. Applicando ciò al racconto evangelico si riesce a distinguere meglio l'esemplarità della condotta del centurione. Per questi un incontro a tu per tu con Gesù non è nemmeno pensabile — il miracolo avviene dunque nel momento stesso, quando gli fa riferire parole piene di fiducia (Lc 7,6-8). Facendo un ulteriore passo e ricapitolando tutto a Nazaret si vede bene la drammatica di ciò che era successo. L'estrema vicinanza al Profeta, a sua volta unito al popolo

rione, e il miracolo ottenuto grazie a questa, fanno sì che il lettore capisca qual è la condizione necessaria per accogliere la salvezza. L'assenza di alcun riferimento al *vedere* rafforza ancora di più la grandezza di quella Fede, che guarda l'invisibile già nel momento stesso in cui rinuncia all'aspetto visibile di chi è così vicino (cf. Gv 20,29).

La dialettica tra gli occhi e gli orecchi, che il manifesto di Nazaret ha svelato, si sviluppa dunque in una direzione che sembra mettere più in rilievo l'essenzialità dell'ascolto come presupposto fondamentale per credere nel compimento. Avvenuto negli orecchi, ciò non cancella però la possibilità di una simile trasformazione degli occhi. Al lettore spetta solo di lasciarsi guidare dall'asse prolettica della narrazione che già accenna all'importanza del vedere, un'esperienza centrale nel futuro cammino del lettore, che sarà sempre sulla scia del compimento (cf. 9,51).

3.3 *Dalla fissazione degli occhi alla cecità*

Le storie successive del Vangelo offrono al lettore l'intelligenza di un altro paradosso che non si risolve a livello del compimento. Il problema della cecità suscitato a Nazaret, e ribadito nel discorso della pianura (6,39), richiede una spiegazione nonché un approfondimento, perché sia smascherata la sua vera ragione. A tal proposito risulta qui costitutivo un nuovo sommario che ricapitola il miracolo della risurrezione del figlio della vedova di Nain (7,11-17) e pone chiaramente il problema del riconoscimento. La comparsa del *grande profeta* è qui per la prima volta connessa con la *visita* di Dio. Essa è da pensare, il lettore ormai lo sa (cf. Lc 1,68.78b), nelle categorie di un'autentica manifestazione, ossia *epifania*. In questo contesto sorge la domanda più esplicita sull'identità di Gesù, che il narratore suole sottolineare con la ripetizione (Lc 7,19-20). Gli inviati di Giovanni, secondo Luca (cf. par Mt 11,3-4), ancor prima di ricevere una risposta da Gesù, diventano testimoni delle numerose guarigioni, tra le quali, il *dono della vista ai ciechi* pare riassumere tutta l'attività del Profeta (Lc 7,21)[76]. Le parole di Gesù non

---

anche con i legami di parentela (cf. Mc 6,3; Mt 13,55-56), non era servita a nulla. E ciò che sembra determinare o almeno avviare quel fallimento inaudito sono gli *occhi* stessi dei Nazaretani che lo *fissarono*. Ci torneremo al momento delle conclusioni.

[76] Infatti è l'unico riferimento concreto ai destinatari. Cf. D. Hamm («Sight to the Blind», 460-461) che coglie tutta la particolarità di questo v. redazionale di Lc e gli attribuisce un significato considerevole nel quadro della tematica del *vedere*. La posta in gioco di questo brevissimo sommario determina anche la comprensione dell'insieme e cioè, fa spingere la domanda su chi sono i destinatari privilegiati del

fanno altro che confermare questa ipotesi[77]. Basti guardare il contesto immediato per accorgersi dell'accento sul *vedere* che ora, però, curiosamente riguarda Giovanni (24-26). Il quesito sull'identità gesuana perde dunque ogni attualità di fronte ai fatti straordinari che la qualificano e ne dànno un'immagine *a fortiori*. E bisogna essere ciechi per non vedere chi è costui che si manifesta solennemente nelle opere compiute (cf. Gv 10,25).

Un terzo grande discorso di Gesù concernente la parabola del *seminatore* (Lc 8,4-15) ha la funzione di dare un solido insegnamento circa l'ascolto della Parola di Dio, ma anche di illustrare la verità del detto isaiano (Is 6,9) che d'ora in poi sarà il criterio principale di discernimento: le *folle* che continuano ad *accorrere* a Lui (Lc 8,4) non sono per niente consapevoli di chi sta davanti e cosa dice? La necessità stessa di celare il messaggio salvifico in parabole nasce quindi in un contesto assai diverso da quello che caratterizzava l'apertura del ministero di

---

messaggio salvifico. La soluzione, a quanto pare, non verrà data che nelle sezioni successive del Vangelo: si vedano Lc 18,31-43; 24,13-33b.

Inoltre, l'esperienza che fanno gli inviati è circostritta con il binomio lucano preferenziale (εἴδετε καὶ ἠκούσατε) che segnala la totalità e la pienezza della percezione in quanto tale. Rifacedosi alla storia della visita dei *pastori*, dove si trovava la prima ricorrenza di questa formula (Lc 2,20), si deve notare uno sviluppo dell'intensità: qui è il *bambino* a condizionare l'esperienza salvifica dei *pastori*, lì invece sono le persone guarite, insieme a Gesù, evidentemente, a rappresentare la venuta dei tempi messianici.

[77] Nell'elenco del v. 22 i *ciechi* vengono menzionati per primi e, diversamente dal passo sinottico parallelo (Mt 11,5), formano un'unità più netta con altre tre gruppi:

Mt 11,5	τυφλοὶ ἀναβλέπουσιν	Lc 7,22	τυφλοὶ ἀναβλέπουσιν,
	καὶ χωλοὶ περιπατοῦσιν,		χωλοὶ περιπατοῦσιν,
	λεπροὶ καθαρίζονται		λεπροὶ καθαρίζονται
	καὶ κωφοὶ ἀκούουσιν,		**καὶ** κωφοὶ ἀκούουσιν,
	καὶ νεκροὶ ἐγείρονται		νεκροὶ ἐγείρονται,
	καὶ πτωχοὶ εὐαγγελίζονται		πτωχοὶ εὐαγγελίζονται

Così alla fine (Lc 22d) vengono proprio i *sordi* come parte integrante della messa in gioco dell'«ascolto» e della «visione». Invece, stanno un pò a parte i due ultimi gruppi della sentenza: i *morti* e i *poveri*. Con il primo ci si riferisce al miracolo di Nain appena raccontato e il secondo racchiude in sé tutti i destinatari della buona novella abbozzati anche in Lc 4,18-19. Così i due poli di gravitazione sarebbero i *ciechi* e i *morti* tra i quali, in verità, esiste un nesso importante, se parliamo a livello più spirituale. La metafora della cecità assumerebbe in questo caso il carattere profondo della morte spirituale che Gesù è venuto a restaurare nella vita. Comunque questa supposizione andrà provata nel contesto successivo che fornirà degli esempi emblematici: cf. tutta la sezione Lc 18,31–19,10.

Gesù a Nazaret. Lo svilimento iniziale ha contrassegnato in qualche modo il procedimento della missione in cui la domanda chiave era stata sempre e rimane ancora la stessa: chi è Gesù[78]. Il rigetto iniziale ha svelato dunque l'incapacità oggettiva dell'essere umano di giungere alla conoscenza dei *misteri del regno di Dio* (10). Gli stessi discepoli riescono a superarne i limiti solo coll'aiuto del Maestro e qui è necessario entrare nell'elaborazione tipicamente lucana della parabola. Ne denota l'accento soprattutto l'aggiunta del v. 12: *perché non credano e così siano salvati* (cf. par Mc 4,15; Mt 13,19). Qui si uniscono i tre concetti che nell'opera di Luca stanno sempre, implicitamente o esplicitamente, a fianco di quello del *vedere*: l'*ascolto*, la *fede*, la *salvezza*. Il contesto parabolico fa coinvolgere al massimo il lettore che usa lo schema ermeneutico proposto anche per valutare il passato del racconto, dove i cenni sull'*ascoltare* e *vedere,* un po' dispersi e a volte intenzionalmente mescolati, formano un quadro unitario. C'è da interrogarsi tuttavia circa il loro rapporto reciproco in vista della presentazione che ambedue fanno di Gesù. Che cosa è più urgente e quindi indispensabile per essere salvati: ascoltarlo o vederlo? Oppure una domanda del genere rischia di sbagliare completamente la prospettiva del Vangelo[79]?

La risposta sembra essere contenuta nel detto sulla vera famiglia (Lc 8,19-21) che per la prima volta svela in maniera esplicita l'interesse lucano al motivo del «vedere Gesù». La situazione è descritta da Luca nel suo modo tipico: la *madre* e i *fratelli* sono ostacolati dalla folla nel loro pio desiderio di *veder*lo (ἰδεῖν; cf. Lc 19,3)[80]. Riferito ciò, Gesù

---

[78] J.-N. Aletti (*L'arte di raccontare*, 51-70) esamina molto attentamente lo sviluppo e l'attualità di questo motivo in tutta la sezione (Lc 4,14–9,51); gli dedica, inoltre, lo spazio narrativo più ampio, di tutto il vangelo, ricostruendo la «cristologia narrativa» dell'opera lucana in: ID., *Le Jésus de Luc*. Nella nostra analisi siamo guidati comunque dalla preoccupazione che tocca più la tematica scelta. Perciò, non pochi passi rappresentativi a questo proposito ne sono esclusi, anche se alcuni sono interessanti, proprio perché accennano una dinamica del guardare / vedere da parte di Gesù sempre in connessione con il problema dell'identità: cf. Lc 7,11-17.36-50; nel Vangelo di Marco: cf. la tesi recente di J. Palachuvattil (vedasi nella bibliografia).

[79] Sulle particolarità redazionali di Luca nell'inquadrare la pericope nel contesto presente (Lc 8,4-21) si vedano: B. PRETE, *L'opera di Luca*, 194; S. PANIMOLLE, «La dottrina dell'ascolto», 150-153. Per il percorso che facciamo è indicativo il collegamento che qui viene creato tra i tre detti che si spiegano a vicenda: la parabola, il detto sulla *lucerna* e quello sulla vera famiglia (cf. par Mc 4,3-25; Mt 13,3-23).

[80] Cf. par Mc 3,31-35; Mt 12,46-50. Il detto di per sé non intende compromettere l'atteggiamento dei familiari, bensì preserva l'insegnamento di Gesù sull'ascolto dai fraintendimenti e perciò si riferisce per lo più al suo uditorio. Nella linea di «riabilitazione» dei parenti di Gesù è anche il commentario di R. Meynet (*Luca*, 360).

reagisce con una sentenza molto chiara: il solo ascolto e la messa in pratica della Parola possono fare di ognuno un suo parente (cf. Lc 3,8)! Dal punto di vista comunicativo è da notare che Gesù intenzionalmente non solo cambia la prospettiva visiva accennata, ma corregge anche l'impostazione stessa del quesito: nessuno può trattenerlo nella missione che sta svolgendo. È unicamente l'*ascolto* della sua parola che permette all'uomo di avvicinarsi a Lui, anzi, diventare perfino suo consanguineo[81]. Curiosamente a Nazaret era successo proprio il contrario: ai concittadini che lo guardavano liberamente era stato tolto quel privilegio, nonché l'onore di essere destinatari della Parola. La parabola del seminatore, insieme al detto appena esaminato, spiega dunque bene il dramma dei Nazaretani: non hanno portato frutto e invece di prendere sul serio le parole di compimento si sono fermati all'aspetto di Gesù, sperando di ricavare profitto da colui che credevano avrebbe esaudito tutti i loro desideri. In questo dunque consiste la loro cecità che, in modo molto più attenuato, è simboleggiata dal comportamento dei parenti del messia. Si impone intanto la domanda: non è forse questa la vera ragione per cui sulla bocca di Gesù prevale l'insegnamento sull'ascolto? Il lettore ovviamente sa approfondire il quesito tentando di capire cosa manca ai destinatari della buona novella per superare il limite esternamente invalicabile della cecità. Nel frattempo il narratore ne ricava profitto evitando di porre in rilievo gli accenni ben chiari al vedere. Il gioco tra gli occhi e gli orecchi, in cui solamente la Parola trova compimento, era servito proprio a questo: insinuare l'attesa, ma anche la risposta attiva da parte del lettore all'*oggi* messianico, destinato a compiersi sicuramente anche nei suoi occhi.

Il desiderio di «vedere Gesù» è stato dunque respinto in un chiaro contesto di superiorità dell'ascolto. Al lettore non sfugge però l'insistenza con cui il narratore continua a ribadire questo, in contesti alquanto diversi. Infatti, dell'esperienza visiva si parla sempre con più insistenza e la scena della trasfigurazione mette in risalto la predilezio-

---

[81] Nell'esaminare questo detto conclusivo della sequenza (Lc 8,4-21) è doveroso rifarsi al detto sulla *lucerna* (16-18) che secondo alcuni studiosi potrebbe essere applicato a Gesù stesso (lo *status questionis* del problema vedasi in: B. PRETE, *L'opera di Luca*, 202). Ciò confermerebbe anche l'accento redazionale di Luca sul «vedere Gesù» nel detto successivo (19-21). Comunque le difficoltà di fare una scelta del genere non mancano, perciò è più ragionevole rimandare la sua interpretazione al detto che fa da doppione con il presente (Lc 11,33), dove il contesto è molto chiaro e può servire da conferma che «l'immagine della lampada [...] può essere applicata efficacemente a illustrare compiti e situazioni diverse» (*Ibid.*).

ne lucana per una rappresentazione estetica degli eventi teofanici per eccellenza: narrativamente tutto comincia con il *vedere* dei discepoli, risvegliati dal sonno nel momento dell'apparizione dei due profeti (Lc 9,32). Nella descrizione precedente del *volto* e della *veste* di Gesù[82] si percepisce però l'ironia del narratore che non fa assistere subito i discepoli alla manifestazione per eccellenza del Maestro. Nonostante ciò viene concesso ad essi e, in tempo utile, questo privilegio: *vedono la sua gloria* (32). Il lettore abituato ai costanti ricorsi al passato non sbaglierà, se ne vedrà ancora uno qui: l'inno di Simeone (2,32), dove è il bambino a esser la *gloria d'Israele*. Come a dire che Gesù trasfigurato realizza il programma teologico dell'*ouverture* anticipando in qualche modo la benedizione che si riferirà agli *occhi* dei discepoli che *vedono* (10,23)[83].

Dal punto di vista comunicativo la trasfigurazione di Gesù in Lc tende a esprimersi in una maniera paradigmatica per ciò che precede, ma anche per ciò che segue: vi è un esplicito rimando all'inizio del suo cammino verso Gerusalemme (9,31: ἔξοδος). In riferimento all'elaborazione narrativa del nostro tema la scena della trasfigurazione è teologicamente pregnante. Tuttavia non si può fare a meno della difficoltà di esaminarla volendo seguire in modo lineare la narrativa lucana. La sfida sta nel fatto che qui si è alle prese con un vertice teologico di Lc in cui traspare matura la dialettica del vedere. In questa sede la stiamo solo introducendo, con l'aiuto del profilo ipotetico del *lettore*. Tentando quindi di stendere narrativamente il cammino degli sguardi siamo ancora ben lungi dall'abbordare adeguatamente questo testo esegeticamente bello e carico di senso. Nemmeno la dialettica del vedere insita in esso può essere indagata coerentemente, vista la mancanza dei dati oggettivi per cogliere il significato d'insieme. Alla sua scoperta contribuiscono pure dei contrasti, con i quali questa dialettica, diremmo divina, si articola. Questi contrasti ne mettono in luce la rilevanza comunicativa tipica di un'esperienza complessa. Per scoprirne l'autentico spessore si

---

[82] Un confronto sinottico con accenni sui ritocchi redazionali, caratteristici per tutto il Vangelo, nonché sulla bellezza della costruzione sintattica di Luca è presente in: G. MARCONI, «La trasfigurazione», 34-35. La struttura della pericope insieme alla sua costruzione narrativa è ben evidenziata in: F. BOVON, *Luca*, I, 573-582.

[83] In tutti i contesti menzionati il vb. della vista è ὁράω. La sua portata simbolica, solo accennata nel detto sulla vera famiglia, trova qui eminente espressione. Cercheremo di evidenziarne l'indole comunicativa alla fine del percorso esegetico di questa seconda parte, dedicata, appunto, a raccogliere le diverse tipologie del *vedere*, dotate ciascuna di un vocabolario specifico.

guardi dunque con speranza a una più completa attuazione del cammino tematico da noi appena intrapreso.

In linea di massima, il lettore arriva finalmente a constatare un nuovo compimento che nondimeno ne avvia già in partenza un altro, quello definitivo e più che mai misterioso: finirà infatti con la morte e passione di Gesù. Ne parla il secondo annuncio della passione (43-45) in cui, per la prima volta e con una tonalità stridente, appare il motivo dell'*incomprensione* da parte dei discepoli. Qui di nuovo tutto è retto dalla dinamica dell'ascolto, esplicitato dal narratore nell'appello diretto di Gesù: *ponetevi negli orecchi queste parole*. È un appello paragonabile a quello fatto ai Nazaretani, dove è pronunciato per lo più il motivo del *compimento* (4,22). Al lettore infatti è stato suggerito di leggere il racconto sotto la prospettiva uditiva già nel passaggio della trasfigurazione il cui culmine è da vedere nella *voce* celeste a cui ubbidire (9,35)[84]. Il gioco abituale tra l'ascolto e la visione è presente nondimeno: l'insistenza lucana sulla *nube* e sulla *voce dalla nube* (35); lo stesso dicasi per l'ultimo accento sul vedere riassunto da un verbo al perfetto (ἑώρακαν: 36) circa tutta l'esperienza dei discepoli[85]. Curiosamente anche qui appare il motivo dell'*incomprensione* che trova il riflesso nell'eminente figura di Pietro, il cui invito è interpretato dal narratore come se fosse stato detto inconsciamente: μὴ εἰδὼς ὃ λέγει (33), — creando così il contrasto con il suo solenne riconoscimento di Gesù

---

[84] Cf. F. Bovon (*Luca*, I, 586) che sottolinea anche il «carattere decisionale dell'ascolto». G. Marconi («La trasfigurazione», 48) a sua volta mette in evidenza che «il passaggio dal piano visivo a quello uditivo in linea con la cultura semitica [...] permette alla parola di essere rivelazione — intesa anzitutto come fenomeno acustico — di quanto esperito visibilmente» e più avanti: anzitutto è un'esperienza divina, misteriosa e straordinaria. A livello comunicativo questo passaggio è emblematico, perché serve da indicazione per il lettore nel considerare tutta la storia del «vedere Gesù» in Luca, finora raccontata, un continuo viavai dell'intrinsecarsi dell'ascolto e della visione.

[85] In Mc e in Mt il gioco è ancora più evidente, perché subito dopo il comando divino entrambi aggiungono: οὐδένα εἶδον εἰ μὴ αὐτὸν Ἰησοῦν μόνον (Mt 17,8; cf. Mc 9,8). Luca a sua volta insiste soprattutto su aspetti particolari che descrivono l'esperienza soggettiva dei personaggi: i discepoli che entrano nella nube e Gesù trovatosi da solo dopo l'«apparizione» della voce (Lc 9,34.36). In entrambi i casi Luca usa la stessa costruzione grammaticale: ἐν τῷ + inf., — che di per sé già mette in parallelo i due aspetti della teofania: il visivo, in cui si immergono i discepoli, e l'uditivo, la cui presenza continua nella persona di Gesù. Cf. G. Marconi («La trasfigurazione», 49): «La voce conclude il messaggio invitando i tre discepoli a continuare il rapporto acustico (*ascoltatelo*), però con Gesù: quasi a voler significare il primato di questa tipologia relazionale con il partner umano».

(20). L'incomprensione dei discepoli contrasta anche con l'assicurazione ottimistica del Maestro (8,10), ma svela nonostante ciò la volontà divina che li guida misteriosamente e per ora nasconde loro il significato delle parole, rende cioè infecondo l'ascolto dei loro *orecchi, cosicché non percepivano ciò* (9,45)[86]. Il narratore per così dire ha scoperto le sue carte: l'incapacità percettiva dei discepoli è paradossalmente «voluta» da Dio! Il lettore finalmente riesce a collegare i diversi fili che l'avevano aiutato ad entrare nella dinamica del compimento e della cecità. L'ascolto e la visione vi trovano un posto di rilievo e sono propensi soprattutto a quel momento decisivo della storia, dove man mano il primo cederà il posto alla seconda, essendo questa l'unica rappresentazione, o meglio la spiegazione metaforica dell'enigma del Gesù crocifisso e risorto[87].

3.4 *Conclusione*

L'itinerario dei Nazaretani è emblematico per il cammino del lettore in questa parte assai drammatica del Vangelo che descrive il ministero di Gesù in Galilea. L'accecamento del popolo, che nondimeno vede Gesù, diventa il paradigma per il discepolato in Lc. Nonostante l'insegnamento intimo che offre loro Gesù e il contatto quotidiano *vis-à-vis* con Lui, essi rimangono alla superficie delle cose e perciò falliscono davanti all'esigenza dell'annuncio, appena dopo aver ricevuto una rivelazione spettacolare sul monte. La loro cecità viene collegata con l'incomprensione e in qualche modo paralizza tutte le loro capacità

---

[86] Il vb. αἰσθάνομαι, hapax in Lc e nel NT, può significare sia «percepire» sia «comprendere»: cf. *LSJ*, 1098; G. DELLING, «αἰσθάνομαι», 186-188. Non è del tutto improbabile che qui Luca abbia giocato su quei due significati del vb. facendoli in questo modo interpretare a vicenda. Ciò è particolarmente significativo per gli scopi del nostro studio, ivi compreso il gioco tra l'ascolto / non-ascolto e la visione / cecità. Qui inoltre è già riconoscibile l'intento redazionale lucano di illustrare la citazione isaiana (Is 6,9-10) che egli mette in forma abbreviata in Lc 8,9-10 (cf. par Mc 4,12; Mt 13,14-15) e per intero alla fine del secondo volume del suo dittico: At 28,26-27. Cf. J. DUPONT, «Le salut des Gentils», 398-404; «La conclusion des Actes», 457-511. Per una visione complessiva del motivo dell'*incomprensione* in Lc rimando allo studio di B. Frein: «Misunderstanding». In riferimento ai discepoli, in particolare in Lc 9,43-45 cf.: H. SCHÜRMANN, *Luca*, I, 891; F. BOVON, *Luca*, I, 605.

[87] F. Bovon (*Luca*, I, 605) fa leva sul carattere programmatico del secondo annuncio della Passione in Luca in quanto comincia con l'entusiasmo del popolo (9,43b) e finisce con l'incomprensione dei discepoli (45). E proprio in mezzo sta l'«enigma del figlio dell'uomo che sarà consegnato» (44). Vi si può vedere, secondo l'autore, in quale rapporto stiano le due grandi parti del Vangelo (1,5–9,50 e 9,51–19,27).

intellettuali, secondo le modalità che il primo discorso di Gesù — la parabola del seminatore — ha idealizzato. Su questo sfondo affiora l'immagine positiva della *folla* che non si stanca di cercare Gesù. Queste due linee — il compimento negli orecchi del popolo e la cecità dei suoi, compresi i genitori e parenti di Gesù — contraddistinguono l'avviarsi delle vicende successive. La carenza degli indizi sul compimento negli occhi, anzi, il continuo ribadire proprio il contrario, con una forte sottolineatura degli orecchi disposti alla ricezione del messaggio celato, accresce l'attesa del lettore di «vedere» il compimento. Sia le folle sia i discepoli l'avranno per meta e non la raggiungeranno finché non sarà completato il cammino di Gesù. Perciò, in questo caso, la loro cecità diviene il punto di partenza per affrontare gli esempi stridenti di un accecamento molto più grave in quanto inguaribile e che è quello dei farisei e degli scribi; ciò sarà portato al culmine dal prosieguo del racconto. Al lettore rimane solo il compito di rivedere alcuni esempi idealizzati, ma, in verità, ambigui a livello del vedere, che la narrazione comunque fornisce: la fede di Pietro e quella del *centurione*, entrambe radicate nell'obbedienza calzante alla Parola di Gesù e quella su Gesù. E questa Fede delle origini, l'essenza del compimento, guiderà il lettore sui sentieri del riconoscimento visivo del Maestro. Gli occhi finalmente vedranno...

CAPITOLO III

Coloro che vedono ma non credono
Lc 9,7-9; 13,31-33; 23,6-12

La storia evangelica continua con nuovi esempi di cecità che però non vengono smascherati subito, bensì rimangono come sottofondo per far progredire comunque la narrazione verso gli esempi positivi della visione e della fede. In quel contesto diventa emblematico l'atteggiamento di Erode, che nel Terzo Vangelo occupa un posto privilegiato. A partire dalla storia degli inizi (cf. 3,19-20) questo personaggio entra nella trama evangelica e progressivamente vi assume un ruolo di rilievo, visto il suo interesse nei confronti di Gesù. In più, l'itinerario personale del primo è messo abilmente a confronto dal narratore con il cammino missionario del secondo. Infatti con il famoso «viaggio» lucano si apre una pagina nuova del Vangelo e viene al tempo stesso stabilita una scadenza temporale che orienta il lettore verso Gerusalemme, ad un nuovo compimento che diviene definitivo (cf. 9,51).

Nel dramma della Passione, Erode sarà all'altezza della posizione e finalmente uscirà allo scoperto. Perciò è importante e indispensabile, ancor prima di porre lo sguardo sugli episodi culminanti che stanno alla fine di Lc, rintracciare il cammino del lettore in tutta quella lunga sezione che non a caso è considerata il cuore del Vangelo lucano[1]. Qui ci

---

[1] Cf. una breve rassegna delle principali opinioni degli studiosi in: J. FITZMYER, *Luke*, II, 825-826. L'audace espressione di J. Székely (*Structure*, 30): *crux interpretum*, — comunque accenna alla difficoltà dell'inserire questa sezione nel quadro complessivo di Lc e di evidenziare la sua struttura interna. Riguardo all'estensione della sezione di «viaggio» tra le numerose proposte degli studiosi (cf. lo *status quaestionis* in: G. ROSSÉ, *Luca*, 358) scegliamo quella che pone lo spartiacque in Lc 19,44. La buona ragione di mettervelo è perché col v. successivo Gesù entra nel Tem-

interrogheremo ovviamente su presenza, funzione e sviluppo delle dinamiche visive e/o uditive che potrebbero preparare e facilitare ad ogni lettore l'avvicinamento al testo. Quest'ultimo realizza il paradigma del «vedere Gesù» e la sua espressione perfetta è stata fornita in precedenza dall'inno di Simeone (2,29-32). Ci farà da guida la figura del sovrano. Tale figura conferisce unità ai tre testi riportati nel titolo e circoscrive la strategia narrativa di contrapporre a sua volta le due strategie: quella divina e quella mondana. Il manifesto di Nazaret aiuterà come sempre a ritrovarne le modalità.

Bisognerà dunque partire, fin dall'inizio, dal ministero di Gesù per osservare uno sviluppo tematico caratteristico per il cammino di Erode e non solo. L'analisi del cammino del lettore a sua volta è mirata a riscoprire la funzionalità e lo spessore comunicativo dei tre testi centrali (Lc 9,7-9; 13,31-33; 23,6-12), ma abbraccerà nondimeno tutto l'insieme del Vangelo. Il discorso sviluppato verrà finalizzato infatti verso una conclusione di carattere teologico. Le scene indicate verranno esaminate in modo particolare e risponderanno maggiormente al nostro proposito. La particolarità di questo capitolo sta quindi nella tendenza a rendere il percorso tematico più completo e cumulativo che altrimenti rischierebbe di rimanere troppo vago e frammentato. Seguendo la narrazione si imparerà infatti a focalizzarlo nei suoi punti nevralgici — le vere porte d'ingresso nel mistero dei rapporti tra gli uomini e Gesù.

1. Come vedere Gesù: l'inizio della ricerca (Lc 8–9,50)

Dopo il paradigma del *Nunc dimittis* il lettore passa in rassegna non molti episodi che gli rispondono in un modo o in un altro. A Nazaret viene scandito un contro-paradigma che man mano si realizza nel ministero di Gesù. Ma ciò non impedisce un ulteriore sviluppo del motivo introdotto dall'incontro con Simeone. E ora il desiderio vitale di *vedere* non basta, ormai ci vogliono prove più solide del suo vero intento. Il narratore gioca proprio su questo, perché fin dall'inizio non solo propone un nuovo esempio del genere, ma immediatamente pone la sua spiegazione sulla bocca di Gesù, a modello di quanto accaduto a Nazaret (cf. 4,22-28).

Si tratta del detto sulla vera famiglia (8,19-21) in cui per la prima volta appare esplicito il motivo del *voler vedere* Gesù, mentre la sua

---

pio, dove si svolgerà tutta la sua attività didattica fino alla sua consegna e Passione, eccezion fatta naturalmente per le notti che passava sul monte degli Ulivi pregando (cf. Lc 21,37; 22,39). Cf. J.-N. ALETTI, *L'arte di raccontare*, 97-99.

controparte è lo *stare fuori*[2], quasi a rappresentare l'esclusione dalla comunità dei discepoli e parenti più vicini di Questi. La loro situazione è descritta con tratti drammatici, viste le difficoltà oggettive che comporta il trovarsi di fronte a una *folla* stringente. Il proposito con cui lo vengono a trovare rafforza il contrasto, cosicché *non potevano avvicinarlo*[3]. Il gioco dei contrasti e dei desideri in questo brano, peraltro brevissimo, suggerisce di leggerlo con maggior attenzione. Il modo di dire del narratore e quello delle terze persone che riferiscono a Gesù lo stesso messaggio divergono notevolmente e non a caso. A ben vedere, qui entra in questione la tattica narrativa che abilita il lettore a penetrare dall'esterno della situazione all'interno dei sentimenti dei personaggi per dire molto di più sul commento che fa Gesù dell'accaduto. Invero Egli esplicita l'unico motivo che li rendeva esterni, e cioè una mancata percezione dell'udito. All'impedimento della folla si aggiunge dunque la resistenza assai pronunciata di Gesù che indica una via sicura per superare ogni ostacolo, data la necessità di un contatto vivo con Lui. Il naturale desiderio di vedere un parente in quel contesto si ritiene dunque superfluo se non egoistico per dare, sembra, la preferenza a persone estranee che effettivamente vengono ritenuti più bisognosi di un veritiero contatto visivo con Questi[4]. Dall'altra parte, il testo suggerisce anche che non basta unicamente *volere*, bisogna realmente cercarlo, darsi un impegno cui l'esempio idealizzato diventa l'ascolto e la messa in pratica dell'insegnamento del maestro. Per incontrare e finalmente «vedere Gesù» occorre cominciare la sequela, intraprendersi un proprio cammino e denunciare alle preoccupazioni e legami più abituali. I primi a farlo sono stati sicuramente i Dodici (cf. Lc 6,13), ma non solo.

1.1 *Erode alla ricerca angosciosa (Lc 9,7-9)*

Il breve cenno su Erode è caratterizzato dalla laconicità e insieme dalla densità che conferiscono alla narrazione un andamento vivace dopo una lunga sezione occupata dai discorsi di Gesù (8,4–9,6). Il contesto immediato del brano è significativo in quanto rileva i primi successi missionari dei *Dodici*. Su questo sfondo appare all'improvviso la

---

[2] Cf. risp. le due frasi: ἰδεῖν θέλοντες (v. 20c) e ἑστήκασιν ἔξω (20b).

[3] In greco: οὐκ ἠδύναντο συντυχεῖν: 19b.

[4] A livello narrativo è possibile un'altra spiegazione che trova nell'incompiutezza del racconto una forte motivazione per il lettore di proseguire in avanti, in cerca di una risoluzione. La discrezione che il narratore mostra qui è indubbiamente voluta e serve per esplicitare meglio i successivi modelli, dal punto vista pragmatico molto più riusciti (cf. 19,1-10; 23,6-12).

figura del sovrano che distoglie l'attenzione del lettore dalla scena precedente per ritornarvi subito dopo, con un nuovo accenno sui Dodici (9,10a)[5]. Per vedere più da vicino la composizione del testo lo poniamo nella cornice narrativa di Lc 9,1-10a[6].

1.1.1 L'articolazione e funzione narrativa di Lc 9,7-9[7]

Come è ben evidenziato nell'articolazione, l'invio dei Dodici è completamente pervaso dall'iniziativa di Gesù. La serie degli aoristi che la scandiscono viene ciò nonostante interrotta con un impf. (διήρχοντο: 6)

---

[5] Un confronto sinottico aiuta a scorgere la polarizzazione lucana: anziché accentuare le diverse opinioni del popolo come, ad es., Mc 6,14-15, il narratore trasferisce la prospettiva del racconto nel più intimo dei desideri del monarca (cf. F. BOVON, *Luca*, I, 339-341). Così ci si potrà attingere anche al cammino personale di questi che non a caso comincia dopo la decapitazione di Giovanni (cf. Lc 9,9a). Il lettore si chiede se è veramente possibile un nuovo inizio, quando in gioco entra *Colui che è più forte* di Giovanni (3,16)?

[6] Tra gli autori la nostra suddivisione è condivisa da W. Wilkens che a proposito parla di una «kleine Komposition», dentro la quale «in dem Herodesstück im Zusammenhang mit der Aussendung der Zwölf die christologische Frage gestellt wird». Così l'episodio successivo della moltiplicazione dei pani l'autore fa partire dal v. 10b («Die Auslassung von Mark. 6,45–8,26», 194).

[7] L'analisi successiva necessita di un chiarimento terminologico. Il vocabolo «l'intrigo», ben applicabile in inglese e francese alle dinamiche narrative dell'intreccio (*intrigue*), in italiano ha per lo più una accezione negativa. A tal proposito si rimanda al dizionario *Garzanti* che lo definisce così: «azione poco lecita intesa a ottenere qualcosa; situazione intricata, non chiara» (lo sarà infatti la ricerca spronata del *vedere* erodiano). Cf. inoltre i verbi francese (*intriguer*) e inglese (*to intrigue*) dal significato: «incuriosire; lasciare interdetto; interessare, affascinare, avvincere» (*Garzanti Fra* e *Ing*). Nel contesto dell'analisi narrativa abbiamo preferito adoperare lo stesso termine, trascritto in italiano, in senso positivo al fine di salvaguardare la sua evocativa portata semantica che servirà per connotare i molti effetti retorici (dal semplice interesse al coinvolgimento profondo nel mondo del racconto) e il complesso mondo della *trama*. Così lo esprime D. Marguerat (*Per leggere i racconti*, 48): la «struttura unificante che collega le diverse peripezie del racconto e le organizza in una storia continua, assicura l'unità d'azione e dà senso ai molteplici elementi del racconto. [...] È il principio unificatore del racconto, il suo filo conduttore». Sulla trama episodica e quella unificante vedasi *Ibid.*, 66-67. Aderendo al rigore metodologico degli editori del *Lessico ragionato dell'esegesi biblica* (vedasi nella bibliografia) si potrebbe così connotare la prospettiva insieme comunicativa e narrativa che stiamo seguendo: il «programma narrativo», oppure, più strettamente, l'«inizio dell'azione» (*inciting moment*) che mette in campo il programma da realizzare, l'«annodamento in cui si allacciano le relazioni, il conflitto viene dichiarato e inizia la tensione narrativa; l'antonimo di *scioglimento*» (*LREB*, risp. 80.73). Cf. cap. VI: p. 402, n. 78.

il cui aspetto temporale è idealmente adatto all'entrata in scena di un personaggio nuovo. Di fatto la menzione di Erode — subitanea ed esplosiva[8] — suscita la sorpresa, ma dice ben più che non una semplice entrata in scena. Su ciò punterà l'analisi propriamente semantica.

Introduzione: Invio dei Dodici in missione (9,1-6)

[1] Il dono ricevuto da Gesù:

Συγκαλεσάμενος δὲ τοὺς δώδεκα **ἔδωκεν** δύναμις καὶ ἐξουσία ἐπὶ πάντα τὰ δαιμόνια καὶ νόσους θεραπεύειν

[2] Mandato divino: καὶ **ἀπέστειλεν** κηρύσσειν τὴν βασιλείαν τοῦ θεοῦ καὶ ἰᾶσθαι [τοὺς ἀσθενεῖς]

[3-5] Istruzioni pratiche di Gesù: καὶ **εἶπεν**

[6] Partenza per la missione e il compimento del mandato:

ἐξερχόμενοι δὲ **διήρχοντο** κατὰ τὰς κώμας εὐαγγελιζόμενοι καὶ θεραπεύοντες πανταχοῦ

Avvio dell'intreccio: Erode di fronte alla missione di Gesù (9,7-9)

[7-9] **Ἤκουσεν** δὲ Ἡρῴδης ὁ τετραάρχης τὰ γινόμενα πάντα καὶ **διηπόρει** διὰ τὸ λέγεσθαι
 ὑπό τινων ὅτι Ἰωάννης ἠγέρθη ἐκ νεκρῶν,
 ὑπό τινων δὲ ὅτι Ἠλίας ἐφάνη,
 ἄλλων δὲ ὅτι προφήτης τις τῶν ἀρχαίων ἀνέστη.
 εἶπεν δὲ Ἡρῴδης·
 Ἰωάννην ἐγὼ ἀπεκεφάλισα
 τίς δέ ἐστιν οὗτος
 περὶ οὗ ἀκούω τοιαῦτα;
 καὶ **ἐζήτει ἰδεῖν** αὐτόν.

Conclusione: Ritorno dei Dodici (9,10a)

[10a] Καὶ ὑποστρέψαντες **διηγήσαντο** αὐτῷ ὅσα ἐποίησαν.

---

[8] Si badi alla posizione enfatica dell'aoristo (7: ἤκουσεν) che, seguito dalla particella δέ, cambia bruscamente l'andamento narrativo. A questo punto il lettore attento scorge l'inizio del vero *intrigo* del racconto, data la divergenza di Lc 9,7-9 dalla parte introduttiva, caratterizzata da uno stile solenne e da una narrazione più ordinata e armoniosa. Basti vedere la composizione del breve discorso istruttivo di Gesù (9,3-5): cf. R. MEYNET, *Luca*, 364.

Il secondo impf. (διηπόρει: 7b) favorisce la riflessione del lettore che insieme a Erode comincia a ripassare gli scorsi avvenimenti. Le tre proposizioni subordinate introdotte ciascuna da una proposizione principale molto concisa, oltre a prolungare la narrazione, esprimono bene il pensare angoscioso del tetrarca con un ritornello stilizzato (ὑπό τινων / ἄλλων: 7c-8).

Lo sfogarsi finale da parte di Erode si presenta come frutto del precedente pensare e di nuovo pone il problema da cui si è partiti. La domanda (9c) si fa ancora più urgente, ma rimane sospesa, sicché preme al lettore ritrovarne le risonanze nella storia successiva. Nondimeno tutto finisce con un impf. (9d: ἐζήτει) che riprende quello precedente e propone al lettore un concreto itinerario da seguire. L'effetto che questo vb. produce a livello sintattico — un nuovo rallentamento del ritmo — si lascia sentire perfino nella scena successiva che fa uscire il lettore da quella precedente e avvia, sempre con un impf., la conclusione narrativa, anch'essa aperta a delle iniziative interpretative di questi. Le due scene si incontrano in un intreccio sintattico assai frammentato e perciò interessante dal punto di vista comunicativo, cosicché bisognerà chiarire in che rapporto stiano le re/azioni degli attanti principali: Gesù, i Dodici e Erode.

Si deve concludere richiamandosi agli indizi narrativi e stilistici che stanno a favore dell'unità esaminata. Evidentemente l'introduzione e la conclusione da noi evidenziate formano un'unica storia divisa effettivamente dal cenno su Erode. La prova più convincente è fornita dai due verbi che in qualche modo incorniciano l'inserzione: ἐξερχόμενοι e ὑποστρέψαντες. Il personaggio che unisce entrambe le scene è evidentemente Gesù il quale da soggetto attivo nella prima parte passa in secondo piano nella seconda, ma rimane definitivamente la figura attorno alla quale si muovono sia il pensiero del sovrano sia la corte dei Dodici (cf. 9.10a). Dall'altro canto i fatti straordinari (τὰ γινόμενα πάντα: 7a) di cui sente parlare Erode altro non sono che le guarigioni operate dai Dodici di cui si è fatto un triplice cenno in precedenza (1.2.6). L'episodio della moltiplicazione dei pani (10b-17) caratterizza già il cambiamento di luogo (Βηθσαϊδά) nonché dei personaggi (11a: ὄχλοι) e ha delle preoccupazioni nuove. Lo si prenderà in considerazione comunque per tracciare il quadro completo del «dilemma» di Erode (cf. anche Lc 9,18-21).

1.1.2 Il messaggio di Lc 9,7-9: dall'udito alla vista

Erode percorre inizialmente l'itinerario dell'ascolto (Lc 9,7). Che questo sia un ascolto profano lo lascia pensare la sua perplessità e il continuo interrogarsi circa l'identità del misterioso profeta[9]. Incerto è comunque l'oggetto dell'udito e viene definito con un termine troppo vago: τὰ γινόμενα πάντα. Il contesto del brano aiuta a precisare il senso della frase. Esso è messo chiaramente in relazione dal narratore con il quesito sull'identità di Gesù: τίς δέ ἐστιν οὗτος (9c). Il *potere* e l'*autorità* dati ai Dodici non solo li rendono capaci di operare *dappertutto* le varie guarigioni, bensì dicono moltissimo sulla fonte originaria di questo dono missionario. È indubbiamente Gesù che deve essere messo al centro dell'attenzione, rivestito anch'Egli della *potenza dello Spirito* nel momento del proprio inizio del suo ministero (4,14). Questa δύναμις divina s'era fatta sentire soprattutto nel suo meraviglioso compiere le guarigioni — la causa del *cercare* insistente da parte della *folla* (cf. 6,19; 5,17)[10]. Siamo di fronte all'esemplificazione del famoso detto di Mc 16,17[11], ma anche all'anticipazione del secondo invio in missione, dove sono i *Settanta* a proferire il gioioso resoconto del loro successo missionario: *Signore, anche i demòni si sottomettono a noi nel tuo nome* (10,17)[12]. Dietro i Dodici sta dunque lo stesso protagonista degli eventi che attraverso gli inviati compie ugualmente la propria missione. E Erode aiutato dalle voci

---

[9] In Lc questa domanda si fa sentire urgentemente, perché rispetto ai passi sinottici paralleli qui è cancellata una lunga spiegazione della morte di Giovanni (Mc 6,17-29; Mt 14,3-12) per creare possibilmente la tensione tra l'ascolto di Erode e il suo desiderio di «vedere Gesù». Da notare è anche il fatto che in Lc 9,9 Erode non trova una risposta convincente e rimane in dubbio sperando evidentemente di liberarsene in un incontro a tu per tu con questi. Cf. F. BOVON, *Luca*, I, 539-540.

[10] Nel Terzo Vangelo, come in altri sinottici, non mancano nemmeno gli accenni all'ἐξουσία di Gesù che si manifesta nel dono di *rimettere i peccati* (Lc 5,24), nelle sue parole autorevoli (4,32) e negli esorcismi (insieme a δύναμις: 4,36).

[11] *I segni* (σημεῖα) *che seguiranno accanto ai credenti sono questi...*

[12] In questa annotazione risuona il problema dell'identità di Gesù. Qui l'ὄνομα suppone la presenza di una persona e, più precisamente, esprime l'operare vivo di Gesù nelle azioni / parole altrui. L'espressione ritorna in Lc 9, 48-49 (*accogliere nel **mio nome** e scacciare i demoni nel **tuo nome***), e con la menzione dei *nomi* dei discepoli in Lc 10, 20 il parallelismo diventa evidente. Cf. H. BIETENHARD, «ὄνομα», 276.281; L. HARTMAN, «ὄνομα», 522, §2.5. F. Bovon (*Luca*, II, 45.91), a parte un nesso importante tra i passi concernenti il tema dell'«identità dei piccoli» (9,46-48; 10,25-42; 12,1-59), fa notare anche «la triplice menzione del «volto» (vv. 51-53) che fa «risalire l'identità e autorità cristiche di Gesù».

della gente si mostra ben perspicace nel riconoscere la vera radice del problema.

La confusione del monarca avrà precedenti sia nel Vangelo (Lc 24,4) sia negli Atti[13], dove appare con chiarezza il carattere sbalorditivo degli eventi che la provocano. È da notare comunque che in tutti i passi riportati è fortemente accentuata o la prospettiva uditiva o quella visiva oppure entrambe, sì da riempire di contenuto anche la stupefazione del lettore[14]. Le ragioni dello stupirsi non mancavano nemmeno prima (cf. 4,32a.36a; 5,9; 8,56), ma la posta in gioco del problema avviene proprio qui, nella mente del sovrano che sembra persino racchiudere in sé tutte le domande e dubbi, ma anche le speranze degli altri personaggi[15]. Qui necessariamente vengono a galla le figure profetiche abituali: il Battista e Elia. L'impiego dei verbi ἐγείρω, φαίνω e ἀνίστημι che specificano un unico evento, rende pittoresco il panorama su cui verrà tracciato il ritratto del Gesù risorto. La luce della risurrezione ha appena brillato nell'ultimo miracolo da Lui operato (8,55b), ma nondimeno aveva avuto già come punto di partenza l'*epifania* dell'*Aurora* nella storia degli inizi (1,79). D'ora in poi il discorso sul ritorno e sulla glorificazione del Risorto si approfondirà notevolmente e si offrirà alle competenze del lettore che sarà condotto dalla riflessione di Erode fino al momento di un incontro a tu per tu con Gesù (23,8). Ma ciò è impensabile senza un riferimento alla Passione; ad essa allude già la prima

---

[13] Cf. At 2,12; 5,24; 10,17.

[14] Il vb. διαπορέω «essere perplesso, turbato, non saper cosa fare» nel NT è usato solo nell'opera lucana. Sono soprattutto le scene della Pentecoste (At 2,1-13) e della conversione di Cornelio (At 10,1-33) a mettere in risalto un intreccio assai vitale che esso forma con i verbi ὁράω, ἀκούω, ἀτενίζω, θεωρέω, accompagnati dai loro correlati: i sostantivi φωνή, ὅραμα. La percezione come tale qui serve per lo più a preparare quei momenti dei dubbi, perplessità ed incertezza — un forte mezzo di coinvolgimento per il lettore e insieme lo strumento narrativo per conferire l'*intrigo* al racconto e rinfrescare la lettura. In questo senso Lc 9,7-9 è un esempio classico di questo tipo, ma di sicuro ha una funzione narrativa più ampia di cui sotto.

[15] Si badi al fatto che Lc seguendo naturalmente la fonte marciana pone l'obiettivo su Erode quasi alla fine del ministero di Gesù in Galilea e all'interno di in un brano che senza l'inserzione di quei tre vv. si presterebbe meglio alla logica narrativa (cf. Lc 9,1-6.10). In più, dal punto di vista narrativo sarebbe più opportuno metterli dopo la risurrezione del figlio della vedova di Nain (7,11-17) che corona l'accento unico di Lc: *La fama di questi fatti riguardante Costui si diffuse in tutta la Giudea e per tutta la regione* (17). La scelta tradizionale aiuta dunque Luca a puntualizzare la portata programmatica dell'episodio in questione. Tra gli studiosi sono stati certamente J. Fitzmyer («The Composition of Luke 9», 140-143) e E. Ellis («La composition de Luc 9», 193-194) a richiamarla.

decisa replica del tetrarca che funziona come un martello in grado di trarre fuori il lettore da questa stimolante riepilogazione delle precedenti scene del Vangelo.

La decapitazione del Battista è una realtà di cui finora si era evitato di parlare, giacché viene subito a memoria l'imprigionamento di questi accompagnato da un'importante notizia narrativa sulla malvagità di Erode (Lc 3,19-20). Il tono deciso di un'ulteriore messa a fuoco della natura violenta e spietata del sovrano (cf. l' ἐγώ enfatico: 9b) si accorda bene con la frase finale — *cercava di vederlo* (9d) — che accentua di nuovo l'importanza della visione che verrà concessa al lettore poco dopo, nella scena della trasfigurazione (Lc 9,28-36). Il quesito non meno autorevole di Erode — *ma chi è costui* — ugualmente troverà risposta nella solenne professione di fede da parte di Pietro (20) e così si chiuderà il suo cammino di fede iniziato con l'ascolto e la visione al momento della chiamata sul lago (5,1-11). Cosa manca dunque al tetrarca per fare una esperienza simile? o forse non ce n'è più affatto bisogno? Agli occhi del lettore questa è un'occasione di acquisire una conoscenza più profonda di Gesù anche da parte di Erode. Nulla dice che il suo interessarsi sia ingannatore[16]. Comunque la storia successiva mostrerà sia il rinnegamento di Pietro (22,54-62), sia la vera intenzione del monarca (23,6-12) per ammonire il lettore — quasi alla fine del Vangelo! — che senza fede in Gesù perde ogni valore la sua presenza salvifica in estrema vicinanza all'uomo. Anzi, uno dei suoi più intimi discepoli d'un colpo può diventare simile ad un sovrano ignorante e duro, privarsi cioè della dignità di essere l'ascoltatore e lo spettatore eminente dei *misteri del Regno*. Perciò risuona con urgenza l'istruzione di Gesù in cui il *vergognarsi* di Lui è messo in chiara relazione con il vergognarsi delle Sue *parole* (26). Ciò presuppone evidentemente una sequela e un ascolto insistente da parte dei Suoi discepoli, che renderanno perfino capaci alcuni di loro di *vedere il Regno di Dio* (27). La formulazione di quest'ultimo detto sorprende il lettore, per-

---

[16] F. Bovon (*Luca*, I, 539-541) invero sostiene che per Luca Erode è prima di tutto «un uomo che sa porsi delle domande, che ha un legittimo desiderio di vedere». Di per sé è un'apertura al messaggio evangelico, ambigua nella sua sostanza, ma non del tutto negativa. Peraltro il lettore vi coglie un ulteriore tensione in riferimento alla fede: il *cercare* di Erode non è forse paragonabile a quello delle folle toccate dallo stesso desiderio (Lc 6,19)? Anche lì infatti tutto si riduce alle guarigioni lasciando al lettore il compito di valutare l'atteggiamento della gente. Il caso analogo di Zaccheo (19,3) darà infine una prima risposta positiva a quell'importante quesito che guida la riflessione.

ché fa un evidente richiamo alla promessa fatta a Simeone (cf. 2,26), ma anche alla ricerca di Erode. Il contesto stesso fortemente segnato dalla questione sull'identità messianica di Gesù non fa altro che confermare l'ipotesi di cui si nutre la fede del lettore: è Gesù colui sul quale il testo gioca[17].

1.2 *Il riconoscimento e l'avvio del cammino degli sguardi (9,18-50)*

Il racconto lucano che fa seguito al cercare insistente di Erode presenta non poche risposte in grado di fornire al lettore il massimo delle informazioni su chi è Gesù, ancor prima che cominci il «viaggio». Ciò è importante, come fa capire in queste pagine del Vangelo la pronunciata insistenza sul discepolato. Anche i Dodici, abilmente guidati dal maestro all'esempio dell'autorità civile, vengono a trovarsi in una situazione simile di smarrimento che richiede un approfondimento della propria identità e spinge in avanti la risposta sull'identità di Gesù. La scena della moltiplicazione dei pani si focalizza sul tema della solidarietà e del servizio e per la prima volta delinea il profilo del discepolo in piena sintonia con il maestro (cf. 9,15-16)[18].

---

[17] Sulla particolarità redazionale di questo detto in Lc (cf. Mc 9,1; Mt 16,28) vedasi: G. MARCONI, «Trasfigurazione», 34. È ben chiaro del resto che qui siamo alle prese con un filone teologico portante del Terzo Vangelo che di frequente identifica il *Regno di Dio* con Gesù (cf. H. CONZELMANN, *Theologie*, 170-171). Finalizzando poi il discorso all'insieme narrativo di Lc 9 è opportuno, già all'inizio della *storia* raccontata, tirare alcune conclusioni di natura teologica che illuminino il percorso esegetico e gli obiettivi della tesi presente. Facendo nostre le parole autorevoli di E. Ellis è necessario rivolgere subito l'attenzione al fatto che «en Lc 9 au moins, ses traditions [dell'evangelista in quanto redattore; S.A.] sont la matrice de sa théologie». La dinamica comunicativa d'insieme aiuta dunque il lettore principiante a dare a ciò la prominenza e a proiettare lo sguardo molto più in avanti, laddove brilla la vittoria pasquale della vita sulla morte; poiché l'insegnamento di Gesù, di cui si nutre la trama narrativa, è «un enseignement qui, comme les fragments d'un *puzzle*, a trouvé sa vraie place à la lumière des événements extraordinaires de la Résurrection» («La composition de Luc 9», 199.200).

[18] Rispetto ad altri sinottici Lc è interessato a porre l'accento sulla *Machtdemonstration* da parte di Gesù che rende ben discernibile lo svolgersi dell'attività missionaria dei Dodici (W. WILKENS, «Die Auslassung», 199). La sezione Lc 9,1-17 unisce dunque strettamente l'invio e il ritorno dei Dodici con l'interludio che forma la scena di Erode e la scena della moltiplicazione dei pani. Una simile costruzione serve infatti a esplicitare la tensione tra le due sezioni incastrate l'una nell'altra (9,1-17 e 18-36), ove i due poli di gravitazione sono la domanda cristologica di Erode (9b) e la risposta di Pietro (20b): F. BOVON, *Luca*, I, 545. Sotto il profilo di cristologia F. Bovon (*Ibid.*, 555) inoltre fa osservare una tendenza di carattere soteriologico che prende spunto

In questo contesto ideale si pone seriamente e per la seconda volta la domanda su chi è Gesù. In parallelo alla battuta di Erode ora è Pietro il primo ad alzare la voce. La trama si ripete e di nuovo escono fuori le tre versioni della *folla*. Ciò costituisce una puntualizzazione narrativa circa l'importanza che essa riveste nel quadro complessivo del capitolo. Con ciò tuttavia non ci si ferma; viene dato bensì un sovrappiù dettato dallo stesso Gesù. Egli invita i suoi a uscire dalla folla e ad astrarsi dall'opinione comune ridefinendo da sé e per se stessi la Sua immagine. Una ulteriore domanda rivolta proprio a loro interpella direttamente i lettori (ὑμεῖς δέ: 9,20) richiamando urgentemente a far diventare un quesito del genere l'essenza della sequela. A differenza di Erode, che da ciò viene messo in un'*impasse* comunicativa, i Dodici proseguono nell'apprendimento circa l'identità del maestro. Il loro esponente — Pietro — la esprime in modo univoco per dare, sembra, la motivazione a un'ulteriore *mise-en-scène* della necessità della Passione da parte del maestro (Lc 9,22). Alla figura di un Erode pensante, ma tutto preso dalle proprie ambizioni, si oppone dunque l'ideale di un discepolo umile che sa indirizzare la medesima domanda alla propria situazione personale, e cioè mettersi in cammino e lasciarsi guidare dalla Parola che interpella non lasciandosi intrappolare dalle opinioni soggiacenti ad un interesse qualsiasi.

Il desiderio di *vedere* accresce al massimo l'unica rassicurazione di Gesù in cui la morte svolge un ruolo assai decisivo, costituendo il limite temporale con il quale di fatto si concluderà la ricerca (cf. 9,27). Che cosa significhi *vedere il regno di Dio* viene esplicitato in modo brillante dalla scena di trasfigurazione, ove viene data la terza risposta — quella del Padre — al quesito di Erode. I discepoli assistono passivamente ad un evento teofanico per eccellenza, ma ormai non si può più celare l'inevitabilità della Passione di cui parlano i profeti, e di cui Gesù ammonisce i suoi, non appena finisce lo «spettacolo» sul monte e il dramma dell'indemoniato ai suoi piedi[19]. Il contrasto creato dalla

---

nella dimostrazione dell'identità messianica di Gesù: nella predicazione e nelle guarigioni *ad extra* e *ad intra*: nel saziare un gruppo concreto di persone che partecipano al miracolo dei pani. Cf. H. SCHÜRMANN, *Luca*, I, 802. La conclusione che in fin dei conti il lettore è chiamato a tirare è quella sonorizzata da W. Wilkens: «Christologie und Apostolat werden von Lk innigst miteinander verknüpft» (*Ibid.*, 200).

[19] Nel modo lucano di presentare il cammino di indentificazione con il maestro da parte dei discepoli viene fuori un fatto assai importante: a differenza degli altri sinottici Luca unisce più strettamente i due annunci della Passione, la transfigurazione e la guarigione dell'*epilettico* che assumono il loro significato nell'incomprensione del messia **sofferente** da parte dei discepoli. In più, il secondo annuncio della Passione (Lc 9,44), grazie all'omissione della spiegazione privata di Gesù (cf. par Mt 17,19-21;

estrema visibilità della teofania e dalla sonorità della *voce dalla nube* con il silenzio dei *tre* seguito dall'annuncio della Passione, batte un nuovo ritmo per il cammino iniziato nel palazzo reale. Ne esprimono l'essenziale gli stessi discepoli che, da partecipanti attivi delle *opere splendide* del maestro (cf. 13,17), tornano a rappresentare la debolezza di ogni esperienza umana, se non del tutto l'impotenza[20]. La loro precarietà si manifesta anche nel quesito egoistico su *chi è il più grande* e chi è degno d'essere discepolo (9,46-50) facendo un riferimento diretto all'orgoglio del monarca con cui ora questi vengono ad identificarsi.

Si è avverato quindi un nuovo punto di tensione che proietta lo sguardo del lettore-discepolo nel più intimo del proprio essere. La realtà oggettiva della morte e risurrezione di Gesù e una forte compenetrazione di quei due motivi lo stimolano a ridefinire il proprio modo di pensare e vedere le cose. Così avviene che la morte non è più da considerare un ostacolo da superare, bensì un culmine dell'esperienza che si fa sul cammino del *vedere* e insieme un presupposto indispensabile per aprirsi allo splendore di una vita rinnovata cantata nel *Nunc dimittis*. È necessario dunque cercare nel racconto successivo i filamenti che comporranno quella via che conduce alla morte, con cui diventerà sempre più trasparente l'ideale evangelico della sequela degli occhi, ma anche l'antinomia del potere cieco che lascerà scoprire al lettore un detto su Erode, a prima vista insignificante.

2. Come uccidere Gesù: l'*intrigue* della ricerca (Lc 11–13)

L'analisi del racconto su Erode ci ha convinto riguardo la sua centralità per la composizione di Lc 9,1-50, non solo perché avvia la dinamica tra il vedere e sapere chi è Gesù, ma soprattutto perché segna l'inizio

---

Mc 8,28-29), «sembra perfino causato dal [loro] insuccesso» (K. RENGSTORF, *Luca*, 214-215). E. Ellis esplicita questo dato caratteristico del Terzo Vangelo, rispetto agli altri sinottici: «Tout autant que Marc, Luc présente la messianité de Jésus comme une chose cachée: mais pour ce qui concerne les disciples, il l'accentue d'une manière un peu différente. Marc (8,32) et Matthieu (16,22) attirent l'attention sur l'opposition des disciples contre la conception que Jésus a d'un Messie souffrant. Luc souligne seulement leur incompréhension et leur erreur d'interprétation. En cela, les disciples ne se différencient pas de la foule et d'Hérode» («La composition de Luc 9», 194).

[20] Cf. delle osservazioni preziose di W. Wilkens («Die Auslassung», 200) che trova nella composizione di Lc 9 i due poli di gravitazione: uno che circoscrive maggiormente il potere dei Dodici come plenipotenziari di Gesù (9,1-17) e l'altro che non cede loro nessun potere affatto (9,37-50). In una dialettica tra il potere e l'impotenza (*Vollmacht* und *Ohnmacht*) è da situare dunque il dilemma di Erode. Cf. F. BOVON, *Luca*, I, 560. Vedasi sotto.

di un cammino che il lettore deve fare assieme ai discepoli. Tutta la narrazione che abbraccia quell'episodio prepara, infatti, un palcoscenico per introdurre e fare incominciare il *viaggio*[21] — una partenza gloriosa e insieme dolorosa, come fa percepire l'indurimento del volto di Gesù (cf. ἐστήρισεν: 9,51). Dopo il primo invio in missione (9,1-6) questa partenza definitiva assume il significato di un vero paradigma per il lettore in quanto presenta due vie che si separano mettendo quindi in evidenza la biforcazione di un'unica via. È ora di imboccare la prima, più lunga e scabrosa.

2.1 *Un viaggio che conduce alla morte (Lc 9,51–13,35)*

Per intraprendere un'analisi così impegnativa dobbiamo prima di tutto trovare una possibile strutturazione dell'insieme che, nel caso del cosiddetto «viaggio», non è una questione secondaria[22]. Parlando più a livello formale si possono evidenziare tre blocchi relativamente stabili che sono distinguibili grazie ad indizi testuali che rimandano alla meta del cammino di Gesù che è anche quella del lettore: Gerusalemme[23]. Stando così le cose, occorre un ultimo suggerimento: a livello tematico il terreno che ci offre il «viaggio» lucano è molto fluido, per cui, nonostante questo, tenteremo di trovarvi un filo conduttore basandoci come al solito sulle ricorrenze / allusioni alle dinamiche percettive che avevano creato un intreccio assai notevole e consistente nella sezione precedente del Vangelo. Alla fine sarà comunque chiaro se ciò risulta valido anche per questa sezione, con temi e preoccupazioni nuovi, ma nondimeno non priva dei collegamenti con il passato del racconto. Come si vedrà, i punti di maggior tensione saranno le istruzioni rivolte ai

---

[21] Su questo motivo tipicamente lucano, sostenuto testualmente dal vb. πορεύομαι, vedasi l'avvincente esposizione di E. Rasco: «La singolarità di Luca», 38-39.

[22] Cf. lo *status quaestionis* in: B. PRETE, *L'opera di Luca*, 49-51; una presentazione molto più recente e aggiornata, assai minuziosa e attenta alle diverse sfaccettature del problema, è quella di J. Székely (*Structure*, 30-48.52-54). È particolarmente interessante la sua proposta originale che rientra nel quadro della strutturazione rivista di tutta l'opera lucana, basata sulle formule introduttive lucane: *Ibid.*, 55-57.104-129.

[23] Cf. Lc 9,51–13,21; 13,22–17,10; 17,11–19,44: πορεύεσθαι. Cf. J.-N. ALETTI, *L'arte di raccontare*, 98; B. PRETE, *L'opera di Luca*, 50 (ne aggiunge i riferimenti seguenti: 9,53; 18,31; 19,11). Dello stesso autore useremo in parte la strutturazione basata più sul criterio tematico che ci sembra utile e suggestivo dopo aver individuato le tre sezioni principali la cui compattezza interna non è ben giustificata: cf. lo *status quaestionis* e la critica della divisione presente da parte di H. Schürmann (*Luca*, II, 50-53, spec. 51, n. 88). La novità che apporta la nostra proposta è comunque data all'argomento preferenziale su cui si pone principalmente l'attenzione.

discepoli in vista del loro compito missionario. Alcuni di loro, presunto dal testo (cf. Lc 9,1-6), lo hanno già ricevuto ed iniziano effettivamente fin dalle prime tappe del «viaggio» (52).

2.1.1 Cammini del Volto (9,51–10,42)

L'apertura del *viaggio* curiosamente focalizza l'attenzione del lettore sulla *faccia* di Gesù che Questi *dirige* verso Gerusalemme e *davanti* alla quale vengono mandati i discepoli (cf. Lc 9,51-52). A livello semantico bisogna cogliere con serietà la portata comunicativa di quest'espressione lucana. Vi è contenuto non solo un forte intento, ma anche una risolutezza spettacolare, quasi al limite di un desiderio ardente (cf. 12,49): imboccare la via stretta della Passione. Il lettore vi percepisce infine un palese riferimento personale alla tragica sorte di chi si dirige verso una meta ultima, un compimento. La scena si presenta con il tenore profetico tradizionale: l'uomo di Dio appare con la radicale consapevolezza di essere destinato alla sofferenza che lo conduce sino alla morte. Una morte *con* il suo popolo ma allo stesso tempo causata *dal* suo popolo, al quale in ultima istanza è indirizzato il messaggio divino stesso[24].

A questo proposito è indicativo che il *viaggio* cominci con un esempio radicalmente negativo, anche perché il narratore si esprime molto francamente nei riguardi dei primi destinatari a reagire — i *samaritani*: οὐκ ἐδέξαντο αὐτόν (9,53). Di nuovo ritorna il πρόσωπον gesuano, qualificato in una maniera simile, ossia in senso metonimico: ἦν πορευόμενον εἰς Ἰερουσαλήμ. La prima ricorrenza di questo vb. teologicamente pregnante in una sezione nuova del Vangelo mette in crisi il modello che ha promosso il ministero in Galilea (cf. 4,42; 7,6.11): l'incamminarsi di Gesù trova subito resistenza, non appena viene menzionata la sua meta. *Gerusalemme* vi entra in causa per avvisare il lettore non solo delle tensioni politiche dell'epoca, ma soprattutto del ruolo cruciale della città santa nella missione che sta per compiere Questi. Le dà, infatti, un'impronta essenziale.

---

[24] Cf. Is 50,7b; Ger 11,21; 15,20; Ez 13,17. Il vb. στηρίζω che poco sopra abbiamo preferito tradurre come *indurì* esprime l'idea di una determinazione al limite con una opposizione (cf. Ger 21,10; Ez 6,2; Is 50,7) che fa pensare già al destino tragico di Colui che decide di imboccare la *via crucis*. Questa lo porterà in modo sempre più radicale ad una rinuncia totale di se stesso. In ciò infatti consiste l'ideale evangelico della sequela che Lc scolpisce ancor più abilmente grazie al raffronto che al lettore poco dopo suggerisce di effettuare con un'espressione di senso contrario: βλέπειν εἰς τὰ ὀπίσω (Lc 9,62). Cf. F. Bovon, *Luca*, II, 41.45.56.

Sono comunque i discepoli ad affrontare il rifiuto ed è significativo che cosa la reazione impetuosa dei due riveli (cf. Lc 9,54). La loro in-comprensione del progetto di Gesù è implicitamente apparentata nel racconto con il privilegio quanto mai eccezionale di rappresentare il maestro, in qualche modo «essere la Sua faccia», portare quella luce che li illuminava in quel poco tempo che erano stati insieme a Lui[25]. Erano quindi incapaci di vederlo nel senso del riconoscimento, perciò hanno fatto per prima l'esperienza del rifiuto: un segno paradossale della resistenza dei destinatari, ma anche dei discepoli. Il primo rim-provero (cf. v. 55) ha dunque un carattere programmatico: d'ora in poi lo stare con Gesù richiederà una capacità sempre più grande di liberarsi dalla precomprensione degli eventi che con Lui diventano i segni emi-nenti della salvezza. Il senso di questa precomprensione non è ancora svelato al lettore, ma tutta la narrazione successiva servirà per esplici-tarne i fondamenti attraverso le istruzioni stesse.

Una pagina più ispirata si apre invece con la missione dei *Settanta* che riempie di senso nuovo il cammino dei discepoli, messo chiaramen-te a confronto con l' ἔρχεσθαι gesuano (Lc 10,1). Da parte del narratore si nota certamente l'interesse di allargare l'obiettivo missionario e dare le ragioni e l'estensione geografica al «viaggio» stesso, visto che i suoi primi frutti concreti sono stati tutt'altro che l'accoglienza o almeno la presa in considerazione. Indirizzando uno sguardo retrospettivo sulla Galilea, Gesù si sofferma sulle città incredule per eccellenza (10,12-15) per avvisare i suoi del forte contrasto esistente tra gli obiettivi stessi della missione e la volontà umana. Perciò suona come un manifesto programmatico il seguente detto di Gesù in cui di nuovo regge l'ascolto, questa volta messo a confronto con un rigetto totalizzante: ἀθετῶν ὑμᾶς ἐμὲ ἀθετεῖ (v. 16)[26]. Ciò non toglie comunque la speranza: il successo inaudito degli inviati farà di certo meraviglia a Erode. Il narratore però, per stimolare la creatività interpretativa del lettore, si

---

[25] Gli esegeti qui insistono sulla valenza pragmatica del principio ebraico di *sha-liaḥ* che vede un forte rapporto d'intimità fra messaggero e mittente: cf. F. BOVON, *Luc le théologien*, 61. Cf. anche ciò che in questo contesto dice H. Schürmann (*Luca*, II, 98-99) a proposito dell'espressione πρὸ προσώπου.

[26] A livello semantico esso è da confrontare con il detto formulato in una maniera simile, ma non così pregnante, vista la valenza semantica del vb. ἐπαισχύνομαι: persi-no la *vergogna* come sentimento è dunque incompatibile con le esigenze del λόγος divino (Lc 9,26). Usando il famoso principio *a minori ad maius* si può rendersi ben conto della diversità quasi abissale di quei due atteggiamenti che in un certo senso rappresentano un crescendo spontaneo della resistenza umana che Gesù affronta.

mostra molto discreto. Non è legittimo, in questo caso, presumere che i primi *guai* del Vangelo rivolti alle città di Galilea siano a coinvolgere anche Erode in quanto governatore di questo territorio (cf. Lc 3,1)[27]? Resta tutta la parte più drammatica del racconto per verificare l'attendibilità di questa tesi.

2.1.2 Gesù: una lampada per l'occhio limpido dei seguaci (11,1–12,48)

Più il lettore prosegue nel racconto, più si rende conto del cambiamento radicale di cui abbiamo già fatto cenno: di fronte a Gesù itinerante la gente si divide e tocca al lettore ritrovarvi un filo conduttore in grado di dare senso unitario al proprio cammino. Ormai è l'opposizione di Gesù e contro Gesù a prendere rilievo nella narrazione (un breve insegnamento sulla preghiera (Lc 11,1-13) fa effettivamente da passaggio tra l'*ouverture* per certi versi positiva del «viaggio» e l'inizio delle controversie, dove risuonerà con sempre più insistenza il destino tragico degli annunciatori del *Regno*.

La prima controversia ha per oggetto la ricerca di un *segno* (11,16). Più precisamente qui si tratta di un *segno dal cielo* (σημεῖον ἐξ οὐρανοῦ), ma il lettore non può fare a meno di un altro segno, salvifico per eccellenza, che ha contraddistinto il suo percorso in Lc 2: il bambino Gesù. Tenendo presente questo, nella formulazione seguente[28] bisogna osservare un orientamento di particolare interesse. Come i pastori, gli avversari di Gesù *cercano un segno* (cf. 2,12.15), ma lo cercano *presso*[29] Lui stesso! Come dire che essendo così stolti da voler con la richiesta di un segno metterLo alla prova (πειράζοντες: 11,16) stanno per forza a for-

---

[27] Nella costruzione narrativa di Lc 10,1-20 c'è un simile sviluppo comunicativo rispetto a Lc 9,1-10a. Infatti in entrambi i casi l'invio e il ritorno degli apostoli sono separati da un'inserzione che pone il lettore davanti ad una realtà nuova e attiva l'intrigo. In Lc 10,12-16 il tono di Gesù è molto più minaccioso che quello di Erode in Lc 9,7-9 e segna un crescendo nel rispondere alle pretese della tirannia. Chiarita l'identità del primo, entrano in gioco le questioni fondamentali della fede e dell'incredulità. Anche se la risposta di Erode è ancora da aspettare l'atteggiamento degli abitanti delle città di Galilea la prefigura già e prepara la messa in scena dell'apostrofe su Gerusalemme, dove il monarca sarà menzionato esplicitamente (cf. 13,31-35).

[28] La riportiamo in greco: σημεῖον ἐξ οὐρανοῦ ἐζήτουν παρ' αὐτοῦ.

[29] Facciamo una traduzione ben diversa da quelle più comuni rilevando una possibile valenza semantica della proposizione παρά la quale essendo impiegata con un gen. più correttamente andrebbe resa come *dalla presenza di* per indicare una stretta relazione (*Friberg*, 293; cf. *LSJ*, 1302): cf. *gli chiedevano* (NRV); *chiedevano da lui* (LND); più letteralmente: *kept seeking from him* (ESV); *sought of him* (KJV).

mulare una domanda molto perspicace. Difatti il segno che chiedono e che — si dirà poco dopo (Lc 11,29-30) — non sarà dato loro, se si fa eccezione per quello di Giona, è già divenuto realtà nello stesso Gesù e sta loro davanti, come fa capire il detto su Giona stesso. Diversamente da Mt 12,40, Lc insiste sul valore oggettivo del segno come tale, ossia dice esplicitamente che *Figlio dell'uomo* lo *sarà per questa generazione*. In che cosa consista quel segno l'evangelista non lo spiega (cf. Mt), per lasciare forse più attraente la sua misteriosità, connotata pur sempre da un sapore estetico[30], rimandando la risposta all'interrogatorio di Erode (Lc 23,6-12). Per ora è soprattutto il monarca pensante (cf. 9,7) a creare contrasto con la gente che non si interroga affatto sull'identità del Portatore del segno. Così si arriva a soppiantare la Sua presenza reale con la soggettività di false previsioni. È significativo perciò l'esito finale dell'argomentazione gesuana, scandito da una duplice messa a fuoco: *ed ecco qui c'è uno più grande...* (11,31.32).

La situazione è caratterizzata dunque dall'ironia e insieme dalla paradossalità: il segno eminente della salvezza è stato intenzionalmente negato, o meglio, non notato affatto da gente perversa, a favore di un segno qualsiasi che soddisfa unicamente la curiosità e il godimento estetico. E non a caso l'insegnamento che fa seguito a quella presa di posizione da parte del Gesù profeta e in un certo senso serve da chiave interpretativa di tutta l'unità, abbonda di immagini visive. Il detto sulla *lucerna* appare qui per la seconda volta[31], molto ampliato, e segnala una progressione dal punto di vista pragmatico. Nel contesto nuovo esso si riferisce più esplicitamente a Gesù quale segno da ricercare. La sua presenza che illumina comporta con sé anche dei cambiamenti esistenziali negli uomini. La *lucerna* stessa riceve una connotazione nuova, giacché è presa in senso figurato a rappresentare l'*occhio, lucerna del corpo* (Lc 11,34; par Mt 6,22). La redazione lucana si vede non solo nel contesto in cui il detto è inserito, ma proprio nei piccoli accenti che per il lettore

---

[30] Cf. G. Marconi, «Il bambino da vedere», 629-631.

[31] Cf. Lc 8,16, ove questo detto serve anche per dare una spiegazione in chiave didattica alla parabola appena raccontata e interpretata (Lc 8,4-15). Vi è in gioco per lo più l'insegnamento di Gesù che va svelato in tal modo da renderlo *in piena luce* (17). Anche se a ciò segue il detto sulla vera famiglia (8,18-21), dove l'attenzione è certamente posta su Gesù, le ragioni di considerarlo determinante per una simile interpretazione cristologica dell'immagine della *lucerna* non sono convincenti. Per una discussione d'insieme vedasi lo studio esemplare di B. Prete, *L'opera di Luca*, 194-203. Cf. F. Bovon, *Luca*, I, 486-487; S. Panimolle, «Fate attenzione a come ascoltate», 152-153.

hanno più significato. Così il parlante esorta a *badare che la luce* che è dentro l'uomo *non sia tenebra*[32]. Dalla purezza dell'*occhio* — presunto anche, dalla sua capacità percettiva, — dipende, infatti, la luminosità del *corpo*. Ma l'insegnamento non finisce qui. Per l'ennesima viene menzionata la *lucerna* e questa volta con un riferimento diretto al pubblico / *tu* del lettore. L'immagine è impressionante, perché abbonda di lessico visivo[33]. C'è qui un nesso evidente tra la *lucerna* che brilla e illumina e quella del *corpo* umano, da essa illuminata[34].

Come non vedere che in questa sezione si è sempre davanti al *segno* di Gesù che poco a poco prende corpo dall'esperienza visiva che ne fanno i suoi addetti? In tal caso si capisce, perché insistere sulla totalità dell'*illuminazione* del *corpo* e sull'assenza totale delle *tenebre*: perché tutto sia illuminato, occorre un'esperienza simile a quella del vedere *luce* uscire dalla *lucerna*. Il racconto successivo mostrerà che non ne è data alcuna eccetto quella che si fa davanti al volto misericordioso del maestro (cf. Lc 10,33). Il lettore si trova dunque ad affrontare un nuovo compimento, quello della sua immagine di Gesù e di quella che Questi ha di lui. In una dialettica semmai meravigliosa si nasconde e si rivela ormai il mistero di un profeta itinerante, portatore di *luce* divina alle nazioni[35].

---

[32] Lc 11,35; cf. par Mt 6,23b. Luca è interessato a dare una forma sentenziale al detto ammonendo i suoi lettori di un pericolo reale che minaccia la spiritualità dello stesso *vedere*: σκόπει οὖν μὴ τὸ φῶς τὸ ἐν σοὶ σκότος ἐστίν.

[33] Il testo greco, elegante e melodico, ne è il testimone: ὡς ὅταν ὁ λύχνος τῇ ἀστραπῇ φωτίζῃ σε (v. 36).

[34] A livello semantico è importante notare l'accumulo dei vocaboli della stessa radice: φωτεινόν (3x) e φωτίζω (1x). Non è improbabile perciò che vi sia un gioco anche a livello lessicale tra il soggetto illuminante e l'oggetto illuminato: cf. le traduzioni evocative sotto questo aspetto (LND, NRV, NJB).

[35]Cf. Is 49,6. La nostra interpretazione si riallaccia a quelle di G. Rossé (*Luca*, 454-455) e di F. Bovon (*Luca*, II, 241-242), anche se l'ultimo non ne tratteggia tanto i lineamenti. Cf. la proposta ben argomentata di B. Prete (*L'opera di Luca*, 200-201) che tiene conto anche del *logion* precedente (Lc 8,16). A suo avviso, nel primo caso si tratterebbe di un insegnamento dei discepoli, mentre nel secondo — di quello di Gesù, nonché della Sua sapienza. Ci sembra tuttavia incompleta una visione che non faccia un passaggio indispensabile, a nostro parere: dall'insegnamento e dalle opere alla persona stessa di Gesù. E nella sezione precedente Luca fa proprio questo accennando così alla tensione che esisteva tra il vedere e riconoscere Lui. Nel «viaggio» difatti riveste un'importanza enorme la reazione degli uomini davanti al Gesù messia che già richiede una fede per riempire di senso lo stesso riconoscimento. Lo investigheremo in avanti: cf. pp. 193.222ss. A proposito vedasi anche una brillante messa a fuoco da parte di J.-N. Aletti (*L'arte di raccontare*, 99-101).

In forte contrasto con tutto ciò sta la ripresa delle controversie e una nuova serie di *guai* che caratterizzano al massimo la tensione tra *luce* e *tenebre*, implicitamente accennata nel detto appena visto (Lc 11,39-52). Un breve, ma ben pregnante riassunto sulla presa di posizione da parte di farisei e scribi, pone una fine intermedia. Si è finalmente arrivati ad un distacco totale: l'assai forte espressione greca potrebbe esser resa con un *indignarsi furiosamente*[36]. È un rigetto ancor più radicale di quello avvenuto a Nazaret (cf. Lc 4,29) in quanto ben pensato ed effettuato a sangue freddo: l'hanno *assalito con numerose domande tendendogli insidie, per cogliere qualche parola* uscita *dalla sua bocca*. Il contrasto è lucido: dall'apprezzamento superficiale delle *parole di grazia* (4,22) si arriva ad un progetto che tende ad avere interesse, farsi gioco di queste parole — un atteggiamento tipico di chi cerca di distruggere il *disegno di Dio*, l'avendolo respinto già una volta (cf. Lc 7,30; At 23,21). In questa linea l'ascolto viene trasformato semplicemente in un *tendere l'orecchio* paragonabile al *fissar cogli occhi* da parte dei Nazaretani, ma molto più grave e tragico del loro pallido *udire*[37]. Il lettore si chiede se è veramente possibile parlare in questo caso di ascolto: con un distacco così radicale perde d'attualità ogni iniziativa e discorso di Gesù che avevano per oggetto gli *occhi* ed *orecchi* dei destinatari.

A livello narrativo dopo tutto ciò un crescendo in riferimento alle *folle* desta meraviglia: diventano innumerevoli sì da creare una ressa, — e questo succede proprio dopo un'ostinazione grottesca dei capi religiosi del popolo (cf. 11,53-54). L'ironia narrativa consiste dunque nel pro-

---

[36] In greco: δεινῶς ἐνέχειν: Lc 11,53. Cf. la varietà di sfumature nelle traduzioni seguenti: *trattarlo con ostilità* (IEP); *irritarsi grandemente* (LND); *contrastarlo duramente* (NRV); *to oppose him fiercely* (NIV); *began a furious attack on him* (NJB); *se mirent à lui en vouloir terriblement* (FBJ).

[37] Cf. Lc 4,20.23d (ἠκούσαμεν). L'espressione che ha dato l'occasione a mettere in paragone i due testi (Lc 4,22 e 11,54: ἐκ τοῦ στόματος αὐτοῦ) ci suggerisce anche di cogliere con più attenzione l'immagine della Parola che esce dalla bocca di Gesù e «viaggia»: il ptcp. impiegato in Lc 4,22 è ἐκπορευομένοις, dal vb. teologicamente pregnante, riferito sempre al cammino di Gesù. Questo parallelismo aiuta il lettore a valutare la portata del rigetto stesso: in un'atmosfera descritta in Lc 11,54 l'ascolto della Parola è supposto essere molto attento — ed è la più grande differenza dalla scena di Nazaret, — sicché sorge una tensione quasi ironica che in avanti sicuramente verrà risolta, e cioè l'insegnamento di Gesù che non si stanca di ribadire l'essenzialità e indispensabilità dell'ascolto — un'esigenza alla quale le folle e i discepoli non sembrano d'essere conformi — e l'esempio dei suoi avversari che danno retta all'insegnamento di Gesù unicamente per svuotarlo di senso.

gressivo contrapporre il progetto divino alla resistenza umana che non ne può fare a meno, anzi favorisce il contrario! (Cf. Gv 12,19). Ciò nonostante la domanda persiste. È finito forse anche il potenziale comunicativo della percezione come tale? Questo interrogativo legittimo non è lontano dalla verità e segna appunto una decadenza dell'immagine positiva dei destinatari della Parola. Le folle non hanno preso ancora la decisione e il racconto successivo giocherà su questo, lasciando apparentemente i discepoli come unici esempi di solidarietà con il maestro. Non è casuale perciò che d'ora in poi questi dovranno rendersi conto delle proprie responsabilità e delle esigenze radicali della predicazione che metteranno perfino in pericolo la loro vita.

L'ambientazione della lunga predica successiva di Gesù (Lc 12) è emblematica e richiama il discorso della pianura (cf. 6,17-19). Le sue circostanze, per certi versi ideali, contrassegnano la serietà e l'essenzialità dell'insegnamento che Questi sta per impartire. Egli, però, riprende a parlare per primo ai discepoli avvisandoli contro il *lievito dei farisei* — *l'ipocrisia* (12,1). Come ciò sia nocivo lo dimostrerà, infatti, la storia di Giuda[38], ma per ora si segue un *logion* che presenta l'argomento *a contrario*, mostrandolo in un contesto ben diverso (cf. 8,17). Lo svelamento delle cose nascoste e il riconoscimento dei segreti è chiaramente messo in rapporto con l'attività predicatrice dei discepoli (12,2). Le metafore di *luce* e di *tenebre* — ormai abituali al lettore — fanno pensare al detto appena pronunciato sulla *lucerna*, cosicché quest'ultimo riceve qui un indirizzo più pratico. Dovranno mettere a nudo la verità e la menzogna servendosi unicamente della loro capacità d'essere la luce proveniente dal contatto quotidiano con la «lucerna» del Maestro. I due gruppi di immagini evocative e in un certo senso complementari — *dire nelle tenebre / esser udito nella luce* e *parlare all'orecchio / esser predicato sui tetti* (v. 3), — presentano anch'esse un crescendo. Si tratta qui di un successo missionario dei discepoli che avviene con l'aiuto divino[39]. Grazie a questo la loro testimonianza si

---

[38] Cf. 22,3-6.47. Tentando di dare la risposta ai grandi silenzi del testo in Lc 18,35–19,10 (cf. J.-N. ALETTI, *L'arte di raccontare*, 32-34) ci si farà coinvolgere molto di più nella trama narrativa i *discepoli* con un riferimento al detto presente sul *lievito*, in un certo senso programmatico per la comprensione della tragedia del discepolato in Luca che il testo cela assai virtuosamente: cf. sotto, cap. IV, pp. 297.306.

[39] Le forme verbali ἀκουσθήσεται e κηρυχθήσεται sono da intendere come i *passivi divini*. J. Nolland mette ben in evidenza il contesto escatologico del detto Q che Lc, a suo parere, conserva meglio che par Mt 10,27 (*Luke*, II, 677). Parlando dell'unità tematica dell'intera sezione (Lc 12,1–13,9), dentro la quale si colloca un rappresenta-

diffonde e si rende luminosa pur essendo, già in partenza, ostacolata dalle forze oggettive del male.

I discepoli, chiamati per la prima volta *amici* da Gesù (Lc 12,4), dovranno affrontare per primi anche la realtà della morte a causa Sua. Vi sono le due vie: *confessarLo* davanti agli uomini oppure *rinnegarLo* (8). La ricompensa sarà paragonabile al comportamento scelto, perciò anche al lettore per primo è data una delle chiavi per comprendere e ripensare a partire dal passato del racconto il senso e gli obiettivi della missione di Gesù. L'accoglienza nel senso del riconoscimento e confessione ne fanno parte di pari passo con il rinnego. Però, in vista dell'imminenza del *Regno* (cf. Lc 10,9.11) occorre prendere subito la decisione per non assomigliare agli ipocriti che cercano di deviare dalla chiarezza e dalla luce del Vangelo e trasformandolo perfino nell'oscurità delle loro false prescrizioni (cf. 11,39-52).

2.1.3 I segni da vedere (12,49–13,21)

In un nuovo punto di partenza Gesù focalizza l'attenzione sul senso della propria venuta. Le Sue prime parole scandiscono un programma assai diverso da quello del vangelo dell'infanzia[40]. Infatti, è una nuova chiave di lettura ad introdurre il lettore nel mistero della morte prossima di Gesù a dare il senso a quella dei suoi seguaci, annunciata poco prima (cf. Lc 12,4-7). L'insistenza sulla radicalità dei cambiamenti che deve apportare la Sua presenza reale (cf. 51: παρεγενόμην) si esprime coll'immagine del *fuoco* a cui già accennava Giovanni (cf. 3,9). Le fa seguito una solenne e netta contrapposizione tra *pace* e *divisione* (31) che ugualmente richiama a memoria il *segno di contraddizione* (2,34) dato al lettore in anticipo: un primo paradosso nella storia degli inizi. Non è più stupefacente che si divideranno le persone tra loro più intime

---

tivo sottoinsieme di Lc 12,1-12, l'autore esplicita un dato notoriamente pragmatico della focalizzazione lucana: si tratta di un immaginario metaforico visivo che cristallizza le due modalità dialettiche dell'attuazione di un medesimo piano salvifico rivelatore: «The imagery of darkness and light points on the one hand to the secrecy of hidden failure in the present and on the other hand to the widespread use of the imagery of light in connection with the (revealing) presence of God» (*Ibid.*). C'è, infatti, un fluido passaggio dal riconoscimento al rigetto nei confronti del *Figlio dell'uomo*, che manifesta le sfide reali che la comunità lucana viveva. Donde un insistenza narrativa che sembra perfino eccessiva e per questo vincolante per la comprensione adeguata della funzione comunicativa di queste metafore inserite così frequentemente nell'intreccio apocalittico di un imminente giudizio escatologico.

[40] πῦρ ἦλθον βαλεῖν ἐπὶ τὴν γῆν: Lc 12,49. Cf. G. Rossé (*Luca*, 91) che riferendosi al *Gloria* (Lc 2,13-14) accenna che «pace esprime tutto il contenuto dell'inno».

(12,53): il *segno* che era stato anche il cuore del discorso precedente (cf. 11,29-32) comincia a realizzarsi.

È arrivato quindi quel momento decisivo che si preparava fin dalle prime pagine del Vangelo: Gesù si rivolge decisamente (cf. 9,51) ad affrontare la morte e non solo: è perfino *angustiato* dall'incompiutezza del progetto divino (Lc12,50)! Ed è indicativo il fatto che Gli prema fare ancora una volta la critica dell'atteggiamento ipocrita che le folle mostrano nei suoi confronti. Egli accenna proprio alla capacità percettiva del popolo sulla quale si basano le previsioni del tempo (ἴδητε)[41]. Ma essa non regge — ecco il fallimento — davanti alla vera sfida di saper cogliere le prove dai segni di *questo tempo* (v. 56), proprio perché essi sono tanto più visibili quanto più limpidi sono gli occhi (11,34). Così il lettore, si rende sempre più consapevole che «l'indifferenza e l'ostilità trasformano il lieto annuncio in minaccia di giudizio» e quindi «bisogna decidersi al più presto a favore del Regno» (cf. 12,58-59)[42].

Gli ulteriori esempi confermano questa tesi: la morte violenta e improvvisa ormai fa parte dell'esperienza di chi non è in grado di interpretare i «segni del tempo» (13,1.4). Il contesto è quanto mai solenne (λέγω ὑμῖν: vv. 3.5), ma non si cela la radicalità delle parole di Gesù che mettono in risalto la necessità della conversione. Mediante una ripetizione di questa sentenza chiave il lettore viene chiamato altresì a comprendere che cosa voglia dire la *perdizione* (ἀπόλλυμι). Essa infatti è una delle conseguenze più tragiche della peccaminosità, che in Lc va di pari passo con la salvezza[43]. La parabola del *fico* sterile (6-9) evidenzia un'altra dinamica che gioca sullo stesso contesto: *cercare e non trovare i frutti*. Il lettore è sicuramente ben consapevole dell'intento

---

[41] Nel testo greco l'oggetto del loro contemplare è τὸ πρόσωπον τῆς γῆς καὶ τοῦ οὐρανοῦ (Lc 12,56) e evidentemente ha a che fare con il *segno dal cielo* (11,16.29). Facendo l'argomento a contrario Gesù infatti pone fine all'ambiguità del loro atteggiamento ipocrita richiamando l'attenzione del lettore alla verità del giudizio che rivelerà *ciò che è giusto* (12,57).

[42] G. ROSSÉ, *Luca*, 531. Il primo e più rappresentativo esempio di questo assioma è stato il discorso delle beatitudini lucane (6,20-26), dove i primi *guai* del Vangelo non facevano altro che mettere i lettori in guardia contro un entusiasmo spensierato: l'ideale proposto per recepire gli effetti salvifici del *Regno* — i *poveri*, i *piangenti*, gli *affamati* — già anticipa la tensione che risulterà tra la predicazione gesuana del *Regno* e la ricchezza mondana rappresentata nelle figure, ricche esse stesse di sfumature psicologiche e dell'espressività: Erode, il *giovane* ricco e infine Zaccheo.

[43] Cf. Lc 6,9; 9,24; 15,24. Una visione particolareggiata di questo tema tipicamente lucano è da trovare in: J. DUPONT, «La parabole de la brebis perdue», 265-287.

pragmatico di una simile rappresentazione: tutto è centrato proprio sulla pazienza del padrone di quel fico, in un costante andare alla ricerca (ἔρχομαι ζητῶν καρπόν: 7) che presuppone di certo l'intensità dello sguardo. Il vb. ἔρχομαι funziona come un segnale che permette subito di instaurare un collegamento con la visione della *parusia*. La situazione ideale dei tempi ultimi è quindi caratterizzata da un incontro *vis-à-vis* tra il Signore e il Suo seguace, entrambi in cerca l'uno dell'altro (cf. 12,31). La storia di Zaccheo — non già l'incontro con Erode (23,6-12) — ne esemplificherà portata e contenuto.

2.2 *Erode alla ricerca omicida (Lc 13,31-33)*

Il percorso evidenziato ci ha condotti fino alla parte molto drammatica del viaggio, ove si riuniscono i detti mirati a rendere manifesta la coscienza messianica di Gesù (Lc 13,22-35). Qui per la prima volta Egli si disfa di Gerusalemme e bruscamente rompe con il passato della storia togliendo quell'immagine positiva della città santa che il lettore avrebbe voluto risentire proprio qui, dalla sua stessa bocca. Per capire la dinamica dell'insieme preme esaminare la funzione di un testo che fa da trapasso nel progetto narrativo scandito in Lc 9,7-9. Una breve ricerca nel merito preciserà che ruolo vi giochi Erode; figura questa attorno a cui continua a muoversi l'intrigo del racconto.

2.2.1 L'articolazione comunicativa di Lc 13,31-33

Avendo in vista la particolarità della sequenza di Lc 13,22-35, ci proporremo di presentare l'articolazione comunicativa dell'insieme per saper meglio situare il passo in esame. La sua funzione è, infatti, programmatica se si considera lo schema che spiega la dinamica dell'intero racconto visto come un tutt'uno[44].

---

[44] Ci siamo ispirati in un perspicace spunto esegetico di H. Conzelmann che vede nella presente unità le coordinate narrative per una elaborazione teologica progressiva e più matura del «viaggio» gesuano: «13,22 fornisce un indizio di come Luca s'immagini il viaggio; non come un cammino breve e diretto, bensì come un'attività ampia, ma consapevolmente intesa a raggiungere una meta. [...] Gesù si muove verso Gerusalemme non lungo una linea diretta. (Il viaggio) è condizionato [...] dal fatto che Dio lo fa camminare verso la passione» (*Il centro*, 74). L'applicazione pratica di questo illuminante principio esegetico si riscontra nell'attento e minuzioso studio degli elementi formali che dànno coesione e compatezza al brano, di A. Denaux: «L'hypocrisie», 247-249. Per una alternativa articolazione insita nella struttura retorica della sottosequenza che va da Lc 13,22 fino al cap. 14,6 cf. R. MEYNET, *Luca*, 553-554.

UN CAMMINO CHE COINVOLGE NEL MOVIMENTO (Lc 13,22-35)

PARTE PRIMA: Introduzione

22 Καὶ **διεπορεύετο** κατὰ πόλεις καὶ κώμας διδάσκων
καὶ **πορείαν ποιούμενος** εἰς Ἱεροσόλυμα.

Il detto sulla *porta stretta* (23-30)

23   **Εἶπεν** δέ τις αὐτῷ·

κύριε, εἰ ὀλίγοι οἱ σῳζόμενοι;

ὁ δὲ **εἶπεν** πρὸς αὐτούς·

24   ἀγωνίζεσθε **εἰσελθεῖν**
διὰ τῆς στενῆς θύρας,

25   ὅτι πολλοί, λέγω ὑμῖν,
ζητήσουσιν **εἰσελθεῖν**
καὶ οὐκ ἰσχύσουσιν.

25   ἀφ' οὗ ἂν ἐγερθῇ ὁ οἰκοδεσπότης
καὶ ἀποκλείσῃ τὴν θύραν
καὶ ἄρξησθε ἔξω **ἑστάναι**
καὶ κρούειν τὴν θύραν
λέγοντες· κύριε, ἄνοιξον ἡμῖν,
καὶ ἀποκριθεὶς ἐρεῖ ὑμῖν·
οὐκ οἶδα ὑμᾶς πόθεν ἐστέ.

26   τότε ἄρξεσθε λέγειν· ἐφάγομεν
ἐνώπιόν σου καὶ ἐπίομεν
καὶ ἐν ταῖς πλατείαις ἡμῶν ἐδίδαξας·

27   καὶ ἐρεῖ λέγων ὑμῖν·
οὐκ οἶδα [ὑμᾶς] πόθεν ἐστέ·
ἀπόστητε ἀπ' ἐμοῦ πάντες
ἐργάται ἀδικίας.

28   ἐκεῖ ἔσται ὁ κλαυθμὸς
καὶ ὁ βρυγμὸς τῶν ὀδόντων,
ὅταν ὄψησθε Ἀβραὰμ καὶ Ἰσαὰκ καὶ Ἰακὼβ
καὶ πάντας τοὺς προφήτας
ἐν τῇ βασιλείᾳ τοῦ θεοῦ,
ὑμᾶς δὲ **ἐκβαλλομένους** ἔξω.

29   καὶ **ἥξουσιν** ἀπὸ ἀνατολῶν
καὶ δυσμῶν καὶ ἀπὸ βορρᾶ καὶ νότου
καὶ ἀνακλιθήσονται ἐν τῇ βασιλείᾳ τοῦ θεοῦ.

30   καὶ ἰδοὺ εἰσὶν ἔσχατοι οἳ ἔσονται πρῶτοι
καὶ εἰσὶν πρῶτοι οἳ ἔσονται ἔσχατοι

PARTE SECONDA: Il detto su Erode (31-33)

³¹ Ἐν αὐτῇ τῇ ὥρᾳ   **προσῆλθάν** τινες Φαρισαῖοι λέγοντες αὐτῷ·

         ἔξελθε καὶ **πορεύου** ἐντεῦθεν,

         ὅτι Ἡρῴδης θέλει σε ἀποκτεῖναι.

³²   καὶ **εἶπεν** αὐτοῖς·

         πορευθέντες εἴπατε τῇ ἀλώπεκι ταύτῃ·

         ἰδοὺ ἐκβάλλω δαιμόνια καὶ ἰάσεις

         ἀποτελῶ σήμερον καὶ αὔριον

         καὶ τῇ τρίτῃ τελειοῦμαι.

³³   πλὴν δεῖ με σήμερον καὶ αὔριον

         καὶ τῇ ἐχομένῃ **πορεύεσθαι**,

         ὅτι οὐκ ἐνδέχεται προφήτην

         ἀπολέσθαι ἔξω Ἰερουσαλήμ.

Il detto su Gerusalemme (34-35)

³⁴   Ἰερουσαλὴμ Ἰερουσαλήμ,

         ἡ ἀποκτείνουσα τοὺς προφήτας

      καὶ λιθοβολοῦσα τοὺς **ἀπεσταλμένους** πρὸς αὐτήν,

         ποσάκις ἠθέλησα **ἐπισυνάξαι** τὰ τέκνα σου

         ὃν τρόπον ὄρνις τὴν ἑαυτῆς νοσσιὰν

         ὑπὸ τὰς πτέρυγας, καὶ οὐκ ἠθελήσατε.

³⁵   ἰδοὺ **ἀφίεται** ὑμῖν ὁ οἶκος ὑμῶν.

Conclusione   λέγω [δὲ] ὑμῖν,

         οὐ μὴ ἴδητέ με ἕως [ἥξει ὅτε] εἴπητε·

         εὐλογημένος ὁ **ἐρχόμενος** ἐν ὀνόματι κυρίου.

Il discorso è diviso in due grandi parti (vv. 22-30 e 31-35) dall'accenno temporale del v. 31a. I due detti della seconda parte (31-33 e 34-35) sono agganciati con l'inclusione di Ἰερουσαλήμ (cf. 22b). Dal punto di vista stilistico è da notare la solennità e il carattere dialogico della prima parte e il pragmatismo di quella seconda tutta rivestita da indizi temporali. C'è qui uno sviluppo strategico.

2.2.2 La funzione narrativa di Lc 13,22-35

L'accenno narrativo al *camminare* di Gesù offre molto alle attese del lettore: l'impf. διεπορεύετο segnala sia la durata sia l'insistenza di quel cammino che ora si deve riassumere in termini frontali: *porta stretta, strada* e, da parte del Viaggiatore, un desiderio permanente che la anima e vi attira le folle. Invero sullo sfondo appare un'ulteriore notizia che già si riferisce alla situazione presente, anch'essa segnata dall'intensità di un viaggio deciso (πορείαν ποιούμενος: 22b)[45] cui si penserà precisamente d'ora in poi coll'aiuto delle forme verbali: *entrare, allontanarsi, venire, partire, andar via*. Una domanda (23) introduce la novità dell'argomento e apre il dialogo che sfocia in un lungo discorso di Gesù. Al suo cuore sta un'interessante tensione tra i verbi di movimento che verrà spiegata nell'analisi semantica. Qui invece è importante notare l'intercalarsi degli aoristi (εἰσελθεῖν, ἀπόστητε) e dei tempi che rendono accentuato l'aspetto presente (ἑστάναι, ἐκβαλλομένους) in relazione ai destinatari del discorso. Tutto tende a concludersi con un vb. (ἥξουσιν) che, sempre in riferimento al momento presente, riassume l'esperienza passata dei nuovi protagonisti indirizzandola al futuro escatologico che apre il racconto ad una tappa successiva della trama.

L'intreccio si crea, infatti, con l'entrata in scena dei *farisei*, insieme ai quali anche il lettore entra nell'argomento chiave, assai vivo e dinamico: il progetto di Erode. La serie di aoristi che lo circoscrive è inserita nel panorama storico-salvifico dell'ἥξουσιν precedente. Un tale panorama rende esplicita l'impulsività di un intervento subitaneo dei farisei (cf. l'aor. προσῆλθαν). Esso prorompe nell'aperto invito, rivolto a Gesù, a darsi alla fuga (ἔξελθε) e a continuarla nel presente (πορεύου). Il suo svolgimento — è importante notarlo — è sempre in vista del luogo segnato dal pericolo mortale (ἐντεῦθεν). Si sovrappongono così due prospettive diametralmente opposte: l'iniziativa libera di Gesù (cf. 22a: διεπορεύετο) e quella dei suoi avversari interessati a rinviare il cammino di Questi. La frase conclusiva mette in questione persino la sua continuità con un ritaglio impressionante su Erode, a cui era indirizzata tutta l'argomentazione precedente: θέλει ἀποκτεῖναι. Il vb. al presente protrae la visuale narrativa che crea l'intrigo e si espande sia al prima sia al dopo del racconto. È una realtà di cui il lettore è ormai ben consapevole e insieme una situazione d'*impasse* da cui egli cerca di uscire.

Il testo comunque è molto lucido a proposito della reazione di Gesù. La sua controbattuta compromette abilmente l'impulso pragmatico dei farisei: di fatti sono loro a dover partire — il ptcp. aor. πορευθέντες punta proprio sulla corrispondenza tra i primi due imperativi e gli ulti-

---

[45] Cf. la posizione di A. Robertson sul valore temporale del ptcp. pres. (*Grammar*, 891): «The present participle, like the present inf., is timeless and durative». È da tener presente l'importanza che conferisce la narrazione ai verbi al pres., il cui *aspetto* è garantito da una descrizione che «si sofferma sullo sviluppo o sul procedere dell'azione e considera l'evento rispetto al suo svolgimento interno, senza che l'inizio o la fine entrino nel campo di osservazione» (B. Fanning, *Verbal Aspect*, 103).

mi[46]. Il messaggio del primo imperativo è estremamente carico di forza assertoria, come lasciano intuire i quattro verbi al presente intrecciati in modo vitale e stimolante. L'unico desiderio del mittente — continuare il viaggio — riceve qui dei tratti originali, dovuti soprattutto all'impiego dei diversi segnali temporali che a prima vista confondono il lettore. Infatti, i due verbi (ἀποτελῶ e τελειοῦμαι) ricevono dal contesto una connotazione al futuro che crea una tensione interna sia con il θέλει di Erode sia con il δεῖ di Gesù. Nonostante ciò, a livello globale, non viene meno una forte attualizzazione del messaggio che quasi mette in moto un nastro cinematografico davanti agli occhi del lettore. Niente ormai può distogliere la sua attenzione. Un conclusivo accenno impersonale che contrappone esplicitamente il cammino di Gesù alla volontà di quelli che tentano di fermarlo (33c) serve da punto di transizione per impostare una ulteriore ripresa, in cui al centro dell'obiettivo figurerà la città santa.

L'immagine di *Gerusalemme* è completata da due participi presenti messi a confronto con quello perfetto (ἀπεσταλμένους) che inserisce il lettore in una prospettiva storico-salvifica: Iddio fino ad oggi continua a mandare i Suoi profeti[47]. Sullo stesso palcoscenico viene proiettata un'iniziativa permanente dell'Io empirico che Gesù si permette di assumere. Resa da un aoristo con valore iterativo dovuto all'avv. (ποσάκις ἠθέλησα) la sentenza allude senz'altro al θέλει erodiano rafforzato peraltro dal successivo οὐκ ἠθελήσατε. In questo modo sono messe a

---

[46] A parte un'evidente scelta lessicale (πορεύου e πορευθέντες) si ha un suggestivo schema che grammaticalmente non differisce molto in ambedue casi: impr. + impr.; ptcp. congiunto (avverbiale) + impr. Cf. D. WALLACE, *Grammar*, 638-643; A. ROBERTSON, *Grammar*, 1127. Dal punto di vista comunicativo merita l'attenzione il passaggio dal camminare al dire che si verifica due volte nei vv. 31-32, sempre in riferimento ai farisei. L'ordine di Gesù lì rinvia a Erode con il suo proprio messaggio che ironicamente trasforma loro dai messaggeri della sventura in quelli di Gesù stesso, a mo' degli apostoli! (F. BOVON, *Luca*, II, 486). Cf. un analogo gioco narrativo in Mt 2,7-12 (πορευθέντες ἐξετάσατε) e altri esempi: Mt 9,13.18b; 28,7 (!); Lc 5,14; 16,6; 17,19.

[47] Cf. il cenno di J. Fitzmyer (*Luke*, II, 1036): «The participles are in the pres. tense, expressive of Jerusalem's ever-present attitude toward heaven-sent messengers». Un'attenzione particolare merita l'analisi effettuata da S. Schulz (*Q*, 216). L'autore è spiccatamente interessato di stabilire le relazioni reciproche tra le diverse forme temporali dei verbi. A proposito di quei tre participi egli tende di inserirli in un unico quadro dell'intera storia di Gerusalemme, in cui Gesù stesso non è che un semplice membro della catena dei profeti dell'AT. In questa linea l'aoristo seguente (ἠθέλησα) non disturba quello schema temporale essendo in relazione con i participi precedenti. Diversamente: P. HOFFMANN, *Studien*, 163; O. STECK, *Geschick*, 229-230.

confronto le tre volontà: quella di Gesù fatta risalire a Dio stesso, quella di *Gerusalemme* personificata — il non volere diremmo metastorico — e quella di Erode. Essendo una realtà eminentemente dialettica, la terza in un certo senso incarna l'antagonismo delle prime due nel tempo della narrazione. Nonostante questo l'ultima parola è lasciata a Dio — il passivo divino ἀφίεται funziona come un *ultimatum* e rompe tutta una lunga catena di verbi riepilogando l'intera storia. Il principale tempo narrativo qui è il presente di tono drammatico e solenne (λέγω ὑμῖν).Vi viene inserita e suona come un atto dichiarativo l'assicurazione conclusiva: *non mi vedrete...* Per il lettore infatti essa è una porta d'ingresso nell'interpretazione dei relati successivi[48]. Con una negazione rafforzata al massimo (οὐ μή: Lc 13,35a)[49] si comunica l'essenziale: la visione dell'evento Gesù è soggetta a delle condizioni e quindi limitata. La scadenza temporale (ἕως) è determinante per lo sviluppo narrativo del nostro motivo. Esso quindi è circoscritto da un *cammino* seguendo il quale il lettore avrà l'accesso alle realizzazioni future della visione. In effetti, il ptcp. presente (ἐρχόμενος) serve a richiamarle e a renderle nutrimento del lettore. È un forte segno dell'estrema vicinanza dei tempi messianici — il palcoscenico privilegiato del *vedere* — a cui alludeva già il previo pf. ἥξουσιν.

---

[48] Non siamo d'accordo con il punto di vista di I. Marshall (*Luke*, 576) che per analogia con par. Mt 23,38 attribuisce al vb. il valore di futuro (cf. BDF, §323; W. Davies – D. Allison, *Matthew*, III, 351). Come si era appena visto ciò non risponde alla strategia narrativa riconoscibile in un ripetuo passaggio dai verbi col valore di presente a quelli esprimenti il futuro che serve a dare un andamento vivace al discorso nonché ad avvisare il lettore che «non si possono distinguere gli aspetti apocalittico e storico-politico di questa predica minacciosa» (S. Schulz, *Q*, 357). Nel nostro caso è ben visibile l'unità costituita dai vv. 34-35a, attualizzante in una sola istante sia la storia della città santa sia il suo atteggiamento presente — il *non volere* — a cui risponde l'abbandono totale dalla cui attualità non si riesce a prescindere. Cf. sopra, la nota precedente. Perciò l'accento cade sulla conclusione che indirizza verso il futuro i passi del lettore.

[49] Cf. S. Schulz, *Q*, 359, n. 239; *WB*, 1023: οὐ μή ist «entscheidenste Form der verneidenden Aussage über Zukünftiges». Cf. altri esempi di questo tipo: BDF, § 365. Grazie alla loro trasparenza si vede meglio la difficoltà che nel testo lucano crea l'espressione pesante e dubbiosa, peraltro non sopportata in modo univoco dai testimoni testuali (è assente in 𝔓[75] e B; cf. B. Metzger, *A Commentary*, 163): ἕως [ἥξει ὅτε]. Cf. anche: BDF, § 382.2. La sua funzione però è evidentemente quella di indicare un limite temporale, da dove partirà un futuro che apre all'estremo gli orizzonti della narrazione. Cf. in seguito l'analisi del messaggio, pp. 196-197 (n. 62).

A livello dell'insieme c'è da accennare dunque ad una polarizzazione del discorso i cui margini scandiscono due riferimenti chiarissimi al cammino di Gesù (22.35c). Nel corpo del discorso sono ben presenti le due voci che biasimano ed esprimono un cammino di allontanamento[50]. All'interno di questa cornice letteraria si muovono tutti gli attanti menzionati: i Gentili (ἥξουσιν), i farisei (προσῆλθαν) e Gesù stesso (δεῖ με πορεύεσθαι). Trovandosi in un circolo così vitale di movimenti, anche il lettore si muove per riscoprire e fare sua l'originalità dell'unico movimento di cui si interessa l'autore ispirato: seguire il cammino trasparente del maestro nella sequela dei suoi seguaci.

2.2.3 L'articolazione del messaggio: compiere la visione (Lc 13,22-35)

L'analisi narrativa ha svelato la complessità del quadro tracciato nel lungo insegnamento di Gesù. Per scorgervi la coerenza del pensiero bisognerà rifarsi alla dinamica ormai nota al lettore. Al suo centro evidentemente sta il *viaggio* in cui progressivamente vengono coinvolti i nuovi destinatari; vi sono anche degli ostacoli da superare[51].

a) La porta stretta del Regno (13,22-30)

Così, quando in questione è la salvezza, l'uomo biblico è posto davanti ad una grande sfida che lo rende sempre responsabile per tutto quello che la situazione concreta gli propone di fare[52]. L'esigenza che

---

[50] Sono illustrativi i verbi che lo rendono: ἀπόστητε: 27c; ἀφίεται ὑμῖν: 35a.

[51] Com'è importante un ricorso al genere letterale nel dare una valutazione teologica di questo discorso ben denso e pieno di contrasti, arguisce F. Bovon che è attento anzitutto al ruolo comunicativo della sua prima parte argomentativa (Lc 13,22-30) definita da lui un *apoftegma*. È insolito e quindi pregnante che esso abbia un tono minaccioso e si estenda nella parte finale di risposta con un esplicito giudizio escatologico di condanna (vv. 27-28). Lì infatti Gesù «trae le conseguenze dal precedente dialogo tra sordi e abbozza un inquietante affresco in chiaroscuro. Per anticipazione fa vedere lo spettacolo minaccioso, il cui dualismo non resta statico: al faccia a faccia del v. 28 l'oratore associa enigmatici "ultimi" venuti dai quattro angoli dell'orizzonte, ai quali promette l'accesso al regno» (29) (F. BOVON, *Luca*, II, 461-462). Ebbene non è l'ultima parola di Dio; tant'è vero, il Locutore la apre al futuro prossimo del proprio cammino (31-33: *apoftegma* biografico) e a un *lamento* profetico per concludere tutto di nuovo con una parola di *giudizio* (34-35) (!). Cf. G. ROSSÉ, *Luca*, 558.

[52] E. Rasco è stato il primo, nel corso degli studi e della ricerca su Lc, a richiamare l'attenzione sulle implicazioni cristologiche del motivo della *responsabilità* in Lc: «il camminare con Gesù comporta delle esigenze totali e non si può comprendere se non sulla base di *un'intima conoscenza di Gesù e della sua missione*. [...] Solo per un'ingenua confusione e sotto il fascino delle bellezze artistiche e della squisita sensi-

sfocia nelle parole di Gesù è un buon esempio di questo tipo: l'*entrare per la porta stretta* effettivamente ha a che fare con uno sforzo enorme, quasi un'*agonia* come è ben espresso dal vb. ἀγωνίζεσθε (Lc 13,24). Nel contesto lucano questo detto è riferito al *regno di Dio* (cf. par Mt 7,13-14) la cui perdita costituisce un vero dramma per l'uomo. C'è qui una chiara contrapposizione tra l'esperienza quotidiana di tutti quelli che erano i testimoni diretti della vita e dell'insegnamento di Gesù e quella di tutti i giusti con cui divideranno la sorte le nazioni (Lc 13,26-29). Il tratto comune di entrambi è sicuramente la vicinanza al Signore che dà l'accesso al *Regno* di cui Lui stesso è la rappresentazione viva. Bisogna cogliere con attenzione l'accento che il narratore pone riferendosi al destino terrificante dei primi (v. 28): sarà proprio a causa del *vedere* gli altri nel *regno di Dio* (ὄψησθε)[53]. A tutti infatti è stato concesso il privilegio di essere *davanti agli occhi / in presenza* del maestro[54]. La differenza consiste proprio nel modo di comportarsi da parte

---

bilità di Luca si dimentica spesso il suo *radicalismo assoluto* nelle esigenze della vita cristiana, per niente inferiore a quello di Mt o di Mc. Queste esigenze si estendono per tutti i campi della responsabilità umana e cristiana» («La singolarità di Luca», 39-40). Da parte nostra possiamo aggiungere che la problematica accennata si riflette bene nel quadro comunicativo ed esistenziale del *vedere*. Tuttavia, l'importanza strutturante — per il cammino del lettore — di questa risonanza e assonanza reciproca dei due motivi della responsabilità verranno esaminati con nuovi stimoli narrativi nell'analisi che verrà affrontata nel cap. IV.

[53] Il gioco tra il presente e il futuro è fortemente accentuato in tutta la sottosequenza, sicché si fa sentire l'urgenza di una decisione istantanea in vista dell'apertura ad *omnibus* dell'appello missionario di Gesù. La prospettiva futura accenna già qui alle conseguenze tragiche del rifiuto e dà al lettore la ragione di chiedersi se ciò non sia una costante dell'itinerario scelto da Questi. Il punto d'approdo è da cercare nell'essenza stessa del cammino evangelico il quale riempirà di contenuto la seconda sottosequenza (31-33). Riferendosi al contesto situazionale di Lc G. Rossé (*Luca*, 557) rende palese un dato importante. Da una parte, l'evangelista qui «dà uno sguardo alla recente storia salvifica che ha trovato il suo centro nella venuta di Gesù, e vede i risultati portati dall'annuncio evangelico: l'incredulità di molti Giudei, la conversione di molti pagani; dall'altra, egli evita di dare un giudizio su tale situazione […]: spetta [per lo più] al lettore non trovarsi fuori dalla porta del banchetto escatologico nel Regno di Dio!».

[54] ἐνώπιον: Lc 13,26. Cf. ciò che abbiamo accennato a proposito dell'uso lucano di questa preposizione funzionale alla vista in Lc 1: p. 55, n. 26. Probabilmente creata dai LXX per rendere l'ebr. לִפְנֵי, nel Terzo Vangelo essa «ne peut que s'expliquer que par une imitation des LXX, plutôt voulue, car il oppose ce qui se passe devant la face des hommes à ce qui se passe devant la face de Dieu. Le cas de πρόσωπον est le même, si ce n'est que π. est beacoup plus usité par les Grecs». Lo si adopera comunque secondo le regole della sintassi semitica: cf. Lc 1,76; 7,27; 9,51ss; 10,1 (M.-J. LAGRANGE, *Luc*, C).

degli *operatori dell'ingiustizia*. È una caratterizzazione assai forte che serve al lettore da nome comune per la gente il cui atteggiamento tipico è l'*ipocrisia* (cf. Lc 12,1.56; 13,15). La loro tragedia, ossia la privazione totale del merito che pensavano forse di avere anche dopo la morte — un contatto diretto con il Signore (cf. Sal 17,15) — è dunque la conseguenza logica di una profonda illusione. In essa si cade preferendo rimanere indifferenti a ciò che si vede e si ode[55].

In fin dei conti il posto dei *primi* alla mensa messianica sarà occupato dagli *ultimi* — le genti — per mettere in risalto ancora maggiore la gratuità del dono divino della salvezza. Esso ha di mira gli occhi nuovi, anche se è stato malvisto fin dall'inizio e quindi misconosciuto dai suoi destinatari diretti (Lc 13,30). I veri ciechi perdono così, a quanto sembra, l'ultima occasione per aderire alla esigenza evangelica di entrare per *vedere*! La vicenda assomiglia molto alla tragedia di Nazaret che per lo più sembrava coinvolgere Gesù. La trama nondimeno è quasi identica, cosicché la scena appena studiata va illuminata alla luce di

---

[55] Il tono minaccioso del presente *logion* si spiega nel paesaggio storico-salvifico che Lc stende ben diversamente dai passi paralleli di Mt 7,13-14; 25,10-12; 7,23; 8,11-12. La sua abilità narrativa consiste, infatti, nel componimento di un mosaico delle allusioni veterotestamentarie in cui si esamina da diverse angolature la vivissima credenza giudaica di poter partecipare alla pienezza della vita nel *mondo avvenire* (cf. Lc 13,23). Uno dei presupposti che questo testo normativo pone davanti alla comunità dei *giusti* è il credere nella *risurrezione dei morti*, messo proprio all'inizio dell'elenco (*m.Sanh* 10,1). Il dramma che si dischiude allo sguardo del lettore è dunque di carattere storico-teologico. Le due belle metafore della *porta stretta* e di una *sentinella* — *Signore* stesso — che la guarda assai severamente funzionano all'interno dei discorsi diretti costruiti attorno a due temi chiave che sono *conoscenza* e *giustizia*. Da buon profeta Gesù sa inasprire talmente il discorso di accusa che la giustizia esterna dei giusti si trasformi nell'*ingiustizia* (ἀδικία: 27d). Il fondamento di questo capovolgimento inaudito è dato dal *non riconoscimento* divino (οὐκ οἶδα ὑμᾶς: 2x) che sbocca in una visione da fuori da parte degli interessati, tormentata dalla beatitudine dei veri *giusti* che sono in effetti loro padri insieme ai *profeti* di cui Gesù è il portavoce (28d). La radicalità della denuncia è enfatizzata, soprattutto se la si paragona con l'annuncio profetico tradizionale secondo il quale Dio *conosce* il suo popolo (Ger 1,5; Am 3,2; Os 5,3; 13,5), i suoi eletti (cf. Sal 138,6). Ci si arriva perfino ad un *cacciare fuori* in cui il lettore sicuramente saprà trovare un'allusione all'atto simile d'intolleranza dalla parte di Nazaretani (Lc 4,29). Cf. J. Fitzmyer, *Luke*, II, 1022-1023. Il procedimento esplicitato, in effetti, si avvicina ai meccanismi comunicativi dei *rîb* profetici classici: li analizzeremo nel cap. VIII, pp. 529-530, n. 51. Per il carattere nettamente redazionale della tradizione che Luca impiega in una unità comunicativa così originale e variopinta, il che rende molto difficile la ricostruzione della fonte ipotetica Q, si consulti una buona sintesi ancora non superata di A. Denaux: «L'hypocrisie des pharisiens», 245-285.

Nazaret. Diventa dunque più chiaro su che cosa giochi il narratore: la cecità nei confronti del profeta durante la vita terrena riceve la ricompensa in una visione priva di senso dopo la morte che non farà che tormentare gli occhi dell'anima. La parabola del *ricco e Lazzaro* sarà un ulteriore sviluppo di questo tema[56].

b) Camminare fino alla fine: il limite della visione (13,31-35)

Da una prospettiva di tipo storico-salvifico si fa un brusco passaggio alla situazione reale da cui però Gesù non si lascia influenzare. Il Suo destino che Erode apparentemente potrebbe deviare[57] non è soggetto alla volontà umana: è unicamente il volere divino (Lc 13,33: δεῖ) a determinare il Suo cammino verso la croce. L'attività dell'eroe è definita esorcizzatrice e guaritrice — i due aspetti riassumono quasi tutto il Suo ministero (cf. 4,18-19), — ma l'accento è posto comunque sul suo compimento (32). I due verbi con la stessa radice (ἀποτελῶ e τελειοῦμαι) ribadiscono il carattere ultimativo dell'operare salvifico del profeta. Tutto converge, infatti, nel *terzo giorno* — il giorno del compimento — che non può non richiamare alla memoria la gloria della *risurrezione*, perciò ancora una volta la prossimità della morte viene in qualche modo sdoppiata di senso: servirà a rendere più manifesta la luminosità della *lucerna*. Dopo la trasfigurazione il lettore ormai è entrato in questa dialettica, ma contribuisce al suo sviluppo anche l'inizio del viaggio, dove la meta del cammino di Gesù è stata perfino l'ἀνάλημψις[58]. In tal modo la morte a Gerusalemme non disegna solo il

---

[56] Cf. Lc 16,19-31. Un parallelo può fornire anche la replica di giustificazione presuntuosa emessa dagli accusati (Lc 13,26), che concorda bene con la richiesta implicita dei Nazaretani di dare ragione alle loro pretese (4,23), la quale rende esplicita, si badi, sempre Gesù.

[57] Lc 13,31. C'è un ché di strano in questo riferimento a Erode che prima *cercava di vedere* Gesù (cf. 9,9) e ora comincia a bramare la Sua morte. E per la terza volta il lettore lo vedrà di nuovo, molto interessato di vedere Costui (cf. Lc 23,6-12). Questa divergenza la si può spiegare nel contesto in cui appare il *logion*: non è forse un segno della sua *ipocrisia* e astuzia alle quali senz'altro accenna l'immagine della *volpe* (32) che il narratore usa molto abilmente svelando così il dono profetico di Gesù di conoscere la persona? Cf. A. PLUMMER, *Luke*, 349.

[58] Lc 9,51; cf. At 1,11. Gli opinioni degli studiosi a proposito di un'interpretazione corretta di quest'espressione sono presentati in modo chiaro in H. Schürmann (*Luca*, 61-62 (nn. 25-26)) che è a favore della nostra variante (l'*ascensione*): «Luca, mentre introduce il «viaggio» di Gesù, guarda al di là di morte, alla conclusione della sua vita terrena a Betania presso Gerusalemme» (*Ibid.*, 62). Ci si ritornerà nel trattamento più

destino abituale dei profeti, bensì parteciperà anche alla gloria della città santa. Il cammino non si fermerà senza aver prodotto un chiasso incomparabile a quello che avrebbe potuto creare la presente notizia dei farisei (cf. Lc 24,18-24). È da notare pure la ripetizione dei segnali temporali. Il primo di essi (σήμερον) comunica l'essenziale: il compimento ormai fa parte del presente. Tutti e tre gli avverbi (*oggi, l'indomani e il giorno seguente*) servono soprattutto per mettere in rilievo la progressione del cammino di Gesù, la cui estensione oramai è giunta al massimo[59].

Su questo sfondo di un continuo cammino che batte il ritmo di tutto il discorso la figura di Erode perde ogni tratto del potere e d'imponenza che ha promosso la narrazione precedente. Il lettore ora è posto davanti all'enigma del ridicolo della situazione in cui viene a trovarsi il sovrano. L'immagine della *volpe*[60] è ben adatta qui, perché nutre il gioco tra

---

costruttivo del compimento narrativo di questo semema — l'ascensione: cap. VII, pp. 436-437, n. 9.

[59] L'unico elemento che diverge in una seconda catena di avverbi è il ptcp. sostantivato (τῇ ἐχομένῃ) che sta a segnalare uno sviluppo comunicativo dell'argomentazione di cui apparentemente ha scandito la fine il previo accenno (τῇ τρίτῃ). Nonostante che anche nel secondo caso ci sia una limitazione — la subordinata introdotta da ὅτι esplicita la portata reale della prima nozione un pò ambigua sul *terzo giorno*, — non è da escludere che qui abbia giocato il ruolo determinante un flusso redazionale adoperato da Luca per collegare al detto su Erode (vv. 31-33) quello su *Gerusalemme* (34-35): cf. G. ROSSÉ, *Luca*, 558.560.564.567; su numerose questioni che ha suscitato questo doppione di riferimenti temporali vedasi un prezioso *excursus* in: B. PRETE, *L'opera di Luca*, 226-229.240-242.

Tuttavia ciò non basta per rispondere alle domande che il testo stesso pone essendo un sistema organico e coerente. Una delle possibilità che ammettiamo per un lettore indagatore è legata semplicemente al presupposto da cui parte ogni esperienza umana di un grave pericolo. Per liberarsene, o meglio, per far vedere che la liberazione è già avvenuta si deve affermare con forza la continuità e il potere dell'agire presente a prescindere da tutto ciò che vi si oppone. Cf. il fenomeno della «fuga psicologica» messo in evidenza da: B. COSTACURTA, *La vita minacciata*, 242-243 (n. 124). Tutto il Salterio è difatti una testimonianza di questo tipo: il cammino del giusto non finisce con la morte, anzi riesce paradossalmente a inglobarla nel proprio svolgersi. È proprio questo, sembra, vuole comunicare la tensione tra il già e non ancora al v. 33. Cf. un simile intuito teologico di A. Denaux: «La tension entre le danger de mort et la volonté d'accomplir sa mission qui domine Lc 13,31-32 doit se comprendre à la lumière de l'antithèse plus profonde qui domine la vie de Jésus: passion-gloire, mort-résurrection» («L'hypocrisie», 273).

[60] Sullo sfondo culturale di una tale immagine attestata unicamente in Lc vedasi: G. ROSSÉ, *Luca*, 561. L'autore centra l'attenzione sulla valenza neutrale di questa immagine nell'ambiente palestinese: vi si pensa per lo più dell'insignificanza del personaggio. Cf. l'accento dispregiativo negli ambienti ellenistici (*astuzia, imbro-*

l'astuzia quale perfidia del primo e l'ingegnosità di Gesù, che serve da modello anche per i discepoli (cf. Mt 10,16). Pian piano l'ambiguità della figura di Erode sparisce e ciò avviene sulla bocca del profeta. Che tutto questo contribuisca allo sviluppo narrativo dell'immagine finora costruita del primo spiega il gioco dei verbi del movimento che ha determinato la struttura sintattica del discorso. Un cammino dinamico e coinvolgente di Gesù che provoca i circostanti a reagire e offre loro i diversi modelli da seguire (*porta stretta*, pellegrinaggio dei popoli) incontra una resistenza nel *volere* permanente di Erode, in cui non c'è posto per il dinamismo che porta con sé il profeta itinerante. C'è anche un cammino diametralmente opposto cui sono invitati i farisei, ma anche gli *apostati* (cf. 27c). La rilevanza di quest'altro cammino adombrato dall'espressività e dal rigore del primo è notevole in quanto rivela la verità del detto sulla *porta stretta*: *molti (vi) cercheranno di entrare e non avranno la forza* (24b). Il lettore dunque è sempre più convinto che sia questa l'unica via da seguire e con speranza cerca il realizzarsi dell'ideale recepito.

Ciò nonostante Gesù stesso non sembra favorire una simile conclusione ottimistica. Finisce, infatti, con un rimprovero inaudito che il lettore è chiamato a porre come una nuova chiave interpretativa a servizio dell'interpretazione degli eventi precedenti. La Gerusalemme personificata assume la dimensione mostruosa della devastatrice dei profeti che da sempre fanno resistenza sproporzionata al progetto divino. Perciò le si riferisce un giudizio molto severo: sarà abbandonata proprio perché non ha voluto trovare la protezione sotto le ali della cura materna di Gesù (34)[61]. Stupisce solo la solenne conclusione del detto (λέγω ὑμῖν: 35) che riafferma l'attesa paziente del Messia: Egli pur sempre ha qualcosa da fare in quel luogo contrastante. Al lettore, insieme al pubblico del racconto, spetta ora di riflettere sul significato della locuzione *non mi vedrete,* evidentemente centrale sul piano comunicativo. Formulato per la prima volta in veste d'un atto *dichiarativo* di valore negativo[62], il non

---

glio) che Luca certamente tiene in mente: J. FITZMYER, *Luke*, II, 1031; cf. M.-J. LAGRANGE, *Luc*, 392-393.

[61] Il carattere affermativo della sentenza è rafforzato dalla progressione temporale che evidenziano le forme verbali: dall'iniziativa divina nel passato (ἠθέλησα) si passa al momento presente che già in sé ha la certezza della realizzazione futura dell'annuncio (ἀφίεται) e poi ai prossimi eventi che metteranno a fuoco la gloriosa entrata di Gesù in una città che paradossalmente non ha più speranza (μὴ ἴδητε, εἴπητε).

[62] Il carattere complesso di questo enunciato rende difficile un'identificazione esatta della sua indole comunicativa. Optiamo perciò per una comprensione che tenga conto del suo significato unitario che si desume dal contesto di proferimento dell'in-

vedere sulla bocca del parlante suona come uno spartiacque per tutto il cammino degli sguardi finora fatto[63]. È possibile intuirvi una punizione oppure un mero segnale narrativo a indirizzare il seguito del racconto? Non sono da negare entrambe le possibilità, cosicché l'attesa di Gesù viene a interferire con quella del lettore: il compimento in un incontro a tu per tu si avvicina sempre di più.

2.3 *Imperativi del vedere e cecità dei farisei (Lc 16,14–17,21)*

Cogliendo l'effetto illocutorio dell'enunciato con cui Gesù rompe l'argomentazione e chiude la bocca nella sezione precedente, il lettore fronteggia più da vicino il problema della non percezione quale impera-

---

tero detto. Qui è d'aiuto un'osservazione fatta da E. Obara a proposito di un caso simile che si ravvisa in Is 65,17-18: «Da una parte [...] l'impatto dell'atto *commissivo* che implica la certezza e l'imminenza della sua [impl. Dio] rivelazione, dall'altra, la forza *rappresentativa* implicita nella descrizione della nuova realtà, che sottintende tutta l'autorevolezza e veridicità divina circa le effettive condizioni della nuova vita». (*Strategie di Dio*, 406). Cf. cap. V, 316, n. 13. Pensiamo dunque ad una funzione polivalente del presente detto che corona il quadro comunicativo del discorso profetico del parlante e vi funge da punto d'approdo. Così si arriva a identificare retrospettivamente una precisa strategia comunicativa che sulla bocca di Gesù passi attraverso tutta l'unità letteraria di Lc 13,22-35 e si articoli su tre piani: 1) quello *rappresentativo* che sancisce lo *status quo* del cammino evangelico giunto ormai a un travaglio. Esso esplicita gli effetti della venuta e l'agire messianico di Gesù che con l'autorità non solo dice e s'impegna verbalmente, bensì compie operativamente la salvezza. 2) Il piano *commissivo* caratterizza la tonalità dell'insieme orientando gli sguardi verso l'imminenza del Regno che porrà fine all'incertezza del tempo presente. La condanna e salvazione ne saranno i due esiti pragmatici in vista dei quali si costruisce il discorso stesso nel suo sviluppo lineare.

3) La forza *dichiarativa* del parlare gesuano è comunemente attestata nei Vangeli e qui sembra concentrarsi per lo più nel conclusivo *non mi vedrete* spogliando la tragedia della non percezione, ma pure stimolando un riscontro attivo dalla parte degli interpellati nelle vicende che si snoderanno immediatamente. È un invito a «vedere oltre» o forse addirittura di cambiare il *focus* percettivo finora in vigore, che il lettore coglie e fin d'ora pone come principio del proprio cammino degli sguardi.

[63] Per inserire questo importante passo di Lc nel panorama comunicativo più ampio del Primo Testamento basti pensare all'esperienza dell'esilio il cui valore pedagogico mette in luce l'attento esame dei testi in merito, da parte di R. Fornara (*La visione contraddetta*, 94-96: «Gli interventi divini [...] li si potrebbe definire una "purificazione" dello sguardo umano, un "non far vedere" per permettere di vedere più chiaramente. La metafora ricorre nei contesti drammatici, fondamentalmente legati all'esilio, il momento in cui il "vedere" viene messo radicalmente in crisi, non solo in senso reale (vengono a mancare i segni della presenza divina, i suoi mediatori, e per molti anche la terra), ma più ancora in senso metaforico, per il dramma dell'assenza di Dio». Cf. Nm 14,22-23; Ez 24; Lam 2,4.

tivo divino. Davanti al suo sguardo si costruisce quindi il quadro comunicativo del contrasto di cui fanno parte coloro che entrano per la porta stretta del Regno e vedono e quelli che non vi hanno accesso né visione. Si arriva logicamente a inserire in quel secondo gruppo i farisei mettendone a nudo la vera natura comportamentale. E proprio a loro Gesù riferisce le parole di denuncia che stigmatizzano la doppiezza di un servire a due padroni nell'antitesi: *davanti agli uomini – davanti a Dio* (Lc 16,15-16). Ancor prima, in seguito alla parabola dell'amministratore infedele e al detto ad essa congiunto sulla *mammona* (vv. 9-13) viene menzionata la reazione di questi — una *derisione* che già rimanda al processo di Erode e alla Passione[64]. L'*abominazione* (βδέλυγμα: Lc 16,15d) che il loro comportamento rappresenta si richiama ad un contesto sinottico del tutto diverso, dove ciò è esplicitamente designato dalla distruzione del Tempio[65]. L'apostrofe a Gerusalemme (13,34-36) trova quindi una prima risonanza nel discredito dei *leader* religiosi. Il lettore non ci si sofferma a lungo, bensì riflette più attentamente sull'*evangelia* del *Regno* e sul suo rapporto con la Legge (16,16-17). Per entrarvi bisogna usare la forza — *e non solo!* — direbbe un lettore convinto dell'esempio parabolico precedente ove abita e vince l'astuzia di una speranza fiduciosa (vv. 1-8). Questo deciso (inter)porsi davanti è un'impronta essenziale del *Regno*.

La parabola del *ricco* e Lazzaro ne esemplifica la profondità. Tutto comincia con un *simposio*, sì da dare subito al lettore un indirizzo pragmatico: in gioco è la salvezza e/o la perdizione. L'ironia narrativa rovescia le sorti dei personaggi, sicché la morte diventa la rivelazione: primariamente per il ricco che durante la sua vita *splendida* (cf. 16,19:

---

[64] Risp. Lc 23,11 e 35. In Lc 16,14 e 23,35 si adopera lo stesso vb. (ἐκμυκτηρίζω), mentre in Lc 23,11 — ἐξουθενέω. Cf. Lc 18,9; At 4,11. Nei passi riportati c'è sempre una netta messa a fuoco dell'arroganza di quelli che deridono / disprezzano gli altri (i *farisei*, Erode). Quasi sempre è Gesù a subire l'oltraggio. Cf. sotto: p. 223, n. 111.

[65] Cf. Mc 13,14; Mt 24,15. Anche qui Lc ha saputo rafforzare i contrasti drammatizzando la situazione di un gruppo sociale completamente viziato da una falsificazione dei valori. È una corruzione talmente grave che tende ad autodistruggersi privando la persona dalla sua più abituale capacità naturale che è la percezione. Cf. la valutazione di J. Fitzmyer: «the "great chasm" between human and divine perceptions foreshadows that to come in v. 26» (*Luke*, II, 1113). Sfruttando il contrasto diventa chiaro infine l'ideale etico al quale Luca vuol condurre i propri lettori con una critica distruttiva, sulle labbra di Gesù. Lo si deduce appunto per via della negazione da un detto rabbinico qui comunicativamente pregnante: «One who is proud of heart is designated an abomination» (*MekhY* su Es 20,18: cit. *Ibid.*). Cf. l'appoggio testuale: Pr 16,5, — ed altri passi simili (Dn 9,27); per la critica del fariseismo: Lc 11,42-44.

λαμπρῶς) non ha saputo guardare oltre ad un semplice banchettare. La sorte di Lazzaro, a sua volta, getta luce sull'illusione che aveva nutrito la felicità terrena del ricco. È eccezionale quel presente (ὁρᾷ: 23) che protrae il guardare del lettore e insieme sottolinea la capacità paradossale di accorciare in qualche modo con la vista le distanze di quel *abisso* irraggiungibile. L'atteggiamento tipico di chi cerca di adocchiare qualcosa[66] non è sottolineato in modo così importante a caso. L'*agonizzare* nella fiamma apre gli occhi del ricco alle realtà di altro ordine che fino ad allora erano state per lui soggiogate allo splendore dei divertimenti[67]. Sono racchiuse ed esemplificate di fatto nella bella metafora del *seno di Abramo* (16,22). L'*agonia* a cui Gesù ha invitato i suoi[68] all'improvviso investe colui che tutti i giorni (καθ' ἡμέραν: 19) faceva proprio il contrario. La sua ultima parola è comunque a favore dei propri vicini per i quali chiede un *segno* straordinario che — il lettore ormai ne è ben consapevole — non verrà concesso loro.

Sulle labbra del patriarca Abramo il narratore infine pone una sentenza chiave che, accanto alla visione, fa riemergere l'ascolto come elemento essenziale della vita terrena (29). Mosè e i *profeti* da ascoltare stanno evidentemente a rappresentare la Legge, perciò in questa linea si schiude la dinamica del *Regno* stesso, aperto a quanti ne accolgano i precursori. Nemmeno un segno dall'aldilà, la risurrezione dai morti, può provocare la conversione (30-31). La tragedia del *ricco* — l'immagine dei farisei — consiste dunque nello sforzarsi ad ogni costo di por-

---

[66] Cf. ἐπάρας τοὺς ὀφθαλμούς: Lc 16,23. Esaminando altri passi lucani, ove figuri questa o una simile espressione (cf. 6,20; 18,13; 21,28; 24,50; At 1,9-11), uno si rende ben conto dell'esemplarità di un tale atteggiamento che nei contesti diversi acquista delle sfumature nuove. A ciò faremo brevi riferimenti in avanti: cf. pp. 204.213.

[67] Si noti che il vb. usato per descrivere il darsi alla festa del ricco è lo stesso che nella parabola di Lc 15,11-32: εὐφραίνω. Sono dunque due feste ben diverse: se la prima celebrava la vita, la seconda rappresenta una minaccia a questa. Il lettore è posto così davanti alla realtà del tempo presente che condiziona le scelte libere dell'uomo. Con la morte finisce anche la provvisorietà di queste scelte che condizionano a loro volta la sorte di questi. E guai a chi non abbia sfruttato il tempo della vita per saper fare di esso una vera festa che nei termini lucani andrebbe definita come accoglienza, condivisione dei beni, comunione e perdono racchiusi in un occhio limpido da procurare uno sguardo benevolo verso l'altro.

[68] Cf. 13,24. Nonostante la diversità lessicale dei verbi. usati (Lc 13,24: ἀγωνίζομαι; 16,24: ὀδυνάομαι), il loro significato è assai forte e connotato da una tribolazione terrificante, quasi a rappresentare il martirio. Cf. L. ROCCI, *Vocabolario*, 19-20; 1307. Sull'ἀγωνίζομαι come il vb. caratteristico lucano cf. F. BOVON, *Luca*, II, 466-467; S. BROWN, *Apostasy and perseverance*, 31-33.

re questa realtà intima e trascendente nei limiti dei propri schemi fissi ignorando il suo aspetto dinamico. A questa immagine sbagliata corrisponde anche la convinzione che nutrono perfino dopo la morte: deve apparire un *segno* ben visibile. La morte stessa però già mostra loro di che cosa sono stati privati a causa dell'indifferenza, ovvero di una continua ricerca dei segni che non sono più necessari davanti alla presenza del *Regno* in mezzo agli uomini (cf. 17,21). Rimane preparata per loro una visione angosciosa che, anziché premiare l'avvicinamento al *Regno* durante la vita, farà uno spettacolo del contrario a cui cercavano di sfuggire illudendo se stessi e gli altri. Qui dunque è stata presentata al lettore la prima scena escatologica in cui svolge un ruolo decisivo sia la visione che l'ascolto. È stato peraltro chiarito il senso della festa da celebrare: il *Regno* è pronto, ma occorre uno sforzo non mediocre. Occorre avere gli occhi capaci di vedere l'aldilà ancor prima della morte e gli orecchi tesi alla voce della *Torah,* espressione viva della salvezza e la celebrazione stessa della vita.

Dopo aver respinto così radicalmente la stoltezza e la visione pervertita dei farisei, Gesù si rivolge di nuovo ai discepoli mettendoli in guardia contro lo *scandalo* (17,1). Il lettore si ricorda di quella beatitudine che ha servito da risposta ai messaggeri di Giovanni: *beato colui che non si scandalizza di me* (7,23). C'è inoltre un nuovo invito a *guardarsene* (17,3), il che richiama lo stesso avvertimento pronunciato in vista dei farisei (cf. 12,1). Ormai una simile condotta è condannata con parole che suonano come un *ultimatum* (17,2). Riveste una grande importanza dunque il saper guidare gli uni gli altri sui sentieri della vita, condannando il peccato e abbracciando la conversione. Un lettore attento scorge la preoccupazione del maestro di gettare le fondamenta nella comunità da Lui creata in vista della vicinanza di quel momento, quando Questi le sarà tolto: risuona quindi con una forza perlocutoria il previo *non mi vedrete più* (13,35b).

Riassumendo, l'intero discorso è progressivamente guidato da una critica profetica che ha per oggetto il *vedere* erroneo e dunque da evitare. Il tono nostalgico dell'esposizione rivela, in aggiunta, l'impronta di una ultima visione che lascia nel racconto un crescendo così realistico dei motivi. Gli *apostoli* — l'appellativo non fa che confermare quest'ipotesi — lo sentono e chiedono un dono in aggiunta: l'accrescimento della fede (5). Gesù rifiuta però un quesito del genere con un esempio minimalista che apprezza quel poco che uno è chiamato a riscoprire e custodire con fervore. Il contesto più ampio permetterà di precisare il senso velato di questa similitudine, giacché impone al lettore l'enigma del *Regno* da vedere[69]. Il comportamento dei farisei che chiedono un *segno* (cf. 11,16) in contrasto con i discepoli desiderosi unicamente della fede (17,5) serve, si vedrà, al narratore per preparare il palcoscenico su cui emergerà la figura di Erode. I suoi tratti ormai noti al lettore si possono riassumere dunque nell'ipocrisia. Comunque i tratti più raffinati e perciò più pregevoli per capire la strategia del monarca saranno messi a fuoco alla fine della ricerca.

3. Perché vedere Gesù: il fine della ricerca (Lc 20–23)

Le vicende che contrassegnano la strada della croce in Lc sono inscindibilmente legate alla tensione narrativa tra l'apice della missione di Gesù e la sua fine tragica che non lascia al lettore la possibilità di intravvedere risoluzione né una via d'uscita. Vista la ricchezza teologica di questa sezione assai drammatica del Vangelo (Lc 19,11–23,25), bisognerà ben distinguere le sue componenti strutturanti condensate nelle ultime parole e gesti di Gesù. A dire il vero, il punto d'avvio qui è il *Tempio* (19,45), dove Questi comincia a ribadire con sempre più insistenza la Sua morte prossima e ad avvisare i suoi della necessità di resistere alle tentazioni di cui è particolarmente piena questa sezione. Le autorità giudaiche e romane vengono a svolgere un ruolo attivo portando progressivamente avanti il progetto omicida su cui il narratore non ha dimenticato di porre l'accento già sulle prime azioni del ministero di Gesù (Lc 6,11) e che ha sviluppato soprattutto a partire dalla figura d'Erode. Dentro la cornice narrativa dei relati della Passione (Lc 22–23) sono di rilievo i due processi — giudaico e romano — che si alternano e caratterizzano in modo drammatico la dinamica della messa in luce di quattro scene, dove Gesù compare progressivamente davanti al sinedrio, a Pilato e a Erode[70]. La visione come tale dei carnefici si intensifica per spegnersi poi in modo brusco ed impersonale.

---

[69] Cf. Lc 13,18-19; 17,21.

[70] È da tener presente la costruzione chiastica dell'insieme: cf. R. Meynet (*Luca*, 831) che all'interno della sequenza C2 [Lc 22,54–23,25] prende in esame anche la scena del diniego petrino introdotta dal cenno sull'inizio della parte processuale (22,54a). Come il risultato, il centro della sequenza costituisce uno solo v. (71) nonché tutta la scena di Lc 23,6-12 diventa il parallelo dei primi oltraggi (22,63-65) — i due punti su cui ci vorrebbe un approfondimento che si tenterà di eseguire nel corso dell'esposizione. Cf. una proposta di J.-N. Aletti (*L'arte di raccontare*, 137), meno articolata, ma suggestiva per l'investigazione narrativa che si offrirà. L'autore si limita a Lc 23,1-25 per scorgervi un gioco narrativo basato sul chiasmo (*Ibid.*, 137-145): A (vv. 1-7) – B (8-12) – A'(13-25).

Nell'imparare una propria visione degli avvenimenti faranno da guida al lettore le due tappe che, si noterà, stanno in un rapporto dialogico: quella che conduce il lettore dalla solenne entrata a Gerusalemme fino alla soglia della *via crucis* (Lc 19,11–21,38) e quella che definitivamente pone fine all'incertezza che potrebbe causare l'atteggiamento equivoco dei capi religiosi: con il tradimento di Giuda il potere delle tenebre avrà la meglio su Gesù che d'ora in poi sarà presentato dal narratore per lo più all'accusativo, a seconda delle modalità con cui il reo da vedere verrà trattato dagli stessi suoi carnefici (22,1–23,25)[71].

3.1 *L'apocalisse di una visione piena (17,22–18,14)*

Prima di passare al racconto vero e proprio della Passione è interessante seguire le vicende che lo preparano e che costituiscono la chiave interpretativa per una corretta comprensione del brano in cui sfocia il cammino sopra evidenziato (Lc 23,6-12). In questo senso è ben rappresentativa la «piccola apocalissi» lucana con la quale già il lettore s'imbatte nel pieno del dramma della cecità e dell'incredulità. Il tempo a cui si accenna è paradossalmente privo di alcuna rappresentazione visiva di *uno solo dei giorni del Figlio dell'uomo*. Avrà fallito proprio quel desiderio ardente di vedere che a suo tempo era l'essenza della sequela[72]. Vi si aggiunge anche il pericolo d'essere traviati dalle testi-

---

[71] Parlando più precisamente c'è da mettere in rilievo il «passaggio da una volontà [quella di Gesù] all'altra [quella di Giuda e i suoi complici]» che è ben chiaro in Lc 22,46-47. Gesù di fatto quasi «cade all'accusativo»: F. BOVON, «Le récit de la Passion», 395.

[72] Benché pareri degli studiosi a proposito di questa espressione insolita di Lc siano molto variegati (cf. lo *status quaestionis* in: J. ZMIJEWSKI, *Die Eschatologiereden*, 400-401 (nn. 14-17)), non è da negare la possibilità che essa sia riferita al «periodo del ministero terreno di Gesù» (F. Bovon (*Luca*, II, 753, n. 5) che però sceglie a favore del riferimento al periodo intermedio tra morte-risurrezione e parusia). Cf. J.-D. KAESTLI, *L'eschatologie*, 31. L'analisi minuziosa di J. Zmijewski, che lo porta a conclusioni simili (*Ibid.*, 419), ciò nonostante si accorda con la tesi che stiamo esponendo e cioè, che i vv. 22-25 del cap. 17 risvegliano nei discepoli la coscienza della *Passione* e dell'essere sulla strada che è contrassegnata dalla loro propria passione (*Ibid.*, 535-536).
Nel contesto presente evidentemente non c'è un riferimento ai contemporanei del profeta che, abbiamo visto, avevano ritenuto insignificante, anzi, avevano respinto la sua presenza salvifica (cf. Lc 4,29). Si può pensare però a un legame con quanto è stato detto ai *figli di Gerusalemme* (13,36). L'impossibilità di vedere in questo caso proverrebbe dalla condanna stessa che ha svelato il disprezzamento della gente sicura di sé e solita di affidarsi di più ai segni naturali e miracoli lampanti. Nei riguardi dei discepoli farebbe senso forse parlare di un momento decisivo del loro cammino,

monianze false a cui rispondere decisamente e con fermezza[73]. L'apparizione del Messia avrà a che fare, infatti, con eventi atmosferici prominenti. Uno di essi è noto al lettore già fin dalla nascita di Gesù (cf. 2,9) e qui il panorama si dilata all'estremo per contenere la grandiosità del *lampo* che *balenando risplende da un estremo all'altro del cielo*[74]. Questa rappresentazione in un certo senso ideale del *Figlio dell'uomo* ricorda l'immagine applicata dal lettore direttamente a Gesù: la *lucerna che brilla* (11,33-36). C'è quindi una dinamica interessante tra il tempo presente e quell'ultimo *giorno* che renderà quanto mai luminosa e perfino abbagliante la *gloria* del Messia (cf. Lc 9,26). Tutto ciò non avverrà però prima che Questi non sarà *ripudiato da questa generazione*, come aveva sancito il primo annuncio della Passione[75]. I due esempi caratteristici delle generazioni precedenti servono per avvisare i contemporanei della severità del giudizio che sperimenteranno appunto come un evento teofanico. L'incapacità o il non voler vedere i segni del *Figlio dell'uomo* nel momento presente porterà addirittura alla perdizione nel *giorno* che caratterizzerà la *rivelazione* di Questi (ἀποκαλύπτω: 30).

Rifacendosi alla profezia di Simeone il lettore trae un nuovo punto di arrivo della storia degli inizi: la *luce* apparsa in quel momento nel bambino Gesù da *rivelarsi* alle genti (2,32) avrà terminato la sua funzione di manifestare la salvezza, quando il Gesù maestro sarà *tolto dal mondo* (cf. 9,51). Per la seconda volta Egli verrà di nuovo, avvolto nella luce

---

quando essi saranno privati dello *Sposo* (cf. 5,34-35) e dovranno manifestare la loro fede in Lui nonostante la Sua assenza e quindi l'impossibilità di un contatto visivo con Questi. È una prefigurazione dell'ascensione, quando i medesimi riceveranno un esplicito appello a credere e testimoniare pur non vedendoLo (At 1,6-11): cf. cap. VII.

[73] Il testo gioca, infatti, sull'argutezza di quelle testimonianze impiegando due volte la particella ἰδού (Lc 17,23) che ha una forte connotazione visiva. Cf. le traduzioni: *look* (ESV); *see* (KJV); *siehe* (MNT). In questo caso la tentazione si spiegherebbe appunto come la capacità di cogliere con gli occhi ciò che sembra esser già presente. La seconda apocalisse chiarirà il senso dell'ammonimento: 21,8. Cf. anche: G. MARCONI, *La comunicazione visiva*, 75.

[74] Lc 17,24. Il lettore ormai è abituato alle particolarità redazionali lucane che in questo caso servono per mettere in maggior rilievo l'immagine della figura messianica quale ente da vedere. Nel passo sinottico parallelo (Mt 24,27) con le parole simili si parla, invece, della παρουσία. Ciò aiuta, nel contesto lucano, a cogliere l'importanza della visibilità come un attributo essenziale del *Figlio dell'uomo*.

[75] Lc 17,25; cf. 9,22. Il richiamo testuale è dovuto alla stessa radice verbale (ἀποδοκιμάζω) che nel NT appare solo qui in Lc. La sua sfumatura particolare è un aspetto giudiziale che presuppone una prova di esito negativo: *reject on scrutiny* or *trial, from want of qualification* (*LSJ*, 197).

di dimensioni cosmiche, ma la Sua rivelazione sarà non più a favore o per la salvezza di qualcuno, bensì separerà tra chi viveva di questa luce e chi, invece, l'ha persa nell'aver rinunciato a vedere *ciò che serve per la pace* (19,42). La figura della *moglie di Lot* funge da esempio negativo per eccellenza, perché immortala quella condotta tipica di cui si era fatta menzione all'inizio del *viaggio* (9,62). *Tirarsi indietro* (17,31) in un momento così decisivo significa, infatti, privare se stessi della salvezza: vale pur sempre la logica paradossale della croce che capovolge le sembianze stesse della salvezza e della perdizione (v. 33). Il discorso finisce con una esplicita domanda dei discepoli — *dove?* — che fa seguito al *quando* dei farisei. L'enigma che il detto di Gesù presenta provvede al lettore una base di riflessioni sull'asprezza e la perentorietà del giudizio divino. Dipende oramai dall'uomo saper scegliere in tempo opportuno ciò che farà del giorno importuno della condanna un momento di liberazione imminente di cui il manifesto di Nazaret celebrava la prossimità (4,18)[76].

Il cambiamento dei destinatari presuppone un nuovo appello alle competenze conoscitive del lettore: nel gruppo definito solo per azioni non si può mancare di riconoscere i soliti farisei. Il narratore non lo vuole tenere in segreto — subito si disvela in una parabola che sono loro a essere interpellati (Lc 18,10). La postura imponente del primo personaggio e l'estremo inchino del secondo creano una tensione a livello narrativo e dànno alla scena una maggiore espressività. Un dettaglio nella descrizione del *pubblicano* aiuta il lettore a evidenziare il *point* della storia: ciò che l'umile non si proponeva di fare — *levare gli occhi al cielo* (v. 13) — sicuramente ha usato il superbo. L'immagine precedente del *ricco* (16,23) conferma questa supposizione — non serve a nulla un atto simile se non è accompagnato dal riconoscimento della propria debolezza e dal perdono (cf. 6,41)[77]. La conclusione rove-

---

[76] A livello semantico è presente, sia in Lc 4,18 sia in Lc 17,34-35, l'accento su una *liberazione* prodigiosa con sfumature di significato. Nel primo passo essa farà del καιρός presente una pregustazione dei beni dell'*anno favorevole di Dio* (4,19): ἄφεσις (2x). Nel secondo la prominenza del momento è legata per lo più alla preservazione degli esseri umani in cui opera l'inscrutabile volontà divina: cf. i quattro passivi divini rimati (παραλημφ-, ἀφεθήσεται) che offrono allo sguardo del lettore un'acme dialettica.

[77] L'aspetto della debolezza nell'esperienza visiva del divino in Lc è messo a fuoco da G. Marconi (*La comunicazione visiva*, 109-111). Uno dei paragrafi del suo libro è intitolato appunto come «Debolezza e visibilità» e ha per scopo esaminare le tecniche propriamente lucane che progressivamente abilitano i personaggi del racconto (soprattutto i discepoli) a varcare i limiti umani per mettere in pratica una beatitudine, dove loro era stata data in anticipo la visione piena della divinità (cf. Lc 10,21-24).

scia nuovamente lo stato iniziale delle cose per illustrare ancora una volta l'assioma del *Regno*: chi si umilia non osando nemmeno spingere l'occhio davanti a sé sarà esaltato al punto di poter contemplare i *misteri del Regno*[78]. Solo così in verità questi potrà partecipare alla sorte del maestro che sta per essere scartato per diventare la sua guida illuminante nelle tenebre della via tortuosa del riconoscimento (cf. 24,13-35).

3.2 *Dalla croce alla gloria: una salvezza contestata (19,11–22,62)*

La particolarità di questa sezione, che presenta un progresso significativo nel cammino finora svolto, consegue dalla focalizzazione interna del racconto tutto assorbito dalla tragedia che si sta avvicinando. È vero che, anche nel corso del *viaggio*, gli accenni sul destino del profeta non mancavano, ma qui essi prendono davvero corpo e ribadiscono con insistenza che il loro avverarsi è meramente una questione di tempo. Gesù stesso sembra divenirne molto più cosciente, sicché avvisa i suoi con tanto ardore sperando forse di trovare in loro i sostenitori compassionevoli e attivi del progetto del Padre la cui verità non si riesce ad accettare da soli. Nella costante e densa comunicazione che da Gesù passa ad ogni lettore stupisce il fatto che i destinatari diretti di quelle parole orribili rimangano com'erano, insensibili al loro messaggio, sì da provocare continui appelli di conforto, sempre da parte del maestro. Paradossalmente Questi mostra con evidenza il vivo desiderio di condividere quel peso che Lo schiaccia; soprattutto ora, in vista della fine che già sta pregustando. Ma non è difficile rendersi ben conto dell'inefficacia di quei discorsi in cui unicamente Gesù si sfoga e trova le forze nuove per *rafforzare i fratelli* (Lc 22,32). L'abbandono totale che Egli vivrà, stendendo le braccia sulla croce, è ben intuibile fin dall'inizio solenne della domenica delle palme, ove i discepoli per l'ultima volta saranno gli spettatori eminenti delle *opere potenti* del Messia (cf. 19,37). Lungo il cammino degli sguardi che sta continuando e che proseguirà con sempre più energia, ci si chiederà, evidentemente alla luce della Passione, qual è l'itinerario personale dei Dodici, e per quale ragione esso sia così disperante e privo di luce.

3.2.1 Il re contestato entra con gloria nella sua dimora (19,11-48)

L'incontro e il compimento avvenuti nella casa di Zaccheo lasciano una traccia profonda nella narrazione successiva, in modo tale che il

---

[78] Cf. Lc 1,52; 14,11; 8,10; 10,23-24.

narratore si sente quasi forzatamente nel dovere di riassumere il prossimo punto di focalizzazione narrativa interna che getti i ponti ai brani seguenti, in verità anch'essi segnati dallo spessore e dalla riservatezza del sancire la salvezza a Gerico[79]. Qui Gesù propone di nuovo una parabola per colmare quell'interesse che il lettore, insieme ai personaggi più intimi tesi ad *ascoltar*lo (cf. Lc 19,11), nutre nei Suoi confronti. La chiarezza con cui vi si permette un raffronto tra l'avvicinarsi di Questi a Gerusalemme e la manifestazione immediata del *Regno* accenna all'importanza del momento in cui ormai si è giunti: il grande mistero del «viaggio» si sta per scoprire e spetta al narratore di metterne in piena luce l'esemplarità. Il compimento avvenuto deve essere dilatato fino all'ingresso nella città, che è appunto la meta, ma non ancora la fine del cammino. Non si tiene nascosto il fatto che ciò non avverrà senza impedimenti, anzi il lettore deve prenderne coscienza per fare del conflitto ravvisato una nuova chiave interpretativa. Infatti, lo sdegno dei Nazaretani e il mormorio di *tutti* presso la casa di Zaccheo parlano e dicono molto sulla situazione a cui allude il discorso parabolico esplicitando l'*odio* dei concittadini (v. 14). E guarda caso, esso radicalizza la portata di una simile opposizione: il rigetto iniziale e il piano mortifero di Erode[80] scoloriranno di fronte all'esecuzione di un omicidio in Lc 20,15, dove tutto si riduce all'impersonalità di una cieca resistenza alla volontà altrui[81].

---

[79] Cf. Lc 18,35–19,43. L'analisi esegetica di questa unità comunicativa brillante da noi è spostata in avanti per evitar di trattarla nella cornice narrativa del cammino che facciamo. Le dedicheremo in compenso l'intero cap. IV. Un altro esempio eloquente dell'accennato fenomeno narrativo di focalizzazione interna (cf. J.L. SKA, «*Our Fathers*», 66-76). Cf anche, ad es., il sommario introduttivo di Lc 18,9.

[80] Cf. risp. Lc 4,28-29 e 13,31. G. Schneider riassume ben palesemente l'allegoria che sta dietro l'apparato comunicativo del preludio della parabola delle *mine* (Lc 19,11-27; par Mt 25,14-30), dedicato al viaggio del *re* (vv. 11-15): «Der Evangelist bezieht sie [die Episode] auf Jesu Weg, auf Himmelfahrt und Parusie» (*Lukas*, II, 380). Cf. At 1,11. Nell'insieme questa ultima grande parabola del «viaggio» di Lc cristallizza l'ideale etico della *fedeltà* (πιστός: v. 17) che fa da filo rosso nell'unità narrativa di Lc 17,11–19,27, definita dall'autore. Questo motivo insieme ad un suo sinonimo più teologicamente pregnante — *fede* — muove il racconto come tale creando un intreccio vitale con altri due argomenti chiave dell'interesse lucano, da quel reciproco richiamo determinati: *discepolato* ed *attesa* della *fine*: *Ibid.*, 382. Cf. Lc 18,8b; 12,42; 16,10.12.

[81] Nell'analisi narrativa di J.-N. Aletti (*L'arte di raccontare*, 116-131; «Parabole des mines», 309-322) emergono degli spunti significanti i quali sembrano esprimere al meglio il parere dell'autore che trova nella trama parabolica le chiavi per interpretare le vicende precedenti il cui centro è la storia di Zaccheo. Volendo completare la

L'opposizione crescente sta in dialettica con il cammino deciso di Gesù la cui ultima tappa è scandita dal cenno narrativo di Lc 19,28[82]. I preparativi alla solenne entrata a Gerusalemme hanno la funzione di rallentare l'andamento narrativo, perché il lettore possa immergersi nella spettacolarità della descrizione quasi scenografica dell'ingresso. Sulla via affollata il narratore si compiace di menzionare soltanto i discepoli che assiduamente compiono atti di estrema solennità. L'attenzione si incentra proprio su di loro e ciò è estremamente importante per circoscrivere la visuale lucana di quest'evento che è connotato non solo dalla prospettiva messianica[83]. Per Luca è un momento culminante perché si riferisce non solo a Gesù, ma anche e soprattutto ai discepoli che Gli rendono omaggio dopo aver visto le Sue *opere potenti* (37). Il grido di giubilo che risponde allude sia al programma teologico di Gesù sia a quello del *Gloria* che qui sembra finalmente realizzarsi[84]. Ciò nonostante la resistenza dei farisei, che emergono dalla *folla* menzionata qui per primo (Lc 19,39), toglie alla scena il sapore idillico avviando l'interpretazione che le dà il protagonista (41-44). Ne segue il nonsenso che svuota di contenuto quel ritratto grottesco dell'accoglienza entusiastica del profeta. I soli discepoli che stanno a rappresentare l'*élite* d'Israele e la *folla* impersonale che drammaticamente genera l'opposizione mettono ben in evidenza il contrasto caratteristico che il racconto svilupperà fino al massimo. Il dramma di un Israele diviso in sé comincia a prendere rilievo proprio qui, dove un nuovo detto sulla rovina di Gerusalemme (cf. Lc 13,33-36) lascia intravvedere l'adempimento

---

visione integrale di questa parabola che per noi costituisce un punto di transizione abbiamo in mente la sua forza assertoria che si espande anche sul dopo della narrazione. La visione proposta, peraltro solo accennata, è solo un tentativo di ricavare dal testo il massimo delle informazioni che facciano apprezzare sia la sua ricchezza teologica che il potenziale pragmatico. Cf. sopra: p. 195 (n. 59).

[82] Facendo un semplice confronto con Lc 18,31b si nota tra i due un'affinità, ma anche divergenza pregnanti: i discepoli che erano coinvolti nell'appello precedente a *salire* (ἀναβαίνομεν) questa volta si limitano a preparare quella salita che — ormai è chiaro — toccherà unicamente la sorte del maestro. Infatti, nell'economia narrativa i primi passano nel secondo piano subendo una trasformazione non mediocre: dai partecipanti attivi della stessa sorte ai meri spettatori del cammino ascendente di Gesù (cf. 19,28: ἐπορεύετο ἔμπροσθεν ἀναβαίνων).

[83] Già H. Conzelmann (*Il centro*, 80-86) osservava che in Lc rispetto a Mt (par 21,1-17) non si accentua il carattere politico dell'evento in quanto «presentazione pubblica della rivendicazione messianica». Al posto di tipologia matteana (cf. Mt 21,5 e Zc 9,9) qui pare prevalere il solito motivo di lode e di compimento. Ne spiegherà il senso il contesto remoto del passo di cui sotto.

[84] Cf. risp. Lc 10,21-24; 2,13-14.

della sentenza di Gesù che in precedenza aveva permesso al lettore di entrare nella dinamica della divisione (cf. 11,17). Con una formulazione simile si accenna al momento presente[85]che è segnato dalla *visita* (ἐπισκοπή) del Signore. I *giorni* (ἡμέραι) in cui la città santa soffrirà la demolizione sono chiaramente contrapposti al momento fuggevole (καιρός) della visita, che non verrà riconosciuta dai suoi.

Il dramma del riconoscimento prende rilievo proprio qui, dove tutta l'argomentazione di Gesù è racchiusa tra i due participi (ἔγνως): gli aoristi risultano pregnanti dal punto di vista comunicativo perché mettono in evidenza l'impossibilità oggettiva del popolo di percepire la portata dell'accaduto. Come nel caso precedente dei discepoli (cf. 18,31-34), la ragione per cui ciò avviene è legata al nascondimento agli occhi d'Israele delle *cose che servono alla pace*. Il *re della pace* (cf. Is 9,5) vi entra per prenderne possesso e colmare questa mancanza gravosa — il chiaro segno di una divisione interna — e riconciliare la disarmonia tra cielo e terra secondo l'espressione eminente del cantico degli angeli[86].

3.2.2 L'insegnamento nel tempio: la Parola contestata (19,45–21,4)

L'entrata solenne nel tempio non lascia al lettore l'impressione di rappresentare l'essenza della narrazione in quanto crea una contrapposizione grottesca tra gli atti violenti che presenta sia la prima azione di Gesù — la cacciata dei venditori — sia le reazioni dei capi del popolo,

---

[85] Cf. Lc 19,42a.44c. Che qui l'espressione ἐν τῇ ἡμέρᾳ ταύτῃ sia equivalente al νῦν e al σήμερον ha sufficientemente messo in rilievo B. Prete: *L'opera di Luca*, 115-117.

[86] Lc 2,13-14; cf. Col 1,20. Che sia Dio a portare a compimento il piano annunciato da Gesù lascia intendere, da una parte, il passivo divino ἐκρύβη che attribuisce a Dio l'occultamento delle verità salvifiche che porta con sé il re Gesù; dall'altra — il motivo della *visita* che già nel *Benedictus* costituiva il punto culminante dell'avverarsi delle Sue promesse (cf. Lc 1,68.70.77-78). È importante inoltre un'osservazione perspicace di A. Loisy (*Luc*, 470) che evidenzia un contrasto voluto dal narratore tra i due ritratti efficacemente messi in un dialogo comunicativo di cui il lettore è partecipe attivo: «la foi et le cantique des disciples écho du cantique des anges à Bethléem, figurent le triomphe du Christ et la conversion du monde; la remarque des pharisiens et la réplique de Jésus font ressortir l'incrédulité, la jalousie et l'impuissance» (cf. Ab 2,11). È contestabile pero la tesi che l'esegeta esplicita a proposito dell'applicazione concreta della teologia dossologica del *Gloria* in Lc 19,38. Negandone l'aspetto dialettico riconciliatore (*cielo-terra*) nel contesto presente (*sic, Ibid.*, 469) si perderebbe il filo teologico argomentativo dello stesso raccontare lucano egregiamente radicato nel dinamismo di un *compimento* narrativo della storia della salvezza, precedentemente cantato.

in un continuo crescendo di ostinazione e odio. Questa dinamica di separazione delle vie del profeta e delle autorità giudaiche viene così accentuata, ma anche attenuata per mezzo dei continui rimandi al *popolo* in ascolto che ironicamente impedisce la realizzazione del progetto omicida, già in atto (cf. Lc 20,47b). Il contrasto comunicativo tra il λαός che *pende dalle labbra* di Gesù e l'*élite* religiosa che brama la Sua morte è tanto forte da mettere in discussione l'autorevolezza di quell'ultima[87]. Perciò sorge di nuovo la domanda sull'origine di una tale potenza che prorompe nonostante tutto dall'ostilità e riesce ad attirare miracolosamente la gente. Qui è comunque significativo il fatto che Gesù non risponda all'interrogativo degli opponenti, bensì rinvii loro all'esempio di Giovanni, un chiaro e limpido testimone e portatore della potestà profetica[88]. Il battesimo che sta per ricevere il primo è quanto mai più radicale di quello che aveva ricevuto nelle acque del Giordano; bisognerà, infatti, che col *fuoco* che è *venuto a portare sulla terra* il re della pace si dividano gli uomini attorno.

Il detto di Lc 12,49-53 che sembrava assai radicale nel discorso parenetico rivolto ai discepoli comincia a realizzarsi nel momento in cui appare con chiarezza che la pace portata da Gesù nell'arco della Sua vita, dalla nascita e battesimo fino all'entrata nella città santa, non ha servito alla riconciliazione del popolo. Al contrario, la divisione al suo interno è stata sempre più aspra, sì da provocare un paradosso caratteristico del profetismo biblico: il messaggero della pace si trasforma in quello della sventura e necessariamente ne subisce le sorti. La solidarietà col popolo che Gesù aveva mostrato nel battesimo giungerà, infatti, fino alla croce la cui rappresentazione viva è la parabola dei vignaioli omicidi. Fino alla fine il testo conserva la tensione a cui si presta molto

---

[87] Cf. la traduzione letterale del v. 48 fornita da J. Dupont (*Les trois apocalypses*, 100): *le peuple tout entier l'écoutait, suspendu (à ses lèvres)*. Lo stesso autore nota inoltre una stretta parentela di questo cenno redazionale con quello di Lc 21,37-38. Visti insieme, essi svolgono una funzione di inquadratura per l'insegnamento di Gesù nel tempio per un popolo avido di ascoltare. Un altro punto interessante che va affrontato in seguito è dovuto al fatto che in Lc 19,47–21,38 Gesù non esca mai dal Tempio. Lo stesso discorso escatologico viene da Lui pronunciato «à l'intérieur, non à l'extérieur du Temple». Cf. par Mc 13,1; Mt 24,1 (*Ibid.*, 101).

[88] Come nell'episodio dell'invio dei messaggeri da parte di Giovanni (cf. Lc 7,18-28), qui Gesù nuovamente si riferisce al Suo precursore per puntare sulla propria missione che è un di più rispetto a quella di Giovanni in quanto ha a che fare col battesimo *in Spirito Santo e fuoco* — un forte elemento teofanico (Lc 3,16; cf. 12,49). Più in dettaglio la portata comunicativa del raffronto verrà messa in luce nel cap. VII: p. 462.

bene il dramma di un profeta rigettato. Se si vuole, è la riproduzione più articolata e ben più radicale e tragica della scena di Nazaret[89]. Questa volta la morte occuperà tutto il quadro, perché non risparmierà nessuno. La replica degli ascoltatori: μὴ γένοιτο (20,16) insegna come sia difficile accettare una verità così terrificante. Ciò nonostante le vicende successive faranno vedere come la si possa trasformare, facilmente e rapidamente, in una richiesta pressante dell'omicidio (cf. 23,18).

Per ora però l'argomentazione di Gesù sostenuta dalla partecipazione attiva e compassionevole dell'uditorio disarma i Suoi carnefici che cominciano perfino a provare paura di fronte al *popolo* (20,19). Non riusciti di persona a coglierlo in fallo nelle Sue parole, mandano contro di Lui altri ipocriti e Lo osservano da lontano. Un atteggiamento così strenuo non fa che disvelare l'impotenza di chi invano tende le insidie sprofondando nell'orgoglio del proprio accecamento. I verbi παρατηρέω, (οὐκ) ἰσχύω e σιγάω esprimono bene il loro dramma che contemporaneamente è la fine logica di ogni ingiustizia. Il guardare tendenzioso e accusatorio, privo di senso e impersonale, non permette di vedere altro che la propria limitatezza e infine esaurisce tutte le forze costitutive dell'uomo: non più capaci argomentare, vengono colti anch'essi dalla meraviglia che li riduce al silenzio, un segno più che mai maestoso della vittoria definitiva di Gesù sugli avversari. Finiscono, infatti, per sperimentare gli stessi sentimenti del popolo, messi a confronto con la Parola potente e inconfutabile di Questi. È la stessa Parola che farà di Gesù il protagonista unico dei racconti successivi, a cui prestare l'ascolto conformandosi alle sue esigenze. L'entrata in scena dei *sadducei* da questo punto di vista serve soltanto per ribadire un cambiamento significativo avvenuto nelle file degli avversari: alcuni di loro Lo approvano rinunciando affatto a porgergli domande provocatorie (20,40)[90].

---

[89] L'impiego dello stesso vb. (ἐκβάλλω) nonché la costruzione quasi analoga dell'intera frase (cf. Lc 4,29a e 20,15a) lascia trasparire la complementarietà di quei due relati che rappresentano l'inizio e la fine della predicazione e dell'intero ministero di Gesù. Dal punto di vista pragmatico è da chiedersi comunque se la parabola così evidente e evocativa della morte prossima di Questi non sia il punto di partenza narrativo per la storia della Passione, effettivamente a cominciare da Lc 22. Il lettore immerso nel mondo fittizio della parabola è invitato dunque fin d'allora a leggere sotto questa prospettiva il prosieguo del racconto (sull'«effetto parabola» cf. V. Fusco, *Oltre la parabola*, 60-68). Come lo farà, metterà in rilievo l'analisi immediatamente successiva.

[90] La forza pragmatica della risposta gesuana (Lc 20,34-38) è dovuta al suo contenuto semantico da cui si può sviluppare una intera teologia della risurrezione.

Gesù, ancor prima di presentarsi davanti alle autorità politiche, celebra dunque una vittoria definitiva che Gli permette di proseguire poi con
istruzioni private che prepareranno i suoi alla visione degli ultimi tempi.
Prima di far ciò Egli comunque pronuncia gli ultimi ammonimenti, in
presenza di tutto il popolo ben disposto ad ascoltarlo, che vanno a bia-
simare il comportamento degli *scribi* (46), in risposta all'ammonimento
precedente che riguardava i soli *farisei*[91]. Insieme ai ricchi, a quei *divo-
ratori delle case di vedove* (20,47) viene fornito l'ultimo esempio: quello della generosità assoluta di una *vedova* che, dando il proprio obolo,
sacrifica se stessa sull'altare del tempio. Ed è un ulteriore rimando alla
missione di Gesù deciso a fare un sacrificio ancora più grande che trapasserà i limiti del Tempio la cui rovina è ormai inevitabile.

3.2.3 La catastrofe e la contemplazione: la Città contestata (21,5-38)

Il grande discorso escatologico lucano si può dividere in quattro parti
che progressivamente introducono il lettore nell'intelligenza dei tempi
ultimi. E in questa descrizione drammatica della fine riapparirà il motivo del *vedere*, considerevolmente calato nelle dispute con i farisei e
completamente assente dopo la domenica delle palme[92]. Nella narra-

---

Il lettore qui si confronta con una forte prolessi narrativa riguardante il destino glorioso di Gesù, che prorompe nel clima esternamente polarizzato del rigetto, tenebrosità
del giudizio e morte. Cf. l'audace sintesi di E. Schweizer: «Die Kontinuität zwischen
irdischem Leben und künftiger Auferstehung bildet also Gott, dessen Leben schon in
die Existenz des Glaubenden einbricht und mit dem physischen Tod nicht zu Ende
geht, sondern in der Auferstehung einst vollendet wird» (*Lukas*, 205).

[91] Lc 12,1; cf. 17,3; 21,34. L'assonanza tra tutti quei passi è dovuta al vb. προσέχω
che funziona da segnale per tre grandi sezioni parenetiche lucane: i capitoli 12 e 17;
20,45–21,38. Nel contesto presente vale la pena di evidenziare la ricomparsa del
motivo di *giudizio* (κρίσις: 20,47; cf. 11,31-32) che prenderà rilievo nel processo e
nella Passione di Gesù (23,40) e sulle labbra dei due discepoli in cammino col Gesù
risorto (24,20). Le sue implicazioni teologiche chiarirà questa ultima scena in continuo movimento che è la quintessenza di tutto il cammino della croce, dalla morte alla
glorificazione: vedasi il cap. VI.

[92] In verità, anche lì, in Lc 19,37.42, i riferimenti al *vedere* sono scarni e vanno let-
ti nella prospettiva globale che offre la pericope in questione. Le difficoltà di struttu-
rarla e trovarvi una linea coerente nonché una proposta interpretativa erano messe in
rilievo già da V. Fusco («Problemi di struttura», 105-134). Da parte nostra, ne proponiamo un'articolazione alternativa assai semplice che a livello narrativo si lascia
guidare dal testo stesso e tiene conto più del contenuto e degli oggetti chiave / protagonisti delle sue singole parti: 1) il tempio (21,5-6); 2) i fedeli messi alla prova (vv. 7-
19); 3) Gerusalemme messa alla prova (20-24); 4) la manifestazione gloriosa del
Figlio dell'uomo (25-36). Che vi sia una logica interna permetterà di stabilire l'analisi

zione in mezzo dominava, come si era visto, il motivo complementare dell'*ascolto*, portato al massimo grazie al permanente ribadire del narratore che non faceva altro che elevare ad altezze inaudite la posizione unica del predicatore. Di fatto la Parola comincia in modo molto concreto ad attuare il piano di salvezza su cui puntava il manifesto di Nazaret (cf. Lc 4,18-19). Col riferimento alla parusia avviene qualcosa di diverso: l'attenzione primaria ora è attribuita all'esperienza visiva a cui alludono sia Gesù che i suoi interlocutori[93]. Il discorso parte dal *Tempio* come un segno visibile e promettente dell'elezione di Israele; la sua distruzione sarà ugualmente un primo e imponente segno della fine prossima. Gli eventi atmosferici stravolgenti — i *grandi segni dal cielo* — daranno il compimento non solo agli avvertimenti precedenti di Gesù, bensì agli interrogativi polemici degli avversari[94]. Le sofferenze e la persecuzione dei fedeli nondimeno offriranno a tutti l'occasione di testimoniare la loro fede per riempire di contenuto personale quei segni e porre perfino la propria vita in sacrificio, perché essi si propaghino con celerità. Sarà proprio questo il compito del Gesù morente sulla croce e cioè, di dare alla vista e compiere negli occhi un segno ancora più grande, a somiglianza di quello di Giona (11,29).

Dal Tempio e dai fedeli l'obiettivo si sposta al panorama di Gerusalemme nel vedere la quale Gesù aveva già provato i sentimenti di una profonda tristezza ed empatia (cf. 19,41). Ora sono gli astanti a contemplare un nuovo segno della frattura tragica tra i popoli — il *divenire deserto* di una città splendida e potente (cf. Lc 21,20: ἐρήμωσις). La

---

del cammino del lettore contrassegnato come sempre dalla presenza e l'intrisecarsi delle sfumature visive nel discorso presente, considerato come un'unità a se stante.

[93] Cf. risp. θεωρεῖτε: Lc 21,6; τὸ σημεῖον: v. 7. A ben vedere, al pubblico di Luca è più attraente la «bellezza e gli ornamenti che decorano il santuario», non già l'«enormità delle pietre dell'edificio» come in par Mc 13,1-2:«Marc admirait la technique, Luc se place au point de vue esthétique» (J. DUPONT, *Les trois apocalypses*, 101).

[94] Lc 11,16.29; cf. 17,22-24. Come mette a fuoco E. Schweizer (*Lukas*, 213), a Luca non interessa tanto di descrivere singoli elementi della catastrofe cosmica (cf. par Mc 13,24), quanto accentuare la loro funzione di *segni* (σημεῖα μεγάλα: Lc 21,11; cf. v. 25), in modo che il riferimento scritturistico originale del *Vorlage* marciano (Is 13,10; 34,4) scompaia in Lc, facendo una più netta sottolineatura dell'elemento apocalittico restante: *potenze dei cieli* (δυνάμεις τῶν οὐρανῶν: 26). Qui si tratta di un'allusione evidente all'*esercito del cielo* in Dn 8,10 (צבא השמים). Cf. 2 Re 17,16. Un altro particolare originale della versione lucana è il *terrore dei popoli* (συνοχὴ ἐθνῶν: Lc 21,25b; allude a Sal 65,8ss), disegnato, per rafforzare contrasto con l'immagine precedente (cf. anche v. 25a), come un avvenimento terreno: ἐπὶ τῆς γῆς (cf. par Mt 24,30).

pace del Natale e la luce cantata da Simeone come *rivelazione* per i *Gentili* della *gloria d'Israele* finiscono per essere strumenti della vendetta: non riconosciuta l'offerta di pace dalla città della pace, vi verranno a compiersi i *tempi dei Gentili* (21,24). In questo dramma del non-riconoscimento affiora la speranza radicata nella seconda venuta del *Figlio dell'uomo* a sua volta accompagnata dai *segni* (σημεῖα: 25) celesti che faranno tremare gli stessi Gentili. Il culmine dell'apocalisse costituirà l'apparizione gloriosa del Messia, *su una nube con grande potenza e splendore* (27). Diversi elementi teofanici suggeriscono al lettore di attuare lo schema della trasfigurazione, in cui erano inseriti soltanto alcuni dei discepoli, ed estenderlo a tutti. A tutti, infatti, sarà possibile vedere ciò che non erano riusciti a compiere durante la vita terrena di Gesù. In altre parole, è un invito a *levare i capi* in vista di una *liberazione* imminente (28)[95].

La parabola del *fico* verdeggiante, che punta proprio sul *vedere,* ribadisce i due temi chiave che il lettore deve porre ormai a servizio della linea interpretativa di tutto il discorso: riconoscimento e prossimità della fine. L'ideale diventa il *riconoscere da se stessi* che il *regno di Dio è vicino* (cf. 30-31). Per essere capaci di farlo si è nuovamente posti davanti alle parole di Gesù che non passano (33). Le assorbe chi ha la sobrietà spirituale e forza sufficienti a *stare in piedi davanti al Figlio dell'uomo* (36). Come ciò si acquisisca viene spiegato dall'iniziale atto direttivo del parlante: *badate a voi stessi* (34). Con questo pressante ammonimento il lettore non solo diventa ben consapevole della duplice esigenza del Vangelo: l'essere attenti ai segni del tempo e a se stessi, — bensì la percepisce come un imperativo esistenziale da incarnare in un agire concreto. Cogliendo quell'impulso performativo la narrativa della Passione prenderà in esame le storie personali di non pochi personaggi ove si vedrà com'è importante contenere insieme quei due aspetti che rappresentano i principali esiti comunicativi dell'argomentazione che è partita dai riquadri antecedenti del *segno, Regno* ed *occhio* (cf. Lc 11–13). Ma ora, in assenza dei solidi presupposti per vedere, è decisivo

---

[95] E. Schweizer (*Lukas,* 215), in categorie etiche, fa un importante rilievo teologico che delucida il pragmatismo di questo accento redazionale lucano interessato a risaltare la fonte di felicità nel momento presente (cf. Lc 6,21-23) — una visione coraggiosa e sicura del mistero salvifico per eccellenza che sta per compiersi, da parte dei discepoli fedeli a cui primariamente si indirizza il discorso escatologico: «Das Ende kommt nicht einfach irgendwann einmal, sondern bestimmt das gegenwärtige Leben. [...] das wirklich Wichtige [ist] das Wissen, dass das Ende der Anfang endgültiger Freude ist. Davon muss heilsame Unruhe ausgehen, die neue Werte setzt».

soprattutto l'essere costanti nell'ascoltare Gesù sull'esempio del *popolo* in un continuo atteggiamento di vigilanza (38).

3.2.4 Ultima cena e ultimi sguardi: i discepoli contestati (22,1-62)

L'adesione a Gesù, sempre più forte, da parte del popolo smaschera, in un potente negativo fotografico, decisione e durezza dell'opposizione che, proprio al contrario, non si stanca di cercare l'occasione propizia per realizzare il suo progetto. I due imperfetti (ἐζήτουν e ἐφοβοῦντο: Lc 22,2) descrivono meglio di tutto le condizioni in cui per ironia narrativa gli avversari vengono a trovarsi. Al popolo in quanto λαός obbediente alla Parola è conferito un ruolo assai decisivo, e cioè, per paura di esso la vita di Gesù è ancora in salvo. La situazione comunicativa cambia radicalmente con l'intervento di Giuda spinto dal volere di *satana* (v. 3). Questo caso tipico d'essere posseduto mette in guardia il lettore, perché allude al detto sul ritorno dello *spirito immondo*. A dire il vero, il fallimento di Giuda è contrassegnato dalla dinamica della divisione, come viene chiarito dal contesto del detto menzionato[96]. Tragicamente, il suo distacco dal gruppo dei Dodici su cui il narratore tace, ma che giustamente dovrebbe aver causato l'entrata libera di satana in questi, rivela la vulnerabilità del discepolato davanti alle forze oggettive del male, nonostante la vittoria di Gesù su satana a cui si aggrappavano gli stessi discepoli con i loro *occhi beati* (cf. Lc 10,18.23b).

Il dilemma del lettore in questo caso è nel capire se tutta la narrazione che comprende l'inno di giubilo (10,17-24) non sia una semplice anticipazione degli eventi culminanti della fine. L'introduzione alla storia della Passione conferma ciò dal momento che rappresenta l'ultima tentazione di Gesù, quel καιρός che aveva avviato come meta l'episodio delle prime tentazioni (4,13). Avendo scelto come strumento uno dei seguaci più intimi di Gesù il tentatore causa ancora la prima divisione nell'accampamento di Questi. La logica di Giuda si accorda con quella dei carnefici del maestro: *stava cercando per consegnarlo* (22,6)[97]. Ma è solidale con loro anche nel provare paura di fronte alla

---

[96] Cf. risp. Lc 11,24-26 e 11,14-23.

[97] Il vb. ζητέω all'imperfetto segna uno sviluppo a livello narrativo il quale terminerà la scena nel palazzo di Erode (Lc 23,6-12), dove sarà doveroso di affrontare questo problema: vedasi sotto, p. 214ss. Sono significative tutte le ricorrenze del medesimo vb., soprattutto nella sezione presente (19,11–22,71) in cui esso viene unito esclusivamente ai verbi esprimenti consegna, violenza ed omicidio: Lc 19,47; 20,19; 22,2.6. Non è da dimenticare naturalmente la sua prima ricorrenza che celebra l'avvio del solenne cammino del vedere, sotto l'espressività del carattere narrativo di Erode (9,9d).

folla — un ostacolo che si riuscirà a sovrastare solo dopo l'arresto di Gesù, quando *non Lo vedranno più*[98].

L'ultima cena concede ai discepoli e al lettore di conoscere l'ultima volontà del maestro, il suo testamento. In quella cena tutto assume carattere simbolico, sicché la Pasqua stessa riceve senso e contenuto nuovo dalla Passione e dalla morte del ministrante. Cosa significhi il *compiersi* della Pasqua *nel regno di Dio* (Lc 22,16), è reso esplicito dal detto sul calice che Luca mette in anticipo, ancor prima delle parole dell'istituzione eucaristica. Vi è posta in rilievo la venuta del Regno con cui il mistero pasquale si compirà[99]. L'ambiguità dell'afferma-

---

[98] Cf. Lc 23,13. Il ruolo del *popolo / folla* nella storia della Passione è ambiguo, come si vedrà. Da una parte, esso costituisce un vero appoggio per la missione di Gesù e perciò viene menzionato dal narratore ogni volta che è in questione il complotto contro di Questi; dall'altra, — nel processo di Gesù viene anch'esso diviso e d'un colpo diventa uno degli accusatori di Gesù oppure lo spettatore passivo del suo cammino della croce. Cf. J.-N. ALETTI, *L'arte di raccontare*, 142.145-147. Questo paradosso bisogna rimandare comunque al racconto della crocifissione (23,33-43): vedasi il cap. V, pp. 342-349.

Per il tenore tipicamente lucano dell'attenuare la colpevolezza d'Israele sullo sfondo della storia della salvezza vedasi il richiamo pregevole di S. Légasse (*Procès*, 381) di non incolpare troppo presto Lc della severità di giudizio. Nell'ambito degli studi su Mt c'è stata, infatti, una arguta tesi dottorale che sulle orme di un patrimonio sproporzionato dell'antisemitismo ha puntato sull'attualità di un simile argomento: R.A. MOLANGI TOMOYAKABINI, *Jesus «déracine»*. Ci sentiamo pure nel dovere di collaborare a una simile iniziativa tentando di ricostruire l'evoluzione narrativa di questo tipico *round character* fortemente dialogico e dialogante con molti altri partigiani e protagonisti del *vedere*.

[99] Cf. par Mt 26,29; Mc 14,25. Un raffronto sinottico aiuta il lettore a far emergere un dato particolarmente interessante della redazione lucana, ossia un doppio riferimento al *calice* (Lc 22,17-18.20) che incornicia e così mette in rilievo la benedizione del *pane*. Secondo un'attenzione e una sensibilità ammirevoli ai ritocchi redazionali di Lc, A. Loisy (*Luc*, 508-509) afferma che questo rifletta il carattere pasquale dell'ultima cena. Lo stesso Gesù in Lc avrebbe dato un gran rilievo all'ultima pasqua che mangiava con i suoi. Il suo significato particolare consiste non già in un banchetto degli *eletti*, come in Mc 14,25, bensì in una tensione tra il desiderio ardente del capo di tavola di mangiare la pasqua e l'effettiva astinenza dal bere il vino del *sangue* che sarà versato e bevuto solamente dopo la sua morte (Lc 22,15-18). La duplice menzione del *Regno* in arrivo nel quale la stessa cena pasquale avrà compimento e un gioco tra questa πάσχα e l'effettivo παθεῖν di Gesù non lasciano dubbi sull'orientamento teologico del presente scenario. La sua essenza sarà svelata in Lc 24,35 sotto metafora della *frazione del pane* che per Luca servirà appunto da simbolo della cena eucaristica come cuore di vita della prima comunità cristiana in At: 2,42: 20,7.11; 27,35. Cf. *Ibid.*, 511-512 e il cap. VI.

zione viene subito tolta da Gesù stesso che con la ripresa del detto sul *calice* usa una metafora univoca della propria morte: la *nuova alleanza nel mio sangue* (22,20). L'argomentazione cambia, segnata da due formule solenni[100] che introducono nella trama l'antieroe, il traditore, nel cui potere sembra stare la sorte del *Figlio dell'uomo*. Il messaggio essenziale è racchiuso poi nel *logion* centrale che mette in atto il cammino riecheggiante di Gesù (πορεύεται: v. 22). È un cammino resistente e duro, incorniciato nel testo dalle due menzioni del tradimento: παραδιδόντος e παραδίδοται. Ma nondimeno il passo del Messia è libero da ogni contrarietà esteriore essendo la massima espressione di *ciò che è prestabilito* (τὸ ὡρισμένον)[101].

Dopo la verifica dei piani di Erode (cf. Lc 13,31) e dell'intenzione di Gesù (32-33) è più facile distinguere una simile dialettica nel presente avvallamento narrativo. Qui finalmente il lettore affronta l'estrema concretezza di una esemplare tensione tra il dinamismo salvifico dell'essere sulla strada da parte di Gesù e l'agire malvagio dell'uomo che vi si oppone operativamente. E per la prima volta questa iniziativa puramente umana — il tradimento — diventa l'oggetto di una condanna reale (cf. Mc 8,31-33par). L'οὐαί gesuano infatti aggiunge alla narrazione asprezza e austerità destando lo sbigottimento nel circolo dei discepoli, cominciando a toccare in qualche modo tutti. E non stupisce il fatto che subito sorga una tensione in cui viene a galla il tragico esito delle precedenti istruzioni: i discepoli non smettono di procurarsi prerogative che contraddicono a fondo lo spirito di servizio posto come esempio da Gesù che serve durante la cena[102].

Per una visione completa del problema da noi trattato in modo assai ristrettivo rimando all'ottima sintesi di Benedetto XVI che teologicamente coinvolge nell'ottica comunicativa l'esame attento di tutti i Vangeli canonici: *Gesù di Nazaret*, II, 145-173.

[100] πλὴν ἰδού – πλὴν οὐαί: Lc 22,21a. 22b.

[101] Avendo trovato nella narrazione precedente un detto corrispondente di Gesù (Lc 13,33) si riesce a trovarvi i punti in comune nonché ad apprezzare meglio il lavoro redazionale di Luca che in confronto a Mc 14,17-21 e Mt 26,20-25 riduce il suo racconto all'essenziale e vi ripropone il suo schema abituale in cui reggono i *teologumeni* tipicamente suoi: vb. πορεύομαι e costrutto participiale κατὰ τὸ ὡρισμένον — l'equivalente del δεῖ. Sulla prospettiva generale della Passione in Lc vedasi il breve, ma informativo sunto di A. Vanhoye («Structure et théologie», 135-163). Riferendosi alla scena del tradimento lo studioso ne menziona gli importanti tratti che peraltro sono caratteristici di tutto il Vangelo: lo stile molto personale, la dignità e l'altezza morale di Gesù, l'orientamento storico-salvifico (*Ibid.*, 141-142).

[102] L'ironia narrativa consiste precisamente in un susseguirsi di due ricerche effettuate dai discepoli quasi contemporaneamente: la prima ha per oggetto l'identificare il traditore e la seguente — il *più grande* tra loro (cf. Lc 22,23-24): un chiaro segnale della

Sono invece piene di speranza le parole che promuovono un'immagine alquanto diversa del discepolato. Il loro nucleo è formato dal ptcp. διαμεμενηκότες che esalta al massimo la solidarietà di quelli con il maestro. Cosa significhi il *permanere* veramente *nelle prove* con Lui verrà posto in rilievo dal seguito del racconto non tanto favorevole ai discepoli. Il lettore è interessato quindi ad interpretare adeguatamente questo accenno strategico di tenore laudativo, ancor prima che arrivi il fallimento. Lo stile e il linguaggio si avvicinano a quelli giovannei per conferire peso argomentativo al dono del *Regno* che viene presentato da Luca come un processo dinamico e coinvolgente. Ciò nonostante davanti a un merito così eclatante non si dimentica la potenzialità già ravvisata delle forze del male che si mobilitano pure in prossimità della fine. I detti assai patetici, che non risparmiano più nemmeno i discepoli più vicini a Gesù, lasciano trasparire il realismo della situazione. Così Pietro — il promotore di *fede* di ieri — sta per affrontare una carenza estrema di essa[103], ma anche per abbracciare la conversione che spalancherà le porte del perdono anche per altri discepoli. La necessità appunto di *indurir*li sorge come presupposto fondamentale per continuare il cammino nonostante tutto, sull'esempio di Colui che ne ha avviato il potenziale e le modalità (cf. Lc 9,51). Il tono drammatico dell'ambientare il rimando alla Scrittura (Is 53,12) nell'ottica del presente pie-

---

crisi che subisce la cerchia più intima in vista del destino mortale del maestro. Cf. A. LOISY, *Luc*, 515. Ponendo la questione categoricamente è altresì la crisi del *vedere*.

[103] Si badi al vb. che qui viene adoperato: ἐκλείπω — nel NT usato solo nell'opera lucana (Lc 16,9; 23,45; At 18,19). Nei contesti assai diversi esso viene ad assumere una sfumatura di indigenza estrema, perfino la causa degli eventi stravolgenti: cf. Lc 23,45ss (*eclissi* solare). In tal modo il miracolo della fede petrina (cf. Lc 5,8; 9,20b) verrà attenuato da quello del suo seccarsi. Che ciò sia necessario per adempiere la Scrittura, farà leva la conclusione dell'itinerario di tutti i discepoli esemplificato nell'esperienza dei *due* di Emmaus (Lc 24,26). È significativa inoltre la metafora del *grano* che Lc sfrutta con la sua capacità propria di darle una coloritura pareneticoteologica. Il processo agricolo di vagliatura del grano esprime qui l'urgenza di una tribolazione imminente che proverà le qualità produttive di ciascuno. Questa rappresentazione fondata sui testi evocativi dell'AT (Gb 1,11-12; 2,46; Am 9,9) dice tanto ad un lettore attento alla visualizzazione in Lc di certe metafore ed immagini frontali. La sua forte connotazione pragmatica seppe cogliere già Sant'Agostino nell'elaborare un intero ciclo esegetico dedicato ai problemi acuti del suo tempo, dove l'antagonismo tra *buon grano* e *zizzania* è finalizzato all'istruzione e all'ammonimento dei fedeli contro eretici e settanti: cf. AGOSTINO, *serm.* 111; *in Matth.* 11, 1-3. Vi è comunque all'opera un interesse fortemente ecclesiologico che trova il suo esponente ben più rappresentativo in Mt 13,24-30. Una buona sintesi dei dettagli redazionali dell'annuncio di rinnegamento in Lc 22,31-34 è da trovare in: A. LOISY, *Luc*, 518-520.

trifica nella memoria la scena anticipata della crocifissione ed ecco questa citazione, incorniciata da due forti impronte del compimento, — un atto espressivo e rappresentativo insieme — costituisce per il lettore lo snodo pragmatico centrale su cui riflettere lungo tutto il racconto della Passione e ben oltre[104].

Il rapporto discepolo-maestro infine è esemplificato nella transizione dall'intimità del cenacolo alla via che conduce al *monte degli Ulivi*. I due aoristi (ἐπορεύθη e ἠκολούθησαν) a loro vece dipingono un alveo in cui fluirà la narrazione molto vivace della Passione. Prima di iniziarla il narratore coglie di nuovo l'occasione per screditare i discepoli che questa volta rimangono totalmente passivi, quasi assenti, destando solamente l'istruzione che Luca si compiace di ripetere indirizzando più ai suoi lettori l'invito di *pregare per non entrare nella tentazione*[105]. La tragedia dei primi comincia a prendere corpo proprio qui, dove l'unico loro tratto distinguibile — la *tristezza* (45) — estingue ogni equivoco sul ruolo narrativo di una immagine così vaga e provocatoria. In tal modo si crea uno sfondo ideale per una ulteriore messa in scena della destabilizzazione dei lettori lucani continuamente protesi a identificarsi con i seguaci di Gesù, per lo più accostandosi al prospetto dei loro occhi.

Gli eventi che succedono alla preghiera sul monte mettono in atto la dinamica dell'*ouverture* di tutta la storia della Passione. Sullo schermo

---

[104] Cf. δεῖ τελεσθῆναι e τέλος ἔχει: Lc 22,37. Il valore comunicativo di questa citazione isaiana per tutto il Terzo Vangelo è stato messo in chiara luce nella tesi dottorale di P. Tremolada: *E fu annoverato fra gli iniqui*. Ci limitiamo solo di accennare l'importanza del motivo di *solidarietà* su cui è impostata la ricerca dell'autore. Nel contesto presente è da tenerlo d'occhio per essere in grado anche di reperire la peculiarità del cammino di Gesù in Lc soggetto al profilo comunicativo del nostro tema che qui quasi si perde di vista. L'importanza che riveste quel motivo complementare e in un certo senso concorrente con un vedere disinteressato chiarirà l'analisi dell'episodio della crocifissione e dei suoi dintorni narrativi (cap. V).

[105] Lc 22,40.46. Il motivo della *tentazione* (πειρασμός) in Lc ha un fascino tutto particolare, perché esprime comunione e solidarietà tra Gesù per primo tentato dal *diavolo* (4,13) e i discepoli più volte istruiti di perseverare nelle *prove* (8,13; 11,4) che finalmente meritano un riconoscimento lodevole da parte del maestro (22,28). Cf. At 20,19. La stessa morte si presenta in Lc come ultima tentazione che perfettamente richiama quella prima, nel deserto: H. Conzelmann, *Il centro*, 168.212. Gli stessi scherni davanti alla croce «sono modulati a mo' di tentazioni» (Lc 23,35-39): B. Prete, *La passione*, II, 77, n. 4. Cf. uno spunto illuminante a proposito del valore salvifico della tentazione gesuana: «"Epreuve" et "tentation" surtout pour Jésus qui doit laisser faire, retenir l'énergie divine qu'il a en lui e qu'en d'autres temps (6,19) il a su dispenser pour faire triompher la santé e la vie» (F. Bovon, «Le récit de la Passion», 398).

viene proiettato l'arrivo imponente della *folla* da cui Giuda si distingue solo grazie al suo bacio ipocrita e impersonale. Attenuando il ruolo attivo del traditore Luca pone in cambio l'accento sul ruolo attivo dei capi del popolo in quanto tali. Ad essere di nuovo in questione è la tecnica narrativa abituale del Terzo Vangelo: dalla *folla* informe escono progressivamente Giuda e tutti i membri del complotto, menzionati minuziosamente[106]. E proprio a loro è rivolto un atto programmatico rappresentativo che funge da spartiacque della *via crucis*: un richiamo diretto — la *vostra ora* in cui si manifesta il *potere delle tenebre* — coinvolge al massimo il lettore ed esige una risposta[107]. Il riconoscersi fuori del gruppo interpellato significa opporsi al suo obiettivo in un momento culminante della trama, quando l'esecuzione è quanto mai vicina! Davanti alla realtà dolorosa del dipinto non resiste neppure Pietro, la cui tragedia personale diventa ugualmente quella del lettore. Il suo rifiuto elevato a livello di paradigma conclude per ora il dramma del discepolato che bruscamente sparisce dal quadro narrativo, fino al giorno della risurrezione, spazzando via pure la sequela degli occhi la cui efficacia pragmatica si era esercitata sempre di meno. L'unico nu-

---

[106] Lc 22,52; cf. par Mc 14,43-49; Mt 26, 47-56. Luca è più perspicace nel mostrare la dinamica dell'insieme: l'apparizione della *folla* e l'avvicinamento di Giuda descritto quasi scenograficamente (cf. Lc 22,47) hanno la funzione solamente in vista dell'ultima scena in cui Gesù parla proprio ai suoi carnefici (vv. 52-53; cf. i passi paralleli). La solenne conclusione del detto introdotta con una congiunzione avversativa (ἀλλά) perciò è carica di senso pronunciando un giudizio divino rivelatrice di vera natura dell'accaduto. L'impotenza del Messia che travolge logica abituale dei circostanti qui è risaltata grazie all'atto di non violenza estrema: la guarigione dell'*orecchio* reciso di un *servo* (50-51). Comune a tutti gli evangelisti (cf. Gv 18,10-11), questo gesto esemplare ha in Lc un tono e risonanza particolari, essendo situato in un contesto comunicativo caratteristico per la sua preoccupazione universalistica e missionaria che esigono una accentuazione dei motivi quali *solidarietà, misericordia, pace, comunione* con i peccatori. Cf. M. Grilli («La violenza di Dio»,153-155) e un pensiero eloquente di A. Loisy: «L'attitude prêtée à Jésus n'est pas à discuter au point de vue de la psychologie et de la morale [...] l'évangéliste entend expliquer et l'espèce de prédiction faite aux futur missionnaires du Christ, et le coup d'épée de Gethsémani, et le respect de Jésus pour les autorités constituées» (*Luc*, 524).

[107] Cf. Lc 22,53. La portata comunicativa ossia l'effetto illocutorio di questa battuta fortemente simbolica — perché evidentemente segna la fine della visione — e di tenore giovanneo, che si espande narrativamente, ha colto bene F. Bovon nel commento seguente: «La nuit pascale, moment de fête et de libération, devient alors "votre heure" (et non plus celle de Dieu) et la "puissance des ténèbres" (et non celle de la lumière). Jésus est alors arrêté (22,47-53). La nuit se poursuit dans la première maison inhospitalière, celle du grand prêtre. Interrogatoire d'un côté, reniement de l'autre (22,54-62.63-71)» («Le récit de la Passion», 397).

trimento del lettore rimane la scena degli oltraggi che, posta ancor prima del processo nel *sinedrio*, si apre alla sezione giudiziaria di Lc[108].

3.3 *Erode davanti al mistero del Gesù innocente (Lc 23,6-12)*

L'analisi del cammino del lettore si apre alla novità assoluta del racconto per rendere più esplicito il dilemma interpretativo che il testo in questione affronterà: come si arriva dall'immagine di un maestro in piena autorità, che parla e insegna fortemente e francamente, a quella di Uno che deliberatamente piega il volto, chiude la bocca e si consegna nelle mani degli accusatori? (cf. Is 53,7). La pericope scelta verrà poi esaminata nel suo contesto prossimo e remoto, offrendo al lettore attuale l'accesso alla strategia del narratore che si compiace di presentare la vicenda di Erode come il punto d'approdo nella tensione drammatica della Passione. Farà da conclusione un riassunto dei risultati ottenuti orientati verso la parte finale del Vangelo che risolverà le tensioni e toglierà i punti interrogativi di cui la narrazione — è necessario evidenziarlo — veramente abbonda.

3.3.1 L'articolazione e lo sviluppo comunicativo di Lc 23,6-12

Prima di esaminare la funzione della pericope nel proprio contesto bisogna rilevare la sua composizione interna che ne rende ben visibile il valore programmatico. Questo testo rappresenta il nucleo della presentazione lucana del processo di Gesù e pertanto aiuta a riconoscere la vera essenza del desiderio che Erode nutriva nei confronti dell'ultimo

---

[108] Lc 22,63-65; cf. par Mc 14,50; Mt 26,56b. L'intento lucano di creare un conglomerato comunicativo dei quattro processi è ben noto (cf. B. PRETE, *La passione*, I, 226 (n. 2); II, cap. 12: «Il processo di Gesù», 13.23 (n. 21) e 24). In questa composizione c'è uno sviluppo strategico che aiuterà a evidenziarvi la funzione programmatica del suo terzo stadio a noi particolarmente interessante: il processo davanti a Erode. Rifacendosi ad una messa in evidenza da parte di G. Rossé bisogna innanzitutto dare una spiegazione teologica alla presente elaborazione formale che certamente l'esige: «La passione perde, in Lc, il suo aspetto scandaloso, ignominioso e tragico, per apparire come una via, certo dolorosa, ma indispensabile, da percorrere con serenità e fiducia» (*Luca*, 831). Un dato nettamente lucano della dinamica narrativa della Passione è che, rispetto ad altri sinottici, in Lc 22,1-46 si accorda più spazio ai discorsi di Gesù, mentre d'allora in poi la sua iniziativa muta in una rassegnazione — per così dire un δεῖ costante del Suo esemplare cammino della croce. Pragmaticamente esso risponde al culmine della *non visione* di un discepolato deviato dal cammino che conduce alla morte. Pur vero questo, rimane inconfutabile un fatto che la Passione maggiormaente metterà in risalto: «Jésus est arrêté, mais ne soumis par la force humaine» (S. LEGASSE, *Le procès*, 325). Cf. Lc 22,47-53. Cf. sotto: p. 230.

(cf. Lc 9,7-9). Il lettore può perfino sfruttarlo per interpretare tutto il cammino precedente del monarca, i cui tratti principali sono imperniati sulla scena presente, estremamente densa.

Il brano è strettamente legato a ciò che precede mediante il ptcp. ἀκούσας eppure si distingue dal contesto in quanto un secondo ptcp. (ἐπιγνούς) serve a impiegare in una situazione nuova le informazioni ricevute dal primo. Il domandarsi di Pilato avvia la dinamica dell'insieme e segna anche il punto di partenza per il lettore. C'è qui uno scenario molto simile a quello di Lc 9,7, giacché la figura di Pilato ricopre la funzione di quella di Erode al quale finalmente viene consegnato il reo. I due accenni, spaziale e temporale, forniscono la transizione e preparano l'entrata in scena del tetrarca. La macchina da presa narrativa fissa poi l'obbiettivo subito sul momento dell'incontro la cui descrizione si concentra solamente sui sentimenti di Erode che gioisce anticipando già il profitto che ricaverà dalla situazione proprio alla fine della sua ricerca. La rassegna dettagliata dei suoi desideri si riduce a ribadire i soliti motivi della *visione* e dell'*ascolto* (cf. 9,7-9)[109], ma contiene anche un sovrappiù reso dall'impf. ἤλπιζεν su cui cade il peso comunicativo di tutta la proposizione. L'impf. conclusivo (ἐπηρώτα) segna un punto strategico in quanto scandisce l'interrogare insistente del monarca rispetto a quello puntuale di Pilato (cf. Lc 23,6). Il lettore non si sbaglierà se vi vedrà un'allusione perfino all'inizio del cammino, dove gli imperfetti διηπόρει e ἐζήτει avevano creato un sottofondo molto simile ad aoristi che portano avanti la narrazione: ἤκουσεν e εἶπεν (9,7.9). Però, a differenza di quella scena la soluzione dei dubbi è certa: l'aor. ἀπεκρίνατο evidenzia il punto d'arrivo e cioè, la fine vera e propria del cammino di Erode. Tutto il resto del racconto svolgerà la funzione di conclusione che rallenta il ritmo narrativo, giustapponendo le immagini dei veri protagonisti della scena[110]. Si rende necessario innanzi-

---

[109] Si badi alla destrezza lucana riconoscibile nella costruzione sintattica: ptcp. aor. + aor., impf. + ptcp. pres. (ἰδὼν ἐχάρη, ἦν θέλων), — che mette in risalto il prorompere di un forte sentimento dopo l'azione puntuale che si svolge sullo sfondo di un'altra azione prolungata al massimo dal narratore grazie al ptcp. perifrastico e all'evidente richiamo temporale (ἐξ ἱκανῶν χρόνων). Il desiderio che ha aperto il cammino di Erode viene qui in qualche modo a riassumere tutto il cammino nella sua durata, che ora è giunto a compimento.

[110] Al v. 11b si badi ad una variante testuale conservata da editori di NA[27]: l'aggiunta in un numero considerevole dei testimoni, tra cui i mss, autorevoli, di un καί che è da intendere nel senso avverbiale (𝔓[75], ℵ, L, N, T, Ψ *et al*). Dato il contenuto negativo — *derisione* — del particolare narrativo che così viene introdotto, il letto-

tutto pensare ad una «conversazione» tra Gesù e Erode i cui effetti risuoneranno nel racconto successivo che presenterà infine l'esito del processo (cf. 23,13-25).

Introduzione

⁶Πιλᾶτος δὲ ἀκούσας   **ἐπηρώτησεν**
                                      εἰ ὁ ἄνθρωπος Γαλιλαῖός ἐστιν,
⁷καὶ ἐπιγνοὺς ὅτι
ἐκ τῆς ἐξουσίας Ἡρῴδου ἐστὶν   **ἀνέπεμψεν** αὐτὸν πρὸς Ἡρῴδην,
ὄντα καὶ αὐτὸν ἐν Ἱεροσολύμοις
ἐν ταύταις ταῖς ἡμέραις.

Erode e Gesù

⁸Ὁ δὲ Ἡρῴδης ἰδὼν τὸν Ἰησοῦν   **ἐχάρη**   λίαν,
ἦν γὰρ ἐξ ἱκανῶν χρόνων θέλων ἰδεῖν αὐτὸν
διὰ τὸ ἀκούειν περὶ αὐτοῦ καὶ ἤλπιζέν
τι σημεῖον ἰδεῖν ὑπ᾽ αὐτοῦ γινόμενον.
⁹
                                  ἐπηρώτα δὲ αὐτὸν ἐν λόγοις ἱκανοῖς,
               αὐτὸς δὲ οὐδὲν   **ἀπεκρίνατο** αὐτῷ.

La scena degli oltraggi

¹⁰εἰστήκεισαν δὲ οἱ ἀρχιερεῖς καὶ οἱ γραμματεῖς
εὐτόνως κατηγοροῦντες αὐτοῦ.
¹¹ἐξουθενήσας δὲ αὐτὸν [καὶ] ὁ Ἡρῴδης
σὺν τοῖς στρατεύμασιν αὐτοῦ καὶ ἐμπαίξας
περιβαλὼν ἐσθῆτα λαμπρὰν   **ἀνέπεμψεν** αὐτὸν τῷ Πιλάτῳ.

Conclusione

¹²ἐγένοντο δὲ φίλοι ὅ τε Ἡρῴδης
καὶ ὁ Πιλᾶτος ἐν αὐτῇ τῇ ἡμέρᾳ μετ᾽ ἀλλήλων·
προϋπῆρχον γὰρ ἐν ἔχθρᾳ ὄντες πρὸς αὐτούς.

Tirando le somme l'unico aor. (ἀνέπεμψεν) dopo una lunga sequenza di imperfetti (vv. 8-9) non solo rompe l'andamento lento creatosi nella scena degli oltraggi, ma reindirizza anche il filo narrativo facendo eco al suo corrispondente nella replica di Pilato (v. 15a). L'accenno narrativo finale che sullo sfondo menziona entrambi i monarchi e ha il ruolo di ricongiungere le due ottiche — giudaica e romana — è caratterizzato

---

re, senza indugio, lo collegherà logicamente con la previa scena degli oltraggi (Lc 22,63-65). Cf. S. LEGASSE, *Le procès*, 374.

dal gioco tra aor. ed impf. ormai noto al lettore[111]. Resta da spiegare, con l'ausilio del vocabolario visivo, il cambiamento costitutivo avvenuto con l'apparizione di Gesù che permetterà di precisare l'analisi semantica.

3.3.2 L'articolazione del messaggio: farsa della falsa visione (23,6-12)

L'inizio del racconto è estremamente chiaro, perché mette in rilievo il sapere e la logica del servitore romano che si comporta da buon giudice: *dopo aver sentito ha domandato, venendo a conoscenza ha mandato* (Lc 23,6). Gli scarni rimarchi del narratore non fanno altro che spiegare le ragioni di questi, ma vi è già rintracciabile un disaccordo con la prospettiva evangelica abituale, ossia il continuo porre Gesù nell'accusativo. Perciò, le poche occasioni che lo rimettono al nominativo presentano punti di forte tensione. Ciò avviene proprio nella scena d'incontro in cui è contenuto evidentemente il sale del racconto.

Il narratore è molto loquace a proposito della reazione di Erode destinata a circoscrivere un *climax* nel suo cammino personale finora svolto. La *grande gioia* che prova questi ha per causa l'esperienza visiva sulla quale puntano sia il ptcp. (ἰδών) che l'inf. (ἰδεῖν) e di per sé potrebbe indurre il lettore a pensare agli effetti salvifici dello stesso atto del *vedere* come faceva notare la storia degli inizi (cf. Lc 2,29-32). L'insistenza con cui il narratore cerca di attualizzare il vivo desiderio di questi, o meglio, la sua brama di *vedere*, nutrita dall'*ascolto* stimolante, crea ambiguità e insieme non lascia sfuggire al giudizio narrativo il personaggio scelto. L'itinerario del monarca è stato, infatti, intessuto da reticenze e lacune grazie alle quali il lettore può apprezzare ancora di più il funzionamento del testo come un «meccanismo parsimonioso»[112]. Parlando a livello dell'intero racconto, in cui sono da trovare i linea-

---

[111] Cf. ἐγένοντο e προϋπῆρχον. Un altro esempio del genere fornisce la scena degli oltraggi che attraverso la sintassi mette a fuoco l'individualità di due gruppi: i *sommi sacerdoti* con gli *scribi* e Erode con i suoi *soldati*. Su tale funzione dell'intercalarsi dell'aor. e impf. vedasi: A. NICCACCI, «Dall'aor. all'impf.», 89-91.96. La costruzione presente: ppf.+ ptcp. aor. καί ptcp. aor., ptcp. aor. ptcp. aor. + aor. (εἰστήκεισαν κατηγοροῦντες. ἐξουθενήσας καὶ ἐμπαίξας περιβαλὼν ἀνέπεμψεν) — più che altro ribadisce il carattere vivace degli oltraggi del secondo gruppo. Tuttavia l'assenza dei verbi che esprimano l'aspetto compiuto (in questo caso si aspetterebbero degli aoristi) lascia intravvedere l'ironia narrativa già percepibile nel porre questa scena nel secondo piano. Sulla terminologia (il «primo (secondo, terzo) piano della narrazione», lo «sfondo narrativo» etc.) e le sue implicazioni comunicative si consulti pure un articolo teorico in più di A. Niccacci: «La narrativa di Mc 1», 59-71.

[112] Cf. U. ECO, *Lector in fabula*, 66.

menti costitutivi di quel cammino misterioso, bisogna soffermarsi sulla bellezza dell'esposizione lucana in cui l'ultima parola è rivelatrice e illumina tutte quelle precedenti. Il lettore finalmente scopre che l'oggetto delle speranze di Erode è il *vedere un segno*[113] con tutto ciò che questo motivo comporta in Lc. Esso appare, difatti, nel contesto delle controversie con i farisei. Il tanto desiderato σημεῖον da vedere finisce per diventare la pietra d'inciampo per i medesimi, perché effettivamente denuda la vanità delle loro pretese nei confronti del Gesù guaritore (cf. Lc 11,16.29-30). Il fatto che Questi ignori e, in più, rifiuti aspramente la richiesta d'un segno lascia trasparire la banalità della scena presente. La fine mediocre della storia e del cammino del tetrarca a prima vista può sorprendere, ma, in verità, è stata preparata già dall'insistenza narrativa sul modo farisaico di comportarsi che riscopre qui esattamente la sua importanza per la caratterizzazione del sovrano. Al lettore a questo punto è lecito porsi una importante questione: il filo

---

[113] Il carattere dinamico e duraturo di quel *segno* rende il ptcp. congiunto (γινόμενον) con cui l'attesa (ἐξ ἱκανῶν χρόνων) e il desiderio (θέλων) del monarca pressoché s'incarna coinvolgendo nella sua dinamica tutti i sensi esemplificati nel doppione abituale: *visione – ascolto*. A proposito di un accumulo strategico delle forme verbali di ὁράω: il ptcp. ἰδών che molte volte tradisce accenni redazionali di Lc e l'inf. ἰδεῖν (2x) che sta in un'evidente rapporto con quello ἀκούειν incorniciato da queste due ricorrenze, — va notata la sua risonanza nel panorama teofanico dell'AT, dove questo vb. non di rado si riferisce ad una percezione meramente uditiva: cf. Es 20,18 (πᾶς ὁ λαὸς ἑώρα τὴν φωνήν); 22 (ὑμεῖς ἑωράκατε ὅτι ἐκ τοῦ οὐρανοῦ λελάληκα πρὸς ὑμᾶς); Dt 4,9 (πάντας τοὺς λόγους οὓς ἑωράκασιν οἱ ὀφθαλμοί σου); cf. FILONE, *De migr. Abr.*, 47 (ed. R. Cadiou, 36) (l'analisi esegetica comprensiva di quei testi è fornita da R. Fornara: *La visione contraddetta*); in altri casi serve soltanto per rendere una percezione non propriamente sensitiva quale semplice presa di coscienza (cf. Mc 2,5; 12,15.28; Mt 2,16; 9,2.4; 27,24.54; Lc 22,49): S. LEGASSE, *Le procès*, 129. Ciò non è il caso di Lc che è coerente nell'attribuisce alla *visione* una funzione esemplare, soprattutto in confronto con l'*ascolto*. In riferimento a Erode essa è finalizzata perfino ad uno scioglimento narrativo con cui verrà a galla l'intenzione dell'autore interessato a mettere in disagio il proprio lettore nel raffigurare con un ritratto così solenne e promettente a livello comunicativo la banalità di una visione priva di senso.
Ben tre ricorrenze del vb. ὁράω, in Lc 23,8, richiamano al lettore la gamma semantica della ricerca visiva, presa nella sua totalità, iniziata in Lc 9,9 con un desiderio duraturo (ἐζήτει ἰδεῖν) e compromessa dal monito gesuano riguardante la sorte degli *apostati*: il *non vedere* (ὄψησθε; οὐ μὴ ἴδητε: 13,28bc.35b). Il vocabolario uniformato aiuta il lettore a dare prominenza al quadro solenne di una visione da cui dipende l'essere salvato o l'essere perduto. L'accumulo dei verbi della stessa radice, semanticamente pregnante, comunica una deviazione strategica che il tema assume lungo, ma soprattutto alla fine della ricerca. La necessità di vedere veramente diventa il filo portante del racconto al quale si allaccerà una ricerca alternativa: cf. cap. IV.

del racconto riguardante gli ipocriti, cercatori del segno, non l'ha condotto forse, *hic et nunc*, semplicemente alla prima grande scoperta gnoseologica del suo cammino, ossia ad una rivelazione narrativa della figura tipo di Erode, che aveva determinato, abbiamo visto, il «passo» della lettura[114]. Vi sarebbe d'altronde un richiamo in più: ripensare retrospettivamente al cammino del tetrarca. Ponendolo nelle categorie etiche della verità e menzogna, della limpidezza e dell'oscurità, lo si inserisce nella trama ben sviluppata della critica rivolta al fariseismo. In questo modo si riesce infatti a riempire di senso la fatica del lettore finora rimasto deluso nelle proprie credenze e nell'obiettivo pratico del proprio vedere. Si cercherà di fare ciò nella conclusione.

Visto lo svelamento dell'immagine erodiana nel Vangelo, la lettura che segue può sembrare poco ispirante, ma, di fatto, succede proprio il contrario. Il bombardare di domande da parte del sovrano funge da sfondo ideale per un lettore deviato per mezzo di una pressante *rivelazione* narrativa[115], che tenta di nuovo di ritrovare la strada e la logica narrativa a cui sembra sfuggire un cammino così infecondo. Accennano ad esso perfino le *parole* di un numero *considerevole* che semanticamente fanno eco al *tempo considerevole* — un netto segnale della durata del cammino. Dal ripensamento di quell'itinerario il lettore si toglie molto presto, con l'aor. che esprimendo la reazione di Gesù — l'unico «nominativo» in tutto il brano! — esplode in un rifiuto totalizzante che

---

[114] È da tener presente che in Lc i *farisei* scompaiono completamente dal quadro narrativo dopo l'entrata di Gesù a Gerusalemme (19,39) e quindi apparentemente non partecipano al dramma della Passione: cf. M. RESE, «Lk 13,31-33», 211 (n. 53). L'unico personaggio che potrebbe richiamarli a memoria è appunto Erode. Va notato anche il fatto che i farisei in Lc 13,33 assumano il ruolo dei portavoci di Erode, il che mette in rilievo, pur essendoci sempre un che di misterioso e quindi non afferrabile per il lettore in quel complotto bizzarro (cf. F. BOVON, *Luca*, II, 484-485), la connivenza del narratore in un simile equipaggiamento di Erode e quel gruppo che viene biasimato così spesso da Gesù. Per una rigorosa analisi storico-redazionale di Lc 13,31-33, un passo fondatore dell'immagine di farisaismo nel Terzo Vangelo, rimando allo studio classico di A. Denaux: «L'hypocrisie des pharisiens», 245-285.

[115] Nelle categorie di Aristotele è un classico esempio della trama di *rivelazione* preparata narrativamente da quella di *risoluzione* (περιπέτεια) che ne garantisce la sussistenza comunicativa. Questo fenomeno di *combination of two types of narrative tensions* è frequente nella Bibbia Ebraica: «Events are often at the service of a certain "display" of a truth, of the revelation of a certain aspect of God». Nell'analisi narrativa è dunque da tener d'occhio «this interweaving of "plots of discovery" and "plots of action", the priority of [the second ones], and the fundamental importance of ignorance for the building up of suspense» (J.L. SKA, *«Our Fathers»*, 18-19) Cf. cap. VI, pp. 402-404, nn. 79-80.

chiude la conversazione una volta per tutte. Il contrasto che crea l'οὐδέν gesuano con l'aggettivo antinomico ἱκανοί non lascia nessun dubbio sull'inutilità della scena stessa il cui obiettivo è stato esaurito già in partenza[116]. Questo è il culmine vero e proprio dell'episodio che non finisce però con quell'intrigante momento di verità. Rimane unicamente la scena degli oltraggi a colmare la gravità della lacuna narrativa appena ravvisata. La descrizione dettagliata dei gesti pieni di disprezzo che Erode insieme ai soldati compie, mette a nudo la stoltezza del potere, messo in crisi dal silenzio disarmante del reo a cui il testo suggerisce di prestare un'attenzione particolare. Non è difficile mettere in relazione il disgusto e la derisione della corte regale con il modo di agire tipicamente farisaico; piuttosto raffinato è, invece, l'indossare una *veste splendida* che Lc pone proprio alla fine per aumentare le ipotesi del lettore[117]. A livello più superficiale, l'atto di vestire regalmente un reo sarebbe il culmine delle derisioni. Si tratterebbe qui di una mascherata artificiale che ha semplicemente la funzione di concedere agli spettatori l'ultima occasione, più raffinata, di un godimento estetico. Le modalità comunicative del *vedere* in quel caso sono perverse, perché spingono l'occhio a provare piacere gettando a terra la dignità regale del cattura-

---

[116] Si badi all'assenza nel v. 9 della menzione oppure della richiesta d'un *segno* (cf. Lc 11,16). Il contenuto dell'inchiesta erodiana rimane nell'ombra e non fa altro che accentuare l'inconsistenza di quel motivo che ha costituito e stimolato — ironicamente ciò si scopre alla fin fine — l'intero itinerario la cui validità ovvero il pragmatismo tende a costituire per il lettore un vero problema. La ricerca d'Erode gravemente compromessa narrativamente, trova ciò nonostante dei difensori tra gli esegeti alla cui corte ci siamo attenuti con questa indagine particolareggiata. La si deve prendere in considerazione anzitutto sul piano teologico, visto che dal punto di vista narrativo «il relato Lc 23,6-12 non aggiunge alla narrazione nonché allo svolgimento di processo» (B. PRETE, *La passione*, II, 23-24). Nella visuale accennata la commedia sanzionata da Erode assume invece un significato: l'aprirà lo «spettacolo» conclusivo. Per ora è intrigante rilevare una opinione contraria che vede, cioè, Erode in una luce totalmente negativa: «pas plus que ses compatriotes il n'est pas dupe de la royauté de Jésus; il rejette sur le pauvre halluciné le ridicule qu'on essaye de faire tomber sur la nation. C'est un monarque de comédie, dont Pilate fera ce qu'il voudra» (M.-J. LAGRANGE, *Luc*, 580).

[117] Cf. Lc 16,14, 18,9; 23,11: ἐσθής λαμπρά. La radice λαμπ- è rappresentativa per l'intreccio narrativo e per la configurazione semantica di Lc-At, ove appare in forme diverse: λάμπειν (Lc 17,24; At 12,7; cf. Mt 5,15.16; 17,2; 2 Cor 4,6), περιλάμπειν (Lc 2,9; 26,13), λαμπρός (Lc 23,11; At 10,30 e altrove: 7x nel NT); λαμπρῶς (Lc 16,19), λαμπρότης (At 26,13). Il suo significato è ricco di sfumature, giacché si rende come «brillante», «rutilante», «abbagliante» nonché può evocare un abbigliamento sgargiante e chiassoso: S. LEGASSE, *Le procès*, 375, n. 72; M. SOARDS, «Jesus before Herod», 355, n. 38. Cf. Lc 9,29.32; At 10,30.

to. Nonostante tutto Gesù resta pur sempre «avvolto» nell'autorità divina che non gli è stata tolta né con il cambio delle vesti né con la malvagità dello sguardo[118].

Una interpretazione alquanto diversa stimola G. Marconi che accenna alla valenza estetica di questo particolare lucano che denota lo splendore del mistero divino[119]. Bisogna tener presenti pure altri contesti di proferimento del semema ἐσθής nell'opera lucana, che qui confluiscono. In alcuni brani esso, per esempio, è l'attributo degli angeli (Lc 24,4; At 10,30) e serve per attirare l'attenzione del lettore sulla *veste*. Attraverso di essa si manifesta l'identità di chi la indossa. È significativo che anche nella scena presente la *veste splendida* sia l'unico elemento visivamente fruibile e, narrativamente, il più suggestivo, per soddisfare la lunga brama di vedere da parte di Erode. Ne è stato improntato, in verità, tutto il Vangelo. Nella logica del racconto però tutto è invertito: col vestire viene esaurito il potenziale comunicativo della scena, giacché Gesù viene subito rimandato portando un segno evidente della propria innocenza su cui ci si soffermerà di seguito. Il mistero di un finale simile suggerisce inevitabilmente di riferirsi più da vicino alla persona di Gesù, il che tuttavia non è possibile in un momento così drammatico della trama[120]. È curioso comunque che il conclusivo ac-

---

[118] Cf. la traduzione letterale di B. Prete che esprime bene il realismo di questa triste presa di posizione descritta da Luca con un ritocco emozionale: *Erode con i suoi soldati mostrò a Gesù il suo disprezzo e schernendolo gli mise addosso una veste splendente e lo rimandò a Pilato*. «Erode considerò Gesù una persona meritevole di profondo disprezzo (ἐξουθενέω) e di scherno (ἐμπαίζω)». (*La passione*, II, 25). Il primo vb. s'incontra pure in Lc 18,9; At 4,11; Mc 9,12; 7x in Paolo.

[119] Il contesto sinottico nonché quello giovanneo illuminano l'originalità della scelta semantica lucana che trova risonanze in tutta la sua duplice opera (cf. Lc 24,4; At 10,30; 12,21). Infatti, nei passi paralleli (Mc 15,17; Mt 27,28; Cv 19,2) si parla della *porpora* e lo stesso indossamento avviene in funzione della derisione che segue e ha per oggetto quella *veste* del colore reale. Lc, al contrario, premette la derisione all'indossamento che pone fine agli scherni e rappresenta di per sé la consapevolezza degli oltraggiatori che hanno assistito a qualcosa di brillante, o forse, coinvolgendo l'ironia narrativa, già vi si può ravvisare un atto deliberato inconscio in cui si compie provvidenzialmente il progetto divino di fare di Erode il testimone non solo dell'innocenza, bensì della regalità celeste e splendore divino di Gesù. Cf. G. MARCONI, «La veste», 3-23.

[120] A ragione accenna B. Prete che «in Lc il racconto della Passione e morte del Salvatore ha il suo centro d'interesse nella messianicità di Gesù»: *La passione*, 48. Luca da buon narratore sa accentuare questo discorso cristologico con delle tecniche narrative che sono sue proprie, come, ad es., il già richiamato tratto tipico d'emozionalità con cui dipinge l'episodio dell'arresto (Lc 22,48), il finale dei rinneghi di Pietro (v. 61) e poi molte altre aggiunte la cui bellezza architettonica è testimoniata

cenno narrativo punti sull'amicizia tra Erode e Pilato. Il lettore può leggere anche qui un implicito invito a riflettere sulla portata comunicativa di quel simbolo insignificante che riesce a riconciliare i poteri del mondo. Agli occhi di Erode che l'aveva prima cercato, poi schernito e infine rimandato prigioniero a Pilato, Gesù diventa mediatore e segno di «apparente» amicizia: esso quindi non solo smaschera la cecità e piaggeria del potere mondano, bensì giudica la perfidia di uno sguardo violento che guadagna gli alleati a prezzo dell'ingiusta sconfitta delle vittime. L'ingiustizia, l'innocenza e la cecità sono infatti le componenti costitutive della tragedia della Passione, che si snoderà immediatamente dopo[121].

------

dalla conversazione tra Gesù e il buon ladrone (23,42-43) e la sua ultima preghiera prima di morire (v. 46). Di pari passo va un'altra costante della narrativa lucana, di carattere teologico: «Dans Luc le récit de la Passion ne prend pas le lecteur au dépourvu. Celui-ci, dès le prologue de l'évangile, voit se profiler l'issue tragique de la vie qui commence (2,34-35), et la première Pâque de Jésus a Jérusalem (2,41-42) annonce la dernière, celle de sa mort (22,1.15)» (S. LEGASSE, Le procès, 442-443). Da questo punto di vista il lettore è abilitato dalla stessa guida narrativa a vedere con gli occhi di Dio la storia a prima impressione scritta unicamente da uomini, in questo caso, dalla malvagità estrema, e riconoscervi il filo rosso della storia di Dio che è sempre quella della e per la salvezza.

[121] L'accordo meraviglioso tra due sovrani è garantito quindi dall'innocenza del reo chiaramente riconosciuta nell'indossamento di una *veste* limpida che è ben più di un «habit de gala» (M.-J. LAGRANGE, *Luc*, 580). Qui, alla propria fine del cammino, bisogna dare giustizia all'utilità didattica e spessore teologico del processo comunicativo da noi ravvisato sulle tracce d'Erode. Ci permettiamo di riportare qui le parole illuminanti di S. Légasse che spiegano ciò: «L'ironie affleure dans ce trait à double sens, car la mascarade où l'on se joue de celui qu'on tient pour un benêt inoffensif devient, à l'insu d'Hérode et de ses gardes, un hommage anticipé au Christ qui devait "souffrir toutes ces choses pour entrer dans sa gloire" (24,26)» (*Le procès*, 376). Facciamo nostro anche il riassunto sintetico di questa visuale certamente feconda per una lettura continua di un racconto rivestito da Luca da non pochi segnali ermeneutici prominenti: «L'agire e l'amicizia tra Pilato e Erode entrano nella storia della salvezza» (B. PRETE, *La passione*, II, 26). Dopo un cenno conclusivo chiarificatore rimane da dire che nel difendere la figura narrativa d'Erode c'è stato anche un tentativo di interpretare la *veste* come segno di rispetto da parte del sovrano: cf. A. VERRALL, «Christ before Herod», 344. Tra i difensori di legittimità del tipo narrativo qui minuziosamente seguito si pone anche il commentario autorevole di F. Bovon: *Luc*, III, 323-324. A. Denaux, a sua volta, lo discolpa pure degli oggettivi tratti negativi, da imputare, secondo lui, unicamente alla malvagità astuta dei farisei. In Lc 13,31 s'avverrebbe addirittura da parte loro una creazione strategica e pensata: «ils prêtent à l'Hérode une intention qu'il n'a pas [...] pour cacher leurs mobiles véritables» («L'hypocrisie», 174, n. 57). Da quel punto di vista è comprensibile un'immagine inoffensiva di questi che si rischiara meglio nel contesto più ampio dotato di una luce

3.4 *I contorni narrativi del fine della ricerca (22,63–23,5.13-25)*

Il titolo scelto evoca la posizione strategica del testo appena esaminato e ora daremo di ciò le prove[122]. La dinamica dell'insieme avvia la scena degli oltraggi che si sovrappone al rinnegamento di Pietro e insieme fa da trapasso alla parte processuale. Il fatto che essa cominci subito con atti di violenza fa pensare ad un'ingiustizia inaudita che metterà ancora più in rilievo l'insistenza narrativa sull'innocenza di Gesù[123]. Un importante particolare è aggiunto dalla connotazione estetica — gli *coprivano gli occhi* (Lc 22,64; par Mc 14,65) — che il lettore lucano è abituato a cogliere con dovuta attenzione. Un gioco perverso che tocca nel vivo l'identità messianica del reo ha conseguenze salienti anche nello sviluppo del motivo del *vedere*. La benda agli occhi di Gesù è un segno evidente della fine di tutto l'itinerario percettivo che il lettore aveva seguito nell'ottica di Lc 9,9. Ancor prima di chiudere la bocca davanti a Erode il protagonista si fa nascondere forzatamente lo splendore del proprio volto e in questo modo diventa per ironia narrativa la rappresentazione viva della preponderanza del *potere delle tenebre*[124]. L'oscurità assoluta del pomeriggio del venerdì santo viene anticipata in questa scena intensa che già lascia subentrare nel quadro narrativo l'enigma dell'impotenza di Gesù, sfigurato agli occhi umani.

---

favorevole che Luca getta sugli erodiani: Lc 1,5; At 12,1-23; 25,13–26,32). Cf. H. CADBURY, *The Making of Luke-Acts*, 240-241.

Ci sembra tuttavia più giustificato non sottovalutare la portata realistica di un veritiero desiderio della morte che segna profondamente l'asse movimentale del cammino dello sguardo impaziente, ma anche spietato del sovrano. Tutto qui, e crudeltà e tenerezza estetica, entra nel misterioso disegno di salvezza celato nella dialettica della *croce*: «Dass Jesus eines gewaltsamen Todes sterben würde, wussten die Jünger (und damit der Leser) durch die Leidensansagen Jesu. Ein Gelingen der Mordpläne des Herodes würde ein vorzeitiges Ende des Weges nach Jerusalem bedeuten und so dem ganzen Unterwegssein Jesu seinen Sinn nehmen» (M. RESE, «Lk 13,31-33», 214).

[122] La nostra è una proposta alternativa rispetto a quella di R. Meynet che sotto il profilo di una costruzione retorica da lui elaborata propone la sequenza C2 [22,54–23,25] caratterizzata dal parallelismo concentrico dei membri. Cf. p. 201, n. 70.

[123] Cf. Lc 23,14-15.20.22. Con la prima menzione di quel motivo, al v. 4, sfociante in un «avvocatura» riconoscente dalla parte di Pilato (cf. sotto, p. 231) si crea infatti una cornice perfetta per la scena centrale (vv. 6-12) che invece mette in campo il contrasto di una visione beffarda, dall'esterno completamente priva di riconoscimento.

[124] Lc 22,53b. Si badi alla destrezza lucana nell'ambientare di notte e staccare dalla parte propriamente giudiziaria il tradimento di Giuda (22,47-48), il detto sul *potere delle tenebre* (53); il rinnego di Pietro (54-62); i primi oltraggi (63-65). Questo insieme crea uno sfondo ideale per porre in rilievo la novità che porta con sé l'indomani: vi cambia anche l'immagine di Gesù e dei suoi interlocutori: vedasi sotto.

Il lettore, al sorgere del sole, diventa il testimone di un quadro completamente diverso: davanti al sinedrio l'accusato alza la voce e fa una battuta emozionante che a seconda della forza espressiva occupa il posto centrale in tutta l'unità[125]. Le due proposizioni ipotetiche in Lc 22,67b martellano il principio con cui si snoda facilmente l'ambiguità del comportamento dei capi religiosi mossi unicamente a puntare sugli argomenti più scabrosi. La radice del problema è dunque l'incredulità la cui esemplificazione pittoresca diventa il processo davanti a Erode. Ad esso allude anche la proposizione ipotetica posta sulla bocca di Gesù, che capovolge la situazione attuale: *se vi interrogo, non mi risponderete* (v. 68). Colui che alza la voce si mette automaticamente all'altezza di un giudice autorizzato a fare le domande ai propri querelanti (!) e con ciò esplicita efficacemente il silenzio di quelli che sono veramente colpevoli. Il gioco tra *domandare* e *non rispondere* è un'anticipazione evidente dell'interrogatorio erodiano e quindi un'inversione ironica dei ruoli che serve per svelare l'apparenza del potere mondano, completamente sbiadito di fronte alla *potenza di Dio* (69). Gesù parla dunque da trionfatore e finalmente disarma i suoi giudici riaffermando quella confessione di fede nel *Cristo, Figlio di Dio*, che costoro, senza accorgersene, hanno già espresso per ben due volte (Lc 22,67a.70)! Il processo, infatti, resta incompiuto, giacché non viene pronunciato nessun verdetto[126]. Al lettore è concesso solo di addentrarsi nel senso dell'udito. Esso crea per il lettore lo sfondo ideale per fare una sosta e interiorizzare quella confessione messianica in vista delle vicende più drammatiche della fine, dove la voce coraggiosa del Gesù giustiziato sarà vinta dalle grida crescenti di quelli che ora Lo ascoltano.

L'intervento di Pilato non cambia nulla nell'evolversi della faccenda: basta l'unico *tu lo dici* (Lc 23,3d) da parte di Gesù per assicurare una volta per tutte il tiranno dell'innocenza di Questi. La forza comunicativa del Suo dire, o meglio, del non dire aprirà la strada a tutto il racconto

---

[125] Lc 22,66–23,25. Le ragioni narrativi per evidenziarla non mancano. Difatti l'inizio è scandito dal cambiamento temporale (un *giorno* nuovo (22,66) che il narratore pare protrarre fino all'alba della risurrezione: 24,1), mentre la fine di nuovo pone Gesù nelle mani di una folla disordinata (23,26). In più, la dinamica dei quattro processi che si svolgono nel sinedrio e nei palazzi di Pilato e di Erode sta in contrasto con il contesto in cui sono inseriti. I ripetuti accenti sull'innocenza del reo vi sono davvero sorprendenti e richiedono perciò un approfondimento teologico che offrirà il percorso successivo: cap. V, pp. 335-336; cap. VIII, 525.549ss. Sulle implicazioni narrative del motivo dell'innocenza di Gesù, certamente messo a fuoco in Lc, cf. J.-N. ALETTI, *L'arte di raccontare*, 141.145-147.

[126] Cf. par Mc 14,64, Mt 26,66.

di difesa in cui Pilato stranamente assume il ruolo dell'avvocato di Gesù. L'insistenza con cui questi cerca di salvarLo a tutti i costi pone in risalto ancor meglio l'estrema passività e indifferenza di Erode nei confronti del re della pace. Il secondo sovrano — già protagonista del palcoscenico visivo — è servito dunque al narratore solamente per affermare, per pura ignoranza, la regalità del reo da vedere. Erode rimane prigioniero del proprio potere, completamente cieco, in quanto, persino nell'acconsentire alla presa di posizione di Pilato, difende i propri interessi e il proprio benessere.

La vera giustizia si celebra proprio ora, nel rinunciare, da parte del giudice romano, ai propri privilegi istituzionali a favore di una insistenza personale e vivamente interessata circa l'innocenza di Gesù. La sua triplice apologia è ben ambientata narrativamente e non lascia nessun dubbio sulla natura di quell'incontro che egli ha avuto con Gesù. C'è tanta affezione nel continuo alzare la voce che sembra andare ben oltre una semplice contrapposizione al volere della folla[127]. La voce del monarca coinvolge al massimo il lettore nel dramma di Gesù, così come quella di Pilato, il quale però a differenza di Erode lotta per la vita altrui pur non avendo apparenti ragioni esterne (cf. Mt 27,19). Il *volere* di rilasciare il reo (θέλων: Lc 23,20) da parte di procuratore romano richiama in modo pregnante quello erodiano di *vedere* e dice molto di più che non un mero sentimento il quale invece è alquanto caratteristico del tetrarca giudaico. I gesti e parole concrete del primo evidenziano il disinteressamento e la totale apatia del secondo. Infatti, qui Erode non pronuncia nessuna parola e appare sulla scena solamente per simboleggiare la fine del percorso. In confronto agli sforzi inutili del principe romano, destinato già in partenza a fallire il suo proposito, il lusso di

---

[127] Lo sviluppo narrativo permette di cogliere alcuni aspetti rilevanti per la comprensione della strategia testuale. Le repliche di Pilato sono organizzati in modo tale da far vedere il suo vivo interessarsi della sorte di Gesù: la prima è la più lunga e suona come un discorso difensivo (Lc 23,14-16); la seconda è omessa per accentuare di più il suo desiderio ardente e la terza rappresenta un diminuendo limitandosi a dire l'essenziale.

D'altronde la tensione che va crescendo dal v. 20 viene percepita dal lettore soprattutto grazie al gioco semantico delle parole di radice φωνε-. L'*alzar la voce* pilatiano (προσεφώνησεν: 20) sta in un rapporto dialogico con il *gridare* della folla (ἐπεφώνουν: 21). Poi tutto il quadro narrativo viene occupato unicamente dalle *grandi voci* con cui essa *persiste* (ἐπέκειντο φωναῖς μεγάλαις: 23) e finalmente vince (κατίσχυον αἱ φωναὶ αὐτῶν) il replicare del sovrano ridotto al silenzio completamente. La mancanza degli argomenti si risolve in una rassegnazione tipica di chi è il reo del proprio potere — ecco il dramma di Pilato!

questi si distingue assai chiaramente. Non solo quel contrasto evidentissimo tra i due potenti, bensì i diversi precedenti evocativi che il lettore ha affrontato lungo il proprio cammino vanno messi ora in un unico dipinto che Erode, in uno spazio narrativo del *vedere* ormai deserto, corona così superbamente.

3.4 *Conclusione*

Il viaggio intrapreso non ha condotto, si è visto, il lettore fino alla morte di Gesù, ma l'ha anticipata non poche volte. A partire da Lc 9,51 l'incamminarsi di Questi verso Gerusalemme gli ha suggerito di seguire in questa prospettiva le orme di Erode — il desiderio di *vedere*. Nell'arco del Vangelo che postula l'ambiguità di un simile comportamento (9,7–13,35) sono gli opponenti diretti di Gesù a fornire i dettagli: l'impenitenza degli abitanti della Galilea, la ricerca dei segni e i propositi omicidi di *questa generazione*, l'atteggiamento perverso dei *leader* religiosi esemplificato nell'*ipocrisia* dei farisei[128]. Gli ultimi invero sono a concludere la prima tappa del percorso portando da Gesù le notizie riguardanti un *novum* nel piano di Erode (13,31). Quel breve accenno desta l'intrigo e produce l'eco narrativo (vv. 32-35). Questi due elementi si inseriscono bene in tutto l'evolversi del cammino rintracciato. La sua seconda tappa arriverà corrispettivamente fino ad un segnale esplicito della condanna a morte del Messia (Lc 23,24-25). Le istruzioni di Gesù lungo il cammino verso la morte ribadiranno costantemente il pericolo delle ricchezze e del lucro in generale, criticando in fondo e sostanzialmente il fariseismo (cf. 16,14). Grazie a ciò lo sguardo del lettore catturerà i barlumi narrativi sempre più insistenti: questi sprazzi di luce gli indicheranno una radicale rinuncia a tutti i beni, perfino alla vita, che la croce da vedere porrà in risalto[129].

Un itinerario fondato sui contrasti dopo l'entrata alla città del destino coinvolge nella sua dinamica tutti gli attanti ed elementi costitutivi della scenografia della Passione: Gerusalemme personificata, discepoli, Gesù stesso. Lo spessore pragmatico del *vedere* qui progressivamente sbiadisce rispondendo all'analogo spegnersi della signoria di Gesù nel quadro comunicativo di Lc. Arrivato il momento decisivo dello snodo dell'intreccio, alle soglie del palazzo di Erode, la visione come tale non si esercita affatto. Il lettore dunque rimane insaziato: la narrazione non aggiunge nulla alle sue competenze acquisite fino ad ora. Al contrario,

---

[128] Cf. risp. Lc 10,12-15 (cf. 13,1-5); Lc 11,16.29-30; Lc 11,47-51 e Lc 12,1.
[129] Cf. risp. Lc 14,25; 17,24; 18,31-34.

la sua curiosità ne risulta approfondita grazie agli indizi sporadici sul *vedere* che il narratore ha disseminato qua e là. Abbiamo tentato di raccoglierli e organizzarli in un quadro unificante. Questo interesse esasperato del lettore interferisce, a livello comunicativo, con il desiderio pur sempre vivo ed intrigante di Erode. Entrambi infatti veicolano il cammino degli sguardi indirizzandosi alla scena finale in cui il corrispettivo ruolo strategico assumerà la misteriosa *veste* da vedere. Per ironia narrativa essa tende meramente a coronare, con un esito effimero e fragile, la ricerca erodiana in tutta la sua integrità. Ciò nonostante il suo laborioso cammino verso la visione, soprattutto se proiettato retrospettivamente, è stato attrattivo proprio grazie allo svolgersi provocatorio, dinamico e potente dal punto di vista pragmatico.

Le mancanze di questo modello della visione emergono solo alla fine, quando lo schermo narrativo d'un colpo viene invaso dalla tinta chiassosa dello sguardo d'Erode viziato da curiosità e prepotenza. Lo splendore della gloria divina racchiuso nella veste gesuana gli resta dunque affatto inafferrabile. Questa ultima ripresa riflette come uno specchio narrativo il ritratto complessivo di un uomo passivo e abulico. Il suo ormai pallido profilo sbiadisce ancora di più davanti alla coloritura e al portamento per certi versi idealizzato della figura di Pilato. È un uomo che non si accontenta di porsi domande di fronte al Gesù reo, ma diventa il primo ed unico testimone della Sua innocenza.

Lo snodo pragmatico a cui il processo nel sinedrio e quello erodiano conducono il lettore è ben noto, essendo un *topos* prettamente lucano; ci riferiamo naturalmente all'*incredulità*. Si imparerà a metterla in rilievo seguendo, nel prossimo capitolo, un viaggio alternativo — sui cammini della vita — al quale la narrativa lucana intuisce di dover prestare grande attenzione. Per il momento il lettore si muove in un racconto paradossale che gli lascia in eredità solamente fatti incompiuti che provoca attraverso cose non dette. In un cammino destinato al fallimento, che non risolve, che anzi aumenta la tensione e la brama di un vero incontro con Gesù, c'è tuttavia un raggio di speranza. Essa è prefigurata dall'empatia generosa ma inefficace di Pilato. Un vero incontro sarà, infatti, contrassegnato da una esplosione delle dinamiche visive e da un chiarimento esaustivo del suo presupposto fondamentale. Il lettore lo scoprirà dopo aver avuto l'accesso ad una celebrazione della vita — la fine meritata di un cammino idealizzato che oramai è alle porte.

CAPITOLO IV

Coloro che vedono e credono
Lc 18,31–19,10

L'itinerario del lettore ormai ha raggiunto quasi il culmine rispetto agli episodi che in qualche modo avevano creato un clima d'insegnamento, per certi versi, ideale. In esso affiorava con sempre più chiarezza il compito missionario e le esigenze del maestro (4,31–9,50). E non a caso le storie del *cieco* mendicante e di Zaccheo rispondono all'interrogativo posto all'inizio della narrazione (cf. Lc 4,16-30): dove deve portare e dove porta effettivamente la liberazione dalla cecità? Così dobbiamo affrontare non solo uno degli argomenti intermedi, bensì riassumere e finalizzare ad una conclusione teologica approfondita tutto il percorso da Nazaret (Lc 4) fino a Gerico (Lc 19); da un rigetto radicale ad un *auto-invito*[1] paradossale, dove appositamente al lettore non vengono forniti esempi di questo genere. In riferimento alle dinamiche percettive si deve però constatare un fenomeno contrario: a mancare non sono i presupposti per vedere e vedersi, giacché risulta molto suggestivo il proposito di iniziare l'analisi con il cammino del lettore in Lc 9,51–18,30. Così si saprà aderire al cammino degli sguardi che sotto la superficie narrativa si intensifica in modo costante, ma si ammireranno anche dei silenzi che pure servono a scoprire l'intuizione pragmatica dell'autore.

Avremo dunque per scopo l'esame di due testi che sono strettamente legati tra loro e si illuminano a vicenda (Lc 18,35-43 e 19,1-10). Essi sono preceduti dal terzo annuncio della passione (Lc 18,31-34) che

---

[1] Usiamo d'ora in poi questa perspicace espressione di non pochi autori: cf. ad es. F. Bovon (*Luca*, II, 858), che lascia sentire il paradosso di quell'accoglienza inaspettata di cui dovremo esaminare a fondo le ragioni e la modalità.

rientra nel quadro complessivo di queste scene principali, facendo da contesto prossimo e avviando la problematica dell'*incomprensione*: οὐδέν...συνῆκαν (34). Ciò permette di porre in luce i punti nodali della narrazione e di stabilire continuità con ciò che precede, preferibilmente sotto il profilo comunicativo della *cecità*. Il capitolo si concluderà con una riflessione teologica indirizzata a presentare quel paradigma che aveva contrassegnato profondamente la predicazione gesuana nei punti cardinali che la delimitano, a livello spaziale: nel *tempio* (Lc 2[2]; 19,45–21,34) e fuori di esso (Lc 4,16–19,44). La domanda più pregnante a questo proposito sarà dunque questa: come si è arrivati all'ideale di Zaccheo peccatore e in che cosa consiste, ovvero, che rapporto esiste tra la sua storia alquanto personale e quelle iniziali altrettanto personali nonché paradigmatiche ed evocative per la tematica del *vedere*: Lc 2,25-32 e Lc 4,16-30.

1. Un viaggio che conduce alla vita (Lc 9,51–18,30)

La strada che Gesù imbocca non solo rappresenta il suo destino verso la morte, ma soprattutto cambia l'atteggiamento della gente che, aderendo al cammino del profeta da molti ormai disprezzato, si dichiara l'erede dei beni messianici. Così, dopo aver conosciuto la strategia di Erode, il lettore potrà constatare che è possibile e appunto esiste un finale diverso dello stesso cammino. Gli esempi differenti incarneranno, infatti, un ideale assai dinamico ed efficace della sequela. Alla staticità e ostinazione del primo modello c'è da opporre ora la spontaneità e l'apertura estrema del secondo che è un ideale evangelico ben più imponente.

1.1 *«Beati gli occhi che vedono...»* (9,51–10,24)

Ricominciando ancora il «viaggio» con Gesù si deve mettere in risalto la presenza di due percorsi, contrapposti e sovrapposti, che narrativamente si esprimono in una biforcazione della stessa via portando alcuni al diniego e altri ad una accoglienza vivace. In riferimento alla *visione* questa seconda direzione assai colorita assume un carattere paradigmatico in quanto tocca nel vivo tutta la futura missione degli

---

[2] In Lc 2 è soprattutto la seconda manifestazione nel tempio a raffigurare, evidentemente con certi limiti, una prima predica del ragazzo Gesù: cf. cap. I, pp. 100-102. La scena chiave di tutto il vangelo dell'infanzia (Lc 2,25-32) entrerebbe anche grazie al motivo dell'*accoglienza* che caratterizza costantemente la predicazione di Gesù e diventa finalmente la quintessenza della storia personale di Zaccheo.

apostoli caratterizzata da un camminare *davanti alla faccia* del maestro: πρὸ προσώπου αὐτοῦ. La funzione di questo specifico formulario d'uso tecnico[3] si chiarirà negli episodi successivi che rappresenteranno comunque un principio caro all'evangelista: dovunque Gesù vada, la salvezza giunge al compimento nella sua persona e si dona alla vista come uno spettacolo imponente nei luoghi di accoglienza e di rispetto verso i messaggeri di quest'ultima.

E qui le tre esemplificazioni di sequela (Lc 9,57-62) hanno il ruolo di introdurre il lettore non solo nella pedagogia divina, ma anche nel tema del *Regno* che, come si vedrà, avrà ripercussioni notevoli nel quadro di Lc 9,51–19,44[4]. L'immagine conclusiva del detto — l'*aratura* e il *volgersi dello sguardo indietro* (62: βλέπων εἰς τὰ ὀπίσω) — è carica di senso, perché presuppone un rigetto inteso appunto come il non guardare davanti, o meglio, usando l'immaginario appena visto, il non dirigersi davanti alla faccia di Gesù. Il senso del *vedere*, ben sfumato qui, ma non del tutto assente, orienta il lettore in una direzione interessante. Solo stando *davanti*, contemplando cioè il volto di Gesù, questi potrà proseguire nell'apprendimento dei *misteri del Regno*. È indispensabile perciò essere direzionati verso un giusto percorso per vedere e per comprendere. Questo principio ermeneutico-pragmatico invero guiderà il lettore nel riconoscimento del messia sofferente fino ai piedi della croce. Infatti il collegamento con questa realtà appare ancor prima nel secondo annuncio della passione (Lc 9,44-45), ove il motivo dell'*incomprensione* è presente[5]. Dei due verbi il secondo (αἰσθάνομαι) ha una

---

[3] Le numerose ricorrenze del sost. πρόσωπον nell'opera lucana sono un forte segnale narrativo a favore della preoccupazione estetica di Luca. Vi è contenuto lo spessore ontologico del volto umano che si relaziona con il mistero del Dio invisibile attraverso l'umanità del Volto gesuano. A ciò alludono in ultima istanza gli episodi più rappresentativi del Vangelo in quanto hanno a che fare con le carestie estreme dell'essere umano qualora sia esente della pienezza di un rapporto *vis-à-vis* con Dio e il prossimo: un *lebbroso* (Lc 5,12; cf. Lv 13–14), i *dieci lebbrosi* (17,16), le *donne* al sepolcro (24,5). Più in dettaglio vedasi in avanti: cap. VI, 353-354.357s.

[4] Cf. J.-N. ALETTI, *L'arte di raccontare*, 104-105. Anche se la tematica del *Regno* era venuta alla luce già in Lc 4,43; 6,20; 7,28; 8,1.10; 9,2.11.27, il suo vertice è da ricercare proprio in questa sezione. Qui il lettore difatti avrà sempre più coscienza che esso è da identificare pienamente con Gesù. Ciò sarà appunto l'obbiettivo di quest'analisi.

[5] Cf. sopra: cap. II, p. 159s. La funzione narrativa del secondo annuncio della passione apparirà con chiarezza nel trattamento del terzo e conclusivo annuncio che farà vedere la radicalità di quell'*incomprensione* che qui per lo più sorprende il lettore che insieme ai discepoli ha ricevuto già gli insegnamenti più intimi del maestro: si vedano pp. 230-233. Nel Vangelo di Marco questa è una costante strutturante che lo caratte-

forte connotazione semantica, perché prende spunto da un'esperienza percettiva che in riferimento al ῥῆμα lucano, anch'esso polivalente, viene ad esprimere l'incomprensione come un processo appunto esperienziale in cui valgono sia l'*ascolto* (cf. v. 44: θέσθε ὑμεῖς εἰς τὰ ὦτα ὑμῶν) sia la *visione*[6].

Il secondo invio alla missione riprende la dinamica che ha segnato i primi passi del lettore: i *Settanta* vengono mandati *davanti alla faccia di Gesù* (10,1). In questo modo si stabilisce un legame profondo tra essi: dovevano diventare perfino le rappresentazioni vive di Cristo nei luoghi, dove Egli *stava per recarsi*[7]. Dell'accoglienza si parla in un contesto leggermente diverso (cf. Lc 9,1-6), che fa cominciare le istruzioni più pratiche con un esempio positivo (9,5) aggiungendo un sovrappiù, importantissimo a livello comunicativo: ἤγγικεν ἐφ' ὑμᾶς ἡ βασιλεία τοῦ θεοῦ (10,9). Ripetuta per due volte (cf. 11), questa rassicurazione assume il carattere di una rivelazione di Gesù che faranno i futuri annunciatori della buona novella. Di fatto, nel contesto dato, un'affermazione del genere non può che indicare Colui che manda. La visita ai villaggi di Galilea da parte dei discepoli serve da garanzia per una visita che farà Gesù stesso, non volendo cancellare, con l'invio dei suoi, la missione affidatagli dal Padre[8]. Inoltre, le città non accoglienti sono nondimeno chiamate a riconoscere che la salvezza si è avvicinata come non mai. Questa realtà penetra ormai la vita di ciascuno e non permette di essere indifferenti davanti alla sua presenza. Il lettore ormai sa bene che è necessario almeno volgere lo sguardo, come i Nazaretani,

---

rizza a livello narrativo come un racconto «scandaloso», continuamente proteso a compromettere le competenze dei discepoli e di conseguenza destabilizzare il suo lettore: M. GRILLI, *«Paradosso» e «mistero»*, spec. 11-13.53-60.

[6] Alcune delle traduzioni si riferiscono proprio al *vedere*: «so that they should not see the meaning of it» (NJB); cf.: *so that they did not grasp it* (NIV); *pour qu'ils n'en saisissent pas le sens* (FBJ).

[7] Nel testo greco ciò è reso con l'αὐτός enfatico che sottolinea la presenza di Gesù in mezzo ai discepoli viandanti. Questo è confermato anche nel contesto sinottico (Mt 28,20). Vi emerge un dato ecclesiologico di notevole portata che Luca sa indirizzare alle esigenze pratiche della sua comunità in missione, nel libro di Atti intenzionalmente chiamata la *Via* per far riemergere, nel tempo dell'assenza fisica del Risorto, il suo cammino, o meglio, il cammino del suo Volto compassionevole rivelato dal Vangelo.

[8] Cf. F. BOVON, *Luca*, II, 69. È importante l'accenno che fa H. Schürmann (*Luca*, II, 99) mettendo a confronto le due istruzioni di Gesù: «Secondo 10,5 i messaggeri di Gesù portano la pace, secondo 10,9 la salvezza della basileia — oltre ad annunciare l'epifania del kyrios».

per inserire nella via da seguire quell'evento teofanico a cui i contemporanei di Gesù, lo si vedrà, aspiravano con fervore (cf. 18,18-30).

Ormai vanno insieme delle realtà contrastanti — un segno visibile della tensione che va crescendo: ne prendono parte addirittura i discepoli (cf. 9,45) che proprio per questo ora sono richiamati ad ascoltare. Anzi, Gesù pone davanti a loro un panorama salvifico che esaurisce tutte le aspettative del lettore: qui è veramente già presente il *Regno venuto con potenza* (Mc 1,9). Il detto di Lc 10,21-24 è considerato, infatti, l'apice teologico del Terzo Vangelo[9], che anticipa e valorizza quel compimento che sfocia nel riconoscimento e nella visione come parte integrante di entrambi (vv. 21-22)[10]. Un vocabolario specifico[11] abbonda del lessico molto evocativo in quanto riprende le stesse radici verbali che, a livello narrativo, hanno creato l'intreccio nonché una tensione anche altrove[12]: ἀποκρύπτω, συνίημι, γινώσκω, ἀποκαλύπτω.

Evidentemente i primi da ricomprendere nel presente quadro comunicativo sono i discepoli (cf. Lc 10,21: συνετοί), ma solamente grazie all'iniziativa di un Dio che *si compiace* di *rivelare* la conoscenza profonda del Suo essere a quanti vuole. L'εὐδοκία divina, di cui si fa menzione qui, abbraccia dunque tutti quelli che l'hanno riconosciuta e accolta come un bene supremo (cf. 7,29-30). Però, la capacità stessa di riconoscimento proviene anch'essa da Dio, il che rende ben intuibile il gioco tra il Suo *nascondere* e *rivelare*. Così i discepoli, e insieme a loro il lettore, sembrano essere improvvisamente «rapiti» dall'altezza della visione la quale appunto rende beati i loro *occhi* (23): μακάριοι οἱ ὀφθαλμοὶ οἱ βλέποντες ἃ βλέπετε. Bisogna cogliere con attenzione que-

---

[9] Cf. G. MARCONI, *La comunicazione visiva*, 109-111. F. Bovon chiama i vv. 21-24 il «cuore del vangelo»; I. Marshall (*Luke*, 430): «culmination of the long passage on the duties and privileges of disciples»; diversamente, R. MEYNET, *Luca*, 473-474; J. FITZMYER, *Luca teologo*, 132. Cf. G. ROSSÉ, *Luca*, 400.

[10] Cf. le sue risuonanze nell'analisi pragmatica: pp. 296-299.

[11] Non pochi studiosi vi vedono le tracce del linguaggio giovanneo o addirittura si parla di «un meteorite caduto dal cielo giovanneo» (K. VON HASE, *Geschichte Gesù*, 422). In ogni caso, ha ragione J. Fitzmyer, quando dice che bisogna guardarsi dal prendere conclusioni del genere. Ciò nel nostro caso non solo porterebbe piuttosto a radicalizzare le diversità concettuali tra Lc 10,25-37 e i vv. precedenti, ma anche romperebbe una particolare costruzione letteraria di Lc che, come vedremo, si spiega e si inquadra bene nella sua teologia: cf. J. FITZMYER, *Luke*, II, 866-867. Per un possibile influsso giovanneo si consulti: *Ibid.*; H. SCHÜRMANN, *Luca*, II, 185.

[12] I passi da riportare sono Lc 2,41-52; 9,44-45, 18,31-34 e il punto di convergenza: Lc 24,13-35. Rimandiamo agli articoli di TWNT e I. de La Potterie («οἶδα et γινώσκω», 709-725) un'analisi complessiva delle radici verbali che coprono il campo semantico della *comprensione / riconoscimento*.

sta eccezionale beatitudine di Luca immortalata sotto il prospetto autorevole di un atto linguistico *rappresentativo* ed *espressivo* al tempo stesso (cf. par Mt 13,16)[13]. La solennità di una così coinvolgente proclamazione balza subito agli occhi di un lettore attento, in quanto, questi non appare ancora libero dal negativo impatto comunicativo precedente. Tale impatto, infatti, ha provocato nel lettore una sensazione di smarrimento dovuta al fiasco di Nazaret e di Erode. Va aggiunto il secondo annuncio di passione che seppur ben ambientato a livello narrativo mostra accenni simili a quelli sopra evidenziati.

Davanti a una sfida interpretativa come questa il lettore rimane perplesso e solo una spiegazione potrebbe forse incoraggiarlo ad andare avanti, senza la pretesa di capire il perché di questa insolita inserzione lucana. Alla beatitudine segue di fatto un *logion* che Lc ugualmente condivide con Mt (Lc 10,24; par Mt 13,17). L'esperienza dei discepoli qui è comparata con quella dei *profeti* e dei *re* e non solo: è persino superiore nel momento in cui è strettamente unita ad un'irruzione divina nel corso degli eventi. C'è quindi un esplicito invito alla gioia escatologica radicata nella vittoria di Gesù contro le potenze del male. Il successo missionario dei *Settanta* quindi altro non è che la conseguenza logica di quella vittoria definitiva. Immergendosi nella pienezza dei tempi anche il lettore può sperimentare quella beatitudine, anzi, viene coinvolto esplicitamente nel suo elargirsi[14]. Come dire che dopo la tra-

---

[13] Per la discussione attorno all'originalità della versione lucana si consulti un ottimo resoconto nonché la proposta originale di F. Bovon (*Luca*, II, 88-89). Nella cornice del nostro tema, i dati redazionali schiaccianti sono tre: 1) l'estensione comunicativa della beatitudine in Lc è più ampia rispetto alla visuale ristretta di par Mt 13,16: vi sono coinvolti tutti i contemporanei dei discepoli; 2) nel *logion* precedente (Lc 10,22) che rispecchia meglio il contesto della fonte Q ed è di origine apocalittica diversa rispetto alla preghiera, l'interesse teologico è posto sul *sapere*, mentre in par Mt 28,18 è posto sul *potere* (cf. Dn 7,14); 3) i *piccoli* i cui «tratti sono definiti dallo sguardo che Gesù volge su di loro» riflettono qui un atteggiamento di disposizione interiore ad accogliere, con tutti i sensi e le forze dell'animo, una rivelazione divina che capovolge il mondo dei valori. È il capovolgimento che subisce pure la comunità lucana che si riconosce insignificante di fronte alla sapienza dei «vecchi» d'Israele estendendo la procura dei «piccoli» perfino alla sfera sociale (*Ibid.*, 90-93).

[14] Il confronto sinottico mette in evidenza la particolarità lucana (cf. par Mt 13,16): la beatitudine è rivolta a tutti. Ciò ha delle conseguenze a livello narrativo: ogni lettore è chiamato a far l'esperienza dei *Settanta* e ha i mezzi per farla! Ormai è Gesù a elargire quei doni di cui non si parlerà più finché non giungerà il momento decisivo della risurrezione (cf. Lc 24,49).
In tale maniera si risolve a quanto sembra la tensione interna di quella locuzione inaspettata che abbiamo preferito classificare in molteplici modi, dal punto di vista

sfigurazione (cf. Lc 9,28-36), proprio alle soglie del cammino di sofferenza, gli viene data, in anticipo, una seconda prova del destino glorioso del *Figlio dell'uomo* (9,44). Se si vuole è già presente un panorama
salvifico paragonabile a quello dell'inno di Simeone che introduce il
lettore nel pieno del compimento. «Vedendo Gesù», infatti, si progredisce anche nell'intelligenza della comprensione di quei misteriosi enti
integrali (ταῦτα: 10,21.23-24) e nel riconoscimento del *Figlio* e del
Padre (22)[15]. È un esplicito invito a ripensare in termini salvifici tutto il
percorso fatto. *Tutto quello* che il lettore, insieme ai seguaci di Gesù,
ha visto, a partire da Nazaret, serve proprio *ora* per la benedizione
degli stessi *occhi*, capaci di aprirsi in funzione d'un *début*, esemplare
del cammino degli sguardi.

1.2 *«Tenere accese le lucerne»: la via dei discepoli (Lc 10,25–12,48)*

L'atmosfera di intimità e entusiasmo iniziale cambia appena entra in
gioco una questione pratica: la domanda dello scriba (Lc 10,25) rivela
la necessità di un impegno molto concreto, in cui acquisire la certezza
di essere salvato. La parabola che apre l'insegnamento di Gesù, di fatto,
ha di mira il punto più debole della visione esclusivista dei discepoli —
un radicalismo spensierato nei confronti degli *outsiders* / stranieri (cf.
9,49-55). Invece il principio vitale con cui ormai si devono fare i conti
è una misericordia illimitata, intesa come *volgere lo sguardo* (cf. 10,33)

---

degli atti linguistici, per rendere più loquace il gioco delle strategie comunicative
insite nel testo alle quali risponde un preciso comportamento da parte del lettore.
Muovendosi nel circolo ermeneutico promosso dalla ricchezza illocutoria di una sola
frase si impara quindi a scegliere il vettore pragmatico più operativo: *dichiarativo*,
teso a trasformare le date circostanze narrative, con un impegno concreto dalla parte
di chi parla (cf. C. BIANCHI, *Pragmatica*, 65-66). Si tratta ovvero di un cambiamento
della strategia. Secondo la quale il lettore, insieme ai discepoli, è invitato a distogliere
lo sguardo dall'accecamento radicale di Nazaret, indirizzando invece il passo a una
visione piena, il vero finale della pedagogia visiva, qui anticipato.

[15] Si badi all'attenzione lucana verso il problema dell'identità che è riscontrabile
nei suoi piccoli ritocchi redazionali: *nessuno conosce **chi** è il Figlio se non il Padre,
né **chi** è il Padre se non il Figlio* (Lc 10,22; cf. par Mt 11,27); *Beati gli occhi che
vedono le **cose** che voi vedete* (Lc 10,23; cf. Mt 13,16). Nel contesto da noi evidenziato è ovvio che con il *vedere* si allude a tutto ciò che ha contrassegnato il ministero
pubblico di Gesù, compreso Lui stesso come l'oggetto della visione (cf. Lc 4,16-30).
Qui è da tener presente anche il vangelo dell'infanzia che riassume, abbiamo visto,
tutto il processo del riconoscimento (cf. Lc 2,25-32). Cf. L. RANDELLINI, «L'inno di
Giubilo», 203: *«queste cose* più che un aspetto particolare hanno di mira il significato
globale dell'opera e della persona di Gesù, in quel dato momento della sua storia».

all'esempio di un Dio ragguardevole, che il vangelo dell'infanzia ha messo al centro del dinamismo salvifico del *vedere* (cf. 1,25.48.50.72). Con ciò si stabilisce già l'evidente base estetica di un preciso comportamento. Questo ideale etico, da praticare *sulla strada,* deve essere messo in rilievo, grazie anche al contrasto con il sopramenzionato pericolo espresso dalla metafora del *voltare le spalle* davanti all'urgenza dei compiti missionari (cf. 9,57.62).

Nemmeno in questo caso, però, si è liberi da certe esagerazioni, come mostrato dall'esempio contraddittorio di Marta. La sua accoglienza è indicativa: può essere considerata una prima testimonianza della risposta umana positiva all'iniziativa missionaria, soprattutto se teniamo conto del rigetto che ha introdotto l'invio dei *Settanta* (9,53). Non è possibile tuttavia nascondere una grande mancanza che ha reso quel servizio ansioso inutile e forse anche dannoso nei confronti della Parola salvifica di Gesù. L'esempio positivo di Maria simboleggia un altro tipo di accoglienza — interiore — che è un presupposto fondamentale per quella esteriore. Questo atteggiamento esemplificato: ἤκουεν τὸν λόγον αὐτοῦ (10,39), — rende Maria l'erede della *parte buona* — della salvezza stessa. Il lettore peraltro è consapevole della somiglianza tra la figura di Marta e quella della Madre di Dio. Entrambe, infatti, vivono in un rapporto di fiducia con Gesù e nell'apertura estrema al suo messaggio. Ed è significativo che lo si definisca come una *sola cosa necessaria.* Riferita all'*ascolto,* questa affermazione di Gesù diventa quasi la quintessenza della vita cristiana, perciò non è difficile riscontrarvi un ulteriore passo della strategia narrativa: l'ascolto profondo delle parole del maestro provoca una accoglienza, e non il contrario![16] Alla scena

---

[16] Tant'è vero che il testo gioca su due specie diverse dell'ascolto e dell'accoglienza: all'esterno e all'interno. Così la morale della storia va dotata di questa duplicità che non solo arricchisce la visione che ne ha il lettore, bensì svela l'antinomia di questa stessa reciprocità che richiede una spiegazione più dettagliata. L'avremo modo di fornire proprio alla fine del percorso riferendosi a due episodi sintomatici a questo proposito: Lc 18,35-43 e 19,1-10. La prominenza di questa scena estremamente densa e armonica — un gioiello dell'arte narrativa di Lc — aveva attirato l'attenzione della scuola di *Formgeschichte.* Sulla scia di M. Dibelius la si vede nello prisma di una *Parola*-simbolo dell'autentico comportamento cristiano: «Wenn die Geschichte mit dem Wort "es braucht aber nur eines" ihr Ende erreichte, könnte man das Ganze für ein Paradigma halten. Nun folgt aber das Wort, das der Maria das gute Erbteil im Gottesbereich zuspricht, weil sie dem Imperativ des "eins ist not" gehorcht. Das Ende — und somit das Ganze — ist also von dem Interesse an dieser Person und der ihr zuteil gewordenen Verheissung beherrscht» (*Die Formgeschichte,* 116).

esaminata si riallaccia infine una seconda benedizione di Gesù, che privilegia proprio i suoi ascoltatori (Lc 11,28). È il solito doppione lucano che completa il quadro finora occupato dalla visione: la benedizione degli *occhi* ne era il vertice pragmatico che ha spinto in avanti il cammino. Ritorna poi il tema della *custodia* della Parola che immerge il lettore nell'ispirante clima del vangelo dell'infanzia, ove tutta la forza comunicativa del raccontare la salvezza era concentrata sul compimento della Parola divenuta carne.

Una importante chiave interpretativa viene di conseguenza data al lettore nella solenne esortazione a *cercare piuttosto il regno di Dio* (Lc 12,31; cf. par Mt 6,33). Dopo non pochi accenni alla sua vicinanza è quanto mai attuale cogliere quest'invito e rispondergli attivamente. Ma il narratore si affretta a dare immediatamente una precisazione a prima vista contraddittoria: *al Padre vostro è piaciuto di darvi il suo regno* (Lc 12,32). Come è possibile conciliare questi due enunciati? Il racconto non ne parla e l'attenzione del lettore si sposta sul detto successivo che differisce da quanto precede a seconda del contenuto, ma impiega l'immagine simbolica del *tesoro* e quella del *cuore*, ancora più preziosa in quanto ci porta nella sfera intima dei sentimenti[17]. Nel contesto lucano (cf. par Mt 6,21) esse devono essere messe in relazione con il *Regno* da vedere, perché presuppongono da parte dell'uomo la coscienza di possedere già esistenzialmente questo *tesoro inesauribile* e tuttavia di essere continuamente alla ricerca della sua identità sempre da rinnovare. L'ulteriore sviluppo comunicativo di questo tema, assai ricco in Lc, darà occasione di verificare l'attendibilità di questa tesi ponendola come sempre nella cornice narrativa del cammino degli sguardi (cf. Lc 17,21).

E finalmente il lettore arriva alle cosiddette «parabole della parusia» (Lc 12,35-48)[18] che accelerano il ritmo della narrazione e lo mettono

---

[17] Nella formulazione di Lc 12,32 il vb. εὐδοκέω esprime non solo un atto volontario di Dio, ma soprattutto il suo amore benevolo, misericordioso (cf. σπλάγχνα ἐλέους: Lc 1,78), perché Dio lucano è pieno di sentimenti: cf. F. BOVON, *L'œuvre de Luc*, 228-231. Cf. sopra: cap. I, p. 90, nn. 120-121.

[18] Cf. G. ROSSÉ, *Luca*, 512. Abbiamo saltato la parabola del *ricco stolto* (Lc 12,16-21), perché è connotata più dalle preoccupazioni che introducono il lettore nel tema dell'uso delle ricchezze, ben elaborato in Lc (cf. M. GRILLI, «Consideraciones conclusivas», 291-296), — un tema che rientra solo parzialmente nel quadro della nostra analisi. Eppure bisogna mettere in luce la conclusione della parabola che fa aggancio con il detto appena esaminato sul *tesoro* (Lc 12,33-34). Vi creano l'intreccio i due verbi (θησαυρίζω e πλουτέω: 12,21), contrapposti a seconda dei complementi d'oggetto che reggono: ἑαυτῷ e εἰς θεόν. Ne spiega il senso l'introduzione della

davanti all'urgenza effettiva di un'irruzione formale del messia. Le immagini che aprono tutto l'insieme sono contrassegnate da una tipica connotazione di attesa e di vigilanza: *i fianchi cinti e le lucerne accese* (12,35). Il lettore è ormai attento al simbolismo della *lucerna* che viene impiegata per la terza volta in un contesto nuovo (cf. Lc 8,16; 11,33-36). A parte la più evidente interpretazione letterale, non pare del tutto sbagliato assegnarle più peso a livello comunicativo. Non è forse da porre a confronto con l'immagine metaforica precedente in cui era l'*occhio* a costituire la pietra angolare della composizione (cf. Lc 11,34)? Le *lucerne* in questo caso rappresenterebbero gli occhi capaci di riconoscere l'ora della venuta del *Figlio dell'uomo* (cf. 11,40) e simboleggerebbero tutto l'essere umano, penetrato dalla luce e per questo capace di restituirle per illuminare il cammino di *Colui che viene* (cf. Lc 19,38)[19]. Il testo, pur non dicendolo, fornisce una nuova beatitudine, indirizzata ai *servi* e rafforzata da un duplice atto *dichiarativo* (μακάριοι...) che suona come un manifesto facendo eco nei dintorni narrativi[20]. L'insistenza sul vb.

---

parabola: *la vita* eterna (ζωή) *non proviene dai beni* (12,15). In questo caso l'espressione un pò enigmatica (*arricchirsi verso Dio*) illustrerebbe la verità e contenuto della sentenza iniziale, nonché farebbe da ponte al successivo esempio positivo del *tesoro nei cieli* reso visivamente godibile grazie al raffronto con il *cuore*: θησαυρὸς ἀνέκλειπτος ἐν τοῖς οὐρανοῖς (33). In Mt, infatti, i due detti sono uniti strettamente: cf. 6,19-21.

[19] Qui è di aiuto l'esegesi rabbinica che pone l'immagine metaforica della *lampada* nella cornice più ampia dell'intelligenza e del dono della *luce*. In due testi rappresentativi si insiste sul ruolo illuminatore della *Torah* — una vera lampada con cui proseguire nel cammino, nella lotta quotidiana con le tentazioni che avvolgono di tenebre il primo: *EsRab* 36,3 (ed. H. Freedman – M. Simon, 439-440); *Sefat Emet*, Bere'shit, 1 (ed. J. Alter, 3-5). È evidente peraltro la convergenza di questo *sanctum sanctorum* del popolo giudaico sul Gesù evangelico — la *Torah* vivente, racchiusa in un *Volto* da cercare per ritrovare la strada di salvezza e *vedere* la sua *bontà* sulla *terra dei viventi* (Sal 27,8ss). Ne è il testimone autorevole il rito del lucernaio che nelle chiese bizantine domina lo spazio liturgico dell'ufficio vespertino con il suo simbolismo spiccato che sfocia nella celebrazione della luce-Cristo: R. TAFT, *Oltre l'oriente*, 173-200 (si trovano in esso le numerose testimonianze dei padri della Chiesa, come Basilio Grande, Gregorio di Nissa, Giovanni Crisostomo, Clemente di Alessandria e molti altri predecessori dell'attuale teologia dei vespri ricca da esplorare).

[20] A livello narrativo è da vedere una cornice perfetta per la rispettiva parabola dei *servi* guardiani (Lc 12,37-38) concernente peraltro un solenne ἀμὴν λέγω ὑμῖν che registra per il lettore un *climax*. La previa beatitudine degli occhi (10,23) trova qui la sua prima applicazione pragmatica segnalando un percorso performativo da compiere per incarnare nella vita l'ideale evangelico della vista. È infatti uno dei più stimolanti impulsi pragmatici che la presente comunicazione verbale intuisce per un esito fecondo del cammino degli sguardi che vi si instaura. Il lettore avrà piacere di attenersi non

ἔρχομαι (3x) inoltre lo mette in guardia: sarà proprio la venuta del Signore la fonte della beatitudine che avrà a che fare con la *vigilanza* guardinga (37: γρηγοροῦντοι), un segno di fedeltà, perspicacia e sobrietà percettiva.

Una ulteriore beatitudine appare dopo la domanda di Pietro; essa risulta superflua dal punto di vista comunicativo ed esprime forse la sua incapacità di prendere sul serio l'importanza del momento (41). I suoi segnali sono un solito ἀληθῶς λέγω ὑμῖν (44) e i primi esempi negativi concreti che hanno delle conseguenze molto serie (cf. 45-48)[21]. Considerando l'insieme delle parabole si può precisare il senso delle beatitudini che rivalorizzano il presente e dànno a tutta l'unità un andamento gioioso paragonabile a quello di Lc 10,17-24. E soprattutto la *prontezza* serve a connotare ciò di cui viveva la comunità lucana alla fine dei tempi: l'essere *pronti* (ἕτοιμοι: 12,40) per *far pronta* (ἑτοιμάζω: cf. 47) la strada del messia[22]. Ormai non si tratta solo dell'attesa, bensì di un comportamento adatto, di un muoversi incontro, sotto la guida e sulla strada del maestro che è paradossalmente lo stesso *Figlio dell'uomo* che viene[23]. Stando così le cose è probabile che i due detti sul *Regno* che prima sembravano inconciliabili (cf. 11,31-32) fossero riferiti a questo mistero di Gesù presente in mezzo ai suoi e nello stesso tempo

---

poche volte a questo imperativo basilare del *vedere* semanticamente avviato con un vb. più prosaico (βλέπω). Da ciò dipenderà la qualità della visione nelle tappe successive del cammino quando la sobrietà e la concisione di un guardare vigilante sfoceranno in una celebrazione visiva della salvezza che viene, con l'intensità e densità massime. Più in dettaglio, sullo spessore pragmatico delle beatitudini sinottici, cf. M. GRILLI, *Scriba dell'Antico*, 31-34. Cf. sotto, p. 253, n. 34.

[21] Al v. 46 va notata la posizione enfatica del vb. al pf. ἥξει che sottolinea l'urgenza della venuta: cf. G. Rossé che parla della «certezza di tale venuta» (*Luca*, 521). A livello semantico c'è anche una progressione in riferimento all'*ora* della venuta: dal non rendersene conto (οὐ δοκεῖτε: 40) si arriva a un non riconoscere volontario (οὐ γινώσκει: 46). Il senso di questa tensione chiarisce la discussione sui *segni* dei tempi (cf. Lc 12,54-59) nonché tutta l'unità comunicativa ancora da studiare (18,31–19,10) con l'accento particolare al cammino dei *Dodici*: cap. III (pp. 183-185); 271-277.

[22] In Lc le ricorrenze di questa radice sono significative e servono agli scopi teologici, perciò non sorprende la loro rilevanza nell'*ouverture* lucana e nell'apertura del ministero di Giovanni il Precursore: cf. Lc 1,17.76; 2,31; 3,4. Cf. una sfumatura simile in Lc 12,35: J. FITZMYER, *Luke*, II, 987. Sulla particolarità semantica dell'uso dell'aggettivo ἕτοιμοι in Lc 12,40 vedasi: F. BOVON, *Luca*, II, 364.

[23] Per il problema interpretativo in Lc 12,8, ove Gesù si riferisce in terza persona alla figura del *Figlio dell'uomo*, e delle spiegazioni possibili di una tale distinzione da cui dipende la portata autobiografica dell'appellativo si consulti: I. MARSHALL, *Luke*, 515-516 e spec. 377.

quasi non più riconoscibile né percepibile a causa della resistenza umana. La presa di coscienza sul fatto che l'ora del giudizio è vicina spinge il lettore a interrogarsi sul senso dell'attuale presenza del Signore, o, se si vuole, a ripensarla in termini apocalittici. Stesso processo di riflessione investe pure la natura del proprio *vedere*. Questa dinamica dunque è già caratterizzata al massimo, quasi a metà del Vangelo, dalla tensione tra il già e il non ancora. Questo determina varie conseguenze nell'escatologia lucana che pone nel centro dell'obiettivo evangelico un *occhio* sagace e indagatore e servirà ad una migliore comprensione degli sviluppi comunicativi del nostro tema[24].

1.3 *«Sono venuto»: la mensa del Regno da vedere (12,49–15,32)*

In seguito ad un insegnamento assai duro sui pericoli, persino di morte, e le esigenze del discepolato, che ha avuto l'apice nell'affermare la venuta e l'agire presente di Gesù (ἦλθον: 12,49), ricominciano le guarigioni che erano state quasi volutamente ignorate dal narratore dopo la *trasfigurazione* (cf. 9,37-43). La loro ripresa (cf. 13,11-16) serve a manifestare la grandezza e il dinamismo del *Regno* che prenderà corpo negli insegnamenti parabolici particolarmente adatti a una visualizzazione dei contenuti (18-21). Davanti alle parole e alle opere *splendide* di Gesù (17: ἔνδοξα) manifestate nella guarigione di una donna gobba gli *avversari provano vergogna*, mentre *le folle gioiscono*. Con questa somma dialettica propria di Luca, l'evangelista invita ogni lettore a prendere coscienza dell'aspetto positivo della sequela. La morte non ha l'ultima parola sull'uomo, ne segue una gioia che si sperimenta a patto che sia possibile l'accesso e si assista a qualcosa di brillante. Un lettore ormai esercitato alla capacità comunicativa degli occhi sa per certo che una simile esperienza è impensabile senza entrare in relazione con lo sguardo perspicace del Maestro.

Un nuovo accenno alla meta del cammino di Gesù (13,22) affievolisce questo breve, ma significativo momento di esultanza: ritornano i temi essenziali della predicazione gesuana che hanno a che vedere con la risposta umana all'appello urgente ad essere partecipi del banchetto eucaristico del Regno. Infatti, dopo la menzione del *mettersi a tavola nel regno di Dio* (Lc 13,29), il racconto progredisce in una direzione che sembra dare forma e consistenza a questa intuizione iniziale. Ritor-

---

[24] Cf. una bibliografia essenziale sull'escatologia lucana in: F. BOVON, *Luc le théologien*, 42-86.477-481; V. FUSCO, «Problemi di struttura», 105-107.134; E. ELLIS, «La fonction de l'eschatologie», 141-155.

na la preoccupazione abituale che è quella di sapersi mettere in un atteggiamento di fiducia per partecipare pienamente alla gioia del banchetto (7-11). Peraltro una novità è portata dalla beatitudine esemplificata nel comportamento richiesto: l'*invitare a gran voce* (φωνέω) alla festa le persone in stato di bisogno ne esprime l'essenziale. Cosa significhi quel tipico atto che nutre la certezza di *aver la ricompensa alla risurrezione dei giusti* sarà spiegato dalla proclamazione solenne di uno dei partecipanti della mensa che a livello comunicativo altro non è che una seconda beatitudine: *Beato chi mangerà del pane nel regno di Dio* (Lc 13,15). Ciò risponde al primo enunciato con una locuzione esortativa da cui il dialogo è partito. Generato dal suo potenziale perlocutorio quell'atto linguistico polivalente — sia esso *espressivo, rappresentativo o dichiarativo* lo deciderà il lettore — nasce come frutto di un ascolto esemplare. L'ascolto è rivolto in questo caso all'invito pressante che continua ad animare la comunicazione narrativa (ἀκούσας). Al lettore in essa inserito non sfuggono l'importanza e la ricchezza semantica di una simile rappresentazione della salvezza, giacché diviene l'interpolazione di una delle beatitudini del discorso della pianura (cf. 6,21). Ma pragmaticamente essa tende a riproporre sotto un profilo tematico differente quella beatitudine eccezionale degli *occhi* (10,23) che il lettore impara a gustare più a fondo in conformità con l'imperativo divino. La profondità dell'insegnamento contenuto in una sola frase, peraltro brevissima, non fa che provocare in seguito una nuova predizione che coinvolge al massimo le capacità percettive del lettore. Intanto cambia l'uditorio e il narratore passa sotto silenzio la reazione dei precedenti ascoltatori per impedire, forse, che il riconoscimento avvenga troppo presto.

A questo proposito, nel quadro comunicativo di un tipico *simposio* lucano, sono suggestivi i gruppi delle persone da invitare in quanto ne fanno parte i *poveri* e i *ciechi* (14,13). Questo invito non è forse da paragonare con un altro, scandito a Nazaret e riferito agli stessi destinatari? Una tale supposizione non sembra essere lontana dalla verità, come mostrerà con evidenza la parabola vera e propria del *festino* (16-24). La salvezza — l'offerta del *Regno* — concessa agli invitati, ma rifiutata da loro quasi per intesa (cf. 18.19: ἔχε με παρῃτημένον) passa a quelli, in verità più bisognosi, che hanno perfino bisogno d'essere condotti. L'ironia in entrambe le scene è evidente: coloro che sono chiamati per primi non prendono sul serio e neppure si accorgono del loro privilegio, così da cedere il posto alla mensa a quanti ne sanno apprezzare la gratuità. La parabola in qualche modo è incorniciata dalle locuzioni chiave che stimolano una risposta immediata e attiva alle *dichia-*

razioni divine: *tutto è già pronto* (ἕτοιμα: 17) e *perché la mia casa si riempia* (23). Invero il Regno ormai è pronto per darsi alla vista e così realizzare il desiderio ardente di Gesù di *raccoglier*vi attorno *i figli* di Gerusalemme (cf. 13,34). Persiste però il paradosso dell'inefficacia di questa comunicazione esemplare. Ciò è reso comprensibile dall'ammonimento conclusivo in forma di atto *direttivo* stridente che non risparmia la solennità del momento (λέγω γὰρ ὑμῖν: 14,24): nessuno di loro *assaggerà* la dolcezza di quella beatitudine che ha dato occasione alla parabola (15b). La strategia comunicativa è ancora stimolante e qui si trova l'occasione per rinviare il lettore molto più avanti, dove si assisterà a una festa esemplare e sontuosa, ma quasi sbiadita dalla potestà e, paradossalmente, dallo squallore del padrone di casa.

Sulla strada del maestro ormai si trovano *molte folle* e la novità della situazione necessita di istruzioni nuove. Ne fanno compendio le due assai radicali sentenze formulate in forma negativa (Lc 14,28.33). La vocazione del discepolo progressivamente allarga gli orizzonti in modo tale da mettere in crisi i legami di sangue e gli averi che uno possiede. Non c'è dubbio, per seguire la strada della croce occorre portare la propria croce, e questo pare essere il *sale della terra* (cf. Mt 5,13) che il lettore deve applicare alla sua situazione personale. Lo dice anche l'imperativo che riassume in una sola frase tutto ciò che è necessario fare per assaporare il *sale* evangelico: gli *orecchi da ascoltare*. E il narratore si affretta a fornire subito un esempio di questo tipo: ci si riferisce, infatti, ai *pubblicani* e ai *peccatori* propensi ad *ascoltare* Gesù (Lc 15,1). A loro si oppongono di nuovo i *farisei* e gli *scribi* che *mormorano* a loro volta (Lc 15,1-2). Questo ritratto eloquente serve per introdurre la parabola programmatica dal punto di vista comunicativo perché sottolinea sia l'accoglienza dei peccatori, sia la condivisione del cibo da parte di Gesù (15,11-35). Orientano in questo senso le due piccole parabole iniziali centrate sulla *perdita* e sul *ritrovamento*. Il loro tratto essenziale è la gioia che invita tutti a celebrare la *conversione* del peccatore (7.10)[25].

---

[25] Merita attenzione il fatto che ormai non vi sia più bisogno di tenere segreto un insegnamento parabolico come questo. Il cambio della strategia comunicativa si ravvisa meglio in un particolare della seconda parabola: è la *lucerna* che la *donna accende* per *ritrovare la dramma perduta* (Lc 15,8). Prendendo in considerazione i contesti precedenti in cui quest'immagine era apparsa si può chiarire la sua funzione *comunicativa* nel contesto presente. Evidentemente anch'essa si riferisce qui alla *vigilanza* (cf. 12,35) che è però di Dio stesso, allegoricamente messo in parallelo con una figura femminile. Cf. l'interpretazione patristica di questa parabola: CIRILLO D'ALES-

L'ambientazione della parabola del *Padre misericordioso*[26] aiuta a seguirne la trama molto vivace. La morale della storia è molto semplice: nessuno è perduto una volta per sempre, la strada del perdono è aperta a chi la imbocca. Sono da notare soprattutto le due esclamazioni solenni ripetute in modo da diventare le due cornici narrative interne del brano che ricomprendono l'essenziale (Lc 15,18-19.21 e 24.32). Così la prima parla del peccato che va confessato decisamente, mentre la seconda dà ad esso una risposta nonché una interpretazione interessante: il cammino del figlio perduto e ritrovato è, infatti, quello dalla morte alla vita. Il motivo caratteristico della gioia ci introduce nel pieno del *banchetto* che celebra la salvezza di un uomo perduto sulla strada e felicemente ritornato sui propri passi. La vita di un peccatore diventa ancora più importante agli occhi di un Dio che opta sempre per la salvezza e quindi redime comunque, a caro prezzo, quel cammino peccaminoso. Cammino ormai fatto e tuttavia preceduto da un altro cammino che presuppone l'obbedienza filiale e dunque va coronato con un ritorno. Importante è che vi sia solo un punto di partenza intrapreso dall'uomo stesso — il risultato sarà contrassegnato da un incontro in cui tutto l'affetto del Padre manifesterà in un abbraccio accogliente e in una festa che canta la vita e la salvezza[27]. In questa trama parabolica dei movimenti che produce tensione dialettica, reciprocità e circolarità, il lettore ritrova facilmente i tratti essenziali del proprio cammino che

---

SANDRIA, *serm. in Lc* 106 (ed R. Payne Smith, 495s.499). Non sembra un caso neanche l'immagine della *gallina* che è applicata al raccoglimento dei figli (13,34) e trova un'evidente assonanza nella parabola del Padre misericordioso il cui sguardo ricercatore si protrae narrativamente.

[26] Le ragioni di considerare questa parabola l'elogio della misericordia del *Padre* sono molti. Cf. ad es. J. FITZMYER, *Luke*, II, 1085. Ci interessa soprattutto l'evidenza che segue dall'analisi retorica della pericope: al suo centro sta l'atto del *Padre* che esprime sia la misericordia che la dinamica visiva della scena più drammatica della storia ove la percezione funge da fattore pragmatico (Lc 15,20). Cf. J.-N. ALETTI, *Il racconto come teologia*, 201-202.

[27] Non c'è dubbio: non tutti ne avranno parte. L'esempio del figlio maggiore permette già di approfondire il senso di un simile rifiuto che la parabola degli *invitati alla cena* (Lc 14,16-24) aveva per oggetto. C'è un netto passaggio dalle scuse all'accusa che limita il dono libero della salvezza e introduce i motivi caratteristici di Lc che sono la *gelosia* e l'*invidia* — potenti metafore della cecità nazaretana (cf. At 5,17; 7,9). Il lettore sa sicuramente a chi applicarle (cf. Lc 15,3) e rimane in attesa di una ulteriore menzione provocatoria degli oppositori di Gesù che porranno dei nuovi ostacoli alla rettitudine del suo cammino degli sguardi ormai cristallizzato nel proprio obiettivo comunicativo. Lo porterà sui sentieri della vita a una celebrazione visiva della salvezza.

era partito da una perdita radicale dell'orientamento comunicativo nel vagabondaggio erodiano. E ora esso è riaperto alla speranza di un finale diverso e di una meta difficilmente pensabile, perché donerà alla morte il suo valore creativo di una rinascita per la vita e renderà beato lo sguardo del lettore.

Così finisce lo sfarzoso *symposium* lucano che fa immergere un lettore attento alle sue regole comunicative nella pienezza del compimento. Ognuno ormai è chiamato a partecipare *hic et nunc* alla cena escatologica. Ciò che conta è il fatto che la salvezza da vedere è stata già da ora preparata (cf. Lc 2,31) e va condivisa su larga scala in uno scambio amorevole di sguardi con Chi si dona. Il carattere decisivo di un incontro faccia a faccia è molto pronunciato, cosicché richiede un approfondimento. Ovviamente lo si troverà continuando a leggere appassionatamente il Vangelo degli sguardi...

1.4 *«Sono venuto»: la presenzialità e il dono del Regno (17,11–18,30)*

È arrivato il tempo di menzionare per l'ultima volta la meta del cammino di Gesù e di cogliere l'occasione per introdurre geograficamente la guarigione dei *dieci lebbrosi* (cf. 17,11). Rimane da analizzare un nuovo incontro in cui l'esempio del *Samaritano* aiuta a rendere più manifesta la salvezza che sembra essere slegata dalla guarigione e dalla possibilità di vedere. Infatti, il ritorno e il ricorso umile e grato al donatore della vita, senza dubbio, ha procurato al guarito l'abbondanza dei doni messianici che Gesù era pronto a conferire al resto del gruppo (cf. 17). L'*inginocchiarsi* del Samaritano descritto in modo paradigmatico — ἔπεσεν ἐπὶ πρόσωπον παρὰ τοὺς πόδας αὐτοῦ εὐχαριστῶν αὐτῷ (16)[28] — lascia scoprire, sotto l'artificio estetico dello *showing*, la pre-

---

[28] Anche qui il lettore ha a che fare con delle connotazioni visive dovute alla menzione del πρόσωπον e alla duplice dimensione spaziale: il *gettarsi con la faccia ai piedi* di Gesù. Questa duplice negazione di un contatto visivo serve dunque a crearne l'attesa nel lettore. Non avendolo trovato qui, con un interesse raddoppiato, questi si mette a leggere il brano successivo scandito dalla domanda programmatica: *Quando viene il regno di Dio?* (17,20). Per le implicazioni narrative della focalizzazione visiva nel brano schizzato si consulti l'articolo dedicato a questo problema specifico di D. Hamm: «What the Samaritan Leper Sees». Dal punto di vista della storia delle forme il presente «racconto leggendario» fa da contrasto (das *Gegenbild*) alla previa *leggenda* di due sorelle (Lc 10,38-42) intensamente riempita degli elementi tipici di questo genere. *Sic*, M. Dibelius (*Die Formgeschichte*, 118): «die Erzählung ist durchaus "gefüllt", aber nicht mit Nebenbemerkungen über Zeit, Ort, häusliche Umstände, sondern mit einer Entscheindungsfrage, die sie ganz beherrscht». Cf. Lc 17,17-18. Così, la *leggenda* di Marta e Maria converge sulla «Verherrlichung einer Nebenper-

dilezione lucana per i più poveri, emarginati e persino odiati. Saranno proprio loro a *impadronirsi* del *Regno*, ben prima di goderne la vista (cf. 16,16).

Gesù, avendo compiuto questo atto salvifico, provoca la curiosità dei farisei che ora si interrogano sul tempo preciso della venuta del *Regno* (20). La risposta può sembrare sorprendente, ma non lo è per una semplice ragione: il dono del *Regno* era già stato annunciato e confermato dallo stesso Parlante (cf. 12,32). Rimane incerto solo se il Regno da vedere è *dentro* gli uomini o *in mezzo* a loro e in che senso[29]. Cercando di salvaguardare entrambe le possibilità che, semanticamente, porta in se il lessema ἐντός daremo le prove di ciò.

Nel primo caso si parla dell'intimità di questa presenza salvifica del mistero che si sperimenta unicamente sul piano della fede. Dalle due similitudini apparse nel contesto precedente possiamo cogliere meglio la vicinanza dei diversi detti considerati come un insieme in grado di esprimere uno sviluppo comunicativo. Di fatto in tutti e tre è Gesù che parla, il che indubbiamente attribuisce loro il peso maggiore. In Lc 13,18-19 il *Regno* è comparato ad un *granello di senape* la cui crescita simboleggia l'espansione spontanea della salvezza. In un altro contesto (17,5-6) la stessa immagine serve a rappresentare la piccolezza della fede, sufficiente però per fare i miracoli (cf. par Mt 13,31-32; 17,20). Ciò basta per illuminare l'ultimo passo che di nuovo accenna al *Regno*. In questo caso non sarebbe fuori luogo il presupposto che al tutto diano unità comunicativa due concetti chiave: *Fede* e *Regno*; motivo di coesione anche della narrazione precedente[30]. L'appello a proclamare il *Regno* e conseguentemente ad entrarvi è per lo più un appello alla fede

---

son». Il loro raffronto è fecondo, perché converge a sua volta sul carattere «criptico» della *visione* in entrambi i casi celata tra le decorazioni narrative. Il particolare di Lc 17,18 (δοῦναι δόξαν τῷ θεῷ; cf. v. 15 δοξάζων) presenta tuttavia un di più rispetto al «dominio dell'ascolto» nel quadro solidamente scenico di Lc 10,38-42. Il *rendere Gloria* in Lc certamente significa ben più di un semplice ringraziamento di lode riallacciandosi alla «Gloria da vedere» che già a partire dall'inno omonimo (2,13-14) circoscrive i passi del lettore verso una meta. Sull'impiego lucano del vb. δοξάζω vedasi sotto: cap. VII, p. 441, n. 19.

[29] Cf. l'evocativa variante testuale nella *New English Bible*: «within your grasp» (C.F. EVANS, *Luke*, 628). Per lo *status quaestionis* di questo problema interpretativo mi riferisco al commentario di F. Bovon (*Luca*, II, 749-752), dove a ciò si presta la massima attenzione. Cf. J. ZMIJEWSKI, *Die Eschatologiereden*, 361-397. Per una rassegna dei testi patristici concernenti il tema si vedano: G. SCHNEIDER, «ἐντός», 460-461; C.F. EVANS, *Luke*, 629-630.

[30] Cf. Lc 16,29-31; 17,19 e i passi paralleli di Mt 13,31-32; 17,20.

del lettore che si manifesta attraverso lo sguardo: nel riconoscere e sperimentare a pieno i segni del tempo, facendoli oggetto della percezione.

Il secondo caso è molto più evidente, perché mette in luce un riferimento diretto a Gesù che accompagna il cammino degli sguardi. Ad
una domanda esplicita circa la sua natura corrisponde una *dichiarazione* disarmante su cui non si può equivocare. Qualunque sia il significato della prep. ἐντός in quel caso, non si può fare a meno della forza
assertoria dell'intera locuzione. Essa mette in questione l'abilità comunicativa di un occhio che va ammaestrato dalla pedagogia visiva.
Completando quindi la prima visuale interpretativa si deve aggiungere
che la presenza del Regno non è solo un dato di fatto, sia esso *dentro* o
in mezzo al pubblico, bensì una richiesta pregnante e sbalorditiva ad
incarnare nella vita l'ideale percettivo supposto dalla dinamica comunicativa. L'atto linguistico focalizzato pone questa dinamica al centro
della ottica narrativa e orienta pragmaticamente[31]. Ciò comporta un
ripensamento della personalità e delle *opere splendide* (παράδοξα: Lc
5,26) di Gesù in termini salvifici, ma soprattutto corregge il modo di
vedere del lettore. È decisivo, infatti, che qui il suo cammino assuma
un preciso intento pragmatico dove si realizza lo scopo della comunicazione visiva.

A questo punto il testo presenta un brusco passaggio verso il panorama escatologico, la cosiddetta «piccola apocalissi» di Lc: 17,22-37
che muta il precedente orientamento ideale del discorso. Per inculcare
comunque la speranza, dopo questo turbolento annuncio, Gesù finisce
per ricordare ai suoi la necessità di essere in continuo atteggiamento di
fiducia. Con l'inopportunità degli ultimi eventi si correla quella di un
chiedere costante e paziente[32]. Sia la *vedova* che il *giudice* ingiusto

---

[31] La profondità dell'insegnamento contenuto in una sola frase, peraltro brevissima, non fa che provocare una nuova predizione (di cui sotto) che coinvolge al massimo le capacità percettive del lettore. È questo l'intenso effetto perlocutorio della
battuta iniziale. Intanto cambia l'uditorio e il narratore passa sotto silenzio la reazione
dei precedenti ascoltatori; ecco l'effetto perlocutorio «alla rovescia» di una grossa
carenza comunicativa del loro domandare, carico di un intento pragmatico ben noto,
ma privo di un risultato — per impedire forse che il riconoscimento avvenga troppo
presto.

[32] L'atteggiamento della *vedova* è connotato soprattutto dall'ultimo vb. che usa per
descriverlo lo stesso *giudice* — rispetto agli altri , si vedrà, è una figura contraddittoria: ὑπωπιάζω. È suggestivo il suo forte significato che potrebbe essere espresso con
un «rompere la testa» (cf. NRV, G. ROSSÉ, *Luca*, 682; J. Green (*Luke*, 641, n. 94): «to
give a black eye [to someone]»), ma anche con: «percuotere in faccia», «pestare sotto
gli occhi» (cf. L. ROCCI, *Vocabolario*, 1929). Un tale riferimento implicito alla *faccia*

fanno ricordare al lettore il caso dell'*amministratore* ingiusto. Tutti e tre sanno in realtà che cosa significhi essere condizionati dai bisogni che genera il tempo dell'attesa finché Dio non *farà giustizia ai suoi eletti* (7). Importante è comunque che ora Egli *è paziente* nei loro confronti, sicché sarà pronto anche a premiare la loro pazienza che guarda l'invisibile. Ciò nonostante la realtà è pur sempre tale da nutrire il pessimismo che il narratore attribuisce addirittura a Gesù stesso. *Venendo il Figlio dell'uomo* terrà conto specialmente della *fede* (8). È questa il vero oggetto della ricerca di ciò che è stato perduto e l'essenza dei miracoli tesi a illustrare la verità di cui il lettore ormai conosce la fermezza: è la fede che salva e dona la vista[33].

Infatti, il Luca narratore non tarda ad applicare questa regola alla vita della sua comunità: gli serve l'esempio del *bambino* che già aveva contrassegnato la natura delle relazioni con Gesù (cf. 9,47). Un'apertura totale e l'accoglienza, la semplicità e la fiducia incondizionata battono ora il ritmo della vita cristiana. Stupisce solo che i discepoli — gli stessi *poveri* e *piccoli*! — falliscano ancora di fronte a questa vocazione, destando le solenni parole del maestro sulla ricezione del *Regno*. L'atto rappresentativo che corrisponde a un impegno divino che spinge ad essere come un *bambino* e il possesso del *Regno* (cf. 6,20)[34] suona come una beatitudine. Ciò è possibile soltanto se uno lo riceve attivamente, come un bambino, cioè con tutto il cuore e l'amore indefettibile. Il testo presuppone infine un parallelo tra l'*accogliere il Regno* e il *bambino* che nel contesto ampio, (cf. 9,47) appaga l'attesa dell'occhio del lettore in quanto ricongiunge, per così dire, in Gesù l'ottica del Re-

---

fa pensare altresì all'*indurimento del volto* da parte di Gesù in vista delle minacce che ne causeranno la morte (Lc 9,51). La figura femminile della *vedova* apporta un'analogia pregnante, giacché è descritta con parole che evocano necessariamente la *parusia*: εἰς τέλος ἐρχομένη (18,8). Applicando tutto ciò al contesto immediato della pericope (17,22-37) ci si accorge delle risonanze visive di questa venuta: *percuoterà in faccia* di chi la voltava *deviando* così (cf. οὐ ἐντρέπομαι: 18,2.4) sia dai bisogni del prossimo sia dalla prossimità dell'avvento. È interessante comunque che Gesù metta in risalto l'acconsentire forzato del giudice, chiamando il lettore ad *ascoltare* ciò che questi dice — senz'altro ha la massima certezza che il secondo lo farà.

[33] Cf. Lc 7,50; 8,48; 17,19.

[34] Le beatitudini sinottiche sono ricche da esplorare sotto questo profilo comunicativo in quanto mettono in atto il desiderio divino di una felicità per tutti confermato da un agire costante ed efficace a favore dell'uomo. Essa è presentata come una realtà già compiuta per stimolare nei destinatari un vivo desiderio di accogliere questo dono salvifico: cf. M. GRILLI, *Scriba dell'Antico*, 31-34. Lo è in certa maniera pure la beatitudine degli occhi (Lc 10,23) — una sempiterna fonte d'ispirazione per il lettore lucano.

gno[35]. Nondimeno il lettore, oltre a ciò, si pone la domanda: esclusi i discepoli, chi, nella trama evangelica, raffigurerebbe l'immagine così frequente e suggestiva del *bambino*? In risposta gli verranno dati almeno due esempi, emblematici sul piano di *vedere* e concernenti i tratti migliori di quei *piccoli* e *poveri* idealizzati dal Vangelo.

La questione fondamentale che sorge ora è di natura pratica e intenzionalmente va insieme con il caso affrontato dal lettore quasi agli inizi del «viaggio» (cf. 10,25). La risposta gesuana al giovane *ricco* non ne differisce molto: non è più necessario dare l'interpretazione alla Legge, giacché oggettivamente è compiuta. Cambiando la strategia pragmatica dell'interrogatorio ci si deve porre all'opera piuttosto per evidenziare ciò che manca esistenzialmente all'uomo (cf. 18,22b). Questa è la radice di quel problema soggettivo dello sguardo che uno ha verso il prossimo. Ritorna il discorso sul *tesoro* nei cieli (22) che nel contesto lucano ha un esplicito legame con il *cuore* umano e implicitamente anche con il *Regno* da vedere (cf. 6,45; 12,31-34). La ricchezza, come ostacolo oggettivo, svolge un simile ruolo comunicativo impedendo la vista di ciò che porta l'uomo a riconoscere la signoria di Dio nella propria vita (cf. 12,16-21). Gesù reagisce quindi confermando tutto puntigliosamente, con una deduzione ultimativa che pone fine al tema delle *ricchezze*. Con un espressivo atto rappresentativo articolato in un crescendo argomentativo Egli sembra negare per i ricchi la possibilità di *entrare nel Regno* (24-25), ma questo non dipende esclusivamente dall'*habitus* o *modus vivendi*. Iddio stesso diviene il garante della salvezza, perché sa trasformare l'impotenza umana nella risposta inaudita dell'accoglienza: Zaccheo sarà il protagonista di questo interagire divino-umano finalizzato a una meta sotto la dialettica percettiva che promuove il presente cammino.

La preoccupazione dei discepoli espressa solitamente da Pietro (cf. Mc 8,32; Mt 16,22) fa sentire le risonanze che ha lasciato in loro il fallimento del *ricco* sotto l'impulso pragmatico della locuzione appena vista: la strada che stanno *seguendo* deve essere ridefinita secondo la

---

[35] Facendo ricorso al vangelo dell'infanzia si deve menzionare anche la scena chiave dell'incontro tra Simeone e il Gesù bambino. Il richiamo è evidente: accogliendolo tra le braccia (Lc 2,28) questi fa l'esperienza del *Regno* e ne proclama l'eminenza. Ugualmente vi è presente l'aspetto dell'impotenza di uno che si dona come l'offerta libera — non c'è niente a impedirla. Vedendo in questa prospettiva Lc 18,17 balza agli occhi il contrasto con i detti precedenti, ove il *Regno* è l'oggetto degli sforzi *agonizzanti* e dell'*impadronirsi* (13,24; 16,16). L'episodio conclusivo del *giovane ricco* ne completerà il quadro e la dinamica: cf. sotto.

novità del momento presente che hanno vissuto come se stessero ancora imboccando la *strettezza* della via (Mt 7,14; cf. Lc 13,24) che, non a caso, rievoca l'immagine della *cruna*. L'ultima parola di Gesù a questo proposito è significativa in quanto pone l'accento sulla modalità e l'indirizzo pratico dell'*abbandono* come tale: è da pensare solo *a favore del Regno* (ἕνεκεν: 18,29d). In questo atto *rappresentativo*, che segna la fine logica dell'argomentazione, si realizza in effetti il desiderio del *ricco* di *ottenere la salvezza*, ma non è lui a sperimentarne la gratuità. Nell'attesa di trovare una risoluzione a questa complicazione narrativa, testimoniata dall'effetto perlocutorio della strategia persuasiva di Gesù che cambia e trasforma la realtà, si sollecita l'entrata in scena di due personaggi paradigmatici — un cieco e un pubblicano, entrambi curiosi di *vedere* — che non solo daranno risposta alle incompiutezze e alle ambiguità comunicative delle vicende passate, ma orienteranno anche lo sguardo del lettore verso la seconda metà del percorso. Essa avrà propriamente a che fare con il compimento del *viaggio*, ma anche dell'intero racconto evangelico.

2. Il trittico di riconoscimento: la dinamica narrativa (18,31–19,10)

La motivazione della scelta del titolo di questa sezione paradigmatica del Vangelo emergerà logicamente nel corso dell'analisi successiva — per ora ci proponiamo di giustificarne l'unità e la compattezza. Essendo ad un punto di arrivo della narrazione precedente si può capire meglio la strategia del narratore a partire dai richiami analettici nonché decodificare ulteriormente il messaggio che Gesù proclama in vista del compimento ormai alle porte. Il criterio con cui proseguiremo l'analisi è quello di considerare questo insieme come la verbalizzazione di un processo comunicativo in cui valgono regole ben precise. Il trovare e mettere in luce i suoi punti cardinali aprirà la strada ad un esame più profondo della funzione semantica degli enunciati e della concezione teologica che ne deriva.

2.1 *Incamminandosi verso Gerusalemme: tre tappe a intreccio*

Uno degli argomenti a favore dell'articolazione in tre tappe sta nel fatto che nella presente unità comunicativa non mancano i riferimenti alla meta del *viaggio*; in più, tali riferimenti sono distribuiti coerentemente e cioè all'inizio di ogni brano (18,31.35; 19,1.11). Nel terzo annuncio della passione si trova ben articolata la salita a Gerusalemme (18,31: ἀναβαίνομεν εἰς Ἰερουσαλήμ), mentre nelle due storie successive è Gerico a fungere da indicazione (18,35; 19,1). Lc 19,11 fornisce un nuovo punto di partenza in quanto esplicita l'approssimarsi del destino e riavvia la tematica del *Regno*; viene ripreso anche l'insegnamento parabolico non tanto per spiegare il trittico, quanto per preparare il lettore alla gloriosa entrata nella città santa[36]. C'è una progressione a livello dei personaggi e della scenografia: dall'intimità dell'annuncio rivolto esclusivamente ai discepoli si passa alla strada affollata che conduce a Gerico, dove saranno appunto le *folle*[37] ad ammirare lo spettacolo della guarigione (18,43). La prospettiva si allarga ancora, arrivato Gesù a Gerico, — l'ironia narrativa sottolineerà l'impossibilità oggettiva di vedere da parte di Zaccheo in mezzo a una *folla* strepitosa. Alla fine si è d'un colpo in una *casa* — ambiente ben adatto per la rivelazione del compito messianico del *Figlio dell'uomo* (19,10). La misteriosa scomparsa dei discepoli in entrambe le scene contribuisce all'intrigo dell'insieme — al lettore verrà chiesto di saper individuare la finalità e la logica di un simile procedimento.

---

[36] Così, I. Marshall (*Luke*, 400): «the parable of the pounds which occurs at 19,11-27 looks forward rather than backward, and so the break is perhaps more appropriate before it. The parable is really a bridge passage between the two sections of the Gospel at this point».

Diversamente: F. BOVON, *Luca*, II, 875; J.-N. ALETTI, *L'arte di raccontare*, 126-127. Si può considerare questa parabola un mezzo narrativo impiegato per rallentare l'entrata gloriosa a Gerusalemme. Grazie a ciò, il lettore viene preparato alla drammaticità degli eventi che fanno seguito a questa breve pausa. È un richiamo anche a ripensare tutto il percorso fatto finora che la parabola riassume in modo assai ingenuo come mostrerà l'analisi del cammino del lettore. Cf. cap. III, p. 205ss.

[37] È curioso l'uso dei due lessemi per nominare i circonvicini dei caratteri principali in Lc 18,35-43: l'abituale ὄχλος e λαός. Come ha messo ben in evidenza H. Strathmann («λαός», 49-50) il secondo termine di solito ha in Lc una connotazione positiva del *popolo di Dio* degno di promesse e riguardevole (cf. 1,17.21; 2,32). A livello di insieme sarà di aiuto un esame della funzione comunicativa di ambedue i termini che evidentemente vi creano un intreccio e perciò vanno tenuti insieme (cf. 18,36.43; 19,3). Per una spiegazione teologica della divergenza semantica mirata rimandiamo al cap. V, pp. 344-349.

Dal punto di vista narrativo la pressione delle *folle* si ravvisa sempre di più. Se il *cieco* si sente libero di realizzare quello che vuole, anche se viene fatto tacere (Lc 18,39), è Zaccheo ad essere preso dalla *folla* — una situazione simile a quella descritta in Lc 12,1 — da non poterne più uscire né realizzare il desiderio ardente che perfino il *cieco* aveva saputo difendere con un grido di speranza (18,38-39). La figura di Zaccheo trovatosi per così dire in una trappola conferma dunque l'impressione di un sovrappiù che il racconto avesse dato al lettore con una semplice menzione della sua statura (19,3) — uno dei «tratti anedottici» che enumera M. Dibelius (*Die Formgeschichte*, 48).

A livello comunicativo la questione si pone a proposito della coerenza dell'unità testuale. Basandosi sul suo contenuto si può già osservare uno sviluppo argomentativo di pregevoli intuizioni. Nel primo momento è l'*incomprensione* dei discepoli a occupare completamente l'ottica narrativa (18,34), nel secondo l'audace grido di aiuto che a livello più profondo è insieme preghiera e professione della fede (38-39); nel terzo, invece, è la ricerca reciproca di Gesù e del *figlio* perduto *di Abramo* a propagare l'apparizione della salvezza (19,9).

Leggendo tutto ciò in prospettiva visiva si avrà un'immagine molto più rappresentativa e feconda per gli scopi comunicativi del nostro tema. Difatti la ῥῆμα della passione *era messa all'oscuro* per i discepoli (18,34: ἦν κεκρυμμένον); l'oscurità degli occhi del *cieco*, invece non gli impedisce di chiedere e riavere definitivamente la vista. La storia di Zaccheo a sua volta accresce la tensione tra il vedere e il non vedere fungendo appunto da paradigma con cui il lettore potrà ridefinire la propria precomprensione dell'evento instauratosi nel testo. A partire da un ritratto così suggestivo è facile, infatti, dedurre dei lineamenti ulteriori che daranno forse ragione anche delle intuizioni di questo primo inquadramento tematico piuttosto disparato.

2.2 *Il trittico di riconoscimento: il reticolo testuale di Lc 18,31–19,10*

Tentando di elaborare un modello strutturale ci si deve attenere ad un criterio fondante che non serve solo per dare unità al testo, ma anche per coinvolgere al massimo l'esperienza cognitiva del lettore. Per affrontare i problemi narrativi che il testo come tale presenta servirà un ulteriore passo che è quello di individuare l'intreccio sintattico e disporne gli elementi in modo tale da far vedere in che cosa consista la sua funzione in ordine alla comunicazione. In altre parole, proporremo delucidazioni su ciò che, a livello più profondo, si intende con *reticolo testuale*[38].

---

[38] Ecco la definizione che ne dà l'esponente della metodologia che stiamo usando: «Il reticolo delle relazioni formali che operano [in un determinato testo] come elementi aggreganti» (M. GRILLI, «Autore e lettore», 447-459). Cf. J. MILLER, *Semantics and Syntax*, 192-194. Nel caso presente un trattamento più specifico dei lineamenti metodologici dell'organizzazione testuale proposta è richiesto sia dall'ampiezza dell'unità narrativa messa in rilievo sia dallo scopo della stessa analisi che ci poniamo l'obiettivo di fare. In essenza, esso è esemplificato in una bella e perspicace definizione che fa del testo K. Berger (*Exegese des Neuen Testaments*, 13): «ein Netz von Beziehungen, eine kohärente Folge von Sätzen». Il tentativo di ricostruzione presente si pensa collocato altresì in un dibattito esegetico con la scuola della *Formgeschichte*

PRIMO MOMENTO NARRATIVO: ANNUNCIO ED INCOMPRENSIONE

Esordio discorsivo

18,31 Παραλαβὼν δὲ τοὺς δώδεκα **εἶπεν** πρὸς αὐτούς·

ἰδοὺ **ἀναβαίνομεν** εἰς Ἰερουσαλήμ,

καὶ τελεσθήσεται πάντα τὰ γεγραμμένα
διὰ τῶν προφητῶν τῷ υἱῷ τοῦ ἀνθρώπου

32 παραδοθήσεται γὰρ τοῖς ἔθνεσιν

καὶ ἐμπαιχθήσεται

καὶ ὑβρισθήσεται

καὶ ἐμπτυσθήσεται

33 καὶ μαστιγώσαντες ἀποκτενοῦσιν αὐτόν,

καὶ τῇ ἡμέρᾳ τῇ τρίτῃ ἀναστήσεται.

Reazione dei Dodici

34 καὶ αὐτοὶ οὐδὲν τούτων **συνῆκαν**

καὶ **ἦν** τὸ ῥῆμα τοῦτο **κεκρυμμένον** ἀπ' αὐτῶν

καὶ οὐκ **ἐγίνωσκον** τὰ λεγόμενα.

SECONDO MOMENTO NARRATIVO: INCONTRO TRA IL CIECO E GESÙ

Introduzione

35 Ἐγένετο δὲ ἐν τῷ ἐγγίζειν αὐτὸν

εἰς Ἰεριχὼ τυφλός τις **ἐκάθητο**

παρὰ τὴν **ὁδὸν** ἐπαιτῶν.

Cieco e folla

36 ἀκούσας δὲ ὄχλου διαπορευομένου

ἐπυνθάνετο τί εἴη τοῦτο.

37 **ἀπήγγειλαν** δὲ αὐτῷ ὅτι

Ἰησοῦς ὁ Ναζωραῖος **παρέρχεται**.

---

rappresentata nello studio dei Vangeli dall'imponente figura di M. Dibelius: i tre segmenti da noi ubicati sotto momenti narrativi vi si riferiscono alle forme e generi letterali ben diversi. Basti ricordare il famoso cenno teorico di questo esponente che fissa la linea di demarcazione tra il genere della «leggenda» e «racconto-esempio» (*Legende* vs. *Paradigma* nella terminologia originale): *Die Formgeschichte*, 50. Una tale separazione, presa da unico criterio ermeneutico, rischerebbe la sussistenza dell'unità comunicativa dei due racconti centrali, tipici dei generi letterali menzionati (Lc 18,35-43; 19,1-10), che invece cercheremo di convergere sull'unico obiettivo. D'altronde, qui non si evita nemmeno una netta messa in luce degli elementi disgregati che disturbano il quadro d'insieme. Ciò è per stimolare l'attività interpretativa del lettore che nella resistenza da parte del testo trova le ragioni per una passeggiata sempre appassionante alla ricerca di un'idea conduttrice che inglobi i contrasti della comunicazione e riesca a dare una risposta sorprendente alle sue tensioni di fondo.

38   καὶ   **ἐβόησεν** λέγων·

           Ἰησοῦ υἱὲ Δαυίδ, ἐλέησόν με.

39 καὶ οἱ προάγοντες ἐπετίμων αὐτῷ
ἵνα σιγήσῃ, αὐτὸς δὲ πολλῷ μᾶλλον
        ἔκραζεν·

       υἱὲ Δαυίδ, ἐλέησόν με.

Cieco e Gesù

40 σταθεὶς δὲ ὁ Ἰησοῦς   **ἐκέλευσεν**
αὐτὸν ἀχθῆναι πρὸς αὐτόν.
ἐγγίσαντος δὲ αὐτοῦ   **ἐπηρώτησεν** αὐτόν·
41
      τί σοι θέλεις ποιήσω;

      ὁ δὲ   **εἶπεν·**

      κύριε, ἵνα ἀναβλέψω.

42 καὶ ὁ Ἰησοῦς   **εἶπεν** αὐτῷ·

      ἀνάβλεψον·

      ἡ πίστις σου σέσωκέν σε.

43 καὶ παραχρῆμα   **ἀνέβλεψεν**
καὶ   **ἠκολούθει** αὐτῷ δοξάζων τὸν θεόν.

Reazione del popolo

   καὶ πᾶς ὁ λαὸς ἰδὼν **ἔδωκεν**   αἶνον τῷ θεῷ.

TERZO MOMENTO NARRATIVO: INCONTRO TRA GESÙ E ZACCHEO

Introduzione

19,1 Καὶ εἰσελθὼν **διήρχετο** τὴν Ἰεριχῶ.
2 Καὶ ἰδοὺ ἀνὴρ ὀνόματι καλούμενος Ζακχαῖος,
καὶ αὐτὸς ἦν ἀρχιτελώνης καὶ αὐτὸς πλούσιος·

Zaccheo e folla

3 καὶ   **ἐζήτει ἰδεῖν** τὸν Ἰησοῦν   τίς ἐστιν
καὶ οὐκ ἠδύνατο ἀπὸ τοῦ ὄχλου,
ὅτι τῇ ἡλικίᾳ μικρὸς ἦν.
4 καὶ προδραμὼν εἰς τὸ ἔμπροσθεν
      ἀνέβη   ἐπὶ συκομορέαν
        ἵνα ἴδῃ αὐτὸν
ὅτι ἐκείνης ἤμελλεν **διέρχεσθαι.**

Zaccheo e Gesù

5   καὶ ὡς **ἦλθεν**   ἐπὶ τὸν τόπον,
ἀναβλέψας ὁ Ἰησοῦς **εἶπεν**   πρὸς αὐτόν·

      Ζακχαῖε, **σπεύσας κατάβηθι,**
σήμερον γὰρ ἐν τῷ οἴκῳ σου
δεῖ με μεῖναι.

Reazione di Zaccheo

6
    καὶ σπεύσας **κατέβη**
    καὶ **ὑπεδέξατο** αὐτὸν χαίρων.

Reazione dei tutti

7
    καὶ ἰδόντες πάντες **διεγόγγυζον** λέγοντες
        ὅτι παρὰ ἁμαρτωλῷ ἀνδρὶ
        εἰσῆλθεν καταλῦσαι.

Reazione e discorso di Zaccheo

8
    σταθεὶς δὲ Ζακχαῖος **εἶπεν** πρὸς τὸν κύριον·
        ἰδοὺ τὰ ἡμίσιά μου τῶν ὑπαρχόντων,
        κύριε, τοῖς πτωχοῖς δίδωμι,
        καὶ εἴ τινός τι ἐσυκοφάντησα
        ἀποδίδωμι τετραπλοῦν.

Conclusione: epilogo discorsivo

9
        εἶπεν δὲ πρὸς αὐτὸν ὁ Ἰησοῦς
        ὅτι σήμερον σωτηρία
        τῷ οἴκῳ τούτῳ ἐγένετο,
        καθότι καὶ αὐτὸς υἱὸς Ἀβραάμ ἐστιν·
10
        ἦλθεν γὰρ ὁ υἱὸς τοῦ ἀνθρώπου
        ζητῆσαι καὶ σῶσαι τὸ ἀπολωλός

Attenendosi all'articolazione già elaborata disponiamo il testo dentro la cornice narrativa tenendo conto dei suoi fenomeni stilistici e retorici che aiuteranno a cogliere meglio l'organizzazione dell'insieme.

Dal punto di vista sintattico è ben osservabile la vivacità e rapidità della narrazione scandita dalle sequenze testuali interne unite dalla congiunzione καί[39]. Con l'entrata a Gerico il ritmo aumenta estremamente rendendo l'ultimo episodio una vera ripresa con l'acceleratore (19,1-7). L'impiego di altri connettivi, coordinanti (δέ, γάρ), di valore esplicativo o avversativo, nonché quelli subordinanti, rallenta la narrazione e focalizza l'attenzione del lettore sui momenti più drammatici corrispondenti retoricamente ai dialoghi, in ogni incontro con Gesù[40]. Inoltre i numerosi verbi-segnali del cammino del *Figlio dell'uomo* dànno un orientamento comunicativo al discorso, sotto il solito profilo di *movimento* che ne fornisce una cornice narrativa perfetta. Nell'esordio dell'*annuncio* è subito il primo segmento (18,31: ἰδοὺ ἀναβαίνομεν) a coinvolgere ogni lettore nel dinamismo di una *strada* (ὁδός) che prag-

---

[39] Lc 18,33-34.38-39a.42-43.
[40] Lc 18,35-37.40-41; 19,4b.5b.7b-10.

maticamente viene finalizzata, ma effettivamente non finisce (!) alla casa di Zaccheo (cf. 19,7.10: ἦλθεν).

2.3 *Il trittico di riconoscimento: la strategia narrativa*

Una volta messo in evidenza lo schema comunicativo, vanno aggiunte delle puntualizzazioni narrative che lo giustifichino. Il primo momento narrativo, essendo un discorso in sé compiuto, non deve essere suddiviso ulteriormente — merita attenzione solo una forte sottolineatura dell'*incomprensione* che avvia la dinamica dell'insieme: ne segnala infatti l'*inciting moment*[41] e provoca l'*intrigo*. L'intimità di questo insegnamento logico e circostanziato narrativamente fa da contrasto con l'affollamento caotico e disgregante delle scene a venire e corrisponde alla solenne conclusione dell'intera sequenza, dove sembrano rimanere solo Gesù e Zaccheo, il modello del discepolato[42].

Il secondo momento è più drammatizzato nei ruoli attanziali dei personaggi. Esso infatti è costruito sul contrasto tra la situazione iniziale d'*impasse* che provoca il grido del *cieco* che persiste nonostante l'ostinazione narrativa e il finale, di *rivelazione*, segnato da una presenza performativa di Gesù. Il quadro comunicativo del contrasto supplisce a una strategia in quanto si intensifica lungo il brano trasformando in uno scioglimento pragmatico il mondo del racconto: dal passivo

---

[41] Cf. la definizione teorica di questo momento narrativo con cui il lettore si imbatte nella complessità di un intreccio già polarizzato nelle sue componenti funzionali (*esordio*): «the moment in which the conflict or the problem appears for the first time and arouses the interest of the reader» (J.L. Ska, *«Our Fathers»*, 25.cf. 21-24).

[42] Non è così chiaro a livello narrativo, che cosa avviene nella scena a proposito dei personaggi: i discepoli non vengono più nominati a partire dall'episodio della guarigione del *cieco*, ove la *folla* si trasforma nel *popolo* (36.43). Allo stesso modo in Lc 19,1-10 c'è un'evidente tensione tra la prima parte, dove la presenza della folla è accentuata e serve per gli stessi scopi — ostacolare l'incontro, — e la seconda interamente occupata dal dialogo con in mezzo la reazione dei *tutti* (7) — il *pivot* della scena che provoca la presa di posizione da parte dei protagonisti del racconto, nonché «takes on the quality a depressing summary, the total failure to understand the nature and extent of the divine pity»: cf. J. O'Hanlon, «The Story of Zaccheus», 5.15. Così chiaramente si fa un'allusione alla reazione (l'*incomprensione*) dei discepoli (34) che ha avviato la narrazione. L'incongruenza stilistica nei vv. 9-10, ossia il modo gesuano di riferirsi a Zaccheo in terza persona, da una parte conferma la nostra tesi sull'ambiguità della presenza del pubblico che assiste al dialogo; dall'altra ha delle conseguenze salienti a livello comunicativo: cf. sotto, pp. 296-299. Per tutto il cammino degli sguardi che il lettore da buon discepolo deduce dalle reticenze del racconto cf. pp. 305-308.

stare seduto sulla strada il cieco passa ad una sequela esuberante degli occhi.

Il terzo momento narrativo ha una sua specificità pragmatica in quanto segue un modello perfetto e quindi si concentra di più sulla figura tipo di Zaccheo che incontra Gesù per così dire due volte: sulla *strada* e nella propria *casa*. Due volte è menzionato anche il ruolo negativo della *folla* inquadrata qui esclusivamente per contrasto: all'inizio se ne parla in modo più rappresentativo creando così la tensione dialettica con l'agire del protagonista. Esso avvia la trama di περιπέτεια e si risolve appunto in un primo incontro come frutto di una comunicazione perfettamente riuscita. Ne seguono e testimoniano l'efficacia pragmatica ben tre reazioni responsorie (celebri antifone dei due atti linguistici a mo' d'invito di Gesù (19,5)). Esse trasportano il lettore già nella casa del protagonista (il secondo incontro) e dànno l'occasione alle due solenni proclamazioni, di intenso spessore illocutorio, che stanno in dialogo fra loro. La prima manifesta il cambiamento radicale di Zaccheo, mentre la seconda sottrae il lettore alla situazione reale grazie al *compimento*[43] avvenuto con l'arrivo e la manifestazione messianica della salvezza.

Ogni momento narrativo finisce dunque con una (o più) reazioni (18,34.43c; 19,7-8). Strutturalmente assai più variegato degli altri si presenta il terzo momento la cui prima tappa serve propriamente a preparare e ambientare l'*incontro*. Esso sfocia in tre reazioni al discorso di Zaccheo che viene a rappresentare il *climax* dello sviluppo comunicativo di cui sopra. Da questa miniatura narrativa si stacca la conclusione

---

[43] Il *compimento* di cui si fa cenno qui è da pensare in riferimento al ministero pubblico di Gesù (così, P. KARIAMADAM, *The Zacchaeus Story*, 45, n. 173), ma anche, in modo particolare, al «viaggio»: I. Marshall (*Luke*, 400) ad es. lo finisce proprio a 19,10. A favore di questa proposta parla anche il fatto comunemente accettato dagli studiosi che la storia di Zaccheo riassuma in sé un paradigma non solo del «viaggio», ma anche di tutto il Vangelo: cf. W. LOEWE, «Lk 19,1-10», 331; J. GREEN, *Luke*, 667. Lo *status quaestionis* della problematica è riassunto in modo avvincente da: J. DUPONT, «Le riche publicain», 265, n. 1.

Riguardo al titolo dato al secondo incontro si potrebbe forse precisare il suo senso e la sua evocazione comunicativa facendo un raffronto con la prima manifestazione del Gesù bambino (Lc 2,8-20). Lì avevamo notato la compenetrazione della *Visione* e del *Compimento* (cf. cap. I, pp. 70-73), sicché non è da escludere un'analoga tendenza anche nella pericope presente. Più che della compenetrazione vi si parlerebbe in questo caso della sovrapposizione dei due motivi che effettivamente stanno a esprimere l'essenza salvifica del «vedere Gesù» accostato a quello proprio di Gesù: un perfetto fine dialettico del cammino degli sguardi.

che allarga all'estremo l'ottica comunicativa e la arricchisce con un epilogo discorsivo che riassume teologicamente tutta la sequenza iniziata con un *annuncio* in veste discorsiva e, a livello più ampio, l'intera sezione di Lc 9,51–19,10. Un'analisi più attenta favorirà per il lettore un avvicinamento alla sua funzione comunicativa nonostante la diversità contenutistica che avvolge di tensione questo racconto conclusivo (19,1-10) e che va tracciata a più livelli (tematico, teo-(logico), narrativo e pragmatico)[44].

2.3.1 Gesù e i Dodici (18,31-34)

L'unità comincia con il cambio dei personaggi: se prima l'uditorio di Gesù (18,26) era ricordato semplicemente con la domanda di Pietro — il rappresentante e portavoce degli apostoli (28) — si arriva ad introdurre in scena tutti i *Dodici*. La novità dell'argomento che rimanda subito il lettore molto più indietro, e cioè alle prime due prefigurazioni del destino del *Figlio dell'uomo* (9,22.44-45), è uno degli argomenti più forti a favore dell'articolazione scelta[45]. Con il terzo e conclusivo annuncio della passione si chiude, infatti, l'arco esteso quasi per tutta la durata del «viaggio» e si apre una sua definitiva realizzazione — il compimento — nella vita dei personaggi la cui condotta è esemplare sotto vari aspetti.

Dal punto di vista stilistico l'austerità dell'insegnamento è sottolineata dalla rapidità della narrazione: l'*annuncio* in forma d'una promessa è quanto mai articolato e fa capire la prossimità della fine. Il primo se-

---

[44] Tra gli studiosi non c'è il consenso nell'articolare la pericope in questione. La maggioranza vacilla tra una struttura bi- o tripartita, essendo il problema la spiegazione convincente dei due passaggi logici non tanto evidenti dal punto di vista comunicativo: dal 7 all'8 al 9. Lo *status quaestionis* vedasi in: J. DUPONT, «Le riche publicain», 267, n. 13; P. KARIAMADAM, *The Zacchaeus Story*, 1, nn. 4-8.

[45] A livello redazionale Lc, omettendo la domanda dei figli di Zebedeo che in Mc e Mt separa il terzo annuncio dall'episodio del *cieco* (cf. par Mc 10,35-45; Mt 17,20-28), si mostra ben cosciente del cambiamento che fa. In tale maniera unisce più strettamente l'annuncio e la storia seguente che forma a sua volta un dittico con quella di Zaccheo. Cf. l'esposizione di questa visuale in: R. VARRO, «Annonce de la Passion», 25-26. Dell'opinione opposta, e cioè di considerare la cesura l'episodio del *cieco* è F. Bovon (*Luca*, II, 842, nn. 2.4) e molti altri: cf. ad es. U. BUSSE, *Die Wunder*, 328. A favore della nostra scelta tuttavia parlano anche le strutturazioni retoriche di C. Talbert (*Reading Luke*, 199), R. Meynet (*Luca*, 665.669) e M.-J. Lagrange (*Luc*, XXXV). W. Trilling (*L'annonce du Christ*, 147), ad es., ne parla apertamente: «(Luc) lie directement ce récit à la troisième annonce de la Passion». Cf. anche: D. RAVENS, «Zacchaeus», 28.

gnale narrativo (ἰδού) attira l'attenzione del lettore a ciò che segue ed è la presa di coscienza dell'attuale *salita* a cui già si può partecipare: ἀναβαίνομεν. Questo esplicito invito segnala ad ogni lettore un eccellente punto di arrivo della propria sequela visiva — d'ora in poi si avrà a che fare con istruzioni sempre più insistenti e categoriche. Un medesimo tono caratterizza la parte conclusiva del brano, dove la reazione dei *Dodici* fa da battistrada al seguito del racconto. L'evangelista la presenta come una conseguenza logica dell'annuncio, anzi, con un καί la congiunge direttamente ad esso, come se ne facesse parte integrante (cf. Lc 9,45; par Mc 9,32). Il contrasto che ben si evince dalla semantica è polarizzato ben poco dalla sintassi[46] e ciò dovrà essere spiegato pragmaticamente.

Il ritmo dell'insieme è quindi assai veloce e armonico — il lettore si rende conto dell'apertura di qualcosa di fondamentale. L'annuncio difatti è impensabile senza le due scene successive che ne accrescono l'attualità[47].

---

[46] La part. καί in prima posizione di per sé potrebbe assumere un valore avversativo (*ebbene, ma*) o consecutivo (*cosicché*) (cf. *Zerwick*, §455), ma effettivamente viene seguita dal pron. αὐτοί con cui forma un costrutto di regola non accentuato, frequente in Lc e che segue lo stile ebraicizzante dei LXX. Cf. Lc 2,50; 19,2. Il cambiamento del registro comunicativo — dal *telling* discorsivo (Lc 18,31b-33) allo *showing* narrativo (v. 34) — richiede però dei segnali narrativi più netti (δέ, ἵνα) per stendere e imporre pragmaticamente allo sguardo del lettore il quadro comunicativo del contrasto di cui abbiamo già visti esempi classici: cf. sopra, cap. II, p. 117; cap. III, 198.207s etc. Nei passi paralleli di Mc 10,33-34 e Mt 20,17-19 il narratore non ne ha bisogno essendo il filo logico del racconto portato avanti con una scena seguente. Lc tenta a quanto pare di salvaguardare questa «normalità» sintattica di paratassi e la persino enfatizza adoperando uno stile semitizzante connotato dall'uso di un καί *relativum* (Lc 18,34: καί+x, καί+impf. perifrastico, καί+aor.) ove valgono di più le regole comunicative di una coordinazione di elementi portanti, accentuata espressivamente: A. NICCACCI, «La narrativa di Mc 1», 59-71. Cf. J. JEREMIAS, *Sprache*, 20. Per il prosieguo della discussione si vada alle nn. 48-49.

Sembra illuminante in merito una visione ermeneutica del fenomeno da parte di F. Bovon che già anticipa gli esiti comunicativi della presente indagine: «suona sorprendente per come viene formulata [l'incomprensione]: il lettore fa fatica a capire perché i dodici non comprendano una descrizione così precisa. Il fatto è che Luca pensa più che all'evidenza dei fatti al loro significato secondo il disegno di Dio. Gli aspetti narrativo e storico (vv. 32-33) vanno considerati infatti sullo sfondo della Scrittura e della teologia (31b.34). Per esprimere [ciò] Luca soppesa le parole» (*Luca*, II, 833-834).

[47] Suggerisce R. Varro («Annonce de la Passion», 25): «Au seuil de l'ultime étape de la montée à Jérusalem, Jésus lève la consigne du secret messianique. La crise va éclater au grand jour: ce sera sur son véritable motif. [...] La question centrale est

2.3.2 Il cieco e la folla (18,35–39)

Con il primo incontro le cose cambiano radicalmente: nel narrare prevale l'uso della particella δέ che contribuisce allo sviluppo argomentativo della storia e conduce il lettore alla varietà degli argomenti e dei personaggi che cambiano insieme allo stile. Il tempo narrativo della parte finale dell'episodio, scandito dalla sequenza dei tre καί (18,43) risulta più moderato e presenta una situazione ideale creatasi proprio alla fine della storia, subito dopo la guarigione. A prepararla serve, infatti, tutta la parte più drammatica della narrazione che è articolata in due scene.

L'introduzione dell'insieme riporta il motivo del *viaggiare* facendo riferimento all'inizio della sequenza (18,31b), ma questa volta accentua la meta intermedia del cammino di Gesù: *Gerico*. Il suo continuo movimento verso il luogo prestabilito si contrappone allo *stare seduto* del *cieco*: l'impf. (ἐκάθητο) mette inoltre ben in evidenza la durata dell'azione. Dopo i cenni così rapidi sulla passione ci si ritrova in un ambiente del tutto diverso: l'attenzione del lettore istintivamente si ferma sul *cieco seduto sulla strada* — il rallentamento del ritmo invita il lettore alla riflessione…

Il cambiamento comunicativo scandito dal δέ avviene in modo caratteristico, cosicché l'aver udito l'avvenimento clamoroso permette all'attante d'interrogarsi sul senso della propria percezione: il secondo impf. (36: ἐπυνθάνετο) ha un valore strategico in quanto crea l'intreccio della storia. Il ruolo della *folla* in tutto questo è piuttosto passivo e si limita a riferire i fatti esterni che il *cieco* ripensa per categorie frontali. Perciò il passaggio dal punto di vista della *folla* a quello del *cieco* (un classico *shift of «perspectives»*) è ben riscontrabile — la prima azione concreta del personaggio (il *grido*) svela poi un nuovo cambiamento, più radicale, che il testo sembra celare legando la sua reazione a quella della *folla* con un καί consecutivo[48]. Frattanto la resistenza di un grup-

---

donc bien de savoir pourquoi on marche derrière Jésus et où va, en vérité. L'annonce de la Passion, la guérison de l'aveugle et le passage qui suit sont autant de réponses et s'éclairent mutuellement».

[48] La funzione della part. καί in Lc 18,38 è ambigua, giacché può essere intesa nel senso di una sostituzione del più abituale δέ — un fenomeno frequente in Lc: E. SCHWEIZER, «Sonderquelle», 166, n. 18, cit. da: J. FITZMYER, *Luke*, I, 108. Cf. la nota seguente. Il contenuto della professione messianica così introdotta in effetti contrasta con la normalità dello *status quo* di partenza donde la resistenza critica: «It is not this which the multitude resent, but the interruption. [...] Jesus was perhaps teaching as He went» (A. PLUMMER, *Luke*, 431).

po che avanza nel cammino (προάγοντες) funge da sottofondo (cf. l'impf. ἐπετίμων: 39) ad una ripresa della stessa acclamazione da parte del *cieco* che così riempie completamente la comunicazione. Questo ultimo cambiamento[49] della scena a cui rimandavano i due precedenti è dovuto dunque alla resistenza vittoriosa del protagonista che a livello narrativo si esprime con una rottura della sequenza dei due καί mediante un δέ di transizione. L'impiego dei verbi antonimici (σιγάω e κράζω) segna ugualmente un crescendo.

2.3.3 Il cieco e Gesù (18,40-43)

Con la seconda scena cambia di poco lo stile: i tre aoristi congiunti tra di loro con un δέ esprimono l'iniziativa di Gesù in risposta all'insistenza umana. Qui è importante che l'ordine di Questi (40b) riguardi il *cieco* e i suoi circonvicini: facendolo *avvicinare* a Gesù si avvicinano loro stessi a Colui che *si stava avvicinando a Gerico* (35a). Il cambiamento riguardante la *folla* è profondo, giacché da forza ostacolante diviene aiutante — un presupposto fondamentale per il successo del miracolo e una lode finale[50]. Per ora la macchina da presa fissa

---

[49] Anziché di *complicazione* o di *contrasto* qui abbiamo preferito di parlare del *cambiamento* della situazione per rendere meglio la dinamica comunicativa dell'intera scena, che si rivela di spessore grazie appunto ai due cambiamenti strategici di direzione pragmatica, deboli, invece, a livello sintattico (vv. 38-39b: καί consecutivo e/o di contrasto e δέ avversativo). Cf. BDF, § 442.1.2; 447.1. Sulla funzione sintattica e il mutuo rapporto delle particelle καί e δέ, viste nella prospettiva dei tempi e aspetti verbali, si vedano gli articoli orientativi di: A. NICCACCI, «Dall'aor. all'impf.», 94-95; «La narrativa di Mc 1», 61-64.

La particolarità dell'esposizione lucana sta anche nel fatto che il narratore metta le prime battute del *cieco* e dei circonvicini nel discorso indiretto (36b.37b), le presenta cioè da una prospettiva estraniata (*free indirect discourse*) per mettere in rilievo appunto la sonorità e subitaneità del *grido*. In tal caso l'intreccio sintattico dei vv. successivi (38-39a) serve agli stessi scopi: a preparare progressivamente e attualizzare la potenza perlocutoria del grido in veste d'un atto linguistico su cui pende la composizione.

[50] Sul piano dei personaggi rimane l'ambiguità dovuta alla reticenza del racconto. Di fatto i conduttori del *cieco* possono essere qualsiasi gruppo di persone: il passivo ἀχθῆναι lascia supporre che ci fossero i discepoli scomparsi dopo l'annuncio. Facendo le conclusioni bisognerà quindi dare la risposta a questa tensione che si svilupperà nel secondo incontro: cf. p. 300ss. Dello stesso parere è J. Green (*Luke*, 664, n. 173) che sfrutta la suggestività semantica dell'unico attributo di questo gruppo: οἱ προάγοντες (Lc 18,39). In quelli che a livello spaziale stanno *in testa* e fanno strada a Gesù è facile, infatti, riconoscere gli stessi protagonisti dell'invio straordinario di Lc 9,52 (πρὸ προσώπου) e i custodi severi della serenità del loro maestro (cf. Lc 18,15-17). Cf.

l'obiettivo sulla scena idealizzata dell'incontro in cui batte il ritmo il vb. chiave ἀναβλέπω. La reazione del *cieco* (41b) è paragonabile a quella precedente (39c), perché rappresenta un *climax* nella logica comunicativa di cambiamento (δέ). Sia l'ordine di Gesù che la sua esecuzione non fanno altro che rompere ulteriormente la paralisi iniziale che respinge fortemente il grido. Qui l'unico personaggio che sa muoversi, interrogarsi e mantenersi in carattere è paradossalmente il *cieco*.

Il cambiamento definitivo (*turning point*) a cui era indirizzato il passo del lettore — il ritorno della vista (43a: ἀνέβλεψεν) — è presentato con tratti essenziali: la sua immediatezza provoca un andamento narrativo molto dinamico coinvolgendovi per inerzia anche il pregnante impf. (ἠκολούθει) teso quasi a creare il sottofondo a tutta la parte conclusiva, come lo faceva all'introduzione l'iniziale: ἐκάθητο. Come sovrappiù narrativo (καί) viene aggiunto un aoristo col fine di distogliere lo sguardo del lettore dall'impf. affinchè il modello perfettamente compiuto del cieco cominci a funzionare pragmaticamente pure nei confronti di terze persone. In tal modo un singolare cammino verso la visione passa la palma comunicativa a un cambiamento *exterius* compiuto sempre negli occhi (ἰδών). Lo sguardo del lettore trova una delizia — ecco la finalità comunicativa del *piacere* della lettura, — ma non viene trattenuto, vista la necessità di una seconda storia-modello che si focalizzi sulla natura stessa dell'*incontro*.

2.3.4 Zaccheo e la folla (19,1-4)

A differenza del secondo momento narrativo l'inizio di quest'ultimo ricorda di più l'apertura del trittico (18,31-34): il ritmo conciso e frettoloso suggerisce che ormai non si deve perdere tempo nella speranza di trovare, nelle parole e nei fatti, un sottinteso[51]. Gli unici mezzi con cui

---

la stessa connotazione semantica del tentativo, dal canto di Zaccheo, di mettersi in avanguardia che di per se è la migliore posizione per «vedere ed essere visto» (cf. J.-N. ALETTI, *L'arte di raccontare*, 17): προδραμὼν εἰς τὸ ἔμπροσθεν (Lc 19,4a).

[51] Nei primi due momenti ciò era suggerito dai due verbi — ἀναβαίνομεν e ἐκάθητο — che avevano avviato la riflessione del lettore nonché avevano favorito la *complicazione*. Nel primo caso a esplicitarla è la reazione dei *Dodici* che già aveva evidenziato la loro attuale non-compartecipazione alla *salita* che metaforicamente, si soffermerà, fa appello al *riconoscimento*: cf. sotto, pp. 262-267. Una forte impronta gnoseologica dell'*annuncio* (Lc 18,31-34) attua di certo nel lettore delle attese di carattere cristologico: chi è Gesù, qual è la sua missione, come la sua morte violenta può dare il compimento a *tutte le cose scritte dai profeti*. I due incontri che seguono quindi (Lc 18,35–19,10) offrono un ricco panorama comunicativo, ove le profezie antiche risuonano sulle bocche dei protagonisti e animatori del *vedere*.

il narratore riesce comunque ad attirare la mente dei suoi lettori sono l'impf. διήρχετο e il segnale narrativo abituale di Lc: καὶ ἰδού. Il primo, riferito al cammino «saliente» di Gesù, non solo batte per la terza volta il suo ritmo (cf. 18,31b.35a), mette bensì ancora più in risalto l'insistenza; il secondo fa puntare gli occhi addosso a Zaccheo. La sua scarna descrizione modellata (cf. καὶ αὐτός: 19,2bc) dice l'essenziale e servirà appunto per gli scopi narrativi dell'intreccio. La prima scena svela subito l'intrigo coinvolgendo di nuovo la *folla* come ostacolo (3c). I due imperfetti, che sottolineano il dramma percettivo del protagonista e lo prolungano, completano il quadro classico della *complicazione*: ἐζήτει e οὐκ ἠδύνατο. Il primo aoristo della sequenza (ἀνέβη: 4a) ha una funzione esplosiva simile al grido del *cieco*. L'atto deliberato di Zaccheo che *sale* è ugualmente una reazione alla pressione della *folla* come fattore negativo: perseverando in quel modo il non vedente, certo, avrà la meglio[52].

2.3.5 Zaccheo e Gesù (19,5-7)

L'arrivo di Gesù sul palcoscenico non cambia apparentemente il ritmo, ma nondimeno porta con sé il messaggio da pronunciare (5c-e) — proprio questo ferma la scorrevole successione dei desideri e movimenti di Zaccheo che hanno connotato la prima scena. La richiesta di scendere sta in forte contrasto con il suo *arrampicarsi* premuroso e insieme richiama l'ordine dato al cieco (18,42b) — in entrambi i casi l'esecuzione è immediata e letteralmente identica (cf. 19,6a). E non a caso sia l'appello di Gesù che la risposta dell'interpellato vanno completati ulteriormente. Nel primo caso l'*autoinvito* di Gesù è messo discorsivamente in rilievo grazie al γάρ esplicativo (cf. 18,32a) a scandire un *turning point*; nel secondo — un nuovo sovrappiù narrativo enfatizza l'*accoglienza* sprovvista di Zaccheo (χαίρων; cf. 18,43b). Segue, sempre in conformità con il brano precedente (cf. 43d), la reazione del pubblico vivificata da un discorso diretto. L'impf. che la designa (διεγόγγυζον) preme l'andamento narrativo e già ambienta l'ultima scena intensamente discorsiva, costituita da un dialogo non molto coerente. Per questo

---

[52] Cf. la somiglianza della costruzione dei vv. 3cd e 4: l'ὅτι in entrambi i casi introduce la causa effettiva dell'attuale stato di cose e del comportamento comunicativo scelto. La novità della seconda miniscena è data dal cambiamento di luogo nonchè dell'oggetto di sguardo che viene preso in causa: ora è Gesù itinerante (cf. 18,37b) a contribuire pragmaticamente all'impegno visivo di una iniziativa così viva di Zaccheo da riempire di dinamismo il cammino del lettore.

motivo esso coinvolge grazie alla funzione narrativa che è da situare in un canovaccio comunicativo più ampio[53]. Il lettore coglie questo invito confrontandosi appunto con la strategica reazione dei *tutti*. Pragmaticamente, oltre a complicare per l'ultima volta la situazione e a creare antagonismo comunicativo con il finale ideale del primo incontro (cf. 43d), essa tende a correggere e deviare lo sguardo del lettore (ἰδόντες: 19,7). Ma anche se la *salita su un albero* lo ha staccato già dalla *strada* affollata di Gerico, dopo esservi scesi con l'eroe in una folla rumorosa e stringente, se ne scappa poi all'intimità della *casa*[54] in cui si guardano i soli due personaggi che proferiscono parole in un certo senso di fede. Il tentativo di eludere dall'impegno visivo fallisce…

2.3.6 Epilogo (19,8-10)

Per primo si pronuncia Zaccheo il cui *stare in piedi* (σταθείς: 8a; cf. 18,40a) ferma definitivamente la narrazione già rallentata dall'impf. precedente (διεγόγγυζον: 7a) — si tratta di una questione vitale che porrà fine alla *storia*. Il *climax* del terzo momento narrativo (cf. 6) giunge fin qui, con la presa di parola da parte di Zaccheo, dove i due presenti, unici nel brano, accrescono l'attualità e forza assertoria del detto, in una maniera simile all'*annuncio*[55]. Che qui ci sia un'obiezione e quindi una deviazione pragmatica, è reso comprensibile dall'uso del δέ avversativo il quale rompe la sequenza impressionante dei καί (19,1-

---

[53] Con il vb. εἰσέρχομαι (7c) viene completata la ricca gamma semantica del *cammino* di Gesù che unisce tutto il trittico: cf. ἀναβαίνω (18,31b); ἐγγίζειν (35a); παρέρχομαι (37b); διέρχομαι (19,1); ἔρχομαι (5a.10a); εἰσέρχομαι (19,1.7c). I tre unici verbi che parlano del suo *fermarsi* (ἵστημι: 18,40a; μεῖναι (19,5e); καταλῦσαι (7c)) sono per questo assai significativi. Le soste di Gesù hanno a che vedere, infatti, con i *cambiamenti* profondi della situazione comunicativa, che dànno l'orientamento strategico all'unità, sotto impulsività pragmatica degli sguardi. Cf. Lc 4,16-30; 5,27-32.

[54] Un cambiamento di luogo narrativamente era già supposto dall'*autoinvito* (οἶκος: 5b) e dal vb. rispondente (ὑπεδέξατο: 6b). Il lettore quindi vi pone uno sguardo di attesa.

[55] Cf. Lc 18,31: ἀναβαίνομεν. Si discute tanto invece sul valore dei due presenti in Lc 19,9 (δίδωμι e ἀποδίδωμι): cf. lo *status quaestionis* e i rimandi alla bibliografia ulteriore in: D. HAMM, «Zacchaeus Revisited», 249. Riteniamo più giustificata dal contesto l'interpretazione che assegna loro il valore del futuro — il cosiddetto «presente futuristico» (così la maggioranza degli studiosi: *pace*, J. FITZMYER, *Luke*, II, 1125) — avviando così un giuramento commissivo del protagonista che Gesù rivede nel prisma comunicativo del compimento del proprio cammino. Per le conseguenze teologiche di tale scelta vedasi sotto: pp. 283-286. Cf. BDF, §323; *Zerwick* §278; D. WALLACE, *Grammar*, 535-536.

7) e premia l'occhio paziente di un lettore pieno di sguardo. Si impone quindi al lettore una duplice locuzione[56] di Gesù il cui enorme potenziale pragmatico è steso retrospettivamente così da conferire una finalità al cammino del *vedere*. In verità, il trittico lo riepiloga discorsivamente tralasciando molti dettagli narrativi, di secondo grado per gli esiti comunicativi del racconto. Non si dice, per esempio, chi siano gli assistenti, stimolando nel lettore un confronto creativo con la storia di Levi (5,27-32) che si avvicina alla presente sotto vari aspetti[57], ma si bada a una presenza e a un ruolo comunicativo ben più decisivi dei discepoli. Qui invece loro sono completamente assenti. Come dire che dopo il fallimento grottesco che li ha screditati non solo agli occhi del maestro, ma anche del lettore[58], si tengono nell'ombra, cedendo posto ai veri protagonisti del racconto che sono il *cieco* e Zaccheo. Ciò nonostante la loro presenza è implicita, giacché non si dubita che prima fossero stati questi a portare il *cieco* a Gesù (40)[59] e ora insieme a Zaccheo

---

[56] Riferita esplicitamente a Zaccheo essa non è congruente in quanto parla di lui in terza persona, ma ciò non toglie che la si possa intendere anche in relazione all'uditorio. Infatti la prima sentenza concernente la *salvezza* della *casa* (9bc) può andare bene come quintessenza e inveramento di coloro che, agli occhi del lettore, hanno oggettivamente compiuto una visita e un incontro con Gesù nella vita del *pubblicano*. Tant'è vero che la prima parola di Gesù indirizzata a Zaccheo ha per oggetto la sua *casa* (5de). Menzionandola alla fine (9c), questa volta come metafora, si suggerisce apposta di ritenere fermo lo sguardo fissando lo stesso personaggio. Cf. l'osservazione di R. O'Toole («Lk 19,1-10», 115): «Lk 19,1-10 has a double focus; the verses address both the objectors and the quester» [and] «not only marks the acceptability of Zacchaeus's generous conversion statement in v. 8, but tells the crowd (also the readers) who Jesus is for Zacchaeus».
Di conseguenza la subordinata causale introdotta dalla cong. καθότι e semanticamente arricchita dal nome caratteristico (metafora-eponimo) di un intero gruppo etnico (*figlio d'Abramo*), ben noto al lettore, è da intendere come una strategia narrativa supplementare che allude in retrospettiva a un'estensione del circolo degli interlocutori implicitamente presenti alla scena: cf. Lc 3,8; 13,16; 16,24.30. Tuttavia nonostante l'oscillazione testuale la logica di questa esemplare comunicazione visiva rimane trasparente: cf. sotto.
[57] Tra gli studi più rappresentativi nel porre l'attenzione a questo parallelismo intertestuale di Lc sono da nominare quelli di R. Tannehill, («The Story of Zacchaeus», 204) e C. Rathnasamy (*Jesus Encounters Zacchaeus*, 69).
[58] Cf. il cammino del lettore lungo il «viaggio», compresa la pedagogia narrativa che faceva i discepoli progredire sempre di più nei *misteri del Regno*: pp. 236-246.250-255.
[59] A favore del considerare la forza aiutante la *folla* — ciò che abbiamo ammesso anche in precedenza (p. 266) — sono non pochi esegeti: cf. ad es. A. Paul, «La guérison», 56-58. Se ciò è vero si spiegherebbe felicemente il cambiamento che questa subisce trasformandosi nel *popolo* lodante. Il nostro punto di vista consisterà nel dare

spartiscano con Lui il pane e ricevano in un ambiente ideale un nuovo insegnamento sulla missione del *Figlio dell'uomo* (19,10; cf. 18,31).

3. Dalla cecità alla visione: il messaggio di Lc 18,31–19,10

L'analisi narrativa ci ha convinto della destrezza lucana nel comporre i fatti e spiegarli teologicamente. Rimane il compito di riempire di senso i concetti e i temi chiave che percorrono tutta l'unità. L'analisi semantica che qui entra in campo rileverà i punti nodali della narrazione essendo essi i veri apoftegmi del Vangelo. Per quanto riguarda il «vedere Gesù» vi è un terreno particolarmente ricco, cosicché ci si concentrerà proprio sul paradigma del *vedere* attorno al quale l'intero racconto si muove. Pertanto sarà indispensabile comprendere cosa significhi e come funzioni pragmaticamente l'itinerario che il lettore, in quanto credente, e vedente effettua in termini teologici. Ben inserito nel cammino degli sguardi, esso darà ragione al postulato iniziale con cui è stata intrapresa la ricerca: nel «vedere Gesù» si realizza e trae origine la salvezza.

3.1 *La sequela della non percezione (18,31-34)*

Il lettore che si mette davanti all'*ouverture* del trittico del riconoscimento è tentato di interpretare l'annuncio della passione esclusivamente alla luce della reazione dei *Dodici*. Infatti, nulla vi suggerisce un finale simile e, in più, l'esplicito invito a imboccare la strada in prossimità della fine del cammino predispone il lettore ad adattarsi alle difficoltà che esso comporterà. L'accento posto sul *compimento delle Scritture* e dei *Profeti* fa scaturire nella sua mente le storie idealizzate dell'*ouverture* propria del Vangelo, tutta intessuta di allusioni e compimenti che rivivono il passato glorioso d'Israele. Questo *compimento* definitivo è esplicitato alla fine, dopo un crescendo impressionante dei particolari della passione (18,33b). Con una pregustazione del vero termine di questo cammino — la morte non avrà l'ultima parola — il lettore si sente dunque non del tutto deluso: c'è da sperare nonostante tutto. Per i personaggi attuali però ciò non vale, è come se tutto il discorso fosse accolto da loro meccanicamente, senza che questi si rendessero conto della sua dinamica interna[60]. Il cammino che forse stanno già facendo (cf. ἀναβαίνομεν) non li

---

più valore alla connotazione visiva di un tale cambiamento che il testo ricollega chiaramente al fatto della guarigione: cf. sotto, pp. 280-283.300ss.

[60] Nel contesto sinottico qualcosa di simile avviene addirittura nel primo annuncio (Mc 8,31-33; Mt 16,21-23). Lc, invece, ivi toglie la parte più drammatica — il *rim-*

abilita a prendere coscienza della vera meta e da qui nasce l'incomprensione. In verità, si tratta di un triste esito comunicativo di una finora valida esperienza di sequela in cui ora gli stessi occhi diventano i loro accusatori testimoniando una svista provvidenziale [61].

A livello comunicativo stupisce la radicalità dell'*impasse* che caratterizza il cammino dei discepoli[62]. E come se non bastasse, per tre volte si insiste sul loro *handicap* che assume dimensioni grottesche dopo un grande silenzio che li risparmiava in qualche modo dal giudizio narrativo (l'unica eccezione è un indizio molto sfumato di Lc 9,55). Il primo accenno è il più desolante, perché d'un colpo rompe qualsiasi collegamento con i vv. precedenti[63]. L'enfasi posta sull'oggetto pronominale (οὐδὲν τούτων) in una tale frazione comunicativa non lascia evidentemente alcuna possibilità al lettore di scorgere un minimo di coerenza. Solo il verbo συνίημι fornisce delle indicazioni complementari in quanto orienta il suo sguardo su un altro episodio programmatico che in modo simile aveva bruscamente distolto il lettore dal canovaccio ideale del vangelo dell'infanzia: l'*incomprensione* dei genitori (Lc 2,50). Le quattro ricorrenze di questo verbo in Lc insieme all'impulso fortissimo del secondo annuncio della passione (9,45: ἀγνοέω) coprono, infatti, un cammino parallelo di *riconoscimento*[64] che ora il lettore

---

provero rivolto a Pietro — e lascia così al lettore il diritto di interpretare la funzione di quest'omissione sicuramente redazionale (cf. H. SCHÜRMANN, *Luca*, I, 439-443). Il terzo annuncio potrebbe illuminare l'argomento in questione. Facendo una seconda (la terza! se prendere in considerazione e interpretare in simile ottica il passo emblematico di Lc 13,32-33) menzione della *risurrezione* e lasciando nel segreto (per la durata di tutto il viaggio!) la reazione che questa provochi nel pubblico, il narratore sposta il centro comunicativo della tensione esattamente qui ambientando del resto l'annuncio con il solito motivo del *compimento* (Lc 18,31c).

[61] È un fatto noto che Luca rispetto ad altri sinottici sia molto discreto nel criticare il comportamento e le capacità percettive dei discepoli (cf. J. FITZMYER, *Luca teologo*, 100-105). Qui invece si mostra assai rigido, sì da mettere apparentemente in crisi l'immagine che l'occhio del lettore aveva composto lungo il proprio cammino percettivo in cui ci si vedeva mediante il profilo di Gesù. In ciò consiste propriamente la strategia narrativa del Terzo Vangelo che bisognerà porre a servizio dell'elaborazione semantica del trittico a cui risponde appunto la pragmaticità comunicativa della storia.

[62] Un'interessante spiegazione di questo fatto, dal punto di vista narrativo, viene proposta da J.-N. Aletti (*L'arte di raccontare*, 102). Secondo lui, la radicalità dell'annuncio è data dal menzionare per la prima volta e in modo così esplicito (cf. Lc 13,33-36) la città del destino mortale del maestro — *Gerusalemme*.

[63] Cf. ciò che era messo in evidenza nell'analisi sintattica: p. 264.

[64] Cf. Lc 2,50; 8,10; 18,34; 24,45. Qui, per così dire, già si potrebbero scoprire le carte del narratore riguardo all'ambiguità terminologica che si crea con la menzione parallela dell'*incomprensione* e del *riconoscimento* e presumibilmente provoca un

è pronto a cogliere al culmine del racconto: la meta appunto dell'incomprensione.

Il progresso che si verifica tra le prime due tappe introduttive è quasi privo di tensione: in entrambi i casi sia l'insegnamento che la sua ricezione sono moderatamente sbiaditi. All'ambiguità della prima parola di Gesù (2,49) risponde comunque l'esempio positivo della sua *custodia* da parte di Maria (51). Dentro la parabola del seminatore l'*incomprensione* — la costante della *folla* — serve per mettere più in rilievo la *conoscenza dei misteri* da parte dei discepoli (cf. Lc 8,10). Questo privilegio supremo viene cristallizzato durante il *viaggio* quando il Maestro rivolgendosi direttamente ai discepoli — che aveva preso in disparte — spiega che la beatitudine consiste nell'esperienza del dono che possono cogliere con i loro stessi occhi (cf. 10,21-24; 12,32). Di per sé questa esperienza quotidiana, sperimentata seguendo il Gesù Messia sulla strada è straordinaria, poiché è un dono della rivelazione divina che aspetta il proprio compimento negli occhi. Di fronte a questa immagine positiva del discepolato, un celebre modello del *vedere*, i due ultimi annunci costituiscono il momento della verità che contraddistingue, a sua volta, il culmine dell'insegnamento di Gesù[65]. Tuttavia, il

---

equivoco terminologico al fine di favorire l'identificazione tra i lettori di questa tesi e i discepoli stessi). In Lc 1-2 il compimento e il riconoscimento sono riferiti direttamente al tema del «vedere Gesù». In questo contesto, invece, entrambi i termini accennano alla passione e alla risurrezione di Gesù. A tal proposito lo schema finale del trittico, come anche quello del vangelo dell'infanzia, hanno in comune la tensione narrativa tra il compimento che pragmaticamente già inizia a realizzare il programma degli annunci e il riconoscimento che è ancora da aspettare. Quel *Riconoscimento* a cui aveva solo accennato l'episodio di Lc 2,41-52 è stato parzialmente manifestato durante il ministero di Gesù in Galilea (Lc 4,14–9,50) in termini della sua identità messianica (cf. J.-N. ALETTI, *L'arte di raccontare*, 80-83). In modo simile il *Compimento* celebrato dal *Nunc dimittis*, e quasi risorto narrativamente a casa di Zaccheo, prepara, nella cornice del ministero di Gesù, la strada ad un compimento definitivo, trattato alla fine del vangelo lucano (cf. la bella assonanza fonetica tra *Luke* e *Look* in inglese e l'articolo che sfrutta questo gioco di parole: S. MOORE, «The Gospel of the Look»), un vero e proprio luogo della *rivelazione* e della comunicazione divino-umana (Lc 24).

[65] Il lettore potrebbe replicare che la reazione dei Dodici sia dettata dal carattere improvviso dello stesso terzo annuncio che aveva interrotto la lunga serie degli insegnamenti riguardanti prevalentemente i *Dodici* e aveva sbilanciato la tenacia con cui era stata imposta la prossimità e perfino l'attuale presenza del *Regno*. Davanti a un così ricco e denso panorama salvifico (cf. il cammino del lettore in Lc 12,1–18,30) che sicuramente risvegliava nella memoria le speranze messianiche abituali lettore stesso prova le medesime difficoltà: forse è proprio per questo a Luca non basta ricordare ciò solo per tre volte. Agli annunci aggiunge i tre detti in più, altrettanto decisi e

narratore mostra una certa titubanza nel dare chiarimenti, seppur impliciti, quando si tratta dell'enigma dell'incomprensione che è costante e parte integrante della storia della salvezza. Bisogna solo continuare a leggere cercando di appagare con lo sguardo il non detto e il non capito dei discepoli...

La dinamica ulteriore del fallimento descritto è dovuta senza dubbio al secondo stico del v. 34, in cui è assente qualsiasi riferimento ai *Dodici*. La concezione dinamica del sost. ῥῆμα lucano che non solo dice, bensì *«viaggia»*[66] e quindi è ben più di una semplice comunicazione verbale, si manifesta qui molto chiaramente. Con una costruzione perifrastica (ἦν κεκρυμμένον) si accenna alla sua resistenza duratura ad ogni sforzo umano di coglierne la portata. Inoltre i primi testimoni dell'efficacia della Parola erano stati: Maria che l'aveva semplicemente accolta da serva ubbidiente (Lc 1,38) e i *pastori* ai quali Iddio invece l'aveva *fatto conoscere* (2,15). E ciò è illuminante per la vicenda in questione. I Dodici non riescono ad accettare la portata del ῥῆμα, perché non si è ancora rivelato dall'alto: il vb. κρύπτω propriamente indica un nascondimento, ossia un offuscamento voluto che distoglie dagli occhi l'oggetto desiderato[67].

Il secondo annuncio (9,44-45), che sta a parte nel quadro finora rilevato, è un altro punto di tensione narrativa che viene situato alla fine del ministero di Gesù in Galilea. La reazione dei discepoli all'annuncio è molto simile, anche se non è così intensa e ben articolata. Ad un certo punto il lettore vi trova una chiave che mancava per decifrare la finalità di un così insito velamento del messaggio. La proposizione finale del v. 45 la esplicita al massimo: *affinché loro non lo percepissero*[68]. Il ptcp.

---

indiscutibili (Lc 12,49-50; 13,32-33; 17,25). Cf. sulla problematica delle fonti e lavoro redazionale lucano a questo proposito in: J. Fitzmyer, *Luke*, I, 777-779; II, 1207-1208).

[66] Cf. M. Grilli, *L'opera di Lc*. I. Il vangelo del viandante, 17-19.

[67] Al lettore aiuta ben molto il contesto evangelico posteriore in cui lo stesso vb. ricorre in una frase quasi identica (19,42: ἐκρύβη ἀπὸ ὀφθαλμῶν σου). Nel contesto precedente serve da indicazione il secondo annuncio della passione che differisce dalla tradizione sinottica grazie alla forte coloritura dell'incomprensione con l'impiego di un vb. sinonimico: παρακαλύπτομαι (cf. Lc 9,45). Cf. par Mc 9,32; Mt 17,23c. Cf. G. Gamba, «Senso di Luca 9,43b-45», 257, n. 91.

[68] *Pace*, G. Gamba, «Senso di Luca 9,43b-45», 256-258. Tra le traduzioni la più vicina alla nostra è quella di TOB: *pour qu'ils n'en saisissent pas le sens*. Cf. anche quella di Reina-Valera [R95]: *para que no las entendieran*. Cf. un breve e informativo *status quaestionis* del problema fornito da F. Bovon (*Luca*, I, 605.606 (nn. 34-35)). Lo stesso autore infine propone una sintesi teologicamente originale, perché

perifrastico παρακεκαλυμμένον richiama l'ἀποκάλυψις degli inizi radicato nella *luce* apparsa in Gesù bambino (2,32.35). Il contesto più largo di ambedue gli annunci illumina questa intuizione e semanticamente il detto sul *nascosto* e il *rivelato* è particolarmente sviluppato in Lc[69]. I due testi verbalmente più vicini ai nostri sono quelli che parlano: uno della rivelazione già avvenuta (10,21) e l'altro della necessità e/o dell'inevitabilità di una rivelazione imminente (12,2), entrambe le volte avendo per destinatari i discepoli. Gli esempi negativi delle ultime tappe del viaggio gettano nondimeno luce sull'oggetto della *rivelazione* come tale. Una svolta storica decisiva provocherà infatti la scomparsa del *Figlio dell'uomo* dagli occhi dei suoi: evidentemente una parafrasi della morte (17,22)[70]. Nella «piccola apocalissi» lucana segue l'imponente panorama parusiaco diviso in due parti dall'accenno alla *passione* (25) che pragmaticamente dà l'orientamento a tutta la sequenza[71]. In altre parole, nonostante l'intensificazione del discorso sugli ultimi tempi, la morte del messia continua a dominare il quadro comunicativo portando avanti il filo narrativo dell'incomprensione nutrita per contrasto da una tensione con la sfida apocalittica di una conoscenza e visione immediate.

La contestualizzazione dei brani visti brevemente è dunque a favore di un forte legame tra i concetti di *rivelazione, passione, incomprensio-*

---

tende a riconciliare le divergenze: «Dietro al significato indecifrabile di questo logion stanno da una parte il Dio che predestina (ἵνα finale, "affinché"), e dall'altra anche l'uomo nella sua cecità di fronte alla storia della salvezza (ἵνα consecutivo, "in modo tale che")» (*Ibid.*). Resta da aggiungere che il significato da noi preferito del vb. αἰσθάνομαι è costitutivo pragmaticamente, essendo la quintessenza dell'esperienza percettiva dei discepoli. L'impossibilità oggettiva di compierla infatti induce il lettore nel paradosso e nel mistero della croce in Lc. La sua funzione a livello comunicativo sarà esaminata nell'ultima tappa del cammino del lettore che funge da ponte, o meglio, riconcilia *morte* e *risurrezione*: vedasi il cap. VI. Sul *paradosso* come categoria euristica del Vangelo di Marco a cui Lc certamente attinge nella propria elaborazione redazionale del cammino di Gesù verso la croce, si consultino i contributi in merito di M. Grilli: *L'impotenza che salva*; *«Paradosso» e «mistero»*.

[69] Cf. Lc 8,17; 10,21-22; 12,2-3; 17,22.30; 19,42.

[70] Non c'è accordo tra gli studiosi a proposito dell'interpretazione dei *giorni del Figlio dell'uomo*: cf. I. MARSHALL, *Luke*, 657-659. Più evidente ci sembra quella che li collega con la vita terrena di Questi, l'espressione della sua *gloria*. Cf. H. CONZELMANN, *Il centro*, 96 n. 3; E. SCHWEIZER, «Der Menschensohn», 185-209, spec. 190. Cf. la previa esposizione del problema: cap. III, p. 202, n. 72.

[71] Cf. J. SCHMID, *Luca*, 354. Sul rapporto comunicativo tra gli eventi della *morte* di Gesù e la *parusia* si confronti l'opera classica di H. CONZELMANN, *Il centro*, 143-146.

ne e *riconoscimento*[72]. L'incapacità dei *Dodici* di fare fronte a questa realtà dinamica degli eventi segreti quadra bene, quindi, nell'orizzonte della morte prossima di Gesù. Ciò che per ora è nascosto si aprirà di certo. Il motivo apocalittico frequente — il *sigillare* un messaggio segreto[73] — dispiega e insieme toglie il nodo di contraddizioni che per primo aveva messo in imbarazzo il lettore. I due passivi divini (παρακεκαλυμμένον e κεκρυμμένον) non sono altro che risonanze della medesima immagine che pone al centro della storia Iddio libero di farla progredire, a seconda dei Suoi disegni inscrutabili. Davanti a ciò si snoda anche la tensione tra i due gruppi dei detti che favoriscono e nello stesso tempo negano le competenze percettive del discepolato. Si concede loro ciò che già vedono con i propri *occhi* e odono cogli *orecchi*; però sarà la morte a illuminare in piena luce la vera portata dei fatti. L'incomprensione dei discepoli sta dunque a servizio del racconto stesso. Lo stico finale di Lc 18,34 insiste perciò sul *non riconoscere* come presupposto necessario per progredire in avanti. Finché non si sono compiuti i giorni del *Figlio dell'uomo* la meta della sua missione deve rimanere nel massimo segreto[74]. Solo così infatti, ai piedi della

---

[72] Cf. l'intreccio che formano i seguenti verbi nei passi semanticamente più pregnanti (Lc 12,2): συγκαλύπτω, ἀποκαλύπτω, κρυπτ(ός), γινώσκω; 10,21-22: ἀποκρύπτω, ἀποκαλύπτω (2x), γινώσκω. Da notare sono le forti sottolineature visive dei verbi delle radici καλυπτ– e κρυπτ–, che circoscrivono nonché caratterizzano a livello profondo la portata comunicativa di quei testi.

[73] Cf. l'intero libro di Ap; Dn[TM] 9,24; 12,4.9. Nei passi menzionati di Dn si osserva uno stretto legame tra *visione* estatica del veggente (חזון, מראה) e il *sigillare* sia parole della *profezia* (il *libro*) sia la visione — tutto ciò che dev'essere *compreso* (בין, בינה). Il forte imperativo di *conoscere* rivolto al profeta visionario fa da *Leitmotiv* dell'apparizione angelica stilizzata (9,22.23.25). In Dn 12,4 l'esigenza di *sigillare* il messagio è dettata proprio dalla finalità del disegno divino di aumentare la *conoscenza* quasi personificata (הדעת) solo nei tempi della *fine*. Lc da questo punto di vista aggiunge ben poco a quella comunicazione classicamente incentrata sul ruolo rivelatore di un Dio Sovrano dell'universo nel Cui potere sta far *vedere* e far *conoscere*.

[74] I primi due annunci della passione già avevano messo in risalto la specificità della costruzione lucana. Nel modificare il racconto di Mc, Lc pone l'accento sul «segreto della passione» a cui collega il divieto di parlare rivolto ai discepoli (9,21-22; cf. par. Mc 8,29-30). Cf. H. CONZELMANN, *Il centro*, 63-64. Cf. sotto: p. 298, n. 113); cap. III, 173-174, n. 19. L'insistenza con cui ribadiamo il medesimo fatto sia nel cammino che conduce alla *morte* (cap. III) e in quello che conduce alla *vita* (cap. IV) è giustificata sia dalla struttura e scrittura narrative di Lc, sia dal ruolo che vi occupa il «vedere Gesù». I prossimi capitoli, come anche il presente, faranno leva sullo sviluppo parallelo di questi due motivi — *passione/croce/morte* e *vedere* — i quali sembrano bruscamente disgiunti esattamente qui, nella massima espressione sia dell'in-

croce, il lettore digiuno di modelli positivi potrà partecipare alla verità del *riconoscimento* e penetrare il mistero del messia sofferente, sempre abbagliante in quanto inconciliabile con la promessa suprema della vita — la *risurrezione*.

3.2 Cecità e illuminazione della fede (18,35-43)

Il passaggio del lettore, che prosegue con i discepoli sbalorditi verso Gerico, è significativo sotto due aspetti. In primo luogo va riscontrato che la figura del cieco va a sopperire l'assenza dei discepoli. A questo punto il lettore viene coinvolto in un processo di inverimento — falsificazione? — dei fatti, a sua volta compromessi dal processo comunicativo dell'incomprensione, il cui tenore appare enigmatico. Dall'altro canto, questo personaggio idealizzato serve, nella sua situazione drammatica, da «metafora viva»[75] per il discepolato privo della luce illuminante della *rivelazione*.

3.2.1 Un grido che prorompe nelle tenebre (18,35-39)

L'immagine del *cieco* anonimo, apparsa così improvvisamente, dice al lettore ben più che non una semplice entrata in scena del futuro protagonista del racconto. I numerosi accenni ai *ciechi* e alla *cecità* in Lc di fatto avevano ormai preparato il palcoscenico a colui che attualizzerà il messaggio del *Regno*, rivolto ai *poveri* (cf. 4,18). E non è a caso che già a partire dal *Benedictus* la missione di Gesù sia stata definita come una *visita* a favore di quelli che *stanno seduti* (καθήμενοι: 1,79a) *nelle tenebre*[76]. La presentazione del *cieco* a questo proposito è assai pre-

---

comprensione e dello paradosso e scandalo della *croce*, che dell'intensità salvifica e trasformatrice del *vedere*.

[75] Cf. il saggio filosofico dello stesso nome di P. Ricœur, dove non mancano le coordinate per orientarsi con successo nell'universo del linguaggio metaforico. Facciamo nostra un'intuizione che sicuramente illuminerà il percorso scelto, per maturare nella consapevolezza di un contatto a tu per tu con il testo biblico incarnato nelle figure emblematiche — i veri simboli dell'esistenza umana: «la metafora fornisce una informazione, per il fatto che essa «ri-descrive» la realtà» (essendo radicata) in «un'euristica che decostruisce per ridescrivere». «Ben metaforizzare», vuol dire [...] cogliere, contemplare, vedere la somiglianza, ecco, nel poeta ma anche nel filosofo il colpo di genio della metafora che permetterà di connettere la poetica all'ontologia» (*Metafora viva*, 30.31.38).

[76] Quest'allusione suggestiva, rilevata da R. Meynet («Au cœur du texte», 697-706), fa chiudere l'arco tra i due poli comunicativi della tematica presente (Lc 1–18). Qui viene evidenziato il compimento della missione-*visita* di Gesù, la quale riassumerà il contenuto e lo spessore pragmatico nel celebre finale del trittico (19,9-10). Rife-

gnante: *stava seduto sulla strada* in attesa di dover dirigere i propri passi sulla stessa strada, trasformata però per lui da quella del *mendicare* inquietante in quella della *pace* della sequela (cf. v. 79b). Come dire che con l'annuncio precedente l'ombra della *morte* ora è caduta fisicamente su un uomo in quanto *povero* — un caso caratteristico di tutte le storie degli *anawîm*[77]. Il fatto che il *cieco* sia povero ha la stessa importanza, perché spiega la dinamica del manifesto di Nazaret in cui i *ciechi* erano il gruppo più rappresentativo dei poveri da soccorrere. Il lessico stesso non fa altro che rendere manifesto l'intento narrativo di Luca: la prima e ultima guarigione di un *cieco* nel Vangelo[78], tutta costruita attorno al vb. ἀναβλέπω, dà il compimento all'obiettivo centrale del mandato divino (τυφλοῖς ἀνάβλεψιν: 4,18). Come all'inaugurazione del ministero Gesù, anche qui va affrontata la resistenza della *folla* che non si impone finché non sta per essere compiuto ciò che le Scritture avevano preannunciato in modo determinato. Tenendo in mente il compimento di Nazaret (4,21) il lettore scorge l'affinità dell'annuncio, radicato anch'esso nelle Scritture (18,31c), con la guarigione che estrae dal potere delle *tenebre* e dall'*ombra della morte* quell'individuo la cui storia diventa un paradigma sia della *risurrezione* sia del *riconoscimen-*

---

rendosi al retaggio biblico del Primo Testamento è opportuno coinvolgere nell'ottica presente le numerose testimonianze scritturistiche che danno la consistenza al discorso sulla *cecità* (vedasi la rassegna rappresentativa dei passi commentati in: A. TRONINA, *Panie abym przejrzał!*, 41-91). L'attenzione ai ciechi era costante non solo nel mondo biblico, ma anche in quello classico, dove trovò un terreno fecondo la metafora della *cecità*: *Ibid.*, 31-40.

[77] Cf. le storie che hanno introdotto il lettore nella pietà dei *poveri* — esempi della fede d'Israele: cf. ciò che abbiamo accennato nei riguardi del dramma di Zaccaria e Elisabetta, che si risolve nel dono e nella celebrazione della *vita* (pp. 54-56). L'essenza di questa povertà evangelica, come vi abbiamo potuto osservare, consiste in un guardare oltre e nel saper discernere il beneplacito della salvezza sotto metafora dello *sguardo* favorevole di Dio posto sugli uomini. È ciò che cerca di attuare la natura indagatrice del *cieco*. Il suo *vedere* quindi, ben prima ancora che Gesù guarisca il *cieco* fisicamente, prorompe nell'oscurità dell'apparente abbandono. La morte infatti viene trasfigurata nel nascersi di un desiderio talmente forte che porti ad una revisione lo stesso problema della *cecità*. Dal fattore negativo diviene paradossalmente la condizione di salvezza.

[78] L'unico altro accenno, molto generico, è fornito da Lc 7,21-22, dove però le guarigioni fanno parte dell'ambientazione della risposta a Giovanni, ossia la riempiono semplicemente di contenuto. Nel contesto sinottico ciò è assai significativo, perché sia Mt che Mc hanno più episodi delle guarigioni dei *ciechi* (Mt 9,27-34; 16,1-12; 20,29-34; Mc 8,10-26; 10,46-52). L'intento di Luca è chiaro: fare della guarigione presente il paradigma dell'intero ministero di Gesù, ivi affatto compiuto (cf. Lc 4,18). Cf. D. HAMM., «Sight to the Blind», 462-465; A. PAUL, «La guérison», 55-59.

to. Il *cieco* — ormai è chiaro — è per i discepoli un modello, appassionante in quanto spinge anche il lettore a incarnarlo nella propria vita, facendo un salto dalla condizione di apparente impotenza comunicativa alla pienezza di potenzialità espressive radicata pur sempre nel contatto miracoloso con Gesù. Il tutto attraverso lo sguardo che sfocia in una celebrazione narrativa dell'evento salvifico.

Alla guarigione precede appunto un movimento interiore che, a livello profondo, segna il carattere vitale della natura del *cieco*: pur non vedendo sa chiedersi e domandare per fare anche degli altri i testimoni attivi della novità che strazia gli orecchi. Con il quesito *che cosa fosse* (36b) si profila molto virtuosamente la focalizzazione interna del racconto teso a dare degli accenti emotivi all'immagine alquanto particolare del *cieco*. Egli, una volta «riconosciuto» colui che provoca del rumore (37b), lo proclama di seguito, ma con uno spostamento semantico radicale, come se avesse avuto, per rivelazione, l'accesso alla verità che sta a scandire. L'appellativo *il figlio di Davide* (38-39) è già un forte indizio sulla regalità messianica di Gesù, che viene propriamente per instaurare il *Regno* promesso a Davide (cf. Lc 1,32-33; cf. 2 Sam 7,1)[79]. Dopo aver scoperto, nell'insegnamento di Gesù, un quadro così edificante del *regno di Dio*, seguendo soprattutto le ultime tappe del *viaggio* (cf. Lc 17,11–18,30), il lettore è ben consapevole dell'interesse, da parte del narratore, di mettere in piena luce il risultato di quel cammino. E qui è il *cieco* ironicamente a essere il suo esponente.

Il grido del *cieco* che insieme al salmista chiede *pietà* (cf. Sal 26,7; 85,3), in verità, partecipa al coro degli *anawîm* estrapolato dalla celebrazione della salvezza nei cantici lucani. È un grido inaudito, che sgorga dal più profondo dell'anima, e evolve il cambiamento ivi avvenuto grazie alla presenza salvifica di un Dio che *difende la causa* del povero (Is 51,22; Sal 35,23)[80]. Passando in rassegna delle acclamazio-

---

[79] Assieme a F. Bovon (*Luca*, II, 849) qui è legittimo vedere un'allusione alla figura corposa di Solomone, l'effettivo figlio del re e il costruttore di un *Tempio* che Gesù viene a restaurare per farlo risplendere nella propria veste ontologica della dimora divina. La conoscenza straordinaria del cieco è attestata bene nel Salterio dove ad es. si riscontra un laconico κύριος σοφοῖ τυφλούς (Sal^{LXX} 145,8b). Questa espressione biblica è persuasiva nel contesto evangelico. Esprime una intimità relazionale che sfocia in una condivisione della vita sotto la metafora sapienziale di un ammaestramento a mo' d'un trasferimento del sapere. La fonte della sapienza diventa qui un incontro con Gesù in cui Dio stesso si rivela e si fa conoscere illuminando il sentiero dell'oppresso.

[80] I testi richiamati fanno parte di un repertorio giuridico più vasto che è da porre sotto la nomenclatura tecnica di un genere letterario ben attestato nel Primo Testa-

ni simili (cf. Lc 1,42; 3,4; 9,38; 11,27) il lettore può capire l'importanza estrema di questa figura che riassume in sé tutte le speranze di Israele e converge tutte le voci in un'unica e così intensa, da cambiare progressivamente perfino la funzione comunicativa della *folla* — una forza passiva, perché non riesce ad ottenere l'effetto voluto[81]. Qui si è alle prese con quella Fede delle origini che guarda oltre le apparenze (cf. Lc 18,37) e precede ad una lode comune, condivisa nell'esperienza di una *visita* divina trasformatrice. Ormai il volto dialogico del cieco non è da scartare nel confronto narrativo degli sguardi, ma, al contrario, è da far rinvigorire in un'imitazione dialogica. È la celebre *mimesi* lucana della cecità metaforizzata che diviene la chiave comportamentale[82]. È da cambiare quindi non solo l'angolatura visiva, ma anche i

---

mento: una *perizia giuridica*. La mettono in luce i passi rappresentativi come questi: Gen 18,20-21; Es 2,24-25; 3,7-10; 2 Sam 15,1-6; Ab 1,2; Gb 19,7; Sal 34,7; 72,12-13. Dal punto di vista semantico è evidente il ruolo comunicativo del quadro percettivo dentro la composizione scenica di ciascun brano: solitamente ne formano l'intreccio i tre verbi ebraici ben noti al lettore di Lc nella loro versione greca (ראה, שמע, ידע). Questa triade evocativa esprime un desiderio vitale del Giudice di andare alla ricerca di una *notizia criminis*. Per attuarlo ci serve però che l'oppresso gridi e in quel modo provochi la prima reazione divina: *ascolto* — che scatena dietro di sé tutto un meccanismo processuale che sfocia in un *vedere* interessato alla situazione di indigenza e in un praticare la giustizia concreto, supportato da una *conoscenza* esperita del male sofferto dall'uomo. Inserendo in quel modello ideale i discepoli, che di pari passo ascoltano e vedono, si ottiene il paradosso e insieme il non senso del loro non conoscere. Esso snatura la precedente esperienza percettiva e allude ad un problema esistenziale che deve risolvere in un grido simile a quello del cieco. La focalizzazione pragmatica di questo intuito concluderà il discorso sull'*intelligenza* del discepolo in Lc.

[81] La gloriosa entrata di Gesù a Gerusalemme dispiega fin bene la vicenda presente. Coll'identico vocabolario si fa cenno della replica dei farisei (ἐπιτίμησον: 19,39) riferita ai discepoli. La tensione tra il *tacere* e *gridare* evidenziata così virtuosamente nella risposta di Gesù (40) non fa che rafforzare l'ipotesi da noi avanzata, e cioè che i discepoli e il *cieco* stanno in un rapporto di dipendenza reciproca. Se non ci fosse stato il fallimento dei primi, non si sarebbe apparso nemmeno quel *cieco* la cui storia, a sua volta, rimanda all'entrata a Gerusalemme, in cui viene riabilitato in qualche modo il ruolo dei discepoli d'essere i portavoci del maestro. Cf. l'analisi del cammino del lettore nel cap. III: pp. 205ss.

[82] Riferendosi alla funzione comunicativa d'una metafora prendiamo in considerazione la seguente tesi di P. Ricœur: «la *mimêsis* è restituzione dell'umano, non solo nel suo aspetto essenziale, ma in forma più grande e nobile. La tensione propria alla *mimêsis* è duplice: da un lato l'imitazione è ad un tempo un quadro dell'umano *e* una composizione originale, dall'altro è una restituzione *e* un movimento verso l'alto. rapportata all'imitazione delle azioni migliori, [la metafora] partecipa della duplice tensione che connota l'imitazione [e] costituisce la funzione referenziale della metafora in poesia. Considerata astrattamente — cioè a prescindere da questa funzione di

cuori; una metafora in più per confermare il pragmatismo di una visione indipendente dagli occhi naturali, potente però nello scatenare il dinamismo salvifico del riconoscimento. In effetti, il passaggio dalla *folla* al *popolo*, finora difficilmente comprensibile, si spiega nel contesto dell'annuncio a Zaccaria centrato sul compito missionario di Giovanni che sarà introdotto nel racconto, rivestito d'autorità in quanto *voce che grida nel deserto* (3,4). Al suo obiettivo di *convertire i cuori*[83] e *preparare* a Dio *un popolo ben disposto* (1,17) corrisponde infatti la situazione comunicativa che connota al meglio la guarigione del *cieco*. Ed è proprio qui che comincia a realizzarsi la profezia di Is 40,3-5 la quale riempie lo sguardo del lettore. Essa desta l'intensa focalizzazione percettiva del brano con un motivo determinante anche per la nostra *comprensione* di ciò che è avvenuto realmente nei pressi di Gerico.

3.2.2 Una cecità che trasforma gli occhi (18,40-43)

Il grido dell'oppresso[84] non può lasciare Gesù indifferente, giacché Egli stesso si era dichiarato il suo liberatore (4,18). Perciò *si ferma* come una volta a Nazaret e condiziona a fermarsi anche tutti gli attanti della scena. È un vero momento di *rivelazione* a cui assistono tutti e in

---

referenza, — la metafora si esaurisce nella sua capacità di sostituzione e si spreca nella funzione ornamentale; lasciata senza meta si perde nei giochi del linguaggio» (*Metafora viva*, 56).

[83] La profezia di Ml 3,23-24, che è all'opera nel primo annuncio del Vangelo, a proposito della *conversione dei cuori* parla delle relazioni tra i *padri* e *figli*. I LXX però modificano il testo ebraico (il secondo stico del v. 23 nell'ebraico è l'inversione del primo) allargando e generalizzando la prospettiva in cui ormai vengono inclusi i *prossimi* (πρὸς τὸν πλησίον) e non si parla più della pietà familiare. Credendo che Lc abbia usato proprio il testo greco della citazione (per un ulteriore *excursus* sul problema cf. M. RESE, *Alttestamentliche Motive*, 208-223) si arricchirebbe notevolmente il contenuto della «missione» del *cieco*: la *conversione dei cuori* è da pensare come un cambiamento del loro atteggiamento verso il *cieco* — il loro *prossimo*. È proprio ciò che suggerisce loro l'ordine di Gesù (Lc 18,40ab). La *conversione* nel senso di un cambiamento nel modo di vedere l'altro sarà ancora più evidente nella storia di Zaccheo.

[84] È significativo che Lc usi due verbi diversi, dal punto di vista lessicale e temporale, per descrivere quel grido per eccellenza (cf. par Mc 10,47-48). Il secondo (βοάω), ancora più pregnante all'imperfetto, descrive un «grido ragionato di aiuto», mentre il primo — solo quello più «istintivo, esprimente una forte emozione» (A. PAUL, «La guérison», 56; A. PLUMMER, *Luke*, 431). Dal punto di vista narrativo è molto probabile che la scelta di Lc sia determinata dalla citazione isaiana che impiega il medesimo vb. (Is 40,3) per comunicare un annuncio spettacolare di salvezza.

modo particolare quelli che conducono il *cieco* a Gesù[85]. Avvicinatosi a Questi egli si sente libero di dare ragione alla sua supplica, anzi di chiarire una volta per tutte l'*unica cosa necessaria* di cui si ha bisogno (cf. Lc 10,42). Per essere guarito dalla cecità fisica egli perciò deve dare in risposta il solenne atto *espressivo*: *Signore, che io veda!* (18,41c). È piuttosto un imperante appello al desiderio esistenziale del lettore, nutrito da tempo, di penetrare, con gli occhi dell'anima, il mistero del *Figlio dell'uomo* ponendolo nel centro del proprio cammino. Nei confronti di un lettore che finalmente vede, questo atto illocutorio suona quindi con una forza *dichiarativa* in grado di imporre decisamente al suo sguardo ciò che rende capace un cieco di aprirsi completamente al dono salvifico della vista. La strategia comunicativa di questa assai ingenua invocazione evidenzia come la consapevolezza del cieco di essere guarito — ancor prima che il miracolo avvenga — non sia descritta, ma passi in un certo qual modo sotto silenzio. Per riavere la vista in pienezza è necessario, dunque, un cammino interiore degli stessi occhi che permetta di maturare, nella consapevolezza di un bisogno sovrastante ad ogni espressione esterna del vedere e dell'essere-visti. L'imperativo immediato di Gesù, in perfetta sintonia con il quesito, mette in atto proprio quell'efficacia pragmatica di un compimento *a priori* in cui ha avuto il ruolo determinante la *fede* (42)[86].

---

[85] A differenza di par Mc 10,50 il *cieco* lucano si lascia condurre, perché sia salvaguardata la dimensione su cui il narratore insiste tanto: la cecità che ha bisogno di mediatori e dà ragione alla fede di estinguere le conseguenze di una condizione mortale da cui si esce unicamente dal momento nel quale si è incontrati da Gesù. Cf. A. PAUL, «La guérison», 57. Lc dunque conserva bene il «paradosso» del *cieco* che dapprima mostra l'iniziativa nell'informarsi (questo dettaglio di Lc è redazionale: cf. par Mc 10,47) e conseguentemente porsi l'interrogativo sull'identità del passante e nello stesso tempo è sottomesso alla legge realistica della sua discapacità. Cf. la posizione di I. Marshall (*Luke*, 693): «Luke has added vigour to the story by supplying the conversation between the blind man and passers-by, but has produced a mixture of indirect and direct discourse». Non è cosi in par Mc 10,49-50, dove il paradosso del miracolo pare avverarsi ben prima della guarigione stessa, con una eco impressionante delle voci la cui scopo è di far risuonare la parola potente di Gesù e così porre in rilievo l'*ascolto*: φωνέω (3x). Le risponde infatti un gesto, inaspettato da un cieco, di sobbalzare, come se si trattasse di un colpo di scena. Il *cieco* lucano invece è più alla corrente della pietà e spiritualità degli *anawîm* con cui condivide fino all'ultimo sia il grido disperante di soccorso sia la precarietà dell'essere. Ambedue vengono infine superati con l'imperativo ἀνάβλεψον — il vero *turning point* del racconto di Lc. Cf. l'ὕπαγε — pallido e disturbante dal punto di vista narrativo — in par Mc 10,52a (M. GRILLI, *L'impotenza che salva*, 141-142).

[86] Qui non parliamo tanto del *riconoscimento* da parte del *cieco*, che in riferimento

Il programma missionario dichiarato a Nazaret arriva dunque alla sua conclusione logica nella doppia trasformazione del *cieco*. L'ordine attuale dei concetti chiave *fede* e *visione* esprime un confronto odioso con l'atteggiamento della *folla* che al contrario vede e non crede: è questa del resto l'essenza tragica dell'equivoco comunicativo degli inizi. Davanti a questa costante del ministero di Gesù la *folla* che circonda il *cieco* si salva dunque unicamente grazie alla visione di questi. Anche a loro si dona il privilegio di *vedere la salvezza di Dio* (Lc 3,6) a cui naturalmente rivolgono la lode. Il *cieco* quindi diventa davvero un predicatore del *Regno*, sia con le parole, che con la propria vita miracolosamente salvata. L'essenza di questa salvezza deve essere ancora specificata, ma non viene meno il suo carattere relazionale. Il ritorno della vista serve qui da metafora dell'intervento salvifico di Dio ed è importante riempirla di contenuto. La storia di Zaccheo ha precisamente questo scopo essendo anche questa un incontro meraviglioso, ancora più efficace di quello precedente nell'emettere le direttive, grazie soprattutto ad un'intensificazione esplicita delle proprie dinamiche visive.

3.3 *La dialettica del vedere — culmine della salvezza (19,1-10)*

Un secondo incontro risulta radicato nella narrazione precedente e dirige il passo del lettore a un problema pragmatico concreto su come praticare l'ideale comunicativo del *cieco*. Qui è tutto strategicamente invertito: Zaccheo è l'*uomo ricco*, in buona salute e perfino incapace di stare fermo, quando arriva il momento culminante della *visita*. Ci sono però altri aspetti che stanno a favore della solidarietà di quei due personaggi complementari. Zaccheo è il *capo dei pubblicani* e quindi escluso, al pari di un *cieco*, dalla comunità d'Israele[87]. Egli è *piccolo di sta-*

---

all'identità di Gesù certamente avviene, quanto del *compimento* delle Scritture che pone il *cieco* al centro dell'intera missione di Gesù. In questa figura perciò ogni lettore sa riconoscersi e rendersi conto dell'importanza estrema di una storia così evocativa da cambiare effettivamente la direzione del suo cammino. Rimane pur sempre all'oscurità la necessità della *croce* che qui certamente entra in gioco in quanto costituisce il punto fermo del *riconoscimento* (cf. Lc 18,31-34). L'esempio del *cieco* difatti incoraggia il lettore di prendersela calda, aperti ormai gli occhi della fede che si spera: «we are thus able to see how accurately the blind beggar has construed Jesus' identity. As Son of David and Son of God, Jesus possesses divine authorization and the requisite status to wield divine power in a way that does not detract from people recognizing the handiwork of God (see v. 43) but does legitimate Jesus in his redemptive role within the divine plan» (J. NOLLAND, *Luke*, III, 665).

[87] Sullo sfondo storico dell'asprezza delle relazioni tra il popolo d'Israele e gli «stranieri» per eccellenza — pubblicani, romani e samaritani — che Lc cerca di coin-

tura e, nonostante abbia gli occhi, rimane nell'oscurità della *folla* — una nuova incarnazione narrativa dell'ostacolo da superare. Non è difficile persino afferrare che la sua curiosità e il suo carattere vivo e indagatore gli indichino, al pari del *cieco*, la via d'uscita. Entrambi infatti si interrogano sul contenuto dell'udito e fanno di tutto per farne esperienza visiva, ma se il *cieco* si mostra capace di riconoscere chi è Gesù, l'itinerario di Zaccheo è del tutto contrario. Per riconoscerlo deve *vedere*, non è forse per questo che lo *cerca* e si mette in gioco una dialettica degli sguardi (19,3a)?

3.3.1 Zaccheo: gli occhi impediti (19,1-4)

La soluzione che trova l'eroe è un primo atto spontaneo che gli dà subito un privilegio davanti a tutti, ma nello stesso tempo esplicita al massimo quella distanza tra lui e il suo popolo che lo rendeva un emarginato e gli ha dato forse la ragione di nascondersi tra i rami dell'albero — un'altra immagine implicita dell'adombramento[88]. Gesù nondimeno se ne accorge passando proprio lì, dove questi stava seduto. Lo spazio in questo racconto — è ben noto — è «assiologicamente» pregnante[89],

---

volgere nella visione universalistica della sua comunità, cf. C. MARTINI, «L'esclusione», 76-82; E. LOHSE, *L'ambiente del NT*, 84-88; E. OBARA, *Strategie di Dio*, 149-157.445-449.

[88] La tradizione patristica ha saputo cogliere il carattere profondamente simbolico del *sicomoro* che, a seconda del commentario del Efremo Siro al *Diatessaron* XIV,12,26-27 (ed. L. Leloir, 258-260), nell'AT esprimeva la cecità, sordità e insensatezza d'Israele — l'incapacità di reagire, una grave mancanza della disposizione fondamentale (*ascolto*) di accettare la volontà divina. Insomma, tutto ciò converge sull'*infruttuosità* del popolo (cf. Ger 18,1-12) — un motivo che riprenderà la tradizione sinottica (cf. Mc 11,12-14; Lc 13,6-9; Mt 21,18-22). «In tale contesto la salita di Z. sull'albero di per sé non ha alcun senso — non è venuta ancora per lui l'ora della redenzione» (Y. CHAYKIVSKYY, *Soteryjny character*, 80; per le citazioni precise dei Padri vedasi: T. BAARDA, «Luke 19,4», 168-171). Si potrebbe tentare di riempire l'apparente vuoto dell'immagine presente che nel contesto del *vedere* acquista ben presto lo spessore comunicativo. Trovando il rifugio sotto i rami dell'albero l'eroe si mostra la sua vera identità che fra poco Gesù farà vedere pubblicamente. L'allusione al pudore dei progenitori dell'umanità sfociante in una negazione del confronto visivo nell'incontro probabilmente pure fa parte della strategia narrativa (Gen 3,7-8). Cf. AGOSTINO, *serm.* 110; *in psalm.* 31 II, 9. L'apertura degli occhi qui, com'anche l'entusiasmo visivo di Zaccheo fungono dunque da negativo per la parte centrale e risolutiva del racconto in cui entrerà in vigore l'imperativo divino.

[89] Cf. J.-N. ALETTI, *L'arte di raccontare*, 23-24. Su questo aspetto insiste per lo più l'analisi narrativa e in parte semiotica applicata alla presente pericope da J. Vitório: «E procurava ver», 9-26. L'autore infatti così imposta il suo studio: «Existe

cosicché la posizione in cui Zaccheo si trova al momento dell'arrivo dell'ospite richiama quella del *cieco*. La sua brama di rispondere al quesito interiore sull'identità del viaggiatore è sfumata a favore della polarizzazione delle strategie visive. A ben notare, gli spostamenti stessi dell'eroe sono soggetti all'intenzione principale che è quella di *vedere* (cf. 19,3a.4b). Un desiderio così forte, a differenza del *cieco*, desta perfino l'interrogativo se Zaccheo veramente cerchi Gesù o voglia solo vederlo[90]. Tuttavia, dopo aver conosciuto l'astuzia e la perfidia di Erode, il lettore si aspetta certamente qualcosa di più da quel personaggio che sta per scandire un nuovo incontro, ancor prima che nel palazzo del tiranno tramonti affatto la storia degli incontri con Gesù.

L'iniziativa di Gesù punta esattamente su questo dando l'occasione a Zaccheo di manifestare la propria fede. *Alzando gli occhi* Egli si dichiara partecipe alla sorte riprovevole di questi. Ebbene, ciò non gli costa un medesimo sforzo! Lo sguardo dialogico di Gesù dice molto di più di quello che il testo non lasci supporre[91]. È una risposta e insieme una provocazione comunicativa al guardare avido dell'eroe che, pur rimanendo in secondo piano, in modo ancora più radicale del cieco[92], vi

---

um verdadeiro entrechoque de olhares — de cima para baixo, de baixo para cima, de igual para igual — e olhares de várias qualidades — de curiosidade, de indignação, de censura, de misericórdia, de solidariedade. Pode também ser discernido um olhar do narrador que descreve a cena e a propõe ao olhar do leitor» (*Ibid.*, 9).

[90] Sulla curiosità di Zaccheo che certamente gioca non ultimo ruolo nel racconto puntano alcuni autori. Cf. un cenno in: P. KARIAMADAM, *Zacchaeus Story*, 13, n. 46. Nel cap. III abbiamo già visto che risonanze ha avuto il medesimo motivo in riferimento a Erode. Qui perciò al narratore preme di presentare un atteggiamento esemplare di chi sappia muoversi e tirare profitto dal καιρός favorevole in cui proprio si realizza la salvezza. Per quanto Luca sia il promotore di questo ideale per certi versi ambivalente, lascia intravedere, in particolare, la parabola dell'*amministratore infedele* (Lc 16,1-13). C. Langner («Lc 19,1-10», 232) dice a proposito: «Su deseo de ver a Jesús es más grande que sus sospechas y que el hecho de hacer el ridículo subiéndose a un árbol. Cf. "administrador listo" (16,1-8) y la mujer que padecía flujo de sangre (8,43-48)». Il raffronto serve inoltre per far risalire l'unico tratto che rende la figura di un pubblicano qualsiasi bisognosa e, anzi, vitalmente annessa alla visita salvifica di Gesù. È il voler *vedere* a sottoporlo per paradosso alla legge di necessità che caratterizza tutti quelli casi estremi di solitudine e estraniazione dalla normalità della vita, da cui si parte per combaciare al mandato divino di Questi (cf. Lc 4,18-19). L'itinerario zaccheano quindi è fin dall'inizio più interiore e spirituale; per così dire, un *ritorno in sé* a mo' del caso del *figliol prodigo* (cf. 15,17), il quale avviene dentro l'esteriorità di movimenti centripeti.

[91] Cf. una simile prospettiva in Mc: J. PALACHUVATTIL, *«He saw»*.

[92] Anche in questo caso l'ordine degli avvenimenti si invertisce: alla passività iniziale del *cieco* corrisponde il movimento più dinamico di Zaccheo. Sotto la visuale

attinge la forza per portare avanti la dialettica degli sguardi e nutrire di
una risonanza crescente il potente spettacolo della salvezza che coin-
volga nel suo spazio interiore i vedenti nuovi. Così il lettore si riconosce attivamente presente in un circolo comunicativo esemplare. In esso,
ben prima di proferire parola alcuna, ci si muove e ci si intende attraverso lo sguardo, con la determinata volontà di riconoscersi reciprocamente. Il panorama scenico si sofferma su questa ripresa filmografica e
rallenta favorendo un intenso piacere estetico nell'occhio ingenuo del
lettore che qui assiste alla meta fondamentale del proprio cammino. Nel
silenzio di un racconto a due stanno quindi unicamente gli occhi a dirigere e blindare lo scenario concedendo un andamento strategico alla
comunicazione degli sguardi e persuadendo, in quel modo, il lettore a
cogliere e sfruttare, nell'atto stesso di lettura, la filigrana narrativa di
questa scena tipo[93], unica, di Lc. Si viene invitati ora a riscoprirla a

---

spaziale, nel primo caso il miracolo avviene, dopoché il *cieco* fosse avvicinato a Gesù; nel secondo, è Gesù ad avvicinarsi all'uomo *fermatosi* a distanza in attesa del
miracolo. Ciò nonostante anche lui dovrà avvicinarsi a sua volta eseguendo il comando di Gesù (5c). Cf. A. Paul («La guérison», 67; cf. 64-66): «l'arrêt de Jésus "sur la
route joue un rôle stratégique dans ce processu"». L'importanza dell'*azione* come
effetto pragmatico della *visione* — nel caso del *cieco* è al contrario l'*ascolto* a destarla
(cf. P. KARIAMADAM, *Zacchaeus Story*, 14, n. 49) — è vincolante per il tracciare, dal
canto del lettore, il profilo comunicatico dell'insieme: «En el nivel de narración sólo
nos entramos de la situación y de descripciones aclaratorias; la acción — el argomento de la narración — se desarrolla en gran parte en el nivel de diálogo. [...] [Tuttavia;
S.A.] no es la acción la que causa la salvación, sino que a causa de su acción experi-
menta que ya está salvado (!) por un motivo que se sustrae a su influencia» (C.
LANGNER, «Lc 19,1-10», 221.228).
    A livello dell'insieme è importante notare le ricorrenze e il significato del vb.
ἀναβλέπω in entrambi gli episodi. Se narrativamente esso li connette da parola-gancio
(P. KARIAMADAM, *Zacchaeus Story*, 21), in riferimento al *cieco* e Gesù (18,41.42.43)
sicuramente ha il valore del ridono della vista, mentre nel caso di Zaccheo (19,5)
esprime solo l'iniziativa deliberata di Gesù: *alzare lo sguardo*. Come accenna a ragione J. Vitório («E procurava ver», 14, n. 7), non è da escludere che qui ci sia un
influsso armonizzante del contesto. A livello spirituale anche Zaccheo farebbe parte
dei ciechi desiderosi di vedere ai quali il Signore ridona gli occhi nuovi: «l'ἀναβλέπω
di Gesù su Zaccheo ha l'effetto di aprirgli occhi e farlo vedere i poveri. Quando la sua
cecità è superata, il ricco Zaccheo riconosce l'origine della sua ricchezza e una vita
radicale» (*Ibid.*, 14-15).
    [93] Tra gli evangelisti è anzitutto Giovanni a disporre nelle sue narrazioni fortemen-
te dialogiche dei simili incontri stilizzati: cf. Gv 4 (J.L. SKA, «Jesus et la Samaritaine») e soprattutto Gv 1,47-50. Prendendo spunto in una tecnica narrativa precisa ben
attestata nell'AT («*type-scenes*») si ottiene una feconda retrospettiva comunicativa
per l'elaborazione teologica lucana dei due incontri: cf. 1 Sam 9,11-22, ove l'incontro
tra Saul e Samuele è ambientato con l'aiuto di diverse categorie convenzionali

fondo, non solo nel suo spessore estetico, bensì in quello pragmatico, con un dettaglio di carattere teologico in cui affiori con eloquenza la prerogativa divina.

La solennità del momento è dovuta anche al maestoso διέρχεσθαι: uno spartiacque nel cammino di Gesù che, attraversando una strada precisa a Gerico, cerca di coinvolgere nel suo *viaggio* quanti, nel vederLo, ne ammirino la perentorietà e la risolutezza[94]. Che ci siano anche in Zaccheo queste qualità, a parte lo stupore degli occhi, sarà un presupposto essenziale, perché la sua vita fosse veramente «attraversata» da Gesù.

3.3.2 Gesù: sulla soglia di una dimora spalancata dagli occhi (19,5-6)

La prima parola di Gesù ha per scopo il far avvicinare di nuovo Zaccheo sia al popolo a cui appartiene, sia a Lui stesso; dal momento che ormai ha mostrato ben di più che non una curiosità nei confronti di quell'uomo timorato. L'autoinvito di Gesù, per quanto sia insolito, sembra incoraggiarlo a prendere finalmente la decisione: la salvezza è pronta a entrare *oggi* anche nella sua *casa*. Questo atto espressivo riveste una importanza particolare nel trittico perché stringe il *focus* pragmatico dell'obiettivo comunicativo e delega al lettore il ruolo attivo di assistere a una manifestazione *ad intra* in cui valgono di più la familiarità di una convivenza fraterna e la relazionalità di un rispecchiamento

---

dell'intreccio narrativo che vigevano nel presente dittico evangelico: salire su un alto luogo, l'essere piccolo, il sapere profetico dell'uomo di Dio, un pasto condiviso etc. (R. ALTER, *L'arte della narrativa biblica*, 65-83, spec. 80-81). Si considerino pure i seguenti passi che sfruttano la metafora dello «stare sotto il fico» per esprimere la felicità dei tempi messianici e la pace nel regno unito d'Israele: Mic 4,4; 1 Re 4,25.

[94] È un dato pregnante sia a livello narrativo-spaziale, sia quello teologico, il che fanno apprezzare due citazioni seguenti: «The words point to the artistic and writing skills of the third evangelist. He really keeps the story connected and moves on smoothly. The verb "διέρχομαι" of v. 1 once again appears in v. 4, thus taking us back to the journey narrative». «The meeting would be possible only of the horizontal and vertical encounter. To see Jesus, Z. on his own, without anyone's compulsion or command "ἀνέβη" in v. 4, but in obedience to the immediate order of Jesus the man who went up to have a better view of Jesus who was passing responds with a spring action "κατέβη" in v. 6». Tutto questo gioco di spostamenti serve finalmente per mettere in valore la strategia percettiva il cuo frutto è l'incontrarsi degli sguardi: «Unlike the other Synoptics Luke uses this vb. [ἀναβλέπω] more often to indicate that Jesus looked up somewhere (Lk 9,16; 19,5; 21,1). Z. sought to see first, but Jesus sees him finally. Jesus not only spots Z., but also makes a spectacle of him by inviting himself to Z.' home» (C. RATHNASAMY, *Jesus Encounters Zacchaeus*, risp. 25.57).

visivo più immediato[95]. Che per Gesù sia *necessario* fermarvisi, non stupisce affatto. Soprattutto dopo i famosi banchetti che, a partire dalla *casa* del pubblicano Levi (Lc 5,29), erano divenuti occasioni d'oro per la conversione e il perdono dei peccatori[96]. L'importanza della «casa» in Lc è molto pronunciata qui, dove sembrano convergere tutte le diverse scene dell'ospitalità che avevano messo a confronto personaggi assai contrastanti. L'intimità e la scioltezza dell'ambiente domestico rispondono peraltro agli obiettivi stessi della missione degli apostoli (cf. 9,4; 10,5). Ma è comunque meraviglioso il poter dire in una maniera perentoria, da parte del maestro di *rimanere* in quella casa: il vb. μένω, di forte connotazione semantica nell'opera giovannea[97], segna anche qui una svolta nella missione di Gesù che tende appunto a concludersi in quella casa benedetta. Il Suo desiderio è dunque da comprendere in linea pragmatica come un atto direttivo che non solamente spinge l'interlocutore a muoversi nella giusta direzione di marcia (*scendi!*), bensì scandisce *a posteriori* la superiorità di un passo echeggiante e autorevole del Riferente. Di fatto è pur sempre Lui a indicare la strada e a integrare nel dinamismo salvifico della sequela la visuale comunicativa del lettore che guarda ai personaggi.

Il cammino di Gesù, soggetto al volere divino, si ferma dunque per un tempo indeterminato per dare al lettore l'ultima occasione per riflettere su dove narrativamente esso l'ha portato e quali obiettivi ha posto. E non a caso in una sola proposizione pragmaticamente pregnante, Lu-

---

[95] La scenografia del *Nunc dimittis* fornisce una ricca base contenutistica per un raffronto comunicativo dettagliato con il dinamismo scenico del presente incontro che affidiamo alle progredite competenze esegetiche dei lettori attuali di questa tesi.

[96] G. Rossé a ragione insiste sul carattere sintetizzante della pericope. Da una parte, «il parallelismo [con Lc 5,27-32; S.A.] è notevole; è poiché le due scene si leggono all'inizio e in conclusione della vita pubblica di Gesù, esse danno per così dire il la all'insieme, ed esprimono la comprensione lucana della missione di Gesù» (per i postulati in merito della corrente esegetica storico-critica cf. J. FITZMYER, *Luke*, II, 1219). D'altra parte, «l'episodio di Zaccheo ripropone il clima caratteristico dell'inizio e si presenta come una scena-tipo del tempo messianico» (*Luca*, risp. 721,724). La tipicità della storia emerge ancor più dal raffronto interno con il precedente del *cieco*: «the vb. σταθείς marks a dramatic turn in both stories». «Both the recovery of sight and the people's response with praise to God give us a glimpse of the nature of the Kingdom Jesus announced [cf. Lk 18,18]. The kingdom can be seen [...] in the faith of a blind man, or the repentance of a tax collector. by the end of the story both they and the attentive reader can exclaim in praise to God, "my eyes have seen your salvation" (2,30)» (R. CULPEPPER, «Seeing the Kingdom», risp. 440.443).

[97] Cf. il saggio classico di R. Brown: *Giovanni*, II, 1452-1454. Si confrontino pure i passi seguenti: Gv 1,38-39 e Lc 1,56; 8,27; 10,7; 24,29: vedasi sotto, p. 290, n. 100.

ca immette i tre suoi concetti chiave: σήμερον, δεῖ (μεῖναι) e οἶκος. Vi è un forte richiamo comunicativo all'esperienza percettiva del lettore che deve ripensare il proprio cammino degli sguardi in categorie frontali, come appunto un incontro faccia a faccia con il *Signore*. Il gesto spontaneo e sollecito di accoglienza da parte di Zaccheo (19,6) aiuta a farlo, perché mette in evidenza la gioia dei tempi messianici e la novità della situazione di una felicità condivisa che trasformano il momento presente in un'acme salvifica del *vedere*. La presa di parola da parte del protagonista mostrerà che ne fanno parte anche il passato e il futuro; inoltre, cancellando decisamente il primo aprirà alle altezze dell'ideale evangelico della *ricchezza* il secondo. Regge il tutto ormai un profondo dialogo degli occhi intenzionalmente taciuto dal narratore per dare spazio a un dinamismo interiore di uno sguardo con cui il lettore, per conto suo, racconti il mistero.

3.3.3 Zaccheo: gli occhi nuovi (19,7-8)

Il narratore si propone di presentare la reazione zaccheana e fa convergere in essa anche quella dei *Dodici* che ha dato luogo al dittico degli incontri. La reazione è causata dal mormorio dei *tutti*, ai quali implicitamente fanno parte pure i primi, essa contrappone al loro sguardo ristretto un modello comportamentale originale, quello della conversione. È importante notare in questo contesto, come una risposta negativa del pubblico ponga fine a quell'esemplare panorama comunicativo che mette in discussione, come l'Incomprensione quasi mitica dei partigiani della visione, la promessa spontanea e perciò pressante di Gesù[98]. Il contenuto comunicativo di una controbattuta strategicamente deviante, propensa cioè ancora una volta a impedire la manifestazione

---

[98] L'atto illocutorio centrale dell'autoinvito di Gesù è molto più complesso sul piano perlocutorio in quanto coinvolge nel proprio prisma comunicativo pure l'aspetto commissivo di una *promessa* che si realizza già nel presente obbedendo a un preciso «*expression of intention*». Ciò è dovuto indubbiamente alla natura stessa di un dettame comunicativo assai complesso, perché ha per oggetto un compimento futuro. Ciò è stato messo ben in evidenza da uno degli esponenti autorevoli della teoria degli atti linguistici da noi ampiamente adoperata nell'esame delle porzioni discorsive delle narrazioni lucane: «It is possible to perform the act without invoking an explicit illocutionary force-indicating device where the context and the utterance make it clear that the essential condition is satisfied. I may say only "I'll do it for you", but that utterance will count as and will be taken as a promise in any context where it is obvious that in saying it I am accepting (or undertaking, etc.) an obligation. [...] This feature of speech [...] is the origin of many polite turns of phrase» (J. SEARLE, *Speech Acts*, 68). Vedasi l'intero § *How to promise: a complicated way*: pp. 57-71.

della salvezza, stringe radicalmente sia la visione integrale che il lettore ha ormai di Zaccheo in quanto uomo, sia la portata oggettiva e la stessa intenzione pragmatica del *fermarsi* di Gesù. Definendo il primo come *peccatore* (cf. il complemento enfatico παρὰ ἁμαρτωλῷ ἀνδρί: 7a) cancella subito tutti i tratti positivi più delicati della sua immagine che narrativamente stanno a cuore al lettore. Rimproverando Gesù *d'esser andato per alloggiare da un peccatore* non solo gli negano il diritto di chiamarsi un *maestro buono* (cf. Lc 18,18), ma deviano artificialmente l'obiettivo pragmatico centrale. Tale obiettivo regge e predispone il cammino degli sguardi verso uno spettacolo dialettico del compiersi di un altro cammino che da solo avrebbe rischiato di non uscire mai dal vicolo cieco di una solitudine ristretta e visione solitaria[99]. La bruttura di un tale biasimo comunicativo, generata a sua volta dall'effetto nefasto e distruttivo dell'occhio vizioso di chi nel guardare giudica (ἰδόντες) si sente perfino nella svista semantica del vb. καταλῦσαι che presuppone per lo più una sosta di poca durata, per prendere respiro e fare le cose necessarie per continuare il viaggio (cf. Lc 10,34-35). Ciò impoverisce il concetto dinamico del *rimanere* sul quale, sicuramente, Luca gioca[100]. Tuttavia, a differenza degli avversari, il lettore non si ferma davanti agli ostacoli che la comunicazione degli sguardi gli impone mediante una tensione dialettica, ma guarda oltre continuando a interrogarsi sul vero obiettivo dell'autoinvito degli occhi e sulle sue risonanze pragmatiche. E

---

[99] Cf. J. Nolland: «The man's strategy to see Jesus would not change this situation: he would get a private view from the tree, and that is all (neither Jesus nor the crowd are meant to see him climbing the tree). The true initiative in the story belongs to Jesus» (*Luke*, III, 907).

[100] La differenza lessicale dei verbi usati è già pregnante, anche se alcuni optano per riconciliarla semanticamente (cf. A. PLUMMER, *Luke*, 434; I. MARSHALL, *Luke*, 696). Il gioco dei contrasti che stiamo rilevando lungo tutta la narrazione ci convince, però, della stessa intenzione nel caso presente: le parole dei mormoranti esprimono infatti il loro desiderio e hanno quindi una forza pragmatica di un atto espressivo con cui viene interpellato anche il lettore. Cf. M.-J. Lagrange (*Luc*, 489) e la traduzione TOB che impiegano il vb. *demeurer* vs *loger* (v. 6). Diversamente, J. NOLLAND, *Luke*, III, 1205.

Gli altri contesti dell'uso lucano del vb. μένω sono rilevanti, perché giustificano la nostra scelta. Nelle storie della *Visitazione* (1,56), dell'*indemoniato* (8,27), degli *invi* alla missione (9,4; 10,7) e finalmente dei *due* di Emmaus (24,29) si tratta sempre di un *permanere* lungo e intenso, cosicché anche in Lc 19,5 non è da escludere una forte allusione al futuro *dimorare* salvifico di Gesù in quella *casa*. Cf. F. BOVON, *Luca*, II, 866, n. 1. A Luca, si è visto, piace lasciare il suo lettore insaziato con delle reticenze volute in cui la creatività interpretativa del secondo matura valorizzando la lettura.

al centro sta l'unico vedente (il padrone di casa) in grado di portare degli esiti comunicativi[101].

Uno di essi è certamente la conversione che pare prendere avvio già nel momento stesso dell'esecuzione perfetta della direttiva di Gesù. Ovvero l'accento sull'*accoglienza* gioiosa di colui che con essa compie e in essa appaga il precedente bisogno di *vedere* dà l'inizio a una seconda miniscena che teologicamente supera i limiti narrativi dei due incontri e non si limita al solo tirarne le conclusioni. Il narratore, in parallelo con la promessa elevata dell'annuncio in testa al trittico, propone un paradigma cruciale in funzione del quale è pensato quel complesso dialogo comunicativo.

Il presente snodo pragmatico, radicato in un eccellente dialogo visivo con l'ex Datore della vista, mette in atto l'adeguata risposta di un uomo *piccolo* alla grandezza di una Promessa divina da realizzare. L'inaudito di questa semplice constatazione, che rievoca al lettore la buona fede e le storie esemplari dei *piccoli* del Vangelo, va esplicitato al massimo dal *capovolgimento* (non già un cambiamento) dei valori. Perciò Zaccheo alla maniera di Gesù (40a) si mette *in piedi* ed impartisce a sua volta una promessa che non si sa quanto gli sarebbe costata, se fosse stato in circostanze differenti[102]. I gesti che ne hanno creato l'immagine narrativa appagano fin dall'inizio la prontezza e la risolutezza di costui, ma ciò che veramente colpisce in questo è che lo sguardo del lettore è orientato verso i *poveri*. Il solito motivo lucano della *ricchezza* e *povertà*, sempre molto drammatico, trova qui la sua conclusione logica, dato che la tensione tra il *ricco* e il *povero* non c'è più[103]. Zaccheo converti-

---

[101] Narrativamente il contrasto si nota anzitutto sul piano della *visione* e *riconoscimento*: «Luke not only brought the third character into action; they "see" which means they are following or observing the entire episode. [Ciò nonostante] the result of their "seeing" tends to be miles apart Z.» (C. RATHNASAMY, *Jesus Encounters Zacchaeus*, 62). A livello dell'insieme la reazione del pubblico è sintomatica (cf. Lc 18,34): «After so much, so little is understood. [...] [v. 7] takes on the quality of a depressing summary, the total failure to understand the nature and extent of the divine pity» (J. O'HANLON, «The Story of Zacchaeus», 14).

[102] Questa svolta nel cammino degli sguardi è funzionale nei confronti del lettore: «When Z. becomes the focus of attention, readers tend to look at events from his viewpoint and to sympathize with his goals». Coll'apertura dell'orizzonte percettivo si snoda in effetti anche il potenziale comunicativo della finalità salivifica dell'euristica lucana: «readers and hearers become involved in his quest, which is stated in a minimal way in v. 3 but deepens in significance» (R. TANNEHILL, «The Story of Zacchaeus», risp. 202.210).

[103] I collegamenti con le storie tematicamente vicine, soprattutto con quella del *giovane ricco* (18,18-30) sono pregevoli per la comprensione della funzione pro-

to dichiara una volta per tutte, con il grido vittorioso[104] della propria liberazione dalla servitù di due padroni e con una visione trasformata da un serio confronto con il volto bisognoso del prossimo, l'irruzione dell'*anno benevolo del Signore* (Lc 4,19). Abbracciando con lo sguardo i *poveri* da vedere diventa anche lui l'effettivo destinatario della salvezza. Lo diviene nel momento in cui si riconosce come un *povero* che sotto lo sguardo benevolo di Gesù acquisisce la veritiera ricchezza come dono e promessa[105]. I contenuti di questa esemplare comunicazione[106] di beni di natura diversa si celano nei due detti di chiusura che

---

grammatica della pericope di Zaccheo in tutto il Vangelo nonché nell'intera opera lucana. Cf. D. HAMM, «Sight to the Blind», 463-464. Come ha fatto notare J. O'Hanlon («The Story of Zacchaeus», 5.9.14), il tratto insolito dell'immagine zaccheana che ingloba e risolve la problematica dei caratteri simili (cf. Lc 18,9-14) è una «crisi centrale affiancata dal "prima" e "dopo"». Ciò che fa della sua storia una «sinossi», è infatti l'incontro pragmaticamente efficace nel quale si realizza la decisione definitiva e una divisione: il tempo della salvezza o della perdizione. Ed è importante che al centro della drammatica del tempo presente stia il «"to-day" seeing Jesus» come la quintessenza della soteriologia lucana, ben lungi però dall'essere comunemente riconosciuta dagli esegeti. G. Rossé *et al* la vedono, in particolare, in Lc 19,10 (*Luca*, 721). Cf. J. FITZMYER, *Luke*, II, 1221; G. SCHNEIDER, *Lukas*, II, 376.378: «Das *gesamte* irdische Wirken Jesu hat soteriologische Bedeutung (2,30), nicht nur sein Kreuzestod (vgl. hingegen Mk 10,45)». Il problema verrà ripreso al cap. V: p. 348, n. 44.

Il racconto non cela nemmeno la tensione apocalittica che scoppia davanti agli occhi del lettore grazie all'intensificazione della dimensione pragmatica del presente in cui, abbiamo visto, il *vedere* quale processo percettivo continuato [seeing] e la *cecità* svolgono ruolo dominante (cf. R. O'TOOLE, «Luke 19,1-10», 109.111): «Der Evangelist aktualisiert die traditionelle Naherwartung der Parusie pragmatisch als Verhaltensanweisung an die Jünger. Auf diese Weise bleibt die Eschatologie für seine eigene Gegenwart relevant. Denn das gegenwärtige Handeln gewinnt Bedeutung für die Parusie» (U. BUSSE, *Die Wunder*, 483).

[104] Il testo non sembra supportare tale interpretazione emettendo un pallido εἶπεν, in contrasto con la chiarezza espressiva dell'ambientare un atto linguistico alternativo avente per soggetto il *cieco*: ἔκραζεν. La forma stilistica e la forza pragmatica del *dire* in questo caso sta in funzione della qualità dello sguardo con cui il parlante dice qualcosa di più ai propri destinatari. In questo modo crea un maggiore impatto comunicativo sui lettori lucani speranzosi peraltro di vedersi nel prisma dell'ideale evangelico della povertà.

[105] Sugli accenni testuali interni circa l'identificazione di Zaccheo con i *poveri* in quanto *piccoli* e sugli risvolti comunicativi a questo punto assai pregnanti con gli episodi precedenti (cf. Lc 9,46-48; 18,15-17) vedasi una rassegna stimolante di P. Kariamadam: *Zacchaeus Story*, 16. Cf. W. LOEWE, «Lk 19,1-10», 325.

[106] Il termine da noi a lungo sfruttato tecnicamente per designare un processo di lettura è da intendere qui in senso lato di una trasmissione, un passaggio, uno scambio.

celebrano la *salvezza* offerta agli occhi alla stregua di un banchetto che simboleggia la verità della conversione; si aggiunge anche un invito implicito a parteciparvi attivamente, con un vedere intenso che rinnovi l'identità di colui che è finalmente redento negli occhi di Dio. Siamo di fronte ad uno spettacolo reciproco che scatena una eco comunicativa non limitabile alle circostanze di un incontro.

3.3.4 Gesù: la salvezza che nel donarsi contempla (19,9-10)

Gesù nel promuovere l'ottica del Regno non può non rispondere all'offerta di sé con cui Zaccheo generosamente si inserisce, cancellando in un colpo il proprio passato. Per rafforzare la fermezza illocutoria della sua decisione Gesù pronuncia a sua volta un *oggi* che sottrae gli sguardi al tempo del *racconto* e li orienta invece alla portata teologica del tempo della *storia*. Quest'ultimo sfugge facilmente all'occhio; soprattutto nell'attuale situazione comunicativa propensa maggiormente a connotare l'essenziale, privilegiando il pragmatismo delle azioni. Ciò toglie, finalmente, il velo al primo atto espressivo pronunciato come un'esclamazione onorifica da Gesù stesso. Con l'arrivo del Maestro è nata una nuova visione pensata non tanto nelle categorie *di* appartenenza, quanto in quelle di relazione: *per* i familiari del vedente[107]. Straripa la pienezza di questo dono, ormai in atto, e definito ora in modo esplicito: la σωτηρία. Il pensiero del lettore ritorna alle pagine simili del Van-

---

[107] Cf. J. DUPONT, «Le riche pubblicain», 268; I. MARSHALL, *Luke*, 698. La scena del *Nunc dimittis*, secondo noi, getta luce sull'ambientazione narrativa della scena presente. Infatti come lì i testimoni e partecipanti dell'esperienza eccezionale degli occhi di Simeone erano Anna e genitori di Gesù, anche qui pur implicitamente stanno a godere della salvezza acquisita così audacemente da Zaccheo, vincitore della battaglia degli occhi, i suoi familiari e i discepoli, le persone più intime sia all'uno sia all'altro attante dell'incontro. Secondo la sensibilità lucana sempre ben manifestata la salvezza va celebrata e proclamata nella comunità dei testimoni oculari. Alcuni pensano addirittura in una creazione del popolo d'Israele, sotto bella metafora del *pastore* e *gregge* a cui il Terzo Vangelo in questo caso si riferirebbe (Ez 34): P. Kariamadam (*The Zacchaeus Story*, 45, n. 173): «Jesus is understood as the epiphany of the Lord, the actual coming of Jahweh to lead his folk and seek the lost». *Pace*, G. ROSSÉ, *Luca*, 726. Cf. C. Rathnasamy (*Jesus Encounters Zacchaeus*, 70): «Salvation means to belong to the remnant people whom God is creating out of Jews and Gentiles in the present season». L'esigenza missionaria spiega infatti l'espansione, certamente implicita nel racconto, del circolo dei destinatari, a conferma del motto programmatico con cui il Vangelo era abbordato dal lettore — *ogni carne vedrà la salvezza di Dio* (Lc 3,6): «It is among the outcasts, in the periphery, that Jesus finds appropriate response, and this periphery is to be the springboard to the Gentile mission» (J. SANDERS, *The Jews in Luke-Acts*, 208).

gelo, colme di sentieri teologici che qui sembrano narrativamente convergere. Dal punto di vista comunicativo l'enunciato mostra la stessa
trama del *Nunc dimittis* con cui la nostra pagina rivela somiglianze
pregnanti. Un atto rappresentativo, articolato in due sentenze laconiche,
che esce dalla bocca di Gesù è di spessore autobiografico, perché vede
e prende nel proprio *focus* pragmatico una presenza schiacciante della
σωτηρία che nello sguardo di Questi si instaura (cf. 19,5d.9b). L'effetto
perlocutorio immediato dello spettacolo si realizza attraverso un ulteriore invito a Zaccheo e alla sua corte: a riconoscerne la *solidità* (cf.
ἀσφάλεια: 1,4) e contemplare con gli occhi nuovi — quelli della fede —
il beneplacito divino ivi racchiuso. L'itinerario interiore del pubblicano
per eccellenza, esteriorizzato in una breve descrizione narrativa — il
cui obiettivo dinamico è mosso all'estremo dall'intensità dello sguardo
— risponde al principale impulso pragmatico di un racconto finora in
cammino, risoltosi qui in un *dimorare* stabile: narrando l'importanza
che riveste il «vedere Gesù».

Come se non bastasse, Gesù, aggiunge una sentenza emblematica che
fa scaturire nella mente del lettore i ricordi più commoventi della pietà
evangelica. L'intreccio operato in quel denso atto dichiarativo dai quattro verbi chiave lucani — ἔρχομαι, ζητέω, σώζω e ἀπόλλυμι — sintetizza l'intero ministero di Gesù focalizzando l'attenzione su due episodi
che hanno parentela comunicativa con il nostro. La chiamata di Levi
evidenzia l'aspetto della solidarietà che volge lo sguardo verso i peccatori (5,32), mentre le tre parabole inerenti ciò che è *perduto* insistono
sul carattere gratuito della salvezza come un ritorno dalla condizione
mortale di un vedere cieco alla pienezza di una vita condivisa volontariamente con gli altri in un ricambio di sguardi — un suo parallelo si
riflette nell'orizzonte percettivo della morte e risurrezione di Gesù che
il terzo annuncio ha focalizzato sin dall'inizio (18,32-33)[108].

---

[108] Nella dichiarazione totalizzante di Lc 19,10 (ἦλθεν) è evidente un rimando alla
croce, giacché i verbi del movimento abbondano in tutto il trittico mettendo a fuoco la
meta del *cammino* che vivacizzano: «Lk 18,35-43 is related to the Z. story through a
dramatic unity of setting within a continuous movement». Dal punto di vista semantico
però, «there is a stronger link. miracles point to ἄφεσις and the conferral of salvation.
The meaning implicit in the miracle becomes explicit in Jesus' encounter with Z.»
(W. LOEWE, «Lk 19,1-10», 329). Il raffronto sinottico serve ulteriormente a elucidare il
problema che, in verità, è schiacciante per la comprensione della soteriologia lucana.
Muovendosi su un terreno poco stabile, ha ragione forse G. Rossé, quando afferma, con
risolutezza, che «Luca non vuole, come Mc 10,45 [par Mt 20,28; S.A.], legare il significato salvifico di Gesù specialmente alla sua morte, mediante il pensiero dell'espiazione;
per l'evangelista, tutta l'attività di Gesù ha valore soteriologico» (*Luca*, 726).

La rilevanza euristica del motivo del *cercare,* in questo schema ermeneutico, è illuminante per riscoprire le sue implicazioni pragmatiche che lo sposano a quello del *vedere.* A cominciare dai *pastori* è scaturita l'esemplarità di tale nesso. Per Zaccheo come anche per i familiari di Gesù (cf. 8,20-21) il *vedere* finale significa qualcosa di più che non un semplice stare in presenza di un Altro: il desiderio degli ultimi che, pare, Gesù abbia lasciato senza risposta si compie dunque nello sguardo ideale di Zaccheo. Qui si sblocca l'intento narrativo di compiacere, con questo intreccio tematico, l'occhio esperto di un lettore competente che si mette a esplorarne la coerenza comunicativa dopo essersi strategicamente fermato dietro la dialettica degli sguardi. Passando in rassegna i modelli evangelici di *ricerca – ritrovamento,* quale evento della visione[109], si arriva agli splendidi incontri di Gerico che ne costituiscono il vertice la cui funzione pragmatica si focalizzerà in un'ottica propriamente teologica.

4. Esiti teologici della comunicazione degli sguardi

È giunto il momento di trarre le conclusioni che, in verità, si intuiscono facilmente dalle previe acquisizioni costitutive, per tracciare un quadro narrativo e articolare semanticamente l'unità comunicativa del trittico. Ciò che manca, invece, alla visuale proposta è una chiara polarizzazione delle tematiche individuate, ovvero: *incomprensione, visione* e / come *salvezza.* Le quali vanno a collocarsi sotto la voce «trittico di riconoscimento»[110]. Alla fine dovrà apparire con altrettanta chiarezza,

---

[109] Tracciamone un piccolo quadro: 1) la visita dei pastori (2,15-20) svela il carattere dinamico del *cercare-vedere,* ma non lo riempie di contenuto (a ciò serve il *Nunc dimittis*); 2) la seconda manifestazione di Gesù nel tempio (2,41-52) mette in evidenza la situazione reale dell'*incomprensione* come il seguito di una *visione* mancata; 3) l'episodio della *vera famiglia* (8,18-21) in cui il motivo del *cercare* è implicito (cf. par Mc 3,32; Mt 12,46-47) segna un calo — la ricerca è infruttuosa, se non si è ancora in grado di cogliere l'insegnamento da *ascoltare* e *mettere in pratica*; 4) il breve ritratto di Erode desideroso di *vedere* (9,7-9) attiva un nuovo *intrigo* euristico che rimarrà sottofondo fino alle primizie della passione (Lc 23); 5) l'esortazione a *cercare il Regno* (12,31) intensifica il cammino del lettore ponendogli davanti tutta una sezione narrativa del Vangelo, la più dinamica sotto questo aspetto; 6) le tre parabole della misericordia (15) non fanno altro che spostare l'obiettivo comunicativo da Gesù al peccatore, ma la visione di Zaccheo farà risorgere e condensare il tema del *cercare,* arricchito appunto dall'interazione che avviene tra il *cercare* umano e quello del Cercato. Cf. sotto.

[110] Qui dedicheremo lo spazio ad una argomentazione teologica più attenta alle conseguenze pragmatiche che comporta con sé una tale delimitazione del trittico. D.

la centralità e la finalità stessa del puntare lucano sulla *cecità* e sulla *vista* e il ruolo che vi giocano i *Dodici* e le *folle* (cioè i personaggi complessi e misteriosi del racconto). Tutto ciò servirà, in ultima analisi, per evidenziare con maggior chiarezza l'obiettivo comunicativo — il cui snodo pragmatico è centrale — emerso a Nazaret. Il quale conduce alla liberazione dalla cecità, ma anche alla capacità di cogliere quelle tracce profonde che portano all'intreccio di sguardi che il lettore ha colto durante il percorso fatto per poi essere introdotto nel gradino superiore: il mistero della passione (Lc 23,8-12).

4.1 *Il non riconoscimento — antitesi della dialettica divina (18,31-34)*

Il trittico comincia con l'*incomprensione* così come il cammino di Gesù, in qualità di predicatore del *Regno* è iniziato con il rigetto di tale messaggio da parte degli abitanti di Nazaret. L'urgenza pragmatica del tempo presente in cui parla e agisce Gesù scandisce, in entrambi i casi, una forte connotazione del compimento scritturistico A differenza di Nazaret il suo messaggio-*annuncio* appare, nel proseguo del vangelo, di estrema lucidità e provoca un disagio sfociante in un blocco comunicativo. Infatti, tale messaggio viene accolto seriamente e sinceramente da tutti quanti[111]. Ciò significa appunto che sinora si è provato davvero ad

---

Hamm, ad es., apporta una differente conclusione quando suggerisce di ampliare la cornice del trittico inglobando al suo interno anche la pericope del giovane ricco. Il quale, pur non mostrando cecità fisica, è accecato dalle proprie ricchezze. Il passo unito a quello di Zaccheo suggerisce la cornice comunicativa perfetta per la guarigione letterale del cieco per eccellenza. Tuttavia in uno schema così modificato perdono il proprio ruolo attanziale i Dodici la cui incomprensione si limita, sotto la penna rigida dell'autore, ad una mera allusione alla necessità di una comprensione pasquale per ora completamente negata dall'*annuncio*. B. Prete esplicitando questo importante dato teologico parla di «un contrasto tra l'incomprensione prepasquale delle sofferenze di Gesù e la rivelazione pasquale del loro significato» (*La passione*, II, 149, n. 3). Ebbene ci domandiamo se vi sià in atto solamente una prolessi narrativa; al contrario si è tentato, finora, di restituirle la voce nella presente comunicazione degli sguardi che coglie lo spessore della percezione anche laddove la si nega! Resta da obiettare infine alla seguente tesi che sembra semplificare la veritiera preoccupazione di Luca: «the blindness to true discipleship which informs this triptych is the attachment to material goods» (D. HAMM, «Sight to the Blind», 465). Accettando di per sé la legittimità di una prospettiva tematica differente che possa ritrovare l'unità, anche fuori dal campo percettivo, optiamo dunque per una netta distinzione dei rispettivi compiti comunicativi della critica delle *ricchezze* e dell'ammaestramento dell'*occhio* in Lc.

[111] Luca a più riprese ribadisce che l'esempio del discepolato sono i *piccoli*, perfino i bambini accoglienti per il *Regno* (cf. Lc 18,17). I numerosi accenni ottimistici sul *sapere*, *vedere* e *riconoscere* dei discepoli (cf. 8,10; 10,21-24; 12,32) non possono

entrare in quel mistero oscuro, a cui il Maestro degli sguardi non si è stancato di preparare i suoi lettori — soprattutto dal secondo annuncio della passione in poi — attraverso stimoli strategici diffusamente presenti lungo il «viaggio». Il problema appare dunque il seguente: i destanatari diretti del vangelo non mostrano alcuna capacità di penetrazione di tale mistero, anzi nel momento in cui sono chiamati a comprenderlo, ruminarlo, pervertono tragicamente il senso delle istruzioni precedentemente date da Gesù. Le quali hanno dato il sapore alla sequela evangelica degli occhi (cf. 9,46-48). Così avviene anche nell'equivoco presente: all'incomprensione, purtroppo, subentra il farsi risucchiare da parte della *folla*. Precedentemente infatti, erano stati tirati fuori seguendo il Volto del Maestro. Le parole del Maestro avevano la funzione di risvegliare negli stessi, la coscienza di partecipare in modo unico a quanto proclamato attraverso la buona novella (4,18). Nella sua ottica salvifica erano stati presi quei *poveri* a cui mostrare il Regno (6,20; 12,32). Una perfetta comunicazione di sguardi espressa in piena sintonia con il cammino del Volto. Non cambia nulla... La «paralisi» della croce continua ad operare in loro un profondo dissenso che si percepisce nella reazione finale dei *tutti*, un *mormorio* che li qualifica come i farisei. Si sono tenuti distanti da quel *lievito* che Gesù aveva seriamente annunciato loro (12,1)[112]?

Si impone dunque la questione dell'*handicap* risolutivo dei discepoli più prossimi a Gesù. Iddio, che si manifesta e si dona loro in Gesù, si nasconde e arriva persino ad abbandonarli nei momenti più difficili —

---

non favorire un'impressione del genere. Anche il fatto che Lo riconoscono, con una predilezione lucana verso Pietro, già a partire da Lc 5, dice che sanno non solo accogliere l'insegnamento elevato, ma anche vedere nei miracoli la potenza di Gesù in quanto il *Signore* (cf. 5,8). In questo caso però entra in vigore un principio altrettanto caro all'evangelista che si deve porre in rilievo. Cf. F. Bovon: «In certi momenti Lc condivide con Mc la severità nei confronti dei Dodici» (*Luca*, II, 838). Sulle prerogative e sulla via del discepolato in Lc vedasi sopra: p. 272, n. 61.

[112] Il contesto comunicativo in cui viene proferito questo detto è molto suggestivo, perché lo collega a quello che parla del *nascosto-rivelato*, delle *tenebre-piena luce* (Lc 12,2-3; cf. diversamente in par Mc 8,15; Mt 16,6.12); ed è attestato doppiamente in Lc (cf. 8,17). Il guardarsi dall'*ipocrisia* già presuppone dunque un'illuminazione interiore, quell'occhio sano e non doppio (cf. 11,34) che può penetrare i *misteri del Regno*. Cf. la sintesi dell'insegnamento evangelico di Gesù teologicamente ripensato da H. Schürmann (*Parole del Signore*, risp. 44.62): «il palestinese paragona il suo corpo ad una casa e l'occhio a una finestra che non soltanto lascia entrare la luce, ma è essa stessa una sorgente luminosa che rischiara tutta la casa. Le parole di Gesù mirano a penetrare nel cuore dell'uomo. è un paradossale mistero che vuole aprire gli occhi: in verità ognuno dovrebbe essere in grado di vedere».

gli annunci della passione che nemmeno il Locutore sembra ricordare senza tremore. L'inno di giubilo qui serve da elemento chiarificatore. Infatti il *Figlio*, in presenza dei suoi, esplicita la ragione per cui rende lode al *Padre* e in essa, a ben vedere, è racchiuso tutto il significato e il mistero dell'*incomprensione dei piccoli*. Di fatto, i primi passi dei *Settanta* sono confermati da una *benevolenza* salvifica di Dio (εὐδοκία: 10,21) che rivela la conoscenza dei *misteri* in modo proporzionale all'attività percettiva degli occhi fissi. Il *Figlio* — unico oggetto della visione — riconosce di essere in rapporto reciproco di conoscenza con il *Padre* e perciò può trasmettere e far vedere, a chi desidera, la scintilla della Parola ricevuta (22). Il programma teologico del detto giovanneo, centrale per l'intreccio narrativo del Terzo Vangelo, pragmaticamente prende rilievo proprio qui, dove s'incontrano le due finalità persuasive esternamente contrapposte: l'una del Figlio di rivelare e l'altra del Padre di rendere incomprensibile (cf. il passivo divino κεκρυμμένον: 34b) quella Comunicazione suprema della salvezza. I discepoli reagiscono forse proprio a quella distanza irriconciliabile e intellettiva tra il risonante imperativo divino (cf. δεῖ: 9,22) da compiere negli occhi e il silenzio tombale della visione, negata già in partenza, che sembra provenire dallo stesso Animatore dello spettacolo che è Dio. Le emozioni che dapprima istintivamente hanno sperimentato i discepoli — insensibilità, paura e perfino mutismo (9,45) — vengono ora ridotte ad un silenzio totalizzante, l'unico mezzo espressivo di fronte ad un adombramento comunicativo così radicale (cf. l'enfasi su οὐδὲν τούτων: 34a) il cui artefice e promotore è paradossalmente il *Padre*[113].

---

[113] Qui entriamo in discussione con il punto di vista di G. Gamba il quale nega alla tensione comunicativa la sua ragion d'essere. Egli stesso dice: «Si tratta di un dato di fatto, di una constatazione, non di una particolare disposizione di Dio» (G. GAMBA, «Senso di Luca 9,43b-45», 256). Obiettando gli argomenti da lui sostenuti, pensiamo invece che ciò che disturba la coerenza narrativa del quadro comunicativo di Lc sia invece motivo della sua maggiore efficacia pragmatica nei confronti del lettore. Rimandiamo all'attento sguardo di R. Dillon (*Eye-Witnesses*, 39-46.105). L'argomentazione della scuola storico-critica si muove classicamente nell'orizzonte teologico del concetto di *Messiasgeheimnis* di W. Wrede (*Das Messiasgeheimnis*) e sta a favore della direzione pragmatica da noi sostenuta. Nell'affrontare questo problema ermeneutico, F. Bovon si mostra, come sempre, assai sensibile al delicato pensiero e spiccato progetto teologico lucano, dentro il quale ruota l'obiettivo del *vedere*. Così si esprime: «il suo [in riferimento al ῥῆμα in Lc 18,34b; S.A.] significato è per così dire sigillato e si trova lontano da loro. [...] Luca non è solo teologo dell'evidenza [cf. ἀσφάλεια; (Lc 1,4)], non crede che il senso si legga sempre alla superficie dei fatti. La gloria resta celata dietro l'agonia» (*Luca*, II, 838). Relativamente alle implicazioni

L'atteggiamento comunicativo del *Figlio*, in questa dialettica divina degli sguardi, è significativo, in quanto non impartisce alcuna direttiva volta a superare l'*impasse* narrativa venutasi a creare. Il lettore, tuttavia, spera che il passo narrativo sia felicemente proteso in avanti. È il fenomeno del *turning point* e insieme lo snodo pragmatico più forte del suo cammino visivo di cui Gesù stesso è consapevole. Bisogna fare una rilettura al contrario del testo ripartendo dal *cammino della croce* che ne illumina la comprensione. Il terzo annuncio si compie in quella tensione dialettica tra *vedere / non vedere* a partire dal velamento di un Volto non immediatamente riconoscibile alla vista stessa. Davanti a un *tilt* così radicale, i Dodici, sotto la plume narrativa di Luca, rinunciano ad assistere allo scandalo del messia crocifisso e scendono al livello dell'ingenua *folla*. Divengono gli spettatori esterni della sua futura lotta interiore (cf. Lc 22,41-42). Il Maestro ciò nonostante, continua la sua strada e trova attraverso nuovi sguardi i modi per avvicinare quel Compimento definitivo che finalmente abiliterà gli occhi dei discepoli e del lettore ad afferrare lo spessore della morte — un vero *riconoscimento*[114]. Il cieco e Zaccheo anticipano questo passo in un unico incontro con Gesù — un vero culmine della visualizzazione della salvezza in cui misteriosamente l'occhio è appagato dalla brillantezza della luce della resurrezione[115].

---

narrative di tale motivo — nel più vasto orizzonte del quadro sinottico — si può consultare l'esposizione esperta di J.-N. Aletti: *Gesù Cristo*, 177-185.

[114] Non sono scarsi i tentativi di accertare nel detto conclusivo di Gesù (19,10) un'allusione alla profezia d'Ezechiele (Ez 34) che però rimanda piuttosto alle parabole di Lc 15 nelle quali certamente il paradigma comunicativo di Lc 19,1-10 si ispira. Cf. J.-N. ALETTI, *L'arte di raccontare*, 27-29. Sulle implicazioni scenografiche di questa descrizione profetica come l'*epifania* vedasi: P. KARIAMADAM, *The Zacchaeus Story*, 45, n. 173 (sopra: p. 293, n. 107). Il vb. παρέρχομαι in Lc 18,37, secondo alcuni, potrebbe altresì appartenere allo stile narrativo, o meglio genere letterario dell'«epifania» (A. PAUL, «La guérison», 56; J. SCHNEIDER, «παρέρχομαι», 679). Un altro motivo evocativo che chiarifica il contesto comunicativo di Lc ed è ben attestato nell'AT è riassunto da R. Meynet («Au cœur du texte», 704, n. 8) nella frase seguente: «Yahwé qui guide l'aveugle sur le "chemin"» (Gb 29,15; Sal 146,8; Is 35,5; 42,16).

[115] Luca, rispetto a Marco, è più discreto nel disegnare un «itinerario spirituale dei Dodici» e preferisce una stesura teologica dello stesso dato evangelico inserito nella cornice assai più ampia del disegno di salvezza. Come esplicita C. Martini, autore di una riflessione esegetica in merito, il secondo evangelista immette nel proprio lettore perfino la sensazione che i seguaci più prossimi di Gesù non comprendano la parola della *croce* e non solo, a causa di un indurimento interiore che si esprime nei fenomeni psicologici ben noti, quali: autosufficienza, testardaggine e superbia (*Itinerario*

4.2 *Lo sguardo che porta la salvezza (18,35–19,10)*

Benché effettivamente ci siano due incontri, a Luca è piaciuto presentarne uno solo in due episodi concernenti a loro volta i due paradigmi: della *fede* e della *conversione*. Dal punto di vista comunicativo è evidentemente sul piano del *vedere* che ruota tutto. La narrazione parte richiamando la protologia metastorica lucana che dipinge un'immagine collettiva di tutti gli oppressi giacenti nelle *tenebre* in attesa dell'*illuminazione* dell'*Aurora* (1,78-79). Una *cecità* quasi mitizzata, che nel *Benedictus* pare coinvolgere tutta l'umanità priva della luce della rivelazione[116], s'incarna nella persona del *cieco* che grida appena sente avvicinarsi Colui che porrà fine alla sua disgrazia vissuta in una disperata quotidianità. Questo grido sovrumano funziona come la risposta al mutismo dei *Dodici* dal momento che con l'arrivo di Gesù trabalza l'umanità più sfortunata, quei *poveri* dei quali bisogna far parte anche nella sofferenza. Il presupposto essenziale dell'incontro è dunque una solidarietà profonda del cieco con Gesù e viceversa che i Dodici ancora non sono pronti a so- e supportare limitandosi a un mero guardare[117].

---

spirituale, 7.8.25-37). Il primo invece pone lo stesso problema comunicativo nel mondo culturale dei propri lettori *in carne e ossa* che riflettono la realtà nell'orizzonte percettivo degli *occhi*. Da questo punto di vista, Marco è sicuramente un narratore più semitico nel riferire il concreto e tangibile di un'azione che non lo scrittore Luca che invece vi premette uno sguardo estetico del teologo dell'invisibile. Cf. F. BOVON, «Le Dieu de Luc», in ID., *L'œuvre de Luc*, 221-224.

[116] Cf. la puntualizzazione importante di R. Meynet: «Questo cieco riflette l'immagine di tutti i sofferenti dei salmi, il cui grido di supplica lascia il posto per mezzo della fede in Colui che ascolta, alla lode e alla sua gloria. [...] La fine del cantico di Zaccaria sembra essere una traduzione, in linguaggio poètico, del racconto del cieco di Gerico, seduto nelle tenebre della sua cecità» (*Luca*, 670.671, n. 5). Il carattere ontologico e assiologico della dialettica del *vedere* in questo brano, naturalmente preso nell'obiettivo comunicativo, insieme al capitoletto successivo il quale corona l'architettura del dittico, è ben esplorato dagli autori: «"cécité" et "vision", l'une symbolisant l'*éloignement dans la proximité*, l'autre la *proximité dans l'éloignement*, sont les idées dominantes de l'ensemble du texte. C'est autour d'elles que tout paraît s'articuler» (A. PAUL, «La guérison», 67). Cf. R. O'TOOLE, «Luke 19,1-10», 109.111; J.-N. ALETTI, *L'arte di raccontare*, 30-31.

[117] Il carattere pedagogico dell'incomprensione dei Dodici — i veri *ciechi* (C. RATHNASAMY, *Jesus Encounters Zacchaeus*, 13) — provoca delle conseguenze pragmatiche salienti per il seguito della linea narrativa del *vedere* e da mettere nel giusto rilievo: «la Passion de Jésus et sa mort ne doivent pas être la conséquence d'une confusion, l'aveuglement de ceux qui le rejetteront doit être volontaire. Cette volonté de clarification est une des principales lignes de force de notre contexte» (R. VARRO, «Annonce de la Passion», 25). Rimane tuttavia segreto come riconciliare le

La proclamazione dell'identità messianica di Gesù radicata nella sua regalità davidica fa rovesciare gli schemi abituali della folla venendo al nocciolo. Come i *poveri* della profezia isaiana (Is 61,1) anche il cieco raccoglie in sé ed esprime tutte le speranze, ma anche le angosce di Israele fedele che deve esaurire il *Regno* che viene. In questo modo si incontrano perfettamente l'iniziativa evangelizzatrice di Gesù (cf. Lc 4,18-19) e il bisogno umano di *vedere / essere-visto* che cerca sì dei mediatori, ma pure crede, con Gesù, di non essere più lasciato o, ancora peggio, ridotto al silenzio. L'*anno di grazia* è da vivere pienamente nel presente, e il cieco gli si abbandona dando alla gente (è probabile che ne facciano parte anche i discepoli) l'occasione di mettere in maggior rilievo la propria fede che rende beata una visione il cui occhio partecipa al dono salvifico promesso.

Succede però, come a Nazaret, dove gli spettatori coinvolti massimamente in quel dialogo di sguardi rimangono alla superficie delle cose, *fuori*, facendo ressa attorno e non vedano un bel niente[118].

Ma proprio qui affiora la fede che provoca il miracolo ambientato nell'atmosfera ideale dell'incontro. La stessa pedagogia divina insiste ora che vi assistano gli altri — saranno proprio loro i *testimoni oculari* dell'accaduto (cf. 1,2). Gesù comincia con una domanda che a prima vista è superflua: *cosa vuoi che ti faccia?* (18,41a), — ma, rivolta al lettore, rende esplicito il contenuto della fede a cui sottoporre i propri dubbi e mancanze. È un momento cruciale del trittico degli sguardi, una risposta concorde con l'esigenza divina, un desiderio sgorgante dal bisogno di stare di fronte al Volto, che è più profondo di una guarigione fisica. È per lo più un invito ai discepoli-lettori a ricuperare la vista, riconoscendosi ciechi dal punto di vista interiore. Una volta fatta questa

---

due facce dell'unico cammino di sequela visiva il cui rovescio negativo fornisce la «croce» del discepolato: *passio* humana e *actio* divina. Cf. sopra: p. 298, n. 113.

[118] Qui è da sottolineare la portata comunicativa di un intento dialettico che, in verità, segna profondamente e invita a trattare in chiave pragmatica la storia del *vedere* in Lc: «une intention spéciale [...] opposer l'inintelligence des disciples devant l'annonce et l'illumination de la foi de l'aveugle» (R. VARRO, «Annonce de la Passion», 25). Lo *stare fuori* che in Lc rispettivamente ha poca importanza nella dominante narratologia del *vedere* balza invece agli occhi del lettore di Mc: C. MARTINI, *Itinerario spirituale*, 25-26. W. Trilling superbamente esplicita il dato: «Bei ihm [Mk] ist es nicht nur bloss Statist und „Chor", sondern betont von dem Heilsgeschehen distanziert. Es hört die Botschaft, versteht aber nicht, es erlebt die Wunder, glaubt aber nicht, es gehört zu den „draussen" Stehenden, denen alles in Gleichnissen, in verhüllter Rede zufällt» (*Das wahre Israel*, 76). Cf. Mc 4,10-12.33ss; 1 Cor 5,12-13; Col 4,5; 1 Ts 4,12.

confessione umile della propria incapacità oggettiva di avvicinarsi alla luce illuminante, Gesù è autorizzato a comandare: ἀνάβλεψον (42b)[119]. Questa *direttiva* schiacciante pretende di essere la lieta fine di quel cammino di sguardi che il lettore stava condividendo con i discepoli, ma non lo sarà in realtà, visto che solo il cieco viene guarito. La sua fede esemplare gli dona la salvezza. La salvezza, che già pregustava gridando, si realizza per lui ora, nei suoi occhi, sì da espandere la gioia e la lode a tutti i presenti.

---

[119] In funzione a questo vb. ovviamente centrale nel trittico stanno altri due: κρύπτω e ὁράω. Se per i discepoli la possibilità di vedere (nel senso di riconoscimento) è negata provvidenzialmente già in partenza, l'itinerario del cieco e di Zaccheo è tutt'altro: il primo riesce a riavere la vista (ἀναβλέπω) grazie a un interiore cammino (*spirituale*) dei suoi stessi occhi, pur essendo essi totalmente impediti dal fissarlo come dei Nazaretani (cf. Lc 4,18; 7,22). Il secondo protagonista tende a occupare tutto il palcoscenico della visione, compresi i precedenti modelli della bramosia visiva (i Nazaretani, Erode) nonché quelli che verranno offerti al lettore in seguito (i vedenti attorno alla croce e gli apostoli al momento dell'ascensione (At 1,10). Il vb. ὁράω qui intenzionalmente intercalato con il vb. ἀναβλέπω, preso ora nel suo significato più abituale d'uno sguardo (*fisico*) interessato, funge da raccoglitore dei fili narrativi del vedere, dato che il suo potenziale performativo finalmente si realizza dando al lettore un ricco materiale di contenuti evocativi. L'ideale del *Nunc dimittis* trova compimento in un'occhiata ideale di Zaccheo a cui Gesù si adegua in una maniera originale, cioè per la prima volta premia il desiderio degli occhi umani (cf. invece Lc 11,28) con un'iniziativa tutta sua (μένω) ove sboccia la salvezza messianica. Tra queste due *visioni* — i veri cardini dello sviluppo narrativo del tema — è situato l'intero cammino intessuto degli sguardi (li rendono vivaci i verbi della radice βλέπ-: Lc 6,41-42; 7,21; 8,10; 9,62; 10,23; 21,30-31; 24,12). E forse per questa ragione la beatitudine sinottica degli occhi (Mt 13,16-17par) adopera il vb. βλέπω per riferirsi all'esperienza percettiva dei discepoli, mentre dei profeti parla al negativo mettendo in risalto una «visione senza frontiere», ancora da aspettare, la cui espressione è affidata classicamente al vb. ὁράω (cf. Mc 4,12a). Il cambiamento del vocabolario e del significato della stessa radice, nel caso di ἀναβλέπω, serve dunque non solamente agli scopi narrativi, esplicitando cioè la progressione della trama e svelando i ruoli dei personaggi nel racconto, ma anche all'economia della stesura teologica degli stessi avvenimenti. Andando avanti nella logica accennata si può tentare di evidenziare l'interessante tendenza terminologica che gli evangelisti conservano unanimemente, designando cioè le guarigioni dei ciechi con i verbi della radice βλέπ- (Lc 7,21; 18,43a par; Gv 9), affidando invece la visione «con l'ὁράω» ai casi più specifici, densi di conseguenze teologiche e quindi estesi a un numero sempre crescente di persone, come lo è, senza dubbio, la chiamata di Zaccheo (cf. Lc 24,13ss; Gv 20). Cf. sopra: pp. 244-245, n. 20. L'itinerario successivo ci aiuterà a capire come funziona, a livello del macroracconto, questa importante messa a fuoco del vocabolario, di forte impronta teologico-narrativa.

Curiosamente il passaggio dalla *folla* al *popolo* avviene col *vedere* il fatto compiersi. L'oggetto della visione è velato, ma così è più facile riempirlo di contenuto. Il testo non insiste tanto sul miracolo come tale, ma sui cambiamenti che esso ha provocato nella vita del cieco, ossia sul contrasto tra la paralisi iniziale, una chiara allusione al blocco dei Dodici, e il vettore movimentale conclusivo che fa del recupero subitaneo della vista un'esplosione operante. Ne seguono infatti una *sequela* intensa (cf. l'impf. ἠκολούθει: 18,43b), un forte appello al lettore di proseguire in avanti, e la *lode* che era già implicita nel titolo onorifico del messia su cui il grido puntava e che il narratore *tout court* espande alla voce di tutti i circonvicini. Si tratta di una lode intenzionalmente enfatizzata e rivolta unicamente a Dio, in quanto unico protagonista del miracolo, il racconto quindi provoca un impulso pragmatico al lettore: riflettere, lungo il cammino che farà, sul capovolgimento operato da Dio. In prima istanza si loda, tuttavia poco dopo, si vedrà, che ciò non basterà per essere fedele sino alla fine alla verità del Vangelo. Anche il cieco — il discepolo, il lettore, la stessa folla — devono seguire Gesù veramente per entrare nel mistero della croce. Il ritorno della vista non cancella la verità del peccato che continua ad operare l'incomprensione e l'offuscamento spirituale, rendendo sempre più drammatico e attuale il detto gesuano sull'*occhio* e sulla *lucerna* (11,34-36)[120].

Strada facendo, il lettore, identificatosi prima col cieco e quindi entrato nella dimensione raffinata del paradigma percepito, arriva a constatare che bisogna realizzarlo attivamente e lo esegue proprio a Gerico, immerso di nuovo nell'indifferenza della folla che a bella posta lo preme tirandolo fuori da se stessa. Preme dunque pure a lui di prendersi una decisione e qui lo prende per mano un personaggio che incarna in sé l'ideale comunicativo del cieco, esplicitandone soprattutto le incompiutezze. Finché il filo narrativo continua, il testo ha da dire qualcosa al lettore, e in questa sede è Zaccheo a incarnare una *tournure* pragmatica e costitutiva che la guarigione fisica porta con sé. Egli *cerca di vedere chi sia* Gesù esprimendo così il desiderio intimo dei lettori ben coscien-

---

[120] Il capovolgimento e le domande del testo sono resi espliciti dall'audace commento di A. Paul: «Parce qu'il a cru que Jésus était le Seigneur et qu'il l'a professé, l'aveugle est devenu voyant; et la foule est devenu "tout le peuple". A la vérité, il semble que ce soit dans cette création de "tout le peuple" dont la guérison est le signe, que consiste le vrai miracle. Or, qui est cet aveugle, et qui fait réellement partie de ce peuple? La péricope de Zachée répond à ces deux questions» («La guérison», 58).

ti che qui non si parla semplicemente dell'identità di Questi, dato che era stata l'oggetto di tutta la sezione precedente del Vangelo (Lc 4,14–9,51)[121]. Si può scorgere la stessa dinamica comunicativa del *riconoscimento* che segna profondamente sia l'annuncio della passione sia la liberazione dalla cecità. Si avverte anche un richiamo intensificato al discepolo-lettore a revisionare il proprio ritratto del maestro ricollegandosi alle due visuali contrastanti: *Dodici* e *cieco*. Qui lo sguardo narrativo fornisce una prima illuminazione per riflettere sul punto di arrivo della liberazione dalla cecità. Cambia sia il dipinto di Gesù ottenuto in un'impronta visiva sia l'occhio di chi l'ha creato: è ciò che porta *in nuce* il *quaerere* di Zaccheo e sta per sancire la Parola.

Luca rende ben visibile il ritratto di un uomo inquieto nel cercare che già accenna alla spettacolarità dell'incontro[122] in cui viene compensato il desiderio degli occhi di riconoscere un *oggi* salvifico impresso nel testo. Con l'arrivo di Gesù succede l'imprevedibile: s'incontrano gli sguardi e i desideri — un presupposto indispensabile perché un confronto avvenga e diventi comunione. La centralità di questo spettacolo unico del Vangelo consiste proprio nell'intimità di un guardarsi negli occhi tra

---

[121] Cf. cap. II, pp. 120.131ss, e l'accento che pone sopra J.-N. Aletti: *L'arte di raccontare*, 50-71. Non è da negare tuttavia la centralità della figura di Gesù nel trittico, solo che in essa diventa trasparente la sua oggettività, non già soggettività, salvifica, un appello a stabilire una relazione attraverso lo sguardo: the focal point of Lucan story tends to be Jesus. Jesus has the last words in the pericope [Lk 19,1-10; S.A.] (C. RATHNASAMY, *Jesus Encounters Zacchaeus*, 23). W. Trilling (*L'annonce du Christ*, 148) osserva ancora più fortemente la progressione cristologica della comunicazione visiva: «Luc est plus concis [que Mc] mais il marque plus fortement la grandeur de Jésus (18,40). [...] La profession de foi de l'homme en reçoit une nouvelle force. Le premier appel, *Fils de David*, est surpassé par le second, *Kyrie*». Applicando ai Dodici questo programma cristologico si arriva a identificare la loro presenza comunicativa nella «struttura assente» (cf. U. ECO, *La struttura assente*, 323ss) del trittico che privilegia narrare la salvezza attraverso gli sguardi altrui. Ecco la grande rivelazione narrativa del loro «viaggio» davanti al Volto cristico di Gesù: «Si la christologisation de l'itinéraire du disciple est plus que discrète durant le voyage vers Jérusalem, on ne doit pas oublier qu'elle en est la condition» (J.-N. ALETTI, *Le Jésus de Luc*, 131). Il fenomeno narrativo di *cristologizzazione*, accennato qui, caratterizza l'intero *corpus* scritturistico del NT, il quale è «strutturato gesu-cristologicamente»: ID., *Gesù Cristo*, 8.

[122] La descrizione dinamica del *cercare* zaccheano (vv. 3-4) sfrutta la dimensione spaziale della scena in cui ogni movimento è legato allo scopo preciso e dispone di un *point* comunicativo: ἵνα ἴδῃ αὐτόν. Il *correre avanti* (προδραμὼν εἰς τὸ ἔμπροσθεν) da parte del protagonista segnala il *climax* di questa ricerca che, come nel cinema, fa accelerare al massimo le riprese per avvicinare quella centrale in vista della quale tutto il resto è impiegato. Cf. U. ECO, *Sei passeggiate*, 87-90.

l'uomo e Gesù[123]. In un momento si rischiara la luce della verità che di nuovo pone il primato della pedagogia divina: il pellegrino misterioso che *non ha dove posare il capo* (9,58) finalmente *deve* fermarsi e *rimanere* nella *casa*! Solo così infatti, il veritiero riscontro avverrà.

Sapendo bene che importanza la *domus* riveste nell'opera lucana[124] è lecito supporre che proprio lì verrà soddisfatto lo sguardo interrogativo di Zaccheo, ma prima dovrà rispondere anche lui alla chiamata di Gesù implicita in quell'atto, insieme *espressivo* e *dichiarativo*, che pone l'uomo di fronte all'urgenza dell'imperativo divino: δεῖ. Di fatto lo *accoglie con gioia* nel proprio spazio comunicativo ove il suo semplice desiderio di *vedere* riceva un premio difficilmente pensabile, rinvigorito da un raffronto creativo con la sequela esultante degli occhi dell'ex cieco.

Il lettore potrebbe fermarsi qui, in un momento che giustamente lo rende capace di rispondere all'eventualità fortunata di un appuntamento di breve durata che volge ad un incontro atemporale con Gesù. Tuttavia la resistenza della folla, ormai estesa al massimo — *tutti*, — lo provoca a riesaminare se stesso e scegliere attraverso occhi diversi quale via sia più adatta per il seguace del Volto del maestro. La tensione s'impone con un nuovo «fallimento» dei discepoli ormai guariti con lui dalla cecità spirituale. Il loro scendere di nuovo sul piano dei *tutti* provoca un'obiezione di carattere risolutivo da parte del lettore: non dialogando con la necessità divina d'esser visitati e salvati manifestamente, si oppongono alla volontà dello stesso Padre che dapprima si era opposto nel rivelare loro il Suo progetto segreto, ma ora in Gesù quasi si dona loro! La dialettica iniziale tra la franchezza di Gesù, nel propagare il proprio destino e la discrezione estrema del Padre viene internamente completato dalla resistenza dei *piccoli*. Al lettore spetta certamente di salvaguardare a caro prezzo l'ideale acquistato da lui, e anche dal Promotore della dialettica degli sguardi, e affrontare, nel racconto della Passione,

---

[123] Si badi che l'obiettivo narrativo è centrato sullo sguardo di Gesù, mentre quello di Zaccheo è implicito dallo sviluppo della trama sopra evidenziato. L'intento narrativo è dunque quello di polarizzare il veritiero soggetto della ricerca, dal quale unicamente dipende quella iniziale. La prima parola di Gesù avrà la stessa logica in quanto metterà a fuoco la verità di cui ormai non si può fare a meno: Gesù visiterà per primo il bisogno umano di *vedere* per rendere appunto l'uomo consapevole d'essere nel bisogno. Cf. l'accento di C. Langner («Lc 19,1-10», 232): «el texto ofrece la reciprocidad de la mirada: Zaqueo busca a Jesús con la mirada, quiere ver a Jesús (v. 3), pero es él quien es visto por Jesús (v. 5)».

[124] Uno studio particolare che analizza la pericope sotto quest'aspetto è quello di C. Rathnasamy: *Jesus encounters Zacchaeus*.

un dissenso inaudito e quanto più radicale rimanendo all'origine di una reazione violenta e sbloccante che supera il mutismo degli inizi (cf. 9,45)[125]. Curiosamente, ancora, vi è in gioco il *vedere*, ma non è il vedere trasformatore che aveva già permesso alla folla nei pressi di Gerico di farsi imitatori del cieco, bensì un vedere geloso e avido di giustizia che volutamente cerca di mettere in crisi lo sguardo idealizzato del lettore.

La tenerezza della visione di questi fa i conti con la realtà stridente del peccato. Ne sono colpiti gli occhi dei Dodici di ieri i quali, anziché scoprire in se stessi ciò che manca alla percezione per aprirsi al riconoscimento, vengono soddisfatti dal narratore con il dono gratuito della vista condiviso con i poveri del Vangelo. Questa prematura celebrazione narrativa degli occhi (cf. 10,23b) li paralizza per la seconda volta, sicché non credono più di dover essere visitati nuovamente dalla Luce e guariti dalla cecità spirituale; ma allo stesso tempo contraddicono all'assioma evangelico con cui era iniziato il loro cammino (cf. 5,32). Sotto la penna deliberata del narratore il lievito dell'ipocrisia ormai è entrato definitivamente nei ciechi più disperati del trittico perché non si riconoscono come tali e solo il lettore fedele all'intenzionalità pragmatica dello sguardo testuale può salvare la situazione e farvi convergere il proprio sguardo credente che spera sempre.

In verità, è lui che, identificandosi con Zaccheo, aderisce alla confessione del proprio peccato, ma anche alla sua professione di fede — in

---

[125] Tenendo conto della limitatezza degli indizi testuali che ci autorizzano a parlare dei discepoli in entrambe tappe comunicative dell'unico incontro, siamo convinti che in questo caso valgono di più i criteri propriamente narrativi, nonché quelli che contraddistinguono la comunicazione umana. Da questo punto di vista la scomparsa dei *Dodici* dall'orizzonte narrativo offre al lettore un ricco materiale da esplorare. Il risultato finale — il piacere della lettura — dipende unicamente dalla sua capacità di leggere tra le righe (il silenzio a volte dice molto di più delle parole) e sentirsi responsabile dell'autorità di cui in questo caso usufruisce cooperando col narratore nel far parlare il suo racconto delle cose non dette — un presupposto essenziale e garanzia del successo comunicativo di ogni scritto che, così formato, coinvolge al massimo il suo lettore, lo interpella. Cf. U. Eco (*Lector in fabula*, 66) che in riferimento al testo come fenomeno linguistico parla di un «meccanismo parsimonioso» (cf. sopra, p. 223).

Ciò è del tutto vero a proposito della menzione dei *tutti* che a prima vista non dice molto sulla presenza dei discepoli. Narrativamente, al contrario, questo rilievo è essenziale, perché finisce la serie dei rimandi testuali che, come abbiamo visto, progressivamente hanno insegnato al lettore l'intelligenza del «mistero» del discepolato in Luca. Di quella pedagogia divina si fa partecipe pure lui. Cf. sopra: pp. 299-300, n. 115.

una dialettica diremmo esistenziale che permette alla sua visione di andare oltre, a differenza dei discepoli a loro volta pienamente identificati, nel trittico degli sguardi, coi farisei, *guide cieche*. È esattamente qui che converge la domanda posta all'inizio e cioè, dove porta la liberazione dalla cecità. Il suo frutto sperimentale deve essere il riconoscimento di se stessi, della propria verità che è unicamente quella del peccato. Zaccheo non dice ciò esprimendo solo la sua intenzione pratica, che di certo è da considerare come «credo» della conversione. Diversamente dal cieco, la cui fede era sgorgata dal riconoscimento spontaneo della presenza del Regno, qui è in questione una fede più nel senso dell'accoglienza e della fiducia nelle parole altrui, resa visibile unicamente nell'impegno concreto nei confronti del prossimo. La capacità di credere proviene dunque dall'incontro con Gesù, e il lettore ormai è in grado di fare i paralleli con l'incontro precedente. La prima fase del suo cammino di fede è stato il ricupero della vista con cui si è reso possibile anche un veritiero riscontro di sguardi con il Volto e la sequela, altrimenti impossibili. La fede, che aveva risvegliato la sua coscienza d'essere alle prese con il mistero, lo ha portato finalmente a rivolgere lo sguardo su se stesso, e solo dopo sull'«altro», e così viene preparato un nuovo spettacolo in cui sono coinvolti sempre gli stessi *poveri* con i quali fin dall'inizio si doveva e ora riesce veramente a identificarsi.

In questo scambiare gli sguardi è già contenuta la salvezza, come fa capire il primo atto *espressivo* di Gesù. Riassunto in poche parole, il contenuto assai denso del cammino di identificazione da parte del lettore tende a mettere in luce il criterio chiave del paradigma elaborato[126]. In ogni incontro vero e proprio con il Gesù vedente si realizza la salvezza. Ciò apre veramente gli occhi degli spettatori sull'identità del peccatore, degna delle promesse e della salvezza (19,9c). Il lettore vi riconosce altresì l'appellativo di Giovanni, ambientato nello stesso contesto di conversione (cf. 3,8)[127]. Qui vengono definitivamente esposti il

---

[126] La dialettica narrativa di identificazione, da noi appena esposta, si ispira al meccanismo comunicativo dell'intreccio parabolico, che sotto l'artificio letterario di un racconto fittizio, promuove un dialogo spontaneo con il proprio lettore. Inserendosi, a seconda delle leggi narrative di una strategia di coinvolgimento, questi si identifica progressivamente con non pochi personaggi dialoganti tra loro e alla fine opera una scelta da cui dipenderà sia il giusto funzionamento dell'«effetto parabola», sia la capacità esegetica del lettore di supplire alle sue regole di gioco: cf. V. FUSCO, *Oltre la parabola*, 124-128.

[127] L'immagine delle *pietre* dalle quali *Dio può far sorgere dei figli ad Abraamo*, applicata al contesto presente, dà un forte impulso pragmatico al lettore. Il vb. ἐγεῖραι rafforza infatti il pressupposto da cui siamo partiti e cioè, che la conversione di Zac-

paradigma del vedere in quanto bersaglio salvifico e il cammino di Gesù che diffonde la salvezza cancellando il passato mortifero del peccato. L'esemplificazione dialettica di questa salvezza da vedere, incarnata sia nella persona che nel cammino del *Figlio dell'uomo,* indica al lettore il fine del proprio cammino di salvezza. Desideroso di accogliere e interiorizzare questa verità teologicamente pregnante, egli si sente provocato a ripensare il suo cammino nell'unità con il Vangelo degli sguardi per far proprio pure il testamento di Zaccheo che forma un unico atto illocutorio[128]. Aderendo alla comunità lucana, può celebrare e vivere anche lui l'ideale del ricco che ha varcato i limiti del possibile sigillati da Gesù stesso nella storia del tutto contraria del *giovane ricco* (18,24-25)[129].

4.3 *Lo sguardo sintetico*

Riferendoci all'elaborazione teologica del primo capitolo è ora di giustificare il titolo dato alla presente sequenza comunicativa. Che qui si tratti in modo specifico del *riconoscimento* non fa che testimoniare l'impulso gnoseologico che scaturisce da tutti e tre i verbi che coronano la prima unità testuale: cf. 18,34. Nel secondo testo, viene ripetutamente presentata al lettore, la domanda implicita del cieco: *che cosa accadesse* (Lc 18,36; cf. par Mc 10,47; Mt 20,30). Il terzo e conclusivo episodio ha la medesima dinamica comunicativa che adopera un quesito complementare, ma non per questo meno effervescente: *chi fosse* (Lc 19,3). Se il *riconoscimento* sia avvenuto non si fa menzione[130], cosicché

---

cheo già partecipa alla risurrezione essendo un vero ritorno dalla morte spirituale alla vita: un possibile sfondo profetico apocalittico (cf. Dn 12,2-3)? Sulle implicazioni teologiche che ne derivano vedasi: H. SCHÜRMANN, *Luca,* I, 306-311.

[128] Lo si potrebbe caratterizzare come *dichiarativo, espressivo* e *commissivo* insieme, perché intensifica tutta l'esperienza dell'incontro di Zaccheo con Gesù. Vi sono contenuti dunque l'impegno concreto, il desiderio e la certezza che vede già realizzarsi le promesse. Cf. il valore temporale dei due presenti (ἀπο/ δίδωμι: 19,8): sopra, p. 269, n. 55.

[129] Cf. R. CULPEPPER, «Seeing the Kingdom», 443. Per la preoccupazione particolare della comunità lucana riguardo alle ricchezze, che aveva contrassegnato il colore degli insegnamenti del Gesù lucano vedasi un breve, ma espressivo riassunto di M. Grilli: «Consideraciones conclusivas», 289-296. Cf. sopra: pp. 243-244, n. 18.

[130] I titoli messianici che dànno a Gesù ambedue il *cieco* e Zaccheo (Lc 18,38-39; 19,8) non sono gli argomenti validi per sostenere il contrario: cf. ad es. R. MEYNET, *Luca,* 673-674; G. ROSSÉ, *Luca,* 719. È per lo più l'appello al lettore e l'esplicitazione della *Fede* dei personaggi che già anticipa il *Riconoscimento.* La dinamica narrativa dei testi in questione rende più chiara questa strategia persuasiva su cui in verità è

l'appassionante racconto degli sguardi continua... In questa visuale va inquadrata la sopramenzionata costellazione delle dinamiche visive che riempiono di senso e di contenuto e conferiscono al *riconoscimento* la ricchezza estetica del *Nunc dimittis*. Vi si impone il compimento della salvezza, avvenuto negli occhi, che provvede di un simile sottofondo teologico la comunicazione narrativa del trittico: l'intrinsecarsi delle ottiche diverse serve appunto per bandire l'imminenza del *Riconoscimento* definitivo a cui indirizzare lo sguardo della fede.

Parlando del «trittico del riconoscimento» abbiamo considerato il motivo strutturante della sezione (Lc 18,31–19,10). Ci riferiamo alla *Passione* che, presentata in forma di un annuncio, dà unità all'insieme. La costante dei discepoli — l'*incomprensione* — è decisiva, perché, dopo i primi due annunci della passione, segna una rottura radicale con l'intenzione di Gesù di dare compimento al proprio cammino. Su questa dialettica tra il movimento «indurito» (cf. 9,51) di Gesù verso la croce e l'incomprensione dei suoi, «indurita» da Dio, si fonda addirittura il seguente riscontro dei tre sguardi che cambia profondamente il cammino del lettore, nonché l'immagine che egli ha dei discepoli. Questi ultimi scendono sullo sfondo come i veri ciechi, una volta che è stata scartata la necessità della morte e della risurrezione.

Insieme a loro anche il lettore si riconosce cieco, aiutato a prenderne coscienza dal primo personaggio attivo del racconto che è propriamente il *cieco*. La sua via e quella dei discepoli qui sembrano intrecciarsi, visto che la guarigione della cecità è un bene salvifico supremo su cui tutta la storia converge. La prima esigenza che richiede la solidarietà col cieco è un gridare impetuoso in cui viene racchiusa la speranza di non essere più soli essendo ora di fronte al Volto. Si tratta di una *Fede* che guarda oltre le apparenze e saluta l'avvicinarsi della liberazione (cf. 1,42; 4,18). Il primo sguardo di Gesù è connotato dunque dal compimento del suo programma missionario il cui centro è il *ritorno della vista ai ciechi* (4,18). L'imperativo ἀνάβλεψον invita finalmente il lettore a intraprendere un cammino novello, accettando il dono degli occhi nuovi con cui ormai può varcare le altezze dossologiche del *popolo* che nell'atto stesso di vedere il miracolo compiersi si sente *consolato* (cf. 2,25), ma anche *visitato* dal *corno della salvezza* (1,69.78). La lode nondimeno non nega la sequela, e l'intimo cammino dell'occhio del lettore verso la *luce* evidentemente non finisce qui.

---

basato l'intero Vangelo: cf. 4,34; 5,8.12; 7,6 etc. Cf. J.-N. ALETTI, *L'arte di raccontare*, 99-101.

La seconda occhiata di Gesù si sofferma sul traguardo della guarigione dalla cecità; ora è Zaccheo a introdurre il lettore nel «bosco narrativo» del *vedere* come paradigma. La dialettica del «vedere e dell'essere visto»[131] sfocia nel riconoscimento reciproco che fa sì che la promessa di Gesù (19,5) trovi subito un compimento. I suoi tratti, ormai ben noti al lettore — l'*accoglienza* e la *conversione* — scandiscono infatti il fine del ministero pubblico di Gesù. Il compimento della *visione* riempita di contenuto soteriologico è fatta essa stessa promessa della vita in cui brilla già la *gloria* della risurrezione. La continua *ricerca* del *perduto* da parte del salvatore finisce proprio qui, dopo un lungo cammino di evangelizzazione, e così viene stabilita una dialettica nuova, tra il riconoscimento della salvezza e il cammino del Volto — in risposta a quella del *vedere*. Tutto ritorna agli inizi della storia evangelica, all'incontro cantato dal *Nunc dimittis*, dove la «salvezza da vedere» identificata pienamente con il bambino Gesù alletta l'occhio.

L'unico elemento che disturba questo schema comunicativo caratteristico del Terzo Vangelo è la mancanza dei discepoli a cui inizialmente l'annuncio si riferiva. La loro incapacità di attenersi alla relazionalità impegnativa del Volto, e di rispecchiarsi in due facce celebri dell'unico incontro con uno Sguardo che si dona alla vista, svela una dialettica tra la resistenza divina e quella umana. In essa consisterà in verità il vero dramma del *riconoscimento*. Il lettore è invitato a continuare, insieme ai discepoli, il cammino verso la croce. Solo così saprà apprezzare la trasformazione salvifica che in lui aveva operato l'incontro a tu per tu con Gesù[132]. Il filo rosso tematico non finisce nemmeno qui: sarà ap-

---

[131] Cf. le implicazioni narrative di quel fenomeno comunicativo nella storia di Zaccheo: J.-N. ALETTI, *L'arte di raccontare*, 17-34. È interessante soprattutto il suo raffronto mirato dei due incontri la cui progressione è dovuta al contrapporre i due aspetti della cecità e della vista: quello fisico e spirituale: pp. 29-31. Per l'audace espressione («*boschi narrativi*») che descrive ingegnosamente la fatica e la passione della lettura in un processo comunicativo sempre in cammino alla ricerca di un uscita legittima dai labirinti testuali costruiti e orientati cooperativamente dalla strategia narrativa dell'autore cf. il saggio classico di U. Eco: *Sei passeggiate*.

[132] Una sintesi certamente ricca e efficace è fornita dalla riflessione di R. Meynet riferita al dettaglio pittoresco della versione marciana della guarigione del *cieco* (Mc 10,50a). La simbologia di questo gesto spontaneo e energico risulta vincolante per il discorso sulla necessità di seguire Gesù sulla strada della croce. Lc, abbiamo visto, ha trovato un altro modo per difendere la portata comunicativa e pragmatica dello stesso dato fondatore del *kerygma* primitivo. In tal modo il cieco «divenuto un uomo nuovo, segue colui che sulla croce sarà spogliato delle sue vesti, e, nudo, si affiderà alla sola protezione che conta veramente, quella del Padre suo, il quale lo farà uscire dal sepol-

punto la *Passione* ad aprire gli occhi dei discepoli sul fallimento comunicativo che li aveva compromessi agli occhi del lettore. Perciò il resto del Vangelo indicherà le strade concrete seguendo le quali, all'ombra del Volto, saranno proprio questi ad essere riabilitati nel solito privilegio costitutivo di vederLo e restaurati, nell'atto stesso di piantarGli occhi addosso: i veri modelli di identificazione per il lettore. Peraltro per metterli in rilievo non mancheranno i nuovi modelli della cecità...

cro rivestito ormai per sempre della luce della risurrezione» («Abbandonare il mantello», 100).

Capitolo V

Il Crocifisso da vedere.
Lc 23,26-56

La salvezza celebrata a Gerico ha distolto gli occhi dei lettori dalle notizie della consegna e del processo di Gesù. E ora l'economia narrativa le riprende per completare quel quadro che ha dipinto il preludio della crocifissione e ha lasciato tanti interrogativi nella coscienza del lettore. Il racconto sintetico e conciso che si presenta ora può sembrare troppo breve per risolverli e di fatto non è questo il proposito di Lc. La sua funzione consisterà nel preparare il cammino dei due di Emmaus tramite la messa in gioco delle dinamiche visive la cui decadenza estrema ha segnalato la fine della ricerca di Erode (Lc 23,6-12). Davanti al lettore si apre ora una strada insolita in quanto, arrivati ai piedi del calvario (23,33), non si potrà più parlare di un cammino. Per contro, tutti i movimenti saranno attorno al Gesù crocifisso per mettere in evidenza la novità assoluta che porta con sé la croce. A quanto pare, anche l'atto stesso del *vedere* tende ad assumere delle caratteristiche salienti. Il dovere di questa parte della ricerca starà proprio nell'evidenziare l'essenza e i meccanismi di quel profondo cambiamento che trasforma quasi tutti gli attanti della narrazione.

Si proseguirà in tre tappe — crocifissione, morte e sepoltura — chiedendosi ogni volta quale importanza rivesta nel quadro narrativo il contatto visivo con *Cristo* (23,35) e come si risolva la tensione tra la morte e l'estrema visibilità del patibolo, tra la penitenza del popolo e il suo urlo precedente (vv. 18.21). Come e in favore di chi si attua il piano salvifico in una delle pagine più buie del Vangelo? In Lc tuttavia essa non smette di essere illuminata dal mistero che rappresenta la figura stessa del Crocifisso. Da lì in verità dovrà partire la pia riflessione del

lettore che riassumerà la parte finale della ricerca. La si indirizzerà
come sempre in una chiave ermeneutica che tiene conto sia delle implicazioni narrative sia di quelle tematiche del testo, visto nella sua dimensione dinamica come il cammino del lettore. Perciò, in ultima analisi, risulta estremamente interessante cogliere la portata del «vedere
Gesù» in questo caso. La domanda più pregnante a questo proposito è
appunto: cosa cambia con il mutamento così radicale del personaggio
stesso? Quale immagine ne ha il lettore? E finalmente, come spiegare
un nuovo esempio di cecità (35-39) in vista delle sue conseguenze assai
distruttive non solo per la costruzione dell'immagine del protagonista
fin qui, bensì per le speranze che il lettore credente nutre dopo aver
visto e assistito alle scene culminanti della salvezza? Non è forse che
con la fine della storia personale di Cristo siano destinati a finire anche
i pii desideri alquanto personali di questi?

1. Il trittico degli sguardi (Lc 23,26-56): l'articolazione

La sequenza presente si differenzia molto chiaramente dal contesto
precedente in quanto narra i passi ben distinti della *via crucis* sotto
forma di un unico racconto. Già il v. 26 che sposta bruscamente
l'obbiettivo dal palazzo reale verso il fuori (ἀπήγαγον αὐτόν) e indirizza il lettore verso il calvario (σταυρός) annunzia il radicalismo della
vicenda[1]. Nonostante ci siano diverse tappe in questo scenario nettamente lucano[2], ci si può limitare alle sole tre che renderanno bene la

---

[1] È degno di nota l'andamento sintattico che non permette di scorgere alcun cambiamento significativo: il καί segnala il continuare normale della narrazione: né il
ritmo, né la sfaccettatura sintattica cambiano (cf. vv. 24-25). Al lettore non resta altro
che attenersi agli indizi prettamente narrativi per valorizzare la portata e le conseguenze prossime dell'accaduto. Cf. par Mc 15,15-20; Mt 27,26-32, donde segue
l'interesse redazionale di Lc che elimina la scena degli oltraggi preponendo, sdop-
piando e unendola alle vicende antecedenti: il diniego di Pietro e il processo davanti a Erode (Lc 22,63-65; 23,11). In compenso, vi viene rilevato il carattere
decisivo e drammatico della *sequela* la cui durata e insistenza sono ribadite da
imperfetti ἠκολούθει e ἤγοντο (vv. 27a.32a). Cf. J. FITZMYER, *Luke*, II, 1494; J. Green
(*Luke*, 813): «Luke lingers over that phase of Jesus' passion concerned with his physical movement from the place of decision to that of crucifixion. [...] but Luke is more
interested with what transpired along the way than with route or distance».

[2] Basandosi su numerose frazioni narrative R. Brown (*The Death*, II, 905) ha elaborato una struttura ben articolata che ha un ordine chiastico, ma è poco adatta agli
scopi del presente studio. Cf. l'ordine e la distribuzione del materiale propostivi: **23,
26-32** (*Jesus Led Out to be Crucified*); 33-34 (*Setting for the Crucifixion of Jesus*);
35-43 (*Activities at the Cross*); 44-46 (*Last Events, Death*): gli elementi negativi; **23,**

composizione e lo sviluppo strategico della sequenza. In questo modo si avranno: l'introduzione del racconto della crocifissione costituita grossomodo dall'apostrofe su Gerusalemme (26-32), il suo corpo centrale (crocifissione e morte di Gesù: 33-49) e la conclusione (sepoltura: 50-56). Come si vede, la parte centrale, a sua volta ben strutturata essendo composta da un trittico (33-34.35-38.39-43) e un dittico (44-46.47-49), domina sia a livello dell'estensione sia a livello del contenuto. Ciò sarà evidenziato dall'analisi semantica con l'intento di mettere in risalto la drammatica del *vedere*. Prima di effettuarla è doveroso stabilire la funzione sintattica di ogni scena al suo interno per riuscire ad inquadrarla nell'intero tessuto della sequenza così articolata.

1.1 *L'articolazione e lo sviluppo narrativo di Lc 23,26-32*

La sottosequenza iniziale si presenta come una unità garantita dall'inclusione (cf. vv. 26.32: ἀπήγαγον e ἤγοντο). La sua dinamica interna è dovuta al continuo cambiamento dei personaggi (26.27.32). Ciò ravviva il ritmo e aggiunge alla narrazione un colore particolare: già qui tutto sembra ruotare attorno a Gesù come l'attante principale e il vero padrone della situazione.

L'introduzione narrativa (v. 26) fornisce le informazioni che consolidano l'ideale del «crociato» che si realizza passivamente (ἐπέθηκαν). Qui regge uno schema movimentale in grado di ambientare il racconto che segue.

27-31: a uno sguardo attento non sfugge la predominanza della scena centrale occupata dall'apostrofe quale discorso d'addio tenuto da Gesù (28b-31). Nel crescendo maestoso del colloquio gli interlocutori sono introdotti con un impf. (ἠκολούθει) che vi coinvolge pure il lettore con la spinta di riflettere sulle condizioni essenziali per recepire il messaggio evangelico[3].

47-49 (Activities at the Cross after the Death); 50-56 (Burial of Jesus and the Next Day): positivi.

Un arrangiamento simile presenta B. Prete: *La passione*, II, 7-8. Cf. R. MEYNET, *Luca*, 859. Ci siamo attenuti al modello più semplice e nello stesso tempo suggestivo ed è quello triplice, evidenziato sotto: cf. F. BOVON, *Luc*, III, 353. L'analisi propriamente narrativa che inauguriamo con quel modello strutturale, a nostro avviso e nei limiti della nostra competenza, è mancata nella riflessione esegetica sul Terzo Vangelo, per di più in questa sequenza vincolante per la comprensione del suo progetto teologico che ivi si manifesta.

[3] Ciò sarà messo in evidenza dall'analisi semantica: cf. p. 326ss. A proposito

INTRODUZIONE: Simone di Cirene dietro a Gesù (Lc 23,26)

²⁶ Καὶ ὡς **ἀπήγαγον** αὐτόν,
ἐπιλαβόμενοι Σίμωνά τινα Κυρηναῖον
ἐρχόμενον ἀπ' ἀγροῦ   **ἐπέθηκαν**   αὐτῷ
τὸν σταυρὸν φέρειν ὄπισθεν τοῦ Ἰησοῦ.

Apostrofe su Gerusalemme: il popolo e le donne piangenti su Gesù

²⁷   **Ἠκολούθει** δὲ   αὐτῷ
πολὺ πλῆθος τοῦ λαοῦ καὶ γυναικῶν
αἳ ἐκόπτοντο καὶ ἐθρήνουν   αὐτόν.
²⁸ στραφεὶς δὲ πρὸς αὐτὰς [ὁ] Ἰησοῦς **εἶπεν**·

                 θυγατέρες Ἰερουσαλήμ,
                 μὴ κλαίετε ἐπ' ἐμέ·
                 πλὴν ἐφ' ἑαυτὰς κλαίετε
                 καὶ ἐπὶ τὰ τέκνα ὑμῶν,
²⁹   ὅτι ἰδοὺ ἔρχονται ἡμέραι
                 ἐν αἷς ἐροῦσιν·
                 μακάριαι αἱ στεῖραι
                 καὶ αἱ κοιλίαι αἳ οὐκ ἐγέννησαν
                 καὶ μαστοὶ οἳ οὐκ ἔθρεψαν.
³⁰   τότε ἄρξονται λέγειν τοῖς ὄρεσιν·
                      πέσετε ἐφ' ἡμᾶς,
                 καὶ τοῖς βουνοῖς· καλύψατε ἡμᾶς·
³¹   ὅτι εἰ ἐν τῷ ὑγρῷ ξύλῳ ταῦτα
                 ποιοῦσιν, ἐν τῷ ξηρῷ τί γένηται;

Punto di passaggio: i due malfattori insieme a Gesù (32)

³² **Ἤγοντο** δὲ καὶ ἕτεροι
κακοῦργοι δύο σὺν αὐτῷ ἀναιρεθῆναι.

La brusca rottura della presentazione idealizzata avviene con il prendere la parola da parte di Gesù accompagnato da un gesto spontaneo
(στραφεὶς εἶπεν). L'argomentazione del suo discorso, in verità, ben

---

dell'impf. che rallenta al massimo il ritmo narrativo (ἠκολούθει) l'effetto da esso
prodotto è da porre in relazione con altri due imperfetti (ἐκόπτοντο e ἐθρήνουν) che
nonostante non facciano parte del piano principale vi confluiscono per rendere più
esplicite le circostanze concrete dell'azione, delineata «a banda ampia» dall'impf.
principale. Per la terminologia usata nel riferirsi alla particolarità dell'aspetto verbale
mi baso sull'esposizione teorica del greco del NT: in italiano, da parte di F. Poggi:
Corso avanzato, 107.109-111; in inglese, D. WALLACE, *Grammar*, 546.

pensato, passa per quattro tappe a crescendo, dove figurano i verbi portanti di ciascuna, imparentati grazie al parallelismo interno e esterno (κλαίετε, ἔρχονται, ἄρξονται λέγειν, ποιοῦσιν). Il progresso narrativo segna il susseguirsi degli aspetti temporali che indicano una forte impronta escatologica dell'oracolo. L'esortazione introduttiva impiega i due imperativi presenti (κλαίετε: 28bc) per scandire l'esigenza inesorabile e costruttiva: con il pianto infatti il lettore è chiamato a percorrere tutto l'itinerario che sta davanti. I futuri drammatici gettano lo sguardo sul futuro apocalittico e introducono ciascuno una voce generalizzata e perciò assai toccante (29bcd.30bc). Il contenuto di questa voce impersonale nel primo caso è riempito da una beatitudine formata da tre frasi nominali di valore gnomico (μακάριαι...), mentre nel secondo — da due imperativi aoristi (πέσετε e καλύψατε) che si profilano molto bene sullo sfondo creato sia dalla beatitudine precedente sia dall'imperativo presente che ha aperto la sequenza. L'immediatezza e la puntualizzazione delle azioni da essi espresse portano il discorso al suo punto cruciale di cui il presente ποιοῦσιν mostra il diminuendo.

La fine dell'argomentazione evidenzia il punto di passagio che narrativamente potrebbe riferirsi pure all'unità seguente e nonostante ciò funziona in modo interessante dentro la cornice comunicativa che stiamo evidenziando. In essa, a provocare le credenze di chi legge, è l'aor. congiuntivo (γένηται) che introduce una domanda retorica e con cui il parlare gesuano inaspettatamente si interrompe.

32: davanti agli occhi del lettore risorge d'un colpo la presa iniziale fissata sul *portare via* Gesù (26a). I personaggi nuovi (κακοῦργοι) entrano in scena per ribadire che il dramma che sta per dischiudersi (ἀναιρεθῆναι) coinvolgerà non poche persone. A ben vedere, per il narratore è importante preparare il palcoscenico poco prima della *performance*. Il discorso pronunciato effettivamente ha servito per dare al lettore una spinta radicale in vista del *turning point* della storia. In che cosa consista lo si apprenderà nell'officina semantica del brano.

1.2 *L'articolazione e lo sviluppo narrativo di Lc 23,33-49*

Essendo in una parte propriamente nodale e ben lungi dal disgiungerla dal suo contesto vitale si deve ricorrere all'esempio sopramenzionato (23,26) per accertare anche qui un *continuum* narrativo. Lo si può sottomettere solo a certe modalità d'uso tecnico utili per facilitare l'accesso alla strategia comunicativa di un testo in sé. Esso di fatto da lì trae la sua originalità e lo spessore, il che permette di esplorarne ulteriormente la funzione nel macro-testo. All'esposizione dettagliata si premette come di consueto un prospetto dell'articolazione, stimolante per la ricerca approfondita dei legami che cuciono il telo artificioso del narrare lucano.

Chiarita la struttura formale, è necessario riportare le prove interne dell'unità e dello sviluppo strategico di questo brano, così coinvolgente e ricco da esplorare.

TRITTICO

La crocifissione (33-34)

³³ Καὶ ὅτε ἦλθον ἐπὶ τὸν τόπον
τὸν καλούμενον Κρανίον, ἐκεῖ

      ἐσταύρωσαν αὐτὸν

καὶ τοὺς κακούργους, ὃν μὲν
ἐκ δεξιῶν ὃν δὲ ἐξ ἀριστερῶν.
³⁴   ὁ δὲ Ἰησοῦς **ἔλεγεν**·

       πάτερ, ἄφες αὐτοῖς,
       οὐ γὰρ οἴδασιν τί ποιοῦσιν.

διαμεριζόμενοι δὲ

τὰ ἱμάτια αὐτοῦ   **ἔβαλον** κλήρους.

Davanti alla croce: il popolo e i soldati (35-38)

³⁵ Καὶ   **εἱστήκει** ὁ λαὸς θεωρῶν.

       ἐξεμυκτήριζον δὲ

καὶ   οἱ ἄρχοντες λέγοντες·

       ἄλλους ἔσωσεν, σωσάτω ἑαυτόν,
       εἰ οὗτός ἐστιν ὁ χριστὸς τοῦ θεοῦ
          ὁ ἐκλεκτός.
³⁶   **ἐνέπαιξαν** δὲ αὐτῷ

καὶ οἱ στρατιῶται προσερχόμενοι,
ὄξος προσφέροντες αὐτῷ
³⁷   καὶ λέγοντες·εἰ   σὺ εἶ ὁ βασιλεὺς
        τῶν Ἰουδαίων, σῶσον σεαυτόν.
³⁸ ἦν δὲ καὶ ἐπιγραφὴ ἐπ᾽ αὐτῷ·

      ὁ βασιλεὺς τῶν Ἰουδαίων οὗτος.

Sulla croce: i due malfattori (39-43)

³⁹ Εἷς δὲ τῶν κρεμασθέντων

    κακούργων   **ἐβλασφήμει** αὐτὸν λέγων·

      οὐχὶ σὺ εἶ ὁ χριστός;
      σῶσον σεαυτὸν καὶ ἡμᾶς.

⁴⁰ἀποκριθεὶς δὲ ὁ ἕτερος
    ἐπιτιμῶν αὐτῷ **ἔφη**   οὐδὲ φοβῇ σὺ τὸν θεόν,
                                 ὅτι ἐν τῷ αὐτῷ κρίματι εἶ;
⁴¹   καὶ ἡμεῖς μὲν δικαίως,
                                 ἄξια γὰρ ὧν ἐπράξαμεν
                                 ἀπολαμβάνομεν·
                                 οὗτος δὲ οὐδὲν ἄτοπον ἔπραξεν.

⁴²   καὶ **ἔλεγεν**·

                                 Ἰησοῦ, μνήσθητί μου ὅταν
                                 ἔλθῃς εἰς τὴν βασιλείαν σου.
⁴³   καὶ **εἶπεν** αὐτῷ·

                                 ἀμήν σοι λέγω,
                                 σήμερον μετ' ἐμοῦ
                                 ἔσῃ ἐν τῷ παραδείσῳ.

DITTICO

La morte di Gesù (44-47)

⁴⁴ Καὶ ἦν ἤδη ὡσεὶ ὥρα ἕκτη
  καὶ σκότος ἐγένετο ἐφ' ὅλην
  τὴν γῆν ἕως ὥρας ἐνάτης
⁴⁵τοῦ ἡλίου ἐκλιπόντος,   **ἐσχίσθη** δε τὸ καταπέτασμα τοῦ ναοῦ μέσον.
⁴⁶ καὶ φωνήσας φωνῇ μεγάλῃ
        ὁ Ἰησοῦς   **εἶπεν**·   πάτερ, εἰς χεῖράς σου
                               παρατίθεμαι τὸ πνεῦμά μου.

τοῦτο δὲ εἰπὼν   **ἐξέπνευσεν**.

CULMINE: la visione della croce: il centurione, le folle e le donne

⁴⁷ ἰδὼν δὲ ὁ ἑκατοντάρχης
    τὸ γενόμενον   **ἐδόξαζεν** τὸν θεὸν λέγων·
                                 ὄντως ὁ ἄνθρωπος οὗτος
                                 δίκαιος ἦν.

⁴⁸ καὶ πάντες οἱ συμπαραγενόμενοι ὄχλοι
  ἐπὶ τὴν θεωρίαν ταύτην,
  θεωρήσαντες τὰ γενόμενα,
  τύπτοντες τὰ στήθη   **ὑπέστρεφον**.
⁴⁹   **Εἱστήκεισαν** δὲ πάντες
  οἱ γνωστοὶ αὐτῷ ἀπὸ μακρόθεν
  καὶ γυναῖκες αἱ συνακολουθοῦσαι αὐτῷ
  ἀπὸ τῆς Γαλιλαίας ὁρῶσαι ταῦτα.

Effettivamente vi sono le cinque scene divise in due blocchi narrativi (*trittico* e *dittico*) ed organizzate in modo tale da preparare il lettore alla confessione del *buon ladrone* (40-42) e conseguentemente alla scena culminante della visione della croce in cui sfocia l'intero racconto. La prima scena della sottosequenza apre il trittico ponendo in risalto una preghiera eccezionale di Gesù appena giustiziato. L'unico impf. (ἔλεγεν: 34a) che sta in mezzo ai due aoristi connota lo scenario in cui la posizione strategica è occupata appunto dalla preghiera del Crocifisso. Incorniciata dalle notizie impersonali sull'esecuzione (ἐσταύρωσαν; ἔβαλον κλήρους: 3pl), essa costituisce il vero apice discorsivo dello scenario[4] con un richiamo attualizzante espresso dai presenti drammatici — i forti mezzi di coinvolgimento per il lettore (οἴδασιν; ποιοῦσιν). Il dramma prende i contorni soprattutto nella scena successiva caratterizzata anch'essa dalla tensione: vi sono i due imperfetti che connotano gli atteggiamenti alquanto diversi degli attanti principali (εἰστήκει θεωρῶν; ἐξεμυκτήριζον). Ciò viene sviluppato attraverso l'impiego dell'aor. ἐνέπαιξαν che concede vivacità alla narrazione, e attraverso l'estensione massima delle repliche degli schernitori ove risuona con sempre più insistenza la richiesta pressante formulata in crescendo: dal σωσάτω indiretto all'aspro σῶσον σεαυτόν (35d.36e; cf. 39c). In questa linea prosegue perfino l'episodio centrale introdotto dall'impf. ἐβλασφήμει (39a) che crea uno sfondo ideale per l'entrata in scena della figura maestosa del *buon ladrone* definito unicamente per sue parole. Il discorso di questi è impressionante sotto vari aspetti. Prima di tutto è un resoconto della pura essenza dei fatti: la serie dei presenti (40b-41c) serve per far leva sull'aor. conclusivo (ἔπραξεν) il quale segna la fine dell'argomentazione.

La replica rivolta a Gesù sta in netto contrasto con quella precedente in quanto è introdotta da un impf. che richiama quello del v. 34a (ἔλεγεν: 2x). Entrambi puntano esattamente sulla durata e sull'insistenza di una preghiera inaudita la quale già presenta il proprio esaudimento[5]. Nell'ultimo caso ciò è reso con la proposizione temporale di

---

[4] Nonostante un serio problema testuale al v. 34a (la nozione della preghiera è assente in codici importantissimi (𝔓[75], ℵ[1], B) il che fa pensare ad un influsso parallelo (cf. Mt 5,44; At 3,17)) non siamo del parere che questo sia l'argomento decisamente ultimativo per ascrivergli il carattere di una aggiunta precoce come ritengono gli ed. di NA[27] mettendola fra doppie parentesi quadre: vedasi *ad l.* Insieme a B. Prete (*L'opera di Luca*, 273-275) partiamo invece dalle prove che fornisce alla critica testuale la sua componente interna, in verità molto suggestiva. Lo si vedrà: cf. sotto.

[5] La grammatica di D. Wallace attribuisce a questo uso specifico dell'impf. il valore istantaneo di un aoristo, però con sfumature di significato: «to introduce a vivid, emotionally-charged statement. As such, it may be termed a *dramatic* imperfect» (*Grammar*, 543). Non rinunciando del tutto a questa classificazione teorica siamo attenti a salvaguardare la funzione narrativa dello stesso vb. (lo *sfondo*) che è da vede-

valore ipotetico in cui l'aor. ἔλθῃς scandisce l'imminenza della realtà alla quale si riferiscono i termini accumulati nel contesto prossimo: la βασιλεία (ὁ βασιλεύς: 2.3.37.38). Di particolare interesse è anche il fatto che all'impr. aor. μνήσθητι — il contrappunto degli imperativi accusatori dei vv. 35.37.39 — risponda all'improvviso, si badi all'aor. (εἶπεν), il *logion* inaspettato di Gesù. Esso accresce al massimo la solennità della proclamazione circoscritta dall'autorevole e toccante ἀμήν σοι λέγω e dal futuro ἔσῃ il cui modo indicativo lascia reperire un certo progresso del pensiero rispetto all'aor. congiuntivo riferito allo stesso evento: βασιλεία / παράδεισος. Questa corrispondenza, o più precisamente, il gioco tra la probabilità e la massima certezza, possibilmente voluto dal narratore, segnala un tratto distinguibile dell'evento Gesù lucano.

La relazione sulla morte del protagonista costituisce una nuova fase narrativa sotto l'unità comunicativa del dittico. Per analogia con l'inizio del trittico essa è tutta centrata sull'ultima parola di Gesù preceduta da una serie di nozioni riguardanti le circostanze concrete dell'accaduto. L'impf. ἦν e l'aor. ἐγένετο nonché il genitivo assoluto abilmente inquadrato in questa visuale sintetica e abbreviata (44-45a)[6] altro non fanno che accentuare e preporre al *gridare* gesuano l'aor. portante (ἐσχίσθη). Esso si rapporta con quello pragmaticamente ancora più pregnante in quanto segna la fine dell'esistenza terrena del Crocifisso: ἐξέπνευσεν (46). Si badi innanzitutto a come sia importante per Luca la Sua parola d'addio racchiusa in un presente teologicamente rilevante (παρατίθεμαι) che qualifica un atto nel pieno svolgimento e quindi intenso e dinamico. Di conseguenza i suoi effetti risuonano nel ribadire narrativo a prima vista superfluo: τοῦτο δὲ εἰπών. Per lasciare spazio anche alla pia riflessione del lettore vi si finisce con l'impf. (ἐδόξαζεν) il quale pone in primo piano l'efficacia dei risvolti visivi delle azioni appena riferite (ἰδών: 47a). La battuta del personaggio che

---

re nella cornice teologica più ampia del narrare lucano: (B. PRETE, *L'opera di Luca*, 272-277 (spec. le nn. 33.35)).

[6] Cf. par Mt 27,45.51-53. Rispetto ai passi sinottici (vedasi anche Mc 15,33.38) Lc premette alla morte di Gesù sia i cambiamenti atmosferici sia quelli che toccano in qualche modo la terra (Lc sulle orme di Mc conserva soltanto il ricordo dello *squarcio del velo*: cf. anche Mt 27,51bc-53) per rilevare e gettare luce, sembra, sul riconoscimento del *centurione* che nei passi paralleli segue dopo le notizie degli eventi prodigiosi che avevano accompagnato la morte di Gesù. Cf. J. FITZMYER, *Luke*, II, 1512-1513; J. NOLLAND, *Luke*, III, 1155.1157. L'articolazione del messaggio offrirà una soluzione alternativa del ritocco redazionale di Lc e indicherà una strada interpretativa stimolante a proposito: cf. p. 333ss.

improvvisamente appare e scompare dal quadro narrativo si apre al prosieguo del racconto. Una simile presa di parola bisognerà aspettarla fino all'alba della risurrezione (cf. Lc 24,5-7). Il lettore è addirittura aiutato dal testo stesso ad entrare nel silenzio del venerdì santo ed egli lo coglie soprattutto nella scena conclusiva della sepoltura ridotta alla pura descrizione dei fatti.

Prima di passare al finale, il lettore si sofferma sul culmine narrativo del dittico che svolge la medesima funzione a livello della macro-unità di Lc 23,26-56. Anch'esso è di tenore conclusivo e ripropone il circolo drammatico del trittico nella menzione di tre gruppi che completano il ritratto comunicativo dei testimoni dell'accaduto. La reazione di ὄχλοι i quali non appaiono prima, ma sicuramente richiamano a memoria il λαός delle scene precedenti, è minuziosamente descritta, con un gioco semantico delle parole distribuite nell'ordine chiastico (48):

> οἱ συμπαραγενόμενοι [...] ἐπὶ τὴν θεωρίαν
> θεωρήσαντες   τὰ γενόμενα

L'accumulo dei vocaboli della stessa radice[7] segnala un momento importante se non sintomatico per lo sviluppo della trama, ma non esaurisce il potenziale comunicativo della proposizione che guarda al binomio conclusivo: τύπτοντες [...] ὑπέστρεφον. Lì è il ptcp. pres. a costituire un forte segno di attualizzazione accanto all'impf. che porta avanti il filo narrativo e quasi si sovrappone con il vb. del medesimo valore riferito a due altri gruppi di persone (εἰστήκεισαν: 49). Sullo sfondo ideale creato da entrambi, sbocciano i due participi presenti

---

[7] Va preso in considerazione il profilo specifico del ptcp. aor. συμπαραγενόμενοι (*radunati*: Lc 23,48a) che riassume in sé gli accenni precedenti sugli spostamenti del *popolo* arrivato al luogo di esecuzione già in Lc 23,35. In quel caso si tratterebbe di un aor. del passato immediato o drammatico la cui funzione, secondo alcuni, è a confine tra il pf. (*qatal*) stativo ebraico e il pres. nel suo uso classico (cf. B. FANNING, *Verbal Aspect*, 275-281). Qui si tratta di una coloritura lessicalmente particolare dell'evento radicato nell'emozione che esso suscita nell'accampamento degli attanti. L'essenza del turbamento che sfocia nel dinamismo movimentale (cf. anche l'impf. pregnante —ὑπέστρεφον — alla fine del segmento: v. 48d) è ben intuibile nell'invito a partecipare allo «spettacolo» il quale, a sua volta, sembra provocato dallo stesso desiderio umano di *vedere* e *conoscere* (cf. D. WALLACE, *Grammar*, 564-565): «tout ce spectacle achève de retourner cette foule mobile. [...] comme si le gros des assistants n'était pas là pour leur office ou comme les fauteurs principaux, mais attiré par la curiosité» (M.-J. LAGRANGE, *Luc*, 593). Le scelte grammaticali aprono perciò in modo strategico la visuale del pensiero del narratore e orientano l'attività interpretativa del lettore in una direzione giusta, come farà vedere l'*input* pragmatico.

(συνακολουθοῦσαι e ὁρῶσαι[8]) che contraddistinguono unicamente le donne distanziate dai *conoscenti* di Gesù anche per mezzo di due annotazioni che si richiamano: ἀπὸ μακρόθεν e ἀπὸ τῆς Γαλιλαίας. In tal modo la triade dei testimoni apparsa separatamente prima della morte di Gesù (27.35a.40) si riunisce di seguito (47-49) per ribadire che la strategia narrativa qui ha raggiunto il suo scopo: lo scenario è completato e spetta al lettore di riprodurlo in un filmato vivace in cui i gesti valgono più delle parole e la fine non estingue del tutto le luci della ribalta.

1.3 *L'articolazione e lo sviluppo narrativo di Lc 23,50-56*

Il brano conclusivo ha un andamento maestoso essendo il ponte tra gli eventi della Passione e la risurrezione. Tutto vi funge da paradigma rispetto al prima e al dopo della narrazione. Per quanto riguarda l'obiettivo di questo capitolo lo si inquadrerà nel prospetto della sequenza di Lc 23,26-56 senza perdere di vista però il suo profilo del tutto particolare. Lo si scopre eseguendo un'attenta analisi della sintassi.

Un lettore abituato ad ascoltare lungo la sequenza le battute sempre più articolate dei personaggi si ferma istintivamente davanti a un testo così discreto e reticente. In compenso gli si offre in abbondanza un materiale descrittivo che rallenta la narrazione al massimo e pone in giusto rilievo l'immagine del personaggio scelto il cui profilo è reso dai due verbi (ptcp. pf. perifrastico συγκατατεθειμένος e l'impf. προσεδέχετο: vv. 50.51) con una funzione intensa: indicano rispettivamente l'agire costante e fermo, pieno di conseguenze nel presente e il desiderio intensificato che altrettanto nutre l'originalità del momento attuale.

CONCLUSIONE: La sepoltura di Gesù (50-54)

[50] Καὶ ἰδοὺ ἀνὴρ ὀνόματι Ἰωσὴφ
βουλευτὴς ὑπάρχων [καὶ] ἀνὴρ
ἀγαθὸς καὶ δίκαιος

---

[8] La destrezza lucana si ricava anche a livello grammaticale: vi sono di rilievo i due participi di cui uno è in funzione attributiva (αἱ συνακολουθοῦσαι), mentre l'altro — in quella predicativa. Un altro elemento bello della pittura evangelica di Lc è la costruzione analoga delle frasi che introducono ambedue gruppi: οἱ γνωστοὶ αὐτῷ – γυναῖκες αἱ συνακολουθοῦσαι αὐτῷ. L'interesse di metterli in paragone è intuito già dall'impiego delle particelle δέ e καί che non sempre indicano un semplice paragone, come fa intendere una certa contrapposizione tra i gruppi menzionati. Cf. sopra: v. 35 (καί – δέ καί). Vedasi la messa in campo del problema in: B. PRETE, *La passione*, II, 72.

⁵¹ οὗτος οὐκ ἦν συγκατατεθειμένος
τῇ βουλῇ καὶ τῇ πράξει αὐτῶν-
ἀπὸ ῾Αριμαθαίας πόλεως τῶν ᾿Ιουδαίων,
ὃς προσεδέχετο τὴν βασιλείαν τοῦ θεοῦ,
⁵² οὗτος προσελθὼν τῷ Πιλάτῳ **ᾐτήσατο** τὸ σῶμα τοῦ ᾿Ιησοῦ
⁵³ καὶ καθελὼν **ἐνετύλιξεν** αὐτὸ σινδόνι
καὶ **ἔθηκεν** αὐτὸν ἐν μνήματι λαξευτῷ
οὗ οὐκ ἦν οὐδεὶς οὔπω κείμενος.
⁵⁴ καὶ ἡμέρα ἦν παρασκευῆς
καὶ σάββατον **ἐπέφωσκεν.**

La scena finale: le donne e il sepolcro

⁵⁵ Κατακολουθήσασαι δὲ αἱ γυναῖκες,
αἵτινες ἦσαν συνεληλυθυῖαι
ἐκ τῆς Γαλιλαίας αὐτῷ, **ἐθεάσαντο** τὸ μνημεῖον
καὶ ὡς ἐτέθη τὸ σῶμα αὐτοῦ,
⁵⁶ ὑποστρέψασαι δὲ **ἡτοίμασαν** ἀρώματα καὶ μύρα.
καὶ τὸ μὲν σάββατον **ἡσύχασαν** κατὰ τὴν ἐντολήν.

I tratti del carattere appena esplicitato si fanno vedere ora nelle azioni concrete espresse da tre aoristi nonché dai participi che battono il ritmo vivace e solennizzano la novità della situazione. Infine tutto corona la presa dello sfondo formato da un abile e premuroso porre in evidenza l'intercalarsi dei due imperfetti i quali nel tempo della narrazione si compenetrano (ἦν e ἐπέφωσκεν: 54). Ciò nonostante l'accento cade sul secondo grazie all'enfasi posta sul sost. a cui esso si riferisce (σάββατον).

La prospettiva accennata si apre ulteriormente alla scena finale che focalizza l'attenzione sulle *donne* le quali figurano ben tre volte nella sequenza. Curiosamente le si presentano di nuovo (cf. 49), questa volta a modello di Giuseppe, con un ptcp. pf. perifrastico che mette accanto al panorama della presentazione del primo quello delle vere protagoniste del racconto, messe in moto non prima che finisca la parte più drammatica occupata dalle iniziative altrui. Le tre azioni che compiono «coll'aoristo» designano la loro sollecitudine e prontezza che lasciano aperta la narrazione. Il lettore può legittimamente proseguire senza interruzione. Ciò tuttavia supererebbe il quadro narrativo tracciato finora e non terrebbe conto della economia del racconto che senza l'intrigo e le reticenze intenzionali rimarrebbe affatto sbiadito e poco attrattivo[9].

---

[9] Aderendo a una spiegazione del genere basata sui meccanismi narrativi si evita, a nostro parere, di giustificare la divisione tradizionale in capitoli — in questo caso la

Il tutto è messo in risalto proprio dall'episodio transitorio della vigilanza delle *donne* la cui funzione si spiegherà molto meglio dopo aver avuto accesso alla sua continuazione.

1.4 *La visione d'insieme*

L'esito della presente analisi consiste nell'evidenziare uno sviluppo strategico della sequenza che si articola narrativamente in un trittico che funge da spartiacque tra i grandi racconti della Passione e della risurrezione: Lc 23,26-56. La sua unità è garantita non solo dalla compatezza, coerenza e coesione sintattica e grammaticale — basti apprezzare la regolarità e cadenza nell'uso dei segnali narrativi tipici (καί e δέ), — bensì da un cammino verso il *vedere* (vv. 47-49.). Al suo interno infatti si ha una forte insistenza sui motivi caratteristici del Terzo Vangelo: *sequela, preghiera, salvezza, riconoscimento, visione.* Un tale intreccio, dal punto di vista comunicativo, è mirato a inquadrare quel cammino nel canovaccio evangelico il cui fine è costituito propriamente dalla visione della croce. Ad un lettore attenutosi all'aspetto formale delle strutture narrative e discorsive che qui si alternano provocando un effetto di discontinuità è tuttavia più facile ritrovare la motivazione unificante. Il cammino stesso è finalizzato a una revisione e a delle modalità nuove di percepire le realtà tra loro segregate. La sintesi come sempre va rimandata alla conclusione del racconto e la si costruirà seguendo il passo del lettore.

2. Il trittico degli sguardi (Lc 23,26-56): il messaggio

Venuta l'ora di puntualizzare il significato d'insieme e dei risvolti comunicativi nella progressione testuale a livello del macrotesto, si deve esplicitare la portata del titolo evocativo attribuito fin dall'inizio alla sequenza. Il previo avvicinamento alla sua articolazione formale ha facilitato ormai questo compito avendo messo in evidenza la centralità

---

cesura tra i capitoli 23 e 24 — e nemmeno la si ritiene necessaria. Cf. tuttavia l'argomentazione articolata di R. Meynet (*Luca*, 868) che fa ricorso ai criteri prettamente sintattici per difendere l'articolazione in sequenze. Non meno originale è la soluzione che trovano gli ed. del GNT disponendo il testo greco in modo tale da evidenziare l'autonomia e l'appartenenza del v. 56b di Lc 23 alla sequenza pasquale il cui primo v. ne è la continuazione. M.-J. Lagrange ottiene lo stesso effetto modificando leggermente la sintassi; lasciando, cioè aperto, con una virgola, l'ultimo stico di Lc 23 e iniziando la scrittura di Lc 24 in caratteri minuscoli (*Luc*, 594-595.598-599). Sul rapporto dialogico tra le congiunzioni μέν e δέ che costituisce il punto d'approdo della problematica accennata, vedasi il cap. VII: p. 444.

della scena e del discorso del *buon ladrone*. Tuttavia meritano attenzione anche le scene che in qualche modo la incorniciano e accumulano un vocabolario «estetico». Proprio lì ci si soffermerà per evidenziare le preziose immagini dei caratteri a prima vista secondari e nondimeno densi dei tratti tipicamente lucani che sono il presupposto fondamentale del riconoscimento che ci si prefigge di attuare qui (cf. Lc 19,1-10).

2.1 *La sequela e il lamento: sulla strada del calvario (23,26-32)*

Il racconto condensato della *via crucis* ha un suo fascino particolare in Lc, grazie soprattutto ad una scenografia diversa del cammino di Gesù e al Suo discorso premonitore che avvia una dinamica del tutto nuova rispetto ai passi paralleli[10] e invita il lettore a rivedere e attualizzare il percorso tematico partito da Lc 13,33-35. Infatti, introducendo nella trama Simone di Cirene, il narratore persegue uno scopo preciso e cioè, di presentare l'ultimo e più radicale modello della sequela. Se si prendono in esame i due *logia* precedenti (Lc 9,23; 14,27) colpisce l'assonanza e una tinta palesamente stilizzata di tutte e tre le messe in scena dalla *passio* evangelica. Il lettore certamente non sbaglierà se riterrà che l'ideale promosso si realizza nell'umile e obbediente portare la croce dietro a Gesù da parte dell'incaricato (ὄπισθεν: 23,26)[11]. In questi

---

[10] Il ritocco redazionale di Lc è ovvio, quando lo si paragona con Mc 15,20-23; Mt 27,31-34 e Gv 19,17, ove la narrazione è estremamente concisa e dinamica. Basti pensare del fatto che in Lc «la scena della consegna sia seguita immediatamente dalla processione verso il calvario» (B. PRETE, *La passione*, II, 37), mentre in par Mc 15,16-20 si nota una progressione dramattizzante della violenza il cui risultato è lo spegnersi, ancor prima della crocifissione, della visuale gesuana. In Lc invece è sempre essa a creare il fondale delle peripezie narrative ricoverando la maestà del ritratto gesuano che non si piega sotto l'impersonalità del diniego indirizzatogli dall'ignoranza umana: Cf. V. Fusco («La morte», 510.511): «Per Lc la crocifissione è innanzitutto, storicamente, il culmine del rifiuto opposto da Israele alla missione e all'autorità di Gesù, prefigurato chiaramente sin dall'episodio iniziale di Nazaret. [...] Ed è su questa messianicità che s'incentra tutta la scena di derisioni e la professione di fede del buon ladrone (vv. 33-43)». Cf. J. NEYREY, *The Passion*, 108-128. Cf. sopra: pp. 314.321, nn. 1.6.

[11] Cf. una ben argomentata e motivante messa a fuoco in B. PRETE, *La passione*, II, 40-41. È doveroso, insieme all'autore, cogliere nell'integrità comunicativa della narrativa lucana della passione «un implicito invito a seguire il maestro ed a condividerne le prove, le umiliazioni e la croce» (*Ibid.*, 159). Riguardo al vocabolario lucano della *sequela crucis* va osservata una ricca gamma di verbi, coperta dai tre passi menzionati, la quale rileva la adesione lucana sia alla tradizione sinottica (αἴρω: Lc 9,23; Mc 8,34; Mt 16,24) sia a quella giovannea (βαστάζω: Lc 14,27; Gv 19,17). In Lc 23,26 viene comunque adoperato il vb. neutrale il cui spessore semantico è dovuto

in verità trova compimento anche l'immagine idilliaca del discepolato doppiamente contestato come si è visto nel corso dell'indagine sul *viaggio*: più precisamente, seguendo le due vie virtuosamente intrinsecate in Lc. E finalmente, con il giungere alla dirittura d'arrivo, il posto preparato ai *Dodici* per ironia narrativa cede il passo ad un uomo sconosciuto e straniero. In questo scenario non si può fare a meno di un richiamo evidente al finale di un'altra via, celebrato nella casa di Zaccheo (Lc 19,9).

L'intreccio assai vitale e il convergere dei motivi accennati in un brano estremamente breve e sintetico fornisce al lettore un primo esempio della densità pragmatica delle scene che seguiranno. Lo mostra con evidenza l'ultima apostrofe su Gerusalemme ambientata in modo tale da coinvolgere nel suo svolgersi le *donne* dietro le quali indubbiamente sta anche il *popolo* numeroso — i due gruppi enigmatici su cui occorrerà approfondire il discorso alla fine del capitolo. La sequela del popolo, soprattutto dopo il suo ruolo ambiguo, non dice nulla sul suo atteggiamento nei confronti del condannato se non il compromettersi di fronte al tribunale di Pilato (cf. 23,13). Risulta certa invece la solidarietà delle figure femminili con Gesù che sono di gran rilievo, giacché i loro gesti caratteristici del rito funerale (*battersi il petto* e *lamento*[12]) superano le circostanze storiche delle usanze giudaiche e vanno presi nel senso più stretto, applicati cioè al contesto specifico del Vangelo che sarà chiamato in causa nel momento del vero culmine del racconto. La sequela e il lamento dunque si compenetrano soggiacendo e al tempo stesso fungendo da sfondo alla predica minacciosa del profeta. Ed è interessante che in essa venga enfatizzato solo il *pianto* come tale (κλαίω) con l'inversione patetica dei destinatari (cf. l'enfatico ἐφ' ἑαυτάς: 28c). Il giudizio empirico antecedente dell'autore (ἔκλαυσεν: 19,41) potrebbe svuotare di intensità una parola così univoca, ma serve piuttosto agli scopi del lamento stesso che in sua vece comincia ora a

---

innegabilmente alla prep. che segue (φέρειν ὄπισθεν). Sull'interesse redazionale lucano di illuminare la sequela della croce vedasi uno studio rappresentativo di J. Caba: «Dalla parenesi lucana alla cristologia giovannea». Cf. l'evocativa traduzione letterale del v. 26: *gli misero la croce addosso e gliela fecero portare dietro a Gesù* (B. PRETE, *La passione*, II, 40, n. 5).

[12] Preferiamo ben distinguere — e su questo si insisterà in seguito (cf. p. 350, n. 46) — i significati dei due verbi (κόπτω e θρηνέω) che appartengono ovviamente al linguaggio funebre: l'accento specifico del primo è l'atto fisico di percuotere il petto, mentre del secondo è caratteristico l'effetto sonoro che esprime l'intensità del dolore d'animo. Per un ulteriore confronto vedasi: *LSJ*, 979.805.

fare Gesù. Rifulge e si spegne il panorama appena riconoscibile di Gerusalemme personificata in una maternità priva di senso in quanto segnata gravemente dal pericolo mortale. Rielaborando la sua fonte scritturale (Os 9,14) Luca pone sulle labbra del parlante una anti-beatitudine in contrasto stridente con quella di Lc 11,27 per dire che non c'è più speranza né consolazione (cf. Ger 20,14-15): *Beate le sterili e i grembi che non hanno partorito* (Lc 23,29). Il lamento da lungo tempo iniziato (cf. 13,33-35) e sfogato perfino con le lacrime (ἔκλαυσεν: 19,41) finisce per assumere la dimensione di una minaccia[13].

Esaurito lo squallore del lamento, si riprende la triste via della sequela sulla quale sorgono i due *malfattori* — una ulteriore manifestazione della perversione dei ruoli: l'innocente è *annoverato tra gli iniqui*

---

[13] Un simile effetto del lamento in questione è dovuto al fatto che Lc riunisca i tre detti di un netto tenore apocalittico: i primi due sono tratti da Os 9,14; 10,8; l'ultimo è enigmatico e ha uno sfondo profetico (cf. Ez 21,3). Lasciando aperto il problema della sua esatta interpretazione (vedasi: G. ROSSÉ, *Luca*, 970) si sente in dovere di attribuire più valore alla progressione comunicativa dell'abbozzo lucano.

Tutto comincia con la menzione sineddochica delle figure femminili che rappresentano di regola la sfera vitale dell'umanità, ma nel contesto dato richiamano la negazione totale della vita. I *monti* e i *colli* che nel linguaggio profetico fungono da testimoni della fedeltà di Dio (cf. Sal 72,3; 114,4.6; Mic 6,1; Ez 6,3; 36,1) pervertono la loro funzione naturale e partecipano al peccato del popolo celando la sua infedeltà. Infine la sorte del *legno verde* — sarebbe una metafora delle stesse ragazze incinte, nel fiore della vita (diversamente, J. FITZMYER, *Luke*, II, 1495.1498), — che prematuramente viene *trattato così* suggerisce di privileggiare la futilità del *legno secco* (il lettore è libero di prenderlo per le sterili e vecchie oppure per i veri colpevoli la cui sorte sarà ineguagliabile a quella degli innocenti). Per alcuni esempi cf. E. OBARA, *Strategie di Dio*, 77. Nella prospettiva accennata è significativo il continuo ricorso all'immaginario biblico dello strappo finale che riempie il vuoto dell'estremo sbiadimento del volto di Gesù. Il senso del *non mi vedrete più* (Lc 13,35) comincia a assumere tutta la sua forza assertoria che si rileva proprio grazie al contrasto con la drammatica descrizione e visibilità enfatizzata dei segni apocalittici. Non è precluso scorgervi un primo segnale dell'intento teologico della narrazione che fa rivivere il detto patetico di Lc 19,41-44 presentando «la morte di Gesù come spartiacque dell'era escatologica in cui i suoi subiranno grandi prove» (B. PRETE, *La passione*, II, 54-55). D'altronde, è vero anche che «la fine imminente di Gesù prefigura la rovina prossima del popolo» (R. MEYNET, *Luca*, 861). La tensione tra l'aspetto dell'imminente giudizio e della rivelazione ultima del disegno salvifico sembra esprimersi pure mediante la forma letteraria del detto che è «beatitudine» e quindi un «segno» ben promettente della felicità pur essendo negata semanticamente, in modo precoce, già in partenza. J. Fitzmyer vi lascia intuire perfino l'ironia narrativa che sfrutta l'allusione al passo famoso, anzitutto per la sua valenza soteriologica, di Is 54,1-10: «Underlying the beatitude that Jesus refers to is the Jewish belief that a childless woman was cursed; instead, in this case, she will be blessed» (*Ibid.*, 1496.cf. 1498).

(22,37) e quegli ultimi sono costretti a seguirlo! Il capovolgimento delle istanze naturali dei fatti scandisce comunque un principio caro all'evangelista: nella sequela si plasma la fase culminante della *historia salutis*. Il Gesù sfigurato e gemente continua ad attirare a sé i peccatori (cf. Gv 12,32) e a operare i miracoli fino a quello più grande che si compirà sulla croce[14].

2.2 *La visione del Cristo crocifisso (23,33-49)*

Nella relazione della crocifissione prevale un dato parenetico, sicché i gesti e le parole di Gesù divengono esemplari sullo sfondo dei particolari di carattere puramente descrittivo. È indicativo il modo di ambientare la scena attorno a Gesù, che è comune a tutti i Vangeli (cf. par Mc 15,27; Mt 27,38; Gv 19,18). Da questo centro strategico si irradia infatti l'incontenibile potenza della parola del perdono che viene rivolta a tutti continuamente (cf. l'impf. ἔλεγεν)[15]. Essa è caratterizzata dal motivo dell'ignoranza che non può che intensificare la brama di riconoscimento. Essa è provata dal lettore fin dalla prima battuta di Gesù alle soglie della *via crucis* (cf. Lc 19,42). In quella preghiera corrispettiva al lamento Gerusalemme sta al centro dell'attenzione ed è vista ora nella sua dimensione mostruosa a cui non erano mancati cenni in precedenza (cf. 11,49-51; 13,33-34)[16]. La scena successiva esplica chi siano i suoi

---

[14] A livello del vocabolario visivo bisogna constatare l'assenza di chiari segnali lessicali che giustifichino un ricorso a tale tematica. Diventano perciò più suggestivi i criteri propriamente narrativi, attenendosi ai quali si nota una forte focalizzazione del racconto su Gesù — l'unico a essere visivamente fruibile dall'occhio del lettore, se paragonato ai pallidi ritratti delle *donne* e dei due *malfattori*, non solamente costruiti attorno alla Sua eminente figura, ma pure resi spettatori passivi del Suo passo maestoso e solitario, il più adatto all'immagine lucana del re giustiziato. La Sua dignità messianica si percepisce sia dal suo passo, sia dalle parole autorevoli e coortative, sia dalla predilezione, da parte del narratore, di ambientare la scena in un clima che favorisca, nel lettore, una presa di coscienza dell'innocenza di Gesù che già per questo attira gli sguardi chiamandolo a testimoniare a Suo favore.

[15] La preghiera di Gesù per i carnefici è unica, giacché, per così dire, «emoziona» il contesto avviando in direzione teologica la riflessione e il cammino del lettore. A dire il vero, in Lc si è autorizzati a parlare addirittura di una strada crescente di preghiera attraverso la quale Gesù esprime tutto il suo essere. Le sue ultime parole — si badi, sempre di un tenore della preghiera (Lc 23,46) — possono essere prese dal lettore come una sintesi di tutta la vita spirituale del protagonista, un momento culminante che assicura un futuro salvifico già in atto, alla pari con il dono ultimo dello Spirito di verità su cui insiste la narrazione di Gv 19: J.-N. ALETTI, «Mort de Jésus», 157.

[16] Gli studiosi riconoscono una certa parentela dei tre detti su Gerusalemme (Lc 13,33-35; 19,41-44; 23,27-31) che costituiscono tre tappe strategici della funzione

complici ed è fissata primariamente sul λαὸς θεωρῶν. Quest'ultimo è l'unico tratto specifico di quel gruppo assai misterioso che non si inquadra bene né negli insulti dei *capi* e dei *soldati* né nelle suppliche funebri delle *donne*, come si è visto (23,27a). La sua *contemplazione*, il cui oggetto non è ancora specificato, tende ad occupare completamente il quadro preso nell'obiettivo narrativo, data la mediocrità degli altri segni blasfemi su cui ci si era già soffermati (cf. 22,63-65; 23,11). La carenza dei particolari non fa che suscitare nel lettore la curiosità e rimandare in avanti la spiegazione dettagliata di quel ruolo che sicuramente svolge nella trama un personaggio collettivo così caro a Luca.

Viene offerto in compenso un ricco arsenale di contenuti teologicamente pregnanti. Risuona il maestoso *salva te stesso* (vv. 35.37.39) e il titolo messianico prominente — χριστὸς τοῦ θεοῦ ὁ ἐκλεκτός (35ef) — con il quale si dichiara manifestamente la regalità del giustiziato nota al lettore sin dalla nascita di Questi. Con l' ἔσωσεν (35d) iniziale si getta inoltre uno sguardo retrospettivo nella cui ottica è presa tutta la missione terrena del σωτήρ (Lc 2,11). L'accento degli scherni è evidente: il *re dei Giudei* si trova al punto di deludere completamente le attese messianiche del suo popolo e la richiesta di salvare se stesso risponde a ciò che da sempre costituiva la pietra angolare delle faccende dei personaggi illustri. La brama dei miracoli a Nazaret, la ricerca dei segni da parte di *questa generazione* e di Erode e infine la petizione pressante di compiere un segno inaudito, e perciò squisitamente godibile, si proiettano ora sullo schermo della croce e riempiono di contenuto l' ἐπιγραφή che negli stessi termini circoscrive l'identità del Crocifisso e propriamente chiude le beffe del pubblico[17]. Insieme agli spettatori passivi

---

narrativa di un unico motivo ribadito da noi a più riprese: l'incomprensione, il non riconoscimento, l'ignoranza (cf. cap. IV): B. PRETE, *La passione*, II, 45-47.148-155.

[17] Cf. il rilievo di I. Marshall (*Luke*, 870): «A climax to the mockery (cf. the use of δὲ καί yet again) is provided by the superscription». Non è così in altri sinottici: cf. par Mt 27,37; Mc 15,26, — dove la scritta funziona come la ragione e giustificazione della violenza. Oltretutto essa introduce la scena delle derisioni e quindi fornisce il titolo con cui il lettore può proseguire nella logica dell'ignoranza e dell'incomprensione la quale regge l'intero scenario. Lc se ne discosta favorendo, da una parte, uno sviluppo dialogico e dialettico tra il *non sapere* dei carnefici (cf. Lc 23,34) e il *riconoscere* del *buon ladrone* al che risponde sia l'esclamazione del *centurione* sia la gestualità delle *folle* (vv. 47-48). A questa biforcazione del processo comunicativo propriamente allude l'iscrizione sopra [il capo di] Gesù concernente il paradosso della compenetrazione dei due poli culminanti della gnoseologia lucana. La tensione dialettica vi si risolve dunque nel placare, dal canto di Gesù morente, lo scandalo della croce. L'*epigrafe* attribuitogli dalla perversità assoluta dell'errare

della tragedia (ὁ λαός) anche questa iscrizione testimonia silenziosamente l'assurdo dell'apogeo dei carnefici. Gesù stesso in effetti non cede alla tentazione, bensì nella sua risposta attinge misteriosamente a forze nuove e manifesta pienamente la sua regalità.

I due spettatori privilegiati del mistero che si compie sono i *malfattori* apparsi già prima occasionalmente e finalmente caricati dei tratti specifici che contraddistinguono la portata di un incontro meraviglioso ancora da decifrare. Si parte da un'esperienza dolorosa del biasimatore per scorgere la sua vera preoccupazione: l'egoistico voler essere salvato che fa dell'altro un oggetto impersonale del proprio mondo concettuale. Proseguendo in questa direzione si impone un punto di vista sbagliato che il lettore ha rifiutato poco prima e si accede con speranza alla visione di un altro personaggio che si fa consistente soprattutto nelle sue repliche solenni. Rispondendo al posto di Gesù all'insulto recatogli dal compagno di sventura il secondo malfattore tiene un discorso stupefacente, giacché è caratterizzato da un tono minaccioso (ἐπιτιμῶν: 23,40a) — un'evidente allusione al lamento del protagonista (cf. 28). I concetti chiave della teologia veterotestamentaria — il timor di Dio e la giustizia retributiva — focalizzano l'attenzione del lettore sul nonsenso estremo di ciò che sta succedendo. La violenza esasperata che subisce l'innocente appella normalmente alla compassione, non a un'altra violenza, ancora più penetrante in quanto operata con delle parole. Lo sguardo dell'«avvocato» di Gesù si pone dunque sulla crudeltà ignominiosa della perversione dei valori, appena venuta alla luce.

Finito l'appello alla giustizia, entra in questione la storia personale del buon ladrone (42-43): il lettore è autorizzato a interpretarla alla luce dell'incontro che avviene tra lui e Gesù e si rende manifesto nel momento culminante della sofferenza estrema. Luca non si prende cura di gettare ulteriore luce sulle circostanze e sulle modalità concrete della dinamica accennata, ma non ci lascia del tutto disinformati. L'implicita posta in gioco della sequela di entrambi malfattori sulla *via crucis* si risolve, come spesso in Lc, in una biforcazione dell'unico itinerario: l'uno sceglie la via più facile del disprezzo debitore della tendenza comune, l'altro percorre fedelmente la via stretta impostagli e vi incontra

---

umano si trasforma, mediante un riconoscere e vedere riconoscente, nell'attestazione della verità del Crocifisso in quanto *re dei Giudei*. Cf. una simile prospettiva in Gv 19, stilata però sul piano antropologico: «depuis l'épisode de l'écriteau, le texte et le regard se fixent progressivement sur le corp de Jésus, d'où finalement sortiront le sang et l'eau» (J.-N. ALETTI, «Mort de Jésus», 159).

Cristo come fonte di sapienza e di conforto[18]. La chiusa della scena straripa della pienezza di una salvezza ormai sperimentata e effusa in uno scambio intimo dei due cuori che fin da allora battono insieme. La fede dell'illustre anonimo si nutre e si muove da due presupposti fondamentali: il *ricordarsi* di Gesù carico di significato soteriologico e la sua venuta nel proprio *Regno*. Facendo il paragone con i famosi inni di Lc 1 e con l'incontro celebrato nel *Nunc dimittis* si assapora la colta sintesi del narratore. In verità, il μνήσθητί μου dell'agile interlocutore è stato preparato dalle voci della Vergine e di Zaccaria, centrate sulla *misericordia* divina e sull'*alleanza* di cui Dio si ricorda (1,54.72)[19]. Il panorama soteriologico del *regno di Gesù* richiama la promessa fatta a Maria nell'Annunciazione il cui centro era il dono del Regno eterno al suo figlio (Lc 1,32-33; cf. 2 Sam 7,1.16). Il protagonista degli eventi eminentemente salvifici, intrecciati in questo breve ritratto, è sempre Dio che attiva il Suo beneplacito anche sulla croce del Figlio. A Gesù infatti non resta altro che dare un suono alla volontà del Padre nell'annuncio-promessa che chiude l'arco dell'intero Vangelo, appena rilevato.

L'assicurazione gesuana asseconda la petizione e pone al centro il ricco ed eloquente immaginario del παράδεισος — un efficace rimando alla creazione del mondo (Gen 1), dove la vittoria della luce sulle tenebre del caos primordiale si paragona al sorgere della coppia umana sopra l'universo creato, in un giardino che esemplifica l'offerta miglio-

---

[18] L'interpretazione proposta è un tentativo di riempire le lacune significative del testo lucano e di salvaguardare nonostante ciò la sua dimensione originale che vive appunto al plusvalore attribuitogli dal lettore (cf. U. ECO, *Lector in fabula*, 66). Che la tecnica narrativa lucana sia particolarmente contrassegnata da queste reticenze volute, è ben noto (J.-N. ALETTI, *L'arte di raccontare*, 31-46), cosicché costituisce una sfida e insieme uno stimolo per l'esegesi contemporanea il saper «stilare i giunti» in una tessitura così delicata e particolareggiata come è il testo biblico e soprattutto il narrare lucano. Ribadito a più riprese, questo principio esegetico ci sembra particolarmente illuminante per comprendere l'enigma degli enigmi della narrativa di crocifissione. Eccone una puntualizzazione brillante: «per il fatto di essere la morte del messia non cessa di essere la morte di un uomo; anzi proprio perché è la morte del messia, di colui che adempie l'attesa veterotestamentaria della vittoria sulla morte, acquista un significato universale» (V. FUSCO, «La morte», 519). Qui è contenuta la visione e teologia originale della croce, o meglio, crocifissione in Lc, aperta al futuro del riconoscimento e insieme al presente del compimento e della speranza. Cf. At 3,17ss.

[19] Certamente è da tenere presente la ricca base biblica delle espressioni di fede impiegate da inni stessi: cf. 1 Sam 2,1-10, Sal 40,4; 56,3-4.11; 71,5. Per saperne di più nel merito dell'impostazione scritturistica lucana si consulti l'articolo di A. Vanhoye: «L'intérêt de Luc pour la prophétie en Lc 1,76; 4,16-30 et 22,60-65».

re di Dio, la fonte della beatitudine terrestre e la metafora stessa della felicità come bene supremo voluto dal Creatore (Gen 2)[20]. All'espulsione dei progenitori seguì un capovolgimento totale delle sembianze positive del *fiat lux* divino: la benedizione si è trasformata nella maledizione e via via si è scesi nella tenebrosità del male che schiaccia e devasta i barlumi di quella luce della creazione. La croce del Cristo redime l'intero processo di ingiustizia e rompe il suo circolo vizioso appellandosi alle promesse con cui la storia umana è brillata e che ancora rimangono in vigore. Il lettore si ritrova improvvisamente al centro della sintonia perfetta del creato procurata così superbamente dalla voce penitente del peccatore rivestito della memoria generativa del sì al dono di vita.

Il ritorno alla pace sabbatica — il perfetto ristabilimento delle cose — è scandito dall'inversione della prospettiva appena delineata. Di fatto il caos del non essere irrompe subito dopo l'elargizione del *paradiso*, con l'arrivo delle tenebre intense (σκότος: Lc 23,44) — il segno del compiersi del detto enigmatico con cui Gesù ha preannunciato la propria esecuzione (22,53)[21]. Luca poi si affretta a menzionare in aggiunta l'*eclissi* del sole come un elemento funzionale alla sua stesura teologica dell'evento. Così si schiude una vera e propria fine

---

[20] Cf. L. LADARIA, *Antropologia teologica,* 18-27. Di estremo interesse sono i saggi biblico-antropologici di B. Costacurta in cui un lettore odierno troverà non pochi spunti ispiranti per sviluppare una spiritualità dei racconti evangelici della passione: «Benedizione e creazione»; «Creazione dell'uomo». Il collegamento tra la morte di Gesù e la creazione del mondo è ampiamente illustrato nei testi liturgici bizantini del venerdì e sabato santo. La celebrazione liturgica stessa, con il biancore delle vesti e il clima contemplativo del silenzio del Sabato Santo, costruisce il nesso su una ricca simbologia e tipologia della *luce*.

[21] Cf. J. FITZMYER, *Luke,* II, 1519, ove si riscontra un ampio trattamento del problema esegetico che il motivo accennato suscita: risp. pp. 1513-1514.1518. Per saper distinguere l'intento narrativo di questo ritocco redazionale è da tener presente che «for Luke it is the symbolism and not the event as such that has primary significance» (J. NOLLAND, *Luke,* III, 1156-1157). Rispetto al forte simbolismo delle *tenebre* in Mc 15,33 Lc lo sembra indirizzare come al solito agli scopi della sua cristologia, non già — e qui entriamo in discussione con gli esegeti menzionati — per trascrivere un dato storico realmente accaduto e nemmeno stilare una «comprensione escatologica del *climax* dell'attività di satan» (*Ibid.*). È vero anche e va debitamente notato il fatto che in Lc «gli elementi cosmico-apocalittici siano attenuati grazie al tenore calmo e fiducioso del narrare la morte di Gesù» (B. PRETE, *La passione,* II, 116). Ci pare dunque più efficace un ricorso al ritratto abituale del «Gesù da vedere» lucano il quale condiziona perfino le trasformazioni nella natura. Il simbolismo della vita e della morte approda dunque, come nella nascita del messia (cf. cap. I), alla tensione tra tenebre e luce. Vedasi in avanti.

dell'economia di Dio[22]: il non essere prende di nuovo possesso della realtà terrena per consumare perfino il Datore della luce che brilla ancora misteriosamente sulla croce. Oscuratosi il sole, è pronta a spegnersi anche l'*aurora* (1,78), ma perché la terminazione dell'eone presente si completi, bisogna che si squarci il *velo del Tempio*. Il lettore ben cosciente della sua valenza teologica vi riconosce una frattura definitiva: il santo dei santi è profanato per apparire davanti a tutti nello splendore della sua inaccessibilità. Ormai lo può contemplare anche il λαός fedele, riunito nel Tempio proprio all'inizio del Vangelo (cf. 1,10) e tuttora presente «al cranio» per testimoniare la sontuosità del sacrificio che il tempio fatto dalle mani d'uomo non può contenere[23].

Per ultimo viene estrapolato il grido fiducioso del Gesù morente che *consegna* il proprio *spirito* al Padre (46: παρατίθεμαι) per completare la visione invertita di Gen 1 — il soffio creatore ritorna a Chi l'ebbe dato cosicché il Figlio può morire sospirando per l'ultima volta e raffigurando un uomo ormai privo del נִשְׁמַת חַיִּים (Gen 2,7)[24]. L'intera storia uma-

---

[22] I passi paralleli tacciono del *sole* (cf. Mc 15,33; Mt 27,45) essendo evidente e di per sé bastante l'accento sulle *tenebre*. La precisazione lucana balza perciò agli occhi per conferire all'evento una portata simbolica. Il lettore sicuramente non sbaglierà se attribuirà alla preoccupazione estetica del narratore il raffronto presente tra la morte di Gesù e l'eclissi del sole. Per quanto suggestiva sia questa scelta deliberata cf. sotto.

[23] Si noti la differenza dell'ordine dei due eventi — le tenebre e lo squarcio — in par Mc 15,38; Mt 27,51, che si deve spiegare come il segno premonitore della portata storica di una morte che già prefigura la rovina del popolo simboleggiata da quella del tempio (G. ROSSÉ, *Luca*, 968). Luca tuttavia interpreta l'evento come sempre a modo proprio staccando la prospettiva storica menzionata — e quindi anche la distruzione del tempio — dai segni cosmici premonitori del tempo della fine — l'oggetto privilegiato nell'economia del *vedere* (cf. J. DUPONT, *Les trois apocalipses*, 103-106.110-112). Cf. anche il rilievo importante di F. Bovon: «Selon Luc, pour Jésus, puis pour ses apôtres, le Temple n'est plus le lieu sacramentel de la présence mystérique, mais le lieu presque profane ou la Parole peut retentir, et orienter le regard vers le lieu du supplice. C'est au calvaire et non au Temple que s'est jouée l'ultime étape salvifique de portée universelle» («Le récit de la Passion», 394). Riguardo alla posizione di alcuni studiosi che, sulle orme del cristianesimo primitivo, vedono nel secondo avvenimento un richiamo alla rottura con il giudaismo ufficiale (cf. ad es., J. POBEE, «Cry of the Centurion», 97–98 e nn. 26–27) si rimandi alla monografia di W. Trilling (*Das wahre Israel*, spec. 95-96) che riabilita la legittimità del popolo dell'alleanza mai revocato da Dio e tanto meno dall'evangelista: cf. N. LOHFINK, *Alleanza mai revocata*, 48-54.

[24] È interessante che sia Lc (23,46) sia Mc (15,37.39) adoperano il vb. ἐξέπνευσεν, di per sé ambivalente (cf. *LSJ*, 517: può significare tanto l'atto espiratorio quanto, per eufemismo, la morte come l'ultima espirazione), mentre Mt (27,45) dice chiaramente che Gesù ἀφῆκεν τὸ πνεῦμα. Cf. similmente: Gv 19,30: παρέδωκεν τὸ πνεῦμα. Le

na giunge al suo tramonto, ma la morte non ha l'ultima parola sul Cristo. Il narratore lo mette in evidenza con il resoconto del *centurione* che apre la catena dei testimoni e delle vivide testimonianze del fatto compiuto. Curiosamente, l'espressione verbale è preceduta dall'espressione esterna di lode rivolta al Dio che *in principio* ebbe compiuto la Sua opera premurosa della *creatio ex nihilo* e ha appena terminato quella *creatio* copiosa che sembra esternamente contraddire al principio stesso della vita. Il testo è reticente a proposito, ovvero non dice un bel niente, se non qualificando come *giusto* quell'*uomo*. Sembrerebbe un'allusione diretta alle ragioni del buon ladrone (cf. Lc 23, 41d) e quindi una semplice ripresa del motivo di innocenza promosso altrove, ma non è del tutto vero. La *giustizia* a cui ci si appella qui è la Verità nella sua ultima istanza avente per fondamento la base sperimentale di chi la percepisce come tale[25]. In altre parole, in Lc 23,47 si dice più sul sentire personale

---

conseguenze di questa particolarità dei primi due Vangeli sono riconducibili, al nostro parere, al mistero che rappresenta la morte del messia. In Lc ciò porterà a delle precisazioni ulteriori che hanno a che fare con il suo scenario tipico già messo da noi in rilievo sotto il titolo «Lo spettacolo della croce»: cf. avanti, p. 348s. (n. 45).

Un lettore attento tuttavia avrà notato anche in Lc il motivo della *consegna dello spirito* espresso con il vb. παρατίθεμαι, di un tenore tutto giovanneo: l'«absence d'autres acteurs indique bien que l'insistance n'est pas sur l'inimitié dont Jésus serait l'objet; tout est focalisé sur J., qui n'a plus rien à donner que le dernier souffle» (J.-N. ALETTI, «Mort de Jésus», 156). Gesù così compie il suo mandato e pure nel momento dell'abbandono estremo sa di trovarsi «sull'apice della propria vita». Il suo ultimo respiro-parola si dirige fiduciosamente verso un Dio Padre che non cessa di essere «comunicativo» e stare all'«origine del dinamismo salvifico comunicando la sua bontà» (cf. Lc 10,21-24; J. LUZARRAGA, *Orando*, 99; cit. in: J. BROŽ, «Le parole di Gesù», 319). La prospettiva del *compimento* sfarzosamente ricucita in Gv 19 non è esente dunque neppure in Lc che la affida alla voce narrante di Gesù, attraverso la preghiera stessa in cui si possano convergere i sentieri tortuosi dei carnefici e la rettitudine della via del Padre: cf. sopra, p. 329, n. 15. Questa sembra essere la ragione per cui Luca omette il grido marciano di angoscia (Mc 15,34; par Mt 27,46; cf. Sal 22,2) e mette sulle labbra di Gesù le parole fiduciose di Sal 31,6, mascherando la «logica del rovesciamento»: «Gesù attua il piano salvifico di Dio senza che i suoi carnefici se ne rendano conto; in segreto. La morte (vi) è presentata (dunque) più alla luce della tradizione profetica» (P. TREMOLADA, «La morte di Gesù», 184, n. 19). Cf. Gen 50,20.

[25] Il concetto ebraico di אמת che evidentemente soggiace all'impostazione lucana riassume e riepiloga in sé le due componenti che il mondo greco ha tenuto sempre distinte: la verità e la giustizia. Cf. A. JEPSEN, «'ĕmet», 672: «è presupposto necessario della giustizia e dell'ordine. Il termine indica la natura dell'uomo sincero nei rapporti col prossimo, verace nel parlare, attendibile e fermo nelle sue azioni». Cf. una interessante messa a fuoco del problema ermeneutico che il discorso sulla verità e/nella giustizia suscita: «le juste ne répond pas aux accusateurs, il en appelle seule-

del centurione che sulla rettitudine di Gesù stesso. Il contatto visivo con Questi (ἰδών) gli apre gli occhi sulla verità dell'*uomo* che soffre ingiustamente e muore e in quel modo coinvolge tutti i partecipanti del dramma nella riscoperta del senso originale della Verità e della Giustizia (cf. Gv 18,38). La visuale lucana è ampliata, come sempre, fino all'estremo per concedere una portata universale all'esperienza esemplare di chi vede compiersi il δεῖ divino e preparare il confessionale per il *popolo* che si accinge a manifestare ciò che significa in concreto la giustizia divina.

Rimandando in avanti la trattazione particolareggiata del ruolo del λαός nell'orizzonte rilevato si deve constatare la chiusa perfetta dello scenario con la menzione di quelli ai piedi della croce (Lc 23,49; cf. v. 35). La predilezione narrativa per la prospettiva si riconosce nel piccolo dettaglio — ἀπὸ μακρόθεν — che drammatizza il ritratto implicando la necessità di uno sforzo fisico per afferrare cogli occhi la *silhouette* del Crocifisso, profilato a rispettosa distanza. Il desiderio di appagare l'occhio si intensifica, quando sullo schermo riappaiono le *donne*, questa volta identificate con i discepoli. L'unico loro tratto reperibile è l'insistente adocchiare ταῦτα (cf. il ptcp. pres. ὁρῶσαι) — un oggetto totalizzante che la voce narrante ha scrupolosamente reso in grado di contenere in sé tutti i risvolti possibili dell'intera cronaca della crocifissione[26]. Essa viene incorniciata dunque tra il *popolo* e le *donne* in contemplazione, perché si riveli il progetto narrativo di fissare tutti i proiettori sulla croce che, vista da diverse angolature, potrà divenire il vero centro e il cenacolo di una nuova comunità nascente[27].

---

ment à Dieu, parce que la vérité de sa vie doit être reconnue, mais surtout parce que son sort met Dieu lui-même en question: pourquoi laisser mourir un juste comme s'il était réprouvé? Qui pourrait alors reconnaître son Dieu comme le vrai Dieu, fidèle, juste et bon?» (J.-N. ALETTI, «Mort de Jésus», 149).

[26] La tendenza lucana di massimizzare la portata degli eventi cruciali nel suo sistema teologico si nota poco prima, in Lc 23,47, ove l'ἰδών del centurione ha per oggetto l'astratto e cumulativo τὸ γενόμενον a differenza dei limpidi e univoci accenni degli altri sinottici: cf. Mc 15,33; Mt 27,54. J. Luzarraga vi parla addirittura di una «gioia causata dalla contemplazione» e riconosce che «solo la contemplazione di Gesù orante e trasformato poteva dare ai testimoni più vicini la forza per sopportare lo scandalo della passione» (*Orando*, risp. 98.96; cit. in: J. BROŽ, «Le parole di Gesù», 318-319.321). Ciò mette in valore e stimola la capacità interpretativa di ogni lettore che sa trarre dal testo il massimo delle informazioni celate sotto guida abile del narratore e quindi non più ritrovate sulle superficie. L'analisi integrale dello «spettacolo» lucano darà le prove lampanti all'attendibilità di questa tesi: cf. sotto, p. 342ss.

[27] Ancor prima di trattare i risvolti ecclesiali della croce in Lc è lecito ricorrere al passo giovanneo che è un bel commento e il completamento della nostra visuale: *Ed*

2.3 *I preparativi per la Pasqua (23,50-56)*

Il diminuendo dell'intenso repertorio della crocifissione è palesato dalla descrizione minuziosa di uno degli *anawîm* di Israele, l'*uomo giusto* (cf. 23,47), la cui premura tradisce una adesione profonda alla corte di Gesù (cf. 51)[28]. La nettezza della sua immagine si raggiunge attraverso un piccolo «di più» narrativo — προσεδέχετο τὴν βασιλείαν τοῦ θεοῦ — che immediatamente costruisce il ponte verso il *Nunc dimittis* con un protagonista di notevole parentela: Simeone (2,25). L'oggetto delle aspettative di ambedue i *giusti* è invero lo stesso, data l'estrema finalità dell'incontro sciolto in un tenero abbraccio nel primo caso (cf. 2,26-28) e nella toccante deposizione dalla croce che è soltanto accennata dagli evangelisti, ma si riempie facilmente dei particolari da parte del lettore. Giuseppe d'Arimatea compie un atto di estrema solennità «ricevendo» Gesù dalla croce e realizza, come Simeone una volta, il proprio desiderio

---

io, quando sarò innalzato dalla terra, attirerò tutti a me (Gv 12,32). Un altro passo che è la citazione di Zc 12,10 — *Volgeranno lo sguardo a colui che hanno trafitto* (Gv 19,37) — ugualmente illumina il contesto del Terzo Vangelo, una volta è stabilita la sua centralità: «Dans leur hiératisme les scènes johanniques ont un caractère iconique: tout dans le récit mène vers la citation finale de Zacharie» (J.-N. ALETTI, «Mort de Jésus», 157). L'analisi dei contatti tra le due tradizioni, in verità, richiederebbe uno studio approfondito in cui porre in rilievo soprattutto l'attualità e la funzione precisa delle metafore e sfumature visive in entrambi i contesti.

[28] Il testo gioca ironicamente sulla provenienza ossia lo stato sociale del personaggio (βουλευτής: 50) e la sua rinuncia alla βουλή dei suoi colleghi. Il carattere simile si riscontra in Gv 19,39, accanto a Giuseppe d'Arimatèa: Nicodemo, ἄρχων τῶν Ἰουδαίων, che nel Quarto Vangelo viene presentato come un uomo che ingenuamente cerca la risposta ai quesiti essenziali dell'evento Cristo vissuto molto personalmente, in brusco contrasto con la tendenza comune (cf. 3,1-21), e perfino difende la verità delle rivendicazioni messianiche di Questi (7,5). È un carattere chiave che rievoca tali celebrità lucane come il cieco, Zaccheo, il buon ladrone e infine Giuseppe stesso — in Lc l'unico protagonista della scena, — tutti accomunati grazie al vivo desiderio di vedere l'invisibile. Cf. sotto: p. 348s.

Con questo personaggio — corona del genio narrativo di Luca — e integratore della pietà evangelica il lettore è chiamato a tirare le conclusioni dalla storia della passione ormai spenta. Infatti ci vuole poco ebbene si è avvicinati fin troppo al «Gesù da vedere» per saper distinguere che «le scene della ultima cena e quella della preghiera sul Monte degli Ulivi rivelano la vera natura e reale misura della misericordia che sta dietro lo «spettacolo» della croce» (P. TREMOLADA, «La morte di Gesù», 185). Il riconoscimento pur sempre avviene attraverso le istanze narrative del vedere con uno sguardo esperto di chi sa di varcare il traguardo del proprio cammino: «En fait, le narrateur ne se substitue pas au lecteur: il l'invite à regarder Jésus en croix et à entrer peu à peu — car il faut du temps — dans le jeu et l'identité des figures» (J.-N. ALETTI, «Mort de Jésus», 155).

espresso nell'attesa del *regno di Dio* (προσεδέχετο: cf. 2,25.38)[29]. La somiglianza è significativa, perché proprio qui gli accenni silenziosi del testo ricuperano la loro dimensione comunicativa; il lettore riconosce un ultimo incontro davvero insolito. Il corpo ormai morto viene deposto e avvolto in un lenzuolo come quello di un bambino appena nato per immergersi nel buio della tomba — una nuova mangiatoia che pare definitivamente consumare il corpo dopo il colpo della morte. Ciò nonostante il *Sole* che non ha smesso di brillare neanche dopo le tenebre della Passione e scende dietro l'orizzonte insieme al *giorno della* παρασκευή cede il posto ai primi raggi del sabato: ἐπέφωσκεν (23,54). La luce sabbatica testimonia un nuovo inizio che irrompe nel silenzio tombale della sepoltura e già porta con sé l'annuncio dell'aurora. Non esplicitato ancora e quindi provocatorio, esso diventa l'unica realtà cui il lettore è autorizzato a pensare[30].

Il finale della rappresentazione si è servito del motivo lanciato dall'intero quadro della crocifissione: la *sequela*. Ricompaiono le pie

---

[29] Cf. R. Meynet: «il corpo morto di Gesù manifesta che il regno di Dio è arrivato» (*Luca*, 870). L'idea del ricevimento che è già innesta nella radice προσδέχομαι (cf. cap. I, p. 78), è resa esplicita nella scena della Deposizione in Mt 27,59 e Gv 19,40 con il vb. λαμβάνω (cf. par Mc 15,46; nel contesto lucano però ciò si raggiunge con il ricorso al contesto ampio in cui il ruolo chiarificatore è assegnato all'inno di Simeone che vi tradisce le somiglianze notevoli, soprattutto a livello del lessico. In verità, in entrambi i casi al centro dell'obiettivo narrativo sta la «salvezza identificata con la persona di Gesù la cui piena espressione è il cantico di Zaccaria» (Lc 1,74-75.77.79; cf. 2,29; 19,5; 2,11; At 13,23): P. TREMOLADA, «La morte di Gesù», 180. Narrativamente questo principio d'oro del racconto lucano di crocifissione è intuibile in una ondata progressiva delle strutture concentriche che reggono tutto l'insieme. L'analisi retorica minuziosa di R. Meynet ne mette in rilievo l'aspetto di continuità e congruenza: dentro il primo passo (Lc 23,26-32) della sequenza D3 il discorso di Gesù occupa il posto centrale, organizzato anch'esso in modo concentrico; sta al centro poi pure la sua preghiera (vv. 33-34) e le parole del *buon ladrone* riferite sempre all'identità messianica di Costui (40-42) (*Luca*, 860-865). Nella contiguità della scenografia della croce il lettore si immerge dunque in una centralità assoluta del ritratto gesuano — la condizione *sine qua non* dello «spettacolo» il quale gli si rivelerà al termine del cammino degli sguardi.

[30] La menzione delle luci del sabato ricapitola la scena della sepoltura dando un suggestivo indizio all'alba della risurrezione, mentre in par Mc 15,42 il suo corrispondente introduce l'unità narrativa e non vi supera la portata di una mera nozione cronologica tesa a circoscrivere ulteriormente la grandezza trionfale del venerdì santo ὅ ἐστιν προσάββατον (cf. B. PRETE, *La passione*, II, 137). Qui è sensibilmente presente la divergenza essenziale della teologia marciana della croce da quella lucana, ovvero «im Unterschied zu Markus is für Lukas nicht der Karfreitag, sondern der Ostersonntag der Tag des Heils» (P.-G. KLUMBIES, «Das Sterben Jesu», 199).

figure delle *donne* le quali dall'adocchiare passivo (49) passano alle azioni concrete che riempiono di contenuto il giorno della *preparazione*[31] e riflettono un vivo interesse nei confronti del Crocifisso. La schematizzazione lucana è come sempre suggestiva: le discepole fedeli che *erano venute insieme* a Lui, continuano a seguirlo anche dopo la morte cucendosi alla cintola di un nuovo facchino[32]. La scena è abilmente stilizzata, sicché risponde in modo quasi perfetto all'*ouverture* paradigmatica della sequenza in cui Simone di Cirene e i due condannati al suo seguito battevano il ritmo. La centralità della figura di Gesù rimane l'elemento costante della scenografia e predispone il lettore a prenderlo come punto di partenza di ogni sua riflessione esegetica. Ed ecco lo sguardo affettivo con cui le veneratrici di Questi fissano la tomba e esaminano la sepoltura. Questo sguardo richiede una trattazione specifica. Il vb. θεάομαι relativamente raro nell'opera lucana (cf. Lc 5,27; At 1,11; 22,9) completa il campo semantico della visione in Lc

---

[31] I commentatori si chiedono a proposito della stranezza lucana (cf. par Mc 15,42–16,1; Mt 27,57.62; Gv 19,31.42): situando i preparativi delle donne dopo l'alba del *giorno grande* del Sabato (Gv 19,31) le compromette davanti alle rispettive prescrizioni della Legge sabbatica (cf. Es 20, 10; Dt 6,14; cf. *Shab* 23,5: G. Rossé, *Luca*, 998). A nostro parere, non sarebbe forse più naturale considerare questa oscillazione di Lc un semplice mezzo narrativo soggetto alle leggi dell'anticipazione? Stando così le cose, verrebbe a galla anche l'intenzione dell'autore di porre l'accento sull'irruzione di una nuova realtà che trascende le condizioni dell'esistenza umana e nonostante ciò proprio in esse tende ad acquisire la sua forza maggiore, e cioè a partire dall'impegno, dalla missione e dalle testimonianze delle persone concrete.

[32] L'oggetto della sequela delle donne rimane ambiguo, giacché non viene specificato affatto: κατακολουθήσασαι (55). La subordinata menziona l'unico oggetto peraltro imprecisato (αὐτῷ) su cui il lettore è invitato a pensare, a prescindere dalla successione logica del racconto in cui l'oggetto della sequela è evidentemente Giuseppe. Cf. la tr. della *Bibbia* CEI che ha preferito modificare leggermente il testo greco a favore della chiarezza del senso: *Le donne che erano venute con Gesù dalla Galilea, seguivano Giuseppe.* Cf. diversamente, B. Prete il quale traduce il vb. come «seguire da vicino» (cf. At 16,17): «Con questa segnalazione l'evangelista intende informare i lettori che le donne seguono da vicino gli avvenimenti ed «osservano» attentamente l'ubicazione esatta del sepolcro» (B. Prete, *La passione*, II, 139-140). Vi è in gioco pur sempre la prominente e corposa figura di Gesù che, nei confronti del lettore, attinge il potenziale comunicativo pure dalla pallida cronaca della deposizione e sepoltura. Il poco o non dire, dal canto di narratore, di fatto lo stimola a una rilettura dell'immagine ormai creata del Crocifisso e allo scoprire delle possibilità inaudite di una sequela esemplare in cui valgono innanzitutto le qualità del *vedere* — valoroso, responsabile ed interiormente costitutivo per il procedere narrativo, — così come lo percepisce un lettore oramai familiare con i gusti letterali e l'asse teologico del Terzo Vangelo.

23,26-56 e denota il loro interessarsi vivo e indagatore che nei riguardi del *popolo* ha espresso il vb. sinonimico: θεωρεῖν (35a.48)[33]. L'attenzione primaria è dovuta senz'altro alla *tomba* la quale nasconde il σῶμα di Gesù dagli occhi degli spettatori e già «prepara l'incontro con il Cristo vivente»[34]. Un vb. di percezione qui viene dunque ad avere il valore particolare di un impegno permanente che il racconto dell'ascensione metterà a fuoco (cf. At 1,11). La scomparsa del maestro provoca disagio in entrambi i casi. Scompare cioè il catalizzatore d'attenzione e d'adesione estrema la cui presenza costituiva la garanzia e l'essenza della sequela[35]. Le donne ne sono ben consapevoli e si af-

---

[33] R. Meynet opportunamente fa leva sui rapporti intertestuali di tutti i verbi di visione in Lc 23,47-49 che riecheggiano i passi profetici di Zc 12,10 (cf. Gv 19,37) e Is 52–53: 52,15; 53,2.10.11 (*Luca*, 870). Cf. le brevi, ma corpose definizioni semantiche dei due verbi menzionati, da parte degli studiosi: θεάομαι esprime un «guardare con impegno» (B. PRETE, *La passione*, II, 139, n. 21); θεωρεῖν «indica uno sguardo prolungato, pieno d'interesse — che non ha alcunché di distaccato o di lontano» (J.-N. ALETTI, *L'arte di raccontare*, 149). L'occhio esperto di F. Bovon ne aggiuge altre sfumature sottili di significato: designando effettivamente une «observation précise ou une contemplation soutenue», «chez Luc comme chez Jean, θεωρῶ définit une attitude, celle de ceux qui regardent en réfléchissant et importe au témoignage chrétien de couvrir l'integralité de la vie, du ministère, de la passion, de la mort et de la résurrection de Jésus» (*Luc*, III, risp. 369.399). Questo aspetto comprensivo della percezione come testimonianza oculare dell'evento Cristo preso nella sua totalità ed integrità è caratteristico di Lc e tradisce ulteriori sviluppi in At: cf. 7,56; 8,13; 9,7; 10,11. Concernente gli apostoli come eredi e coadiutori dell'opera del Risorto e soprattutto Paolo, il vb. rivela una continuità salvifica nell'annuncio evangelico indirizzato per lo più agli occhi: 4,13; 20,38; 21,19-20; 25,24; 28,6. Le somiglianze con la tipologia evangelica del *vedere* sono ancora più forti nelle coppie lessicali: θεωρεῖτε καὶ ἀκούετε (At 19,26); θεωρεῖτε καὶ οἴδατε unita alla πίστις (2x: 3,16) — i veri fari per uno studio ragionato dell'impostazione narrativa e teologica del tema in At.

[34] F. BOVON, *Luc*, III, 412.

[35] Testimone di questo snodo teologico del racconto lucano è il vocabolario. Il suo continuo cambiamento — a cominciare dal vb. strategico θεωρέω (2x; cf. Lc 10,18) rafforzato dal sost. θεωρία (Lc 23,48), proseguendo poi con l' ὁράω del centurione (ἰδών: 47) e quello delle donne (49), per finire tutto con il θεάομαι delle portatrici del miro (55). Per completare la visione evangelica manca solo il vb. βλέπω che verrà fornito al lettore dal sopralluogo pietrino (Lc 24,12). Qui invece l'attenzione del narratore è rivolta primariamente a due tipi del vedere. Quello del *popolo* che contempla il disegno divino compiutosi sulla croce, a mo' d'intenso sguardo gesuano sul Satan (ἐθεώρουν), l'oppositore eminente del volere divino. L'altro tipo è rappresentato dagli sguardi del centurione e delle donne discepole di Gesù che traggono dal vb. ὁράω la loro ricchezza illocutoria nei confronti del lettore. Infatti il primo ha a che fare con il riconoscimento delle vie di Dio convenute sul *Giusto* sofferente; quello delle seconde apparirà eloquente nel sondaggio della tomba vuota (Lc 24,9ss),

frettano quindi a preparare ciò che servirà per l'ultimo incontro con il Signore. Le due azioni silenziose — il ritorno e l'approntare gli aromi — nonché la non soddisfazione del riposo sabbatico — disegnano la loro speranza di rivederlo, in un clima di stretta osservanza della Legge che aveva già garantito l'avverarsi delle promesse alle celebrità dell'Israele fedele, misteriosamente ricreato nel calvario[36].

Il racconto si conclude con questo desiderio di vedere e rivedere Gesù e l'episodio della tomba vuota, che nella strategia lucana inizia già a partire dell'ultimo stico del v. 56 (cf. μέν), lo appagherà definitivamente. Per passarlo in rassegna è di vitale importanza il saper discernere il centro di gravitazione attorno al quale si è svolto il dramma sopra evidenziato. Solo allora si potrà volgere lo sguardo alle storie successive che esemplificano tra l'altro un fallimento dei rappresentanti del popolo giudaico. Che cosa ha da dire nel merito lo «spettacolo» del Cristo crocifisso sarà l'argomento chiave che snoderà la funzione comunicativa dell'insieme. Trapasserà necessariamente i suoi limiti per ricapitolare il percorso semantico nel cui centro sta l'enigmatico λαός — il protagonista e insieme la vittima della tragedia.

---

quando spingerà in avanti tutta una testimonianza sul Risorto che risuonerà nella predicazione apostolica primitiva. Vi è da trovare retrospettivamente il cammino tematico del *vedere*: con le sue cadenze scandite dal vb. ὁράω, catalizzatore delle dinamiche visive, e narrativamente proteso grazie ai continui rimandi allo scambio degli sguardi ((ἀνα, δια, ἐπι, ἐμ)βλέπω, ἀτενίζω (Lc 4,20; 22,56; At 1,10; 3,12; 6,15; 7,55; 10,4), θεάομαι (cf. Lc 5,27; 7,24; At 1,11; 22,9), θεωρέω (cf. Lc 14,29; 21,6; 24,39; At 17,16)) che portano avanti il racconto sul Gesù da vedere. Tuttavia all'ultimo vb., proprio alla fine, è affidato il ruolo decisivo di esprimere il culmine teologico del *vedere*, avvicinandosi in questo caso, anche semanticamente, alla funzione programmatica del vb. ὁράω (cf. At 3,16; 7,56; 8,13; 9,7; 19,26). I verbi ἀτενίζω e θεωρέω, del resto tipicamente lucani, narrativamente sono distribuiti in modo tale da far intuire a un lettore attento alla loro fequenza nel dittico lucano, la tendenza evangelica di stilare i due archi (Lc 4,20–At 1,10 e Lc 10,18 (l'introduzione narrativa alla famosa beatitudine degli occhi) – 23,35.48) comprendenti il sopramenzionato cammino degli sguardi.

[36] Il motivo del *riposo sabbatico* (Es 20, 8-11, Dt 4,12-15; Es 31,13-17) chiama alla memoria del lettore il racconto di Gen 1 in cui le *tenebre* svolgono un simile ruolo del caos primordiale da cui si separa la *luce* della creazione: cf. R. MEYNET, *Luca*, 870. Il *nulla* del non essere (cf. Gen 1,2a) ritorna anche in Lc, nell'oscurità dell'enigma della tomba vuota, per manifestare la plenitudine della luminosa novella pasquale sul corpo assente. Le luci del sabbato separate dal buio, di una notte assai allungata in vista del venir a mancare il *sole,* stanno dunque in funzione del *guardare* riconoscente delle donne. A tal punto la salvezza attraverso la (ri-)creazione si prepara e si attua per così dire nello sguardo.

3. Un popolo pieno di sguardo (Lc 23,35.48)

Questo paragrafo farà da conclusione all'intero capitolo in quanto focalizza l'attenzione sul personaggio collettivo che sta al cuore della estetica lucana nel racconto della crocifissione: λαός. Le due ricorrenze di questo termine (27.35) e il suo rapporto dialogico con gli ὄχλοι (47) bastano per eseguire la ricerca più approfondita sulle loro implicazioni narrative e indirizzare il discorso ad una riflessione teologica che renderà conto della ricchezza dell'argomento in questione per il nostro tema. La sua valenza simbolica si deduce invero già dal contesto evangelico, ma va oltre e assume una dimensione più sinergica a partire dagli inizi della storia di Israele. Il lettore la prende sicuramente in esame per permeare l'enigma del λαός lucano attorno al quale, come si è osservato, si moltiplicano gli sguardi e vengono costruiti i diversi modelli di azione.

3.1 *La fede biblica di un popolo in ascolto*

L'evoluzione storica del concetto etnico di un popolo eletto e fedele a Dio ha dato l'impronta alla terminologia stessa che nei LXX si esprime in due modi diversi di tradurre l'ebr. עם[37]. L'uso privilegiato desume gradualmente il λαός in contrapposizione agli ἔθνη: pagani da cui ci si doveva distanziare per salvaguardare la propria identità. Qui è concentrata tutta la critica profetica basata sui famosi codici di santità e di alleanza, dove uno degli elementi costitutivi di quel popolo nuovo è considerato l'ascolto della Parola e l'obbedienza ai comandamenti da essa derivanti (cf. Dt 6,4). Su questo sfondo vanno messi in rilievo alcuni aspetti che caratterizzano bene la dinamica della filiazione di un popolo che dapprima giaceva nelle tenebre della non esistenza. La doppia liberazione dei figli di Israele (dalla schiavitù in Egitto e nell'esilio babilonese) e la teofania sinaitica hanno portato a termine ciò che più tardi celebrerà il coro dei profeti postesilici — la restaurazione, e cioè il

---

[37] I due suoi equivalenti greci nei LXX sono: λαός e γένος. Come mette in evidenza E. Lipiński («ʿam», GLAT, 815) l'«assemblea religiosa e cultuale dei fedeli di Jhwh viene spesso chiamata "popolo di Jhwh" (Nm 11,29), "popolo di Dio" (Gdc 20,2) o semplicemente "il popolo". Nella traduzione greca a questo uso di ʿam corrisponde spesso λαός. I LXX hanno riportato in vita questo antico termine greco applicandolo volutamente al popolo eletto e contrapponendolo, in questa sua specificità, agli ἔθνη, i "Gentili"». Sul successo che conobbe una tale creazione interpretativa, nella tradizione dell'AT rimando alla rassegna nonché al commento esegetico dei testi chiave in: H. STRATHMANN, «λαός», 34-39.

formarsi di un popolo di Dio, fiero d'esser stato tirato sù dalle miserie di una vita senza speranza, in un continuo consumarsi dei giorni (cf. Sal 103,15-16). La fede e la fedeltà sono ancora unicamente gli attributi divini a cui si deve semplicemente aderire per «tagliare» un patto (cf. כרת), dato il carattere gratuito dell'offerta di sé che Dio fa per Sua propria volontà. Un dono incondizionato di libertà e λειτουργία divina si accetta da Israele nel seguire il Signore e manifestatosi nella colonna di nube e in quella di fuoco (Es 14,19.24). La guida e la sequela intrinsecamente legate rivelano l'intimità del discepolato che prende su di sé Israele, ancora agli inizi della propria fede.

La teofania sinaitica è l'evento cruciale non solo per la fede nascente, bensì per la comprensione della pedagogia divina nei confronti di un popolo da affiliare. Dio si manifesta sul monte, ma non si fa vedere, anzi emette un divieto che nega un qualsiasi contatto diretto con il Parlante (Es 19,21)[38]. In Dt 5,4.22 l'esperienza degli astanti è definita in modo paradossale: il sentir parlare il Signore *faccia a faccia dal fuoco, dalla nube, dall'oscurità*. In un modo meraviglioso si comunica l'essenza della fede di Israele su cui costruire la vita familiare e sociale. Ciò avviene in un chiaro contesto del dominio dell'ascolto che penetra perfino nella sfera della percezione visiva e solo così la rende fruibile (cf. Es 20,22b). Le parole che diventano carne nell'atto uditivo rappresentano l'unico attributo e privilegio di un popolo che per così dire nasce dall'ascolto e sulla base di esso può attingere alle altezze della contemplazione (Es 24,17)[39]. Alla luce di quanto detto la rassegna lu-

---

[38] Il famoso velo di Mosé (Es 34,33-35) che ha dato l'origine alle numerose speculazioni nel periodo patristico (cf. H. de LUBAC, *Exégèse médiévale*, II, 455-456.505-512) rafforza al massimo la valenza negativa e minacciosa della teofania che si esprime piuttosto in termini apofatici: *nube oscura, oscurità, fuoco divorante* (Es 24,17). Cf. gli esponenti più eloquenti di questo principio: 1 Re 8,12; 2 Cr 6,1; Am 8,9; Gl 2,1-2.10.

[39] La costruzione sintattica del testo ebraico non lascia scorgere nessun accenno ad una esperienza visiva comprovante degli Israeliti. Al contrario, è tutto a mostrarsi il dinamico כבוד־יהוה che balza agli occhi di costoro: cf. l'enfasi sul soggetto composto da tre sostantivi e il marcatore della direzione (ל) che nel nostro caso indica una rivelazione discendente, imposta dall'alto e da lì unicamente. R. Fornara, nel suo imponente capolavoro esegetico, sottolinea l'aspetto primario dell'*ascolto* nella pedagogia del non vedere. L'esperienza del popolo eletto diventa perfino quella di «vedere la voce» contrapposta ad un confronto relazionale, faccia a faccia: *La visione contraddetta*, 371-400; spec. 379-382.

Il secondo libro del dittico lucano illumina il discorso che stiamo facendo. S. Panimolle e B. Prete — i partigiani nel ravvisare la predilezione del narratore di At per una teologia dell'ascolto (cf. la bibliografia) — evidenziano il carattere dialogico del

cana degli *accessoires* del λαός neotestamentario risulta molto ispirante: si tratta di un λαός riformato dall'opera e riunito attorno alla figura di Gesù.

3.2 *L'annuncio evangelico su un popolo in contemplazione*

Tra gli evangelisti solo Luca pone in gran rilievo e promuove la pietà degli *anawîm* che vengono a costituire un popolo degno delle promesse antiche e felicemente liberato dall'oppressione eminente. L'*ouverture* del Terzo Vangelo cattura il lettore grazie alla ricchezza dei colori con cui dipinge quel piccolo ma fiducioso gruppo di persone che stanno e si schierano dalla parte di Dio e a brevi tratti rappresentano l'intero popolo. Gli annunci e gli inni lo definiscono come un λαός orante, *preparato* (κατεσκευασμένον: Lc 1,17), sempre cosciente delle sue umili origini e del miracolo che ha operato l'Altissimo per redigere la dolorosa storia passata di cui è ancor viva la memoria. La vetta escatologica delle sue pie speranze ha presentato esaurientemente il *Nunc dimittis* che offre in anticipo al lettore l'immagine costitutiva di quel ideale a cui il popolo eletto dovrà rispondere nel corso dell'εὐαγγελία. Al suo centro sta la figura del bambino Gesù che si percepisce come *luce* e *gloria* e svolge il ruolo di mediatore tra i Gentili (ἔθνη) e il *popolo suo* di Israele (λαός σου). Come risulta dal prosieguo del Vangelo ambedue sono destinati a formare un unico popolo sotto i barlumi della teofania nel Tempio che richiama quella sul Sinai. Il ruolo passivo del popolo e la realtà imponente dell'autorivelazione di Dio caratterizzano più di tanto entrambi gli scenari.

La narrazione vera e propria di Lc fa tuttavia rilevare un carattere ambiguo di quell'ente collettivo che talvolta si associa con le *folle*

---

quadro comunicativo nel quale il popolo di Israele viene collocato. Il secondo esegeta, in particolare, afferma che qui si ha a che fare con un «popolo quasi a identificarsi con la parola»: At 2,24. Gli elementi costitutivi del suo formarsi è la stessa «Parola dinamica» (cf. At 12,24; 2,42-48) e, ancor più, la «fede suscitata dall'ascolto» di questa Parola. La sintesi di una tale concezione teologica della parola di Dio si racchiude nel v. conclusivo dell'intero libro: At 28,31 («Il popolo che Dio si è scelto», risp. 362.367.363). Cf. la nota seguente. Le tendenze ecclesiologiche del concetto esaminato ci convincono di una sua stesura dialettica a livello del macro-racconto di Lc-At. Bisognerà per di più esplicitare dunque il lato della *visione* che il Vangelo privilegia per comprendere una simile insistenza sull'*ascolto* nel racconto di At. Tant'è vero che ciò è un compito schiacciante per dare alla teologia lucana del *popolo* e della *parola* una visione unitaria semmai coerente. Lì si cela infatti la risposta sulla portata comunicativa della sua teologia del «vedere Gesù» intrinsecamente legata a quella accennata prima.

(ὄχλοι) desiderose di un contatto personale con Gesù e del suo insegnamento; talvolta con il popolo idealizzato (λαός) che fa esperienza del miracoloso e dello splendido (2,32). Sta a lato un'assemblea nazaretana, furiosa e imprevedibile, che ha prefigurato la crocifissione e la morte del Messia e ha introdotto il lettore nel realismo e nella estrema drammaticità di quel ruolo che svolgerà ai piedi della croce un Israele in sé diviso. Il rigetto iniziale si è già visto in una prospettiva storico-salvifica, sicché dentro il popolo nascente viene ora a galla la tensione tra un gruppo elitario di origine ben nota e quello formalmente estraniato da quel contesto storico-culturale in cui veniva collocato. Questa sarà la preoccupazione specifica del libro degli Atti, tanto che il Vangelo ne apre la strada. Ciò, invece, che interessa Luca veramente in questa sede è, per così dire, la crescita gnoseologica del λαός di Israele, in un cammino trasformatore, esemplificato dai discepoli. A ben vedere, l'esperienza unica di quegli ultimi va di pari passo con quella del popolo che, preparato dall'ascolto, finalmente vede i παράδοξα di Dio (ὄχλοι: 5,26). L'intercalarsi dell'ascolto e della visione sarà infatti un divario intenzionale che preparerà le grandi scene, ovvero gli incontri con Gesù l'annunciatore di una umanità rinnovata a cui giunge l'intero percorso del *popolo* dialogante con il mistero che si compie.

Lo spartiacque nel cammino evangelico di filiazione è fornito dalla scena dell'entrata a Gerusalemme (19,28-44): d'ora in poi staranno a confronto i due gruppi dello stesso popolo di Dio, drammaticamente opposti, in contrasto stridente con l'idillio che loro stessi — il popolo credente e i suoi capi religiosi — avevano ancorato nella storia dell'infanzia[40]. Arrivati al culmine della contrapposizione — arresto,

---

[40] J. Kodell («Luke's Use of *Laos*», 328) accenna a un «change of perspective in Lk 19,28–24,53» che si rende ben visibile nella preferenza per il termine λαός «used to distinguish the people friendly to Jesus and his teaching from the leaders who were plotting his death» (cf. 19,47-48; 20,1-6ss etc.). Secondo l'opinione dello stesso autore «λαός is a Lukan bridge-word to show the continuity between the Old Testament and New Testament People of God» (ID., «"The Word of God Grew"», 515-516). Nel trattare la presente questione spesso si dimentica di dare un dovuto risalto ad un altro lato della connotazione semantica di questo concetto prettamente teologico che è suggestivo per creare un ponte, almeno terminologico, tra i due Testamenti. B. Prete suggerisce di parlarne piuttosto in chiave di una «apertura semantica del termine λαός in Lc», e cioè nel senso di una «connotazione religiosa applicata alla comunità cristiana». Cf. nel merito la dimostrativa messa a fuoco, soprattutto per scorgervi la continuità con il pensiero paolino, di H. Strathmann: «λαός», 53-57. Prendendo in considerazione il contesto situazionale lucano è chiara una «duplice connotazione» del lessema che svolge una determinata funzione nei confronti dei lettori lucani:

processo e *via crucis*, — si sente una decadenza dell'immagine ottimistica di quel λαός difensore degli interessi supremi della novella evangelica, grazie al quale la vita di Gesù era ancora in salvo. La scomparsa dei discepoli non mette in imbarazzo il lettore, bensì coagula tutte le attese attorno ad un gruppo potente degli stimatori del profeta. Finalmente sembra fallire anch'esso partecipando alla condanna davanti al tribunale di Pilato (23,13.18). Il carattere improvviso e misterioso di un cambiamento così radicale[41] non può rimanere senza spiegazione e a ciò il lettore è chiamato a rispondere colmando le lacune del testo. La divergenza semantica tra gli ὄχλοι e il λαός in Lc 23,1-49, in verità, non disturba l'eleganza del racconto coinvolgendo nella tragedia un pubblico più vasto, la *totalità del popolo*[42]. La sua passività è dovuta senz'altro alla tendenza lucana a raffigurare la Passione come l'ultima

---

«Israele e Gentili con l'interesse verso quegli ultimi (1,17; 3,18)». Questo interesse lucano si estende verso le profezie di Dt-Is (52,10; 42,6 in Lc 2,30-32), con il loro universalismo spiccato e trova un ulteriore sviluppo in Lc 4,25-27, in riferimento ai pagani estraniati al massimo da Israele. Nel libro degli Atti la riflessione accentuata prende i contorni teologici, sì da scandire le «prospettive dottrinali: la predicazione apostolica forma un popolo nuovo». Il lettore qui è alle prese con uno «sviluppo progressivo» di una «nuova realtà viva e dinamica del *popolo di Dio* (cf. 1 Pt 2,9ss)». La sua «carta di fondazione», secondo lo studioso, è da cercare in At 15,14 il cui sfondo biblico costituisce la profezia di Am 9,11-12, mentre nel codice legislativo ne è esemplare il prototipo illustre di Dt 14,2. In At 18,10 si afferma persino che pure i pagani sono un «λαός appartenente a Dio». In questa luce pure la tragedia e lo «spettacolo» della croce vanno rivestiti necessariamente del significato universale. (cf. B. PRETE, «Il popolo che Dio si è scelto», 358-362.371-372 (nn. 45.50)). Cf. J. DUPONT, "ΛΑΟΣ ΕΞ ΕΘΝΩΝ"; N. DAHL, «"People for His Name"».

[41] Cf. i passi sinottici paralleli (Mc 15,8-15; Mt 27,20-26), dove appare chiaro l'intento narrativo di presentare la *folla* (λαός: Mt 27,25!) come le semplici marionette nelle mani dei loro capi che si discolpano come Pilato inducendo gli altri nel peccato più grande del loro (cf. Mt 23,15). Si vede che la risposta lucana al problema suscitato contribuisce notevolmente alla riscoperta e rivalorizzazione del ruolo di una massa totalmente priva di iniziativa propria in Mc e Mt (cf. Gv 19,1-16). S. Légasse, a nostro avviso, coglie i punti nevralgici della trama epistemologica di Luca riflessa narrativamente nelle *peripezie* dell'evoluzione mimetica del carattere in questione in cui si ispira progressivamente la lettura affettiva del suo destinatario inscritto anch'esso nel testo. Una delle sue strategie narrative si desume da un «mode d'anticipation, grâce au peuple qui, avant la Passion, s'est laissé entraîner et instruir par Jésus, puis au cours même de cette Passion, où Luc apporte à trois reprises (23,27.35a.48) un contrepoids à l'hostilité manifestée devant Pilate». Altresì a livello redazionale, «à la différence de Mt (27,25) Luc manie le même sujet avec délicatesse, laissant assez de feu à la notion pour que tout en maintenant l'essentiel d'une tradition sévère pour les juifs, elle ne heurte pas à l'excès la conscience des chrétiens» (*Le procès*, 381).

[42] τὸ (πολὺ) πλῆθος, πάντες: Lc 23,1.27.48.49.

tentazione di Gesù, l'*ora* e il *potere delle tenebre*, davanti alle quali cedono tutti, ma non il maestro. Ed è interessante proseguire l'itinerario di un λαός vigilante nell'ascoltare Gesù e minaccioso per gli avversari (21,38; 22,2) che in brevissimo tempo cede posto a un ὄχλος-guida per il traditore (22,47)[43].

Come esplicita la scena del tradimento — un caso raro in Lc — essa è composta esclusivamente dall'*elite* religiosa riunita (παραγενόμενοι: 22,52) per eseguire prematuramente il proprio giudizio, a suo piacimento. Gli stessi prendono parte attiva nel condurre il reo al sinedrio (66) e da Pilato (23,1) e si impongono sopra il popolo che pare non aver capito, dove vada a finire la faccenda[44]. La seconda riunione avviene per

---

[43] Data l'assenza dei cenni univoci a proposito della dinamica ravvisata e la tendenza lucana a non dare (intenzionalmente?) in ogni caso preciso le spiegazioni riguardo alla provenienza e composizione interna di quelle folle (cf. però: Lc 22,47.52), è lecito mettere a fuoco la funzione strategica di quelle due designazioni — *popolo* e *folla* — che, più si intrinsecano, più diventano intercambiabili per il lettore. Cf. J. Kodell («Luke's Use of *Laos*», 327): λαός «most often appears only in the generic sense of crowd as an equivalent of ὄχλος» (Lc 6,17; 7,24.29; 9,12.13 etc.).

[44] Il lettore coglie l'accento particolare sul πρεσβυτέριον τοῦ λαοῦ (gli *anziani del popolo*: 66) che fa pensare ad una influenza plenaria, un piano ben ponderato e una astuzia che in precedenza aveva caratterizzato i farisei e Erode stesso (cf. Lc 13,32) certamente legato alla corte aristocratica del suo popolo. Una spiegazione alternativa, a nostro avviso, sconcertante, è proposta da J.-N. Aletti (*L'arte di raccontare*, 142.146) che pur notando l'ambiguità del ruolo del *popolo* non lo risparmia e non vede alcun indizio narrativo a fornire le ragioni di farne a meno. Non convince nemmeno l'argomentazione di H. Strathmann («λαός», 50) che tende a conformare le divergenze basandosi sui gruppi dei testi che stanno in dialettica se non in contaddizione: Lc 22,2; 23,5 e Lc 23,4.13; At 6,12 e At 10,41; 13,15. La sagace intuizione di S. Légasse pare gettare più luce sullo schermo narrativo della passione: «Luc ne minimise pas la culpabilité d'Israel (ad es. Lc 4,28ss), mais il n'impute pas non plus au λαός un crime irréparable dont il ne pourrait se défaire. Pour lui, le mot, tel qu'il est employé dans les septant, conserve son halo» (S. LEGASSE, *Le procès*, 381). Siamo convinti che i tentativi di risposta al enigma da noi soltanto accennato e «visualizzato» con una maggiore espressività è da collocare nel contesto euristico di Lc. I suoi snodi pragmatici sono essenzialmente tre. Il primo fonda le radici nel fatto che qui «il racconto della passione e morte del Salvatore abbia il suo centro d'interesse nella messianicità di Gesù» (B. PRETE, *La passione*, II, 148). Il secondo è stato ribadito con fermezza e grande rigore esegetico da V. Fusco («La morte del messia», 514-519): il motivo dell'ignoranza sul quale Lc suda così tanto spendendo le energie e lo spazio narrativo. La sua sintesi teologica vi è presentata in una maniera brillante: «Lc non risolve il problema di Israele [così facilmente], ma conserva una prospettiva di tipo collettivo, tanto nell'annunzio del giudizio di Dio sul suo popolo, quanto nell'apertura alla speranza». In più, «Luca vuole scusare l'incredulità d'Israele e presentarla come non irreparabile [e] proprio attraverso il tema dell'«ignoranza»

ordine di Pilato ed è la più commovente, perché mette sulla stessa linea sia le autorità religiose e politiche, sia il λαός ad esse sottomesso (23,13). L'ironia narrativa risulta da due diverse maniere di considerare quel popolo che ora sta al bivio di due ideologie: i suoi capi arrivano a nominarlo l' ἔθνος (23,2) per soddisfare le pretese del governatorato romano, mentre Pilato (!) si appella alla loro vera identità (λαός: 14) che grida vendetta contro l'ignominia a venire. L'impotenza di contrapporsi a ciò conduce a un grido impersonale (παμπληθεί: 18) in cui non è più discernibile la voce del popolo che rimane spettatore passivo in tutta la sezione (Lc 22,1–23,56). Visto questo, si riduce al silenzio anche Pilato e comincia la pagina più interessante a cui tendeva l'intera narrazione centrata sul cammino di filiazione del λαός che ora sembra esser privato di senso, una volta messo in crisi il suo principio fondatore: la sequela. In effetti però la storia non finisce qui, ma paradossalmente viene portata avanti e raggiunge la pienezza sotto la croce — una θεωρία per eccellenza per la quale si riunisce di nuovo il popolo (συμπαραγενόμενοι ὄχλοι: 23,48)[45].

---

viene lasciato aperto uno spazio in direzione di quel livello più profondo che, se sfugge alla consapevolezza degli uomini, non sfugge al disegno di Dio». L'intuizione è importantissima sia per il contesto comunicativo nel quale ci si muove sia per i risvolti teologici del panorama percettivo che ne sta al di dentro. Cf. le conclusioni teologiche: cap. VIII, pp. 523-530.

Il terzo snodo pragmatico è più discusso, ma nondimeno trova difensori autorevoli nel campo esegetico degli studi su Lc. Ne è figura imponente J. Fitzmyer il quale si sforza di attestare pure nel Terzo Vangelo, anzitutto nell'episodio lucano della morte del messia, una soteriologia legittima: *Luke*, II, 1515-1517; *Luca teologo*, 168-169. La tensione che si crea tra Lc e At a proposito di un problema assai delicato in quanto tocca la colpevolezza, non già l'ignoranza, del popolo giudaico (cf. At 2,36; 13,27), secondo noi, può essere temperato con un ricorso alla tecnica d'oscuramento abituale di Luca: cf. F. BOVON, «Effet de réel», 351-352.355-359. Nel nascondere le vere ragioni della tragedia ormai compiuta si focalizza l'attenzione sulle sue finalità salvifiche che sorpassano il mero significato storico dell'evento su cui punta la narrazione sobria degli Atti spesso cucita dei discorsi accusatori. Altresì nella cornice soteriologica, il solo scopo del dittico lucano, in quanto insieme comunicativo, sta dunque nell'esplicitare la guida divina che si cela dietro l'apparente «contrasto tra l'incomprensione prepasquale delle sofferenze di Gesù e la rivelazione pasquale del loro significato» (B. PRETE, *La passione*, II, 149, n. 3). Si ritorna sull'alveo cristologico che ha guidato il passo del lettore fin qui. La visione salvifica della croce da parte del popolo ricupera quindi il suo valore comunicativo in riferimento al Crocifisso — la salvezza da vedere, non al fatto stesso della crocifissione. Questa centralità cristologica del racconto lucano porrà al piedistallo della teologia del *vedere* il cammino di Emmaus (Lc 24).

[45] Qui convergono gli esiti principali dell'analisi semantica del trittico in questio-

L'intensità di una contemplazione quasi intontita (pres. θεωρῶν: 35) divampa nel momento della crocifissione, resa grottesca anche dall'azione blasfema dei capi. Copre tutto il quadro narrativo fino al momento della rivelazione segnata dal pleonasmo (ἐπὶ τὴν θεωρίαν [...] θεωρήσαντες: 48). Dopo le professioni del buon ladrone e del centurione si risveglia il λαός stressato e oppresso, come lo fu un tempo di fronte alla teofania sinaitica. Un contatto diretto, oculare, non costituisce più il pericolo mortale, tantomeno è imposto da altri, bensì genera il pentimento e acconsente ad una piena filiazione. Essa misteriosamente si «taglia» ai piedi della croce, con lo spargimento del sangue del Nuovo Alleato (22,20) che chiama alla conversione e spalanca un abbraccio ai suoi figli perduti nelle tenebre del peccato[46].

---

ne. L'accumulo dei verbi e delle espressioni circostanziali che alludono a un *stare fermi* e *guardare* da spettatori prepara il palcoscenico e disegna uno svolgersi esemplare dello «spettacolo della croce». Tra gli autori il merito di studiarlo fino a fondo e con un repertorio prettamente pragmatico è da attribuire a P.-G. Klumbies: «Das Sterben Jesu». Il criterio con cui questi appronta una analisi piuttosto tecnica dell'organizzazione retorica e scenica della performance è illuminante: «die Ursache [der] Wirkung liegt im Sehen des Geschehenen», ovvero «das lukanische Stück zeigt Wirkung, die Zuschauer gehen sichtbar in sich, und das setzt voraus, dass die Szene zuvor ihre Gefühlswelt gepackt und aufgerüttelt hat». L'effetto pragmatico evidenziato si attua mediante l'unità dello scenario a sua volta dovuta ad una unificazione dei singoli elementi che lo compongono e orientano in una unica direzione lo sguardo del lettore-spettatore: «In der θεωρία vereinen sich sinnliche Wahrnehmung und Sinn, kommen Äusseres und Inneres, Draufsicht und Einsicht zueinander und bilden eine Einheit». Ciò si raggiunge grazie ad almeno quattro procedimenti caratteristici del arte teatrale: l'arredamento delle proporzioni di luce, l'apertura del sipario, la focalizzazione della persona di Gesù e la reazione degli spettatori. Resta da dire che la scenografia lucana della morte di Gesù si addice espressamente e in modo unico nel NT al *terminus technicus* θεωρία per connotare uno *spettacolo*. Essa si ispira sicuramente nel funzionamento pratico dei teatri ellenistici — una esperienza ben familiare ai lettori del Terzo Vangelo e un argomento in più per porre il suo autore sulla stessa linea con i teoretici pagani ellenistici dell'arte retorica: per i numerosi esempi nonché un esauriente *excursus* sull'espediente lessicale e sull'utilizzo storico del termine si consulti lo stesso articolo (P.-G. KLUMBIES, «Das Sterben Jesu», 186-190). Più in dettaglio sul profilo letterario di Lc 23,48 come «spettacolo» vedasi: *Ibid.*, 199, n. 64. Cf. le sue reminiscenze nell'AT: Dn 5,7; 2 Mac 5,26; 15,12; 3 Mac 5,24.

[46] L'esposizione presente si ispira sugli studi certamente innovativi di R. Meynet ove vengono date le coordinate metodologiche e pratico-esegetiche per studiare il macro-racconto di Lc-At e far emergere la sua teologia attraverso le singole figure, quelle collettive e infine per mezzo delle figure del compimento il cui perno portante costituisce la Nuova Alleanza: *Preghiera e filiazione nel vangelo di Luca* e *Morto e risorto secondo le Scritture*.

3.3 *Conclusione*

Il cammino irto e a volte disperante ha condotto il lettore ad una vera apoteosi della Passione. La condanna, crocifissione e morte di Gesù non fanno altro che porre al centro del palcoscenico le figure degli umili *anawîm* difensori della verità del discepolato e le prime rondini della riformazione del popolo di Dio che annuncerà a pieno titolo la risurrezione e la storia della Chiesa primitiva negli Atti. L'attenzione è posta tutta sulla estrema visibilità del calvario, da dove gli spettatori torneranno rinnovati e consolati. La loro sequela ha portato i frutti proprio alla fine, quando si sono spalancate le loro forze interiori audacemente rappresentate dagli *occhi*. Il *contemplare* del popolo coinvolge nella sua dinamica gli sforzi visivi di tutti gli altri personaggi, espliciti (*centurione*, *donne*) o impliciti (*malfattori*). A brevi tratti la narrazione si riveste dei particolari essenziali di una visione che diventa *spettacolo* unico e unificante, ove spunta la realtà vivissima del risorgimento di tutti i partecipanti della rapsodia. Lo sbocco effettuato permette alla *storia* di attingere alle potenzialità del racconto che prosegue senza interruzione per esplicitare la portata di quell'avvenimento descritto ora solo parzialmente. Aderendo alle preoccupazioni estetiche di un lettore appena provveduto di una visione eminente bisogna innanzitutto sviluppare il presente discorso e mettere in rilievo alcuni aspetti nodali che caratterizzano l'atto stesso del *vedere* e i suoi presupposti fondamentali. Li rivelerà la storia di Emmaus — un capolavoro dell'artificio letterario di Luca, nonché un vero punto di arrivo del percorso evangelico...

Per quanto riguarda il motivo del *pentimento* che qui è espresso indirettamente per una azione evocativa c'è da interrogarsi se questo accento redazionale lucano (τύπτοντες τὰ στήθη: Lc 23,48c) non abbia una tradizione in comune con il passo escatologico di Mt 24,30 (cf. Ap 1,7(!)) dove affiora una immagine assomigliante: κόψονται πᾶσαι αἱ φυλαὶ τῆς γῆς καὶ ὄψονται τὸν υἱὸν τοῦ ἀνθρώπου. In entrambi i casi si narra di una visione eminente seppur la connotazione semantica degli atti gestuali che l'accompagnano si diversifica. La domanda che c'eravamo posti nei riguardi delle donne piangenti di nuovo torna (cf. ἐκόπτοντο: Lc 23,27) suggerendo di adottare pienamente l'interpretazione penitenziale delle vicende finali il cui protagonista è il popolo: vedasi sopra, p. 327 (n. 12). Il contesto apocalittico matteano di una ultima invocazione in questo caso è chiarificatore (cf. J. DUPONT, *Les trois apocalypses*, 64-70). Cf. anche Lc 18,13; At 2,38; 3,19. Tra gli esegeti piloti propensi a una tale visione del problema e ben coerenti nell'argomentarla sono da menzionare: B. Prete (*La passione*, II, 126-127) e J.-N. Aletti (*L'arte di raccontare*, 142-150). *Pace*, J. FITZMYER, *Luke*, II, 1520.

CAPITOLO VI

Il Cristo da riconoscere
Lc 24,13-35; 36-49

Ogni cammino un giorno finisce per dare la garanzia e delle prove concrete a quelli che l'hanno intrapreso che non sia stato vano il loro peregrinare coraggioso e a volte disperante. Ciò caratterizza infatti la situazione del lettore lucano che pensa di aver finito una volta per sempre il suo cammino di sequela in vista della tragedia della croce. Definitivamente gli rimane solo di porre lo sguardo sul calvario e alla sua luce ripensare tutto. Il resoconto che fornisce Lc 24 è un bell'esempio di questo tipo. La sua drammatica narrativa è unica in quanto presenta una sintesi dell'intero Vangelo e perciò richiede degli sforzi interpretativi per assimilarne i contenuti e la portata oggettiva. La pericope di Emmaus assume il ruolo di un segnale guida per il lettore; essa infatti avvia, o meglio, ripristina il cammino precedentemente interrotto e ripropone il quadro della missione di Gesù in termini ampiamente correlati. Durante quella camminata volutamente stilizzata e rivestita di particolari ben amalgamati dal narratore riappaiono e occupano un posto d'onore i *due* discepoli di Gesù che effettivamente sono le prime rondini della riabilitazione dei *Dodici* in Lc, prossima a venire (cf. 24,36-44). In fin dei conti, questo racconto paradigmatico tende necessariamente a riassumere anche la stessa dinamica del «vedere Gesù» in Lc, partendo dal carattere risolutivo di un «accecamento» provvidenziale per finire con la sua guarigione.

Lo scopo che si prefigge di conseguire in questo capitolo conclusivo per il trattamento della narrativa evangelica, è proprio quello di valorizzare la potenzialità del testo in questione che comunica al lettore più di quanto questi possa aspettarsi e rendersene conto. L'estremo pragmatismo dei tre relati dell'apparizione del Risorto (Lc 24,1-11.13-35.36-44) è un primo stimolo che lo aiuta a mettersi in cammino. I suoi obiettivi principali saranno: preparare il palcoscenico per un altro cammino (dei due di Emmaus), centrale sul piano narrativo, e conseguentemente tirarne le somme. Per impostare meglio la ricerca sarà indispensabile, come sempre, fare ricorso ai meccanismi sia narrativi sia stilistico-retorici del testo per poter entrare nel gioco degli scenari, dei personaggi, perfino degli sguardi e sentimenti, e apprezzare ancora di più l'espressività del dire e non-dire lucano. All'analisi della pericope e del suo contesto comunicativo sopramenzionato seguirà la conclusione in cui analizzare i molteplici risvolti della relazione tra il cammino fondatore e l'esperienza salvifica nell'opera lucana.

1. Il primo giorno della settimana (Lc 24,1-12)

L'apertura della scena che segna l'inizio di una nuova giornata, segue logicamente dalla menzione del riposo sabbatico (23,56) e quindi è la conseguenza di tutta la storia estremamente drammatica e dinamica della Passione che la precede. Essa paradossalmente converge in una inoperosità imposta dall'alto, simboleggiante in questo caso lo spegnersi del soffio creatore, che si ergeva, in Gesù, sopra l'universo per dargli la consistenza e muoveva le acque generatrici della vita[1]. L'irruzione del *novum* caratteristico delle svolte narrative è ambientata a tratti brevissimi, in un crescendo che trova l'apice nell'apparizione dei due esseri celesti. Le scarne indicazioni sul quando e come del mettersi in cammino da parte delle *donne* servono per polarizzare la macchina da presa subito sulla tomba vuota. Il duplice riferimento all'esperienza soggettiva delle μυροφόριαι con un parallelismo antitetico voluto (εὗρον – οὐχ εὗρον: Lc 24,2-3) mette in risalto il *vacuum* del sepolcro irreconciliabile con la pienezza della trasformazione appena avvenuta e attestata dalla pietra srotolata[2].

---

[1] Cf. cap. V, p. 334s.338. Da confrontare con Gen 1,2.6-13.20-23. Il vb. *piel* רחף favorisce una interpretazione pluriforme: da un canto, esso denota un semplice atto di aleggiare con la connotazione precisa di protezione che rende il costrutto preposizionale על־פני. Dall'altro, — la sfaccettatura si arricchisce notevolmente se la si presta, come avviene spessissimo nell'ebraico, a un'immagine d'intimità unica e cioè quella di un uccello che sta covando: cf. HALOT, 1219-1220. Al lettore lucano peraltro non deve sfuggire il detto evocativo di Lc 13,34 che esemplifica la stessa cura materna di Gesù nei confronti d'Israele.

[2] Cf. il titolo suggestivo scelto da F. Bovon per la sequenza Lc 23,56b–24,12: «Tombeau vide et plénitude du message» (*Luc*, III, 408). Il desiderio di trovare e,

1.1 *La tomba vuota — il vuoto del vedere*

Il narratore è maggiormente interessato ad esplicitare la perplessità delle donne davanti ad una *aporia* da decifrare, che similmente mobilizza l'attività indagatrice del lettore e rallenta il ritmo nonché funge da sfondo ideale per la seguente apparizione. Essa viene presentata con il solito καὶ ἰδού lucano, il vb. ἐφίστημι che ricorda da vicino lo scenario molto affine di Lc 2,9 (ἐπέστη) e un *accessoire* ben noto al lettore — l'ἐσθὴς ἀστράπτουσα. La si usa nel senso generico per connotare i *due* esseri celesti e questo non può che ricordare le vesti di Gesù in Lc 23,11 (ἐσθὴς λαμπρά). L'impressione di essere arrivati al momento di una rivelazione imminente si rafforza, non appena vengono presi nell'obbiettivo i *visi* atterriti e chinati a terra delle donne — un nuovo punto di *suspense*, d'attesa, di sosta che diviene l'occasione per continuar a riflettere. È importante notare come, ancor prima che venga comunicato dagli angeli l'annuncio pasquale, l'obiettivo narrativo si fermi sulle circostanze sceniche tipiche di uno spettacolo (θεωρία: cf. Lc 23,48), senza però un esito positivo[3]. Viene qui espresso solamente un rimando alla viva dinamica percettiva che caratterizzava il ruolo narrativo delle eroine nel resoconto della Passione (49e.55c). Il suo finale però sembra smentire le previe attese in quanto manifesta la debolezza dell'esperienza umana nel vedere lo splendore divino[4]. Come i *tre* sul

---

implicitamente, vedere il σῶμα τοῦ κυρίου Ἰησοῦ si sente perfino a livello grammaticale con la triplice menzione della particella δέ che progressivamente registra i contrasti: tra il riposo sabbatico e l'affaccendarsi delle donne all'alba domenicale (Lc 23,56b; 24,1a); tra il loro giungere alla *tomba* (τὸ μνῆμα enfatico: 24,1b) e il sopraggiungere di una realtà trascendente manifestatasi nell'aprire la stessa tomba — il centro d'attenzione; e finalmente tra ciò che effettivamente hanno trovato e ciò che aspettavano di trovare. La puntata finale mette in campo l'oggetto privileggiato della percezione rappresentato dal suo nascondiglio — la *tomba* (μνημεῖον), ossia: il *corpo* di Gesù — un dono prezioso che già era stato tale per Giuseppe di Arimatea, e per i pastori: cf. cap. V, p. 337-341.

[3] L'agg. ἀστραπτούσα, preso in esame anche il sost. della stessa radice (l'ἀστραπή: Lc 11,36; 17,24; cf. 10,18), amplifica il contesto comunicativo dell'espressione lucana che viene ad assumere uno stretto legame con la personalità di Gesù, veramente equiparata con la *lucerna* in Lc 11,36 (cf. cap. III, pp. 179-183), ed espressamente — con l'imponente venuta del *Figlio dell'uomo*, arricchita da un pleonasmo significativo: ἡ ἀστραπὴ ἀστράπτουσα (17,24). Cf. cap. III, p. 203.

[4] Cf. la messa a fuoco del problema in: G. MARCONI, «La veste», 10-14. Dell'autore è anche il suggestivo proposito di considerare l'estetica lucana un punto di convergenza di non pochi passi del Terzo Vangelo. Nel caso presente ciò è talmente esemplare da suggerire al lettore di trattare la pericope Lc 24,1-12 come una vera e

monte di trasfigurazione (cf. Mt 17,6), le discepole di Gesù finiscono per negare ogni contatto oculare con i messaggeri maestosi. La via della sequela[5] le ha portate ad una prostrazione che non nega tuttavia la trasmissione *in diretta* di una notizia scandalosa e nemmeno chiude una volta per sempre la strada. Da quella di sequela essa si trasforma nell'itinerario predicatorio seguendo il quale si sta portando a termine l'opera del Risorto. E sono proprio delle figure femminili a godere di un privilegio veramente apostolico che le pone sopra gli stessi *Undici* a cui rivolgono il *kerygma* pasquale.

Il narratore non si prende cura di gettare luce sulla preparazione e l'assunzione del servizio da parte delle future annunciatrici del Vangelo, ma ciò è chiaro dal contesto che valorizza la loro sequela che conduce ad un *ascolto* totalizzante — l'unico mezzo per abolire la distanza imposta dall'atto stesso di buttarsi a terra. L'esclusione della *visione* dall'obiettivo narrativo predice al lettore un nuovo punto di partenza scandito da una promessa ampiamente fecondata dal coro di due voci angeliche. Esse sono protese verso la realizzazione di ciò che stava nel cuore della predicazione *ad intrum* da parte di Gesù e costituiva una vera pietra d'inciampo per i suoi: gli annunci della Passione.

L'istruzione avviene con delle parole provocatrici che svelano l'inconsistenza e l'insensatezza dell'agire umano non ancora confrontato con la verità suprema della risurrezione. Il *cercare* delle donne è contestato in partenza come esprime, appunto, la distanza tra l'oggetto desiderato (ζῶς: il *Vivente*) e il luogo effettivo con cui viene associato (μετὰ τῶν νεκρῶν: *di fra i morti*). Questa situazione irriconciliabile è condotta al nucleo del messaggio pasquale che sta per diffondersi. La contrapposizione appena vista comunica il primo fatto, il più evidente ed essenziale su cui si giocherà in seguito: la tomba va abbandonata, perché è uscito Colui che *è risuscitato* (ἠγέρθη: 6) e del quale non si può sapere più di quanto se ne riferisce: οὐκ ἔστιν ὧδε[6]. Assimilando la

---

propria *ouverture* dello scenario pasquale la quale verrà sviluppata e riempita di particolari lungo tutto il tragitto conclusivo del percorso (Lc 24,13–At,1-11).

[5] Come si vedrà, il centro di gravitazione rimane Gesù rinchiuso in una tomba e nondimeno promotore di tutti i movimenti che qui si svolgono attorno, compreso quello di Simone (Lc 24,12). Con la scoperta della tomba vuota cambia l'immagine di Questi che agisce anche lui, per così dire, alla scoperta e torna ad essere Lui stesso in movimento verso gli attanti in certo qual senso privilegiati essendo i prototipi delle comunità nascenti in vista dell'impossibilità oggettiva della sequela evangelica. Cosa vi cambia con la risurrezione preciserà l'analisi in seguito.

[6] Nei passi sinottici paralleli (Mc 16,7; Mt 28,5-7) c'è un esplicito invito a proclamare la notizia appoggiata da una possibilità reale di rivedere il Risorto chiamato per

chiarezza sempre più eloquente dell'argomentazione presente, il lettore, insieme ai personaggi, vive in prima persona la notizia inaudita. Quel comunicato di tenore direttivo poggia, dunque, sull'autorità divina del Risorto la cui predicazione in Galilea si ripropone verbalmente. Ne è l'essenza l'annuncio della Passione, che richiama più da vicino quello di Lc 18,30-31. Curiosamente sono le donne ad essere invitate a *ricordar*sene! L'immediatezza con cui esse ricordano desta sorpresa, perché non lascia al lettore la possibilità di fare il collegamento con il passato del racconto in cui erano stati unicamente i *Dodici* a ricevere delle notizie simili[7]. Come sia riuscita questa veritiera comunicazione resta fuori dall'economia narrativa il cui campo, in questo caso, si restringe intenzionalmente, per spostare il centro di gravitazione sui relati successivi, assai più espliciti in confronto a quello iniziale. In assenza dei discepoli, quelle parole, che per taluni, finora, avevano costituito un peso insopportabile, vengono caricate su spalle altrui per essere trasportate ancora una volta ai destinatari originali!

1.2 *L'annuncio svuotato dall'incredulità*

È precisamente ciò che fanno le portatrici del miro, improvvisamente trasformate in predicatrici della Parola. L'hanno assimilata infatti in modo prodigioso ricollegandola, cioè, ai loro ricordi personali del Vangelo che ora operativamente vengono a produrre un racconto logico e coerente. Vi sono ormai inserite le loro vite, minacciate in precedenza dalle vicende della Passione. Con un bagaglio personale che non ave-

---

nome: *Gesù crocifisso*. In Lc la situazione si complica in quanto l'identità del protagonista è celata fino al v. 15 ('Ιησοῦς). Il richiamo alla memoria delle ascoltatrici è indicativo a questo punto e non può che animare il lettore che insieme ai personaggi del Vangelo fa uno sguardo retrospettivo, di per sé appagante nella dinamica che lo porrà sempre di più a confronto con le Scritture.

[7] Nel riabilitare il ruolo attivo e strutturante delle donne nel trittico della Risurrezione, ci mettiamo dalla parte degli studiosi come J. Plevnik (cf. anche: M.-L. RIGATO, «"E si ricordarono"», 135-148) che rivolge una critica ai presupposti dell'analisi storico-critica, messi in campo da R. Dillon e J. Wanke. Secondo questi ultimi, nella narrativa della tomba vuota, non si hanno le prove sufficienti per mostrare una presenza della fede nella risurrezione (R. DILLON, *Eye-Witnesses*, 23-68). Non essendo nostro obiettivo di entrare in questa discussione, ci limitiamo almeno a una importante osservazione. Insieme con J. Plevnik («Eyewitnesses», 92) sosteniamo la partecipazione attiva delle *donne* nella testimonianza oculare: «From [Lk] 23,49 they function as eyewitnesses of the death and burial of Jesus, of the empty tomb, and of the angelic revelation. Their testimony was clearly important to him and to the early community». Si confronti inoltre la n. seguente.

vano mai pensato di possedere sono vivamente invitate a prendere coscienza della propria elezione; iniziata nel momento in cui esse, coraggiosamente, hanno iniziato la sequela decisiva, di cui ha approfittato anche il lettore, e sono rimaste fedeli fino ad arrivare ai piedi della croce, divenendo così affiliate a Dio insieme al *popolo*. La loro fede miracolosa fondata sui fatti straordinari comincia a manifestarsi in seguito al ritorno dalla tomba. Non sappiamo cosa abbiano sperimentato percorrendo la strada del ritorno ma è intuibile alla luce del sopraddetto. Le donne accolgono l'invito angelico a ricordare...

Ed ecco, arrivate, riferiscono agli *Undici* e agli *altri tutte queste cose* (ταῦτα πάντα), come a suo tempo i pastori (cf. Lc 2,17-20)[8]. Elencate nome per nome, esse vengono assurte al rango di vere apostole e possono finalmente giungere alla conoscenza dei pilastri della futura Chiesa: ἀπόστολοι (Lc 24,10; cf. 6,13-16). Il secondo vb. all'impf. (ἔλεγον) completa la breve puntualizzazione dell'aor. precedente (ἀπήγγειλαν: 9) e intensifica la forza del messaggio, affinché possa penetrare fino in fondo nelle menti, nei cuori, negli orecchi. L'insistenza narrativa si concentra sui destinatari principali della novella — gli *Undici, apostoli* — ai quali viene di nuovo offerta una *chance*. Essi possono ridiventare gli ascoltatori privilegiati dei misteri del Regno per farsene predicatori, degni di fede, seguendo l'esempio di quelle annunciatrici, elevate al ministero della parola, dalla semplicità titubante della vita quotidiana. E sembra proprio quello a generare lo scetticismo. Lo scandalo è inaspettato, soprattutto dopo l'apparizione angelica che ha scandito un nuovo inizio, pieno di speranza e aperto al sì delle promesse divine. La situa-

---

[8] I punti in comune tra i due episodi sono ben visibili e evidenziano uno scopo preciso assegnato a livello comunicativo. Il riconoscimento (nel secondo caso, il ricordarsi delle parole della Scrittura) che avviene in un vivo contesto della fede, in entrambi i casi, genera la testimonianza fondata su una esperienza oculare (nel secondo caso volutamente sbiadita) e auditiva. Le donne come i pastori vengono tirate fuori dal loro umile contesto di provenienza per portare avanti la continuità del disegno di salvezza e accreditare la credibilità delle vere colonne del futuro annuncio della Chiesa nascente — gli apostoli. La progressione in crescendo dalla ricerca, al ritrovamento, alla testimonianza segna di conseguenza l'asse ascendente dell'esperienza salvifica del *vedere* che rimane misteriosamente adombrata dalle parole dell'annuncio, per certi versi sostitutivo a essa e con ciò aumenta l'attesa di un incontro che spalancherà i limiti del parlato e aprirà l'ascolto alla sua dimensione integrale, completata, cioè, dalla visione come la parte indispensabile di una percezione piena. L'enigma che il testo conserva favorisce dunque il pensare del lettore, dando lo stimolo a cercare ben oltre delle realizzazioni sempre nuove di quella promessa suprema di proposito omessa da Lc: *là lo vedrete* (ὄψεσθε: par Mc 16,7; Mt 28,7). Cf. la n. seguente.

zione non cambia molto rispetto all'inizio del Vangelo. L'incredulità degli *Undici*, espressa per la prima volta così chiaramente e in modo smantellante (ἠπίστουν: v. 11b), oppone una resistenza proporzionata al continuo diffondersi della Parola e tende a circoscrivere definitivamente la risposta[9].

1.3 *La scoperta di Pietro: lenzuola da vedere*

È esattamente ciò che s'affretta a smascherare Pietro, il primo personaggio a rompere con il passato e mostrare come al solito una iniziativa libera nella ricerca della verità in ultima istanza. La sua mente indagatrice lo guida sulla stessa strada di sequela che egli ricupera dopo il lungo e triste itinerario della rinuncia. La ricerca di Pietro che lo spinge persino a correre (ἔδραμεν: 12) è, in effetti, un vero culmine, il punto d'arrivo del racconto della tomba vuota. L'intensificazione dei risvolti visivi dell'accaduto ne è il testimone. I due verbi che stanno in un stretto rapporto e si richiamano (παρακύψας βλέπει) circoscrivono lo spessore dell'indagare pietrino[10]. Il suo *chinarsi* certamente rievoca quello delle *donne* pur avendo per scopo tutt'altro che evitare un contatto visivo — è proprio alla fine della corsa, ancor prima di aver ripreso il fiato, che si deve volgere lo sguardo e concentrare al massimo l'attenzione! La semplice azione seguente resa coll'aor. ἔδραμεν (*corse*) presuppone narrativamente un rapido e impegnativo coprire le distanze, rappresenta cioè il vertice della ricerca di Pietro, «registrata», per così dire, nel suo svolgersi, da un unico verbo, in una sola ripresa filmografica[11]. Un

---

[9] Cf. l'argomentazione di J. Plevnik: «The disciples' disbelief implies women's belief; it is a statement of contrast». «As the next episode will disclose, this disbelief is the background of the disciples' own independent road to the knowledge and proclamation of the Easter reality» («Eyewitnesses», 93 (n. 13)).

[10] Il testo di Lc 24,12 ha dei riscontri con quello di Gv 20,4-5, ma dal punto di vista lessicale è discutibile in alcune sue trasmissioni testuali, — la scelta innovativa fatta dagli editori di NA[27] tiene conto dell'autorevolezza dei testimoni testuali anche se sono pochi: $\mathfrak{P}^{75}$, *rell.*; cf. B. METZGER, *A Textual Commentary*, 157-158. A nostro parere, la posizione del presente v. nell'insieme narrativo di Lc 24 è strategicamente importante, soprattutto a livello comunicativo, pur non essendo ben armonizzato con il contesto dal punto di vista sintattico. A questa intuizione in seguito verranno fornite delle prove concrete. Cf. F. NEIRYNCK, «Le récit de Lc 24,1-12», 310-311; «Lk 24.12», 329-334. Per le somiglianze e peculiarità delle versioni lucana e giovannea vedasi l'articolo di: A. FEUILLET, «L'apparition du Christ», 193-204.209-223.

[11] A differenza di Gv 20,1-10, dove c'è uno scenario ben elaborato dentro il quale l'itinerario verso la tomba vuota viene percorso per ben tre volte (da Maria Maddalena, il discepolo amato e Pietro), in Lc la scena si presenta essenziale, con un solo v.

semplice *guardare* acquista la forza espressiva dalla forma verbale —
βλέπει: un presente pregnante e esteso nel tempo come se tutto il vigore
della narrativa della tomba vuota fosse racchiuso in quell'atto percettivo di forte intensità pur privo di per sé delle connotazioni particolari[12].
Curiosamente l'oggetto dello sforzo visivo del personaggio non è altro
che le sole *lenzuola*. L'interesse lucano al vestiario come categoria
estetica aiuta il lettore a collegare e riportare ad un unico denominatore
tutti gli accenni simili presenti nel Vangelo. Ciò che li unisce è
senz'altro la centralità della figura di Gesù.

Fin dalla nascita di Cristo si pone il limite alla visibilità, sicché
l'unico attributo del bambino da vedere è l'agg. ἐσπαργανωμένον (*fa-
sciato*: 2,12). Il mistero ravvisato si scorge pure nella mancata menzione delle fasce soltanto evocate dall'epiteto appena visto, il che potrebbe
favorire la ricerca del senso più profondo che ha il fasciare per il lettore. Durante la trasfigurazione avviene una prima rivelazione di quel
mistero, la cui parte fa l' ἱματισμός gesuano di un colore *bianco balenante* (λευκὸς ἐξαστράπτων: 9,29). Essendo esso la carta d'identità del
maestro, dà l'origine all'insegnamento sull'*occhio* puro — *lucerna* — e
sul *corpo* illuminato con il *bagliore* di essa (ἀστραπή: 11,36). Infine vi è
un chiaro segno apocalittico che si sfogherà nella venuta del *Figlio*

Adoperando di nuovo l'efficace immagine della «macchina da presa» narrativa (cf. U.
Eco, *Sei passeggiate*, 88-89; 96-97) si dovrebbe ravvisarvi una presa accelerata dei
movimenti del protagonista puntata sul momento finale che è filmato, invece, nei
minimi particolari. Per la tecnica menzionata cf. l'esempio di U. Eco (*Ibid.*, 87-90)
già richiamato sopra: cap. IV, p. 304, n. 122.

[12] Cf. la sensibilità della liturgia bizantina a questo dato testuale di Luca, che trova
espressione nel quarto *exapostilarion* dei mattutini domenicali: ἐν μνημείῳ δράμωμεν
σὺν τῷ Πέτρῳ καὶ τὸ πραχθὲν θαυμάσαντες μείνωμεν Χριστὸν βλέψαι (http://ana
logion.gr/glt/texts/texts/Och/Exaposteilaria.uni.htm [accesso: 08.11.2012]). In altri
contesti lucani il vb. βλέπω gioca un simile ruolo rispetto ai passi sinottici paralleli:
nell'inno di giubilo (Lc 10,21-24; par Mt 13,16-17) esso circoscrive l'esperienza
visiva dei Settanta mettendola a confronto con quella dei re e profeti. Come nota Y.
Chaykivskyy il gioco semantico tra βλέπω e ὁράω mette in risalto una dialettica interna del *vedere* che conosce le fasi progressive d'arrichimento e intensificazione (*Soteryiny charakter*, 76); mentre nell'interludio della parabola del *seminatore* (Lc 8,10;
par Mc 4,12; Mt 13,13) — una tensione tra il vedere e non vedere che s'avvicina
notevolmente al contesto interpretativo di Lc 24,12. Cf. J. Dupont, *La parabole du
semeur*, 102. Degno di nota è un simile confronto con Gv, ove le ricorrenze dello
stesso vb. sono molto più numerose (17x). Per il quarto evangelista infatti è un vb.
che mette più in evidenza l'aspetto fisico di un semplice fissare con gli occhi (R.
Brown, *Giovanni*, 1442). È una tappa preliminare per proseguire nella visione e nel
riconoscimento il cui culmine è una contemplazione della fede (I. de La Potterie, *La
fede*, 114; cit. in: Y. Chaykivskyy, *Soteryiny charakter*, 75).

dell'uomo come un *baleno balenante* (ἀστραπὴ ἀστράπτουσα: 17,24)[13]. Una simile ricchezza contenutistica si cela sotto la *veste splendida* (ἐσθής λαμπρά: 23,11) offerta a Gesù da Erode in un contesto di derisione e stranamente diventata l'attributo degli esseri celesti nella prima apparizione pasquale (24,4). L'intera designazione (ἐσθής ἀστραπτούσα) rievoca però l'imponente *silhouette* del Crocifisso, strappato sì, alle sue vesti (ἱμάτια: 23,34e) tra le quali è lecito contare pure l' ἐσθής reale, ma nondimeno rivestito di nuovo di una *sindone* (σινδών: 23,53). Il corpo di Gesù viene così nascosto dagli occhi umani, come lo è stato già nella mangiatoia e nella grotta di Betlemme, simboleggiate in questo caso dal *sepolcro scavato* nella roccia. Infine arriva il momento più commovente della riscoperta del corpo assente che alle donne si presenta come il vacuo della tomba riaperta per fornire i segni ben visibili contro l'apparente scandalo della risurrezione. Il fatto poi che si parli della veste e non delle vesti in riferimento agli angeli non può lasciare indifferente il lettore. Quell'attributo divino tende quasi a sostituire visivamente la presenza del Risorto il cui ritorno alla vita è proclamato dai messageri che ne condividono il bagliore (cf. ζῶν[14]: 24,5b). L'enigma di una vita tutt'ora presente nell'oggi delle testimoni dell'accaduto continua ad animare la struttura narrativa fino all'arrivo di Pietro che rimette le cose a posto e ricupera la oggettività delle cicatrici della risurrezione lasciate inosservate dalle assidue portatrici delle impronte verbali della stessa verità suprema. Al portavoce degli apostoli viene concesso il privilegio di ammirare il prodigio delle sole *bende* rimaste nella tomba (ὀθόνια: 24,12)[15] per giungere alla conoscenza di ciò che

---

[13] Cf. sopra: p. 353, n. 3. Non è nuovo l'approccio, qui solo parzialmente usato, che pone il fondamento nel raffronto lessicografico delle ricorrenze di una precisa parola / radice verbale in tutta l'opera lucana. Esempi recenti suggeriscono come sia proficuo e suggestivo andare ad esaminare la narrativa lucana spesso costruita su parallelismi e allusioni prolettiche o analettiche: J.-N. ALETTI, *Il racconto come teologia*. Gli studi più specifici che possono servire da buon esempio della coerenza metodologica sono i seguenti: D. NEUHAUS, «Paul. A Tentmaker», 147-166; G. MARCONI, «La veste», 3-23.

[14] Sull'originalità di una tale presentazione del *kerygma* pasquale a ragione insiste B. Prete (*L'opera di Luca*, 287-297) osservando i suoi risvolti cristologici, soprattutto nel libro di Atti che sviluppa il programma teologico annunciato in Lc 24. Il contrasto vita-morte peraltro è caratteristico anche del Terzo Vangelo con la sua preoccupazione riguardo alla salvezza personale e a quella universale. Cf. S. ZEDDA, *Teologia della salvezza*, 134-136.

[15] La versione par di Gv 20,6-7 esplicita meglio lo straordinario del fatto, e cioè, che tutti gli oggetti del vestiario di seppellimento erano accuratamente sistemati e riposti in ordine. Ciò non sorprende se prendiamo in considerazione la componente

esse racchiudono in sé. Il lettore partecipa alla *meraviglia* provata dall'apostolo. Ciò che tocca vivamente lo stato d'animo interiore di Pietro (cf. πρὸς ἑαυτόν), trascende il realismo della situazione di ogni lettore e orienta lo sguardo verso l'invisibile a cui certamente alludono le *bende*. Come all'inizio del Vangelo, l'estrema luminosità dell'evento-Gesù viene intenzionalmente contraddetta da elementi che pongono un limite alla percezione: l'oscurità del grembo materno, la mangiatoia, le fasce. Tuttavia ciò non può che far trasparire la prossimità dell'oggetto, richiuso dentro che deve essere visto. La domanda su che cosa abbia visto Pietro è dunque provocatrice e svolge la funzione di stimolo per la lettura. L'identità del Risorto già presentata per ben tre volte — dall'annuncio angelico, riprodotto poi dalle donne e dalle bende — guiderà lo scenario che sta davanti e già contiene in sé gli elementi base dell'*ouverture* di Lc 24. Sulla via di Emmaus s'arricchiranno di sfumature sia la sequela sia lo scandalo dell'annuncio evangelico nonché sarà esplicitato al massimo il fallimento degli occhi, del cuore, delle menti…

2. L'evento come cammino (Lc 24,13-35): l'articolazione

La pericope di Emmaus fornisce indicazioni preziose per una ulteriore analisi dei filoni portanti del racconto oramai emersi sporadicamente in Lc 24,1-12. La forza comunicativa del comunicato presente risiede nell'intreccio degli stilemi ripetuti nella struttura del Vangelo. Per evidenziarla si fa il primo passo che è l'avvicinamento all'articolazione formale della pericope, il che darà le chiavi per comprenderne lo spessore semantico e riscoprirne l'originalità pragmatica[16]. Terminerà

---

apologetica della predicazione evangelica, ma nel contesto lucano è anzitutto a livello narrativo che si deve cogliere il significato di una simile messa a fuoco. Le prove concrete della vittoria pasquale in Lc — i resti del materiale di bendaggio — fanno un annuncio paragonabile a quello dei *due* d'Emmaus e recano un appello all'intelligenza del lettore che ora può finalmente ricapitolare il passaggio in rassegna delle singole vesti di Gesù e scoprire la finalità e valenza simbolica di una tale coloritura.

[16] Nonostante l'immensità della bibliografia e degli studi dedicati all'episodio di Emmaus, non sembra per niente esaurito il suo valore pragma-linguistico e nemmeno quello narrativo, come già ha accennato J.-N. Aletti (*L'arte di raccontare*, 157). In assenza di commentari e studi specifici che trattino Lc 24,13-35 sotto l'aspetto pragmatico ci siamo attenuti ai contributi di carattere più circoscritto: M. GRILLI, *L'opera di Lc*, I, 141-146 (ne accogliamo, a grandi linee, altresì l'articolazione comunicativa del brano: p. 142); S. GRASSO, «Emmaus», 433-453; E. RASCO, «Lc 24,13-35», 111-126; J.-N. ALETTI, «Riconoscimento e coerenza», 151-169; G. GHIBERTI, «L'eucaristia in Luca 24», 159-173; J. DUPONT, «Les discours de Pierre»,

l'analisi la valutazione oggettiva dei contenuti teologici della sequenza Lc 24,1-35 e la funzione di questo brano programmatico in essa. Il lettore lo riconosce già dai cambiamenti stilistici e dall'andamento sintattico che aiuterà a focalizzare il paragrafo seguente.

2.1 *Lc 24,13-35: l'intreccio formale*

Con un indizio tipico lucano (καὶ ἰδού) il lettore viene informato sulla novità dell'argomento che però non si pensa disgiunto dai fatti precedenti anch'essi segnati da un momento di svolta (cf. 24,4: καὶ ἐγένετο [...] καὶ ἰδού). L'aggancio temporale (αὐτῇ τῇ ἡμέρᾳ) ugualmente rafforza i legami con l'episodio della tomba vuota, e la menzione di un vero e proprio cammino (ἦσαν πορευόμενοι) attiva l'intreccio narrativo già animato nella mini-scena della visita di Pietro (Lc 24,12).

L'articolazione, riportata sotto, dimostra già l'importanza e unicità di questa pagina del Vangelo[17]. Il racconto si divide chiaramente in due parti grazie ad una espressione stilizzata (πορεύεσθαι εἰς κώμην: 13.28) che incornicia il cammino e evidenzia il suo schema narrativo movimentale ancora da analizzare.

La prima parte (13-27) che consiste di due sezioni: una prevalentemente narrativa (13-14) e l'altra per di più discorsiva (15-27) — è sproporzionata in quanto registra tutto il dialogo in cui sono incorporati i due monologhi. Uno è il più grande e va suddiviso a sua volta in quattro momenti (19-24), mentre l'altro è costituito da una sola battuta del Risorto (25-26). I quattro resoconti preparano progressivamente il lettore all'intelligenza del disegno di Dio presentato da Gesù e prelude al riconoscimento che sarà l'apice della seconda parte. L'estensione di-

---

239-284 (per ulteriori approfondimenti, relativamente gli studi di J. Dupont, si rimanda alla bibliografia).

[17] Ci sono delle proposte alternative che sono soprattutto quelle di carattere retorico che cercano di individuare il centro della (sotto-)sequenza. Per un ampio *status quaestionis* sulla varietà e debolezze dei tentativi del genere vedasi in: J. DUPONT, «Les disciples d'Emmaüs», 173-185. Un'altra divisione in due parti è presentata, ad es., nel commentario di G. Rossé (*Luca*, 1017), che vede il punto d'approdo al v. 25, quando Gesù comincia a spiegare le Scritture (in Lc 24,13-24 è indicativo il «protagonismo» dei *due* e della loro interpretazione degli eventi, mentre nei vv. 25-35 si trova il *climax* dell'attività del Risorto che da questo momento occuperà il posto centrale nella scena). Basandosi sullo schema movimentale del racconto (cf. cap. IV, 260) sembra appropriato mettere in evidenza l'aspetto dinamico della narrazione che trova le prove testuali concrete a cui verrà data la precedenza in seguito. Per la divisione scelta cf.: J. DUPONT, «Les disciples d'Emmaüs», 190; J. GILLMANN, «The Emmaus Story», 180; M. GRILLI, *L'opera di Lc*, I, 142-146.

scorsiva del primo micro-racconto è addirittura la porta d'ingresso nel suo significato ed è il contenuto e l'avvio strategico della funzione di tutta la pericope.

Per completare lo scenario serve la seconda parte (28-35) che si articola pure in due momenti narrativi, ciascuno dei quali ha delle caratteristiche proprie e allude esplicitamente ai racconti e discorsi precedenti (24,1-27). In questo modo si hanno effettivamente: a) l'introduzione (28-29) che richiama l'inizio del viaggio e ambienta la scena seguente; b) l'evento concernente il *riconoscimento* (30-32) come la risposta narrativa alla complicazione di Lc 24,16, il resoconto del ritorno (33-35) con l'importante ricordo di Pietro (cf. 12) e il riassunto dell'intera storia (τὰ ἐν τῇ ὁδῷ). È necessario, oltre a questo, cogliere l'incompiutezza del racconto, subito eliminata, mediante l'apparizione del Risorto (36ss)[18]. A livello dei discorsi è da osservare innanzitutto, come il lettore, attento ai dialoghi che portano avanti la narrazione, viene costruito. Essi, in verità, rispecchiano un vivo interesse narrativo capace di rendere il lettore partecipe attivo dello scambio comunicativo tra gli attanti.

I. Un cammino con il Risorto: *SULLA STRADA* (24,13-27)

a. 13-14: Introduzione

¹³ Καὶ ἰδοὺ δύο ἐξ αὐτῶν ἐν αὐτῇ τῇ ἡμέρᾳ
ἦσαν πορευόμενοι εἰς κώμην ἀπέχουσαν
σταδίους ἑξήκοντα ἀπὸ Ἰερουσαλήμ, ᾗ ὄνομα Ἐμμαοῦς,
¹⁴ καὶ αὐτοὶ **ὡμίλουν** πρὸς ἀλλήλους
περὶ πάντων τῶν συμβεβηκότων τούτων.

b. 15-27: L'evento

¹⁵ καὶ ἐγένετο ἐν τῷ ὁμιλεῖν αὐτοὺς
καὶ συζητεῖν καὶ αὐτὸς Ἰησοῦς ἐγγίσας
      συνεπορεύετο αὐτοῖς,
¹⁶ οἱ δὲ ὀφθαλμοὶ αὐτῶν **ἐκρατοῦντο**
τοῦ μὴ ἐπιγνῶναι αὐτόν.
¹⁷   **εἶπεν** δὲ πρὸς αὐτούς,

---

[18] Cf. il gen. assoluto posto all'inizio del v. 36 (ταῦτα δὲ αὐτῶν λαλούντων) che sottolinea l'immediatezza del fatto avvenuto: l'apparizione non si pensa disgiunta da ciò che precede, anzi in un certo senso è provocata da esso! Cf. J. FITZMYER, *Luke*, II, 1575.

Τίνες οἱ λόγοι οὗτοι οὓς ἀντιβάλλετε
πρὸς ἀλλήλους περιπατοῦντες;
καὶ **ἐστάθησαν** σκυθρωποί.

18 ἀποκριθεὶς δὲ εἷς
    ὀνόματι Κλεοπᾶς **εἶπεν** πρὸς αὐτόν,
            Σὺ μόνος παροικεῖς Ἱερουσαλὴμ
            καὶ οὐκ ἔγνως τὰ γενόμενα
            ἐν αὐτῇ ἐν ταῖς ἡμέραις ταύταις;
19
        καὶ **εἶπεν** αὐτοῖς,
                    Ποῖα;
    οἱ δὲ **εἶπαν** αὐτῷ,

        • Τὰ περὶ Ἰησοῦ τοῦ Ναζαρηνοῦ,
          ὃς ἐγένετο ἀνὴρ προφήτης
          δυνατὸς ἐν ἔργῳ καὶ λόγῳ
          ἐναντίον τοῦ θεοῦ
          καὶ παντὸς τοῦ λαοῦ,
20   ὅπως τε παρέδωκαν αὐτὸν
          οἱ ἀρχιερεῖς καὶ οἱ ἄρχοντες ἡμῶν
          εἰς κρίμα θανάτου
          καὶ ἐσταύρωσαν αὐτόν.
21   • ἡμεῖς δὲ ἠλπίζομεν ὅτι αὐτός ἐστιν
          ὁ μέλλων λυτροῦσθαι τὸν Ἰσραήλ·
          ἀλλά γε καὶ σὺν πᾶσιν τούτοις
          τρίτην ταύτην ἡμέραν ἄγει
          ἀφ' οὗ ταῦτα ἐγένετο.
22   • ἀλλὰ καὶ γυναῖκές τινες
          ἐξ ἡμῶν ἐξέστησαν ἡμᾶς·
          γενόμεναι ὀρθριναὶ ἐπὶ τὸ μνημεῖον,
23   καὶ μὴ εὑροῦσαι τὸ σῶμα αὐτοῦ
          ἦλθον λέγουσαι καὶ ὀπτασίαν
          ἀγγέλων ἑωρακέναι,
          οἳ λέγουσιν αὐτὸν ζῆν.
24   • καὶ ἀπῆλθόν τινες τῶν σὺν ἡμῖν
          ἐπὶ τὸ μνημεῖον καὶ εὗρον οὕτως
          καθὼς καὶ αἱ γυναῖκες εἶπον,
          αὐτὸν δὲ οὐκ εἶδον.
25 καὶ αὐτὸς **εἶπεν** πρὸς αὐτούς,
            Ὦ ἀνόητοι καὶ βραδεῖς τῇ καρδίᾳ
            τοῦ πιστεύειν ἐπὶ πᾶσιν

οἷς ἐλάλησαν οἱ προφῆται·
οὐχὶ ταῦτα ἔδει παθεῖν τὸν Χριστὸν

26

καὶ εἰσελθεῖν εἰς τὴν δόξαν αὐτοῦ;

27 καὶ ἀρξάμενος ἀπὸ Μωϋσέως
καὶ ἀπὸ πάντων τῶν προφητῶν

διερμήνευσεν αὐτοῖς ἐν πάσαις ταῖς γραφαῖς
τὰ περὶ ἑαυτοῦ.

II. Un convivio che apre gli occhi: *NEL VILLAGGIO* (24,28-35)

a. 28-29: Introduzione

28 Καὶ **ἤγγισαν** εἰς τὴν κώμην οὗ ἐπορεύοντο,
καὶ αὐτὸς προσεποιήσατο
πορρώτερον πορεύεσθαι.

29 καὶ **παρεβιάσαντο** αὐτὸν λέγοντες,
Μεῖνον μεθ' ἡμῶν,
ὅτι πρὸς ἑσπέραν ἐστὶν
καὶ κέκλικεν ἤδη ἡ ἡμέρα.
καὶ **εἰσῆλθεν** τοῦ μεῖναι σὺν αὐτοῖς.

b. 30-35: L'evento

30 καὶ ἐγένετο ἐν τῷ κατακλιθῆναι αὐτὸν μετ'αὐτῶν
λαβὼν τὸν ἄρτον **εὐλόγησεν**

καὶ κλάσας **ἐπεδίδου** αὐτοῖς·

31 αὐτῶν δὲ **διηνοίχθησαν** οἱ ὀφθαλμοὶ

καὶ **ἐπέγνωσαν** αὐτόν·
καὶ αὐτὸς ἄφαντος **ἐγένετο** ἀπ' αὐτῶν.

32 καὶ **εἶπαν** πρὸς ἀλλήλους,

Οὐχὶ ἡ καρδία ἡμῶν καιομένη ἦν
[ἐν ἡμῖν] ὡς ἐλάλει ἡμῖν ἐν τῇ ὁδῷ,
ὡς διήνοιγεν ἡμῖν τὰς γραφάς;

33 καὶ ἀναστάντες
αὐτῇ τῇ ὥρᾳ **ὑπέστρεψαν** εἰς Ἰερουσαλὴμ
καὶ **εὗρον** ἠθροισμένους τοὺς ἕνδεκα
καὶ τοὺς σὺν αὐτοῖς, 34 λέγοντας ὅτι ὄντως ἠγέρθη ὁ κύριος
καὶ ὤφθη Σίμωνι.

35 καὶ αὐτοὶ **ἐξηγοῦντο** τὰ ἐν τῇ ὁδῷ
καὶ ὡς ἐγνώσθη αὐτοῖς
ἐν τῇ κλάσει τοῦ ἄρτου.

Per valorizzare la ricchezza della forma attraverso la quale si articola il contenuto riproponiamo la struttura retorica ispirata a quella di R. Meynet, qui abbastanza semplificata e rielaborata[19]; essa offre un notevole contributo all'esegesi dei singoli passi, anzitutto a livello semantico.

Nella presente struttura concentrica[20] si verificano i tre punti di gravitazione: la parte dialogica costituita da due discorsi, il cui centro sta nell'annuncio angelico presentato come l'esperienza delle donne (23d). Incorniciano quel nucleo informativo le tre scene in sequenza (15-17 e 28-33a) dentro le quali il Risorto rispettivamente entra nel racconto e scompare: 15c.31. La menzione degli *occhi* in entrambi i casi garantisce la simmetria di quei due momenti strategici imperniati sulla presenza / assenza di Gesù[21]. Il loro sviluppo lineare si oppone in un certo senso al rotolamento concentrico dell'insieme e segna i margini del circolo ermeneutico attuato prima, nei discorsi. Lo stesso ritorno alla normalità della narrazione caratterizza l'introduzione e la conclusione che servono per di più a collegare la pericope al suo contesto vitale. Un certo progresso che lascia intravvedere il finale della storia consiste nell'estensione sia del circolo dei personaggi sia dei destinatari del messaggio pasquale racchiuso nei discorsi. Quest'apertura missionaria infatti farà da guida al lettore anche in seguito, perché l'aurora della risurrezione raggiunga le *estremità della terra* (At 1,8).

---

[19] La divergenza è dovuta all'inclusione nello schema degli ultimi vv. (33b-35) che nella struttura presentata da R. Meynet (*Luca*, 894) fanno parte dell'ultima sottosequenza di Lc 24: vv. 33b-53 (*Ibid.*, 897-898). Tuttavia l'analisi dell'intreccio sintattico non giustifica tale divisione che fa sdoppiare narrativamente l'unico v. 33: cf. sotto, pp. 362-363. Perciò abbiamo preferito attenerci alla maggioranza dei commentari che cercano di integrare, e non senza successo, la conclusione vera e propria della pericope nell'organica narrativa dell'insieme: cf. J. BOSSUYT – P. RADEMAKERS, *Jésus Parole de la Grace*, 506-509.515-518.521-523.

[20] Per una proposta alternativa, dell'ordine chiastico, centrata sul conglomerato discorsivo-dialogico dei vv. 17-30, e aderente per lo più ai criteri puramente narrativi rimando alla tesi di E. Fianu: *Lk 24,13-35*, 66. Cf. X. LEON-DUFOUR, *Résurrection*, 212-214.

[21] Gli indizi testuali di una certa parentela tra l'apparizione / sparizione del Risorto con la chiusura / apertura degli occhi sono le subordinate temporali implicite che in entrambi i casi registrano l'evento Gesù e sono introdotte dai costrutti infinitivali (ἐν τῷ + inf.: 15ab.30a).

Introduzione: via da Gerusalemme / conversazione *ad intra* (13-14)
  Inizio del cammino con il Risorto (15)
    GLI OCCHI IMPEDITI (16)
      Domanda pedagogica (17)
      Inizio del dialogo (18-19a)
        DISCORSO dei due: Cronaca (19b-20)
          Sentire personale dei due (21)
            Annuncio delle donne (22-23): EGLI È VIVO
            Sopralluogo dei discepoli (24)
        DISCORSO del Risorto: Cronaca di Dio (25-26)
        Conclusione del dialogo (27)
      Azione simbolica: con il Risorto a tavola (28-29)
    GLI OCCHI RIAPERTI (30-32)
  Fine del cammino: i due in corsa per Gerusalemme (33a)
Conclusione: conversazione *ad extra* (33b-35)

2.2 *Lc 24,13-35: la strategia testuale*

2.2.1 Sulla strada: camminare con il Risorto (13-27)

a) *Introduzione: un colloquio (13-14)*

Apre la narrazione l'introduzione dei *due* nella vivacità degli eventi già narrati ἐν αὐτῇ τῇ ἡμέρα e il motivo del *cammino* (13). Si tratta di un ritorno, dell'allontanamento da Gerusalemme, che però nutre la speranza del lettore. C'è un inizio rassicurante e una dinamica interna in quel mettersi in cammino insistente e prolungato nel tempo (cf. ptcp. perifrastico: ἦσαν πορευόμενοι) che coinvolge anche il lettore nel suo svolgersi. La distanza descritta con eleganza da un ptcp. pres. (ἀπέχουσα) è un altro mezzo espressivo per comunicare lo *status quo* che consiste in una tensione. Ne risulta un contrasto persistente tra un progressivo andar avanti e tirarsi indiero, mettersi in via e andar via, che esplicherà molto meglio il ritratto dei personaggi presentati ora solo attraverso le loro azioni. In particolare grazie alla conversazione lenta ed iterativa che rende bene l'uso classico dell'impf. ὡμίλουν (14) rafforzato da un pron. di reciprocità (ἀλλήλων: cf. 32a). Il peso narrativo nonché comunicativo di questo primo tocco scenico cade proprio su quel coinvolgente scambio di parole che non è ancora sonorizzato. È quindi facile intuirvi un avvio d'intrigo che incuriosisce il lettore e lo induce a cercare i contenuti della conversazione. L'argomento sul quale verte il dialogo, pur accennato in maniera generica, è dotato di forza espressiva. La si coglie nel vb. συμβαίνω il quale dà l'indirizzo a un altro movimento, nel passato prossimo del racconto, le cui risuonanze nel presente costituiranno la trama di una seconda conversazione: con il Risorto[22]. C'è una dialettica tra il cammino umano e quello degli avvenimenti che l'accompagnano e sono il nutrimento della mente che anima la conversazione. Tutto è ancora da esplicitare, però è già evidente il progetto di base che mira a fare dell'ultimo costrutto (περὶ πάντων τῶν συμβεβηκότων τούτων) un punto nevralgico da cui partire per mettere a fuoco il contenuto.

b) L'evento: Gesù cammina con loro (15-27)

• Gli occhi impediti (15-17)

Il segnale narrativo equivalente al καὶ ἰδού iniziale (καὶ ἐγένετο) immette nel racconto la novità a due livelli. Da un canto, mediante l'aggiunta di un vb. in più (συζητεῖν) rispetto al v. 14, accanto al vb. portante (ὁμιλεῖν: 2x); dall'altro, grazie all'entrata in scena di Gesù la cui personalità si sente rafforzata dal pron. enfatico αὐτός[23]. Sullo sfondo ideale degli infiniti dei verbi menzionati vengono applicate le due azioni: una puntuale espressa dal ptcp. aor. ἐγγίσας e l'altra che fugge essa stessa da fondale a tutto il seguito: l'impf. συνεπορεύετο. Il viaggio diventa la realtà con l'intervento di Gesù che riporta il cammino dei *due* a un altro livello[24]. Ciò espliciterà l'itinerario futuro. D'altronde, la

---

[22] Il ptcp. pf συμβεβηκότοι, oltre a rendere manifesto l'asse analettico del racconto, stimola la lettura in cui diventa l'oggi dei protagonisti il punto di riferimento per la progressione gnoseologica sia di questi sia del lettore. Cf. l'uso esattamente identico del vb. in At 3,10ss. L'analisi semantica farà emergere il suo utilizzo ripetuto in tutto il racconto, in unione con altri verbi di movimento: cf. sotto, pp. 377-378.379. 387.390.

[23] Questo è un caso esemplare per il Terzo Vangelo, ove normalmente il costrutto καὶ αὐτός riflette lo stile ebraicizzante dei LXX e non porta perciò alcun accento narrativo particolare: cf. Lc 24,25. Qui invece il suo uso è intensivo ed è soggetto ai gusti letterari specifici del Luca-narratore i quali caratterizzano per lo più il libro di At: 8,13;21,24; 24,16; 25,22 (J. FITZMYER, *Luke*, I, 120). M.-J. Lagrange, come sempre, in modo geniale, rende esplicita questa sfumatura sintattica: «καί est significatif: c'est précisément de Jésus qu'ils parlaient. Il s'approche; sans doute comme s'il les avait rejoints en marchant plus vite» (*Luc*, 603). Un esame rigoroso e ben articolato del fenomeno si riscontra nell'articolo di W. Michaelis: «Das unbetonte καὶ αυτός», 86-93.

[24] Dal punto di vista sintattico ciò è evidente comparando le forme verbali adoperate nei vv. 13.15 per esprimere rispettivamente il cammino dei due e quello di Gesù: l'impf. riferito al secondo «tira» per così dire la costruzione perifrastica (ἦσαν

nota lucana sulla loro inabilità sensoriale porta l'impronta di un'insistente azione, di rilevante durata: cf. l'impf. ἐκρατοῦντο. L'oggetto di questo vb. pregnante è inaspettato: sono propriamente gli *occhi*. La loro valenza comunicativa è insita in una menzione insolita[25] e privilegiata che desta nel lettore subito dei quesiti provocanti, riguardanti cioè il senso e la natura stessa della percezione. Ciò è vincolante per il progresso narrativo dell'insieme, in particolare, per il seguito della frase, dove l'impf. ἐκρατοῦντο implica propriamente la risposta umana a quell'iniziativa che mostra Colui che si mette in viaggio e cammina insieme ai pellegrini: le due attività sono eminentemente rapportate l'una all'altra in modo tale da creare un sottofondo ideale per tutta la durata del dibattito. L'inf. aor. (μὴ ἐπιγνῶναι) peraltro immette nella lentezza di quei due imperfetti un che di vivificante in modo tale da preparare il primo aoristo con cui Gesù interviene anche nella conversazione dei due, finora rimasta imprecisata e avvolta nel mistero del viaggio. La domanda del Risorto ha lo scopo di delucidare il contenuto e intenzionalmente ripete lo schema narrativo dei vv. 13-14 riassumendolo e attualizzandolo per i lettori. D'altra parte, il vb. al presente (ἀντιβάλλετε: 17) avvicina quel dialogo ai loro orecchi mettendo a fuoco la centralità del tema su cui si verte la discussione (cf. οἱ λόγοι οὗτοι enfatici). L'impatto che tutto questo produce su ogni lettore è paragonabile all'*impasse* dei due, abilmente puntualizzata dall'aor. passivo

---

πορευόμενοι) dallo sfondo per darle importanza, anzi, porla al centro dello scenario. In altre parole, con Gesù cambia la natura stessa dell'*essere sulla strada*. Tutto il suo contenuto difatti sarà minuziosamente riferito dal narratore per fare di questo viaggio esemplare un paradigma di fede. Strumentalizzando le intuizioni narratologiche di H. Weinrich in quel caso specifico avrebbe senso forse anche identificare nello stesso impf. «pregnante» una funzione di rottura attraverso la quale si esprime, in modo efficace, la logica del rovesciamento (*Tempus*, 153-173). Da questo segnale implicito il lettore assisterà al culmine del capovolgimento in cui esattamente consisterà lo snodo pragmatico centrale della comunicazione verbale in-scritta nel testo. Cf. avanti, pp. 404-408.

[25] La stranezza della posizione degli occhi nel quadro comunicativo d'insieme evidentemente apparirà durante l'analisi della sua configurazione semantica, ebbene occorre chiedersi fin dall'inizio della funzione deittica di un tale elemento, singolare nella sua anormalità. Questo dato di fatto aiuta quindi il lettore a mettere in risalto i tratti costitutivi dello stesso, necessari per una comprensione più approfondita del paradosso che esso costituisce, e per far ciò gli facilita il compito di isolarlo dal contesto. Già in questa semplice punteggiatura dell'ermeneutica con cui il testo agisce nei confronti del lettore omettendo, aggiungendo, interrogando si coglie una intensificazione delle dinamiche persuasive che lo stesso interesse per una comunicazione più riuscita richiede.

($\dot{\epsilon}\sigma\tau\dot{\alpha}\theta\eta\sigma\alpha\nu$) che necessariamente richiama il vb. precedente a loro riferito: l'impf. $\dot{\epsilon}\kappa\rho\alpha\tauo\hat{\upsilon}\nu\tauo$[26]. Il cammino è avviato e spetta ai personaggi stessi di impostarlo e orientarlo verso una soluzione armoniosa.

• L'evento della conversazione: cronaca umana (18-24)

Il dialogo vero e proprio inizia con la replica di *Cleopa* in cui emerge l'intenzione di fornire una concisa e riassuntiva caratterizzazione dello sconosciuto. In assenza dei verbi finiti, un ruolo di rilievo assumono i due participi presenti: $\pi\alpha\rhoo\iota\kappa\epsilon\hat{\iota}\varsigma$ e $\ddot{\epsilon}\gamma\nu\omega\varsigma$. Essi rendono vivo e pittoresco il ritratto gesuano ma, nello stesso tempo, sul piano semantico, lo definiscono più per le qualità attribuitegli da uno spettatore esterno che non per le azioni (cf. v. 19). Perciò il suo ruolo narrativo in questo abbozzo introduttivo è piuttosto ridotto e limitato. Sono maggiormente evidenziati, invece, la notorietà e il dinamismo degli eventi trascorsi, resi sempre da un ptcp. aor. sostantivato, con una pregnante radice verbale ($\tau\dot{\alpha}$ $\gamma\epsilon\nu\acute{o}\mu\epsilon\nu\alpha$). Si tratta di un'efficace costruzione sintattica di cui va osservato sia l'impatto comunicativo sia lo sviluppo dialettico. Infatti la differenza dell'aspetto dei participi non solo attiva un passaggio dal presente durevole — lo sfondo — al momento puntuale segnato dall'atto vivace in esso compiuto, bensì allarga l'orizzonte narrativo ambientando l'episodio a Gerusalemme, in un periodo di tempo assai vago, ma ben noto al lettore ($\dot{\epsilon}\nu$ $\tau\alpha\hat{\iota}\varsigma$ $\dot{\eta}\mu\acute{\epsilon}\rho\alpha\iota\varsigma$ $\tau\alpha\acute{\upsilon}\tau\alpha\iota\varsigma$), e insieme lo stringe scegliendosi di un uomo la cui vita sembra contraddire alla verità storica su cui si basa la convinzione del riferente (cf. le restrizioni: $\sigma\grave{\upsilon}$ $\mu\acute{o}\nuo\varsigma$ – $o\grave{\upsilon}\kappa$ $\ddot{\epsilon}\gamma\nu\omega\varsigma$). La battuta di Gesù lascia trasparire la curiosità e spinge ambedue interlocutori a continuare il discorso. Questo passaggio dalla 1sg. ($\epsilon\hat{\iota}\pi\epsilon\nu$) alla 3pl. ($\epsilon\hat{\iota}\pi\alpha\nu$) parla di una progressione nell'argomentazione: il *noi* collettivo coinvolgerà nella trama sempre più persone presentando il quadro ideale della storia di cui può far parte anche il lettore che assume il ruolo dei *due*.

---

[26] Lasciando allo studio dell'articolazione del messaggio l'investigazione su un possibile valore del passivo divino nel caso di $\dot{\epsilon}\sigma\tau\dot{\alpha}\theta\eta\sigma\alpha\nu$ (cf. sotto: p. 382, nn. 47-48) e il problema testuale nel v. 17e (una parte notevole delle traduzioni riprendono la variante attestata in A^c, W, Θ, Ψ etc.: $\kappa\alpha\grave{\iota}$ $\dot{\epsilon}\sigma\tau\grave{\epsilon}$ $\sigma\kappa\upsilon\theta\rho\omega\pio\acute{\iota}$) si deve cogliere con attenzione la portata oggettiva di quel vb. che ricapitola tutta la prima sezione della parte narrativa presente (Lc 24,13-27). Esso attiva anche il salto nella comunicazione che così viene deviata incongruentemente e subito ripresa, poi, nel riportare la risposta di Cleopa (18). Questo esempio della complicazione narrativa in effetti è tipico della drammaturgia lucana: cf. At 8,38; 9,7. Sulle assonanze reciproche tra Lc 24,13-35 e At 8,26-40 vedasi l'importante contributo di J. Dupont: «Les Pèlerins d'Emmaüs», 361-364.

+ Resoconto della cronaca (19c-20)

L'apertura del monologo, accanto agli eventi chiassosi, propone una seconda immagine stilizzata il cui protagonista è lo stesso Gesù — l'oggetto, il centro e il contenuto dell'accaduto (τὰ περὶ Ἰησοῦ). La sua personalità costituisce anch'essa un evento radicato nella sua comparsa sul solco storico (ἐγένετο; cf. τὰ γενόμενα: 18), ma non solo. Finiscono il sommario i due aoristi pregnanti (παρέδωκαν e ἐσταύρωσαν) in quanto accelerano l'andamento del discorso e insieme squilibrano l'imponenza dell'eroe messo ora nell'accusativo (αὐτόν: 2x).

+ Resoconto della coscienza (21)

Il cambio d'indirizzo logico (ἡμεῖς δέ) evidenzia la priorità dell'approccio personale per comprendere la successione delle peripezie e genera il secondo resoconto (21) che è tutto centrato sull'impf. ἠλπίζομεν e dà sfogo alla tensione suscitata dal silenzio narrativo sul *topic* della conversazione *ad intra*. Sullo sfondo ideale del vb. sboccia la figura dello stesso Gesù la cui missione, vista dagli occhi dei due, è soggetta alle necessità del momento presente (ὁ μέλλων λυτροῦσθαι). L'estrema attualizzazione delle aspettative deluse prorompe dalla passività della situazione così ambientata e permette d'intravvedervi già una via d'uscita nell'orientare lo sguardo verso il *gap* tra l'oggi e ciò che è successo il *terzo giorno*[27]. L'accezione dinamica e coesiva del tempo presente si esprime con il vb. ἄγει e la prep. σύν che sottolineano lo stile e le preoccupazioni dell'evangelista. Il vb. del significato «condurre», «passare», «pesare» sicuramente induce a pensare a un intenso cammino che il lettore ripercorre vivendo, di pari passo con gli attanti, il tempo del racconto. La prep. invece fa relazionare quel cammino con una catena degli eventi trattati nella loro totalità (σὺν πᾶσιν τούτοις [...] ταῦτα ἐγένετο). L' ἐγένετο conclusivo riporta il lettore

---

[27] Non condividiamo l'opinione di quegli studiosi che riferendosi all'accenno sul *terzo giorno* parlano del contrasto che esso crea con il *terzo giorno* della risurrezione che gli annunci della Passione hanno promosso (cf. Lc 9,22; 18,31-33). Nel caso dei due pellegrini esso rappresenterebbe il culmine della sfiducia e delusione e vivificherebbe il dramma del discepolato in Lc la cui incomprensione è presente nell'intreccio narrativo di Lc 24. Cf. F. BOVON, *Luc*, III, 437.444. A noi pare più legittimo, ancor prima e a prescindere dall'esplorare la portata comunicativa del sintagma, aderire alla struttura sintattica della narrazione e riconoscere in quell' ἀλλά γε καί (21) un segnale della svolta narrativa relazionata con il successivo ἀλλὰ καί (22). Cf. la nota di M.-J. Lagrange (*Luc*, 605): «Cette date ne fait aucune allusion à la résurrection prédite pour le troisième jour mais elle impressionne le lecteur qui est au courant».

indietro (cf. le due inclusioni: 15,19d) comunicandogli dove è da ricercare l'origine e il nucleo di tutto il processo messo in atto da due resoconti iniziali. Su Gesù convergono tutti i fili narrativi, è da sempre al centro ancor prima che ne parlino le *donne* (22-23) e che Lui stesso prenda la parola!

+ Resoconto delle donne (22-23)

La centralità di un terzo momento argomentativo riposa sulla fisionomia e la forza espressiva di quei caratteri a prima vista secondari eppure imponenti dal punto di vista narrativo[28]. La reazione che l'annuncio delle mirofore provoca nell'udito collegiale del circolo apostolico (ἐξέστησαν) è motivata da tre participi riuniti attorno a un vb. riassuntivo in cui si sono integrati tutti i loro movimenti (ἦλθον). La scelta verbale (γενόμεναι) suggerisce che le donne prendono parte attiva all'avvenimento straordinario: l'evento Gesù (τὰ γενόμενα) trascina dietro a sé le vite delle eroine *diventate* esemplari a loro volta. Perciò è esemplare anche ciò che continuano a comunicare attraverso la voce collettiva dei *due*. Il ptcp. pres. λέγουσαι e il vb. λέγουσιν al suo seguito accrescono la solennità dell'annuncio che riacquista la sua forza dopo Lc 24,5-6 e s'impossessa per così dire del quadro narrativo. La frase che sta in mezzo (καὶ ὀπτασίαν ἀγγέλων ἑωρακέναι) esprime la sorpresa[29] suscitata dal compiersi di un evento pieno di conseguenze nel presente: il pf. di ὁράω è pregnante in vista del suo rapportarsi con l'aor. (οὐκ) εἶδον nella strofa seguente (24d).

+ Resoconto dei discepoli (24)

L'insicurezza insita nella costruzione grammaticale del terzo resoconto visto con gli occhi dei dubitanti, influenza pure l'ultima relazione, tutta contraddittoria, perché conserva la viva tensione tra l'oggettività innegabile dei fatti (cf. una sequenza preponderante degli aoristi: καὶ ἀπῆλθον, καὶ εὗρον, καθὼς καὶ εἶπον) e la loro percezione mancata da parte dei relatori (οὐκ εἶδον). La pietra d'inciampo, come fa capire l'ultimo stico del loro discorso, è proprio quella sentenza negativa (αὐτὸν δὲ οὐκ εἶδον) che non solo sfida la certezza esperienziale

---

[28] Rispetto al racconto della tomba vuota è indicativa l'aggiunta del v. 22 (ἐξ ἡμῶν) che in certo qual modo autorizza quelle a far parte del collegio apostolico dopo il fallimento che hanno subito (cf. v. 11).

[29] Il καί in questo caso è da prendere nel senso rafforzativo: *perfino, addirittura* (cf. BDF, § 442; la tr. tedesca SCH: *sie hätten sogar eine Erscheinung gesehen*).

delle donne (cf. l'insistenza sul loro dire: λέγουσαι ἑωρακέναι, εἶπον), ma crea le divisioni all'interno del gruppo apostolico (τίνες τῶν σὺν ἡμῖν)[30]. Il comunicato è riuscito a mettere in evidenza la contraddizione interiore che vivono i due ed è permeato fortemente da essa[31]. Richiede dunque un resoconto alternativo in cui gli stessi avvenimenti appaiano in luce positiva.

• L'evento della conversazione: cronaca di Dio (25-27)

+ L'ermeneutica di Gesù

Il discorso che in risposta tiene Gesù è appellativo e vivace, fa esplodere subito i sentimenti e punta inequivocabilmente sulla vera radice del problema: l'inf. pres. πιστεύειν è il primo *focus* del corollario profetico di Questi. Ormai non si può prescindere da un criterio ben preciso: l'aor. ἐλάλησαν (25d) estingue ogni equivoco rafforzando il dire delle donne e quello di certi apostoli con una Parola dotata dell'autorità suprema[32]. La domanda retorica seguente si rifa più direttamente a quel

---

[30] Il racconto gioca sulle reticenze dei personaggi. Così, per comprendere quale è stata l'esperienza di Pietro (Lc 24,12) ci si deve accingere alla scena finale, dove tutti i dubbi cedono il posto alla confessione della fede radicata nella professione del Risorto (34). Come si scioglie il nodo di contraddizione per altri apostoli rimane un mistero con cui si dovrà comunque tentar di familiarizzare: cf. sotto, pp. 391.408-411.414ss. Rimane certa invece la problematizzazione del messaggio pervenuto da parte dei due: da lì — il loro continuo riferirsi al proprio sentire personale che domina in tutto il discorso.

[31] Cf. i parallelismi antitetici tra i vv. 22-23 e 24 che circoscrivono il quadro narrativo del contrasto: μὴ εὑροῦσαι – εὗρον, ἦλθον – ἀπῆλθον, λέγουσαι ἑωρακέναι – οὐκ εἶδον. Visto nell'insieme, il parallelismo che si stabilisce nella cornice dell'intero discorso è dell'ordine chiastico e a livello comunicativo persegue lo stesso scopo delle singole parole e frasi. Invero il quadro comunicativo unitario dei due ultimi resoconti ben presto fa leva sull'assenza ed impossibilità oggettiva di «vedere Gesù». Il lettore rimane nel dubbio di questa dialettica diremo apofatica in quanto riposa sulla realtà contraddetta dall'apparenza: «The lack of any actual sighting of Jesus leaves the disciples uncertain about what has really happened» (J. NOLLAND, *Luke*, III, 1203). Per la rilevanza delle categorie semiotiche d'*essere* e *apparire* — «le due componenti della *veridicità*» (*LREB*, 84) — nella narrativa lucana rimando alla proficua illustrazione pratica di J.-N. Aletti: *L'arte di raccontare*, 191-193. Cf. cap. II, p. 147 (n. 65).

[32] A livello grammaticale non si coglie l'importanza di questo vb. posto sulla medesima linea temporale di quello precedente (l'aor. εἶπον). È da cercare quindi nel suo fascino semantico sfociante in quello pragmatico: vedasi più avanti, p. 393 (n. 61). Solo così infatti il dire può ricuperare la sua dimensione performativa sulla quale pende l'intero discorso nonché il narrare in generale, di Lc 24,13-35.

passato glorioso di cui l'impf. ἔδει celebra continuità ed efficienza: i suoi complementi — gli infiniti aoristi παθεῖν e εἰσελθεῖν — dipingono la trama ritmica e vivace dell'evento Cristo richiamando alla memoria del lettore il dinamismo del viaggio. Il cammino che si sta facendo ora con il Risorto viene inserito in quello più ampio che risale all'alba della storia d'Israele e dell'umanità. Ciò diventa comprensibile e quindi accessibile solo dopo la lezione di Gesù.

+ Conclusione: un cammino nelle Scritture

L'aor. διερμήνευσεν segna il punto finale sia dell'istruzione iniziata di recente (ἀρξάμενος) sia di tutto il cammino propedeutico che ripropone in forma di un'inclusione l'argomento chiave del colloquio (cf. τὰ περὶ Ἰησοῦ τοῦ Ναζαρηνοῦ: 19d). Τὰ περὶ ἑαυτοῦ (27) sono invero gli stessi contenuti del conversare *ad infra*, che hanno per oggetto lo stesso argomento: il *sorgere* (ἐγένετο: 19e) del protagonista delle γενόμενα (18c) sul panorama comunicativo dell'intero racconto intessuto delle voci in un continuo sviluppo dialogico. Alla fine di questo cammino, «dialettico», audacemente inglobato da Gesù nella propria ottica con una reiterazione, sicuramente più efficace sul piano illocutorio, gli stessi fatti diventano una realtà così viva da bruciare: cf. l'impf. perifrastico καιομένη ἦν (32b)[33]. Adesso, al momento stesso, — occorre ribadirlo — entrano in gioco i meccanismi del riconoscimento, i quali esigono che anche la sintassi cambi per dare al lettore l'indirizzo pratico di carattere ermeneutico. Deve succedere qualcosa di molto concreto anche nella vita dei personaggi reali, *hic et nunc...*

2.2.2 Nel villaggio: dal cammino al convivio (28-35)

a) Introduzione: un colloquio all'arrivo (28-29)

Rispetto all'inizio del cammino con il Risorto (15) lo scenario quasi si ripete: l'aor. ἤγγισαν ferma l'obiettivo della macchina da presa

---

[33] Questa forma verbale che il lettore incontrerà molto più avanti attira la nostra attenzione già in anticipo, visto che appartiene al campo analettico della narrazione che si schiuderà progressivamente all'intelligenza del lettore. Ed è qui che avviene l'attuazione del suo aspetto temporale di lunga durata. È insieme l'effetto performativo della parola-discorso di Gesù che supera il potenziale comunicativo del discorso dei due orientandolo a fecondi esiti pragmatici. Il suo reiterare dunque è ben più di una semplice ripetizione, ossia una trasformazione dell'enunciato stesso che viene ad assumere una nuova ed intensa forza illocutoria capace di correggere se non di cambiare profondamente i paradigmi finora in vigore. Cf. sotto: p. 394, n. 64.

sul punto di destinazione e stringe il campo funzionale dell'impf. ἐπορεύοντο. L'iniziativa di Gesù non può non destare sorpresa: il suo vivace *far finta* di prolungare il viaggio nel contesto quanto mai solenne della sua presenzialità (cf. l'inf. πορεύεσθαι). La richiesta pressante dei due che vi si oppone funziona da *iter* narrativo per valorizzare lo spessore dell'attimo fuggente in cui si realizza un avvenimento solido e permanente: gli aoristi παρεβιάσαντο e μεῖνον lo preparano e insieme trasferiscono il lettore dal lungo *excursus* storico nell'oggi della vicenda intenzionalmente drammatizzata. Difatti il pres. ἐστίν e il pf. κέκλικεν operano questo trasferimento riassumendo lo spessore comunicativo di quella giornata ideale trascorsa con Gesù (ἡ ἡμέρα: 29). L'entrata in un ambiente statico predispone il lettore a tirare le conclusioni di quel viaggio appassionante: l'aor. εἰσῆλθεν implica una scossa decisiva nello scenario che paradossalmente tende a un lieto fine (μεῖναι).

b) L'evento: Gesù a tavola insieme a loro (30-35)

• Gli occhi spalancati (30-32)

L'avvio esplosivo del passo seguente (καὶ ἐγένετο) prepara il lettore a un momento culminante che si situa sullo sfondo della condivisione della tavola (ἐν τῷ κατακλιθῆναι). Le due azioni accompagnate dai participi aoristi (λαβών e κλάσας) sono in contrasto, il che lascia presagire una progressione. Da una parte, l'aor. εὐλόγησεν registra un atto liturgico iniziale; dall'altra, — gli succede un'attività permanente che domina in tutta la *performance*[34] narrativa (l'impf. ἐπεδίδου: 30). L'impressionante serie degli aoristi (διηνοίχθησαν, ἐπέγνωσαν, ἄφαντος ἐγένετο) nonché i loro soggetti enfatizzati (αὐτῶν, αὐτός: 31) mettono in atto lo scioglimento dell'intreccio, ricapitolato con l'ultima ricorrenza del vb. γίνομαι. La sua funzione comunicativa, grazie al complemento aggettivale (ἄφαντος) e al sost. che figura per ben due volte, ai cardini dello scenario narrativo (οἱ ὀφθαλμοί: cf. 16a), è da ricercarsi nel campo semantico della visione e, per esser ancor più precisi, nell'esemplare pragmatismo del «vedere Gesù». Qui i criteri puramente stilistici e linguistici non bastano più per esprimere efficacemente il paradosso già

---

[34] Sulla definizione teorica e l'applicazione pratica di questa categoria narrativa da noi più volte adoperata, pure nel senso di una connotazione aggettivale di un'*azione* che in una maniera schiacciante cambia la realtà (*performativo*), si consulti la stimolante esposizione della scrittura parabolica in: J.-N. ALETTI, *L'arte di raccontare*, 117-126.

notato degli occhi riconoscenti. Il lettore, infatti, sa di trovarsi ormai al vero culmine del proprio percorso estetico suggerito nella prima menzione degli occhi (16a).

Una nuova conversazione *ad intra* (32; cf. 14) sintatticamente non si pensa staccata dall'evento stesso, lo mette precisamente in rilievo rallentando al massimo la narrazione appena ricongiunta alla sua fine (cf. il perifrastico καιομένη ἦν). Sotto l'abile artificio retorico si offre al lettore un secondo resoconto delle coscienze (cf. 21) in forma di un *résumé* della lezione fatta da Gesù (cf. gli imperfetti ἐλάλει e διήνοιγεν: 32). La domanda retorica che introduce questo colloquio finale viene a dialogare con l'analoga esclamazione gesuana (cf. 26: οὐχί). La sua funzione consiste nel finalizzare il discorso e nel dare al lettore l'indirizzo pragmatico di una seria riflessione di carattere comprensivo.

• L'evento della proclamazione: l'esegesi al ritorno (33-35)

Il tempo del racconto curiosamente non lascia per il lettore un attimo di riflessione, ma spinge in avanti tutto il processo comunicativo reimpostandolo sulla mobilità della via. Il ritorno dei due a Gerusalemme è narrato brevissimamente e ciò fa parte della strategia dell'autore. Ponendo in primo piano le due azioni puntate sulla visuale co-temporale dell'αὐτῇ τῇ ὥρᾳ (cf. gli aoristi ὑπέστρεψαν e εὗρον) egli fa emergere ugualmente l'importanza dei participi che trasmettono le informazioni non secondarie e insieme veicolano l'andamento narrativo. Il primo — ἀναστάντες — pone fine alla staticità della scena precedente e riavvia il cammino energico dei due, mentre il secondo — λέγοντας (34) — dà al lettore l'accesso ai contenuti del *kerygma* pasquale. Articolato mediante due aoristi passivi (ἠγέρθη e ὤφθη) e illuminato con l'enfasi posta sull'avv. ὄντως, esso facilmente guadagna la nostra attenzione essendo una quintessenza dell'esperienza di Pietro già accentuata in Lc 24,12[35]. La narrazione giunge al tramonto con la condivisione dei due (il sogg. enfatico: αὐτοί), posta proprio all'impf. (ἐξηγοῦντο: 35) per garantire alla conversazione una conclusione ideale. Al suo centro sta l'aoristo

---

[35] In tal caso la congiunzione καί è da prendere nel senso congiuntivo / rafforzativo (*e* […] *pure* a Simone) e non aggiuntivo (*e insieme*): sulla differenza a proposito si consulti: BDF, § 442. È altresì legittima la proposta di J.-M. Guillaume (*Luc interprète*, 113): «est beaucoup plus qu'une conjonction de coordination. Le terme indique davantage une conséquence; il correspond au "waw" araméen et trahit ainsi la tradition primitive».

ἐγνώσθη (cf. 31b) che di nuovo riconduce all'essenziale l'esperienza dei protagonisti definita per perifrasi τὰ ἐν τῇ ὁδῷ (cf. 19d.27c). Sono, infine, gli unici indizi testuali che favoriscono la ricerca del senso più profondo dell'avvenimento narrato. Lo si intuisce dalla configurazione semantica e dalla nozione semiotica del *testo* come macro-segno il cui significato unitario va debitamente ricercato. Di questo si occuperà il prossimo paragrafo, con l'obbiettivo di riscoprire la precisa funzione comunicativa dell'insieme.

2.3 *Conclusione*

A brevi tratti il viaggio con il Risorto si può riassumere in questo modo: in partenza tutto è in movimento verso la città di destino e lo stesso *cammino* si pensa nelle categorie di allontanamento (ἀπό: 13c). Con la comparsa di Gesù lo schema movimentale cambia notevolmente: dopo una sosta improvvisa (17d) diventa contrario l'orientamento mentale degli attanti. In effetti la sequenza dei verbi nell'aor. e perfino nel pres. (23b.c.d) pone il passato a servizio dell'oggi del racconto stimolando un vivo dialogo e ricuperando la posizione centrale di Gerusalemme (18b). La lezione di Gesù (25-27) mette un punto finale nella strategia del cammino servendosi di uno schema ermeneutico in sovrappiù al cui centro sta il *viaggio* del protagonista, soggetto ai meccanismi dell' ἔδει — un impf. che tende a coinvolgere in sé anche il presente cammino e fornisce dei presupposti per concluderlo in un clima ben diverso da quello iniziale[36].

La parte più drammatica della storia si riconosce nella tensione tra l'apparente conclusione del viaggio e il suo voler continuare da parte di Gesù: la sosta avviene per una seconda volta e ha per scopo far esplodere il dinamismo del *riconoscimento* che stranamente si attua attraverso gli *occhi*. Una lunga serie degli aoristi (28-34) esprime la fecondità di quel cammino che ora bisogna spiegare e rispiegare (l'impf. ἐξηγοῦντο) in vista dell'estremo pragmatismo della stessa *via* che costituisce l'evento (τὰ ἐν τῇ ὁδῷ). Inoltre spinge il lettore insieme ai personaggi principali: prima, a ritornare sui propri passi cambiando direzione (ὑπέστρεψαν εἰς

---

[36] Qui è esemplare la funzione dell'impf. di conclusione (cf. A. NICCACCI, «Dall'aor. all'impf.», 97-99) che sarà messa meglio a fuoco nell'avvicinamento semantico e nella puntualizzazione pragmatica del suo ruolo strategico: cf. sotto, p. 381s. La sua connotazione specifica dello *sfondo* (descrizioni, riflessioni, circostanze secondarie abitualmente frequenti nell'epilogo di un racconto) è vastamente illustrata nel libro classico di H. Weinrich: *Tempus*, 129-135.

Ἰερουσαλήμ), e poi ad andare oltre partendo dal bagaglio comune dell'esperienza di vita ormai compiuta, di conoscenza e di visione. Tuttavia più chiaramente quest'ultimo passo suggerirà il prosieguo del racconto, necessitato a livello comunicativo dall'incompletezza del v. 35. Il suo rallentamento invita a ripensare tutto il percorso in termini di *riconoscimento* (ἐγνώσθη) e trovando filo conduttore — la *visione* — nel passato del racconto[37]. Questo è l'obiettivo dell'analisi successiva.

3. La visione dell'evento (Lc 24,13-35): il messaggio

La trattazione specifica della narrativa di Lc 24,13-35 ha evidenziato alcuni punti privilegiati della comunicazione su cui puntare nell'approfondimento della sua indole semantico-pragmatica. I concetti sui quali grossomodo è costruito l'intreccio narrativo — il *viaggio* ossia il *cammino* e il *riconoscimento* — tuttavia non possono esaurire il potenziale comunicativo di questa narrazione ricca e polivalente in cui sembrano soprattutto gli *occhi*, i *cuori* e le *Scritture* a prendere possesso della memoria del lettore. Egli, seguendo l'invito angelico rivolto alle donne (24,6b) è in attesa di una conferma, di una verifica tangibile della verità di risurrezione.

3.1 *Lc 24,13-27: lo scandalo degli occhi impediti*

3.1.1 Introduzione: l'«omelia» a due (13-14)

Il pellegrinaggio dei *due* si svolge seguendo le regole di una buona pratica missionaria, come induce a pensare il vb. πορεύομαι[38]. Una

---

[37] In effetti, la testimonianza dei due suscita un certo desiderio di continuare la lettura, perché lo scambio non porta a una risoluzione, come avviene invece nei vv. 25-27. Bisognerà infatti aspettare fino al v. 44 per accedere a una simile lezione di Gesù. Nonostante ciò i criteri dello stesso processo comunicativo presuppongono di soffermarsi qui avendo a che fare con «una bonaccia dopo l'ondata narrativa sempre crescente» (18-34) e immediatamente prima della attivazione di uno scenario iniziale occupato dall'apparizione del Risorto (36; cf. 15). Questa apertura al seguito narrativo non contraddice la compattezza interna della presente unità testuale; al contrario, è la fonte della sua maggiore ricchezza illocutoria. La comunicazione stessa influisce sull'universo e nelle credenze del lettore. L'effetto perlocutorio di questa infatti è espresso fedelmente dal *dire* e dal *fare* degli attanti e, in quanto tale, si concentra nella conclusione della pericope (32-35) e nelle vicende a quella successive (Lc 24,36-49); eppure ciò serve da garanzia per un analogo successo comunicativo dell'evento narrato, preso nella sua totalità. Il piacere della lettura verrà ricompensato dal funzionamento perfetto della sua applicazione pragmatica. Cf. il cenno metodologico di E. Obara: *Strategie di Dio*, 30-32.

[38] La valenza teologica di questo vb. caro a Luca si fa chiara proprio qui, in un

destinazione precisa della camminata conferma questa ipotesi, e lo stile stesso del peregrinare «predicando» l'uno all'altro (v. 14a) porta il lettore alla conclusione che qui si ha a che fare con un modello missionario[39]. La scelta lessicale — il vb. ὁμιλέω — favorisce un'intuizione in più in quanto implica l'«inversione dei ruoli nella comunicazione»[40] e quindi ha una possibile sfumatura dell'arte retorica di convincimento. Un chiaro tenore comunitario di questo parlare *ad intra* non lascia più dubbi sull'intenzione pragmatica dell'inquadratura iniziale. Ancor prima che siano sciolte le lingue dei compagni di strada, se ne rivelano le intenzioni. La ricerca di un retroterra comune porta con sé una scelta strategica dell'argomento che sfida i personaggi, alludendo già ad un capovolgimento spettacolare nelle loro vite. Questo argomento — lett. «ciò che ora si è convenuto» (συμβεβηκότα) — è vivace e vitale in quanto allude a una spinta nel corso degli eventi. Le diverse strade interpretative dovranno quindi portare gli eroi a un con-senso reciproco, a una somiglianza con gli stessi fili storici e narrativi *venuti insieme* (cf. συμβαίνω) in quell'appassionante e competitiva *omelia*. Il compito del lettore è non tanto quello di divenirne partecipe, aderendo all'argomentazione dei viandanti, quanto, principalmente, quello di saper evitare il pericolo che

---

contesto di grande movimento circoscritto con i verbi diversi (συμ)πορεύομαι (13.15.28), περιπατέω (17), εἰσέρχομαι (26)) nonché con l'espressione paradigmatica ἐν τῇ ὁδῷ (35). Non siamo del parere perciò che il viaggio dei due sia una fuga già in partenza. Nessun indizio suggerisce di leggerlo in questa chiave, se non il triste prosieguo della storia (cf. 17e). Questa intuizione caratterizza per di più l'esegesi spirituale del brano, con la giusta distinzione però dei suoi propri criteri d'applicazione e competenza interpretativa: PCB, *Interpretazione della Bibbia*, 112-116. L'esempio lampante ne è la lettura di B. Chenu: *I discepoli di Emmaus.*

[39] Cf. il secondo invio alla missione (Lc 10,1) che ricorda assai da vicino la trama di Lc 24,13: l'andare in due non ha soltanto il significato pratico per la testimonianza (cf. J.-N. ALETTI, *L'arte di raccontare*, 155, n. 6), serve anche agli scopi narrativi. La comunicazione che si stabilisce tra loro è il punto di partenza per l'intreccio del racconto e si pensa come una categoria costitutiva su cui va costruito il palcoscenico della futura discussione. Se ciò è vero un'importanza notevole va attribuita al vb. ὁμιλέω, dialogico per eccellenza, ripetuto inoltre per due volte: vedasi sotto.

[40] *Louw-Nida*, §33.156: «ὁμιλέω», I, 405. Cf. *LSJ*, 1222. B.-J. Koet («Lk 24,13-35», 67-68) rifacendosi al libro degli Atti suggerisce di assegnare al presente vb. una connotazione specifica col significato di interpretare la Scrittura in forma di predicazione. Tale connotazione sarà giustificata sia dal vb. seguente (συζητέω) sia dai contenuti della stessa conversazione (cf. i casi illustrativi di At 20,11 e 24,26). M.-J. Lagrange è più cauto nell'imporre al lessema un peso semantico ben dipinto, preferendo analizzarlo piuttosto nel senso letterale: «ils échangent leurs vues» (*Luc*, 603).

questi sembrano correre andando contro corrente, continuando cioè a mostrare il loro dissenso. È una tentazione che, come si vedrà, rispecchia perfettamente, la situazione dei due, i quali, in verità, si sforzano invano. Non è forse questa la ragione per cui, allo scopo di uscirne, dovranno affrontare l'arrivo di un Terzo?

3.1.2 L'evento: fermarsi per vedere (15-17)

Con l'avvento di Gesù cambia il carattere della vicenda: l'aggiunta di un vb. in più per precisare il senso dell'*omelia* costituisce la novità della seconda tappa di quel cammino pedagogico che già include un esplicito indagare insieme sul fatto del giorno. È un *cercare* comunitario (cf. συζητέω), sulla strada che non preclude però la via alla discussione[41], un confronto da cui nasce un commento fedele delle vie di Dio. L'avvicinamento del Risorto è richiesto da questa scenografia in un certo senso deviante perché rischia di non arrivare mai a buon fine. In altre parole, il dialogo chiuso in sé deve sciogliersi in una comunicazione aperta a tutti. Un passo avanti fa proprio Gesù decidendo di *camminare insieme* a loro (συμπορεύομαι); è questo un forte indizio che dimostra che ora il viaggio dei due cambia: se non la direzione, almeno la natura e il contenuto. L'impf. συνεπορεύετο coinvolge in sé anche il lettore comunicandogli l'essenziale: con Gesù viene a formarsi una piccola comunità itinerante i cui scopi e le preoccupazioni ormai sono diversi. Basta gettare lo sguardo sulla prima replica che prorompe in un contesto di comunicazione silenziosa, incomprensibile quindi a chi ne voglia investigare la solidità e sensatezza (cf. Lc 1,1-4).

---

[41] In altri contesti lucani il vb. συζητέω ha delle sfumature abbastanza negative (cf. Lc 22,23; At 6,9), mentre qui sembra riferirsi preferibilmente alla verità del *cercare* caratteristica di tutta una serie degli incontri con Gesù nel Vangelo: cf. R. VIGNOLO, «Cercare Gesù», 77-78.100-108 (nn. 2-4). Nei contesti lucani esso peraltro appare in una stretta connessione con i verbi del campo semantico del *vedere*, il che non può non illuminare l'episodio in questione. Cf. diversamente, B.-J. Koet («Lk 24,13-35», 62): l'autore ritiene, in conformità con la sua tesi generale, che anche qui si tratti delle *Scritture* come centro della discussione (cf. v. 14 e la nota precedente). D'altronde, il ptcp. sostantivato συμβεβηκότα testimonia il carattere vivo e dialogico degli avvenimenti passati il cui fulcro è da cercare nella persona di Gesù. È a partire dalla figura di Costui che sarà legittimo parlare di una attività esegetica del genere. La si accinge a presentare il narratore stesso, poco dopo la lezione d'ermeneutica (25-27) e l'apertura degli occhi (31). Allora anche il lettore potrà essere addomesticato nel cammino dentro le Scritture che è una meta, non già un fatto dato del cammino presente. Ci si ritornerà di seguito.

Tuttavia prima di arrivare a un discorso diretto, il narratore onni-sciente fa un'osservazione assai diretta per attivare la focalizzazione interna del racconto. D'ora in poi nel *focus* dell'obiettivo narrativo sta-ranno i movimenti d'animo, le forze intellettuali e quelle percettive dei personaggi. Tutto inizia con gli *occhi* misteriosamente tenutisi fermi. Il vb. κρατέω lascia tante possibilità all'interpretazione, giacché nella forma passiva suppone l'atto assai violento di impossessarsi delle capa-cità vitali altrui[42]. Una sconfitta inaspettata e perfino deludente investe coloro che già in partenza sembravano tenere la marcia sbagliata: è una delle ragioni per cui conversano e non giungono a una soluzione con-vincente. Coll'arrivo di Gesù la loro via di crescente confronto va ad assumere almeno il fascino della sequela, ma non del tutto ideale. Un difetto fisico — la debolezza di vista al limite con la cecità — è messo chiaramente in relazione con il fattore intellettuale dell'incom-prensione, definito più precisamente come il *non riconoscere* l'Altro. È importante tener conto soprattutto dei due aspetti che interagiscono in modo tale da caratterizzare la lettura. Innanzitutto sono gli occhi che subiscono l'influenza esterna e conseguentemente perdono l'abilità di percepire il dramma dei due che è il medesimo dei *Dodici* di fronte al mistero della croce (cf. Lc 9,45; 18,34)[43]. L'affinità semantica dei passi riportati richiede un approfondimento e fornisce il secondo aspetto che dice senza indugio la finalità di un tale occultamento: *per non ricono-scerLo* (24,16b).

---

[42] L'uso presente del vb. è unico non solo in Lc, bensì in tutta la letteratura a noi pervenuta in lingua greca! (A. SCHWEMER, «Die Emmausjünger», 102-104). La sua particolarità è dovuta senz'altro al soggetto operativo — gli *occhi* — la cui promi-nenza è scandita a sua volta dalla forma del passivo divino. Traducendolo in manie-ra abituale con un *impedire*, *tenere* è altresì necessario un suo accostamento con i passi simili il cui circolo ermeneutico è composto dagli stessi elementi segnici: *visione*, *riconoscimento*, *necessità* divina, *sofferenza*, *passione* e *croce*. Cf. la n. seguente.

[43] Cf. l'intuizione di A. Schwemer («Die Emmausjünger», 102): «Sie wurden mit geistiger Blindheit geschlagen. Mit παρακαλύπτεσθαι und κρύπτεσθαι wird in paral-lelen Sätzen das Jüngerunverständnis einerseits durch die Wiederholung hervorge-hoben und andererseits die markinische Drastik vermieden. Diese Passiva divina [come anche qui κρατεῖσθαι; S.A.] sind Ausdruck für die menschliche Schuld und die göttliche Fügung zu gleichen». Diversamente, E. Rasco il quale, nella cornice di una lettura pastorale («Come conoscere il Cristo», 115), tende a ricuperare il ruolo attivo dei discepoli, non solo separati dal gruppo dei Dodici, ma «anche dai discorsi chiusi fra loro».

Rispetto al secondo annuncio della Passione — *perché non percepissero ciò* (9,45) — il progresso è evidente. L'estrema visibilità del patibolo in Lc 23 allude già a una possibilità di superamento di quel generico impedimento sensoriale, anche se i protagonisti della visione del Crocifisso non sono più i discepoli. Ora, invece, sono solo i due a giungere a un livello certamente più alto nell'appropriazione del mistero: l'unica cosa che li ostacola dal riconoscerlo sono gli occhi ancora insensibili alla presenza d'uno sguardo che, nel porsi sopra, trasforma[44]. Si ripete la trama della visita a Nazaret; da qui il racconto attinge le forze e ripropone l'intreccio in cui l'unico luogo e la sede delle dinamiche persuasive sono gli *occhi*. Il raffronto serve anche per cogliere le notevoli differenze. Il fatto che Gesù cominci con una domanda diretta (24,17) s'impone a livello narrativo orientando la strategia verso l'essenziale: *Di che cosa discutete...?* Il lettore viene spinto ad entrare nella logica di quell'atto dichiarativo[45] che sulle labbra di Gesù sta in sintonia soprattutto con la seconda parte del manifesto di Nazaret (cf. 4,23ss). Infatti dal semplice adocchiare l'Altro si è chiamati subito a percepirne la chiamata, in una forma elementare e di carattere personale. Leggendola parola per parola si arriva ad un riassunto pragmaticamente pregnante in quanto ridefinisce, o meglio, mette in giusto rilievo le componenti di quel cammino di per sé ambiguo ma finalmente svelato.

---

[44] Il nesso semantico tra i verbi del *vedere* e *riconoscere* è attestato nella narrativa storiografica di Tucidide (*Hist.*, VII, 44, 1-7 (ed. G. Donini, 1127-1131); cf. G. BIFFIS, «La battaglia delle Epipole», 91-101) e discusso teoricamente da Platone: *R.*, VI, 507B–511B; VII, 514A–518B (ed. R. Radice, 1235.1238-1241); *Ti.*; cf. pure il famoso passo di Omero, dove avvengono ben due riconoscimenti: prima Ulisse viene riconosciuto dal proprio figlio, Telemaco, e poi, dopo esser rivenuto sulla sua isola, nativa Itaca, dalla allevatrice Euriclea (*Od.*, XIII,185–XXIII,296 (ed. F. Ferrari, 479-795); cit. in F. BOVON, *Luc*, III, 443 (n. 43)).

[45] La forma interrogativa dell'enunciato potrebbe indurci a pensare a un atto direttivo; tuttavia qui il discorso è più espressamente un invito che un ordine. L'indole dichiarativa potrebbe definire bene il procedimento retorico che il Risorto mette in atto, definendo i ruoli narrativi dei personaggi, ma anche accennando già a un cambiamento che comporterà la Sua entrata in scena. Egli dunque, da una parte, esplicita la natura competitiva del dibattito; dall'altra, — designa acutamente la situazione comunicativa in cui gli stessi interlocutori vengono a trovarsi: ἀντιβάλλετε πρὸς ἀλλήλους περιπατοῦντες. Va aggiunto, infine, che questa tattica, diremo «dichiarativa», serve al Protagonista per entrare meglio nel dialogo con i viandanti: per poterli convincere della loro e della sua verità. Ciò richiederà certamente l'impiego di atti linguistici di forte portata comunicativa: cf. in seguito, Lc 24,25.

Gesù guarda la situazione da un'angolatura diversa che gli permette di ravvisare un problema serio dietro le sembianze di un viaggio che non dice più di tanto al lettore. Adesso invece viene ad avere un intenso significato pragmatico essendo stato riassunto in una sola frase. Il suo nucleo è costituito dalle *parole* concrete sulle quali bisogna insistere nel corso dell'*omelia*. Infine non basta più cercare di convincere l'un l'altro nella verità soggettiva, perché è arrivato il momento della Verità. I personaggi interpellati con questo atto perlocutorio per eccellenza (24,17bcd) sono messi davanti alla loro incapacità comunicativa: il messaggio non passa e non arriva fra di loro. Serve dunque un Terzo per far maturare quel dialogo, affinché la voce risuoni più forte, grazie agli elementi comuni. In effetti, l'uso di quella Parola-evento mette il lettore nel dubbio: gli interlocutori la «lanciano l'uno contro l'altro»[46] come se si trattasse di un messaggio provocatorio che genera opposizione e rappresenta un ostacolo per la comunicazione. E questo è vero, perché non sono ancora capaci di porsi il problema verso il quale Gesù decisamente conduce l'intera argomentazione.

L'inaudito esito di questo primo confronto con un Terzo da parte dei dialoganti è una fermata inaspettata che sembra poco giustificata nell'economia del racconto. Il narratore la registra solamente per esplicitare la tristezza degli eroi — un segno sufficiente per confermare l'ipotesi di cui conseguentemente il lettore s'era convinto: hanno perso la speranza e forse ben più, hanno subito una crisi di fede[47]. Perciò l'intervento dall'esterno deve essere ancora più spettacolare: si fermano per dare la precedenza al Risorto che d'ora in poi

---

[46] Il vb. ἀντιβάλλω abitualmente tradotto con un «scambiare», «conversare», «discutere» non regge la dinamica dell'intero racconto in cui c'è un evidente sviluppo tra l'ὁμιλέω iniziale, il συζητέω seguente e questo vb. assai strategico in quanto intensifica la tensione ravvisata e pone fine all'ambiguità che di per sé potrebbero creare i primi due verbi di un carattere più generico. Sull'importanza semantica di quei verbi pragmaticamente significativi in Lc cf. l'articolo già menzionato di B.-J. Koet: «Luke 24,13-35», 59-73.

[47] I due elementi fondanti del profilo semantico del v. 17e: il passivo divino ἐστάθησαν e l'agg. composto σκυθρ-ωποί (*tristi di volto*: cf. F. BOVON, *Luc*, III, 443-444; R. DILLON, *Eye-Witnesses*, 113), — comunicano l'essenziale a proposito dell'iniziativa divina operante dentro il corso degli eventi. Sotto la sua guida prima si fermano e poi si riconoscono oppressi anche visivamente! L'impossibilità di *vedere* è causata quindi anche da quella tristezza che si manifesta in un momento di massima apertura all'altro e dalla vulnerabilità fisica quale *stare fermi*. La sosta serve per ravvisare un problema esistenziale serio dietro il quale si cela tutto il dramma del riconoscimento in Lc: cf. sotto, p. 390ss.

li guiderà sul sentiero del riconoscimento[48]. Ormai è intuibile la salvifica necessità divina di curare gli occhi di quanti si fermano a testa bassa. Il loro comunicare a parole, non privo di tensione drammatica, ha creato, quindi, i presupposti per un simile scambio di sguardi. Da questo momento saranno gli occhi il teatro privilegiato del raccontare.

3.1.3 L'evento Gesù come polarità delle visioni (18-24)

L'effetto perlocutorio dell'interrogativo gesuano non tarda a concretizzarsi in una battuta immediata di Cleopa — finalmente si riesce ad uscire dal clima impersonale che non favoriva l'identificazione con i personaggi da parte del lettore. Il tono tuttavia diviene l'ostacolo che impedisce di fidarsi di quella voce che agglomera in sé le contraddizioni e l'antagonismo dello scontro emerso nel corso dell'omelia. Un *tu* poco rispettoso e l'epiteto con cui si suole distanziarsi da un estraneo (παροικεῖς) avvisano il lettore di una crisi profonda che sta vivendo Cleopa il quale non solo fallisce nel riconoscere lo straniero, ma addirittura lo esclude dal rango degli abitanti legittimi del paese. Un secondo epiteto va nella stessa direzione in quanto nega al Risorto la conoscenza dei fatti straordinari che avevano commosso tutta Gerusalemme. Quell'οὐκ ἔγνως sarà ricompensato dall'analogo rimprovero gesuano il quale metterà a fuoco chi sono i veri ignoranti (cf. 25). Il lettore ciò nonostante vi nota un serio problema che approfondirà il Risorto stesso: il riconoscimento è impossibile per chi non ha ancora ritrovato l'unità e il consenso dentro di sé. È per questa ragione che non si vede l'Altro, o meglio lo si vede sotto una falsa luce come assente, emarginato e insignificante. L'appello a ritrovare se stessi è già intuibile nella domanda finale di Gesù (19a), che riesce a coinvolgere nel dialogo anche il se-

---

[48] Va notata l'importanza teologica del vb. ἵστημι in Lc, qualora sia riferito a Gesù (cf. Lc 6.17; 24,36). In questo caso avviene qualcosa di simile in quanto il Risorto è presente ed è pronto come sempre a impartire il suo insegnamento salvifico per trasformare quella sosta nell'occasione propizia all'*ouverture* di una sequela veritiera basata cioè sull'ottimismo della fede che unicamente rende visibile l'oggetto della buona notizia divenuta l'incontro con il Risorto. Giustamente S. Grasso pone in rilievo la natura antitetica della *tristezza* nell'opera lucana tutta pervasa dal fenomeno contrario della *gioia* che si espande e va condivisa: «la gioia risulta la cartina di tornasole dell'esperienza messianica. [...] l'atteggiamento dei discepoli è quello di chi non sta facendo un'esperienza di liberazione e si trova in una condizione di anti-salvezza» («Emmaus», 437.438).

condo personaggio — la testimonianza, soprattutto per Lc, va compartita in due[49].

Questo secondo interrogativo produce un effetto inaspettato — cominciano a parlare a due e non si capisce bene se qui il lettore sia alle prese con uno scambio di battute oppure con un discorso continuo, formato dalle voci sovrapposte e perciò più vivace e drammatico. In favore della seconda opzione stanno i dati oggettivi della relazione stessa che ha un ordine un pò caotico se non controverso. La contraddizione ormai emersa assume forme concrete nelle parole di sfogo provocate da una logica di divisione, caratteristica per ogni ricerca di un retroterra comune. I *due* la stanno effettuando cammin facendo, il che è un indizio particolare della mobilità argomentativa che fa muovere e scambiare le singole notizie incatenandole in un resoconto per niente illogico. Il compito del lettore sarà quello di comprendere la coesione e la coerenza del racconto di Luca, aprendolo ad una dimensione unitaria per abbracciare tutto il Vangelo segnato dalla apparente *contraddizione* (cf. Lc 2,34).

In questo modo ai pellegrini scoraggiati viene preparato un fertile terreno per mettersi a raccontare di nuovo τὰ γενόμενα in cui ormai va inserito il *noi* comunitario. Il loro *vedere* implicitamente non è più disinteressato, bensì relazionale e cerca nell'altro un collaboratore e insieme destinatario da convincere nella verità personale situata nel tempo (ἐν ταῖς ἡμέραις ταύταις) e nel centro della storia della salvezza che per Lc è indubbiamente Gerusalemme (ἐν αὐτῇ).

a) I due: visione generale (19b-20)

Il discorso si apre con un ritratto del Gesù evangelico ridotto all'essenziale, ma non per questo meno espressivo. Tutto il dialogo rappresenta infatti un unico atto espressivo, focalizzando l'attenzione sui sentimenti dei protagonisti, messi in rilievo grazie al continuo alternarsi dei fatti e del sentire personale. In particolare la descrizione stilizzata del ministero del Profeta forma un atto rappresentativo con una forte impronta della sensibilità affettiva. Il lettore acquisisce una visione[50]

---

[49] E. Rasco è attento nel ravvisare, nella seconda battuta del Risorto, la funzione di *maieutica* iniziale che «fa propompere il discorso»: «Sono parole che possono cambiare la storia, la vita: anche Luca le conosce, parole o altri mezzi di comunicazione come apparizioni» («Come riconoscere il Cristo», 116).

[50] Il vocabolo «visione», qui proposto ancora nel suo significato primario e concreto quale il sinonimo del vb. «vedere», designa un «percepire» con la vista nella sua

ottimistica dell'evento Gesù (τὰ περὶ ᾽Ιησοῦ τοῦ Ναζαρηνοῦ) grazie ad una forte accentuazione dei suoi risvolti nel tempo e nella storia. Il vb. γίνομαι descrive tutta la vita di Gesù come la nascita nel solco della storia di un *uomo* (ἀνήρ) dotato di un eccezionale potenziale comunicativo. In quanto profeta egli riesce a incarnare nella vita ciò che dice — non esistono barriere tra il suo λόγος performativo e l'opera della salvezza che ne segue (ἔργον)[51]. Le conseguenze si ravvisano in due gruppi di destinatari differenti. Per primo è Dio ad assumere la responsabilità nei confronti del profeta che Gli è sottoposto. Lo sguardo divino promosso dalla prep. ἐναντίον mira a ricordare tutta la trama evangelica in quanto, cronaca delle vie di Dio nell'esperienza di Gesù. Quale significato abbia questa Sua guida instancabile non si precisa, però il lettore sa dare importanza agli indizi testuali a prima vista insignificanti.

Il fatto che il profeta nell'esposizione dei due «si metta» *davanti*, come oggetto, comporta delle conseguenze nella visione che il lettore

---

intensità semantico-esperienziale. Nei titoli sottostanti esso riceverà una connotazione semantica aggiuntiva più tecnica, ossia il semplice equivalente di punto: angolatura di vista, di una idea, convinzione personale, quadro complessivo di una situazione o di un fenomeno, radicato pur sempre in un certo modo di vedere le cose e il mondo. Cf. *Dizionario Garzanti*, 1924-1925. Col primo significato si ritrova solamente nel paragrafo dedicato alle donne (Lc 24,22-23), mentre in casi restanti la visione è implicata dalla negazione dello stesso atto di percezione visiva. Ne è l'esempio brillante il paragrafo che conclude il resoconto dei discepoli (v. 24). La dialettica che vi si stabilisce verte dunque sul contrasto se non sull'antagonismo tra la visione «in diretta» e quella soggettiva, supposizionale che lascia spazio a delle interpretazioni tendenziose e quindi di rango secondario.

Questo intreccio dialettico delle visioni coglie bene V. Fusco esponendo le caratteristiche narrative dei discorsi di Lc 19,11-28 e At 1,6-8: «the message to the contemporaries is given through the narration, with its complex interplay of points of view intersecting over the different chronological levels» («"Point of View"», 1683).

[51] Il libro degli Atti è pieno di riferimenti a questa realtà efficace e ricca di sfaccettature (cf. S. PANIMOLLE, *Il discorso di Pietro*, II, 180-182, 190-195), soprattutto in un contesto, in cui figurano gli attributi divini: il δύναμις e ἰσθύς i quali fanno possibile la vittoria della risurrezione — un evento cruciale che pare riassumere in sé quell'*opera* la quale si fa vita e una svolta comunicativa per mezzo delle parole (λόγοι) del Vangelo di Gesù. È proficuo in questo senso parlare della triade «opere di potenza, prodigi e segni» (δυνάμεις καὶ τέραι καὶ σήμειοι: At 2,22) — un requisito caratteristico della proclamazione apostolica: C. MARTINI, «Riflessioni sulla cristologia», 276. Per gli aspetti antropologici, cristologici ed ecclesiologici del λόγος lucano, quasi personificato, vedasi l'eccellente sintesi di J. Kodell: «"The Word of God Grew"», 505-519.

ha dell'evento Gesù; il secondo membro della frase (πᾶς ὁ λαός) fa rivivere nella sua memoria il frequente motivo dello *«spettacolo»* portato al culmine nella storia della Passione (Lc 23,35.48).

Il ruolo del popolo in contemplazione (θεωρία) risulta assai ambiguo (cf. cap. V), e richiede un'analisi più adeguata. Il *popolo* che viene presentato è da ricercare nel passato ottimistico del ministero pubblico del Crocefisso e Risorto, visto con gli occhi di un seguace; questi è fedele e orgoglioso di poter sperimentare miracoli, sulla scia del Maestro, e provarne meraviglia. Non è difficile riconoscere la visuale dei discepoli e, in particolare, dei *due* che parlano e trasmettono per così dire «in diretta» le loro più intime convinzioni, dubbi e sentimenti. Il punto d'approdo di questa cronaca interiorizzata degli eventi diventa sicuramente la croce la quale viene interpretata come la *consegna* di Gesù da parte dei capi religiosi del popolo. La luce favorevole nella quale viene a trovarsi il λαός di Dio garantisce a questi una pronta entrata nella logica e nel merito della risurrezione, ma ciò non è così evidente nel testo. Bisognerà ricorrere alla Parola illuminante del Risorto per entrare insieme ai pellegrini — i rappresentanti eminenti del popolo d'Israele — nel riconoscimento della cronaca di Dio. Per ora la sua limpidezza è offuscata dalla realtà dolorosa del κρίμα umano che funge da sinonimo della *morte*. La crocifissione non è altro, in verità, che una conseguenza della fine delle speranze in Gesù come Salvatore da parte dei sapienti d'Israele. Perciò Lo uccidono, rivendicando una volta per tutte il proprio sdegno di essere stati traditi. Non c'è risposta a questa violenza e spetta al lettore di indirizzarla al bene seguendo la logica del racconto evangelico. Prima deve confrontarsi con l'insegnamento del Risorto che si contrappone alla reazione umana: la esprime ora un denso e significativo atto illocutorio (21a) il quale scatena una serie successiva di enunciati. Questo insieme comunicativo metterà in crisi il primato degli occhi nel narrare l'evento Gesù.

b) I due: la visione mancata del terzo giorno (21)

Un momento d'intensa drammaticità arriva con il richiamo al *noi* comunitario (ἡμεῖς) che coinvolge in sé ogni lettore deciso a seguire fedelmente la via del discepolato e a condividerne sia le gioie che le sofferenze e i dubbi. Non si nasconde la forza espressiva dell'impf. ἠλπίζομεν che funge da spartiacque della formazione dei futuri testimoni della risurrezione. Le loro pie speranze, destinate a essere distrutte in un attimo, si condensano ora nell'atto espressivo per eccellenza, il vero culmine della lotta alla disperazione. L'oggetto di questo trapasso doloroso è una delle più vive aspirazioni d'Israele — la redenzione vista come atto liberatorio, centrata in particolare sui benefici materiali di cui abbonda la storia delle promesse nell'AT (cf. Gen 12,1-3). Il *focus* pragmatico è comunque posto sulla salvezza personale e comunitaria che interferisce nel quadro degli eventi lasciando al lettore la libertà di prenderla come filo conduttore nell'apprendimento della logica comunicativa del vangelo.

Il primo ἀλλά γε, accompagnato dal cenno riassuntivo (τὰ πᾶσα), introduce un cambiamento dando luogo alla novità del *terzo giorno*. Non è ancora messo in rilievo, come nell'annuncio pasquale, esso tuttavia è già promessa di un nuovo inizio, della vittoria sulla disperazione, e della svolta paradossale preceduta dalla morte e da tutto il terrore della Passione. Non è casuale perciò che questo giorno, nella mente del lettore già identificato con l'eminente Domenica della Risurrezione, possa agire e contemporaneamente muovere la storia conducendovi anche il lettore (ἄγει[52]). In un processo così dinamico si inserisce assai organicamente la trasformazione operata dallo stesso evento totalizzante nel suo profondo: l'aor. ἐγένετο tende a esprimere l'essenziale della prima parte del passo aperto in modo simile, con la visione generale di un avvenimento esemplare: l'inaugurazione del ministero di Gesù (19e). L'apparente mancanza di fiducia in un Dio Salvatore è espressa implicitamente, attraverso una visione limitata dell'evento, visto cioè cogli occhi umani, nel prisma di una speranza anch'essa limitata nel proprio contenuto[53].

---

[52] È da tener presente che il vb. ἄγω che crea un importante intreccio semantico con altri verbi di movimento (cf. sopra, p. 370) ha diverse sfumature di significato tra le quali sicuramente sono di rilievo quelle da noi menzionate: a) *condurre, guidare*; b) *insegnare a fare, ammaestrare, educare*; c) *tenere sotto, proteggere, afferrare*. Cf. *LSJ*, 17-18.

[53] Il vangelo dell'infanzia, in comparazione, aveva promosso un ideale quanto mai realistico e rappacificante, ossia aperto e al passato e al futuro di una piena realizzazione delle promesse divine. Non è difficile neppure rilevare cosa garantiva al coro degli *anawîm* la certezza della loro fede. È una «visione senza frontiere», come avevamo accennato, la quale non si pensa slegata dal riconoscimento delle vie di Dio nella propria storia personale. È per questa ragione che questa riesce a essere inglobata nella storia universale della salvezza, anzi a fungere da paradigma di liberazione, consolazione, benevolenza, luce e gloria divine per l'intero popolo. Ai pellegrini scoraggiati manca proprio questo mosaico completo delle realtà imprescindibili per sancire una alleanza con Dio a mo' di sposalizio o figliolanza sperimentati unicamente in e per fede. L'assenza di tutti questi elementi segna dunque

Eppure queste carenze significative della comunicazione vengono compensate continuando a leggere la stessa formulazione del resoconto dei due, di tono lamentoso. Esso è aperto nonostante tutto all'oggi impensabile di Dio che si concretizza in questa sezione più viva e drammatica del discorso. Sono precisamente le *donne* a rompere il circolo vizioso in cui, insieme ai due pellegrini, accecati dalle loro pretese nazionalistiche, viene a trovarsi il lettore. Uscirne significa sostanzialmente capire, quale visione è più rispettosa dell'opera storica e fa parte integrante della sequela di Gesù. Qual è il suo elemento essenziale?

c) *Le donne: apoteosi della visione (22-23)*

L'entrata in scena delle donne (cf. il secondo ἀλλὰ καί) provoca l'imbarazzo; esse, infatti, si distaccano decisamente dal modo di pensare e comportarsi della società a cui appartenevano (ἐξ ἡμῶν). Il vb. ἐξέστησαν fa ricordare i momenti più espressivi del Vangelo, quando l'evento Gesù si confrontava con la visione umana inserendovisi per mezzo dell'insegnamento (cf. Lc 2,48-49), dei miracoli (5,26), degli incontri stessi (18,35–19,10). Ora viene preso in causa appunto un incontro con il misterioso silenzio e l'enigma della tomba vuota. A ben vedere, le donne diventano anche loro i simboli della trasformazione avvenuta (γενόμεναι) essendo partecipi della stessa realtà nascosta nel buio dell'alba pasquale la quale coraggiosamente affrontano nel loro pio desiderio di esplorare quella luce che sta per diffondersi[54]. La vera ricerca inizia con la costatazione dell'assenza del corpo di Gesù nella tomba. Il σῶμα come rappresentazione di una vita ormai spenta non perde tuttavia il suo chiarore, così da *attirare* a sé una moltitudine di gente (cf. Gv 12,32). Il desiderio di vederlo — non ancora specificato — viene appa-

---

nel presente dei due una grave crisi su cui porrà lo sguardo il racconto successivo cedendo al Risorto il compito di completare teologicamente questa visuale storta e quindi di rimettere alla stessa visione il ruolo decisivo di ponte fra l'attesa del passato e il suo compiersi non più da rimandare a un futuro indeterminato, bensì percepibile tutt'ora, oggi, per chi *crede*.

[54] Il cantico di Zaccaria (Lc 1,67-79) illumina la visita delle donne fornendo loro il triangolo chiave su cui si ispira molto probabilmente la sua esposizione: *tenebre – morte – luce*. L'esplosione visiva con cui finisce il resoconto (24,23bc) è da confrontare con la venuta dell' *Aurora* alla fine dell'inno. Altre corrispondenze con il *Benedictus* si vedano in: R. MEYNET, *Luca*, 938-941; J. DUPONT, «Les Pèlerins d'Emmaüs», 356.

gato dalla visione degli angeli — un momento cruciale che avrà ripercussioni nello svolgimento della vicenda. Una visione esemplare, una
sorta di oracolo profetico (ὀπτασία), investe le donne che si recano senza
alcun ritardo presso l'assemblea apostolica per riferire l'eccezionalità
della propria esperienza[55]. In verità, il pf. ἑωρακέναι ne presenta già un
sommario in cui la percezione oculare, intensificata dall'accumulo pleonastico dei vocaboli della stessa radice — ὁράω, — tende a occupare
completamente il quadro narrativo della comunicazione[56].

In questo contesto vitale risuonano con più efficacia le parole degli
angeli pietrificate nel presente storico λέγουσιν che coglie di sorpresa il
lettore. Nell'afferrare mentalmente quel messaggio che esse trasmettono si accede al suo nucleo comunicante la vittoria della vita. Intenzionalmente opposto al κρίμα θανάτου, l'aggettivo ζῆν riporta il discorso
alla sua fase finale, dove si chiarirà meglio, come esso funziona nell'intero, ubicato tra i limiti antropologici e radicato nei concetti basilari
della storia biblica: morte e vita, tradizione-consegna, redenzione, pienezza della visione. Vi manca solo un elemento senza il quale il presente panorama della risurrezione risulta incompleto. La strategia della
relazione inaugurata con la ricerca appassionata delle donne ha bisogno, per concludere il cammino evangelico dei due, di un convivio (cf.
Lc 24,29-31).

---

[55] La rapidità delle azioni si deduce dalle forme verbali dei rispettivi vb. e ptcp. —
aoristo. Tutto il resoconto delle donne è caratterizzato infatti da un movimento attorno
al sepolcro simile a quello accennato nel Vangelo dell'infanzia, soprattutto nella
scena della visita dei *pastori* (2,15-20), che si svolge attorno alla grotta della Natività
e alla *mangiatoia*. Cf. cap. I, pp. 73ss. Nella sintassi è ben riconoscibile peraltro
l'accentuata posizione della prep. καί che rafforza la portata oggettiva del sost. che
segue: ὀπτασία. Potrebbe essere resa perciò come un *addirittura*, *perfino* etc. Cf.
BDF, § 442; cf. sopra: p. 371, n. 29.

[56] Le due ricorrenze del vb. ὁράω uno dei quali sta al pf. (ἑωρακέναι) — forte mezzo di attualizzazione di un'esperienza passata piena di conseguenze nel presente (cf.
Lc 1,22) — , insieme al sost. derivato della stessa radice (ὀπτασία), costituiscono un
quadro ideale della visione anche se attenuata dalla tonalità pessimistica del messaggio che gli apostoli recano gli uni agli altri: οὐκ εἶδον (24,24). Al lettore invece questo
segnale narrativo serve da garanzia di una permanenza straordinaria del tema del
vedere che dalla negazione acquista un peso maggiore (diremmo, il *climax*, sotto il
primato degli occhi che vedono veramente (ὁράω), come le visioni straordinarie ed
estatiche dei profeti) e non solo; proprio in essa ottiene l'effetto performativo sul
lettore e ritrova nella trama il suo massimo sviluppo.

d) I discepoli: antinomia del vedere (v. 24)

Sulla bocca dei due finalmente appaiono le parole che toccano sul vivo l'identità e le preoccupazioni del gruppo apostolico. Così si riconosce la valenza positiva della testimonianza delle donne, precedentemente annunciata, ma compromessa dal sospetto e dall'incredulità dei primi (cf. 24,11). Il lettore intanto viene a conoscere altri membri di quel gruppo di ricercatori del vero senso degli avvenimenti, che termina con Pietro (12). Definito al pari delle *donne*, sempre in riferimento alla comunità (σὺν ἡμῖν: 24a, cf. 22b), esso forma un palcoscenico ideale per un lettore capace di collaborare con gli artefici del *kerygma* postpasquale. Sorprende solo il fatto che presso la tomba loro *trovano* compiute le parole delle annunciatrici, le quali invece non *hanno trovato* ciò che cercavano. A ben vedere, il movimento degli apostoli è opposto rispetto a quello delle apostole: mentre le seconde giungono (ἦλθον) all'assemblea, i primi partono (ἀπῆλθον) per rassicurarsi della solidità del messaggio ricevuto. La comunicazione infatti non passa e l'orecchio raffinato dei testimoni oculari necessita di una prova concreta, un di più che possa dissolvere i dubbi e una volta per tutte chiudere la ricerca appassionante del Cristo. Ma proprio questa prova sin dall'inizio viene negata in tutto il Vangelo provocando una risposta attiva, in modo tale che nella sequela si formi l'immagine di un discepolato sempre più conforme a quella del maestro. Curiosamente ciò avviene non appagando il desiderio del lettore che non riesce ancora ad identificarsi completamente con gli apostoli.

La verifica degli apostoli finisce perciò con una constatazione che non aggiunge nulla alla novella delle loro colleghe, anzi, la impoverisce: αὐτὸν δὲ οὐκ εἶδον. L'assenza totale dell'esperienza visiva, a differenza della prima esplorazione terminata con un *oracolo*, segna un punto di svolta nell'argomentazione dei due. Il loro rapporto finisce precisamente qui e non si potrebbe fare altrimenti: il confronto con l'invisibile diventa il fattore pragmatico principale nello sviluppo narrativo della trama. L'αὐτόν enfatico punta sul Suo protagonista e già fa presentire al lettore la spettacolarità di un incontro con Gesù che sta per prendere corpo. Si rimane così tra la solennità dell'apparizione angelica e il vuoto dell'assenza del Risorto — una situazione che comunica molto, soprattutto se si prende in considerazione la tensione tra la cronaca appena esposta e quella di Dio. Va preso in considerazione innanzitutto il cuore umano, dove s'incontrano le due vie d'accesso alla *beata visio-*

ne — mediata e diretta — e viene superato l'ostacolo per eccellenza per la percezione visiva, più volte biasimato nel Vangelo.

3.1.4 L'evento Gesù come polifonia delle Scritture

a) Un cuore per credere (vv. 25-26)

Il Risorto prende la parola, appena terminato il potenziale comunicativo del precedente discorso, per tirarne le conclusioni. La più importante è senza dubbio quell'atto espressivo che condensa maggiormente il dolore di Gesù per i suoi seguaci. Lungo il ministero si sono incontrate grida simili (cf. Lc 9,41), ma qui l'accento è posto sulle capacità, o meglio, incapacità, mentali e, a livello più profondo, sul problema che tocca sul vivo l'esistenza dell'uomo. Il discorso dunque comincia subito con un rimprovero che fa risorgere nella memoria del lettore la ricca gamma della critica profetica nei riguardi dell'infedeltà di Israele. Un primo appellativo, assai forte (ἀνόητοι), rivela il vero problema del discepolato in Lc il quale ha a che fare con l'*intelligenza*. Le due possibili connotazioni semantiche di questo motivo caratteristico di Lc, peraltro formulato al negativo, — *stoltezza* e *ignoranza*[57] — orientano in modo esemplare il percorso interpretativo che ne fa il lettore. Nel primo caso è in particolare, la condizione dello spirito a essere presa in causa, sicché la critica gesuana dovrebbe limitarsi alla pura esteriorità del comportamento umano (cf. σκυθρωποί: 17e), stimolando già un appello a cambiare la mentalità. Ciò presuppone naturalmente una scelta coraggiosa, da parte del seguace, di uscire dai limiti del proprio essere facendo un passo in avanti verso l'ignoto sentiero di Dio; è questo uno degli impulsi pragmatici dell'atto illocutorio in questione[58].

---

[57] È ben intuibile la diversità semantica dei derivati del vb. νοέω e il sost. νοῦς, il cui impiego nella filosofia greca è impressionante: cf. J. BEHM, «νοέω», «νοῦς», «ἀνόητος», «ἄνοια», 947-961. Ben attestata nell'AT (cf. Dt^{LXX} 32,31; Pr 15,21 (!); Eccli 21,19; 42,8: ἀνόητος/οι), nel NT la radice appare solo in At 13,27 (ἀγνοέω), in Paolo (Rm 1,14; Gal 3,1.3; 1 Tim 6,9: ἀνόητος/οι) e nella lettera agli Ebrei (5,2; 9,7: τὰ τοῦ λαοῦ ἀγνοήματα — un'espressione assai illuminante per il passo lucano). Il parallelo lucano più prossimo al nostro è la parabola del *ricco stolto*, dove il rimprovero viene formulato con una tonalità simile (Lc 12,13-21: ἄφρων). Semanticamente gli è affine pure la nozione di Lc 6,11, dove l'espressione ἐπλήσθησαν ἀνοίας esalta il mistero dell'incomprensione attraverso il quale si realizza l'imperativo divino (cf. 4,28). D'altronde, il suggestivo ritratto comunicativo della *stoltezza* fornisce la letteratura sapienziale: cf. H. SIMIAN-YOFRE, «Lo "stolto"», 75-87.

[58] Una buona illustrazione all'appena detto si può fornire con il famoso passo di

Nel secondo caso va considerata tutta la storia evangelica che non è altro che una chiamata all'intelligenza e ad un approfondimento personale dei misteri del Regno. È un compito faticoso e responsabile, come lo è e sempre era la ricerca della Sapienza nell'AT[59]. Dopo una serie di fallimenti in questo tentativo da parte dei discepoli Gesù si pronuncia in modo definitivo facendo leva sull'infruttuosità della loro sequela priva del dinamismo, chiusa in sé, cieca. L'intelligenza di cui è geloso il Profeta ha un secondo nome: il *riconoscimento* su cui si era concentrati fin dall'inizio (Lc 24,16). Puntualizzato il problema, si procede sprofondando ancora di più nell'intimità delle forze vitali più vulnerabili dell'uomo, rappresentate nella cultura biblica dal *cuore*. La definizione che gli dà il Risorto in riferimento ai viandanti non può che provocare l'imbarazzo: i *tardi* oppure *lenti* (βραδεῖς) di cuore[60] riflette un difetto ben più grave rispetto a quello appena denominato e contraddice lo

---

Ger 31,31ss che descrive un processo molto più complesso, con un'impronta esistenziale caratteristica del messaggio profetico.

[59] La letteratura sapienziale abbonda degli esempi del genere: Pr 2,1-5; 8,1-21; Eccle 8,17; Eccli 4,11-19. Cf. G. PRATO, «La ricerca di Dio», 131-171. Importante è comunque non perdere di vista la centralità della esperienza umana che sta al limite dell'intelligenza e stoltezza, sapere e ignoranza, studio e pigrizia. Lc in modo esemplare sa apprezzare nei suoi personaggi quella capacità innata di conoscere e giungere a conoscenza che apre il mondo ai tesori dell'intera tradizione biblica fatta dalle figure e opere illustri. Le certamente tiene in mente un lettore che aveva conosciuto la dignità spirituale e intellettuale degli *anawîm* coscienti della propria elezione e capaci di celebrarla con le parole della Scrittura il cui florilegio rappresentano gli inni di Lc 1–2.

[60] Sulla spiritualità e fondamenti biblici del *cuore* in quanto לב, si consulti l'articolo di F. Baumgärtel: «καρδία», 609-616. Riguardo alla radice βραδυ- assai rara e nei LXX e nel NT, a parte i significati più specifici di *pesantezza* (At 25,7), *violenza* (At 20,29) e *numerosità* (Sal 34,18), va rilevato il suo contesto di referenza abituale, e cioè una connotazione specifica dell'agire divino nel tempo e nella storia che è riflesso nelle sorti umane. In 2 Pt 3,9 il suo apparente *tardare*, grazie a un gioco antitetico nell'impiego del vb. βραδύνω e il suo derivato: il sost. βραδύτης, — si confronta con il *non ritardare* nell'adempimento delle *promesse*. In questo senso è indicativo il passo di Is 46,13 che celebra la *salvezza* la quale lo stesso Dio non si farà tardare presentandola come un dono quale *glorificazione* (δόξασμα). D'altro canto è un evento che renderà prossima la Sua *giustizia*, nella vendetta contro i nemici (Eccli 35,19ss). Il confronto con il *tardare del cuore* — un binomio davvero insolito nella tradizione biblica — serve dunque sia agli scopi dell'ironia narrativa che biasima così l'indolenza dei due sia alla dialettica positiva tra le Scritture e la storia della salvezza e il destino di Gesù i quali solo Dio può integrare in una visuale riconciliatrice. Cf. sotto.

stesso principio di vita e vitalità e quindi l'immediatezza, così rappresentativo del cuore umano. La diagnosi fatta va presa sul serio, giacché i due non si pronunceranno più fino al momento del vero e proprio riconoscimento. Al lettore per ora non è dato di sapere che cosa abbia provocato in loro una messa a fuoco così forte[61], ma non è ancora finita! L'argomentazione di Gesù prosegue crescendo e finalmente afferra l'essenza della perturbazione in corso in quei cuori appesantiti. Infatti ciò che manca a questi per divenire il centro della persona è il *credere* nella totalità della Parola profetica. Qui dunque è spuntato l'argomento chiave su cui si soffermava continuamente, pur in modo implicito, l'insegnamento del maestro. La soluzione tuttavia non è ancora data, visti la logica e lo scopo stesso dell'esclamazione. Un invito a prendere coscienza dei propri limiti e fraintendimenti accomuna questo brano con il motivo costante del Pentateuco racchiuso nel cuore indurito d'Israele[62]. Con un epiteto ben raro (βραδεῖς) si rinforza l'insistenza sulla prontezza della fede e viene rinnegata la passività del parere soggettivo che oscura e priva del senso la via del riconoscimento che ormai si sperimenta insieme al Risorto. I Profeti, come le autorità supreme, assicurano il successo di una sequela così esemplare, fondata sulla loro Parola ispirata — il principio e ragione stessa del discepolato.

Per mettere in evidenza l'efficacia di quella comunicazione profetica serve un accenno al suo contenuto, estremamente sintetico e dimostrativo. Formulato sotto forma di una domanda retorica negativa, esso si concentra su due eventi cruciali i quali stigmatizzano le cate-

---

[61] Vista sua intensità e chiarezza comunicativa essa va comparata con i famosi oracoli di Is 32,1-8; 44,18 che parlano invece ai popoli pagani accecati dal potere militare e dall'idolatria. Sono i pericoli che corre anche Israele, quando s'allontana da Dio in modo radicale e merita una missione profetica a rovescio: per far indurire sia il cuore del popolo, sia le sue orecchie e chiudere gli occhi per impedire il riconoscimento: cf. Is.6,1-10. Siamo propriamente davanti ad uno scenario che si ripete quasi alla lettera in Lc e costituisce la base scritturistica principale del continuo ribadire l'impossibilità di *vedere* e *riconoscere*, imposta dall'alto. Un'analisi integrale del passo nella strategia lucana è da trovare nel cap. VIII, 526ss.

[62] I libri di Es, Nm e Dt sono intessuti dai riferimenti a un popolo di cuore duro e incirconciso (cf. Lv 26,41; Ger 9,26; Ez 44,7-9): cf. Dt 10,16; Ger 4,4; Ez 3,7; 44,9; Pr 17,20; Eccli 16,10 (J. BEHM, «σκληροκαρδία», 616-617). In più, lo stesso Vangelo promuove l'ideale di un cuore purificato delle preoccupazioni mondane che, come l'incredulità, l'appesantiscono: Mc 10,5 par; 16,14. Cf. S. GRASSO, «Emmaus», 434, n. 3. Riguardo all'incredulità ed incomprensione dei *Dodici* — eredi dell'Israele antico cf. l'indagine tipologica di F. Bovon: «La figure de Moïse dans l'œuvre de Luc», in ID., *L'œuvre de Luc*, 86-90.

gorie in cui si è pensato il discorso dei già eroi. La Passione da ostacolo torna ad essere una delle manifestazioni più eminenti del volere divino nel passato della storia evangelica (ἔδει) e non esclude, ma, anzi, favorisce l'entrata del Cristo nella sua *gloria* (δόξα)[63]. Questo simbolo teofanico per eccellenza in cui era sfociato il cammino teologico del vangelo dell'infanzia qui sembra stendere semplicemente un'allusione all'ascensione, ma anche alla metafora della sontuosità della risurrezione per quanto lasci percepire lo splendore della potestà illuminatrice del divino. Il dinamismo dell'itinerario missionario di Gesù trova in essa il punto d'approdo, infatti fungendo allo stesso tempo da stimolo narrativo, permette al lettore di cogliere soprattutto l'apertura all'ultima Visione su cui possano convergere le visioni singoli ed incomplete degli spettatori.

Camminando con *due* di questi e ponendo loro davanti un atto dichiarativo di forte intensità e spessore rappresentativo[64]: *Non era forse necessario...?* — il Risorto provoca nei medesimi e pure in ogni lettore competente un interrogativo evidente la cui finalità invero è la stessa: indirizzare il passo e orientare lo sguardo a una meta della visione. È lì

---

[63] L'inno del *Gloria* (Lc 2,13-14) aiuta a ambientare meglio l'enunciato di Gesù il quale appartiene più alle credenziali della comunità postpasquale (cf. H. Schürmann, *Luca*, II, 61-62). K. Anderson («*But God Raised Him*», 172-174), nel contestare la posizione di G. Lohfink a proposito del contenuto teologico di quella «kerygmatic formule» (cf. *Die Himmelfahrt*, 236-239), fornisce solide prove contestuali per considerarla l'erede di una vasta tradizione biblica e non una creazione specificamente lucana). La nascita del Messia come l'evento fondatore della fede delle origini e la porta d'ingresso nel mondo celeste, unito alla terra nella lode cantata, nel contesto di Lc 24 diventa l'anticipazione e il riassunto stesso sia della gloriosa entrata di Gesù in Gerusalemme (cf. G. Rossé, *Luca*, 743-744, nn. 107-108) sia di quella definitiva che s'offrirà in modo panoramico all'occhio del lettore nella scena della ascensione: vedasi il cap. VII.

[64] Con questa formulazione abbiamo tentato di coinvolgere in un'unica visuale comunicativa i due aspetti dell'atto illocutorio che è preso in esame. La sua forma linguistica in veste di una domanda retorica provocatrice certamente chiama il lettore a percepirne la forza *dichiarativa* d'un potente manifesto della missione che il Risorto ascrive a Sé indirettamente. Il suo contenuto è invece una *rappresentazione* teologica ideale in quanto riesce ad afferrare il punto d'approdo dell'intera conversazione *ad intra* trascorsa dai pellegrini, una buona parte della giornata, nel discutere. Per ulteriori esempi di questo tipo, ove cioè l'enunciato possieda più di un indirizzo pragmatico, sempre però, nel quadro comunicativo unitario della propria funzione illocutoria, cf. C. Bianchi, *Pragmatica*, 66-75 (cap. I: p. 106 (n. 148)); J. Searle, «Illocutionary Acts», 29; per gli esempi concreti cf. E. Obara, *Strategie di Dio*, 33.331-332.393.395.406.

che si potrà esperire pienamente l'evento e trovare nelle categorie ade-
guate la risposta al seguente stimolo comunicativo: dove sta Colui che
ormai sembra aver trapassato i limiti del racconto stesso, e se ancora
accompagna il cammino dei suoi, com'è potuto entrare già laddove
staranno aspirando di salire indirizzandovi lo sguardo e i passi
quegl'ultimi (At 1,11)?

b) L'ermeneutica delle Scritture (v. 27)

L'atto illocutorio con cui è finito il breve appello del Risorto resta
senza risposta e perciò diventa più urgente il compito di saper muoversi
verso la destinazione accennata. Visto il disagio dei pellegrini ammuto-
liti, Gesù *comincia* la sua catechesi sin *da Mosè e da tutti i profeti*, come aveva fatto a Nazaret. In mezzo tra quei due eventi cardinali sta
tutto un cammino di sequela, insegnamenti, opere ed esempi concreti
della divinità del maestro che ora ricomincia da capo la sua predica! Il
lettore non può dare per scontata la centralità della Scrittura rappresentata esaurientemente dalle figure simboliche: le immagini vive della
Legge e dei Profeti. L'unica cosa che ad essa manca per essere veramente il *Kompass* per i cuori sperduti nell'apparente caos della situazione difficile da accettare, è di sicuro un'interpretazione valida e giusta. Volendo motivarla nei compagni del viaggio, compreso il lettore, il
Risorto insegna loro l'*ermeneutica*[65] del Vangelo riassunto e comunicato nel presente come la cronaca fedele delle vie di Dio nel passato —
un fatto di per sé straordinario, giacché costringe gli ascoltatori a lasciarsi guidare dal protagonista, assumendo passo dopo passo la Sua
strategia. La spiegazione di *tutte le Scritture* diventa il patrimonio di
tutti ed estingue ogni equivoco sulla centralità della figura di Questi che
si riflette attraverso di esse[66].

---

[65] Il vb. διερμήνευσεν tradisce il linguaggio lucano, variegato nella sua espressione
e correlato con alcune tematiche chiave dell'AT, come fa vedere B.-J. Koet: «Lk
24,13-35», 64-66. Il suo statuto semantico è stato inoltre esaurientemente trattato da:
E. FIANU, *Lk 24,13-35*, 55, n. 75.

[66] Questo principio ermeneutico guiderà il filo narrativo degli Atti in cui i discorsi
missionari degli apostoli avranno come centro focale il rivivere e riportare la predica
del Risorto amplificandola nel contesto attuale. Tale predica, infatti, è ricostruita in
modo esemplare negli insegnamenti di Pietro in At (2–3; 10,36-43): J. DUPONT, «Les
discours de Pierre», 239-272. Sotto questo punto di vista, è di rilievo l'articolo di R.
O'Toole («Activity of the Risen Jesus», 471-498) in cui vengono forniti gli esempi
evidenti di una presenza dinamica del Risorto nella comunità post-pasquale. Il suo
operare salvifico coinvolge nel dialogo e si pone in continuità alla economia salvifica

Il fatto che deve sorprendere di più il lettore è l'assenza dei dati concreti riguardo a questa pagina evangelica di estrema importanza. La predica rimane nel segreto illuminando solo la mente dei testimoni diretti della potenzialità e forza della Parola. In quel silenzio narrativo si cela il progetto dell'opera lucana che promulgherà la catechesi appena vista nei discorsi e annunci negli Atti. La programmazione che avviene con questa seconda omelia a mo' di manifesto apre il Vangelo alla novità delle vie di Dio nella vita delle prime comunità cristiane e ne prefigge una *ouverture* positiva in contrasto con il *default* in Nazaret (cf. Lc 4,28-29). Ciò che accomuna quelle due omelie uniche in Lc è l'*impasse* comunicativa che vivono i personaggi confrontati con la suprema autorità del messaggio; questo supera le loro possibilità di percepirne la portata. Da qui l'apparente disagio nel dimostrare la solidarietà con il punto di vista del Narrante, nel compartire i propri dubbi, angosce, perplessità... Da qui l'inevitabile quesito del lettore: che senso ha la prima parte del cammino con il Risorto se finisce in modo così infelice? A che cosa erano preparati i viandanti che sembrano ignorare piuttosto che imparare almeno un minimo della strategia della cronaca di Dio?[67]

L'elemento essenziale della sequela evangelica — *ascolto* — da solo non riesce dunque a edificare l'intelletto e tanto meno a oltrepassare i limiti di due cuori ormai spenti nel desiderio di nutrirsi quotidianamente di quella Parola che di per sé è capace di trasformarli in terreni buoni e fertili. In assenza delle indicazioni chiare a proposito il lettore si muove in sintonia con il testo che già prevede la risposta alludendo ad un intervento radicale di Dio nella vita degli uomini[68], paragonabile a quello cantato da Ger[TM] 31,31ss.

---

divina. In questo senso, la cristologia nell'opera lucana, può manifestare la sua attendibilità storica su cui riposa l'efficace patrimonio pragmatico della vista, contro ogni accusa nella mancata erudizione teologica, da parte del Luca narratore (cf. W. KÜMMEL, «Theological Accusations», 131-145).

[67] Qui entra in questione l'importante aspetto mimetico del «piacere della lettura» su cui insistono i padri fondatori della pragma-linguistica: C. Pierce, J. Austin *et al.* Cf. una breve ed incisiva esposizione di questo postulato essenziale della lettura, fornita di una bibliografia essenziale, in: R. ALTER, *I piaceri della lettura*; E. OBARA, *Strategie di Dio*, 28-36. Una simile comunicazione a parole costituisce per il lettore lucano una sfida, non riuscita è tuttavia funzionale a un felice esito comunicativo nella seconda parte. Essa in un certo senso «redimerà» la prima completandone le rispettive lacune, cambiando il palcoscenico, introducendo dei componenti nuovi nella *performance* e preparando così il momento cruciale della risoluzione narrativa, ovvero il *riconoscimento*.

[68] Il dono dei *cuori nuovi* (καρδία καινή: Ez 11,19; 36,26), di carne, che il contesto

3.2 *Lc 24,28-35: l'apertura degli occhi e il fuoco delle Scritture*

3.2.1 Introduzione: un viaggio al tramonto (28-29)

L'arrivo a Emmaus si presenta dalla prospettiva del previo racconto su cui si sta fissando ancora la macchina da presa[69]. Il ricorrente motivo del *cammino* — il sottofondo di tutta la scena — e un'allusione evidente all'inizio del suo svolgersi (ἐπορεύοντο: cf. 13b.15c) invitano a una nota conclusiva in cui tracciare un bilancio del viaggio. Lo stesso suggerisce il gesto inaspettato di Gesù deciso a camminare ben oltre. L'intenzione del narratore si chiarisce nel sottomettere questo pellegrinaggio prolungato al gioco meramente umano, una finzione di impronta teatrale o, se si vuole, una vera scena abilmente plasmata da un solo cenno mimetico dell'Attore. Nonostante ciò il contenuto teologico del cammino, motivo centrale della narrazione evangelica, traduce l'apparenza della giocosità dei ruoli in un *climax* dinamico. Il compito evangelizzatore di Gesù non è ancora finito e tanto meno la sequela che pian piano porta i suoi agli estremi dell'intelligenza finora acquisita.

Immediatamente entra in gioco il fattore umano che si manifesta nella debolezza e caducità d'ogni sforzo, da parte dei discepoli, di adeguarsi alle esigenze e angustie della via del maestro. Per questo i due stanno per fermarsi per la seconda volta, affaticati da una lunga camminata, ma soprattutto dall'intensità ed efficacia comunicativa di un altro cammino,

---

comunicativo di Lc sembra coinvolgere, presuppone evidentemente qualcosa di notevolmente radicale, un nuovo principio di vita, la rigenerazione di tutta la persona umana. Quei brani emblematici della pietà del messaggio profetico dell'AT (cf. B. COSTACURTA, «"Io ti farò profeta"», 19-33), senza dubbio, illumineranno la seconda parte della pericope in esame, tutta finalizzata a mostrare la coerenza e gli obiettivi di quel cammino ermeneutico lungo le Scritture.

[69] Si ricordi ciò che era stato detto a proposito dell'avvicinamento di Gesù ai pellegrini al v. 15c (ἐγγίσας): p. 373. La ripresa dell'aor. ἤγγισαν (v. 28a) segnala un secondo punto di svolta narrativa concentrando l'attenzione del lettore sul luogo dell'incontro. Sarà peraltro decisivo saperlo tradurre nelle categorie delle manifestazioni divine, ove la via dell'avvicinamento all'oggetto delle aspirazioni più alte dell'umanità è quasi sempre un sentiero difficile, perfino pericoloso, favorisce, perciò, un movimento contrario il cui altro nome è condiscendenza, amore viscerale di Dio che si commuove e fa muovere a sua volta la storia verso i fini suoi: cf. la storia della infanzia. Ciò è indicativo per il presente episodio, dove appare chiaro come la resistenza umana possa essere lo strumento nelle mani di Dio e trasformarsi, sotto la Sua guida, in un'occasione propizia per il riconoscimento delle stesse vie promosse dall'intervento divino: cf. sotto.

quello delle Scritture, il quale li aveva disarmati e posti a confronto con la propria verità. Infine, spetta a loro di prendere l'iniziativa e intervenire in un momento strategico della vicenda. Dalla preghiera pressante di questi[70] dipende infatti lo svolgimento di tutto il dramma del discepolato che si è condensato nell'esemplarità del pellegrinaggio presente. La cronaca di Dio è ormai nelle mani degli uomini capaci di afferrare l'opportunità dell'istante in cui il progetto divino e persino il suo Artefice sono estremamente prossimi ai loro cuori, essendo stati esaurientemente svelati dal mistero nel circolo ermeneutico aperto dal Risorto. L'apertura e la vicinanza di Dio in questa piccola storia pronta a concludere l'intero Vangelo evocano l'esaltazione anticipata di Gesù in Lc 10,21-24. Qui viene svelata la sua strategia profetica: mentre sta condividendo con i suoi, i segreti del Regno, benedice il Padre. Nella scena presente bisogna aspettare l'invito dei due per accedere ai benefici di una *benedizione* unica, come si vedrà. Per ora il narratore curiosamente è interessato solamente a porre in rilievo l'orazione grazie alla quale essi provvidenzialmente si sottomettono alla *gloria* divina personificata in Gesù, ancora ben lungi però dall'essere riconosciuta visivamente. Il μεῖνον μεθ' ἡμῶν iniziale, in modo simile alla petizione comunitaria della Chiesa primitiva, invita anche il lettore ad aggregarsi con speranza a quelle grida il cui ascolto aveva assicurato il Profeta stesso per altri due disgraziati: quelli di Gerico[71].

---

[70] Un significato forte del vb. παρεβιάσαντο è ben situabile in un contesto così vivace che lascia sentire l'urgenza e spontaneità di tutto ciò che passa in quei pochi istanti del dialogo indirizzato a convincere il Risorto della necessità di un incontro. È l'unico caso nel Vangelo in quanto non solo rappresenta un tentativo di trattenere Gesù dal suo cammino missionario (cf. Lc 4,43), ma anche il successo con cui la medesima arte di convincimento viene coronata: la sosta del Profeta in Emmaus è sicuramente da comparare con quella in casa di Zaccheo (Lc 19,5) caratterizzata da un invito a rovescio, anch'esso spettacolare (!).

[71] Cf. Lc 18, 38-39.41b; 19,5. Il significato teologico del vb. μένω nei Vangeli è esaurientemente messo in luce da: F. HAUCK, «μένω», 578-581. Per un primo avvicinamento alla sua funzione comunicativa nel vocabolario lucano cf. anche l'episodio di Zaccheo che fa convergere il *permanere* gesuano a Gerico sul dono della vista ai ciechi: cap. IV, p. 290 (n. 100). Questa intuizione ha la sua ragion d'essere anche nell'episodio di Emmaus in cui gli *occhi* che non vedono *rimangono* sullo sfondo della narrazione e subiscono una vera trasformazione solo con l'arrivo del Risorto e con il Suo rimanere con i *due* nella casa. Il presente discorso conseguentemente sfocerà nella simbologia della vista, arricchita da sfumature lessicali di tenore metaforico, dalle scene precedenti chiamate in causa proprio qui, alla fine del percorso, per creare una teologia della visione. Impensabile è però senza il ricorso

Gli argomenti per convincere Gesù non mancano e sono di carattere densamente sperimentale. Così il *calar della sera* e l'*inclinarsi* del giorno non solo segnano il momento dell'intensificazione della fatica dell'intera giornata trascorsa in piedi[72], bensì quello dell'intimità di un tempo propizio alla rivelazione che è la *notte* nella tradizione biblica (cf. Sal 119, 62; Zc 1,8). Riferendosi al quadro vespertino, dipinto e attualizzato dal pf. κέκλικεν, si deve cogliere la sfumatura visiva che effettivamente rimane fuori del quadro narrativo, però si attiva nel lettore con facilità e gli apre degli orizzonti interpretativi ben differenti. La luce solare poco a poco sparisce dagli occhi e viene vinta dal procedere delle tenebre che divorano anche i visi dei compagni di viaggio. Gesù decide di *entrare* nella dimora che gli preparano gli uomini[73]. La scena si ispira all'ambientazione del *Nunc dimittis*, giacché quell'inno sfrutta il contrasto tra il tramonto di una vita e il divampare della luce nascosta nel bambino. Donde esattamente sgorga il canto. A Emmaus la tensione tra luce e tenebre sembra rafforzarsi in quanto prevede un altro tipo di oscuramento che è quello mentale testimoniato dagli *occhi* dei pellegrini che non erano riusciti a riconoscere lo straniero alla luce del giorno. Scesa la notte, ciò non è più possibile in forza delle ragioni obiettive, ma propriamente qui entra in gioco la necessità divina poco fa appellata da Gesù (ἔδει: 26a).

---

alla strategia comunicativa dell'insieme che in ogni caso preciso attiva diverse tecniche di persuasione creando altresì una vera e propria dialettica della visione. Cf. cap. VIII.

[72] Il motivo della *fretta* introdotto dall'avv. ἤδη suggerisce di trattare la seconda parte della petizione (29cd) — un atto rappresentativo di forte impronta gnomica — in armonia con una massima promossa da Paolo: Rm 13,12. Il nesso che si stabilisce tra il tramonto del *sole* e il passare dell'*ira* è indicativo, proprio perché afferra ciò che appartiene alla sfera dei sentimenti, difficile da sottoporre ad un'analisi di carattere definitivo. In tal caso il mondo della natura assume la funzione importantissima di un segnale ben percepibile a cui fare il riferimento e sulla base del quale afferrare un altro enigma, questa volta di ordine soprannaturale: il volto di Gesù. Cf. sotto.

[73] È da notare l'importanza del vb. εἰσελθεῖν in Lc, con cui viene definita una irruzione del divino nella vita ordinaria dell'uomo. Ne è l'esempio classico il dittico degli incontri (Lc 18,35–19,10). Per la frequenza d'uso cf. la statistica seguente in riferimento al NT (i Vangeli): Lc (50x); Mt (36x); At (34x); Mc (30x); Gv (15x). Le precisazioni di carattere teologico sono da consultare in: J. Schneider, «εἰσέρχομαι», 673-676; in riferimento a Lc: E. Rasco, «La salvezza di Dio», 38-39.

3.2.2 L'evento: l'apoteosi del riconoscimento (30-32)

Il sedersi a tavola, preceduto dall'analogo chinarsi del giorno[74] simboleggia la rappacificazione e disponibilità ad accogliere la rivelazione in modo tangibile, dato che essa ormai era stata donata alla mente in modo intelligibile, come il nutrimento delle Scritture. Balza agli occhi la chiarezza della comunione, rispondente in modo perfetto alla richiesta della comunità: μεθ' ἡμῶν, μετ' αὐτῶν (29b.30b). In un momento così intimo e portentoso Gesù prende il *pane* e *benedice*... C'è da interrogarsi, dal punto di vista comunicativo, sul contenuto, ma anche sull'oggetto della benedizione[75]. Il cenno testuale seguente a prima

---

[74] Nel testo greco figurano i verbi della stessa radice: κέκλικεν e κατακλιθῆναι, — che invitano il lettore a sfruttarne il gioco e trovarvi una potenzialità nuova racchiusa in una dialettica tra l'evento naturale e la sua espressione concreta nel mondo degli uomini. Stando così le cose, occorre una osservazione in più: la drammaturgia lucana trova appoggio nel corso naturale degli eventi concatenati fra loro, e vi inserisce diverse storie umane illuminate dai segni teofanici per eccellenza: l'*aurora*, il *sole* e il *tramonto* stesso. Tuttavia alla luce del *Nunc dimittis* il chinarsi a tavola può assumere per i due pellegrini un significato di congedo: con Gesù che già è pronto a sparire dagli occhi, con i propri pregiudizi, o meglio, con la propria precomprensione degli eventi, sufficientemente discreditata precedentemente.

[75] Cf. J.-M. Guillaume (*Luc interprète*, 130-133, spec.: p. 132, n. 1); i seguenti passi evangelici: Mc 6,41; Mt 14,19; Lc 9,16; Gv 6,11; Mc 8,6; Mt 15,36; Mc 14,22; Mt 26,26; Lc 22,19, — e il cap. III: p. 215, n. 99. L'episodio della moltiplicazione dei pani è chiaro: εὐλόγησεν αὐτούς (Lc 9,16). Nel racconto dell'Ultima Cena il riferimento è indubbiamente al pane *eucaristico*: *dopo aver preso il pane rendendo grazie spezzò* (εὐχαριστήσας: Lc 22,19), mentre nei passi sinottici paralleli (Mc 14,22; Mt 26,26) si parla di una autentica benedizione (εὐλογήσας) rispetto al rendimento di grazie per il *calice*. A proposito, Lc non solo uniforma il vocabolario per ambedue le scene, bensì inverte il loro ordine e raddoppia il pronunciamento sul calice creandone una perfetta cornice narrativa per l'invocazione sul pane: cf. a proposito l'evocativa traduzione italiana (IEP) che non esplicita l'oggetto della benedizione: *pronunciò la benedizione*. Ad Emmaus finalmente prende corpo la vera e propria *benedizione* che si pensa rapportata alla compartizione del pane, ma implicitamente potrebbe andare anche ben oltre, coinvolgendo nel suo campo funzionale gli stessi riceventi del pane. Questa intuizione interpretativa si chiarisce ricorrendo all'Ultimo discorso di Gesù in Gv: cf. il cap. 17 — il quale mette l'accento unicamente sui discepoli a cui è indirizzata la pienezza della santificazione, unità e comunione di vita con il Padre attraverso il Figlio (cf. BENEDETTO XVI, *Gesù di Nazaret*, II, 100-118). Sono invero le manifestazioni di un'unica benedizione che in Lc è ancora da aspettare (fino alla scena conclusiva di Lc 24,50-53), benché ne sia anticipazione voluta il grido di giubilo da parte di Gesù che proclama beati gli *occhi* dei suoi seguaci (10,23-24). In tal modo vengono benedetti pure gli occhi del lettore lucano che qui finalmente può trovare il filo conduttore del cammino evangelico degli sguardi in cui questi aveva preso parte attiva.

vista toglie l'ambiguità rifacendosi pur sempre allo stesso *pane* che ora si *rompe* e *si distribuisce* continuamente ai *due*, come immagine di tutta la comunità: l'impf. ἐπεδίδου (Lc 24,30c; cf. 9,16). Ebbene questa benedizione sta in intima relazione con la presenza di un Altro. È altresì suggestivo che entrambe si percepiscano, sia dai personaggi che dal lettore, soltanto e soprattutto nel vero culmine della scenografia, quando i gesti sacramentali del Risorto trovano la risonanza nelle forze espressive per antonomasia degli interlocutori: gli *occhi*.

L'apertura degli occhi per quanto sia spettacolare dispone il lettore ad accettare la propria incompetenza nell'indagare a fondo uno stravolgimento simile. Per analogia con la parte iniziale della pericope (16) si costruisce l'immagine dell'unico protagonista del racconto, sotto l'ombrello dei due passivi divini che si richiamano: ἐκρατοῦντο e διηνοίχθησαν. Il Dio che implicitamente viene invocato e benedetto nella frazione del pane per la seconda volta in tutto il Vangelo dona ai discepoli i carismi più desiderabili del mondo[76]. In quel contesto necessariamente sorge una domanda, ben intuibile dall'intero intreccio evangelico: che senso ha il «vedere Gesù», ossia, il non vedere, da parte dell'uomo che non riesce a fare l'altro che provocare un intervento diretto da parte di Dio?

Non è stato forse vano il percorso evangelico segnato solo dai Suoi prodigi e cambiamenti radicali necessari per ridare unità e solidità al cammino umano di sequela altrimenti impossibile. Che ruolo svolge a questo punto il contatto visivo / uditivo con il Risorto? Non è forse da evitare che il lettore premurosamente costruito sulle pagine sacre del vangelo si ritrovi disperatamente deluso nella propria precomprensione di quell'evento tanto atteso? È davvero talmente grande da poter risuscitare gli oracoli profetici dei tempi antichi e offrire alla visione gli orizzonti nuovi della pienezza salvifica?

Ciò che succede ha senso infatti, solo se ripensato attraverso le categoric di *riconoscimento*[77]. L'intervento divino non cancella, anzi, favo-

---

[76] Cf. gli episodi del cieco di Gerico e Zaccheo. Il tratto che accompagna e accomuna quelle due figure è sicuramente la brama del *vedere* che trova il suo compimento nella scena presente. A dire il vero, sia la sequela del primo, che l'atto fisico di vedere da parte del secondo richiedono un passo in avanti, verso una *visio beata* su cui Lc e il Gesù lucano sono molto discreti.

[77] Ciò è stato mostrato a sufficenza da E. Rasco che mette in evidenza lo spessore semantico del vb. διανοίγω: «venire alla luce», «aprire pienamente» (cf. Lc 2,23; At 17,2-3), — nel quale è da trovare la finalità della *maieutica* gesuana. In modo brillante lo studioso conclude che il *riconoscimento* «si realizza nella miglior maniera, non

risce la riflessione sull'unicità della figura di Gesù, il che conseguentemente porta alla fede colui che aveva conosciuto il piano di Dio, inafferrabile nella sua essenza. Il peso comunicativo cade dunque sul secondo aor. (ἐπέγνωσαν)[78] che dà ragione al *fatigare Deum* e ingloba lo scioglimento degli occhi in un piano superiore che bisognerà ancora precisare. Così anche il *fatigare hominum* viene premiato al termine del cammino con il Risorto. La discrezione nel descrivere le modalità del

---

con elementi estrinseci (tracce, segni corporali, etc.), ma dai fatti stessi, dagli eventi, dalla profondità intima del racconto» («Come conoscere il Cristo», 122-123). Aggiunge J.-N. Aletti (*Le Jésus de Luc*, 188, n. 2) che nel presente scenario è implicito un *topos* della drammaturgia ellenistica: *riconoscere* un personaggio che è cambiato d'aspetto, come, ad es., in: OMERO, *Od.*, XIX, 349–481 (ed. F. Ferrari, 679-689). Cf. p. 381, n. 44.

[78] Questo vb., insieme al vb. διανοίγω (Lc 24,31.32.45; At 7,56; 16,14), va abbinato al vocabolario del *vedere* e costituisce il fondale narrativo di tutta la storia (cf. Lc 24,16.31). La varietà e frequenza del vocabolario della *conoscenza* in Lc favorisce una stretta unione delle due tematiche. In modo più dettagliato, il vb. (ἐπι)γινώσκω con i suoi derivati, così frequente nell'epistolario paolino, è preferito anche da Luca nel descrivere la stesura visiva degli avvenimenti. Già nel *prologo* egli menziona esplicitamente lo scopo del raccontare, sulla stregua dei testi oculari (αὐτόπται): ἵνα ἐπιγνῷς... (Lc 1,4). La conoscenza che esprime il vb. è insieme un dono (γνῶσις σωτηρίας: 1,77; cf. Lc 8,10 e At 1,7 (!)) e un merito umano che si acquisisce nello spazio del *vedere*. Ciò è evidente fin dal primo episodio del Vangelo: 1) la prima cosa che Zaccaria chiede all'angelo tocca il *sapere* (κατὰ τί γνώσομαι τοῦτο; Lc 1,18); 2). La gente vedendolo tornare dall'ufficio vespertino arriva a conoscere un ché di misterioso compiutosi nei suoi occhi: ἐπέγνωσαν ὅτι ὀπτασίαν ἑώρακεν ἐν τῷ ναῷ (v. 22). La peccatrice viene a sapere della permanenza di Gesù nella casa di Simone (ἐπιγνοῦσα: 7,37), ancor prima di vederlo ebbene l'insegnamento di Gesù toccherà non altro che il modo di vedere l'altro. Cf. Lc 9,9-11. Tra i sinottici solo Luca menziona la *chiave della conoscenza* che i farisei tengono nascosta (κλείς τῆς γνώσεως: Lc 11,52; cf. Mt 23,13). Non è sorprendente nemmeno che solo lui introduce nel racconto i *conoscenti* del Gesù da vedere (Lc 2,44; 23,49). Cf. At 26,3. Nel libro degli Atti l'unione strategica tra *vedere* e *riconoscere* è ugualmente attestata: At 3,9.10; 4,13. L'imperativo di *conoscere*, riferito ai destinatari, caratterizza non solo l'istruzione pasquale sulla strada d'Emmaus, i cui pellegrini vengono intenzionalmente chiamati da Gesù ἀνόητοι (lett. «senza la mente»: Lc 24,25). Si consideri pure l'insistente massima proverbiale di Lc 8,17 ripetuta in Lc 12,2 (par Mt 10,26) e il γνῶτε del grande discorso apocalittico di Lc 21,20. I discorsi dei corifei degli apostoli negli Atti iniziano costantemente con l'impr. stilizzato (γνωστὸν ἔστω), quasi sempre in un chiaro contesto percettivo (*vedere* o/e *ascoltare*): (cf. ad es. At 1,19; 2,14; 4,10). Per completare questa breve rassegna dimostrativa, sempre nell'orizzonte del *vedere*, rimandiamo a un'analisi appropriata di due altri importanti verbi della *conoscenza / comprensione* da noi esaminati precedentemente: γνωρίζω (Lc 2,15.17; cf. At 2,28) e συνίημι (Lc 2,50; 18,34; 24,45; cf. At 7,25). Vedasi sotto, n. 83, p. 405.

riconoscimento[79] detta anche il ritmo dell'epilogo, anch'esso sorprendente nel suo svolgersi.

Appena dopo il colpo di scena, Gesù diventa invisibile rilasciando ai due le priorità del proprio cammino di evangelizzazione. Nell'aggettivo verbale ἄφαντος si cela infatti la novità del momento presente nel quale si sperimenta in modo evidente l'assenza del Viaggiatore illustre. Per

---

[79] La centralità di questo concetto chiave della gnoseologia lucana è evocativa per far risaltare la conformità dello scenario presente con le regole classiche della retorica antica inaugurate da Aristotele. Seguendo l'opinione di E. Fianu appoggiata da una attenta analisi narrativa dell'intreccio e della composizione retorica del passo in esame siamo propensi a vedere nel suo finale, ossia il *dénouement* (lo scioglimento, la fine dell'intreccio: «the precipitating final scene: the action or intrigue ends in success or failure for the protagonist, the mistery is solved, or the misunderstanding cleared away» (M. ABRAMS, *Glossary*, 141; cit. in: J.L. SKA, *«Our Fathers»*, 28), un effetto caratteristico di ἀναγνώρισις, anziché quello di περιπέτεια ovvero di *risoluzione*: «In conformity with the proposal of Aristotle the narrator opts for the best form of ἀναγνώρισις», ovvero «the best of all discoveries is that arising from the incidents themselves, when the great surprise comes about through a probable incident» (ARISTOTELE, *Po.*, 16, 16-18; ed. J. Barnes, 2328; cit. in: E. FIANU, *Lk 24,13-35*, 58, n. 82). Non convince solo il pessimismo dello studioso, ereditato da G. Nuttall (*The Moment of Recognition*, 9), a proposito della funzione del *vedere* nello sviluppo progressivo — peripezie — della trama a riscoprire la quale si sforza la investigazione presente. È indispensabile altresì rendersi conto della complessità a più livelli di questa creazione lucana quale evento comunicativo e insieme elaborazione narrativa che però ha poco a che vedere con un romanzo classico. Entrando qui in discussione con i teorici della *Formsgeschichte* (R. BULTMANN, *Geschichte*, 314) facciamo nostre le obiezioni legittime che si offrono a diverse speculazioni accennate da A. Schwemer (*Die Emmausjünger*, 95 (n. 5)): «Nicht anonyme Legende, sondern kunstvolle theologisch-schriftstellerische Arbeit auf dem Hintergrund konkreter mündlicher Tradition macht das Wesen dieser eigenartigen Erzählung aus. Auch die formale Bestimmung als Rekognitions-/ἀναγνώρισις-Erzählung greift hier zu kurz». Per di più «das Wiedererkennen Jesu ist nicht die eigentliche "Pointe" der Erzählung. Die Emmauserzählung hat erstaunlich wenig mit dem antiken Roman gemeinsam». Queste intuizioni sono preziose per la adeguata comprensione dell'unico *evento* che la pericope esprime in molteplici modi.

Per quanto riguarda la trama di περιπέτεια l'abbiamo coinvolto nell'analisi, anche dei brani precedenti, sotto l'appellativo «peripezie» del vedere che in buon italiano richiama, insieme a un suo sinonimo evocativo («odissea»), il proprio spessore semantico dall'originale greco rafforzato nella traduzione. È qui dunque, in un superamento eccezionale del piano lineare della complicazione narrativa, che il narratore rompe definitivamente con la strategia finora preferita e così la risolve armoniosamente anche se non viene scartata come inutile tutta la previa tensione generata dal progressivo intrinsecarsi degli incidenti. Nel brano in esame ciò avviene infatti con una composizione del mosaico, da parte del Risorto, in cui singole visioni dei personaggi possono creare un'unità ed orientare lo sguardo del lettore al progetto di Dio.

ironia l'ora del riconoscimento preceduto dalla riabilitazione degli occhi prelude già all'impossibilità oggettiva di un contatto faccia a faccia con Questi. Tuttavia l'epifania evangelica non esaurisce qui del
tutto il suo potenziale, perché orienta lo sguardo del lettore verso la
culminazione patetica del brano concluso con un discorso rivelatore[80].
L'accento di nuovo si sposta dalla disperazione alla proclamazione
festosa dei pellegrini la quale fa capire che prezzo ha avuto per loro
quel viaggio insieme al Risorto. La sua presenza ormai rimane indiscutibile nelle loro vite trasformate profondamente in una sola mezza
giornata![81]

3.2.3 Excursus pragmatico: i cuori «accesi» dalla Scrittura

Le bocche degli eroi si aprono, imitando ciò che era avvenuto anche
per gli occhi mentre l'oggetto della conversazione, al contrario, si perde
di vista[82]. Il lettore è curioso e insieme sorpreso dall'ascoltare un resoconto unanime sul *cuore* — quasi unico elemento costitutivo della loro
esperienza del divino. La centralità degli *occhi* nel quadro narrativo,

---

[80] La trama di *rivelazione* trova la sua risoluzione logica in tre piccoli ritratti i quali
scandiscono l'intera economia del *riconoscimento* che è, come si saprà in seguito,
quella del *vedere*: frazione del pane, apertura degli *occhi* (l'effetto esterno della focalizzazione narrativa) ed esperienza ormai compiuta dei *cuori* accesi (un riflesso intradiegetico). Va aggiunto ancora un elemento della stessa esperienza: la scomparsa del
Risorto. Il suo divenire *Invisibile* è pieno di conseguenze per il futuro del racconto
come sottolinea E. Rasco («Come riconoscere il Cristo», 122-124).

[81] Lo studio storico-redazionale di J. Wanke (*Die Emmauserzählung*, 66-70) coglie
anche l'aspetto della presenza del *kyrios* e lo tratta in una chiave eucaristica accen-
nando al valore simbolico e testamentario della Cena domenicale: «Für das lukanische
Eucharistieverständnis scheint in besonderer Weise der Gedanke der Präsenz des
Kyrios im Mahlgeschehen inmitten der versammelten Gemeinde dominierend zu sein.
[...] Lk versteht das letzte Mahl Jesu als bleibende Gabe des Herrn für die "Zeit der
Kirche"». Quest'intuizione si verificherà nel terzo racconto dell'apparizione (Lc
24,36-49) che è da centrare sia sul testamento, già dato e ancora allo stadio di una sua
consegna definitiva, sia sulla portata salvifica dell'Eucarestia doppiamente simboleggiata dal corpo glorioso del Risorto e dalla cena pasquale che ha in qualche modo
preparato l'incontro: vedasi sotto, p. 415ss.

[82] E. Rasco esplicita al massimo il cambiamento del loro atteggiamento comunicativo: «i Due di Emmaus illuminati, incoraggiati, anzi comunicativi, pronti, come si
deduce dalla forma intensa interrogativa, a comunicare ad altri, senza rimpianti per la
scomparsa fisica di Gesù, la loro nuovissima ed intima esperienza. [...] Questa nuova
apertura collega i fatti di Gesù, che pure loro hanno vissuti, almeno in parte come
propri, pur senza comprendere la loro profondità di salvezza, con le antiche Scritture»
(«Come riconoscere il Cristo», 123-124).

non è stata comunque respinta nel discorso di Gesù che anzi per primo focalizza l'attenzione sul cuore umano. Da lì sorge la domanda: in che rapporto stanno gli *occhi*, il *cuore* e la *mente* nella trama del cammino evidenziato? L'unico interessato a ribadire la posizione privilegiata degli occhi è il narratore; i personaggi parlano esclusivamente della sfera dell'intelletto e dei sentimenti. La dinamica persuasiva del Risorto, rivelata attraverso il parlare dei suoi, conforme al tema dichiarato, tuttavia, permette al lettore di riconoscere la preoccupazione che Questi manifesta nei confronti dell'intimo dei pensieri e delle credenze dei propri seguaci. È lì dove bisogna cercare la radice dell'incapacità di vedere dei loro occhi. Revisionando tutto il percorso si giunge ad un dato sorprendente, e cioè che la visione cede posto al riconoscimento, a tal punto che gli stessi occhi assumono la propria funzione solo in riferimento a esso. Con l'apertura degli occhi cambia qualcosa nel modo stesso di percepire la realtà, sicché il discorso viene approfondito mediante il ricorso alla *sancta sanctorum* dell'esistenza umana[83].

---

[83] Il retaggio dell'AT in merito è autorevole e riflette la tendenza profetica di metaforizzare le grandi immagini di salvezza il cui protagonista è Iddio dell'universo. Così, la formula «aprire gli occhi» (ἀνοῖξαι ὀφθαλμούς) possibilmente risale al primo canto del *servo* (Is 42,7), mentre in altri passi deuteroisaiani è l'orecchio che si apre all'ammaestramento del Signore (Is 48,8; 50,5). Per una simile apertura della *mente* (νοῦς) in Lc 24 bisogna aspettare fino al v. 45, dove il circolo ermeneutico del Risorto *aperto* con la spiegazione delle Scritture e di conseguenza con la trasformazione degli stessi occhi può felicemente concludersi accontentando anche il piacere euristico del lettore. G. Delling fa notare in questa sede che sullo sfondo dell'impiego lucano del sost. νοῦς come organo di comprensione, riconoscimento e perspicacia intellettiva (Einsicht) sta un uso metaforico e variopinto del vb. διανοίγω e dei suoi sinonimi nei LXX: Os 2,17 (σύνεσιν); Gb 33,16 (ἀνακαλύπτει νοῦν); 1 Esd 2,6 (ὁ νοῦς ἠγέρθη: nel significato forte di una decisione quale scelta di vita); Sus 9 (διέστρεψαν τὸν νοῦν αὐτῶν καὶ ἐξέκλιναν τοὺς ὀφθαλμοὺς αὐτῶν τοῦ μὴ βλέπειν εἰς τὸν οὐρανὸν μηδὲ μνημονεύειν κριμάτων δικαίων). L'ultimo passo è l'esatto contrario di quei precedenti e introduce nel campo interpretativo la famosa critica profetica dell'incomprensione d'Israele in quanto dramma storico-salvifico: «Gott will (durch ein bestimmtes Handeln) das Erkenntnisvermögen aufschliessen. Im Zusammenfang der LXX ist wohlgemeint, dass die durch das Aufschliessen ermöglichte Einsicht das Volk in das rechte Verhältnis zu Gott bringt. Gott selbst also wird Israel zu der Einsicht fähig machen, die es zu ihm zurückführt» (G. DELLING, «"Als er uns die Schrift aufschloss"», 76). Luca finora era interessato a mettere in rilievo il lato opposto dell'economia divina manifestata nel violento tener rinchiusi gli stessi occhi d'animo, d'intelligenza e di percezione, come tale, richiamando la profezia di Is 6,9ss il cui successo nella tradizione evangelica (cf. T. HOLTZ, *Untersuchungen*, 35) è sintomatico non solo per situare meglio l'elaborazione lucana nel quadro sinottico comune, ma soprattutto per rendere più manifesto il suo merito di ambientare la positiva risoluzio-

È molto intensa l'immagine del *cuore* che s'infiamma, arde e brucia propagando con ciò un vero processo e progresso dell'assimilazione del messaggio nel centro costitutivo della persona. Sull'esempio di Maria che *custodiva e meditava* la Parola-evento *nel suo cuore* (cf. Lc 2,19.51d) i protagonisti arrivano a provare una esperienza simile in grado di superare la loro comprensione e si mettono con entusiasmo a esplorarne gli effetti. La lentezza del cuore di cui li aveva fatti coscienti Gesù mette in rilievo ancora di più la sontuosità di una profonda trasformazione interiore subita durante il colloquio appassionante con il misterioso pellegrino. Nella tradizione profetica il cuore che brucia è anche un simbolo della penitenza (Sal 22,14.38,8-10), di una offerta di sé quasi sempre accompagnata da un distacco totale da ciò che è contrario alla sincerità del «vangelo» dell'AT (Sal 39,3; 45,1)[84]. Messi a confronto e conseguentemente rimessi in sintonia con il proprio cuore, i due si sentono in grado di dare testimonianza dopo un lungo e insieme brevissimo cammino di formazione. Ricordandosi del *parlare* del Risorto rivolto ai discepoli *sulla strada* (ἐν τῇ ὁδῷ) e di un'azione straordinaria rimasta fuori del campo di competenza del lettore: l'*apertura* delle Scritture[85], — ci si sofferma istintivamente e in modo speciale

---

ne della trama con insistenza, coerenza e rigore argomentativo. Il «trittico di riconoscimento» in Lc 24 si apre quindi a una celebrazione di una unica «apertura» degli occhi, della mente e del cuore presentata tuttavia sotto forme e angolature differenti. C'è poco da dubitare che dentro la composizione scenica del trittico non vi sia una sinfonia del vedere, riconoscere e credere.

[84] E. Fianu, esaminando lo statuto semantico del vb. καίω, sottolinea di più questi due aspetti della simbologia del *fuoco*, sfruttata in precedenza anche da Gesù (Lc 12,49; cf. 3,16), che comprende: 1) come connotare un evento teofanico (Es 3,2; Dt 4,11; 9,15; Is 30,27; 62,1; Eccli 48,1); 2) come dare una coloritura più personale d'intimità di un «amore emozionale» con cui si entra in una relazione salvifica d'alleanza, figliolanza, comunione di vita: «the interpretation of the Scriptures by Jesus metaphorically sets the two disciples on fire» (*Lk 24,13-35*, 61-62 (nn. 91-92)).

[85] Entrambe le azioni messe nell'imperfetto (ἐλάλει e διήνοιγεν) ribadiscono sia l'aspetto della *lentezza* appena evidenziato sia l'intensità di un'esperienza, ovviamente salvifica, che protrae i suoi effetti fino all'oggi di ogni lettore. In più, è proprio ciò che questi d'ora in poi è chiamato a incarnare nella vita servendosi dell'*ermeneutica* già data dal Risorto (cf. v. 27b: διερμήνευσεν). C'è a livello comunicativo un evidente progresso tra l'*ermeneutica* e l'*apertura* delle Scritture — uno dei forti segni di progresso, nell'apprendimento della strategia del maestro, da parte dei discepoli. Soggettivamente parlando il loro accento specifico sull'aprire presuppone un contatto visivo e ciò aiuterà il lettore nel compito di decifrare la dinamica persuasiva della narrazione in cui sono presenti e confluiti, non senza tensione, i diversi punti di vista: quello del

sulla dialettica tra la Parola che esce dalla bocca di Gesù e il risultato finale che essa ottiene assoggettandosi alle parole tanto autorevoli della Scrittura. L'azione del Risorto che nell'atto stesso di parlare apre una pagina nuova nel disegno di Dio risulta paragonabile all'episodio fondatore del Vangelo, la predica a Nazaret, dove l'ordine tuttavia è invertito. Prima si apre e si legge il libro della Scrittura e poi se ne dà un'interpretazione grazie alla Parola rinnovatrice.

Nel circolo ermeneutico aperto da Gesù fin dall'inizio era dunque coinvolta la parola umana, una testimonianza dei dubbi e delle insufficienze della comunità nascente ancora priva della luce interpretativa delle Scritture con cui il maestro aveva inaugurato il suo ministero. Il problema dunque si sposta dal piano puramente visivo su quello storico-salvifico, dove sorge la necessità di un'apertura più spettacolare che è quella del disegno divino di salvezza racchiuso nella Scrittura. Gli occhi che fissano il Risorto non sono più i membri privilegiati della comunicazione e nemmeno compiono la loro funzione abituale nello scenario presente. L'aprirsi degli occhi suppone chiaramente una comprensione esperta delle vie di Dio registrate nella Parola scritta il cui centro è Gesù[86]. Il messaggio rispetto a Nazaret non cambia molto, muta, invece, l'itinerario degli agenti e la strategia con cui li abilita lo stesso Profeta rimasto fedele alla promessa che esaurientemente aveva appena compiuto: *Beati gli occhi che vedono* (Lc 10,23). E viene modi-

---

narratore idealmente concorde con Gesù e quello dei discepoli che hanno in comune con il lettore l'incertezza e la curiosità. Il punto di vista del lettore si sta rettificando dunque attraverso il contatto con i discepoli e nello stesso tempo subisce un forte influsso della tensione tra i punti di vista menzionati, che l'evento comunicativo che stiamo per esaminare caratterizza. Cf. sotto.

[86] La visuale rilevata sarà abbondantemente riempita di particolari in At: «Der Unbekannte dolmetscht somit das, was in den Schriften im voraus als Kunde von Jesus, dem Herrn und Messias (Ag 2,36), dem Retter (Ag 5,31) eingeschlossen ist. Die Botschaft von dem Jesus, in dem das Heil gesetzt ist (Ag 4,12), wird vom Alten Testament her als solche, als Heilsbotschaft, einsichtig. Voraussetzung dafür ist es, dass Gott im AT redet» (G. DELLING, «"Als er uns die Schrift aufschloss"», 79ss). Cf. At 3,18.21; Gv 1,38.41; Ebr 7,2. Merita d'essere puntualizzata anche l'enfasi sulla *risurrezione* ed *esaltazione* del Signore che i discorsi cristologici di At costantemente pongono: cf., oltre ai testi già menzionati, At 10,41-43; 13,32-36. In questa luce — facendo uno sguardo retrospettivo — un simile accento enfatico di Lc 24,24d (αὐτὸν δὲ οὐκ εἶδον) lascia accrescere la tensione nel punto strategico dell'argomentazione della pericope ove confluiscono i vari piani del suo intreccio comunicativo: puramente percettivo, storico-salvifico e scritturistico. Il lettore sa di trovarsi in quel caso davanti a uno snodo pragmatico saliente: «das ist keine erzählerische Ironie, sondern tiefe Hintergründigkeit» (A. SCHWEMER, *Die Emmausjünger*, 107).

ficato anche l'oggetto della visione che s'identifica con il riconoscimento[87]. Qual è a questo punto lo scopo dell'insegnamento e dell'itinerario evidenziato lungo tutto il percorso evangelico a proposito della
visione? Quali sono gli obiettivi della pedagogia di Gesù che comincia
a predicare tra i ciechi e finisce per dare la vista a quanti hanno gli occhi e non credono? Per rispondere a questi e a non pochi altri interrogativi bisognerà proseguire nella logica del racconto che sta per concludersi e rintracciare il cammino emblematico nel trittico di Lc 24.
Questo è apparentemente centrato sulle diverse sfaccettature del *vedere*
ormai giunto alla sua pienezza anche se destabilizzato.

3.2.4 L'evento: revisione e approfondimento del mistero (vv. 33-35)

La conclusione di un viaggio così lungo e consistente non può non
sorprendere il lettore abituato a delle soste relativamente lunghe nei
momenti di estrema importanza, come, per esempio, dopo le vicende di
Nazaret, della trasfigurazione e di Gerico[88]. I due discepoli dopo aver
ricevuto il sale dell'insegnamento scritturistico e riconosciuto la presenza familiare del maestro morto e risorto, manifestatosi all'apertura
dei loro occhi, ripartono per portare la buona notizia ai fratelli in Gerusalemme. Il ritorno nel luogo dove era iniziata la loro «fuga» significa
un ritorno sui propri passi, un ripensamento totale delle proprie credenze e dello stato attuale dei discepoli. Percorrendo la strada del ritorno
sicuramente si trasformano ulteriormente nei messaggeri della risurrezione la cui impronta ormai è percepibile nella semplicità della comunicazione che passa perfettamente dagli uni agli altri. Dopo aver vissuto
un cammino di comprensione difficile e scoraggiante *trovano* negli

---

[87] In questa fusione strategica di ambedue appare ancora meglio l'intento teologico
di Lc che porta così a compimento i due discorsi paralleli, sul *vedere* e sul *comprendere* (cf. cap. I: p. 100s) concernenti dei lineamenti essenziali dell'evento Gesù lucano: «Für Lukas sind Erkennen und Sehen zentrale Begriffe für die Heilswahrneh-
mung» (A. Schwemer, *Die Emmausjünger*, 114).

[88] Nel primo caso sono gli abitanti di Cafarnao ad animare la pausa nel viavai di
Gesù con un desiderio esplicito di trattenerlo (Lc 4,42); nel secondo — il padre
dell'indemoniato (9,38); nel terzo — la funzione di rallentatore è svolta dalla parabola
sul Regno (19,11-27). A ben vedere, in quei casi si tratta di mettere a fuoco, attraverso
il contrasto, e spiegare, con un insegnamento, il contenuto di un evento mirabilmente
estrapolato dalla sua superiorità. Il contatto con il divino si realizza proprio grazie
all'apertura estrema sia del messaggio che esso in sé racchiude sia della sua interpretazione immediata data nei momenti di sosta, che insieme tendono a dare una nota
conclusiva all'unità testuale di cui fanno parte.

Undici l'appoggio della comunità per dichiarare ciò che forse non erano ancora in grado di assorbire pienamente.

La completezza della formula kerygmatica che i pellegrini trasmettono agli altri discepoli prevede già un simile processo d'istruzione: attraverso le testimonianze soprattutto. Come esempio s'impone la notizia di Pietro, che sta a fondamento del credo postpasquale: ὄντως ἠγέρθη ὁ κύριος (24,34a). L'aor. ὤφθη completa la scarna menzione di Pietro nella tomba vuota (v. 12) e lascia libera l'interpretazione di come sia avvenuta l'apparizione del Risorto a questi[89], mentre il vb. ὁράω nel confronto con un semplice βλέπω rivela tutto uno spettro di risvolti visivi pertinenti ad un oracolo. Seguendo minuziosamente la linea cronologica del racconto s'intuisce facilmente la corrispondenza tra il pellegrinaggio dei due e la manifestazione momentanea del *Cristo* a Pietro[90]. La presente comunicazione si condensa e attinge le forze nuove, infatti, dal cammino di Emmaus, concernente un arsenale semantico imprescindibile di immagini e tipologie costitutive per l'intero Vange-

---

[89] La competenza di Paolo in 1 Cor 15,5 testimonia il carattere primitivo di questo dato fondatore della predicazione apostolica. Cf. G. ROSSÉ, *Luca*, 1031 (n. 111). Per una sua ambientazione teologica e lo sfondo biblico è indispensabile il ricorso alla monografia esperta di X. Léon-Dufour: *Résurrection de Jésus*, 30-35.75-78.128-130. L'intento e contenuto kerygmatico della tradizione soggiacente vista nel suo sviluppo a livello del dittico lucano è esplorato alla perfezione da J.-M. Guillaume: *Luc interprète*, 111-128. Sull'originalità della presentazione cristologica e cristocentrica lucana in cui propriamente viene incorporata la testimonianza dei due vedasi: R. DILLON, *Eye-Witnesses*, 98-108. Cf. pure l'interessante intuizione esegetica di P. Schubert che si rifà al versante storico della composizione dei vangeli per far risaltare il contributo proprio di Lc rispetto alla visione più ristretta di Paolo dello stesso dato kerygmatico: «1 Cor 15,5ff. makes clear, at least as far as the appearance to Peter is concerned, that Luke, with all the freedom which he employs as a literary and theological interpreter, works with traditional materials, some of which he must have been at pains to secure, and some of which we are more or less able to classify as early or late, as "reliable" or "unreliable". The author's way of working and composing was to fit larger units of tradition as well as little bits of information diligently collected directly into his account, and to make them subservient to his over-all literary intentions and theological purposes» («The Significance of Luke 24», 170).

[90] E. Schillebeeckx, pone l'accento sullo spessore semantico e comunicativo della forma ὤφθή in un *excursus* di carattere teologico che mostra la grande rilevanza del suo retroterra epifanico e cristologico negli scritti più primitivi del NT: (*Gesù*, 365-379. n. 68). Cf. inoltre il rilievo di G. Ghiberti: «L'intenzione del racconto evangelico attesta un contatto di presenza e una percezione visiva. È una persona umana che entra in contatto con i testimoni, anche se molti suoi caratteri non rientrano nelle condizioni normali del vivere terreno» («Testimonianze sulla risurrezione di Gesù», 412).

lo. Così viene elaborato un modello della comunicazione divino-umana[91], prossimo, come mai, all'*expertise* del lettore. I suoi componenti verranno presi in esame in seguito, lasciando per ora finire il riassunto dello scambio appassionante che avviene dentro la comunità riedificata e riunita, questa volta in modo definitivo (ἠθροισμένους: 33b)[92].

Resta da dire che la storia di Emmaus gioca un ruolo esemplare dentro la cornice narrativa di Lc 24,13-35 in quanto viene riassunta dai pellegrini per la seconda volta, oralmente (cf. 32). L'esegesi che fanno sull'esempio di Gesù presenta il frutto del viaggio di ritorno ormai illuminato dall'intelligenza dei cuori accesi. Il loro pensare si verte attorno alla totalità della giornata trascorsa sulla strada e ne evidenzia il nucleo comunicativo: ὡς ἐγνώσθη αὐτοῖς. C'è tuttavia un netto contrasto tra ciò che succede ἐν τῇ ὁδῷ e l'istante del riconoscimento. E sembra sia esattamente questo il dato che deve essere spiegato davanti agli altri che potrebbero peraltro dubitare della verosimiglianza di un messaggio in sé contraddittorio. In verità, è l'autore a mettere in gioco quei due poli di gravitazione attraverso la trama narrativa. Dal canto suo, il lettore facilmente trova il filo conduttore dell'esegesi, grazie ad un'aggiunta significativa che il testo pone come la pietra finale del cammino nelle Scritture. Si tratta del gesto simbolico dello *spezzare il pane* (ἐν τῇ κλάσει τοῦ ἄρτου: 35c) in cui si esprime la comunione e l'apertura al mistero dell'alterità che non viene mai meno[93].

---

[91] Cf. il libro di G. Marconi (*La comunicazione visiva*) a cui dobbiamo una miglior impostazione della ricerca nonché un vasto repertorio di titoli e intuizioni evocativi, preziosi innanzitutto per gli scopi del presente studio, come, ad es., dello stesso autore: *Il Dio da vedere*.

[92] La forma passiva del ptcp. e una serie di passivi divini (cf. gli aoristi ἠγέρθη, ὤφθη e ἐγνώσθη) fanno pensare a un'iniziativa puramente divina di cui gli attanti semplicemente contemplano la propagazione. Questa impressione crescerà al momento della manifestazione del Risorto davanti a tutta la comunità: vedasi sotto, pp. 403-406. La portata teologica di una tale visione apofatica (cf. Es 33,20-23; 3,6; Gdc 13,23) è espressa in modo brillante da E. Schillebeeckx (*Gesù*, 366): «Dio diede Gesù "a vedere" a tutti i citati [cf. 1 Cor 15,11]; a tutti questi apostoli Gesù si è fatto *epifano*, cioè: tutti proclamano che il crocifisso è risorto. Tutto ciò che si chiami "autorità apostolica" nella chiesa antica proclama un solo identico credo fondamentale: il crocifisso è risuscitato».

[93] Occorre precisare che la portata comunicativa del pasto comunitario, possa o meno riferirsi ad una cena eucaristica (cf. la nota seguente), è vitalmente innesta nella tradizione veterotestamentaria delle grandi teofanie. Teologicamente parlando vi sono proposte alcune chiavi di lettura che si applicano in modo perfetto alla scena evangelica ormai esaminata, il cui potenziale pragmatico attinge proprio al suo radicamento nelle *scritture* del Primo Testamento. In una delle sue parti auto-

Le due fasi di un unico evento si completano in modo perfetto, sicché l'insegnamento passa mediante la presa di coscienza che esiste un cammino che conduce al riconoscimento plenario finora inaudito. La sua logica, per quanto essa sia ancora difficilmente comprensibile, si rivela nella sequenza *strada-casa*, ovvero, *insegnamento-pasto* comune, che il passo seguente adopera e sviluppa invertendone l'ordine (cf. Lc 24,36-49). Dentro quello schema s'inserisce bene anche la tensione tra l'invisibilità e il riconoscimento, ravvisata a più riprese. Al giudizio complessivo del lettore mancano troppi dettagli abilmente celati sotto le formulazioni brevissime e perciò enigmatiche. L'apparizione davanti agli *Undici* sicuramente getterà luce sul contenuto delle formule e espressioni della fede comunitaria nascente. Per ora tutto ciò viene lasciato all'ombra per mettere a fuoco il maggior enigma che si possa instaurare nella mente e nel cuore pur sempre inesperto del lettore. In che relazione dunque stanno gli occhi riaperti e il riconoscimento del Risorto, e parallelamente, tra le Scritture schiuse e la frazione del pane? Su questi due snodi pragmatici[94] punterà la nota

---

revoli — nel Pentateuco — la scena che interagisce meglio con la nostra è quella di Gen 18,1-15 ove il pasto che condivide il futuro patriarca Abramo con i tre misteriosi pellegrini nonché la sua accoglienza sono privi di connotazioni tipiche dei racconti di teofania. Ciò serve per far emergere un importante dato teologico che si cela dietro le superficie del racconto: Dio si manifesta nella quotidianità della vita, a delle persone ordinarie (cf. Gv 21), — cf. i *piccoli* dei Vangeli sinottici — non già in circostanze spettacolari, più adatte alle figure nobili dei principi e re (cf. Lc 10,21-22).

[94] A proposito del conclusivo ἐν τῇ κλάσει τοῦ ἄρτου già J. Dupont («Les Pèlerins d'Emmaüs», 362-364) aveva segnalato la difficoltà, a parte le molteplici interpretazioni dello stesso dato evangelico, di evidenziarne la portata teologica. La sua interpretazione dipende comunque dalla corretta comprensione e dall'inquadramento adeguato nella cornice comunicativa dell'insieme delle parole chiave: *via, cammino, occhi, riconoscimento, Scritture, spartizione del pane.* Cf. l'esito convincente dello stesso esegeta ottenuto nel situare la pericope nella cornice drammatica del modello aristotelico di ἀναγνώρισις: ID., «Les disciples d'Emmaüs», 190-195.

Con questo quesito assai importante per un giudizio complessivo sulla valenza pragmatica del «vedere Gesù» è pure legittimo riferirsi alla tecnica d'offuscamento tipica di Luca (cf. sotto, cap. VIII, 564, n. 90) alla quale è ben attento M.-J. Lagrange (*Luc*, 610) nell'esaminare la presente formula «eucaristica». Rievocando una celebre intuizione di M. Loisy egli osserva anzitutto l'evidente contrasto tra la precisione storicamente attendibile delle singole nozioni circostanziali della trama e la vaghezza delle notizie sintetiche sull'evento la cui comprensione teologica rimane fuori quadro narrativo: «le narrateur se tient dans le vague, et le récit est comme suspendu entre ciel et terre» (M. LOISY, *Luc*, II, 763).

conclusiva che è insieme l'apertura di un nuovo racconto, anch'esso focalizzato sul riconoscimento.

3.3 *Conclusione*

Un pellegrinaggio «alla cieca» ha condotto i protagonisti del racconto ad una meta difficilmente pensabile: la manifestazione piena sia delle vie di Dio registrate nelle Scritture sia del volto di Gesù, inafferrabile nella sua istanza fuggevole. Si sono qui svelati anche i diversi approcci adoperati da Gesù per trasformare non solo le vie degli uomini, bensì il loro mondo interiore. Per primo entra in gioco l'*appello* a ritrovare la propria identità nelle categorie della *via*. Camminando insieme a Lui essi vivono addirittura una vita in pienezza aprendosi simultaneamente alla meravigliosa guida di Dio che detta loro, ancora incoscienti di ciò, le condizioni essenziali per fruttificare nell'angustia della sequela. Gli occhi, (in)capaci di riconoscere, assumono l'importanza maggiore nel quadro comunicativo dell'insieme essendo alla metà del percorso, un perno portante del racconto, un ideale che è già intuibile nella predica di Gesù posta dal narratore al centro della sottosequenza (Lc 24,25-27)[95]. L'*approccio* ermeneutico che affiora ha per scopo propriamente il far (ri)conoscere ai pellegrini la propria cecità mentale e fisica esemplificata in modo speciale nel cuore lento. La triade occhi-mente-cuore fa parte, o meglio, è chiamata a far parte di un unico processo in cui ricuperare l'unicità e solidità della persona umana messa in crisi dal discorso così franco e performante. I due pellegrini sono spinti perciò a riconoscersi davanti a Dio, con i propri stereotipi e pregiudizi dai quali da soli non si esce. In altre parole, prima di riconoscere il mistero della diversità si rinforzano a vicenda nelle loro convinzioni, tristezze e interrogativi, fornendo l'espressione della loro vera identità. Gesù ne ribadisce i limiti e prescrive l'unica via d'uscita da quel circolo ermeneutico vizioso che avevano elaborato da soli.

Nella scrittura, come fonte viva di rivelazione e luogo dell'incontro, s'incrociano le vie di Dio e degli uomini. Nella sua totalità essa allude già alla scena di riconoscimento dando le chiavi di comprensione a quanti ne sappiano interiorizzare la sinfonia. Il suo eco si sente perfino nel discorso dei due, tutto orientato verso Gesù; nella sua essenza,

---

[95] Mi riferisco all'analisi retorica di R. Meynet in cui viene evidenziata la sequenza D4 (Lc 24,1-53). La sottosequenza centrale di cui noi ci occupiamo (Lc 24,13-33a) contiene, a sua volta, al centro il passo dal nome evocativo: «Gesù rammenta loro le Scritture» (Lc 24,19b-27). Vedasi: R. MEYNET, *Luca*, 876.914 (n. 14).

l'intera storia ha per protagonista il Risorto, in nessun modo soffocato dai ruoli degli effettivi protagonisti del racconto. L'unico aspetto che manca ai loro occhi per aprirsi al riconoscimento è alla giusta percezione dell'identità profetica di Gesù, anche se la menzionano loro stessi nel riportare il ritratto del Cristo evangelico (cf. 24,19b-20). Su questa contraddizione si basa sia la relazione tra gli occhi e l'oggetto del riconoscimento, ancora non specificato, sia l'ambiguità dello stesso *vedere* che quasi perde il significato in una trama che favorisce più che percezione un movimento cordiale e uno sforzo intellettuale, entrambi a servizio del riconoscimento paradossalmente destinato a compiersi negli occhi.

L'intreccio termina a tavola, con il cessare dell'insistenza missionaria dalla quale il lettore attingeva l'ispirazione finora. La sosta di una piccola comunità appena plasmata assume il significato dell'ultimo testamento che il Risorto lascia ai suoi in prossimità dello *scomparire* fisicamente, una volta per tutte, dall'assemblea apostolica. La comunione della tavola funge addirittura da cena di congedo (cf. Lc 22,14-23) la cui finalità è l'incarnare nella vita la Parola illuminatrice della Scrittura che deve essere non solo ascoltata, ma anche e soprattutto ruminata. Quel *dare* continuo di Gesù (ἐπεδίδου) è indispensabile per comunicare ai riceventi la verità ultima dell'insegnamento ricevuto sulla strada, anzi, mette in atto i meccanismi del riconoscimento[96].

Il rapporto instaurato tra l'aprirsi delle Scritture e la consumazione del pane, rimasto provvisoriamente fuori dal quadro narrativo, si può definire infine nel modo seguente: il frutto dell'ascolto e manducazione della Parola trova a tavola solo l'espressione, visto che l'unico elemento straordinario nello scenario stilizzato è la *benedizione*. La frazione del pane corrisponde in modo perfetto alla spiegazione delle Scritture — le due componenti di un unico processo ricondotto anch'esso all'apertura degli occhi[97]. Qui non persiste più il paradosso «percetti-

---

[96] La simbologia Parola-*pane*, sicuramente più elaborata nel Vangelo di Giovanni (cf. Gv 6), caratterizza in modo speciale anche il racconto lucano, dove l'*ascolto* — il motivo predominante — viene a riassumere in sé una gamma più vasta di immagini, come, ad es., la fecondità della terra e la fruttuosità del seme (Lc 8,4-15). Il sorgere di quella tematica in un passo strategico come Lc 24,13-35 richiede un approfondimento della stessa tematica dell'ascolto, alla luce del contributo prezioso che la pericope in questione vi offre. Per la problematica vedasi: S. PANIMOLLE, «La dottrina dell'ascolto», 142-156; per un trattamento specifico del ruolo dell'ascolto in Lc 24,13-35 si può anche rimandare indietro il discorso: cf. cap. II, p. 149, n. 67.

[97] Ci rendiamo ben conto dell'impossibilità oggettiva di esaurire con questa proposta interpretativa il messaggio che si cela dietro quella scena simbolica il cui spessore

vo» in quanto si è verificato il punto comune delle due tipologie sopra elencate: l'apertura degli occhi necessariamente s'identifica con quella delle Scritture, e viceversa. Ora, per capire come funziona tutto l'itinerario del riconoscimento bisognerà rifarsi all'analogo percorso dentro la cornice evangelica: occhi chiusi – Scrittura aperta – riconoscimento. Manca solo la conclusione della sequenza pasquale (Lc 24,36-53) — chiamata anche trittico di riconoscimento — per porre la pietra finale nel fondamento evangelico già cementato con il paradigma di Emmaus. Esso non esaurisce, ma, al contrario, favorisce sempre nuovi quesiti, dubbi e sorprese come se la situazione di ogni lettore attuale si trasformasse in quella dei due di Emmaus, al proprio inizio del cammino.

4. L'eliminazione d'ogni scandalo: Risorto e comunità (vv. 36-49)

L'episodio di Emmaus necessita della narrazione successiva che ne sviluppa e contemporaneamente risolve la tensione. Già studiando il cammino con il Risorto si è giunti alla conclusione che lo scandalo degli occhi impediti in verità non esista. Dal punto di vista narrativo lo scandalo si nasconde ad un livello più profondo, nella sequenza degli eventi nonché sequela priva di senso, sia questa accompagnata o meno da un'istruzione. Ciò nonostante per il lettore lo scandalo tocca per di più la posizione privilegiata degli occhi, venuta meno nel dramma del riconoscimento. Gesù a Emmaus di fatto non ha esaurito il suo programma missionario; per meglio dire, lo ha aperto alla piena realizzazione che verrà da Lui formulata verbalmente nell'assemblea apostolica. Il suo comportamento è ancor più interessante, perché avrà a che fare con il risolversi delle tensioni d'ogni tipo e con la fine delle incertezze sia dei personaggi — *apostoli* — sia del lettore che finalmente potrà riposare ricevendo la verità tanto desiderata la quale è appunto il

---

comunicativo consiste proprio nella massima apertura a delle variazioni esegetiche. Per una critica esperta delle letture «eucaristiche» nonché di quelle «miracolistiche» (cf. Le scene evangeliche della moltiplicazione dei pani) si consulti: M.-J. LAGRANGE, *Luc*, 608-609. Siamo d'accordo con l'esegeta francese che l'interesse lucano di fondo sia di carattere rivelatorio, o meglio, «epifanico», mentre per una vera cena quale atto di comunione (cf. At 1,4a) rimanda al pasto vespertino con gli Undici alla fine della giornata: «Il semble que Luc ait voulu montrer dans les apparitions une sorte de crescendo, Jésus ayant daigné dans sa Sagesse préparer les disciples à une révélation aussi extraordinaire, en leur laissant l'occasion d'en mesurer pour ainsi dire la réalité. Les disciples d'Emmaüs le reconnaissent à la fraction du pain, mais ne le voient pas manger; il mangera plus tard» (*Ibid.*, 609).

vedere senza frontiere, in piena comunione con gli altri e in estrema prossimità del mistero compiuto in Gesù e dato in eredità...

4.1 *Il testamento da compiere negli occhi (vv. 36-40)*

La narrazione prosegue senza un'interruzione netta ricollegandosi a ciò che la precede per mezzo di un δέ seguito da un gen. assoluto (αὐτῶν λαλούντων) il quale riassume in sé il contenuto della parte finale della pericope precedente. Questa messa a fuoco così diretta dell'apparizione del Risorto punta propriamente sulla risoluzione della drammaticità dei primi due brani (Lc 24,1-35). Qui tutto è determinato dalla preoccupazione di riabilitare sia le capacità percettive dei discepoli che le competenze informative dei lettori. L'imporsi di Gesù sul palcoscenico è così efficace da sovrapporsi allo scambio kerygmatico con l'assemblea che influisce persino nella scena presente facendo sperimentare al lettore un clima vivace e estremamente comunicativo. Un presupposto davvero essenziale per attirare nella sua inter-relazionalità lo Straniero su cui s'erano già centrati gli obiettivi del «proiettore» nonché i fili conduttori dei discorsi e repliche antecedenti[98]. L'aor. ἔστη che è l'unico vb. di movimento (cf. diversamente, Gv 20,19.26) funziona come una esplosione in quanto registra un'irruzione violenta nel corso lineare e piuttosto sdrammatizzato della conversazione ideale. La discesa di Gesù dal cielo — questa è la prima e plausibile immagine che deve venire in mente al lettore[99] — s'intensifica tramite l'indicazione del luogo (ἐν μέσῳ αὐτῶν) che fa pensare di un'apparizione eccezionale, avvenuta per così dire *sulla pelle* dei circonvicini e perciò destinata a occupare un centro vitale anche nei loro cuori (cf. Lc 24,38).

Immersa nella tenerezza del passaparola intimo e rispettoso, la voce del Risorto si fa portatrice della buona novella: *Pace a voi!* (36). Il pres. λέγει a sua volta mette in rilievo l'attualità e concretezza del fatto acca-

---

[98] Definite per un ταῦτα generalizzato e enfatico si pongono come la base strategica del seguito della scena. A partire dalla Parola scolpita comunemente, nella testimonianza e discussione, nasce spontaneamente un requisito indispensabile per conseguire un contatto diretto con il Risorto. Ancora una volta Egli raggiunge coloro che stanno in un rapporto densamente dialogico e quindi sanno mettersi pure in un atteggiamento di ascolto e del fiducioso abbandono alla parola altrui. Perché ciò è straordinariamente importante per il successo della predicazione apostolica che aveva già mostrato il loro itinerario di sequela segnato da simili momenti di comunione del tutto speciale con il maestro, grazie soprattutto all'ascolto: Lc 8,8-25; 10,21-24; 11,27-28 etc.

[99] Cf. l'oscillazione nelle traduzioni italiane: *stette, apparve, si presentò*. Cf. anche: er *trat* (SCH); *se puso* (R95); *fut présent* (TOB).

duto — il lettore lo coglie in piena sinfonia con il λέγει precedente il quale invitava a dare sfogo alle vicissitudini recenti, vissute molto da vicino dai protagonisti (21ab). Qui è il Risorto a rispondere con le parole di speranza allo sconforto degli uomini, a promuovere la *pace* — un motivo messianico sempre legato con la venuta di un re liberatore (cf. Lc 2,14). Gesù quindi è pronto a togliere la schiavitù della paura e della sfiducia dai suoi, ma in realtà succede proprio il contrario! L'effetto negativo dell'apparizione è generato grazie a due predicati: il ptcp. πτοηθέντες[100] e l'agg. ἔμφοβοι unito al vb. «rivelatore» per eccellenza (γίνομαι). Dentro il freddo scetticismo della disfatta scoraggiante abita infatti la ricerca coraggiosa della vera ragione dell'accaduto (cf. γενόμενα: 18c) e del significato che esso acquisisce nell'oggi di ognuno. È un impulso straordinario di cui la narrazione presenta solo il risultato finale: l'impf. ἐδόκουν si oppone alla momentaneità dell'*epifania* rallentando al massimo il ritmo narrativo e evidenziando quella ricerca appassionante condensata in una sola parola e tuttavia registrata nel suo svolgersi — e dallo stesso impf. e dall'infinito conclusivo (θεωρεῖν). Sorprende solo il fatto che la percezione degli spettatori diventi una forza contraria all'accoglienza visiva dell'ospite, ossia provochi la negazione del contatto con il Risorto[101].

---

[100] La forma perifrastica suggerisce un forte sentimento la cui durata, attualità e insistenza fanno sì che il lettore se ne appropri. L'uscire da questa paura paralizzante diventa un suo compito urgente in cui mostrarsi capace di collaborare con il testo che già prevede un esito positivo nello sbigottimento: l'intervento di Gesù riesce in effetti a penetrare in modo più efficace nella profondità di un animo muto, rattristato dall'apparente minaccia (cf. Lc 24,17e) e perciò più sensibile alla comunicazione in parole con cui si genera un nuovo tipo di relazioni già verificatosi in Emmaus. Sul motivo della *paura* in Lc cf.: G. HOLTZ, «Zur Relevanz des Furchtmotivs», 484-505.

[101] L'impiego del vb. θεωρέω (2x) è controbilanciato dal vb. ὁράω (2x): Lc 24,37-39. L'esperienza della *paura* che stanno facendo gli Undici trova la sua base in una contemplazione intontita (il primo vb.) radicata in un contatto con il misterioso corpo del Cristo risorto e glorificato. Questi invece li orienta in una direzione più volte privilegiata dal Vangelo degli sguardi: la rende l'impr. del secondo vb.: ἴδετε. Ed è indicativo che l'oggetto del vb. siano i *piedi* e le *mani* del Risorto, testimoni della Sua presenza reale e tangibile, del Suo essere *carne ed ossa*. Così la visione esterna e soggettiva dei discepoli resta incompleta ed incerta senza quella oggettiva, garantita dall'iniziativa dell'Ente da vedere che si fa vedere: li chiama cioè a percepire la Sua presenza a pieno titolo, senza frontiere: ἔδειξεν (Lc 24,40). La visione, in fin dei conti, è un processo bilaterale e reciproco, in cui il vero piacere dell'occhio puro va confrontato con la santità e trascendenza della personalità messianica del Cristo, garante e promotore di una vera visione in cui si realizzi la salvezza. Il cambio del vb. esprime dunque il passaggio da un osservare continuo (θεωρεῖτε), interessato ed emotivo, al vedere puntuale (ἴδετε) come esperienza di vita da cui dipende l'esito e il successo

Le modalità del disagio si situano dunque sul piano delle credenze con cui l'*avvento* del miracoloso viene valutato. Gli occhi paradossalmente tradiscono la propria funzione d'essere i membri privilegiati del riconoscimento (cf. Lc 24,31), ravvisando nella figura quanto mai realistica del Risorto uno *spirito* illusorio e spaventoso nella sua trascendenza fattasi vicinanza (cf. Mc 6,49; Mt 14,26)[102]. Gesù, misconosciuto per la seconda volta, rompe il silenzio con una lunga istruzione indirizzata a risvegliare le coscienze e far prorompere la luce del riconoscimento, subito, senza nasconderla! Dopo aver avuto l'accesso diretto alle strategie di Dio non ha senso ripetere lo stesso itinerario dei pellegrini di Emmaus, occorre celebrare il compimento vittorioso degli annunci precedenti che davvero facevano rizzare i capelli. La paura persiste, e per farla passare il Risorto richiama l'esperienza soggettiva degli spettatori atterriti. Con due atti *direttivi* assai espliciti viene svelato il paradosso di una situazione che già in partenza suppone una contraddizione: tra la *pace* come invito ad accogliere la salvezza dall'interno della casa (cf. Lc 19,5-6) e l'effettiva freddezza dello stupore superstizioso, chiuso in sé e inospitale per qualsiasi iniziativa che possa trasformarlo in un contemplare beato. Dalle sembianze esterne facilmente notabili — uno *sconvolgimento* persistente[103] — si passa immediatamente alla

---

comunicativo del raccontare e testimoniare dei futuri apostoli in missione nel libro degli Atti.

[102] Il discorso si dramatizza ancora di più prendendo nell'ottica quei *due* pellegrini che sembrano condividere la sorte dei compagni sprofondando nella paura. Il racconto rileva un dato davvero sorprendente, e cioè che con l'annuncio della risurrezione e con l'evento in cui esso si manifesta, in date circostanze storiche, le forze più potenti e più infallibili dell'essere umano — *occhi, intelletto, cuore* — subiscono una violenza vera e propria, si da rendere manifesta la fatica del riconoscimento che quasi s'identifica con lo scandalo della risurrezione (cf. lo scandalo della croce: cap. IV, p. 277, n. 74; cap. V, p. 330, n. 17) e perverte non poche volte la sua oggettività a favore di un principio che il lettore sta per scoprire: le leggi che oramai caratterizzano la vita del Risorto e quella dei suoi seguaci cambiano il mondo abituale di pensare e di vedere inserendolo nel potente e inscrutabile disegno di salvezza. E proprio in questa inserzione esse trovano il loro compimento necessario per un fine logicamente riuscito sia del Vangelo sia della tematica del *vedere*.

[103] Ciò evidenzia la forma perifrastica del vb. (τεταραγμένοι ἐστέ: 24,38b). La forma passiva serve peraltro a ribadire la centralità del volere divino che riposa sulla/e provocazione/i generate dall'evento Gesù. Cf. sopra: p. 380, n. 43. Nell'arsenale scritturistico del lettore è presente anche una serie di testi che testimoniano la parentela semantica tra il vb. ταράσσω e le molteplici sfumature visive che rendono manifesta la scandalosità dell'apparizione: cf. Lc 1,12; At 15,24; 17,8.13; Mc 6,50; Mt 2,5; 14,26.

sfera intima la meno esplorata dell'uomo, per circoscrivere la quale di nuovo viene menzionato il *cuore*. È un organo comunitario per eccellenza (cf. At 2,44), ma anche la sede dei pensieri non sempre controllabili, dialoganti con la visione del mondo e quella della vita di ciascuno (cf. Lc 12,17-20). Nella formulazione dell'Ospite quei διαλογισμοί sono un serio ostacolo per il riconoscimento in quanto trovano nel cuore il loro principio vitale (cf. Mc 7,21par). Il rimprovero rivolto ai due nella storia precedente (24,25) si dilata ora a tutta la comunità spingendola a riavere un cuore semplice, purificato dal peso eccessivo degli affetti e dal pleonasmo dei pensieri[104].

La via sicura e infallibile della conoscenza del Risorto diventa un'appropriazione visiva del suo corpo glorificato, definito per il merismo dalle *mani* e dai *piedi*. L'invito rivolto agli *Undici* e ad ogni lettore è una fonte d'informazione e d'ispirazione per tutti, un atto *direttivo* portatore di un'alta impronta comunicativa, perché si riferisce agli occhi — ἴδετε — per coinvolgervi tutta la persona con le sue capacità sensoriali, a questo punto riabilitate e pienamente assunte al servizio del riconoscimento. Qui esattamente viene chiarito il senso dell'apertura degli occhi che nel fissare Gesù ricuperano la propria funzione d'essere strumenti e luoghi privilegiati della rivelazione. La direttiva di *vedere* ripetuta per ben due volte è eccezionale anche perché presenta un caso unico nel Vangelo: infatti Colui che ordina e l'oggetto dell'imperativo sono gli stessi (cf. il pron. ἐγώ enfatico: 39b)[105]. Dall'indiscutibile centro d'attenzione il Risorto diviene uno, dotato quasi di una forza magnetica, che non solamente attira a sé gli sguardi e i cuori, ma favorisce anche un contatto più immediato con ciò che è tangibile. Il tatto accettato come una necessità (cf. Lc 8,43-48) assume la dimensione del testamento ed esprime la novità del momento

---

[104] Fin dal vangelo dell'infanzia il collegamento tra il *cuore* e i suoi *pensieri* (Lc 2,35) serve ad esplicitare qualcosa di estremamente emblematico per la comprensione del dilemma del *cuore* indurito / tardivo. L'intervento del Risorto compie il programma (Lc 2,35) in quanto orienta lo sguardo verso quel nascondiglio dei pensieri per ribadire quanto è tortuoso e imprevedibile il sentiero del riconoscimento, ostacolato dai dubbi e reticenze nonché pensieri di ogni tipo — prodotti dello stesso cuore non ancora acceso dalle fiamme dello Spirito (At 2,3). Per i διαλογισμοί come un accento tipicamente lucano cf. anche: Lc 3,15; 5,22; 6,8, 9,46-47.

[105] Rispetto ai sinottici è un caso molto frequente nel Quarto Vangelo. Lc nel passo menzionato sicuramente attinge ad una fonte comune con la tradizione giovannea (cf. par Gv 20,21c: il κἀγώ enfatico): cf. J. FITZMYER, *Luke*, II, 1573-1574. Per una discussione più approfondita della critica storico-redazionale in applicazione al testo studiato si consulti: R. DILLON, *Eye-Witnesses*, 162-163 (nn. 15-16).

presente in cui all'uomo è dato di sperimentare la connaturalità della vita con Gesù attraverso un gesto simbolico e insieme commemorativo. Questo *toccare* a prima vista superfluo e dettato solo da ragioni apologetiche, in realtà, costituisce l'apice del riconoscimento fisico. La comunione prende corpo in questo darsi completo alle investigazioni altrui, alla ricerca spinta dal movimento dell'amore divino manifestatosi nell'apertura degli occhi e dei cuori. La realtà fisica del corpo di Gesù serve dunque da garanzia dell'efficacia e della realtà salvifica dello stesso *vedere*. L'apparizione in carne ed ossa trapassa le frontiere naturali del semplice atto percettivo trasformandolo in una esperienza tattile così intensa da costituire l'apice dell'attuazione della salvezza.

In date circostanze va negata perciò l'inconsistenza fisica il cui esempio fornisce uno *spirito* inafferrabile nella sua estraneità spaventosa. Il Risorto si fa appunto quanto mai vicino al collegio apostolico ed è pronto ad occupare un posto tra di loro per convincerli non solo tramite le parole, ma soprattutto mediante la sua presenza rivelatrice. Il primo atto si conclude perfino con un evidente segno di benevolenza divina che trova il compimento nella gestualità di Gesù quale operatore del riconoscimento, Egli mostra (e quindi fa vedere) loro le proprie mani e i piedi. A differenza del racconto giovanneo, propenso per di più al riconoscimento per fede (cf. Gv 20,26-29), qui entra in gioco la realtà corporale del Risorto, che deve essere scrutata e riveduta con gli occhi sia del corpo che dell'anima[106]. L'unico desiderio del Risorto è di farsi conoscere ai suoi pienamente, arrivando persino ad una vicinanza vitale, dove gli occhi cessano d'essere solo stimolatori, anzi, favoriscono

---

[106] È un dato di fatto evidente per ogni tentativo di definire la portata comunicativa della presente manifestazione, evidentemente cristologica. La coglie in modo efficace lo studio orientativo ma assai suggestivo di C. Martini («Lc 24,36-43», 262): «Il peso della narrazione lucana cade sulla realtà corporea del Risorto mostrata con segni inequivocabili agli apostoli riuniti insieme». Cf. anche la tesi dottorale di T. San Sylvester (*Experience of the Risen Lord*) che mette gli stessi accenti richiamando due metafore evocative: «physical reality» (cf. J. FITZMYER, *Luke*, II, 1575) e «visible identity». La seconda manifesta un dato teologico di notevole importanza su cui continuamente verteva e in cui esattamente inciampava l'intero itinerario del riconoscimento della via e del cammino di sofferenza del maestro da parte dei Dodici: il «nesso tra il Gesù crocifisso e il Signore risorto» (*Experience*, 26). In fin dei conti è la «visible experience» che rende possibili ed efficaci il riconoscimento e la testimonianza successiva del gruppo apostolico: At 2,32; 10,41; 13,31. Cf. la tesi di J. Plevnik: «[The evangelist] only secures the origin of *apostolic* faith by basing it on the appearance of the risen Jesus to Peter. However, the apostolic proclaimers are to communicate not only their faith but also their personal knowledge of the risen Jesus» («Eyewitnesses», 103).

un ulteriore passo nella strategia comunicativa di Gesù, che è la pienezza della comunione, espressa nell'unità e nella comunione della vita. Il
testamento che sta per dare Cristo aprendo le mani e togliendo i sandali
dai piedi, allude al gesto simbolico scandito in Emmaus e copre la dimensione ecclesiale. L'accesso alla vita e all'opera salvifica del Risorto
fin d'ora è possibile per tutti a condizione di un desiderio altrettanto
vivo da parte dei seguaci, di lasciarsi guidare dalla voce e dai gesti vo-
cazionali del maestro. Un movimento non contrario, almeno un mite
«sì» al δεῖ divino sono richiesti in modo irreprensibile da quanti stanno
per rispondere con Tommaso: *Signor mio e Dio mio* (Gv 20,28)[107].

4.2 *Il testamento compiuto nell'intelletto (vv. 41-45)*

Lo spettacolo appena attuato opera uno sconvolgimento ancora più
grande, sicché sorge l'esigenza di fornire le nuove prove della credibilità della risurrezione. Dopo aver vissuto la riabilitazione e il reintegro
degli occhi nel disegno salvifico, il lettore, sulla base dell'astrazione
dal cuore come fonte dei turbamenti e dei dubbi, segue una pista inaspettata. Ciò avviene aderendo ad un secondo atto della strategia che
sembra fallire davanti alla debolezza del cuore umano, ma anche degli
occhi che non rispondono e conseguentemente non compiono gli imperativi divini, destinati per questo, per di più al lettore. La reazione degli Undici è come sempre ben descritta narrativamente[108]: *non credono
dalla gioia e si meravigliano.* Queste due esplicitazioni di un unico
processo generano un atto simbolico da parte di Gesù e stimolano la
riflessione del lettore. In effetti, il tipo d'incredulità qui presente è
unico e, si differenzia dal freddo e categorico ἠπίστουν del v. 11, por-

---

[107] L'affinità dei racconti lucano e giovanneo nel caso presente serve ad accen-
tuarne le differenze. In effetti, le ferite dei chiodi e il riconoscimento finale su cui si
basa il secondo cedono il posto all'integrità del corpo glorioso e la spettacolarità
dell'autorivelazione del Risorto nel primo. Un raffronto simile tuttavia non può evitare di far emergere delle somiglianze; ed è di gran aiuto soprattutto qui, una narrazione
assai rallentata, dove alle parole seguono atti concreti che le compiono. Il riconoscimento e il compimento vi confluiscono in modo perfetto per trasmettere le due idee
chiavi in entrambi racconti: il lettore è al culmine del percorso evangelico; il vedere
fisico insieme al riconoscimento viene trasformato ed elevato alla meta del piano
divino ancora incompiuto (cf. Gv 20,29b: *beati coloro che non videro e credono*).

[108] Gli indizi di una nuova unità — la particella δέ e una ripetizione dello scenario
iniziale (cf. 24,37) — mettono a fuoco un ulteriore passo della strategia comunicativa
che progressivamente conduce il lettore alla stazione conclusiva del riconoscimento:
Betania, da dove, il Risorto partirà, lasciando la storia correre a seconda della conoscenza acquisita dai discepoli-lettori messi a confronto con la verità della risurrezione.

tatore della speranza. Non è chiaro tuttavia in che rapporto stanno l'*incredulità* e la *gioia* in quanto χάρα — le due reazioni a prima vista irreconciliabili. L'enigma che vi si cela è ben spiegabile sul piano della percezione visiva. Non è difficile capire il disagio degli spettatori che passano dalla paura e dalla tribolazione (cf. 37a) ad un'agitazione gioiosa in cui viene anticipata già la vittoria della certezza pasquale su ogni dubbio[109]. In altre parole, è un'incredulità che non si radica nell'*intelletto* e nel *cuore* (cf. Lc 24,11.25), bensì negli occhi come se ciò risuonasse paradossale. Anche se il testo non esplicita per niente la radice della mancanza di fede, il lettore guarda al secondo segnale nella sua valenza positiva, e cioè, la *meraviglia*. I racconti dell'infanzia avevano stipulato il nesso profondo tra questa e il *vedere* (cf. Lc 1,11.21; 2,30-33) e non è casuale che proprio qui, dopo l'illustrazione significativa fornita dall'esperienza analoga di Pietro (cf. 24,12), la meraviglia si unisce alla gioia per preparare lo «spettacolo» successivo finalizzato a dare un ulteriore testamento (cf. Lc 24,39-40). Gli occhi dunque rimangono sempre sullo sfondo colmando le lacune narrative e completano lo scenario, fungendo da veri strumenti del riconoscimento che continuamente si posticipa. Le scene centrali del trittico quali tappe dell'unico testamento del Risorto, effettivamente sono ambientate attorno ad una visione spettacolare a cui si giunge dopo l'istruzione (cf. 5-10.27-31.36-40). La scena presente tuttavia cambia il carattere rispetto al modello di Emmaus situando all'inizio un atto commemorativo (41-43) e estendendo notevolmente l'istruzione che

---

[109] Sul legame tra quei due aoristi (vb. ἠπίστουν e ptcp. ἀπιστούντων) pone l'accento la part. ἔτι (41a) esprimendo la continuità e persistenza della reazione che occupa tutto il quadro narrativo e lega a sé i relati menzionati in Lc 24: vv. 1-12.36-49. L'incredulità funge da fattore eminentemente negativo nella dialettica di per sé positiva tra il *vedere* e il *riconoscere* in quanto portatrice di valori salvifici per il bene dell'uomo «evangelico», che ha trovato la giusta posizione in risposta alla pedagogia divina. In questa mancanza di un orientamento della fede che tocca sia la percezione (*occhi*) sia la ragione (*mente*) che l'affetto (*cuore*) pare riassumersi l'intero cammino del discepolo in Lc. Infatti, ciò che è più scomodo nel modo abituale di pensare e credere diventa indispensabile per trovarsi esattamente sotto gli occhi del Signore della storia. Da ciò dipendono, in ultima analisi, le possibilità oggettive dello stesso *vedere* che è sempre un atto di risposta. La persistenza dell'incredulità prende qui dunque il carattere paradigmatico di un criterio comprensivo, valido per tutto il Vangelo, con cui ogni lettore può misurare le proprie capacità di confronto con il «mistero da vedere». Cf. la sintesi di J. Plevnik: «The origin of Easter faith in Jesus' resurrection and the basis of apostolic witnessing are, to borrow Dillon's category [cf. R. DILLON, *Eye-Witnesses*, 19; S.A.], in dialectic tension throughout the Easter chapter» («Eyewitnesses», 103).

essenzialmente segue la «visione» e diventa essa stessa un testamento da compiere (44.46-49).

La richiesta di dar da mangiare viene formulata da Gesù in una maniera semplice, interrogando i pescatori circa le loro riserve. L'intento di Gesù viene capito subito, cosicché non appena viene pronunciata l'ultima parola gli portano il cibo pronto. Il suo manducare davanti ai discepoli non è privo sicuramente della connotazione simbolica e serve a completare quella cena infelice che aveva dato la vista ai *due* di Emmaus. La trama prevede che il pasto si svolga *davanti a* tutti, come la fase finale e insieme il completamento del mangiare comunitario il che, evidentemente, aveva avuto luogo poco prima, celato nel *bianco* narrativo tra le due grandi pericopi (tra i vv. 33 e 34). Il potenziale comunicativo del fatto che il Risorto partecipi in modo esemplare alla vita della comunità nella sua espressione più familiare quale il mangiare, non si esaurisce soltanto con le spiegazioni di tenore apologetico[110]. Ora la stessa bocca che benefica gli orecchi con le *parole di grazia* (Lc 4,22) dà la testimonianza della leggibilità e del sapore salvifico delle Scritture, che aveva inaugurato il ministero di Gesù (4,18-19). La scena presente arricchita anche dal riferimento all'Ultima cena espone la componente eucaristica del testamento nel corpo di Cristo nuovamente dato in nutrimento al repertorio sensoriale del discepoli affamati. Al centro, protagonista della scena torna Colui che prende il cibo e fra un istante lo offrirà ai presenti «sfogliando» le Scritture. La comunione di vita diventa il simbolo del momento presente nel quale si opera la salvezza e si plasma il corpo centrale dell'annuncio apostolico ancora carente di una tale penetrazione perspicace delle Scritture. In questo frangente i discepoli

---

[110] Così, la maggioranza dei commenti: cf. F. Bovon (*Luc*, III, 466 (n. 43)) che offre uno *status quaestionis* del problema: *Ibid.*, 467, n. 44. Ciò che favorisce un'ulteriore ricerca del significato del mangiare di Gesù in mezzo alla comunità è il suo fondamento biblico che coinvolge in un unico panorama l'episodio di Emmaus con la sua forte simbologia del *pane* (cf. sopra: p. 410). Il cibo manducato dal protagonista viene a simboleggiare la Scrittura che Egli sta per aprire alla comprensione della comunità come aveva fatto a Emmaus compartendo il «*pane* delle Scritture» e offrendo il proprio gesto ai due. R. Dillon (*Eye-Witnesses*, 195.201-202) e D. Dumm («Hospitality», 231-239) nell'affermare la priorità di quegli atti simbolici si concentrano rispettivamente sugli aspetti della commensalità e dell'ospitalità.
Riferendosi alla comunità lucana va dato rilievo soprattutto al modello di azione affiorato nella pericope centrale di Emmaus: cioè un'insistente meditazione sulla parola scritturistica. Questo modello sarà sfruttato particolarmente nel libro degli Atti mediante la presentazione ideale di una comunità che legge, e quotidianamente si confronta con la Parola (cf. At 17,11): C. MARTINI, «Lc 24,36-43», 263.

capiscono e vivono realmente, cosa vuol dire il mangiare ed essere sazio d'*ogni parola* che esce dalla bocca *di Dio* (Lc 4,4).

Completato il rituale esterno richiesto dall'esemplarità della situazione, il Risorto si accinge a trasformare il cibo materiale nella propria Parola che può sfamare alcune migliaia di persone (cf. Lc 9,10-17). L'esordio non delude le aspettative del lettore menzionando per primi οὗτοι οἱ λόγοι μου i quali evocano assai chiaramente il *pesce* appena mangiato e fattosi segno visibile dell'alleanza che viene stipulata nel discorso. Queste parole concernono l'essenziale della comunicazione divina che è estremamente relazionale (πρὸς ὑμᾶς) e ha per oggetto l'unità e la comunione (σὺν ὑμῖν). Non è esente dall'obiettivo narrativo nemmeno il cambiamento costitutivo che oramai caratterizza l'esistenza terrena della comunità. La presenza del maestro al suo interno non è più ovvia, o meglio, è stata ridotta a zero dalla cronaca degli uomini, donde lo scetticismo e l'incredulità — i compagni della paura. Il realismo dell'assicurazione del Risorto si sente in una nota nostalgica che parla del suo insegnamento come se Questi fosse in preda del passato (ἔτι ὢν σὺν ὑμῖν). Ciò nonostante la presenza attuale e visibile di Chi parla esime il lettore dal peso eccessivo dell'apparente equivoco nelle Sue parole e gesti concreti. L'immanenza del Suo *stare in mezzo* non viene contraddetta dal deciso e definitivo δεῖ divino che addirittura trova il proprio compimento in essa, in pieno accordo con i fondamenti scritturistici della stessa storia evangelica diventata racconto sulla bocca di Gesù. Un accordo perfetto tra *Legge*, *Profeti* e *Salmi* non ancora raggiunto né valutato degnamente dai due ascoltatori nei pressi di Emmaus si attualizza nel Gesù visto, toccato e quindi pienamente riconosciuto dai suoi. Il ricordo degli avvenimenti, tutti convergenti in Lui (44: περὶ ἐμοῦ), porta il racconto successivo a prendere le distanze dall'unilaterale comprensione del progetto divino il quale deve svelare solo *ciò che Lo riguardava* (τὰ περὶ ἑαυτοῦ). Rispetto a Emmaus c'è un evidente sviluppo comunicativo che si poggia su un invio nuovo della storia inaugurato con la risurrezione e questa cena d'addio tutta intessuta dalle allusioni all'ascensione.

Arriva un momento decisivo nello svolgimento del monologo, e il Risorto per la seconda volta apre l'intelletto dell'assemblea alla sapienza delle Scritture (cf. 32d). Eccezionale, com'era l'apertura degli occhi, funge anch'essa da paradigma e ultimo anello del cammino nei «boschi narrativi»[111] della Scrittura. Da discepoli viene ora richiesto di collega-

---

[111] Per la terminologia cf. U. ECO, *Sei passeggiate nei boschi narrativi*, 7-9.

re insieme (συν-ιέναι) il *puzzle* dei riferimenti sporadici e dialoganti al passato, presente e futuro del Vangelo. La sua dinamica regge soprattutto nelle circostanze di quell'incontro situato tra i due viaggi, quello di Emmaus, ormai l'eredità del passato, e quello che avrà luogo a breve e confermerà la preoccupazione del lettore, da tempo avvisato della pronta *dipartita* del protagonista (cf. Lc 9,31.51). Per questo sia il miracolo degli occhi, sia il testamento scritturistico chiuso nell'intelletto vengono adombrati da quell'evento fondatore che separerà definitivamente il corpo fisico di Gesù dal loro mondo, abitato ormai da uomini istruiti da Lui personalmente nell'antinomia pasquale: la presenza che si fa assenza[112].

4.3 *Il testamento da compiere in tutte le genti (vv. 46-49)*

Come se le previe istruzioni non bastassero, il narratore cita di nuovo il *logion* più sfruttato dei Vangeli riorientando lo sguardo sul valore salvifico della passione e della risurrezione[113]. Esse non sono più da

---

[112] Afferma X. Léon-Dufour (*Résurrection*, 53): «pour prendre sa vraie portée, le langage de résurrection a besoin de manifester cette autre dimension qu'est l'exaltation dans la gloire». Lasciandoci ispirare dalle considerazioni dell'autore sulla lettura apocalittica della storia, riteniamo legittima una sua osservazione nel presente discorso, dove il passato assume un ruolo ermeneutico per eccellenza nei riguardi del futuro. È un esempio l'ermeneutica del Risorto nel cammino di Emmaus che soffermandosi per lo più sul rapporto scritturistico tra il presente e passato vi cela altresì la solenne entrata dell'eroe nella gloria (Lc 24,26b). In questo consiste il «disvelamento apocalittico delle ricchezze misteriose del presente». Luca è interessato a esaltarle al rango di un paradigma il quale fa da filo rosso alla narrazione che segue l'episodio d'Emmaus e logicamente sfocia nell'alveo molto più vasto del libro degli Atti. Qui si tratta davvero di un «discernimento» e di una «scoperta dell'eternità nel tempo» (*Ibid.*, 142.143). Lo stesso esegeta francese ribadisce con rigore scientifico e genialità come il presente dato ermeneutico e insieme esegetico-teologico sia importante e pertinente per profilare il cammino del *vedere*: «le "voir" accomplit le mouvement apocalyptique qu'esquissait l'Ancien Testament, en le faisant refluer sur un fait du passé; il exige donc le remaniement radical de l'attitude ancienne. Conformément à l'enseignement de Jésus dans l'apocalypse synoptique, il n'y a plus de signes à voir dans l'avenir; le regard doit se porter sur l'événement passé qui seul donne à l'avenir son sens» (*Ibid.*, 130).

[113] Un segno di questa piccola unità è l'inclusione καὶ εἶπεν αὐτοῖς (46a.cf. 38a) che aggiunge i dati più interessanti dell'annuncio presente il quale, a sua volta, riconcilia in sé quelli della Passione, l'evento pasquale, e l'ascensione. Una cornice interna formano le due menzioni della città santa (47.49) che ricupera la sua importanza storica essendo il luogo privilegiato dello scenario evangelico. Vedasi in merito un articolo interessante sul ruolo lessicale delle sue ricorrenze in Lc: I. de LA POTTERIE, «Les deux noms de Jérusalem», 57-70.

tener distinte, bensì come un'unica manifestazione della profonda armonia nell'annuncio scritturistico *ad intra*, d'ora in poi destinato a varcare i limiti della sola Gerusalemme[114]. Il mandato di predicare risuona con una potenza inaudita in forza del memoriale con cui il Risorto stipula l'attuale addestramento del discepolato — l'apertura delle menti capaci a loro volta di aprire le vie di evangelizzazione nel suolo dei cuori umani. L'apertura degli occhi, dell'intelletto, del cuore non diventa altro che una coraggiosa testimonianza *in nome* di Colui che *per primo ha parlato* (cf. Ebr 1,1-2). Il suo frutto naturale va pensato dunque nel quadro del mandato missionario di Gesù su cui aveva insistito il Battista: *conversione* e *perdono dei peccati* vanno imparentati e disegnano con più precisione quella *via della pace* che si è aperta con il saluto iniziale (Lc 24,36c; cf. 1,79b). Lo stico finale (ϵἰς πάντα τὰ ἔθνη) è importantissimo in quanto registra la portata universale dell'efficacia salvifica degli eventi compiuti e necessariamente evoca lo scenario ideale del *Nunc dimittis*. Il vettore relazionale (ϵἰς) in entrambi casi è diretto dall'alto delle promesse divine all'oggi dell'uditorio assai vasto, comprendente i lettori lucani di diversa provenienza etnica. Con questo si indica la direzione verticale della comunicazione divino-umana in cui s'era avverata l'orizzontalità del lungo cammino del Risorto sui destini e *luoghi impervi* delle vite umane (Lc 3,5). Con tale acclamazione ogni lettore prende coscienza della finalità salvifica dell'*evangelion* che in Gesù va visto e interpretato come luogo dell'ultima rivelazione e l'essenza del futuro annuncio *ad extra*. Gli apostoli, ma anche i lettori, ne sono *testimoni*[115] e d'ora in poi s'impe-

---

[114] Negli annunci della passione, come si è visto, sono concentrati i più notevoli rimandi all'incomprensione, all'impercettibilità e all'irrevocabile speranza della risurrezione. Sul piano comunicativo sorprende la straordinaria vitalità di questi veri fari del riconoscimento e insieme la fatica più grande di riuscire a distinguerne la luce da parte dei personaggi. Le due ipotesi hanno tentato dunque e tentano nuovamente di risolvere la tensione continuamente nutrita dall'intreccio narrativo. Nel primo caso sono i *ciechi* quelli che non si muovono dalla paralisi iniziale di Nazaret; nel secondo, è Dio ad assumersi la responsabilità per un accecamento così radicale e inguaribile con le sole potenzialità umane. Per dare preferenza all'una o all'altra, oppure per scartarle ambedue a favore di una nuova ipotesi ancora più convincente, occorrerà un sunto conclusivo in cui trattare più da vicino sia i problemi che gli argomenti chiave: *vedere* e *riconoscere* Gesù. Questo approccio sfocerà sicuramente in un discorso soteriologico, più interessante per i lettori d'ogni tempo. Vedasi il cap. VIII, 531ss.

[115] Le due ricorrenze dei termini αὐτόπται (*testimoni oculari*: Lc 1,2) e μάρτυρες (*testimoni*) determinano la valenza pragmatica del testo evangelico che chiama i suoi lettori a prendere coscienza d'essere protagonisti a pieno titolo degli eventi narrati. In quella nota finale l'appello a testimoniare si deduce dal accumulo delle esperienze di

gnano per salvaguardare il ricco patrimonio degli sguardi, incontri e conversazioni con Questi. In questo s'era manifestato anche il senso del *vedere* e *credere* ed era sufficientemente spiegato l'enigma del *cuore* pentito e pienamente assolto davanti al bilancio divino. Così viene pronunciata l'ultima parola che vede già realizzato il compito estremamente carico di attualità e nel Vangelo sicuramente non ancora giunto alla sua fase finale. Da essa tuttavia trapela la speranza radicata nella seguente assicurazione la quale pone fine alle incertezze del pubblico.

Il punto finale nell'apparizione diventata modello di vita si realizza con l'impegno, unico nel Vangelo, di *inviare* (ἀποστέλλω) *la promessa del Padre* sugli apostoli, essi stessi «inviati». È ben intuibile la teofania della pentecoste in cui verrà completata l'opera del Risorto e i destinatari della promessa riceveranno l'ultimo e il più importante dono della *potenza dall'alto*. La verticalità della consegna di quest'ultimo testamento è compensata dalla staticità dello *stare seduti in città* (καθίσατε: Lc 24,49), una metafora che è ben lontana dal suggerire una passività imposta dall'esterno. Lo scenario invero evoca l'attesa messianica del *Benedictus* che sfocia in una celebrazione del *Sole* venuto a risvegliare dal sonno *quelli che siedono* (καθημένοις: 1,79). C'è dunque un richiamo a ripassare i cammini evangelici per recepirvi gli effetti di questa venuta che fa muovere le mura della Terra e della città santa (cf. Is 24,19; Ez 38,18-23) così come le menti dei suoi abitanti. Oltre ad essere così fortemente «investiti», gli ascoltatori di un tale messaggio pacifico sperano d'essere rivestiti di quella *promessa*[116] piena di vita e estremamente aperta agli organi di percezione (cf. At 2,1-4). Sull'intimo legame tra questa realtà trasformatrice e il Cristo riconosciuto parla anche l'impiego del sost. δύναμις il quale è da mettere in relazione con la certezza del *Benedictus* nei riguardi di una *salvezza potente* (κέρας σωτηρίας: Lc 1,69). In questo senso il rivestimento futuro degli apostoli indica qualcosa di esistenziale, una identità nuova, tutta protesa ad appropriarsi della luce che il Risorto già aveva concesso e ripartirà

---

vario tipo (uditiva, visiva, intellettuale) riassunte in un solo sost. metaforico che privilegia gli *occhi* quali membri più competenti e potenti della percezione. Il loro ruolo è indispensabile e richiede un esame specializzato che tenteremo di effettuare nello stadio finale della ricerca: cap. VIII, 537ss. Cf. J.-N. ALETTI, *L'arte di raccontare*, 156-157 (n. 10); sulla «trasformazione del vedere» come fine del progetto narrativo: *Ibid.*, 159-160.

[116] Il gioco delle parole dalla stessa radice verbale (ἐπαγγελία, ἀποστέλλω) aggiunge solennità e simbolismo al discorso il quale stabilisce l'ideale identità vocazionale del gruppo che negli Atti più spesso vengono chiamati gli ἀπόστολοι.

in abbondanza sotto l'immagine delle *lingue come di fuoco*[117] (At 2,3). Davanti al lettore si apre una prospettiva promettente, quando l'atto stesso di vedere assume dimensioni cosmiche portando la buona notizia del Vangelo a *tutte le genti*. Tuttavia sorgono delle domande giustificate dai silenzi del testo. Che progressione ha subìto il cammino del lettore rispetto alle promesse della storia degli inizi riproposte qui? In che cosa consiste e dove porta il riconoscimento se non è possibile ancora giungere al possesso dei beni salvifici per eccellenza, dichiarati nel testamento del Risorto? Per poter rispondere è necessario che Questi dia le ultime indicazioni, in cui sia le Scritture sia il Vangelo riveleranno l'unità della promessa e del suo compimento.

4.4 *Conclusione*

L'evento fondatore di Emmaus attinge le forze dal previo racconto e insieme lo ricapitola offrendo al lettore l'intelligenza approfondita del dramma del riconoscimento. L'enigma degli occhi impediti tuttavia persiste lasciando spazi vuoti nell'intreccio testuale, che favoriscono la riflessione e invitano ad una conclusione frontale il cui focus pragmatico costituisce la relazione tra il vedere, riconoscere e credere. Alla fine del cammino ci si accorge di un'altra triade, ossia occhi, intelletto e cuore, necessaria per postulare il primato del *vedere* nel quadro narrativo. L'itinerario dell'apertura degli occhi prende rilievo soprattutto se si pensa come un passaggio dal non riconoscimento al riconoscimento, presentato con due metafore illustri: dell'apertura delle Scritture e delle menti (Lc 24,32.45). In verità, ambedue sono un unico evento in cui la Parola scritturistica s'impadronisce delle forze conoscitive dell'essere umano. Nel rompere il pane a Emmaus il Risorto comunica il senso profondo delle Scritture: partecipando alla cena pasquale a Gerusalemme mastica la stessa Parola che il collegio apostolico non era riuscito a collegare con il passato. La *Torah* diventa dunque l'argomento

---

[117] Quest'immagine nonché l'intero racconto pentecostale (At 2,1-13) va sottoposto ad un'analisi rigorosa, perché particolarmente interessante per il nostro percorso. Nei suoi limiti possiamo soltanto affermare che la corporalità del dono presente — il garante della sua visibilità — esprime la finalità salvifica degli incontri con Gesù nel Vangelo. Dato il carattere istituzionale dell'episodio, quest'ultimo tende ad aprire un percorso ben differente che è quello degli Atti. Sulle sue particolarità ed enigmi vedasi: R. JOHNSON, *Hear-See Motive*. Un raffronto, in riferimento agli Atti sempre fecondo, con la testimonianza molto personale della teologia paolina dell'evento Risorto fornisce lo studio di: J. DUNN, «"A Light to the Gentiles"», 251-266.

centrale alla cui luce va interpretato sia il trittico della risurrezione sia l'intero Vangelo.

Il discorso sul messaggio profetico della *Torah* necessariamente sfocia nella problematica del *vedere*. Gli occhi provvidenzialmente impediti s'aprono dopo l'apertura delle Scritture e solo così riescono a ricuperare il loro potenziale percettivo. Ciò nonostante l'intrigo non si risolve subito, dato che Gesù scompare nel momento stesso del riconoscimento. Fortunatamente il lettore non viene deluso nella speranza di ritrovare fisicamente lo sguardo del Risorto: questo si celebra durante la sua apparizione agli Undici. L'ironia narrativa emersa nei particolari dello spavento e dell'incredulità provocata dalla gioia non impedisce di ravvisarvi il punto finale del riconoscimento, che sta nella prossimità dell'ascensione. L'impossibilità oggettiva del «vedere Gesù» accentuata ad Emmaus allude alla sua scomparsa definitiva. Gli occhi sensibili più che mai agli effetti salvifici della sua presenza fisica, stranamente perdono d'importanza, almeno per i discepoli[118], davanti al mistero di

---

[118] Il libro degli Atti promuove l'ideale di un discepolato abilitato a compiere gli stessi prodigi di Gesù per renderLo presente nelle proprie opere di salvezza. L'esperienza della conversione di Saulo raccontata per tre volte (At 9,1-9; 22,6-16; 26,12-23) fa ritornare il Risorto nel palcoscenico, per innalzare il futuro Paolo al rango di testimone oculare, autorizzato a diffondere quella luce della rivelazione che ha acquisito nel suo incontro vocazionale. Questo caso eccezionale va visto nel panorama missionario degli Atti, ed esso potrebbe costituire il punto di partenza per uno studio sul «vedere Gesù» negli Atti. Un tentativo presenta la tesi di R. Johnson: *Hear-See Motive*.

[118a] Cf. a questo proposito lo stimolante paragrafo della monografia di E. Schillebeeckx (*Gesù*, 379-398) in cui efficacemente esplicita la concezione lucana del vedere Gesù quale «vedere cristologico»: «una comprensione, possibile solo in virtù della grazia di Gesù come il Cristo in un'esperienza personale di fede che determina tutto l'orientamento di vita di chi l'ha avuta» (*Ibid.*, 398). Applicando questo paradigma insieme ermeneutico, teologico e comunicativo alla grande personalità di Paolo si ottiene la seguente tesi, stimolante per un successivo lavoro esegetico in merito: «La vita concreta di Paolo, i suoi viaggi e conflitti vanno compresi nel loro progressivo svolgimento come una divina epifania per mezzo di Gesù Cristo, come rivelazione dell'ordinamento divino di salvezza che, in quanto sperimentata e credentemente enunciata, viene per così dire "formalizzata" (apocalittico-) verticalmente in una visione di apparizione. Nel racconto dell'apparizione la grazia, l'iniziativa di Dio in tutto questo, è per così dire estrapolata, rappresentata secondo il modello di un elemento verticale isolato. L'estrapolazione risulta dal carattere "vuoto" dell'apparizione finché non riceva dall'esterno (vita di Paolo) un "riempimento". (La stessa cosa si è vista a proposito del riempimento matteano, lucano e giovanneo dell'apparizione di Cristo)» (*Ibid.*, 382-383).

una *promessa* personificata che preferirà un altro tipo di comunicazione, ancora da specificare. L'unico mezzo per rivivere quell'esperienza salvifica resta il ricordo quotidiano del passato glorioso basato sull'insegnamento delle Scritture (cf. At 2,42-43). Queste, testimoni mute della vittoria pasquale, parlano indubbiamente anche del compimento del *vedere*. Gli occhi dei *due* di Emmaus finalmente giungono al riconoscimento e coinvolgono nel simile processo tutta la Chiesa che d'ora in poi s'impegnerà a porlo nel centro della vita comunitaria ed attualizzarlo nei discorsi apostolici. Il tono nostalgico dell'ultimo brano del trittico non toglie al lettore l'attesa, perché il Risorto ha da compiere un ulteriore passaggio che dissiperà qualsiasi dubbio dei discepoli-lettori e porterà avanti la storia evangelica. Lo stesso *vedere* allora passerà a un altro livello.

C'è quindi tutta la percezione del cambiamento del *vedere* che semanticamente si esprime nella sequenza dei verbi differenti: βλέπει, εἶδον, θεωρεῖν (Lc 24,12.23.37.39). Benché Gesù scompaia, il lettore è chiamato a vederlo attraverso le Scritture e la storia. Il vero compito ormai è di riconoscerLo: la dimensione pragmatica di tutto il cammino come punto di convergenza, ricupera qui la sua efficacia comunicativa. È decisivo inoltre che il percorso del lettore venga coronato coll'ultimo discorso del Risorto, che accresce la speranza e già predice un lieto fine in cui, come sempre, la sua Parola risuonerà con forza vivificatrice e aprirà orizzonti impensabili allo stesso *vedere* (cf. At 1,7-8).

[118b] Va notato inoltre lo spessore comunicativo dei raffronti tra gli At e l'epistolario paolino il cui esempio chiarissimo fornisce C. Martini («Alcuni temi letterali», 201-214). Attento alla simbologia *luce-tenebre*, l'autore dipinge il quadro complessivo della tematica nel cui centro sta il *vedere* quale esperienza eminentemente salvifica. Questo abbozzo della teologia lucana e paolina, inserita nell'insieme del panorama veterotestamentario, stimola la riflessione sulla novità del messaggio degli At. Infine sfocia nelle questioni globali per dare risposta alle sfide della situazione in cui viveva la comunità lucana pur sempre gelosa di un contatto immediato con la *luce* da portare *in rivelazione alle genti* (cf. Lc 2,32).

CAPITOLO VII

L'Invisibile da testimoniare
Lc 24,50-53; At 1,6-11

L'itinerario d'ogni lettore giunge al suo termine, quando il filo narrativo quasi si perde di vista, nella strettezza dello scenario che finalmente sfocia in una ripresa capitale, marcata dal chiarore dell'intera storia. Ciò è vero anche per Luca interessato per di più a ricapitolare il suo racconto evangelico con un evento fondatore su cui basare l'esistenza terrena della Chiesa del suo tempo. Egli lo fa in modo mirabile in quanto riesce, nel momento stesso in cui da il compimento al primo volume della sua opera letteraria, a generarne un secondo, fondamentalmente esaustivo, usando nuovi criteri narrativi di *veridicità*[1] che servono a condurre lo sguardo di Gesù alla comunità di oggi. Così facendo rende attendibile sia il passato che il presente della storia della salvezza. In questo compito responsabile non gli manca né l'abilità narrativa né occasioni concrete nella vita della comunità appena nata. La fine del Vangelo non significa perciò un semplice tra-

---

[1] Questa categoria semiotica (cf. *LREB*, 84) che lascia trasparire la spiccata sensibilità lucana, da noi ribadita a più riprese nel corso della ricerca sull'intreccio narrativo del *vedere*, è espressa esaustivamente da R. Pesch (*Atti*, risp. 19.21): «Per Luca la "precisione" non è soltanto un valore relativo (cf. At 18,25ss) ma è un predicato della tradizione dottrinale cristiana (e della "scientificità" connessa dell'atto visivo che le è proprio) determinato dalla vicinanza alla tradizione apostolica. "Più precisamente", non significa più precisamente in senso letterale, protocollare, ma nel senso che la verità degli "avvenimenti che si sono compiuti tra noi" è una verità che è stata trasmessa e si dischiude nel presente». «La duplice opera deve contribuire alla "conoscenza", a un fine razionale». «[Luca] ha capito che la salvezza in quanto avvenimento deve essere verificabile» (cit. da: J. ERNST, *Lukas*, 53ss).

montare dell'era messianica e delle sue promesse e speranze, bensì la loro pienezza che passa in eredità alle pagine successive scritte appunto per propagarne notizie e attualità. È decisivo dunque cogliere la novità nella continuità del racconto evangelico che non solo anticipa l' ἀρχή della storia apostolica, bensì se ne appropria per ripensare i propri sentieri segnati a volte da incompiutezze e equivoci, silenzi e slanci narrativi.

Il primo racconto dell'ascensione (Lc 24,50-53) è finalizzato a introdurre il lettore nella dialettica del distacco visivo del Risorto dalla comunità, su cui riposa la solenne *ouverture* degli Atti. La preoccupazione estetica di queste pagine davvero uniche dell'opera lucana aiuterà a inquadrarle meglio nel complesso del suo progetto teologico ormai emerso nei particolari. Inoltre faciliterà l'accesso alla strategia e al contenuto comunicativo dell'ultimo testamento di Gesù, riproposto in At 1,7-8 (cf. Lc 24,46-49). Un ruolo importante sin d'ora giocherà la testimonianza basata sull'assenza fisica dell'Ente nella futura Chiesa. Illuminata dall'impressionante patrimonio dei contatti diretti con Questi, essa si accinge a portare l'annuncio e la stessa luce del Risorto alle nazioni (cf. Is 49,6b), ma non per questo resta sola nutrendo continuamente la sua fede dell'esperienza salvifica di vari tipi, in cui la presenza di Cristo s'attualizza e spinge in avanti la storia umana. Tutto ciò è riassunto nella scena dell'ascensione (At 1,6-11) la quale dà un orientamento pragmatico al libro degli Atti e accresce aspettative del lettore che sente di trovarsi di nuovo nel vuoto narrativo degli inizi.

Le domande che il testo in questione propone saranno principalmente le seguenti: come si risolve o si risolve davvero la tensione tra dipartita di Gesù e atteggiamento dei discepoli che l'accompagnano? In che relazione stanno le parole del Risorto e quelle dei *due uomini* che le spiegano? Quale peso comunicativo attribuire ad una domanda provocatrice se non insensata dei Suoi futuri testimoni (At 1,6)? La risposta si cercherà soprattutto nell'intuizione da cui si è partiti, e cioè considerando lo spartiacque del dittico lucano come un punto di convergenza, sia dei cammini evangelici e della Chiesa che sta formandosi, sia delle peripezie del *vedere* che stimola quanto mai il lavoro esegetico del lettore. Lo si concluderà solo dopo aver rinunciato al principio finora valido e perfino costitutivo d'ogni intervento salvifico di Dio nella trama delle relazioni umane, ossia: la capacità di un confronto visivo con il volto benevole di Gesù.

1. La scenografia dell'ascensione: Lc 24,50-53 come prolessi

L'analisi del brano conclusivo di Lc si prefigge lo scopo di vedere la costruzione del palcoscenico su cui si svolgerà il vero *«spettacolo»* dell'ascensione (At 1,6-11). La natura stessa del testo in esame che non provvede il lettore dei contenuti teologici salienti, favorisce un interesse più di carattere tematico, provocando, un raffronto con il secondo racconto, quello degli Atti, soggetto alle regole della *synkrisis* lucana. L'effetto specifico di un simile procedimento sta soprattutto nell'emergere delle differenze le quali segnano un progresso nella strategia testuale. Esse inoltre facilitano per il lettore un ricorso alla funzione e incidenza narrative dei doppioni che si spiegano a vicenda e convergono su alcuni punti nevralgici di cui si deve affermare la forza pragmatica. Esaminando la più breve e schematica versione del racconto dell'ascensione, ci si accorgerà del suo fascino particolare con cui il lettore dovrà familiarizzare per essere affascinato anche dal procedimento dei fatti sia anteriori che posteriori, dei quali questo sommario finale è la porta d'ingresso[2].

1.1 *L'articolazione formale e l'andamento narrativo di Lc 24,50-53*

Il passo in esame si distingue dal suo contesto grazie ad uno stile particolare, marcato dalla sobria registrazione dei fatti, dal parallelismo interno e un ritmo quasi musicale. A favore della delimitazione presente sono anche i continui spostamenti dei personaggi e i cambiamenti di luogo (*Betania* (50), *Gerusalemme* (52)) che comunicano la ripresa dello schema movimentale che vigeva nella pericope d'Emmaus. L'analisi dell'intreccio sintattico farà vedere inoltre l'espressività ed efficacia del suo sviluppo comunicativo, il che rende quel breviario solenne un ritratto privilegiato del formarsi di un nuovo tipo di rapporti tra Gesù evangelico e apostoli, *servitori della Parola* negli Atti (Lc

---

[2] Molteplici somiglianze tra Lc 24,46-49 e At 1,6-11 potrebbero indurre a pensare all'utilità di un trattamento specifico dell'ultimo discorso del Risorto in Lc: questo è ciò che riesce a effettuare l'analisi sincronica di J. Dupont (« Luc 24,47», 37-57). Non è illecito, però, scegliere un punto di partenza differente in cui varrebbe più l'aspetto pragma-linguistico che quello formale, ossia contenutistico. Da parte nostra, l'abbiamo considerato prevalentemente nel situare quella piccola unità come parte integrante del trittico della risurrezione in cui prevale il *riconoscimento* connesso con i motivi dell'*incredulità* (11.25.35.41), dell'*apertura* e sicuramente del *vedere* (cf. Lc 24,16.31-32.45). Nell'analisi dei rispettivi brani (Lc 24,50-53 e At 1,6-11) si farà comunque riferimento a questo passo strategico in cui è soprattutto il v. 47 a esplicitare la preoccupazione tipica degli Atti: cf. *Ibid.*

1,2). L'articolazione del brano nelle sue linee essenziali fornisce lo schema seguente:

A Introduzione: benedizione del Risorto (50)

[50] Ἐξήγαγεν δὲ αὐτοὺς
[ἔξω] ἕως πρὸς Βηθανίαν,
καὶ ἐπάρας τὰς χεῖρας αὐτοῦ   εὐλόγησεν αὐτούς.

B Evento: ascensione nel cielo (51)

[51] καὶ ἐγένετο
ἐν τῷ εὐλογεῖν αὐτὸν αὐτοὺς   διέστη ἀπ᾽ αὐτῶν
καὶ   ἀνεφέρετο εἰς τὸν οὐρανόν.

A' Conclusione: il benedire dei discepoli (52-53)

[52] Καὶ αὐτοὶ προσκυνήσαντες αὐτὸν   ὑπέστρεψαν εἰς Ἰερουσαλὴμ
μετὰ χαρᾶς μεγάλης [53] καὶ   ἦσαν διὰ παντὸς ἐν τῷ ἱερῷ
   εὐλογοῦντες τὸν θεόν.

La scena si articola in tre momenti narrativi disposti in modo concentrico, cosicché è ben dimostrativa anche la distribuzione chiastica dell'insieme[3]. La sua bellezza e l'armonicità è dovuta peraltro alla frequenza di due verbi portanti e alla triplice attestazione del vb. εὐλογέω in ciascun dei sotto-insiemi. Lo sviluppo testuale è rapido e orientato al costrutto perifrastico finale (ἦσαν εὐλογοῦντες) il quale offre un sommario di lunga durata, su cui si poggia lo sguardo del lettore. È infatti un contrappunto strategico la cui funzione non si limita soltanto a rallentare al massimo il ritmo in vista di una ripresa esemplare, ma segna anche il culmine dello scenario del Vangelo nella sua totalità, apertosi con un simile indizio pragmatico (cf. Lc 1,10: ἦν προσευχόμενον)[4].

1° momento (v. 50). Ravvisando passo dopo passo la strategia testuale che si cela dietro le forme verbali di massimo peso comunicativo si

---

[3] Per l'articolazione presente opta l'analisi retorica del brano: R. MEYNET, *Luca*, 906.

[4] Il riferimento è alla *totalità del popolo* (πᾶν τὸ πλῆθος τοῦ λαοῦ) che occupa il quadro narrativo fin dalle prime pagine del vangelo dell'infanzia. Sotto la guida esperta di Luca il lettore alla fine del suo percorso si ritrova di nuovo nel *tempio*, in un clima analogo della preghiera: H. SCHLIER, «L'Ascension de Jésus», 268-269. Cf. F. BOVON, *Luc*, III, 490. La differenza essenziale tra queste due polarizzazioni dell'unico messaggio evangelico consiste propriamente nella durata dell'azione. Se nel primo caso la preghiera si svolge τῇ ὥρᾳ τοῦ θυμιάματος (Lc 1,10), nel secondo le barriere temporali vengono intenzionalmente sterminate (cf. διὰ παντός: 24,53) per lasciare spazio alla totalità imperitura della benedizione umana la quale sgorga da quella divina di cui il vangelo dell'infanzia è espressione privilegiata: cf. cap. I.

deve cogliere la posizione enfatica dell'aor. ἐξήγαγεν con cui effettivamente prende l'inizio la narrazione. Riferendosi a ciò che precede con il δέ avversativo, esso tuttavia segnala un momento di svolta nell'ambientare il meglio possibile quella dipartita che sembra forzata[5]. La seconda azione resa dall'aor. ingressivo εὐλόγησεν è più articolata essendo preceduta da un ptcp. (ἐπάρας) il quale puntualizza la portata simbolica dell'atto in cui emerge la persona dell'attante (αὐτοῦ) finora rimasto solo sottinteso[6].

2° momento (v. 51). Il secondo momento narrativo è introdotto con la formula tipica di Lc (καὶ ἐγένετο), la più adatta alla celebrità della scena centrale che introduce. Il costrutto infinitivale (ἐν τῷ εὐλογεῖν...) tuttavia la lega all'aor. precedente favorendo la prosecuzione di quell'azione nodale che coinvolge nel suo svolgersi tutte le altre. I due verbi — l'aor. e l'impf., al passivo divino (διέστη e ἀνεφέρετο), — già preludono alla tensione che emergerà nell'analisi semantica.

3° momento (vv. 52-53). Il ritratto conclusivo è messo in rilievo dal pron. enfatico (αὐτοί) il quale richiama l'αὐτός di Gesù alle soglie del racconto dell'apparizione agli Undici (Lc 24,36a). La prima azione resa dall'aor. ὑπέστρεψαν, è ben circostanziata, ma si spegne non appena il quadro narrativo si ricapitola colla costruzione perifrastica strategicamente divisa per mezzo dei complementi di tempo e di luogo. L'enfasi cade proprio sulle circostanze di quella *benedizione* che si espande sia al prima sia al dopo della narrazione[7].

---

[5] L'accumulo e la messa insieme di tre elementi grammaticali (avv. ἔξω (per le ragioni della sua conservazione nel testo di NA[27] vedasi: I. MARSHALL, *Luke*, 908) e preposizioni ἕως e πρός) lascia pensare a una spinta testuale importante, evidenziata escludendo la previa collocazione della trama — *cenacolo* — (ἔξω) e indirizzando l'obiettivo narrativo verso un luogo che accresce il desiderio di fissarlo, infatti viene chiamato in causa doppiamente: ἕως πρὸς Βηθανίαν. Cf. traduzioni attente a questa particolarità stilistica: *fin verso Betania* (G. ROSSÉ, *Luca*, 1046); *in Richtung auf* (G. LOHFINK, *Die Himmelfahrt Jesu*, 166).

[6] In verità, una chiara messa a fuoco dell'identità gesuana ha avuto luogo solo all'inizio dell'unità precedente (Lc 24,36-49), con l'impiego enfatico dell'αὐτός «cristologico» (cf. F. BOVON, *Luc*, III, 442-443). Fin d'allora riferimenti nel merito sono stati impliciti, preso in considerazione anche l'ἐγώ fortemente accentuato del v. 49. Bisognerà infatti aspettare fino al secondo caso simile, ossia al pron. αὐτοί (52a), questa volta riferito ai discepoli, per reperire la funzione comunicativa di quei due segnali sintattici. Cf. in avanti, p. 440.

[7] Cf. la nota di R. Meynet («La preghiera», 387-388): «La lunga benedizione degli apostoli va oltre il Vangelo». Il ptcp. εὐλογοῦντες «è separato dall'ausiliare "essere" da due complementi, uno dei quali ("sempre") insiste ancora di più sulla durata, sotto-

Costruito così, questo micro-racconto si presenta come un'unica scena, ben organizzata formalmente, ma molto discreta nei suoi contenuti. L'impressione che ne trae il lettore — un momento del silenzio impalpabile dopo l'intervento clamoroso (cf. 36-49) — è quindi in funzione a un'ulteriore ricerca del significato che può assumere nello scenario lucano un testo così compatto e resistente[8].

1.2 *L'articolazione del messaggio di Lc 24,50-53*

1.2.1 Introduzione: le mani benedicenti (50)

L'aprirsi dell'ultima narrazione è fortemente marcato dal motivo dell'*uscita* che condiziona lo sviluppo comunicativo dei singoli elementi semantici. Nel passato evangelico invero simili occasioni non mancavano — basti pensare al cammino evangelizzatore di Gesù e dei *Dodici* inviati in missione (cf. Lc 4,42-43; 9,6), al grande momento teofanico di trasfigurazione (9,28), agli intensi momenti di preghiera solitaria nell' altitudine della montagna (6,12; 21,37b). La scena che più da vicino si riallaccia alla presente è la preghiera nel monte degli Ulivi (22,39), ambientata con premura in un'atmosfera simile d'intercessione e di prossima dipartita di Gesù (cf. 9,51[9]). *Betania* come luogo

---

lineando che non c'era alcuna interruzione. L'autore non poteva insistere di più sul tema della preghiera che facendola straripare, come all'inizio della sua opera» (ID., *Luca*, 944). *Pace*, G. Rossé (*Luca*, 1046), che con un rimando ad A. Plummer (*Luke*, 565), sembra negare al vb. *essere* (ἦσαν) la funzione perifrastica accennando, invece, al suo «valore in sé» che rimane senza ulteriori spiegazioni (cf. in questa linea, la posizione più moderata di R. Meynet: *Luca*, 944, n. 12). Non convince nemmeno l'osservazione che segue dopo: il riferimento temporale (διὰ παντός) è «un'espressione popolare da non prendere alla lettera, ma nel senso di "frequentemente"». Nell'analisi semantica daremo le prove al contrario: p. 442s.

[8] La difficoltà di indagarne la valenza oggettiva è dovuta anche al fatto che non si dispone dei paralleli sinottici, a parte il finale, non autentico, di Mc 16,9-20: v. 19. L'analisi storico-critica ha risolto ben facilmente il problema eliminando la pericope dal campo interpretativo di Lc (cf. H. CONZELMANN, *Il centro*, 101). Tuttavia non mancano tentativi d'inquadrarla nell'insieme della composizione letteraria lucana. Sotto questo punto di vista è riguardevole il contributo di M. Parsons (*The Departure*, 100) il quale applica al testo presente la categoria narrativa della «silent scene» presa in prestito da B. Uspenskij (*A Poetics of Composition*, 65). È inoltre stimolante per un'ulteriore ricerca del suo profilo e fascino comunicativo. Sono preziosi innanzitutto i suoi suggerimenti al riguardo della funzione narrativa di Lc 24,50-53 nel complesso di Lc 24 e di tutto il Vangelo (M. PARSONS, *The Departure*, 65-113), il che non lascia dubbi sul fatto che quel racconto tutto particolare ne è una parte integrante.

[9] Come è ben noto l'espressione enigmatica lucana — ἀνάλημψις — è finora oggetto di discussione (cf. un breve *status quaestionis* in K. ANDERSON, *«But God Rai-*

dell'ultima manifestazione[10] e dell'addio da parte del Risorto richiama la prodigiosità dell'entrata a Gerusalemme, teologicamente pregnante, in quanto ingloba in sé sia la δόξα messianica di Dio sia le Sue *opere potenti* ormai viste e quindi degne d'essere lodate nella persona di Costui (19,37-38). Dopodiché segue un itinerario del Compimento che privilegia il ruolo unico della città santa il cui altro nome è nondimeno l'«assassina» dei profeti (cf. Lc 13,34a). L'uscire da essa riproduce la triste *via crucis* (23,26) con cui tramonta lo stesso cammino di Gesù. Queste due connotazioni — esultante e nostalgica — circoscrivono dunque l'evento che sta per compiersi.

Ambientata in un luogo simbolico, prende corpo la *benedizione* unica in Lc, poiché passa dal Risorto ai discepoli. È un momento di forte intensificazione delle previe promesse e beatitudini (μακαρισμοί) che avevano contrassegnato l'insegnamento del primo. Infatti, nel discorso della pianura il proclamare beati era riferito in specifico ai *Dodici* (Lc 6,20; cf. par Mt 5,2). L'*alzare lo sguardo* qui si rapporta semanticamente con l'*elevare le mani* (ἐπάρας), essendo entrambi gli atti le ricche espressioni simboliche dellà bontà di Dio[11]. Per dire ciò più chiaramente, nel detto programmatico di Lc 10,21-24 si esalta l'εὐδοκία del Dio Padre Che viene *lodato, confessato, riconosciuto*[12] come Iddio benevo-

---

sed Him», 175, n. 81). Ciò fa vedere, ad es., il lessico BNGD che oscilla tra i vari significati di un unico termine, senza darne una traduzione precisa: «taking up, ascension; perhaps death». Da parte nostra, abbiamo preferito prenderlo nel senso totalizzante, e cioè come un unico riferimento all'intervento glorioso di Dio nella storia degli uomini, il quale la trasforma nella storia della salvezza, attraverso la croce, morte, risurrezione, ascensione e innalzamento di Gesù alla gloria del Padre. Cf. H. SCHLIER, «L'Ascension de Jésus», 265; X. LEON-DUFOUR, *Résurrection*, 51-53. Ci si ritornerà nelle conclusioni: p. 483.

[10] Cf. alcuni titoli evocativi di F. Bovon (*Luc*, III, 498), che riassumono il contesto comunicativo e il genere letterario di Lc 24,50-53 visto «comme le témoignage oculaire de l'Ascension» e «comme le récit de la dernière apparition du Ressuscité».

[11] Cf. l'attestazione rappresentativa della monografia di K. Stock: *Gesù bontà di Dio*, 5. L'autore in modo sintetico espone il cammino evangelico di Gesù come una serie di manifestazioni dell'agire divino a beneficio dell'umanità. Lo stesso concetto di χάρις vi svolge un notevole ruolo in quanto registra la propagazione della salvezza e il valore universale del mandato divino che Gesù porta a compimento attraverso gli apostoli (cf. K. MIELCAREK, *Jesus Ewangelizator*, 128-140). Il far ricongiungere tutto a Dio come l'unico dispensatore dei beni mette ben in luce la focalizzazione tematica della presente pericope.

[12] Il vb. corrispondente (ἐξομολογέω) si presta a diverse sfaccettature di significato che confluiscono in Lc 10,21-24 e At 19,18, illuminate anche dal contesto sinottico: Mc 1,5; Mt 3,6. Avendo per oggetto Dio, il *logion* Q (cf. Mt 11,25) sicuramente si distacca dal quadro sinottico e s'accomuna con gli scritti dello stadio più primitivo

lo, in modo unico da Gesù. I suoi diventano ben consapevoli del privilegio che hanno potendosi confrontare continuamente con la gratuità del dono di Sé il quale si comunica da Dio a loro attraverso Gesù. Nella vera e propria benedizione si sintetizza il postulato salvifico e si realizza la beatitudine per eccellenza la cui portavoce è stata Elisabetta (cf. 1,42-45). Con quel gesto paterno gli *Undici* sperimentano la pienezza della propria filiazione e vengono assurti al rango di testimoni esperti e competenti del mistero compiutosi a Gerusalemme. È esattamente allora che questi possono dichiarare la coerenza delle Scritture rivelate loro per lo più teoricamente, nell'intelletto (cf. 24,45). L'accesso esperienziale alla veracità della Parola ormai emessa, fa sì che l'involucro verbale della medesima perda importanza a favore della degustazione prodigiosa della sua bontà — un altro nome della consegna silenziosa di forza salvifica della stessa mano benedicente (cf. Eccli 50,20).

1.2.2 L'evento di partenza — il dono dell'icona (51)

Proprio nel culmine della benedizione avviene la separazione dalla plasticità e staticità della scultura narrativa antecedente. Il distacco del Risorto è puntualizzato così, com'era presentato il suo irrompere nella scena dell'apparizione agli Undici (Lc 24,36a): il gioco degli aoristi ἔστη e διέστη mette in risalto il lato fisico dell'avvenimento teso a procurare la continuità con ciò ch'è stato detto e dimostrato prima (cf. vv. 38-40). La realtà della scomparsa fisica del benedicente è connotata dalla stessa proroga dell'influsso semantico del vb. εὐλογέω. Il sottrarsi alle categorie spaziali non significa ancora l'andar via definitivamente; finché Gesù non si stanca di *benedire,* il suo stare al fianco non contraddice alla necessità d'evasione[13]. Con la seconda precisazione la salita al cielo si impone inevitabilmente come tale. Lc la riveste di elementi apocalittici, cosicché l'*essere portato nel cielo* si avvicina ai motivi del «rapimento» frequenti nella letteratura apocrifa[14]. L'insistenza

---

della tradizione del NT, quali le epistole paoline (Rm 14,11; 15,9; Fil 2,11): ne abbiamo evidenziato i risvolti comunicativi nell'analisi semantico-pragmatica del cap. IV. Cf. anche l'articolo di: O. MICHEL, «ὁμολογέω», 213-215.

[13] Cf. l'insistenza su questo fatto da parte di A. Mekkattukunnel: *The Priestly Blessing,* 84-85. Lo studio in questione è particolarmente interessante per l'attenzione al genere letterario del racconto lucano che è la porta d'ingresso nel suo significato globale fortemente assonante con le tradizioni anteriori (cf. Eccli 50, 20-22). Per i suoi punti deboli si consulti la recensione di R. Morgan: «The Ending», 65.

[14] Per gli esempi e riferimenti concreti si consulti il capolavoro di G. Lohfink (*Die Himmelfahrt,* 32-74). Cf. anche l'articolo di W. Foerster («ἁρπάζω», 471-472), il

narrativa su questa immagine pittoresca convince il lettore del suo specifico ruolo pragmatico, e non a caso propriamente qui ritorna l'impresionante immagine del *cielo* — il punto di destinazione di un viaggio spettacolare che non appartiene più alla competenza del lettore e nemmeno è controllabile dal Risorto. Il grande spazio teofanico e la metafora stessa dell'abitazione divina[15] Lo toglie di mezzo dai suoi (cf. ἀπ' αὐτῶν) per avvolgerlo nella gloria di dimensioni cosmiche, cantata in modo esemplare dall'*Apocalisse siriaca di Baruc*[16]. Pur non esplicitato sufficientemente, l'innalzamento dell'eroe copre ben presto l'orizzonte narrativo suscitando in chi legge un interesse crescente per l'ulteriore messa a fuoco di quella scena celebre. Per ora il filmato finisce qui e al lettore non resta altro che constatare la sua centralità ed efficacia espressiva. Anche se il testo non esplicita il *vedere* in quanto tale, la scenografia e l'evolversi del ritratto singolo di Gesù, sempre più sbiadito, indicano un sottofondo iconico. In più, questo fine racconto lucano costituisce addirittura una vera icona dell'ascensione che riesce ad attirare lo sguardo e a destare la venerazione silenziosa[17].

---

quale fornisce i riferimenti seguenti: ApMos 37; 4 Esd 5,7; 3 Bar. È indicativo che il «rapimento» vi costituisca una parte integrante della visione oracolare. L'analisi di altri *loci* del NT (cf. 2 Cor 12,2.4; 1Ts 4,17; Ap 12,5; At 8,39) mette in evidenza un altro aspetto di medesima importanza, ossia la manifestazione dell'agire plenipotenziario di Dio.

Il vb. adoperato qui da Lc (ἀνεφέρετο) è hapax nel NT e forse anche per questa ragione è stato eliminato dal codice Sinaitico (‫א‬*) e dai testimoni del testo occidentale (D, it (sy^s) geo^1 Aug^{1/3}). Cf. il completo *status quaestionis* dell'accennato problema testuale in: B. METZGER, *A Textual Commentary*, 162-163.

[15] Cf. ricchezza semantica e sviluppo contenutistico del concetto ebraico e rabbinico dei ‫שמים‬ che sta alla base del greco οὐρανός: G. VON RAD, «οὐρανός», 501-509. Di particolare interesse vi è l'accenno al gesto sacrale di sollevare e stendere le mani (cf. Es 9,29.33; Dt 32,40) il quale implica la concezione di un Dio Che abita il cielo (*Ibid.*, 505). L'analoga azione del Risorto è dunque già un preludio alla scenografia del salire lassù, dove la benedizione ritornerà a Dio stesso, negli scritti rabbinici più spesso identificato col *cielo*: H. TRAUB, «οὐρανός», 521.

[16] Vanno notate significative somiglianze tra l'evocativo rilievo sul ritorno dell'*Unto* nella gloria, la glorificazione ed esaltazione dei giusti nello splendore degli angeli in 2 Bar 30,1-2; 51,10 (ed. R. Charles, 498.509) e la predilezione lucana per ambientare in modo solenne l'intronizzazione celeste del Risorto (cf. Lc 22,69; 24,26; At 2,33 etc.): K. ANDERSON, *«But God Raised Him»*, 78-81. Cf. G. LOHFINK, *Die Himmelfahrt*, 60-61.

[17] Con quest'intuizione artistica speriamo d'aver espresso la funzione narrativa della pericope la quale giustamente si ritiene il *climax* dell'intero Vangelo (J. FITZMYER, *Luke*, II, 1587) e l'ultima rivelazione del Risorto che finalmente trova risonanza nel riconoscimento plenario degli Undici. Cf. *Ibid.*, 1590. Osserva J. Plev-

1.2.3 Conclusione: icona, preghiera e contemplazione (52-53)

Dalla sfera celeste il lettore abbassa gli occhi non sopportando più l'abbagliante luminosita della scena «dipinta» e si ritrova insieme ai suoi spettatori effettivi. Il ritorno alla normalità del lato opposto della prospettiva iconografica appena accennata si connota colla messa in rilievo della loro personalità collettiva (αὐτοί) per completare il quadro schizzato. Alla benedizione divina risponde la prosternazione come un gesto cultuale il quale garantisce e riafferma la distanza. Il προσκύνησις che spetta a Dio solo (cf. Lc 4,8) si trasforma in una celebrazione della salvezza recepita in Gesù e protrae l'effetto rivelatorio dell'elevamento della Sua figura. V'è un'allusione evidente alle grandi teofanie del Suo battesimo, della trasfigurazione e della prima apparizione pasquale, preannunciate dagli oracoli pre-«storici» di Simeone e d'Isaia[18]. Così termina l'ultimo contatto visivo con il Risorto, ma il lettore continua con avidità ad accompagnarLo con lo sguardo abbracciando in totalità e sintetizzando in un solo dipinto il proprio percorso estetico. Il *cielo* vi funge da simbolo, da spettro dei colori con cui il Vangelo aveva immortalato il sorgere e risorgere di Gesù sullo schermo di *Heilsgeschichte*. Essa si conclude, pare, com'era cominciata, nell'alto del regno celeste le cui tracce ormai sono lasciate in modo incancellabile dallo stesso Gesù.

La storia, in effetti, non finisce con l'ascensione, bensì si sviluppa verso un approfondimento del mistero contemplato, secondo il testamento del Risorto (24,49). Un nuovo ritorno a Gerusalemme simboleggia tutto il cammino che ora i discepoli rifanno senza Guida, in un arco di tempo brevissimo, ma intenso. Ormai è indiscutibile la permanenza salvifica dell'essere sulla strada, perché non è più un triste peregrinare reso ostinato dall'incomprensione (cf. 24,13-27), ma un viavai spiritoso riscaldato dalla *gioia* evangelica mai conosciuta (cf. χαρά μεγάλη). Il lettore non può dimenticare le quattro grandi prefigurazioni della presente marcia maestosa. I pastori sono i primi araldi spinti a dare una

---

nik: «When the disciples give worship to the ascending Jesus, this is, indeed, an act of faith. It is, however, not faith in Jesus' resurrection, for this occured earlier, but their acknoledgment of Jesus' divinity. This is what faith is for the evangelist in its deepest meaning. It is for this reason fittingly placed at the end of the Easter chapter and at the end of the Gospel» («Eyewitnesses», 103).

[18] Lc 2,32; 3,6: i passi menzionati altro non sono che segnali narrativi i quali anticipano lo sviluppo tematico del «vedere Gesù» nel nucleo centrale del racconto lucano propriamente detto (Lc 4,14–24,53), anzi, sono i suoi veri paradigmi comunicativi. Cf. risp., Lc 3,21-22; 9,34-35; 24,5.

testimonianza oculare, venerare e poi rallegrarsi del re neonato perfino cantando sulla strada di ritorno (2,20)[19]. I *Settanta* acquistano la gioia seguendo il sentiero missionario in cui già provano la dolcezza d'essere inscritti, per nome, nei *cieli*[20] (10,17.20). Anche il cieco di Gerico sembra alzarsi in piedi unicamente a motivo della *gioia* promossa da un *vedere* autentico. È difatti il primo esempio di una sequela felice e partecipativa che irradia il clima lodevole sui circonvicini, in maniera tale che diventino loro i cantori effettivi della bontà di Dio. La liturgia terrestre prefigurata nei passi citati, giunge al compimento nella scena dell'entrata a Gerusalemme, quando la liturgia celeste del *Gloria* si

---

[19] Il vb. αἰνέω spesso unito al sinonimico δοξάζω, ha in Lc un rilievo particolarmente messianico essendo il modello di lode rivolta a Dio dalle schiere celesti (2,13). La riproducono passo per passo i *pastori*, il *cieco* e il *popolo* (18,43), i discepoli assistenti all'ingresso del *re* Gesù alla città santa (19,37), la prima comunità appena rivestita dalla potenza dello Spirito (At 2,47). È lo *storpio* davanti al *popolo*, il primo beneficiario degli apostoli (At 3,8-9; è il primo miracolo, in un certo senso programmatico, raccontato negli Atti, ambientato in circostanze scenografiche ed è la porta d'ingresso nella strategia del terzo grande discorso di Pietro (At 3,11-26) di cui è ben nota la risonanza comunicativa: cf. H. ZEHNLE, *Pentecost Discourse*, spec. 333-339). È lecito perfino affermare che la narrativa lucana promuove l'aspetto musicale e cantatore di questa celebrazione liturgica stilizzata: cf. 1 Cr 16,36; Ger 20,13; Ap 19,5 (*LSJ*, 140). Il canto diventa dunque la celebrazione divino-umana della salvezza e insieme un forte segno e il rimando alla fonte di quella felicità, e cioè alla percezione del mistero, diventata la via e il mezzo d'evangelizzazione e insieme un racconto fedele, anch'esso proteso agli scopi missionari. Cf. sotto.

[20] Quest'altra immagine apocalittica si basa sulla conoscenza del *libro della vita* (τὸ βιβλίον τῆς ζωῆς) che nell'AT assume il valore simbolico del nascondiglio delle sorti, sofferenze e gioie umane (cf. Sal 56,9; 139,16). A parte il libro di Apocalisse (cf. Ap 3,5 etc), ne fanno uso apocrifi e fonti rabbiniche. Ad es., in Giub 19,9 sono prese in questione le *tavole celesti* su cui si scrive il nome dell'amico di Dio; nel giudaismo viene elaborata la dottrina secondo la quale tutte le parole e opere umane vengono scritte nel *cielo*, nei due libri, quella dei giusti e quella dei sacrileghi (WaR 26 su Lv 21,1; BerR 81 su Gen 35,1; cf. anche Giub 30,20ss.; 36,10), perfino dagli angeli stessi (vedasi: STR-B II, 169ss; III, 840; IV, 1037): G. SCHRENK, «βιβλίον», 618-619 (nn. 21.23). L'origine celeste di una tale credenza epica e la sua impronta spiccatamente soteriologica inducono a pensare a un simile contesto comunicativo anche in Lc che è debitore di una vasta tradizione intertestamentaria, collocata appunto nei momenti e scene centrali del Vangelo, com'è quella del grido di giubilo (Lc 10,20-24). Il suo contributo specifico si riconosce soprattutto nell'insistenza sul *camminare* di Gesù e degli apostoli, che diventa il *locus theologicus* in cui va collocata l'origine e intensificazione della gioia messianica (cf. Lc 10,17: χαρά). Lo stesso movimento inteso come l'imperativo divino (cf. 4,42-43) produce degli spostamenti decisivi, com'è quello della caduta di Satan (18: πίπτω) — un altro segno messianico su cui basare testimonianza, predicazione e attività taumaturgica (cf. v. 19).

riproduce abilmente e viene generato un canto responsorio degli uomini. Con quest'oratorio unico il lettore si sente già alla fine del percorso, immerso nella sonorità della storia cantata (cf. Lc 1–2). Il suo triste prosieguo — la Passione — tuttavia richiede una riproduzione successiva di quel quadro così ricco di contenuto, e lo si sintetizza nel finale, con il minimo dei particolari che si restituiscono ben facilmente alla memoria generativa del lettore. Ciò che si deduce dalla rassegna presente delle allusioni, sembianze e tipologie è il carattere mobile di un cantare soggetto alle categorie della *via* come ὁδός (cf. 19,36), ma anche all'effetto esplosivo della stessa opera della salvezza la quale nell'esecuzione dedicatale diventa la realtà permanente.

Nel Tempio, però, l'andamento vivace e allegro della cantata cede e s'attua il ritmo prestabilito dalla Legge. Lc ne è ben attento e spegne il grammofono non appena si entra, in modo che si possa dare la precedenza al timore reverenziale d'invocazione liturgica. Dal clamore d'esultanza che ha riempito la scena di per sé reticente, si ritorna al *silentium sacrum* degli inizi (cf. Lc 1,8-10). È ben comprensibile perciò l'insistenza narrativa sulla presenza nel Tempio che, presa alla lettera, pare imporre sui personaggi una clausura poco conciliabile con il piano di Dio esplicitato dal Risorto (cf. 24,47-48). Il paradosso si risolve coll'importante motivazione dello stare nei limiti dello spazio sacro, e cioè il *continuar a benedire* Dio (cf. ptcp. pres. εὐλογοῦντες). E ora si capisce, perché vanno tenuti insieme il vb. «essere» (ἦσαν) e il ptcp. il cui aspetto presenziale letteralmente «avvolge» il tempo del racconto. Il lettore è sommamente coinvolto in una benedizione che va oltre il Vangelo dando il ritmo alla narrazione ancora inaccessibile al suo sguardo totalmente preso dalle altezze celesti, ove d'ora in poi è invitato a cercare le tracce di quella storia celebre diventata preghiera. Insieme a Simeone anch'egli è nuovamente in attesa di portare avanti il disegno di salvezza, provvidenzialmente schiusosi nel Tempio. È più al lettore dunque che la consacrazione ideale a' mo della λατρεία di profetessa Anna, si riferisce (cf. 2,37). Solo stando nel Tempio, ossia perseverando a porsi fiduciosamente al cospetto di Dio, con le proprie limitatezze — rimanenze d'incredulità, — ci si potrà discernere davanti la presenza di Gesù (cf. Gv 20,14-16). Nel grande silenzio della Sua icona fattasi invisibile, infatti, abita la speranza di un nuovo inizio che farà risplendere i colori sbiaditi e aprirà la strada ad un dipingere ancora più maestoso, capace d'afferrare l'essenza dell'*oggi* salvifico ormai inscritto nel testo e immortalato nel processo di lettura. Colui che sa trasformare quella benedizione in una riflessione e in un riflesso dell'evento Cristo,

non sarà lontano dalla verità, se riterrà il Tempio l'unico luogo di manifestazione e d'approfondimento del Suo mistero, perché è *nel Tempio*
che, a scapito di tutto, Questi continua e *deve essere* (Lc 2,49c).

1.3 *Considerazione finale*

La *clôture* del Vangelo porta a compimento la linea narrativa e esplicita quanto mai saldamente lo spegnersi della tematica del *vedere*. La si
ricava dalla cornice scenica e dallo sviluppo semantico del brano concernente una sintesi teologica di Lc. I motivi d'una *benedizione* reciproca come frutto del riconoscimento definitivo, del cammino ascendente di Gesù e di quello orizzontale degli Undici. La presenza di Dio
evocata dal *cielo* e dipanazione della *gioia* messianica trasmettono al
lettore il Vangelo in miniatura e scandiscono i caposaldi del percorso
visivo che ora insieme all'ascolto passa nel secondo piano. La riflessione comprensiva sulle tappe precise e strategie comunicative implicate
in questa chiave di lettura è ben intuibile, ma, in effetti, non può progredire felicemente, vista la propagazione dello scenario negli Atti.
Questo stimolo narrativo continuerà ad animare il lettore finché non
diventerà comprensibile il progetto lucano di sdoppiare la scena presente, inscritta nella totalità contenutistica dell'evento comunicativo che in
ultima istanza è Gesù.

2. **L'evento dell'ascensione: At 1,6-11 come performance**

L'*ouverture* degli Atti è progettata come la risposta alla preghiera incessante con cui finisce il Vangelo. Non mancano qui i riferimenti analettici e prolettici nei quali il lettore riconosce un corollario dei due
cammini — quello di Gesù, ormai compiuto, e quello della Chiesa, in
attesa dello Spirito conduttore, — che confluiscono nella presentazione
lucana dell'ascensione. Nell'avvicinamento al suo messaggio emergerà
la stesura particolare di quel compendio in cui il programma teologico
dell'autore si tende a condensarsi; ovvero è la *magna charta* del suo
dittico e un maturo esito dell'evoluzione tematica del *vedere*.

L'articolazione della pericope (At 1,1-11), che a livello narrativo
forma un'unità, consiste di due momenti[21]:

---

[21] Per la divisione bipartita dell'*ouverture* degli Atti optano, ad es.: la *Bibbia* CEI
(1,1-5.6-11); D. MARGUERAT, *Acts*, I: 1,1-8.9-14. J. Rius-Camps (*Comentari*, I,
29.35) la divide diversamente, in una maniera originale, ma ragionevole in quanto
attenta al messaggio e alle dinamiche intratestuali: A. *Pròlog del segon llibre* (1,1-2);
B. *Seqüència frontissa* (1,3-14). Più frequente, invece, è la tripartizione: 1,1-2.3-8.9-

Il prologo narrativo (vv. 1-5) si rifà alla trama evangelica riempiendola di particolari funzionali alla storia successiva, mentre

il secondo racconto dell'ascensione (6-11) prospetta un punto di partenza valido e autorevole della missione universale abbozzata in precedenza. Bisognerà capire anzitutto, come funziona questa seconda unità comunicativa che ingloba in sé le aspettative salienti del lettore lucano, e stabilire il suo rapporto con la versione evangelica del medesimo evento fondatore dell'esperienza oculare della comunità postpasquale.

2.1 *Preparazione dell'evento e memoria creativa in At 1,1-5*

Il solenne inizio si focalizza su *tutto ciò che Gesù iniziò* (v. 1) nel Vangelo con un μέν assoluto — un segno narrativo evidente per richiamare l'attenzione del lettore sull'asse analettica del racconto che trova appoggio nella causalità delle vicende già note e insieme provocanti, sì da costituire un δέ ipotetico a quella novità stilistica di Luca[22]. Il suo approccio totalizzante si riconosce ugualmente nella definizione riassuntiva che fa della narrazione evangelica un *iniziare di operare e insegnare* di Gesù esteso in un lasso di tempo piuttosto vasto e determinato solamente dalla scadenza (cf. Lc 24,44-49). In questo abile sommario si devono accennare soprattutto le differenze. L'istruzione del Risorto connotata dal vb. ἐντέλλομαι diventa più incisiva in quanto detta un imperativo all'origine del quale sta Dio stesso[23]. L'accento sull'elezione degli apostoli che sarà riproposta in accordo con il δεῖ divino (cf. At 1,15-26) è una solida prova a favore dell'intuizione presente. L'evangelista inoltre si prende cura di menzionare il soggetto

---

11 (così, Pesch, Rossé, Fitzmyer); diversamente, G. Lohfink che distingue più nettamente il «proemio» (1,1-2) da ciò che segue: 1,1-5.6-8.9-11: *Himmelfahrt*, 158. Cf. J. FITZMYER, *Acts*, 191. Come si vede, non c'è accordo tra gli studiosi neppure riguardo alla delimitazione del prologo stesso: un sufficiente *status quaestionis* forniscono i commentari di G. Schneider (*Atti*, I, 257) e C. Barrett (*Acts*, I, 61-63).

[22] Le posizioni degli studiosi verso una risoluzione di questo «problema» sintattico sono riassunti in: C. BARRETT, *Acts*, I, 62. Ciò non trova risonanza nella trasmissione del testo e di fatto si spiega facilmente con un ricorso alla storiografia ellenistica: E. DELEBECQUE, «Les deux prologues», 51. Cf. l'enfasi di G. Lohfink (*Himmelfahrt Jesu*, 152): «Der erste Satz der Apg ist seiner Gattung nach eindeutig das Proömium eines Zweiten Buches [...] sogar das μέν ist im Proömium üblich».

[23] Cf. At 13,47. Questo vb. è raro nell'opera lucana (la sua terza e ultima ricorrenza è da trovare in Lc 4,20), nel NT è ben attestato in Mt e Gv, mentre si prolifera il suo derivato: sost. ἐντολή, *comandamento*, — con tutto lo spessore semantico-pragmatico e teologico che esso acquista nella tradizione evangelica e altrove: cf. G. SCHRENK, «ἐντολή», 541-553.

attivo delle direttive che è lo *Spirito*. L'ambiguità della posizione sintattica del sost. corrispondente lascia libertà alle traduzioni[24], ma non esclude nemmeno una doppia connotazione dell'unica opera di questo agente privilegiato degli Atti, che animava l'inizio e lo svolgimento del ministero di Gesù in Lc[25]. L'andamento dei primi due vv. converge sull'aor. ἀνελήμφθη che mette in campo il potenziale comunicativo della scena evangelica dell'ascensione qui egregiamente richiamata[26]. Non va tralasciato nemmeno il cambiamento del vb. portante (cf. Lc 24,51c: ἀνεφέρετο) con cui si allude già ad una novità dimostrativa della riproduzione momentanea di quell'icona lucana che fra breve si dischiuderà in una vivace riduzione cinematografica.

Sorprende soprattutto l'insistenza narrativa sui destinatari del mandato missionario — gli *Undici* — che stanno nel centro come oggetti privilegiati dell'attività rivelatrice del Risorto[27]. È interessante il modo

---

[24] Di fatto esse oscillano tra il considerarlo il soggetto effettivo della prima azione — che è più conseguente dal punto di vista sintattico (cf. le traduzioni italiane NRV e LND: *dopo aver dato dei comandamenti per mezzo dello Spirito Santo*) — oppure della seconda, separata tuttavia da esso col connettivo οὕς.: *agli apostoli che si era scelti nello Spirito Santo* (IEP, la *Bibbia* CEI). Secondo noi, queste due alternative vanno tenute insieme, perché non fanno che arricchire il messaggio teologico del testo il quale condensa gli spazi narrativi per attirare l'attenzione e generare l'attesa e l'incertezza del lettore — i fattori mimetici della lettura stessa. Cf. G. STÄHLIN, *Atti*, 30.

[25] Sull'importanza dello Spirito come il mediatore di Dio e di Gesù in Atti vedasi l'esposizione brillante di E. Rasco: «Jesús y el Espíritu», 321-367, spec. § «Jesús, el Espíritu, la Iglesia»: 334-343.

[26] Questo importante se non determinante segno linguistico viene spostato all'inizio del v. o eliminato da alcuni testimoni del tipo testuale occidentale: *codex Bezae* (D), una lezione marginale della traduzione siriaca arclense (sy^hmg) e quelle copte: saidica e medioegiziana (sa e mae); i codici della Vetus Latina: Gigas (gig) e t, Aug e Vig l'eliminano. A favore della lezione di NA[27] tuttavia parla il fatto che l'omissione non può che complicare il problema il quale già aveva fatto risonanza con diverse ipotesi di ricostruzione del testo originale da parte degli studiosi: B. METZGER, *A Textual Commentary*, 236-241; J. CREED, «The Text of Acts 1–2», 176-182. Non è pertanto significativo che la lezione preferita sia una *lectio difficilior*, mentre nei mss. menzionati il testo viene estrapolato ed esteso con un'aggiunta che riflette un lavoro redazionale dei copisti, tesi a risolvere la difficoltà della presente lettura, e quindi, in teoria, dovrebbe essere posteriore. Cf. E. HAENCHEN, *Apg.*, 145, n. 2. Per problematiche più influenti di questa particolarità del testo di Atti e per rendersi conto della sua importanza basti consultare l'articolo dimostrativo di A. Zwiep: «The Text of the Ascension Narratives», 219-244.

[27] Cf. la posizione enfatica dei connettivi — pronomi relativi οὕς e οἷς (vv. 2c.3a), e poi ὑμεῖς e οἱ enfatici (5b.6a). Riguardo al contenuto semantico di quei riferimenti premurosi si deve tener conto della tendenza narrativa degli Atti di porre in rilievo le

lucano sempre originale di notificare la presenza di Costui durante le apparizioni. La complessa costruzione grammaticale e sintattica[28] non fa altro che circoscrivere il carattere anormale e irrazionale di quelle irruzioni degli oracoli pasquali. Il Gesù glorificato è presentato invero come Colui che si impone deliberatamente mostrandosi *vivo* ai suoi pur avendo sofferto fino alla morte e in questa maniera li consolida con delle *prove* decisive, convincenti e credibili (*hapax*: τεκμήρια). C'è un evidente richiamo al prologo del Vangelo che termina con un affresco analogo appellandosi al riconoscimento della *certezza delle parole* efficienti di catechesi, le quali esse stesse producono istruzione e ravvedimento (Lc 1,4)[29]. L' ἀσφάλεια di cui si sentono autorizzati i testimoni oculari di Lc 1,2 risuona nel contesto di At 1,3 il quale estende al massimo il periodo delle apparizioni pasquali. Il ptcp. pres. ὀπτανόμενος inoltre dice molto di più sul contenuto specifico e la durata di quelle vere *visite* in quanto *visioni*[30], rispetto al meno elegante costrutto verba-

---

figure dei *Dodici*, passando innanzitutto per i loro rappresentanti eminenti: Pietro, Stefano, Giacomo e Paolo. Infatti già in At 1,2c (il motivo di *elezione*) si ha un trasparente richiamo alla scena evangelica della scelta dei Dodici (Lc 6,12-16) che diventa un argomento decisivo per ricostituire il numero completo dei testimoni dopo la *decaduta* di Giuda (cf. At 3,12-20). Sotto questa luce si precisa e si focalizza meglio anche il retaggio comunicativo del trittico della risurrezione (Lc 24,1-49) che favoriva il gioco narrativo basato sull'ambiguità testuale del ritornello: *gli Undici e tutti gli altri, gli Undici e quelli che erano con loro* (Lc 24,9.33) — e delle espressioni: *alcune donne, dei nostri, alcuni di quelli che erano con noi* (vv. 22.24). Gli stessi pellegrini d'Emmaus diventano le figure funzionali al collegio apostolico del primo rango a cui insieme alle donne portano l'*euangelia* pasquale. Più in dettaglio vedasi la discussione in: J. PLEVNIK, «"The Eleven and Those with Them"», 205-211; J. DUPONT, «La mission de Paul», 452-453.

[28] Afferma D. Dormeyer («Apg 1–3», 151): «VV. 1-2 bilden eine lange, komplizierte Satzperiode».

[29] Il pron. relativo ὧν è da prendere in questo caso come *gen. di origine* (cf. D. WALLACE, *Grammar*, 109-110), non già come l'oggetto retto dal vb. e attratto al caso del suo antecedente (λόγων). Cf. la traduzione letterale di S. Barbaglia («Il prologo di Luca», 3): *quei discorsi **in virtù dei quali** hai già ricevuto l'in-formazione* [il neretto è nostro; S.A.].

[30] Facendo questa scelta terminologica bisogna subito ammettere che qui non si tratta di visioni estatiche quale «fenomeno mistico consistente nel percepire fisicamente realtà soprannaturali celesti» (*Garzanti*) di cui il libro degli Atti si servirà in avanti, bensì di una semplice constatazione dell'esperienza visiva, in confronto con l'*ascolto*, che non esclude la reale presenza del Risorto e conseguentemente l'attendibilità storica dell'accaduto. La cercano salvaguardare, e con ragione, J. Dupont (cf. *Etudes*; *Nouvelles etudes*) e H. Cadbury (*The Making Luke-Acts*, 1-11). Cf. E. Haenchen (*Apg.*, 111, n. 1): «Lukas sieht die Erscheinungen des Auferstandenen

le παρέστησεν ἑαυτὸν ζῶντα (3a). Le automanifestazioni imponenti che vi sono implicate si presentano come i veri paradigmi dell'ammaestramento postpasquale. Essi raccolgono cioè quel potenziale pragmatico che si evince dai racconti fondatori dell'Esodo e altri, dove il numero «quaranta» schiude una simbologia radicata nell'esperienza storico-salvifica del popolo eletto[31]. Questo per dire che nell'ottica visiva accennata, l'intero racconto evangelico ricupera il senso quale preparazione a quel vissuto strategicamente rimasto fuori dall'obiettivo di Lc. La discrezione estrema pure nel descrivere ciò in Atti dà al lettore uno stimolo in più, ossia quello di attendere una ulteriore messa in luce del *vedere* il quale per ora non supera i confini del necessario, divino, funzionale alla predicazione delle *cose riguardanti il regno di Dio* (τὰ περὶ τῆς βασιλείας τοῦ θεοῦ: 3c). Il lettore, sotto la spinta narrativa di una *suspense*, creata grazie alla mancanza di tanti particolari, istintivamente si volge a quel racconto continuo (cf. ptcp. pres. λέγων) che il protagonista fa del *Regno*. È un motivo trasversale che unisce in sé i lineamenti teologici del *kerygma* evangelico di Gesù e verrà egregiamente richiamato in At 1,6[32].

L'atmosfera in cui ci si viene a trovare è idealizzata dalla dipartizione del *sale* — un nuovo simbolo di comunione promulgata dal *farsi vedere* e *parlare* insistenti da parte del Risorto[33]. Tuttavia l'accento

---

keineswegs als Visionen an!». Per l'uso del pres. ellenistico ὀπτάνομαι vedasi sotto: p. 468, n. 76.

[31] Cf. Es 24,18; 34,28. D. Dormeyer fa a proposito un commento particolarmente interessante e evocativo in quanto attento al retroterra teologico di Lc: «Die 40 Tages setzen die Überwindung der Todesleidens Jesu zur Königsherrschaft Gottes in Beziehung. Königsherrschaft und Leidensgeheimnis haben das erste Buch bestimmt. Die Geheimhaltung des Leidens ist durch die Auferweckung überflüssig geworden» («Apg. 1–3», 154).

[32] Lo si tratterà più da vicino nell'analisi semantica del brano centrale (At 1,6-11): p. 459, — mentre una visione integrale ed esauriente di questo *locus* evangelico nell'opera lucana è contenuta nello studio pregevole di C. Ziccardi: *The Relationship of Jesus and the Kingdom of God*.

[33] Ciò sembra giustificato dalla successione paratattica dei tre participi: ὀπτανόμενος [...] καὶ λέγων [...] καὶ συναλιζόμενος (vv. 3c.4a), — che stanno in uno stretto rapporto assiologico. L'inizio scandito dalla visione sfocia nell'insegnamento e il pasto comune nella conclusione — una miniatura dello sviluppo logico ovvero una icona celebre del Vangelo! Per quanto riguarda la simbologia del *sale* in questo passo è indispensabile fare riferimento all'originale proposta interpretativa del Papa Ratzinger che vi vede addirittura un'allusione alla stipula dell'alleanza (cf. Nm 18,19; 2 Cr 13,5. Per le conclusioni teologiche che ne derivano rimando al secondo volume dell'opera illustre del Pontefice emerito: BENEDETTO XVI, *Gesù di Nazaret*, II, 300.

cade sul mandato di non *andarsene da Gerusalemme* (enfatico) col quale gli Undici per la seconda volta sono interpellati (cf. ἐντειλάμενος: At 1,2a)[34]. Con una netta contrapposizione (ἀλλά) si raccomanda, invece, di stare in attesa della *promessa del Padre* (4c). L'incastro del discorso diretto nel tessuto della frase la rende vivificante e dialogica. Questo impulso narrativo serve piuttosto per il lettore a rendersi conto di una novità generativa del presente discorso. Appellandosi al recinto evangelico della medesima scena e provocando in questo modo l'effetto reale di sdoppiamento dell'immagine si ottiene un rilievo assai maggiore, che influisce sulla tonalità, sinora acquisita, dalla ripresa evangelica[35]. L'offuscamento dei colori nel momento di congedo (Lc 24,46-49), che faceva prevalere l'ascolto silenzioso delle direttive di promessa, cede posto all'arcobaleno degli sprazzi visivi nel mirare apostolico fortunatamente aperto alle prospettive cristologiche del dono a venire. Il tono cambia notevolmente rispetto all'epilogo evangelico — si presenta già l'inevitabilità del «battesimo» il quale effettivamente compirà la promessa. Il v. successivo esplicita infatti quel compimento che fra poco sfocerà in uno spettro lampante dello «spettacolo». E guarda caso Gesù allude all'inquadratura evangelica di non minor rilievo, che è il proprio battesimo definito per antonomasia come un ottuso e generico «immergersi» nell'*acqua* (cf. Lc 3,16a).

Al giorno delle Pentecoste la cui imminenza è ormai innegabile non sarà più così, perché è lo Spirito stesso (cf. il πνεῦμα enfatico: At 1,5b) che agirà a pieno titolo, da battezzatore, erompendo dal fulcro statico di una promessa verbale. I nuovi protagonisti della storia che sta per irrompere saranno dunque gli stessi apostoli della cui cerchia tende a far parte anche il lettore coinvolto al massimo dall' ὑμεῖς propositivo ed

---

[34] La ripetizione rivela una spinta comunicativa radicata nella tecnica retorica di Luca il quale non solo mette in rilievo il verbale ripetuto — che il retroterra di Lc 24,46-49 sia comune a entrambi gli accenni di At 1,2a.4a, è ovvio, — ma lo espande in tale maniera da far apparire ancora meglio la sua preoccupazione teologica celata nel finale evangelico. Già il vb. χωρίζεσθαι in forma negativa allude ad una separazione tragica: la sua seconda ricorrenza nell'opera lucana (At 18,2) è situata nel contesto di persecuzioni. Tutto il Vangelo infatti è stato una permanente estraniazione ovvero l'«esodo» di Gesù dai luoghi familiari e eminentemente privilegiati dalla sua missione salvifica: cf. Lc 4,16-30; 9,31.51; 13,33-35. Lo stesso evento dell'ascensione si pensa come la separazione definitiva con cui il pellegrinaggio del Profeta solennemente termina: A. GIENIUSZ, *Vangeli sinottici*, 123. Cf. sotto.

[35] Per gli esempi classici delle analoghe tecniche narrative e le loro attestazioni nel mondo del cinematografo si rimanda alla lettura arricchente e stimolante a questo proposito di S. CHATMAN: *Storia e discorso*; U. ECO, *Sei passeggiate*.

energico — un vero inizio del racconto da scrivere[36]. La vicinanza della nuova ἀρχή simboleggiata dal battesimo dello Spirito colma di gioia lo spazio narrativo dedicato a introdurre il τέλος di Gesù. Vi si riproduce infine la profezia del Battista che attribuiva al Messia quest'opera di rigenerazione *nello Spirito* (ἐν πνεύματι ἁγίῳ: Lc 3,16f) per mezzo del *fuoco*. Un elemento simbolico in più che è pure teofanico per eccellenza, arricchisce ulteriormente la gamma concettuale dell'appello gesuano il quale ingloba in sé il *logion* che prima poteva sembrare minaccioso (Lc 12,49-50)[37]. Lo scenario tracciato sta in sintonia con la celebrità

---

[36] Cf. la stessa tendenza nel prologo evangelico (Lc 1,3a), ove [ἔδοξε] κἀμοί esprime la voce empirica del Narratore che sta a dichiarare in modo autorevole il suo progetto. Qui, invece, egli lascia parola al personaggio principale scendendo al livello di un narratore intradiegetico. Gesù, a sua volta, da buon Narratore extradiegetico stimola la memoria creativa dei propri ascoltatori chiamati a imitarlo pure nel comporre una narrazione sotto l'ispirazione di un terzo Narratore (πνεῦμα) che è quello implicito il quale si rende manifesto nei pronunciamenti e azioni degli apostoli. Questo schema piuttosto sofisticato aiuta a scorgere l'intensificazione narrativa dei diversi motivi che si sovrappongono in questo eminente punto di transizione dell'opera lucana. Capire il perché della polarità polivalente del ruolo del Narratore, oppure dei narratori, di Atti certamente contribuirà alla valutazione teologica del libro — qui, il dittico — nel suo insieme senza correre il rischio di smembrarne unità e coerenza. Un esempio raro, sotto questo punto di vista, fornisce il contributo metodologico di W. Kurz («Narrative Approaches», 195-220) che distingue tre classi di autori in Lc-At: quello onnisciente (the «omniscient *showing* biblical narrator, as in most of Luke-Acts narratives»), quello implicito (the «limited *telling* first-person narrator, as in the "We" passages») e storiografo (the «*histor* sorting strands of evidence, as in the Lucan prologues»).

L'argomentazione a favore di una valutazione positiva dei contributi del metodo storico-critico che vanno completati dall'analisi letteraria, mette in questione ugualmente la figura molte volte discreditata dell'autore empirico (a «self-conscious writer»). Per questo è importante ciò che lo studioso dice nel quadro della presente discussione diventata acuta nell'ambito di narratologia, soprattutto negli ultimi decenni: «Without the historical critical identification of ancient conventions, literary criticism would have a hard time saying what was convention and what was original in a narrative. But too often historical criticism stops when it has identified the conventions used; as important and difficult an accomplishment as this is. Literary criticism must then show how the author uses this convention, including how careful or inconsistent he or she may be» (*Ibid.*, 218). Il problema è sintetizzato altresì in: J.-N. ALETTI, *L'arte di raccontare*, 185, n.1.

[37] Che questo detto provenga dai circoli apocalittici, è inconfutabile. Più difficile, invece, saperlo inquadrare nella prospettiva escatologica lucana. Cf. R. BULTMANN, *Geschichte*, 93-95. Nel complesso letterario di Lc 12 esso sicuramente anticipa il giudizio finale facendo emergere l'inevitabilità della *parusia* che per effetto avrà separazione (διαμερισθήσονται: Lc 12,53a). Ciò trova risonanza nel narrato delle Pentecoste, dove l'oggetto della separazione e — guarda caso — della visione, sono

dell'icona evangelica dell'epifania con la sua grande *apertura* celeste (cf. Lc 3,21c: ἀνεῳχθῆναι) del mistero il quale rappresentava il cammino e la persona stessa del viandante. Quella presa evangelica introduttiva si realizza in una raffigurazione visiva corporea dello stesso *Spirito* e va di pari passo con l'ascolto del Padre. Dentro una cornice narrativa così abilmente stringata e nondimeno estremamente comunicativa l'opera della Trinità non solo pone le fondamenta alla testimonianza oculare apostolica nel vivo presente del racconto, bensì scandisce la sua continuità con le manifestazioni pittoresche dei tempi dell'origine, quando il «vedere Gesù» significava l'essere alle prese con la storia fattasi gioia, sequela, riconoscimento e comunione[38].

2.2 *L'evento degli inizi (At 1,6-11): l'articolazione*

La pericope centrale su cui converge lo sviluppo narrativo sopra evidenziato si presenta come un'unità ben compatta e delimitata nel proprio contesto. Il cambiamento di scena è scandito da un nuovo avvio d'argomentazione (μέν, cf. At 1,1) e da un'importante segnalazione del movimento (συνελθόντες). È marcatamente alterato pure il contenuto del colloquio reimpostato alla luce della domanda strategica degli apostoli (6b). L'inaspettata chiusura dell'episodio favorisce il riconoscimento della funzione comunicativa del discorso diretto situato al termine della pericope, che genera l'attesa (11). La griglia narrativa però è orientata verso uno spartiacque abbastanza netto che colloca il ritorno degli *Undici* in termini di allontanamento separandoli dal luogo dell'ultima rivelazione. La duplice menzione di *Gerusalemme* circoscrive una fase successiva del racconto che parte dal τότε categorico ed esplosivo, quasi a inaugurare il tempo dell'apostolato radicato in un impegno concreto — la lista dei nomi ne è bell'*ouverture* dichiarativa (12-13).

---

le *lingue come fuoco*: ὤφθησαν [...] διαμεριζόμεναι γλῶσσαι ὡσεὶ πυρός (At 2,3). Il contesto apocalittico è evidenziato anche qui, nel discorso di Pietro che cita Gl 3,1-5 (At 2,17-21). Ciò sarebbe un oggetto di investigazione per una ulteriore messa a fuoco della tematica del *vedere* in At, sulla scia delle sue ripercussioni evangeliche. Cf. G. SCHNEIDER, *Atti*, I, 339.346 e la tesi di H. Zehnle: *Peter's Pentecost Discourse*, 333-339.

[38] Sulla concezione lucana della storia e la sua applicazione nel dittico Lc-At è riguardevole l'investigazione realizzata da V. Fusco: «Progetto storiografico», 123-152, — e il commento particolarmente attento alla teologia storiografica lucana di D. Marguerat (*Acts*, I-III). Per un trattamento più specifico della nozione dell'inizio (ἀρχή) nell'elaborazione letterale e teologica di Luca è indispensabile un ricorso al magnifico saggio di E. Samain: «La notion de ΑΡΧΗ», 299-328.

La pericope si articola in tre scene suddivise in cinque momenti narrativi che racchiudono la tipologia del *vedere*[39] ed evidenziano la coesione e logica interna dell'insieme, rese trasparenti nell'articolazione seguente:

A Preludio (At 1,6-8)

PRIMO DIALOGO

Domanda degli Undici sul *Regno* e insegnamento di Gesù

[6] Οἱ μὲν οὖν συνελθόντες **ἠρώτων** αὐτὸν λέγοντες,
         Κύριε, εἰ ἐν τῷ χρόνῳ τούτῳ
         ἀποκαθιστάνεις τὴν βασιλείαν
         τῷ Ἰσραήλ;

[7]   **εἶπεν** δὲ πρὸς αὐτούς,
     Οὐχ ὑμῶν ἐστιν γνῶναι χρόνους ἢ καιροὺς
     οὓς ὁ πατὴρ ἔθετο ἐν τῇ ἰδίᾳ ἐξουσίᾳ,

[8]   ἀλλὰ λήμψεσθε δύναμιν
     ἐπελθόντος τοῦ ἁγίου πνεύματος ἐφ' ὑμᾶς
     καὶ ἔσεσθέ μου μάρτυρες ἔν τε Ἰερουσαλὴμ
     καὶ [ἐν] πάσῃ τῇ Ἰουδαίᾳ καὶ Σαμαρείᾳ
     καὶ ἕως ἐσχάτου τῆς γῆς.

B Ascensione di Gesù (9)

EVENTO

[9]   καὶ ταῦτα εἰπὼν
   βλεπόντων αὐτῶν   **ἐπήρθη**
   καὶ νεφέλη   **ὑπέλαβεν** αὐτὸν ἀπὸ τῶν ὀφθαλμῶν αὐτῶν.

C Epilogo (At 1,10-11)

---

[39] Anche se le prime due scene non contengono dei riferimenti specifici al *vedere* è comunque indicativo che vi abbiano valore determinante concetti chiave del percorso visivo attuato nelle pagine evangeliche: *Regno, conoscenza* [dei tempi], *testimone*. L'imponente azione dello Spirito li unisce in un ritratto unitario per introdurre il vero spettacolo che avrà ripercussioni visive nel prosieguo dell'episodio.

I tentativi di elaborare una struttura concentrica dell'insieme sono meritevoli d'essere prese in conto, perché fanno vedere ancora meglio la centralità del v. 9 su cui si focalizzerà l'analisi pragmatica. Cf. ad es., R. Pervo (*Acts*, 41) il quale menziona l'unità di At 1,6-11 come un «apophthegmatic "sandwich" [che] establishes the meaning of the ascension», e diversamente, G. Rossé (*Atti*, 80.87, n. 37) ispirato da B. Papa (*Atti*, I, 43ss) nell'evidenziare una costruzione concentrica la quale prende in obiettivo solamente le parti corrispondenti del Vangelo e degli Atti che si completano: Lc 24,46-48.At 4.8. C. Talbert, a sua volta, già a partire dal v. 3 intravvede la dinamica interna del brano: «Acts 1,3-14 has both Christological and discipleship foci. [...] When it is read from the point of view of its *Gattung*, the focus is Christological. The central event in Acts 1,3-14 is Jesus' Ascension» (*Reading Acts*, 2).

SECONDO DIALOGO

Apparizione degli angeli e insegnamento finale

¹⁰ καὶ ὡς ἀτενίζοντες ἦσαν
εἰς τὸν οὐρανὸν πορευομένου αὐτοῦ,
καὶ ἰδοὺ ἄνδρες δύο **παρειστήκεισαν** αὐτοῖς

¹¹ ἐν ἐσθήσεσι λευκαῖς, οἳ καὶ **εἶπαν**,

Domanda

• "Ανδρες Γαλιλαῖοι, τί ἑστήκατε
[ἐμ]βλέποντες εἰς τὸν οὐρανόν;

Insegnamento

• οὗτος ὁ 'Ιησοῦς ὁ ἀναλημφθεὶς
ἀφ' ὑμῶν εἰς τὸν οὐρανὸν

• οὕτως ἐλεύσεται ὃν τρόπον
ἐθεάσασθε αὐτὸν
πορευόμενον εἰς τὸν οὐρανόν.

La scena centrale è caratterizzata dall'estrema brevità che ne garantisce l'eleganza. Le scene che l'incorniciano sono invece molto più estese e formate ciascuna da due segmenti i quali ruotano attorno ad una *domanda* ed *insegnamento* rivelatori. Nel centro della composizione lucana sta dunque l'ascensione come punto di transito ovvero ponte tra i due discorsi del dittico.

Dal punto di vista formale è pure evidente uno sviluppo concentrico che si legge nella sequenza *discorso – evento – discorso*, la quale ribadisce un forte carattere dialogico della unità. I meccanismi narrativi soggiacenti all'articolazione proposta verranno a galla nel corso dell'analisi del reticolo testuale e conseguentemente della sua configurazione semantica che ne rivela pragmaticamente lo statuto comunicativo.

L'introduzione narrativa dell'unità presente è garantita dalla formula stereotipata οἱ μὲν οὖν particolarmente rilevante negli Atti[40]. La sua

---

[40] Sul valore della sua funzione sintattica le opinioni degli studiosi si discostano. La stessa grammatica BDF esita in questo caso a dare una risposta adeguata all'ambiguità che provoca l'impiego di un ptcp. in seguito a questa costruzione pronominale (§§251 (293(3)). Cf., ad es. ciò che dicono risp. J. Fitzmyer e H. Conzelmann: «Luke writes *hoi men oun synelthontes*, using *men oun* in a continuative sense, "then"» (*Acts*, 204); «μὲν οὖν, "so when," is a transitional device characteristic of Acts. Here the preceding scene is continued, or a new one is opened (*Acts of the Apostels*, 6)». Abbiamo scelto la seconda opzione in quanto più rispettosa, a nostro avviso, alla dinamica interna del v. il cui andamento originale è contraddistinto dal

doppia sfumatura dovuta ad un passaggio logico (μέν) e un accento affermativo (οὖν) fornisce l'*iter* ideale di un esordio d'argomentazione. In primo piano passano subito gli apostoli che finora stavano nell'ombra essendo oggetti passivi delle apparizioni ed istruzioni del Risorto. La loro iniziativa spontanea di *radunarsi*, o meglio, *convenire* (ptcp. aor. συνελθόντες), rompe la linearità del discorso precedente facendo emergere gli aspetti particolari della nuova scena. A parte lo spostamento già segnalato, ne è elemento fondamentale il *domandarsi* reso evidente nella sua permanenza e perentorietà dall'impf. ἠρώτων[41]. Sullo sfondo di questa azione sorge un quesito esplicito che è indubbiamente una selezione del vasto materiale interrogatorio presupposto dal vb. principale[42]. Dalla domanda stessa sgorga un

---

ptcp. συνελθόντες. Cf. C. Barrett (*Acts*, I, 75) e ciò che mette in evidenza J. Roloff: «Ein erzählerischer Neueinsatz deutet einen Szenenwechsel an. Es scheint, als dächte hier Lukas an eine neue Begegnung des Auferstandenen mit den Jüngern deren Ort schon der Ölberg ist» (*Apg.*, 22). È indicativa anche l'osservazione seguente di R. Pervo che detta un principio metodologico: «Lucan style is often fluid and is thus resistant to rigid divisions» (*Acts*, 46).

[41] Benché l'impf. in questo caso implichi l'antefatto delle azioni seguenti, lo si deve mettere, almeno schematicamente, sullo stesso livello degli aoristi consecutivi con cui sta in stretta relazione. Non dimentichiamo però la sua funzione d'indicatore di secondo piano, in vista anche della sua funzione particolare la quale si lascia intuire nel susseguente discorso diretto concernente il verbale di quella domanda iterativa. Questi casi straordinari si prestano all'analisi di A. Niccacci che a tal proposito mette in risalto la rilevanza del contesto comunicativo di ogni determinato brano: sorpresa, contrasto, contemporaneità («Dall'aoristo all'imperfetto», 95-96). Per quanto riguarda l'aspetto temporale dell'impf. siamo convinti dunque che esso esprime qui ben più di una semplice azione durevole che termina, non appena viene fornita la risposta: *pace*, C. BARRETT, *Acts*, I, 75.

[42] Rimandiamo all'articolazione del messaggio il trattamento dell'unicità ed originalità contenutistica dell'interrogativo posto da Luca in primo piano. Si potrebbe legittimare l'intuizione che vede qui un messaggio plurale con un ricorso alle tecniche tipiche della comunicazione e del linguaggio umano. Al posto di una sovrabbondanza delle informazioni — lo *status quo* dei nostri tempi — si tende a sceglierne un nucleo essenziale e performativo. Solo in questa prospettiva — dall'informazione alla performazione — si ricupera la vera natura e finalità, ossia lo spessore retorico di ogni determinato discorso. I risultati concreti, in ogni caso preciso, dipenderanno comunque dal messaggio concreto recepito dal lettore come *norma normans* della propria vita. Argomenta P. Ricœur (*Metafora viva*, 61): la «dimensione della realtà non passa nella semplice descrizione di ciò che è dato. Presentare gli uomini *«come agenti»* e tutte le cose *«come in atto»*, potrebbe esser questa la funzione ontologica del discorso metaforico. In tale discorso, ogni potenzialità latente d'esistenza appare *come* dischiusa, ogni capacità potenziale d'azione come effettiva. L'espressione *viva* è quella che dice l'esistenza viva».

potente flusso temporale attualizzante che il pres. futuristico provvede: ἀποκαθιστάνεις (At 1,6c)[43]. Ciò viene confermato dall'enfasi posta sul varco temporale immediato: ἐν τῷ χρόνῳ τούτῳ.

Nella risposta di Gesù risuona la certezza del piano divino, espressa con una nota sobria e categorica: οὐχ ὑμῶν ἐστιν (7b). I due verbi all'aoristo — inf. γνῶναι e medio ἔθετο — stanno in un rapporto dialettico, cosicché il valore infinito del primo mette ben in rilievo l'azione compiuta del secondo. La tensione ivi implicita si snoderà soprattutto nella focalizzazione semantica di quello schema bipolare.

La direzione discorsiva cambia col tipico segnale sintattico (ἀλλά) che definitivamente apre il racconto ad una prospettiva a venire di cui il narratore è interessato a schiudere al massimo la portata comunicativa. I due futuri (λήμψεσθε e ἔσεσθε) hanno il ruolo strategico di coinvolgere il lettore nella vivida scenografia evangelica. Nel loro mezzo sta accentuato il gen. assoluto con una messa a fuoco della venuta dello Spirito che richiama il con-vento degli Undici ed è protesa a creare un fondale prolettico[44] per la scena culminante dell'ascensione: ἐπελθών ἐπί (8b). La successione finale dei complementi di luogo (8cde) trova scadenza nell'ultimo stico con una prep. tipica dei preannunci profetici: ἕως[45].

La registrazione narrativa dello «spettacolo» è assai discreta: dopo un cenno riassuntivo sul previo discorso (ταῦτα) si passa alla sobrietà dei fatti. Un secondo gen. assoluto scandisce la *conditio sine qua non* dell'azione principale resa dall'aor. ἐπήρθη che è un passivo divino. L'insistenza sul *vedere* che provvede quasi un rivestimento letterario della «performance» è all'opera anche nel secondo stico centrato su

---

[43] Cf. la definizione di BDF, §323: «In confident assertions regarding the future, a vivid, realistic present may be used for the future». Una simile funzione dell'aspetto presente è da trovare nel «presente storico» col suo efficace meccanismo di rendere quasi visivamente una scena oppure introdurre in maniera realistica un colpo di scena, sebbene ciò di per sé rimanga un momento puntuale e fuggevole: § 321. Cf.: «If intentional, then it [the historical present] is probably used to show the prominence of the events following. If unintentional, then it is probably used for vividness, as if the author were reliving the experience» (D. WALLACE, *Grammar*, 527).

[44] È la funzione classica del *gen. assoluto* quale mezzo sintattico per estendere i dintorni narrativi della scena (è il cosiddetto *sfondo* o il *secondo piano* della narrazione) facendo emergere invece il *primo piano* occupato dall'azione principale. Nel nostro caso è il ricevimento della δύναμις a prendere possesso del tempo narrativo. Impostato cosi, questo dono necessariamente comporta uno slancio nella narrazione, manifestato dal secondo segmento introdotto dal futuro ἔσεσθε (8c).

[45] Cf. Os 10,12; Mic 1,9 (3x). 15b; 4,7; 5,3; Gl 2,2; Is 49,6b (richiamato da At 1,8) etc.

una *nube* (νεφέλη: 9c) quale forza motrice dell'elevamento stesso. Il secondo vb. — l'aor. attivo ὑπέλαβεν — completa questa visuale scenografica il cui termine dichiara un segnale narrativo (ἀπό) — il separatore tra le due parti del narrato (cf. Lc 24,51b). Con questo spartiacque viene introdotto addirittura l'ultimo momento del filmato evangelico reintegrato nel canovaccio originale degli Atti. Lo stile solennemente registra quel prominente punto d'arrivo della stesura capitale del primo volume di Luca: un impf. perifrastico riferito al *fissare* degli apostoli (ἀτενίζοντες ἦσαν) è completato dal gen. assoluto il quale protrae il cammino di Gesù (πορευομένου αὐτοῦ). Questi due fili rossi dell'unico filmato si sovrappongono, ma anche si riallacciano attraverso un'indicazione che sembra interferire in ambedue i prospetti (εἰς τὸν οὐρανόν)[46]. Su una inquadratura scenica così potente, doppiamente rallentata, balza un dato nuovo ed eminente, introdotto da un evidenziatore abituale: καὶ ἰδού (At 1,10c). Così vengono presentati i protagonisti nuovi del racconto la cui apparizione contrasta fortemente con l'allontanamento progressivo di Gesù: il ppf. παρειστήκεισαν in un certo senso domina l'andamento narrativo del v. e costituisce il punto di partenza per la storia degli Atti propriamente detta[47].

Il secondo ed ultimo discorso rimane aperto ed è infatti una *ouverture* del nuovo libro ispirata dallo schema didascalico — domanda-insegnamento — che vigeva nel preludio dell'ascensione (At 1,6-8). Il contenuto dell'aor. εἶπαν (11a) viene largamente esposto nel discorso diretto (cf. 7-8) a sua volta avviato dal pf. ἑστήκατε della domanda iniziale (11bc). Inserito in una cornice temporale che rende vivo il presente, esso forma con il ptcp. [ἐμ]βλέποντες[48] una perifrasi la quale fa ri-

---

[46] Cf. G. STÄHLIN, *Atti*, 43. Cf. un caso simile al v. 2 (*Ibid.*, 30). La tendenza comune tuttavia è a favore di una netta distinzione tra i due costrutti verbali, a seconda del loro rapportarsi col menzionato complemento di luogo. Nel primo caso, esso indicherebbe unicamente la direzione del *guardare* degli spettatori (Fitzmyer, Pervo, Conzelmann), mentre nel secondo, — quella dell'*andar via* da parte di Gesù (Haenchen, G. Lohfink, Barrett).

[47] Cf. il caso analogo in Lc 1,11, dove l'avvio strategico della storia degli inizi sì intraprende con un aor. schiacciante (ὤφθη enfatico) similmente messo in rilievo dalla perifrasi precedente: πλῆθος ἦν τοῦ λαοῦ προσευχόμενον (v. 10). Cf. la precisazione importante che va fatta all'interno di un'indagine propriamente semantica: p. 475, n. 95.

[48] La trasmissione testuale di questa forma verbale si oscilla tra i due gruppi di testimoni: quelli che la riportano senza prefisso (una lezione incerta dell'importante

suonare meglio quel quesito pressante che va di pari passo con l'insistente *star a guardare* da parte degli apostoli[49]. L'attenzione del lettore se ne distoglie, non appena viene ricordato il vero protagonista del racconto la cui identità cristica è messa in rilievo dal pron. dimostrativo οὗτος[50]. Una nuova riproduzione del filmato d'ascensione si concentra sull'essenziale ponendo in primo piano la dialettica della separazione attivata dal ptcp. passivo ἀναλημφθείς, la prep. che indica il *terminus a quo* dell'evento (ἀπό) e il suo *terminus ad quem* ribadito nel discorso per ben tre volte: εἰς τὸν οὐρανόν. È insieme una efficace esposizione dell'icona evangelica lucana (cf. Lc 24,51) diventata ormai l'eredità pasquale.

La proposizione che ha inaugurato l'icona dell'ascensione continua con la seconda parte d'argomentazione su cui effettivamente cade il peso comunicativo. L'avv. οὕτως rinforza lo stile sentenzioso del pronunciamento spostando l'accento sul vb. al futuro (ἐλεύσεται: At 1,11g) il quale orienta tutto il discorso in chiave escatologica. Anche in questo caso però l'ammonimento è impensabile senza un raffronto storico che ne procura sia continuità che fondatezza. L'aor. ἐθεάσασθε fornisce da questo punto di vista un ideale indizio riassuntivo dell'esperienza intensamente vissuta dagli spettatori indirizzandolo sotto la forma di un appello anche al lettore. La scena centrale si riproduce per la terza volta coll'impiego del ptcp. predicativo πορευόμενος il quale pone l'ultima pietra nel fondamento del *kerygma* apostolico qui definitivamente cristallizzato. Un'apertura straordinaria di quell'annuncio universale è evidenziata addirittura dal movimento sintattico dell'epilogo che si sviluppa in crescendo mediante un quadro fisso ripetutamente visualizzato sotto profili diversi.

---

papiro Bodmer ($\mathfrak{P}^{74vid}$), codici Sinaitico (א), Vaticano (B), maiuscolo E e altri minuscoli — è infatti la lezione preferita dalla versione precedente di NA[26], — e con suffisso: il papiro $\mathfrak{P}^{56}$, la correzione di seconda mano di א, i codici Alessandrino (A), Bezae (D), C, Ψ e il *testo della maggioranza* ($\mathfrak{M}$). Come spiega B. Metzger, le ragioni per conservare la forma composta del ptcp. erano più di carattere riconciliatorio tra le due probabilità attinenti al lavoro dei copisti: una redazione interessata a rafforzare l'accento sul *vedere* con una forma prefissale oppure un errore di copiatura, ossia l'omissione (*A Textual Commentary*, 245).

[49] Sui dati sintattici d'una perifrasi, con un accento specifico ai passi lucani, si consulti l'esposizione dettagliata di E. Haenchen: *Apg.*, 155-156, n. 7.

[50] Questo accento particolare sembrano cogliere, ad es., la versione inglese King James (1611/1769) che traduce: *this same Jesus*, — e quella spagnola (Reina-Valera 1995: *este mismo Jesús*).

Tutto sommato l'officina narrativa[51] di At 1,6-11 è stata dunque profondamente svelata in un modello binario che si articola attraverso i tre momenti strategici.

Il primo (6-8) prepara il palcoscenico e presenta i personaggi insieme alle coordinate del racconto che seguirà. Un notevole spessore assumono in esso i discorsi diretti organizzati attorno ai due dialoghi; questo porta il lettore a chiedersi quale sia la funzione comunicativa di un simile procedimento argomentativo da parte di chi narra. L'intero libro degli Atti, nei discorsi missionari degli apostoli, userà lo stesso meccanismo espositivo. Ciò serve a determinare una svolta nella predicazione evangelica il cui messaggio si diffonde assumendo le forme retoriche più efficaci del convincimento e pian piano conquista il quadro geografico dell'οἰκουμένη conosciuta fin allora.

Il secondo momento (*bridge* narrativo: At 1,9) situato nella scena centrale d'ascensione serve propriamente per condurre il lettore dal programma narrativo-teologico degli Atti esplicitato sopra (1-8) alla sua prima tappa concreta. Dal punto di vista pragmatico è importante il ricapitolativo καὶ ταῦτα εἰπών (9a) con cui si tirano le somme dell'integrale comunicato gesuano. Un ritratto conciso e lapidario corona a sua volta la *narratio gestorum* del Risorto richiamando egregiamente l'attenzione agli apostoli in quanto spettatori attivi e privilegiati della Sua dipartita. In questo modo avviene un passaggio, quasi inosservabile, al secondo polo della presente unità narrativa, fortemente influenzato dal profilo semantico del punto di transito[52].

---

[51] Nell'espressione accenata v'è rimando a due opere significative per la comprensione delle strategie narrative del racconto biblico, da noi considerate nella stesura sintattica e narrativa nonché teologica dei singoli testi: A. MARCHESE, *L'officina del racconto* e F. GIUNTOLI, *L'officina della tradizione*.

[52] Ciò è suggerito anche dall'estrema riduzione dello spazio narrativo concesso a questa scena importantissima: un solo v. Cf. un'ispirante e acuta intuizione di J. Roloff (*Apg*, 17): «Die Himmelfahrterzählung ist hier also nicht mehr, wie Lk 24,50-53, feierlicher Abschluß des Berichts vom Erdenwirken Jesu, sondern Auftakt für die neue Geschichte vom Weg der Gemeinde Jesu unter Leitung des Heiligen Geistes». Riferita al complesso letterario di At 1,1-12, essa tuttavia lascia intravvedere la logica interna del brano che, si potrebbe dire, è stato costruito sulla base di un flusso strategico nell'interpretazione teologica dei medesimi dati storici. Su questa caratteristica della «storiografia teologizzata» di Luca vedasi l'eccellente esposizione di D. Marguerat (*La première histoire du christianisme*, spec. § «Comment écrit-il Luc l'histoire?», 11-43) e un sunto esperto di E. Rasco che proprio alla sua fine palesa la «necessità d'integrazione metodologica e esistenzia-

Ecco il terzo e conclusivo momento dell'articolazione comunicativa del brano (10-11). Gli angeli interpreti fungono da portavoce del progetto divino il quale si manifesta con un nuovo avvio della storia salvifica (καὶ ἰδού). Questa comprende le tracce di quel cammino retrospettivo tuttora presente di Gesù (πορευόμενος: 11h), che si proporrà agli sguardi dell'οἰκουμένη alla fine dei tempi per chiudersi e ricongiungersi definitamente con la terra. Il οὕτως ἐλεύσεται conclusivo consolida e condiziona le speranze del lettore correggendo la visione errata da cui il racconto è partito (6bc). Il frutto dei non pochi passaggi sintattici[53], temporali e retorici confluiti nel tracciato dell'ascensione è stato anche quello di dimostrare la tappa decisiva del *vedere* che a livello prettamente narrativo s'intensifica, ovvero si articola in crescendo seguendo uno schema bipartito. La parte conclusiva — *epilogo* — del racconto serve dunque a pietrificare nella memoria la scena centrale e fondatrice della formazione apostolica. La sua unicità si racchiude nondimeno nella configurazione semantica dell'insieme che va indagata in una visuale più ampia di quella pragmatica.

2.3 *Il tramonto del vedere: l'articolazione del messaggio di At 1,6-11*

2.3.1 Preludio: «Mi sarete testimoni» (6-8)

Dal punto di vista del contenuto e dell'orientamento strategico dei singoli elementi testuali la composizione identificata è notevolmente unitaria e ricca da esplorare. La vivacità della scena che il preludio propone è dovuta soprattutto alla riunione spontanea degli apostoli. Essa ricorda un simile caposaldo della condivisione pasquale coadiuvata da un deliberato *camminare insieme* da parte del Risorto[54]. L'aspetto della comunione evidentissimo in Lc trova apice nelle apparizioni post-pasquali che gli Atti presentano come un lungo periodo dell'*andirivieni* del protagonista. L'argomento decisivo nello scegliere un sostituto valido a Giuda è significativamente lo stesso: un *andare in compagnia*

---

le» nello studio di At, ove «letteratura, storia e teologia convivono intimamente [...] in questa proclamazione del Regno di Dio e delle cose del Signor Gesù (cf. At 28,30), con la fiducia nello stesso Spirito che diresse i suoi discepoli e diede loro coraggiosa libertà» («Ricerca sugli Atti», 32).

[53] Cf. in greco: μέν-δέ (6a.7a); οὐχ-ἀλλά (7b.8a).

[54] I rispettivi sememi evangelici che circoscrivono la comunione e comunanza dell'annuncio pasquale e il loro fondamento eziologico sono risp.: ἠθροισμένοι (Lc 24,33b) e συνεπορεύετο (v. 15c).

con gli apostoli[55]. Come si vede l'intento del collocarsi davanti al Maestro è diverso dal desiderio quasi ostinato a vederlo e ascoltarlo, accentuato nel Vangelo soprattutto a proposito delle *folle* che l'inseguivano (Lc 5,1.26). Come dire che dopo tutta una serie di manifestazioni abbaglianti del divino (cf. At 1,3) si è arrivati a un quesito urgente, da sempre evocato nell'ansiosa ricerca del «vedere».

Ed ecco, dopo il «grande silenzio» della chiusa evangelica che quasi palpita di un timore numinoso, (cf. Lc 24,36–At 1,5) i discepoli finalmente prendono la parola. La loro voce comunitaria prorompe quindi in un *milieu* caratteristico della contemplazione che coinvolge il lettore nella sua ricettività. Ne scaturisce, in particolare, un forte interrogativo (6b) che pragmaticamente risuona nei dintorni immediati nella narrazione. A livello dell'insieme esso funge da vero fulcro comunicativo, ove altri fili tematici del brano interferiscono. L'argomentazione del quesito è orientata verso il suo concetto chiave — il *Regno* (βασιλεία) — con il quale viene condizionato il tempo presente (ἐν τῷ χρόνῳ τούτῳ) e scoppia il dinamismo salvifico dell'agire che Dio premurosamente compie a beneficio del Suo popolo (τῷ Ἰσραήλ). Il lettore viene a conoscenza dell'artificio retorico di quel denso atto *direttivo* andando a ritroso, volgendo cioè lo sguardo alla logica narrativa del Vangelo. Concependone lo sviluppo comunicativo, si arriva a constatare ciò che pone il Regno nel cuore dell'annuncio evangelico. Il suo potenziale semantico si raccoglie ora in retrospettiva: Gesù l'ha fatto poco prima, durante il periodo delle apparizioni a cui appunto l'insegnamento sulle *cose del regno di Dio* faceva eco. È un simile provvedimento che il Risorto già aveva intrapreso nei confronti dei pellegrini d'Emmaus a

---

[55] Cf. At 1,21 — un mattoncino dell'edificio letterario del primo racconto vero e proprio di At (vv. 12-26), impostato sul gioco tra il cammino evangelico di Gesù e quello di sequela degli apostoli che invero formano un unico sentiero con cui l'ἀρχή della prima Chiesa sta in rapporto di continuità: εἰσῆλθεν καὶ ἐξῆλθεν e τῶν συνελθόντων ἡμῖν ἀνδρῶν. Prendendo spunto da una perspicace riflessione esegetica di G. Lohfink («"Was steht ihr"», 44-45) è importante richiamare l'attenzione anche all'intento lucano di estendere l'attività rivelatrice del Risorto ai *quaranta* giorni. Sfruttando la simbologia popolare il narratore probabilmente aveva in mente quella preoccupazione concreta della propria comunità che esplicita Pietro in At 1,15-26. Lo stabilire i testimoni oculari di Gesù si rende possibile anche dopo la risurrezione. Con questa abile fusione dei dati tradizionali (cf. Gv 21, 1-14; 1 Cor 15,5-8; At 13,31) Luca non fa altro che placare i propri interessi teologici. Impostata così, può continuare anche la storia del *vedere* in quanto soggetta al programma capitale di At il quale verrà continuamente ribadito in seguito: cf. At 13,47; 28,26-28.

proposito di ciò che lo riguardava[56]. Da questo piccolo raffronto si intuisce un legame profondo tra l'evento del Regno e l'evento-Gesù che a volte si confondono nell'esposizione lucana. Innegabile resta invece l'aspetto luminoso di entrambi rilevato lungo il *viaggio*: è la salvezza comunitaria che vi si fa vedere (cf. Lc 19,1-10).

Il proposito implicito della domanda immette la novità nel quadro comunicativo finora idealizzato dal lettore: il vb. «ristabilire», in forma personale, acquista qui una valenza scandalosa simile al parallelo marciano, porta, infatti, con sé, qualcosa di violento[57]. Il dittico lucano però situa questo problema nella cornice storico-salvifica rievocando i titoli chiave della pietà israelitica, di un pacifismo estremo: *redenzione, consolazione, liberazione* promosse dal vangelo dell'infanzia non si pensano separate dalla glorificazione, intronizzazione celeste del *Figlio dell'uomo*[58]. Da lì bisogna partire per riesaminare la sostanza teologica di un argomento che sia nelle menti che sulle labbra dei *partners* più privilegiati del Risorto appare scabroso, fino a diventare un vero e proprio ostacolo. Il caso più caratteristico era stato il monologo dei *due* in Lc 24,21 che aveva riaperto al lettore il sipario dell'incomprensione: una speranza nazionalistica[59]. L'ultimo e più remoto accenno al tempo

---

[56] Le espressioni accennate, difatti, si richiamano: τὰ περὶ τῆς βασιλείας τοῦ θεοῦ (At 1,3d) e τὰ περὶ ἑαυτοῦ (Lc 24,27c).

[57] Cf. ἀποκαθιστάνεις in At 1,6c e Mc 9,12. Sono uniche due ricorrenze di questo termine apocalittico classico (cf. Is 49,6; Ml 3,23^{LXX}; Dn 4,36^{LXX}; Eccli 48,10^{LXX}), il che facilita un confronto. Infatti il passo marciano richiamato è importante per la comprensione di At 1,6, perché si colloca in un contesto non molto divergente: la costante incomprensione del discepolato è causata dalle strategie comunicative degli stessi moniti di Gesù. Sotto questo profilo il passo Mc 9,9-13 è esemplificativo; qui infatti è evidente l'insistenza sulla necessità della passione, morte e risurrezione che viene fraintesa dai destinatari. Il loro quesito prorompe addirittura dalla paura di chiedere. Cf. M. COMPIANI, *Fuga, silenzio e paura*, 57-80, spec. 74. Il contesto non esplicita neppure il significato del *ristabilire ogni cosa* da parte di Elia, in modo provocatorio posto sulle labbra di Gesù (ἀποκαθιστάνει al pres. (!): 12). Cf. anche il riferimento abituale a Mc 13,32 (par Mt 24,36) che sottolinea il motivo della *segretezza* (At 1,7): ad es., D. MARGUERAT, *Acts*, I, 41.

[58] Su questa analogia prettamente lucana insistono quasi tutti gli autori. Ne è degna di nota una sintesi sostanziosa di J. ROLOFF: «Die Zeit der Kirche tritt bei Lukas gerade nicht, wie vielfach behauptet worden ist, an die Stelle der aus der Geschichte hinausgedrängten Parusie. Sie ist vielmehr eine Zeit, die ganz umklammert ist durch die einander entsprechenden und aufeinander bezogenen Ereignisse der Himmelfahrt und der Parusie» (*Apg.*, 25). *Pace*, J. JERVELL, *Apg.*, 115-117.

[59] A nostro avviso, alla domanda in questione (At 1,6) soggiace tutto il cammino dei discepoli in Lc e non semplicemente le istruzioni sul Regno impartite dal Risorto durante i quaranta giorni: *pace*, E. HAENCHEN, *Apg.*, 149; J. JERVELL, *Apg.*, 114.

preciso della sua realizzazione (ἐν τῷ χρόνῳ τούτῳ) non fa che svelare definitivamente il fallimento più volte biasimato in Lc. Si tratta di una falsa presunzione di conoscere i tempi naturali che si blocca davanti all'inscrutabilità dei tempi che Dio *ha posto nel proprio potere* (At 1,7).

Per correggere questo contrappunto piuttosto limitato Gesù obietta con una forte negazione (οὐχ ὑμῶν) la quale subito distoglie l'attenzione dal tempo presente su cui puntava la domanda. È un appello rivolto forse più al lettore e, come tale, vuole fargli riconoscere dove sta la radice delle speculazioni sui tempi da parte dei discepoli. È qui preso in causa concretamente il *vedere* personale degli stessi interlocutori, che mostra già la loro identità vocazionale. Questo appello consiste in una necessità di riconoscere i propri limiti e quindi ritenere insufficienti anche le competenze proprie acquisite lungo il cammino. Così il centro del quesito iniziale si sposta nell'intimo dei cuori, con un invito ad approfondire la portata e i limiti stessi del *conoscere*, a prescindere da un semplice interessarsi affettivo e individualistico. Si ritorna alla tensione esistenziale dei due d'Emmaus, dove gli occhi incapaci di riconoscere facevano da categoria sintetica del fallimento della mente e del cuore storditi. Dopo l'apertura degli occhi e della mente all'intelligenza delle Scritture si passa ad un livello più elevato del conoscere che è quello attestato dall'umile corte d'*anawîm*. Il *conoscere* quale cammino teologico e cristologico è partito nel vangelo dell'infanzia, dalla Promessa da compiere in obbedienza alla Parola, da dove nasce la Fede, e sfocia in una visione latente, misteriosa e nondimeno realistica del *Nunc dimittis*. Tutta questa storia degli inizi era dunque animata dall'attesa di una futura realizzazione del beneplacito divino (cf. Lc 2,29-32). L'esempio caratteristico di un compimento proteso in una contemplazione rallentata verso l' ἔσχατον è il serbare la Parola nel cuore e meditarla da parte di Maria. L'attesa in questo senso assume pienamente la propria dimensione storico-salvifica realizzando l'ideale del *vedere* che il Risorto definitivamente propone ai suoi[60].

---

[60] Sotto questo punto di vista non sembra convincente e nemmeno sostenibile la tesi della scuola di *Forms-* e *Redaktiongeschichte* che non lascia spazio all'*ouverture* lucana nella teologia degli Atti. Cf. l'affermazione di H. Conzelmann (*Acts*, 2): «The birth story is skipped over since it plays no role in Luke's economy of salvation». La storia salvifica a mo' dell'*ouverture* cantata degli inizi è intrinsecata con quei χρόνοι ἢ καιροί prestabiliti da Dio. Una prospettiva proiettata dal passato delle promesse antiche — qui il χρόνος in quanto tempo in senso assoluto ricupera tutta la sua valenza teologica — sbocca in un presente del compimento — un tempo continuato dell'occasione propizia (καιρός), ossia l'anno benevole del Signore di Lc 4,19 (ἐνιαυτὸν

Tirando le conclusioni la presa di posizione del Risorto è comunicativamente pregnante, perché mette in evidenza, in modo espressivo e provocatorio, la verità dell'uomo nel disegno divino, sotto forma di un atto *rappresentativo*[61] che ricalca e condensa in una sola proposizione il messaggio dell'*ouverture* evangelica. A questo messaggio, diremo pragmatico, in sé già efficace e ultimativo, Gesù aggiunge il necessario contributo all'insegnamento che riprende e continua la promessa impartita in At 1,5b. La si estende perfino al rango di un atto *commissivo* ben articolato la cui risonanza si sente ovunque il lettore ponga lo sguardo e soprattutto nei dintorni narrativi più prossimi dell'episodio. Il dono dello Spirito si descrive questa volta in termini epifanici riproducendo la scena del battesimo di Gesù, dove protagonista è lo stesso πνεῦμα che *scende sopra* (καταβαίνω: Lc 3,22a). Qui è preso nell'obiettivo qualcosa di più spettacolare, caratterizzato da un movimento più spontaneo e incondizionato. Così è stato anche per il *convenire* del gruppo apostolico: per ambedue si usa la stessa radice verbale (συν-/ἐπέρχομαι). Nella linea di un crescendo il motivo trova lo sbocco nel momento culminante della Pentecoste — un'irruzione persino violenta dei simboli teofanici per eccellenza: *rombo, vento impetuoso* e *fuoco* (At 2,2)[62]. Che una esperienza così sconvolgente avrà un effetto immediato sull'identità dei soggetti della δύναμις, si suppone dall'ottimistico *mi sarete testimoni* — un vero punto d'arrivo del canovaccio del dramma evangelico del *vedere*. In questa propensione futura si cela già una trasformazione inaudita dell'essere umano che non potrà non toccare i fattori antropologici più espressivi della sinergia divino-umana. In

---

κυρίου δεκτόν). Per una distinzione delineata vedasi: J. JERVELL, *Apg.*, 114-115 (nn. 44-45). Dal punto di vista teologico è sempre una lettura arricchente e auspicabile il libro di O. Cullmann: *Cristo e il tempo*.

[61] L'analisi degli atti linguistici in questa sede è particolarmente feconda. Il nucleo comunicativo del brano è costituito dai discorsi, contraddistinti dall'estensione contenutistica e dalla ricchezza semantica delle singole espressioni che avviano l'intrigo del racconto e giocano sulle sue molteplici analessi e prolessi. Ciò mette ben in rilievo il commentario di J. Roloff attento al lato formale della presente struttura narrativa: «Alles Gewicht [der VV. 6-8] liegt auf dem Dialog zwischen Jesus und den Jüngern, der sich in Frage und Antwort abspielt» (*Apg.*, 22).

[62] Il gamma allusivo dell'immaginario impiegato è esemplare: Es 23,14; 2 Re 19,9-14. Il vb. usatovi è nondimeno assai prosaico, non tanto alacre in vista della prominenza dell'evento: ἐκάθισεν. La sua connotazione abituale infatti è di carattere sociale: per mettere in evidenza lo stato privilegiato e quindi la staticità e stabilità poderose di un dio, dominatore, giudice: cf. C. SCHNEIDER, «κάθημαι», 443-447. Il vb. ἔρχομαι ha, in cambio, il vantaggio di rendere manifesto l'aspetto progressivo dell'*andare* di una forza regale, quasi personificata.

quel contesto il futuro ἔσεσθε ricupera dunque al massimo le proprie potenzialità nei confronti del lettore. Un semplice paragone con il parallelo evangelico essenzialmente conferma questa intuizione. In Lc 24,48 si trattava di una testimonianza ben diversa, confermata dall'attestazione visiva da parte del Risorto della necessità divina intesa come un atto *rappresentativo* di massimo rigore (vv. 46-47). Il fatto che vi si mostrino le mani e i piedi d'un corpo trasfigurato non può che conferire al presente ὑμεῖς un valore storico comprensivo, ovvero un'estensione atemporale del vedere e riconoscere Gesù come evento che va rivisto nell'avvallamento spirituale e converge pur sempre nel nucleo teologico di Lc 1–2. Si noti infine il motto con cui Luca aveva incominciato la sua opera: una testimonianza oculare *fin dall'inizio* sfociata nell'oggi salvifico della Chiesa[63].

Alle soglie dell'ascensione l'ideale di questa testimonianza permanente a mo' degli inni d'*anawîm* viene richiamato con degli accenti nuovi che ora si focalizzano sul ruolo attivo e responsabile dei rappresentanti scelti del Gesù evangelico. Essi ormai sono in grado di misurare il dono di testimonianza ricevendo a piene mani[64] la δύναμις che crea il fondale di una storia, animata appunto dalle manifestazioni esclusive di una forza vitale dello Spirito[65]. Un sostegno divino è necessario dun-

---

[63] Cf. Lc 1,2: οἱ ἀπ' ἀρχῆς αὐτόπται. Dal punto di vista della narratologia è importante riferirsi a due aspetti fondamentali del presente discorso, ossia il «punto di vista» e il «lettore implicito», come propone l'indagine di V. Fusco («"Point of View"», 1682-1686). L'analisi di queste connotazioni specifiche del racconto, in effetti, illumina circa il problema interpretativo sorto con la nozione della testimonianza di un *voi* comunitario, inoltre fornisce un contributo al dibattito esegetico attuale attorno al ritardo della parusia in Lc: *Ibid.*, 1687-1696. Cf. sotto, 468-469, nn. 77-80.

[64] Il vb. λαμβάνω significa proprio la pienezza del dono messianico dello Spirito in una serie dei passaggi neotestamentari: «L'assioma "che cos'hai, che non abbia ricevuto?" (1 Cor 4,7) è vero persino per Cristo: egli ha ricevuto da Dio […] ogni potere e la totale e assoluta pienezza dell'essere (e tutto ciò, secondo 2 Pt 1,17, non ha avuto in atti separati, ma in un'unica presa di possesso). Questa totalità spiega perché Gesù non designi se stesso come colui che ha ricevuto lo Spirito, ma anzi affermi che il promesso ai cristiani riceve i suoi doni dalla pienezza del Cristo (Gv 16,14ss). ciò che l'uomo riceve da Dio è in primo luogo lo stesso πνεῦμα; chi lo ha ricevuto risulta separato dal mondo (Gv 14,17) e reso cristiano in modo così esplicito che, negli Atti, basta rispondere di aver ricevuto lo Spirito per dichiararsi formalmente cristiano (At 10,47; 19,2)»: G. DELLING, «λαμβάνω», 25-26. In questa direzione va a svilupparsi il racconto giovanneo che pone sulle labbra di Gesù nientedimeno un imperativo di *ricevere lo Spirito* accompagnato da un gesto simbolico (λάβετε πνεῦμα ἅγιον: Gv 20,22).

[65] La δύναμις applicata alle opere e miracoli di Gesù nel Vangelo è all'opera in contesto dato e serve per enfatizzare la coloritura della Promessa stessa. Lo Spirito

que per recepire la buona notizia del Vangelo come una eredità e interiorizzarla — i pressupposti indispensabili dell'incarico in vista del quale i testimoni si preparano anzitutto riconoscendosi come tali sotto il respiro del Padre (cf. Ger 1,5). Solo in questa maniera può di fatto avvenire l'assunzione di una responsabilità assoluta a cui allude il programma missionario assai vasto, da coinvolgervi l'οἰκουμένη intera del mondo antico. Dell'elenco progressivo dei paesi da coprire è pragmaticamente segnato soprattutto il *locus* finale (ἔσχατον τῆς γῆς) che in verità è un programma in più il cui compimento rimane fuori dei limiti narrativi[66].

Dentro questa prospettiva globale che, di per sé, deve sorprendere e mettere in bilico il lettore competente si ha tuttavia, una nota più attraente in quanto carica del peso argomentativo del passato storico-salvifico delle Scritture. Ne è ritratto magnifico la citazione diretta di Is 49,6b che va srotolata nella sua interezza comunicativa per far parlare altresì il proposito teologico lucano. È propriamente il secondo canto del *servo* a rinforzare la valenza simbolica dell'appello di Gesù il quale si attualizzerà nel prosieguo degli Atti passando da una minima allusione ad una giustificazione autorevole della vocazione di Paolo in At 13,47b[67].

Pur essendo lecito estendere il raffronto indietro, fino agli inizi di Lc con pitture magnifiche del *Nunc dimittis* e dell'Epifania, qui è più determinante la funzione comunicativa del contesto di collocazione di un testo profetico così rappresentativo del messaggio di speranza del Primo Testamento. I termini e le idee portanti di entrambi i discorsi, in

---

che sta dietro di quei rimandi allusivi alla portata storica ed esistenziale del Battesimo pentecostale non è tuttavia da confondere con le espressioni richiamate del proprio governo — usando la bella metafora di Gen 1,2c, il suo *galleggiare* sulle superficie della Chiesa nascente, — come cautela anche G. Schneider (*Atti*, I, 278-279).

[66] Cf. D. MARGUERAT, *Acts*, I, 42; l'intuizione presente è sviluppata molto più suggestivamente negli articoli dello stesso autore: «The End of Acts» e «The Silent Closing of Acts».

[67] Per l'esposizione che segue siamo debitori di una serie di contributi insuperabili di J. Dupont che trattano il programma teologico del dittico lucano in una prospettiva isaiana la quale di fatto si presta anche alla visione lucana della storia. Analizzando minuziosamente il progetto finale dell'evangelista lo studioso giunge ad una conclusione che tendiamo a riproporre con alcune suggestioni attinenti al tema scelto, e cioè che il punto di convergenza dell'opera lucana sia il medesimo programma deutero-isaiano di apportare la salvezza alle popolazioni più lontane dell'universo (cf. Is 49,6). Tra gli altri si vedano i contributi più rappresentativi dell'esegeta diventati ormai classici: «Je t'ai établi lumière», «Le salut des Gentils», «La conclusion des Actes».

verità, sono identici o almeno complementari: la vocazione profetica ribattuta doppiamente (Is 49,1.5), l'eredità accreditata nell'elezione divina e nel dono della figliolanza (7.8), una triplice sanzione della *forza* che non risiede nel potere umano (v. 4), bensì in Dio stesso e nella Sua *mano* (2.5) e infine il motivo della redenzione e consolazione che attraversa tutto il canto incentrato sulla consolazione come frutto del רחם divino (7.10.13)[68]. Una ricca coloritura messianica del carme presente aiuta a inquadrare meglio l'ultimo e quindi pragmaticamente vincolante mandato del Risorto in Lc-At. E va accentuato particolarmente ciò che manca nel breve e sobrio sommario lucano, caratterizzando invece egregiamente l'oracolo profetico. Sono le immagini davvero luminose della salvezza messianica che irrompe in un contesto d'oppressione e sofferenza: il suo punto focale sta nel proposito divino di *porre* il servo come *luce per le nazioni,* ma anche — con una bella transizione del senso nei LXX — addirittura per far di lui la vera e propria *salvezza* di Dio (Is 49,6b). Ciò si esprime più volte con le metafore di glorificazione, illuminazione e *rivelazione* dalle *tenebre* (3.5.7.9a) completate da una duplice menzione dell'oggi salvifico che s'attualizza attraverso la storia (8)[69].

---

[68] Per un'analisi appropriata e approfondita in merito al secondo carmo del Servo e ai suoi risvolti nell'opera lucana rimando agli studi dei seguenti autori: H. SIMIAN-YOFRE, «I testi del "servitore sofferente"», 182-199; J. DUPONT, «Le salut des Gentils», 403-404; ID., «Luc 24,47», 50-51; ID., «Je t'ai établi lumière, 345-347. Tali studi hanno il pregio di mostrare la complementarietà e continuità dei due Testamenti. Per quanto riguarda il vocabolario deutero-isaiano si badi alla eloquenza dei termini seguenti: gli ebraici עֹז e כֹּחַ i LXX traducono con l'ἰσχύς; sost. גֹּאֵל, derivato del vb. גאל, e vb. piel נהם fanno parte del lessico specifico del Dt-Is a ragione chiamato il «libro di consolazione» (44,23; 48,20; 51,3; 52,9). Da notare sono anche i verbi tecnici del dono e della stipulazione d'una alleanza (ברית: v. 8): בחר, אסף, קרא e נחל (1.5.7.8). In una sequenza che strettamente unisce *chiamata – raduno – elezione – eredità* il profilo letterario di At 1,1-8 sembra perciò inserirsi suggestivamente.

[69] Anche in questo caso la varietà dei termini chiave del messaggio profetico sorprende. Vanno divisi in due gruppi a seconda del loro valore semantico, ovvero l'appartenenza ad un campo semantico: *salvezza* e *luce.* 1) Un doppione temporale — עת רצון e יום ישׁועה — sono resi dai LXX con i sostantivi καιρός δεκτός e ἡμέρα σωτηρίας che alludono sia all'*anno favorevole* di Lc 4,19 (Is 61,2a) sia ai καιροί e χρόνοι del monito precedente di Gesù (At 1,7).

2) Una gamma molteplice e folgorante fornisce il campo delle metafore visive: i due verbi giustapposti a causa del cambiamento di soggetti (Dio e servo) — *hitp.* פאר e *nifal* כבד — sono resi nei LXX col δοξάζω (3.5), al v. 7 l'imponente ראה (LXX: ὁράω) che ha per soggetti i *re* e i *principi* (il secondo soggetto ipotattico שׂרים sintatticamente slegato da quanto precede va preso nel senso di una coordinazione interrotta, considerato cioè in unione col sost. precedente: *dei prìncipi pure* (NRV)) realizza il

Il lettore è abbastanza erudito da saper collocare la prospettiva condensata di Is nella visione lucana della storia. Per analogia con la preistoria evangelica l'*ouverture* degli Atti cela un programma non semplicemente riducibile ad un mandato missionario. Dietro l'abile cornice letteraria di At 1,8 si riscopre infatti la medesima dipanazione d'un panorama salvifico saliente, dove si privilegia una salvezza personificata: rivelatrice, illuminante e consolatrice, fonte di gloria e grazia divine destinate a essere contemplate da tutto l'universo[70]. In un intreccio così forte di citazioni deutero-isaiane si inserisce l'intera opera lucana la cui articolazione è organizzata in tappe progressive dove si realizza quella σωτηρία celebrata negli oracoli profetici[71]. A ogni lettore sembra naturale, dunque, intuire nell'ultima parola di Gesù, ormai pronto per la dipartita, un risultato comunicativo finale della pedagogia visiva. Nel Suo celebre *mi sarete testimoni* gli apostoli possono finalmente ritrovare la propria identità vocazionale, nella speranza di una missione trionfante — sempre nella scia dei partigiani del *vedere*[72].

2.3.2 Ascensione di Gesù: evento compiuto negli occhi (9)

Nell'attribuire un ruolo particolarmente significativo alla scena d'ascensione che sta in uno spartiacque narrativo è rilevante il suo genere letterario — una porta d'ingresso al messaggio teologico del te-

---

diffondersi della salvezza-luce del v. 6. Infine il piano divino si schiude con lo strategico imperativo del vb. nifal גלה tradotto dai LXX col passivo ἀνακαλυφθῆναι. Il gioco antitetico tra i lessemi centrali אור e חשׁך (6.9) ricupera qui il potenziale pragmatico dell'intera presentazione a mo' d'antagonismo primordiale della creazione in Gen 1,1-3 che a tal punto è una ri-creazione in continuità con gli annunci classici della restaurazione (cf. Ger 30-31;50).

[70] Cf. i passi allusivi che già avevano fornito al lettore le chiavi di lettura della teologia narrativa del *vedere* e confluiscono organicamente nell'esposizione presente: Lc 2,30-32; 3,5.

[71] Per una presentazione teologica più dettagliata di questo egregio dato ermeneutico di Lc–At rimando al saggio classico di J. Dupont: «Le salut des Gentils», 393-419.

[72] Cf. Lc 10,17 e un qualificato *résumé* di D. Marguerat che sottolinea la sensibilità storiografica di Luca, capace di stendere un racconto unificato nonostante la varietà e densità enciclopedica dei temi e motivi teologici soggiacenti. È una costante garanzia dell'essere un seguace fedele e meticoloso di tradizioni antiche da parte del narratore: «La perspective du retour du Christ [...] demeur à l'horizon de l'histoire. Le lieu de savoir des croyants est ainsi déplacé: il se fixe sur l'histoire comme l'espace de la réalisation d'une promesse. L'histoire vécue n'est plus un lieu d'attent e de solitude, un creux de vague entre ascension et parusie» (D. Marguerat, *Acts*, I, 42). Cf. J.-N. Aletti, *Il racconto come teologia*, 219-223.

sto[73]. Rispetto alla versione evangelica che s'era costruita sul modello di una benedizione sacerdotale e faceva quindi emergere l'autorità e l'ottica di chi si congeda, il racconto in At è distinto per un orientamento inverso ove gli spettatori vengono ad occupare il posto d'onore[74]. La distinzione va notata soprattutto nel modo scenico con cui narrativamente entrambe le visuali acquistano la forza comunicativa. Per indagare il fascino particolare di una seconda presa nell'obiettivo dello stesso evento bisogna rifarsi attentamente ai suoi sintagmi nevralgici con lo scopo di riuscire a vedere come il cambiamento dello stile e del genere letterario tradisce le sicurezze interpretative del lettore. Le regole di un semplice parallelismo progressivo e nemmeno d'una tipica *synkrisis* lucana qui non bastano più.

Il riassuntivo ταῦτα εἰπών (9a) indica la chiusura dell'importante discorso di congedo e introduce una fase successiva del suo svolgersi — *performance*. A ben vedere, le due scene stanno in un rapporto dialogico di continuità, ma anche di distacco in quanto unità ben distinte, ciascuna con un vocabolario specifico proprio. Nel tono celebrativo del rito presente il punto di maggior interesse da parte del narratore sono i discepoli che occupano l'intero schermo dell'inquadratura evangelica con un *guardare* intensificato e palesemente intrigante. Precede, infatti, il momento stesso della dipartita e in qualche modo la condiziona[75].

---

[73] Cf. il commento di C. Talbert (*Reading Acts*, 2.4.6): «Acts 1,4-13 can be read from the angle of vision derived from his *Gattung* (= its conventional form of communication)». «the ascension of Jesus in Acts 1 is described by means of the *Gattung* of a bodily assumption into heaven in the end of the hero's life» and «serves as transition to the Lord's exaltation and heavenly session. As such it makes the heavenly rule possible (Acts 2,33a), as well as the gift of the Holy Spirit (Acts 2,33b) and the dispensation of forgiveness (Acts 5,31). In this way, the ascension is a means to soteriological benefits that, in Lukan theology, flow from the exalted Lord. [Riassumendo; S.A.] in terms of the *Gattung* of assumption story, it tells one something about Jesus».

[74] Sul genere letterario della chiusa evangelica si è insistito fin bene — ogni commentario lo suole sottolineare, — mentre spesso si perde di vista l'angolatura propriamente narrativa dell'intento lucano di porre l'accento su due visuali contrapposte: una gesuana in Lc e l'altra apostolica in At, con le conseguenze che ne derivano a livello comunicativo, spec. sotto aspetto pragmatico: cf. D. MARGUERAT, *Acts*, I, 48.

[75] Il gen. assoluto βλεπόντων αὐτῶν, chiaramente enfatizzato, favorisce questa suggestione essendo un costrutto appunto indipendente e quindi ben applicabile sia al prima sia al dopo del presente segmento narrativo. Cf. la nota di A. Robertson: «There is no doubt that the use of the absolute participle (nominative, accusative, genitive-ablative) is a sort of "implied predication". It remains to be considered whether the participle ever forms an independent sentence» (*Grammar*, 1132).

Stando così le cose, l'accento ricade sul completo processo dell'interagire del Risorto con i suoi, sintetizzato nell'ultimo discorso. Il lettore potrà riflettere a lungo su un atto percettivo così altamente qualificato dal narratore da porlo come titolo all'avvio della trama. Alludeva a questo già il ptcp. ὀπτανόμενος (3c) che, al contrario, connotava l'iniziativa di Gesù. Semanticamente il vb. βλέπω in quel contesto ha il ruolo iniziale d'introdurre il lettore nella logica totalizzante del *vedere*, partendo da un significato basilare e più generico, più adatto quindi alle esigenze narrative di tracciare un sottofondo suggestivo per lo «spettacolo» che seguirà. Non è dunque contrastante il rapporto che si instaura tra quelle due linee semantiche — l'una massimamente radicata negli oracoli profetici celebranti la salvezza (ὁράω)[76] e l'altra situata in un *milieu* tipicamente lucano. Tale relazione permette di costituire un fondamento storico della trasmissione di un tale messaggio ed una esperienza visiva molto intensa da parte degli apostoli[77]. Il semplice *guar-*

Dal punto di vista della critica testuale l'espressione in esame è ben attestata nei mss nonostante l'omissione di tutto il segmento che va dall'εἰπών fino all'αὐτόν da parte dei testimoni del testo occidentale: D, il codice latino *d*, la traduzione copta *sah* e Aug. La legittimità e particolarità della funzione sintattica di quella frase è notata debitamente da C. Barrett: «The contrast between aorist and present participles is intentional and significant. Jesus has now said all that he has to say to his disciples. The promise of the Spirit and the commission to act as witnesses complete his work on earth. The disciples however are still looking at him, and are thus able to vouch for his ascent into heaven» (*Acts*, I, 81).

[76] Seguendo una nota di D. Marguerat (*Acts*, I, 38, n. 12) bisogna rilevare che il vb. riflessivo, deponente nel greco, (ὀπτάνομαι) usato in At 1,3c, è un derivato tardivo del vb. ὁράω all'aor. passivo: ὤφθην (Lc 24,34). Nella sua traduzione, però, va rilevato l'aspetto dinamico delle apparizioni promosse dal Risorto: *darsi a vedere*, anziché un pallido *apparire*. Cf. BDF, § 101 (p. 54); 313.

[77] Qui bisognerebbe abbordare un problema assai discusso della concezione lucana della storia e della testimonianza oculare che sulle pagine del suo dittico diventa uno dei *Leitmotiv* più rappresentativi, costitutivo per la situazione storica ed esigenze concrete della comunità destinataria. C'è chi pensa esclusivamente ad una tendenza storicizzante al cui servizio sta pure il motivo del *vedere* (cf. i postulati della *Literaturkritik* esemplificati da M. Dibelius: *The Book of Acts*, 5-6.14-19.27-31. 53-57), c'è, invece, chi occupa una nicchia ponderata considerando aspetto prevalente degli interessi di Luca quello di natura teologica, come ad es., H. Schürmann e G. Lohfink i quali su molti punti si distaccano dalla tendenza comune facendo dei passi in avanti nell'evidenziare in Lc–At delle sorprendenti analogie e tipologie dell'AT che costituiscono un vero punto di partenza per ogni riflessione esegetica su certi motivi teologici.

È indicativo, nella direzione scelta, ciò che il secondo autore dice a proposito di una forte accentuazione del *vedere* nel secondo racconto d'ascensione: «Für Lukas hat also eine Erzählung nicht dieselbe Einheitlichkeit wie für uns. Er kann die Elemente

dare incarna qui un ideale evangelico di eloquenza straordinaria in quanto mette in atto i potenti meccanismi antropologici di cui Luca si è mostrato finora un investigatore esperto.

Una mera rassegna dei passaggi lucani che prendono in ottica il vb. βλέπω permette di riconoscervi uno stilema di Lc. Il cammino del lettore aveva già segnalato non pochi punti fermi su cui riposa la concezione evangelica del *vedere*. L'elemento che li accomuna è un costante ribadire la decisione, prudenza e perseveranza nei tempi ultimi, il che prende possesso della memoria e dell'atteggiamento cristiano, non di rado trasformando l'impiego e il significato del vb. in un *badare, stare attenti*[78]. Si arriva poi alle famose metafore, accentuate narrativamente, della *lucerna*, le quali incarnano quell'ideale di vigilanza e limpidezza spirituale tali da garantire irreprensibilità e coraggio nel giorno del giudizio (Lc 21,5-36[79]). Una condotta così esemplare serve da faro per quelli che *entrano* in casa, vale a dire si accingono ad *impadronirsi* del Regno già alle porte[80]. Da lì sorge necessità di acquistare pienamente la

---

einer Erzählung hin- und herschieben, er kann zufügen, er kann verkürzen, er kann andere Akzente setzen. [Er] will also seine Darstellung offensichtlich nicht als eine minutiöse Schilderung der Himmelfahrt Jesu aufgefaßt wissen. Er will vielmehr mit Hilfe der verschiedensten Erzählelemente die Himmelfahrt Christi *theologisch* interpretieren. Zugleich aber ist ihm die Himmelfahrt selbst ein Geschehen, mit dem er die Entwicklung der Geschichte nach Ostern interpretieren kann» («"Was steht ihr"», 47).

La corrente a cui ci siamo attenuti, attestata in modo celebre dai commentari di F. Bovon, G. Rossé e i saggi di J.-N. Aletti, è ancora più innovativa, perché cerca di dare giustizia al dato oggettivo dell'enfasi lucana sul *vedere* come un *locus* storico e teologico insieme, partendo dall'analisi narrativa e cercando di integrarvi ugualmente le questioni di non minor rilievo riguardanti la comunità lucana. Cf. sotto.

[78] Lc 8,18; 21,8.30; At 13,40. La tendenza è attestata ancora meglio in altri sinottici: cf. Mc 4,24; 8,15; 12,38; 13, 5.9.23.33; W. MICHAELIS, «ὁράω», 327.342-344. Più in particolare sul profilo semantico di questo vb. basilare per il cammino del *vedere* nel Terzo Vangelo vedasi sopra: cap. VI, p. 358 (n. 12).

[79] Su questa pericope rappresentativa della visione apocalittica del Terzo Vangelo si deve menzionare uno studio di V. Fusco, sotto molti aspetti ancora non superato: «Problemi di struttura nel discorso escatologico lucano (Lc 21,7-36)», 105-134. Le difficoltà oggettive di collocare in una corrente precisa del pensiero l'escatologia lucana di fatto continuano a provocare e aumentare le ipotesi. Cf. E. GRÄSSER, «Die Parusieerwartung», 112; M. DÖMER, *Heil Gottes*, 122.

[80] In entrambi i passi lucani la casa è sottintesa (Lc 8,16, par Mc 4,21-22; 13,33-36), mentre in Mt viene nominata esplicitamente e quantitativamente: καὶ λάμπει πᾶσιν τοῖς ἐν τῇ οἰκίᾳ (Mt 5,15). Nel *setting* del par Mt 5,14-16 la valenza pragmatica del detto ricondotto alla simbologia della *luce* è più condensata e lo spessore comunicativo certamente molto più ricco, però esso si riferisce ad una situazione eccle-

vista fisica per quelli che ne sono privati — i *ciechi*, la categoria privilegiata di destinatari dei miracoli di guarigione[81]. Parallelamente si rivolge un'aspra critica all'incapacità di *vedere* da parte di quelli che hanno gli occhi, specialmente nella parabola del *seminatore* (Lc 8,10) a cui fa da controparte il *logion* susseguente alla giubilosa rivelazione ai *piccoli*: Lc 10,23-24. Un raffronto tra le due maniere di vedere le cose è voluto: l' ὁράω — un vedere per eccellenza — dei *re* e dei *profeti* di carattere metastorico viene portato a compimento dal vedere attuale dei discepoli basato su un semplice fissare assiduo e puntuale la vivacità degli eventi storici che si sono appena avverati[82]. E tuttavia è un vedere ideale ossia l'ideale del vedere attuabile soltanto per mezzo di uno straordinario intervento di Dio — l'apertura degli *occhi* dei due d'Emmaus ne è la prova e insieme coronamento dello sviluppo narrativo del motivo (Lc 24,16.31)[83]. I modelli presentati dànno una visione completa del *perché* e del *come* di un conclusivo e così intenso atto percettivo da parte del gruppo dei testi oculari. La spiegazione attualizzante degli angeli che verrà fornita immediatamente dopo (At 1,10-11) confermerà le forti implicazioni apocalittiche di un *vedere* comunitario che qui prende corpo. Il lettore, infatti, le intuisce già in quel percorso evangelico, fondamentale, per una più matura elaborazione del paradigma comunicativo che si esprime attraverso lo sguardo.

L'evento dell'ascensione, a sua volta, viene narrato senza troppi indugi, con una concisione sorprendente che pare persino cancellarne l'importanza a livello d'un puro resoconto dei fatti. I due aoristi che

---

siale ben differente: cf. M. GRILLI, *Scriba dell'Antico*, 27.29-31; M. GRILLI – C. LANGNER, *Matthäus-Evangelium*, 69. La metafora della *casa* in riferimento al Regno è comune ai sinottici e significa per lo più l'intimità e l'accoglienza del dono messianico di salvezza attualizzato in Gesù. Cf. l'accento altamente rappresentativo di Lc 19,9-10.

[81] Lc 7,21.22; 18,41.42.43.

[82] Questa differenza semantica fondamentale tra ὁράω e βλέπω va notata per di più nel vangelo e l'opera giovannee: W. MICHAELIS, «ὁράω», 342-343.362ss.

[83] Sta a parte il sopralluogo di Pietro centrato su una fissazione visiva delle *bende*: è l'unica volta che si usa il pres. indicativo in una proposizione enunciativa (βλέπει: Lc 24,12; cf. 6,41; 7,44). La narrativa della *tomba vuota* suggerisce di leggerlo come un punto d'arrivo focalizzante i risvolti comunicativi del *vedere* stesso: cf. sopra, al cap. VI, p. 353ss. Esso coabita qui con un *guardare* incuriosito e peraltro ostacolato dalla resistenza delle circostanze donde l'azione complementare resa dal ptcp. παρακύψας semanticamente anch'esso discusso o piuttosto inglobante entrambi gli aspetti del *guardare* e *chinarsi* (cf. Gv 20,11). Dal punto di vista antropologico questa brama di vedere a tutti i costi, espressa con due verbi e forme sintattiche evocative scandisce il culmine dello sviluppo narrativo e teologico del tema. Ci si ritornerà in seguito.

connotano l'elevamento fisico del Risorto segnano una progressione attraverso una dialettica verbale tra il passivo divino ἐπήρθη e l'attivo ὑπέλαβεν che però ha Gesù per oggetto (At 1,9). Il primo vb. (ἐπαίρω) si riferisce ad un distacco fisico dalla terra ed è molto realistico in sintonia con un vedere degli spettatori così efficace e interpellativo nella propria sobrietà[84]. Rispetto a un semplice διέστη di Lc 24,51b questo segno semantico incide nella memoria del lettore tutta una serie di vettori analettici che rinviano al Vangelo e uno prolettico indirizzato a At 2,33. Innanzitutto colpisce la corrispondenza tra l'atto di *innalzamento* e l'istruzione dei *Dodici* in Lc, costante nei momenti culminanti. Il preludio al Discorso della pianura è il primo a cominciare la catena di anamnesi; esso eleva allo statuto d'un principio l'*alzare gli occhi* verso i discepoli da parte di Gesù. Esso, in verità, stabilisce un rapporto di continuità tra la loro elezione appena effettuata e il programma di vita che si apre con un discorso fortemente influenzato da una tensione apocalittica tra il già (presente) e non ancora (futuro)[85]. In Lc 11,27-28 è

---

[84] Un simile parere esprime C. Barrett che si mostra ben attento all'uso lucano di βλέπειν: «The use of βλέπειν places the Ascension in the same category of events as any other happening in the story of Jesus» (*Acts*, I, 81). È da tener presente anche l'intensità d'una raffigurazione visiva così realistica, soprattutto se la si confronta con la maestosa, ma opaca nella sua trascendenza scena evangelica d'ascensione. C'è lì qualcosa di misterioso per analogia con il famoso finale del Pentateuco che immortala e insieme avvolge nel mistero la morte di Mosè (Dt 34,5-6): «Luke did not share this inhibition regarding Jesus; rather he wished to encourage such a belief — hence his explicit βλεπόντων: the disciples did see exactly what happened. To this use of βλέπειν corresponds the use of ἐπαίρειν (used of *lifting up*, mostly in a literal, physical sense) and of ὑπολαμβάνειν (*to take up by getting under*)» (*Ibid.*, 82). Cf. G. Rossé che addirittura parla di una «teologia visiva» (*Atti*, 96) e C. Talbert perspicace nell'identificare una «assunzione nel cielo che può essere testimoniata dagli occhi *naturali* dei discepoli» [*Reading Acts*, 10; il corsivo è nostro; S.A.].

[85] Cf. spec. Lc 6,20b-22. Le differenze della versione matteana sono molteplici e sono soprattutto di carattere teologico. Ne menzioniamo una che tocca il modo d'introdurre questo discorso programmatico in Mt: le *folle* sono escluse dall'insegnamento e non vi svolgono alcun ruolo se non quello d'esser prese nell'orbita dello sguardo gesuano (ἰδών: Mt 5,1a) — una bell'assonanza o forse una traccia del lavoro redazionale di uno degli evangelisti? Vedasi: W. DAVIES – D. ALLISON, *Matthew*, I, 420-421. D'altronde il Discorso della montagna enfatizza l'insegnamento, ovvero l'*aprire la bocca* da parte di Gesù (v. 2) indirizzato esclusivamente ai discepoli, mentre in Lc quelli, grazie ad un'attenzione visiva, sono solamente distinti dalle *folle* che creano lo sfondo dell'insegnamento. Vi è contenuto, sembra, uno dei dati più caratteristici di Luca che ama focalizzare l'attenzione su un popolo *di* ascolto che sta sempre *in* ascolto. Questo aspetto è evidente nei suoi rappresentanti privilegiati — i *Dodici* —

addirittura la *voce* che si alza per proclamare beato il dispensatore delle beatitudini e diventa l'occasione per benedire coloro che ascoltano la Parola, la stessa *folla* dal cui interno emerge una *donna* anonima (vv. 27b.29a). Le stesse tecniche valgono anche per i *Dodici* che sono attivamente invitati a prendere coscienza dell'elezione divina dell'intero popolo il quale non capisce ancora i segni e la prominenza salvifica dell'avvento escatologico (Lc 12,54-57). Acquista perciò tutto lo spessore pragmatico l'annotazione del grande discorso escatologico lucano, dove la descrizione della tragedia — la caduta di Gerusalemme — è affievolita da un grido ottimistico di *raddrizzarsi* e *alzare la testa* in vista dell' ἀπολύτρωσις veniente (21,28)[86]. Il contesto immediato della frase aiuta a inquadrarla nell'intreccio notevole dei temi del *regno di Dio* da *vedere*, delle *parole* che *non passano* e del *giorno* d'avvento da *riconoscere* vigilando in ogni *momento* (vv. 29-36)[87]. La pietra miliare nel percorso evidenziato viene posata dalla benedizione finale del Vangelo: il Risorto *alza le mani* per incarnare nella vita dei discepoli le beatitudini recenti e con ciò rendere beata anche la storia d'Israele di cui Dio si prende una parte attiva e solidale eleggendo i Dodici a formare una primizia del popolo in offerta a Se stesso[88]. La tensione apo-

---

i quali, obbedendo alla voce insegnata dal Maestro, si preparano progressivamente per i loro compiti futuri, ossia imparano a *vedere* (cf. Lc 6,39-42).

[86] In greco: ἀνακύψατε καὶ ἐπάρατε τὰς κεφαλὰς ὑμῶν. Per il vb. ἀνακύπτω vale ciò che già si era detto a proposito del *guardare* pietrino (παρακύψας: Lc 24,12): vi è all'opera una duplice connotazione di mettersi dritti e afferrare qualche cosa visivamente guardando in alto. Vedasi sopra: p. 467s, n. 75.

[87] A livello semantico vanno notati i seguenti lessemi: i verbi βλέπω e ὁράω per esprimere un *vedere* rispondente ai segni che portano a *riconoscere* (γινώσκω) il *giorno* della venuta (ἡμέρα) nel *momento* opportuno (καιρός). In Lc 21,5-36 sorprende innanzitutto l'intensificazione delle ripercussioni visive del dramma che si prepara con un atteggiamento contrario alla *perseveranza* (ὑπομονῇ: v. 19), *vigilanza* (ἀγρυπνέω: 36), discernimento e sobrietà perspicaci nell'udire, vedere e infine riconoscere. Cf. par Mc 13 e Mt 24. Qui è di aiuto richiamare l'attenzione alla rilevanza teologica del motivo della *perseveranza* nel Terzo Vangelo, messa in luce da S. Brown: *Apostasy and perseverance*, 48-50.53-81.

[88] Un passo importante che richiederebbe un'investigazione più approfondita è quello di At 8,33 — il primo punto strategico della diffusione del messaggio evangelico oltre i confini d'Israele e di Gerusalemme: Samaria (8,5-25) e Filistea (vv. 26-40). Nella citazione isaiana che viene sfruttata dallo scenario (Is 53,7-8[LXX]) è significativo l'uso del vb. αἴρω (2x al passivo: ἤρθη e αἴρεται). Non di rado essendo semanticamente un eufemismo della morte (cf. Lc 23,18; At 21,36; 22,22) esso si differenzia in questo caso secondo l'uso contestuale: prima come un *essere sottratto a*l giudizio e poi, dentro una vera metafora della morte, al presente d'una *vita* che si sta togliendo dalla terra (ἀπὸ τῆς γῆς). I paralleli con l'ascensione sono evocativi, per di

calittica quindi vi confluisce fino ad un certo punto, finché l'intero cammino non tende a riassumersi in una sola icona di benedizione, così come mostrano i nuovi simboli del compiersi dei tempi.

Lo schermo narrativo d'un colpo viene occupato da una *nuvola* (il sost. νεφέλη enfatico) che riempie di contenuto gli spazi bianchi del precedente panorama parusiaco. La simbologia è potente, se prendiamo in esame le sue sfaccettature teofaniche in entrambi i Testamenti e, in particolare, in Lc 9,34 e 21,27, ove si insiste sull'entrata nella sfera del divino[89]. È un segno polivalente della presenza e contemporaneamente assenza di Dio, come esplicita la trama del dono della Legge sul Sinai[90], e una forte componente del mistero che la figura del Risorto porta con sé al cielo. C'è qualcosa di definitivo in questa sua ricezione ultimativa nelle sfere celesti. Qui entra in questione il secondo vb. (ὑπολαμβάνω), ben caro al lettore abituato a considerare l'azione da esso espressa un motivo eminentemente cristologico e soteriologico. La maniera insolita di presentare l'ascensione come un *ricevere* Gesù da parte della nube si spiega perfettamente nel canovaccio delle scene tipiche del Vangelo che ruotano attorno all'eroe. Difatti i brani come il *Nunc dimittis*, la visita a Marta e Maria e infine a Zaccheo[91] esemplificano il ricevimento come un atto di fede in cui s'attualizza e si fa visibile la salvezza messianica. Con la dipartita di Gesù avviene proprio il contrario in quanto comincia a prevalere l'asse verticale di trascendenza drammaticamente volta a staccarsi dagli *occhi* degli osservatori. L'insistenza sul *vedere* finisce dunque per esaurire se stessa in un punto focale della narrazione, dove il massimo sforzo visivo viene appagato eppure oggettivamente cede alle prerogative dell'orizzonte celeste il quale non può che sottrarre un corpo movente alla vista. Il lettore per così dire sperimenta l'effetto di raddoppiamento tentando di riprodurre l'ottica degli apostoli: da una

---

più alla luce del manifesto programmatico di Lc 9,51: τὰς ἡμέρας τῆς ἀναλήμψεως αὐτοῦ.

[89] Sono gli accenti redazionali di Luca: i discepoli non solo sono ricoperti di *nube*, ma vi entrano; similmente il *Figlio dell'uomo* si manifesta venendo *in una nube*.

[90] Es 13,21; 19,16; 24,16.18; 33,9-11; 34,5; cf. Ez 1,4; Sal 96,2. Con D. Marguerat (*Acts*, I, 47 (n. 16)) e G. Rossé (*Atti*, 99 (nn. 100-101)) optiamo per un'interpretazione epifanica della nuvola, non già nel senso di un mezzo di trasporto: *pace*, G. Lohfink, H. Conzelmann *et al.*

[91] In Lc 19,6 il vb. è identico, mentre in Lc 10,38 e 2,28 si usano i suoi sinonimi: ὑποδέχομαι e δέχομαι. Sullo sviluppo di questo motivo molto più articolato in riferimento alla Parola vedasi: G. DELLING, «ὑπολαμβάνω», 16; W. GRUNDMANN, «δέχομαι», 49.53-54.

parte, vede il Risorto che sta a pochi metri di distanza dal suolo e immanente ancora alla vista[92]; dall'altra — Lo perde d'occhio completamente, una volta Questi è stato accolto dall'ente celeste. Il suo lungo viaggio non finisce in terra, ma prosegue anche in cielo[93] destando stupore, perché la meta del peregrinare — l'*essere innalzato alla destra del Padre*[94] — non si pensa nemmeno nelle categorie statiche. Come si vedrà, ad un camminare così assiduo risponde un *vedere* instancabile da parte dei testimoni che sembra perfino tentare di rintracciare, per intuizione, il resto dell'itinerario rimasto al di là e forse percorribile pure con gli occhi della fede. È un momento assai delicato e difficile, perché segnato da una complicazione narrativa: il Gesù da vedere lascia il palcoscenico e se ne va. Tuttavia il Suo cammino stimola quanto mai un interagire di diverse angolature visive e in tal modo provvede allo scioglimento dell'intreccio. Il lettore sta alle prese con una breccia nel cemento narrativo della scena: d'ora in poi sul maestoso ritmo di una processione ascendente prenderà il sopravvento la dinamicità di una comunicazione a parole.

2.3.3 L'epilogo: «Ché state guardando?» (10-11)

La scena precedente, narrativamente incompiuta, tendeva a concludersi, per lo più, sul piano comunicativo, cioè con una visione stereoti-

---

[92] Cf. una sagace descrizione psicologica, a mo' d'apoteosi teofanica di trasfigurazione, da parte di H. Schlier: «pour s. Luc, seul ce mouvement "vers le haut" de celui qui apparaissait comme Ressuscité fut constaté "de façon visible", mais non pas une ascension proprement dite dans le ciel. Cette dernière n'est pas décrite et ne peut absolument pas l'être». «la nuée reçoit la Ressuscité qui a été élevé et le dérobe à leur vue. Dans ce mouvement qui l'emporte "en haut", Jésus est introduit dans le domaine du présent de Dieu et soustrait en même temps au regard des témoins [qui] attestent le mouvement vers le haut du Ressuscité, entrant dans le présent de Dieu qui s'incline vers lui. Considérée à ce point de vue, l'Ascension nous fait voir le Ressuscité enlevé ou se cachant dans la dimension de Dieu qui s'ouvre avec condescendence. C'est en ce sens qu'il faut, suivant s. Luc, l'appeler "élévation"» («L'Ascension de Jésus», 274).

[93] Il motivo del «viaggio» garantito dall'arsenale comunicativo del vb. πορεύομαι (cf. At 1,10b) è ispirante, sicché induce alcuni (cf. E. RASCO, «La salvezza di Dio», 39) a parlare d'un prolungamento strategico del viavai gesuano (Lc 24,28b) che nel tempo della Chiesa si realizzerà nella guida costante del Suo Spirito (cf. At 16,7).

[94] At 2,33; 5,31; ma cf. Lc 22,69. In aggiunta è da ricordare che nel NT è soprattutto Luca ad accentuare le somme *altezze* (ὑψίστα) come la sfera celeste da dove si diffonde l'*Osanna* in onore del Re messianico che viene (Lc 2,14; 19,38: i passi apocalittici per eccellenza), come un altro nome di Dio (l'*Altissimo*, ὕψιστος: Lc 1,32.35.76; At 7,48; 16,17) che designa i Suoi figli (Lc 6,35; 8,28).

pata. In conformità a questo, all'apertura del secondo discorso del brano, che è particolarmente ricco di contenuti, il lettore rimane nuovamente coinvolto nell'andamento maestoso del solito «spettacolo» ancora più intensificato. Il *guardare* continuato degli astanti è pure cambiato di colore e viene reso con un vb. classico della drammaturgia lucana: ἀτενίζω (cf. Lc 4,20). Un *fissare* così interessato e quasi di una importanza vitale è spesso impiegato negli Atti per connotare gli eventi straordinari non esenti da una manifestazione specifica dei carismi dello Spirito[95]. Si deve dire, a questo punto, che le modalità dello stesso *vedere* cambiano: cioè da un mero atto fisico di percezione, quale stadio d'iniziazione, si passa alla fase seguente di un afferrare oculare più deliberato, anzi, alimentato dal processo stesso della visione. In esso infatti si attinge al coraggio testimoniale proveniente da una rilettura illuminante dell'evento Gesù visto nella sua interezza[96]. Il testo non esplicita ciò, bensì orienta lo sguardo di nuovo verso la direzione del viaggio divino tuttora in pieno sviluppo[97] (εἰς τὸν οὐρανόν). È un magnifico punto d'incrocio tra il desiderio umano di trattenere il più lungo possibile l'oggetto della visione e il πορεύομαι gesuano determinato dall'imperativo che vengono a rendere manifesto gli interpreti angelici.

L'irruzione dei messaggeri celesti è inaspettata, giacché il costrutto καὶ ἰδοὺ ἄνδρες δύο rompe insanabilmente lo stile idillico che il lettore

---

[95] Cf. At 3,12; 6,15; 10,4; 11,6; 14,9; spec. At 7,55 e 13,9. Il commentario di C. Barrett esplicita assai bene questo flusso semantico: «ἀτενίζειν is a stronger word than βλέπειν; they were *straining* their eyes [corsivo è nostro; S.A.] to see their departing Lord. It is characteristic of Lk-Acts (12 times; elsewhere in the NT twice in 2 Corinthians), as is the periphrastic tense» (*Acts*, I, 82).

[96] Nei termini di cinematografia qui si parlerebbe di un concatenamento degli episodi centrali che fanno da titoli alle rispettive sezioni con cui familiarizzarsi nel corso d'una visione integrale. Essendo una specie del trucco pubblicitario questa rassegna accellerata fa un maggiore effetto, una volta il film è stato visto per intero, perché proprio a quell'ora si riesce a decifrare certe tipologie, paralleli e corrispondenze rimasti sfuggiti durante una prima proiezione. I colori si condensano, le immagini cominciano a parlare e unirsi nei cori manifestando un intreccio della trama molto più complesso di quanto prima potesse apparire.

[97] Cf. la sensibilità di G. Lohfink («"Was steht ihr"», 45): «Bemerkenswert ist vor allem, wie stark das Schauen der Jünger betont wird». «sind es, welche die Himmelfahrt für uns so plastisch und anschaulich machen. [Es] provoziert in uns geradezu die Vorstellung einer langen Reise nach oben. Aber wir dürfen dieser Versuchung nicht erliegen! Es geht gar nicht in erster Linie um Christus, sondern um das *Schauen der Jünger*. Es wird deshalb so stark betont, weil es von den Engeln korrigiert werden soll, weil es den Leser aufmerksam machen soll: Die Apostel sind wirklich Augenzeugen gewesen».

ha saputo apprezzare studiando tutta la parte introduttiva di At. Le esigenze del momento presente, il quale detta un comportamento attivo e responsabile, hanno la meglio su una mera attesa nostalgica raffigurata positivamente come una speranza nonostante tutto degli *anawîm*. Il narratore sembra aver sfruttato pienamente l'intensità e insieme la vulnerabilità di quello snodo drammatico della fabula in cui uno spartiacque è inevitabile per separare i due poli ben distinti del ministero della Parola: una visione quasi oracolare e testimonianza oculare. Nel mettere un ppf. παρειστήκεισαν sul palcoscenico sintattico del racconto egli ottiene un effetto di rilievo sullo «spettacolo» stesso che così viene sottratto ad un'apparizione angelica anticipante[98]. Agli spettatori deviati così dalla *performance* celeste, in cambio, si offre alla vista lo splendore delle *vesti bianche* dei messaggeri: ἐν ἐσθήσεσι λευκαῖς. I paralleli evangelici più consistenti a questo solito *accessoire* delle teofanie in Lc-At sono la trasfigurazione e l'apparizione sulla tomba vuota. Cogliendo con il primo brano la rarezza del colore *bianco* nell'opera lucana il lettore non è lontano dalla verita se attribuisce agli scenari che l'impiegano un contesto comunicativo ben coerente[99]. C'è infatti un evidente legame tra gli episodi della trasfigurazione e dell'ascensione resi uniformi, per così dire, per effetto della coloritura delle vesti la quale influisce fortemente sul decoro teologico-narrativo d'insieme[100]. Tuttavia il lettore deve ancora esitare ad affrontare una tipologia così sfumata e neppure tentare di fornire una spiegazione teologica lasciandosi guidare piuttosto dal lato esterno dei richiami reciproci.

---

[98] Così, C. Barrett (*Acts*, I, 83): «The pluperfect form παρειστήκεισαν is used with the meaning of the imperfect. The effect is to suggest a sudden appearance of the angels: the apostles were gazing into heaven and all at once there were two men standing beside them».

[99] Lc rispetto agli altri scritti del NT è meno interessato a ribadire il *biancore* delle vesti, con due eccezioni: cf. Lc 9,29c e, invece, par Mc 9,3; Mt 17,9. In altri contesti: Mc 16,5; Mt. 28,3; Gv 20,12 (la *tomba* vuota); cf. anche riferito ad altre immagini: Mt 5,36 (un *cappello*); Gv 4,35 (*campi*). La simbologia del *bianco* è particolarmente sviluppata in Ap. Luca preferisce gli aggettivi o i participi, attributi dello splendore e perfino della luminosità accecante della gloria divina: ἐξαστράπτων (9,29c), ἀστράπτων, λαμπρός. Vedasi un cenno nel capitolo precedente: cap. VI, p. 358s.

[100] La funzione della *veste*, ma anche del suo colore, nel pensiero biblico è ben nota, giacché essa serve a volte per determinare non solo l'identità del proprio portatore, ma anche il destino. Sant'Ambrogio in modo brillante espone questo dato ermeneutico nell'esegesi su Gen 37,3c, a proposito della *veste policroma* donata a Giuseppe da Giacobbe: «merito que uariam tunicam fecit ei, quo significaret eum diuersarum uirtutum amictu fratribus praeferendum» (AMBROGIO, *Ioseph.* II,6; ed. C. Schenkl, 74).

Il fascino del secondo brano (Lc 24,4), più istruttivo, è riprodotto in At 1,10: una veste *sfolgorante* (ἀστράπτουσα) di fatto determina la trascendenza ed impoverisce la comunicazione stessa che viene ostacolata da grande paura e da un chinarsi per terra — un segno del massimo impatto psicologico della percezione che si trasforma in un rifiuto di ogni contatto visivo[101]. Nel presente caso non succede niente di spettacolare, in vista dell'importante messaggio che hanno da dire gli angeli, ma anche delle prerogative stesse del *vedere* che qui contraddistingue l'andamento dello *showing* dei ruoli narrativi. I destinatari sembrano dover accorgersi della presenza dei messaggeri solo nel momento di una presa di parola da parte loro eppure al lettore non è difficile nemmeno arrivare ad immaginare una trama simile a quella di Nazaret. Se fosse vera quest'intuizione[102], si potrebbe pensare ad un *guardare* talmente forte che non afferra l'essenza dell'evento e, per di più, nega la stessa possibilità di *vedere*, reso inefficace dall'estrema vicinanza dell'oggetto messo a fuoco. Nemmeno l'allontanamento progressivo di questi abilita gli occhi a fissare meglio la visuale della prospettiva che si apre. In ambedue le scene l'attenzione è massimamente dedicata alla *silhouette* gesuana dietro la quale non si ravvisa bel niente. Questo accento cristologico sfrutta pure il discorso che sta per coronare la scena e perfezionare lo stesso modo di vedere della cerchia di testimoni.

Il messaggio è impartito sostanzialmente sotto forma di due atti linguistici di notevole spessore pragmatico in quanto riassumono i contenuti della scena precedente tirando le conclusioni dalla logica interna del brano. Il suo andamento argomentativo è articolato dai pro-

---

[101] Ci aiuta a capire una breve esplorazione del contesto e delle sfumature comunicative della scena della trasfigurazione presentata da ogni sinottico in modo proprio (cf. Lc 9,28-36; Mc 9,2-10; Mt 17,1-9). In riferimento alla *paura* è di per sé naturale che i discepoli l'avessero provata già nel momento stesso della μεταμόρφωσις di Gesù e dell'apparizione di Mosé ed Elia, che segue. Ciascun evangelista però esplicita ciò dopo la teofania vera e propria. In Mc il sorgere della φοβία è poco fondato narrativamente, compare semplicemente il pronunciarsi inappropriato di Pietro (Mc 9,6). In Mt, invece, questo motivo è accentuato e intrinsecamente legato all'epifania della voce e a un ascolto numinoso che rivela i limiti della stessa visione: *non videro più nessuno...* (Mt 17,5-9; par Mc 9,8). Lc è più vicino a Mt, infatti descrive ulteriormente un contatto inaspettato con la sfera del divino: così si crea un accento redazionale sull'*entrare nella nube*, ancor prima che si manifestasse la voce e dopo un'intensa esperienza visiva trascendente i limiti dell'umano (Lc 9,32b), da parte dei *tre* (34b). La paura sfociante nell'ascolto funge da conferma della grandezza della teofania precedente. Cf. sopra: p. 473s.

[102] Il vb. in questione e la sua forma sintattica in entrambi casi sono gli stessi: ἀτενίζοντες ἦσαν (Lc 4,20b; At 1,10a).

gressivi appelli all'identità degli spettatori e dal *viaggiare* di Gesù, a sua volta caratterizzato dall'insistenza: non semplicemente narrativa (sul *vedere*), ma soprattutto comunicativa (la dialettica degli sguardi). Il primo atto — *direttivo* (v. 11bc) — coinvolge l'autocoscienza e l'autocomprensione del gruppo apostolico semplicemente chiamato *uomini di Galilea*. Questo appellativo sarà in At il modo costante di esprimersi dei predicatori in rapporto all'uditorio che può essere costituito dagli stessi *fratelli* collaboratori, ma anche il popolo da evangelizzare[103]. Con ciò viene dunque stilato tra loro un legame profondo rispondente in maniera perfetta alle preoccupazioni concrete di una Chiesa pronta a nascere. Il Vangelo ha diversificato nettamente i ruoli dei discepoli e del *popolo* in quanto λαός, per questo il *climax* è stato lo *spettacolo* della crocifissione in cui l'assenza dei seguaci fedeli di Gesù creava uno *shoc* nel lettore. L'integrare i *Dodici* nel numero simbolico delle tribù d'Israele antico è decisivo quindi anche per il discorso sul *vedere* che così si relaziona con il passato glorioso delle teofanie per eccellenza (cf. Es). Su questo dato teologico risolutivo si soffermerà la vicenda successiva dell'elezione dell'apostolo mancante (At 1,15-26).

La seguente domanda esplicita si articola in tre momenti a cui corrispondono i tre lessemi chiave (molto densi, una quintessenza del cammino fatto): ἑστήκατε, [ἐμ]βλέποντες, οὐρανός. Il vb. principale al pf. trae le conseguenze dall'asse analettica del racconto che menziona l'ultimo spostamento dei personaggi al v. 6a. La fase statica del loro contemplare si inserisce bene nello schema generale del brano spiccatamente aperto al vedere e udire del lettore. In sintonia con il primo racconto dell'ascensione svolge un ruolo determinante la maestosa scenografia dello «spettacolo» in funzione del quale stanno gli elementi restanti. L'importanza dello *stare* prorompente nei dintorni narrativi è evidente in simili contesti lucani i quali formano una tipologia. Già a partire dal detto sulla vera famiglia si mette in evidenza uno «stare» esemplare in quanto persistente nel desiderio di «vedere Gesù»: ἑστήκασιν ἰδεῖν θέλοντες (Lc 8,20b)[104]. In modo simile si prepara il palcoscenico per il

---

[103] Eccone alcuni esempi: At 2,14.22.29; 17,22; 19,35.

[104] Ivi va aggiunto un *logion* di triplice tradizione (Mc 9,1; Lc 9,27; Mt 16,28), dove la permanenza dello *stare* (il ptcp. pf. ἑστηκότοι / ἑστῶτοι) che equivale ad una semplice presenza garantisce la visione del *Regno*. In Lc quest'ultimo motivo assume delle caratteristiche proprie come s'era visto soprattutto grazie ad una forte sottolineatura dell'aspetto decisionale e della responsabilità e solidarietà con il maestro da parte dei seguaci: cap. III, pp. 191ss.205ss. Cf. una simile tendenza in Mc: i contributi in

Discorso della pianura che in Lc è solennizzato dall' ἔστη vistoso di Gesù inaugurante una presenza solida e trasformatrice a mo' delle apparizioni pasquali[105]. Il motivo trova poi il punto di convergenza nella narrativa di crocifissione incorniciata da due ricorrenze del ppf. εἰστήκει(σαν). A pubblicizzarlo sono due enti sociali ben distinti, eppure accomunati dalla rilevanza della visione che riempie di contenuto la staticità reticente del loro assistere allo *spettacolo*: il *popolo* e *tutti i conoscenti* di Gesù assieme alle *donne*[106]. A ben vedere, i testi riportati hanno da dire al lettore l'essenzialità di un'intimità familiare nei confronti del Maestro e la esprimono con il binomio *star* a *guardare* o *contemplare* oppure *fermarsi* per saper distinguere o *vedere* meglio l'oggetto di ricerca. È una fase progredita della comunicazione degli sguardi, perché ha a che fare con una trasformazione delle persone finalmente giunte a comporre un'unità relazionale da sempre desiderata da Dio e manifestamente necessitata da Gesù (cf. Lc 13,34b). Nell'addio d'ascensione si reperisce dunque una ragione più profonda di comunione stereotipata dagli occhi unanimemente protesi verso l'alto. La testimonianza oculare viene proprio qui ad assumere un ruolo consolidante che d'ora in poi starà alla base del *credo* apostolico (cf. At 4,20; 7,56b).

Il secondo atto — *commissivo* — nella sua prima parte fa appello alle circostanze immediate del racconto e ne fissa il limite. Il ptcp. ἀναλημφθείς essendo l'elemento basilare d'un atto *rappresentativo* che si cela dentro, registra un'azione ormai compiuta e quindi invita gli spettatori a prendere coscienza dell'assenza dei presupposti oggettivi per vedere. Il Gesù risorto non appartenente più alla sfera del controllo da parte dei sensi umani tuttavia non perde il privilegio dello *status quo* iniziale che Gli aveva assegnato la posizione centrale di attivatore d'un movimento centripeto degli sguardi. L'insistenza sul *cielo* nel discorso presente non fa che espropriare questo fenomeno dalla rete di relazioni

---

merito riguardanti il Secondo Vangelo sono raccolti nella rassegna recente di AnBib 180: *Perché stettero con lui.*

[105] Cf. Lc 24,36.51: ἔστη, ἀπέστη. In Lc 6,17a il vb. ἔστη può riferirsi pure al gruppo largamente esteso degli astanti che sintatticamente viene legato alla proposizione principale mediante una catena paratattica dei singoli rappresentanti. Si tratterebbe in questo caso di un fenomeno caratteristico del TM, da noi già evidenziato: la coordinazione interrotta (cf. Is 49,7[TM]). Vedasi sopra: p. 465, n. 69 (2). Se ciò è vero, la scena si arricchisce notevolmente grazie ad una rispondenza voluta tra l'azione spontanea di Gesù resa dall'aor. e la sua risonanza nel seguito della narrazione.

[106] Lc 23,35a.49a. Per una analisi particolareggiata delle singole espressioni, dal punto di vista sintattico e semantico, rimando al cap. V: pp. 322.330.336.

che il testo stesso tende a costruire dietro il pallido involucro narrativo d'una triplice ripetizione. Il gioco semantico tra i segnali sintattici di primo grado — οὗτος e οὕτως — serve a enfatizzare la scansione cristologica di un evento racchiuso tra il già e non ancora della rivelazione messianica dello *stesso* Risorto che propriamente *così* continua ad animare il filo narrativo portandolo a compimento. La sua seconda venuta qui solamente abbozzata dal vb. ἐλεύσεται è stata a lungo l'oggetto degli annunci evangelici sulla venuta del *Regno*, ossia del *Figlio dell'uomo*[107]. Il richiamo attuale non è altro quindi che una efficace sintesi della predicazione gesuana destinata a rafforzare la fede e la speranza dei futuri testimoni coinvolgendone la memoria in modo creativo, trasformando cioè il potente ricordo visivo nel simbolo dell'*eschaton* che finalmente si rivela apertamente.

Il cenno ormai analettico sull'*andar via, verso il cielo*, dal canto del protagonista (At 1,11), immette enfasi nella linea discorsiva della comunicazione celeste. Il lettore non si meraviglia del continuo ribadire ciò che sembra superfluo, una volta che si è completata la scena. Le leggi dell'economia narrativa non reggono laddove la circolarità dell'anamnesi determina il senso globale della storia evangelica premurosamente presa in obiettivo. Il ritorno del Signore tende a fondersi in un'immagine completa e definitiva con il suo peregrinare che trascende i limiti della terra e nonostante ciò, non smette di incrociarli nell'effettivo orizzonte del *vedere*. Qui trova un notevole spessore l'audace formula di Pietro che sfrutta un *endiadi* per disegnare il tempo della presenza del *Signore Gesù*: un *entrare e uscire sopra di noi*[108]. In questo passare sopra risiede, a quanto pare, l'ambiguità della scelta visuale: il comando formulato in modo diretto che gli angeli si sforzano di trasmettere per condizionare la percezione degli attanti, in verità, è uno stimolo interpretativo per il lettore a spalancare gli occhi[109], rendendosi

---

[107] L'*excursus* sui basilari testi escatologici di Lc e sul loro orientamento pragmatico è da trovare nel cap. III.

[108] At 1,21b: εἰσῆλθεν καὶ ἐξῆλθεν ἐφ' ἡμᾶς. Così, La *Bibbia* TOB: *a marché à notre tête*.

[109] Ciò sembra suggerire anche la ricchezza semantica del *vedere* nella seconda parte del brano occupato dal discorso angelico. Esso è fortemente interessato a delineare una progressione della percezione stessa: dal vb. classico di un intenso e condensato *fissare* oculare, peraltro non disinteressato (ἀτενίζω), si va verso un *guardare* neutrale ben consistente, diretto e direttivo (βλέπω) per sfociare, sotto la voce degli esseri celesti, in un *vedere* vero e proprio, vivo e realistico, perfino testimoniale, come il frutto della fusione di due sememi precedenti (θεάομαι). Cf. Lc 5,27; 7,24; Lc

partecipe della corte di spettatori legittimi. Nella prospettiva celeste accennata per ben tre volte, in effetti, si coglie meglio la direzione in cui ha proseguito il filo logico del macro-racconto di Lc. Lo si deduce fin dal momento del battesimo che menziona francamente l'apertura del cielo, proseguendo poi per le due grandi teofanie che stanno ai cardini del ministero di Gesù: la trasfigurazione che rivela la presenza nascosta e misteriosa di Dio nella *nube* e la crocifissione che sfocia nell'agonia premortale del cielo nel suo divenire *buio*. Le teofanie sono espresse da due intense metafore dell'*eclissi* solare e dello squarcio della *catapetasma*. Lì infatti il cielo sembrava aprirsi per l'ultima volta accogliendo lo *spirito* emesso dal Gesù morente (Lc 23,44-46) per chiudere definitivamente il cammino evangelico.

Nel grande spettacolo teofanico dell'ascensione si conserva e si condensa dunque il gioioso potenziale della novella pasquale. Si apre la sequela evangelica, antecedentemente interrotta, alle sommità dell'attesa apocalittica la quale ancora vede il Signore risorto ed esaltato: nei segni da Lui lasciati sulla terra, ma soprattutto grazie ad una estrema vicinanza del palcoscenico celeste approssimatosi miracolosamente con il Suo cammino a quanti ne seguano le tracce con il *fissare* degli occhi[110].

3. Conclusioni

Dopo aver seguito il canovaccio del dittico dell'ascensione in Lc–At, ci soffermiamo sulla valenza comunicativa dello sdoppiamento di scenario e del cambio di prospettiva che determina i ruoli narrativi dei personaggi. Un ricorso al *genere letterario* dei testi studiati intuisce già di trattarli come delle miniature di carattere misto: epifanico, teofanico,

---

23,55; At 21,27; 22,9. Ne aveva esplorato lo spessore anche il cap. V: pp. 336.339.348s.

A livello d'insieme il continuo cambiamento dei verbi della vista (βλέπω – ἀτενίζω – [ἐμ]βλέπω – θεάομαι) esprime l'importante idea teologica che il lettore pone a fondamento del proprio cammino di fede ormai concluso. Ovvero l'intensità e qualità dello sguardo determina il progressivo compimento del mandato divino di testimoniare l'evento Cristo da vedere. La storia del vedere finisce quindi lì dove è cominciata: negli *occhi* degli spettatori (cf. Lc 4,20b).

[110] L'intero libro degi Atti porta le prove a quest'affermazione promovendo le numerose apparizioni e visioni celesti, con delle descrizioni esplicite e minuziose dell'apertura del cielo, che in un certo senso compensano l'assenza del Risorto e completano la guida instancabile della comunità primitiva da parte dello Spirito: cf. At 2,2-3; 7,56a; 9,3; 22,6b; 26,13; 10,11a.

apocalittico, il genere del «rapimento»[111]. Una distinzione tuttavia va fatta tra l'inclino pacificante e idillico della versione evangelica e la sobrietà, urgenza e raffinatezza del *vedere* apocalittico in At. La continuità tra due scene è da pensare quindi nelle categorie dialettiche che sfruttano il contrasto per creare una matura sintesi teologica. La staticità scenica che accomuna entrambi i racconti ha una funzione comunicativa differente, sì da oltrepassare la sacralità dello spazio estremamente limitato se non affatto privato dell'opportunità di *vedere* nel primo, a favore di una estensione massima del pragmatismo di percezione nelle sue molteplici espressioni, nel secondo. In At 1,6-11 il narratore, inoltre, mette sulla bocca dei personaggi principali dei lunghi discorsi che accompagnano gli elementi teofanici di grande portata visiva. La parola di Gesù e poi degli angeli non solamente commenta la visione dell'evento dalla parte degli apostoli, ma addirittura la modella, in certo qual modo, in ordine alla comunicazione.

Conseguentemente si scopre pure l'insufficienza del ritratto evangelico della medesima scena, perché la si è chiusa in se stessa fungendo da ottima ricapitolazione delle apparizioni pasquali con cui tende a fondersi[112]. Gli Atti promuovono, invece, una nuova sfida narrativa per

---

[111] Quest'ultima è la proposta di G. Lohfink (*Himmelfahrt*, 74-79) seguita da non pochi studiosi: cf. H. CONZELMANN, *Acts*, 7 (n. 26). Non è sufficiente però per spiegare la rilevanza di uno schema rivelatorio polivalente che costituisce per il lettore una vera sfida, ma anche la fonte di una maggiore flessibilità e creatività interpretative garantite dall'allargato orizzonte comunicativo del testo. Cf. i due preziosi spunti degli studiosi a proposito: «Da un punto di vista comunicativo il genere funziona come codice di accesso alla comprensione. Gli elementi di un genere attivano nel lettore determinate attese e lo preparano a entrare in una percezione nuova degli eventi che gli sono davanti. [...] gli schemi utilizzati e i motivi evocati invitano il lettore a non leggere l'evento in chiave di "che cosa" è accaduto, ma piuttosto in chiave di "senso" o di "funzione"» (M. GRILLI, *L'impotenza che salva*, 81). «Il racconto in verità non si lascia restringere entro i confini di un genere letterario, ma resta un'interpretazione di un evento realmente accaduto nella vita di Gesù, compreso ed espresso dai singoli evangelisti in modo diverso. E la loro intenzione è quella di dare una testimonianza su Gesù, che aiuti il lettore nel suo itinerario di fede pasquale: per loro la trasfigurazione è rivelazione, è un alzare il velo su Gesù in modo che il discepolo conosca l'identità più autentica del Signore» (E. BIANCHI, «L'evangelo della trasfigurazione», 34).

[112] Questo dato di fatto è implicito nella costruzione sintattica di Lc 24 — una sequenza ben compatta narrativamente. Ne evince uno stretto rapporto tra gli eventi di risurrezione e ascensione, ma anche di crocifissione (cf. il ponte sintattico tra Lc 23,56b e 24,1a), quasi fusi insieme per dimostrare la brillante intuizione teologica di Luca. Da questo dipende anche un aggancio virtuoso delle tipologie del «vedere Gesù» con i blocchi tematici menzionati che sono i veri paradigmi del *vedere*. Il proble-

il lettore estrapolando l'evento dell'ascensione dalla trama evangelica e ponendolo al fondamento del secondo macro-racconto. Lo statuto particolare di un tessuto semantico così sfruttato lungo il Vangelo induce a pensare addirittura ad una sintesi, sotto la metafora visiva, del primo volume dell'opera lucana teologicamente orientato in chiave apocalittica. Al cuore di questa presentazione solida e pittoresca, destinata a nutrire la testimonianza oculare degli inizi, sta indubbiamente la domanda pronunciata sul quando del *Regno*. Ad essa risponde l'ultimo *spettacolo* seguito da un commento angelico promettente. Qui effettivamente il filo narrativo del «vedere Gesù» si consuma cedendo alle esigenze missionarie di una comunità fervente, ormai consolidata e fiera d'essere la portatrice *ad gentes* di un potenziale comunicativo traboccante, acquisito nell'eminente incontro *vis-à-vis* con il Gesù terreno: inanzitutto attraverso lo sguardo.

Stando così le cose, si spiega bene il progetto teologico lucano di presentare l'esodo di Gesù in tappe progressive — battesimo, trasfigurazione, crocefissione e risurrezione — riassumendo tutto il percorso con l'ascensione. La sua doppia presentazione narrativa serve infatti a portare a compimento il cammino del lettore. Situando la fine evangelica nei pressi di un'icona dell'ascensione, inafferrabile con lo sguardo, l'arbitrio narrativo sembra dover limitare il campo percettivo della scena. Il privilegio di contemplare è concesso dunque unicamente ai partecipanti della liturgia del commiato che si condensa in Lc 24,50-53. La riproduzione dello stesso evento rivelatorio in At , in compenso, compie la medesima funzione nei confronti del lettore. A questi ora è indirizzato l'esplicito invito a collocare il proprio sguardo nella visuale di quell'icona per così dire «dipinta» in anticipo e in attesa d'una lettura attualizzante.

L'esito finale della comunicazione visiva nel Vangelo è impensabile quindi senza quel misterioso e silenzioso «sì» dell'assemblea apostolica pacificamente prostrata davanti ad un'immagine suprema dell'autorità divina. Il lettore intuitivamente cerca qualcosa di simile nella seconda *performance*, ma non vi riscontra che un'abile apoteosi del *vedere* invitatorio, più provocante e stimolativo che risolutorio. Dopo aver seguito da vicino le peripezie del cammino evangelico degli sguardi sente il bisogno anche lui di trovare un punto fermo, dove giungere ad una contemplazione beata e ultima per dare senso alla fatica del proprio itinera-

---

ma emerso è particolarmente interessante per una comprensione più maturata dei risvolti narrativi del nostro tema e verrà affrontato nel cap. VIII.

rio di fede percorso nelle categorie visive. Un nostro ultimo sguardo retrospettivo si concentrerà, nella sintesi teologica, sulla ricerca di un'unica icona evangelica[113] in cui il lettore possa ritrovare il fine della narrativa di Lc. È un inequivocabile punto d'arrivo del cammino e insieme il suo culmine, perché trascina lo sguardo del lettore direttamente all'orizzonte salvifico finora nascosto dall'imponente gruppo dei vedenti. Cosa gli manca dunque per attingere, come loro, in una visione, la luce d'una presenza rivelatrice e raggiungere le vette d'una roccia inaccessibile (cf. Gen 49,24; Is 26,4)?

---

[113] Si è insistito finora sui diversi profili iconografici del Terzo Vangelo: ne sono esempi le sue scene celebri: l'Annunciazione, Visitazione, Presentazione, battesimo etc. Cf. la relazione verbale evocativa da questo punto di vista: N. Calduch Benages, «Due icone lucane: l'Annunciazione (Lc 1,26-38) e la Visitazione (Lc 1,39-56)», due lezioni presso le Suore Figlie di Maria Missionaria (Roma, 12 gennaio 2003).

TERZA PARTE

TIPOLOGIA DELLA VISIONE
SINTESI TEOLOGICA

Capitolo VIII

Il mosaico della visione e il suo compimento

Il punto finale di ogni percorso esegetico è decisivo per la sua comprensione e si colloca nell'orizzonte del saper coinvolgere al massimo i fili portanti emersi nel corso dello studio dei singoli testi e convergerli in una visuale panoramica unificante — la porta d'ingresso nel significato dell'insieme. Alcune conclusioni sono state fatte nelle parti centrali del progredire argomentativo del tema ma ora richiedono un'attenzione ulteriore soprattutto i profili narrativi rimasti fuori dall'obiettivo della presente ricerca. Lo scopo ultimo di questa sintesi conclusiva consiste quindi nel ravvisare le modalità concrete di una messa in scena dei diversi modelli attanziali. Essi sono costruiti nel testo evangelico grazie ad un inteccio così ricco di lineamenti comunicativi, questi vengono messi in luce anche dai silenzi narrativi.

Le direttive menzionate vanno indagate attraverso un esame attento degli snodi pragmatici che orientano lo sviluppo semantico del *vedere* in quanto motivo. La polarità della presente comunicazione degli sguardi richiede un atteggiamento metodologico coerente e adatto a favorire un esame analitico dei contrasti. Ovvero è la *dialettica* come categoria filosofica, nel senso kantiano[1], a costituire il paradigma in-

---

[1] Cf. il famoso capolavoro di I. Kant in cui il filosofo applica in modo brillante questo principio ermeneutico, ovvero il «principo di contraddizione», della metafisica: *Critica della ragion pura*. Lo esplicita poi, in maniera avvincente, nella *Critica della ragion pratica* (pp. 192-193). La citazione che riportiamo potrebbe fornire un bel commento al proposito teologico di questo capitolo, contemplando, certamente, una visione differente del mondo e dell'uomo al suo interno, che il linguaggio filosofico di Kant nonché l'impostazione stessa della sua opera scritta nel secolo XIX presuppongono nel lettore:

terpretativo del «vedere Gesù» esprimendone un tema teologico saliente in Lc. In questa prospettiva le energie finora spese nel descrivere la drammaturgia lucana della vista, nel suo crescendo lineare, possono risolversi in una ricca e potente polisemia, in una polifonia risonante del complesso e pluridimensionale processo di lettura. Essendone partecipe attivo, il lettore mette in gioco il proprio interesse e piacere estetico e, alla fin fine, riesce a percepire la verità del testo instaurando con il medesimo un vero dialogo, il cui altro nome è l'elaborazione comunicativa del Modello evangelico del *vedere*. In ultima analisi, i suoi tratti distintivi non possono emergere che a partire dal quadro unitario sebbene cucito da non pochi modelli d'azione dialoganti tra loro e caratterizzato da una tensione creativa. L'obiettivo della prima parte del presente capitolo consisterà dunque nel comporne il mosaico.

Una volta identificati i modelli di azione che il testo evangelico promuove, va fatta una riflessione teologica sull'essenza concettuale del *vedere* in Lc. Estraniandoci dalle strategie comunicative rilevate in precedenza ci farà da guida una nota suggestiva di D. Mollat da noi così parafrasata: «La fede dipende sempre e soprattutto dalla qualità del *vedere*»[2]. L'originalità e compiutezza del mosaico lucano appena intuito si riscopre in una dimostrazione delle tipologie e dei rapporti intertestuali che il percorso tematico del *vedere*, posto sul piedestallo della ricerca, certamente contiene e invita ad evidenziare. In tale analisi sono coinvolti i motivi e temi teologici confinanti, a livello più semplice, in una chiave di lettura che tiene conto dei testi e strategie

---

«La ragion pura ha sempre una sua dialettica, sia essa considerata nel suo uso speculativo o nel pratico: infatti, essa pretende l'assoluta totalità delle condizioni per un dato condizionato, e questa si può trovare soltanto in cose in se stesse. [...] Dall'applicazione ai fenomeni di codesta idea razionale della totalità delle condizioni scaturisce un'inevitabile apparenza: come se questi fossero cose in se stesse. [...] Allora la ragione si vede costretta a indagare tale apparenza... l'antinomia della ragion pura, che si manifesta nella sua dialettica, [...] ci stimola a cercare la chiave per uscire da quel labirinto. E, quando questa chiave sia stata trovata, essa permette di scoprire anche ciò che non si cercava, e di cui, tuttavia, si aveva bisogno: la veduta di un ordine superiore e immutabile delle cose, in cui già ora ci troviamo, e in cui ci può essere ormai prescritto, con precetti precisi, di proseguire la nostra esigenza in modo conforme alla suprema determinazione razionale».

[2] *Etudes johanniques*, 84: «la foi révèle non pas tant la puissance des intelligences que la qualité du regard». Riferita al Quarto Vangelo, questa intuizione sicuramente fa da guida anche al lettore lucano spingendolo a cercare sempre di approfondire quel desiderio interiore che sta a contatto con il *vedere* e *credere*.

testuali soggiacenti. Siamo convinti che il poter condensare il messaggio teologico così variegato e impegnativo per i lettori nella sua vastità, quale il *vedere*, nelle porzioni minime di significato come negli apoftegmi dei padri del deserto[3], permetterà ai primi di apprezzare e entusiasmarsi del principio paradossale che riposa sul dato biblico del testo, perche è insieme un appello esplicito all'azione e un meccanismo resistente difficilmente riducibile a dei paradigmi interpretativi ben univoci.

Un'altra ragione per cui ci sentiamo ispirati da questo specifico cammino ermeneutico che corona la ricerca viene dall'esegesi patristica. Ne è un esempio rappresentativo il commento di Sant'Ambrogio al racconto di Gen 37, centrato sul Patriarca Giuseppe. Così il vescovo di Milano vede lo scopo ultimo del raccontare:

> La vita dei santi è, per gli altri, norma di vita e noi perciò interpretiamo più pienamente l'ordinata successione delle Scritture, affinché, nel conoscere mediante tale lettura Abramo, Isacco e Giacobbe e gli altri giusti, possiamo seguire sulle loro orme risplendenti, per così dire, una specie di sentiero di integrità, apertoci dalla loro virtù. [...] da quella virtù nel suo complesso volgiate l'animo agli esempi stessi delle regole di vita. Infatti, per quanto le forme di virtù abbraccino un campo più vasto, questi ultimi sono tuttavia più evi-

---

[3] Cf. ad es. la raccolta che ha segnato la vita spirituale e monastica lungo i secoli, di Nicodimo Aghiorita e Macario di Corinto: La *Filocalia*, I-IV. Il suo carattere composito e a volte contraddittorio non disturba, però, il lettore che vi si sazia d'una saggezza non mondana, in grado di superare le sue forze dell'animo e dell'intelletto. A titolo di esempio ci si potrebbe riferire a due massime dei Padri, tipiche forme letterarie ed espositive tratte dal primo vol., che chiariscono la nostra ricerca per densità e completezza: la *legge spirituale* del Marco l'Asceta, di 200 capitoli; e le dieci *Definizioni* per coloro che praticano l'ascesi, del Diadoco di Fotica, delle quali citiamo la terza come esempio brillante nonché una meta spirituale e solenne commento al tema del presente studio: «Definizione della pazienza: perseverare incessantemente, vedendo, con gli occhi della mente, l'invisibile come visibile» (*La Filocalia*, I, 349).

Facciamo nostra anche la nota, suggestiva per la composizione del nostro mosaico, di questo libro impegnativo, che richiede, ma anche stimola una certa preparazione teologico-spirituale (M.-B. ARTIOLI, «Introduzione», 29):

«pensiamo che ciascuno debba accingersi alla lettura con semplicità, tenendo ben presente il fine che il libro si prefigge e che crea l'unità tra gli elementi più disparati di cui si compone.

Troveremo presso i Padri linee, sfumature, pratiche talvolta molto diverse, quasi apparentemente contraddittorie. Ma ciascuno ha qualcosa da dirci per spingerci alla ricerca di Dio...

E in ciò che può avere di meno sicuro, ciascun autore finisce per essere corretto dall'altro. Questa è d'altronde la "tradizione"».

denti e con tanta maggior facilità colpiscono la mente quanto più sono circoscritti e delimitati[4].

La parte centrale dell'analisi sarà occupata quindi da una sintesi teologica vera e propria, indirizzata a incarnare l'ideale evangelico, ossia il Lettore Modello, nella cornice narrativa della «teologia visiva» di Lc. Le strategie comunicative vi svolgeranno un ruolo determinante sapendo risparmiare lo spazio narrativo scegliendo un testo fondatore di ogni esperienza visiva. Dopo aver dato le ragioni di questa scelta mirata si seguirà molto da vicino l'esemplare trama evangelica della trasfigurazione che potrà illuminare lo sguardo del lettore, ormai diventato esperto nella materia trattata, trasformandolo in una preghiera viva e vissuta davanti alla magnifica icona del *vedere*: la fine logica e il compimento stesso di ogni cammino esegetico.

1. Tipologia della visione

Il filo rosso del procedimento tematico scelto ci ha condotti al dilemma interpretativo che ora siamo in grado di affrontare: il movimento testuale così «risonante e estroverso», che caratterizzava sinora la lettura, ci ha portato a un'intrinseca chiusa sintetica il cui contenuto da ricercare è «imparare a vedere». Questo presuppone già il relazionarsi in un certo modo con l'ottica comunicativa del testo e il muoversi nell'universo del racconto, rispettando le sue regole e coabitando con i suoi «residenti nativi». In sintonia con tali metodologie il lettore, ormai capace di seguire la pedagogia divina dello sguardo, approccia le domande del testo. I punti di riferimento per questa sintesi di tipo pragmatico saranno i modelli di azione messi in rilievo dai *main characters* del racconto. Gli accenti specifici che pone ciascuno di loro vanno a formare un intreccio dialogico di posizioni[5] davanti alle quali

---

[4] AMBROGIO, *Ioseph* I, 1 (tr. R. Palla, 344).

[5] Leggiamo, partendo da una dialettica di posizioni, le dense parole di R. Fornara che, applicate al passo lucano esemplare sul piano dell'*azione* (Lc 10,38-42), chiariscono, sotto il titolo evocativo del «linguaggio delle posizioni», il meccanismo narrativo di tale procedimento ermeneutico: «Luca sembra aver studiato con cura anche la collocazione fisica dei personaggi. Entrambe le protagoniste si trovano nella casa in cui «entra» Gesù (v. 38). La differenza fra loro non sembra dunque determinata dalle condizioni in cui si trovano, dall'ambiente circostante. Il contrasto emerge al livello delle scelte personali, delle decisioni, degli atteggiamenti, nel momento in cui entra in gioco la libertà del soggetto. Il loro muoversi, il loro scegliere una determinata posizione non è pertanto ininfluente per l'interpretazione del messaggio» (R. FORNARA, «L'icona dell'unificazione», 142).

si dovrà assumere un rispettivo atteggiamento qualitativo. In altre parole, la qualità del *vedere* costituisce uno dei criteri basilari per distinguere l'applicabilità di ogni modello concreto mettendo in discussione la stessa capacità di *mimesi* da parte del lettore[6]. Per passare in rassegna degli esempi che nutrono la tipologia di ogni singolo modello è doveroso scegliere delle figure grandi e poderose, capaci di far proiettare al lettore lo sguardo dentro di sé; nondimeno la prima risposta in merito la si trova già sulle superfici testuali ove emerge il personaggio scelto.

Iniziamo l'analisi con una riproduzione dei caratteri tipici della narrativa evangelica. Diversamente dal percorso interpretativo attuato nella prima parte della tesi (dedicata al panorama introduttivo e nello stesso tempo comprensivo di Lc 1–2) tentiamo ora di presentare lo sviluppo propriamente narrativo del vedere evangelico seguendo le strategie comunicative soggiacenti ai suoi singoli modelli. A questo punto il compimento teologico del tema cantato nell'*ouverture* lucana diventa meta e traguardo, anziché un punto di partenza della nostra riflessione[7].

---

[6] Essendo arrivati alle conclusioni ci permettiamo di finalizzare altresì il discorso ricœuriano sulla natura mimetica dell'atto di lettura quale parte integrante di un «essere al mondo»: «il concetto di *mimêsis* ci ricorda che nessun discorso può cancellare la nostra appartenenza a un mondo. […] Ma la *mimêsis* non sta a significare soltanto che ogni discorso è del mondo. Non preserva soltanto la funzione referenziale del discorso poetico, [bensì] congiunge questa funzione referenziale alla rivelazione del Reale come Atto» (P. RICŒUR, *La metafora viva*, 60-61). Cf. sopra: cap. IV, p. 280-281, n. 82. Avendo dinanzi agli occhi questa percezione brillante del traguardo ermeneutico della comunicazione scritta proseguiamo con la graduale elaborazione della rilevanza pragmatica dei modelli evangelici di azione visti nel loro insieme. Si tenterà perciò di ottenere un quadro univoco dalla diversità dei tipi narrativi che presentiamo sotto il titolo evocativo di un «mosaico della visione».

[7] Occorre ribadire le ragioni della scelta metodologica a cui ci eravamo ispirati nell'esposizione esperta dell'«arte di incominciare un racconto» dalla parte di J.-N. Aletti (*L'arte di raccontare*, 54-74). Le strategie e tecniche narrative di Luca nel vangelo dell'infanzia si erano sviluppate in modo tale da far convincere noi stessi dell'utilità e della ricchezza contenutistica del percorso tematico che facevamo. Lì si erano rivelati altresì i meccanismi concreti della comunicazione visiva il cui sbocco teologico nell'inno di Simeone (Lc 2,29-32) aveva non solo completato e concluso il programma preistorico del *vedere*, ma anche aperto quello del comprendere e del riconoscere (vv. 41-52). Sembra perciò giustificato e, in più, indispensabile per il momento un cammino a ritroso, e cioè, dal dinamismo narrativo del cammino di Gesù nel Terzo Vangelo (Lc 4,14–24,53) alla cantata teologica a più voci che lo riassume e giustifica ricapitolando.

1.1 *I Nazaretani: fissare senza vedere*

Imbattendosi in una scena inaugurale il lettore si sente coinvolto al massimo all'esperienza inaudita della gente di Nazaret e per lo più coglie l'invito dei loro *occhi* a scrutare la figura del parlante (Lc 4,20b). La posizione di per sé ambigua — per lo meno neutrale — di fissarlo visivamente riceve un significato nettamente pragmatico dall'affermazione gesuana sul compimento scritturistico i cui membri privilegiati diventano le *orecchie*. La strategia narrativa di dare libertà al comportamento creativo del lettore si nota soprattutto lì, dove vengono eliminati gli ostacoli per una più fruttuosa identificazione con il pubblico che rimane sempre un opaco carattere narrativo, sullo sfondo, perdendo ogni tratto distinguibile. In quello scenario, caratterizzato da un estremo scoloramento del loro ruolo attanziale, si percepisce facilmente la serietà del messaggio profetico di Gesù, che riempie il quadro narrativo di appelli, attese e relazionalità. Esso segnala il totale comunicativo della discorsività per la scena in questione, inoltre mette in atto un pregnante principio assiologico che il lettore scopre esaminando il polivalente ritratto gesuano[8]. Si tratta ormai di un modello di agire radicato nell'obbedienza dell'ascolto della Parola, ben differente, però, da quello mariano. Davanti al lettore si pongono ora le vie concrete del compimento, seguire le quali richiede già scelte decise e immediate, a favore della novità e insieme della radicalità del presente annuncio. In quell'immediatezza e decisionalità della scena di Nazaret è da cercare, quindi, la funzione dello sguardo e del vedere che egregiamente viene imposto sul panorama storico-salvifico abbozzato nel passo isaiano (=Lc 4,18-19). È il programma dell'intero ministero di Gesù a esser preso in questione e proposto come assioma dell'adesione al mandato evangelico che ingloba tutti senza eccezione.

Ancor prima di lasciarsi guidare dagli occhi dei Nazaretani il lettore dunque si confronta con la verità della storia d'Israele antico riassunta nell'oracolo profetico prescelto. Con questo Gesù inizia a scrivere attualizzando la storia del suo popolo-destinatario della promessa e dei benefici di un alleanza nuovamente messa in atto sotto la bella metafora

---

[8] Riferendosi alle scene che formano i contorni narrativi della nostra (Lc 3,1–4,14.31-44) si osserva la stessa rilevanza dei discorsi divini: al momento del battesimo (Lc 3,22c) e a conclusione del soggiorno di Gesù a Cafarnao (4,43). In questa maniera diventa vincolante l'imperativo divino che si espande dalla proclamazione solenne nella sinagoga di Nazaret, a beneficio del lettore che così si rende consapevole di un impegno concreto da assumere seguendo l'annuncio reso manifesto.

dell'*anno di grazia*. Passando poi all'insistente interrogativo visivo della gente, questo si scopre in un momento culminante dell'attuazione salvifica del piano divino: si ritrova dentro la comunità di quei *ciechi* — un'altra bella metafora isaiana degli esiliati[9] — che sotto la mano di Dio ricupera la propria potenzialità deliberativa. Esemplificata in Lc negli occhi quasi divoranti del popolo, questa liberazione imminente tende a sommare un'esperienza salvifica per eccellenza che dona all'uomo coraggio e confidenza nello stabilire un contatto diretto con il proprio Signore della storia. Essa aveva fortemente segnato la permanenza d'Israele nel deserto: nei momenti contrastanti dello sperimentare un Dio che si nasconde lasciando morire il popolo e si rivela in modo così stravolgente da far mettere in pericolo la stessa vita d'Israele appena scampato alla morte fisica naturale. Per il lettore quindi non c'è nessuna tensione né tra il discorso gesuano sui ciechi e gli sguardi di domanda da parte del pubblico, né tra quegli ultimi e l'invito a compiere la parola del discorso con l'ascolto. La visione e l'ascolto idealizzati vanno di pari passo in questa quintessenza del compimento dei tempi sonorizzata dalla voce autorevole di Gesù.

La tensione arriva dopo, con un esplicito oracolo profetico di tipo sapienziale. La deviazione operata dal v. 23 nel quadro della scena liturgica, condotta secondo i criteri classici d'una celebrazione spettacolare, è anche quella del modello mimetico del lettore. D'ora in poi questi è in sintonia con la voce narrante del protagonista che rivolge al popolo dell'alleanza l'annuncio teso a fargli riconoscere un peccato difficilmente evidente in quanto tocca i pensieri e desideri più infausti del cuore. In una citazione apparentemente marginale che li riporta (23) è racchiuso l'essenziale della complicazione narrativa che è insieme la rivelazione dei ruoli che svolgono i personaggi nel racconto. Il lettore, non ignaro ormai del quesito centrale attorno al quale si gira la macchina da presa, arriva a prendere una decisione che è quella di Gesù quando si stacca mentalmente, argomentativamente e infine fisicamente dal pubblico smascherato nella sua snaturata avidità oculare. Il contrasto con il lieto inizio della storia diventa sempre più grottesco, man mano che il discorso del portavoce di Dio procede coinvolgendo nel panorama dell'annuncio figure del passato: la coppia dei Gentili.

---

[9] Per saperne di più vedasi il saggio scorrevole ed esperto di H. Simian-Yofre in cui sono da trovare molti spunti interessanti per i collegamenti tra le concezioni isaiane e lucane del «vedere la salvezza» che qui indubbiamente è all'opera: *Sofferenza dell'uomo*, 266-270.279.

La funzione degli occhi dei Nazaretani è dunque quella di far risaltare l'urgenza di un contatto autentico con Dio che non si riduce meramente a una percezione visiva, bensì guarda dentro una prospettiva storico-salvifica in cui riscoprire le proprie origini ed assumere la vera identità dei figli. Il comportamento contrario della gente presente sul palcoscenico produce, all'inverso, un rilievo sull'ideale evangelico del *vedere*. Il lettore coinvolto al massimo nel dramma delle attese fallite del pubblico e di quelle dell'oratore lo percepisce grazie alla tipologia profetica del *profeta rigettato*. Così si spiega il brusco passaggio dalla promessa di salvezza ad una ricerca, in retrospettiva, dei nuovi sguardi che in verità non è che un mezzo strategico di destabilizzazione del lettore, di provocazione schiacciante, da parte del profeta, di svelamento del mondo interiore degli attanti, da parte del narratore. L'effetto da ciò ottenuto è infatti triplice. Il lettore si interroga sull'essenza della cecità metastorica e del vedere attuale come poli di gravitazione dello scenario generanti l'intrigo. Lo spinge secondariamente ad un esame più attento della posizione esclusivista dei caratteri principali e di conseguenza aiuta a interpretare il loro guardare forzato come l'espressione eminente della cecità spirituale. Il *point* strategico dell'annuncio deutero-isaiano non può reggere in un atmosfera viziata dalle gravi mancanze conoscitive, intellettuali, esistenziali, in fin dei conti, — il macrosegno del peccato per ora rimasto in ombra. In definitiva — e con ciò si esaurisce il potenziale pragmatico del problema suscitato dalle domande del testo — è la tragedia d'una identità perduta ad attirare la spada profetica della parola. L'attenzione del lettore da quel momento si porrà sempre su due quesiti vitali di ogni incontro evangelico con Gesù: cosa vedono e come lo vedono? In questo caso non se ne può parlare nemmeno, visto che non è Lui a essere l'oggetto dello «spettacolo». Ecco la disillusione tragica della corte dei primi testimoni oculari del Terzo Vangelo che finiscono per tentar di distruggere l'oggetto stesso dello sguardo defraudato. La ribellione è stilizzata oltretutto sui momenti simili della storia israelitica esemplificata nel cammino esodico del deserto[10].

Il lettore coglie per questo un'importante intuizione teologica che pian piano dovrà applicare a se stesso proseguendo per scene sempre più colorate del suo compimento. L'intuizione sta anche nel cammino delle Scritture che s'intraprende insieme con Gesù andando attraverso e oltre la folla furiosa e cercando di rintracciare in un unico quadro gli

---

[10] Cf. J.L. SKA, *Passage de la mer*; L. ALONSO SCHÖKEL, *Il nuovo esodo*.

occhi di una visione autentica e gli orecchi dell'ascolto filiale. Esso ha per oggetto le parole di Dio Padre che da questo momento non smetterà di parlare in modo divulgativo al cuore chiamando alla conversione gli stessi ribelli. Anche loro infatti dovranno subire una trasformazione esistenziale portatrice della riconciliazione — la vera finalità del divino disegno di salvezza messo oramai in moto. Ed è importante che fin dal principio al suo centro stiano gli occhi quale espressione massima d'intimità colloquiale, comunitaria e familiare. L'ha notata acutamente F. Bovon quando accennava che «suivant la tendance qui est sienne, Luc aime à faire voir ce qu'il croit» oppure che «Luc est un partisan de la vue autant que de l'ouïe»[11].

1.2 *Erode, la caricatura del vedere*

L'attualità e l'esigenza provocatorie del «vedere Gesù», emerso nel contesto comunicativo di un'alleanza rinnovata (cf. Es 34), hanno svelato piuttosto le incompiutezze del primo tentativo di elaborare una tipologia del *vedere* che supera le possibilità umane della gente di Nazaret. Il suo peccato rimane sullo sfondo per dare rilievo all'estrema visibilità del dono divino racchiuso nella guarigione della cecità nonché per mettere in luce la prima tipologia chiaramente univoca e priva di contrasti. La posizione d'Erode si legge nella trasparenza del suo ritratto narrativo che è tutt'altro che il profilo in *chiaro-scuro* dei Nazaretani[12]. Fin dal primo breve rimando alla sua personalità in Lc 9,7-9 il lettore nota l'autorevolezza di un sovrano spietato che presta orecchio alla fama di un possibile concorrente sul palcoscenico amministrativo-politico da lui occupato. L'interesse di vederlo, però, allude già a qualche cosa di più costruttivo di un freddo ragionamento con un assasinio in vista. Il lettore per il momento rimane nel vago non avendo una base solida di notizie supplementari e assimilando istintivamente l'itinerario d'una ricerca visiva insieme a Erode che qui propone un esempio di per sé attraente nella propria ingenuità e valenza espressiva. Partendo da lì, infatti, si avrà per meta un incontro eminente con Gesù, ma anche una appassionata passeggiata che da sola riesce ad afferrare le proprietà

---

[11] Cf. F. BOVON, *Luc*, III, risp. 484.443. Il carattere inglobante e coinvolgente del vedere evangelico in quanto puntato su Gesù sarà sempre in espansione, negli episodi successivi, dove gli insegnamenti affiorano nei luoghi affollati (Lc 8,18-21) oppure nell'intimità della cerchia dei discepoli (10,21-24).

[12] Per questa tecnica narrativa particolarmente adatta agli scopi d'un testo biblico che gioca volentieri sulle reticenze e contraddizioni nella presentazione dei personaggi rimando a: R. ALTER, *L'arte della narrativa biblica*, 141-159.

essenziali del *vedere* — nelle istruzioni del medesimo Gesù e nei modelli di sequela evangelici.

Il cambiamento avviene nel vivo del «viaggio» lucano (Lc 13,31-33), quando i propositi del personaggio scelto si svelano in una maniera univoca facendo chiasso nei dintorni narrativi. Non si muta, invece, la trasparenza del suo ruolo comunicativo che di nuovo si affaccia al problema del desiderio erodiano (θέλει) alla cui immagine indagatrice i riferenti d'un punto di vista provocante — *farisei* — non aggiungono un bel niente. La provocazione fallisce davanti agli occhi d'un lettore simpatizzante al modello menzionato e in pieno sviluppo, abituato peraltro a cogliere sia la stoltezza che la perversità del modo farisaico di vedere le cose. L'idea d'un omicidio non è destinata dunque a trovare risonanza nella concezione che ha questi del tipo di visione praticata dal protagonista. È un modello intrigante perché aperto al futuro che s'intensifica sempre di più e quindi ben promettente. La delusione finale dunque è solo una risposta — per quanto valida — al tentativo, da parte del lettore, di costruire un proprio cammino in categorie visive felicemente prestate dal carattere deciso e dalla figura corposa del sovrano-promotore di una ricerca a banda larga.

La commedia che esaurisce il potenziale comunicativo e insieme annulla il modello finora privilegiato si snoda in un importante dettaglio di rilievo narrativo. È l'imposizione della *veste splendida* sul Gesù reo a comandare nel racconto e portare a buon fine la storia evidentemente caduta nella trappola della propria elaborazione idillica. Alla brama dei miracoli da parte del re perverso, che chiude perfettamente l'arco tematico partito da Nazaret, viene contrapposta un'azione simbolica promossa dal tiranno stesso. Rispetto al tenore provvidenziale di un rifiuto violentissimo da parte dei Nazaretani questa iniziativa, puramente umana, si orienta, invece, in una direzione, a prima vista, positiva seguendo la quale il lettore riesce a ritrovare la strada perduta del proprio cammino visivo. Ciò non toglie però che questo, in ogni caso, si pensi inaugurato con il modello-tipo nazaretano. Quella prima rondine della ricerca visiva, in un certo senso, vi ha giocato un ruolo formativo di guida pur essendo cieca, e avendo già *in nuce* una curiosità viziata in partenza. La sua radice peccaminosa, alla fine, è la stoltezza d'una falsa presunzione e l'incomprensione del disegno divino che è, a sua volta, figlia d'incredulità. C'è quindi una netta progressione dal freddo scetticismo del modello nazaretano e della sua posizione egoistica autoaffermativa ad un interessamento vitale che cerca l'oggetto della visione non solamente con lo scopo di appagare la propria passione percettiva, bensì di trapassarla, sempre con la guida inscrutabile della volontà Altrui più volte rifiutata.

La centralità della scena menzionata (Lc 23,11b) sotto l'angolatura comunicativa stimola tutto l'itinerario d'Erode a riavere la voce nel quadro storico-salvifico depennato a Nazaret. La *veste* regale tutta da vedere segna al lettore non solo la fine delle attese precedenti, ma soprattutto un inizio nuovo della ricerca dei modelli positivi che con essa vengono inaugurati. Lo spettacolo a cui si allude è già soggetto all'esperienza del lettore, in una pregustazione dei benefici che ne scorreranno per ricondurre la sequela evangelica sui cammini di salvezza. Il ruolo della figura d'Erode e del modello che incarna sta dunque nel preparare il palcoscenico per un riconoscimento inaudito degli occhi prefigurato dall'indumento offerto al godimento estetico di chi crede[13]. L'oggetto con cui si fa scherno di Gesù pare riassumere in sé la meta stessa del vedere esemplare del monarca — una meta non realizzata e perciò doppiamente chiamata in causa dal punto di vista che il lettore audacemente assume nei confronti di un modello abbandonato. Per dirlo ancora più espressamente, il vedere erodiano getta le fondamenta del rispettivo ideale evangelico, ancora ben lungi dall'essere scolpito, fornendone tuttavia un'immagine allusiva, di per sé forte e convincente. Proviamo quindi a specificare l'argomentazione di questa tesi.

Grazie ad un abile gioco narrativo il ruolo della caricatura innestata nel vedere d'Erode si converte in un *locus* simbolico di massima credibilità. Luca offre generosamente al suo lettore i connettivi essenziali per salvare la storia del *vedere* e ciò avviene in una maniera per niente drastica, ma avvincente e calmante. Il lettore finalmente può prendere un lieve sospiro dopo aver vissuto sulla sua pelle il modello terrificante di Nazaret, qui richiamato e messo in controluce dal suo esatto contrario. Un nuovo modello ben più chiaro e trasparente nella propria apertura extradiegetica, pur negativo e in partenza destinato alla decadenza,

---

[13] Il significato di una *veste* regale nel progetto lucano di presentazione privilegiata dei sovrani di questo mondo regge perfino negli Atti, ove si narra della brutta fine del successore e nipote dell'Erode evangelico — guarda caso, dello stesso nome — Erode Agrippa I (At 12,21-23). È illuminante inoltre per la comprensione del canovaccio di Lc orientato in una direzione benevole nei confronti del re malvagio risparmiato nell'economia narrativa, riconciliato addirittura con il prima nemico Pilato (Lc 23,12). La sua morte simbolica sul piano del *vedere* trova quindi lo sbocco in un caso reale che At riportano con sobrietà impersonale e particolari stridenti. Più in dettaglio sui paralleli e interdipendenza delle scene menzionate vedasi: G. MARCONI, «La veste», 19-20.

diventa generativo per la speranza di una lieta fine nel cammino imboccato. Il compimento del beneplacito divino negli occhi si predice paradossalmente attraverso il fallimento degli stessi occhi, orecchi e tutte le forze intellettive d'un gruppo di personaggi sottomesso al modello erodiano. Il superarlo diviene ormai un'esigenza concreta della retta posizione che il lettore apprende gradualmente per contrasto, senza però, essere ancora in grado di appropriarsene sotto la guida dei nuovi modelli ormai indispensabili per la proliferazione di un *vedere* autentico, non più rinchiuso negli angusti schemi ideologici.

1.3 *La triade comunicativa: il nascere della visione*

I nuovi modelli del *vedere* — come si è appena detto — si basano sulle incompiutezze di quelli precedenti e assumono un ruolo vincolante nei confronti del lettore avido di esempi positivi dopo le prime delusioni. Il fatto che essi siano concentrati nel finale del «viaggio» lucano è decisivo nella comprensione del fascino comunicativo, del tutto specifico, loro attribuito dal narratore. A uno sguardo attento, il trittico del Riconoscimento (Lc 18,31–19,10) dà ragione ad un altro percorso — positivamente pensato — del *vedere*, che narrativamente, incarna l'ideale evangelico degli occhi purificati. Permette, inoltre, di riflettere lo splendore originario di un'identità, scaturita dalla potente immagine della *veste*, che ne garantisce una stretta connessione con il modello precedente. Per cogliere tutto lo spessore della transizione operata nell'impostazione comunicativa della percezione visiva, il lettore si impegna a rivedere il proprio cammino, indirizzando ora la riflessione a se stesso. Che ciò sia fruttuoso e indispensabile, lo fa intuire l'organizzazione stessa della «sequela oculare» la quale s'intensifica sempre di più in Lc appellandosi all'interiorità di chi legge e si sente chiamato in causa. I due gruppi dei detti che plasmano l'esperienza di costui sono quello della *lucerna* e dell'*occhio* limpido e un vasto insegnamento su un *regno* che viene ed è realmente *dentro* chi lo cerca e finalmente vede[14]. È molto elegante il loro intrisecarsi nel Vangelo che costruisce una scala trionfale con cui salire ai vertici teologici del tema.

Davanti al lettore familiarizzatosi progressivamente con i motivi e le motivazioni per vedere e per restare ciechi si apre finalmente un nuovo e coinvolgente cammino. Intraprendendolo ci si imbatte in tre modelli atipici e tra loro contrastanti in quanto stanno in un rapporto dialettico e

---

[14] I brani principali ivi presi in questione sono effettivamente i seguenti: Lc 6,39-42; 8,16-17; 10,21-24 e 11,33-36; Lc 9,27; 10,9.11 e 17,20-21.

quindi si illuminano a vicenda. Gli impulsi pragmatici che il discorso sul *vedere* ha sollevato finora, senza poter interferire efficacemente nella sfera delle leggi comportamentali, s'attualizzano qui con una risonanza maggiore che approfitta ugualmente dell'intensità nonché della tensione tipiche delle unità comunicative così estese e ricche di contenuto pragmatico (cf. Lc 18,31–19,10).

1.3.1 I Dodici accecati dall'incomprensione

Risulta particolarmente fecondo esplorare la dialettica di posizioni nel presente passo, assai caratteristico per l'evolversi narrativo dell'insieme. Si tratta del terzo annuncio della Passione recepito dai discepoli come minaccia al clima idillico creatosi lungo la strada grazie alle manifestazioni clamorose della salvezza messianica incarnatasi in Gesù[15]. I previ annunci simili avevano svelato solo aspetti parziali del problema fra i quali è privilegiato quello della *non-percezione* intesa come una incapacità cardinale e di vasta portata da cui è profondamente segnata se non affatto viziata la strategia narrativa nei confronti del discepolato in Lc (cf. Lc 9,44-45). Il presente scenario serve solo per toccare il punto debole e problematico della loro visione che di fatto merita d'essere post-definita nelle categorie negative. Le circostanze che promuovono un alto ideale del vedere autentico, radicato nella personalità di un uomo integro e perfetto nel seguire le norme prescritte dal Vangelo, sono intenzionalmente lasciate correre, in sintonia con la forse più schiacciante e incisiva proclamazione sugli *occhi* beati degli inviati in missione (Lc 10,23-24). L'effetto che essa crea nei confronti del «viaggio» poco prima intrapreso, è ingannevole per un lettore abituato a seguire fedelmente il testo, mostrando attenzione verso simili detti, massimamente solenni e ponendovi il fondamento del proprio *habitus*, proveniente da una identificazione con i caratteri principali. Il modello che sembra felicemente sostituire quello d'Erode, vista la loro polarità creativa, è destinato esso stesso allo sradicamento fin da principio!

I *Dodici* vengono screditati nel loro privilegio fittizio proprio alla fine dal percorso, con una netta messa in questione della possibilità di fare un passo in avanti nell'economia di salvezza da parte dei medesimi. La realtà e insieme l'esigenza operativa nel racconto posteriore, che

---

[15] Basti pensare all'imponente panorama percettivo del *Regno* da vedere in continua espansione, che permea di contenuto comunicativo il «viaggio» e delle guarigioni che raffigurano invece il palcoscenico visivo del soggiorno in Galilea.

turba e tragicamente sconfigge il modello siffatto, è racchiusa nella prossimità della croce inglobante la morte e risurrezione del Maestro. Il lettore coglie la radicalità sia dell'impostazione d'annuncio (ἀναβαίνομεν) sia della risposta, o meglio, non risposta che ne dànno gli interpellati. Un pallido accenno a degli occhi fermatisi di fronte ad una «muratura» verbale, impediti dalla *Calypso* — per rifarsi ad un esempio mitologico[16] — ovvero da un criptogramma ben codificato[17], è funzionale al prosieguo del trittico. La posizione di un lettore, destabilizzato nell'affrontare la decadenza drastica dell'ideale immaginato e immaginativo, diventa dunque quella di un'attesa proporzionata allo stupore — altro nome d'incomprensione — paragonabile a quello degli attanti. Questi non è nemmeno lontano dalla verità, quando si abbandona alla guida di un'intuizione, da tempo accarezzata, che è quella di considerare ciechi i destinatari del massimo impatto comunicativo del vedere — non solo a parola, bensì in un contatto visivo quotidiano, faccia a faccia. La si verificherà innanzitutto nel corso di familiarizzazione con dei modelli posteriori, stravolgenti nella loro esemplarità educativa.

1.3.2 Il cieco: in cammino verso la visione

L'imponente entrata d'un *cieco* nell'*avant-scène* narrativa chiarisce la posizione imbarazzante dell'inizio, dando una spiegazione legittima al blocco intellettivo dei *Dodici*. Qui si può facilmente intuire la centralità della metafora della vista nell'interpretazione *post factum* di quanto è avvenuto prima. L'incapacità di vedere chi è Gesù e rispettivamente qual'è la meta del Suo cammino dispiega quindi il dramma deludente del discepolato basato su un modello compromesso da un fattore infausto e misterioso a cui ci si appellerà in seguito. Lo stesso modello ivi inaugurato sarà poi premurosamente ripreso per ridimensionarlo dichiarandone la validità e uno spessore più che vincolante a livello del macro-racconto.

La posizione iniziale del cieco mezzo-seduto, mezzo-sdraiato per terra, che è socio del popolo del *Benedictus* avvolto nelle *tenebre* del peccato generante la morte, è fortemente simbolica, perché esplora a fondo il modello antecedente ricollegandolo ad una tipologia profetica classica presente nell'AT[18]. La *cecità*, quale carenza fisica estrema nonché

---

[16] Vedasi: OMERO, *Od.* V,75-262 (ed. F. Ferrari, 219-231).

[17] I verbi attorno ai quali ruota la configurazione semantica del secondo e terzo annunci sono qui metaforicamente richiamati di proposito: παρακαλύπτω e κρύπτω.

[18] La citazione presa in prestito in Lc 1,79a è quella di Is 9,1; 42,7. I testi menzio-

segno evidente di maledizione, trascende il solo piano semantico della codificazione narrativa fornendo indizi di ampia portata: sulla situazione opprimente di schiavitù di un ambiente, sul passato tenebroso del peccato che ora si denuda nel proprio terrore, sulla solitudine del combattimento alla cieca con lo *status quo* riprovevole e degenerativo. Immergendosi fino in fondo nel dramma nascosto sotto le superfici testuali d'una vita, che è quella dell'intero popolo, il lettore è in grado di posizionarla narrativamente come connettivo logico tra il manifesto di Nazaret e il suo compimento. Questo cieco, quale figura tipo del vero Israele, incarna un modello, davvero grandioso e commemorativo, dell'attesa storica di un popolo cieco nella sua precarietà esistenziale e gravemente ferito da una serie di disgrazie. Esse sono simbolicamente tratteggiate nel tristemente noto preludio alla seconda deportazione a Babilonia. È qui in questione l'accecamento forzato e crudele, nella sua modalità d'esecuzione — un *cavare gli occhi* — del re Sedecia (2 Re 25,7)[19]. Una liberazione da questa ferita che diventa sempre più vulnerabile è da considerare dunque come un prodigio di restaurazione, un ritorno allo stato originale delle cose operabile soltanto da Dio. Diventa anche un desiderio crescente del lettore, un riepilogo positivo della rottura provvidenziale di Nazaret che qui trova lo sbocco in un panorama ben più eloquente in quanto vincola la cecità a dei fattori esterni e quindi scusabili. Le dimensioni grottesche della ribellione inaugurale si ripensano dunque a favore di una correzione del modello ivi emerso. A

---

nati sono due oracoli di estrema solennità che cantano la nascita gloriosa d'Emmanuele — Salvatore del popolo prigioniero degli stranieri (Is 9,1-6) — e l'inaugurazione della missione del *servo* — alleanza del popolo e portatore di luce e di salvezza alle nazioni (così, il primo carme del servo: Is 42,1-9). Cf. H. SIMIAN-YOFRE, *Sofferenza dell'uomo*, 135-138.150.166; *Testi isaiani dell'Avvento*, 231-236. L'occhio del lettore si pone naturalmente sulla frase che risuona maggiormente nel contesto evangelico: *per aprire gli occhi dei ciechi* (v. 7a). Gli scenari storico-epici, estesi per secoli nella loro dimensionalità comunicativa, s'attualizzano evangelicamente nella vita di Gesù cui partecipa anche il lettore, coinvolto ben presto nella drammaturgia del *non vedere* che si rivelerà trasformatrice, sia per l'eroe infelice del racconto, sia per il suo simpatizzante in-scritto nel testo.

[19] Bisogna far notare l'estensione dell'originale contesto comunicativo d'Is, dove luce ed illuminazione si pensano provenienti da Israele in quanto popolo dell'alleanza e sono invece escluse le genti la cui dimora è Galilea (cf. Mt 4,16). Luca, come si vedrà più chiaramente in seguito, privilegia un'altra corrente profetica presente nello stesso Isaia (6,9-10) che sposta l'attenzione dai destinatari al destinatore della salvezza-luce paradossalmente costretto a subire lui stesso un accecamento, non meno grave, perché disabilitato alla sua funzione primaria d'essere *luce delle nazioni* (Is 49, 6b).

favorire l'identificazione per il lettore è la storia del *cieco* anonimo che richiama, più da vicino, nella sua trama iniziale, la precedente scrittura narrativa della posizione nazaretana — si direbbe, la prima stesura della visione. Manca poco ormai per scriverne bella copia.

In un breve e costruttivo dialogo tra il cieco e Gesù si nota la scioltezza e decisione nel rispondere da parte del primo che non cessa di immedesimarsi coraggiosamente con l'esigenza altrui. Il contrasto del modello che incarna consiste grossomodo in una vivacità sorprendente delle parole e dei gesti i quali negano la percezione della sua patologia fisica. Lo stesso cieco sembra essere, invece, doppiamente perspicace nel riconoscere la volontà del suo interlocutore e supera ironicamente l'*impasse* intellettiva dei Nazaretani, causata dal fenomeno contrario di una visione pervertita nelle proprie finalità ed eccessiva. Il sale dell'insegnamento che trae il lettore dal complesso dialettico delle due polarità coesistenti — il non vedere fisico e un vedere di fede sagacemente favorito e messo in rilievo dal modello presente — si comprende infine attraverso l'atto espressivo di una centralità assoluta nel trittico: *Signore, che io veda!* (Lc 18,41).

A questo desiderio, sgorgante dal più profondo dell'essere, il lettore insieme ai Nazaretani veniva condotto finora per constatare la unicità e irrevocabilità del dono incondizionato della vista che, attraverso Gesù, viene rivolto da Dio all'intera umanità. Questo modello altamente rivendicato dalla narrazione stessa, che previamente non si stancava di deviare il lettore ostacolandolo con incongruenze, rotture logiche e fini inaspettate, detta ora un netto imperativo della posizione da assumere di fronte ad un compimento ormai innegabile e schiacciante a livello comunicativo. L'essenza di questo comportamento esemplare sta nel saper riconoscere e proclamare pubblicamente il proprio bisogno attuale e quotidiano, ovvero il *non vedere* fisico, quale grave mancanza dell'essere, che si legge nel viso ricoperto di *tenebre* del peccato (cf. Lc 1,79). La guarigione miracolosa del primo e unico cieco nello scenario lucano apre la strada alle manifestazioni sorprendenti della portata salvifica di una fede non condizionata e strettamente unita con la visione. Armandosi di un ideale fortemente pragmatico della visione ricuperata il lettore la pone a fondamento del proprio cammino di fede. Tuttavia non è ancora abilitato a raggiungere la vetta teologica di un vedere costitutivo per l'identità rinnovata della persona, in quanto trasformato dal riconoscimento. Rimane solo uno spettatore ammutolito del capovolgimento operato unendosi per lo più al coro degli astanti ai quali invece è concesso il compito costitutivo di partecipare alla lode finale del cieco — un caposaldo vitale e frutto gratificante dell'apertura degli occhi.

1.3.3 Zaccheo, il vedente

Per assorbire e tentar di applicare nella vita il modello elevato del vedere a tutti i costi, nonostante la cecità, il lettore felicemente trova una seconda storia tutta pervasa dalla tensione che ha caratterizzato pure la situazione di partenza del *cieco*. Da una parte, qui regge un desiderio crescente di un vedere fisico, dall'altra, però, — viene a crearsi spontaneamente un impedimento, a primo sguardo, insuperabile che mette in gioco le capacità vitali di un uomo compromesso dall'imminenza del Compimento ossia del Gesù che viene. La posizione con cui si era aperto il cammino del cieco qui è completamente ribaltata: Zaccheo è in pieno possesso delle proprietà percettive che gli garantiscono il successo nella sua ricerca desiderosa di un incontro faccia a faccia, in modo che essa stessa pare stimolata da un esubero affettivo nell'appagare la distanza da parte degli occhi. In ciò questo nuovo pioniere della dialettica percettiva si avvicina notevolmente ai primi due modelli negativi connotati dalla fioritura di un desiderio che attribuisce agli occhi e alla ricerca visiva un ruolo esistenziale. I Nazaretani ed Erode l'avevano travisato e confuso con le proprie preferenze e capricci passionali ed ora questo tratto di per sé neutrale e consolidante della curiosità oculare riceve per così dire la *chance* d'essere riabilitata nella propria efficacia pedagogica e pragmatica. La vicinanza dei tre modelli menzionati aiuta il lettore a fare una scelta strategica, è cioè abbandonarsi al modello — ancora ben lungi dall'essere perfetto — dello Zaccheo peccatore. Rispetto alla maestà di un *vedere* reso perfetto e quindi irraggiungibile, senza un intervento straordinario condizionato divinamente, questo vedere zaccheano, ingenuo e attraente nella sua semplicità, ha il vantaggio di offrire molti luoghi d'esperienza comune per una identificazione più riuscita da parte del lettore. In esso è accumulato un potenziale simile a quello che dapprima faceva familiare e gradevole il modello d'Erode, ma anche quello della gente di Nazaret che sa abbandonarsi all'ispirazione degli occhi. Da qui scaturisce tutto uno spettro di motivazioni per orientare nella direzione adiacente il cammino evangelico quella passione che, nel caso contrario, rischia di esondare e autodistruggersi. Cercando di ricostruire l'itinerario personale dell'eroe il lettore saprà elaborare perfino il ritratto sostanzioso di un modello che porta a compimento quelli precedenti in quanto evita sia il massimalismo dell'impegno visivo, quasi insostenibile nella propria perfezione, sia il minimalismo del disimpegno che affiora negli esempi negativi di una visione fermatasi a metà strada, senza arrivare alla sua meta significativa.

Il carattere della posizione zaccheana, sul piano del vedere, è del tutto originale, perché riesce ad afferrare qualcosa di spettacolare nella venuta e nel progredire (διέρχεσθαι) dell'uomo chiamato Gesù sulle vie prossime della città. Il lettore assumendo il movimento intuitivo del personaggio si sposta in modo corrispondente con la figura eminentemente messa in rilievo dalla focalizzazione interna della storia. Un particolare di questa descrizione, mirata a giocare sui fattori psicologici di una sequela non deliberata, lo colpisce di più ed è una programmazione del passo gesuano che permette di arrivare dove Questi *doveva* giungere (ἤμελλεν: Lc 19,4b). Infatti è un momento decisivo non solo nella giornata ideale di Zaccheo, bensì nella storia del *vedere* di cui il lettore legittimamente presente una fine felice. La sintonia tra i due può destare invidia, ma già rimanda all'impostazione dell'*ouverture* lucana, ove il sapore provvidenziale degli incontri tra le due madri e tra Simeone e il Gesù bambino, voleva simboleggiare l'irruzione del compimento, a cui veniva invitato a partecipare il lettore insieme al coro degli *anawîm*. La situazione è contraddistinta da un rovesciamento, perché ora sorge un ostacolo eminente rappresentato dalla *folla*. La sua valenza negativa si faceva sentire già nell'elaborazione del modello precedente del *cieco*, ma solo qui prende corpo e funziona come antitesi lavorativa.

Confrontandosi con una resistenza passiva resa esplicita da un vedere freddo e pallido degli estranei, il desiderio percettivo del protagonista guadagna, mediante il contrasto, la prominenza nel quadro narrativo e traccia un filone pragmatico innovativo che è insieme la conseguenza di una sintesi teologica che si è elaborata sul piano del vedere. L'ambientazione della scena rende ciò manifestamente palese toccando i punti nevralgici del modello che viene compiuto in modo perfetto con il solenne atto dichiarativo di Zaccheo (v. 8bc) — il manifesto di conversione. Si chiarisce dunque il dilemma degli inizi che cercava di comprendere cosa mancava per adempiere la Scrittura. Diversamente dal cieco un ricco-peccatore propone il modello del vedere sobriamente realistico, motivando le capacità abituali di un lettore propenso ad agire seguendo gli esempi più efficienti. L'abile concatenazione di un'accoglienza gioiosa e di una professione di fede che ha molto da dire in più sull'atteggiamento pratico da assumere dà al lettore ciò che l'ideale del cieco difficilmente riusciva a comunicare sotto un misterioso passaggio dall'infermità fisica alla sequela attiva. Il *riconoscimento* che segna fortemente anche l'incontro di Zaccheo con Gesù, rimane tuttavia sullo sfondo promovendo, invece, un ideale saldamente pratico nel quale il lettore finalmente si ritrova e s'identifica, felicemente, con il modello posto a principio del comportamento desiderato. La dialettica visiva si risolve qui in una prassi incondizionata e marcatamente radicale. È in questo senso appunto che tra i protagonisti della visione unicamente Zaccheo merita d'essere chiamato il *vedente*. Il meccanismo del suo vedere, altamente performativo, in effetti, scatena un'inversione dei valori sfociante nella sfera dell'ordine sociale, a cui allude il suo pronto proposito di mettere in atto una generosità assoluta (cf. Lc 19,8). È un'illustrazione potente del desiderio espresso da Maria nel suo cantico, ovvero il ribaltamento dei forti e l'innalzamento degli umili, ma anche — addentrandosi di più nell'ambito morale — lo scoppiare salvifico del pentimento che, nel prendere corpo, porta l'uomo a riconoscere chi è Gesù per lui e di conseguenza, a riconoscersi egli stesso, come tale, reso *vedente* unicamente nel circolo relazionale dell'essere per gli altri[20]. Rimasto senza descrizioni particolari, esso serve forse per ben distinguere gli ambiti privilegiati di ciascun modello che ora è doveroso far risaltare.

Per concludere occorre ribadire che le modalità concrete di attuazione della Pragmatica, in ciascuna delle tre esemplificazioni narrative del trittico di riconoscimento, sono dettate dall'efficienza dei modelli elaborati. Se quello dei *Dodici* finisce per essere scartato dalla pedagogia del racconto, i due seguenti eseguono il programma teologico del *vedere* in Lc. Avendo entrambi per oggetto Gesù, essi ciononostante sono in dialettica tra di loro, perché rispecchiano posizioni comunicative diffe-

---

[20] Cf. La pubblicazione recente del libro di J. Gorczyca (*Essere per l'altro*), di impostazione filosofica, che, fra l'altro, esplora l'etica di relazione chiamata dall'autore la fenomenologia dell'esperienza etica. Il suo seguente commento del pensiero di E. Lévinas, ci pone davanti all'esperienza del volto umano, ma anche al tipo evangelico di Zaccheo: «Radicalizzando i termini fino al paradosso, si deve dire che il volto non può "essere visto". Il "vedere", cioè l'approccio conoscitivo alla realtà, "tematizza" l'oggetto e cerca l'adeguazione tra il giudizio e ciò che è visto, perché così possa essere compreso. Tuttavia, un tale approccio teoretico fallisce e non può non fallire di fronte al volto. Ciò non significa che il volto si presenti come "irrazionale": l'impossibilità di comprendere il volto, l'insignificanza — nei suoi confronti — dell'ordine conoscitivo, vuol dire che il significato del volto è di un ordine diverso da quello teoretico, perché appartiene, appunto, all'ordine etico. E non soltanto vi appartiene: per Levinas, il volto instaura, apre l'ordine etico e, insieme con questo, l'intera prospettiva metafisica» (*Ibid.*, 54).

renti. Se nel dramma nostalgico di un cieco, il riacquisto della vista significava un ritorno alla normalità dell'esistenza, sempre nutrita da una fede messianica matura e svelata solo alla fine con una lode iperbolizzata, nel mondo felice del pubblicano, la normalità del vedere va superata con un atto di rinuncia alquanto iperbolizzata. Il riconoscimento del vero Signore della vita, in questo dittico di posizioni, presuppone ormai una decisione della fede che richiede un altro tipo di vedere, alla luce d'un incontro spettacolare e illuminante con il modello del vedere per eccellenza — Gesù (ἀναβλέψας). In breve, il cieco dà più valore agli aspetti spirituali ed intellettivi, mentre Zaccheo a quelli etici e pragmatici.

I *Dodici* svolgono, in una impostazione così ricca ed idealizzata, un ruolo piuttosto negativo, non partecipando né alla perspicacia del primo, né all'operosità del secondo, restando, cioè, sullo sfondo come i veri ciechi. È la fine logica e conseguente del cammino d'identificazione da parte del lettore che finora li seguiva come i compagni più intimi del viaggio sperando di ricostruire insieme a loro quel modello che a poco a poco si faceva consistente nell'insegnamento di Gesù. La posizione che il lettore è chiamato ora ad assumere è quella di attesa: il modello bloccato verrà rivisto in una storia successiva arricchendosi dal contenuto teologico che lo stesso *vedere* accumulerà verso il termine del percorso evangelico. A prepararlo servono le tre tipologie salienti che ci garantiscono una passeggiata ristorativa orientando in modo graduale il passo verso l'elaborazione perfetta del Lettore Modello di Lc.

1.4 *Un popolo rigenerato dal vedere (Lc 23,33-49)*

Dopo il culmine teologico-narrativo nello sviluppo pragmatico del nostro tema arriva la necessità di affrontare la crisi a cui il lettore era progressivamente preparato. e il cui prezzo è stata la perdita dell'unità comunicativa del proprio vedere che il modello del discepolato da tempo garantiva[21]. Il ricorso al tragico cammino della Passione non è però

---

[21] È indicativo che i precedenti modelli negativi, prima di arrivare al trittico del riconoscimento, erano visti dal lettore nel prisma dei discepoli i quali tentavano di incarnare nella vita un modello contrario. La rottura definitiva con quel gruppo che costituiva l'unico orientamento per il cammino di questi significa dunque un progredire solitario e ben più responsabile che il lettore fin d'ora si impegna a garantire per giungere finalmente al compimento dell'ideale compromesso. Narrativamente questo significa il ritrovamento del filo interrotto che Luca intenzionalmente lascia sulle superfici testuali. Fortunatamente chi legge si sente guidato dai modelli successivi del *vedere* che nonostante tutto lo devono condurre al punto da dove è iniziato il distacco

infruttuoso in quanto pone in risalto dei protagonisti nuovi, ossia delle posizioni che si articolano sulla scia del *vedere*. Nella sequenza narrativa della crocifissione — la più rappresentativa sotto questo aspetto — prende rilievo una comunità di persone, finora secondarie, che rappresentano l'alternativa al collegio apostolico dei *Dodici* non più presenti sul palcoscenico narrativo. Invece, è il *popolo* di Dio a costituire un vero centro comunicativo dell'intero quadro dando unità e ragionevolezza ad un nuovo trittico del riconoscimento che rivela la fortuna pragmatica dei previ modelli nel racconto. Nella mente del lettore questo ente comunitario si associa con l'inizio del Vangelo e con la fine del *viaggio* — i due punti estremi nella formazione della sua immagine contraddittoria. Il vangelo dell'infanzia, infatti, aveva promosso un modello ideale di un Israele come popolo dell'alleanza, oggetto della *benevolenza* divina (εὐδοκία) e della *salvezza in remissione dei peccati* (Lc 1,77). Questo popolo delle origini in risposta offre a Dio i suoi membri migliori, dotati del carisma speciale della profezia sfociante nei cantici — le anticipazioni potenti della trama del *vedere*. Le due figure particolarmente affascinanti sono Maria e Simeone che fungono nella loro grandezza da incarnazioni vive di due aspetti costitutivi del popolo degli *anawîm* che rappresentano, ovvero l'ascolto e la visione garantiti da una fede filiale. Ci soffermeremo con uno sguardo ricapitolativo proprio alla fine del nostro percorso dialettico.

La narrazione evangelica squalifica questa esemplificazione pittoresca rendendo il *popolo* il prigioniero delle peripezie del *vedere*. I Nazaretani di fatto non avevano detto più di tanto sull'indole costitutiva di un Israele perverso, mentre Erode l'aveva «arricchito» dei tratti delicati di un'astuzia abominevole e curiosità infantile. Le due faccie di una posizione in sé polarizzata e ambigua si snodano nel finale strategico scandito dal prominente *locus* geografico — Gerico — una città già identificata per il lettore con la triade *fede-visione-riconoscimento* inafferrabile nella sua trascendenza. Se nell'episodio del cieco il *popolo* si fa partecipe della lode di benedizione testimoniando in tal modo l'ideale del *vedere* appena scolpito, nella pericope seguente lo stesso attante dimostra un'indifferenza paurosa nei confronti delle dinamiche

---

doloroso e dove sarà possibile nuovamente stabilire un rapporto d'intimità — il vero compimento dello scenario evangelico tutto pervaso dall'«itinerario spirituale dei Dodici». Lo esplicitano meglio i dati testuali di Mc che ingegnosamente raccoglie C. Martini nell'opera dello stesso nome: vedasi la bibliorafia. Cf. il cenno sulle divergenze comunicative della stesura teologica lucana della stessa linea narrativa: cap. IV, p. 299-300, n. 115.

persuasive dei *partners* del dialogo percettivo. Infine l'ostacolarlo diventa la forza accusatoria che non fa altro che stringere ancora di più il patto salvifico che la trama di crocifissione tenterà di riproporre sotto angolatura nuova[22].

Il momento culminante del racconto della Passione diventa la prova decisiva per un popolo che si è contraddetto obbligandolo ad assumere una netta posizione di fronte alla tragedia che è insieme l'occasione propizia per la riabilitazione del suo *vedere* finora poco valoroso[23]. Tutto contribuisce ad uno scioglimento narrativo della funzione dello stesso atto percettivo, non ancora messa in giusto rilievo a causa di un continuo offuscamento della sua rilevanza comunicativa[24]. È istruttivo che il pianto delle donne e la sequela muta dei malfattori, che introducono il lettore nella pedagogia del racconto, siano preceduti dalla menzione di una *moltitudine del popolo* — un segno ben promettente e insieme ambivalente, perché apre questo modello inglobante diversi tipi di persone a interpretazioni differenti. La logica narrativa però aiuta il lettore ad evidenziare il centro di una composizione così ricca di posizioni e certamente influenzata dalla precedente dialettica visiva che si prefigge uno scopo comunicativo preciso a livello del macro-racconto di Lc.

Il lettore rimane affascinato in modo unico dalla posizione del *popolo*, scolpita con un densissimo segmento narrativo spettacolare nella propria riservatezza e cadenza ritmica: Καὶ εἰστήκει ὁ λαὸς θεωρῶν (Lc 23,35). È qui che l'occhio stanco del lettore trova finalmente riposo, sperimentando una familiarità e un senso di sicurezza impossibili in

---

[22] Il carattere dialettico della presente messa a fuoco si manifesta nell'uso dei due termini diversi per disegnare il fenomeno d'un popolo/folla (λαός e ὄχλος), che talvolta creano difficoltà per una corretta interpretazione dei loro rispettivi ruoli narrativi. Qui, invece, è evidente un unico riferente curiosamente sdoppiato dal narratore per farne vedere probabilmente tutta la drammaticità — un chiaro segno di una ricerca d'identità che il lettore percepisce assai vivamente e pone alla base del discernimento personale. Esso è aiutato come sempre dai modelli ormai elaborati e non ancora situati in modo sinfonico, sì da poter offrire al proprio lettore un resoconto ben ordinato e convincente (cf. Lc 1,3) — un attributo indispensabile dell'efficacia pragmatica di un determinato schema euristico o ermeneutico.

[23] Il motivo del *vedere* viene esplicitato al massimo solo in Lc 5,27, mentre altrove è subordinato all'imponenza di un *ascolto* permanente ed esemplare posto sullo sfondo comunicativo della narrazione.

[24] U. Eco parlerebbe in questo caso di un effetto-*nebbia* (cf. *Sei passeggiate*, 36-41.52) che va indagato seguendo i criteri della strategia narrativa e tocca nel vivo il problema assai interessante di un'interazione tra Lettore e Autore Modello che il testo lascia intravvedere essendo la ragione e il prodotto finale di essa.

una esperienza oggettivamente non molto diversa dalla visione intima del *cieco*. Qui tutte le chiavi per entrare in dialogo con il modello proposto sono nelle sue mani e manca poco per sapersi adattare alla sua semplicità e al suo tenore contemplativo. Sembra addirittura accumularsi in esso il potenziale comunicativo del «vedere Gesù» dapprima disperso oppure occultato dalle preoccupazioni di altro genere quali grandezza della fede, salvezza esposta davanti a tutti oppure conversione come fondamento e frutto del *vedere*. Questa volta, invece, l'atto percettivo occupa interamente lo schermo narrativo quasi facendo sì che il lettore dia per scontato lo svolgimento concreto del dramma che è ben più complesso in quanto coinvolge al massimo e compromette tutti i suoi partecipanti. Lo «spettacolo» del *popolo* non solo porta a compimento i modelli finora rilevati, bensì scandisce un nuovo inizio della storia, paradossalmente legato alla morte dell'oggetto unico della visione.

Bisogna aspettare fino alla seconda menzione dello stesso protagonista chiamato semplicemente come *folle* (v. 48) per riaccedere alla dialettica visiva, fattasi ormai il nutrimento del dialogo che si stabilisce tra il lettore e i modelli d'azione promossi dal testo. In mezzo a quei punti cardinali stanno altri modelli non secondari, perché preparano la rivelazione finale dell'efficacia pragmatica del vedere che ha per oggetto il Gesù crocifisso. I primi a irrompere sullo sfondo ideale sono i capi religiosi e i soldati che, con la negazione d'ogni contatto visivo diretto e autentico, creano il negativo dell'ideale scandito. Ne segue poi la figura misteriosa del buon ladrone che trascende i limiti dello stesso *vedere* guardando verso il futuro immediato di una sua realizzazione pacificante, nell'economia narrativa quasi identificata con il riconoscimento. Il modello prende corpo nel dialogo tra i due ladroni che tocca nel vivo l'identità del Crocifisso a cui si rivolge una battuta blasfema del malfattore perverso (39b). Essa serve sostanzialmente per far profilare un secondo aspetto del carattere principale — il pentimento.

La tappa conclusiva dello sviluppo dialettico del tema è esemplificata nella risposta del centurione che interpreta positivamente le tenebre della morte in cui si rischia di disperdere ogni speranza del lettore (47b).

Sostanzialmente succede che il suo riconoscimento paradossale del *Giusto* sofferente, radicato in un'esperienza oculare dei fatti compiuti, si unisca alla lode di Dio e sembri riempire di contenuto pure il vedere del *popolo*, sinora restato ambiguo nella propria ricettività silenziosa. In questa sequenza di modelli sovrapposti il lettore trova facilmente sia la pestilenza della follia dei Nazaretani, sia la raffinatezza di una critica perfida dell'ideale evangelico da parte d'Erode, sia le sommità teologiche delle affermazioni ispirate degli *anawîm* e del *cieco*, sia il fervore penitenziale di Zaccheo. Quest'ultimo riceve, in una tale quintessenza dell'itinerario percettivo, una connotazione strutturante che evidenzia le priorità costitutive di un popolo che ha subìto oramai una trasformazione esistenziale. Ciò si capisce dal semplice epiteto ὄχλοι[25] e dal solito accento su un vedere contemplativo rafforzato dal suo derivato, il sost. θεωρία (48).

Nell'atto penitenziale che il *popolo-folla* esegue in modo così esplicito il lettore sicuramente può finalmente riconoscersi vedendo la meta del proprio cammino. Tuttavia la conversione qui è da intendere non semplicemente come una rinuncia al peccato con un conseguente gesto concreto di pentimento, ma per lo più come un cambiamento profondo dell'essere, rivelato e rivendicato nella sua originalità creativa. Si capisce dunque quale senso abbia il *vedere* nel racconto evangelico ora perfettamente concluso con la morte del protagonista. Una trasformazione eclettica e pluridimensionale è inaugurata e approfondita teologicamente dal «vedere il Crocifisso» come tutto il contenuto dell'ideale evangelico attualizzato nel presente modello. Il compimento avviene in una maniera drammatica accennando ad un errore grave d'incomprensione e di rigetto che il *popolo* paga per liberare e redimere i grandi modelli negativi del Vangelo, tuttora richiamati dall'urlo del complotto sinedriano[26]. Queste due connotazioni essenziali (teologica e prettamente narrativa) fanno sì che il lettore segua quel bell'esempio della dicotomia interpretativa in ambedue le direzioni. Per primo, saprà certamente interiorizzarlo in una prassi attiva di θεωρία, quale compimento e intensificazione massima della dialettica degli sguardi; secondariamente, saprà notare tutto il suo spessore comunicativo che lo attrae sia indietro sia in avanti, per verificare la sua ipotesi interpretativa per

---

[25] In una costruzione di tipo *sandwich* il lettore non può dare per scontato la rilevanza del passaggio dal denominativo λαός al v. 35a a quello più abituale e generico (ὄχλοι) al v. 48a. Nei vv. 36-47 è da cercare quindi la risposta all'interrogativo da cui dipende la fine stessa dell'identificazione con un carattere narrativo così complesso per il lettore e che stiamo tentando di focalizzare: è qui che il compimento del programma iniziale del «vedere Gesù» si attua in modo risolutivo?

[26] La partecipazione in esso del popolo provvidenzialmente lasciato correre dal narratore (cf. v. 13) è rispettivamente funzionale alla sua finalità «espiatoria» in vista della quale anche lo stesso concetto del «popolo» e il fenomeno del «vedere» subiscono un ritocco della mano scrivente sotto la voce narrante, in entrambi i casi espresso con un cambio lessicale: cf. il vb. θεωρέω.

eccellenza: è veramente qui che il «vedere Gesù» idealmente corrisponde al *convertirsi, riavere la fede ed essere salvato* (cf. At 2,38)? Per saper indagare i meccanismi concreti di un tale snodo pragmatico cardinale il lettore dovrà non solo proseguire nella lettura che l'aiuterà per certo nell'assorbire meglio un modello così condensato, ma anche volgere uno sguardo retrospettivo sul proprio cammino — ciò che evidentemente si potrà fare solo alla fine del Vangelo, dove i percorsi del Crocifisso e del Risorto si incroceranno.

1.5 *Emmaus: dalla visione al riconoscimento*

L'intensità e completezza del seguente modello non solo non ostacolano il lettore nella ricerca degli orientamenti narrativi alternativi, bensì favoriscono un ricorso coraggioso alle sfere ben poco esplorate della focalizzazione interna del racconto lucano. Il famoso episodio di Emmaus, avendo molti punti in comune con quello iniziale di Nazaret ha lo scopo di indagare le modalità concrete con cui si attua il riconoscimento. Non sorprende perciò che tratti la funzione degli occhi in chiave nuova e comunicativamente pregnante, così da ricapitolare e spiegare, con un discorso teologicamente dotato, un compimento già avvenuto ai piedi della croce e messo in rilievo dagli stessi caratteri narrativi. A Emmaus ci si rivolge, invece, direttamente alle competenze finora acquisite dal lettore; potendo interpellarlo sull'essenzialità dei paradigmi interpretativi che ora vanno incarnati in un ripettivo comportamento, ovvero in una posizione solida e risonante, capace di nutrire l'esperienza di fede del lettore, ma anche di ispirare un cammino futuro essendone ragione ed espressione perfetta.

Tutto — è facile notarlo — sorprende il lettore nel misterioso camminare del Risorto con le due persone sconosciute e per questo ben attraenti per un'identificazione. Pare che la storia del *vedere* cominci da capo giocando proprio sul colpo di scena efficacemente polarizzato dalla freschezza della comparsa dei personaggi mai visti e quindi privilegiati dall'obiettivo narrativo. Il lettore subito avrà notato l'estensione e la densità teologica che assumono nel brano i discorsi, i quali riflettono una sintesi di tutto il Vangelo. Nel monologo dei *due* si ravvisa peraltro quel modello ideale e insieme realistico del discepolato che nel corso del cammino evangelico veniva continuamente compromesso dalle peripezie stesse del *vedere*. È ideale, perché si basa completamente sull'intervento correttivo di Dio manifestato nei due passivi divini che incorniciano la narrazione (ἐκρατοῦντο e διηνοίχθησαν: Lc

24,16.31). D'altronde, è realistico, perché tocca e radicalizza problemi schiaccianti e punti vulnerabili del modello dei *Dodici* messo in crisi in precedenza. Entrambi gli aspetti sono essenziali in quanto riescono a sintetizzare in una maniera concisa e densa la dialettica visiva dell'insieme e quindi ad abbracciare interamente il previo cammino. Un lettore egregiamente sensibile a questa meta del proprio percorso d'identificazione sicuramente ne prenderà in esame ogni singolo tratto per ripensare le fondamenta vincolanti dell'esperienza mimetica ormai compiuta eppure ben lungi ancora dall'essere applicata adeguatamente ed incarnata.

Il primo polo strategico dello scenario marcatamente epifanico è più interessante, perché contribuisce alla valutazione di una originalità costitutiva del momento in cui ci si trova. È insieme un momento della crisi più forte del *vedere* e la sua massima rivelazione. Ed ecco la prima e la più imponente osservazione: l'azione divina attestata nelle forme passive dei verbi ha sempre per oggetto gli *occhi*, come se — è difatti lo è — lì si trovasse il lembo del filo d'Arianna. Le due estremità dello stesso evento fisico di percezione trovano così espressione nell'impedimento e nell'apertura straordinaria degli occhi da parte di Dio. Avviene, infatti, l'esatto contrario di ciò che costituiva il nucleo dello *spettacolo* di crocifissione, ossia una negazione massima dell'impegno visivo seguita da una iniziativa che improvvisamente fa esplodere e trasformare, in una prassi vissuta, il potenziale percettivo fin allora impensabile. L'impulso pragmatico, che produce una tale posizione passiva dell'acconsentire al progetto divino sovrastante, non è di minor rilievo, se lo mettiamo a confronto con la scena, appena esaminata, del «vedere il Crocifisso». In essa un fenomeno ben differente del crescendo sul piano del *vedere* era, in maniera simile, strettamente relazionato con la prospettiva soggiacente, riflessa nella posizione del *popolo*: un passivo *stare da lontano* (cf. Lc 23,49a). In altre parole, quella crisi, oggettivamente parlando, del *vedere*, che causa negli attanti un tremito di non avvicinamento, possiede tuttavia una potente focalizzazione pragmatica e sembra, essa stessa, nuovamente generare, in cambio, il desiderio di un contatto visivo. La piena libertà in cui nasce e si sviluppa precocemente questo desiderio si scontra così con il muro del disegno divino costruito sul calvario e avvolto nelle tenebre fitte dell'apparente vincita di morte.

Il polo positivo del vuoto narrativo del *vedere,* così efficacemente messo in luce, si presenta, appunto, come una risposta necessaria ad una situazione estrema di digressione che chiama alla redenzione quel modello infelice ostacolato da tutte le parti dagli impedimenti provvidenziali. Essi paradossalmente disegnano, come a Nazaret, una forte dissonanza tra la disposizione perfetta del *popolo* (Gesù nel secondo caso) e la resistenza voluta da una forza quasi impersonale che sa giocare sulle priorità essenziali del *vedere*. Un vedere motivato in modo straordinario per mezzo delle incompiutezze, ma soprattutto attraverso le cicatrici profonde dei salti mortali che lascia sul cammino del lettore, più volte ferito gravemente nelle sue acquisizioni massime della certezza posizionale. Nel cuore di questa guida misteriosa del cammino umano circoscritto massimamente dagli *occhi* — un cammino degli sguardi — sta dunque il *riconoscimento* come quintessenza delle dinamiche percettive che stanno all'indietro. Presentato sotto la metafora visiva, esso porta lo stesso *vedere* ad una fase strategica e culminante in cui si fondono le due finalità dello sviluppo tematico finora evidenziato. Visione e riconoscimento diventano i fattori principali della storia della salvezza che prende corpo nel cammino dei due pellegrini. La soluzione che qui si propone della dialettica degli sguardi è ben più proficua che non il tentativo simile puntualizzato nel racconto di crocifissione. Ciò è dovuto innanzitutto all'evoluzione positiva di quest'ultimo modello fermatosi a metà strada in quanto porta ad un riconoscimento di se stessi, sul piano unicamente personale ed è ancora precluso dall'oggettivazione nell'insieme. L'oggettività invece viene garantita dall'illuminazione pasquale che l'ultimo grande incontro di Lc riveste di segnali fortemente pragmaticizzanti. Rispetto al compimento soggettivo di Lc 23 è in questione una conclusione teologica globalizzante che pone in risalto la contingenza storica di tutto il cammino evangelico. Il lettore in questo senso riceve un impulso per sintetizzarlo nei termini della visione-riconoscimento, allineandoli cioè come un tutt'uno e quindi come un unico evento comunicativo e comunitario.

Richiamando alla memoria le figure magnifiche dell'*ouverture* il lettore finalmente può aderire al modello di fede da loro promosso ed ora riproposto in maniera esemplare. Esso è diventato assai prezioso proprio qui, dopo un lungo pellegrinaggio narrativo simbolicamente raffigurato dal presente cammino. Tutto il Vangelo è stato dunque una ricerca appassionante di un modello più adatto alle esigenze salvifiche del *vedere*. Passando da un esempio all'altro il lettore diventa ben consapevole della funzione primaria e della realizzazione concreta di questa identificazione ideale messa in atto dal testo. Ne fa parte ogni modello, compresi quelli negativi, contribuendo, con le propie divergenze e i ritocchi intenzionali, ad una maturazione più feconda dell'ideale che così si realizza passando per momenti culminanti ed ondate narrative, ma anche subendo forti crisi e deviazioni strategiche. Nel modello complessivo e composto d'Emmaus ci sono entrambi gli aspetti e non si escludono a vicenda, al contrario, creano una sintesi innovativa riflessa nel paradosso del *vedere* che sin d'ora animerà gli sforzi più elevati del lettore. L'enigma da decifrare è dunque quello degli occhi capaci di riconoscere la finalità e il senso stesso della storia raccontata. Cosa avviene quando Gesù — l'interprete per eccellenza della portata teologica degli eventi — abbandonerà il palcoscenico? Su questo punterà il successivo epilogo la cui funzione nei confronti del lettore è quella di saperlo indurre ad una prassi feconda. In Lc 24 essa è rimasta in ombra a ragione del prominente momento di verità in cui il compimento dei tempi si incontra con quello delle posizioni, audacemente martellato nel culmine dialettico di Lc 23. Il *vedere* sembra ormai aver svolto la propria funzione comunicativa, ma non del tutto nei confronti di un lettore massimalista, sempre alla ricerca di spiegazioni ulteriori da cui dipende la messa in pratica dell'atteggiamento interiorizzato — l'esito importantissimo e la fine inevitabile di ogni processo comunicativo.

1.6 *Maria e Simeone come typoi*[27] *della visione*

Ricapitolando si deve ritornare ai paradigmi comunicativi dai quali siamo partiti nel nostro percorso esegetico al seguito della narrativa lucana. Il vangelo dell'infanzia è una lettura dalla meta, o meglio, una visione dalla fine. È qui che va riletto tutto, ossia la storia della salvezza ormai raccontata, alla luce del Risorto che si incammina verso una meta. Questo esempio è suggestivo per ogni lettore in quanto lo stimola ad andare avanti lasciando lo spazio del racconto e varcando la soglia di una prassi personale in questo caso impensabile senza una attività interiore del cuore, della mente e degli occhi.

1.6.1 Maria, l'icona di fede[28]

La visuale dell'*ouverture* evangelica è egregiamente interessata a incorporare nella trama del *vedere* un modello fondativo per il raccon-

---

[27] Tra le diverse tipologie sociali i *ciechi* e i *poveri* (*anawîm*) ricoprono un ruolo privilegiato all'interno dell'opera lucana. Cf. lo studio di S. Roth: *The Blind, the Lame, and the Poor.*

[28] Per il ricco simbolismo biblico e le devote espressioni attribuite lungo i secoli alla figura della Madre di Dio rimando alla monografia e insieme sintesi teologica di A. Valentini: *Maria secondo le Scritture.*

to che da qui procede. Dopo averlo seguito minuziosamente si è in grado ormai di ritrovare l'unità nella molteplicità dei ruoli e delle posizioni. La si rinviene sorprendentemente nell'ascolto e nel *sì* obbediente della madre del Messia, ben prima di qualsiasi cenno al *vedere*. Quei tratti realistici non si pensano però come le categorie esclusive dell'aderire alla pietà di *anawîm* e giungere alla fede. In questo senso è rivelatrice la costante attitudine dell'eroina a creare una sintesi interiore dai fatti del giorno così da divenire segni prominenti di salvezza ricaduti su di essa: è un serbare gli *eventi* avveratisi e farli *convergere* nel proprio cuore[29]. La dialettica che si instaura tra i derivati dello stesso vb. — συν- e δια-τηρέω — è vincolante per la valutazione della comunicazione che avviene nel cuore mariano. Da una parte, un atteggiamento cooperativo di «con-servare» facendo «con-venire» (συμβάλλουσα) i singoli dettagli del mosaico d'una realtà vissuta; dall'altra, — un procedimento di tipo analitico in cui i dati raccolti vengono relazionati per elaborare una posizione personale fondata[30]. Questo passare in rassegna selettivo guarda sempre in retrospettiva ricordandosi dei prodigi che si sono appena compiuti e rimangono sulla scena del presente come nutrimento del tempo del *racconto* e potenziale comunicativo di grande portata per la realizzazione futura della *storia*. Ne è esempio lampante il *Magnificat* con le sue analessi a crescendo. In fin dei conti è l'ideale di un Dio che *si ricorda* (μνησθῆναι: Lc

---

[29] Cf. Lc 2,19b.52 e le traduzioni francese e spagnola del primo v.: *en en cherchant le sens* (TOB); *confiriéndolas en su corazón* (SRV). Abbiamo a che fare con l'intreccio semantico dei tre verbi estremamente condensati e dialoganti tra loro: συντηρέω, συμβάλλω e διατηρέω. Gli aspetti verbali — impf e pres — sanciscono a loro volta un principio di precedenza mettendo in rilievo quelle azioni di fondo che sono emblematiche per quanto segue. Cf. la traduzione e l'importante impulso semantico di J. Dupont (*Les trois apocalypses*, 115): «conserver en cœur» (Lc 1,66; 2,19.51), «on met dans son cœur» un «refrain du souvenir», «on garde la mémoir pour s'en souvenir au bon moment, lorsque ce qu'on a appris éclairera les événements» (cf. Lc 21,14).

[30] Il vb. συμβάλλω in quel contesto può essere preso anche nel senso «dialettico», e cioè indicare un confronto tra gli elementi volutamente messi insieme donde il senso traslato di «discutere». Cf. *LSJ*, 10-11, 1674; Lc 24,14: συμβεβηκότα. Da questo punto di vista il modello mariano è un pensare assiduo e interpellativo, come già s'era visto nel colloquio con l'angelo Gabriele: l'impf. διελογίζετο (Lc 1,29b). Un insistente dialogo interiore vi prende la funzione d'un modello che si ripropone non poche volte durante il percorso evangelico, con delle sfumature a contrasto: di per sé neutrale, Lc 2,35; 9,46-47; 24,38 (διαλογισμοί); 3,15; 9,7 (il *dubitare* d'Erode: διηπόρει); 24,4 (quello delle *donne*) e decisamente negativa in Lc 5,21-22; 6,8; 12,17; 20,14. Il vb. διαλέγομαι, tipico delle dispute, è molto frequente, invece, in At.

1,54) a stare all'origine dell'«anamnesis» mariano e a garantirne la continuità nel disegno salvifico così attualizzato[31].

La conclusione portante, in riferimento al *vedere*, a cui giunge il lettore nell'identificarsi con l'eroina, è dunque questa: il paradigma preliminare della percezione consiste nel saper discernere e convergere sul pulsante della macro-storia in quanto *Heilsgeschichte* la propria storia di fede. Che quella sia la svolta comunicativa nel retroterra idillico del vangelo dell'infanzia lo lascia supporre la prima tensione che ferisce insanabilmente la staticità maestosa dell'*ouverture*: il *segno di contraddizione*[32] che è il Gesù bambino e fissa i limiti per il momento invalicabili del sapere e del conoscere. Lo spessore dell'agire mariano si riscopre dunque in un acconsentire fiducioso all'ambiguità e reticenza del piano divino, più volte cantato e celebrato, preferibilmente *nelle altezze*, dagli angeli[33]. Sulla terra, invece, lo si proponeva come un assioma a cui aderire nell'atto di lode, meraviglia, stupore. La posizione di Maria è unica, anche perché incarna una preghiera silenziosa, ma viva nella sua operosità. Dopo aver assistito al palcoscenico culminante dell'ascensione il lettore non è più incapace di ravvisare il *focus* pragmatico di questa icona di chiusura nella figura orante e pacificatrice della madre del Salvatore. In essa i contrasti si riconciliano in modo perfetto, sì da portare a buon fine la storia delle meraviglie di Dio di cui ella è l'immagine e protagonista. Il lettore vi guarda come in uno specchio che non promette ancora nulla, se non la dialettica interiore del domandarsi e domandare, senza capire e senza comprendere. Ma, nonostante tutto, accetta per fede il mistero alla cui visione si arriva paradossalmente attraverso la negazione d'ogni sua rappresentazione e di ogni contatto *vis-à-vis*. Il pragmatismo della figura di fede che qui si offre proprio alla fine all'esperienza del lettore, è evidente: per iniziare a

---

[31] Da qui nasce l'insistenza lucana sul *ricordarsi* e sulla prominenza salvifica del passato, in generale (i passi propri di Lc: 1,72; 16,25; 23,42 (riferito al futuro prossimo); 24,6). Ne è costitutivo l'esempio mariano: A. SERRA, «Memoria e contemplazione», 821-859. Cf. l'articolo di rilievo dedicato a questo motivo specifico: M.-L. RIGATO, «"E si ricordarono"», 135-148.

[32] Lc 2,34. Il vb. ἀντιλέγω completa il quadro della dialettica in Lc estendendo il suo campo espressivo ad una *opposizione* violenta, esplicitata per di più in At: 28,19.22; cf. At 6,10 (ἀνθίστημι);7,51 (ἀντιπίπτω) etc.

[33] Cf. il *Gloria* e i suoi dintorni narrativi. J.-N. Aletti si interrogava sul modo particolare del progetto narrativo di Luca di porre il messaggio della salvezza sulla bocca degli esseri celesti e quindi sull'attendibilità, per un lettore odierno, di questa comunicazione *dall'alto*, che influisce fortemente sul dispensare i ruoli attanziali, da parte del narratore: *L'arte di raccontare*, 64-68.

rileggere teologicamente il racconto su Gesù c'è a chi prestare la voce, l'ascolto e anzitutto gli occhi di fede perspicaci nel dialogare con la trascendenza del beneplacito divino che, nell'intimità del contemplare, si trasforma nell'immanenza di riconoscimento.

1.6.2 Simeone, il profeta orante

Se c'è un modello che sta in una forte dialettica con quanto appena esaminato, è sicuramente il profilo di Simeone. Lo scarno spazio narrativo, dedicato alla sua presentazione, non ostacola la comunicazione, anzi la condensa e cristallizza in una scena centrale del dittico di Lc 1–2. Infatti è attraverso il *Nunc dimittis* che il lettore è meglio informato sulle prerogative quasi sovrumane di cui gode questo personaggio celebre. Innanzitutto va presa in considerazione la sua qualifica profetica che autorizza a considerarlo uomo di preghiera, qualitativamente ben diverso però dal volto contemplativo di Maria. I suoi tratti distintivi sono elucidati da una lunga attesa che sfocia in un riconoscimento immediato delle vie di Dio. I due atti — attesa e accoglienza del mistero — non si pensino separati[34], giacché il desiderio umano di conoscenza si consuma nell'imperativo celeste che detta tutti i particolari della scena, fin dal suo inizio[35]. Una imposizione quasi violenta delle regole comportamentali non distrugge comunque la personalità di Simeone, ma piuttosto proietta lo sguardo nell'intimità inaudita del cuore umano mosso analetticamente con una promessa dello Spirito. Il suo contenuto ha per oggetto il *vedere Cristo Signore* (Lc 2,26) quale archetipo della tortuosa storia della ricerca evangelica e delle posizioni che assumono i futuri artefici della «drammatica del vedere» in Lc.

Qui siamo alle prese con un'anticipazione dello sviluppo dia- e teologico del tema, o forse addirittura con il compimento e la sintesi di un cammino ormai ben catalogabile da parte del lettore. Per andare ancora oltre basti riaffermare ciò che vedono gli occhi del vegliardo: salvezza, luce della rivelazione *ad gentes* e gloria d'Israele cioè il contenuto dell'intero dittico lucano impegnato nel disegnare un quadro dialettico di posizioni in cui si incontrano i due enti etnici e sociali — soggetti del

---

[34] Ciò è reso evidente da un gioco verbale: προσδεχόμενος e ἐδέξατο (Lc 2,25c.28a), — che aiuta il lettore a stabilire un confronto ovvero una dialettica in funzione allo snodo narrativo che rappresenta l'inno seguente. Cf. le osservazioni in merito nel cap. I: pp. 92-94.

[35] Si intenda: l'importanza dell'osservanza della Legge e delle prescrizioni specifiche che muovono il racconto e determinano i ruoli narrativi.

progetto universale. Per intendersi, sulle labbra di Simeone Luca, in perfetta sintonia con il fenomeno biblico del profetismo, pone il «decalogo» del suo Dio che si schiude in maniera provocatoria coinvolgendo il lettore distratto dall'ascolto del canto degli angeli, pieno dei suoi contenuti teologici![36] Questo non significa però che il profeta prescelto sia totalmente funzionale agli scopi esplicitati, al contrario: gli viene lasciato il compito decisivo di *benedire*, il quale molte volte rischia d'essere sovrapposto al *tour de force* di un oracolo magnifico. A dire il vero, l'ideale evangelico della preghiera si realizza in una doppia benedizione, ossia: si rende lapidario nell'icona dell'ascensione, nonché nella tendenza narrativa di valorizzare l'umanità di un primo testimone oculare diretto, del Terzo Vangelo. Questi, dopo un sovrumano sperimentare la salvezza, è pronto ormai a prendere congedo con il mondo del racconto, subendo le conseguenze del *tabù* ricorrente in Es 19,20-21. Benedicendo Dio e i genitori del Gesù-salvezza dei popoli il profeta benedice anche tutto il panorama storico che si è progressivamente disteso in Lc partendo da questa ripresa capitale del *Nunc dimittis* (Lc 2,29-32).

C'è dunque un nesso strategico tra i due caratteri, diremo, ipernarrativi, i «colossi» di Lc — Maria e Simeone. Se la prima incarna l'ideale dell'ascolto sfociante in una dialettica contemplativa — il vero presupposto, inizio, ma anche il fine della storia del *vedere*, — il secondo è perfetto, una piena realizzazione delle vette teologiche di una visione beata e quindi un altro lato, peraltro estremo, della sequela evangelica. Maria valorizzava un impegno responsabile radicato in un ripensamento delle origini d'Israele — creatore di un piano personale

---

[36] R. Dillon ha realizzato un prospetto impressionante dei risvolti narrativi della figura di Simeone nel quadro del dittico lucano mettendone in risalto il carattere contraddittorio che sta all'origine della trama lucana del riconoscimento condotto dalla drammatica del vedere: «Simeon's vocabulary prepares us for the persistent conflict. We now begin to anticipate the tortuous path over which the word must travel which is, at one and the same time, "revelation for the Gentiles" and the vindication (δόξα) of Israel». Interessanti sono innanzitutto gli epiteti di cui lo studioso riveste la figura magnifica e corposa del veggente e il suo messaggio profetico: «his chiaro-scuro sequence of exultant hymn and sobering oracle», «summation of the programmatic statements», «a nuclear digest of the story Luke would tell and the overpowering problem he would struggle to solve» («Simeon», risp. 204.216).

L'esito di una minuziosa analisi di questa funzione polivalente della pericope nel suo contesto viene scandito infine con la seguente densa osservazione: «A salvation of Gentile peoples which would redound to Israel's "glory" is the eschatological prospect declared by the Holy Spirit through the mouth of Simeon» (*Ibid.*, 216).

attualizzante — e prepara per così dire il realismo del *vedere* che solo in Dio può essere compiuto veramente. Simeone trasmette un messaggio profetico trascendente e di massimo spessore ontologico dello stesso Iddio della storia che necessariamente si sceglie dei rappresentanti per abitare lo spazio dell'uomo e farglisi visibile. Questa unica tipologia narrativa, bipolare a livello comunicativo, è inserita in un tipico schema epifanico lucano inglobante sia ascolto che visione[37]. Questa unità, nella diversità, rappresenta l'intera «dialettica del vedere» che si sviluppa nel Terzo Vangelo con delle cadenze proporzionate del nascondimento — un segno di trascendenza che genera l'*incomprensione* — ; rappresenta anche la rivelazione sfociante nel *riconoscimento* (un'immanenza estrema) sempre spontaneo e condizionato divinamente.

1.7 *Conclusione: il lettore e il vedere performativo*

Finalizzando la riflessione finora dedicata alle tipologie evangeliche del *vedere* a un unico Modello, che funzioni in modo esemplare nei confronti del lettore, si deve rivolgere lo sguardo al doppio scenario dell'ascensione. Esso infatti riflette bene la dialettica delle posizioni in quanto è modellato su di essa e perciò già da sé getta più luce sul pragmatismo del «vedere Gesù» che qui arriva alla fase necessaria d'una incarnazione narrativa. Ebbene ciò avviene curiosamente solo con la scomparsa del proprio oggetto vitale. La chiusa evangelica rivede il modello d'Emmaus alle luce delle grandi epifanie evangeliche, dove tutto è subordinato all'attore principale del palcoscenico, il quale rimane trascendente, nonostante la prossimità fisica, e nega ai propri spettatori alcun riflesso della sua estrema visibilità. In primo piano si mette, in cambio, un riconoscimento scandito con un gesto concreto di venerazione ed è il primo atto, ossia la prima posizione che il lettore è chiamato a incarnare nella propria vita. Si tratta quindi di un vedere contemplativo quale memoriale del Gesù crocifisso e risorto che esteriorizza il proprio potenziale intellettivo attraverso una preghiera di benedizione e lode. In esso trovano la convergenza tutti i modelli positivi del *vedere* che per suo mezzo giungono così alla perfezione e riescono a trascinare il lettore dietro di sé. In una preghiera silenziosa si propone di nuovo l'ideale protologico degli *anawîm* di Lc 1–2 che sanno dare una risposta personale all'imperativo divino in un *vedere* già compiuto mediante la fede — un prototipo perfetto del riconoscimento.

---

[37] Gli esempi concreti in merito sono da trovare in: R. JOHNSON, *Hear See Motiv*, 71-103 (cf. At 2,17-21; Gl 3,1-5^{LXX}; At 15,16-17; Am 9,11-12 e At 28,26-27).

In At le posizioni si invertono e la stessa visione si presenta come l'ultimo «spettacolo» che ha per funzione una continua attualizzazione dei migliori paradigmi narrativi della percezione. Qui la previa dialettica si risolve assai diversamente, seguendo le regole di una «*performance*», quasi teatrale, tutta incentrata sul riscontro visivo dei modelli ormai superati in questa splendida riproduzione della stessa dialettica degli sguardi. Il fatto che vi siano degli *apostoli* a godere di questo privilegio, legittima l'intuizione intima del lettore di ritrovare il gruppo dei discepoli nel centro dello schema ermeneutico. In questo modo li ricongiunge ad una posizione emblematica la quale aveva ispirato il loro cammino e ben più quello del lettore (cf. Lc 10,23-24). Allora si capisce in che cosa consista il compimento pratico del *vedere* e quale sia la sua valenza pragmatica originale. È un impegno responsabile di testimoniare il Risorto in un resoconto oculare che aveva spinto Luca stesso a stendere un racconto assai sensibile alle dinamiche persuasive (cf. Lc 1,1-4).

La dialettica delle posizioni finora in vigore serve adesso a dare ragione al modello missionario in cui il lettore potrà creativamente scrivere ed ottimizzare la propria storia personale. L'invito a diffondere il messaggio salvifico del *vedere* caratterizza ormai tutta la sua esperienza di fede che tuttavia aspetta d'essere riassunta efficacemente in una riproduzione simile a quella del *popolo* ai piedi della croce o degli *Undici* riuniti intorno al Risorto levato in cielo. Solo così infatti il percorso del lettore si potrà coronare con un atto linguistico performativo ben eloquente[38] eppure narrativamente taciuto per ribadire forse un assioma che questi imparerà man mano continuerà a chiedersi il senso del proprio *vedere*: un «silenzio pieno di sguardo»[39].

2. Teologia della visione

Il percorso inter-tematico che ora proponiamo esige una sintesi teologica mirata a porre in rilievo prerogative e interessi del tema privilegiato. Questo procedimento, per lo più sistematico e compilativo, aiuterà a focalizzare l'attenzione sulle sfaccettature principali del cammino

---

[38] Cf. uno degli esempli eclatanti — il modello del *cieco*: *Signore, che io veda* (Lc 18,41b).

[39] Ci permettiamo di richiamare qui un titolo ispirante del saggio antropologico di M. Angelini (cf. la bibliografia) in cui viene fornita una ottima sintesi della risposta che dànno al quesito accennato la spiritualità ortodossa e il monachesimo orientale, in generale, e che noi tenteremo di elaborare narrativamente.

del lettore, così variopinto e contraddetto al suo interno. Le previe acquisizioni della dialettica di posizioni trovano in questo caso, una fruttuosa applicazione dei propri contenuti semantici, rimasti poco accennati in una sintesi prettamente pragmatica. L'analisi prevista snoderà, d'altra parte, un meccanismo interpretativo a cui mira la presente indagine, e cioè stimolerà al massimo la ricerca di paradigmi teologici ben saldi e inconsueti che possano indirizzare il passo del lettore lucano ad una prassi esemplare che è insieme la fine e quintessenza del cammino degli sguardi registrato sopra.

2.1 *Portata cristologica della visione*

I diversi filamenti che hanno creato un intreccio dei temi e motivi teologici salienti richiedono un approfondimento alla luce del mistero che avvolge la personalità dell'unico oggetto e protagonista del *vedere* — Gesù. Nelle pericope centrali veicolanti il cammino narrativo del tema c'è sempre una netta insistenza sul quesito che attraversa Lc in crescendo: chi è Gesù? La gnoseologia, come categoria ermeneutica, gioca qui un ruolo determinante finalizzando il discorso alla confessione di fede, che dà al riconoscimento uno spessore teologico spiccatamente evangelico[40]. Nell'*ouverture* lucana la domanda cristologica cede posto infatti ad una espressione di fede che prende corpo nel canto e anticipatamente introduce il lettore nel mistero messianico del Cristo Signore. Questa *conoscenza* perfetta, che ha per oggetto la *salvezza* da vedere (cf. Lc 1,77a), costituisce la meta del cammino evangelico e porta avanti il discorso sul *vedere* rinviando sempre la comprensione come elemento noetico sotto lo scandalo della croce in cui si definiscono e maturano le categorie teologiche attinenti il tema.

---

[40] Uno degli esponenti più rappresentativi di questa intuizione esegetica di cui ci avvaliamo è indubbiamente J.-N. Aletti; sua è l'intera monografia che ricostruisce la cristologia del Terzo Vangelo a partire dal ritratto gesuano che vi è inscritto narrativamente: *Le Jésus de Luc*. Consideriamo un suggestivo augurio alla presente sintesi teologica, ma anche un celebre commento all'analisi sinora eseguita del cammino del lettore, preso nella sua totalità, le seguenti parole di Mons. J. Doré, tratte dalla presentazione del medesimo libro: «L'identité de Jésus se donne à lire dans l'itinéraire qui la révèle en sa vérité: le récit est précisément et idéalement le lieu où elle se présent et doit être vérifiée». Il profilo cristologico lucano viene ripreso da F. Bovon anche all'interno di un'altra sua opera classica, ovvero: «Le portrait lucanien du Christ», in *Luc le théologien*, 158-169. Per lo stesso argomento, visto nel panorama comunicativo più ampio degli scritti neotestamentari, rimando alle stimolanti pagine di: J.-N. ALETTI, *Gesù Cristo*, spec. 126-195.

2.1.1 «Vedere Gesù» come compimento

Per indagare i meccanismi concreti del *riconoscimento* bisogna partire da una sua rappresentazione idillica ed ideale. L'*ouverture* lucana ne fornisce dei lineamenti esclusivi ed unici insegnando al lettore a leggere teologicamente la storia. Lo esegue inoltre grazie al motivo del *compimento* che attraversa tutto il Terzo Vangelo e perfino lo struttura[41]. Tra i fili tematici del vedere e compiere il piano di Dio esiste invero un nesso inscindibile che va dal vangelo dell'infanzia al cammino pasquale con il Risorto in Lc 24. Dentro la narrazione evangelica questa connessione diventa sempre più evidente accennando al mandato missionario di Gesù (Lc 4) e orientando il suo centro teologico — il *viaggio*. Qui il discorso sul *vedere* sfocia conseguentemente nella teologia della storia inaugurata con un profilo unico della pietà di *anawîm* che riesce a «vedere addirittura il compimento». Si arriva dunque lì da dove si è partiti.

A ben vedere, nella parte di Lc propriamente detta narrativa il compimento di fatto non avviene solo provocando nel lettore disagio, ma anche insegnandogli a guardare con gli occhi della fede la storia incompiuta, «perversamente» scritta dagli uomini. La ricerca di una risoluzione tanto desiderata della *suspense* a cui è sottomesso l'intero cammino evangelico lo porterà su strade ed ottiche diverse per confermare la tragica costante della stessa storia della salvezza che è profondamente segnata dal male e la cui origine è difficilmente spiegabile. Le ragioni di un tale condizionamento si chiariscono da sole, non appena entra in scena la prominenza della croce. Tuttavia il lettore sulla scia dei *Dodici* è invitato anzitutto a contemplare il disegno divino ivi celato anziché ragionare su una verità teologica così eccelsa. Non è quindi senza significato il fatto che il compimento avviene negli occhi, come se tutta la storia destinata a fallire nell'effettivo *feedback* umano fosse stata salvata avendo la propria successione nell'*euforia* visiva procurata lungo il vangelo dalle figure simboliche con cui il lettore si identifica ben presto per superare la stessa crisi vissuta personalmente.

Nella chiusa evangelica è da trovare in effetti l'esecuzione pratica di quel programma teologico che l'inno di Simeone aveva cantato. La storia si attualizza negli occhi dei testimoni diretti del Risorto sotto le tre belle metafore: apertura degli occhi, delle Scritture e delle menti. In questo, in fin dei conti, consiste lo stesso compimento in Lc: reintegrare la sinfonia originale d'un uomo redento. Questo è, a quanto pare, anche

---

[41] Cf. un cenno importante nel cap. I: pp. 42-43, nn. 7-8.

il significato ultimo del compimento della Scrittura nella concezione lucana. Resta innegabile, anche, il ruolo che vi svolgono gli *occhi* — i membri privilegiati del compimento che sotto questo aspetto unificano lo stesso cammino del lettore segnandone i limiti e le fasi narrative.

2.1.2 «Riconoscere Gesù» come cammino cristologico

A Nazaret — luogo privilegiato del compimento — affiora il tentativo di riempire di contenuto la lacuna gnoseologica da cui dipende l'efficacia pragmatica della comunicazione che Gesù trasmette in modo esemplare. Tra la sua *captatio benevolentiae* e l'incomprensione del popolo espresso con un interrogarsi sull'identità gesuana[42] sta in mezzo un intenso *vedere* durativo come punto di transizione e forza motrice di ricezione del profilo cristologico del parlante. In questo caso però la percezione, in quanto tale, non stringe un legame tra due volontà ed evidenzia l'inizio di un cammino in cui man mano il lettore imparerà a vedere autenticamente. La cristologia in Lc già in partenza ha dunque il compito di stabilire di quale messia abbia bisogno il popolo.

Erode porta al culmine il desiderio di conoscere la messianicità di Gesù e sembra essere pioniere nell'averlo legato ad una ricerca visiva. L'audacia di un affermarsi dell'esigenza di vedere si impone al lettore addirittura come un passaggio indispensabile nella logica del riconoscimento. È lecito dire perfino che qui il discorso sul *vedere* trovi la sua ragion d'essere, il che ha conseguenze pragmatiche salienti nel cammino del lettore. L'itinerario gnoseologico si trasforma sotto questa visuale in un cammino euristico del *vedere* che attinge potenziale dall'incompiutezza del racconto cristologico di Lc[43]. Così ci si potrà avvicinare sempre di più al mistero di Gesù con gli occhi di fede. Gli stessi ostacoli che vengono meno davanti allo splendore delle manifestazioni divine servono per dare prominenza al cammino di un profeta rigettato che si accinge a proseguire la sua strada fino alla morte (cf. Lc 13,33-35). Ed è questo il punto fermo della concezione cristologica del Vangelo con la quale il lettore si rappacifica seguendo la dolorosa via di sequela. La *morte* come necessità divina (δεῖ) misteriosamente entra nel piano salvifico del *vedere* segnandone grave ferita, ma anzitutto spesso-

---

42 Cf. risp. Lc 4,18-19 e 22c.

43 Una delle sue ricostruzioni più riuscite è il saggio già menzionato di J.-N. Aletti (*Le Jésus de Luc*) che fornisce una stimolante analisi teologico-narrativa situata nella cornice cristologica. Cf. la proposta alternativa di R. O'Toole: *Luke's Presentation of Jesus. A Christology.*

re assiologico. È attraverso la morte che i *Dodici* sono invitati a riscoprire l'originalità del ritratto cristologico del maestro a cui aderire nella prassi missionaria. Le tenebre del giudizio che avvolgono il calvario e consumano completamente il discorso sul *vedere* [44] sono quindi anche quelle dell'offuscamento mentale che funge da paradigma del cammino dei discepoli. Il loro non comprendere quasi forzato è da relazionare con uno sfruttamento della centralità quasi ostinata della visione che strategicamente precede lo scatenamento narrativo della passione e in qualche modo lo condiziona.

La rivelazione narrativa di Gerico è interessante e feconda per il discorso cristologico, perché ha una intima connessione con il cammino di Erode che già è esploso in una celebrazione visiva dello splendore messianico del giusto sofferente[45]. Nei pressi di Gerico la cristologia affiora in un grido di fede che si trasforma nella confessione messianica. Il *cieco* infatti ripensa la propria esistenza nelle categorie cristologiche su cui verteva tutto il discorso euristico precedente. Qui è importante notare la precedenza della confessione fusa con il riconoscimento a cui segue la visione, giacché l'elaborazione teologica della fede in un messia che, da una parte, è il *figlio di Davide* e dall'altra, — il vero *Signore* (cf. Lc 18,38-39.41), permette anche al lettore di «visualizzare» la propria fede con delle invocazioni simili. È qui che si scopre francamente ciò che mancava per adempire la Scrittura e aprire gli occhi fisici ad una intelligenza del mistero di Gesù che si acquisisce solo nello spirito. L'irrompere del riconoscimento nell'alveo estremamente conciso e provocante del *viaggio* a cui il percorso cristologico si aggrega a sua volta, si pensa dunque come una anticipazione necessaria per far progredire il racconto. La preoccupazione narrativa di «visualizzare» questa scoperta noetica e confessionale del lettore sarà in effetti sempre più pungente e radicale nella cronaca della passione.

Basta gettare lo sguardo sui dialoghi interni che si svolgono durante la parte processuale della fabula per rendersi conto di una culminazione cristologica che dirige lo scenario verso una risoluzione — piena e si-

---

[44] Cf. Am 5,18-20; cf. Es 19,16; Lc 22,52-53.

[45] Cf. Lc 23,11c. Questa è l'intuizione che fa da filo rosso negli articoli seguenti di R. O'Toole, apparsi in *Biblica*: «Does Luke Portray Jesus as the Christ?»; «How Does Luke Portray Jesus». L'attenzione lucana alle immagini deutero-isaiane si estende evidentemente ai canti del *servo* a cui si ispira in effetti il cammino della croce con dei rimandi testuali espliciti: cf. Lc 9,51 e Is 50, 7b; 22,37 e Is 53,12b.

stematica — della croce[46]. Lì il riconoscimento messianico sfociante nella confessione si presenta, inversamente, come frutto di una vera visione del Crocifisso. Nelle proclamazioni solenni d'innocenza e di rettitudine gesuana da parte del buon ladrone e del centurione va cercato addirittura l'esito comunicativo dell'intero discorso cristologico in Lc. Le possibilità massime del *vedere* si schiudono pure davanti alla croce facendo capire al lettore, ormai sulla strada d'Emmaus, l'importanza per il Cristo messia d'*entrare nella sua gloria* attraverso la Passione (Lc 24,26). A questa vetta teologica del vedere e del riconoscere e confessare arriva dunque il messaggio cristologico del Terzo Vangelo, per sboccare in un *kerygma* pasquale qui accennato parzialmente (cf. v. 35) e molto più esplicitato negli Atti[47]. Il vedere evangelico per ora sembra esaurire le proprie forze euristiche e gnoseologiche, ma ha da dire ancora altro al lettore pur sempre entusiasta di muoversi nell'universo del racconto che lo spinge sempre ad andare ben oltre una semplice constatazione...

2.1.3 La sintesi: visione e riconoscimento di fede

Il precedente discorso inevitabilmente evoca la problematica in cui trovano punto d'approdo non poche speculazioni teologiche su Lc. Fin dalle sue prime battute il lettore coglie la preoccupazione gnoseologica del narratore e col passar del tempo si rende conto di uno stretto rapporto tra *vedere* e *riconoscere*. Come nel primo raffronto tematico, qui regge la dialettica tra le due estremità costitutive del cammino del *vedere*. Escluso il panorama ideale degli inizi, la prima ad occupare l'obiettivo narrativo è l'incomprensione intesa in senso radicale come accecamento spirituale ed intellettuale oppure indurimento del cuore. Queste immagini già permettono di focalizzare il centro strategico di un tale dramma antropologico fortemente influenzato dalla comunicazione visiva. I due ultimi annunci della Passione confermano questa tesi sfruttando la terminologia apocalittica che

---

[46] Cf. l'analisi rigorosa e ricca di spunti interpretativi di I. de La Potterie: «Le titre KYRIOS appliqué à Jésus», 117-146.

[47] La cristologia elevata è una delle caratteristiche chiave del secondo volume di Luca. La figura del Cristo risorto lì prende corpo grazie ai discorsi apostolici che evidenziano uno stadio progressivo della riflessione postpasquale sul Gesù del Vangelo. Ne seguono i punti comuni con la teologia e cristologia paoline qui certamente riflesse in un modo o in altro. Cf. ad es. At 2,23-24.32; 3,15; 4,10; 17,31 e 1 Cor 15,3-5; 2 Cor 5,15; Rm 4,25; 5,8; 6,4; 10,9; 1 Ts 1,10.14 (X. Leon-Dufour, *Résurrection*, 37ss).

grazie a incisive metafore promuove la priorità degli occhi nel risolvere l'impatto negativo iniziale.

La *storia* nella linea narrativa di Erode illustra, in modo esemplare, un rapporto di casualità tra la carenza dell'esperienza visiva e l'incomprensione. Essa prende forme alquanto diverse a seconda dei casi specifici, ma arriva al culmine nei tre passi strategicamente posti in successione nel vangelo. Se nel caso dei *Dodici* l'incomprensione è diametralmente opposta al cammino degli sguardi che si intensifica energicamente lungo il *viaggio* — vero paradosso di un cammino a ritroso realizzato dall'iniziativa divina che rende ciechi coloro che vedono, — nel finale della ricerca d'Erode avviene una vera tragedia che fa sbiadire insanabilmente le potenzialità comunicative dello stesso *vedere* il quale proprio qui trova una sua espressione massima e perfetta. Gli occhi stessi provocano una cieca ostilità richiamando a memoria l'esempio ben noto di Nazaret. Per redimerli serve ora un nuovo modello di cecità in cui l'incomprensione è integrata vitalmente.

I pellegrini di Lc 24 rappresentano sia il compimento e la vetta teologica del *vedere* sia la più eminente espressione della cecità che è quella provvidenziale. Rifacendosi alla corrente profetica di Is 6,9-10, il narratore dipinge, infatti, negativamente l'evoluzione evangelica dell'ideale in cui possa ritrovare unità questa dialettica intellettiva, al momento incapace di uscire dal circolo vizioso[48]. L'incomprensione

---

[48] È ben proficuo un confronto del passo menzionato con quelli lucani: Lc 9,44-45; 18,31-34 e 24,13-35. La costruzione grammaticale del TM di Is 6,10 riflette ben chiaramente la tendenza che in Lc diventa un assioma interpretativo: l'imperativo divino di chiudere gli occhi del popolo, *affinché non veda con i suoi occhi né ascolti con le sue orecchie né comprenda con il suo cuore*. Il nesso strategico con il vb. *riconoscere* (ידע) è provvisto dal v. 9, dove sia gli stessi atti percettivi (nella forma rafforzativa) sia i loro corrispondenti (negati) nella sfera intellettiva stanno in forma d'un imperativo: *Ascoltate bene e non comprendete, vedete bene e non riconoscete*. Cf. le due traduzioni inglesi che cercano di salvaguardare questo forte pleonasmo polifonico imperativale: *Listen carefully, but you shall not understand! Look intently, but you shall know nothing!* (NAB); *Hear ye indeed, but understand not; and see ye indeed, but perceive not* (KJV). Il primo stico del seguente v. sfociante nel vb. בין (*comprendere*) riferito al *cuore* come centro costitutivo d'una persona reintegrata (programma dell'intera Scrittura) sorprende per la stessa ragione: l'insistenza con cui si parla — sempre all'imperativo, questa volta indirizzato al profeta-accusatore — d'una sequenza di azioni quasi forzate. I soliti insiemi lessicografici sono semanticamente pregnanti: *appesantisci le sue orecchie* (vb. כבד) e *acceca i suoi occhi* (שעע). Più in dettaglio sull'analisi sintattica ed esegetica di questo testo importantissimo vedasi il commento classico di H. Simian-Yofre: *Isaias*, 61-63. Ne riportiamo una citazione teologicamente pregnante e chiarificatrice nonché illuminante per dare il giusto rilievo alla funzio-

dunque sta alla radice dell'accecamento che ne testimonia la forza distruttiva. In Lc però questa tragedia primordiale dell'uomo si trasforma in una beatitudine grazie al fattore del riconoscimento che capovolge lo *status quo* di partenza operando un cambiamento anatomico negli stessi occhi.

Per saper mettere in evidenza la portata comunicativa di questo fenomeno ci si deve rifare al resto del Vangelo, dove il cammino pasquale di riconoscimento viene preparato negli avvallamenti programmatici della narrativa lucana. A parte la prefigurazione narrativa della conoscenza perfetta da parte dei *pastori* e di altri *anawîm*-cantori degli inni, il lettore trova la sua convergenza tematica nell'inno di giubilo programmatico di Lc[49]. Il vb. γινώσκω assume qui un ruolo fondamentale indirizzando il discorso ad una beatitudine degli *occhi* in cui si cela la specificità della gnoseologia lucana. Come tale, la visione garantisce un contatto immediato con la realtà del Regno da riconoscere[50] e condi-

---

ne comunicativa del contesto di Is 6,9-10 e circoscrivere la valenza pragmatica del tema:

«El profeta, que ha percibido la gloria del Señor (Is 6,3) debe ahora hacer pesados ("tapar") los oídos de este pueblo de modo que no comprendan. "Gloria" y "hacer pesados" juegan sobre la misma raíz hebrea.

El énfasis de Is 6,10 sobre los adjetivos posesivos ("sus ojos, sus oídos, su corazón") implica que hubiera existido otra posibilidad, en la cual estaba la salvación: ver con los ojos iluminados por la visión de la Gloria, oír con los oídos llenos de la aclamación "santo,santo, santo".

El insólito mandato de endurecer y cegar a los destinatarios de su mensaje para que no vean y no comprendan [...] se debe procurar comprender en el marco de las misteriosas relaciones entre la libertad humana y la libertad divina.

Isaías tiene la conciencia de que la palabra de Dios no es neutra ni puede quedar sin efecto (véase Is 55,11). Si no produce la conversión, debe producir necesariamente el endurecimiento, y preparar así al sujeto para el castigo.

Isaías sabe también que una palabra de conversión no escuchada se vuelve palabra de condenación. Como en las relaciones humanas, toda acción que no mejora dicha relación la empeora. Una invitación a la conversión rechazada, hace más difícil que haya una nueva invitación, y que quien la rechaza retorne sobre sus pasos para aceptarla» (H. SIMIAN-YOFRE, *Isaias*, 62-63).

[49] Per prima vi balza negli occhi la giuntura dei due *logion* (sul riconoscimento reciproco tra Padre, Figlio e credente e sugli *occhi beati*) che produce un effetto rivelatore all'interno della narrazione la quale costituisce il contesto comunicativo di Lc 10,21-24. Non è così in Mt, ove i *logion* nominati sono separati (11,25-27 e 13,16-17 e riflettono situazioni comunicative diverse, soggetti più alle esigenze etiche della comunità matteana: cf. U. LUZ, *Mt*, II, 274-275.277.398.403.

[50] I brani, dove questo legame è accentuato, sono i seguenti: Lc 8,10; 10,9.11; 21,20.30-31.

ziona le modalità d'attuazione dello schema apocalittico rivelatorio. La dinamica tra «criptografia» ed apocalissi che regge nell'inno presente si estende agli altri punti nevralgici del Vangelo. Ignorando l'impatto comunicativo della grande *apocalissi* del *Nunc dimittis* è doveroso elucidare l'attualità pragmatica dei due detti complementari che si illuminano a vicenda (Lc 8,16-17 e 12,2). Il primo detto sulla *lampada* in modo efficace pone in risalto la necessità di una luce interiore che possa diffondere la conoscenza agli altri. Lo schiudersi dei pensieri (διαλογισμοί) segreti e nascosti presuppone dunque una preparazione oculare, in un contesto assai realistico profondamente segnato da una dialettica di divisione (cf. Lc 2,35).

L'elaborazione del concetto teologico di *riconoscimento* logicamente diventa una lotta per separare ciò che è luminoso dalle tenebre d'ignoranza lasciate in eredità alle caricature della stoltezza e presunzione estrema. Ciò è ribadito da una delle ultime note nostalgiche con cui il «viaggio» si conclude: un desiderio inaudito espresso da Gesù nei confronti di una Gerusalemme trionfante che non *riconosce l'ora* della sua *venuta*, o meglio, la riconosce a suo piacimento, come un'inaugurazione del potere politico ostile nei confronti del mondo circonvicino. Perciò la sua posizione personificata non supera i limiti d'un puro nazionalismo che si oppone a *ciò che serve alla pace* (potrebbe di per sé fornire per il *riconoscimento* una bella sfumatura semantica complementare). In quanto tale, esso dunque è dialetticamente contrapposto a una chiusura diremmo «criptica» degli occhi. Ciò effettivamente ostacola l'esecuzione performativa dello stesso riconoscimento (Lc 19,42.44). Il punto fermo su cui tuttavia riposa la convinzione ottimistica del lettore rimane comunque la certezza di uno svelamento definitivo del disegno divino ancora precluso al controllo dell'intelligenza. Questa *suspense* indispensabile accompagna il cammino del lettore riempiendolo sempre di aspettative nuove e costruendo già i sentieri di riconoscimento sui quali ci s'incamminerà a tempo debito.

Non bisognerà aspettare a lungo per abbozzare il *climax* narrativo dello sviluppo dialettico dell'argomento in questione. Il *riconoscimento* vero e proprio si attua infatti ben prima dei tristi avvenimenti del rigetto radicale e definitivo predetto nel precedente lamento su Gerusalemme e compiutosi ai piedi della croce. Come il terzo annuncio della passione esplicitava al massimo l'incomprensione dei *Dodici*, così il dittico degli incontri di Lc 18,35–19,10 mette in evidenza una nuova anticipazione narrativa del riconoscimento che prorompe egregiamente in una atmosfera di vanità e banalità. Non c'è più dubbio sull'esito finale di quella lotta che mette in gioco l'efficienza del previo cammino degli sguardi: la vittoria del *vedere* sull'accecamento simbolicamente presentata sotto la metafora del ricupero della vista. È questo, infatti, a garantire il desiderio solenizzato del *cieco* d'aprire, ed anzi, spalancare gli occhi. Nel caso di Zaccheo regge un processo inverso: la brama di vedere, una volta appagata, genera la professione di fede come un suo ulteriore sviluppo. La realtà di fede unisce queste due manifestazioni dell'unico programma evangelico brillantemente esposto nel brano comprensivo di Lc 24 da cui si è partiti.

La fusione della visione e del riconoscimento nel finale evangelico è motivata dunque dalla dialettica creativa delle scene chiave del tessuto narrativo di Lc. Un vedere riconoscente e un riconoscimento visivo diventano infine un fondamento monolitico su cui si costruisce il dittico dell'ascensione. La versione evangelica punta sul riconoscimento accompagnato da una visione trascendente, sfumata e poco esplorabile da parte del lettore. Il doppione degli Atti radicalizza, invece, l'intensità di una fissazione oculare che sembra circoscrivere o almeno accompagnare il cammino del riconoscimento sfociante alla fine nella speranza apocalittica di una ultima rivelazione. La tensione tra il già e non ancora dell'unione ideale tra visione e riconoscimento si risolve quindi con una crescita progressiva nella comprensione pasquale che si accumula esclusivamente nella fede. La felice immagine della comunità postpasquale dei testimoni perfettamente costituita sul realizzarsi di questa fusione certamente prolettica offre al lettore una straordinaria base comunicativa per entrare nella dinamica del riconoscimento sempre incompiuto e visivamente controllabile solo nella prospettiva della fede. È di fatto ciò che la comunità giovannea riesce a porre in modo efficace a fondamento della propria esistenza, arricchendo ulteriormente l'anteriore riflessione sulla γνῶσις, prettamente teologica, di Paolo[51]. Il

---

[51] Menzioniamo alcuni studi nel merito che possono illuminare il presente discorso: J. DUPONT, *Gnosis*. Riguardo a Gv è essenziale il contributo di I. de La Potterie che nell'articolo di un nome evocativo («οἶδα et γινώσκω», 709-725) mette in luce le caratteristiche essenziali della gnoseologia giovannea.

La unione vitale tra i fattori percettivi e quelli conoscitivi sta a cuore alla tradizione evangelica, ma sembra trovare in Lc un esponente più rappresentativo. L'elaborazione assai originale di Lc 24 ne rivela un profondo radicamento nella tradizione profetica di cui è Is a dare al discorso lucano la consistenza e autorevolezza maggiori. Il *riconoscimento* come il fine della rivelazione e volontà divine è una costante profetica per eccellenza, soprattutto se si pensa ai *rîb* come essenza e contenuto interno dell'annuncio profetico: P. BOVATI, *Ristabilire la giustizia*, 359. La visione vi è sfruttata per di più come paradigma della salvezza a cui tende lo stesso discorso accusato-

percorso scandito rivela dunque il paradosso che nutre la fede delle origini ed è semplicemente quello che indirizza sia vedere sia riconoscere alla *consumazione dei tempi* (cf. Ef 1,10). Solo lì infatti il nesso cristologico ed una compenetrazione perfetta di essi potranno riaprire quella prospettiva escatologica sottostante ad ogni cammino umano della conoscenza di Dio. È in essa, in verità, che si potrà dispiegare l'enigma d'incomprensione che regge il mondo ed anima l'intrigo evangelico portando lo stesso *vedere* alle realizzazioni inaudite delle sue potenzialità salvifiche.

2.2 *Portata soteriologica della visione*

2.2.1 Dialettica vedere — non vedere

Dopo un esame approfondito di alcuni nessi tematici che sono costitutivi dal percorso esegetico scelto merita attenzione un importante problema ermeneutico che segna gli sviluppi narrativi del primo e di conseguenza sfocia nel vincolante discorso sulla salvezza personale. Un costante scenario antitetico regge assai decisamente la composizione dei singoli passi e dell'insieme. Ciò dimostrano non pochi brani significativi su cui poggia l'intreccio dialettico del *vedere*. Cominciando dal crescendo realistico di Nazaret «vedere» e «non vedere Gesù» si sovrappongono in modo tale da far confluire nel programma teologico di Lc, qui effettivamente inaugurato, entrambe le facce dell'evento salvifico che è all'opera. La brama visiva è un elemento indispensabile per un incontro riuscito e quindi contiene già *in nuce* una buona prefigurazione dell'ideale evangelico. Il cammino umano ne segna però la decadenza e ciò è ugualmente racchiuso nel ricco

---

rio che vede il senso ultimo di riconoscimento in una conversione, e cioè in un autoriconoscimento. Luca sa cogliere e intrecciare questi due aspetti vitali della profezia come tale, in modo ché se ne possa snodare una sintesi teologica brillante. Riesce infatti ad accentuare la profonda personalità di un incontro in cui queste due faccie dell'unico evento salvifico (comprensione ed autocomprensione, oppure «vedere Gesù» e «vedere se stesso») convergono in un fulcro costitutivo della storia di un popolo intero, l'ancestro illustre di buona parte della comunità lucana. È in questo alveo teologico e situazionale che si devono collocare le solenni espressioni del Terzo Vangelo: *conoscenza della salvezza* (Lc 1,77), al suo proprio inizio, e il riconoscimento degli *occhi* alla sua fine (24,16.31).

Un precedente che pone il meccanismo giudiziario di un *rîb* a servizio dell'esegesi dei testi lucani è fornito dall'analisi sincronica di J. Neyrey che vi esplora il cammino della Passione come una stesura redazionale della «soteriologia narrativa» di Lc: *The Passion According to Luke*, 115-128, spec. 116-117 (n. 32).

orizzonte comunicativo della presente pericope di carattere epico. Il rifiuto della gente generato dall'ascoltare un discorso accusatorio è anche il rifiuto di vedere la personalità di chi sta indietro a questo imperativo energico. In questo modo il desiderio narrativo di una proficua elaborazione del paradigma percettivo può passare sopra ad ogni ostacolo per indirizzarsi ad una meta strategica già messa in luce dal *fissare* degli occhi. La dialettica accennata ha dunque una funzione propedeutica nei confronti del lettore insegnandogli una via regale, priva sia delle esagerazioni probabilistiche di una visione interessata sia delle gravi mancanze di un'attenzione fredda, a confine con la cecità voluta.

L'ambiguità del cammino narrativo d'Erode è nutrita dalle leggi della stessa dialettica che, in un palcoscenico così esteso, e proliferato semanticamente grazie alle ricchezze contenutistiche del «viaggio», riceve la più formidabile espressione. Il non *vedere* passa nella ricerca desiderosa del sovrano per fasi consecutive le quali mettono in gioco anzitutto i contrasti. Le due realtà del fascino narrativo d'Erode sono infatti l'ansia di un contatto visivo e l'effettiva *suspense* nel suo appagamento, il che ne proibisce una pronta risoluzione destando nel lettore la creatività di fare una sintesi teologica in cui sfruttare i contrasti del *vedere*. La rivelazione omicida del proposito erodiano evidenzia una svolta strategica nella dialettica, ravvisata rafforzando piuttosto la connotazione negativa di un vagare alla cieca. In assenza di forti alternative la solitudine dell'orientamento visivo di un personaggio illustre e per questo ridicolo nella propria dipendenza che è anche debolezza estetica, è soggetta a delle interpretazioni appunto contrastanti, fino ad arrivare ad una visione estremista: un omicidio non può che scaturire da una negazione forzata di un incontro a tu per tu. L'interessamento autentico d'Erode è del tutto contrario e perciò attinge forze nuove dal compromettersi assai violento delle sue potenzialità e dei condizionamenti motori.

Dopo aver familiarizzato con i paradigmi del *cieco* e di Zaccheo molto più trasparenti a livello comunicativo[52], il lettore comincia a doman-

---

[52] A ben vedere, la tensione dialettica tra non vedere iniziale e vedere finale persiste per ben pochi vv. essendo finalizzata prossimamente a dare al lettore le chiavi per comprendere il senso teologico dell'insieme in uno scioglimento dell'intrigo narrativo. Le due storie perciò sono accomunate da questo aspetto idealizzato che, come nel caso del famoso e assai simile detto di Lc 10,21-24, svolge nei confronti del lettore una funzione deittica di anticipazione narrativa e mette in maggior rilievo le incompiutezze effettive della situazione reale. In questo modo sono di interesse minore per

darsi il loro rapporto con la dialettica erodiana finora irrisolta. Vi sono invero dei segnali narrativi ben precisi di coerenza reciproca tra quei due cammini qualitativamente e contenutisticamente inversi. Quel cammino esemplare del *vedere* che porta alla salvezza e alla vita, nel senso intimo e personale, parte dal fulcro vitale del cammino erodiano per abbracciare concentricamente i dintorni narrativi più distanti del tema. Qui, infatti, la dialettica studiata trova una applicazione brillante. Il cammino di *non vedere* può addirittura trovare la sua ragion d'essere in quello di *vedere* che ne allarga gli orizzonti, lo consolida e gli permette di arrivare alla sua fine logica. In altre parole, il potente quadro della comunicazione visiva che sta indietro getta luce sull'apparente vuoto dell'*udire* come sostituto di un vedere fisico che equivale necessariamente ad una assenza del medesimo. Tuttavia la parte finale della ricerca erodiana è poco ottimistica, perché semplicemente sostituisce il non vedere con una visione falsa e poco corrispondente al tono deciso ed esistenziale di un bisogno prominente dell'essere umano raffigurato dall'attività oculare. La dialettica percettiva anche qui si pensa ricondotta alla sua linfa vitale che è il *riconoscimento* quale meta salvifica luminante[53].

Durante la crocifissione il non vedere come componente dialettica scompare totalmente dall'inquadratura evangelica tutta animata da una vera e autentica visione — un sostituto perfetto della perversione narrati-

---

un lettore sempre appassionato dei tipi narrativi complessi in quanto fanno un'efficace allusione alla sua esperienza di fede pur sempre ben lungi dall'essere perfetta.

[53] Richiamando l'analisi lessicografica di I. de La Potterie applicata al Quarto Vangelo se ne può dedurre un raffronto dialettico con il Vangelo di Luca. Così, il vb. più realistico e vivace per designare la *conoscenza* in Gv 17,3 è γινώσκω: «La connaissance dont parle ce texte n'est pas celle de la vision face à face, mais celle des croyants: "Elle ne consiste pas tellement dans la possession d'une connaissance achevée que dans l'effort d'une connaissance toujours en progrès"» (I. de LA POTTERIE, «οἶδα et γινώσκω», 721; cit. da: B. WESTCOTT, *John*, 239). In Lc invece abbiamo osservato una tendenza ben differente secondo cui la conoscenza e riconoscimento sorgono quasi esclusivamente sotto la spinta antropologico-esistenziale del *vedere*. La salvezza qui si presenta appunto come frutto di questa interazione tra vedere e (ri-)conoscere. Riguardo al secondo e più statico vb. della gnoseologia giovannea (οἶδα) va esplicitato soprattutto il suo aspetto negativo (οὐκ...) di une «ignorance plus total, un aveu d'impuissance; d'absence de vision intérieure, de communion» (*Ibid.*, 722-723). Cf. Gv 14,5; 16,18; 20,9. Concludendo, la visione lucana d'*incomprensione*, converge su quella tipicamente giovannea. Entrambe infatti contemplano la tragedia di un uomo forzatamente privo della luce della conoscenza e quindi impedito totalmente (si pensi a un cieco!) nel seguire la via della salvezza, conducente a una vera vita.

va dello «spettacolo» offerto da Erode. Ed è qui che la dialettica visiva sbocca in modo perfetto sbloccando la sua previa parte negativa in un paradigma eccezionale del riconoscimento. Ciò che dapprima serviva per ombreggiare la portata salvifica di un incontro visivo, si muta ora in un aspetto essenziale dello stesso *vedere*, di dimensioni perfino soteriologiche, e ne rimane una parte dialettica. Il cammino di Emmaus a proposito chiarisce definitivamente il presente discorso. Lì dialettica è la stessa formando la sede concettuale dell'attuazione della salvezza, ma oltre a ciò ne assume una forma ben elaborata e per questo assai condensata per esprimere l'essenziale. Il posto del non/*vedere* viene ad occupare il non/*riconoscimento* quale fenomeno inglobante del cammino tutt'ora compiuto. Con una fusione di visione e riconoscimento nell'epilogo della storia (Lc 24,31a) sparisce dunque non solo il *non vedere* come requisito necessario per un antagonismo percettivo, ma pure la tensione originaria di un *vedere* fisico che conseguentemente può sfociare in una contemplazione soprannaturale del disegno salvifico[54].

Ciò è reso evidente dal dittico dell'ascensione, anch'esso eminentemente dialettico sul piano di *vedere*. L'adorazione contemplativa della chiusa evangelica è una apoteosi del riconoscimento, mentre l'*ouverture* degli Atti è un risveglio narrativo di un *vedere* estremamente carico di forza espressiva e di vitalità comunicativa sulle quali si fonda la

---

[54] Ci fornisce un bel commento a questa grande rivelazione narrativa di Lc, la tradizione mistica degli scrittori ascetici d'Oriente tutta incentrata sul discernimento spirituale, l'autocoscienza dell'uomo, che lo porta a riconoscere il mistero della presenza divina attorno a sé. L'ultima tappa di questo processo, insieme formativo ed esistenziale, è propriamente la visione beata delle cose di lassù: l'unione mistica con Dio come meta della visione. Si pensi alla significativa e semplice esposizione di V. Losskij (*The Mystical Theology*, 217-219):

«One who has reached perfection is fully conscious in all his acts of will. The further a person advances in the way of union, the greater is his growth in consciousness. This awareness in the ways of the spiritual life is called knowledge ($\gamma\nu\tilde{\omega}\sigma\iota\varsigma$) by Eastern ascetical writers. In the higher stages of the mystical way, it is fully revealed as perfect knowledge of the Holy Trinity. [...] On the other hand, lack of awareness *($\dot{\alpha}\gamma\nu o\iota\alpha$)*, pushed to its furthest limits, would be nothing other than hell, the final destruction of the person. Spiritual life – the growth of the human person in grace – always has this quality of awareness; the absence of this quality is a mark of sin, "the sleep of the soul". [...] *Gnosis*, the highest stage of awareness of the divine, is an experience of uncreated light, the experience itself being light: "in Thy light, we shall see light". It is both that which one perceives, and that by which one perceives in mystical experience. [...] Whereas the life of sin sometimes willfully unconscious (we shut our eyes in order not to see God), the life of grace is an increasing progress in knowledge, a growing experience of the divine light». Cf. sotto: p. 565 (nn. 91-93).

testimonianza oculare della comunità apostolica. L'interesse di rimandare il riconoscimento sempre in avanti in At è quindi funzionale ad un bilancio prospettico della missione per la salvezza dei pagani (At 13,46-47) che avrà tanto da dire alla cerchia intima dei lettori lucani. In questo senso la dialettica visiva continua ad animare la narrativa lucana, nel suo secondo volume letterario, con un inizio ben differente da quello evangelico (cf. Lc 4,20b.29), in quanto radicato in una visione profetica prorompente già nel riconoscimento (cf. At 1,9-11). Questo non significa, però, che non ci saranno dentro le tensioni dialettiche e sfide interpretative.

2.2.2 La Pasqua e la nuova visione

Il lettore lucano ha potuto già constatare più volte la centralità assoluta della Passione nel quadro narrativo del *vedere*. È necessario, per concludere il cammino dialettico sopra evidenziato e coronarlo con un intuito soteriologico, richiamare l'attenzione sulla portata comunicativa e teologica del culmine evangelico esemplificato nello «spettacolo» della croce. Qui il lettore veramente diventa testimone di un capovolgimento dei valori finora considerati costitutivi di una visione riuscita: la vicinanza a Gesù nella sequela, nel porsi davanti al suo Volto, nell'ascoltare la sua Parola e nel narrare i suoi prodigi. Con la Passione vengono meno i fattori nominati. La scomparsa dei *Dodici* mette in rilievo questa tragica meta del cammino evangelico che ora bisognerà ripensare in chiave nuova.

Il punto di partenza può sembrare provocante e di fatto lo è: la *veste* splendida che provvede Erode per Gesù. Questa orienta il cammino del lettore in una direzione alquanto diversa, dimostra cioè un distacco dalla forte personalità gesuana a favore dell'imposizione impersonale delle proprie regole di gioco. Il vedere quale evento eminentemente salvifico (cf. Lc 19,1-10) cambia qui, in un adocchiare privo di senso, la figura resa esternamente bella allo scopo di suscitare un interesse meramente estetico. Ironicamente al sovrano si permette di eseguire ciò che non avevano forza né coraggio di compiere i Nazaretani desiderosi di una immagine a loro piacimento del Messia. Questo cambiamento pallido e superficiale forza anche la destrezza narrativa finalizzata a riempire le righe dei dati pragmaticamente vincolanti per l'intelligenza del lettore. A dire il vero, anche quel caso improprio della presa in giro del suo *vedere* ha a che fare con la serietà assoluta delle vicende che si snoderanno in avanti.

Sulla strada della croce l'intensificazione della scenografia visiva è seguita dal verbale di riconoscimento, anch'esso notevolmente denso e performativo. Si può notare addirittura in un certo rapporto di causalità i due filoni narrativi che si sviluppano in una proporzione inversa. Infatti le più alte contribuzioni cristologiche — la porta d'ingresso nel discorso soteriologico — si elevano in massima prossimità della croce, anzi, incorniciano la fine tragica dell'eroe. Una è fornita dal grido di speranza del buon ladrone (Lc 23,42) e l'altra — dalla confessione del centurione (v. 47). Entrambi ricompensano, sembra, l'assenza dei presupposti per «vedere Gesù» con una morte irrinunciabile che lo consuma, ma insieme destabilizza il cammino del lettore costruito sulle orme del *vedere*. L'unico esempio valido rimane quello del *popolo* che nell'atto stesso di contemplare l'accaduto, si trasforma, sotto la bella metafora di «spettacolo», in una entità metastorica che vede l'invisibile e quindi sa trovare nel proprio *vedere* un culmine dell'esperienza salvifica del mistero di Gesù. Questa riscoperta del massimo pragmatismo di una semplice attività degli occhi conclude l'intreccio evangelico, ma nonostante ciò, incarica il lettore di tessere, per conto suo, il filo logico del racconto rivolgendosi al suo futuro immediato, dove la percezione stessa avrà sfidato le possibilità umane (cf. Lc 24,50-53). Su questo la soteriologia lucana però dice ben poco[55]. Lo «spettacolo» di At la pre-

---

[55] Abbiamo avuto modo di familiarizzare con la maniera lucana di presentare la *salvezza*, identificata con il Gesù bambino nel cap. I. Già lì non era difficile ravvisare una tendenza, propria del Terzo Vangelo, di «narrativizzare» le categorie teologiche lasciando cioè il lettore solo davanti alle grandi immagini della salvezza di tenore epico: σωτήριον, κέρας σωτηρίας, ἀνατολὴ ἐξ ὕψους etc. In molti casi il racconto non faceva altro che mettere in evidenza alcune chiavi di lettura senza esplicitarne i contenuti teologici. Ciò si realizza anzitutto nell'impiego di un vasto vocabolario sempre più familiare al lettore. Arrivati in casa di Zaccheo e ai piedi della croce (Lc 19,9-10;23,36-37.39), si nota subito la prominenza del discorso soteriologico grazie alle espressioni lessicali concrete della stessa salvezza che prende corpo nel tempo del racconto. Lo si desume maggiormente dall'intreccio sintattico dei termini chiave che operano dei rimandi analettici alle previe porzioni narrative. In questo senso è più proficuo, a nostro avviso, lo studio del vocabolario della salvezza (cf. il contributo di S. Zedda: *Teologia della salvezza*) che non tentare di rintracciare un quadro teologico completo e strutturato della narrativa di Lc. I rispettivi contesti comunicativi di provenienza, in riferimento ai singoli lessemi, fungono da criterio e principio metodologico di grande utilità. A ciò ci siamo attenuti, infatti, in questa esposizione teologico-narrativa le cui prerogative sono intuite prevalentemente dallo sviluppo dialettico del *vedere*. È altresì per questa ragione che qui non ci imbattiamo nel problema del valore soteriologico della morte di Gesù: cf. cap. V, p. 328, n. 13. Ci rendiamo conto anche del carattere complessivo del narrare lucano, ove diversi filamenti teologici interferi-

senta in forma sintetica dando un orientamento alla storia della visione che evidentemente non scolorirà a causa dell'assenza del Risorto. È ormai attuato un altro e più potente modo di vedere, in un certo senso indipendente dalla fisicità e dal realismo dell'applicabilità noetica dei criteri finora cruciali per una *performance* riuscita il cui altro nome è *salvezza* (cf. Lc 18,34–19,10).

Ritornando ancora sulla strada pasquale dei *due* di Emmaus, che è una miniatura creativa e pittoresca dell'esposizione teorica da noi appena fornita, si può finalizzare la presente rassegna sulla salvezza da vedere in quanto fenomeno ed evento fortemente dialettico fondato narrativamente. Qui è simbolico ogni singolo tratto e ancor più la facciata semantica della visione. Con dei raffronti semplici — chiusura / apertura degli occhi – non / riconoscimento — si stabilisce una fase culminante, quando la sinfonia primordiale tra *vedere* e *riconoscere* si ritrova nel cuore dell'annuncio delle Scritture svelato dal Risorto. Questa conclusione perfetta del cammino degli sguardi è un premio e nello stesso una grande sfida per un lettore che vede nella rivelazione pasquale la meta del proprio cammino. La trasformazione, ossia il capovolgimento dei previ paradigmi della percezione visiva significa per questi una sosta solenne e un invito pressante ad acquisire un altro atteggiamento comunicativo che sia in grado di corrispondere alla beatitudine degli *occhi* (Lc 10,23-24), qui veramente compiuta. La trascendenza della visione da sperimentare è da cercare comunque in quel misterioso compenetrare realtà contrastanti della croce e della glorificazione che orientano il cammino pasquale del lettore in direzione di una scelta radicale da cui dipende l'esito finale della stessa dialettica tra essere salvato o essere perduto. In fin dei conti, l'essenza di questa visione senza frontiere sta nel cambiamento della vita e della mente (μετάνοια) a cui il Vangelo del Gesù lucano è particolarmente teso. È lì difatti che un *occhio* nuovo donato, per pura grazia, al lettore potrà fare l'esperienza del mistero invisibile.

---

scono: cristologia sta a servizio di soteriologia, d'ecclesiologia, escatologia e viceversa (*Ibid.*, 7). Cf. F. Bovon (*Luc le théologien*, 23-86); insieme all'autore ci domandiamo se la cristologia in Lc non «occupi tutto il campo della soteriologia»: *Ibid.*, 61. Nel primo e principale paragrafo dedicato alla cristologia di Lc è da trovare quindi molte intuizioni teologiche di cui ulteriormente, nei paragrafi successivi, poniamo in risalto l'un o l'altro aspetto particolare che il testo stesso lascia intravvedere. Per una ulteriore applicazione della «soteriologia narrativa» in Lc vedasi in seguito il § *Portata antropologica della visione.*

2.3 *Portata ecclesiologica della visione*

2.3.1 Vedere e/o ascoltare?

Proseguendo nell'analisi integrale del tema è doveroso rilevare, in modo definitivo, il suo legame con un motivo che sempre gli sta a fianco ed è ben più di un mero complemento. Bastava ricorrere a delle tipologie veterotestamentarie per reperire nella narrativa di Lc un filone parallelo dell'*ascolto* che emerge per certi versi autonomamente, in un chiaro contesto ecclesiologico. Lo si nota innanzitutto nella parabola del seminatore che in Lc manifesta un lavoro redazionale interessato ad accentuare non solo visione, ma anche ascolto[56]. Un secondo rilievo viene fornito dal detto emblematico di Lc 11,27-28 in cui il processo generativo dell'essere discepolo di Gesù si profila sotto il telaio metaforico dell'ascolto. Infine è l'imperativo pressante di Abramo (ἀκουσάτωσαν: 16,29) rimanere attenti alla voce profetica delle Scritture. Il lettore lo coglie in tutta la sua serietà e lo ricollega a una direttiva precedente, non meno autorevole (ἀκούετε: 9,35c). Proseguendo poi non si troveranno dei forti indizi a favore dello sviluppo argomentativo del motivo in questione[57]. Negli Atti, invece, esso entra in un possesso legittimo dello spazio narrativo riacquistando il potenziale comunicativo dal raffronto con la visione. L'esempio classico della stesura programmatica dell'ascolto in At è la citazione del famoso passo di Dt 18,15ss in cui è da cercare il manifesto missionario della comunità apostolica che accoglie e attualizza la pedagogia evangelica dell'ascolto (At 3,22-23). La sua continuità si riscontra proprio alla fine del libro con una profezia sorprendente di Paolo: *ai Gentili è stata inviata questa salvezza di Dio: ed essi ascolteranno!* (28,28). Alla luce di questo finale aperto ai risvolti percettivi nell'opera lucana si comprende meglio l'interazione tra visione e ascolto.

Riepilogando si deve constatare che il gioco tematico sopramenzionato supera nel Terzo Vangelo la dimensione di un mero parallelismo,

---

[56] Ciò mette ben in evidenza R. Johnson: *Hear-See Motive*, 20-23. Rispetto ai par Mc 4,3-25 e Mt 13,3-23 Lc si compiace di accentuare la vitalità e peso comunicativo dell'ascolto con un riferimento diretto e preciso alla parabola del seminatore (cf. Lc 8,15), con la modifica redazionale che sottolinea il modo di ascoltare (v. 18a), con la trasposizione del detto sulla vera famiglia a conclusione del ciclo della parabola, come invito al vero ascolto (19-21; cf. par Mc 3,31-35).

[57] Il fatto che Lc 10,27(cf. par Mt 22,37) non citi la parte introduttiva dello *Shema* invece conservata fedelmente in Mc 12,29, induce a pensare a una attenuazione voluta che si compensa nelle pagine del secondo volume di Luca. Cf. sotto.

per far parte di un dettame dialettico finalizzato a una sintesi teologica del *vedere*. Situato nella cornice narrativa della dialettica degli sguardi, l'*ascolto* funge da contesto comunicativo di spessore cristologico nel quale possa crescere e individuarsi la visione. Tante volte esso è sottinteso con un netto riferimento alla *parola* di Gesù, ai *Profeti*, alla *Scrittura*. Vi è il popolo a fungere da tipo narrativo, costante e obbediente nell'ascoltare il maestro. Essendo numeroso crea un sottofondo ideale per altre figure di pietà esemplare. Ovvero sono gli *anawîm*: la primizia d'Israele, gli umili profeti e confessori della messianicità di una salvezza da vedere. Questa si manifesta nell'evento Cristo e viene inquadrata nella prospettiva comunitaria di un duplice compimento della buona novella di Luca: nelle *orecchie* e negli *occhi*. Il primo compimento fa strada al riconoscimento visivo in quanto raccoglie notizie dalla comunicazione verbale: la prima tappa della ricezione del messaggero della salvezza. La scena «ecclesiale» nella casa di Marta e Maria esplicita al massimo la portata cristologica dell'*ascolto* come tale: ἤκουεν τὸν λόγον αὐτοῦ (Lc 10,39). Attraverso la parola si accoglie Gesù e si esprime la fede in lui come *Signore* e *Cristo di Dio* (Lc 5,5c: ἐπὶ τῷ ῥήματί σου; 9,20b).

Questo stadio preliminare, ma indispensabile della nascita di un rapporto vivo con il maestro è tuttavia compromesso fin dall'inizio con la parola profetica di Simeone sulla *spada* che dividerà i popoli (2,35). Essendo il simbolo della parola-evento compiutasi nel Gesù bambino, essa si applica bene anche all'ascolto che già nell'epilogo del vangelo dell'infanzia funziona da separatore tra quelli che ascoltano e quelli che non comprendono (2,46.50). Il cammino dei discepoli è diviso radicalmente dagli annunci della Passione, perciò l'ascolto stesso del loro messaggio sempre più urgente tradisce le proprie potenzialità; ciò è causato dagli effetti performativi della stessa *Parola* provocatrice (9,45; 18,34). L'ascolto erodiano, invece, è fecondo e porta a uno stimolo visivo che riapre per il lettore la espressività del cammino evangelico, arricchito notevolmente dal profilo comunicativo del *vedere*. D'altronde, la prominenza dell'ascolto viene garantita dall'attiva partecipazione uditiva del *popolo*[58]. Queste due prospettive falliscono davanti alla croce, sicché l'infruttuosità di ambedue si manifesta in un distacco tragico dall'ideale finora irreprensibile dell'adesione percettiva a Gesù (cf. 23,8.13.18). In tal modo le vie dei *Dodici*, del monarca e delle folle si incrociano per riunirsi di fronte allo «spettacolo» del Cristo crocifisso.

---

[58] Cf. Lc 1,41.48.66; 2,18.20.47; 4,28; 6,47.49; 7,9.29; 16,14; 18,23; 20,16; 23,8.

Davanti al compromettersi dell'ascolto la vera visione ricupera la dimensione salvifica della percezione in quanto tale e le dona una impronta eminentemente contemplativa. Davanti alla croce la dialettica finora in vigore cede posto al silenzio della massima attenzione visiva concentrata nello sguardo comune degli spettatori. Questo ideale polifonico, composto dai protagonisti narrativi, si realizza come sinfonia della visione, dove l'ascolto può finalmente trasformarsi in un «silenzio pieno di sguardo»[59]. Da questo punto di vista dunque è illegittimo chiedersi le priorità del *vedere* o dell'*ascoltare* nel quadro percettivo di Lc. Entrambe prendono parte dell'incontro salvifico trasformatore con il mistero dell'evento Gesù. La visione, tuttavia, diventa la categoria cumulativa destinata a portare avanti il racconto di Lc. Il lettore la pone a principio del cammino evangelico del *riconoscimento* che si chiude in modo perfetto là dove è cominciato: negli *occhi* (cf. Lc 2,30; 24,31a), con uno «spettacolo». Le due scene dell'ascensione scandiscono dunque il compimento del programma evangelico che così può ispirare gli inizi degli Atti a fornire un'ulteriore stimolo per il lettore nell'elaborare una simile teologia dell'ascolto[60].

La conclusione a cui si è giunti consiste nel considerare la dialettica percettiva un fattore ermeneutico del racconto di Lc. Per mezzo del continuo cedere della prospettiva uditiva a quella visiva si arriva conseguentemente a una risoluzione pacifica della tensione tra loro generata narrativamente. In questo modo, infatti, si distingue nettamente il campo percettivo privilegiato del Vangelo che il lettore può apprezzare solo dopo un compromesso dialettico. E non a caso questi così comprende la finalità strategica del processo comunicativo che proprio alla

---

[59] Dal punto di vista antropologico questo cambiamento è decisivo, perché segna un passaggio dall'umano al divino, quando la parola tace e l'ascolto significa la comunione di vita con chi sta di fronte. Cf. M. Angelini (*Un silenzio pieno di sguardo*) che tratta il problema nel quadro dell'antropologia dell'ascolto. La visione riceve dunque il maggior rilievo nel panorama della percezione fin qui divisa in due dalla dialettica tra ascolto e visione. Essendo un momento di forte intensità a livello comunicativo, questo *climax* teologico del «vedere Gesù» significa per il lettore la tappa finale del suo cammino, e cioè un punto pragmatico risolutivo del suo sforzo pratico di adeguarsi alle esigenze salvifiche del *vedere* e *udire*. Ci si ritornerà in seguito per ravvisare lo spessore antropologico della visione in quanto tale, svelata cioè della sua dialettica interna: p. 545ss.

[60] Su questo tratto distintivo del secondo libro di Luca va proposta un'indagine supplementare. Numerosi sono gli studi sull'ascolto nell'opera lucana e si concentrano giustamente sul contributo degli Atti in merito. Cf. fra i contributi più rappresentativi: R. JOHNSON, *Hear-See Motif*; S. PANIMOLLE, *Il discorso di Pietro*.

fine lo coinvolge in una celebrazione del primato degli *occhi* nel raccontare la salvezza. È insieme uno stimolante abbozzo ecclesiologico della visione comunitaria assurta al rango di un paradigma.

2.3.2 Portata missionaria della visione

Il libro degli Atti privilegia un discorso teologico vivamente radicato in un ideale della comunità dei testimoni oculari che porta a compimento il programma missionario del suo fondatore. In Lc la pedagogia oculare va pure di pari passo con quella missionaria e perciò quasi sempre ha a cuore la formazione dei piccoli centri ecclesiali da cui parte l'annuncio sul *vedere*. Sicuramente più sviluppato e sistematizzato in At, questo procedimento è già attuato nel canovaccio evangelico. I cantici di Lc 1–2 non sono altro che una audace espressione della sinfonia comunitaria a cui dovrà progressivamente giungere il pubblico assai variegato dell'epos lucano. Come un filo rosso, il racconto di Lc attraversa e condiziona pragmaticamente una preoccupazione caratteristica che è quella di riunire il popolo d'Israele, diviso al suo interno, e superare le barriere nazionali, invitando anche quelli da fuori — i Gentili — a far parte della comunità evangelica. Questo discorso logicamente sfocia nel problema del contesto situazionale soggiacente alla visione teologica in esame[61]. Ne è infatti elemento costitutivo, il *vedere*, come

---

[61] Facciamo alcuni cenni orientativi per valorizzare i punti rilevatori del forte carattere umanistico delle fondamenta comunitarie di Lc-At. È importante in questo discorso tener presente anche la posizione che prende Luca davanti alla Legge mosaica. J. Fitzmyer (*Luca teologo*, 146) mette bene in evidenza che «la primitiva comunità cristiana di Gerusalemme è presentata in Atti come comunità che, di fatto, vive secondo la Legge mosaica». Infatti la Legge per Luca non è una pietra d'inciampo tra i Giudei e non-Giudei, ma contrariamente è un «segno di distruzione» di quelle nozioni etniche (J. JERVELL, *Luke*, 137). Nell'etica lucana si parla di un'elaborazione legislativa da parte di Gesù che trova appoggio nella *Torah* e perciò è destinata alla comunione dei fedeli. L'essenza del precetto non cambia: si ha ormai un indirizzo pratico che è stato interiorizzato e reso accessibile con l'insegnamento di Gesù. Il problema dunque passa al piano didattico: cosa bisogna fare per diventare un discepolo autentico e fedele di Gesù. «La risposta [...] si situa nella linea del comportamento di Dio reso visibile nel comportamento di Gesù stesso: un Dio di misericordia che si rivolge all'uomo peccatore» (G. ROSSÉ, *Luca*, 411). Questo problema reale evoca diverse applicazioni nella vita della comunità lucana: per la nostra ricerca sono particolarmente importanti le angolature missionaria ed ecclesiologica.

Ci interessa soprattutto il lato più propriamente etico e quindi sociale e umanistico che si inserisce bene nell'ambiente ellenistico al quale Luca si sente debitore. Il tema della *misericordia* altrettanto cara all'evangelista sottolinea, sotto un'angolatura nuova, il valore assoluto e perenne dell'affettività considerata nel senso positivo come la

ne è stimolo la celebre *magna charta* dell'ideale comunitario di Lc: il *Nunc dimittis*. Il suo elemento unificante — una visione metastorica — congiunge entrambi i gruppi etnici creando una sintesi perfetta della comunità di cui Dio *si compiace* (cf. Lc 2,14c). Non è il campo privile-

---

preoccupazione e la partecipazione attiva alla vita altrui che è impossibile ridurre ad un semplice atto o azione priva della sensibilità. Molto stimolanti sono le riflessioni di F. Bovon (*Luca*, I, 36) che mettono in luce quello che abbiamo accennato: «i cristiani, secondo il sentire di Luca, non si aggrappano ai comandamenti, ma prendono in considerazione gli esseri umani. [...] La rinuncia assoluta dei dodici e il cammino concreto sui passi di Gesù non sono più possibili nella situazione delle comunità urbane del tempo di Luca, ma l'atteggiamrnto interiore e lo spirito che animavano tali decisioni e le rendevano impressionanti, se non addirittura provocanti, devono restare vivi e suscitare, sempre nuovamente, atti concreti e significativi. Questo è l'annuncio etico di Luca».

Riguardo al potenziale missionario, nel Terzo Vangelo non si tratta ancora della missione universale: Gerusalemme rimane il centro dell'attenzione di Luca e un punto di arrivo e/o partenza per i predicatori itineranti. Per Israele c'è ancora la possibilità di far parte integrante del cristianesimo mentre per i pagani non è più chiuso l'accesso ai «tesori» del popolo giudaico. Entrambi infatti sono chiamati all'interazione e all'arricchimento reciproco attraverso l'impatto missionario: Luca «milite en faveur d'un christianisme qui ne perde ni l'héritage jérusalémite des Douze, ni le bénéfice des traditions des Hellénistes. Luc est le témoin ou le promoteur d'un christianisme englobant qui triomphera finalement à Rome et ailleurs» (F. BOVON, *L'œuvre*, 209). F. Bovon ha insistito inoltre sul carattere comunitario e relazionale dell'amore e della vita cristiana in Lc. Tutto ciò, secondo lui, si basa sull'«impact anthropologique de l'intervention divine». La condiscendenza divina fa l'uomo debitore di un atteggiamento simile nei confronti del proprio vicino con cui ormai si deve stabilire una relazione. Nel caso della predicazione ciò diventa una condizione indispensabile, perché l'annuncio evangelico passi al destinatario: *Ibid.*, 207-208. Alla luce dell'insistenza narrativa sul *vedere* quale principio pragmatico che influisce fortemente sul comportamento etico, il discorso sull'affettività non può che sfociare in una visione integrale dei presupposti ermeneutici su cui riposa l'agire del Dio lucano. Li ha resi efficacemente ed in modo sintetico M. Grilli parafrasando l'idea chiave di F. Bovon: soprattutto in Luca non bisogna contrapporre decisione e sentimento, perché il Dio lucano è pieno di affettività (*Quale rapporto*, 160; cf. F. BOVON, *L'œuvre*, 221-242).

Le ultime osservazioni riguardano il carattere dialogico e quindi la dialettica del tentativo teologico di Lc di abbracciare gli estremi: cf. un simile modello ermeneutico concernente l'intera Bibbia come insieme dei due Testamenti in: M. GRILLI, *Quale rapporto*, 185-198. Il fatto che nel pensiero lucano l'importanza della *Torah* sia molto pronunciata può servire ad indicare il distacco da essa da parte dei cristiani di origine pagana: un problema che provocherà e condizionerà le sentenze del primo concilio apostolico di Gerusalemme (At 15,1-21). Ne ritroviamo traccia nella pericope della *peccatrice* e nella parabola del *figlio prodigo*. F. Bovon (*Luca*, I, 36) afferma infatti che «Luca è un testimone della forma ellenistica del cristianesimo che, al seguito di Paolo, si è staccato dalla stretta osservanza della legge».

giato del Vangelo la sua formazione organica, ma questo interesse assiologico non ne è nemmeno escluso. Basti prendere in esame i testi costitutivi del cammino tematico che stiamo seguendo.

Prima di tutto, c'è l'inno di giubilo che in Lc svolge molteplici funzioni (Lc 10,21-24). È comunque inconfutabile il suo sapore comunitario ed ecclesiologico con una forte sottolineatura del ruolo unificatore del *vedere*. Gli *occhi beati* al centro di questa composizione armonica stanno in funzione di un evolversi formativo dei tratti essenziali che distinguono una comunità in missione. È qualificante inoltre che il suo modello è dato dalla comunione di vita esistente tra Padre e Figlio esemplificata in una conoscenza reciproca. Un altro elemento fondamentale di questa immagine è un vivo rapporto storico con gli antenati desiderosi di *vedere* ed *udire*. Il gruppo presente dei loro successori è distinguibile solamente grazie ad una visione privilegiata ed eccezionale, sì da poter denominare l'autentica identità missionaria del collegio apostolico[62]. In tutto ciò è evidente la funzione veicolante della testimonianza oculare sulla quale Luca cerca di insistere ad ogni costo[63]. Qui essa viene assurta al rango di un paradigma missionario ed ecclesiologico che accompagnerà il lettore fino alla conclusione del secondo libro dell'opera lucana.

La ricerca d'Erode, nelle pagine successive è conduttrice per la presente rassegna, perché prende nell'obiettivo il famoso detto profetico a mo' di un lamento con degli elementi imprecatori (Lc 13,34-35). Qui è in questione un primo indizio eloquente del tentativo permanente da parte di Gesù di riunire il popolo d'Israele personificato da una Gerusalemme perfida e sanguinaria. Ritorna dunque di nuovo lo scandalo di una ribellione costante ed originaria che implacabilmente fa allontanare la meta della missione evangelica e costringe il predicatore dei valori comunitari a cambiare del tutto la tattica comunicativa. Il minaccioso

---

[62] Rispetto a Lc il passo parallelo di Mt 13,16-17 non è interessato a mettere in rilievo il valore costitutivo del *vedere*, poiché conserva il gioco tra *vedere* ed *ascoltare* anche nella beatitudine, doppia in questo caso, rivolta ai *Settanta*. La stessa portata comunitaria di questo *logion* è similmente attenuata, perché lo si situa all'interno della parabola del *seminatore*, dove funge da punto di passaggio da messaggio pubblico ad una sua interpretazione privata (Mt 13,3-9. 18-23).

[63] Per una netta messa in evidenza del fattore pragmatico di questo *topic* lucano per eccellenza, oltre al sunto teorico classico di J.-N. Aletti (*L'arte di raccontare*, 185-199), rimando ai due articoli rappresentativi di una corrente innovatrice nella scuola esegetica tedesca degli anni 60' che valorizza l'aspetto prettamente teologico che sta dietro la reperibilità storica dell'elaborazione di Lc-At: G. KLEIN, «Lukas 1,1-4», 193-216; H. SCHÜRMANN, «Funktion der Schrift nach Lk 1,1-4», 48-73.

non mi vedrete postula quindi una deviazione strategica nel cammino del *Figlio dell'uomo* che fin d'allora cercherà di attuare un piano salvifico sovrastante a ogni presunzione umana[64]. La riunione del popolo avverrà difatti sul calvario, dove il divieto di *vedere* avrà ceduto ad un'intensa ricerca oculare, senza limiti, e sfociante in una comunione nel pentimento che garantisce il successo al proposito divino compiutosi sulla croce. In tal modo un nuovo Israele nato presso il patibolo, è pronto ad entrare in un rapporto fedele col suo Dio testimoniando l'irrevocabilità del dono d'essersi ritrovato come comunità. La manifestazione attiva di questa trasformazione ecclesiologica passata attraverso gli occhi è, tuttavia, ben lungi dall'essere fondata narrativamente.

Negli Atti sono i *Dodici* a prefigurare un Israele perfettamente ricostruito e ancor prima — i testimoni del Risorto i quali portano l'annuncio pasquale allo stesso circolo apostolico. Questi potrà così riconoscersi unito nel condividere lo stesso messaggio di vita simboleggiato dal pane compartito insieme e nell'apertura della mente al mistero delle Scritture. Il discorso sul *vedere* che s'era esaurito con il compimento delle Scritture nell'unione gnoseologica di croce e di risurrezione, sarà ripreso in At con gli accenti specifici in un libro spiccatamente missionario ed ecclesiale. Il suo programma infatti è reso

---

[64] La tradizione profetica fornisce un numero considerevole di esempi significativi di come la ribellione stia all'origine dell'agire umano reso lapidario nel cammino del popolo d'Israele. Uno dei testi significativi per questo aspetto è Dt 32,1-43, il cantico di Mosé a conclusione della *Torah*, con i tratti distintivi di un *rîb* profetico. La ribellione qui si presenta come un atto di assoluta stoltezza da parte dell'popolo eletto appena introdotto nel rapporto d'alleanza con Dio e reso da Lui erede delle promesse antiche quali terra e prosperità. La risposta di Dio in questo caso è evidente e fortemente pedagogica avendo lo scopo di provocare in questi un pentimento autentico e il ritorno alla sua integrità originale, di una nazione che è la *porzione del Signore* (v. 9a). È indicativo quindi che la vendetta di Dio, ben esplicitata in un crescendo narrativo terrificante, (19-25) cominci con un'azione simbolica che, evidentemente, è quella evocata da Gesù: *nasconderò il mio volto da loro, vedrò quale sarà la loro fine* (20ab). È qui implicito, per ironia, un sorvegliare quasi di un animale dal nascondiglio, un *vedere* per niente disinteressato, simile a quello di un nemico che sta in agguato, il che descrive assai bene il dramma centrale di un Israele rimasto solo, che Luca si sforza tanto ad attualizzare nel prisma ecclesiologico e missionario del suo vangelo. Lasciato in balìa di se stesso il ribelle è destinato ad una autodistruzione, ma vi è nuovamente Dio a prenderlo per mano e posare per primo il suo sguardo benevole su coloro che stanno per essere sterminati e sono invitati ciò nonostante a volgere uno sguardo reciproco su Colui che li può salvare: in entrambi i casi viene impiegato il v. ראה (36c.39a). Questa comunione esemplare degli sguardi serve da metafora anche per il Terzo Vangelo che, come si vedrà, è strategicamente orientato verso la piena realizzazione di un simile ideale comunitario.

trasparente nel doppio scenario dell'ascensione in cui la comunità dei testimoni per così dire stringe un patto con il suo fondatore, impegnandosi a portare agli estremi confini della terra, l'annuncio salvifico del *vedere*. Gesù, quale suo protagonista permanente, conferma l'impatto missionario della prima comunità da lui saldamente preparata a vedere con gli occhi di Dio i *tempi* e i *momenti* opportuni in cui attuare l'annuncio del *Regno* (At 1,6-7). Questo è insieme culmine e punto di partenza di una missione, inaugurata in circostanze del tutto particolari di una visione intensa, e autorizzata da una Parola pragmaticamente dotata del Risorto[65].

La meta evangelica di riunire attorno a Gesù un popolo in contemplazione è quindi solo abbozzata nello *spettacolo* della crocifissione e in quello dell'ascensione. È denso, invece, di contenuti e propositi teologici, fra loro dialoganti, un dilemma comunicativo con cui l'*ecclesia* appena formata raccoglierà una bella sfida, ma avrà anche da dire tanto al lettore. Esso tocca, fra l'altro, il ricco bagaglio esperienziale del *vedere*, acquisito fin allora dalla Chiesa dei testi oculari e, già per questo, richiede un trattamento minuzioso. Ci si interroghi dunque sulla natura e modalità concrete di una reintegrazione fra due enti etnici desiderosi di vedere, ma anche di vedersi: Israele e Gentili. La possibilità di accesso nel panorama visivo della salvezza, per i secondi, rimane significativamente in At, ancora una questione aperta e riconosce a Paolo la palma della vittoria di una riflessione, più rigorosa ed esperta, in merito[66]. Il contributo di Luca è e rimane sempre quello di poter cristallizzare questa meta salvifica nella forma innica del *Nunc dimittis* che è un vero centro e snodo pragmatico nonché la

---

[65] Se prendiamo in considerazione i due invii in missione succeduti l'un all'altro all'inizio del «viaggio» (Lc 9,1-6; 10,1-12), è facile notare che a Luca interessa di presentare lo sviluppo di una comunità in missione fin dall'inizio del cammino istituzionale di Gesù (cf. Lc 9,51), coronato con il mandato per eccellenza in Lc 24,47-49 / At 1,8. Il tratto distintivo di quest'ultimo apogeo missionario di Lc è sicuramente un *vedere* quanto mai intensificato e fortemente comunicativo. È così, perché riesce a trasmettere nello stesso silenzio le prerogative e modalità concrete di un'esecuzione pratica del testamento del Risorto.

[66] Qui entra in questione il problema assai dibattuto della fine misteriosa di At 28,28. Non avendo per scopo l'indagine di questo argomento ci limitiamo a menzionare alcuni contributi più recenti e stimolanti per una ulteriore ricerca in merito: J. KILGALLEN, «Acts 28,28 — Why?», 176-187; R. O'TOOLE, «The Christian Mission», 371-396. Riguardo ai contatti tra la concezione lucana e quella paolina nel quadro dei riflessi teologici dell'ecclesiologia è da consigliare la rassegna di studi in: *Réception du Paulinisme dans les Actes* (ed. D. Marguerat).

quintessenza di un'identità missionaria in pieno sviluppo a cui certamente la sua comunità ecclesiale ha saputo aderire o almeno prestare la massima attenzione.

2.4 *Portata antropologica della visione*

2.4.1 Vedere come ricerca di sé

Il precedente discorso prettamente dialettico, fa appello alle competenze dell'intero cammino gnoseologico che il lettore pian piano impara a cristallizzare nei titoli evocativi della propria esperienza di fede. Ne fanno parte degli episodi emblematici del Vangelo che qui è doveroso sottoporre ad una esamina avente per scopo il già ripetuto tentativo di reperire le modalità comunicative finora inesplorate del *vedere*. Sul piano antropologico il vangelo dell'infanzia offre anche un ricco terreno da esplorare in quanto mette in intima relazione ricerca e visione come mezzo della scoperta, essenza del ritrovamento e, in più, fonte di una identità rinnovata. A paragone con Mc e Gv — altri due maestri della presentazione *euristica* dell'evangelo di Gesù — Lc dà una risposta pur sempre originale che è generata narrativamente dalla sua profonda stima per il successo che nel corso della fabula, una ricerca visiva avrà[67].

Due stipulazioni pratiche contrastanti fornisce, da una parte, il gioioso cammino indagatore dei *pastori* aperto e chiuso egualmente con un'esplosione visiva (cf. Lc 2,9.17.20); dall'altra, — la triste via di ritrovamento dei *genitori* di Gesù che non si risolve positivamente con un *vedere* finale, bensì svela la tragica disarmonia che c'è tra un cercare disperato e un adocchiare privo di riconoscimento (vv. 48-50). In entrambi i casi la dialettica accennata serve a gettare luce sul problema d'identità che necessariamente sfocia in quello d'alterità[68]. L'incontro

---

[67] Sul Vangelo di Mc c'è stata infatti una ricerca dettagliata, capace di conclusioni di notevole rilievo per la forma narrativa dell'insieme: R. VIGNOLO, «Cercare Gesù»; cf. anche l'intuizione di M. Grilli esposta durante il corso d'esegesi biblica svoltosi l'a.a. 2010/2011 al Pontificio Istituto Biblico: *«La via» come motivo euristico della teologia di Marco*. Per quanto riguarda la concezione giovannea e la sua espressione letteraria si consulti: G. MLAKUZHYIL, *The Christocentric Structure*.

[68] Di grande aiuto può essere la proposta esistenziale-metafisica del filosofo ebreo E. Lévinas, basata sulle seguenti definizioni del concetto epistemologico centrale e della sua posizione argomentativa — *Volto*: «noi chiamiamo volto il modo in cui si presenta l'Altro, che *supera l'idea dell'Altro* in me. [...] Andare incontro ad Altri significa accogliere la sua espressione nella quale egli va al di là dell'idea che un pensiero potrebbe portarne con sé. [...] questo significa anche essere ammaestrato». E

con il Gesù bambino offre ai primi l'opportunità di trasformare il proprio cammino in una testimonianza del mistero dentro la quale il *vedere* costituisce una umanità perfettamente organica[69] e serve a scopo missionario. Ne amplificherà notevolmente i contenuti la storia paradigmatica della conversione di Saulo con pragmatismo e «trasparenza» estrema.

Il secondo esempio porta, invece, una impronta negativa denominata in precedenza come incomprensione e perciò blocca le capacità naturali di un *vedere* che è sempre relazionato con una riuscita messa a fuoco dei contenuti essenziali del suo oggetto. In questo caso la difficoltà sorge appunto dal fatto che qui manchi il contenuto. La tragedia di una maternità e paternità private del loro nucleo esistenziale — *figlio* — già in partenza avvia quindi il problema se non la crisi d'identità. Lo riprende e rafforza, assai sistematicamente, il carattere d'Erode che inaugura una ricerca visiva di vasta portata — unico fondamento dell'identità narrativa di costui. Questa necessità perfino esistenziale è impressionante in quanto abbraccia tutto il Vangelo segnandone le tappe progressive corrispondenti. Al suo interno affiora, infatti, un secondo tipo narrativo, quello di Zaccheo, che si presenta momentaneamente per schiudere, in una sola riproduzione pittoresca, le finalità salvifiche di una sequela scoppiata nell'ultimo momento, con una comparsa dell'Altro nell'orizzonte percettivo del protagonista. Un tale incontro faccia a faccia permette a quest'ultimo di ritrovare se stesso, in un vedere rinnovato dalle prerogative esterne e dallo stesso itinerario interiore della sua ricerca di verità.

Sorprendentemente la rivelazione narrativa della conversione e del convergere delle vie di uno Zaccheo peccatore nella celebrazione di un ritrovamento della identità vera di un *figlio d'Abramo* è seguita e non

---

ancor più espressamente: «Il volto è presente nel suo rifiuto di essere contenuto. In questo senso non potrebbe essere compreso e quindi inglobato. Né visto, né toccato — poiché nella sensazione visiva o tattile, l'identità dell'io nasconde l'alterità dell'oggetto che appunto diventa contenuto» (*Totalità*, 48-49.199). Queste citazioni rivelano in modo efficace il carattere dialettico e quindi contraddittorio del presente discorso.

[69] Nella piccola storia dei *pastori* ciò è reso evidente dai continui richiami alla volontà divina che è stata loro rivelata e dev'essere adeguatamente compiuta. Ne testimonia la completezza il conclusivo accenno a un *parlare* trascendente che si realizza in un modo perfetto nell'agire umano. La visione che apre e chiude il cammino dei *pastori* segna anche una coincidenza significativa nel loro *cercare* che coinvolge tutti i «motori» percettivi, esemplificati nel bel merismo euforico πᾶσα ἃ ἤκουσαν καὶ εἶδον (Lc 2,20).

preceduta dallo snodarsi violento di un simile, ma molto più lungo ed ambiguo esplorare erodiano. Se, nel caso precedente, la visione serve a sciogliere uno scatenarsi delle dinamiche relazionali che diventano un presupposto fondamentale per la conversione di identità, qui un momento culminante e drammatico della fine della ricerca e quindi un passaggio strategico dal non vedere a un vedere spettacolare è svuotato di senso. Il massimo delle ripercussioni visive non significa un bel niente per Erode se non un inutile sprecare il tempo trasformato forzatamente in un divertimento estetico. Vi è contenuta senza dubbio la tragedia di una identità depravata dal peccato e dall'imbroglio di auto-sufficienza. Così queste due tipologie polarizzate convengono narrativamente creando una sintesi feconda sul *vedere* quale quintessenza dell'essere. La sua attuazione — ciò ormai è un dato di fatto per il lettore — dipende esclusivamente dal fine esistenziale di ogni andare in cerca dell'altro che è insieme il suo egregio punto di partenza: si tende a guardarsi reciprocamente per percepire diversamente se stessi[70].

2.4.2 Vedere come ricerca dell'altro

L'esito comunicativo del binomio fortemente antinomico — identità – alterità — a cui finalmente siamo arrivati con l'aiuto delle categorie filosofiche, mette a confronto le due categorie di esistenza che non di rado tendono a essere accostate troppo facilmente e solo superficialmente. Il racconto di Lc per contro le intuisce in un continuo sviluppo dialettico con cui creativamente si prepara il cammino della Passione. Qui il problema d'identità riceve una coloritura del tutto specifica, grazie soprattutto alla netta messa in luce di un sottofondo visivo della stessa ricerca dell'altro che ora si svolge in uno spazio chiuso e immo-

---

[70] Cf. lo spunto illuminante di E. Lévinas (*Etica e Infinito*, 94): «la vera unione, o il vero insieme, non è un insieme di sintesi, ma un insieme di faccia a faccia». La dimostrazione attiva di questa intuizione è fornita nel racconto della peccatrice (Lc 7,36-50) che testimonia una progressione di pensiero. Qui il rapporto di causalità cambia introducendo un nuovo elemento nella dialettica visiva. Se nel caso di Zaccheo questi non si riscopre attraverso lo sguardo del protagonista se non alla fine del suo cercare di vedere Gesù, nel caso presente, è il vedere una *donna* che garantisce al fariseo Simone il giusto rilievo sull'identità profetica del medesimo. Per vederLo bisogna quindi correggere lo sguardo nei confronti del prossimo, ma con questa importante acquisizione antropologica già affrontata da noi parzialmente (cf. cap. IV, pp. 291ss.307) ci imbattiamo inevitabilmente nel trattamento specifico delle questioni etiche — punto nevralgico della polemica con il fariseismo. Ma ciò va oltre i propositi della presente ricerca focalizzata sugli interessi teologici che favoriscono il discorso sull'antropologia della visione in Lc.

bile. Questo favorisce maggiormente la conversazione degli sguardi che esprimono molto bene la costituzione intima dell'animo di ciascuno. Il passo preliminare è peraltro di notevole spessore e funzionale per abbordare una domanda difficile su cui in effetti verterà la dialettica degli sguardi: chi è per me il Crocifisso? Il lettore è finalmente convinto di fare una sosta e si sente persino in dovere di tirare le ultime conseguenze dalla previa raccolta dei modelli euristici, condotti ora allo stesso denominatore. Come nel caso analogo dell'analisi pragmatica delle posizioni, la presente prospettiva di tipo antropologico riesce a ravvisare un *climax* narrativo, in questa parte evangelica focale per la comprensione adeguata del macro-racconto.

Nel prisma della dialettica tra identità e alterità sinora sfruttata la narrativa della crocifissione è feconda, proprio perché fa appello ad almeno tre fenomeni antropologici comunemente temuti e considerati i luoghi comuni della riflessione biblica: violenza, omicidio, morte[71].

Sulle orme di E. Lévinas si potrebbe così impostare la presente riflessione sfruttandone la connotazione dell'omicidio che ha una grande rilevanza nel percorso che il Vangelo promuove. Secondo l'autore, la «negazione totale» dell'altro ha luogo solo nel caso dell'omicidio che rivela appunto che l'altro «è assolutamente al di là del mio potere e che perciò non vi si oppone, ma paralizza lo stesso potere di potere. Altri è il solo essere che posso desiderare di uccidere»[72]. Qui siamo davanti al problema dell'alterità intesa nel senso di un ostacolo, un affare troppo impegnativo o addirittura fustigante.

L'estrema violenza della croce è da pensare dunque in termini di una frustrazione profonda causata a sua volta da una relazione mancata, se non negata affatto. Il processo davanti a Erode con un silenzio difensivo e disarmante da parte di Gesù, già prelude ad una Sua superiorità sul piano psicologico, confermata pure da una celebrazione visiva pervertita e quindi smascherante un'identità gravemente ferita del giudice.

---

[71] Cf. i contributi del volume di RSB intitolato: *La violenza nella Bibbia* (ed. L. Mazzinghi). Ne fa parte uno studio comparativo dei sinottici effettuato da M. Grilli che coglie aspetti interessanti, riferendosi innanzitutto alla filosofia etica di E. Lévinas e esplorando alla luce dell'etica neotestamentaria l'immagine del Dio giusto e del Dio della giustizia. La conclusione teologica a cui arriva infine l'autore sarà da noi ripresa e ripensata, vista la sua prominenza interpretativa per il tema in trattamento: «La violenza di Dio e la croce», 135-155. In riferimento all'AT ci avvaliamo di un'indagine completa ed esaustiva di B. Costacurta la quale in modo avvincente fa vedere il vasto repertorio comunicativo del fenomeno psicologico ed antropologico della *paura*: *La vita minacciata*.

[72] E. Levinas, *Totalità*, 203-204.

Quest'ostilità cieca proviene dalla tragica perdita di un contatto diretto, faccia a faccia, in un momento paradossale dell'intensificazione massima delle potenzialità percettive. È una tragedia precoce in quanto apre il cammino evangelico del *vedere*, a Nazaret, e mette in evidenza l'appello gesuano, rivolto al pubblico, a ritrovare — nello stesso atto di un fissare oculare — la loro vera identità. Ai piedi della croce lo stesso appello risuona con una forza maggiore in quanto prorompe nel silenzio della contemplazione, attraverso le voci di chi ha saputo trasformarsi interiormente da un cosciente far parte dello *spettacolo* e testimoniarlo ad alta voce, in una professione di fede che sta a fondamento dell'identità riscoperta.

In effetti nello snodarsi drammatico dell'evento di crocifissione succede uno scontro meraviglioso tra i due registri attanziali contemporanei che si sviluppano in modo corrispondente. Da una parte, vince il terrore impersonale di una violenza che giunge al suo vertice nel momento degli scherni rivolti a Gesù in croce; dall'altra — un conseguente cammino di riconoscimento dell'identità di Crocifisso. I tre esempi ben noti di scioglimento narrativo veicolano, a quanto sembra, una feconda rivelazione dell'alterità allo stesso tempo, negata e riconosciuta. La ricerca del *Volto* ci riporta quindi ad un riconoscimento reciproco simboleggiato da una visione perspicace del *popolo* che, nell'accettare l'alterità del Crocifisso, si rinnova nella propria identità metastorica. In fin dei conti è lì, nel più profondo dei cuori e dell'animo, che l'incontro visivo faccia a faccia ha la potenza di infondere un'illuminazione e una speranza di rigenerazione. La «ricreazione» della croce, infatti, supera le possibilità dello stesso *vedere* inviando alla ricerca dell'identità gesuana finora rivelata soltanto nel suo aspetto negativo e trascendente. Sono di aiuto i caratteri narrativi di non minor rilievo, anche se non così minuziosamente riflessi nel prisma percettivo.

In primo luogo, il *buon ladrone* manifesta l'innocenza del Crocifisso e riconoscendosi peccatore negli occhi Altrui, è ben prossimo alla scoperta del vero *Volto* di Gesù che è pur sempre quello misericordioso e benevole. Su questa base si scrive infatti una pagina nuova nei rapporti divino-umani idealizzati nella storia di Zaccheo, per certi versi propedeutica per l'epifania della croce. In secondo luogo, la dialettica tra identità e alterità viene coronata da un enunciato lodevole del *centurione*. Emesso come risposta alla morte fiduciosa del Cristo, questo sommario di tutto il cammino evangelico dà una definizione adeguata di chi è Gesù. L'alterità di trascendenza si riverbera così in un attributo prettamente umano (*giustizia, rettitudine*) che il lettore ha saputo porsi a fondamento della propria identità[73]. Il fatto che ne è debitore lo stesso

---

[73] Rispetto al Vangelo di Mt, dove la *giustizia* costituisce un filone organico e portante (cf. M. Grilli (*Scriba dell'Antico*, 23-24) e la tesi recente di A. Castaño Fonseca: Δικαιοσύνη *en Mateo*) Lc si limita a una serie di segnali unificanti per il cammino del lettore. Il vangelo dell'infanzia dapprima scandisce l'ideale di un uomo *giusto* nei confronti della Legge, ripetutamente incarnato nelle figure illustri di *anawîm* (cf. Lc 1,6 (Zaccaria ed Elisabetta): δικαιώματα; 75: δικαιοσύνη; 2,25 (Simeone): δίκαιος). Segue poi tutto il cammino di rettitudine promosso dalla predicazione di Gesù, interessata a porre in rilievo i meccanismi sapienziali di un'autentica giustizia. Il famoso detto sentenziale di Gesù in Lc 7,35 (par Mt 11,19) paragona il rigetto dei *farisei* e *scribi* (v. 30) con una resa della giustizia da parte della *Sapienza* (si badi inoltre al passivo divino del vb. che indica l'agente primario del: ἐδικαιώθη) nei loro confronti. Il desiderio di Dio di riaverli come propri *figli* (τέκνα) è collocato nel Suo progetto originale di «ristabilire la giustizia», a cui aderiscono il *popolo* e i *pubblicani rendendo*, o meglio *restituendo*la così a Dio: ἐδικαίωσαν τὸν θεόν (v. 29). La continuità del motivo si percepisce poi nel tono polemico delle grandi controversie con i capi religiosi, i *giusti* presuntuosi (Lc 10,29; 12,57; 15,15; 18,9), ma, in sotanza, esso non supera il rilievo d'una semplice nota. Invece, se si pensa di nuovo a quel progetto di *riportare i cuori dei ribelli alla sapienza dei giusti* (Lc 1,17c) il discorso ri-acquisisce importanza: lo si rinviene nelle pagine finali del Vangelo, sulla grande arena della croce, quando il tema della *giustizia* si intensifica per la seconda ed ultima volta (cf. Lc 23,47). La professione del *centurione* viene preparata, implicitamente, da una triplice difesa di Gesù da parte di Pilato, dal pianto delle *donne* e, esplicitamente, dalla confessione del *buon ladrone* che si ritiene *giustamente* (δικαίως: Lc 23,41a) punito, insieme al compagno-malfattore. La *giustizia*, in fin dei conti, trova compimento in una filiazione divina dell'uomo evangelico. Questa, a sua volta, si presenta come la vera ed unica fonte della sua identità vocazionale. Con ciò dunque pare esaurirsi, narrativamente, pure il cammino evangelico di sequela.

Il libro degli Atti sviluppa notevolmente il tema della *giustizia*, identificandola con Gesù che è il *Giusto* per eccellenza e diventa tale nel momento della massima umiliazione — *croce* — rivelatrice del giudizio divino che ora pesa sugli uccisori (At 3,14; 7,52). I discorsi missionari di Stefano, Pietro e Paolo sono davvero pieni di questo urgente appello, rivolto al popolo dell'alleanza, di *riconoscere*, sull'esempio del *centurione*, che quell'*uomo* sia *giusto*. Occorrerà innanzitutto *vedere*lo e *udire* la sua *voce* nella testimonianza apostolica, chiarificatore è l'esempio del Saulo convertito (At 22,14). La *giustizia* come tale (δικαιοσύνη) prende corpo nel *giudicare* di Dio e viene richiamata in un discorso di tipo gnoseologico, nell'Areopago di Atene, ove Paolo si sforza di dimostrare che essa consiste nel *risuscitare dai morti* il Giusto. A questa si collega mediante la *conversione* relazionata metaforicamente come uno *superamento visivo*, da parte di Dio, dei *tempi d'ignoranza* (χρόνους τῆς ἀγνοίας ὑπεριδὼν ὁ θεός: At 17,30-31). Su questo modello va strutturata la vita della comunità dei *giusti* che nel *fare giustizia* ,mediante la fede in Cristo, e nella libertà dall'esclusività della Legge, si mostra come un popolo *ben accetto* a Dio (At 10,35: δεκτός): 13,38-39. Qui il discorso sembra sfociare nell'alveo teologico da cui era partita la riflessione sul *vedere*: la predica inaugurale di Nazaret che mette sul palcoscenico l'*anno ben accetto* di Dio

Gesù — vero Dio e vero uomo — fornisce un commento brillante alla teologia del *vedere*: si comunica al lettore l'immanenza e il carattere ricettivo dell'identità gesuana. La massima rivelazione del *Figlio dell'uomo* diventa dunque l'audace punto di arrivo di un'umanità divinamente ricostituita nel suo splendore originario. Questa soluzione tanto esemplare della dialettica accennata non si pensa, però, isolata dall'itinerario visivo che vi ricupera il proprio spessore pragmatico. Lo *sguardo* del comandante militare chiude quel cammino degli sguardi che qui può felicemente risolversi in una celebrazione della vita. Ma tale vita è scaturita dalla morte e dunque nel ripristino di un'identità costata molto in quanto radicata nella giustizia eterna.

Perché la storia evangelica possa progredire dopo lo snodo pragmatico centrale della crocifissione che pare esaurire il messaggio teologico di Lc, viene attuata subito dopo una ricerca complementare che ha per oggetto: gettare la luce dell'esperienza pasquale sullo stesso evento fondatore. Le donne, le protagoniste egregiamente coinvolte nella drammatica esplorazione della tomba vuota ripercorrono, in verità, il proprio itinerario formativo la cui tappa decisiva diventa una prostrazione e quindi la negazione massima d'ogni esperienza visiva. Ma proprio in questa rinuncia costitutiva dell'essere umano d'irrompere nella sfera del divino si cela il dono di un'identità sopraelevata, capace di adeguarsi alle esigenze missionarie. Quest'esempio di testimonianza è unico nel Vangelo in quanto si costruisce nell'assenza della visione del Risorto e ottiene il massimo potenziale comunicativo dall'estrema visibilità del Crocifisso. Anche la corsa di Pietro, avido di confermare la supposizione che già pregusta come fondamento infallibile della sua identità precedentemente compromessa nel diniego, veicola il sapere comunitario come punto di sbocco della professione di fede pasquale. La croce che per le *donne* era stata l'occasione d'oro per riaprire visivamente il sigillo del mistero d'identità gesuana, per il primo degli apostoli è la dolorosa manifestazione del proprio peccato. Il sopralluo-

---

omettendo così volontariamente la menzione originale del Is 61,2[TM] del Suo *giorno di vendetta* (יום נקם). La giustizia di Dio, secondo Luca, è però qualcosa di più profondamente legato al volto umano. Questo si mette a confronto con lo sguardo benevolo del promotore di ogni giustizia e in contatto personale con Gesù il Giusto può efficacemente aderire all'identità filiale di costui, perfettamente eguagliabile alla *santità* quale rapporto immediato con il Santo per antonomasia che è Dio (cf. At 3,14; 4,27). Gli *occhi*, come si vedrà, svolgono un ruolo esemplare in questa messa in atto delle complesse potenzialità performative dello stesso cammino di santificazione da noi rintracciato in precedenza.

go della tomba e soprattutto delle *bende*, le uniche fruibili da parte degli occhi, lo porta ad una svolta gioiosa di speranza, in cui già non è difficile intravvedere un ritorno alle origini della fiduciosa condivisione di vita con il maestro.

La stessa gara pasquale, nel tracciare i cammini del Risorto, riscrive dunque un previo percorso drammatico del Vangelo indirizzandolo agli scopi personali di ciascun personaggio la cui identità è fortemente chiamata in causa dalla trasformazione pasquale. Scoppiata in seguito alla sconfitta mortale di Gesù sulla croce, essa opera un meraviglioso riscontro nelle vie umane di riconoscimento. L'alterità assoluta di un Risorto non visibile, proprio della fede, sfocia logicamente in un'identità rassicurante, manifestata nei segni tangibili della vittoria pasquale. In questo senso sia le donne sia Pietro aderiscono ad una meta euristica in cui la certezza della loro fede può finalmente riposare. È nella fede invero che un *quaerere* percettivo si risolve nella riaffermazione attiva dei caposaldi della loro propria ed autentica identità.

2.5 *Lo sguardo d'insieme: finalità comunicative del vedere*

2.5.1 La tassonomia del vedere

Esaminando le diverse angolature del tema, sotto il profilo teologico, è stato chiarito il ruolo dell'atto stesso di vedere nel panorama evangelico. È importante ora dare un ultimo sguardo ai motivi confinanti che contribuiscono alla visione unitaria di Lc e metterli in ordine alla comunicazione, stabilire cioè qual'è la loro funzione complessiva, a quale motivo dare la prominenza, qual'è la strategia privilegiata del vedere? Per rispondervi, ripassiamo ora il cammino evangelico degli sguardi, nei suoi punti nevralgici, mettendo a fuoco la funzione variegata del vedere nel Terzo Vangelo. Sara un compito facile, visto che abbiamo già composto il quadro mosaico del vedere — resta solo da tagliarne le sfaccettature.

La prima scena chiave di Lc — il *Nunc dimittis* — idealizza il programma comunicativo del vedere polarizzando lo scopo eminente della strategia narrativa degli sguardi: «vedere per *riconoscere*». Questo impulso pragmatico caratterizza in meglio il cammino del lettore nel vangelo dell'infanzia lucano e prepara la strada ai grandi incontri con il Gesù che troveremo nel resto del Vangelo. Il manifesto di Nazaret, sulla scia del *compimento* scritturistico, fa appello allo stesso problema: come avverrà il *riconoscimento* del Profeta, se Costui è frainteso, misconosciuto e rigettato fin dall'inizio, dai propri compaesani? La tragedia degli sguardi defraudati trova un protagonista nuovo in Erode. Il suo itinerario del vedere, affettivo, turbolento e ambiguo nella sua essenza, porta a una risoluzione eloquente; termina infatti con un fallimento del *riconoscere* e *credere*. Il contesto di fede, presupposto qui dalla logica interna dei discorsi e parti narrative che accompagnano la ricerca erodiana, è un ulteriore sviluppo della prima strategia. Il *riconoscere* porta a un *credere*, sulla base del *vedere*.

Il modello positivo di vedere per riconoscere e credere viene attuato nella triade comunicativa dei *Dodici*, *cieco* e Zaccheo. L'esempio dei primi è basato ancora una volta su un fallimento, ma già immette nel quadro evangelico la prominenza del motivo di *sequela*. Il nascere del riconoscimento spontaneo del cieco, rimanendo fuori dalle competenze narrative del lettore nonché dall'obiettivo del vedere, provoca il discorso sul *seguire*, giacché il frutto della guarigione fisica del cieco diventa la sequela attiva, accompagnata da una lode testimoniale. «Vedere per *seguire*» è un modello esemplare e adatto innanzitutto per i discepoli, gli unici ciechi nella cornice comunicativa del trittico, che hanno bisogno d'essere ammaestrati *lungo la strada* (παρὰ τὴν ὁδόν: Lc 18,35). Il modello di Zaccheo è la realizzazione perfetta del modello negativo di Erode, ambedue formulati in modo identico: ἐζήτει ἰδεῖν (Lc 9,9; 19,3). Il vedere lo porta non solo a riconoscere, ma pure a credere pubblicamente nel suo *Signore*. Un altro esito portante della visione zaccheana è il riconoscimento di se stesso come conversione, l'altra faccia del ruolo dominante — ormai è chiaro — del riconoscimento del Signore. La catena di relazioni interne, dentro lo sviluppo tassonomico del vedere *per*, evidenziato sopra, prende dunque la forma seguente: vedere per seguire, riconoscere e riconoscersi e credere. Lì dentro facilmente vanno collocati i discepoli, caratteri infelici del racconto, ancora in pieno cammino e ben lungi da realizzare tre ultime tappe strategiche della propria sequela oculare.

Lo «spettacolo» della croce riafferma quanto detto prima. Sullo sfondo dei due riconoscimenti spettacolari (quello del buon ladrone e quello del centurione vedente) si scatena la visione drammatica presso la croce. Partecipante e protagonista è il popolo d'Israele che nel vedere morire il *Gesù da vedere* si pente: ecco l'esemplificazione concreta del tipo comportamentale di Zaccheo. «Vedere per *riconoscersi*» peccatori è la prefigurazione perfetta di ciò che avverrà continuamente sulle pagine del libro degli Atti, particolarmente interessate al tema della *conversione* (cf. At 2,38-41; 9,1-18 etc). «Vedere per convertirsi» è addirittura un promettente programma teologico che aspetta la sua realizzazione negli Atti, con il loro ricco repertorio narrativo della vocazione di Saulo.

Il cammino pasquale dei due pellegrini d'Emmaus riconduce il passo del lettore alle soglie del paradigma ben solido e sistematico, giunto al suo compimento alla fine del Vangelo: «Vedere per riconoscere» infatti è la quintessenza del cammino evangelico nel suo insieme. Aderendo al cammino di sequela — «vedere per seguire» dei discepoli — anche il lettore è in continua ricerca dell'identità gesuana, sempre nuova e non limitabile a stereotipi ben fissi e prestabiliti. Partecipando alle scoperte gnoseologiche dei tipi evangelici quali Simeone, il cieco, Zaccheo, il ladrone, il centurione, egli si muove verso una risposta personale su chi sia per lui il Gesù da vedere. Riconoscerlo diventa una meta lampante dove sfocia il previo cammino del seguire, convertirsi e credere. Il mistero del Cristo morto e risorto va continuamente vissuto sulla strada dando al vedere lo spessore antropologico d'alterità. Ci si capisce e riconosce nella misura in cui si riesce a vedere l'Altro.

La storia apostolica necessita di un anello complementare nella catena tassonomica del vedere. È il motivo del *testimoniare* che porta il profilo comunicativo del Cristo da vedere a tutte le genti. Lo scopo missionario del «vedere per testimoniare» è solo abbozzato nel Vangelo (Lc 24,39-40.48) e trova la risonanza maggiore fin dalle prime righe del libro degli Atti. Ebbene è un motivo programmatico che il prologo di Lc mette in rilievo (1,2). Esso in un certo senso sostituisce il modello comunicativo del «vedere per riconoscere» accentuando per la comunità primitiva, ormai in possesso delle chiavi per comprendere e riconoscere il proprio Signore, il compito missionario. La scomparsa fisica del Gesù da vedere provoca una riscrittura del Suo maestoso cammino evangelico nei discorsi apostolici. La *testimonianza oculare* (αὐτοψία) dunque continua la missione primaria del vedere: per far riconoscere al mondo intero la personalità cristica del Risorto. Allora si capisce quale tassonomia regge gli altri.

«Vedere per riconoscere» è la categoria cumulativa e comprensiva che porta avanti il racconto evangelico lucano. Essa abbraccia l'importante motivo del *credere* e genera il discorso sulla conversione, facendo non poche allusioni agli Atti. Essa poi apre e conclude la scenografia narrativa della sequela visiva creandone una cornice perfetta. La tassonomia finale di Lc è il «vedere per testimoniare» che riporta il problema del riconoscimento nel contesto nuovo ove il discorso gnoseologico non scolorirà dopo il suo esito felice nel Vangelo. L'andamento drammatico del «vedere per riconoscere» sembra determinare, anche negli Atti, un ricco intreccio di motivi e tipologie, da studiare tenendo ben in vista il contributo evangelico in merito. Nel quadro ermeneutico di Lc-At il lettore è invitato, quindi, a cogliere seriamente l'appello a *riconoscere*. Lo porta in sé il profilo cristologico del vedere che tenteremo di sviluppare ulteriormente per orientare l'analisi verso l'elaborazione del Lettore Modello del Terzo Vangelo che trovi la strada regale per vedere e riconoscere. La strategia narrativa, da noi assiduamente seguita e sistematizzata, aspetta ora una sua applicazione pratica.

2.5.2 Vedere e ascoltare: dalla dialettica alla sintesi.

Il rapporto tra *ascolto* e *visione* nel Terzo Vangelo fa parte di una strategia comunicativa che si manifesta altresì nel prominente quadro cristologico. Come ha reso evidente il vangelo dell'infanzia, l'ascolto sta all'origine del dinamismo salvifico della fede-compimento-visione-riconoscimento. La sua funzione tuttavia si cristalizza maggiormente in riferimento al vedere. Da una parte, l'ascolto è uno stadio propedeutico per giungere alla visione, come nel caso di Erode (Lc 9,7-9). D'altra parte, la trama narrativa di Lc non di rado offre esempi dove l'ascolto riempie le lacune nel discorso sul vedere, quando esso subisce le crisi: cf. Lc 4,20-21 e 7,1; 8,18-21, — oppure intenzionalmente viene negato per affermare una *fede dall'udito* (ἡ πίστις ἐξ ἀκοῆς: Rm 10,17; cf. Lc 7,3ss). Allo stesso modo le famose scene di tenore ecclesiologico di Lc 10,38-42 e 11,27-28 fanno da controparte alla beatitudine degli occhi in Lc 10,23-24. A partire da Lc 12 il gioco comparativo tra i due motivi scompare per risorgere poi nel palazzo erodiano segnando la fine sia della ricerca del sovrano, sia della strategia comunicativa «ascolto / visione».

Riferendosi poi allo sviluppo narrativo, sempre più intensivo, del vedere in Lc 12–24 si deve notare l'assenza di un simile presupposto per il lato percettivo complementare dell'ascolto. La pedagogia visiva trova appoggio nella funzione nevralgica degli incontri del *cieco* e di Zaccheo con il Signore da vedere e raggiunge il suo scopo nel cammino pasquale dei *due*, dove diventano *occhi*, strumenti privilegiati del riconoscimento. Ma poi, nella scena dell'ascensione la visione finalmente cede... Sembra risuonare solo la Parola ammaestrante del Risorto, esattamente come nella versione parallela degli Atti, ove tutto finisce con il commento attualizzante della stessa Parola da parte degli angeli (Lc 24,44-53; At 1,9-11). Ascoltarla pare diventare l'imperativo proprio qui (cf. Lc 8,8; 14,35), in risposta alla voce divina che risuona nel macro-racconto lucano (Lc 9,35; cf. At 3,22[74]). A quale canale percettivo spetta dunque il privilegio: occhi o orecchi?

La risposta chiarificatrice, secondo noi, va ricercata nella scena della trasfigurazione, di spessore epifanico, teofanico, ma anche antropologico. Studiandola più volte ci si viene a trovare in un unico punto di convergenza dei fili narrativi del vedere e dell'ascoltare. L'insistenza sulla visione in essa cede, non appena *appare la voce* che detta l'imperativo divino di *ascoltare* (Lc 9,34-36). La strategia consiste dunque nel susseguirsi di due esperienze complementari dell'unico quadro percettivo. L'ascolto assiduo della parola di Gesù non esclude, anzi presuppone una visione continua per seguire il Maestro. Vedere per seguire è inseparabile dall'ascoltare per seguire, presi in considerazione pure i motivi del riconoscere, convertirsi, credere e testimoniare nei quali ambedue i motivi convergono e si compenetrano creando una sintesi dialogica. Ad essa allude la frequente concomitanza dei due motivi negli Atti.

Resta da ribadire che l'insistenza sull'*ascolto* negli Atti è logicamente preparata dall'intreccio evangelico. Per i lettori lucani, come per il lettore attuale, «vedere Gesù» costituiva ormai una sfida insuperabile. È lì che si deve cercare le ragioni per la stesura più accurata sia del profilo cristologico del vedere sia della sua, più naturale, alternativa acustica. È più alle competenze interpretative del Lettore Modello e alle sue abilità di muoversi nell'universo del racconto che si rivolge questa dialettica percettiva. Essa si pensa come coronamento del suo percorso esegetico quale cammino degli sguardi ed, essendo destinata a creare una feconda sintesi, sul piano di azione riunisce e dirige verso un finale i molteplici tentativi d'avvicinare e percepire il mistero da parte del lettore.

2.5.3 «Vedere Gesù» — vedere veramente

La fisionomia tematica del *vedere* in Lc sarebbe incompleta senza un ricorso alla centralità della figura di Gesù nello scenario narrativo. I passi del lettore si dirigono sempre verso i luoghi prominenti dell'incontro con il Messia da vedere. Le stesse istruzioni gesuane lasciano trasparire una forte impronta autobiografica dei discorsi sul *ve-*

---

[74] A questo punto desta l'intrigo pure il finale misterioso degli Atti, incentrato sull'ἀκούσονται dei Gentili. Il suo enigma continua ad animare le ricerche esegetiche in merito. È significativo inoltre l'impiego e il ruolo comunicativo dell'imperativo *ascoltate* nei discorsi apostolici: At 2,22; 7,2; 13,16; 15,13; 22,1.

dere. Ciò che la parola di salvezza comunica ai destinatari va continuamente confrontato con la presenza fisica del Volto da vedere del parlante. In questo senso sia ascolto che visione stanno a servizio del programma cristologico che delimita il campo interpretativo del lettore. In Gesù la buona novella della salvezza da vedere prende le forme caratteristiche della *conversione* e della *fede*: gli argomenti cruciali nella trama narrativa degli Atti. La rassegna teologica è fornita anche dal Vangelo, dove la questione principale da cui dipende l'essere salvato e l'essere perduto è come «vedere Gesù».

Accentuando la prominenza dell'impatto antropologico dei famosi incontri con Questi va risaltata la loro vera finalità: portare i vari personaggi a una comprensione più profonda del proprio essere. Le ragioni per vederLo infatti non mancano ed esprimono un desiderio con cui nasce sia la fede, sia la conversione. Nell'attuarsi della salvezza personale il primo contatto con Gesù si acquisisce tuttavia per mezzo dell'ascolto — una linfa vitale all'origine della fede[75]. La *conversione* come svolta decisiva dell'adesione completa alla parola ascoltata si presenta pure sotto la metafora visiva di un passaggio dalle tenebre alla luce[76]. Questa infine è la missione evangelica di Gesù e del futuro Paolo, anch'egli convertito dalla cecità dell'ignoranza alla luce della conoscenza del *Signore*. La *conversione,* come paradigma interpretativo del progetto teologico di Luca, aiuta a ravvisare quale posizione occupino in essa cecità e visione, a prescindere dall'ascolto come tale. In questa luce si apprende meglio la centralità del ritratto gesuano nella dialettica degli sguardi. Il titolo che viene attribuito al Risorto in At — *principe della vita*[77] — trova risonanza nella narrazione evangelica tutta incentrata sull' ἀρχή di Cristo quale evidenziatore delle priorità cristologiche del cammino del lettore[78]. Si deve affermare necessariamente la forte fun-

---

[75] Negli Atti questo legame esistenziale tra *fede* e *ascolto* è messo in luce a più riprese, così da costituire una vera e propria dottrina dell'ascolto: cf. S. PANIMOLLE, «La dottrina dell'ascolto», 156-162. I passi da considerare sono: At 2,37-41; 4,4; 8,6.12.35-38; 10,22.33.44; 11,14-15.20ss; 13,7.12.44; 14,1; 15,7-8; 16,13-14; 28,26ss.

[76] Su questo *locus* tipicamente lucano disponiamo di un'abbondante bibliografia: segnaliamo in particolare i numerosi studi di J. Dupont (si vedano nella bibliografia). In merito si consulti anche un contributo recente di M. Kim-Rauchholz: *Umkehr in Lukas.* Cf. anche: J. GREEN, «Conversion in Luke-Acts», 14-15.20ss; F. BOVON, *Luc le théologien*, 289-307.

[77] ἀρχηγὸν τῆς ζωῆς: At 3,15; cf. 5,31.

[78] Cf. indizi emblematici di Lc 3,23; 24, 27.47c; At 1,22. Le importanti conseguenze teologiche che ne derivano sono evidenziate nell'articolo già menzionato di A. Samain: «La notion de l'APXH». Fa notare inoltre E. Schillebeeckx (*Gesù*, 402-404)

zione paradigmatica degli *occhi* nel progetto di vita in Lc, e nell'inizio salvifico scandito dalla conversione miracolosa di Saulo (cf. At 9). Stando sempre di fronte al Volto del Gesù Signore il lettore impara insieme agli attanti della drammatica lucana a porre lo sguardo direttamente sul protagonista evitando deviazioni inutili dall'unico centro di gravitazione dello scenario evangelico (cf. Lc 9,62c)[79].

Un ulteriore rilievo si ricava facilmente dal profilo cristologico che caratterizza la dinamica del *vedere* in Lc. Per il lettore assiduo nel seguire i passi degli spettatori privilegiati di Gesù risulta, tuttavia, problematico il poter partecipare alla conclusiva celebrazione visiva, data la superiorità di Cristo trascendente ad ogni singolo sforzo umano di incarnarla superbamente. Gli si pone in cambio un dato oggettivo della pedagogia oculare su cui riflettere, ossia l'impulsività pragmatica del «vedere Gesù» come sostanza teologica della percezione. La comunicazione visiva a mo' della dialettica degli sguardi si risolve dunque in un bisogno antropologico di vedere autenticamente. Mediante la fede e la conversione dei partigiani della visione cambia anche l'angolatura visiva del lettore, il che lo porta a comprendere in modo più maturo il mistero dell'evento Cristo. Per cogliere con gli occhi la supremazia del Gesù da vedere nel campo comunicativo della percezione si deve, comunque, proseguire in avanti: in una direzione che possa avvicinare un lettore spettatore al compimento del proprio *vedere*. Ciò è possibilmen-

---

le vaste risonanze bibliche della metafora della *luce*, nel Primo Testamento volta a connotare una «conversione-mediante-illuminazione»: «Nell' "apparizione" o "visione" la grazia della *conversione* a Gesù come il Cristo (grazie a una rivelazione illuminante di Dio) è compiuta ed enunciata. È Gesù stesso che *illumina*, si rivela come Cristo risorto mediante e nella grazia di conversione: egli *è* il Cristo *illuminante*; egli "si dà a vedere"». Lo studioso tocca gli importanti concetti del giudaismo primitivo abbinati con la densa simbologia della *luce*: il *profeta escatologico* (Is 42,6-7.16; 49,6.8-9; 51,4-6; 62,1; Eccli 48,10b), *Torah* (*TestLev* 14,3; 18,3.9; *TestBen* 10,2; 1 QH 4,27). Il considerare la *conversione* di un pagano come un passaggio dalla cecità alla visione (cf. Sap 18,4; *TestLev* 17,3.9) trova poi l'applicazione pratica nei riti battesimali dei primi cristiani: cf. Rm 13,12; Ef 5,8-14; 1 Pt 2,9-12; Eb 6,4; 10,32; 1 Ts 5,1-6.

[79] La riflessione esperta di F. Bovon coglie in profondità la portata esistenziale della «conversione come passaggio dall'accecamento alla vista»: «le converti devient un voyant. Un regard, forcément nouveau, sera jeté sur la réalité». Questo sguardo nuovo, portatore di speranza, che trasforma il sentiero degli avvenimenti (nel vangelo lo si abbini all'evento Gesù), è stato già gettato da Zaccheo, ma aspetta la sua piena realizzazione nel cammino del tutto esemplare di Paolo, negli Atti: «Le converti du chemin de Damas aura dorénavant une autre conception de la réalité. Plus exactement, il va construire autrement le réel qu'il perçoit» (*Luc le théologien*, 304).

te legato al dono degli occhi nuovi, resi dalla conversione gli strumenti potenti dello sperimentare la salvezza in Gesù. Un interrogativo ciò nonostante persiste tuttora: cosa manca al lettore attuale per vedere veramente, o meglio, come «vedere Gesù» per adempiere il programma teologico del *vedere*?

2.6 *L'icona della trasfigurazione come meta della visione*

La tradizione bizantina, anzitutto liturgica ed imnografica, ha da dire molto sul primato degli occhi nel raccontare la salvezza. A proposito della celebrazione dei vespri, ricca del simbolismo luminoso, è meritevole d'essere vocalizzato uno spunto esperto di p. R. Taft:

> Il tema del pentimento per i peccati del giorno converge sul salmo serale [140], il cuore dei vespri che Crisostomo interpreta come un atto efficace di perfetta contrizione. [...] Il «ringraziamento serale» trova espressione nell'antico *Phôs hilaron* di ringraziamento per Cristo, luce del mondo, simbolizzato dalla lampada serale. [...] l'assemblea finisce con intercessioni generali per la salvezza e per i bisogni fondamentali della vita quotidiana.

Questo sobrio rendiconto concernente le tre proprietà fondamentali del *vedere* — pentimento, Cristo-luce, salvezza, — è di aiuto nel nostro percorso esegetico che è sfociato finalmente in una meta, ossia nel culmine o apice della visione. Tentando di rintracciarlo nell'ottica propriamente narrativa, si arriva ad una scena paradigmatica del Vangelo con cui il lettore ha avuto già modo di familiarizzare, lungo il suo cammino costruito su quello degli sguardi, senza però poter rispondere con chiarezza quale effetto abbia la celebrazione della luce sul suo modo di vedere.

2.6.1 La trasfigurazione di Gesù come sintesi teologico-narrativa

Ripassando i momenti prioritari della pedagogia visiva non si può rimanere indifferenti all'incanto della scena della trasfigurazione (Lc 9,28-36) che non si lascia penetrare così facilmente, soprattutto con gli occhi[80]. La stessa forma narrativa del racconto tende a celare il forte impatto visivo dell'epifania presente: con una «ipnosi» ironica degli unici testimoni dell'accaduto, con il loro inaspettato entrare nel-

---

[80] L'effetto che la visione taborica produce su i tre discepoli scelti è paragonabile addirittura ad una ipnosi tipica delle visioni estatiche dei profeti, come osserva F. Bovon commentando Lc 9,32a: *Luca*, I, 581-582. Cf. Gen 15,12; Dn 8,18; 10,9.

la *nube* e con l'urgenza dell'*ascolto* che narrativamente si rende mediante l'imperativo cristologicamente enfatizzato: αὐτοῦ ἀκούετε. (Lc 9,35c)[81]. D'altra parte, il forte simbolismo dei singoli ritratti e la densità del *vedere,* che rimane inaccessibile all'occhio del lettore, di fatto, contraddistinguono l'intero cammino evangelico sintetizzando e finalizzandolo a un desunto superbo, raccoglitore dei fili narrativi del *vedere.* Nella composizione del brano hanno una funzione strutturante i vocaboli del campo semantico della visione: τὸ εἶδος τοῦ προσώπου, ἐξαστράπτων, ὀφθέντες, δόξα (2x), εἶδον, ἑώρακαν. L'esperienza visiva dei *tre* ne compone il centro strategico che è insieme l'egregio tentativo di avvicinarsi, con gli occhi, al mistero di Gesù da parte del lettore. Ciò prende l'avvio dal momento del risveglio chiaramente riempito di senso da una visione meravigliosa, spontanea e subitanea della *gloria.* La frase evangelica che la rende — *videro la sua gloria* (Lc 9,32b) — tende a circoscrivere la meta del cammino degli sguardi. In essa difatti va cercato il senso del «vedere Gesù».

Presa nella sua totalità, la *performance* della trasfigurazione permette a sua volta al lettore di rivedere, in una luce nuova, il proprio cammino radicato in quello dei discepoli il cui altro nome è incomprensione. La trasfigurazione, da una parte, attesta la maestà e la trascendenza del *Figlio* di Dio (v. 35) e, dall'altra, — indica la meta del percorso finora fatto da Gesù: *Gerusalemme* (31). Per il lettore è un invito a prestare attenzione al suo *esodo* che ha per scopo il compimento del disegno salvifico. Ne fa parte integrante la *gloria* da vedere che, in verità, costituisce il fondale narrativo degli annunci della Passione[82]. Per mezzo della *visione* il lettore veniva inserito in anticipo nel periodo cruciale della storia centrato sulla strada della Passione del *Figlio dell'uomo* (Lc 9,22.44). Il contrasto tra le parole sempre più insistenti da parte di Gesù che ne svelano il senso e l'incomprensione dei discepoli (v. 45) costituiva, finora, sia il dramma dell'ascolto, sia l'ostacolo nella lettura per penetrare pienamente la

---

[81] Si badi all'aspetto temporale dell'imperativo: un presente continuato. Per il dominante carattere dell'invito all'ascolto e per le sue risonanze nell'intero Vangelo si consulti l'analisi minuziosa e attenta di J. Heil: *Trasfiguration of Jesus*, 268-279.281ss. F. Bovon parla di una bipartizione mirata dello scenario sul piano percettivo: vv. 29-31 e 34-35 (*Luca*, I, 573).

[82] Va sottolineato che la trasfigurazione in Lc è quasi incorniciata dai primi due annunci della passione. Ne è la prova evidente il contenuto della conversazione tra le figure celesti evitata da altri sinottici: cf. par. Mc 9,4; Mt 17,3. Vedasi anche: cap. III, pp. 173-174, n. 19.

visione di Tabor. Il suo enigma di fatto affonda le radici in una morte trasfigurata, ossia nella gloria attraverso la Passione, morte e risurrezione[83].

In questa prospettiva va focalizzato il ruolo narrativo della *visione della gloria*. È l'anticipazione, a livello narrativo, della meta finale e insieme il punto di arrivo, quale raccoglitore, di tutto il cammino del *vedere* in Lc. Pur trovandosi in Lc 9, alle soglie del cammino di Gesù verso il Suo destino glorioso, la visione immette nella narrazione un'ondata crescente di interrogativi e intuizioni riguardanti il senso e la finalità della gloria da vedere, come era accaduto nella scena di Nazaret dove la sfida comunicativa tra occhi ed orecchi aveva generato simili risvolti. La *gloria di Dio* costituisce una fase epifanica culminante già a partire dal vangelo dell'infanzia. Il suo manifestarsi irrompe spazialmente e *visivamente* davanti ai pastori e attira l'inno degli angeli: il *Gloria* cantato dal cielo, come la risonanza del כָּבוֹד divino. Verso la fine del cammino regale di Gesù questo importante motivo risorge, ma in un contesto nettamente diverso: i soli discepoli, rendendo gloria a Dio per aver *visto* le opere potenti del Messia, salutano l'arrivo della salvezza in Gesù,mentre la folla rimane nell'oscurità e non riconosce l'*ora della sua visita* (Lc 19,38.42.44). Il lettore vi intuisce una meta, un appello a comprendere dove sta il punto d'arrivo di quel cammino glorioso, come può la *visione* del Re veniente essere l'espressione e insieme il riconoscimento della *gloria* divina?

Dal punto di vista antropologico, il *glorificare* umano attinge le forze dalla fonte divina di splendore che irradia la conoscenza: il vb. δοξάζω con il suo sinonimo αἰνέω è particolarmente significativo per l'intreccio del Terzo Vangelo stando quasi sempre accanto a un cenno sul vedere. I pastori, il paralitico, il Samaritano lebbroso, il cieco seguito dal popolo circostante, rendendo la δόξα ritrovano la via della conoscenza[84]. In mezzo a queste continue celebrazioni visive, situate nel dinamismo della *strada*, sta sempre Gesù come battistrada privilegiato della gloria divina. Nel *Nunc dimittis* il Gesù bambino viene chiaramente riconosciuto come la *gloria d'Israele*, esposta agli sguardi degli *anawîm* (2,32); è questa, evidentemente, una matura elaborazione teologica, ossia una lettura dalla meta. A Lui spetta la stessa lode del *Gloria* e ciò difatti avviene fin dai primi passi del Gesù da vedere in Galilea: era

---

[83] Luca, come Giovanni, unisce strettamente passione, morte, risurrezione e ascensione, ed è l'unico a porre ciò in rilievo nel cap. 9, sotto l'equivoco semantico e la complessità comunicativa dei due termini chiave: ἔξοδος e ἀνάλημψις (Lc 9,31.51).

[84] Risp. Lc 2,20; 5,25; 17,14.18; 18,43.

δοξαζόμενος *da tutti* (4,15). Ma v'è anche e soprattutto un progressivo crescendo del cammino *verso* la gloria. Seguendolo passo per passo il lettore imparerà a riconoscere ciò che manca a lui personalmente per glorificare, insieme ai personaggi del racconto, l'Araldo del Regno.

Nel momento della trasfigurazione la gloria di Gesù si manifesta, per così dire, staticamente, facilitando il compito percettivo agli sguardi dei discepoli. Egli è attorniato da due figure, Mosé ed Elia, rivestite anch'esse di *gloria* (9,31)[85]. Questa seconda lettura della meta, culmine del cammino verso la gloria, stimola al massimo il lavoro interpretativo del lettore in quanto gli mostra il corpo glorioso, trasfigurato di Gesù. Per vederlo autenticamente ci servono gli occhi trasfigurati, come ben mette in luce Lc 6,42. Lo stesso cammino del lettore, sequela degli occhi, necessita di essere trasfigurato. Questa importante acquisizione ermeneutica aiuta chi legge il racconto successivo del Vangelo a correggere l'angolatura della propria vista e, di conseguenza, a conformarsi al passo maestoso del Viandante nonostante resistenza, fallimenti, e incomprensioni. Per riuscir a vedere la Sua gloria occorre pure una trasformazione interiore che si attua *sulla strada* (cf. Mc 10,52). Insomma è presente un intenso e coinvolgente potenziale pragmatico della *visione* come sequela, comunione e glorificazione: l'esempio del cieco guarito lo esplicita con rara eloquenza (Lc 18,43).

Una simile condivisione comunitaria della gloria si comunica poco prima dell'apoteosi della trasfigurazione, in Lc 9,26, quando Gesù assicura che verrà nella Sua gloria e in quella del Padre e degli angeli (21,27). Il passo introduce il lettore in un eminente panorama apocalittico che narrativamente si dischiude nei pressi della via crucis. Questa serie di scenari evangelici provoca un interrogativo legittimo: cos'è che accomuna tutti quanti i «partigiani» della gloria e dove essa si manifesta pienamente? L'ultima parola in merito non a caso viene pronunciata sulla strada d'Emmaus, fondatrice di una nuova comunità. Il Risorto spiega ai pellegrini il senso del proprio cammino ormai compiuto e lo fa evidenziando un nesso strategico fra il Suo *soffrire* e l'*entrare nella gloria* (24,26). Ecco il punto d'approdo dell'intera lezione evangelica, il *dove* della trasfigurazione degli occhi. Pur non avendo assistito alla lezione pasquale del Risorto, contenente le chiavi per comprendere tutto, il lettore ormai è capace di rileggere il Vangelo in questa prospettiva

---

[85] Ripetiamo che fra i Sinottici solo Luca insiste sulla presenza epifanica della *gloria* da vedere nella scena della trasfigurazione. Solo lui, con un linguaggio e tonalità giovannei, parla dell'entrata del Gesù risorto *nella Sua gloria* (Lc 24,27; cf. Mc 16,19) — il vero culmine dello sviluppo narrativo del motivo.

partecipando alla *visione della gloria*. Il senso del suo «vedere per glorificare» consiste dunque nel seguire la strada di Gesù verso la croce, cogliere lo spessore epifanico e teofanico della Sua gloria e riconoscere in essa e, attraverso di essa, il vero compimento del proprio vedere.

Riepilogando: dopo aver percorso l'illuminante tracciato narrativo di questo motivo il lettore realizza che la finalità comunicativa del raccontare la salvezza consiste nel fargli capire che la visione vera di Cristo è la visione vera del Crocifisso. La Passione dunque è fondamentale per la visione della gloria o, in altre parole, la trasfigurazione ha una connessione intima con la croce[86]. L'incomprensione del cammino di Gesù è causata dal fatto che la gloria da vedere è soltanto la gloria del Crocifisso. È ciò che turba maggiormente i *Dodici* di cui i due di Emmaus sono la dimostrazione nonché una solida prova della giustezza del cammino fatto. È lì, infine, che va cercata la ragione ultima per «vedere Gesù».

2.6.2 Raccontare o dipingere la salvezza?

Con l'aiuto dell'acquisizione teologico-narrativa sopraddetta, sembra fecondo un tentativo di rintracciare il cammino dialettico degli sguardi sotto una prospettiva iconografica a cui il racconto lucano risponda in modo conveniente[87]. Sarà invero un compito simile a quello della pittura d'una icona, solo che in questo caso si tratterà di ricostruire retrospettivamente quel processo creativo, partendo da un'unica icona di Gesù riconoscibile nei singoli tratti, contorni e bozze circostanziali.

---

[86] Cf. M. GRILLI, *L'impotenza che salva*, 81-82. Ciò che vi si dice in riferimento a Mc 9,2-13 è valido evidentemente anche per gli altri sinottici: «Al lettore non sfugge che la trasfigurazione ha un'intima connessione con il momento supremo della vita di Gesù. L'intenzione pragmatica del racconto, dunque, è di spingere i lettori a comprendere la sofferenza del Messia Gesù alla luce della mèta. [...] Ora [il lettore] apprende che Dio ha il potere di *trasfigurare* il cammino della *croce* in risurrezione e vita» (*Ibid.*).

[87] Cf. un raffronto insolito e assai evocativo tra l'icona e il Vangelo: «L'architettura (antica, bizantina o russa che sia) è l'elemento dell'icona che mostra con più immediatezza [...] una specie di «follia in Cristo» pittorica, in contraddizione con le categorie razionali. Tale fantasia architettonica sconcerta continuamente la ragione, la ridimensiona e sottolinea il carattere metalogico della fede. Il carattere strano e inconsueto dell'icona è lo stesso del Vangelo. Infatti il Vangelo è un'autentica provocazione nei riguardi di ogni ordine, di ogni saggezza mondana [cf. 1 Cor 1,19]. Il Vangelo ci chiama alla vita in Cristo, l'icona la rappresenta. Perciò essa ricorre talvolta a forme strane e sconvolgenti, così come la santità esige talvolta delle forme estreme che sembrano follia agli occhi del mondo. Questa prospettiva evangelica capovolge quella mondana. E l'universo che l'icona ci dischiude è quello ove regnano non le categorie razionali, non la morale umana, ma la grazia divina» (L. USPENSKIJ, *La teologia dell'icona*, 130-131).

Sono tutti quanti impegnati a creare una teologia inseparabile dalle strutture grafiche e proiezioni spaziali della prospettiva[88]. Ciò è stimolante per gli esiti dell'analisi narrativa con cui si è arrivati appunto ad una strutturazione proficua ed evocativa del Terzo Vangelo radicata nell'articolazione del tema scelto.

Nel complesso letterario di Lc 9–23 centrato sul ruolo unificante d'Erode è da trovare quindi il negativo fotografico, o meglio, la fase iniziale della pittura d'una icona: il cosiddetto *doličnoe* («prima della raffigurazione del viso» — la pittura dello sfondo e delle decorazioni, delle vesti stesse, di solito più sfumati, solo abbozzati e opachi rispetto al *ličnoe* (tutto ciò che ha a che fare con la resa in colore del viso — il punto di maggiore premura dell'iconografo). La tecnica più generale che accompagna tutti gli stadi della pittura del viso è proprio la cosiddetta «chiarificazione»: quando dai colori più scuri si passa, per sovrapposizione, a quelli sempre più chiari rendendo un'importante idea teologica. Ciò «mostra l'azione della luce divina» in grado di trasformare l'umanità[89].

Tornando alla narrazione evangelica si nota che la tecnica ravvisata trova applicazione nell'incredulità d'Erode, la quale emerge proprio alla fine del percorso visivo per annullarne validità. Tuttavia non è stato inutile quell'altro cammino, iniziato nei pressi della massima rivelazione della gloria del Gesù trasfigurato, sebbene portatore di divisioni, provocazioni e ostilità. L'oscuro permette al narratore d'applicare al suo dipinto le leggi della messa in luce delle sfaccettature luminanti del *vedere*, quale principio eminentemente teologico[90]. Giocando sul contrasto si ottiene pertanto un effetto assai maggiore e ciò pone in evidenza il cammino d'Emmaus (Lc 24,13-35). Il *vedere* qui diventa funzionale al compimento della volontà originaria di Dio svelata dalle

---

[88] Per intendersi, basti pensare ai tipi iconografici delle vite dei santi, dove in un solo quadro centrato sulla figura del santo vengono proiettate delle miniature che rappresentano, in ordine cronologico, le diverse tappe della formazione spirituale del personaggio e sono situate attorno al ritratto principale di cui formano la cornice. Un altro esempio, più elegante, forniscono le icone delle grandi feste ortodosse, dove lo svolgimento narrativo dei brani evangelici è reso con un'unica composizione in cui la distinzione tra le mini-scene e quella ingrandita è più sfumata, perché l'ordine della loro collocazione è più libero, ma non per questo meno efficace dal punto di vista teologico. Cf. L. USPENSKIJ, *La teologia dell'icona*, 119. Si vedano pure degli importanti cenni teorici in: I. ALFEEV, *«A immagine e somiglianza»*.

[89] I. YAZYKOVA, «Il linguaggio artistico e simbolico dell'icona», in ID., *Teologia dell'icona*, 9-13.

[90] Sulle tecniche d'«offuscamento» di Lc vedasi l'importante articolo di F. Bovon: «Effet de réel», 349-359.

Scritture. L'apertura degli *occhi* e della mente prendono il nome dell'imperativo divino che porta lo stesso errare umano ad incarnare la speranza dell'Israele fedele. Si ritorna dunque alle sue origini cantate dagli *anawîm* in Lc 1–2. Quella storia disegnata nell'oscuro dalla stoltezza umana diventa comprensibile, perché, nonostante ciò, è stata guidata e ricondotta da Dio ad una benedizione finale (cf. Lc 24,50). Ciò che contraddistingue il racconto di *clôture* (vv. 50-53) è il dono incondizionato dell'intelligenza del cuore — sinonimo dell'immediatezza del vedere e riconoscere che eleva il discorso precedente alle altezze di contemplazione mai sperimentate dall'uomo[91]. Qui è indicativo il nesso tra cuore, mente e visione beata nella tradizione mistica orientale[92].

Nella «preghiera di Gesù» s'incarna difatti quell'ideale evangelico della visione senza frontiere, che trova sbocco nel riconoscimento di ciò che è di Dio (cf. 1 Cor 2,10-13)[93]. Così il pellegrinaggio dei *due* diventa il simbolo d'ogni esperienza spirituale umana che trasforma la stessa percezione della realtà[94]. Concludendo qui è fruttuoso porre lo sguardo sulla scena iconografica di Lc 24,50-53, giacché la sua plasticità e la cadenza armoniosa rimandano alla fase finale della pittura narrativa del Volto. In

---

[91] Riferendosi all'icona, e più in generale, all'immagine, si può approfittare di questo discorso per sviluppare una vera spiritualità del *vedere*, come fa, ad es., L. Uspenskij: «Nell'immagine, l'uomo riceve la rivelazione nella misura in cui vi partecipa. l'icona è una testimonianza visibile sia dell'abbassamento di Dio verso l'uomo, sia dello slancio dell'uomo verso Dio. Se la parola [impl. «del Vangelo»; S.A.] e il canto della Chiesa santificano la nostra anima per mezzo dell'udito, l'immagine la santifica per mezzo della vista, che per i Padri è il primo dei sensi. [...] Con la parola e l'immagine, la liturgia santifica i nostri sensi. Espressione dell'immagine e della somiglianza divina ristabilite nell'uomo, l'icona è un elemento dinamico e costitutivo del culto». Quindi a proposito dell'uomo trasfigurato: "Quando i santi contemplano questa luce divina dentro se stessi — afferma Palamas (GREGORIO PALAMAS, *Triade* I,5; ed. J. Meyendorff, 114) — essi vedono l'abito della propria deificazione". Questa grazia divina non è solo un articolo di fede, ma anche l'oggetto di un'esperienza concreta e vissuta. La deificazione non è separabile dalla visione di Dio, da un contatto personale con Lui, il contatto "faccia a faccia" è uno degli aspetti della deificazione». E poi ancora: «Nell'ambito del linguaggio artistico della Chiesa, alla Russia è toccato in sorte di rivelare la profondità del contenuto dell'icona, il vertice supremo della sua spiritualità» (*La teologia dell'icona*, risp. 132.158.184).

[92] Cf. V. LOSSKY, *The Mystical Theology*, 196-216.

[93] Dice L. Uspenskij (*La teologia dell'icona*, 180): «La bellezza esteriore dell'immagine è per l'autore sinonimo della bellezza spirituale, e la percezione sensibile di tale bellezza deve accendere la contemplazione spirituale e condurre alla preghiera del cuore. Partendo dall'icona della Trinità, questo pensiero si estende all'icona in generale, concepita come un legame fra presente e quella futura».

[94] Cf. *Racconti di un pellegrino russo*; G. MARANI, *Trasfigurare la terra*.

essa il *vedere*, per il lettore, finalmente si consuma nel *pregare* e la stessa visione sposa la contingenza storica di tutto il suo cammino, premurosamente fatto sulle vestigia di Gesù. Ci si pone davanti all'icona[95], in cui questo cammino è pietrificato e reso memoriale per i futuri compiti della Chiesa, come in una retrospettiva prospettica[96]. Vi è sintetizzata anche l'esperienza ecclesiologica comunitaria della chiesa lucana per cui il *vedere* costituisce il punto di partenza e l'occasione permanente per rendere presente al mondo di allora il mistero di Cristo che continua ad animare la sua esistenza storica e ne nutre la speranza missionaria.

In ultima analisi, dopo tutto un cammino degli sguardi, evidenziato nella dialettica delle posizioni, il Lettore Modello lucano arriva a contemplare una icona unica e suprema della visione che è quella di trasfigurazione, dove tutto converge[97]. Si arriva, infatti, all'ultima e decisiva tappa del *vedere*, quando il Lettore Modello si incarna in coloro che, avendo già alle spalle un intenso e pluriforme impianto visivo, si pongono davanti all'icona di trasfigurazione e, attraverso di essa, vedono il punto di arrivo del proprio cammino racchiuso ed esemplificato negli *occhi beati* (Lc 10,23b). In questo modo esplode il potenziale pragmatico dell'espressione verbale *videro la sua gloria* che invita ad una ulteriore osservazione: il «vedere Gesù» sfociante nella *gloria* mette in scena il protagonista finora nascosto dello spettacolo evangelico. È nel Dio invisibile che si rivela attraverso la figura di Gesù che si deve cercare la fonte suprema e il fine ultimo della visione[98].

---

[95] Si eviti un equivoco che potrebbe creare il presente riferimento, a titolo di esempio, alla narrativa dell'ascensione. Essendo ormai nella fase finale di una ricostruzione narrativa lineare, da noi denominata la «pittura iconografica», non si ritiene opportuno rinchiuderla subito nella cornice della scena finale del Vangelo, certamente evocativa. Peraltro l'ambiguità nonché debolezza della sua impostazione sul piano percettivo è esplicitata attraverso le reticenze narrative del *vedere* in Lc 24,50-53. Al contrario, in At 1,9-11 si nota un'insistenza pleonastica, si da suggerire al lettore l'impressione di essere alle prese con un vedere accecante. Entrambi sono, infatti, un forte impluso pragmatico per il lettore con lo scopo di trovare nel Vangelo una nicchia narrativa più dilettevole per vedere veramente. Cf. sotto.

[96] Cf. l'importante idea di R. Pesch: «Retrospettiva e prospettiva [in Lc–At] si abbracciano a vicenda e sono l'espressione dello sforzo lucano di salvaguardare la continuità delle differenti epoche» (*Atti*, 62).

[97] Numerose riflessioni sul ruolo fondatore della presente scena evangelica di ogni esperienza visiva nel pensiero dei teologi ortodossi, sono in: I. ALFEEV – *al.*, *Il Cristo trasfigurato*.

[98] Qui si stabilisce un nesso importante e necessario con Lc 1, dove la prospettiva del *vedere* s'era aperta. Per ulteriori rilievi sul Dio lucano vedasi: F. BOVON, «Le Dieu de Luc», in ID., *L'œuvre de Luc*, 221-242.

CONCLUSIONE

L'indagare sui risvolti narrativi del «vedere Gesù» nel Terzo Vangelo si è rivelato organicamente legato ai suoi caposaldi teologici e alle tecniche comunicative. Esaminandoli secondo la chiave interpretativa del *vedere* è stato identificato inoltre lo snodo pragmatico principale che stava nel cuore del cammino degli sguardi e ne dirigeva la lettura. La sua essenza consiste nel fatto che il «vedere Gesù» non è altro che uno stadio preparativo, preliminare per acquisire l'intelligenza, convertirsi e credere (At 2,38; 3,19) e che quindi si attua, una volta realizzato il programma teologico, che è anche antropologico, di Luca. Tuttavia questo è e rimane, come tale, un egregio punto fermo in cui la convinzione personale del lettore lucano può risiedere e maturare, dopo aver acquisito, nel corso della pittura che l'aveva toccato profondamente, le strategie comunicative del *vedere* e del *comprendere*. Con esse, di fatto, non è stato difficile esplorare le questioni vitali della fede e della speranza apocalittica soggiacente a un desiderio sempre più forte di *vedere* (cf. At 1,6-7).

Si comprende dunque come è stato importante il tema teologico lucano, avendo intrecciato diverse prospettive che si focalizzano su un unico punto che è Gesù vedendo Il Quale ci si riconosce e autoafferma, si impara a lodare Dio e vivere in comunità. Per quanto il *vedere* sia funzionale ad altre preoccupazioni teologiche più rilevanti di Luca, non è giustificabile tuttavia ritenerlo un tema secondario e zoppicante. La sua unità e sussistenza teologiche sono dovute al fatto che esso si radica nell'evento Gesù, nella polivalenza delle sue dimensioni apparse e centralizzate appunto grazie al discorso sul *vedere*. Il ricorso alle tecniche iconografiche di Luca non ha fatto che arricchire i contorni narrativi di questo tema per impostarlo alla fine teologicamente.

La spiritualità ortodossa offre uno spazio enorme alla riflessione sul *vedere* trasformato da Cristo e a sua volta trasformatore e creatore di una umanità nuova. La teologia lucana del *vedere* trova qui certamente un posto di rilievo in quanto indirizza all'uomo l'impegno e la responsabilità d'essere continuamente in un contatto visivo con Gesù. Lo riempie di particolari tipicamente suoi, ma proprio per questo riesce a dare una risposta originaria, come sempre, ai quesiti urgenti dell'esistenza umana. Il Volto di Cristo in Lc è capace ormai di portare la buona novella di pari passo con le parole autorevoli della Scrittura (cf. Lc 4,18-19; 24,27), in un meraviglioso intreccio di angolature, rilievi e tracce che rendono presente Colui — ormai Invisibile — a Cui l'immagine allude visivamente. Diventa chiaro che nell'esperienza cristiana e religiosa della comunità lucana lo scritto evangelico viene assurto al rango di un testimonio autorevole e illuminante per la missione di domani — una vera icona a cui attingere per pregare e contemplare il disegno di Dio, in mancanza degli argomenti convincenti[1].

Si ritorna infine al prologo evangelico (Lc 1,1-4) che illumina tutto il cammino ed evidenzia il senso ultimo del narrare teologicamente la storia: l'appello a vedere l'invisibile, dietro le apparenze, e testimoniare, nonostante tutto, l'opera del Risorto che è sempre presente e discernibile nella storia, perché è uno spettacolo, ma solo per chi lo guarda con e in fede. Questo spettacolo consolida e rinvigorisce l'attualità del Vangelo, edifica la Chiesa e riporta all'essenziale la portata teologica della storia appunto come una testimonianza oculare vincolata piuttosto dai fattori antropologici che mettono l'uomo all'altezza delle proprie potenzialità. Il Terzo Vangelo in questo senso offre al lettore uno strumentario potente per comunicare narrando. Nel corso dell'esplorazione della teologia visiva di Lc erano emerse, in modo significativo, diverse tecniche narrative di un racconto che si è dimostrato, poi, non privo dei rilievi pittorici, componenti di un unico quadro. Da lì è nato il cammino tematico degli sguardi. La stessa analisi prettamente narrativa risulta perciò particolarmente feconda in questo caso, visto che le tecniche adoperate per approcciare adeguatamente il testo hanno dato prova sufficiente ed efficiente, e soprattutto a livello comunicativo, di essere proprie della narrazione

---

[1] Cf. una riflessione stimolante sul senso teologico, antropologico ed ecclesiologico-sociale, dell'icona da parte di L. Uspenskij: «Il fine dell'icona non è né quello di provocare, né di esaltare in noi un sentimento umano naturale. [...] Il suo scopo è di orientare verso la trasfigurazione tutti i nostri sentimenti, come pure la nostra intelligenza e tutti gli altri aspetti della nostra natura, spogliandoli di ogni esaltazione che potrebbe risultare solo malsana e nociva. Come la deificazione che esprime, essa non sopprime nulla di ciò che è umano: né l'elemento psicologico, né le diverse qualità dell'uomo nel mondo. [...] Ma, come nel Vangelo, tutto questo bagaglio di azioni, pensieri, conoscenze, sentimenti umani è rappresentato nel suo contatto col mondo divino, e questo contatto purifica tutto e consuma ciò che non può essere purificato. Ogni manifestazione della natura umana, ogni fenomeno della nostra vita si illumina, si rischiara, acquista il suo vero senso e la sua giusta collocazione» (*La teologia dell'icona*, 127).

teologica lucana. I risultati ottenuti sono dunque stimolanti per una valutazione teologica della comunicazione narrativa attraverso quella visiva e viceversa. Alla fine della ricerca ci si può domandare se la teologia del vedere in Lc non abbia il valore per una migliore comprensione delle implicazioni comunicative della narrazione.

Concludendo il discorso del «vedere Gesù» potrebbe interpellare di nuovo la teologia ortodossa, sulla componente liturgica della visione come *mistagogia*[2]. La celebrazione del rito bizantino abbonda di testi sacri e di invocazioni che privilegiano quella Luce non creata tipica dei santi, cantati quotidianamente dalla Chiesa[3]. La fonte della luce — il Volto del Gesù trasfigurato — è accessibile a tutti i cristiani sebbene ancora divisi. Da questo punto di vista è evidente un compito a cui siamo chiamati: per maturare nella consapevolezza che all'origine di tutto sta il Volto di Gesù che diffonde la luce e brilla, è necessario che il Volto sia davanti. Solo a questo punto crediamo di farci noi stessi a poco a poco le sue icone vive[4], a compimento dell'ideale evangelico (cf. Mt 5,16). L'obiettivo dell'investigazione esegetica proposta non è dunque solo teorico, bensì entra nell'orientamento dell'attuale dialogo interconfessionale. Alla fine dei miei studi, nel cuore del cattolicesimo, ho osato esporre da ortodosso il mio punto di vista mediante un umile contributo sull'essenza della mia esperienza di fede illuminata dalle pagine evangeliche. Il metodo scientifico rigoroso indubbiamente ha facilitato l'avvicinamento al mistero che tutti possediamo, senza, però, rispondere unanimemente: che possiamo dire insieme e come possiamo recepirlo in una visione coerente per incarnare nella vita e mostrare al mondo di oggi la bellezza, lo splendore e il sapore salvifico del Vangelo di Gesù?

---

[2] Vedasi la spiegazione semplice e incisiva di J. Daniélou: «La fede cristiana ha solo un oggetto, il mistero di Cristo morto e risorto. [...] L'intera cultura cristiana consiste nel tenere strette le connessioni che esistono tra Bibbia e liturgia, vangelo ed escatologia, misticismo e liturgia. L'applicazione di questo metodo alla Scrittura è chiamata esegesi; applicato alla liturgia è chiamato *mistagogia* [corsivo è nostro; S.A.]. Si tratta di leggere nei riti il mistero di Cristo, e nel contemplare al di sotto dei simboli la realtà invisibile» («Le symbolisme des rites baptismaux», 17; cit. in: R. TAFT, *Oltre l'oriente*, 30.

[3] Cf. A. SCHMEMANN, *Liturgical Theology*; *Great Lent*, spec. 11-44.63-85.107-133. Da parte cattolica, è doveroso ricordare numerosissime pubblicazioni del p. R. Taft — lo specialista numero uno nella liturgia bizantina, di fama mondiale: ad es., *Through Their Own Eyes*; *Oltre l'oriente e l'occidente;* «Liturgy as Theology», 113-117; «"Thanksgiving for the Light"», 27-50.

[4] R. TAFT, *Liturgia. Modello di preghiera*; «Russian Liturgy», 413-435.

SIGLE E ABBREVIAZIONI

Per le abbreviazioni delle riviste, collane, fonti[1] ed edizioni della Bibbia, nonché dei testi di Qumran si rimanda al sussidio classico di S.M. SCHWERTNER, *International Glossary of Abbreviations for Theology and Related Subjects* (IATG^2), Berlin – New York 1992.

Per quanto invece concerne le fonti classiche greche si consulti il lessico *LSJ*; per quanto riguarda i nomi degli autori patristici e le loro opere si vedano il *Thesaurus Linguae Latinae, Index librorum scriptorum inscriptionum ex quibus exempla adferuntur*, Lipsiae 1904 e il lessico di G.W.H. LAMPE, ed., *A Patristic Greek Lexicon*, Oxford 1961 (per le collane delle edizioni critiche si consulti: A. DI BERARDINI, ed., *Dizionario patristico e di antichità cristiane*, Casale Monferrato (Al) 1983).

Le opere rabbiniche e fonti extra-bibliche (apocrifi) sono reperibili, infine, nello strumento bibliografico di S. BAZYLINSKI, *Guida alla ricerca biblica*, SubBi 3, Roma 2009^3.

a.a.	anno accademico
ABI	Associazione Biblica Italiana
ACal	*Analecta calasanctiana*
AcChr	Academia Christiana
ad. es.	ad esempio
ad l.	*ad locum*
agg.	aggettivo
al.	*alii* (cioè altri)
AmiCl	*L'ami du clergé*
AncB	Anchor Bible
AnGr	Analecta Gregoriana
ANQ	*Andover Newton quarterly*

---

[1] Per le abbreviazioni dei libri biblici vedasi la *Bibbia* CEI (2008). Le sigle delle traduzioni della Bibbia in diverse lingue sono quelle usate nel programma *Bible-Works*: BW^7. I salmi sono citati seguendo il TM. Per l'apparato critico di NA^{27} si consulti: B.M. METZGER, *A Textual Commentary on the Greek New Testament*, Stuttgart 2002^2.

Ant.	FLAVIUS JOSEPHUS, *Antiquitates Judaicae*
aor.	aoristo
avv.	avverbio
AYBC	Anchor Yale Bible Commentary
BBB	Bonner biblische Beiträge
BCR	Biblioteca di cultura religiosa
BDF	F. BLASS – A. DEBRUNNER – F. REHKOPF, *Grammatica del greco del Nuovo Testamento*, Brescia 1982.
BECNT	Baker Exegetical Commentary on the New Testament
BEThL	Bibliotheca Ephemerides theologicae Lovanienses
BeO	*Bibbia e Oriente*
Bib.	*Biblica*. Roma
BiBi	Biblioteca biblica. Brescia
BiH	Biblische Handbibliothek
Bijdr.	*Bijdragen*. Tijdschrift voor philosophie en theologie
BiKi	*Bibel und Kirche*
BiTr	*Bible Translator*
BNGD	BARCLAY M. NEWMAN Jr., *A Concise Greek-English Dictionary of the New Testament*, Stuttgart 1993.
BT(B)	Biblioteca teologica. Brescia
BTCon	Biblioteca di teologia contemporanea
BT(G)	Bibliothèque théologique. Genève
BT(N)	Bibliothèque théologique. Neuchâtel
BZ	*Biblische Zeitschrift*
BZNW	Beihefte zur Zeitschrift für die neutestamentliche Wissenschaft
cap./capp.	capitolo/i
CBi	Collana biblica
CBRA	Collectanea biblica et religiosa antiqua
CBSt	Collana La bibbia nella storia
CBQ	*Catholic Biblical Quarterly*
CCL	Corpus Christianorum, Series Latina, Turnhout 1953-.
CEI	Conferenza Episcopale Italiana
cf.	*confer(endum)*
cit.	citato
CivCatt	*Civiltà cattolica*
CJJC	Collection Jésus et Jésus-Christ
CLPB	Collana Lettura pastorale della Bibbia
CSEL	Corpus Scriptorum Ecclesiasticorum Latinorum, Vienna 1865-.
CStP	Collectània Sant Pacià
CThMi	*Currents in Theology and Mission*
CTNT	Commentario teologico del Nuovo Testamento
DDPUG	Dissertationes ad doctoratum in Pontificia Universitate Gregoriana

DDSBThS	Dissertationes ad doctoratum in Southwestern Baptist Theological Seminary
De migr. Abr.	PHILO ALEXANDRINUS, *De migratione Abrahami*
Diak(US)	*Diakonia*. Bronx NY
diss.	dissertazione
DSBP	S.A. PANIMOLLE, ed., *Dizionario di spiritualità biblico-patristica: i grandi temi della Sacra Scrittura per la «Lectio divina»*, Roma 1992-.
Dt-Is	Deutero-Isaia
DT(P)	Divus Thomas. Piacenza
DViv	*Dieu vivant*
ebr.	ebraico
ed.	*edidit, ediderunt* (cioè curatore, curatori)
EeV	*Esprit et vie*. Langres
EHS.T	Europäische Hochschulschriften. Reihe 23, Theologie
EKK	Evangelisch-katholischer Kommentar zum Neuen Testament
EtB	*Études bibliques*
etc.	*et caetera*
EThSt	*Erfurter theologische Studien*
EvTh	*Evangelische Theologie*
EWNT	H. BALZ – G. SCHNEIDER, ed., *Exegetisches Wörterbuch zum Neuen Testament*, I-III, Stuttgart 1980-1983; tr. inglese, *Exegetical Dictionary of the New Testament*, Edinburgh 1990-1993 (=EDNT).
fasc.	fascicolo
Friberg	T. FRIBERG – B. FRIBERG – N.V. MILLER, ed., *Analytical Lexicon of the Greek New Testament*, Grand Rapids MI 2000.
Fs.	Festschrift (o Mélanges, Scritti in onore di, etc.)
FTS	Frankfurter theologische Studien
FV	Foi et vie
Garzanti	*Grande dizionario etimologico Garzanti* [On-line edition]
Garzanti Fra	*Grande dizionario di Francese* [On-line edition]
Garzanti Ing	*Grande dizionario Hazon di Inglese* [On-line edition]
GCS	Die griechischen christlichen Schriftsteller, Leipzig – Berlin 1897-.
gen.	genitivo
GNT	K. ALAND – C.M. MARTINI – B.M. METZGER – *al.*, ed., *The Greek New Testament*, Stuttgart 1993[4].
Gr.	*Gregorianum*. Roma
HALOT	L. KOEHLER – W. BAUMGARTNER – B. HARTMANN – Y. KUTSCHER, *The Hebrew and Aramaic Lexicon of the Old Testament*, I-V, Leiden – New York – Köln 1994-2000; orig. tede-

	sco, *Hebräisches und aramäisches Lexikon zum Alten Testament*, I-VI, Leiden 1967-1996[3].
Hesp.	*Hesperia.* Princeton NJ
hitp.	hitpael
HThK	Herders theologischer Kommentar zum Neuen Testament
Ibid.	*Ibidem* (cioè «allo stesso posto»)
ICC	International critical commentary
ID.	IDEM (cioè «lo stesso»)
impf.	imperfetto
impl.	implicitamente, implicito
impr.	imperativo
inf.	infinito
it.	italiano/a
JBL	*Journal of Biblical Literature*
Jr.	*junior*
JSNT	*Journal for the Study of the New Testament*
JSNT.S	Journal for the Study of the New Testament, Supplement Series
JSOT.S	Journal for the study of the Old Testament, Supplement Series
JThS	*Journal of Theological Studies*
JThs NS	-New Series
KEK	Kritisch-exegetischer Kommentar über das Neue Testament
KEK.S	-Sonderband
LAS BF	*Liber annuus. Studium Biblicum Franciscanum*
lat.	latino
LeDiv	Lectio divina
lett.	letteralmente
LiBi	Lire la Bible
Louw-Nida	J.P. LOUW – E.A. NIDA, *Greek-English Lexicon of the New Testament Based on Semantic Domains*, New-York 1989[23].
LREB	J.-N. ALETTI – J.L. SKA – *al.*, *Lessico ragionato dell'esegesi biblica: le parole, gli approcci, gli autori*, Brescia 2006.
LSJ	H.G. LIDDELL – R. SCOTT – H.S. JONES, *A Greek-English Lexicon*, I-III, Oxford 1961-1996[9].
MoBi	Monde de la bible
Mons.	Monsignor
ms./mss.	manoscritto/manoscritti
n./nn.	nota/note
NA[26] / NA[27]	E. NESTLE, – K. ALAND – *al.*, *Novum Testamentum Graece*, Deutsche Bibelgesellschaft, Stuttgart 1991[26], 1993[27].
Neotest.	Neotestamentica
NICNT	The New International Commentary on the New Testament
NIGTC	New International Greek Testament Commentary
NRTh	*Nouvelle revue théologique.* Louvain

NT	*Novum Testamentum*. Leiden
NT	Nuovo Testamento
NTD	Das Neue Testament Deutsch
NTS	*New Testament Studies*. London
num.	numero
OCA	Orientalia Christiana analecta
OpAmbr	*Opera omnia* di sant'Ambrogio. Edizione latino-italiana
OpAug	Opere di sant'Agostino. Edizione latino-italiana
orig.	originale
ÖTBKNT	Ökumenischer Taschenbuchkommentar zum Neuen Testament
p. /pp.	pagina/pagine
P.	père
PaVi	*Parole di vita*
par	passo/i parallelo/i
part.	particella
PCB	Pontificia Commissione Biblica
PdD	Parole de Dieu, Parola di Dio
PerTeol	*Perspectiva teológica*
PG	J.-P. MIGNE, ed., *Patrologiae cursus completus, Series Graeca*, Paris 1857-1866.
Phdr.	PLATO, *Phaedrus*
PL	J.-P. MIGNE, ed., *Patrologiae cursus completus, Series Latina*, Paris 1841-1864.
pl.	plurale
PLS	Patrologiae Latinae Supplementum, Paris 1958-1970.
pf.	perfetto
ppf.	piuccheperfetto
pres.	presente
pron.	pronome
PSV	*Parola spirito e vita*
ptcp.	participio
RdT	*Rassegna di teologia*
ReB	Retorica biblica
RevSR	*Revue des sciences religieuses*
risp.	rispettivamente
RivBib	*Rivista biblica*
RNT	Regensburger Neues Testament
RStB	Ricerche storico-bibliche
RVS	*Rivista di vita spirituale*
s./ss	seguente/i
SBA	Studi sulla Bibbia e il suo ambiente
SBL.	Society of Biblical Literature
SBL.MS	-Monograph series

SBS	Stuttgarter Bibelstudien
S BT	Studies in Biblical Theology
SC	Sources chrétiennes
SeV	Storia e Vita
SFT	Series Facultatis Theologicae
sg.	singolare
SIL	Studies in Linguistics
S.L.	senza indicazione di luogo
sogg.	soggetto
sost.	sostantivo
spec.	specialmente
SPIB	Sussidi. Pontificio Istituto Biblico
SR	Studi e ricerche
SSi	Special Studies Series
SSL	Spicilegium sacrum Lovaniense
StAns	Studia Anselmiana
StANT	Studien zum Alten und Neuen Testament
StBi	Studi biblici
StNT	Studien zum Neuen Testament
STR-B	H. L. STRACK – P. BILLERBECK, *Kommentar zum Neuen Testament aus Talmud und Midrasch*, I-VI, München 1922-1961.
StTh	Studia theologica. Lund
SubBi	Subsidia biblica
TFTL	Theses [...] Facultatis Theologicae et Facultatis Iuris Canonici, Universitas Catholica Lovaniensis
TGr.T	Tesi Gregoriana. Serie teologia
Theol(P)	Théologie. Paris
THNT	Theologische Handkommentar zum Neuen Testament mit Text und Paraphrase
ThZ	*Theologische Zeitschrift*. Basel
TM	testo masoretico
TPI NTC	Trinity Press International New Testament Commentaries
tr.	traduzione; traduttore
TTB	R. PENNA – G. PEREGO – G. RAVASI, ed., *Temi teologici della Bibbia*, Cinisello Balsamo (Mi) 2010.
TU	Texte und Untersuchungen zur Geschichte der altchristlichen Literatur
TWAT	J. BOTTERWECK – H. RINGGREN, ed., *Theologisches Wörterbuch zum Alten Testament*, I-X, Stuttgart 1970-2000; tr. it., *Grande lessico dell'AT,* I-X, Brescia 1988-2010 (=GLAT).
TWNT	G. KITTEL – G. FRIEDRICH, ed., *Theologisches Wörterbuch zum Neuen Testament*, Stuttgart 1933-1978; tr. it., *Grande Lessico del NT*, I-XVI, Brescia 1965-1992 (=GLNT).

UTB	Uni-Taschenbücher
v./vv.	versetto/versetti
vs.	*versus* (cioè contro)
WB	W. BAUER, *Griechisch-deutsches Wörterbuch zu den Schriften des Neuen Testaments und der frühchristlichen Literatur*, Berlin – New York 1988[6].
WBC	Word Biblical Commentary
WUNT	Wissenschaftliche Untersuchungen zum Neuen Testament
Zerwick	M. ZERWICK, *Grecitas Biblica Novi Testamenti exemplis illustratur*, SPIB 92, Romae
ZNW	*Zeitschrift für die neutestamentliche Wissenschaft*

BIBLIOGRAFIA

ACHTEMEIER, P., «And They Followed Him: Miracle and Discipleship in Mark 10,46-52», *Semeia* 11 (1978) 115-145.

ALETTI, J.-N., *L'arte di raccontare Gesù Cristo. La scrittura narrativa del Vangelo di Luca*, Brescia 1991; orig. francese, *L'art de raconter Jésus Christ. L'écriture narrative de l'Evangile de Luc*, Paris 1989.

———, *Gesù Cristo: unità del Nuovo Testamento?*, Roma 1995; orig. francese, *Jésus-Christ fait-il l'unité du Nouveau Testament?*, Paris 1994.

———, *Il racconto come teologia. Studio narrativo del terzo vangelo e del libro degli Atti degli Apostoli*, Roma 1996.

———, *Le Jésus de Luc*, CJJC 98, Paris 2010.

———, «Jésus à Nazaret (Lc 4,16-30), Prophétie, Ecriture et Théologie», in *A cause de l'Evangile. Etudes sur les synoptiques et les Actes*, Fs. J. Dupont, Paris 1985, 431-455.

———, «Mort de Jésus et théorie du récit», *RevSR* 73 (1985) 147-160.

———, «Parabole des mines et/ou parabole du roi. Remarques sur l'écriture parabolique de Luc», in J. DELORME, ed., *Paraboles évangéliques. Perspectives nouvelles*, Paris 1989, 309-322.

ALETTI, J.N. – SKA, J.L. – al., *Lessico ragionato dell'esegesi biblica: le parole, gli approcci, gli autori*, Brescia 2006.

ALFEEV, I., *«A immagine e somiglianza». La teologia dell'icona nella Chiesa ortodossa*, Magnano (Vc) 2006.

ALFEEV, I. – BELONOŽKO, S. – BIANCHI, E. – al., *Il Cristo trasfigurato nella tradizione spirituale ortodossa*. Atti del XV Convegno ecumenico internazionale di spiritualità ortodossa, Bose, 16-19 settembre 2007, Magnano (Bi) 2008.

ALONSO SCHÖKEL, L., *La parola ispirata*, Brescia 1987; orig. spagnolo, *La palabra inspirada. La Biblia a la luz de la ciencia del lenguaje*, Barcelona 1986³.

ALONSO SCHÖKEL, L., *Hermenéutica de la Palabra*, I-III, AcChr 37-39, Madrid 1986-1988.

————, *Manual of Hebrew Poetics*, SubBi 11, Roma 1988.

————, *Salvezza e liberazione: l'Esodo*, Bologna 1997.

————, «Il metodo storico-critico criticato. Per un avvio di discussione», in G. GHIBERTI, *La Bibbia, il libro sacro, e la sua interpretazione. Simposio per il XL dell'ABI*, Milano 2-4 giugno 1988, RStB 2 (1990), 68-69.

ALONSO SCHÖKEL, L. – SICRE DÍAZ, J.L., *Giobbe: commento teologico e letterario*, Commenti biblici, Roma 1985; orig. spagnolo, *Job. Comentario teológico y literario*, Madrid 1971.

————, «Baruc», in G. RAVASI, ed., *I Profeti*, Commenti biblici, Roma 1989, 1505-1539; orig. spagnolo, *Profetas*, II, Madrid 1980, 1311-1343.

ALTER, J.A.L., *The Language of Truth, The Torah Commentary of the Sefat Emet*, tr. A. Green, Philadelphia 1998.

ALTER, R., *L'arte della narrativa biblica*, Brescia 1990[2]; orig. inglese, *The Art of Biblical Poetry*, New York 1985.

————, *I piaceri della lettura. Il testo deliberato*, Milano 1990; orig. inglese, *The Pleasures of Reading in an Ideological Age*, New York 1989.

AMBROSIUS MEDIOLANENSIS, *De Ioseph*, ed. C. Schenkl, CSEL 32,2, Lipsiae 1897; tr. it., *Giuseppe*, ed. R. Palla, OpAmbr 3, Milano – Roma 1982, 344-414.

————, *Expositio Evangelii secundum Lucam*, ed. M. Adriaen, P.A. Ballerini, CCL 14,4, Turnhout 1957; tr. it., *Esposizione del Vangelo secondo Luca*, ed. G. Coppa, OpAmbr 11, Milano – Roma 1978.

ANDERSON, K.L., *«But God Raised Him from the Dead»: the Theology of Jesus' Resurrection in Luke-Acts*, Paternoster biblical monographs, Milton Keynes UK 2006.

ANGELINI, M., *Un silenzio pieno di sguardo. Il significato antropologico-spirituale dell'ascolto*, Quaderni di Camaldoli. Meditazioni, Bologna 1996.

APPIANO, A., *Comunicazione visiva: apparenza, realtà, rappresentazione*, Torino 1993.

ARISTOTELES, *Poetica*, tr. inglese, *The Complete Works of Aristotle*, ed. J. Barnes, The Revised Oxford Translation, II, Princeton NJ 1985.

ARTIOLI, M.-B., «Introduzione» a *La Filocalia*, I, 9-30.

AUGUSTINUS HIPPONENSIS, *Enarratio in psalmum 31*, PL 36,4,1, Paris 1845.

————, *Sermo 14*, ed. C. Lambot, CCL 41,11,1, Turnhout 1961; tr. it., *Discorsi*, I: 1-50, ed. P. Bellini, F. Cruciani, V. Tarulli, OpAug 3/29, Roma 1979, 242-254.

AUGUSTINUS HIPPONENSIS, *Sermones* 110-111.174-176.185.188, risp. ed. A.-G. Hamman, PLS 2, Paris 1962; PL 38,5,1, Paris 1845.

——, *Sermo* 370, PL 39,5,2, Paris 1863; tr. it., *Discorsi*, VI: 341-400, ed. V. Paronetto – A.M. Quartiroli, OpAug 3/34, Roma 1989, 308-312.

——, *Quaestionum XVII in Evangelium secundum Matthaeum*, ed. J.-P. Migne, PL 35,3,2, Paris 1845.

BAARDA, T., «The "Foolish" or "Deaf" Fig-Tree: Concerning Luke 19,4 in the Diatessaron», *NT* 43/2 (2001) 161-177.

VON BALTHASAR, H.U., *Herrlichkeit: eine theologische Ästhetik*, I e III/2, Einsiedeln 1961-1967.

BARBAGLIA, S. «Il prologo di Luca e la ἀσφάλεια del racconto evangelico. La ri-scrittura della storia», 1-16 [accesso: 01.11.2012], www.lanuovaregaldi.it/doc/evento/Asphaleia%20in%20Luca_definit ivo_.pdf.

BARBAGLIO, G., *Gesù ebreo di Galilea. Indagine storica*, CBSt 11, Bologna 2002.

BARRETT, C.K., *A Critical and Exegetical Commentary on the Acts of the Apostles,* I, ICC, Edinburgh 1994.

BAUCKHAM, R.J., *Gesù e i testimoni oculari*, 2010; orig. inglese, *Jesus and the Eyewitnesses: the Gospels as Eyewitness Testimony*, Grand Rapids MI 2006.

BAUMGÄRTEL, F., «καρδία», TWNT, III, 609-616.

BECHARD, D.P., *Paul Outside the Walls. A Study of Luke's Socio-Geographical Universalism in Acts 14,8-20*, AnBib 143, Roma 2000.

BEHM, J., «νοέω», «νοῦς», «ἀνόητος», «ἄνοια», TWNT, IV, 947-961.

——, «σκληροκαρδία», TWNT, III, 616-617.

BELYJ, A. – FLORENSKIJ, P.A., *L'arte, il simbolo e Dio. Lettere sullo spirito russo*, ed. G. Giuliano, Milano 2004.

BERGER, K., *Exegese des Neuen Testaments. Neue Wege vom Text zur Auslegung*, UTB 658, Heidelberg 1984.

——, *Psicologia storica del Nuovo Testamento*, PdD. Seconda serie, Cinisello Balsamo (Mi) 1994; orig. tedesco, *Historische Psychologie des Neuen Testaments*, Stuttgart 1991.

——, *Ermeneutica del Nuovo Testamento*, BiBi 26, Brescia 2001, orig. tedesco, *Hermeneutik des Neuen Testaments*, Gütersloh 1988.

——, «Meine Hermeneutik im Gespräch mit Hans Weder», *EvTh* 52 (1992) 309-319.

BETORI, G., «Unità letteraria e narrativa di Luca», in G. LEONARDI – F.G.B. TROLESE, ed., *San Luca Evangelista Testimone della Fede che uni-*

sce: Atti del congresso internazionale; Padova, 16-21 Ottobre 2000, Fonti e ricerche di Storia Ecclesiastica Padovana 28, Padova 2002, 71-93.

BEYER, H.W., «ἐπισκέπτομαι», «ἐπισκοπή», TWNT, II, 595-604.

BIANCHI, C., *Pragmatica del linguaggio*, Biblioteca Essenziale Laterza 59, Bari 2008[6].

BIANCHI, E., «L'evangelo della trasfigurazione: esegesi biblico-spirituale», in I. ALFEEV – *al.*, *Il Cristo trasfigurato nella tradizione spirituale ortodossa*. Atti del XV Convegno ecumenico internazionale di spiritualità ortodossa, Bose, 16-19 settembre 2007, Magnano (Bi) 2008, 33-45.

BIETENHARD, H., «ὄνομα»,TWNT, V, 242-283.

BIFFIS, G., «La battaglia delle Epipole», *Hesp.* 22 (2008) 91-101.

BLENKINSOPP, J., *Isaiah 56-66: A New Translation with Introduction and Commentary*, AYBC, New York 2008 [CD-ROM].

BOCK, D.L., *Proclamation from Prophecy and Pattern. Lucan Old Testament Christology*, JSNT.S 17, Sheffield 1987.

BOSSUYT, J. – RADEMAKERS, P., *Jésus Parole de la Grâce selon saint Luc*, Bruxelles 1981.

BOTTINI, G.C., «Is 52,13–53,12 nel racconto della Passione di Lc 22–23», *LAS BF* 47 (1997) 57-78.

BOVATI, P., *Ristabilire la giustizia: procedure, vocabolario, orientamenti*, AnBib 110, Roma 1986.

BOVON, F., *Luc le théologien. Vingt-cinq ans de recherches (1950-1975)*, Neuchâtel – Paris 1978.

———, *L'œuvre de Luc. Etudes d'exégèse et de théologie*, LeDiv 130, Paris 1987.

———, *Vangelo di Luca*, I-II, Commentario Paideia. NT, Brescia 2005-2007; orig. tedesco, *Das Evangelium nach Lukas*, I-III, EKK 3, Düsseldorf – Zürich – Neukirchen-Vluyn 1989-1996-2001.

———, *L'Evangile selon saint Luc (19,28–24,53)*, CNT(G). Deuxième série IIId, Labor et Fides, Genève 2009; ed. tedesca, *Das Evangelium nach Lukas*, IV, EKK 3, Neukirchen-Vluyn – Düsseldorf 2009.

———, «Effet de réel et flou prophétique dans l'œuvre de Luc», in *A cause de l'Evangile. Etudes sur les synoptiques et les Actes*, Fs. J. Dupont, Paris 1985, 349-359.

———, «Le récit lucanien de la Passion de Jésus (Lc 22–23)», in C. FOCANT, ed., *The Synoptic Gospels: Source Criticism and the New Literary Criticism*, BEThL 110, Leuven 1993, 393-423.

BROWN, R.E., *The Birth of the Messiah. A Commentary of the Infancy Narratives in Matthew and Luke*, New York – London 1977.

————, *The Death of the Messiah: from Gethsemane to the Grave. A Commentary on the Passion Narratives in the Four Gospels*, I-II, New York 1994.

————, *Giovanni. Commento al Vangelo spirituale*, Commenti e Studi biblici, Assisi 2005[6]; orig. inglese: *The Gospel According to John. Introduction, Translation and Notes*, I-II, AncB 29, Garden City NY 1966-1970.

BROWN, S., *Apostasy and Perseverance in the Theology of Luke*, AnBib 36, Roma 1969.

BROŽ, J., «Le parole di Gesù in Croce (Lc 23)», in G. LEONARDI – F.G.B. TROLESE, ed., *San Luca Evangelista Testimone della Fede che unisce:* Atti del congresso internazionale; Padova, 16-21 Ottobre 2000, Padova 2002, 71-93, 315-326.

BÜCHSEL, F., «λύτρωσις», «ἀπολύτρωσις », TWNT, IV, 353-359.

BÜHLER, P., «Le renversement imprévu dans la narration a partir du récit comique et tragi-comique», in ID. – J.-F. HABERMACHER, ed., *La narration. Quand le récit devient communication*, Genève 1988, 267-284

BULTMANN, R., *Die Geschichte der synoptischen Tradition*, Göttingen 1967[7].

BUSSE, U., *Das Nazareth-Manifest. Eine Einführung in das lukanische Jesusbild nach Lk 4,16-30*, SBS 91, Stuttgart 1978.

————, *Die Wunder des Propheten Jesus. Die Rezeption, Komposition und Interpretation der Wundertradition im Evangelium des Lukas*, Stuttgart 1979.

CABA, J., «Dalla parenesi lucana alla cristologia giovannea. Studio comparato di Lc 9,23-24 e Gv 12,25-26», in G. MARCONI – G. O'COLLINS, ed., *Luca-Atti*, Fs. E. Rasco, Assisi 1991, 72-104.

CADBURY, H.J., *The Making of Luke-Acts*, London 1927.

CASTAÑO FONSECA, A.M., Δικαιοσύνη *en Mateo: una interpretación teológica a partir de 3,15 y 21,32*, T.Gr.T 29, Roma 1997.

CHARLES, R.H., ed., «II Baruch. The Syriac Apocalypse of Baruch», in ID., *The Apocrypha and Pseudepigrapha of the Old Testament in English*, II: Preudepigrapha, Oxford 1913, 470-526.

CHATMAN, S.B., *Storia e discorso: la struttura narrativa nel romanzo e nel film*, Nuovi saggi, Parma 1987; orig. inglese, *Story and Discourse. Narrative Structure in Fiction and Film*, Ithaca NY – London 1978.

CHAYKIVSKYY, Y., *Soteryjny charakter spotkania z Jezusem (Lk 19,1-10)*, Lublin 2006.

CHENU, B., *Tracce del volto. Dalla parola allo sguardo*, Magnano (Bi) 1996.

CHRUPCAŁA, L.D., «Gesù Cristo, la salvezza e il Regno di Dio. Per una discussione sull'unità tematica dell'opera lucana», *LAS BF* 48 (1998) 143-178.

CHRYSOSTOMUS JOANNES, *De consubstantiali. Contra Anomoeos*, VII, ed. J.-P. Migne, PG 48,755, Paris 1862.

COLERIDGE, M., *The Birth of the Lukan Narrative. Narrative as Christology in Luke 1-2*, JSNT.S 88, Sheffield 1993.

COMBRINK, H., «Structure and Significance of Luke 4,16-30», *Neotest.* 7 (1973) 24-48.

COMPIANI, M., *Fuga, silenzio e paura: la conclusione del Vangelo di Mc: studio di Mc 16,1-20*, TGr.T 182, Roma 2011.

CONZELMANN, H., *Acts of the Apostles. A Commentary*, Hermeneia, Philadelphia PA 1987; orig. tedesco, *Die Apostelgeschichte*, Tübingen 1972[2].

———, *Grundriss der Theologie des Neuen Testaments*, Tübingen 1987[4].

———, *Il centro del tempo. La teologia di Luca*, Casale Monferrato 1996; orig. tedesco, *Die Mitte der Zeit. Studien zur Theologie des Lukas*, Tübingen 1954.

———, «φῶς», TWNT, IX, 302-349.

COSTACURTA, B., *La vita minacciata. Il tema della paura nella Bibbia Ebraica*, AnBib 119, Roma 1988.

———, *Il fuoco e l'acqua. Riflessioni bibliche sul profeta Elia*, Cinisello Balsamo (Mi) 2009.

———, «Benedizione e creazione in Gen 1,1-2,4a», *PSV* 21/1 (1990) 23-34.

———, «Creazione dell'uomo e progetto divino», *PaVi* 38 (1993) 6-13.

———, «Esegesi e lettura credente della Scrittura», *Gr.* 73 (1992) 739-745.

———, «"Io ti farò profeta fra le genti" (Ger 1,5). I profeti nella Bibbia», in J.M. ALDAY, ed., *I religiosi sono ancora profeti?*, Milano 2008, 19-33.

CREED, J.M., «The Text and Interpretation of Acts 1–2», *JThS* 35 (1934) 176-182.

CULLMANN, O., *Cristo e il tempo: la concezione del tempo e della storia nel Cristianesimo primitivo*, SR, Bologna 1965; orig. tedesco, *Christus und die Zeit: die urchristliche Zeit- und Geschichtsauffassung*, Zürich 1948.

———, «Εἶδεν καὶ ἐπίστευσεν, La vie de Jesus, objet de la "vue" et de la "foi" d'après le quatrième évangile», in *Aux sources de la tradition chrétienne*, BT(N), Fs. M. Maurice Gofuel, Neuchâtel 1950, 52-61.

CULPEPPER, R.A., «Seeing the Kingdom of God: The Metaphor of Sight in the Gospel of Luke», *CThMi* 21 (1994) 434-443.

CUSATELLI, G., ed., *Dizionario Garzanti della lingua italiana*, Milano 1978[16].

CYRILLUS ALEXANDRINUS, *Fragmenta commentarii (sermones) in Lucam*; tr. inglese, *A Commentary upon the Gospel According to S. Luke, by S. Cyril, Patriarch of Alexandria*, I-II, ed. R. Payne Smith, Oxford 1859.

DAHL, N.A., «"People for His Name" (Acts 15,14)», *NTS* 4 (1957-1958) 319-327.

DANIELOU, J., «Le symbolisme des rites baptismaux», *DViv* 1 (1945) 17-43.

DAVIES, W.D. – ALLISON, D.C., *A Critical and Exegetical Commentary on the Gospel According to Saint Matthew*, I-III, ICC, Edinburgh 1988-1997.

DELEBECQUE, E., «Les deux prologues des Actes des Apôtres», in ID., *Etudes sur le Grec du Nouveau Testament*, Aix-en-Provence 1995, 51-57.

DELLING, G., «"Als er uns die Schrift aufschloss". Zur Lukanischen Terminologie der Auslegung des Alten Testaments», in H. BALZ – S. SCHULZ, ed., *Das Wort und die Wörter*, Fs. G. Friedrich, Stuttgart 1973, 75-84.

————, «αἰσθάνομαι», TWNT, I, 186-188.

————, «λαμβάνω», «ὑπολαμβάνω», TWNT, IV, 5-7.16 (GLNT, VI, 21-27.50).

DENAUX, A., «L'hypocrisie des pharisiens et le dessein de Dieu. Analyse de Lc. 13,31-33», in F. NEIRYNCK, ed., *L'Evangile de Luc. Problèmes littéraires et théologiques,* Fs. L. Cerfaux, BEThL 32, Gembloux 1973, 245-285.

DIBELIUS, M., Die *Formgeschichte des Evangeliums*, Tübingen 1959[3].

————, *The Book of Acts. Form, Style, and Theology*, Minneapolis MN 2004[2]; orig. tedesco, *Aufsätze zur Apostelgeschichte,* Göttingen 1961[4].

DILLON, R.J., *From Eye-Witnesses to Ministers of the Word.* AnBib 82, Roma 1978.

————, «Simeon as a Lucan Spokesman (Lk 2,29-35)», in *«Il Verbo di Dio è vivo»*, Fs. A. Vanhoye, AnBib 165, Roma 2007, 189-217.

DODD, C.H., «New Testament Translation Problems II», *BiTr* 28 (1977) 104-110.

DÖMER, M., *Heil Gottes. Studien zur Theologie des lukanischen Doppelwerkes*, BBB 51, Köln – Bonn 1978.

DORMEYER, D., «Apostelgeschichte 1–3 als Kommunikationsprozess», in ID. – M. GRILLI, *Gottes Wort in menschlicher Sprache: Die Lektüre von*

Mt 18 und Apg 1-3 als Kommunikationsprozess, SBS 201, Stuttgart 2004, 147-196.

DOSTOEVSKIJ, F.M., *L'idiota*, I-II, tr. di R. Küfferle, Milano 1973.

DUBIED, P.-L., «La question du narrateur abordée a partir de l'étude de W. Benjamin sur Nicolas Leskov», in P. BÜHLER – J.-F. HABER-MACHER, ed., *La narration. Quand le récit devient communication*, Genève 1988, 249-265.

DUMM, D.R., «Luke 24,44-49 and Hospitality», in D. DURKEN, ed. *Sin, Salvation, and the Spirit*, Collegeville MN 1979, 231-239.

DUNN, J.D., «"A Light to the Gentiles": The Significance of the Damascus Road Christophany for Paul», in *The Glory of Christ in the New Testament*, Fs. G.B. Caird, Oxford 1987, 251-266.

DUPONT, J., *Gnosis. La connaissance religieuse dans les Epîtres de Saint Paul*, TFTL 2; 40, Bruges – Paris 1949.

————, *Etudes sur les Actes des Apôtres*, LeDiv 45, Paris 1967.

————, *Les trois apocalypses synoptiques: Marc 13; Matthieu 24-25; Luc 21*, Paris 1985.

————, «La conclusion des Actes et son rapport à l'ensemble de l'ouvrage de Luc», in ID., *Nouvelles études sur les Actes des Apôtres*, LeDiv 118, Paris 1984, 457-511.

————, «Les disciples d'Emmaüs (Lc 24,13-35)», in M. BENZERATH – *al.*, ed., *La Pâque du Christ. Mystère de salut*, Fs. P. F.-X. Durrwell, LeDiv 112, Paris 1982, 167-195.

————, «Les discours de Pierre dans les Actes et le chapitre 24 de l'évangile de Luc», in F. NEIRYNCK, ed., *L'Evangile de Luc. Problèmes littéraires et théologiques,* Fs. L. Cerfaux, BEThL 32, Gembloux 1973, 239-284.

————, «Je t'ai établi lumière des nations (Ac 13,14.43-52)», in ID., *Nouvelles études sur les Actes des Apôtres*, 345-347.

————, «Jésus annonce la bonne nouvelle aux pauvres», in ID., *Etudes sur les évangiles synoptiques*, I, BEThL 70-A, Leuven 1985, 23-85.

————, «ΛΑΟΣ ΕΞ ΕΘΝΩΝ», *NTS* 3 (1956-1957) 3-47.

————, «La mission du Paul "A Jérusalem" (Actes 12,25)», in ID., *Etudes sur les Actes des Apôtres*, 217-241.

————, «La parabole de la brebis perdue (Matthieu 18,12-14; Luc 15,4-7», *Gr.* 49 (1968) 265-287.

————, «La parabole du semeur dans la version de Luc», in W. ELTESTER, ed., *Apophoreta*, Fs. E. Haenchen, BZNW 30, Berlin 1964, 97-108.

DUPONT, J., «Les Pèlerins d'Emmaüs. Luc 24,13-35», in R.M. DIAZ, ed., *Miscellanea Biblica B. Ubach*, Montserrat 1953, 349-374.

————, «La portée christologique de l'évangélisation des nations d'après Luc 24,47», in ID., *Nouvelles études sur les Actes des Apôtres*, 37-57.

————, «Le riche publicain Zachée est aussi un fils d'Abraham (Luc 19,1-10)», in C. BUSSMANN – W. RADL, ed., *Der Treu Gottes trauen. Beiträge zum Werk Lukas*, Fs. G. Schneider, Freiburg – Basel – Wien 1991, 265-276.

————, «Le salut des Gentils et la signification théologique du Livre des Actes», in ID., *Etudes sur les Actes des Apôtres*, 393-419.

ECO, U., *La struttura assente: introduzione alla ricerca semiologica*, Milano 1977.

————, *I limiti dell'interpretazione*, Studi Bompiani, Milano 1990.

————, *Interpretazione e sovrainterpretazione*, Tascabili Bompiani 49, Milano 1994.

————, *Trattato di semiotica generale*, Studi Bompiani. Il campo semiotico, Milano 1995.

————, *Lector in fabula*, Saggi tascabili 27, Milano 1998.

————, *Sei passeggiate nei boschi narrativi*, Harvard University, Norton Lectures 1992-1993, Tascabili Bompiani 59, Milano 2005.

ELLIS, E.E., «La composition de Luc 9 et les sources de sa christologie», in J. DUPONT, ed., *Jésus aux origines de la christologie*, BEThL 40, Leuven 1989193-200.

————, «La fonction de l'eschatologie dans l'évangile de Luc», in F. NEIRYNCK, ed., *L'Evangile de Luc. Problèmes littéraires et théologiques*, Fs. L. Cerfaux, BEThL 32, Gembloux 1973, 141-155.

ELTESTER, W., ed., *Jesus in Nazareth*, BZNW 40, Berlin – New York 1972.

————, «Israel im lukanischen Werk und die Nazarethperikope», in ID., ed., *Jesus in Nazareth*, 76-147.

EPHRAEM SYRUS, *Diatessaron*; tr. francese, *Ephrem de Nisibe, Commentaire de l'Evangile concordant ou Diatessaron*, ed. L. Leloir, SC 121, Paris 1966.

ERNST, J., *Das Evangelium nach Lukas*, RNT, Regensburg 1977.

EVANS, C.A., *To See and Not Perceive. Isaiah 6,9-10 in Early Jewish and Christian Interpretation*, JSOT.S 64, Sheffield 1989.

EVANS, C.F., *Saint Luke*, TPI NTC, London – Philadelphia PA 1990.

EVDOKIMOV, P., *Teologia della bellezza. Il senso della bellezza e l'icona*, BCR. Serie II, Roma 1971; orig. francese, *«La beauté». Le sens de la beauté et l'icône*, Paris 1970.

EVDOKIMOV, P., *L'uomo icona di Cristo,* Milano 1984; orig. francese, *Le buisson ardent,* Paris 1981.

FANNING, B.M., *Verbal Aspect in New Testament Greek,* Oxford 1990.

FARRIS, R., *The Hymns of Luke's Infancy Narratives: Their Origin, Meaning and Significance,* JSOT.S 9, Sheffield 1985.

FEUILLET, A., «L'apparition du Christ à Marie Madeleine (Jean 20,11-18). Comparaison avec l'apparition aux disciples d'Emmaüs (Luc 24,13-35)», *EeV* 88 (1978) 193-204.209-223.

FIANU, E.K., *A Narrative-Critical and Theological Study of Luke 24,13-35.* Excerpta DDPUG, Roma 2000.

FITZMYER, J.A., *The Gospel According to Luke. Introduction, Translation, and Notes,* I-II, AncB 28-28A, Garden City, New York 1981.

———, *Luca teologo. Aspetti del suo insegnamento,* Brescia 1991; orig. inglese, *Luke the Theologian. Aspects of His Teaching,* New York – Mahwah NJ 1989.

———, *The Acts of the Apostles. Introduction, Translation, and Notes,* AncB 31, New York 1998.

———, «The Composition of Luke, Chapter 9», in C.H. TALBERT, ed., *Perspectives on Luke-Acts,* SSi 5, Danville VA – Edinburgh 1978, 139-152.

FLAVIUS, JOSEPHUS, *Antiquitates Judaicae*; tr. it., *Antichità Giudaiche di Giuseppe Flavio,* I: *Libri I-X,* ed. L. Moraldi, Torino 1998.

FLORENSKIJ, P., *La Mistica e l'Anima Russa,* Cinisello Balsamo (Mi) 2006.

FOERSTER, W., «ἁρπάζω», TWNT, I, 471-472.

———, «εἰρήνη», TWNT, II, 411-413.

FOERSTER, W. – FOHRER, G., «σῴζω», «σωτηρία», «σωτήρ», «σωτήριος», TWNT, VII, 966-1024.

FORNARA, R., *La visione contraddetta. La dialettica fra visibilità e non-visibilità divina nella Bibbia ebraica,* AnBib 155, Roma 2004.

———, «L'icona dell'unificazione interiore. Chiavi di lettura di Lc 10,38-42», *RVS* 61 (2007) 141-153.

———, «Vedere/Visione», in *TTB,* 1488-1495.

FREEDMAN, H., – SIMON, M., ed., *The Midrash rabbah.* III: *Exodus,* London – New York, 1983[3].

FREIN, B.C., «Misunderstanding in the Gospel of Luke», *Bib.* 74 (1993) 328-348.

FUMAGALLI, A., *Gesù crocifisso, straniero fino alla fine dei tempi. Una lettura di Mt 25,31-46 in chiave comunicativa,* Frankfurt am Main 2000.

FUSCO, V., *Oltre la parabola. Introduzione alle parabole di Gesù,* Roma 2002.

FUSCO, V., «Il messaggio e il segno. Riflessioni esegetiche sul racconto lucano della natività (Lc 2,1-10)», in C. CASALE – M. MARCHESELLI, ed., *Parola e Spirito*, Fs. S. Cipriani, Brescia 1982, 293-333.

————, «La morte del messia (Lc 23,26-49)», in ID., *Da Paolo a Luca. Studi su Luca-Atti*, II, Brescia 2003, 495-520.

————, «"Point of View" and "Implicit Reader" in Two Eschatological Texts (Lk 19,11-28; Acts 1,6-8) », in F. VAN SEGBROECK – *al.*, ed., *The Four Gospels 1992*, II, Fs. F. Neirynck, BEThL 100, Leuven 1992, 1677-1696.

————, «Problemi di struttura nel discorso escatologico lucano (Lc 21,7-36)», in G. MARCONI – G. O'COLLINS, ed., *Luca-Atti*, Fs. E. Rasco, Assisi 1991, 105-134.

————, «Progetto storiografico e progetto teologico nell'opera lucana», in *La storiografia nella Bibbia*. Atti della XXVIII Settimana Biblica, Bologna 1986, 123-152.

————, «La quête du Jésus historique. Bilan et perspectives», in D. MARGUERAT – E. NORELLI – M. POSSET, ed., *Jésus de Nazareth. Nouvelles approches d'une énigme*, MoBi 38, Genève 1998, 25-57.

GAMBA, G., «Senso e significato funzionale di Luca 9,43b-45», in *Il messianismo*. Atti della XVIII Settimana Biblica, Brescia 1966, 233-267.

GARCÍA SERRANO, A., *The Presentation in the Temple. The Narrative Function of Lk 2,22-39 in Luke-Acts*, AnBib 197, Roma 2012.

GERBER, D., *«Il vous est né un Sauveur». La construction du sens sotériologique de la venue de Jésus en Luc-Actes*, MoBi 58, Genève 2008.

GHIBERTI, G., «L'eucaristia in Luca 24 e negli Atti degli Apostoli», in *PSV* 7 (1983) 159-173.

————, «Testimonianze sulla risurrezione di Gesù», in *Il messaggio della salvezza*, VI, Leumann (To) 1979[4], 382-444.

GIENIUSZ, A., *Vangeli sinottici – Atti degli Apostoli. Guida allo studio*, Roma 2002.

GILLMANN, J., «The Emmaus Story in Luke–Acts Revisited», in R. BIERINGER – V. KOPERSKI – B. LATAIRE, ed, *Resurrection in the New Testament*, Fs. J. Lambrecht, BEThL 165, Leuven – Paris – Dudley MA 2002, 165-188.

GIUNTOLI, F., *L'officina della tradizione. Studio di alcuni interventi redazionali post-sacerdotali e del loro contesto nel ciclo di Giacobbe (Gn 25,19-50,26)*, AnBib 154, Roma 2003.

GNILKA, J., *Die Verstockung Israels. Isaias 6,9-10 in der Theologie der Synoptiker*, StAns 3, München 1961.

GORCZYCA, J., *Essere per l'altro: fondamenti di etica filosofica*, Philosophia 3, Roma 2011.

Grande dizionario etimologico Garzanti [On-line edition], www.garzanti.it/ garzantilinguistica.sapere.it/it/session/new (=*Garzanti*).

Grande dizionario di Francese [On-line edition], www.garzanti.it/ garzanti-linguistica.sapere.it/it/session/new (=*Garzanti Fra*).

Grande dizionario Hazon di Inglese [On-line edition], www.garzanti.it/ garzantilinguistica.sapere.it/it/session/new (=*Garzanti Ing*).

GRÄSSER, E., «Die Parusieerwartung in der Apostelgeschichte», in J. KREMER, ed., *Les Actes des Apôtres. Tradition, rédaction, théologie*, BEThL 38, Gembloux – Leuven 1979, 99-127.

GRASSO, S., «Emmaus, testo della criteriologia ecclesiale per la fede nella risurrezione di Gesù (Lc 24,13-35)», *RivBib* 56/4 (2008), 433-453.

GREEN, J.B., *The Gospel of Luke*, NICNT, Grand Rapids MI – Cambridge UK 1997.

——, «Conversion in Luke-Acts. The Potential of a Cognitive Approach», *SBL*. (2006) 1-28.

GREGORIUS PALAMAS, *Triades*; tr. francese, *Grégoire Palamas, Défense des saints hésychastes*, ed. J. Meyendorff, SSL 30, Louvain 1959.

GRILLI, M., *Quale rapporto tra i due Testamenti? Riflessione critica sui modelli ermeneutici classici concernenti l'unità delle Scritture*, Bologna 2007.

——, *L'impotenza che salva. Il mistero della croce in Mc 8,27–10,52. Lettura in chiave comunicativa*, StBi 58, Bologna 2009.

——, *Scriba dell'Antico e del Nuovo. Il Vangelo di Matteo*, Bologna 2011.

——, *L'opera di Luca*, I: *Il vangelo del viandante*, Bologna 2012.

——, «Autore e lettore: il problema della comunicazione nell'ambito dell'esegesi biblica», *Gr*. 74 (1993) 447-459.

——, «Consideraciones conclusivas», in ID. – *al.*, *Riqueza y solidaridad en la obra de Lucas*, Estella – Navarra 2006, 289-296.

——, «Evento comunicativo e interpretazione di un testo biblico», *Gr*. 83/4 (2002) 655-678.

——, «Il tema dell'oggi nell'opera lucana», in *Il tempo*, PSV 36, Bologna 1997, 139-151.

——, «La violenza di Dio e la croce. Un contributo sull'immagine di Dio nei Vangeli Sinottici», in L. MAZZINGHI, ed., *La violenza nella Bibbia*, RStB, Bologna 2008, 135-155.

GRILLI, M. – LANGNER, C., *Das Matthäus-Evangelium. Ein Kommentar für die Praxis*, SBS 193, Stuttgart 2010.

GRUNDMANN, W., *Das Evangelium nach Lukas*, THNT 3, Berlin 1971².

————, «δέχομαι», ἀποδέχομαι», «προσδέχομαι», TWNT, II, 702-704.

————, «ἑτοίμαζω», TWNT, II, 49-56.

HAENCHEN, E., *Die Apostelgeschichte*, KEK. III, Göttingen 1956.

HAMM, D., «Sight to the Blind. Vision as Metaphor in Luke», *Bib.* 67 (1986) 457-477.

————, «What the Samaritan Leper Sees. The Narrative Christology of Luke 17,11-19», *CBQ* 56 (1994) 273-287.

————, «Zacchaeus Revisited Once More. A Story of Vindication or Conversion?», *Bib.* 72 (1991) 249-252.

HARTMAN, L., «ὄνομα», EDNT, II, 519-522.

VON HASE, K., *Geschichte Jesu: nach akademischen Vorlesungen*, Karl von Hase's Werke 4, Leipzig – Breitkopf – Härtel 1891².

HAUCK, F., «μένω», TWNT, IV, 578-581.

HEIL, J., *The Transfiguration of Jesus: Narrative Meaning and Function of Mark 9,2-8, Matt 17,1-8 and Luke 9,28-36*, AnBib 144, Roma 2000.

HIERONYMUS STRIDONENSIS, *Homilia de nativitate Domini*, ed. G. Morin, B. Capelle, J. Fraipont, CCL 78,2, Turnhout 1958.

HOFFMANN, P., *Studien zur Theologie der Logienquelle*, Münster 1972.

HOLTZ, G., «Zur christologischen Relevanz des Furchtmotivs im Lukasevangelium», *Bib.* 90 (2009) 484-505.

HOLTZ, T., *Untersuchungen über die alttestamentlichen Zitate bei Lukas*, TU 104, Berlin 1968.

HOMERUS, *Odyssea*; tr. it., *Odissea di Omero*, ed. F. Ferrari, Torino 2001.

JEPSEN, A., «'ĕmet», TWAT, I, 333-341 (GLAT, I, 665-681).

JEREMIAS, J., *Neutestamentliche Theologie. I. Die Verkündigung Jesu*, Gütersloh 1971.

————, *Le parabole di Gesù*, BCR 3, Brescia, 1976²; orig. tedesco, *Die Gleichnisse Jesu*, Göttingen1967⁷.

————, *Die Sprache des Lukasevangeliums: Redaktion und Tradition im Nicht-Markusstoff des dritten Evangeliums*, KEK.S, Göttingen 1980.

JERVELL, J.S, *Luke and the People of God: a New Look at Luke-Acts*, Minneapolis MN 1972.

————, *Die Apostelgeschichte*, KEK 3, Göttingen 1998; orig. inglese, *The Theology of the Acts of the Apostles*, Cambridge 1996.

JOHNSON, R.A., *The Narrative Function of the Quotation of Isaiah 6,9-10 and the Concomitant Hear-See Motif in the Book of Acts*, DDSBTh-Sem, Fort Worth TX 1992.

JONES, D., «The Background and Character of the Lucan Psalms», *JThS* NS 19 (1968) 19-50.

KAESTLI, J.-D., *L'eschatologie dans l'œuvre de Luc. Ses caractéristiques et sa place dans le développement du Christianisme primitif*, Genève 1969.

KANT, I., *Critica della ragion pura*, Milano 2004; orig. tedesco, *Kritik der reinen Vernunft*, Riga 1787².

―――, *Critica della ragion pratica*, Milano 2004; orig. tedesco, *Kritik der practischen Vernunft*, Riga 1788.

KARIAMADAM, P., *The Zacchaeus Story (Lk. 19,1-10): a Redaction-Critical Investigation*, Kerala 1985.

KILGALLEN, J.J., «Acts 28,28 — Why?», *Bib.* 90/2 (2009) 176-187.

KIM-RAUCHHOLZ, M., *Umkehr in Lukas. Zu Wesen und Bedeutung der Metanoia in der Theologie des dritten Evangelisten*, Neukirchen-Vluyn 2008.

KINGSBURY, J.D., *Conflict in Luke. Jesus, Authorities, Disciples*, Minneapolis MN 1991.

KITTEL, G. – VON RAD, G., «δόξα», TWNT, II, 236-256.

KLEIN, G., «Lukas 1,1-4 als theologisches Programm», in E. DINKLER, ed., *Zeit und Geschichte*, Fs. R. Bultmann, Tübingen 1964, 193-216.

KLUMBIES, P.-G., «Das Sterben Jesu als Schauspiel nach Lk 23,44-49», *BZ* 47 (2003) 186-205.

KODELL, J., «Luke's Use of *Laos*, "People", Especially in the Jerusalem Narrative (Lk 19,28–24,53)», *CBQ* 31 (1969) 327-343.

―――, «"The Word of God Grew": The Ecclesial Tendency of Lógos in Acts 6,7; 12,24; 19,20», *Bib.* 55 (1974) 505-519.

KOET, B.-J., Some Traces of a Semantic Field of Interpretation in Luke 24,13-35», *Bijdr.* 46/1 (1985) 59-73.

KOSSOVA, A.G., *Alle origini della santità russa. Studi e testi*, Cinisello Balsamo (Mi) 2007.

KREMER, J., «ὁράω», EWNT, II, 1287-1293.

KREUZ, M.S. – MCNEALY, R.J., ed., *Empirical Approaches to Literature and Aesthetics*, Advances in Discourse Processes 52, Norwood 1996.

KUHN, K.A., *The Heart of Biblical Narrative. Rediscovering Biblical Appeal to the Emotions*, Minneapolis MN 2009.

KÜMMEL, W.G, «Current Theological Accusations against Luke», *ANQ* 16 (1975) 131-145.

KURZ, W.S., «Narrative Approaches to Luke-Acts», *Bib.* 68 (1987) 195-220.

LABAHN, M., «"Blinded by the Light": Blindheit, sehen und Licht in Joh 9. Ein Spiel von Variation und Wiederholung durch Erzählung und Metapher», in ID. – G. VAN BELLE, – P. MARITZ, ed., *Repetitions and Variations in the Fourth Gospel: Style, Text, Interpretation*, BEThL 223, Leuven – Paris – Walpole MA 2009, 453-509.

LADARIA FERRER, L.F., *Antropologia teologica*, Roma 2011.

LAGRANGE, M.-J., *Evangile selon saint Luc*, EtB, Paris 1921.

LANGNER, C., «Lc 4,16-30: Jesús proclama el año de gracia del Señor», in M. GRILLI – *al.*, ed., *Riqueza y solidaridad en la obra de Lucas*, Estella – Navarra 2006, 33-59.

————, «Lc 19,1-10: Zaqueo, imagen de esperanza para los ricos», in M. GRILLI – *al.*, ed., *Riqueza y solidaridad*, 219-242.

LATOURELLE, R., *Théologie de la Révélation*, Studia 15, Romae 1963.

LAURENTIN, R., *Les Evangiles de l'enfance du Christ. Vérité de Noël au-delà des mythes. Exégèse et sémiotique. Histoire et théologie*, Paris 1982.

————, *Structure et théologie de Luc I-II*, Paris 1957.

LEGASSE, S., *Le procès de Jésus: la Passion dans les quatre évangiles*, LeDiv. Commentaires 3, Paris 1995.

LEGRAND, L., *L'annonce à Marie (Lc 1,26-38): une apocalypse aux origines de l'Evangile*, LeDiv 106, Paris 1981.

LENTZEN-DEIS, F., *Die Taufe Jesu nach den Synoptikern*, FTS 4, Frankfurt am Main 1970.

————, «Metodi dell'esegesi tra mito, storicità e comunicazione. Prospettive "pragma-linguistiche" e conseguenze per la teologia e la pastorale», *Gr.* 73/4 (1992) 731-737.

LEON-DUFOUR, X., *Résurrection de Jésus et message pascal*, Paris 1971.

LEVINAS, E., *Etica e Infinito*, Roma 1984.

————, *Totalità e infinito. Saggio sull'esteriorità*, Di fronte e attraverso 92, Milano 1990[2]; orig. francese, *Totalité et infini: essai sur l'extériorité*, La Haye 1961.

LIPINSKI, E., «*'am*», TWAT, VI,178-194 (GLAT, VI, 806-824).

LOEWE, W.P., «Towards an Interpretation of Lk 19,1-10», *CBQ* 36 (1974) 321-331.

LOHFINK, G., *Die Himmelfahrt Jesu. Untersuchungen zu den Himmelfahrts- und Erhöhungstexten bei Lukas*, StANT 26, München 1971.

————, «"Was steht ihr da und schauet (Apg 1,11)…"», *BiKi* 20/2 (1965) 43-48.

LOHFINK,, N., *Alleanza mai revocata: riflessioni esegetiche per il dialogo tra cristiani ed ebrei*, Giornale di teologia 201, Brescia 1991; orig. tedesco, *Der niemals gekündigte Bund. Exegetische Gedanken zum christlich-jüdischen Dialog*, Freiburg im Breisgau 1989.

LOHSE, E., *L'ambiente del Nuovo Testamento*, NT: supplementi. 1, Brescia 1993; orig. tedesco, *Umwelt des Neuen Testaments*, Göttingen 1971.

————, «πρόσωπον», TWNT, VI, 769-779.

LOISY, A., *L'Evangile selon Luc*, Paris 1924.

LOSSKY, V., *The Mystical Theology of the Eastern Church*, London 1957; orig. francese, *Essai sur la théologie mystique de l'Eglise d'Orient*, Paris 1944.

DE LUBAC, H., *Exégèse médiévale. Les quatre sens de l'Ecriture. Première Partie*, II, Theol(P) 41, Paris 1959.

————, *Le Mystere du Surnaturel*, Theol. 64, Paris 1965.

LUKASZ, C., *Evangelizzazione e conflitto: indagine sulla coerenza letteraria e tematica della pericope di Cornelio (Atti 10,1–11,18)*, EHS.T 484, Frankfurt am Main 1993.

LUZ, U., *Das Evangelium nach Matthäus. II. Mt 8-17*, EKK 1/2, Zürich – Braunschweig – Neukirchen-Vluyn 1990,

LUZARRAGA FRADUA, J., *Orando con Ignacio tras Jesús: método de oración siguiendo a S. Ignacio de Loyola. La oración de Jesús según el Nuevo Testamento*, Bilbao 1991.

MAHFOUZ, H., *La fonction littéraire et théologique de Lc 3,1-20 dans Luc-Actes*, Université du Saint-Esprit de Kaslik. Faculté Pontificale de Théologie 11, Kaslik (Lebanon) 2003.

MARANI, G., *Trasfigurare la terra: identità e missione del monachesimo orientale. Linee per un «instrumentum laboris» per la commissione preparatoria del Sinodo «Monaci e monache ieri, oggi e domani in Ucraina»*, [S.L.]: Associazione «Deus caritas est», 2006.

MARCHESE, A., *L'officina del racconto. Semiotica della narratività*, Studio 105, Milano 1983.

MARCONI, G., *Il Dio da vedere. Racconti lucani del giorno di Pasqua*, Castelplanio 1992.

————, *La comunicazione visiva nel Vangelo di Luca. Per cogliere il mistero con la vista*, Milano 1997.

————, «Il bambino da vedere. L'estetica lucana nel cantico di Simeone e dintorni», *Gr.* 72 (1991) 629-654.

————, «Lc 9,28-36: La trasfigurazione come opera d'arte», in ID., *Recupero della distanza: contributo teologico alla riflessione sull'esistenza*, Roma 1991, 31-50.

MARCONI, G., «La veste (*esthēs*) come categoria ermeneutica del "vedere" e semantica del divino negli scritti lucani, ovvero l'estetica non-umana di Luca», *RivBib* 39 (1991) 3-23.

MARGUERAT, D., ed., *La Bible en récits. L'exégèse biblique à l'heure du lecteur*. Colloque international d'analyse narrative des textes de la Bible, Lausanne (mars 2002), MoBi 48, Genève 2003.

————, *La première histoire du christianisme. (Les Actes des Apôtres)*, LeDiv 180, Paris 2003[2].

————, *Les Actes des apôtres (1-12)*, I, CNT(G) 5a, Genève 2007.

————, *Réception du Paulinisme dans les Actes des apôtres*, BEThL 229, Leuven 2009.

————, «The End of Acts (28,16-31) and the Rhetoric of Silence», in S.E. PORTER – T.H. OLBRICHT, ed., *Rhetoric and the New Testament*. Essays from the 1992 Heidelberg Conference, JSNT.S 90, Sheffield 1993, 74-89.

————, «The Enigma of the Silent Closing of Acts (28,16-31)», in D.P. MOESSNER, ed., *Jesus and the Heritage of Israel. Luke's Narrative Claim upon Israel's Legacy*, Harrisburg PA 1999, 284-304.

————, «Entrer dans le monde du récit», in MARGUERAT, D. – al., ed., *Quand la Bible se raconte*, 9-37.

————, «L'exégèse biblique à l'heure du lecteur», in ID., ed., *La Bible en récits*, 13-40.

MARGUERAT, D. – al., ed., *Quand la Bible se raconte*, LiBi 134, Paris 2003.

MARGUERAT, D. – BOURQUIN, Y., ed., *Per leggere i racconti biblici: la Bibbia si racconta : iniziazione all'analisi narrativa*, Roma 2012[2] ; orig. francese, *La Bible se reconte: initiation à l'analyse narrative*, Paris 1998.

MARINO, M., *Tra ascolto e prassi: custodire la Parola*, Assisi 2005.

MARTINI, C.M., *L'itinerario spirituale dei dodici nel Vangelo di Marco*, Letture bibliche, Roma 1987[3].

————, «Alcuni temi letterali di 2 Cor 4,6 e i racconti della conversione di San Paolo negli Atti. (Contributo per uno studio sui raffronti Atti – S. Paolo)», in ID., *La parola di Dio alle origini della Chiesa*, AnBib 93, Roma 1980, 201-214.

————, «L'apparizione agli Apostoli in Lc 24,36-43 nel complesso dell'opera lucana», in E. DHANIS, ed., *Resurrexit*. Actes du symposium international sur la résurrection de Jésus, Rome 1974, 230-245.

————, «L'esclusione dalla comunità del popolo di Dio e il nuovo Israele secondo Atti 3,23», in ID., *La parola di Dio*, 239-258.

MARTINI, C.M., «Riflessioni sulla cristologia degli Atti», in ID., *La Parola di Dio*, 273-282.

MARSHALL, I.H., *The Gospel of Luke. A Commentary on the Greek Text*, NIGTC, Exeter 1978.

MEKKATTUKUNNEL, A.G., *The Priestly Blessing of the Risen Christ. An Exegetico-Theological Analysis of Luke 24,50-53*, EHS.T 714, Frankfurt am Main 2001.

METZGER, B.M., *A Textual Commentary on the Greek New Testament*, Stuttgart 2002².

MEYNET, R., *Il vangelo secondo Luca. Analisi retorica*, ReB 7, Roma 1994; orig. francese, *L'Evangile selon saint Luc. Analyse rhétorique*, Paris 1988.

————, *La Pasqua del Signore. Testamento, processo, esecuzione e risurrezione di Gesù nei vangeli sinottici*, ReB 5, Bologna 2002; orig. francese, *Jésus passe. Testament, jugement, exécution et résurrection du Seigneur Jésus dans les évangiles synoptiques*, Rome – Paris 1999.

————, *Morto e risorto secondo le Scritture*, CBi, Bologna 2003; orig. francese, *Mort et ressuscité selon les Ecritures*, Paris 2003.

————, *Preghiera e filiazione nel vangelo di Luca*, Epifania della Parola, NS 12, Bologna, 2010.

————, «Abbandonare il mantello», in M. del C. APARICIO VALLS – D.G. ASTIGUETA, ed., *Meditazioni. Padre Nostro, Incontro con Gesù, Segni del Vangelo*, Roma 2009, 97-100.

————, «Au cœur du texte; analyse rhétorique de l'aveugle de Jéricho selon saint Luc», *NRTh* 103 (1981) 698-710.

————, «Dieu donne son nom; analyse rhétorique de Lc 1,26-56 et de 1Sam 2,1-10», *Bib.* 66 (1985) 39-72.

————, «La preghiera nel Vangelo di Luca», *CivCatt* 149 (1998) 379.392.

MIALL, D.S., «Anticipation and Feeling in Literary Response», *Poetics* 23 (1995) 275-298.

MIALL, D.S. – KUILKEN, D., «A Feeling for Fiction», *Poetics* 30 (2002) 221-241.

MICHAELIS, W., «Das unbetonte καὶ αυτός bei Lukas», *StTh* 4 (1950) 86–93.

————, «ὁδός», TWNT, V, 42-101.

————, «ὁράω», TWNT, V, 315-368.

MICHEL, O., «ὁμολογέω», TWNT, V, 213-215.

MIELCAREK, K., *Jezus — Ewangelizator ubogich (Lk 4,16-30). Studium z teologii sw. Lukasza*, Lublin 1994.

MILLER, J., *Semantics and Syntax: Parallels and Connections*, Cambridge SIL 41, Cambridge 1985.

MLAKUZHYIL, G., *The Christocentric Structure of the Fourth Gospel*, AnBib 117, Rome 1987.

MOLANGI TOMOYAKABINI, R.A., *Jésus «déracine» et «plante» (Mt 21–25): à propos du présumé antijudaïsme de (ou en) Mt 21–23*, DDPUG, Roma 2010.

MOLLAT, D., *Etudes johanniques*, PdD, Paris 1979.

MOORE, S.D., «The Gospel of the Look», *Semeia* 54 (1991) 159-196.

MORGAN, R., «The Ending of Luke's Gospel», *EvTh* 113 (2001) 65; recensione di A.G. MEKKATTUKUNNEL, *The Priestly Blessing of the Risen Christ*.

MUÑOZ IGLESIAS, S., *Los Evangelios de la Infancia*, I-IV, Biblioteca de autores cristianos 479; 488; 508; 509, Madrid 1987-1990.

NAPOLITANO VALDITARA, L.M., *Lo sguardo nel buio. Metafore visive e forme grecoantiche della razionalità,* Bari 1994.

——, *Platone e le «ragioni» dell'immagine: percorsi filosofici e deviazioni tra metafore e miti*, Temi metafisici e problemi del pensiero antico. Studi e testi / pubblicazioni del Centro di ricerche di metafisica 108, Milano 2007.

NEIRYNCK, F., ed., «Le récit du tombeau vide dans l'évangile de Luc (Lc 24,1-12», in F. VAN SEGBROECK, ed., *Evangelica. Gospel Studies — Etudes d'Evangile,* Collected Essays by F. Neirynck, I, Leuven 1982, 297-312.

——, «The Uncorrected Historic Present in Lk 24,12», in F. VAN SEGBROECK, ed., *Evangelica*, I, 329-334.

NEUHAUS, D., «Paul: A Tentmaker», in M. FERRERO – R. SPATARO, ed., *Saint Paul. Educator to Faith and Love*, Jerusalem 2008, 147-166.

NEYREY, J., *The Passion According to Luke. A Redaction Study of Luke's Soteriology*, New York – Mahwah 1985.

NICCACCI, A., «Dall'aoristo all'imperfetto o dal primo piano allo sfondo. Un paragone tra sintassi greca e sintassi ebraica», *LAS BF* 42 (1992) 85-108.

——, «La narrativa di Mc 1», in M. ADINOLFI – K. KASWALDER, ed., *Entrarono in Cafarnao*, Fs. V. Ravanelli, Jerusalem 1997, 59-71.

NICODIMO AGHIORITA – MACARIO DI CORINTO, ed., *La Filocalia*, I-IV, Torino 1982-1987.

NOËL, F., *The Travel Narrative in the Gospel of Luke: Interpretation of Lk 9,51–19,28*, CBRA, Brussel 2004.

NOLLAND, J., *Luke 9,21–18,34*, WBC, Dallas TX 1993.

————, «Words of Grace», *Bib.* 65 (1984) 44-60.

OBARA, E., *Strategie di Dio: dinamiche comunicative nei discorsi divini del Trito-Isaia*, AnBib 188, Roma 2010.

O'FEARGHAIL, F., *Introduction to Luke-Acts. A Study of the Role of Lk 1,1-4,14 in the Composition of Luke's Two-Volume Work*, AnBib 126, Roma 1991.

O'HANLON, J., «The Story of Zacchaeus and the Lucan Ethic», *JSNT* 12 (1981) 2-26.

O'TOOLE, R., *Acts 26, The Christological Climax of Paul's Defense (Ac 22,1-26,32)*, AnBib 78, Rome 1978.

————, *Luke's Presentation of Jesus. A Christology*, SubBi 25, Roma 2004.

————, «Activity of the Risen Jesus in Luke-Acts», *Bib.* 62 (1981) 471-498.

————, «The Christian Mission and the Jews at the End of Acts of the Apostles», in J.-N. ALETTI – J.L. SKA, ed., *Biblical Exegesis in Progress. Old and New Testament Essays*, Roma 2009, 371-396.

————, «Does Luke also Portray Jesus as the Christ in Luke 4,16-30?», *Bib.* 76 (1995) 498-522.

————, «Il giubileo, la "buona notizia" (Lc 4,18-19)», in G. LEONARDI – F.G.B. TROLESE, ed., *San Luca Evangelista Testimone della Fede che unisce:* Atti del congresso internazionale, Padova, 16-21 Ottobre 2000, Padova 2002, 151-163.

————, «How Does Luke Portray Jesus as Servant of YHWH», *Bib.* 81 (2000) 328-346.

————, «The Literary Form of Luke 19,1-10», *JBL* 110 (1991) 107-116.

————, «Luke's Message in Luke 9,1-50», *CBQ* 49 (1987) 74-89.

ÖSTMANN, J.O., «Adaptation, Variability and Effect. Comments on IprA Working Documents 1 and 2», in *Working Document #3*, International Pragmatics Association, Antwerp 1988, 5-39.

PALACHUVATTIL, J., *«He Saw»: the Significance of Jesus' Seeing Denoted by the Verb «εἶδεν»* in the Gospel of Mark, T.Gr.T 84, Roma 2002.

PANIER, L., *La naissance du Fils de Dieu: sémiotique et théologie discursive. Lecture de Luc 1–2*, Cogitatio fidei 164, Paris 1991.

PANIMOLLE, S.A., *Il discorso di Pietro all'Assemblea apostolica. Parola, fede e Spirito (Atti 15,7-9)*, I-III, StBi 2, Bologna 1977.

————, «La dottrina dell'ascolto nel Nuovo Testamento», in *DSBP* 5: *Ascolto, docilità, supplica*, Roma 1993, 122-194.

————, «Fate attenzione a come ascoltate (Lc 8,4-21)», in *PSV* 1 (1980) 95-119.

PAPA, B., *Atti degli Apostoli: commento pastorale*, CLPB 10, Bologna 1981.

PARSONS, M.C., *The Departure of Jesus in Luke-Acts. The Ascension Narration in Context*, JSNT.S 21, Sheffield 1987.

PAUL, A., «La guérison de l'aveugle (des aveugles) de Jéricho», *FV* (Cahier biblique 9) 69/3 (1970) 55-59.

PENNA, R., *Ritratti originali di Gesù il Cristo: Inizi e sviluppi della cristologia neotestamentaria*, I-II, SBA 1-2, Cinisello Balsamo (Mi) 1996-1999.

«Perché stessero con Lui», Fs. K. Stock, AnBib 180, Roma 2010.

PEREZ, J.P., *Figura de Dios en los diálogos de Jesús con las autoridades en el Templo: lectura de Mc 11,27-12,34 a partir de su instancia comunicativa*, T.Gr.T 113, Roma 2004.

PERVO, R.I. – ATTRIDGE, H.W., *Acts. A Commentary*, Hermeneia, Minneapolis MN 2009 [CD-ROM].

PESCH, R., *Atti degli apostoli*, Commenti e studi biblici, Assisi 1992; orig. tedesco, *Der Anfang der Apostelgeschichte: Apg 1,1-11. Kommentarstudie*, EKK V/3, Zürich – Neukirchen-Vluyn 1986².

PHILO ALEXANDRINUS, *De migratione Abrahami*; tr. francese, *La migration d'Abraham*, ed. R. Cadiou, SC 47, Paris 1957.

PIANIGIANI, O., *Vocabolario etimologico della lingua italiana*, I, Milano 1937.

PLATO, *Phaedrus*; tr. it. in L.M. Napolitano Valditara, *Platone e le «ragioni» dell'immagine*, Milano 2007.

———, *Respublica*; tr. it., *Repubblica. [Sulla giustizia]*, ed. R. Radice, in G. Reale, ed., *Platone. Tutti gli scritti*, Milano 2000, 1108-1131.

———, *Timaeus*; tr. it., *Timeo. [Sulla natura]*, ed. G. Reale, in Id., *Platone*, 1392-1411.

PLEVNIK, J., «"The Eleven and Those With Them" According to Luke», *CBQ* 40 (1978) 205-211.

———, «The Eyewitnesses of the Risen Jesus in Luke 24», *CBQ* 49 (1987) 90-103.

PLUMMER, A., *A Critical and Exegetical Commentary on the Gospel According to St. Luke*, ICC, Edinburgh 1953⁵.

POBEE, J., «The Cry of the Centurion — A Cry of Defeat», in E. BAMMEL, ed., *The Trial of Jesus*, Fs. C.F.D. Moule, S BT 13, Naperville IL 1970, 91-102.

POGGI, F., *Corso avanzato del greco neotestamentario*, I-II, Guida alla Bibbia, Cinisello Balsamo (Mi) 2009.

Pontificia Commissione Biblica, *L'interpretazione della Bibbia nella Chiesa*, Città del Vaticano 1993.

La Potterie, I., De, «Les deux noms de Jérusalem dans l'évangile de Luc», *RevSR* 69 (1981) 57-70.

————, «La fede negli scritti giovannei», in Id., *Studi di cristologia giovannea*, Genova, 1986, 290-302.

————, «οἶδα et γινώσκω. Les deux modes de la connaissance dans le quatrième évangile», *Bib.* 43 (1959) 709-725.

————, «Le titre KYRIOS appliqué a Jésus dans L'Evangile de Luc», in A. Descamps – A. de Halleux, ed., *Mélanges Bibliques en hommage au R. P. Rigaux*, Gembloux 1970, 117-146.

Prato, G.L., «La ricerca di Dio nel postesilio», in *Quaerere Deum*. Atti della XXV settimana biblica, Brescia 1980, 131-171.

Prete, B., *L'opera di Luca. Contenuti e Prospettive*, Torino 1986.

————, *La passione e la morte di Gesù nel racconto di Luca,* I-II, StBi 112, Brescia 1996-1997.

————, *Lo Spirito Santo nell'opera di Luca*, DT(P) 102 (1999) fasc. 23 (num. monografico).

————, «Beati coloro che non vedono e credono (Gv 20,29)», *BeO* 9 (1967) 97-114.

————, «"Il popolo che Dio si è scelto" negli scritti di Luca», in Id., *L'opera di Luca*, 355-375.

————, «Il processo di Gesù davanti a Pilato (Lc 23,1-25)», in Id., *La passione*, II, 13-36.

Racconti di un pellegrino russo, tr. dal russo di Mara Dall'Asta, Milano 2007.

von Rad, G., *Teologia dell'Antico Testamento. II. Teologia delle tradizioni profetiche d'Israele*, BT(B) 7, Brescia 1974; orig. tedesco, *Theologie des Alten Testaments. II. Die Theologie der prophetischen Überlieferungen Israels*, München 1965[4].

————, «*kabod* im AT», TWNT, II, 240-245.

————, «οὐρανός», TWNT, V, 501-509.

Ramos Perez, F., *Ver a Jesús y sus signos, y creer en él. Estudiu exegético-teológico de la relación «ver y creer» en el evangelio según san Juan*. AnGr 292, Roma 2004.

Randellini, L., «L'inno di Giubilo: Mt 11,25-30; Lc 10,20-24», *RivBib* 22 (1974) 183-235.

Rasco, E., *Teología de Lucas: origen, desarrollo y orientaciones*, AnGr 201, SFT A/21, Roma 1976.

RASCO, E., «Jesús y el Espíritu, Iglesia e "Historia": Elementos para una lectura de Lucas», *Gr.* 56 (1975) 321-367.

————, «La singolarità di Luca: salvezza di Dio e responsabilità dell'uomo», *RdT* 1(1978) 26-42.

————, «Le tappe fondamentali della ricerca sugli Atti degli Apostoli», *Gr.* 78/1 (1997) 5-32.

RATHNASAMY, C., *Jesus Encounters Zacchaeus. An Exegetical-Theological Study of Luke 19,1-10. Toward the Function of House / Household in Luke-Acts*, diss. Pontificia Studiorum Universitas a Sancto Thoma Aquinate in Urbe. Facultas Theologiae, Romae 2005.

RATZINGER J., BENEDETTO XVI, *Gesù di Nazaret*, I-II, Città del Vaticano 2009-2011.

————, «L'interpretazione biblica in conflitto. Problemi del fondamento ed orientamento dell'esegesi contemporanea», in I de LA POTTERIE – al., ed., *L'esegesi cristiana oggi*, Casale Monferrato (Al) 1991, 93-125.

RAVASI, G., *I Vangeli di Natale. Una visita guidata attraverso i racconti dell'infanzia di Gesù secondo Matteo e Luca*, Roma 1992.

RAVENS, D.A.S., «Zacchaeus. The Final Part of a Lukan Triptych», *JSNT* 41 (1991) 19-32.

RENGSTORF, K.H., *Il Vangelo di Luca*, NT 3, Brescia 1980; orig. tedesco, *Das Evangelium nach Lukas*, 1974[15].

RESE, M., *Alttestamentliche Motive in der Christologie des Lukas*, StNT 1, Gütersloh 1969.

————, «Einige Überlegungen zu Lukas 13,31-33», in J. DUPONT – al., ed., *Jésus aux origines de la cristologie:* Journées bibliques de Louvain, 1973, Leuven – Gembloux 1975, 201-225.

RICŒUR, P., *La metafora viva*, Milano1976; orig. francese, *La métaphore vive*, Paris 1975.

RIGATO, M.-L., «Riflessioni su Lc 24,6c-8: "Ricordatevi [...] e si ricordarono"», in G. MARCONI – G. O'COLLINS, ed., *Luca-Atti*, Fs. E. Rasco, Assisi 1991, 135-148.

RIGEL LANGELLA, M., *Salvezza come illuminazione. Uno studio comparato di S. Bulgakov, V. Lossky, P. Evdokimov*, TGr.T 69, Roma 2000.

RIUS-CAMPS, J., *Comentari als Fets dels Apòstols*, I, CStP 43, Barcelona 1991.

————, «¿Constitue Lc 3,21-38 un solo período? Propuesta de un cambio de puntuación», *Bib.* 65 (1984) 189-209.

RIZZINI, I., *L'occhio parlante. Per una semiotica dello sguardo nel mondo antico*, Venezia 1998.

ROBERTSON, A.T., *A Grammar of the Greek New Testament in the Light of Historical Research,* New York 1914.

ROCCI, L., *Vocabolario greco-italiano*, Città di Castello, Roma 1939.

RODENAS, A., «La vision de la cruz en Lc 23,35-48», *ACal* 7 (1965) 63-80.

ROLOFF, J., *Die Apostelgeschichte*, NTD 5, Göttingen 1981.

ROSSÉ, G., *Il Vangelo di Luca. Commento esegetico e teologico*, Roma 1992.

————, *Atti degli Apostoli. Commento esegetico e teologico*, Roma 1998.

————, «La questione del Gesù storico e del Cristo della fede, ovvero come leggere il testo evangelico», in ID., *Il grido di Gesù in croce: una panoramica esegetica e teologica*, Scritturistica di Città Nuova, Roma 1984, 11-22.

ROTH, S.J., *The Blind, the Lame, and the Poor. Character Types in Luke-Acts*, JSNT.S 144, Sheffield 1997.

RUIZ FREITES, G.A., *El carácter salvífico de la muerte de Jesús en la narración de San Lucas: estudio exegético de Lc 23,33-49 desde la perspectiva soteriológica Lucana*, Città del Vaticano 2010.

RYKEN, L.– WILHOIT, J.C. – LONGMAN III, T., ed., *Le immagini della Bibbia: simboli, figure retoriche e temi letterari della Bibbia*, Cinisello Balsamo (Mi) 2006; orig. inglese, *Dictionary of Biblical Imagery*, Downers Grove IL 1998.

SAMAIN, E., «La notion de APXH dans l'œuvre lucanienne», in F. NEIRYNCK, ed., *L'Evangile de Luc. Problèmes littéraires et théologiques*, Fs. L. Cerfaux, Gembloux 1973, 299-328.

SANDERS, J.T., *The Jews in Luke-Acts*, London 1987.

SAN SYLVESTER, T.K., *Experience of the Risen Lord in Lk 24,13-35*, diss. Urbaniana, Roma 1997.

DE SAUSSURE, T., «Narration et psychanalyse», in P. BÜHLER – J.-F. HABERMACHER, ed., *La narration: quand le récit devient communication*, Genève 1988, 179-189.

SCHILLEBEECKX, E., *Gesù; la storia di un vivente*, Brescia 1976; orig. olandese, *Jezus, het verhaal van een levende*, Bloemendaal 1974.

————, *Il Cristo. La storia di una nuova prassi*, BTCon 37, Brescia 1980; orig. olandese, *Gerechtigheid en liefde. Genade en bevrijding*, Bloemendaal 1977.

SCHLIER, H., «L'Ascension de Jésus d'après les écrits de saint Luc»; in ID., *Essais sur le Nouveau Testament*, LeDiv 46, Paris 1968, 263-278; orig. tedesco, *Besinnung auf das Neue Testament. Exegetische Aufsätze und Vorträge*, II, Freiburg – Basel – Wien, 1964, 227-241.

————, «ἀναδείκνυμι», «ἀνάδειξις», TWNT, II, 30-31.

SCHMEMANN, A., *Introduction to Liturgical Theology*, London – Portland 1966.

————, *Great Lent*, Crestwood NY 1974.

SCHMID, J., *L'evangelo secondo Luca*, Il NT commentato 3, Brescia 1965²; orig. tedesco, *Das Evangelium nach Lukas*, Regensburg 1960⁴.

SCHNACKENBURG, R., *Il vangelo di Giovanni*, I-II, CTNT 4, Brescia 1973-1977; orig. tedesco, *Das Johannesevangelium*, I-II, HThK 4, Freiburg im Breisgau 1965-1971.

SCHNEIDER, C., «κάθημαι», TWNT, III, 443-447.

SCHNEIDER, G., *Das Evangelium nach Lukas*, II, ÖTBKNT 3/2, Gütersloh 1977.

————, *Gli Atti degli Apostoli*, I, CTNT 5/1, Brescia 1985; orig. tedesco, *Die Apostelgeschichte*, HThK 5/1, Freiburg im Breisgau 1980.

————, «ἐντός», EDNT, I, 460-461.

SCHNEIDER, J., «εἰσέρχομαι», «παρέρχομαι», TWNT, II, 673-676.678-679.

SCHRENK, G., «βιβλίον», TWNT, I, 615-620.

————, «εὐδοκέω», «εὐδοκία», TWNT, II, 736-748.

SCHUBERT, P., «The Structure and Significance of Luke 24», in W. ELTESTER, ed., *Neutestamentliche Studien,* Fs. R. Bultmann, BZNW 21, Berlin 1954, 165-188.

SCHULZ, S., *Q, Die Spruchquelle der Evangelisten*, Zürich 1972.

SCHÜRMANN, H., *Parole del Signore: messaggio di Gesù sul Regno di Dio*, Leumann (To) 1966; orig. tedesco, *Worte des Herrn: Jesu Botschaft vom Königtum Gottes,* Leipzig 1966⁴.

————, *Il Vangelo di Luca*, I-II, CTNT 3, Brescia 1983-1998; orig. tedesco, *Das Lukasevangelium*, I-II, Freiburg – Basel – Wien 1982-1994².

————, «Evangelienschrift und kirchliche Unterweisung. Die repräsentative Funktion der Schrift nach Lk 1,1-4», in E. KLEINEDAM – H. SCHÜRMANN, ed., *Miscellanea Erfordiana*, Leipzig 1962, 48-73.

SCHWEIZER, E., *Evangelium nach Lukas,* Göttingen 1986².

————, «Eine hebraisierende Sonderquelle des Lukas?», *ThZ* 6 (1950) 161-185.

————, «Der Menschensohn (Zur eschatologischen Erwartung Jesu)», *ZNW* 50 (1959) 185-209.

SCHWEMER, A.M., «Der Auferstandene und die Emmausjünger», in F. AVEMARIE – H. LICHTENBERGER, ed., *Auferstehung – Resurrection*, WUNT 135, Tübingen 2001, 95-117.

SEARLE, J.R., *Speech Acts. An Essay in the Philosophy of Language*, Cambridge 1969.

SEARLE, J.R., «A Taxonomy of Illocutionary Acts», in ID., *Expression and Meaning. Studies in the Theory of the Speech Acts*, Cambridge 1979, 1-29.

SERRA, A., «"Maria conservava tutte queste cose" (Lc 2,19; cf. 2,51b). La madre di Gesù, fonte di informazione per l'evangelo dell'infanzia? Scrittura e tradizione a confronto», in G. LEONARDI – F.G.B. TROLESE, ed., *San Luca Evangelista Testimone della Fede che unisce: Atti del congresso internazionale, Padova, 16-21 Ottobre 2000*, Padova 2002, 425-449.

————, «Memoria e contemplazione (Lc 2,19.51b)», *Theotokos* VIII (2000) 821-859.

SIMIAN-YOFRE, H., ed., *Metodologia dell'AT*, StBi 25, Bologna 1994.

————, *Isaias. Texto y Comentario*, Madrid 1995.

————, *Testi isaiani dell'Avvento: Esegesi e liturgia*, Bologna 1996.

————, *Sofferenza dell'uomo e silenzio di Dio nell'Antico Testamento e nella letteratura del Vicino Oriente Antico*, StB 2, Roma 2005.

————, «Condannare o salvare? Indurimento del cuore e vacillare divino di fronte alla debolezza umana», in *Il cuore di Dio e l'uomo di cuore. Atti del III Convegno «Dal cuore di Dio all'uomo di cuore*, SeV 43, Roma 2010, 13-32.

————, «Lo "stolto" nel libro dei Proverbi», in *Sapienti e Sapienza*, PSV 48, (2003) 75- 87.

SKA, J.L., *Le passage de la mer. Etude de la construction, du style et de la symbolique d'Ex 14,1-31*, AnBib 109, Rome 1986.

————, *«Our Fathers Have Told Us». Introduction to the Analysis of Hebrew Narrative*, SubBi 13, Roma 1990.

————, «Ana-cronia e sincronia: ermeneutica e pragmatica», in H. SIMIAN-YOFRE, ed., *Metodologia dell'AT*, StBi 25, Bologna 1994, 171-195.

————, «Jesus et la Samaritaine (Jn 4). Utilité de l'Ancien Testament», *NRTh* (1996) 641-652.

————, «Le livre de Ruth ou l'art narratif biblique dans l'Ancien Testament», in D. MARGUERAT, ed., *La Bible en récits. L'exégèse biblique à l'heure du lecteur*. Colloque international d'analyse narrative des textes de la Bible, Lausanne (mars 2002), MoBi 48, Genève 2003, 41-72.

————, «Un narrateur ou des narrateurs?», in D. MARGUERAT, ed., *La Bible en récits*, 264-275.

SOARDS, M.L., «Tradition, Composition and Theology in Luke's Account of Jesus before Herod Antipas», *Bib.* 66 (1985) 344-364.

ŠPIDLIK, T., *La doctrine spirituelle de Théophane le reclus: le cœur et l'esprit*, OCA 172, Roma 1965.

———, *La spiritualità russa*, SpCr. Storia e testi 16, Roma 1981.

———, *L'idée russe: une autre vision de l'homme*, Troyes (France) 1994.

———, *Lezioni sulla Divinoumanità*, Pubblicazioni del Centro Aletti 8, Roma 1995.

STÄHLIN, G., *Gli Atti degli Apostoli*, I, NT 5, Brescia 1973; orig. tedesco, *Die Apostelgeschichte*, NTD 5, Göttingen 1962.

STECK, O.H., *Israel und das Gewaltsame Geschick der Propheten. Untersuchungen zur Überlieferung des deuteronomistischen Geschichtsbildes im Alten Testament, Spätjudentum und Urchristentum*, Neukirchen-Vluyn 1967.

STOCK, K., *Gesù bontà di Dio: il messaggio di Luca,* Bibbia e preghiera 10, Roma 1991; orig. tedesco, *Jesus — die Güte Gottes. Betrachtungen zum Lukas-Evangelium*, Innsbruck 1984.

STRATHMANN, H., «λαός», TWNT, IV, 29-57.

SZEKELY, J., *Structure and Theology of the Lukan «Itinerarium» (Lk 9,51–19,28)*, Budapest 2008.

TAFT, R., *Through Their Own Eyes. Liturgy as the Byzantines Saw It*, The Paul G. Manolis Distinguished Lectures 2005, Berkeley CA 2006.

———, *Liturgia. Modello di preghiera, icona di vita*, Roma 2009.

———, «Liturgy as Theology», *Worship* 56 (1982) 113-117.

———, «Russian Liturgy, a Mirror of the Russian Soul», in *Studi albanologici, balcanici, bizantini e orientali,* Fs. G. Valentini, Studi albanesi, Studi e testi VI, Firenze 1986, 413-435.

———, «"Thanksgiving for the Light". Toward a Theology of Vespers», *Diak (US)* 13 (1978) 27-50.

TALBERT, C.H., ed., *Literary Patterns. Theological Theme and the Genre of Luke-Acts*, SBL.MS 20, Missoula 1974.

———, *Reading Luke. A Literary and Theological Commentary on the Third Gospel*, Macon GA 2002.

———, *Reading Acts. A Literary and Theological Commentary on the Acts of the Apostles*, Macon GA 2005.

TANNEHILL, R.C., *The Narrative Unity of Luke-Acts. A Literary Interpretation*, I-II, Foundations and Facets, Philadelphia PA 1957.

———, «The Mission of Jesus According to Luke 4,16-30», in W. ELTESTER, ed., *Jesus in Nazareth*, BZNW 40, Berlin – New York 1972, 51-75.

———, «The Story of Zacchaeus as Rhetoric», *Semeia* 64 (1993) 201-211.

THUCYDIDES, *Historiae*; tr. it., *Le storie di Tucidide*. II. Libri V-VIII, ed. G. Donini, Torino 1982.

TODOROV, T., *La notion de littérature et autres essais*, Seuil 1987.

TRAETS, C., *Voir Jésus et le Père en Lui selon l'Evangile de Jean*, AnGr 159, SFT B/50, Roma 1967.

TRAUB, H., «οὐρανός», TWNT, V, 496-501.

TREMOLADA, P.A., *«E fu annoverato fra iniqui». Prospettive di lettura della Passione secondo Luca alla luce di Lc 22,37 (Is 53,12d)*, AnBib 137, Roma 1997.

—————, «Il valore salvifico della morte di Gesù nell'opera di San Luca», in G. LEONARDI – F.G.B. TROLESE, ed., *San Luca Evangelista Testimone della Fede che unisce:* Atti del congresso internazionale, Padova, 16-21 Ottobre 2000, Padova 2002, 179-186.

TRILLING, W., *Das wahre Israel. Studien zur Theologie des Matthäus-Evangeliums,* StANT 10, München 1964.

—————, *L'annonce du Christ dans les Evangiles synoptiques*, LeDiv 69, Paris 1971; orig. tedesco, *Christusverkündigung in den synoptischen Evangelien: Beispiele gattungsgemässer Auslegung*, BiH 4, Leipzig 1968.

TRONINA, A., *Panie, abym przejrzał! ślepota i niewidomi w Biblii*, Lublin 1997.

USPENSKIJ, B.A., *A Poetics of Composition*, Berkeley – Los Angeles 1974.

USPENSKIJ, L., *La teologia dell'icona*, Milano 1995, orig. francese, *La théologie de l'icône*, Paris 1980.

VALENTINI, A., *Maria secondo le Scritture. Figlia di Sion e Madre del Signore*, Bologna 2007.

—————, «Magnificat e l'opera lucana», *RivBib* 33 (1985) 395-423.

VANHOYE, A., «L'intérêt de Luc pour la prophétie en Lc 1,76; 4,16-30 et 22,60-65», in F. VAN SEGBROECK – *al.*, ed., *The Four Gospels 1992*, II, Fs. F. Neirynck, Leuven 1992, 1529-1548.

—————, «Structure et théologie des récits de la Passion dans les évangiles synoptiques», *NRTh* 89 (1967) 137-163.

VARRO, R., «Annonce de la Passion et guérison de l'aveugle de Jéricho selon s. Luc 18,31-43», *AmiCl* 78 (1968) 25-27.

VAZ, E.D., *A visita de Jesus a Nazaré: A perícope e o seu caráter programático para o Evangelho de Lucas. Un estudo exegético-teológico de Lc 4,16-30*, Roma 2003.

VERRALL, A. «Christ before Herod (Luke 23,1-16)», *JBL* 10 (1908-1909) 321-353.

VIGNOLO, R., *Personaggi del Quarto Vangelo. Figure della fede in san Giovanni*, Milano 1995.

————, «Cercare Gesù: tema e forma del Vangelo di Marco», in *Marco e il suo Vangelo*. Atti del Convegno internazionale di studi «Il Vangelo di Marco» Venezia, 30-31 maggio 1995, Cinisello Balsamo (Mi) 1997, 77-114.

VITORIO, J., «E procurava ver quem era Jesus... Análise do sentido teológico de "ver" em Lc 19,1-10», *PerTeol* 19 (1987) 9-26.

WALLACE, D.B., *Greek Grammar Beyond the Basics. An Exegetical Syntax of the New Testament*, Grand Rapids MI 1996.

WANKE, J., *Die Emmauserzählung. Eine redaktionsgeschichtliche Untersuchung zu Lk 24,13-35*, EThSt 31, Leipzig 1974.

WEINRICH, H., *Tempus. Le funzioni dei tempi nel testo*, Bologna 2004[2]; orig. tedesco, *Tempus. Besprochene und Erzählte Welt*, Stuttgart 1964.

WEREN, W., *Finestre su Gesù. Metodologia dell'esegesi dei Vangeli*, Strumenti [Claudiana] 8, Torino 2001.

WESTCOTT, B.F., *The Gospel According to St. John*, Londres 1889.

WILKENS, W., «Die Auslassung von Mark. 6,45–8,26 bei Lukas im Licht der Komposition Luk. 9,1-50», *ThZ* 32 (1976) 193-200.

WILLIAMS, R., *On Christian Theology*, Challenges in Contemporary Theology, Oxford – Malden (Mass) 2000.

WREDE, W., *Das Messiasgeheimnis in den Evangelien: Zugleich ein Beitrag zum Verständnis des Markusevangeliums*, Göttingen 1901.

YAZYKOVA, I., «Il linguaggio artistico e simbolico dell'icona», in ID., *Teologia dell'icona*, Mosca 1995, 9-13.

ZEDDA, S., *Teologia della salvezza nel vangelo di Luca*, StBi 18, Bologna 1991.

ZEHNLE, H., *Peter's Pentecost Discourse. Tradition and Lukan Reinterpretation in Peter's Speeches of Acts 2 and 3*, SBL., Nashville 1971.

ZELINSKIJ, V., *Mistero cuore speranza: invito alla spiritualità ortodossa*, Saggi, Milano 2010.

ZICCARDI, C.A., *The Relationship of Jesus and the Kingdom of God According to Luke-Acts*, T.Gr.T. 165, Roma 2008.

ZMIJEWSKI, J., *Die Eschatologiereden des Lukas-Evangeliums: eine traditions- und redaktionsgeschichtliche Untersuchung zu Lk 21,5-36 und Lk 17,20-37*, BBB 40, Bonn 1972.

ZWIEP, A.W., «The Text of the Ascension Narratives (Luke 24,50-53; Acts 1,1-2.9-11)», *NTS* 42 (1996) 219-244.

INDICE DEGLI AUTORI

Abrams: 403
Achtemeier: 145
Aletti: 7, 12, 15, 19, 20, 25, 28, 29, 35, 40, 42, 45, 47, 53-55, 57-59, 75, 112, 114-117, 123, 135, 137, 147, 156, 164, 175, 180, 182, 201, 206, 215, 230, 237, 249, 256, 267, 272, 273, 284, 299, 300, 304, 308, 310, 329, 331, 332, 335-337, 340, 347, 350, 359-360, 372, 374, 378, 402, 426, 449, 466, 469, 491, 516, 521, 523, 542
Alfeev: 564, 566
Allison: 190, 471
Alonso Schökel: 21, 23, 26, 64, 94, 96, 494
Alter, J.A.L.: 244
Alter, R.: 287, 396, 495
Ambrosius: 75, 476, 489, 490
Anderson: 394, 436, 439
Angelini: 520, 539
Appiano: 10
Aristoteles: 225, 403
Artioli: 489
Augustinus: 69, 75, 134, 217, 284
Baarda: 284
von Balthasar: 11, 27
Barbaglia: 446
Barbaglio: 15
Barnes: 403

Barrett: 444, 453, 455, 467, 471, 475, 476
Bauckham: 15
Baumgärtel: 392
Bazylinski: 571
BDF: 190, 266, 269, 371, 375, 389, 452, 454, 468
Béchard: 100
Behm: 391, 393
Bellini: 75
Belyj: 11
Benedetto XVI. *Vedi* Ratzinger, J.
Berger: 21, 22, 31, 257
Betori: 47
Beyer: 64
Bianchi, C.: 26, 41, 106, 241, 394
Bianchi, E.: 482
Bietenhard: 169
Biffis: 381
Blenkinsopp: 120, 121
BNGD: 437
Bock: 131
Bossuyt: 365
Bottini: 29
Bovati: 529
Bovon: 29, 56, 60, 62, 64, 71, 80, 84, 91-93, 99, 114, 149, 152, 158-160, 166, 169, 171, 172, 174, 176, 177, 179, 180, 189, 191, 199, 202, 218, 219, 225, 228, 235, 238-240, 243, 245,

Flavius, J.: 134
Florenskij: 11
Foerster: 88, 96, 438
Fornara: 11, 17, 18, 142, 143, 197, 224, 343, 490
Freedman: 244
Frein: 101, 160
Friberg: 178
Fumagalli: 20, 21, 25, 26
Fusco: 15, 19, 68-70, 72, 75, 210, 211, 246, 307, 326, 332, 347, 385, 450, 463, 469
Gamba: 274, 298
García Serrano: 79, 81
Garzanti Dizionario: 385
Garzanti: 80, 95, 166, 446
Garzanti Ing: 166
Garzanti Fra: 166
Gerber: 44, 60
Ghiberti: 360, 409
Gieniusz: 448
Gillmann: 361
Giuntoli: 457
Gnilka: 16, 94
Gorczyca: 505
Grässer: 469
Grasso: 360, 383, 393
Green: 42, 43, 74, 252, 262, 266, 314, 557
Grilli: 7, 19-21, 26, 30, 41, 62, 90, 98, 119, 123, 143, 219, 238, 243, 245, 253, 257, 274, 275, 282, 308, 360, 361, 469, 482, 541, 545, 548, 550, 563
Grundmann: 97, 473
Guillaume: 375, 400, 409
Haenchen: 445, 446, 455, 456, 460
HALOT: 352
Hamm: 12, 16, 154, 250, 269, 278, 292, 296
Hartman: 169
von Hase: 239
Hauck: 398

Heil: 560
Hieronymus: 75
Hoffmann: 189
Holtz, G.: 416
Holtz, T.: 405
Homerus: 381, 402, 500
Jepsen: 335
Jeremias: 136, 264
Jervell: 460, 461, 540
Johnson: 16, 427, 428, 519, 537, 539
Jones: 86, 96
Kaestli: 202
Kant: 487
Kariamadam: 262, 263, 285, 286, 292, 293, 299
Kilgallen: 544
Kim-Rauchholz: 557
Kingsbury: 29
Kittel: 64, 90
Klein: 528
Klumbies: 338, 349
Kodell: 345, 347, 385
Koet: 378, 379, 382, 395
Kossova: 8, 28
Kremer: 14
Kreuz: 23
Kuhn: 22
Kuilken: 23
Kümmel: 396
Kurz: 449
Labahn: 14
Ladaria Ferrer: 333
Lagrange: 96, 97, 126, 192, 196, 226, 228, 263, 290, 322, 325, 367, 370, 378, 411, 414
Lampe: 571
Langner: 93, 122, 285, 286, 305, 469
Latourelle: 11
Laurentin: 41, 45, 99
Légasse: 215, 220, 222, 224, 226, 228, 346, 347
Legrand: 43, 50

INDICE GENERALE

SECONDA PARTE:
IL CAMMINO DI GESÙ E I MODELLI DI VISIONE

TERZA PARTE
TIPOLOGIA DELLA VISIONE. SINTESI TEOLOGICA

TESI GREGORIANA

Dal 1995, la collana «Tesi Gregoriana» mette a disposizione del pubblico alcune delle migliori tesi elaborate alla Pontificia Università Gregoriana. La composizione per la stampa è realizzata dagli stessi autori, secondo le norme tipografiche definite e controllate dall'Università.

Volumi pubblicati [Serie: Teologia]

[Vol. 1-150: cfr. *www.unigre.it/TG/Teologia/index.php*]

151. VARSALONA, Agnese, *Il dialogo e i suoi fondamenti. Aspetti di antropologia filosofica e teologica secondo Jörg Splett e Walter Kasper*, 2007, pp. 300.

152. GEORGE KOCHUTHARA, Shaji, *The Concept of Sexual Pleasure in the Catholic Moral Tradition*, 2007, pp. 518.

153. SCARDILLI, Pietro Damiano, *I nuclei ecclesiologici nella costituzione liturgica del Vaticano II*, 2007, pp. 418.

154. PALACHUVATTIL, Mathew, *«The One Who Does the Will of the Father». Distinguishing Character of Disciples According to Matthew. An Exegetical Theological Study*, 2007, pp. 404.

155. BARBOSA FILHO, Domingos, *A vontade salvífica e predestinante de Deus e a questão do cristocentrismo. Um estudo sobre a doutrina de João Duns Escoto e seus ecos na teologia contemporânea*, 2007, pp. 496.

156. ONWUKA, Chidolue Peter, *The Law, Redemption and Freedom in Christ. An Exegetical-Theological Study of Galatians 3,10-14 and Romans 7,1-6*, 2007, pp. 374.

157. JANÉ COCA, José M., *«Ser hallado en Él». La reciprocidad intersubjetiva entre Pablo y Cristo. Un estudio exegético-teológico de Flp 3*, 2007, pp. 608.

158. SHABANI, Louay, *Santificazione e valore salvifico del matrimonio. Studio esegetico-teologico di 1Cor 7,12-16 ed Ef 5,25-33*, 2008, pp. 325.

159. ABBATTISTA, Ester, *Origene legge Geremia. Analisi, commento e riflessioni di un biblista di oggi*, 2008, pp. 355.

160. SPRONCK, Joël, *La patience de Dieu. Justifications théologiques du délai de la Parousie,* 2008, pp. 356.

161. EDERLE, Rubén Alberto, *Discípulos y Apóstoles de Jesús. La relación entre los discípulos y los Doce según Marcos*, 2008, pp. 368.

162. CARIA, Roberto, *Lo stato nelle teorie politiche di I. Kant e J. Maritain. Una legittimazione tra razionalità e fede*, 2008, pp. 306.

163. MACALA, André, *A escatologia no livro do Apocalipse. Da sua realização no presente litúrgico à conslusão da história*, 2008, pp. 394.

164. TANTIONO, Paulus Toni, *Speaking the Truth in Christ. An Exegetico-Theological Study of Galatians 4,12-20 and Ephesians 4,12-16*, 2008, pp. 302.

165. ZICCARDI, Costantino Antonio, *The Relationship of Jesus and the Kingdom of God According to Luke-Acts*, 2008, pp. 584.

166. BRADY, Patrick J., *The Process of Sanctification in the Christian Life. An Exegetical-Theological Study of 1Thess 4,1-8 and Rom 6,15-23*, 2008, pp. 322.

167. ROCHETTE, Joël, *La rémission des péchés dans l'Apocalypse. Ébauche d'une sotériologie originale*, 2008, pp. 628.

168. SHENOSKY, Joseph T., *The Development of Late Twentieth Century Catholic Ecumenical Theology in the United States of America: A Comparison of the Contributions of Gustave Weigel, S.J., Carl J. Peter, John F. Hotchkin, and Avery Dulles, S.J.*, 2008, pp. 404.

169. IWUAMADI, Lawrence Oscar I., *«He Called unto Him the Twelve and Began to Send Them Forth». The Continuation of Jesus' Mission According to the Gospel of Mark*, 2008, pp. 308.

170. ASCENSO, Adelino, *Transcultural Theodicy in the Fiction of Shūsaku Endō*, 2009, pp. 354.

171. HODŽIĆ, Mislav, *La genesi della fede. La formazione della coscienza credente tra* essere riconosciuto *ed* essere riconoscente, 2009, pp. 276.

172. SHORTALL, Michael, *Human Rights and Moral Reasoning. A Comparative Iinvestigation by Way of Three Theorists and Their Respective Traditions of Enquiry: John Finnis, Ronald Dworkin and Jürgen Habermas*, 2009, pp. 438.

173. SÁNCHEZ CASTELBLANCO, Wilton Gerardo, *La voz como modo de revelación. Investigación exegético-teológica del término* φωνή *en el cuarto evangelio*, 2009, pp. 356.

174. RODRIGUES DE SOUSA, Mário José, *«Para que também vós acrediteis». Estudo exegético-teológico de Jo 19,31-37*, 2009, pp. 404.

175. RYAN, Dermot, *Method to Mission: The Ecclesial Vocation of the Theologian. As Exemplified in the Works of Francis A. Sullivan SJ in the Context of Method at the Gregorian University*, 2009, pp. 448.

176. SALMAN, Wasim, *La* Wirkungsgeschichte *de Hans-Georg Gadamer dans la théologie de Claude Geffré, David Tracy et Wolfhart Pannenberg*, 2010, pp. 244.

177. BRUTÉ DE RÉMUR, Guillaume, *La théologie trinitaire de Louis Bouyer*, 2010, pp. 382.

178. NSONGISA KIMESA, Chantal, *«L'agir puissant du Christ parmi les chrétiens».Une étude exégético-théologique de 2Co 13,1-4 et Rm 14,1-9*, 2010, pp. 290.

179. CORNIÉ Thomas, *La primauté de l'évêque de Rome dans la théologie catholique francophone du vingtième siècle. Les études de Pierre Batiffol, Charles Journet et Jean-Marie Roger Tillard*, 2010, pp. 352.

180. GIORDANO, Maria Teresa, *La parola della croce: l'itinerario paradossale della sapienza divina in 1Cor 1,18–3,4. Composizione retorica del testo. Implicazioni esegetico-teologiche e sua funzione in 1Cor 1–4*, 2010, pp. 302.

181. CAVICCHIA, Alessandro, *Le sorti e le vesti. La «Scrittura» alle radici del messianismo giovanneo tra re-interpretazione e adempimento: Sal 22(21) a Qumran e in Giovanni*, 2010, pp. 540.

182. COMPIANI, Maurizio, *Fuga, silenzio e paura. La conclusione del Vangelo di Marco. Studio di Mc 16,1-20*, 2011, pp. 296.

183. VILLAGRA CANTERO, César Nery, *«Poder» Y «Anti-Poder». Contraposición dialéctica entre* ἐξουσία *salvífica y* ἐξουσία *del sistema terrenal en el Apocalipsis*, 2011, pp. 494.

184. PATSCH, Ferenc, *Metafisica e religioni: strutturazioni proficue. Una teologia delle religioni sulla base dell'ermeneutica di Karl Rahner*, 2011, pp. 634.

185. SICHKARYK, Ivan, *Corpo* (σῶμα) *come punto focale nell'insegnamento paolino. Ricerca esegetica e teologico-biblica*, 2011, pp. 512.

186. PUCA, Bartolomeo, *Una periautologia paradossale. Analisi retorico-letteraria di Gal 1,13–2,21*, 2011, pp. 214.

187. PUNDA, Edvard, *La fede in Teresa d'Avila*, 2011, pp. 328.

188. SURLIS, Tomás, *The Presence of the Risen Christ in the Community of Disciples: An Examination of the Ecclesiological Significance of Matthew 18:20*, 2011, pp. 432.

189. QUISPE LÓPEZ, Ciro, *La nueva alianza durante las enseñanzas de Jesús en el Templo de Jerusalén. Análisis retórico bíblico y semítico de la secuencia de Mc 11,27–12,44*, 2012, pp. 394.

190. GARCÍA MORALES, Juan Jesús, *La inspiración bíblica a la luz del principio católico de la tradición. Convergencias entre la* Dei Verbum *y la Teología de P. Benoit, O.P.*, 2012, pp. 490.

191. MANZINGA AKONGA, Roger, *Le dernier cri de Jésus sur la croix (Mc 15,34). Fonction pragmatique de la citation du Ps 22,2a dans le contexte communicatif de Mc 15,33-41*, 2012, pp. 432.

192. FICCO, Fabrizio, *«Mio figlio sei tu» (Sal 2,7). La relazione Padre-figlio e il Salterio*, 2012, pp. 454.

193. JOJKO, Bernadeta, *Worshiping the Father in Spirit and Truth. An Exegetico-Theological Study of Jn 4:20-26 in the light of the Relationships among the Father, the Son and the Holy Spirit*, pp. 440.

194. SERRANO PENTINAT, Josep-Lluís, *Palabra, sacramento y carisma. La eclesiología de E. Corecco*, pp. 314.

195. SOLICHIN RUBIANTO, Vitus, *La figura del seme e il suo compimento. Analisi retorica del discorso parabolico in Mc 4,1-34*, 2012, pp. 220.

196. CAMPAGNANI FERREIRA, Eduardo, *«Impossibile erat sine Deo discere Deum». O problema teológico da afirmação de Deus, segundo o Cardeal Henri de Lubac (1896-1991)*, 2012, pp. 662.

197. COUTINHO LOPES DE BRITO PALMA, Alexandre, *L'esperienza della Trinità e la Trinità nell'esperienza. Modelli di una loro configurazione*, 2013, pp. 348.

198. EKE, Wilfred Onyema, *The Millennial Kingdom of Christ (Rev 20,1-10). A Critical History of Exegesis with an Interpretative Proposal*, 2013, pp. 322.

199. CORREA D'ALMEIDA, Bernardo, *Unidade segundo o quarto Evangelho. Testemunho do discípulo amado no contexto judaico e greco-romano do I CE*, 2013, pp. 378.

200. NIU, Zhixiong, *«The King Lifted up His Voice and Wept». David's Mourning in the Second Book of Samuel*, 2013, pp. 316.

201. SWAN, William Declan, *The Experience of God in the Writings of Saint Patrick: Reworking a Faith Received*, 2013, pp. 430.

202. FERMÍN VIVAS, Alfredo Raúl, *Jesús se rodea de su familia. Análisis retórico bíblico y semítico de Mc 3,7-35*, 2013, pp. 270.

203. ARTYUSHIN, Sergey, *Raccontare la salvezza attraverso lo sguardo. Portata teologica e implicazioni pragmatiche del «vedere Gesù» nel Vangelo di Luca*, 2013, pp. 624.